楚寶（一）

〔明〕周聖楷 編纂
〔清〕鄧顯鶴 增輯
施德順 點校

荊楚文庫編纂出版委員會
武漢出版社

楚寶

CHUBAO

圖書在版編目 (CIP) 數據

楚寶：全四册 / (明) 周聖楷編纂 ; (清) 鄧顯鶴增輯 ;
施德順點校 . — 武漢 : 武漢出版社 , 2023.11
(荊楚文庫)
ISBN 978-7-5582-5902-9
Ⅰ. ①楚
Ⅱ. ①周… ②鄧… ③施…
Ⅲ. ①歷史地理—研究—湖北—古代
Ⅳ. ① K928.62
中國版本圖書館 CIP 數據核字 (2023) 第 083602 號

責任編輯：胡　新　朱金波
整體設計：范漢成　曾顯惠　思　蒙
技術編輯：沈力夫
責任印製：代　湧
出版發行：武漢出版社
地址：武漢市江岸區興業路 136 號
電話：027-85606403　　郵政編碼：430015
録排：武漢市洪山區恒清圖文工作室
印刷：湖北新華印務有限公司
開本：720mm × 1000mm　　1/16
印張：95.5
字數：1330 千字
版次：2023 年 11 月第 1 版　2023 年 11 月第 1 次印刷
定價：398.00 元 (全四册)

《荆楚文庫》工作委員會

主　　任：王蒙徽

副 主 任：諸葛宇傑　琚朝暉

成　　員：黄泰巖　余德芳　何麗君　劉海軍　周　峰

李述永　夏立新　謝紅星　劉仲初　黄國斌

辦公室

主　　任：蔡静峰

副 主 任：董緒奎　唐昌華　周百義

《荆楚文庫》編纂出版委員會

主　　任：王蒙徽

副 主 任：諸葛宇傑　琚朝暉

總 編 輯：郭齊勇　馬　敏

副總編輯：熊召政　劉海軍

編委（以姓氏筆畫爲序）：朱　英　邱久欽　何曉明

周百義　周國林　周積明　宗福邦　陳　偉

陳　鋒　張良成　張建民　陽海清　彭南生

湯旭巖　趙德馨　蔡静峰　劉玉堂

《荆楚文庫》編輯部

主　　任：周百義

副 主 任：周鳳榮　周國林　胡　磊

成　　員：李爾鋼　鄒華清　蔡夏初　王建懷　鄒典佐

梁瑩雪　丁　峰

出版説明

湖北乃九省通衢，北學南學交會融通之地，文明昌盛，歷代文獻豐厚。守望傳統，編纂荆楚文獻，湖北淵源有自。清同治年間設立官書局，以整理鄉邦文獻爲旨趣。光緒年間張之洞督鄂後，以崇文書局推進典籍集成，湖北鄉賢身體力行之，編纂《湖北文徵》，集元明清三代湖北先哲遺作，收兩千七百餘作者文八千餘篇，洋洋六百萬言。盧氏兄弟輯録湖北先賢之作而成《湖北先正遺書》。至當代，武漢多所大學、圖書館在鄉邦典籍整理方面亦多所用力。爲傳承和弘揚優秀傳統文化，湖北省委、省政府决定編纂大型歷史文獻叢書《荆楚文庫》。

《荆楚文庫》以"搶救、保護、整理、出版"湖北文獻爲宗旨，分三編集藏。

甲、文獻編。收録歷代鄂籍人士著述，長期寓居湖北人士著述，省外人士探究湖北著述。包括傳世文獻、出土文獻和民間文獻。

乙、方志編。收録歷代省志、府縣志等。

丙、研究編。收録今人研究評述荆楚人物、史地、風物的學術著作和工具書及圖册。

文獻編、方志編録籍以 1949 年爲下限。

研究編簡體横排，文獻編繁體横排，方志編影印或點校出版。

《荆楚文庫》編纂出版委員會

2015 年 11 月

前　言

楚地鍾靈毓秀，英才輩出，《左傳》中即有"楚材晉用"的典故。記載楚地先賢的著作亦代不乏人，晉有習鑿齒《襄陽耆舊傳》、張方《楚國先賢傳》，宋有盧藏《楚録》、路振《楚青》，明有陳士元《楚故略》、何遷《全楚志》、高世泰《三楚文獻録》、陶晉楧《楚書》、廖道南《楚紀》等。相較上述或存或佚的著作，明末周聖楷的《楚寶》成書最晚，却包羅最廣，輯録最全，爲記録楚人、楚地的重要文獻。

《楚寶》四十五卷，明周聖楷纂輯，清鄧顯鶴增輯。周聖楷，字伯孔，湘潭人，生卒年不詳。據明末湖南人陶汝鼐所作之傳，周氏早年曾遊學南京，與竟陵派文學家鍾惺相善。一夕之間作《秦淮竹枝詞》百首，"妙麗驚人，名滿白下"①。後歸里攻舉業，雖常試高等，却屢困場屋。至四十歲左右始築湖嶽堂，闢帆園，招延天下名流，講學談藝其中。周聖楷少有才名，十九歲時即有詩集之作，生平多從鍾惺、譚元春等竟陵派文人遊，故其詩文受二家影響，鍾惺所作序文稱其"有慧性儁才，奇情孤習"②。錢謙益亦贊其"才自清迥，時有佳句"③。所著書除《楚寶》外，尚有《生氣録》《中庸贊》《湘水玄彝》《湖嶽堂詩》等，惜多亡佚。清代鄧顯鶴纂輯《沅湘耆舊集》，僅録得伯孔詩六十首。

鄧顯鶴（1777—1851），字子立，湖南新化人，學者稱湘臯先生。

---

① 陶汝鼐：《續人物類紀諸小傳》，陶汝鼐撰、梁頌成校點：《陶汝鼐集》，嶽麓書社，2008 年，第 605 頁。

② 鍾惺：《周伯孔詩序》，鍾惺著，李先耕、崔重慶標校：《隱秀軒集》卷十七，上海古籍出版社，1992 年，第 252 頁。

③ 錢謙益：《列朝詩集小傳》丁集下"周秀才楷"條，上海古籍出版社，1983 年，第 664 頁。按：錢氏所言人名有誤。

嘉慶九年（1804）舉人，道光六年（1826）大挑二等，官寧鄉訓導。鄧氏博究群書，著書講學，先後主講朗江、濂溪書院，于楚地文獻搜討尤勤，輯《資江耆舊集》六十四卷、《沅湘耆舊集》二百卷。又加意訪求周聖楷《楚寶》一書，匡謬拾遺，成“增輯”“考異”若干。復輯刻《王船山遺書》、歐陽玄《圭齋集》、周敦頤《周子遺書》等。自著之書則有《南村草堂詩鈔》二十四卷、《文鈔》二十卷、《易述》八卷等。

《楚寶》之名源自《國語·楚語》王孫圉對趙簡子語，有“楚國之賢人，藪澤爲寶”之説，故《楚寶》所記包括人物與山川，共分爲二十六門，分别是大臣、名臣、大將、名將、知謀、諫諍、文苑、良史、命使、典故、真儒、諸子、孝友、忠義、獨行、真隱、列女、方伎、異人、宦蹟、遷寓、山水、名祀、列仙、名釋、祖燈等，共四十五卷，其中，列仙、名釋、祖燈三門五卷爲外篇。周聖楷自言其“上搜舊聞，傍摭遺逸，銓敘審正，彙别門分。求之左氏，得十之五；求之司馬氏，得十之三；求之漢唐宋以下，得十之五；求之我明，得十之一”[①]。周氏之意，大抵秦漢之前人物，多採自《左傳》《國語》；秦漢以下至明則取自正史；有明一代則多取自名人所作傳記、墓志銘等。鄧顯鶴也稱“原書自元以前，皆本史傳”[②]。其實周氏取材來源甚廣，並不僅限於《左傳》《國語》與正史列傳，如卷十三“葆申”條用《吕氏春秋·直諫》之文，“芈尹文”條則採自《新序·義勇》。又如卷八“陶弼”條引自黄庭堅所撰墓志銘，卷一六“孟浩然”條係採自王士源《孟浩然集序》。此外，明代人物的傳記則多來自明人所作傳記，如卷二六“楊漣”條節自錢謙益《都察院左副都御史贈右都御史加贈太子太保謚忠烈楊公墓志銘》，又如“鄺埜”條，係採自鄭曉《吾學編》中

① 周聖楷：《楚寶總論》，周聖楷編纂、鄧顯鶴增輯：《楚寶》卷首，《湖湘文庫》第 44 册，嶽麓書社，2008 年，第 14 頁。

② 鄧顯鶴：《校刊例言》，周聖楷編纂、鄧顯鶴增輯：《楚寶》卷首，《湖湘文庫》第 44 册，嶽麓書社，2008 年，第 9 頁。

《少保鄺忠肅公》一文。

《楚寶》取材廣泛，但部分引用也有問題，如卷九“張興世”條有“興世居臨沔水，沔水自襄陽以下，至于九江，二千里中，先無洲嶼。興世初生，當其門前水中，一旦忽生洲，年年漸大，及至興世爲方伯，而洲上遂十餘頃云。興世減撤而後行”。門前生洲與“減撤而後行”並無因果關係，考《宋書》卷五〇《張興世傳》，“興世減撤而後行”前復有“興世欲拜墓，仲子謂曰：‘汝衛從太多，先人必當驚怖。’”[①]周氏引用時剪裁不當，致使語意不明。又如卷二四“孟宗”條有“語在權傳”之語，“權傳”即孫權之傳，係周氏鈔自《三國志》卷四八《孫皓傳》裴松之注而未及校改者，可謂白璧微瑕。雖然《楚寶》是一部輯録性質的文獻，其所據之本今日大多尚存，且周氏輯録文獻時留有若干失誤，但它畢竟是現存最完整的記録楚地人物的文獻，對全面了解楚地人才的興衰、理解楚文化的發展仍具有不可替代的重要作用，“亦談楚故者不可少之書也”[②]。

《楚寶》現存有兩個版本：一是崇禎初刻本，一是道光九年（1829）刻本。崇禎初刻本由湖廣按察使僉事、提督學政高世泰題額，長沙推官蔡道憲董工序，據蔡序所言，《楚寶》刊刻數月而未成，是其作序時尚未工峻。序文作於崇禎十四年（1641）辛巳十月，而蔡道憲死於崇禎十六年（1643），則《楚寶》之刻成當在崇禎十四年至十六年之間。刻成不久，湖南即遭兵燹，《楚寶》書板也毁於戰火，所以流傳稀少。至道光年間，鄧顯鶴自李宗傳（號海帆）處得到湘潭周系英（號石芳）家舊藏刻本，鄧氏據此重刻，並增補其不足，考證其異同，“凡原書之罅漏舛互者，無不彌補糾正”[③]，經十一月而工蕆，此即道光九年

① 沈約：《宋書》卷五〇《張興世傳》，中華書局，1974 年，第 1455 頁。

② 鄧顯鶴編纂、歐陽楠點校：《沅湘耆舊集》卷四一，《湖湘文庫》第 115 册，嶽麓書社，2007 年，第 849 頁。

③ 鄧顯鶴編纂、歐陽楠點校：《沅湘耆舊集》卷四一，《湖湘文庫》第 115 册，嶽麓書社，2007 年，第 849 頁。

刻本。

與崇禎原刻本相比，除增輯、考異外，鄧顯鶴主要對《山水》《祖燈》《名釋》部分作了一定調整。“山水”一門，周聖楷原以歷代文人遊記爲正文，並不涉及山水的位置，而鄧顯鶴則以爲如此與全書體例不合，所以改以山水所屬州縣地理爲綱，附以古人遊記。又《楚寶》後五卷所記皆仙佛人物，鄧顯鶴認爲這類人物“事無規諷，語非典要”，故將後五卷别列爲外篇，以示區别。除此之外，鄧氏對《祖燈》《名釋》中的一些内容也進行了删節，如外篇卷三“懷讓”條，鄧氏即在正文中删去兩段文字，在周聖楷按語中删去一段文字。又如外篇卷四“德山宣鑒”條，崇禎刻本作“自兹大闡宗風……言訖，安坐而化，即唐咸通六年十二月三日也。謚見性禪師”，而道光九年刻本作“自兹大闡宗風。唐咸通六年十二月三日坐化，謚見性禪師”。不僅删去“宗風”下數百字，對坐化的記載也作了修改。

雖然道光九年刻本對崇禎刻本作了一定的删節，但道光本增補了許多重要人物，對周書的不足之處也作了大量考證，實爲伯孔功臣。所以本次整理以道光九年鄧氏刻本爲底本，以崇禎刻本爲對校本，依據《荆楚文庫》相關條例施行，在遵從原稿的基礎上，僅對少量文字如羣、峯、砦、謚等進行統一處理。凡書中涉及的《左傳》《國語》及諸正史的内容，都根據原文進行校勘，其中《左傳》使用中華書局1980年影印阮元校刻《十三經註疏》本，《國語》使用上海古籍出版社1998年出版《國語》點校本，正史則據中華書局點校本《二十四史》。

筆者才疏學淺，書中有未盡善處，尚祈讀者、專家指正。

整理者

二〇二二年十一月二十日

目　　録

序

楚幅幘甚廣，記載甚博，左史、倚相之徒，鐸椒、鶡次之典，見於《春秋》内外傳、《國策》者尚已。漢以來，耆舊、先賢有傳，歲時、風土有記，圖經、地志、目録難更僕數，而苦無全書。

余撫楚之明年，新化鄧湘皋來官寧鄉學博，余知湘皋名久，喜其官冷無吏事擾，暇輒與之上下議論。余每病古今郡縣改易僑置，致地里書尠完善。以爲郡縣無定而山水有定，水有遷變而山無遷變，欲仿《水經》作《山經》。又嘗病古今聰明才辨之士，往往盜名而欺世，卒以一眚自累，不能掩蓋，欲仿劉念臺《人譜》作《人鑑》。湘皋甚服余論。因言楚中掌故，近代以周氏《楚寶》爲宬，請爲重刊。會余述職北行，湘皋亦歸寧鄉。

今年夏，余回任，湘皋以試事來見，則《楚寶》已將近刊成。原書凡四十五卷，湘皋又爲之是正補綴，作《考異》《增輯》附各卷末。去取詳慎，於地里廢置沿革尤多辨晰，所論斷皆有依據，足補原書所未及。後之言楚故者，殆無踰是書矣。

晉、楚於春秋爲匹，余晉人，先世父茂園公嘗補纂《晉乘》，以未及詳核爲恨。余每思續成，官事牽率，卒卒無暇，顧安得如湘皋落落一冷官，反得遂其著述之志。序其書，不禁嬋媛太息也。

道光己丑嘉平月，合河康紹鏞。

重刻楚寶序

著書難，取前人之書而增益之、攷訂之，則尤難。著書者自立門目，去取由我，猶可避難而就易。取前人之書而增益之，安知我所增者，非彼所棄乎？又安知所增者什之九，不猶漏其一乎？取前人之書而攷訂之，既難遍得所見之本，不將愈攷而愈失其真，得於此而復遺於彼歟？蓋非多聞而識定者，不足以語此。

新化鄧子湘皋，少壯時歷覽名山川，遍交海内賢士大夫。及歸而就廣文一席，人以爲官冷而飯不足者。湘皋且欣欣然喜，曰："是可以遂吾讀書之志矣。"因遍索兩湖掌故之書而讀之，期爲有用之學。得明季周伯孔氏所著《楚寶》，謂可以備志乘之遺、補文獻之缺。爲之增益，爲之攷訂，不及一載，而剞劂告成，抑何用力之勤，而成書之速也！

楚自春秋戰國以來，幅幁最廣，及漢以荆州分部，唐以山南、淮南、江南、黔中諸道分領之，宋置荆湖南、北路，元置湖廣行省，自明迄今，遂以湖南、湖北爲全楚之界。其掌故之書，見於記載者，有晉張方《楚國先賢傳》，宋盧藏《楚録》、路振《楚青》，明陳士元《楚故略》、何遷《全楚志》、高世泰《三楚文獻録》。惟陶晉楧《楚書》、廖道南《楚記》及伯孔是編，録其目於[①]朝《四庫全書提要》，餘皆佚其籍矣。

伯孔生數千百年後，集古今人物勒爲一篇，其勢不能無漏；拾蠹簡於古籍散佚之餘，其勢亦不能無誤。湘皋爲之增益其漏，而不敢自謂無漏；攷訂其誤，而不敢自謂無誤。仍附編於各卷之後，不欲以己意亂前人成書，蓋慎之也。其於門目間有更張，亦因時制宜，無嫌獨斷。而其

---

① "於"後或有"國"字。

成就前人之美，使二百年垂絶之書復行於世。自皇古以迄前明，上下數千年，全楚人物可與白珩争美者，條舉臚列，如敘一家譜系。爲楚之《陽秋》，即爲伯孔益友，可不謂之多聞而識定者乎？

至其編書體要，則有原書例序及湘皋增訂之例在，不贅及。

道光九年歲次己丑嘉平上澣，長白裕泰序並書。

重刊楚寶序

余生平好蓄古名臣全集，宧學所至，必廣爲購求。非敢希蹤昔賢，良以史傳所載，多撮其大要，其學問純駁、政績得失，或不盡傳。得其專集讀之，庶知人論世，有所攷鏡，得以增長識見，裨益身心，期爲有用之學。或其人名立天壤，而子姓式微，先集湮没，尤思就其地之耆宿時髦，網羅綴拾，勒爲成書，用以表揚前賢，嘉惠來學。官事叢錯，有志未逮。

自來楚南，與湘皋學博言，每有同志。湘皋聞見博洽，於其鄉之先哲聞人，尤樂爲稱述。比出其重刊《楚寶》一書見示，拾遺補缺，訂譌糾謬，既詳且慎。又以余喜藏名人别集，時復過商，因檢行篋，得數種共讀，至《熊襄愍公集》，相與欷歔感歎。其事其人有爲史傳所佚者，湘皋又爲之牽連採摭，以類附書，不數月而剞劂告成。

湘皋以余爲有功於是書，宜有言。會余督運將行，率書數語，附名簡末，以志平生志事所在。又慶此書之成，關係全楚掌故，凡官於楚、旅寓於楚者，皆當奉爲蓍蔡，豈僅楚之寶哉！都人士幸毋褻視焉可也。

道光九年，歲在屠維赤奮若嘉平月，會稽吴傑書於岳州舟次。

校刊楚寶序

楚志之最古者，《襄陽耆舊傳》《長沙先賢傳》《桂陽先賢畫讚》及盛弘之《荆州記》、羅含《湘中記》、庾仲雍《湘州記》、盧藏《楚録》、路振《楚青》，今皆無存。近代言掌故者，以廖鳴吾《楚紀》、周伯孔《楚寶》並稱，而《楚寶》爲優，俱列入國朝《四庫全書存目》。

顯鶴自授書以來，喜聞老先稱説古今巨人碩德、鄉邦文獻。念生長南服，欲搜討楚故，無如此書，求之十數年不獲。自爲寧鄉學官，聞黄虎癡孝廉言長沙一士人家有鈔本可借刊，以聞於今大中丞合河康公，公喜，允爲梓行。索鈔本，復無從得，事遂寢。會桐城李海帆觀察自永州來，攜湘潭周石芳侍郎家所藏刻本見示，真不啻獲重寶。時中丞公述職北行，復請於方伯長白裕公，及官楚諸君子，謀重刻。顯鶴獨任校刊之責，爰開雕於寧鄉學署。

冷官多暇，日事披閲，又参以書傳載記舊文，訂其譌謬。因仿宋朱子校正韓文之例，爲《考異》，復徧采古書、地志所紀，删節綴拾爲《增輯》，統附各卷末，依類編次，以便省覽。其有目録缺傳者，悉加補正。閒附按語，以諗學者。書垂成，會余以試事于役省治，以書局自隨，復借官書詳加是正。凡十有一月而工竣。極知僭越滋懼，然於鄉賢文獻，庶幾萬分有益方志之廣識焉。

道光九年十一月，新化鄧顯鶴謹序。

校刊楚寶例言

一、是書四十五卷，分二十六門。大抵剌取《左》《國》諸史，及各家之文，而附以論斷。兹編重爲雕刻，一仍其舊，不敢以己意加損。

一、原書各門皆有論斷，閒附考證，詳審者多，舛謬亦時有。兹編嚴加考核，審其字畫譌舛灼然無疑者，即爲更正。其有徵引錯迕，不相條貫，未敢率爾塗改，於每卷末附纂《考異》，隨條札記，以便省覽。非敢糾謬，聊以存疑。

一、原書體例頗嚴，徵引甚隘，如《宋書》之柳世隆，《唐書》之劉瞻、韓約，《宋史》之秦再雄、楊再興，以及前明之朱英、方逢時、楊一清、熊廷弼等，事功彪炳，皆在所遺。至《文苑傳》擅名隴首之襄陽柳惲，與齊名水部之南平陰鏗，一例屏黜，他復何論？如斯之類，誠未允協。兹編廣爲搜討，依類采入，名曰《增輯》，仍附每卷之末。

一、書分二十六門，《諫諍》不外《名臣》，《良史》可賅《典故》，類别部分，頗嫌重沓。至《山水》一門，詳詩文而略郡縣，尤未免綱目混淆，今略爲更正，各條以州縣爲綱，而分繫各家遊記、詩文於次爲目，徵引一仍原書之舊。

一、《史記·孔子弟子列傳》，公孫龍、秦商、任不齊，鄭氏皆曰楚人，自漢以來，與七十二弟子之祀。是書《真儒》一門，近溯濂溪，遠遺洙泗，宜敬謹補載。然三賢名號已定，既不能退之於儒，又不能另立門類，兹略爲變通，增輯仍歸《真儒》。首冠以“先賢”二字，而以傳《易》之馯臂子弓附之，以示尊崇，以昭區别。

一、書取“惟善爲寶”之義，以人物爲主，而山川寶所由産，名祀寶所由廕，正合傳捍災禦患則寶之義。仙佛幻誕，似在所節，原書《列仙》《名釋》徵引甚繁，又益以《祖燈》，贅矣。在作者生當劫運，欲借逃禪爲避世之計，尋其意指，良可哀憫。而事無規諷，語非典要，適足以自穢其書。兹刻殿以《山川》《名祀》，斷自四十卷止。《列仙》以下，一以《外篇》别之，以明所寶之不在是爾。

一、原書有目録無傳者，如《名臣》之何孟春、梅國楨、耿定向，《文苑》之王廷陳、孫宜、吴國倫、袁宏道、袁中道、鍾惺、譚元春，《忠義》之石有恒，《真隱》之令狐揆。若此之類，悉爲補傳。

一、各門增輯，以正史爲主。惟孝友、忠義、獨行、真隱之類，一至之行，史不盡書。有采自方志者，要其人其事卓絶可傳。其有近事爲耳目所習者，閒亦附見，以彰懿好，以發幽光。

一、《文苑》增輯近世諸君，必其人其集海内流傳，久經論定。或姓名滅没，吉光片羽，可珍愛者，亦急爲表襮，意在闡幽，無嫌阿好。

一、原書自元以前，皆本史傳。惟明代諸公，其時國史未備，多采自譜牒及各家文集。里巷傳聞，不詳不實，與正史多有牴牾。今悉取《明史》本傳詳加比校，逐條登記。至江陵、茶陵二公，大節凛凛，當時或不無異議，兹刻有關公論者，閒爲采入，熊襄愍、梅長公之類亦然。繁稱博引，固不嫌其辭之費也。

一、原書《忠義傳》殿以楊漣，其實應山大賢，與受顧命，以受顧命，以身係宗社安危，非忠義一節所能盡。兹編增輯，謹列入《大臣》，不嫌重出。亦如老萊子一列《孝友》，一列《真隱》，元結既入《宦蹟》，又入《遷寓》，義各有當，無妨兩存也。

一、書以明代爲斷，至國朝館閣鉅公，山林名宿，接踵輩出，概不敢論定。惟詩文有可引證者，閒爲采入。

一、《文苑》諸君，如郭都賢、陶汝鼐、杜濬、潘章辰、郭金臺、鄧祥麟輩，皆國初遺老，宜列之明代。兹編悉爲收入，以從其志。

一、是書開雕太速，書籍苦少，編輯考訂，迫促從事，或備於古而缺於今，或詳於南而略於北。郢書燕説，譌謬滋多。目論耳食，掛漏尤甚。所望枌榆耆彦、桑梓英髦，恕其顓愚，攻其舛錯，是所厚幸。

一、原書爲蔡忠烈公序刊，古雅精致，不愧佳刻。剞劂既竣，旋罹兵燹，故流傳絶少。顯鶴生當盛世，得以下走末僚，幸侍當代大君子，備几硯小胥之役。雍容載筆，裒然成書，以今視昔，勞逸懸殊，而工拙相反。既用自幸，彌深慚恧。惟大雅君子，幸有以見教焉。

校刊楚寶總目

①② 底本此處列“考異”，正文無“考異”内容。

外　篇

楚寶原序一

楚幅幀視十二省最賒，名勝最多，古今人物最盛。庚辰，予來視學，徵十五郡二州志及總志、《楚紀》諸書閲之，可架可倉，可旁綜流略，可備輶軒采擇。然殊汗漫參差，恨不能撮三楚之勝，就數卷之書，展寢食之玩。閒愛野乘多引人勝地，然如蒼璧小璣，不足語玄圃之流光也。

周子伯孔有輯録四十五卷，人物十九，名勝十一，古文十九，今文十一，閒附己意評隲，名曰《楚寶》。其書摘志之精，補志之缺，亦史亦子，亦集亦林，埤益菁秀，發人心目，而長人意知，其功良多。昔劉思貞有云："爲之者勞，觀之者逸。"三歎斯語，可似斯編。然余更謂："爲之者工勞而筆逸，手勞而致逸，心勞而解逸。"

夫以周子垂翅未舉，擁書居業，搜雞次、鐸氏之遺，考百家、《四庫》之略，力云殫矣。乃博洽之患，連類難區，衆美易眩，自非腕具神工，曷裁累牘，勒玆快書。是爲筆逸。鈔録數十萬言，自題門目，無假陶瓶之投衆手之撮，殆所云饑以作飴，倦以作枕。然不爲劉知幾之捃摭得失，不爲東廣微之銓證荒詭，義取嘉言懿行可以淑人，奇文藻篇可以密娱而已。是爲致逸。觀書當得大意，誤書思之更是一適，摘鉛次槧之餘，即復横臥方牀，覃求論世，而參伍既熟，古人如見，品題所屬，如八面更敵，沛然應之。是謂解逸。以此三逸，善運其勞，故著作有樂事，有成績。名爲《楚寶》，實周子之家珍矣乎。

王孫圉有曰："楚之所寶者，觀射父能作訓詞，左史倚相能道訓典。"此善言寶者也。而孟氏以土地、人民、政事爲諸侯之寶，其説尤備。斯編列人物而政事該，誌名勝而土地該，予以爲實兼王孫、孟氏之義，此固作志之要領也。具體乎志，而不必以志名，則周子之善於用長也夫。

梁[①]谿高世泰題。

① 崇禎本"梁"前有"楚學使"三字。

楚寶原序二

周伯孔，湘潭奇士，談古今事如列眉，如以鏡取形，百不失一。初年慷慨以天下爲己志，後稍不得意，遂憤然擊斷古劍，以身許諸古人，爲賈集世間書，恐或後時而失之。又不喜爲閉户咄咄，放意山水閒，别具眼孔胸臆。興盡而歸，便復與藏書爲讎，故伯孔書中，蠹魚往往無所遁。其獨至者多不以示人，稍傳其一二者，皆爲其平日歡好者持去，輒付之木。伯孔已而悔，而傳者日遠，又不能知其素心，但謂邇來著書滿閣，都是名士習氣。故稱伯孔者，究竟埋没伯孔本色。

夫世閒有真名士，先要不好名。若認定幾片災梨爲百年以内生活計，此何異老和尚以袈裟、蒲團爲真衣鉢乎？伯孔唯無意好名，故能成其名。凡卷四十有五，若使生于姑蘇、白門，一葉出，即爲好事者登場舞袖，其書久在四方紙客箬籠中，無一分生氣矣。幸其書成之不蚤，而刻之又遲，天所以愛伯孔而居之湘潭，又愛伯孔而使之貧薄無梓人資，乃使其書終不可泯滅也。

書載楚地、楚人、楚事，皆有所論斷，不苟與昔人同，又不肯爲昔人作注腳。高督學以《楚寶》額之，數月而刻不成。夫此書係之楚，則宜楚人重之，何令伯孔費十年心血，今尚對刀工嘖嘖歎其直不售也。若一境之内，賢人君子曾不能相謀此事者，是失伯孔也，是不識其書也。不然，是忌其名之成也。天下好名者既以浮淺不終朝而敗，不好名者又以寂歷待知己之助而不助之，而歸於無成。然則，如何而可也？余俸薄，且受事之日淺，無以伸其志萬一。此等事爲俗吏占盡，諸君子又將戟手詈之矣。

崇禎辛巳十月風雨夜，湘中吏隱晉江蔡道憲書。

楚寶總論

一曰定區域以尊王。尊王之大者，莫先於一統，一統之大者，莫先於括地。楚幅員當春秋戰國時，兼有陳、徐、吴、越之地，延袤六千餘里，蓋舉今之大江南北以暨淮海，盡入版圖。故蘇秦説楚威王曰："楚地西有黔中、巫郡，東有夏州、海陽，南有洞庭、蒼梧，北有陘塞、郇陽。"此亦總其大勢而言矣。秦始皇兼并，分天下爲三十六郡，楚始裂而爲三。司馬遷以淮北沛、陳、汝南、南郡爲西楚；彭城以東東海、吴、廣陵爲東楚；衡山、九江、江南、豫章、長沙爲南楚是也。三楚之後，東縈西帶，星離豆剖，未可爲據。惟我明興，指臂萬國，平定江漢，繼而龍飛郊郢，翼軫麗天，青陽白水之墟，一大開闢，而楚復褎然甲於海内。雖其地不當戰國之遺，而山川靈氣所匯，偉人傑士，接踵而生，蓋若天所授焉。予故斷自秦漢以上，無郡邑沿革者，但稱楚人，皆係之楚。漢、魏以後，有郡邑沿革者，則一以我明所定郡邑係之。如今之棗陽，即漢蔡陽，今之澧州，即晉南平是也。若夫宦遊而復歸本土，如二程子之生於黄陂，大、小宋之産於安陸；流寓而未經著籍，如諸葛亮之隆中草廬，段柯古之木香村舍；又若他國而終於楚甸，如趙臺卿自爲壽藏於荆州，胡安國父子家南嶽山下，此則采風之餘烈，昔人之佳話，楚豈借重哉？

一曰别人物以徵傳。左丘明作《春秋》内外傳，而列國卿佐，有一才一能之表著，皆令不朽於後世。司馬遷作七十列傳，而異代英傑，有難明難語之心事，皆若自寫其生平。雖云户牖獨開，牋毫豔溢，抑其時實多奇人奇事，筆不勝書，略一點掇，便堪傳世。西京以後，操觚纂牒，非不代雄故府，然而家乘之所載，半是官勳；實録之所編，率多忌諱。寒暑異筆，刑禍交胸，媿美二氏，其可得乎？故夫作史者如頰上三毛，戲墨成蠅，衹能描畫其所本有，不能增益其所本無。讀史者如張僧繇之畫龍破壁、顧虎頭之美女躩心，可以精氣相感，不可以粉本相貽。由此而上觀千古，下觀百世，庶幾旦暮遇之。乃人亦有言，楚國多才，自我曠覽，抑何寥落！豈異感升沈，人不能自見其長；擇木羈棲，國不能盡收其用歟？是則可歎也。於是上搜舊聞，傍摭遺逸，銓敘審正，彙别門分。求之左氏，得十之五；求之司馬氏，得十之三；求之漢唐宋以下，得十之五；求之我明，得十之一。大抵一人有一事之可傳，傳其一事，而其人亦可附見也。一事有一人之可傳，傳其一人，而其事亦可附見也。發潛德之幽光，致高山之仰止，所謂鳳皇芝草，賢愚皆以爲美瑞；青天白日，奴隸亦知其清明。豈班金陳米，可得而睇目乎[①]？

一曰約論注以歸雅。楚自赤帝和聲，赫胥耀迹，巖下鳥書，山尖玉字，天下文章，亦云盛矣。於是《檮杌》、雞次之典，酉陽、巫峽之藏，《先賢》《耆舊》之傳，《荆州》《湘中》之記，以至萬潭、鈷鉧、浯溪、白兆，好奇者無不欲梯探淵索，聞所未聞。而世卒尠有全書恣其展握，則後此著述又可知也。少日檢閱先達《楚紀》《楚史》諸書，恒不如人意。後見華亭董公稱天下郡乘可采者，惟徐宗伯所修《湖廣總志》，亟購得，殊復憒憒耳。因歎古今文人正患無才，不患無書，第患不雅，不患不博。以才轉書，則可以導河源於腕底，規建章於硯北；以雅資博，則酌群言而攻瑕奏新，準至理而露文抒性。我思古人，實獲我心，豈掇拾其膏馥，便得據虞白上座乎？昔王仲任著《論衡》，閉門潛思，牆牖悉置刀筆，數十年方就。自謂“人無一引吾百篇，人無一字吾萬言”，而卒不免拙於用人，自守拘陋。劉子玄歷鳳閣舍人，遷祕書監，著作固其官守，《史通》一書，又何其工於訶古，拙於用己也？然此二書，吾所祖法，非今人所及。又若裴松之揚季漢之芳流，劉孝標振江左之藻潤，其書具在，匪同湮滅，望其涯者，猶思攬秀焉。予

① 崇禎本“乎”後有“增價”二字。

是以蹇裳而濡足[①]，不自知其濟勝之無具矣。

一曰考遺勝以闕疑。昔者楚地南卷沅、湘，北繞潁、泗，西包巴、蜀，東裹郯、淮。潁、汝以爲洫，江、漢以爲池，垣之以鄧林，綿之以方城。山高尋雲，谿肆無景。以故車轍馬跡之所經，煙路留其琬琰；歌臺舞榭之所峙，翠苔猶拾香鈿。而沈碑斷鼓，字青石赤，可略得而言也。若夫少昊沙墟，丹陽兆土，厲鄉九井，渚宫二南。赤帝奏弇州鳴鳥，不但湘靈怨瑟；玄夷勒蝌蚪之文，亦有寶露流壇。壟積珠塵，竹黛浪傳虞陟；畹分玉米，芳畦猶重屈田。冠蓋宜城，宋玉有宅；殯宫湘瀠，杜甫無墳。凡此皆帝鄉之白非雲，騷客之碧不化，黄衣紀載，其能既乎？又若花落故宫，月臨舊郢，瓊弁玉纓之臣，繡衣袿裳之女。諸侯會章華之臺，樂乾谿而不返；媚子田雲夢之澤，望黽塞以消魂。無不寄慨興衰，念歡疇昔，以爲高蹠肆浮之一快，雄風暮雨之多端矣。惟夫大别天塹，中絡雄關。洞庭要害之區，襄、鄧攻守之地。西塞斷，而長江據險；海匱濬，而巴蜀無虞。然後擇朱絲繫蔡之帥，修明二廣六卒之法，選棧車牝馬之相，坐致六王三公之業。墳典丘索，以充清秘；式金式玉，以登獻替。美人香草，日進於御；《陽阿》《采菱》，洋溢宫懸。斯亦哲后之遺軌也哉。是用備考勝蹟遺事，附之論注之後，庶幾曲終奏雅也。

① 蹇：崇禎本作“褰”。

楚寶原校姓氏

列錫高世泰彙旃
湘潭尹長民
湘潭謝璠
雒源劉翿
湘潭洪業嘉
衡陽唐大成
長沙莊天柱
長沙劉培泰
長沙馮一第棍公
湘潭周贊春
湘潭周永盤
湘潭周賡春
湘潭周寶春
長沙郭金臺幼隗
湘潭譚景尹
湘潭石開雲
長沙黄鈁
華容嚴首昇平子
桃源闞士琦
公安毛壽登
長沙吴楙
湘潭周雲虬

上元黄周星九煙
湘潭周候
丹陽賀開先
長沙黄學謙又謙
寧鄉陶汝鼐仲調
長沙黄學和
長沙黄學良
湘潭李馭芳
湘潭王岱山長
長沙黄學璞
湘潭周象清
湘潭史象衡
湘潭張烈
黄岡馮雲路漸卿
長沙李友蘭
湘潭謝璜
長沙黄鈊
邵陽車以遵孝思
華容孫瑴
湘潭夏楷
西岑黄裳吉仁巖
湘潭周雲豸

楚寶大臣論次目録

楚之官制，在春秋時爲近古者。自令尹而下，有左、右尹，有大司馬，有左、右司馬，有司徒，有司敗，有太師，有太宰，有太子保、傅，有大夫，有左、右史，其百執事，亦有稱尹者，然皆以其地，或以其職單舉之，如箴尹、宫廄尹、連尹是也，亦以示隸於令尹也。其受邑之大夫有稱公者，專政於外，入佐令尹，皆仿佛三公六卿之遺意。故君子謂楚能官人。官人，國之亟也。能官人，則民無覦心，《詩》曰“嗟我懷人，置彼周行”，能官人也。王及公，侯，伯，子，男，甸、采、衛大夫，各居其列，所謂周行也。

嘗以此意推之，楚雖下國，祝融、風后，參職天子，功烈偉矣。子文、叔敖諸人或毁家以紓國難，或薦賢而霸其君，皆有成績，載在《春秋》。豈非宰相之才，以救時爲大，以用人爲亟哉！無相才而居相位者，楚之得臣、嬰齊是也。楚令尹，即古所謂相也，而無相之名。秦始置丞相，漢因之，又曰宰相。其入相者或自孤卿，或自布衣。楚則非大司馬不得爲令尹，此合將、相而一之，爲法最善。凡大征伐，大司馬將中軍，左、右司馬將左、右軍，令尹惟雍容決勝而已，邲之戰所以霸也。若夫鄢陵之戰，大司馬既將中軍矣，嬰齊復以令尹將左、右尹將右。是時轅旆所指，繇將乎？繇相乎？

且夫古者宰相，事無不統，故不以一職名官，非謂宰相而可以攝官承乏，下同百職司[①]者也。唐宋以來，此弊尤甚，勳賢並建，政事參兼，三台四輔，如奕碁射覆，是安得宰相才而用之哉。作史者譜其門

① 司：崇禎本作“事”。

族，表其年序，以爲當時任用之專否、政治之得失，可得而言[①]，吾未之敢許也。我朝初罷中書丞相，設立大[②]九卿，分理政務，列聖相承，得人爲盛。於是省府之名雖重[③]，内閣之體未[④]尊，故膺大拜者，翰林孤卿尚矣，其或擢自臺省主政，或拔之縣尹王僚，靡不賁飾絲綸，媲隆上古。又如夏忠靖掌國計四十餘年，劉忠宣以本兵受知孝廟，雖不入内閣，而休休綽綽之風自如。嗚乎盛矣，鳥龍雲火，寧復有加焉者哉！信乎任官惟賢，涖事惟能也，述《大臣》第一，凡三卷。

① 言：崇禎本作“見”。
② 立大：崇禎本作“五府”。
③ 重：崇禎本作“廢”。
④ 未：崇禎本作“益”。
⑤ 正文“宋英”之後有“周嘉謨”。

楚寶卷第一

明湘潭周聖楷伯孔輯纂

大　臣

祝　融

祝融者，炎帝神農氏之後，而帝裏之玄孫也。神農生臨魁，臨魁生承，承生明，明生宜，宜生來，來生裏，裏生節莖，節莖生克及戲，克生榆罔，戲生器，器生祝融。祝融明于火政，榆罔既立爲帝，乃命爲火官。至黄帝時，舉六相，以祝融辨乎南方，始爲司徒，有土德之瑞。及帝嚳高辛氏，復舉其後重黎爲火正，命曰祝融，以世其官。

《管子·五行》曰：黄帝得六相而天下治，神明至。蚩尤明乎天道，故使爲當時；太常察乎地利，故使爲廩者；奢龍辨乎東方，故使爲士師；祝融辨乎南方，故使爲司徒；太封辨乎西方，故使爲司馬；后土辨乎北方，故使爲李。

聖楷曰：祝融相業，僅見《管子》書中。按：史稱黄帝守柔順，有坤厚載物之德，又使祝融爲地官，培植深矣。是以人倫攸敘，君臣道合，而黄龍土螾之瑞畢至也。其子術囂生勾龍，復爲顓頊后土，以平九州、教兆民，後人祀之，配于社。帝嚳又舉其後黎回爲火正，甚有功。故鄭史伯曰："楚，重黎之後也。"重黎爲高辛氏火正，以淳燿焞大，天明地德，光昭四海，命之曰祝融，其功大矣。由此觀之，祝融之名號依祖德以立稱，故能母養中聲之一氣，薪傳無盡之光明，生柔嘉材，以大其用于萬世，豈徒禋祀名山，比于列星而已哉？予是以定其發祥之自，爲稽古之相，隆于斯也。抑攷之史禪通紀之世，有葬衡山之祝融以帝名。女媧氏之時，有滅共工之祝融以官名。惟此，祝融以人名而世掌其職，故其後亦皆以官名。

炎帝神農氏考

按：小司馬稱神農氏以火德王，故曰炎帝，始教民耕，故號神農氏。初都陳，後居曲阜，立一百二十年，崩，葬長沙。神農本起烈山，故左氏稱烈山氏，亦曰厲山氏。《荆州記》曰："厲山在隨州厲鄉，有一穴，是神農所生地。中有九井，相傳神農既育，九井自穿，汲一井則衆井水動，即其地爲神農社，年常祀之。"炎帝陵，在今衡州酃縣康樂鄉。宋乾德中建廟，以祝融配享，置守陵户。國朝洪武四年、洪熙元年，俱遣官奠祀修陵。又史多誤稱炎帝葬于茶鄉，茶鄉即今茶陵州，其地有雲陽山，最爲秀傑。《遁甲記》所謂"沙土之祇，雲陽氏之墟也。可以長往，可以隱處"，其上有少昊金天氏冢。羅泌《路史》云"于雲陽得少昊之堬"，是也。少昊，亦曰雲陽氏。今謂少昊陵在曲阜者，亦非。

古祝融氏考

按：《六韜》曰："祝融氏，古之王者也。始作樂以諧神明，以和人聲。"《路史》曰："祝誦氏，一曰祝龢，是爲祝融氏。師于廣壽，以毓其德。聽弇州之鳴鳥，以爲樂歌，作樂屬續。以火施化，號赤帝。故後世火官，因以爲名。都于會，故鄭爲祝融之虚。其治百年，葬衡山之陽，是以謂祝融峰也。"又按：祝融氏之先有赫胥氏，亦葬衡之朝陽峰，《仙傳拾遺》曰："赫胥耀迹于潛山。"潛山，南嶽之副，在潛山縣，去衡甚遠。

重黎考

按：《左氏》："重是少昊之子，黎乃顓頊之後[①]。二氏二正，所出各别。"而史多合重黎而言者，蓋以重黎氏世序天地官，有通職名，因兼舉，非定指當日之重與黎也。張衡《思玄賦》云："流目頫[②]夫衡阿兮，覩有黎之圮墳。"此則指火正，黎司地，故或葬于衡山。而註引盛弘之《荆州記》云："衡山南有南正重黎墓。楚靈王時，山崩毁，其墳得《營丘九頭圖》焉。"夫以重黎合爲一墓，而又單舉南正，其謬益甚。小説家不讀史書之過也。

風　后

風后，伏羲氏之苗裔也，不能紀其世。黄帝披山通道，南至于江，登熊、湘，夢大風吹天下之塵垢皆去，帝寢而歎曰："風爲號令，執政者也。垢去土存，后也。天下豈有姓風名后者哉？"求之，遂得風后于竟陵，以爲相，納三宫五音之機，受八門九江之要。

《春秋内事》曰："黄帝師于風后，風后善于伏羲之道，故推演陰陽之事。"

張衡客問曰："渾元初基，靈軌未紀，吉凶分錯，人用朣朦。黄帝爲斯深慘。有風后者，是焉亮之，察三辰于上，跡禍福乎下，經緯歷數，然後天步有常，則風后之爲也。"

獨孤及《風后八陣圖記》曰："物不終静，必授之以動。當純坤用事，陰疑于陽，則飛龍戰。大樸已散，聖盜並起，故戎馬生。乃有力吞八荒，争截九有。大者，天柱折，地維絶；小者，作慝廬

① 後：崇禎本作"胤"。

② 頫：《文選・思玄賦》作"眺"。

山，負阻中冀。上帝憑怒，下民是恤。乃眷武德，黄帝受命之始，順殺氣以作兵，法文昌以命將。於是乎征不服，討不庭。其誰佐命？曰元老風后。蓋戎行之不修，則師律用爽；陰謀之不作，則凶器何恃？故天命聖者以廣戰術，俾懸衡于未然，察變于倚數。握機制勝，作爲陣圖。夫八宫之位正，則數不僭，神不忒。故八其陣，所以定位也。衡抗于外，軸布于内。風雲附其四維，所以備物也。虎張翼以進，蛇向敵而蟠。飛龍翔鳥，上下其勢，所以致用也。至若疑兵以固其餘地，遊軍以按其後列，門具將發，然後合戰。弛張則二廣迭舉，倚角則四奇皆出，必使陷堅陣，拔深壘，若星馳天旋，雷動山破。魏之鶴列、鄭之魚麗、周武之熊羆、昆陽之虎豹，出匪以律，我異于是。既而圖成罇俎，帝用經略。北逐獯鬻，南平蚩尤，戡黎于阪泉，省方于空峒。底定萬國，旁羅七曜。鼎成龍至，去而上仙。于是遺風冥冥，時亡而圖存焉。於戲！聖迹長往，神機未昧。酌其流者，猶足以決勝三軍，禦侮萬里。故項籍得之，以霸西楚；黥布得之，奄有九江；漢孝武得之，攘匈奴，服甌越，東收獩狛，西拓大夏。然則聖圖幽贊，未始有涯。天寶中，客有爲韜鈐者，得其遺制于黄帝書之外篇，裂素而圖之。勝敗之朕，在我指掌。天地之心，見于毫末。議欲獻諸策府，用廣武事。會天子以不戰爲師，無爲爲寶。則是圖也，興于多難，廢于升平。堙淪不書，盛德其歿[①]。乃旌諸圖側，以爲三皇之故事、六藝之餘伎云。”

高氏《子略》曰：“《風后握奇經》三百八十四字，其妙本乎奇正相生，變化不測。蓋潛乎伏羲氏之畫，所謂天、地、風、雲、龍、鳥、蛇、虎，則其爲八卦之象明矣。蓋注‘奇’，讀如‘奇耦’之‘奇’，則尤可與《易》準。諸儒多稱諸葛武侯八陣、唐李衛公六花，皆出乎此。唐裴緒之論，又以比六十四卦之變，其出也無窮。若此，則所謂八陣者，八卦之統爾。焦氏《易》學，

① 歿：崇禎本作“没”。

卦變至於四千九十有六，奇正相錯，變化無窮，是可以名數該之乎？然觀太公《武韜》，且言牧野之師，有天陣，有地陣，此固出于《握奇》，而又有人陣焉，此又出于天、地[①]之外者，非八陣、六花所能盡也。"

按：《武侯八陣圖》本于風后，人多不知。

伏羲氏考

按：太昊帝庖犧氏，風姓，始養犧牲以充庖廚，故曰"庖犧氏"。又結網罟以教佃漁，故曰"虙羲氏"。虙，古"伏"字。《風俗通義》云："伏羲始别八卦，以變化天下，天下法則，咸伏貢獻，故曰伏義也。"習鑿齒論青楚人物云："伏羲葬于南郡。"今其地無所考，惟古竟陵屬沔陽州治。《元和志》云："州本古之風國，其地五華山有風城，即古風國之故城，相傳伏羲後裔封此。"嗟乎！雲陽祝融宅兆，朱陵炎帝、少昊冢望軫野，群聖變化之鄉，固宜神胄之崛起矣。

熊、湘考

按《史記》註："熊、湘在長沙益縣。"歷攷郡縣諸志，無此山。或云："以熊繹始封得名。"不知熊繹封于周成王時，何得黄帝時便稱之？益縣，即今益陽縣。《水經注》曰："縣在益水之陽。今無益水，亦或資水之殊目也。"

熊　繹

熊繹者，其先出自帝顓頊高陽氏，凡歷三世，至吴回始代重黎爲火

① 《文獻通考》卷二二一《經籍考四十八·子·兵書》"地"後有"陣"字。

正。吴回生陸終，陸終生子六人，拆剖而産焉。一曰昆吾，二曰參胡，三曰彭祖，四曰會人，五曰曹姓，六曰季連。季連生附沮，附沮生穴熊。其後中微，或在中國，或在蠻夷，弗能紀其世。周文王之時，季連之苗裔曰鬻熊，子事文王，蚤卒。其子曰熊麗。熊麗生熊狂，熊狂生熊繹。僻在荆山，蓽輅[1]藍縷以處草莽，跋涉山林，桃弧棘矢以共王事。與魯公伯禽、衛康叔子牟、晉侯燮、齊太子吕伋，俱事成王。成王舉文、武勤勞之後裔，乃封繹于楚蠻，錫以子男之田，姓芈音米氏，國號曰荆，居丹陽。

《風俗通義》曰："楚之先，出自帝顓頊。其裔孫曰陸終，娶於鬼方氏，是謂女潰。蓋孕而三年不育，啟其左脅，三人出焉；啟其右脅，三人又出焉。其六曰季連，是爲芈。其後有鬻熊子，爲文王師。成王舉文、武勤勞，而封熊繹于楚，食子男之采，其十世稱王。至王負芻，遂爲秦所滅。百姓哀之，爲之語曰：'楚雖三户，亡秦必楚。'"

聖楷曰：楚自熊繹而後，熊渠、熊通相繼僭稱王號，楚乃益大。若莊若昭，皆賢辟也，予置之不録。而録夫繹者，所以尊王也，所以重屏藩之臣也。天下有王，則微、盧、彭、濮足以興周；天下無王，則穀、鄧、庸、鄾足以撓楚，藩屏云乎哉！故知封建之得失，有未易言者矣。

丹陽考

丹陽，在今歸州秭歸縣。《水經注》曰："秭歸縣。北對丹陽城，城據山跨阜，周八里二百八十步，東、北兩面悉臨絶澗，西帶亭下溪，南枕大江，嶮峭壁立，信天固也。"《地里志》以爲吴子之丹陽者，非。又按：丹陽，或云在枝江縣，亦非也。蓋秦廢列國爲郡縣，始取楚丹陽地爲枝江縣，不得即指枝江爲丹陽也。且其地

① 輅，崇禎本作"露"。

夷敞，蜀江至此析爲諸洲，縣治洲上，故以枝江爲稱。古人建都，形勢何取于此？

仲山甫

仲山甫，周宣王時賢臣也。謚穆仲，封於樊。初，魯武公來朝，以其世子括及庶子戲見王。王將立戲，仲山甫諫曰："不可立也。不順必犯，犯王命必誅，故出令不可不順也。令之不行，政之不立；行而不順，民將棄上。夫下事上、少事長，所以爲順也。今天子立諸侯而建其少，是教逆也。若魯從之而諸侯效之，王命將有所壅；若不從而誅之，是自誅王命也。是事也，誅亦失，不誅亦失，天子其圖之。"王卒立之。魯侯歸而卒，及魯人殺懿公戲而立伯御括。三十二年，宣王伐魯，立孝公括之弟稱，諸侯從是而不睦。

三十九年，宣王既喪南國之師，乃料民于太原。仲山甫諫曰："民不可料也。夫古者，不料民而知其少多，司民協孤終，司商協名姓，司徒協旅，司寇協奸，牧協職，工協革，場協入，廩協出。是則少多、死生、出入、往來者，皆可知也。於是乎又審之以事，王治農于藉，蒐搜于農隙，耨穫亦于藉，獮于既烝，狩于畢時，是皆習民數者也，又何料焉？不謂其少而大料之，是示少而惡事也。臨政示少，諸侯避之；治民惡事，無以賦令。且無故而料民，天之所惡也，害于政而妨于後嗣。"王卒料之。及幽王，乃廢滅。

《非國語》曰：吾嘗言："聖人之道，不窮異以爲神，不引天以爲高，故孔子不語怪與神。"君子之諫其君也，以道不以誣，務明其君，非務愚其君也。誣以愚其君則不臣。仲山氏果以職有所協，不待料而具，而料之者政之尨也，姑云爾而已矣，又何以示少惡事爲哉？況爲大妄以諉乎後嗣！惑于神怪愚誣之説，而以徵幽之廢滅，則是幽之悖亂不足以取滅，而料民以禍之也。仲山氏其至於是乎？蓋左氏之嗜誣斯人也已，何取乎爾也？

聖楷曰：周宣末年殺杜伯，拒虢父，信讒遠賢，大業不卒。至於敗績千畝，料民太原。人情洶洶，《沔水》悲而《祈父》作，《白駒》逝而《黄鳥》歌。老臣憂國如仲山甫者，安得不畏天憫人而慮及于後嗣哉？柳子厚乃以惑于神怪非之，是必如王安石"天變不足懼，人言不足恤，祖宗法不足守"而後可邪[①]？强辭奪理，天下事往往壞于此輩。昔江端禮病柳子厚《非國語》而作《非非國語》，東坡見之，曰："久欲爲此書，不謂君先之也。"又，元虞槃亦作有《非非國語》，惜乎二書今皆不傳。

樊城考

按：周宣王封仲山甫爲樊侯，其地即楚所滅之鄾、鄧地也。秦滅楚，以其地屬南陽郡。至漢始置襄陽縣，三國時改樊城縣，樊城之名始此。《後漢・樊宏傳》云："其先仲山甫，封于樊，因而氏焉。"宏，南陽湖陽人，即今鄧州，在樊城北九十里。

鬬子文

鬬穀於菟，字子文，鬬伯比之子也。初，若敖娶于䢵，生伯比。若敖卒，從母畜于䢵，淫于䢵子之女，生子文。䢵夫人使棄諸夢中，虎乳之。䢵子田，見之，懼而歸。夫人以告，遂使收之。楚人謂乳穀，謂虎於菟，故命曰鬬穀於菟。而以其女妻伯比。

楚成王八年，令尹子元見殺，使子文爲令尹。子文賢，以楚多故也，自毁其家，以紓國難。十七年，子文帥師滅弦。時齊桓公霸，江、黄、道、柏方睦于齊，皆弦姻也。弦子恃之而不事楚，又不設備，遂

① 邪：崇禎本作"耶"。

亡。三十二年，隨以漢東諸侯叛楚，子文帥師伐之，取成而還。三十五年，成得臣伐陳，討其貳于宋也，遂取焦、夷，城頓而還，以逼陳也。子文以爲之功，使爲令尹。叔伯楚大夫薳吕臣曰："子若國何？"對曰："吾以靖國也。夫有大功而無貴仕，其人能靖者與有幾？"遂相之。

初，子文爲令尹，其族有干法者，廷理拘之，聞其令尹之族也，遂釋之。子文讓之曰："凡立廷理，所以司法也。故直士持法，柔而不撓，剛而不折。吾爲令尹，以率士民，士民或怨吾而不能免之于法。吾族之犯法甚明，而使廷理因緣吾心而釋之，是吾不公著于國也。執國之政，而以私聞，與其生以無義，不若有死而已。"廷理懼而刑之。成王聞之，不及履而至子文之室，曰："寡人幼，致廷理失其人，以違夫子之意。"乃出廷理。國人歌之。子文爲令尹四十年，緇布之衣以朝，鹿裘以處，家無一日之積。王聞之，於是每朝設一束脯、一筐糗以益子文之禄。子文逃之，王止而後獲。或謂："人生求富，子逃之何也？"曰："夫從政，所以庇民也。民常貧，而我取富，是勤民以自封也，死無日矣。我逃死，非逃富也。"

聖楷曰：楚成王六年，公子元歸自伐鄭，而處王宫，鬭射師諫，則執而梏之。申公鬭班於是殺子元。子文爲令尹，自毁其家，以紓楚國之難。故其爲令尹八年，而《春秋》始書楚。嗣是而盟齊桓于召陵，執宋公于鹿上，滅弦滅黄，焚許男之輿櫬，取陳之焦、夷，納頓子于頓，敗徐人于婁林，朝諸侯，長齊、晉，至莊王而遂霸中原。其大有功于楚國，故尼父稱其爲忠也。若夫申廷理之法，逃朝設之禄，喜怒不形，物我無間，在當時齊、魯諸名卿，可一二見耳。何能望之後世之爲相者乎？晉稽康曰："三爲令尹不喜，柳下降身蒙耻。不以爵禄爲已，靖恭古惟二子。"誠知言哉。

邧子國考

《沔志》謂"邧在景陵"，《通考》謂"鄖在江夏雲杜縣東南"，皆非也。按《左傳》杜預注："邧在江夏安陸縣東南。"邧子與楚同爵，地分東西。今德安，古安陸，故邙國在郢之東，而其屬隨州應城、雲夢。又在景陵之東，邙子會隨、蓼、六伐楚而築蒲騷，今應城也。邙、隨、蓼、六，皆在郢之東，而蒲騷在四國之中，其西與楚郊郢鄰。假令邙在景陵，則所伐在西，乃卻走而東築，欲何待邪？故景陵有鄖國城，是楚滅邙子後封其臣鬬辛爲鄖大夫，稱近邑，非邙子之故國也。古鄖、邙字互通。

弦、江、黄、道、柏考

按：弦國在弋陽軑縣，今光州仙居北。江國在汝南安陽縣，今信陽之東南，新、息縣之西。文公四年，楚人滅江，秦伯爲之降服，出次，不舉，過數。大夫諫，公曰："同盟滅，雖不能救，敢不矜乎？吾自懼也。"黄國在光州定城，有黄故城云。僖公十二年，黄人恃諸侯之睦于齊也，不共楚職，曰："自郢及我九百里，焉能害我？"夏，楚滅黄。道國在汝南陽皮縣，南道亳是也，今確山有故道城。柏國在汝南西平縣櫓[①]亭，今蔡州西平縣。爵、姓俱未詳。

又按：《一統志》《楚紀》俱指黄國即今黄州者，其說皆本杜佑《通典》，謂"黄州爲黄國之境"也。其地當在光山、麻城間，距荆州適九百里。今黄州府治乃古邾城。楚宣王滅鄭，徙封于此，今府治西北百二十里有新州[②]城是也。

子文廟考

廟在雲夢縣北十里於菟鄉，後遷縣東北。《文獻通考》曰："宋哲宗元祐八年，賜安州雲夢縣楚令尹子文祠爲忠應廟，封崇德侯。"

---

① 櫓：崇禎本作"栢"。
② 州：應作"洲"。

虞丘子

虞丘子，名伯，爲楚令尹。薦孫叔敖于莊王，曰："臣聞奉公行法，可以得榮；能淺行薄，無望上位；不名仁知，無求顯榮；才之所不著，無當其處。臣爲令尹十年矣，國不加治，獄訟不息，處士不升，淫禍不討，久踐高位，妨群賢路，尸禄素餐，貪欲無厭，臣之罪當稽于理。臣竊選國俊下里之士曰孫叔敖，秀羸多能，其性無欲，君舉而授之政，則國可使治，而士民可使附。"莊王曰："子輔寡人，寡人得以長于中國，令行于絶域，遂霸諸侯，非子如何？"虞丘子曰："久固禄位者，貪也；不進賢達能者，誣也；不讓以位者，不廉也。不能三者，不忠也。爲人臣不忠君王，又何以爲忠臣？願固辭。"莊王從之，賜虞丘子采地三百，號曰國老，以孫叔敖爲令尹。少焉，虞丘子家干法，孫叔敖執而戮之。虞丘子喜，入見于王曰："臣言孫叔敖果可使持國政，奉國法而不黨，施刑戮而不骫，可謂公平。"莊王曰："夫子之賜也已！"

《吕氏春秋》曰：孫叔敖、沈尹莖相與友。叔敖游于郢三年，聲聞不知，修行不聞。沈尹莖謂孫叔敖曰："説義以聽，方術信行，能令人主上至于王，下至于霸，我不若子也。耦世接俗，説義調均，以適主心，子不如我也。子何以不歸耕乎？吾將爲子游。"沈尹莖游于郢五年，荆王欲以爲令尹，沈尹莖辭曰："期思之鄙人有孫叔敖者，聖人也，王必用之，臣不若也。"荆王於是使人以王輿迎叔敖，以爲令尹。

聖楷曰：《左傳》楚莊王九年誅令尹鬬椒，至十六年使令尹蔿艾獵城沂。蔿艾獵，即孫叔敖也。其中五年不知令尹何人，即使虞丘子爲之，亦不得云爲令尹十年也。且此五年内止滅舒、蓼，伐陳、伐鄭而已。十七年，與晉戰邲[1]，始霸諸侯，皆孫叔敖爲令尹時事。今虞丘子姓氏既無所攷，吕氏生於七國，聞見當有據，不稱虞丘子，而稱沈尹莖，或虞丘是沈尹莖之封邑，而人遂以名之邪？《水經注》淮水自白公城南至期思縣北，中有虞丘郭地名，似亦一證佐也。姑存之，以俟博識。

沈尹莖，《吕氏》書凡數見，或作"蒸"、作"巫"，當是傳寫之訛。

孫叔敖

孫叔敖，亦曰蔿音委艾獵，蔿賈子也。莊王九年，蔿賈見孫叔敖于王，既而隱于民閒，不仕。十六年，令尹虞丘子薦于王，使爲令尹。是年，楚左尹子重侵宋，王待諸郔。孫叔敖城沂，使封人慮事，以授司徒。量功命日，分財用，平板榦，稱畚築，程土物，議遠邇，略基趾，具餱糧，度有司，事三旬而成，不愆于素。孫叔敖相楚，期年而楚國大治，莊王以霸。

孫叔敖始爲相也，賀客畢至，有老父衣鹿衣，冠白冠，最後來，且弔。孫叔敖曰："王不以臣爲不肖，使相楚國，國人皆賀，而子獨弔，豈有説乎？"老父曰："然。身已貴而驕人者民去之，位已高而擅權者君惡之，禄已厚而不足者患隨之。是以來弔也。"孫叔敖再拜曰："敬受命，願聞餘教。"父曰："身已貴而意益下，位已高而心益恭，禄已厚而不敢取。君謹守此，足理楚國矣。"故孫叔敖之爲令尹，妻不衣帛，馬不食粟，常乘棧音孱車牝馬，披羖羊之裘。從者曰："車新則安，馬肥則疾，狐裘則温，何不爲也？"孫叔敖曰："聞君子服美益恭，小人服美益倨，吾無德以堪之矣。"

① 祕：崇禎本作"郯"。

孫叔敖疾，將死，戒其子曰："王亟封我矣，吾不受也。我死，王必封汝，汝必無受利地。楚、越閒有寢丘者，其地不利，其名甚惡，楚人鬼而越人禨，可長有者惟此。"孫叔敖死，王果以善地封其子，其子不受，請寢丘焉。王與之四百邑，其後，祀十世不絶云。

《荀子》曰：繒丘之封人見楚相孫叔敖曰："吾聞之也：處官久者士妬之，禄厚者民怨之，位尊者君恨之。今相國有此三者而不得罪楚之士民，何也？"孫叔敖曰："吾三相楚而心愈卑，每益禄而施愈博，位滋尊而禮愈恭，是以不得罪於楚之士民也。"

《莊子》曰：肩吾問于孫叔敖曰："子三爲令尹而不榮華，三去之而無憂色。吾始也疑子，今視子之鼻閒栩栩然，子之用心獨奈何？"孫叔敖曰："吾何以過人哉！吾以其來不可卻也，其去不可止也，吾以爲得失之非我也，而無憂色而已矣。我何以過人哉！"

《賈子新書》曰：孫叔敖之爲嬰兒也，出遊而還，憂而不食。母問其故，泣而對曰："今日吾見兩頭蛇，恐去死無日矣。"母曰："今蛇安在？"曰："吾聞見兩頭蛇者死，吾恐他人又見之，已殺而埋之也。"母曰："無憂，汝不死矣。吾聞之，有陰德者，天必報之以福。"人聞之，皆諭其能仁也。及爲令尹，未治而國人信之。

《循吏傳》曰：孫叔敖者，楚之處士也。虞丘相進之于楚莊王以自代也。三月爲楚相，施教導民，上下和合，世俗盛美，政緩禁止，吏無奸邪，盜賊不起。秋冬則勸民山采，春夏以水，各得其所便，民皆樂其生。莊王以爲幣輕，更以小爲大。百姓不便，皆去其業。市令言之相曰："市亂，民莫安其處，次行不定。"相曰："如此幾何頃乎？"市令曰："三月頃。"相曰："罷，吾今令之復矣。"後五日，朝，相言之王曰："前日更幣，以爲輕。今市令來言曰：'市亂，民莫安其處，次行之不定。'臣請遂令復如故。"王許之，下令三日而市復如故。楚民俗好庳車，王以爲庳車不便馬，欲下令使高之。相曰："令數下，民不知所從，不可。王必欲高車，臣請教閭里使高其梱。乘車者皆君子，君子不能數下車。”王許之，居半歲，民悉自高其車。此不教而民從其化，近者視而效之，遠者四面望而法之。故三得相而不喜，知其材自得之也；三去相而不悔，知非己之罪也。

《桓譚傳》曰：昔楚莊王問孫叔敖曰：“寡人未得所以爲國是也。”孫叔敖對曰：“國之有是，衆所惡也，恐王不能定也。”王曰：“不定獨在君，亦在臣乎？”對曰：“君驕士，曰士非我無從富貴；士驕君，曰君非士無從安存。人君或至失國而不悟，士或至饑寒而不進。君臣不合，國是無從定矣。”莊王曰：“善。願相國與諸大夫共定國是也。”

聖楷曰：孫叔敖與鬬子文三爲令尹事，俱無確據。然子文相成王二十八年始傳位子玉，以暗弱之主而值楚多難，其三仕三已容或有之。若孫叔敖相莊王自莊十六年至莊二十三年莊王卒，其中僅八年耳，而叔敖又卒于莊王之前，爲于時無幾，且莊王賢君，方霸諸夏，叔敖决無罷相之理。以荀卿諸人所引，多見道語，姑存之。

寢丘考

《韓非子》曰：“楚莊王既勝晉于河雍，歸而賞孫叔敖，叔敖請漢間之地，沙石之處。楚國之法，禄臣再世收，唯叔敖獨存九世而祀不絶。”按《水經注》：“潁水東逕固始縣故城北。”“縣[①]，故寢也。寢丘在南，故藉丘名縣矣。孫叔敖以土浸薄，取而爲封，故能綿嗣。城北猶有《叔敖碑》。建武二年，司空李通又慕叔敖受邑，光[②]武嘉之，更名固始。”今《廣輿志》云：“寢丘在潁州者，亦以潁在固始之南，而叔敖尸祝之鄉也。”固

① 《水經注校證》卷二十二《潁水》“縣”前有“《地理志》”三字。

② 《水經注校證》卷二十二《潁水》“光”前有“故”字。

始，屬今河南汝寧府。

芍陂考

按：先大人司訓壽春時作《芍陂記》云："安豐塘，一名芍陂，在壽州通淝門外六十里，以芍亭汨而爲陂也，闊三百餘里。六安、龍穴、横石諸水皆壑焉，引之，度灌田萬餘頃。"《淮南子》曰"孫叔敖決期思之水而灌雩婁之野，莊王知其可以爲令尹。"即此地也。又陳後山《叢談》曰："壽之安豐塘，楚相孫叔敖之所築也，至今賴之。塘西有廟焉，塘上之木，花皆西向，子皆東向。"

公子貞

公子貞，字子囊，莊王之庶子也。共王二十三年，代公子壬夫爲令尹。是歲，子囊伐陳，諸侯救之，乃止。二十五年，又圍陳，諸侯復會于鄬以救之。秋，伐鄭，討其侵蔡也。鄭請從，乃止，及鄭平。二十七年，秦景公使人來乞師，將以伐晉，其王許之。子囊曰："不可。當今吾不能與晉爭。晉君類能而使之，舉不失選，官不易方。其卿讓于善，其大夫不失守，其士競于教，其庶人力于農穡，商工皂隸，不知遷業。韓厥老矣，知罃稟焉以爲政。范匄少于中行偃而上之，使佐中軍。韓起少于欒黶，而欒黶、士魴上之，使佐上軍。魏絳多功，以趙武爲賢而爲之佐。君明臣忠，上讓下競。是時也，晉不可敵，事之而後可。君其圖之！"王曰："吾既許之矣，雖不及晉，必將出師。"子囊師于武城，以爲秦援。二十八年，晉以鄭之服楚也，謀欲逼鄭故城虎牢而戍之。子囊救鄭，晉人以諸侯之師還鄭，而南至陽陵，楚師不退。及晉班師，子囊乃還。子囊乞旅于秦，秦右大夫詹帥師從楚師，將以伐鄭。鄭伯逆之，移師伐宋，諸侯悉師以伐鄭，鄭人使良霄、石臭音綽如楚，將服于晉，子囊使執之。明年，子囊及秦庶長官名無地庶長名，伐宋師于楊梁，以報晉之取鄭也。

三十一年，共王疾，告大夫曰："不穀不德，少主社稷，生十年而喪先君，未及習師保之教訓，而膺受多福。是以不德而亡師于鄢，以辱社稷，爲大夫憂，其弘多矣。若以大夫之靈，獲保首領，以歿於地，唯是春秋窀穸之事，所以從先君于禰廟者，請爲'靈'若'厲'，大夫擇焉。"莫對。及五命，乃許。秋，王卒，子囊謀謚，大夫曰："君有命矣。"子囊曰："君命以'共'，若之何毀之？赫赫楚國，而君臨之，撫有蠻夷，奄征南海，以屬諸夏，而知其過。可不謂共乎？請謚之'共'。"大夫從之。鄭良霄及石㚟猶在楚，石㚟言于子囊曰："先王卜征五年，而歲習其祥，祥習則行，不習則增修德而改卜。今楚實不競，行人何罪？止鄭一卿，以除其偪，使睦而疾楚，以固于晉，焉用之？使歸而廢其使，怨其君以疾其大夫，而相牽引也，不猶愈乎？"子囊歸之。

吴聞楚喪，以侵楚，康王惡之，使子囊師于棠以伐吴。吴不出而還，子囊殿，以吴爲不能而弗儆。吴人自皋舟之隘要而擊之，楚人不能相救。吴人敗之。子囊還自伐吴，卒。將死，遺言謂子庚公子午："必城郢。"君子謂子囊忠君，薨不忘增其名，將死不忘衛社稷。

劉向《説苑》曰：楚人將與吴人戰，楚兵寡而吴兵衆，楚將軍子囊曰："我擊此國必敗，辱君虧地，忠臣不忍爲也。"不復于君，黜兵而退。至于國郊，使人復于君曰："臣請死。"君曰："子大夫之遁也，以爲利也。而今誠利，子大夫毋死。"子囊曰："遁者無罪，則後世之爲君將者，皆入不利之名而效臣遁，若是，則楚國終爲天下弱矣。臣請死。"退而伏劍。君曰："誠如此，請成子大夫之義。"乃爲桐棺三寸，加斧質其上，以徇于國。

按：此説本《吕覽·高義篇》，與左氏還卒不同，然喪師而後遺言城郢，不若全軍伏劍之義誠高也。併存之，以恥夫近日之欺君而倖死者。

聖楷曰：楚自鄢陵敗績，其君親集矢于目，其令尹子重復喪組練之師，子囊獨能識大察亂，服陳争鄭，與晉君三駕而不輕一戰，卒與其君以改過之美。何不謂之賢相乎？相賢則服小圖大，相不賢則喪師辱國。故子囊爲令尹，而范宣子知晉必喪陳。鄭子耳侵蔡，而子産知楚必來討。楚詎無才？是在官人者慎擇之耳。

城郢考

按：郢城在今江陵縣東北十五里龍陂橋，即楚舊都。楚文王自丹陽遷此，未有城，故子囊將死，以此爲言。及平王時，始城之。又，縣北有紀南城，《荆州記》"昭王十年，吴通漳水灌紀南，入赤湖，進灌郢城，遂破楚"是也。又《水經注》云："江陵舊城，關羽所築。羽北圍曹仁，吕蒙襲而據之。羽曰：'此城吾所築，不可攻也。'乃引而退。江陵城地東南傾，故緣以金堤，自靈溪始。桓温令陳遵造，遵善于方功，使人打鼓，遠聽之，知地勢高下，依傍創築，略無差矣。"今其地屢經戰争，皆不可考。

薳子馮

薳與蔿同子馮，孫叔敖之子也。楚康王二年，子馮爲司馬。及公子午卒，王使子馮爲令尹。子馮訪于申叔豫申叔時之孫，叔豫曰："國多寵而王弱，國不可爲也。"遂以疾辭。方暑，闕地下冰而牀焉，重繭綿也衣裘鮮音選食而寢。康王使醫視之，復曰："瘠則甚矣，而血氣未動。"乃使子南爲令尹。既而子南敗，復使子馮爲令尹。有寵于薳子者八人，皆無禄而多馬。他日朝，與申叔豫言，弗應而退。從之，入于人中。又從之，遂歸。退朝，見之，曰："子三困我于朝，吾懼，不敢不見。吾過，子姑告我，何疾我也？"對曰："吾不免是懼，何敢告子？"曰："何故？"對曰："昔觀起有寵于子南，子南得罪，觀起車裂，何敢不懼？"自御而歸，不能當道。至，謂八人者曰："吾見申叔，夫子所謂生死而肉骨也。知我者，如夫子則可。不然，請止。”辭八人者，而後王安之。

十一年，楚子爲舟師以伐吴。吴怨楚，而召舒鳩楚屬邑人，舒鳩人叛楚。楚子師于荒浦，使沈尹壽與師祁犁讓之。舒鳩子敬逆二子，而告無之，且請受盟。二子復命，王欲伐之。薳子曰：“不可。彼告不叛，且請受盟，而又伐之，伐無罪也。姑歸息民，以待其卒，卒而不貳，吾又何求？若猶叛我，無辭有庸功也。”乃還。明年，子馮卒。舒鳩人卒叛，楚人滅之。

晁無咎《雞肋集》曰：舒鳩實叛楚，楚責之急，僞逆二子，欺言無之。楚王欲伐其欺，亦可矣，而子馮不可。意曰：君子可欺以其方，難罔以非其道。彼以不叛來請盟，斯受之而已，如是，而復叛，楚雖滅之，楚可無罪。《易》曰：“田有禽，利執言，無咎。”子馮以之。

聖楷曰：孫叔敖父子相繼爲楚相，其事甚奇，而子馮託疾辭相事尤奇。學者多不知，乃獨取《史記》優孟之言相與辨駁，如歐陽永叔亦復不免，可歎也。世豈復有讀史者哉？

群舒考

按：舒，偃姓，子爵，國在廬江舒縣。舒鳩，亦子爵，舒之别封。廬江南有舒城，東夷也。舒庸，亦在廬江。巢，在廬江六縣東。舒、巢皆楚屬國。又有舒蓼，叛服不常，其後楚皆滅之。

舟師考

此後世水戰之始也。春秋時，惟楚與吴、越有舟師，其他無聞。《孫子》十三篇亦無水戰行軍篇。乃處水上之軍，如韓信夾濰水而陣之類，非以舟戰也。又按，《墨子》曰：公輸般自魯之楚，爲舟戰之具，謂之鉤拒，此戰舟之始。又《太白陰經》曰：水戰之具，始于伍員製之，以船爲車，以艣爲馬云。又杜氏《通典》云：

水戰之具，其船闊狹長短，隨用大小。勝人多少，皆以米爲率，一人重米二石。其檝、棹、篙、櫓、帆、席、絙、索、沈石、調度，與常船不殊。

樓船，船上建樓三重，列女牆戰格，樹幡幟，開弩窗、矛穴，置抛車、礨石、鐵汁，狀如城壘。忽遇暴風，人力不能制，此亦非便于事。然爲水軍，不可不設，以成形勢。

蒙衝，以生牛皮蒙船覆背，兩廂開掣棹孔，前後左右有弩窗、矛穴，敵不得近，矢石不能敗。此不用大船，務于疾速，乘人之不及。非戰之船也。

鬬艦，船上設女牆，可高三尺，牆下開掣棹孔。船内五尺，又建棚，與女牆齊，棚上又建女牆，重列戰敵。上無覆背，前後左右樹牙旗、幡幟、金鼓。此戰船也。

走舸，舷上立女牆，置棹夫多、戰卒少，皆選勇力精鋭者。往返如飛鷗，乘人之不及。金鼓旗幟列之于上。此戰船也。

遊艇，無女牆，舷上置槳牀，左右隨大小長短，四尺一牀。計會進止，迴軍轉陣，其疾如風。虞候居之。非戰船也。

海鶻，頭低尾高，前大後小，如鶻之狀。舷下左右置浮版，形如鶻翅翼，以助其船，雖風濤漲天，免有傾側。覆背上，左右張生牛皮爲城，牙旗、金鼓如常法。江海之中戰船也。"

屈 建

屈建，字子木，楚公族也。其先屈瑕食采于屈，因以命氏，世爲莫敖官名。建之父曰屈到，嗜芰。有疾，召其宗老而屬之曰："祭我必以芰。"及祥，宗老將薦芰，屈建命去之。宗老曰："夫子屬之。"屈建曰："不然。夫子承楚國之政，其法刑在民心而藏在王府，上之可以比先王，下之可以訓後世，雖微楚國，諸侯莫不譽。其《祭典》有之曰：

‘國君有牛享，大夫有羊饋，士有豚犬之奠，庶人有魚炙之薦，籩豆、脯醢音海[1]，則上下供之。不羞珍異，不陳庶侈衆多也。’夫子不以其私欲干國之典。”遂不用。

康王九年，爲莫敖。十二年，代薳子馮爲令尹。舒鳩人叛楚，子木伐之，及離城，吴人救之。子木遽以右師先，子彊、息桓、子捷、子駢、子盂帥左師以退。吴人居其閒居楚兩軍之閒七日，子彊曰：“久將墊隘，隘乃禽也，不如速戰。請以其私卒誘之，簡師陳以待我。我克則進，奔則亦視之視形勢而救助之，乃可以免。不然，必爲吴禽。”從之。五人以其私卒先擊吴師。吴師奔，登山以望，見楚師不繼，復逐之，傅諸其軍。簡帥會之，吴師大敗。遂圍舒鳩，舒鳩潰。八月，楚滅舒鳩。楚子以滅舒鳩賞子木，子木辭曰：“向也將伐舒鳩，蔿子馮請退師以須其叛，今叛而獲之，蔿子之功也，以與蔿掩。掩，子馮之子。”

十四年，宋左師向戌善于趙文子，又善于令尹子木，欲弭諸侯之兵以爲名。如晉，告趙孟。趙孟謀于諸大夫，韓宣子曰：“兵，民之殘也，財用之蠹，小國之大菑也。將或弭之，雖曰不可，必將許之。弗許，楚將許之，以召諸侯，則我失爲盟主矣。”晉人許之。如秦、如齊，亦許之。皆告于小國，爲會于宋。五月甲辰，晉趙武至于宋。丙午，鄭良霄至。六月戊申，叔孫豹、齊慶封、陳須無、衛石惡至。甲寅，晉荀盈從趙武至。丙辰，邾悼公至。壬戌，楚公子黑肱先至，成言于晉。丁卯，宋向戌如陳，從子木成言于楚。戊辰，滕成公至。子木謂向戌：“請晉、楚之從交相見也。”庚午，向戌復于趙孟。趙孟曰：“晉、楚、齊、秦，匹也。晉之不能于齊，猶楚之不能于秦也。楚君若能使秦君辱于敝邑，寡君敢不固請于齊？”壬申，左師復言于子木。子木使驛謁諸王，王曰：“釋齊、秦，他國請相見也。”秋七月戊寅，左師至。是夜也，趙孟及子皙盟，以齊言。庚辰，子木至自陳。陳孔奂、蔡公孫歸生至，曹、許之大夫皆至。以藩爲軍，晉、楚各處其偏。伯夙

① “音海”二字底本原作空格，據崇禎本補。

謂趙孟，曰：“楚氛甚惡，懼難。”趙孟曰：“吾左還，入于宋，若我何？”辛巳，將盟于宋西門之外，楚人衷甲。伯州犁曰：“合諸侯之師，以爲不信，無乃不可乎？夫諸侯望信于楚，是以來服。若不信，是棄其所以服諸侯也。”固請釋甲。子木曰：“晉、楚無信久矣，事利而已。苟得志焉，焉用有信？”太宰退，告人曰：“令尹將死矣，不及三年。求逞志而棄信，志將逞乎？志以發言，言以出信，信以立志，參以定之。信亡，何以及三？”趙孟患楚衷甲，以告叔向。叔向曰：“何害也？匹夫一爲不信，猶不可，單斃其死。若合諸侯之卿，以爲不信，必不捷矣。食言者不病，非子之患也。”

晉、楚争先。晉人曰：“晉固爲諸侯盟主，未有先晉者也。”楚人曰：“子言晉、楚匹也。若晉常先，是楚弱也。且晉、楚狎主諸侯之盟也久矣。豈專在晉？”叔向謂趙孟曰：“諸侯歸晉之德只，非歸其尸盟也。子務德，毋争先。且諸侯盟，小國固必有尸盟者。楚爲晉細，不亦可乎？”乃先楚人。壬午，宋公兼享晉、楚之大夫，趙孟爲客。子木與之言，弗能對。使叔向侍言焉，子木亦不能對也。乙酉，宋公及諸侯之大夫盟于蒙門之外。子木問于趙孟曰：“范武子之德何如？”對曰：“夫子之家事治，言于晉國無隱情。其祝史陳信于鬼神，無愧辭。”子木歸，以語王。王曰：“尚矣哉！能歆神人，宜其光輔五君以爲盟主也。”晉荀盈遂如楚涖盟。諸夏之君始旅見於楚。十五年，楚屈建卒，趙文子喪之如同盟。

　　劉向《説苑》曰：楚恭王多寵子，而世子之位不定。屈建曰：“楚必多亂。夫一兔走于街，萬人追之；一人得之，萬人不復走。分未定，則一兔走，使萬人擾；分已定，則雖貪夫知止。今楚多寵子而嫡位無主，亂自是生矣。夫世太子者，國之基也，而百姓之望也。國既無基，又使百姓失望，絶其本矣。本絶則撓亂，猶兔走也。”恭王聞之，立康王爲太子，其後猶有令尹圍、公子棄疾之亂也。

　　蘇軾《屈到嗜芰論》曰：屈到嗜芰。有疾，召其宗老而屬之曰："祭我必以芰。"及祥，宗老將薦芰。屈建命去之。君子曰："不違而道。"唐柳宗元非之曰："屈子以禮之末，忍絶其父將死之言。且《禮》有'齋之日，思其所樂，思其所嗜'。子木去芰，安得爲道？"甚矣，柳子之陋也！子木，楚卿之賢者也。夫豈不知爲人子之道？事死如事生，况于將死丁寧之言棄而不用，人情之所忍乎？是必有大不忍于此者而奪其情也。夫死生之際，聖人嚴之。薨于路寢，不死于婦人之手，至于結冠纓、啟手足之末，不敢不勉。其于死生之變亦重矣。父子平日之言，可以恩掩義。至于死生至嚴之際，豈容以私害公乎？曾子有疾，稱君子之所貴乎道者三。孟僖子卒，使其子學禮于仲尼。管仲病，勸桓公去三豎。夫數君子之言，或主社稷，或勤于道德，或訓其子孫，雖所趣不同，然皆篤于大義，不私其躬也如此。今赫赫楚國，若敖氏之賢，聞于諸侯，身爲正卿，死不在民，而口腹是憂，其爲陋亦甚矣。使子木行之，國人誦之，太史書之，天下後世不知夫子之賢，而唯陋是聞，子木其忍爲此乎？故曰：是必有大不忍者而奪其情也。然《禮》之所謂"思其所樂，思其所嗜"，此言人子追思之道也。曾晳嗜羊棗，而曾子不忍食。父殁而不能讀父之書，母殁而不能執母之器，皆人子之情自然也，豈待父母之命耶？今薦芰之事，若出于子則可，自其父母，則爲陋耳。豈可以飲食之故而成父莫大之陋乎！曾子寢疾，曾元難于易簀。曾子曰："君子之愛人也以德，細人之愛人也以姑息。"若以柳子之言爲然，是曾元爲孝子，而童子顧禮之末，易簀于病革之中，爲不仁之甚也。中行偃死，視，不可含，范宣子盟而撫之曰："事吴敢不如事主！"猶視。欒懷子曰："主苟終，所不嗣事于齊者，有如河。"乃瞑。嗚呼，范宣子知事吴爲忠于主，而不知報齊以成夫子憂國之美，其爲忠則大矣。古人以愛惡比之美疢藥石，曰："石猶生我。疢之美者，其毒滋多。"由是觀之，柳子之愛屈到，是疢之美；子木之違父命，藥石也哉！

聖楷按：胡氏謂：宋之盟，合左師欲弭諸侯之兵以爲名，而楚屈建請晉、楚之從交相見，自是中國諸侯南向而朝楚。及申之會，大合十有一國之衆，而用齊桓召陵之典，宋左師、鄭子產皆獻禮焉。宋世子佐以後至，遂辭而不見。伐吴滅賴，無敢違者，自宋之盟始也。或又曰：宋之盟中國不出，夷狄不入，玉帛之使交乎天下，以尊周室，子木之功大矣哉！抑予所取于子木者，立嫡以定亂，近于智；去芰以合道，近于孝；推舒公于蔿子，近于讓；迎伍椒于出亡，近于忠，爲國上相，而備美若此，可謂賢矣。况疆埸之事，又有利于社稷者哉？故其卒也，趙孟喪之如同盟，而蘇子亦稱之于千百世之下也。

薦芰考

按：《爾雅》諸書，皆以芰爲蔆，而無所别。惟《武陵記》云："四角、三角曰芰，兩角曰蔆，其花紫色，晝合夜炕，隨月轉移，猶葵之隨日也。"羅願《爾雅翼》曰："古者嘉籩之實，蔆芡㮚脯，蔆芡㮚脯，再言之者，兩設之盛，禮乃用焉。屈建去芰薦而引祭典。"云云。蓋籩豆脯醢，雖上下所共，然以多少爲差，則珍異庶侈，非大夫所宜。昔者季武子聘晉，晉侯享之，有加籩，辭曰："寡君猶不敢，請徹加而後卒事。"則非屈到所宜薦明矣。此論亦通。

沈諸梁

沈諸梁，字子高，沈尹戌之子也，爲葉公，故稱葉公諸梁。初，太子建見殺于鄭，其子勝在吴，令尹子西欲召之。子高聞之，見子西，曰："聞子召王孫勝，信乎？"曰："然。"子高曰："將焉用之？"曰："吾聞之，勝直而剛，欲寘之境。"子高曰："不可。其爲人也，展而不信，愛而不仁，詐而不知，毅而不勇，直而不衷，周而不淑。復言而不謀身，展也；愛而不謀長，不仁也；以謀蓋人，詐也；彊忍犯義，毅也；直而不顧，不衷也；周言棄德，取周其言，而不以德。不淑也。是六德者，皆有其華而不實者也，將焉用之？彼其父爲戮于楚，其心又狷而不潔。若其狷也，不忘舊怨，而不以潔悛德，思報怨而已。則其愛也足以得人，其展也足以復之，其詐也足以謀之，其直也足以帥之，其周也足以蓋之，其不潔也足以行之。而加之以不仁，奉之以不義，蔑不克矣。夫造勝之怨者，皆不在矣。若來而無寵，速其怒也；若其寵之，毅貪而無厭。既而得入，而耀之以大利，不仁以長之，思舊怨以修其心，苟國有釁，必不居矣。非子職之，其誰乎？彼將思行舊怨而欲大寵，動而得人，怨而有術，若果用之，害可待也。余愛子與司馬子西之弟子期，故不敢不言。”

子西曰：“德其忘怨乎！余善之，夫乃其寧。”子高曰：“不然。吾聞之，唯仁者可好也、可惡也、可高也、可下也。好之不偪，惡之不怨，高之不驕，下之不懼。不仁者則不然。人好之則偪，惡之則怨，高之則驕，下之則懼。驕有欲焉，懼有惡焉，欲惡怨偪，所以生詐謀也。子將若何？若召而下之，將戚而懼；爲之上者，將怒而怨。詐謀之心，無所靖矣。有一不義，猶敗國家，今壹五六，而必欲用之，不亦難乎？吾聞國家將敗，必用奸人，而嗜其疾味，其子之謂乎？夫誰無疾眚音省，能者蚤除之。舊怨滅宗，國之疾眚也，爲之關籥、藩籬而遠備閑之，猶恐其至也，是之爲日惕。若召而近之，死無日矣。人有言曰：“狼子野心。”怨賊之人，其又可善乎？若子不我信，盍求若敖氏與子干、子晳之族而近之？安用勝也，其能幾何？昔齊騶馬繻以胡公入于貝水，邴歜、閻職戕懿公于囿竹，晉長魚矯殺三郤於榭，魯圉人犖音洛殺子般于次，夫是誰之故也？非唯舊怨乎？是皆子所聞也。人之求多聞善敗，以鑑戒也。今子聞而棄之，猶蒙耳也，吾語子何益，吾知逃而已。”

子西笑曰：“子之尚勝也。”竟召之，使處吴境，爲白公。請伐鄭。子西曰：“楚未節也。不然，吾不忘也。”他日又請，許之。未起師，晉人伐鄭。楚救之，與之盟。勝怒，曰：“鄭人在此，讎不遠矣。”勝自厲劍，子期之子平見之，曰：“王孫何自厲也？”曰：“勝以直聞，不告女，庸爲直乎？將以殺爾父。”平以告子西。子西曰：“勝如卵，余翼而長之。楚國第我死，令尹、司馬，非勝而誰？”勝聞之，曰：“令尹之狂也！得死，乃非我。”子西不悛。惠王十年，吴人伐慎，白公敗之。請以戰備獻敗吴所得，許之。遂作亂。秋七月，殺子西、子期于朝，而劫惠王。子西以袂掩面而死，曰：“吾慙葉公也。”葉公在蔡，方城之外，皆曰：“可以入矣。”子高曰：“吾聞之，以險徼幸者，其求無饜，偏重必離。”聞其殺齊管修修，楚賢大夫，管仲之後。也，而後入。及北門，或遇之，曰：“君胡不胄？國人望君，如望慈父母焉。盜賊之矢若傷君，是絶民望也，若之何不胄？”乃胄而進。又遇一人，曰：“君胡胄？國人之望君，如望歲焉，日月以幾。若見君面，是得艾安也也。民知不死，其亦夫有奮心，猶將旌君以徇諸國，而乂掩面以絶民望，不亦甚乎！”乃免胄而進。遇箴尹固，師[①]其屬將與白公。子高曰：“微二子者，楚不國矣。棄德從賊，其可保乎？”乃從葉公。使與國人以攻白公，白公奔山而縊，其徒微之。生拘石乞而問白公之死焉。對曰：“余知其[②]死，而長者使余勿言。”曰：“不言，將烹！”乞曰：“此事克則爲卿，不克則烹，固其所也，何害？”乃烹石乞。諸梁兼二事令尹、司馬。國寧，乃使寧子西子爲令尹，使寬子期子爲司馬，而老于葉。

初，吴之入楚也，子高之母與其弟后臧見俘于吴，后臧不待棄母而歸，子高終身不正視之。

《左氏》曰：楚白公之亂，陳人恃其聚而侵楚。楚既寧，將取陳麥。楚子問帥於太師子穀與葉公子高。子穀曰：“右領差車與左史老皆相令尹、司馬以伐陳，其可使也。”子高曰：“率賤，民慢之，懼不用命焉。”子穀曰：“觀于父，都俘也，武王以爲軍率，

① 師：崇禎本同，《左傳》哀公十六年作“帥”。

② 《左傳》哀公十六年“其”後有“所”字。

是以克州、蓼，服隨、唐，大啟群蠻。彭仲爽，申俘也，文王以爲令尹，實縣申、息，朝陳、蔡，封畛于汝。唯其任也，何賤之有？”子高曰：“天命不諂，令尹有憾于陳，天若亡之，其必令尹之子是與，君盍[①]舍焉？臣懼右領與左史有二俘之賤，而無其令德也。”王卜之，武城尹吉。使帥師取陳麥。陳人禦之，敗。遂圍陳。秋，七月己卯，楚公孫朝帥師滅陳。王與葉公枚卜子良，以爲令尹。沈尹朱曰：“吉，過于其志。”葉公曰：“王子而相國，過將何爲？”他日，改卜子國，而使爲令尹。

《淮南子》曰：“太宰子朱侍飯于令尹子國，令尹子國啜羹而熱，投卮漿而沃之。明日，太宰子朱辭官而歸。其僕曰：‘楚太宰未易得也，辭官去之，何也？’子朱曰：‘令尹輕行而簡禮，其辱人不難。’明年，伏郎尹而笞之三百。”

按：子國無所建豎，太宰子朱獨能見機勇退，明哲之士哉。

聖楷曰：葉公子高知白公勝之必亂楚不難，知其必亂楚而預防之爲難。既入定其亂，而歸老于葉，爲尤難。謀國謀身，可謂忠且知矣。又能治民以惠，舉帥以德，勤躬清問，如恐不及，此非深依聖人之教，未易企也。若夫母俘于吴，終身抱戚，君父仇讎，大節凜然。學者往往不通時務，妄議古人，如《畫龍》小説，本劉向《新序》，以爲寓言，豈足據哉？

葉令祠考

《風俗通義》曰：謹按《春秋》左氏傳，葉公子高姓沈，名諸梁。古者令曰公。忠于社稷，惠恤萬民，方城之外，莫不欣戴。白公勝作亂，葉公自葉而入，與國人攻白公，奔山而縊。生烹石乞，迎反惠王，整肅官司，退而老于葉。及其終也，葉人追思而立祠。功施于民，以勞定國，兼玆二事，固祀典之所先也。俗説以孝明

① 盍：崇禎本同，《左傳》哀公十六年作“合”。

帝時葉令王喬仙去，帝建其處，號“葉君祠”。此世之矯誣，豈一事哉？

聖楷按：葉令祠，當漢時已訛爲王喬祠，故應劭極辨飛舄之祀，爲矯誣也。其地即今南陽葉縣，有王喬飛舄，遺跡三里許有喬墓。喬已仙去，不應復有馬鬣，豈所謂天下玉棺，土自成墳者耶？

楚寶卷第一考異

新化鄧顯鶴湘皋述

大　臣

祝　融

炎帝神農氏考

周氏原按：炎帝陵，在今衡州府酃縣康樂鄉。史[①]多誤稱炎帝葬於茶鄉。茶鄉即今茶陵州，其地有雲陽山，最爲秀傑。其上有少昊金天氏冢。羅泌《路史》云"於雲陽得少昊之墒"，是也。少昊，亦曰雲陽氏。

顯鶴按：酃縣，漢屬長沙國，東漢屬長沙郡，晉後省入臨蒸縣，隋改爲衡陽縣，唐因之。至宋嘉定四年，復析茶陵之康樂、雲陽、常平三鄉，置酃縣。而炎陵始隨康樂鄉隸酃，非史誤也。又按《路史》云："於衡山得祝融之窾，於雲陽得少昊之墒，於茶水得炎帝之陵。"文義甚明，不審周氏何以謂之誤。

① 原按"史"前有"又"字。

風后

熊、湘考

原按：《史記》註："熊、湘在長沙益縣。"歷攷郡縣[①]志，無此山。或云："以熊繹始封得名。"不知熊繹封于周成王時，何以[②]黄帝時便稱之？益縣，即今益陽縣。《水經注》云："縣在益水之陽。今無益水，亦或資水之殊目矣。"

顯鶴按：《史記·五帝紀》："黄帝南至于江，登熊、湘。"《集解》引《封禪書》曰："南伐至于召陵，登熊山。《地理志》曰：'湘水[③]在長沙益陽縣。'"其文甚明，無"熊、湘在長沙益縣"之文。考益陽自秦設縣以來，凡一升爲州，五分爲縣，益陽之名不易，無益縣之稱。熊、湘二山名，屢見於《史記·封禪書》《漢書·郊祀志》《地理志》及《史記·秦本紀》。今方志以益陽之修山當湘山，以安化之浮青山一名熊耳，及新化之熊膽山當熊山，固屬無稽。周氏乃合熊、湘爲一山，又云"益縣即今之益陽縣"，失之遠矣。今略正其誤。又録《史》《漢》及注所稱引諸條以備考。《史記·封禪書》："秦併天下，令祠官所常奉天地、名山、大川、鬼神可得而序也。於是自殽以東，名山五，大川祠二。太[④]室，恒[⑤]山，泰山，會稽，湘山。水曰濟，曰淮。"《漢書·郊祀志》同。《索隱》曰：《地理志》湘山在長沙。《史記·秦本

① 原按"縣"後有"諸"字。

② 以：原按作"得"。

③ 水：《史記》卷一《五帝本紀》作"山"。

④ 《史记》卷二八《封禪書第六》"太"前有"曰太室"三字。

⑤ 《史记》卷二八《封禪書第六》"恒"前有"嵩高也"三字。

紀》："始皇渡淮水，之衡山、南郡。浮江，至湘山[①]。逢大風，幾不得渡。上問博士曰：'湘君何神？'對曰：'聞之，堯女，舜之妻，而葬此。'於是始皇大怒，使刑徒三千人[②]伐湘山[③]，赭其山。"《封禪書》："始皇南至湘山，遂登會稽，併海上。"又桓公曰："南伐至召陵，登熊耳[④]，以望江漢。"顏師古注曰："熊耳山在順陽北益陽東，非《禹貢》所云'導洛自熊耳'者。其山兩峰，狀[⑤]若熊耳，因以爲名也。"《漢書·地理志》長沙國益陽注"湘山在北"。應劭曰："在益水之陽。"右《史》《漢》言熊、湘及注所稱引如此。

熊　　繹

丹陽考

原按：丹陽，在今歸州姊[⑥]歸縣。

顯鶴按：姊歸縣，故夔子國。楚人滅之。二漢爲姊歸縣，屬南郡。晉、宋屬建平郡。後周置姊歸郡。隋郡廢，屬信州。唐置歸州縣，東南有丹陽城。熊繹始封實居於此，後徙都枝江，亦曰丹陽。《明史·地理志》："洪武九年四月廢州入姊歸縣，屬夷陵州。十年二月改縣名長寧。十三年五月復改縣爲歸州，領縣二：興山，巴東。"姊歸，明初已廢。周氏此書成于崇禎時，不得稱丹陽在今歸

① 《史记》卷六《秦始皇本紀第六》"山"後有"祠"字。
② 《史记》卷六《秦始皇本紀第六》"人"後有"皆"字。
③ 《史记》卷六《秦始皇本紀第六》"山"後有"樹"字。
④ 《史记》卷六《秦始皇本紀第六》"耳"後有"山"字。
⑤ 《漢書》卷二五《郊祀志第五上》"狀"後有"亦"字。
⑥ 姊：原按作"秭"，下同。

州姊歸縣明矣。又按：丹陽有四。楚始封之丹陽，在歸州。漢之丹陽治宛陵，晉武帝改丹陽爲宣城，而移丹陽治于建康，於是丹陽又分屬建康。唐武德初，以江都郡之延陵縣境置潤州。天寶元年改爲丹陽郡，則又爲今之丹陽縣矣。

鬭子文

䢵子國考

原按：《沔志》謂"䢵在景陵"，《通考》謂"䢵在江夏雲杜縣東南"，皆非也。按《左傳》杜預注："䢵在江夏安陸縣東南。"

顯鶴按：《左傳》宣公四年："初，若敖娶于䢵。"注："䢵，國名。"又"䢵夫人使棄諸夢中"，注："夢，澤名，江夏安陸縣城東南有夢澤[①]城。"無"䢵在江夏安陸縣東南"之文。又按《後漢書·地理志》"江夏郡，軑侯國"注："杜預曰：古䢵國，在東南，有䢵城。""竟陵侯國"注："《左傳》桓十一年，鄖人軍蒲騷。""雲杜"注："杜預曰：縣東南有鄖城，故國。"《沔志》謂"䢵在竟陵"，《通考》謂"䢵在江夏雲杜縣東南"，其説皆本杜預，周氏未及詳考耳。

弦、江、黄、道考

原按：弦國在弋陽軑縣，今光州仙居北。江國在汝南安陽縣，今信陽之東南，新、息縣之西。黄國在光州定城。道國在汝南陽皮縣。柏國在汝陽[②]西平縣，今蔡州西平縣。

顯鶴按：《漢書·地理志》"江夏郡，軑"原書譌"軼"。注：

① 夢澤：崇禎本同，《左傳》宣公四年"杜預注"原文作"雲夢"。
② 陽：原文作"南"。

“故弦子國。”孟康曰：“沃，音沃。”師古曰：“又音徒系反。”弋陽，《漢志》“屬汝南郡”，注：“侯國。”應劭曰：“弋山在西北，故黄國，今黄城是。”《輿地廣記》：“春秋爲黄、弦二國，秦屬九江郡，漢屬汝南江夏郡，至魏分置弋陽郡，晉、宋、齊因之，兼置光州。”《唐書·地里志》：“光州，弋陽郡，領縣五：定城、光山、仙居、殷城、固始。”《明史·地理志》：“光州，洪武初，以州治定城縣省入，領縣四：光山、固始、息、商城縣。”固久無仙居之目、新息之稱矣。又按《漢志》：“汝南郡縣三十七，有陽安，無陽皮。”“陽安”注：“應劭曰：‘道國也，今道亭是。’”《輿地廣記》：“確山縣西南有道城，故道國。”《左傳》曰：“江、黄、道、柏，皆弦姻。”在漢爲陽安縣。西平縣，故柏子國，漢舊縣，屬汝南郡。《漢志》“西平”注：“應劭曰：‘故柏國也，今柏亭是。’”周氏所引不誤，但不宜云“今蔡州西平縣。”明之西平，與上蔡、新蔡、確山俱隸汝寧府，無蔡州之稱矣。

孫叔敖

寑丘考

顯鶴按：《漢書·地理志》“汝南郡，寑”注：“莽曰閏始[①]。”應劭曰：“孫叔敖子所邑之寑[②]丘是也。世祖更名曰固始。”《後漢志》：“固始侯國。故寑也，光武中興更名。有寑丘。”《史記》曰：“楚莊王封孫敖子明。”《地理志》：“固始屬光州。”周氏云“固始，今[③]河南汝寧府”，亦誤。

① 始：《漢書》卷二八《地理志》作“治”。
② 寑：《漢書》卷二八《地理志》作“寑”。
③ 據原按，“今”前有“屬”字。

芍陂考

顯鶴按：原按云云，當是周氏述其先人美政，然當有“聖楷”二字。今按《水經》：“肥水别[①]北過其縣西，北入芍陂。”注：“芍陂水上承澗水于五門[②]南，别爲斷神水，又東北流逕五門亭東，亭爲泉[③]水之會也。又東北逕白芍亭東，積而爲湖，謂之芍陂。陂周一百二十許里，在壽春縣南八十里。言楚相孫叔敖所造。陂有五門，吐納川流。西北爲香門[④]陂，水北逕孫叔敖祠下，謂之芍陂瀆。”又按《北史・趙軌傳》：“轉壽春[⑤]州總管長史。芍陂舊有五門堰，蕪穢不通。軌勸課吏人，更開三十六門，灌田五千餘頃，人賴其利。”

公子貞

城郢考

顯鶴按：《前漢・地理志》“南郡，江陵”注：“故楚郢都，楚文王自丹陽徙此。後九世平王城之。十[⑥]世秦拔我郢。”《後漢志》“南郡，江陵有津鄉”注：“縣北十餘里有紀南城，楚王所都。東南有郢城，子囊所城。”

---

① 據《水經注》卷三二《肥水》，“别”爲衍字。
② 《水經注》卷三二《肥水》“門”後有“亭”字。
③ 泉：《水經注》卷三二《肥水》作“二”。
④ 《水經注》卷三二《肥水》，“門”後有“陂”字。
⑤ 據《北史》卷五八《趙軌傳》，“春”爲衍字。
⑥ 《漢書》卷二八《地理志》，“十”前有“後”字。

楚寶卷第二

明湘潭周聖楷伯孔輯纂

大　臣

黄　瓊

黄瓊，字世英，江夏安陸人，魏郡太守香之子也。瓊初以父任爲太子舍人，辭病不就。遭父憂，服闋，五府俱辟，連年不應。

永建中，公卿多薦瓊者，於是會稽賀純、廣漢楊厚俱公車徵。瓊至綸氏，稱疾不進。有司劾不敬，詔下縣以禮慰遣，遂不得已。先是徵聘處士，多不稱望，李固素慕於瓊，乃以書逆遺之曰："聞已度伊、洛，近在萬歲亭，豈即事有漸，將順王命乎？蓋君子謂伯夷隘，柳下惠不恭，故傳曰'不夷不惠，可否之閒'。蓋聖賢居身之所珍也。誠遂欲枕山棲谷，擬跡巢、由，斯則可矣；若當輔政濟民，今其時也。自生民以來，善政少而亂俗多，必待堯舜之君，此爲志士終無時矣。嘗聞語曰：'嶢嶢者易缺，皦皦者易汚。'《陽春》之曲，和者必寡，盛名之下，其實難副。近魯陽樊君，被徵初至，朝廷設壇席，猶待神明。雖無大異，而言行所守，亦無所缺。而毁謗布流，應時折減者，豈非觀聽望深，聲名太盛乎？自頃徵聘之士，胡元安、薛孟嘗、朱仲昭、顧季鴻等，其功業皆無所采，是故俗論皆言處士純盗虚聲。願先生弘此遠謨，令衆人歎服，一雪此言耳。"瓊至，即拜議郎，稍遷尚書僕射。

初，瓊隨父在臺閣，習見故事。及後居職，達練官曹，争議朝堂，莫能抗奪。時連有災異，瓊上疏順帝曰："閒者以來，卦位錯謬，寒燠相干，蒙氣數興，日闇月散，原之天意，殆不虚然。陛下宜開石室，案《河》《洛》，外命史官，悉條上永建以前至漢初災異，與永建以後訖于今日，孰爲多少。又使近臣儒者參考政事，數見公卿，察問得失。諸無功德者，宜皆斥黜。臣前頗陳災眚，并薦光禄大夫樊英、太中大夫薛包及會稽賀純、廣漢楊厚，未蒙御省。伏見處士巴郡黄錯、漢陽任棠，年皆耆耋，有作者七人之志。宜更見引致，助崇大化。"於是有詔公車徵錯等。

三年，大旱。瓊復上疏曰："昔魯僖遇旱，以六事自讓，躬節儉，閉女謁，放讒佞者十三人，誅税民受貨者九人，退舍南郊，天立大雨。今亦宜顧省政事，有所損闕，務存質儉，以易民聽。尚方御府，息除煩費。明敕近臣，使遵法度，如有不移，示以好惡。數見公卿，引納儒士，訪以政化，使陳得失。又囚徒尚積，多致死亡，亦足以感傷和氣，招降災旱。若改敝從善，擇用嘉謀，則災消福至矣。"書奏，引見德陽殿，使中常侍以瓊奏書屬主者施行。

自帝即位以後，不行籍田之禮。瓊以國之大典不宜久廢，上疏奏曰："自古聖帝哲王，莫不敬恭明祀，增致福祥，故必躬郊廟之禮，親籍田之勤，以先群萌，率勸農功。昔周宣王不籍千畝，虢文公以爲大譏，卒有姜戎之難，終損中去聲興之名。竊見陛下遵稽古之鴻業，體虔肅以應天，順時奉元，懷柔百神，朝夕觸塵埃于道路，晝暮聆庶政以卹人。雖《詩》咏成湯之不怠遑，《書》美文王之不暇食，誠不能加。今廟祀適闕，而祈穀潔齊之事，近在明日。臣恐左右之心，不欲屢動聖躬，以爲親耕之禮，可得而廢。臣聞先王制典，籍田有日，司徒咸戒，司空除壇。先時五日，有協風之應，王即齊宫，饗醴載耒，誠重之也。自癸巳以來，仍西北風，甘澤不集，寒涼尚結。迎春東郊，既不躬親，先農之禮，所宜自勉，以迎和氣，以致時風。《易》曰：君子自强不息。斯其道也。"書奏，帝從之。

頃之，遷尚書令。瓊以前左雄所上孝廉之選，專用儒學文史[①]，于取士之義，猶有所遺，乃奏增孝悌及能從政者爲四科，事竟施行。又雄前議舉吏先試之于公府，又覆之于端門，後尚書張盛奏除此科。瓊上言："覆試之作，將以澄洗清濁，覆實虚濫，不宜改革。"帝乃止。出爲魏郡太守，稍遷太常。和平中，以選入侍講禁中。

元嘉元年，遷司空。桓帝欲褒崇大將軍梁冀，使中朝二千石以上會議其禮。瓊獨建議曰："冀前以親迎之勞，增邑三千，又其子允亦加封賞。昔周公輔相成王，制禮作樂，化致太平，是以大啟土宇，開地七百。今諸侯以户邑爲制，不以里數爲限。蕭何識高祖于泗水，霍光定傾危以興國，皆益户增封，以顯其功。冀可比鄧禹，合食四縣，賞賜之差，同于霍光，使天下知賞必當功，爵不越德。"朝廷從之。冀意以爲恨。會以地動策免。復爲太僕。

永興元年，遷司徒，轉太尉。梁冀前後所託辟召，一無所用。雖有善人而爲冀所飾舉者，亦不加命。延熹元年，以日食免。復爲大司農。明年，梁冀被誅，復拜瓊爲太尉。以師傅之恩，而不阿梁氏，乃封爲邟音亢鄉侯，邑千户。瓊辭疾讓，封六七上，言旨懇惻，乃許之。梁冀既誅，瓊首居公位，舉奏州郡素行貪污至死徙者十餘人，海内由是翕然望之。尋而五侯擅權，傾動内外，自度力不能匡，乃稱疾不起。四年，以寇賊免。其年復爲司空。秋，以地震免。

七年，疾篤，上疏諫曰："臣聞天者務剛其氣，君者務彊其氣。是以王者處高自持，不可不安；履危任力，不可不據。夫自持不安則顛，任力不據則危。故聖人升高據上，則以德義爲首；涉危蹈傾，則以賢者爲力。唐堯以德化爲冠冕，以稷、契爲筋力。高而益崇，動而愈據，此先聖所以長守萬國，保其社稷者也。昔高皇帝應天順民，奮劍而王，掃除秦、項，革命創制，降德流祚。至於哀、平，而帝道不綱，秕政日亂，遂使奸佞擅朝，外戚專恣。所冠不以仁義爲冕，所蹈不以賢佐爲

① 史：《後漢書》卷六一《黄瓊傳》作"吏"。

力，終至顛蹶，滅絶漢祚。天維陵弛，民鬼慘愴，賴皇乾眷命，炎德復輝。光武以聖武天挺，繼統興業，創基冰泮之上，立足枳棘之林。擢賢于衆愚之中，畫功于無形之世。崇禮義于交争，循道化于亂離。是自歷高而不傾，任力危而不跌，興復洪祚，開建中興，光被八極，垂名無窮。至於中葉，盛業漸衰。陛下初從藩國，爰升帝位，天下拭目，謂見太平。而即位以來，未有勝政。諸梁秉權，竪宦充朝，重封累職，傾動朝廷，卿校牧守之選，皆出其門，羽毛齒革、明珠南金之寶，殷滿其室，富擬王府，勢回天地。言之者必族，附之者必榮。忠臣懼死而杜口，萬夫怖禍而木舌，塞陛下耳目之明，更爲聾瞽之主。故太尉李固、杜喬，忠以直言，德以輔政，念國忘身，隕殁爲報，而坐陳國議，遂見殘滅。賢愚切痛，海内傷懼。又前白馬令李雲，指言宦官罪穢宜誅，皆因衆人之心，以救積薪之敝。弘農杜衆，知雲所言宜行，懼雲以忠獲罪，故上書陳理之，乞同日而死，所以感悟國家，庶雲獲免。而雲既不辜，衆又并坐，天下尤痛，益以怨結，故朝野之人，以忠爲諱。昔趙殺鳴犢，孔子臨河而反。夫覆巢破卵，則鳳皇不翔；刳牲夭胎，則麒麟不臻。誠物類相感，理使自[①]然。尚書周永，昔爲沛令，素事梁冀，幸其威勢，坐事當罪，越拜令職。見冀將衰，乃陽毁示忠，遂因奸計，亦取封侯。又黄門協邪，群輩相黨，自冀興盛，腹背相親，朝夕圖謀，共構奸軌。臨冀當誅，無可設巧，復記其惡，以要爵賞。陛下不加清徵，審别真僞，復與忠臣并時顯封，使朱紫共色，粉墨雜糅，所謂抵金玉于沙礫，碎珪壁于泥塗。四方聞之，莫不憤歎。昔曾子大孝，慈母投杼；伯奇至賢，終于流放。夫讒諛所舉，無高而不可升；阿黨相抑，無深而不可淪。可不察歟？臣至頑駑，世荷國恩，身輕位重，勤不補過，然懼于永殁，負舋日深。敢以垂絶之日，陳不諱之言，庶有萬分，無恨三泉。其年卒，時年七十九。贈車騎將軍，謚曰忠侯。孫琬。

《海内士品》曰：徐孺子嘗事江夏黄公。公卒，孺子往會葬，

① 自：崇禎本作“其”。

無行貲以致齎，磨鏡具自隨，每所在，賃磨鏡取資，然後得前。既至，祭畢而退。

《後漢·徐穉傳》曰：穉字孺子，豫章南昌人也。嘗爲太尉黄瓊所辟，不就。及瓊卒歸葬，穉乃負糧徒步到江夏赴之，設雞酒薄祭，哭畢而去，不告姓名。時會者四方名士郭林宗等數十人聞之，疑其穉也，乃選能言語生茅容輕騎追之。及于塗，容爲設飲，共言稼穡之事。臨訣去，謂容曰："爲我謝郭林宗，大樹將顛，非一繩所維，何爲棲棲不遑寧處？"

《風俗通義》曰：公車徵士，豫章徐孺子比爲太尉黄瓊所辟，禮文有加。孺子隱者，初不答命。瓊薨，既葬。負篘廾涉齎一盤，醊哭于墳前。孫子琰，故五官中郎將，以長孫制杖，聞有哭者，不知其誰，亦于倚廬哀泣而已。孺子無有謁刺，事訖便去。子琰大怪其故，遣瓊門生茅季瑋追請，辭謝，終不肯還。謹按：《禮》：凡弔喪者，既哭，興，踴，進問其故，哀之至也。孺子所以經三千里，越度山川，而親至者，非徒徇于己，顧義報乎哭醊墳前是也。訖，當即其帳衾問勞子琰。子琰宿有善名，在禮無違，儻見微闕，教誨可乎，如何倏忽甚于路人？昔黔敖忽于嗟來，然君子猶以爲其嗟可去，謝可食。今與黄有恩故矣，孝子寢伏苫塊，又孺子到便詣墳，無介，夫何爲哉？

聖楷按：瓊初教授于家，徐穉從之咨訪大義，是有師弟子之分，非同薦辟之知也。豈以穉皎節高志，反自薄于申徒蟠諸人乎？《風俗通》駁其弔喪一段，極有見。又按郎顗上書薦瓊云：江夏黄瓊，耽道樂術，清亮自然，被褐懷寶，含味經籍，又果于從政，明達變復，朝廷前加優寵，賓于上位。瓊入朝日淺，謀謨未就，因以喪病，致命遂志。天下莫不嘉朝廷有此良人，而復怪其不時還任云云。十數語可與瓊疾篤一疏，並垂有國之鑒。

延熹日食考

按：延熹元年，夏五月，甲辰晦，日食。太史令陳授因小黄門徐璜陳“日食之變咎在大將軍梁冀”。冀聞之，諷雒陽令收考授，死于獄。帝由是怒冀。嗟乎，若陳授可謂能于其職，以死悟主者矣。當表出之，與李雲、杜衆諸人並傳。

胡 廣

胡廣，字伯始，南郡華容人也。六世祖剛，清高有志節。平帝時，大司農馬宫辟之。值王莽居攝，剛解其衣冠，懸府門而去，遂亡命交阯，隱于屠肆之閒。後莽敗，乃歸鄉里。父貢，交阯都尉。

廣少孤貧，親執家苦。長大，隨輩入郡爲散吏。太守法雄之子真，從家來省其父。真頗知人，會歲終應舉，雄敕真助其求才。雄因大會諸吏，真自于牖閒密占察之，乃指廣以白雄，遂舉孝廉。既到京師，試以章奏，安帝以廣爲天下第一。謝承書曰：廣有雅才，學究五經，古今術藝皆畢覽之。年二十七，舉孝廉。旬月拜尚書郎，五遷尚書僕射。

順帝欲立皇后，而貴人有寵者四人，莫知所建，議欲探籌，以神定選。廣與尚書郭虔、史敞上疏諫曰：“竊見詔書，以立后事大，謙不自專，欲假之籌策，决疑靈神。篇籍所記，祖宗典故，未嘗有也。恃神任筮，既不必當賢；就值其人，猶非德選。夫岐嶷形于自然，俔天必有異表。宜參良家，簡求有德，德同以年，年鈞以貌，稽之典經，斷之聖慮。政令猶汗，往而不反。詔文一下，形之四方。臣職在拾遺，憂深責重，是以焦心，冒昧陳聞。”帝從之，以梁貴人良家子，定立爲皇后。

時尚書令左雄議改察舉之制，限年四十以上，儒者試經學，文吏試章奏。廣復與敞、虔上書駁之曰：“臣聞君以兼覽博照爲德，臣以獻可替否爲忠。《書》載稽疑，謀及卿士；《詩》美先人，詢于芻蕘。國有大政，必議之于前訓，咨之于故老，是以慮無失策，舉無過事。竊見尚書令左雄議郡舉孝廉，皆限年四十以上，諸生試章句，文吏試牋奏。明詔既許，復令臣等得與相參。竊惟王命之重，載在篇典，當令懸于日月，固于金石，遺則百王，施之萬世。《詩》云：‘天難諶斯，不易惟王。’可不慎歟！蓋選舉因才，無拘定制。六奇之策，不出經學；鄭、阿子產治鄭、晏子治東阿。之政，非必章奏。甘、奇顯用，年乖彊仕；終、賈揚聲，亦在弱冠。甘羅年十二，子奇、終軍、賈誼俱十八。漢承周、秦，兼覽殷、夏，祖德師經，參雜霸軌，聖主賢臣，世以致理，貢舉之制，莫或回革。今以一臣之言，劃戾舊章，便利未明，衆心不厭。矯枉變常，政之所重，而不訪台司，不謀卿士。若事下之後，議者駁異，異之則朝失其便，同之則王言已行。臣愚以爲可宣下百官，參其同異，然後覽擇勝否，詳采厥衷。敢以瞽言，冒于天禁，惟陛下納焉。”帝不從。

時陳留郡缺職，尚書史敞等薦廣，曰：“臣聞德以旌賢，爵以建事，明試以功，典謨所美，五服五章，天秩所作。是以臣竭其忠，君豐其寵，舉不失德，下忘其死。竊見尚書僕射胡廣，體真履規，謙虚温雅，博物洽聞，探賾窮理，六經典奥，舊章憲式，無所不覽。柔而不犯，文而有禮，忠貞之性，憂公如家。不矜其能，不伐其勞，翼翼周慎，行靡玷漏。密勿夙夜，十有餘年，心不外顧，志不苟進。臣等竊以爲廣在尚書，劬勞日久，後母年老，既蒙簡照，宜試職千里，匡寧方國。陳留近郡，今太守任缺，廣才略勝茂，堪能撥煩。願以參選，紀綱頽俗，使束修守善，有所勸仰。”

廣典機事十年，出爲濟陰太守，以舉吏不實免。復爲汝南太守，入拜大司農。漢安元年，遷司徒。質帝崩，代李固爲太尉，録尚書事。以定策立桓帝，封育陽安樂鄉侯，以病遜位。又拜司空，告老致仕。尋以特進徵拜太常，遷太尉，以日食免。復爲太常，拜太尉。

延熹二年，大將軍梁冀誅，廣與司徒韓縯、司空孫朗坐不衛宫，皆減死一等，奪爵土，免爲庶人。後拜大中大夫、太常。九年，復拜司徒。

靈帝立，與太傅陳蕃參録尚書事，復封故國，以病自乞。會蕃被誅，代爲太傅，總録如故。

時年已八十，而心力克壯，繼母在堂，朝夕瞻省，傍無几杖，言不稱老。及母卒，居喪盡哀，率禮無愆。常遜言恭色，達練事體，明解朝章。雖無謇直之風，屢有補闕之益。故京師諺曰："萬事不理問伯始，天下中庸有胡公。"及共李固定策，大議不全，又與中常侍丁肅婚姻，以此譏毁于時。

自在公台三十餘年，歷仕六帝，禮任甚優，每遜位辭病，及免退田里，未嘗滿歲，輒復升進。凡一履司空，再作司徒，三登太尉，又爲太傅。其所辟命，皆天下名士。與故吏陳蕃、李咸，並爲三司。蕃等每朝會，輒稱疾避廣，時人榮之。年八十二，熹平元年薨。使五官中郎將持節奉策，贈太傅、安樂鄉侯印綬，給東園梓器，謁者護喪，賜冢塋于原陵，謚文恭侯，拜家一人爲郎中。故吏自公、卿、大夫、博士、議郎以下數百人，皆縗绖殯位，自終及葬。漢興以來，人臣之盛，未嘗有也。

初，揚雄依《虞箴》作《十二州二十五官箴》，其九箴亡闕，後涿郡崔駰及子瑗，又臨邑侯劉騊駼增補十六篇，廣復繼作四篇，文甚典美。乃悉撰次首目，爲之解釋，名曰《百官箴》，凡四十八篇。其餘所著詩、賦、銘、頌、箴、弔及諸解詁，凡二十二篇。

熹平六年，靈帝思感舊德，乃圖畫廣及太尉黄瓊于省内，詔議郎蔡邕爲其頌云。

蔡邕撰《胡廣黄瓊頌》曰：巖巖山嶽，配天作輔。降神有周，生申及甫。允兹漢室，誕育二后。曰胡曰黄，方軌齊武。惟道之淵，惟德之藪。股肱元首，代作心膂。天生蒸人，有則有類。我胡我黄，鍾厥純懿。巍巍特進，仍踐其位。赫赫三事，七佩其紱。奕奕四牡，沃若六轡。衮職龍章，其文其蔚。參曜乾台，窮寵極貴。功加八荒，群生以遂。超哉邈乎，莫與爲二。

李贄《藏書》曰：甚矣，殺身之難也。世之人士動以殺身律人，過矣。使必皆殺身而後可，此賢者所以終身巖穴，不肯見于世也。胡廣、趙戒雖不能如李、杜之極諫力争，然李、杜既死，仍復有李、杜者相繼而起，羅列于朝，誰之力歟？其與自殺而遂己者，厥功倍矣。故曰：“天下中庸有胡公。”信哉。其爲中庸也，豈若張禹者，以帝師之重，言聽計從，乃曲意阿鳳，專爲孫謀者比乎？吾是以亦謂吏隱，蓋隱于無名者也。

聖楷曰：君子之慮人家國也，必先審其幾，度其勢，而後以其身付之，庶幾生不徒生，死不徒死也。李固身爲三公，負時重望，初與梁冀等立清河王不克，此時即宜奉其身以退矣而不退，是已失先後著。及質帝遇毒，事出變異，使固于伏尸號哭之時，窮冀殺君之罪，内以白于太后，外以告于天下，即不能正其誅，猶可以取其氣焰而驅使之，不大勝張凌奪劍之勇乎？又復舍此急著不下，而再與之争立清河王，卒死凶豎之手。乃抱憤貽書胡廣、趙戒，欲何爲乎？昔人謂其忠有餘而才不足，詎不信哉？今之訾議胡廣者，亦不過責之以激怒凶冀，而速之與固同死耳。不知一死之後，于國何益。悠悠萬事，惟此爲大，獨殺身云乎哉？此皆小夫陋儒不通時務之見。故蘇潁濱以爲無益于事，而徒害其身，君子不爲也。

菊水考

盛弘之《荆州記》曰：“菊水出穰縣。芳菊被涯，水極甘香。谷中皆飲此水，上壽百二十，七八十者猶以爲夭。太尉胡廣久患風羸，恒汲飲此水，疾遂得瘳，年近百歲。此菊莖短葩大，食之甘美，異于餘菊。廣又收其菊實，播之京師，處處傳植。”

聖楷按：菊不結實。此菊實亦出創聞。穰縣一作酈縣，今南陽鄧州地。《廣輿記》云“内鄉縣”。

廣生卒考

《殷芸小説》曰：“胡廣本姓黄，以五月五日生，父母惡之，藏之葫盧，棄之河流，岸側居人收養。及長，有盛名，父母欲取之，廣以爲背其所生則害義，背其所養則忘恩。兩無所歸，託葫盧而生也，乃姓胡，名廣云。”按蔡中郎撰《胡夫人黄氏神誥》：廣生繼兩母，皆江陵黄氏女。安得有葫盧託生之事？此等妄説，無識者多喜信之。又，廣陪葬洛陽，今華容縣不應復有廣墓。惟伯始讀書堂遺址猶存。

蔣 琬

蔣琬，字公琰，零陵湘鄉人也。弱冠，與外弟泉陵劉敏俱知名。琬以州書佐隨先主入蜀，除廣都長。先主嘗因游觀奄至廣都，見琬衆事不理，時又沈醉，先主大怒，將加罪戮。軍師、將軍諸葛亮請曰：“蔣琬，社稷之器，非百里之才也。其爲政以安民爲本，不以修飾爲先，願主公重加察之。”先主雅敬亮，乃不加罪，倉卒但免官而已。琬見推之後，夜夢有一牛頭在門前，流血滂沱，意甚惡之，呼問占夢趙直。直曰：“夫見血者，事分明也。牛角及鼻，‘公’字之象，君位必當至公，大吉之徵也。”頃之，爲什邡[①]令。先主爲漢中王，琬入爲尚書郎。

建興元年，丞相亮開府，辟琬爲東曹掾。舉茂才，琬固讓劉邕、陰化、龐延、廖淳，亮教答曰：“思惟背親舍德，以殄百姓，衆人既不隱于心，實又使遠近不解其義，是以君宜顯其功舉，以明此選之清重也。”遷爲參軍。五年，亮住漢中，琬與長史張裔統留府事。八年，代裔爲長史，加撫軍將軍。亮數外出，琬嘗足食足兵以相供給。亮每言：“公琰託志忠雅，當與我共贊王業者也。”密表後主曰：“臣若不幸，後事宜以付琬。”

亮卒，以琬爲尚書令，俄而加行都護，假節，領益州刺史，遷大將軍，録尚書事，封安陽亭侯。時新喪元帥，遠近危悚。琬出類拔萃，處

① 邡：《三國志》卷四四《蔣琬傳》作“邡”。

群僚之右，既無戚容，又無喜色，神守舉止，有如平日，由是衆望漸服。延熙元年，詔琬曰："寇難未弭，曹叡驕凶，遼東三郡苦其暴虐，遂相糾結，與之離隔。叡大興衆役，還相攻伐。曩秦之亡，勝、廣首難，今有此變，斯乃天時。君其治嚴，總帥諸軍屯住漢中，須吴舉動，東西犄角，以乘其釁。"又命琬開府，明年，就加爲大司馬。

東曹掾楊戲素性簡略，琬與言論，時不應答。或欲構戲于琬曰："公與戲語而不見應，戲之慢上，不亦甚乎！"琬曰："人心不同，各如其面；面從後言，古人之所誡也。戲欲贊吾是邪，則非其本心，欲反吾言，則顯吾之非，是以默然，是戲之快也。"又督農楊敏曾毁琬曰："作事憒憒，誠非及前人。"或以白琬，主者請推治敏，琬曰："吾實不如前人，無可推也。"主者重據聽不推，則乞細按憒憒之狀。琬曰："苟其不如，則事不當理，事不當理，則憒憒矣。復何問邪？"後敏坐事繫獄，衆人猶懼其必死，琬心無適莫，得免重罪。其好惡存道，皆此類也。

琬以爲昔諸葛亮數窺秦川，道險運艱，竟不能克，不若乘水東下。乃多作舟船，欲由漢、沔襲魏興、上庸。會舊疾連動，未時得行。而衆論咸謂如不克捷，還路甚難，非長策也。於是遣尚書令費禕、中監軍姜維等喻指。琬承命上疏曰："芟穢弭難，臣職是掌。自臣奉辭漢中，已經六年，臣既闇弱，加嬰疾疢，規方無成，夙夜憂慘。今魏跨帶九州，根蒂滋蔓，平除未易。若東西並力，首尾犄角，雖未能速得如志，且當分裂蠶食，先摧其支黨。然吴期二三，連不克果，俯仰惟艱，實忘寢食。輒與費禕等議，以凉州胡塞之要，進退有資，賊之所惜；且羌、胡乃心思漢如渴，又昔偏軍入羌，郭淮破走，算其長短，以爲事首，宜以姜維爲凉州刺史。若維征行，銜持河右，臣當帥軍爲維鎮繼。今涪水陸四通，惟急是應，若東北有虞，赴之不難。"由是，琬即還住涪。疾轉增劇，至九年卒，謚曰恭。

子斌嗣，爲綏武將軍、漢城護軍。魏大將軍鍾會至漢城，與斌書曰："巴蜀賢知文武之士多矣。至於足下、諸葛思遠，譬諸草木，吾氣類也。桑梓之敬，古今所敦。西到，欲奉瞻尊大君公侯墓，當灑掃墳塋，奉祠致敬。願告其所在！”斌答書曰：“知惟臭味意眷之隆，雅託通流，未拒來謂也。亡考昔遭疾疢，亡于涪縣，卜云其吉，遂安厝之。如君西邁，乃欲屈駕修敬墳墓。視予猶父，顏子之仁也，聞命感愴，以增情思。”會得斌書報，嘉歎意義，及至涪，如其書云。斌弟顯，爲太子僕，會亦愛其才學，與斌同遇難。

劉敏，左護軍、揚威將軍，與鎮北大將軍王平俱鎮漢中。魏遣大將軍曹爽襲蜀，時議者或謂但可守城，不出拒敵，必自引退。敏以爲男女布野，農穀棲畝，若聽敵入，則大事去矣。遂帥所領與平據興勢，多張旗幟，彌亘百餘里。會大將軍費禕從成都至，魏軍即退，敏以功封雲亭侯。

聖楷按：湘鄉，東漢屬零陵郡，晉屬衡陽郡，至隋始罷衡陽郡，以湘鄉省入屬潭州。琬生於湘鄉，葬於涪。本傳甚明，乃修郡縣志者，或辨琬墓在湘鄉，或争琬爲今零陵縣人。又《總志》云：營道南三十里，有蔣琬墓。此何異説夢？

費禕

費禕，字文偉，江夏鄳音盲人也。少孤，依族父伯仁。伯仁姑，益州牧劉璋之母也。璋遣使迎仁，仁將禕游學入蜀。會先主定蜀，禕遂留西[①]土，與汝南許叔龍、南郡董允齊名。時許靖喪子，允與禕欲共會其葬所。允白父和請車，和遣開後鹿車給之，允有難載之色，禕便從前先上。及至喪所，諸葛亮及諸貴人悉集，車乘甚鮮，允猶神色未泰，而禕晏然自若。持車人還，和問之，知其如此，乃謂允曰：“吾嘗疑汝于文偉優劣未别也，而今而後，吾意了矣。”

---

① 西：《三國志》卷四四《費禕傳》作“益”。

先主立太子，褘與允俱爲舍人，遷庶子。後主踐位，爲黄門侍郎。丞相亮南征還，群寮于數十里逢迎，年位多在褘右，而亮特命褘同載，由是衆人莫不易觀。亮以初從南歸，以褘爲昭信校尉使吴。孫權性既猾稽，嘲啁無方，諸葛恪、羊衜等才博果辯，論難鋒至，褘辭順義篤，據理以答，終不能屈。權甚器之，謂褘曰："君天下淑德，必當股肱蜀朝，恐不能數來也。"還，遷爲侍中。亮北住漢中，請褘爲參軍，以奉使稱旨，頻煩至吴。建興八年，轉爲中護軍，後又爲司馬。值軍師魏延與長史楊儀相憎惡，每至並坐争論，延或舉刀擬儀，儀泣涕横集。褘嘗入其坐閒，諫喻分别，終亮之世，各盡延、儀之用者，褘匡救之力也。亮卒，褘爲後軍師。頃之，代蔣琬爲尚書令。于時軍國多事，公務煩猥，褘識悟過人，每省讀書記，目暫視，已究其意旨，其速數倍于人，終亦不忘。嘗以朝晡聽事，其閒接納賓客，飲食嬉戲，加之博奕，每盡人之歡，事亦不廢。琬自漢中還涪，褘遷大將軍，録尚書事。

延熙七年，魏軍次于興勢，假褘節，率衆往禦之。光禄大夫來敏至褘許别，求共圍棋。時羽檄交至，人馬擐甲，嚴駕已訖，褘與敏留意對戲，色無厭倦。敏曰："向聊觀試君耳！君信可人，必能辦賊者也。"褘至，敵遂退，封成鄉侯。琬固讓州職，褘復領益州刺史。褘當國，功名略與琬比。十一年，出住漢中。自琬及褘，雖自身在外，慶賞威刑，皆遥先諮斷，然後乃行，其推任如此。後十四年夏，還成都。成都望氣者云都邑無宰相位，故冬復北屯。漢壽十五年，命褘開府。十六年歲首大會，魏降人郭循在坐，褘歡飲沈醉，爲循手刃所害。謚曰敬侯。子承嗣。

《褘别傳》曰：孫權每别酌好酒以飲褘，視其已醉，然後問以國事，并論當世之務，辭難累至。褘輒辭以醉，退而撰次所問，事事條答，無所遺失。權乃以手中常所執寶刀贈之，褘答曰："臣不才，何以堪明命？然刀所以討不庭、禁暴亂者也，但願大王勉建功業，同獎漢室，臣雖闇弱，終不負東顧。"

陳壽評曰：蔣琬方整有威重，費褘寬濟而博愛，咸承諸葛之成規，因循而不革。是以邊境無虞，邦家和一，然猶未盡治小之宜、居静之理也。

裴松之曰：蔣、費爲相，克遵畫一，未嘗徇功妄動，有所虧喪。外御駱谷之師，内保寧緝之實，治小之宜、居静之理，何以過于此哉！今譏其未盡而不著其事，故使覽者不知所謂也。

聖楷按：《别傳》又謂："禕雅性謙素，家不積財，兒子皆令布衣素食，出入不從車騎，無異凡人。"此猶是乘鹿車時氣象，古人窮達不異如此。

《風俗通》曰：俗説鹿車窄小，裁容一鹿。

張柬之

張柬之，字孟將，襄陽人。少涉經史，補太學生。祭酒令狐德棻異其才，便以王佐奇之。中進士第，始調清源丞。永昌元年，以賢良召，時年七十餘矣。對策者千餘，柬之爲第一。授監察御史，遷鳳閣舍人。時突厥默啜有女，請和親，武后欲令武延秀娶之。柬之奏："古無天子取夷狄女者。"忤旨，出爲合、蜀二州刺史。故事，歲以兵五百戍姚州，地險瘴，到屯輒死。柬之論其弊曰："臣按姚州，古哀牢國，域土荒外，山岨水深。漢世未與中國通，唐蒙開夜郎、滇笮，而哀牢不附。東漢光武末，始請内蜀，置永昌郡統之。賦其鹽布氈罽音寄以利中土。其國西大秦，南交趾，奇珍之貢不闕。劉備據蜀，甲兵不充，諸葛亮五月度瀘，收其産入以益軍，使張伯岐選取勁兵，以增武備。故《蜀志》稱亮南征後，國以富饒。此前世置郡，以其利之也。今鹽布之税不供，珍奇之貢不入，戈戟之用不實于戎行，寶貨之資不輸于大國。而空竭府庫，驅率平人，受役蠻夷，肝腦塗地。臣竊爲陛下惜之。

"昔漢歷博南山，涉蘭倉水，更置博南、哀牢二縣。蜀人愁苦，行者作歌曰：'歷博南，越蘭津，度蘭倉，爲他人。'蓋譏其貪珍奇之利，而爲蠻夷所驅役也。漢獲其利，人且怨歌。今減耗國儲，費調日引，使陛下赤子身膏野草，骸骨不歸，老母幼子哀號望祭于千里之外。朝廷無絲髪之利，百姓蒙終身之酷，臣竊爲國家痛之。往諸葛亮破南中，即用渠率統之，不置漢官，不留戍兵。言置官留兵有三不易：置官必夷漢雜居，猜嫌將起；留兵轉糧，爲患滋重；後忽反叛，勞費必甚。故粗設綱紀，自然久定。臣謂亮之策，誠盡羈縻蠻夷之要。今姚州官屬，既無固邊厭寇之心，又無亮且縱且禽之伎。唯詭謀狡算，恣情割剥；扇動酋渠，遺成朋黨；折支諂笑，取媚蠻夷，拜跪趨伏，無復爲恥；提挈子弟，嘯引凶愚，聚會蒲博，一擲累萬。凡逋逃亡命在彼州者，户贏二千，專事剽奪。且姚州本龍朔中武陵主簿石子仁奏置，其後長史李孝讓、辛文協死于群蠻，詔遣郎將趙武貴討擊，兵無噍類，又以將軍李義總繼往，而郎將劉惠基戰死，其州遂廢。臣竊以亮有三不易，其言卒驗。

"垂拱中，蠻郎將王善寳、昆州刺史爨乾福復請置州，言課税自支，不傍取于蜀。及置，州掾李稜爲蠻所殺。延載中，司馬成琛更置瀘南七鎮，戍以蜀兵，蜀始擾矣。且姚府總管五十七州閒，皆巨猾游客。國家設官，所以正俗防奸，而無恥之吏，敗謬至此。今劫害未止，恐驚擾之禍日滋。宜罷姚州，隸嶲府，歲時朝覲同藩國。廢瀘南諸鎮，而設關瀘北，非命使，不許交通。增嶲屯兵，擇清良吏以統之。臣愚以爲便。"疏奏，不納。俄爲荆州大都督府長史。

長安中，武后謂狄仁傑曰："安得一奇士用之？"仁傑曰："陛下求文章資歷，今宰相李嶠、蘇味道足矣。豈文士齷齪，不足與成天下務哉？"后曰："然。"仁傑曰："荆州長史張柬之雖老，宰相材也。用之，必盡節于國。"即召爲洛州[①]。他日又求人，仁傑曰："臣昔薦張柬之，未用也。"后曰："遷之矣。"曰："臣薦宰相而爲司馬，非用

① 據上下文意及《新唐書》卷四十五《張柬之傳》，"洛州"下疑有"司馬"二字。

也。”乃授司刑少師[①]，遷秋官侍郎。後姚崇爲靈武軍使，將行，后詔舉外司可爲相者，崇曰：“張柬之沈厚有謀，能斷大事，其人老，惟亟用之。”即日召見，拜同鳳閣鸞臺平章事，進鳳閣侍郎。誅二張也，柬之首發其謀。以功擢天官尚書、同鳳閣鸞臺三品、漢陽郡公，實封五百户。不半歲，以漢陽郡王加特進，罷政事。

柬之既失權，願還襄州養疾，乃授襄州刺史。中宗爲賦詩祖道，又詔群臣餞定鼎門外。至州，持下以法，雖親舊無所縱貸，會漢水漲齧城郭，柬之因壘爲堤，以遏湍怒，闔境賴之。又懇辭王爵，不許。俄及貶，又流瀧州，憂憤卒，年八十二。景雲元年，贈中書令，謚曰文貞，授一子官。柬之剛直不傅會，然邃於學，論次書數十篇。

《通鑑·唐紀》曰：神龍元年正月，太后疾甚，麟臺監張易之、春官侍郎張昌宗居中用事，張柬之、崔玄暐與中臺右丞敬暉、司刑少卿桓彦範、相王府司馬袁恕己謀誅之。柬之謂右羽林衛大將軍李多祚曰：“將軍今日富貴，誰所致也？”多祚泣曰：“大帝也。”柬之曰：“今大帝之子爲二豎所危，將軍不思報大帝之德乎？”多祚曰：“苟利國家，惟相公處分，不敢顧身及妻子。”因指天地以自誓，遂與定謀。初，柬之與荆府長史楊元琰相代，同泛江，至中流，語及太后革命事，元琰慨然有匡復之志。及柬之爲相，引元琰爲右羽林將軍，謂曰：“君頗記江中之言乎？今日非輕授也。”柬之又用彦範、暉及右散騎侍郎李湛皆爲左、右羽林將軍，委以禁兵。易之等疑懼，乃更以其黨武攸宜爲右羽林大將軍，易之等乃安。

俄而姚元之自靈武至，柬之、彦範相謂曰：“事濟矣！”遂以其謀告之。彦範以事白其母，母曰：“忠孝不兩全，先國後家，可也。”時太子于北門起居，彦範、暉謁見，密陳其策，太子許之。癸卯，柬之、玄暐、彦範與左威衛將軍薛思行等，帥左右羽林兵

① 師：崇禎本作“卿”。

五百餘人至玄武門，遣多祚、湛及内直郎、駙馬都尉安陽王同皎詣東宫迎太子。太子疑，不出，同皎曰："先帝以神器付殿下，横遭幽廢，人神共憤，二十三年矣！今天誘其衷，北門、南牙，同心協力，以誅凶豎，復李氏社稷，願殿下暫至玄武門，以副衆望。"太子曰："凶豎誠當夷滅，然上體不安，得無驚怛！諸公更爲後圖。"李湛曰："諸將相不顧家族以徇社稷，殿下奈何欲納之鼎鑊乎！請殿下自出止之。"太子乃出。同皎扶抱太子上馬，從至玄武門，斬關而入。太后在迎仙宫，柬之等斬易之、昌宗于廡下，進至太后所寢長生殿，環繞侍衛。太后驚起，問曰："亂者誰耶？"對曰："張易之、昌宗謀反，臣等奉太子令誅之，恐有漏洩，故不敢以聞。稱兵宫禁，罪當萬死！"太后見太子曰："乃汝耶？小子既誅，可還東宫！"彦範進曰："太子安得復歸！昔天皇以愛子託陛下，今年齒已長，久居東官，天意人心，久思李氏。群臣不忘太宗、天皇之德，故奉太子誅賊臣。願陛下傳位太子，順天人之望。"李湛，義府之子也。太后見之，謂曰："汝亦爲誅易之將軍耶？我于汝父子不薄，乃有今日！"湛慙不能對。又謂崔玄暉曰："他人皆因人以進，惟卿朕所自擢，亦在此耶？"對曰："此乃所以報陛下之大德。"

於是收張昌期、同休、昌儀，皆斬之，與易之、昌宗梟首天津南。是日，袁恕己從相王統南牙兵以備非常。甲辰，制太子監國。乙巳，太后傳位于太子。丙午，中宗即位。丁未，太后徙居上陽宫，李湛留宿衛。戊申，帝帥百官詣上陽宫，上太后尊號曰則天大聖皇帝。神龍元年二月甲寅復國，號曰唐。

《御史臺記》曰：二張之誅也。張柬之勒兵于景運門，將收諸武誅之。彦範以事既竟，不欲廣誅，遽解其兵。柬之固争，不果。

《五王傳》贊曰：五王提衛兵，誅嬖臣，中興唐室，不淹辰，天下晏然，其謀深矣。至謂中宗爲英主，不盡誅諸武，使天子藉以爲威，何其淺耶？釁牙一啟，爲豔后豎略所乘，劫持戮辱，若放豚然。何哉？無亦神奪其明，厚韋氏毒以興先天之業乎？不然，安李之功，賢于漢平、勃遠矣！

聖楷曰：張孟將稱宰相才者，其功莫大于誅二張。本傳止云“首發其謀”四字，似太略。予故備采《唐紀》諸書，使讀者有所考鏡焉。嗟乎，自古奸人亂國，而君子能安攘之者，雖自竭其心力，亦有天意存焉。况功成之後，變出不測，君子又安能逆料之乎？讀史至此，真堪泣下。

又按《定命録》，張柬之任青城縣丞已六十二矣，有善相者云，後當位極人臣，衆莫之信。後應制策被落，則天怪中第人少，令於所落人中更揀，有司奏一人策好，緣書寫不中程律，故退。則天覽之，以爲奇才，召入問策中事，特異之，即收上第，拜王屋縣尉。後果如其言。

哀牢國考

哀牢夷者，其先有婦人名沙壹，居于牢山。當捕魚水中，觸沈木若有感，因懷娠，十月，産子男十人。後沈木化爲龍，出水上。沙壹忽聞龍語曰：“若爲我生子，今悉何在？”九子見龍驚走，獨小子不能去，背龍而坐，龍因舐之。其母鳥語，謂背爲九，謂坐爲隆，因名子曰九隆。及後長大，諸兄以九隆能爲父所舐而黠，遂共推以爲王。後牢山下有一夫一婦，復生十女子，九隆兄弟皆娶以爲妻，後漸相滋長。種人皆刻畫其身，象龍文，衣著尾。九隆死，世世相繼。乃分置小王。土地沃美，宜五穀、蠶桑。知染采文繡，罽㲪帛疊，蘭于[①]細布，織成文章如綾錦。有梧桐木華，績以爲布，幅廣五尺，潔白不受垢汙。先以覆亡人，然後服之。其竹節相去一丈，名曰濮竹。出銅、鐵、鉛、錫、金、銀、光珠、虎魄、水精、瑠璃、軻蟲、蚌珠、孔雀、翡翠、犀、象、猩猩、貘獸。

① 于：崇禎本作“干”。

聖楷按：貘音陌，白豹也，狀頗似熊，蒼白色。白樂天有《貘屏贊序》云：貘者，象鼻犀目，牛尾虎足，生南方山谷中。寢其皮辟瘟，圖其形辟邪。予舊病頭風，每寢嘗以小屏屏衛其首，適遇畫工，偶令寫之。《山海經》云：此獸食鐵與銅，不食他物。

又按：哀牢，即今雲南永昌府。姚州，即今姚安府。

鳳閣、鸞臺考

按：唐武后光宅元年，改中書省爲鳳閣，改門下省爲鸞臺。《漢舊儀》："中書官領尚書事。"自魏晉始，謂之中書省，其職總國内機要，多擅威勢，亦謂之西臺。唐開元又改爲紫薇省。門下省，即給事黄門侍郎與侍中之總稱也。唐謂之東臺，亦謂黄門省。

郝處俊

郝處俊，安州安陸人。父相貴，因隋亂，與婦翁許紹據峽州。歸國，拜滁州刺史，封甑山縣公。處俊甫十歲而孤，故吏歸千縑賵之，讓不受。及長，好學，嗜《漢書》，崖略暗誦。貞觀中，第進士，解褐著作郎，襲父爵。兄弟友睦，事諸舅謹甚。再轉滕王府屬，棄官去。久之，召拜太子司議郎，累遷吏部侍郎。高麗叛，詔李勣爲浿江道總管，處俊副之。師入寇境，未陣，賊遽至，舉軍危駭。處俊方據胡牀，餐乾糒不顧，密畀精鋭擊之，寇卻，衆壯其謀。入拜東臺侍郎。時浮屠盧伽逸多治丹藥，高宗欲遂餌之。處俊諫曰："修短固有命，異方之劑，安得輕服哉？昔先帝詔浮屠那羅邇娑寐案其方書爲秘劑，帝餌之，俄而大漸。群臣請顯戮其人，議者以爲取笑夷狄，故法不得行。前鑑不遠，惟深察之。"帝納其言，拜盧伽逸多爲懷化大將軍，進處俊同東西臺三品。

咸亨初，幸東都，皇太子監國，諸宰相皆留，而處俊獨從。帝嘗曰："王者無外，何爲守禦，而重門擊柝音託，庸待不虞耶？我嘗疑秦法爲寬，荆軻匹夫耳，匕首竊發，群臣皆荷戟侍，莫敢拒，豈非習慢使然？"處俊對曰："此乃法急耳。秦法，輒升殿者夷三族，人皆懼死，安有敢拒耶？魏曹操著令，曰'京城有變，九卿各守其府'。後嚴才亂，與徒數十人攻左掖門，操登銅雀臺望之，無敢救者。時王修爲奉常，聞變，召車騎未至，領官屬步至宮門。操曰：'彼來者，必王修乎！'此由修察變識幾，故冒法赴難。向若拘常，則遂成禍矣。故王者設法不可急，亦不可慢。《詩》曰'不懈于位，人之攸塈'，仁也；'式遏寇虐，無俾作慝'，刑也。《書》曰'高明柔克，沈潛剛克'，中道也。"帝曰："善。"轉中書侍郎，監修國史。

初，顯慶中，令狐德棻、劉允之撰國史，其後許敬宗復加敘次。帝恨敬宗所紀失實，更命宰相刊正，且曰："朕昔從幸未央宮，辟仗既過，有横刃伏草中者，先帝斂轡卻，謂朕曰：'事發，當死者數十人，汝可命出之。'史臣惟敘此爲實。"處俊曰："先帝仁恩溥博，如此類非一。臣之弟處傑被擇供奉，時有三衛誤拂御衣者，懼甚。先帝曰：'左右無御史，我不汝罪。'"帝曰："此史臣應載。"處俊乃表左史李仁實删整僞辭，會仁實死而止。

上元初，帝觀酺翔鸞閣，時赤縣與太常音技分東西朋，帝詔雍王賢主東，周王顯主西，因以角勝。處俊曰："禮所以示童子無誑者，恐其詐心生也。二王春秋少，意操未定，乃分朋造黨使相誇詡，彼俳兒優子，言辭無度，争負勝，相譏誚，非所以遵仁義、示雍和也。"帝遽止，歎曰："處俊遠識，非衆臣所逮。"遷中書令，兼太子賓客，檢校兵部尚書。

帝多疾，欲遜位武后，處俊諫曰："天子治陽道，后治陰德，然則帝與后猶日之與月、陽之與陰，各有所主，不相奪也。若失其序，上謫見于天，下降災諸人。昔魏文帝著令，帝崩，不許皇后臨朝。今陛下奈何欲身傳位天后乎？天下者，高祖、太宗之天下，非陛下之天下，正應謹守宗廟，傳之子孫，不宜持國與人，以喪厥家。"中書侍郎李義琰曰："處俊言可從，惟陛下不疑。"又兼太子左庶子，拜侍中，罷爲太子少保。開耀元年卒，年七十五，贈開府儀同三司、荆州大都督。帝哀歎其忠，舉哀光順門，祭以少牢，賻絹布八百段、米粟八百石，詔百官赴哭，官爲營葬。子北叟固辭，未聽。裴炎爲白帝曰："處俊阽死，諉臣曰：'生無益于國，死無煩費，凡詔賜，願一罷之。'"帝聞惻然，答其意，止賻物而已。

處俊資約素，土木形骸，然臨事敢言。自秉政，在帝前議論諄諄，必傳[①]經義，凡所規獻，得大臣體。武后雖忌之，以其操履無玷，不能害。與舅許圉師同里，俱宦達；鄉人田氏、彭氏以高貲顯。故江、淮閒爲語曰："貴如郝、許，富如田、彭。"

聖楷按：唐宰相世系，處俊子二人：北叟官司議郎，南容官秘書郎。《通鑑》曰：垂拱四年夏四月，殺太子通事舍人郝象賢。象賢，處俊之孫也。初，太后有憾于處俊。會奴誣告象賢反，太后命周興鞫之，致象賢族罪。象賢家人詣朝堂，訟冤于監察御史樂安任玄殖。玄殖奏象賢無反狀，玄殖坐免官。象賢臨刑，極口罵太后，發揚宫中隱慝，奪市人柴以擊刑者，金吾兵共格殺之。太后命支解其屍，發其父祖墳，毁棺焚屍。自是終太后之世，法官每刑人，先以木丸塞其口云。又按《小説》：初，處俊死，葬訖，有一書生過其墓，歎曰："葬壓龍角，其棺必斫。"後其孫象賢坐不道，斫俊棺，竟如所言。

柳　渾

柳渾，字夷曠，一字惟深，本名載，梁僕射惔六世孫。後籍襄州今襄陽。蚤孤，方十餘歲，有巫告曰："兒相夭且賤，爲浮屠道可緩

① 傳：《新唐書》卷一一五《郝處俊傳》作"傅"。

死。”諸父欲從其言，渾曰：“去聖教，爲異術，不若速死。”學愈篤，與游者皆有名士。天寶初，擢進士第，調單父尉，累除衢州司馬。棄官，隱武寧山。召拜監察御史，臺僚以儀矩相繩，而渾放曠不樂檢局，乃求外職。宰相惜其才，留爲左補闕。

大曆初，江西魏少游表爲判官。州僧有夜飲火其廬者，歸罪瘖奴，軍候受財不詰。獄具，渾與其僚崔祐甫白奴冤，少游趣訊僧，僧首伏，因厚謝二人。路嗣恭代少游，渾遷團練副使。俄爲袁州刺史。祐甫輔政，薦爲諫議大夫、浙江東西黜陟使。入爲尚書右丞。朱泚亂，渾匿終南山。賊素聞其名，以宰相召，執其子榜笞之，搜索所在。渾羸服步至奉天，改右散騎常侍。賊平，奏言：“臣名向爲賊汚，且‘載’于文從戈，非偃武所宜。”乃更今名。

貞元元年，遷兵部侍郎，封宜城縣伯。李希烈據淮、蔡，關播用李元平守汝州，渾曰：“是夫衒玉而賈石者也。往必見禽，何賊之攘？”既而果爲賊縛。三年，以本官同中書門下平章事，仍判門下省。帝嘗親擇吏宰畿邑，而政有狀，召宰相語，皆賀帝得人，渾獨不賀，曰：“此特京兆尹職耳。陛下當擇臣輩以輔聖德，臣當選京兆尹承大化，尹當求令長親細事。代尹擇令，非陛下所宜。”帝然之。玉工爲帝作帶，誤毀一銙，工不敢聞，私市他玉足之。及獻，帝識不類，擿之，工人伏罪。帝怒其欺，詔京兆府論死，渾曰：“陛下遽殺之則已，若委有司，須詳讞乃可。於法，誤傷乘輿器服，罪當杖，請論如律。”由是工不死。左丞田季羔從子伯疆請賣私第募兵，助討吐蕃，渾曰：“季羔，先朝號名臣，由祖以來世孝謹，表闕于門，隋時舊第，惟田一族耳。討賊自有國計，豈容不肖子毁門構，徼一時倖，損風教哉！請薄責以示懲沮！”帝嘉納。

韓滉自浙西入朝，帝虚己待之，奏事或日晏，他相取充位，滉遂省中榜吏自若。渾雖爲滉所引，惡其專，質讓曰：“省闥非刑人地，而榜吏至死。公家先相國以狷察，不滿歲輒罷，今公奈何蹈前非，顓立威福？豈尊主卑臣義耶？”滉悔悟，稍褫其威。白志貞除浙西觀察使，渾奏："志貞興小史，縱嘉其才，不當超劇職。臣以死守，不敢奉詔。"會渾移疾出，即日詔付外施行。疾間，因乞骸骨，不許。門下吏白過官，渾愀然曰："既委有司，而復撓之，豈賢者用心耶？士或千里辭家以干禄，小邑主辦，豈慮不能？"是歲擬官，無退異者。

渾瑊與吐蕃會平凉，是日，帝語大臣以和戎息師之便。馬燧賀曰："今日已盟，可百年無寇患。"渾跪曰："五帝無誥誓，三王無盟詛，蓋盟詛之興皆在季末。今盛明之朝，反以季末事行于吐蕃。夫吐蕃人面獸心，易以兵制，難以信結，臣竊憂之。"李晟繼言曰："蕃戎多不情，誠如渾言。"帝變色曰："渾，儒生，未達邊事，而大臣亦當爾耶？"皆頓首謝。夜半，邠寧節度使韓游瓌飛奏吐蕃劫盟，將校皆覆没。帝大驚，即以其表示渾。明日，慰之曰："卿，儒生，乃知軍戎萬里情乎？"益禮異之。

宰相張延賞怙權，嫉渾守正，遣親厚謂曰："明公舊德，第慎言于朝，則位可久。"渾曰："爲吾謝張公，渾頭可斷，而舌不可禁。"卒爲所擠，以右散騎常侍罷政事。渾謦辨，好談謔，與人交，豁如也。清儉不營産利。免後數日，置酒召故人出游，酣肆乃還，曠然無黜免意。時李勉、盧翰皆以舊相閫門奉朝請，歎曰："吾等視柳宜城，真拘俗之人哉！"五年卒，年七十五，謚曰貞。

聖楷按：崔祐甫輔政，薦渾爲諫議大夫，其後渾陷賊不污，卒爲時名相。若李元平之敗、吐蕃之劫盟，皆算無遺策，真奇才也。惜未大用而卒。柳宗元念其終于散地，唐褒贈不及，爲之上狀請謚。其略謂公累更重任，禄秩之厚，布于宗姻，無一廛之土以處其子孫，無一畝之宫以聚其族屬。待禄而飽，傭室而安，終身坦蕩而細故不入。其達生知足，落落如此。

河東柳考

按《宰相世系表》：柳始遷于河東，已，居解縣。有平陽太守純，生子卓，晉永嘉中，自本郡遷于襄陽，官至汝南太守。生四子輔、恬、傑、奮，號東眷。柳惔，其四世孫也，仕梁爲左僕射，封曲江侯。自卓至渾十有一代，为士林盛族，著于南朝云。

馮　京

馮京，字當世，鄂州江夏人。少儁邁不群，舉進士，自鄉舉、禮部至廷試，皆第一。時猶未娶，張堯佐方負宫掖勢，欲妻以女。擁至其家，束以金帶，曰："此上意也。"頃之，宫中持酒殽，出奩具目示之。京笑不視，力辭。出守將作監丞、通判荆南軍府事。還，直集賢院、判吏部南曹，同修起居注。吴充以論温成皇后追册事，出知高郵，京疏充言是，不當黜。劉沆請并斥京，仁宗曰："京亦何罪？"但解其記注，旋復之。

試知制誥。避婦翁富弼當國嫌，拜龍圖閣待制、知揚州。改江寧府，以翰林侍讀學士召還，糾察在京刑獄，爲翰林學士、知開封府。數月不詣丞相府，韓琦語弼，以京爲傲。弼使往見琦，京曰："公爲宰相，從官不妄造詣，乃所以爲公重，非傲也。"出安撫陝西，請城古渭，通西羌唃氏，畀木征官，以斷夏人右臂。除端明殿學士、知太原府。

神宗立，復爲翰林學士，改御史中丞。王安石爲政，京論其更張失當，累數千百言，安石指爲邪説，請黜之。帝以爲可用，擢樞密副使。河東麟、府、豐三州，城壘兵械不治，官吏皆受譴，京以先帥本道，上章自劾曰："使諸路帥臣，知其雖一時脱去，後能僥竊名位者，猶必行法，不敢復婾惰曠職。"優詔不聽。後參知政事，數與安石論辨，又薦劉攽、蘇軾掌外職。安石令保甲養馬，京謂必不可行。會選人鄭俠上書言時政，薦京可相，吕惠卿因是譖京與俠通，罷知亳州。未幾，以資政殿學士知渭州。茂州夷叛，徙知成都府。蕃部何丹方寇雞稷關，聞京兵至，請降。議者遂欲蕩其巢窟，京請于朝，爲禁侵掠，給稼器，餉糧食，使之歸。夷人喜，争出犬豕，割血受盟，願世爲漢藩。惠卿告安石罪，發其私書，有曰“勿令齊年知”。謂京與安石同年生。帝以安石爲欺，復召京知樞密院。京以疾未至，帝中夕呼左右語曰：“適夢馮京入朝，甚慰人意。”乃賜京詔，有“渴想儀型，不忘夢寐”之語。及入見，首以所夢告焉。頃之，以觀文殿學士知河陽。

哲宗即位，拜保寧軍節度使、知大名府，又改彰德。於是范祖禹言：“京再執政，初與安石不合，後爲吕惠卿所傾，其中立不倚之操，爲先帝稱。且昭陵學士，獨京一人存，若付以樞密，允孚公論。”時京已老，乃以爲中大一宫使兼侍讀，改宣徽南院使，拜太子少師，致仕。紹聖元年薨，年七十四。帝臨奠于第，贈司徒，謚曰文簡。

始，京鄉居，受恩通判南宫成，迨貴，以郊恩官其子。嘗過外兄朱适，出侍妾，詢知爲同年進士妻，亟請而嫁之。其爲郡守，諸縣公事至，即歷究之，苟與縣牘合而處斷麗于法者，呼法吏決罪，不以付獄。報下捷疾，一無壅滯，人服其敏云。

《孫公談圃》曰：馮大參京嘗患傷寒，已死，家中哭之，已而忽甦，云：“適往五臺山，見昔爲僧時室中之物皆在，有言我俗緣未盡，故遣還。”自作文記之，屬其子他日勿載墓志中。

馮商還妾考

楊太史慎曰：余觀《氏族言行録》載，馮京之父名式，京生而雋邁不群，式一日取其所誦書，題其後曰“將作監丞、通判荆南軍府事馮京”。式既退官十一年，京舉進士第一，爲將作監丞、通判荆南，如式之言，時人謂式爲知子。《氏族録》宋人所編，當得其實也。傳奇馮商還妾事，以爲京父。考之此文，京父未嘗爲商，又不名商也。小說不足信，當依正史之傳可也。

聖楷按：馮商還妾事，宋羅大經《鶴林玉露》載之甚詳，但云其父商也，未云名商耳。又以京爲鄂州咸寧人，所著有《灊山詩集》，皆未遇時所作。夫大經亦宋人也，豈京父未官之先曾爲商，有還妾事，而傳奇因而附會之歟？小說所載固不足信，然亦不可盡抹殺之也。且事有關于盛德，寧信其有，勿信其無。馮京以弱冠三元，卻婚張氏，較父還妾更有光焉，固當論著之，以爲立品者勸。

南宫成考

《湘山野録》曰：馮當世京秋試于鄉里，主司堅欲黜落，已而綴之榜末。時鄂倅南宫成一作城監試，當拆封，大不平，力主之，遂至魁選。明年廷試第一，除荆南倅，成遷長沙倅。當世以詩寄曰："常思鵬海隔飛翻，曾得天風送羽翰。恩比丘山何以戴？心同金石欲移難。經年空歎音書絶，千里長懷道義寬。每向江陵訪遺跡，邑人猶指縣題看。"蓋江陵縣額，成所書也。按：近日舉場多有此事，但不盡如馮公之報恩耳。誦王仁裕春風、羽毛之句，可爲歎息。

宋三元考

《宋史》稱：進士自鄉舉至廷試皆第一者纔三人。王曾、宋庠爲名宰相，馮京爲名執政。風節相映，不愧其科名焉。司馬温公《送馮狀元京歸鄂州》詩云："夙昔負奇節，琅然爲衆珠。下韝連得儁，出手盡成盧。喜氣兼鄰曲，榮名溢道塗。風雲俱動色，非復舊江湖。"

又按：《澠水燕談録》曰：馮當世少孤，寓武昌，縱飲不羈。一夕，醉卧郊外溪邊，有漁者罷漁，艤舟困眠，有人叱之曰："馮侍中在此，安得不避？"漁者驚起，步月岸上，一人衣冠熟睡草間，詢之，知爲馮也。即拜曰："他日貴顯，幸勿忘。"具以夢告，因請卧舟中以避風露，馮睡至曉，與共載入郡。後馮貴，使訪漁舟，不復見。由此觀之，科名信有定命耶？

趙　方

趙方，字彦直，衡山人。父棠，少從胡宏學，慷慨有大志。嘗見張浚于督府，浚雅敬其才，欲以右選官之，棠不爲屈。累以策言兵事，浚奇之，命子栻與棠交，方遂從栻學。

淳熙八年舉進士，調蒲圻尉，疑獄多所委決。授大寧監教授，俗陋甚，方擇可教者親訓誘之，人皆感勵，自是始有進士。知青陽縣，告其守史彌遠曰："催科不擾，是催科中撫字；刑罰無差，是刑罰中教化。"人以爲名言。主管江西安撫司機宜文字，京湖帥李大性辟知隨州。南北初講和，旱蝗相仍，方親走四郊以禱，一夕大雨，蝗盡死，歲大熟。適和議成，諸郡寖弛備，方獨招兵擇將，拔土豪孟宗政等補以官。提舉京西常平兼轉運判官、提點刑獄。時劉光祖以耆德爲帥，方事以師禮，自言："吾性太剛，每見劉公，使人更和緩。"嘗請光祖書"勤謹和緩"四字，揭坐隅以爲戒。以金部員外郎召，尋加直秘閣，改湖北轉運判官兼知鄂州。升直焕章閣兼權江陵府，增修三海八匱，以壯形勢。進秘閣修撰，知江陵府，主管湖北安撫司使兼權荆湖置司。

時金偪于兵，計其必南徙，日夜爲備。荆門有東西兩山險要，方築堡其上，增戍兵以遏其衝。進右文殿修撰。金樊快明謀歸宋，追兵至襄陽，方遣孟宗政、扈再興以百騎邀之，殺千餘人，金人遁去。權工部侍郎、寶謨閣待制、京湖制置使兼知襄陽府。諜知金人决意犯境，乃下防夏之令。金相高琪及樞密烏古論慶壽犯陳、光化、隨、棗陽、信陽、均州，方夜半呼其子范、葵曰："朝廷和戰之説未定，觀此益亂人意，吾策决矣，惟有提兵臨邊决戰以報國耳。"遂抗疏主戰，親往襄陽。金人圍棗陽急，方遣宗政、再興等援棗陽，仍增戍光化、信陽、均州，以聯聲勢。已而棗陽守趙觀敗金人于城外，再興、宗政至，與觀夾擊，又敗之，棗陽圍解。方申飭諸將，當遏于境上，不可使之入，而後拒之於城下。時麥正熟，方遣兵護民刈之，令清野以俟。再疏陳不可和者七，戰議遂決。金將完顏賽不入境，兵號十萬。方部分諸將，金人犯棗陽者，宗政敗之于尚家川；犯隨州者，劉世興敗之于磨子平。相持踰年，方調世興移師，與許國、再興援棗陽；張興、李雄韜援隨州。隨州圍解，再興等轉戰入棗陽。時宗政守城，伏兵城東，金人遇伏敗走。未幾再至，再興又敗之，自是無日不戰。金人三面來攻，宗政出東門，再興出南門，世興出北門，大合戰敗之。金人朝進暮退，力不能捍。諸將表裏合謀，國自南山進，張威自瀼河進，世興、李琪出城與國會，再興出城與威會，犄角追擊，金人遂潰。光化守潘景伯亦設伏敗金人于趙家橋，孟宗德又破之于隨州鴨兒山，禽賽不妻弟王醜漢，金人遂誅賽不。方以功遷龍圖閣待制，封長沙縣男，賜食邑。

金人復大舉，命訛可圍棗陽，塹其外，繞以土城。方計其空巢穴而來，若擣其虛，則棗陽之圍自解。乃命國東向唐州，再興西向鄧州，又命子范監軍，葵後殿。時宗政在城中，日夜鏖戰，焚其攻具，金人不敢近城。西師由光化境出，砦于三尖山，拔順陽縣，金人率衆仰攻，大敗。再興與國兩道並進，掠唐、鄧境，焚其城柵糧儲。棗陽城堅，金頓兵八十餘日，方知其氣已竭，乃召國、再興還，併東師隸于再興，克期合戰。再興敗金人於瀼河，又敗之城南，宗政自城中出夾擊，殺其衆三萬，金人大潰，訛可單騎遁，獲其貲糧、器甲不可勝計。進方焕章閣直學士。奏乞均官民軍兵廩給，自備馬者倍之。又奏："使民兵夏歸，以省月給，秋復詣屯守禦。"從之。

方料金人數不得志于棗陽，必將同時並攻諸城，當先發以制之。命國、宗政出師向唐，再興向鄧，戒之曰："毋深入，毋攻城，第潰其保甲，燬其城砦，空其貲糧而已。"宗政進破湖陽縣，禽其千户趙興兒；國遣部將耶律均與金人戰于北陽，戮其將李提控；再興破高頭城，大敗金兵，遂薄鄧州。唐州兵來援，迎敗之，降者踵至。已而金兵至樊城，方命再興陣以待之，方視其師；金人三日不敢動，遂遁。金將駙馬阿海犯河西，樞密院顏小驢屯唐州爲後繼。方先攻唐伐其謀，及使再興發棗陽兵擊其西，國發桐柏兵擊其東。再興敗金人于唐，斬小驢，圍其城五匝。垂下，會蘄、黄繼陷，詔趣方遣救，方亟命國保鄂，再興援淮西。國還鄂州保江，再興軍至蘄之靈山，伺金人歸而擊之，土豪祝文蔚横突入陣，金人大敗，國遣張寶將兵來會，李全等兵亦至，金人遂潰，再興追逐六十里，禽其監軍合答。進方顯謨閣直學士、大中大夫、權刑部尚書。俄得疾，進徽猷閣學士、京湖制置大使。歸還，力疾犒師，第其功上之。病革，曰："未死一日，當立一日紀綱。"引再興臥内，勉以協心報國。貽書宰相，論疆埸大計。尋薨。是夕，有大星隕于襄陽。以端明殿學士、正議大夫致仕，累贈太師，謚忠肅。

方起自儒生，帥邊十年，以戰爲守，合官民兵爲一體，通制總司爲一家。持軍嚴，每令諸將飲酒勿醉，當使日日可戰。淮、蜀沿邊屢遭金人之禍，而京西一境獨全。嘗問相業于劉清之，清之以留意人才對。故知名士如陳晐[①]、游九功輩皆拔爲大吏，諸名將多在其麾下。若扈再興、孟宗政皆起自土豪，推誠擢任，致其死力，屏藩一方，使朝廷無北顧之憂。故其殁也，人皆惜之。子量、嶷、范、葵。

《宋史》曰：宋之南渡，邊將之才，何其鮮哉！或曰江南非用武之地。然古之善兵者，若孫武子亦吴人也。抑先王之世，文武無二道。文武既分，宜其才之各有所偏勝也。趙方少從張栻學，許國之忠、應變之略，隱然有尊俎折衝之風。其部曲如扈再興、孟宗政後皆爲名將，亦方之能獎率也。方之子范、葵，宗政子珙，後皆以功名自見，不愧其父，有足稱者。

聖楷曰：陳亮《中興論》謂天下之大勢在于襄漢，其地控引京洛，側睨淮蔡，包括荆楚，襟帶吴蜀。沃野千里，可耕可守。誠得一重臣，德望素著、謀謨明審者鎮撫之，進城要險，大建屯田。又荆楚奇才劍客自昔稱雄，徐行召募以實軍籍。民俗剽悍，聽于農隙時講武藝。如此則可以指臂江淮，進窺京洛而謀取齊秦之地。按，

① 晐：《宋史》卷四〇三《趙子傳》作"晐"。

此論在孝、光之日最爲要著，惜無一人能用之。因循至于蒙古内逼，金徙都汴，寇犯襄陽，而趙方始以其地大著功名焉。且其進兵如風雨，料敵無遺算，無日不戰，無戰不勝，其拔用諸將，如扈再興、孟宗政，皆岳武穆一流人，不第勇略見長也。其後孟珙以荆襄之衆滅金禦元，亦藉輯和屯募之力實多，而亮之言乃益驗。嗟乎，邊帥重臣恢復重任，荆襄重地何得妄付之庸流之手！予謂陸抗、羊祜以守奇，趙方、孟珙以戰奇，撫兹荆襄，若四公者，亦足稱矣。

楚寶卷第二考異

新化鄧顯鶴湘皋述

大　　臣

胡　　廣

廣生卒年月考[①]

原案：廣陪葬洛陽，今華容不應有[②]廣墓。

顯鶴案：《水經注》：夏水又逕交阯太守胡寵墓北，漢太傅廣身陪陵，而此墓側有廣碑。其文言是蔡伯喈詞，故世謂廣冢，非也。今案《後漢書》章懷太子注：寵乃廣之父，世遂悮爲廣冢。廣未歸葬，華容不得有廣冢。明矣。

費　　禕

十六年歲首大會，魏降人郭循在坐，禕飲[③]沈醉，爲循手刃所害。

顯鶴案：《華陽國志》：十六年春正月朔，魏降人郭循因賀會

---

① 原按作“廣生卒考”。

② 原按“有”前有“復”字。

③ 原按“飲”前有“歡”字。

手刃殺大將軍費禕於漢壽。謚曰敬侯。禕當國名略與蔣琬比，而任業相繼，雖典戎於外，慶賞刑威，咸咨於己。承諸葛之成規，因循不革，故能邦家和壹。自禕歿後，閹宦秉權。衛將軍雖自負才兼文武，加練西方風俗，謂自隴以西可制而有，禕常裁制；至是無禕，屢出師旅，功績不立，政刑失錯矣。

又延熙九年秋大赦，司農孟光衆責禕曰："夫赦者，偏[1]枯之物，非明世之所宜有也。今主上賢仁，百僚稱職，有何旦夕之急，數施非常之恩，以惠奸軌之惡，上犯天時，下違人理，豈具瞻之高美，所望於明德哉！"禕但顧謝焉。初，丞相亮時，有言公惜赦者，亮答曰："治世以大德，不以小惠，故匡衡、吴漢不願爲赦。先帝亦言：'吾周旋陳元方、鄭康成閒，每見啟告，治亂之道備矣，曾不語赦也。若景升、季玉父子，歲歲赦宥，何益於治！'"故亮時軍旅屢興，不妄下也。自亮没後，兹制遂虧。

顯鶴又案：武侯治蜀嚴明，時頗有議其操切者。今觀其言，"治世以大德，不以小惠"，"景升、季玉父子歲歲赦宥，何益於治！"誠哉是言！古昔英主賢相所以不輕言赦也。《長沙府志》載：朱子帥潭，一日得趙丞相簡："已立嘉王爲上，當首以經筵召。"朱子藏簡袖中，竟入獄取大囚十八人立斬之。纔畢，而登極詔至。蓋恐赦書下，而元惡脱網也。大賢舉動如此，後世姑息苟且之政，於民生休戚，一切不問，務倡爲貰死好生之論，有白日殺人於市而曲從末減者，召冤忿而長寇讎，莫甚於是。故曰："赦者，獎亂旌惡之舉，非美政也。"

① 偏：《三國志》卷四二《孟光傳》作"偏"。

楚寶卷第三

明湘潭周聖楷伯孔輯纂

大　臣

杨　溥

楊溥，字弘濟，楚石首人。建文二年進士，爲翰林編修。靖難後，侍東宫，爲洗馬兼編修。東宫觀《漢書》，稱張釋之，對曰："釋之誠賢，非文帝寬仁，亦未得行其志。"因采文帝事編類以獻。東宫大悦。

時二王巧中東宫，宫僚多得罪。永樂十二年，東宫遣使迎上遲，上怒。黄淮先至，下獄。西楊、金問繼至，上曰："且宥士奇，問何人，乃得侍太子！"下法司訊詞，連公及芮善、王愷，遂與工部侍郎陳壽俱下詔獄。公在獄中，勵志讀書不輟。獄中人止公："命叵測，無徒勞苦爲。"應曰："朝聞道，夕可死。奈何輒自棄？"經、史、諸子讀數周。

長陵崩，獻陵釋夏公，即釋公。公出獄，哭文皇伏地不能起，上亦哭。陞公翰林學士。宣德元年陞太常卿兼學士，入内閣。是年，獻陵崩。先是，獻陵欲近公建弘文閣思善門左，命公掌閣事。又選侍講王璡，侍直改博士陳繼、學録楊敬爲編修，訓導何澄爲給事中輪對，上手弘文閣印授公，曰："朕用卿左右，非止助益學問，亦欲廣知民事，爲理道助。即有建白，封識以進。"公嘗密疏言事，上褒答。至是，上還弘文閣印。

宣德元年，上召公，語及治兵。公曰："兵貴訓練有方，撫養得宜。"上曰："養之厚則得其心，練之精則得其用。若素不訓養，一旦驅之矢石閒，進退失措，安望有濟？"三年，扈上出喜峰口征虜。四年，上坐齋宫召論曰："朕每念創業難，守成不易，夙夜惓惓。今幸百姓稍安，顧禍亂生於不虞，嘗爲憂惕。邇來群臣好進諛詞，令人厭聞，卿宜勉輔朕。"公頓首謝："臣不敢忘報稱。"上曰："直箴朕過，報朕多矣。"公又頓首謝："直言求之非難，受之爲難。"上曰："然。"是年秋，内艱。遣中官護行，賜葬母一品夫人禮。遂召公復入弘文閣。是冬，從巡塞上，度鷄鳴山。六年冬，上坐文華殿，三楊並侍。上諭曰："朕念祖宗積德累善，篤生太祖，繼天立極，創業垂統。太宗迅掃奸回，再安宗社。皇考恢宏治化，增高累厚，以固鴻業。朕承天位，夙夜不忘。《記》曰：先祖有美而不知，不明；知而不傳，不仁。是用譔述成詩，揭之座上，朝夕覽觀，勉圖繼述，庶幾永保天命。今以刻本賜卿等，當亦思祖宗開創之難，守成不易，盡心輔朕。國家安，卿等亦與有榮焉。"尋陞禮部尚書兼學士。

裕陵即位，昭皇后臨朝。公復入内閣，首言："聖帝明王，莫不務學。先帝在時，屢諭臣等勸學東宫，遺音尚在，靈鑒如臨。皇上肇登寶位，必明堯舜之道，以圖唐虞之治。乞蚤開經筵，預擇講官，必得學識平正、言行端謹、老成重厚達大體者數人，以共其職。及選宫中左右朝夕侍從之人，涵養本源，輔成德性。"昭皇后喜。一日，后坐便殿，上西面立后傍。召三楊及國公輔、尚書濙，諭曰："卿等老臣，嗣君冲年，幸併力同心，共安社稷。"又召公前諭曰："先帝每念卿忠，屢形愁歎，不謂今日復得見卿。"公伏地泣，昭皇后亦泣，左右皆悲愴。先是，永樂中，上時巡北京，太子居守，以讒故，宫寮大臣輒下詔獄。陳壽、解縉、馬京、徐善述、王汝玉、梁潛、周冕相繼死獄中，公及黃淮一繫十年，瀕死者數矣。獻陵每與后言及東宫時事，慘然泣下。以故昭皇后爲言。后又顧上曰："此五臣，三朝簡任，俾輔後人。皇帝萬機，宜與五臣共計。”正統四[1]年，《宣宗實録》成，進少保兼武英殿大學士。

公夙稟淳實，操性直剛，不尚機警，每崇忠厚。至議政决疑，與諸大臣争可否，或有躁心浮氣，公能舍己從人，略無係吝。時稱三楊學士。文貞爲西楊，文敏東楊，公南楊。正統五年，東楊卒。又明年，昭皇后崩。又明年，西楊卒。十一年，公卒。十四年，遂有木土[2]之禍。公卒，年七十五。贈太師，謚文定。

鄭端簡公論曰：“西楊玉質金相，通達治體；東楊揮斤游刃，遇事立斷；南楊安貞履節，調羹釀醴。參合成名，並稱賢相云。”余聞之先人曰：“文貞輔導監國，危心慮患，卒能保其身，以濟其主；文敏經略北塞，金湯萬里，有武績焉；文定中更險難，比入内閣，遲二楊者二十三年，復還弘文，再入内閣。昭皇后臨朝，與民休息，四海宴然，皆其力也。”

《菽園雜記》曰：楊文定在内閣時，其子來自石首，備言所過州縣官迎送餽遺之勤。惟江陵知縣范理頗不爲禮，溥聞而異之。後廉知其賢，即薦知德安府，再擢貴州布政使。或勸理宜致書謝，理曰：“宰相爲朝廷用人，非私於理。”聞溥卒，乃祭而哭之，以謝知己。理，天台人，後仕至吏部侍郎。

按：二公可謂兩賢，季世諛佞成風，何處尋討此等人物？國史謂三楊同爲相，士奇有相業，榮有相才，溥有相度，確論也。

夏原吉

夏原吉，字維喆，湘陰人。鄉薦遊太學，選入禁廡書誥，授户部主事。尚書郁新奇之，與商榷諸司事。劉郎中者忌公，會劾諸司怠事者，

① 四：《明史》卷一四八《楊溥傳》作“三”。
② 木土：《明史》卷一四八《楊溥傳》作“土木”。

上曰："宥之。"新請必罪。上怒新，問："誰教汝？"新免冠謝："得已。"劉郎中因奏果人教尚書者，意中公。上問："新爲誰？"對曰："堂後書算生教臣，臣愚過聽，萬死。"上下書算生獄。劉郎中又奏公專尚書柄，言前事實原吉教尚書。上曰："聞原吉能佐尚書，汝顧欲陷原吉邪？"劉郎中與書算生皆棄市。建文君即位，逾月陞户部右侍郎。明年充採訪使，巡福建。未幾，移鎮蘄州。

靖難後，轉左[①]。或言公建文用事人，不宜大用。上曰："原吉忠於太祖，以故忠於建文，又豈不朕忠邪？"逾月，進尚書。

永樂元年，吴、浙大水，公行視水，遣僉都御史俞吉賜公《水利集》。累遣侍郎李文郁、大理少卿袁復、陝西参政宋性佐公。公言："浙西諸郡，蘇、松最居下流。常、湖、嘉三郡土田，高多下少，環以太湖，綿五百里，納杭、湖、宣、歙諸山水，注澱山諸湖，入三泖。頃浦港湮塞，匯流漲溢，傷害苗稼。拯治之法，宜浚吴松諸浦港，泄其壅淤，以入於海。吴松江袤二百餘里，廣百五十餘丈。西接太湖，東通海。前代屢疏，以當潮汐，沙泥淤積，旋疏旋塞。自吴江長橋至下界浦約百二十餘里，雖稍通流，多有淺窄。又自下界浦抵上海南倉浦口，可百三十餘里，潮汐壅障，菱蘆叢生，已成平陸。欲即開浚，工費浩大。且灩沙淤泥，浮泛動蕩，難以施工。臣等相視，得嘉定劉家港，即古婁江，徑通大海；常熟白茆港，徑入大江，皆廣川浚流。宜疏吴松江南北兩岸安定等浦港，引太湖諸水入劉家、白茆二港，使直注海。松江大黄浦，乃通吴松要道，下流壅塞，難即疏浚。傍有范家浜，至南倉浦口，可徑達海，宜浚令深闊，上接大黄浦以達泖湖之水。此即《禹貢》'三江入海'之跡。俟既開通，相度地勢，各置石閘，以時啟閉。每歲水涸時，修圩岸以禦暴流。"上從之。役夫凡十餘萬。公布衣徒步，日夜經畫，盛暑揮蓋去，曰："衆赤體暴日中，吾何忍！"歲饑，奏發粟三十萬石賑濟。

---

① 《明史》卷一四九《夏原吉傳》"左"後有"侍郎"二字。

二年還朝，復出治水。水洩，農田大利。召還部。時賞功、封建、征夷、下番、營北京，費億萬計，皆取辦於公。從上北巡，兼掌行在、吏部、兵部、都察院事。

八年，上北征，輔太孫留守北京，總理行在九卿事。諭曰："朕以房玄齡視卿。"公旦入朝，獨近扆前，參決機務。朝退，郎官、御史環請事。公口應手判，不動聲色。駕還扈京，尋令侍太孫，周行鄉落，取虀黍進太孫曰："願殿下味此，知民艱苦。"九年，滿考宴便殿，諭廷臣曰："原吉，高皇養成賢德。欲觀古名臣，此其人矣。"命與姚廣孝監修國史。十一年，扈北巡，侍太孫居上營。後十四年，侍太孫還南京。十五年，從幸北京。十八年，宮殿成，命召太子、太孫於南京。十九年，三殿災。詔求直言，言者輒云都北京不便，主事蕭儀言尤峻。上怒，殺儀。曰："吾與大臣密議數月，言遷都便。"言官遂劾諸大臣。上跪言官、大臣午門，難遷都利害。都御史陳瑛罵言官："白面書生，不知大計。"上令左右問衆議云何？公曰："臺諫職言路，且應詔陳言，臣等備員大臣，不能協贊大議，臣等萬死罪。"再問，對如初。上悦，盡釋言官、大臣。

上御便殿闕門，每詔公，語移時，左右莫得聞。退則恂恂若無預者。交趾平，上問陞賞孰便。對曰："賞費於一時，有限；陞費於後日，無窮。"上從之。法王來朝，上欲郊勞，公以爲不可。法王見便殿，命公拜，又不肯拜。上笑曰："卿欲效韓愈邪？過侍郎楊勉之遠矣。"

是年冬，上議北征，公力諫。上怒，繫内官監，籍其家。竟北征阿魯台及兀良哈。明年，又征阿魯台。又明年，北征還至榆木川，不豫，顧左右曰："原吉愛我。"上訃至，太子走公繫所，呼公哭曰："楊榮至，父皇賓天矣！"公伏地哭，不能起。太子召問國事，公言："方今民力竭於東南，戎伍疲於漕運，宜幸南京，少蘇民困。"

太子即位，復公户部尚書。會母喪，乞終制。上曰："卿老臣，宜共濟艱難。卿有母，我無父乎？如卿辭職，朕亦不當在此。"不允。立太子，兼太子少傅。尋進少保兼太子少傅，尚書如故。支三俸，固辭，許辭太子少傅俸。

洪熙元年冬，無雪。上作《憂民吟》授公，和手敕欲除臠割、鞭背、連坐、妖言誹謗之刑。公與二三大臣密議，聞上，從之。賜田五頃，建第兩京。李時勉廷諍激，上大怒，言："時勉當朝辱朕。"公曰："時勉小臣，豈能損聖德？願少霽天威，下法司議罪未晚。"太子去南京，上崩。昭皇后命公急迎太子，太子將至，群臣郊迎，后留公佐襄王居守。太子既即位，時時密咨公，或袖小帖付公，公亦時時有所白。

宣德元年，漢庶人反，指公徵赦租，爲奸臣首。上夜召諸大臣議，公免冠頓首曰："臣罪當死。"上曰："彼藉卿爲兵端耳。"命坐，屏左右密議，東楊首勸親征。上難之，顧公。對曰："往事可鑒。臣見所遣將，語臣兵事輒泣，臨事可知。兵貴神速，卷甲趨之，所謂先入有奪人之心也。"榮言："是。"上意遂決。師臨城，庶人猶令人繞城罵公。

三年，賜範金銀印，曰"含弘貞靖"，曰"謙謙齋"，曰"後天下樂"。從巡邊還，上念公老，敕輟部務，俾專論道左右。明年夏，召郭資代公。是冬，從閱武郊外。公生日，上繪《壽星圖》，爲詩賜公。五年春，卒。贈太師，謚忠靖。復其家。朝議公宜贈伯，西楊不可。後三年，郭資卒，得贈湯陰伯。

公天性寬平，靡德不報，靡怨不釋。其晝財賦，以愛人節用爲先，酌大體，略煩苛。以故雖數興大役，供餉贍給，而民不繹騷。雖悃愊無矯節，不務悦人，人無識不識，皆謂公君子長者。吕震嘗上前短公柔奸，震爲子求官，上問公，公稱震有守城功。陳瑄靖難初欲殺公，公力薦瑄才，總漕運。周忱爲長史，或薦爲郡守，公言郡守不足展其才，忱得陞侍郎、巡撫。當是時，蹇、夏齊名。蹇公簡重善謀，夏公弘裕善斷。靖難後，外兼臺省，内參館閣，吁俞可否，期於濟國。三十年間，民安吏治，有古大臣之風焉。

公監修太祖、成祖、仁宗三朝實録。《太祖實録》凡三修：建文中，徐輝祖監修；永樂初，李景隆監修；再公監修。解學士表永樂初修者，元年六月上，凡一百八十三卷。公再修者，十六年五月，上凡二百五十七卷。又《寶訓》十五卷。

公治水東南有功，吴人尸祝之。正統間，豪勢家奪水利，溝防盡壞。周文襄公治之才十餘年，又壞。景泰中，李侍郎敏治之。弘治中，又壞，徐侍郎貫又治之。正德末，又壞，李尚書克嗣又治之。

《通紀》曰：原吉，德量寬宏。嘗有從隸汙所服金織賜衣懼欲逃者，曰："汙可浣，何懼爲？"吏壞所寶硯石，匿不敢見。原吉召吏諭之曰："物皆有壞，吾未嘗惜此。"慰遣之。在部，吏捧精微文書押之，因風，爲墨所汙，吏懼，即肉袒以俟。原吉曰："汝何與焉？"明日袖至上前，自咎不謹被汙，上命易之。一時卿大夫雅量，推原吉第一。嘗夜閱文書，撫案歎息，筆欲下而止者再，其夫人問之，原吉曰："吾適所批者，歲終大辟奏也。吾筆一下，死生决矣，是以慘沮而筆不忍下也。"原吉與同列飲於他所，夜歸，值雪過禁門，有欲不下馬者，曰："雪大，寒甚。"原吉曰："君子不以冥冥惰[①]行。"其敬慎如此。

陸文量曰：夏忠靖公嘗以治水至昆山，寓千墩禪寺，所居不設儀從。鄉民數人入寺遊觀，公方坐室中觀書，不意其爲夏公也，雜坐其旁。既而他之，問僧云："尚書何在？"僧云："室中觀書者是也。"民懼，乃奔去。公好食爝豬肝，一日，膳夫供具，公飯盡而肝如故，怪之。已而分食，乃知入鹽過多，鹹不可食也。人服其量。楊東里作公《神道碑》，記隸汙織金賜衣，吏碎所愛硯，皆無怒意。謂其有王子明、韓稚圭之度，非過稱也！

① 惰：《明史》卷一百四十九《夏原吉傳》作"墮"，《皇明通紀·歷朝資治通紀卷之十一》作"懈"。

李東陽

李東陽，字賓之，茶陵人，戍籍京師。公四歲能大書，景帝召見，加諸膝，賜寶鏹。六歲、八歲兩召，試講《尚書》大義，命肄京庠。年十六，舉鄉試。天順八年進士，選翰林庶吉士。成化元年，授編修。十年，轉侍講。十九年，進侍講學士。明年充東宫講讀官，憂去。

弘治二年，遷左庶子兼侍讀學士。四年，《實録》成，陞太常少卿，仍兼職掌翰林院事日講。七年，禮部侍郎兼侍讀學士，典誥敕。八年，兼文淵閣大學士，入内閣。時占城爲安南侵擾，請賜詰問。公曰："《春秋》：'王者不治夷狄。'安南雖奉正朔，修職貢，然恃險負固，積歲已久。今遣官至其國，徒掉寸舌，小必掩過飾非，大或執迷抗命。若置而不問，損威已多；即問罪興師，貽患尤大。宜勿聽。"

十年，中官李廣以燒煉齋醮被寵，公與同官上疏曰："我祖宗自洪武至天順間，面召儒臣，咨議政事。今朝參外，不得一覩天顔。且經筵日講，成就君德，裨益治道。今每歲進講，不過數日。夫人君之心，必有所繫，不繫於此，必繫於彼。正士既疎，則邪説乘閒而入。近有以齋醮燒煉進者，此乃異端惑世之術，聖王之所必禁矣。徽宗崇信道流，及金兵圍城，方士郭京誑稱作法，卒使乘輿播遷，社稷顛覆，求福不得，反以致禍。至於燒煉，其禍尤慘。金石之藥，性多酷烈，一入腸腑，爲禍百端。唐憲宗藥發致疾，雖杖殺方士柳泌，竟亦何益？今上清龍[①]宫、神樂祖師殿及番經廠，皆焚燬無遺。神如有靈，何不自保？天厭其穢，亦已明甚。矧熒惑失度，太陽無光，天鳴地震，草妖木異。四方奏報，殆無虚日。伏望嚴蚤朝之節，復奏事之期，勤講學之功，優節下之禮，遠邪佞之人，斥誣罔之説，太平之業可保矣。"科道疏救武岡知州

① 《皇明通紀·歷朝資治通紀卷之二十七》"龍"後有"虎"字。

劉遜，上震怒，俱下獄。又同疏申救，得釋。尋召至平臺奏事云。

十一年，太子出閣，加太子少保、禮部尚書。召見面議四營總兵官去留。是年，清寧宫災，公與同官上疏曰："近年以來災異頻仍，内府火災尤甚。或以爲天道茫昧，變不足畏，此乃慢天之説；或以爲天下太平，患不足慮，此乃誤國之言；或以齋醮祈禱爲弭災，此乃邪妄之術；或以縱囚貰罪爲修德，此乃姑息之計。熒惑聖聽，莫此爲甚。且賄賂公行，賞罰失當，紀綱廢弛，賢否混淆，工役繁興，軍國困憊。下情不達，上澤不宣，愁歎之聲，上干和氣，災異之積，正此之由。"時又有爲李廣乞祠額者，公執不可。清寧宫成，召能仁寺僧入大内慶讚，公又執不可。上皆從公言。十二年，給事中華昶劾程敏政考會試通私，命公覆試。十六年，加太子太保、户部尚書、謹身殿大學士。十七年，賜闕里，還，上時政疏。十八年，上不豫，召入受顧命。康陵即位，加少傅兼太子太傅、尚書、大學士如故。

正德元年，上不親政，又與同官上疏曰："近日視朝太遲，免朝太多，奏事漸晚，嬉遊漸廣。夫奢靡玩戲，非所以崇儉；彈射釣獵，非所以養仁。鷹犬狐兔，田野之物，不可育於朝廷；弓矢甲冑，戰鬥之象，不可施於宫禁。正人不親，直言不聞，而此數者交雜於前，臣竊憂之。近六月中，風雨飄蕩，雷霆震怒，正殿鴟吻、太廟脊獸、天壇樹木、禁門房柱，摧折燒燬，災異尤甚。惕然省悟，側身勵精，可回天慰人。"不聽。又與同官上疏曰："先帝顧命惓惓，以陛下爲託，臣痛心刻骨，誓以死報。邇者地動天鳴，五星淩犯，星斗晝見，白虹貫日，群災疊異，併在一時。歷觀載籍，徧閲古今，未有如此而不亂。且詔令廢格，變易殆盡，在於民生國計，若罔聞知。事涉於近倖貴戚，牢不可破，或旨從中出，略不預聞，或有所議擬，徑行改易。臣若諉顧命之名，不盡輔導之責，天下後世其謂臣何？"不報。又陳政令十失。是冬，加少師兼太子太師、吏部尚書、華蓋殿大學士。

二年，逆瑾擅權，益恣暴。尚寶卿崔璿、御史姚祥、主事張偉，爲邏卒誣執，荷校長安門外。公力救，得戍邊。内苑御船獵獸，上疏曰：

"今歲自端陽後，金鼓炮火，聲徹都邑。廄牧厮役，紛充禁庭。大臣畏忌不敢言，小臣震懾不敢諫。不知祖宗分職，設官朝廷，縻禄養士，將焉用之？伏望鑒古道以端好尚，視朝加蚤，則炎暑不侵；進膳有時，則元氣日盛。"三年，給事中方奎、御史張彧忤瑾，荷校。公疏救。都御史楊一清逮繫至，公又力救。是夏，蚤朝有投匿名文書疏瑾罪者，瑾怒，群臣悉逮詔獄，公又力救。五年夏，旱霾。上疏條四事。會張永發瑾奸，伏誅。上以公有反正功，加特進左柱國，蔭其子兆蕃爲尚寶丞。

上疏曰："天下者，祖宗之天下。上天所付託，生民所仰賴。高皇帝櫛風沐雨，十餘年而後定，何其勞也。文皇帝南征北伐，定鼎貽謀，二十餘年而後成，何其難也。列聖相承，兢兢業業，罔有怠荒。先帝顧命，惟欲陛下蚤嗣大位，蚤成大婚，光前裕後，衍無疆之澤。聖慮所及，何其深且遠也。臣願念上天付託者重，思祖宗授受者隆，體生民仰賴者切。每於朝奏講讀之暇，安處宫闈，溥施恩澤，起居以節，游豫以時，保養天和，培植國本，則六氣莫能侵，百邪不敢近矣。"不報。七年，流賊數十萬殘破半天下。賊就平，上以公有功，加蔭一子錦衣指揮。辭。上以京軍不習戰陣，欲調邊軍衛京師。公疏陳十不便。不聽。遂乞休。卒，年七十。贈太師，謚文正。

公慧悟夙成，文章流麗，代言敷奏，明暢爾雅。又能奬進才雋，推挽聲譽，風韻所漸，人皆嚮附。事泰陵，稱忠勤。康陵時，周旋曲濟，保護善類。清謹弗渝，休休不専。政歸卿寺，人顧思之。

張東沙《芝園集》曰：李文正公幼負儁才，藉有清譽，藝林推爲神駿，雲路比之祥鸞。其推轂天下士，孜孜如不及也。其爲相也，會逆瑾亂政，毒螫縉紳，公委曲周旋，多所全濟，衆頗賴之。蓋瑾目中已久無天子，獨公以素望稍加欽重。其清約之操出自性成，冬月不鑪，披册操瓠，不勝其慄，輒就日而暴之，日移亦移，其儉如此。余家尚書邦奇，公門人也。一日侍坐，有興化守者亦公門下士，以覲事至京，緘兩帕四扇，令從吏饋公。公曰："扇以染翰，固可，但多帕奈何？"吏頓首於庭。乃啟緘取扇，而歸其帕云。即此一事，古風可想已。

《先進遺風》曰：公致政後，邃菴楊閣老載酒過懷麓堂爲壽，觴以金。公訝曰："公近亦有此器邪？"邃菴有慚色，自是不敢用以觴云。公仕宦五十餘年，柄國且十有八年矣。鄭端簡謂公卒之日，不能治喪，門人故吏醵金錢賻之，乃克葬。又謂："嘗過其門，蕭然四壁，不足當分宜輩一宴之費。"云云。則公平生所以褆身者，可知已。彼時權璫狂猘，公卿鮮不受其螫者，而卒不敢有加於公。公豈有權術牢籠之哉？毋亦貞操潔履，有以服其心邪？

《叢説》云："李文正當國時，每日朝罷，則門生群集其家，皆海内名流。其坐上常滿，殆無虚日，談文講藝，絶口不及勢利。其文章亦足領袖一時。正恐興事，建力[①]或自有人。若論風流儒雅，雖前代宰相中，亦罕見其比也。"又云："李西涯晚年致政家居，至臨歿時，其門生故吏滿朝。西涯凡平日所用袍笏、束帶、硯臺、書畫之類，皆分贈諸門生，東江亦分得數件。東江子顧伯庸親對余言之。"

聖楷曰：王荆公行青苗，門人故舊貽書邵子，欲投劾去。邵子曰："寬一分，則民受一分之賜。投劾去，何益也？"仁者用心，固如是乎？況宰相去留，係天下之安危，而又有不能自由者。西涯公當國時，有士人投一絶句云："才名真與斗山齊，伴食中書日又西。回首湘江春草緑，鷓鴣啼罷子規啼。"蓋譏其不能與劉、謝同去位也。果如所見，是使朝廷之上有小人便無君子，成何世界？且西涯受顧命，不幸而當逆瑾，疏論廷辨，無所避忌，非伴食者。後生輕薄，恣其綺舌，乃至於此，後世豈無公論哉？

① 力：《叢説》卷八《史四》作"功"。

劉大夏

劉大夏，字時雍，華容人。天順八年進士，爲庶吉士。出職方，爲主事，歷郎中。時有獻取交南策者，下部索永樂中調兵食數甚急，公匿其籍，徐以利害告尚書余肅敏公，力沮得寢。朝鮮使貢苦建州寇遮道，請改道由鴨緑江。中官有朝鮮人爲地，下部議。公曰：“朝鮮貢自鴉鶻關由遼陽經廣寧，過前屯入山海，迂回四三大城戍。此祖宗微意。若自鴨緑江抵前屯、山海，路太徑，恐貽他日憂，不可從。”塞有寇入，尚書必問劉郎中云何，劉郎中言輒行，行輒效。

出爲福建參政，巡海，海道兵久弛。公至，造哨船，葺倉計儲，立收支法，寨設一館，往來督察。不半年，海道肅然。陞廣東右布政使。嘗過崖山，弔大忠祠、宋慈元后陵，泫然曰：“后與陸、張二臣同死國，今大忠有祠，而慈元不祀，義弗稱。”謀立廟，人感其義，不日而就。轉左浙江。

弘治六年，河决張秋，擢右副都御史，治河，不能塞。再遣平江伯陳鋭、内臣李興。山東按察副使楊茂元，疏乞召還鋭、興，專任公，及抑損外戚，以回天意。茂元謫長沙同知。公集山、河二省守臣上議曰：“河性湍悍，張秋乃下流喉襟，未可輒治。治於上流，分導南行，復築長隄，禦横波，且防大明山東之患，候其循軌，而後决可塞也。”遂疏孫家渡河二十里、四府營河十里，築長隄，起河南胙城，盡徐州，經滑、長垣、東明、曹、單諸境，長三百六十里。量能任功，五旬而事竣。

十年，寇入塞。師行，乏軍興，公以户部侍郎出經畫。或曰：“邊糧草半屬京貴子弟，此行剛且取禍。”公曰：“處天下事，以理不以勢；定天下事，在近不在遠，俟至彼圖之。”至邊，召問父老，得其要領。一日榜通衢，云：“某倉缺糧幾千石，每石給官銀若干，凡境内外官員、客商家願輸者，米自十石上，草自百束上，聽；即中貴子弟，不禁也。”不兩月，積蓄有餘。蓋往時糴米法，糧百千石、草千萬束方聽，以故貴子弟争相爲市，轉買邊人糧草續運，牟利十五。此法立，有糧草家自得告輸，貴子弟即欲收糴，無所得。邊人言：“自劉侍郎收市法行，倉場有餘積，私家有餘財。”十一年，三章乞致仕，賜誥杜門修勵。十三年，家拜右都御史，總督兩廣軍務，即攜二童行。兩廣人聞公來，大喜。公旌賢才，斥貪穢，裁冗費，更役法，上下不便者，一切更正。

十五年，陞兵部尚書。時邊事亟，上以兵事屬内臣苗逵，謀出兵掩寇。上召公問，力言不可。上曰：“永樂頻出塞破寇，今何不可？”對曰：“皇上聖武固同符太宗，奈今兵將庸疲，遠不逮昔。當時，淇國公丘福稍違節制，數萬甲兵一日陷寇。今之將又福下，不若且令各邊料敵戰守，猶似得策。”上曰：“善。”一日，召問天下衛所軍士何如，對曰：“貧與民同，安能養其鋭氣？”上曰：“諸軍居有月糧，出有行糧，何以故貧？”對曰：“江南困於運糧，江北困於京操。此外，浪費猶有不能盡知者。”翌日，即詔各衙門條上軍民疾苦。有造飛語帖宫門誣公者，上曰：“宫門外人不能至，必内臣忿不得私役軍士耳。”

修清寧宫旨下部，役軍萬餘人，公請減十五。督工者訴上，上令内臣語内閣，擬旨詰責公。洛陽曰：“惜軍力，兵部職，近劉尚書輒以老辭，朝廷下温旨勉留，尚請未已，若詰責，彼將以不職固辭，更於何處得如此人用？”内臣以告。上欣然如公議。是年，以災求去，不許。因上十事，皆兵食要務，下諸司議興革。上嘗詔諭曰：“事有不可，每欲召卿議，又以非卿部事而止，後有當行罷者，卿揭帖啟朕。”公對：“不敢。”上問：“何也？”曰：“先朝李孜省可戒。”上曰：“卿與朕論國事，豈孜省比？”曰：“臣下以揭帖進，朝廷以揭帖顯行，何異前代斜封、墨勅。陛下宜遠法帝王，近法祖宗。事之可否，外付府部，内咨内閣可也。如用揭帖，上下俱有弊，且非後世法，臣不敢效順。”上稱善。

嘗召問：“天下何時太平，朕幾時得如古帝王？”對曰：“求治不宜太急，凡用人行政，即召内閣并執政大臣面議行之，但求順理，即致太平。”上曰：“劉健嘗薦劉宇才堪大用，朕觀宇小人，内閣亦豈可盡託。”上嘗召問近日外議云何，曰：“近有旨釋李夢陽，中外歡呼聖德如天地。”上曰：“夢陽指斥戚畹，且語言狂妄，朕不得已下詔獄。比奏上，朕試問左右云何，應曰付錦衣撻而釋之。朕知此輩得旨，即重責致死，以快中宫之怒，使朕受殺直臣名。不忠如此，朕以故釋復職。”刑部尚書閔珪讞大獄，忤旨，批答久不下。公獨對，上因語及之。對曰：“人臣執法，不過效忠朝廷，珪所爲無足異。”上曰：“且道自古何君何大臣亦嘗如此？”對曰：“臣幼讀《孟子》，舜爲天子，皋陶爲士，瞽瞍殺人，皋陶亦執之而已。似未可深責。”上頷之。明日，允珪奏。

十七年，北邊缺總兵，上諭内臣語公用李，李本外戚所薦也。内臣言：“大夏得傳帖，尚執奏，安肯聽奴口語。”上默然。一日朝罷，召公。上手一帖付公，帖書李名。公退至部，語同列曰：“此非將才，豈可爲大帥？”明日别推二人，上内批竟用李。李去鎮無幾，劾章至。上謂公曰：“悔不用卿所薦。”先是，公應詔陳言，盡罷光禄無名供億，歲百萬計，又議革騰驤四衛軍士，内臣恨公。上召公密議，又或及裁抑内臣事。一日，上召公入御榻前，上左右顧，近侍内臣退避去。奏事畢，復來。對久，欲起不能，上命太監李榮掖公出。榮且扶且請曰：“吾輩行事多失，老先幸隱惡揚善。”公曰：“聖上天性聰明，某於政事外，未嘗敢輕易毁譽人。某今日力求退，上曰：‘李榮每稱卿。’某於老太監蹤跡疎遠，何以得此？”榮曰：“當朝大臣，公名第一，榮何敢蔽賢？”時戴公爲左都御史，上有大政事，每召公及戴公面議。十八年春，二人對畢，上賜二人白金二鏹，諭曰：“朕聞朝覲日，文官避嫌，疑有閉户不與人接者。卿二人雖開門延客，誰復以賂通乎？以故，賜卿二人。”又曰：“勿朝謝，公卿知之，且懷愧懼。”上崩，公慟哭不能起。

正德元年，加太子太保致仕。二年，瑾專政。劉宇恨公，泰陵時，面對不爲宇地。謂瑾曰："籍劉尚書家，可得幾萬金。"瑾因潘尚書藩、毛總兵鋭獄詞有公名，三年夏，矯制逮詔獄，且欲殺公。下廷議，屠滽曰："檢律，劉尚書無死罪。"謫戍肅州。四年，至河西買墓地。五年，赦歸田。八年，瑾誅，復官致仕。公平生不以勢位自居，所至愛民如子，民亦愛之如父母。遇事有當行，未嘗先洩，有疑未明者，不以公移顯行。雖屬官，亦具手簡具述其事，紙尾書名。以故所委事無大小，無不盡心力，不相期負。功名富貴、子孫福澤，泊如也。嘗預作壽藏東山陽，記曰："予嘗見士大夫家子弟愛其父兄者，俟其身後，必求名儒大筆鋪張行業，以誌於其墓。作國史者，或憑而采之。予無似，承祖宗世澤，竊科甲官禄，前後四十年。在家在邦，無一事可述者。萬一後人私所親，謬言以誤名筆，縱可欺人，獨不自愧於地下也邪？用是述平生履歷，書而勒諸石，付兒祖生等藏之，以俟他日。其詞雖俚，其事則核，予心安焉。"公嘗曰："居官以正己爲先，所謂正己，不特當戒利，亦當遠名。"李東陽曰："東山乃昔人所謂與物無競、臨事有爲者也。"卒，贈太保，謚忠宣。

《先進遺風》曰：劉忠宣公大夏，生而岐嶷穎敏。楊文定一見，目爲國器。髫年，從父憲副公任。父按部歸，履新鞾，公疑出時無是，即以請。父示爲餘廪易者，乃釋。門者手一銀釧遺公，公引付父所善大參某所，詰其從來。甫弱冠，發解，臺司及[①]有司佐贐。公念里中阻饑，固辭謝焉。已，成進士，選讀中秘，懇願外補習民事，執政嘉之。既授諫垣，以親在辭，乃授兵部主事，已爲職方郎。時警報旁午，調發戰守諸巨務，尚書悉倚公畫，才望燀著。時權璫用事，適兵侍缺，欲援之超補，尚書亦喜得公助己，數趣之造謁，且擬助之，公固辭，謂福薄不敢承。久之，以資擬晉冏卿。公又以志在親民爲言，乃出參閩藩，其恬於進也如此。

武宗初，政在權璫，遂乞骸歸。歸三年，而劉璫[②]之難作。先

① 及：崇禎本作"檄"。
② 璫：《先進遺風》作"瑾"。

是，理河事竣，餘工費二千金，瀕行，藩臬舉爲公贐，公令籍之府帑。被逮，經、汴二司擬以遺瑾，公曰："此寧能饜彼意？第舉殘骸畀之耳，繫詔獄，將甘心焉。"同難者謀行賄紓禍，子姓丐貸四方知舊，擬醵金。公曰："如此而死，拚一身耳；如此免死，則累一生，且累子孫矣。"賴居中丞得減死，戍肅州。行時，故人贈遺，悉謝絶，止受同年李文正一羊裘。至肅，無資，諸司憚瑾，毋敢館穀，三學生徒輪食之。有總戎某，公所舉者，遺百金曰："患難中，非復在位時。"公曰："不聞《語》云，及其老也，戒之在得乎？"參將某遣使致餽，勑其使，不受，亡返。公曰："吾老，惟一僕，日食不過數錢。若受此，僕竊之逃，不將隻身陷此邪？"尋同戍鍾尚書橐貲，果爲僕竊而逃。人服公先識云。公居恒言："財貨惟務農服賈，凡力得者獲用，其餘易致之物，終非己有，子孫視之，亦不甚惜，况官貨悖入者乎？"

公轄廣東時，常乘小艇訪白沙先生，白沙問其學，曰："予存心之功十九，致知之功十一。"又聞公語陸吉士曰："仕途不可廣交、受人知，只如朋友，若三數人得力者，自可了一生。"惟公朝廷[①]之交如李文正、張簡肅、戴恭簡，山林之交如陳白沙、李大崖輩，真可了一生邪！又曰：公被逮時，瑾屬官校羅某闞公貲産。羅至，廉知公貧，餽羅以酒器，固辭不受，惟索詩一律載之。

《通紀》曰：大夏爲職方時，吏部議以太僕卿處之。大夏私謂所知曰："郎中轉京堂，固人所欲。但吾做秀才時，見府縣政事不得其平，輒曰：'使我做時，某事當如何行，某事當如何罷。'今幸登朝，不得一親民官，非素志也。况郎中一出，非知府即參議，官階崇重，何爲不可？但恐人負官耳。"吏部乃升大夏福建參政，後遷布政使，累官至大司馬。嘗言："所以至今日，得參政、布政之力也。"

---

① 廷：《先進遺風》作"著"。

張居正

張居正，字叔大。江陵人。母趙氏嘗夜見室中有光上照天，頃之，一青衣童子自天下，繞牀左右。遂娠。凡十有二月生，少名白圭，穎敏絶倫。十二爲諸生，就郡試時，大司徒李公士翺爲郡守，先有異徵，奇其狀，更名居正。尚書顧公璘撫楚，行部，大奇之，語監試直指使者："張孺子，將相器也。宜老其才，即見其名，姑乙之。"及啟卷，果售。直指因用顧公言，力置之。次日，爲特設鹿鳴慰勞焉。庚子舉於鄉，謁謝璘，璘猶以爲早，因解所繫犀帶以贈曰："爲若異時圍腰飾，然若且玉，不足久溷也。"丁未舉進士，選庶吉士。己酉授翰林院編修。時少師徐階在政府，見公沈毅淵重，深相期許。甲寅，請告歸，則卜築小湖山中，終日閉關不啟，人無所得望見。久之，益博極載籍，通當世之務。

庚申以右春坊中允管國子監司業事。甲子重修《興都志》成，進右諭德，爲裕邸日講官。每進講，必引經執義，廣譬曲喻，詞極剴切。莊皇帝往往屬目加禮焉。隆慶元年，累進禮部尚書兼武英殿大學士。公之入閣，同時閣臣皆折節從[1]容，公班最後，獨謂輔相體尊，當自嚴重。時倨見九卿，他亦無所私款洽，而間出一語輒中的。人以是愈畏憚之，重於他相矣。當世厮末，政多偷玩，事無統紀，舉朝務爲繁言，鮮實效，詔令屢下，多廢格不行。是以上下相蒙，名與實爽。又以國用空乏，督賦之使四出，民苦搜括，而寇數犯塞，京師武備久弛。乃條上六事：省議論，振紀綱，重詔令，覈名實，固邦本，飭武備。因請舉祖宗大閱禮，上嘉納。己巳之冬，遂大閱於北郊。公戎服扈從，天子坐武帳，躬擐甲胄，觀將士爲偃月五花之陣。已，乃閱騎射，簡車徒。人已

① 從：崇禎本作"雍"。

知爲救時相焉。

四年庚午，用三年考績，恩加太子太傅、吏部尚書，官一子中書舍人。先是，北寇俺答最彊盛。肅皇帝時，歲入邊，殺略吏民畜産甚衆，雲中、遼東尤甚。其後，我叛人趙全與其黨李自馨等亡抵掩答，居板升，擁勝兵數萬，而中國亡命又悉往從寇，熟知險隘阨塞，爲寇鄉導，日夜教寇候利害處。以故，二十九年，俺答大舉逼京師。四十九年，犯蘇。隆慶元年，陷石州，會其孫把漢那吉郄於寇，與其妻比吉等十餘騎來款關，督撫王崇古上狀。朝議以爲納叛啟釁非宜，不然，宜殺之。公獨勸上納那吉降，安置大同城中，厚給飲食衣服，供帳器具以市之。俺答聞那吉亡，大驚，發萬騎臨平虜城來索。廷臣恇懼，公令諸將堅璧[①]清野，勿與戰。使那吉衣所賜緋衣金帶，誇示寇使。而陰遣諜者以好語款寇曰："若能縛我叛人趙全等獻，約稱臣守邊，乃得歸而孫。"

時崇古謂寇久不去，老師費財，欲乘老酋得孫急，而因與爲市。公與書曰："和戎自有體。彼即欲得孫，謂宜先縛致全等境上，盡屏往來游騎，請命幕府，我乃禮那吉而歸之耳。今擁萬騎平虜城外，欲坐索而孫，何可謂誠款乎？夫全等至狡獪，彼豈能坐而待縛若鷄犬乎？假令語泄，彼得爲謀，或聊以脅從數人欺誤朝廷，而我乃棄重質，非細故矣。且那吉歸而老酋幸奉約束，無他，吾即假爵封王、通貢市可矣。有如寇諸所言，特空紿幕府，殊無意稱臣，又或多所請乞，明年又復寇邊，損國家威重，則雖得全等數十百輩何爲？"於是崇古遣使一再詣寇營，曉以利害，堅其約。俺答仰天笑曰："吾何愛數十人，不以易吾孫？"乃夜襲板升，得趙全等九人，縛致境上。命厚禮那吉，遣歸。俺答感泣，遂稱臣内屬，求通貢市，歲歲勿絶。上命磔全等東市，傳首於邊。全驍黠甚，顧其屬曰："吾屬死，邊事寧矣！"

上嘉公殊勳，加少保兼建極殿大學士，官一子尚寶丞。而詔集朝臣詣闕下，議封貢可否。衆士籍籍。公復以書抵崇古言："封貢有五利。

① 壁：《明史》卷二百十三《張居正傳》作"壁"。

邊鄙不驚，穡人成功，一也；我得以其閒養士馬，修戰守備，歲無調援，可省行糧數十百萬，二也；俺酋既臣屬，土蠻、吉能不敢輕動，三也；趙全等既禽，即板升數萬之衆，知寇不足恃，可馴而致，四也；寇驕天亡，其兆已見，老酋死，族必分，不死，必有冒頓、呼韓之變，我得乘其敗而坐困之，五也。”乃復詣文華殿，舉成祖封和寧、太平、賢義三王故事告上。上意遂决，許通貢市，封俺答爲順義王。俺答大喜。已而套寇亦願修貢市易，如宣大例。自是中國以段布皮物市寇馬，寇亦利漢財物，貿易不絶。居庸以西五千餘里無烽火警，天子無西顧憂，得一意備東寇矣。上念公運籌制寇，茂著忠猷，加少師兼太子太師，予一子錦衣衛正千户，世其官。

六年五月，上不豫，召輔臣至御前，受顧命。公伏地號泣不能起。神宗嗣位，詔公卜視大行皇帝陵寢。比歸，而首輔拱已去位矣。公爲首輔，召見平臺，慰勞懇至。初，上在東宫，嘗晝寢，夢一美髯大臣在側，若將有所陳見。寤而異之，以問左右，對曰：“殿下他日當有太平宰相如其人。”及見公，長身玉立，髭髯修美，上憶夢中事，特賜金幣及繡蟒斗牛服。公頓首泣謝，因疏請大誥文武群臣，示上意所嚮，百僚寖寖振動矣。又念國有大故，或啟戎心，請勑本兵，令邊吏毋得解甲，謹備寇。又按劉文靖故事，請御日講，三日一出視朝，毋以寒暍小故廢罷。山陵禮成，進左柱國兼中極殿大學士，官一子。累疏辭免，上復親灑宸翰，賜大字凡五，曰“元良”，曰“良臣”，曰“爾惟鹽梅”，曰“汝作舟楫”，曰“宅揆保衡”。公頓首曰：“上幸嚮意文字，即操觚染翰，非帝王要務，亦無不究極精微，動以古人爲法，臣知所以事上矣。”乃采古昔帝王善可爲法者八十事，惡可爲戒者三十六事，以應陰陽之數，繪爲《帝鑑圖説》以獻。上起敬受，令宣付史館。

萬曆元年癸酉，有王大臣之獄。一時洶洶，禍及舊輔高拱。公以百口保其無他事，乃解。嶺東平，上將首論籌策功，謝不受。上言：“臣當先帝時上便宜六事，其一願上綜覈名實。乃當事者玩歲愒月，卒不能以實應，即敷奏，徒文具耳。請令自今天下吏民所上封事，有事下四方郡國者，諸曹置記籍，與爲期約，月令科臣按之。設所在撫按皆奉行詔書，不以時奏報，或以[①]奏報，而諸曹故慢令，無可否者，臣等當條列其事，請詔下所司詰問，責令對狀。”上報可。十一月，以六年考績，進中極殿大學士。二年甲戌，西南夷都蠻平。都蠻，古瀘戎也，數剽掠蜀郡，公推轂曾省吾撫四川，以劉顯爲總兵征之。是時，言官論顯閫事，罪且不貸。公曰：“臨敵易將，兵家所忌。”卒不罷顯，顯竟就功。公以上方精核吏治，乃與太宰張瀚、大司馬譚綸奏上御屏，中繪天下疆域，左文右武，各列職名。上命設於文華殿省覽。又請修祖宗故事，令日講官記注起居，兼録詔諭制勅，凡郊廟、耕籍、幸學、大閱皆令侍從。又選史官六人，居館局中，編摩諸司章奏。其大臣便殿獨對，有密勿謀議，得聞史臣者，令入對大臣紀述，送史局銓次，爲異日國史原本。

四年正月，御史劉臺劾奏公。臺，故公所取士也。出按遼東，遼捷，御史不當報，而臺違例報，公以故事裁抑之。臺怒，遂抗章極論公黠横十餘事。公上疏乞休，上慰留之，廷杖臺。公復伸救，竟從寬貸。六月，重修《大明會典》。是時歲比不登，又多水旱，上詔書數下，賜民田租。而郡國奉行不勤，督賦益急，閭里愁歎，盜賊竊發。乃請詔責有司加意牧養，令主計議佐百姓，民有窮餓，或歲大祲，若逋久賦重，度不能輸將者，其悉除之。又言大倉所儲，足支八年，獨大帑無羡金，而民閒復苦輸粟，終歲勤動，不得休暇，上下交病矣。請令今歲賜民改折十之三，實公帑，寬民力，真兩利之道。上從之。亡何，以一品九年考績，加特進左柱國，進太傅，支伯俸，官一子尚寶丞。于常典外，賚賜有加。累疏辭謝，許辭太傅、伯禄。

五年丁丑三月廷試，賜公子嗣修及第第二人。有詔修慈慶、慈寧宫。公上言：“兩宫規制甚備，又至壯麗，足以娱太后萬壽，不宜時絀舉羸。”上即入言聖母，得罷之。六月，嶺西羅旁平，以其地置郡縣，

① 以：崇禎本作“已”。

公舉兵部侍郎凌雲翼力也。公爲政，大約以尊主權、課吏實、信賞罰、一號令，萬里之外，朝下而夕奉行。尤留心邊事，有本鎮將吏不知，而公别偵之以告者，人亦不測其繇。是以群臣恐恐然，救過惟謹，職事釐舉，無敢飾非枝梧者。居恒謂："高皇帝真得聖人之威者也，世宗能得其意，故高卧法宫之中，朝委裘而天下不亂，以大阿不下授也。"于時政體大肅，而漸有不便于公者矣。

九月，父文明卒于江陵。訃聞，累乞守制。不允。是時，彗出斗、牛閒，尾指婺，長數十丈。臺官微言："按《天官書》，斗，丞相之位。彗出斗牛，女主、大臣移徙，天子愁，兵起，天下受怨。"于是上留公益堅，至于流涕。公又以母老疏請，極哀切。上乃命司禮監差官一員同公子嗣修馳驛，歸營葬，即迎母來京侍養。公感殊恩，慨然遵諭暫留，疏乞辭俸守制，預允歸葬。從之。十月，杖編修吴中行，檢討趙用賢，刑部員外艾穆、主事沈思孝于朝，復杖刑部觀政進士鄒元標五人，皆以疏諫奪情。自是怨公者益甚。公皆身任之，即以是稍除異己者，不恤也。六年三月，大婚禮成，再疏乞歸葬。上不得已，勑璽卿、金吾護歸，以三月爲期。葬畢，即上道。又特頒"帝賚忠良"銀印記一，如先朝楊士奇、張孚敬例，得密封言事。仍戒内閣臣調陽等，有大事毋得專决，仍馳驛之江陵，聽先生處分。瀕行，入辭便殿，上爲嗚咽流涕。入言聖母，聖母亦感痛，所以慰賜祖送有加。既歸襄事訖，奉旨敦迫還朝。召見文華殿西室，問所過民閒疾苦及北寇衰敗狀。公對甚悉，上大悦。

先是，肅皇帝時，公族繁盛，國用困竭，禮官所裁宗藩條例多刻意抑損，且乖牾不可訓。公乃略舉事例未安者十餘事，請勅禮官集群臣定議，著爲令甲，昭示諸侯王。諸王有見而感泣者。

七年二月，河工成。自河决崔鎮，吕泗、淮陽諸郡悉爲巨浸，瀕河郡縣，治堤費且萬萬。廷議迄無成。上以問執政，公因言故河道御史潘季馴可使。乃降璽書，即其家拜都御史，一切假以便宜。踰年工成。上漸備六宫，太倉所儲金錢多所宣進。公因户部進御覽數目，陳言："萬曆五年，歲入四百三十五萬餘兩，而六年所入，僅三百五十萬餘金。五年歲出三百四十九萬餘金，而六年所出，乃至三百八十八萬餘金。夫歲出則浮于前，歲入則損于舊，不可不知也。王制量入爲出，三年必有一年之積，而後可以待非常之事，無匱乏之虞。設法巧取，不能增多，惟加意撙節，則用自足。願將主計所上疏置座隅，時賜省覽。”又，上傳旨工部，置錢應用，公亦以利不勝費止之。言官請停織造，不聽。公面委曲以請，得省數之大半。復請停修武英殿工，及裁省外戚遷官恩數，上多曲從之。

十一月，詔度民田。高皇帝時，天下土田八百五十萬頃。至弘治十五年，已減二十七萬。歲久滋僞，弊孔百出，有所謂飛詭者、影射者、養號者、掛虛者、過都者、受獻者，久久相沿。豪民有田無糧，窮民攤派受病矣。民窮逃亡，勢又不得不請減額，而國課日以益虧。公請料田，凡莊田、屯田、民田、職田、蕩地、牧地，皆就疆理，無有隱奸。貧民不至獨困，豪民不能兼并。又民間新所墾治，皆賦其貢税，以新賦均舊額，則國初故額不失，而民賦以輕，其撓法者，皆下明詔切責，天下奉行廪廪焉。

八年庚辰，服除，詔加太傅，歲加禄米百石。晉前所予錦衣衛正千户世指揮僉事。公辭太傅。尋以大禮畢成，聖德日茂，拜疏乞休，上諭懇切，最後手書傳慈聖諭：“張先生受先帝付託。自今以往，輔爾至三十，而後商處，願今無復出口矣。”遂不得辭。三月，廷試，賜公子懋修進士及第第一人。

九年正月，請令翰林官分番入直，應和文章。或侍上清讌，質問經義，陳説理道，如唐宋故事。又奏屬儒臣纂輯累朝《寶訓》《實録》，分類成書，以經筵之暇進講。一日，上御文華殿講《訓》《録》畢，公偕輔臣四維、時行持南京給事中傅作舟疏進覽。因言：“大江南北大饑，或相聚爲盜，大可憂，即如《訓》《録》所載元末之亂，亦起于此。乞將積逋盡賜蠲貸，而責各官發賑鍰倉穀，以惠窮民。”上俞允。公又言：“今天下至困矣，即上幸履蹈節儉，臣愚猶過計，以爲大司農所入，不足佐緩急。近者宫中賜賚，動至鉅萬，輒引常例。夫所謂例者，今年偶一行之，明年即指爲故事陳乞耳，非祖宗舊制也。至於布施一事，尤當禁止。與濫施緇流以求福利，孰與蠲賦與民，以活億兆元元之命，其功尤大。”上爲感動。十月，以一品十二年秩滿奏最，上手勅褒諭，稱其“精忠大勳，朕言不能盡，官不能酬”。加上柱國、太傅，支伯爵俸，仍加歲米二百石。予一子尚寶司丞，給四代誥命，下璽書褒美，賜宴禮部。辭上柱國及伯爵俸。

十年二月，寢疾。上時時下手詔問安否，賜内廚饌及視醫藥，黄門使者絡繹于道。久之不愈，上令輔臣四維理閣中細務，大事即公家平章。六月，上書乞骸骨。上覽之感痛。會遼東大捷至，加公太師，進前所予錦衣衛指揮僉事同知，世世不絶。時病已革，上使中使問國家大計，不知所報。次日，卒。上愴悼輟朝，賻賜金幣、他物皆加等。兩宫賜亦優厚。予祭九壇，復增七壇。蓋視國公兼師傅者儀，贈上柱國，謚曰文忠。遣營葬，仍命太僕、錦衣、内監護喪歸。

公性謹嚴敏决，博聞强識，尤練習本朝故實及邊域情形。少時即自負以天下之重，伉厲守高，不好爲好言以悦人意。及入政府，感穆廟顧託，神廟幼冲，虚心委任，故任法獨斷，操持一切，無所顧避毁譽。嘗與人書曰：“僕以一豎儒，擁十餘齡幼主，立天下臣民之上，國威未振，人有侮心。况自隆慶以來，議論滋多，國是靡定，紀綱倒置，名實混淆。自僕當事，始布大公，章大信，修明祖宗法度，一以尊主庇民、振舉頹廢爲務，天下始知有君也。彼讒人者，欲剸刃于僕之身，又無所污蔑，獨曰專擅。專擅云云，欲以悚動幼主，閒僕于主上耳。僕受恩深重，當以死報國。違道干譽，直僕之所薄而不爲。”其大意如此，是以人多恨之。

上敬重公，呼太岳先生而不名。掖庭少有嬉戲，輒慮張先生知之，而公亦益以夾輔主德自力。然上春秋漸長，公過爲禁持不少假。嘗在講筵，上讀《論語》至“色勃如也”，讀作背音，公從旁厲聲曰：“當作勃字。”上悚然驚。而上左右貴倖用事，多恨老璫馮保，公又嘗疏請斥逐其爲奸佞者，是以寖相構，而輔臣張四維亦怨公。會公卒，上所幸璫張誠以保與公交結，專恣奏聞，上心動。其與四維善者泄之，四維遂嗾其門人極論保以嘗上。上謫保南京，而籍其家。言事者窺望風旨，益務攻公爲奇，并及其黨。於是奪上柱國、太師，再奪謚，削其諸子官。

御史羊可立者，追論公罪，因謂公以私構遼庶人憲㸅獄，庶人妃因訟獄。且曰："庶人金寶萬計，盡入居正府矣。"上心豔其事，以可立籍公家，乃命中貴人張誠及刑部右侍郎邱橓，偕錦衣衛指揮給事往並勘故構王憲㸅事。王憲㸅者，其父王薨，未立。而公之祖父爲護衛卒。太妃聞公少警穎，旦與王同歲，召而奇之，賜食，而坐王憲㸅其下，且謂"而不才，終當爲張生穿鼻"。王憲㸅以是慙而銜之。會公登第，召其祖虐之酒至死。而王淫酗横暴，其國遠近皆怨之，彈劾屢上，遂至削國，以幽死。所謂金寶者，讎語也。邱橓等籍其家，懼不中程，乃拘其諸子，備極榜笞。長子敬修自縊死，家人死者纍纍，而荆楚之閒騷然株及矣。獄成，命削公秩，奪前所賜璽書、四代誥命，謫其子編修嗣修戍。

當籍没時，侍講于慎行遺邱橓書略曰："江陵殫精畢智，勤勞于國家，陰禍機深，結怨于上下。當其柄政，舉朝争頌其功而不敢言其過，今日既敗，舉朝争索其罪而不敢言其功，皆非情實也。且江陵平生以法繩天下，而閒結以恩，此其所入有限矣。彼以蓋世之功自豪，固不甘爲汚鄙，而以傳世之業期其子，又不使濫有交遊，其所入又有限矣。若欲根究株連，稱塞上命，恐全楚公私，重受其困。又江陵太夫人在堂，八十老矣，纍然諸子皆書生，不涉世事，籍没之後，必至落魄流離，可爲酸楚。望于事寧罪定，疏請于上，乞以聚廬之居，恤以立錐之地，使生者不致爲欒、郤之族，死者不致爲若敖之鬼，亦上帷蓋之仁也。"橓得書，不能用。萬曆末，臺諫等連章訟居正冤，且言其有十大功于國，不聽。天啟二年，朝廷始追述其功，復原官，予祭葬。稍稍給其房屋之未變直者，與子孫奉祠住。今上御極，尤思之，録用公孫同敞爲中書舍人，追卹有差。

毛壽登曰：江陵承顧託，輔幼主，身伊、周之任。寵眷稠渥，前古未有也，天下固已側目其身矣。而振綱剔弊，海内披靡，又皆其誓沈族碎家而爲之者也。雖欲避專擅之跡，何可得？然公無所不可得之人主，而奪情之役，不以死争，摧擊過當，有容之度闕焉。豈自信報主眷，平物論，蓋有非常之功，誠不屑區區形跡間飾款言，塞衆望邪？

海忠介有言："居正工于謀國，拙于謀身。"諒哉！上下數十年閒，墨衰視事，楚人兩見。然江陵名差不正，而人顧益思之矣。

聖楷按：衡山寧太虚先生咸講學于鄂，必參稽楚人楚事，互相問答。一日，謝古心鳳洲在坐，寧問曰："楚之相如張江陵，將如熊經略，可謂才矣。然江陵奪情，今曩同譏，如何？"謝曰："古大聖人有奪情者二，皆以天下事其親，不足爲疑。"曰："爲誰？"曰："父死不葬，爰及干戈。"寧曰："學聖人者，須大中至正，武王反經行權，後世有口實之者。且史闕疑，寧足傳信？"謝曰："更有一無閒之聖人，《洪範》曰'鯀則殛死，禹乃嗣興'如何？"寧然之。既而曰："古心引經證事，可廣《孝經》。"

楚寶卷第三考異

新化鄧顯鶴湘皋述

大　臣

楊溥傳[①]

永樂十二年，東宫遣使迎上遲，上怒。黄淮先至，下獄。西楊、金問繼至，上曰："且宥士奇，問何人，乃得侍太子！"下法司訊詞，連公。

顯鶴按：《明史》溥本傳：十二年，東宫遣使迎帝遲，帝益怒曰："問何人，得侍太子！"下法司鞫，詞[②]連溥，逮繫錦衣[③]獄。《楊士奇傳》："帝北征。士奇仍輔太子居守。漢王譖太子益急。帝還，以迎駕緩，盡徵東宫官黄淮等下獄。士奇後至，宥之。"原傳但云"上怒，黄淮先至，不言逮至"，殊誤。又原傳稱："二王巧中東宫。""二王"謂漢王高煦、趙王高燧也，"二王"宜稱漢、趙二王。

先是，獻陵欲近公建弘文閣思善門左，命公掌閣事。又選侍講王璡，侍直改博士陳繼、學録楊敬爲編修，訓導何澄爲給事中輪對，上手弘文閣印授公。

---

① 本卷考異部分人物後加"傳"，其他卷皆無。
② 《明史》卷一四八《楊溥傳》無"詞"字。
③ 《明史》卷一四八《楊溥傳》"錦衣"後有"衛"字。

顯鶴按：《明史》溥本傳："仁宗即位，釋出獄，擢翰林學士。已，念溥由己故久困，尤憐之。明年建弘文閣於思善門左，選諸臣有學行者侍直。士奇薦侍講王進原傳作璡、儒士陳繼，蹇義薦學録楊敬、訓導何澄。詔官繼博士，敬編修，澄給事，日直閣中。令溥掌閣事，親授閣印。"按：陳繼以儒士詔官博士，楊敬以學録詔官編修，非改博士陳繼爲編修也。

裕陵即位，昭皇后召臨朝。公復入内閣，請開經筵。昭皇后喜。一日，后坐便殿，上西面立后旁[①]。召三楊及國公輔、尚書濙。

顯鶴按：裕陵，英宗陵名。昭皇后，即仁宗誠孝皇后張氏也。英宗立，尊爲太皇太后，宜稱太后，不宜稱后。"三楊"謂楊士奇、楊榮及溥。國公輔，英國公張輔。尚書濙，胡濙也。原傳一遺名，一遺姓。

夏原吉傳

鄉薦遊太學，選入禁廡書誥，授户部主事。尚書郁新奇之。

顯鶴按：《明史》原吉本傳："原吉早孤，力學[②]。以鄉薦入太學，選入禁中書制誥。諸生或喧笑，原吉危坐儼然。太祖詗而異之。擢户部主事。曹務叢脞，處之悉有條理，尚書郁新甚重之。"原傳太略。

永樂元年，吴、浙大水，公行視水，遣僉都御史俞吉賜公《水利集》。累遣侍郎李文郁、大理少卿袁復、陝西參政宋性佐公。二年還

① 旁：原文作"傍"。
② 《明史》卷一四九《夏原吉傳》"學"後有"養母"二字。

朝，復出治水。水洩，農田大利。召還部。時賞功、封建、征夷、下番、營北京，費億萬計，皆取辦於公。

顯鶴按：《明史·成祖本紀》：永樂元年夏四月己酉，户部尚書夏原吉治蘇、松、嘉、湖水患。二年十一月戊午，蠲蘇、松、嘉、湖、杭水災田租。三年夏六月，夏原吉等振蘇、松、嘉、湖饑。原吉本傳：浙西大水，有司治不效。永樂元年，命原吉治之，尋命侍郎李文郁爲之副，復使僉都御史俞士吉原傳作"俞吉"，誤。齎《水利書》賜之。原吉請循禹三江入海故跡，濬吴淞下流，上接太湖，而度地爲閘，以時蓄泄。從之。役十餘萬人。原吉布衣徒步，日夜經畫，盛暑不張蓋，曰："民勞，吾何忍獨適。"事竣，還京師，言水雖由故道入海，而支流未盡流洩，非經久計。明年正月，原吉復行，浚白茆塘、劉家河、大黄浦。大理少卿袁復爲之副。已，復命陜西參政宋性佐之。九月工畢，水洩，蘇、松農田大利。三年還。其夏，浙西大饑。命原吉率俞士吉、袁復及左通政趙居任往振，發粟三十萬石，給牛、種。有請召民佃水退淤田益賦者，原吉馳疏止之。姚廣孝還自浙西，稱原吉曰："古之遺愛也。"亡何，郁新卒，召還，理部事。首請裁冗食，平賦役，嚴鹽法、錢鈔之禁，清倉場，廣屯種，以給邊蘇民，且便商賈。皆報可。凡中外户口、府庫、田賦贏縮之數，各以小簡書置懷中，時檢閲之。一日，帝問："天下錢、穀幾何？"對甚悉，以是益重之。當是時，兵革初定，論"靖難"功臣封賞，分封諸藩，增設武衛百司。已，又發卒八十萬問罪安南，中官造巨艦通海外諸國，大起北都宫闕。供億轉輸以钜鉅萬計，皆取給户曹。原吉悉心計應之，國用不絀。

六年命督軍民輸材北都，詔以錦衣官校從，治怠事者。原吉慮犯者衆，告戒而後行，人皆感悦。七年，帝北巡，命兼攝行在禮部、兵部、都察院事。有二指揮冒月廩，帝欲斬之。原吉曰："非律也，假實爲盜，將何以加？"乃止。八年，帝北征，輔太孫留守北京，總行在九卿事。時諸司草創，每旦，原吉入佐太孫參决庶務。朝退，諸曹郎御史環請事。原吉口答手書，不動聲色。北達行在，南啟監國，京師肅然。帝還，賜鈔幣、鞍馬、牢醴，慰勞有加。尋從還南京，命侍太孫周行鄉落，觀民閒疾苦。原吉取虀黍以進，曰：“願殿下食此，知民艱。”九載滿，與蹇義皆宴便殿，帝指二人，謂群臣曰：“高皇帝養賢以貽朕。欲觀古名臣，此其人矣。”

按《本紀》及《傳》：忠靖以永樂元年治水浙西，李文郁副，事竣還。明年春復出，袁復副，宋性佐之。三年還。復以振浙西饑，再往。原傳多誤，復漏振饑及行在申救帝欲斬二指揮冒廩二事。至所云賞功、封建、征夷、下番等語，尤欠詳悉，讀本傳自明。

法王來朝，上欲郊勞，公以爲不可。

按本傳：“西域法王來朝。”不宜去“西域”二字。

是年冬，上議北征，公力諫。上怒，繫内官監，籍其家。

按本傳：“十九年冬，帝將大舉征沙漠。命原吉與禮部尚書吕震、兵部尚書方賓、工部尚書吴中等議，皆言兵不當出。會帝召賓，賓力言兵[①]興費乏，帝不懌。未奏，[②]召原吉問邊儲多寡，對曰：‘比年師出無功，軍馬儲蓄十喪八九，災眚迭作，内外俱疲。况聖躬少安，尚須調護，乞遣將往征，勿勞車駕。’帝怒，立命原吉出理開平糧儲。而吴中入對如賓言，帝益怒。召原吉繫之内官監，并繫大理丞鄒師顔，以嘗署户部也。賓懼自殺。[③]并籍原吉家，自賜鈔外，惟布衣瓦器。”原傳太略。

① 兵：《明史》卷一四九《夏元吉傳》作“軍”。
② 《明史》卷一四九《夏元吉傳》“未奏”在“會帝召賓”前。
③ 《明史》卷一四九《夏元吉傳》“并”前有“遂”字。

又本傳載："山東唐賽兒反，事平，俘脅從者三千餘人[1]。原吉請於帝，悉原之。谷王橞叛，帝疑長沙有通謀者。原吉以百口保之，乃得寢。宣宗三年，從北巡。帝取原吉橐糗嘗之，笑曰：'何惡也？'對曰：'軍中猶有餒者。'帝命賜以大官之饌，且犒將士。從閲武兔兒山，帝怒諸將慢，褫其衣。原吉曰：'將相，國爪牙，奈何凍而斃之？'反覆力諫。帝曰：'爲卿釋之。'此數事皆原傳所未載。

又或問原吉："量可學乎？"曰："吾幼時，有犯未嘗不怒。始忍於色，中忍於心，久則無可忍矣。"按：此可爲懲忿養氣之法。

李文郁，襄陽人。永樂初，以户部侍郎從元吉治水有功。後坐事謫遼東二十年。仁宗即位，召還，爲南京通政參議，致仕。鄒師顔，宜都人。永樂初，爲江西參政，坐事免。尋以薦擢御史，有直聲。遷大理丞，署户部。與原吉同下獄。仁宗立，釋爲禮部侍郎。省墓歸，還至通州，卒，貧不能歸葬。尚書吕震聞於朝，宣宗命驛舟送之。詔京官卒者，皆給驛，著爲令。按：二君皆楚人，附見忠靖本傳，并附録之。

李東陽傳

成化十九年，進侍講學士。明年，充東宫講讀官，憂去。

顯鶴按：《文正年譜》：成化十九年癸卯，三十七歲，擢翰林院侍講學士。二十年甲辰，三十八歲，官侍講學士，充殿試讀卷官。二十一年乙巳，三十九歲，官侍講學士。二十二年丙午，四十歲，官侍講學士，爲順天鄉試考試官。子兆同生，《志喜詩》有"三日兩孫翁獨喜"之句，時封公尚無恙也。二十三年丁未，

① 《明史》卷一四九《夏元吉傳》"人"後有"至"字。

四十一歲，守制。原傳悮以“憂去”二字繫之“明年，充東宫講讀官”之下。又按楊文襄誌公墓，亦以“父卒，解官”繫“甲辰選侍東宫”下。此原傳之誤所本也。

科道疏救武岡知州劉遜，上震怒，俱下獄。又同疏申救，得釋。

按《明史·劉遜附姜綰傳》：遜，安福人。以同官姜綰劾巨璫蔣琮不法事，被逮論鞫，謫澧州判官，遷武岡知州。時岷王不檢下，遜裁抑之。王怒，誣奏，徵下詔獄，命逮之。科臣龐泮等言遜所坐微，而王奏牽左證百餘人，難盡逮。帝怒，下泮等四十二人、御史劉伸等二十人詔獄。東陽等言：“遜情輕譴重，言官爲國盡忠，而槩以爲罪。後有大利害、大闕失，誰肯言事者？”竟得釋。

弘治十七年，賜闕里，還，上時政疏。

按《明史》東陽本傳：十七年，重建闕里廟成，奉命往祭。還，上疏言：“臣奉使遄行，適遇亢旱。天津一路，夏麥已枯，秋禾未種，輓舟者無完衣，荷鋤者有菜色。盜賊縱横，青州尤甚。南來人言：‘江南、浙東流亡載道，户口消耗，軍伍空虚，庫無旬日之儲，官缺累歲之俸。’東南財賦所出，一歲之饑已至於此；北地呰窳，素無積聚，今秋再歉，何以堪之？事變之生，恐不可測。臣自非經過其地，則雖久處官曹，日理章疏，猶不得其詳，况陛下高居九重之上耶？臣訪之道路，皆言冗食太衆，國用無經，差役頻煩，科派重疊。京城土木繁興，供役軍士，財力交殫，每遇班操，寧死不赴。勢家鉅族，田連郡縣，猶請乞不已。親王之藩，供億至二三十萬。游手之徒，託名皇親僕從，每於關津都會大張市肆，網羅商税。國家建都於北，仰給東南，商賈驚散，大非細故。更有織造内官，縱群小掊擊，閘河官吏莫不奔駭，鬻販窮民所在騷然，此又臣所目擊者。夫閭閻之情，郡縣不得而知也；郡縣之情，廟堂不得而知也；廟堂之情，九重亦不得而知也；始於容隱，成於蒙蔽。容隱之端甚小，蒙蔽之禍甚深。臣在山東，伏聞陛下以災異屢見，勑群臣盡言無諱。然詔旨頻降，章疏畢陳，而事關内廷、貴戚者，動爲掣肘，累歲經時，俱見遏罷。誠恐今日所言，又爲虛文。乞取從前内外條奏，詳加采擇，斷在必行。”帝嘉歎，悉付所司。是時，帝數召閣臣面議政事。東陽與首輔劉健等竭心獻納，時政闕失，必盡言極諫。東陽工古文，閣中疏草多屬之。疏出，天下傳誦。原傳失載。“賜闕里還”，語亦有誤。

正德三[①]年，尚寶卿崔璿、御史姚祥、主事張偉，爲邏卒誣執，荷校長安門外。公力救。三年，給事中方奎、御史張彧忤瑾，荷校。公疏救。都御史楊一清逮繫至，公又力救。

按本傳：瑾既得志，務摧抑縉紳，而焦芳入閣助之虐，老成忠直士，放逐殆盡。東陽悒悒不得志。瑾凶暴日甚，無所不訕侮，於東陽猶陽禮敬。凡瑾所爲亂政，東陽彌縫其間，多所補救。尚寶卿崔璿、御史姚祥、郎中張瑋原傳作主事張偉，以違制乘肩輿，從者妄索驛馬，給事中安奎、原傳作方奎，誤。御史張彧以覈遼餉失瑾意，皆荷重校，幾死。東陽力救，璿等謫戍，奎、彧斥爲民。三年六月壬辰，朝退，有遺匿名書於御道數瑾罪者，詔百官悉跪奉天門外。頃之，執庶僚三百餘人下詔獄。次日，東陽等力救，會瑾亦廉知其同類所爲，衆獲宥。劉健、謝遷、劉大夏、楊一清及平江伯陳熊輩幾得危禍，皆賴東陽而解。其潛移默奪，保全善類，天下陰受其庇。按：原傳語多未悉，讀本傳自明。

時又有爲李廣乞祠額者，公執不可。

按《明史·劉健傳》：清寧宮災，太監李廣有罪自殺。健與同列李東陽、謝遷疏言：“古帝王未有不遇災而懼者。”云云。帝方

① 三：原文作“二”。

嘉納其言，而廣黨蔡昭等已取旨予廣祭葬、祠額。健等力争，僅請祠額。

五年夏，旱霾。上疏條四事。會張永發瑾奸，伏誅。上以公有反正功，加特進左柱國，蔭其子兆蕃爲尚寶丞。七年，流賊數十萬殘破半天下。賊就平，上以公有功，加蔭一子錦衣指揮。辭。上以京師[①]不習戰陳[②]，欲調邊軍衛京師。公疏陳十不便。不聽。遂乞休。

按本傳：五年春，久旱，下詔恤刑。東陽等因上詔書所未及者數條，帝悉從之。而法司畏瑾，減死者止二人。其秋，瑾誅，東陽乃上疏自列求罷。帝慰留之。寘鐇平，加特進左柱國，蔭一子尚寶司丞，爲御史張芹所劾。帝怒，奪芹俸。東陽亦乞休辭蔭，不許。按傳：文正進柱國、蔭子由寘鐇平，非以瑾誅也。又按本傳：七年，東陽等以京師及山西、陝西、雲南、福建相繼地震，而帝講筵不舉，視朝久曠，宗社祭享不親，禁門出入無度，谷大用仍開西廠，屢上疏極諫，帝亦終不聽。九載秩滿，兼支大學士俸。河南賊平，蔭子世錦衣衛千户。再疏力辭，改蔭六品文官。其冬，帝欲調宣府軍三千入衛，而以京軍更番戍邊。東陽等力持不可，大臣、臺諫皆以爲言。中官旁午索草勒，帝坐乾清宫門待之，東陽終不奉詔。明日竟出内降行之，江彬等遂以邊兵入豹房矣。東陽以老疾乞休，前後章數上，至是始許。賜勒、給廩隸如故事。又四年卒。原傳多未詳悉。

按：公事父淳至孝。初官翰林時，常飲酒至夜深，父不就寢，忍寒待其歸，口占一絶諭之。《懷麓堂集》中《家君以詩戒夜歸，因用陶韻自止》詩，自此終身不夜飲於外。痛母劉夫人早世，語及，哀不自勝。養繼母麻太夫人如母，事季父如父。同母弟東川、

① 師：原文作“軍”。
② 陳：原文作“陣”。

東山早卒，無子，哭之痛。東溟，繼母出，亦殁，有二子，公撫之如子。史稱其爲文典雅流麗，朝廷大著作多出其手。工篆隸書，碑版篇翰流播四裔。獎成後進，推挽才彦，學士大夫出其門者，悉粲然有所成就。立朝五十年，清節不渝，既罷政居家，請詩文書篆者填塞户限，頗資以給朝夕。一日，夫人方進紙墨，公有倦色，夫人笑曰："今日設客，可使案無魚菜耶？"乃欣然命筆，移時而罷，其風操如此。

附録：蔣提學永修《懷麓堂全集序》云：嘗觀古人身後，則論定獨明。李西涯先生歷二百年褒刺不一。嗚乎，西涯何遇於生前，而不遇於身後也！幼舉神童，已結主眷，年少成進士，過壯大，拜歷首輔。受孝宗顧命，無一差躕，不可謂不遇。迄何、李蹐弛踸踔，負材謾罵。其初，不過争文章之名，意氣所激，遂欲使不得爲全人。士林一倡百和，謂西涯文章取熟爛，人才取軟靡，甚者有進士山東李伯華"相逢亦罵李西涯"之句，無論是非當否，其辭固輕薄矣。

弇州則固雄視一代者也，不置茶陵於必廢，則壇坫必不在太倉，故大縱其説，勢使莫挽。迨晚年始悟，曰："《西涯樂府》自是天地閒一種文字，憾其説已行世，不可復收。"弇州雖悔，而不可復收之言爲士林金科玉條矣。其最所指摘者劉、謝已去國，西涯獨眷戀不休。當時已曰："回首長沙芳草緑，鷓鴣啼罷子規啼。"不知西涯所以優於劉、謝者，正在此也。三公同受顧命，朋友寄託，猶不可負，况君父乎？老僕受故主命，輔幼主，值其不肖，寧禦侮和内以守其家乎？抑畏禍懼罪逃而不顧乎？託孤寄命，臨大節不可奪，鞠躬盡瘁，死而後已，西涯得其遺意。嘗聞致仕後每談國事，悲鳴不已，深有幽冥負先帝之憾。邵二泉曰："白發門生思往事，每談憂國淚雙漣。"古今貪位據勢者，有憂國之淚否？况優游泉石閒，亦不過樂聖銜杯，作爲問門前客之歎，肯復去國懷君，涕泗漣洏耶？

當時逆瑾擅柄，劉、謝二公以介持之，西涯獨外與和而内與辨，陽爲調劑，而陰護正人。故在孝宗朝有細必争，在武宗朝有大必争。瑾忤奴所護者細，争其細則必亂，予以細則必安。斯大臣之體，亦御小人之法也。史稱“扶植善類，滋培元氣”，此二語何易承當？苟非酌沈潛高明之中，劑競絿緩急之宜，史臣必不畀此語也。而後人尚欲議之，何哉？一旦立門户，尚氣節，則俊廚、甘陵、元佑[1]黨人之禍起，其遺害賢士大夫，寧終極耶？故當日論西涯者，西涯不與之辨，惟守己率物，優容樂易以鎮之。老臣憂國，議論所不恤，其心固已苦矣。後日論西涯者，西涯門人滿天下，卒無一人持激論以相衡，惟守其學，志其行，不敢以黨護禍國家，不敢以争名毒縉紳。至嘉靖末，猶賴西涯之門生故吏以治天下，則西涯之教可知也。

予持論大約與焦弱侯同，錢牧齋刻《列朝詩》，益暢弱侯之旨，條其門生爲一卷，以證“人物取軟靡”之謗。又與程孟陽論其詩，反覆發明，深求忠厚和平之所在。於有明三百年獨推西涯一人，非牧齋之苛也，至今日而後論定也。嗚乎，西涯又何不遇於身後哉？予巡星沙，與安仁署令劉子美度、茶陵廣文署席廖子方達購刻是集。美度，固茶陵人。得是集，尚未有善本，蟲魚亥豕，譌不可舉，仍與二子共訂而刻之。文襄楊公曰：“其詩文深厚渾雄，不爲倔奇可喜之辭，而古意獨存。每吮毫伸紙，操縱開闔，隨意所如，而不踰典則。準乎斯言，誠盛世之音也。”然而西涯詩文盡於此數言矣。且今之論西涯者，又未嘗深入西涯之室，但拾唾餘之説。予兹刻成，將徧告之海内，則論之者不亦可以寢哉！

彭尚書維新《文正公論》云：李文正相武宗際，權璫煽虐，悉心回斡，救正人，第稱其保全善類，奬進後學而已。至其鋤大憝以安社稷，有功無迹，人不得而知，公亦不欲人知，且爲不知己者詬

① 佑：當作“祐”。

厲，其心彌苦矣。

人知發逆瑾之奸者，張永也。激永發瑾之奸者，楊文襄也。亦知文襄之所由激永發瑾者，果孰爲之乎？公不妄交，所與遊必端人正士，而深信其忠懇有爲者，僚友中惟劉忠宣與文襄二人耳。文襄孤蹤貌寢，由南奉常驟膺殊擢者，忠宣之薦，公之爲也。尋瑾誣逮文襄下獄，禍且不測，事竟釋而善歸者，又公之爲也。適寘鐇事起，詔不遣他人監軍，而遣與瑾有隙之永天爲之；其不遣他人總師，而特起文襄於田閒者，又公之爲也。詔已下，瑾圖延緩以觀變，而捧詔具儀，趣即出師者，又公之爲之也。故瑾既誅，文襄語少宰何燕泉曰："賓翁補天捧日無迹。"序其文集，則有"應變不易守"及"辱知多所規益"語，則公平日與文襄憂國深籌，居然可知矣。設策假手，不動聲色，而翦薙巨奸，此惟文襄知之，即永終不知也。何況他人？

論者不察公鋤奸之苦心，而訕其不與閹忤，則並未徵考時事。瑾陵轢薦紳，獨於公有加禮，屢邀款會，公從不至其門。詔與議事，一無假借，如議獻田土、停蔭、敘免三覆奏，取回出差内臣，革直省提學官，罪平江伯陳熊，憾安奎、張彧荷校，矯詔執班官三百餘員。公皆與力争，悚以祖宗舊章，怵以古今大義，面折抗辭無少撓，瑾氣奪顔變。若此類不可悉舉。不忤者，顧如是乎？至疵公不辭位，則尤無識。方瑾之謫司香孝陵也，劉、謝未深計，致激中變。二公雖去國，瑾之恨刺骨，其欲甘心也，寧須臾忘哉？若公偕去，毒焰必益張。瑾一日未除，二公固不得安處，且國事何賴焉？二公已蹈壯頄之凶，而公則深合若濡之義矣。餘姚喻此意，在籍頻數通問，情好逾舊時，洛陽木强人後亦省悟，何局外者反用此爲譏議耶？

公天性忠君愛國，非權勢所能奪。淡榮利，爲相國清約如寒士。爨火屢虚，嘗售草書取給，而猶不免好事者"不忤瑾""不辭位"之誣，以没其計安社稷之苦心。則詆其春容大雅之詩文爲輭熟，詆其所取文學氣節之楊升庵爲私以巍科，更不足怪矣。此真所謂小人好議論，不樂成人之美者。特不知其於郭汾陽之不忤魚朝恩，狄梁公之不辭位於延載時，則又何説也？

劉大夏傳

天順八年進士，爲庶吉士。出職方，爲主事，歷郎中。時有獻取交南策者，下部索永樂中調兵食數甚急，公匿其籍，徐以利害告尚書余肅敏公，力沮得寢。

顯鶴按，《明史》大夏本傳：登天順八年進士，改庶吉士。成化初，館試當留，自請試吏。乃除職方主事，再遷郎中。明習兵事，曹中宿弊盡革。所奏覆多當上意，尚書倚之如左右手。汪直好邊功，以安南黎灝敗於老撾，欲乘閒取之。言於帝，索永樂時討安南故牘。大夏匿弗予，密告尚書余子俊曰："兵釁一開，西南立糜爛矣。"子俊悟，事得寢。按原傳："出職方爲主事"語疑有誤，安南事亦不及本傳之詳。

出爲福建參政，巡海，海道肅然。陞廣東右布政使。

按本傳：十九年，遷福建右參政，以政績聞。聞父訃，一宿即行。弘治二年，服闋，遷廣東右布政使。非由福建參政陞廣東布政也。又按：任廣東時，有"諭令田州泗城歸順"及"承檄討山賊，令獲賊必生致驗實"二事，原傳亦漏載。

弘治六年，河決張秋，擢右副都御史，治河，不能塞。再遣平江伯陳鋭、内臣李興。山東按察副使楊茂元，疏乞召還鋭、興，專任公。

按《孝宗本紀》：六年二月丁巳，擢布政使劉大夏右副都御史，治張秋決河。七年夏五月甲辰，太監李興、平江伯陳鋭同劉大夏治張秋決河。十二月甲戌，張秋河工成。原傳所引較本傳爲詳。

十一年，三章乞致仕，賜誥杜門修勵。

按本傳：明年秋，三疏移疾歸，築草堂東山下，讀書其中，即原傳所云“杜門修勵”也。然天下稱公爲東山先生，實始此，不宜漏。

十五年，陞兵部尚書。時邊事亟，上以兵事屬内臣苗逵，謀出兵[①]。上召公問，公[②]力言不可。

按本傳：十五年，拜兵部尚書，屢辭，乃拜命。既召見，帝曰：“朕數用卿，數引疾，何也？”大夏頓首言：“臣老且病，竊見天下民窮財盡，脱有不虞，責在兵部，自度力不辦，故辭耳。”帝默然。南京、鳳陽大風拔木，河南、湖廣大水，京師苦雨沈陰。大夏請凡事非祖宗舊制而害軍民者，悉條上釐革。十七年二月又言之。帝命事當興革者，所司具實以聞，乃令廷臣條上十六事，皆權倖所不便者，相與力尼之。帝不能決，下再議。大夏等言：“事屬外廷，悉蒙允行。稍涉權貴，復令察覈。臣等至愚，莫知所守。”久之，乃得旨：“傳奉官疏名以請；幼匠、廚役減月米三斗；增設中官，司禮監覈奏；四衛勇士，御馬監具數以聞。餘悉如議。”織造、齋醮皆停罷，光禄省浮費鉅萬計，而勇士虚冒之弊亦大減。制下，舉朝歡悦。先是，外戚、近倖多干恩澤，帝深知其害政，奮然欲振之。因時多災異，復宣諭群臣，令各陳缺失。大夏乃復上數事。

其年六月，再陳兵政十害，且乞歸。帝不許，令弊端宜革者更詳具以聞。於是，大夏舉南北軍轉漕番上之苦，及邊軍困敝、邊將

---

① 原文“出兵”後有“掩寇”二字。

② 公：原文無。

侵尅之狀極言之。帝乃召見大夏於便殿，問曰：“卿前言天下民窮財盡。祖宗以來徵斂有常，何今日至此？”對曰：“正謂不盡有常耳。如廣西歲取鐸木，廣東有香藥，費固以萬計，他可知矣。”又問軍，對曰：“窮與民等。”帝曰：“居有月糧，出有行糧，何故窮？”對曰：“其帥侵尅過半，安得不窮？”帝太息曰：“朕臨御久，乃不知天下軍民困，何以爲人主！”遂下詔嚴禁。當是時，帝方鋭意太平，而劉健爲首輔，馬文升以師臣長六卿，一時正人充布列位。帝察知大夏方嚴，且鍊事，尤親信。數召見决事，大夏亦隨事納忠。

大同小警，帝用中官苗逵言，將出師。内閣劉健等力諫，帝猶疑之，召問大夏曰：“卿在廣，知苗逵延綏搗巢功乎？”對曰：“臣聞之，所俘婦稚十數耳。賴朝廷威德，全師以歸。不然，未可知也。”帝默然良久，問曰：“太宗頻出塞，今何不可？”對曰：“陛下神武固不後太宗，而將領士馬遠不逮。且淇國公小違節制，舉數十萬衆委沙漠，奈何易言之？度今上策惟守耳。”都御史戴珊亦從旁贊决，帝遽曰：“微卿曹，朕幾誤。”由是，師不果出。按：原傳語多不悉，讀本傳自明。

詔各衙門條上軍民疾苦。有造飛語帖宫門誣公者，上曰：“宫門外人不得至，必内人忿不得私役軍士耳。”

按本傳：帝欲宿兵近地爲左右輔。大夏言：“保定設都司統五衛，祖宗意當亦如此。請遣還操軍萬人爲西衛，納京東兵密雲、薊州爲東衛。”帝報可。中官監京營者恚失兵，揭飛語宫門。帝以示大夏曰：“宫門豈外人能至，必此曹不利失兵耳。”由是，間不得行。原傳語尤牽混。

修清寧宫旨下部，役軍萬餘人，公請減十五。督工者訴上，上令内臣語内閣，擬旨詰責公。洛陽曰：“惜軍力，兵部職。”

按：本傳未載此事。考《孝宗本紀》："十一年冬十月甲戌，清寧宮災。丁亥，勑群臣修省求直言。"又《劉健傳》："清寧宮災，太監李廣有罪自殺，健與同列李東陽、謝遷上疏，帝嘉納其言。健，洛陽人。"原傳故稱健爲"洛陽"也。

正德元年，加太子太保致仕。

按本傳：武宗嗣位，承詔請撤四方鎮守中官非額設者。帝止撤均州齊元。大夏復議上應撤者二十四人，又奏減皇城、京城守視中官，皆不納。頃之，列上傳奉武臣當汰者六百八十三人，報可。大漢將軍薛福敬等四十八人亦當奪官，福敬等故不入侍以激帝怒。帝遽命復之，而責兵部對狀，欲加罪。中官甯瑾頓首曰："此先帝遺命，陛下列之登極詔書，不宜罪。"帝意乃解。中官韋興者，成化末得罪久廢，至是夤緣守均州。言官交諫，大夏等再三争，皆不聽。正德元年春，又言："鎮守中官，如江西董讓、薊州劉瑯、陝西劉雲、山東朱雲貪殘尤甚，乞按治。"帝不悦。大夏自知言不見用，數上章乞骸骨。其年五月，詔加太子太保，賜勑馳驛歸，給廩隸如制。原傳太略。

二年，瑾專政。劉宇恨公，泰陵時，面對不爲宇地。謂瑾曰："籍劉尚書家，可得幾萬金。"瑾因潘尚書藩、毛總兵鋭獄詞有公名，三年夏，矯制逮詔獄，且欲殺公。下廷議，屠滽曰："檢律，劉尚書無死罪。"謫戍肅州。四年，至河西買墓地。五年，赦歸田。

按本傳：大夏忠誠懇篤，遇知孝宗朝，忘身徇國，於權倖多所裁抑。嘗請嚴覈勇士，爲劉瑾所惡。劉宇亦憾大夏，遂與焦芳潛於瑾曰："籍大夏家，可當邊費十二。"三年九月，假田州岑猛事，逮繫詔獄。瑾欲坐以激變律死，都御史屠滽持不可，瑾謾罵曰："即不死，可無戍耶？"李東陽爲婉解，且瑾詗大夏家實貧，乃坐戍極邊。初擬廣西，芳曰："是送若歸也。"遂改肅州。大夏年已七十三，布衣徒步過大明門下，叩首而去。觀者歎息泣下，父老攜筐送食，所至爲罷市，焚香祝劉尚書生還。比至戍所，諸司憚瑾，絶饋問，儒學生徒傳食之。遇團操，輒荷戈就伍。所司固辭，大夏曰："軍，固當役也。"所攜止一僕。或問何不挈子姓，曰："吾宦時，不爲子孫乞恩澤。今垂老得罪，忍令同死戍所耶？"大夏既遣戍，瑾猶摭他事罰米輸塞上者再。五年夏，赦歸。瑾誅，復官，致仕。清軍御史王相請復廩隸，録其子孫。中官用事者終嗛之，不許。大夏歸，教子孫力田謀食。稍羸，散之故舊宗族。預自爲壙志，曰："無使人飾美，俾懷愧地下也。"十一年五月卒，年八十一。原傳語多未悉。

按，本傳又載：莊浪土帥魯麟爲甘肅副將，求大將不得，恃其部衆强，徑歸莊浪。廷臣懼生變，欲授以大帥印，又欲召還京，處之散地。大夏請獎其先世忠順，而聽麟就閒。麟素貪虐失衆心，兵柄已去無能爲，竟怏怏病死。原傳亦失載。

按：忠宣於憲宗時，有中官阿九者，其兄任京衛經歷，以罪爲大夏所笞。憲宗入其譖，捕繫詔獄，令東廠偵之，無所得。會懷恩力救，乃杖而釋之。蓋其剛方鯁亮，觸忤群小，殆與憂患爲終始云。公自言："人生蓋棺論定，一日未死，即一日憂責未已。"其被逮也，方耡菜園中，入室攜數百錢，跨小驢就道。赦歸，有門下生爲巡撫者，枉百里謁之。道遇扶犁者，問孰爲尚書家，引之登堂，即大夏也。朝鮮使者在鴻臚寺館遇大夏邑子張生，因問起居曰："吾國聞劉東山名久矣。"安南使者入貢曰："聞劉尚書戍邊，今安否？"其爲外國所重如此。

又按：《明史·戴珊傳》：帝晚年召對大臣，珊與大夏造膝宴見尤數。戴日與大夏侍坐，帝曰："時當述職，諸大臣皆杜門。如二卿者，雖日見客何害。"袖出白金賚之，曰："少佐而廉。"且屬勿廷謝，曰："恐爲他人忌也。"珊以老疾數求退，輒優詔勉留，遣醫賜食，慰諭有加。珊感激泣下，私語大夏曰："珊老病子幼，恐一旦先朝露，公同年好友，何惜一言乎？”大夏曰：“唯唯。”後大夏燕對畢，帝問珊病狀，言珊實病，乞憫憐聽其歸。帝曰：“彼屬卿言耶？主人留客堅，客則强留。珊獨不能爲朕留耶？且朕以天下事付卿輩，猶家人父子。今太平未兆，何忍言歸。”大夏出以告珊，珊泣曰：“臣死是官矣。”

又按：《明史》贊曰：“劉大夏篤棐自將，具經國之遠猷，藴畜君之正志。綢繆庶務，數進讜言，迹其居心行己，磊落光明，剛方鯁亮，有古大臣節概，名重遠方。《詩》頌老成，《書》稱黄髪，殆近之矣。大夏被遇孝宗之朝，明良相契，荃宰一心。迨至宦豎乘權，耆舊擯斥，進退之際所繫詎不重哉！”其推許亦可謂至矣。

張居正傳

庚子舉於鄉，丁未舉進士，己酉授翰林院編修，庚申以右春坊中允管國子監司業事，甲子進右諭德。

顯鶴按：庚子爲嘉靖十九年，丁未爲嘉靖二十六年。《明史》居正本傳，以嘉靖二十六年成進士，改庶吉士。授編修，遷右中允，領國子司業。尋還理坊事，遷裕邸講讀。王甚賢之。尋遷右諭德兼侍讀，進侍讀學士，領院事。世宗崩，徐階草遺詔，引與共謀，尋遷禮部右侍郎兼翰林院學士。月餘，與裕邸故講官陳以勤俱入閣，而居正爲吏部左侍郎兼東閣大學士。尋充《世宗實録》總裁，進禮部尚書兼武英殿大學士，加少保，加太子太保，去學士五品僅歲餘。原傳序次太略。又史例書日用支干，紀年用年號。原傳以支干當紀年，非法。

又按：本傳稱：居正爲政，以尊主權、課吏職、信賞罰、一號令爲主。雖萬里外，朝下而夕奉行。黔國公沐朝弼數犯法，當逮，朝議難之。居正擢用其子，馳使縛之，不敢動。既至，請貸其死，錮之南京。漕河通，居正以歲賦逾春，發水横溢，非决則涸，乃采漕臣議，督艘卒以孟冬月兑運，及歲初畢發，少罹水患。行之久，太倉粟充盈，可支十年。互市饒馬，乃減太僕種馬，而令民以價納，太僕金亦積四百餘萬。又爲考成法以責吏治。初，部院覆奏行撫按勘者，嘗稽不報。居正令以大小緩急爲限，誤者抵罪。自是，一切不敢飾非，政體爲肅。

當是時，太后以帝冲年，尊禮居正甚至，同列吕調陽莫敢異同。及吏部左侍郎張四維入，恂恂若屬吏，不敢以僚自處。

居正喜建豎，能以知數馭下，人多樂爲之盡。俺答欵塞，久不爲害。獨小王子部衆十餘萬，東北直遼左，以不獲通互市，數入寇。居正用李成梁鎮遼，戚繼光鎮薊門。成梁力戰卻敵，功多至封伯，而繼光守備甚設。居正皆右之，邊境晏然。兩廣督撫殷正茂、凌雲翼等亦數破賊有功。浙江兵民再作亂，用張佳胤往撫即定，故世稱居正知人。然持法嚴。覈驛遞、省冗官、清庠序，多所澄汰。公卿群吏不得乘傳，與商旅無别。郎署以缺少，需次者輒不得補。大邑士子額溢[①]，艱於進取，亦多怨之者。

時承平久，群盗蝟起，至入城市劫府庫，有司恒諱之。居正嚴其禁，匿弗舉者，雖循吏必黜。得盗即斬决，有司莫敢飾情。盗邊海錢米盈數，例皆斬，然往往長繫或瘐死。居正獨亟斬之，而追捕其家屬。盗賊爲衰止，而奉行不便者，相率爲怨言，居正不恤也。

慈聖太后將還慈寧宫，諭居正謂："我不能視皇帝朝夕，恐不若前者之向學、勤政，有累先帝付託。先生有師保之責，與諸臣異。其爲我朝夕納誨，以輔台德，用終先帝憑几之誼。"因賜坐蟒、白金、綵幣。未幾，丁父憂。帝遣司禮中官慰問，視粥藥，止哭，絡繹道路，三宫賻贈甚厚，而奪情之議起矣。

① 溢：《明史》卷二一三《張居正傳》作"隘"。

又，帝漸備六宫，太倉銀錢多所宣進。居正乃因户部進御覽數目陳之，謂每歲入額不敵所出，請帝置坐隅時省覽，量入爲出，罷節浮費。疏上，留中。帝復令工部鑄錢給用，居正以利不勝費止之。言官請停蘇、松織造，不聽。居正爲面請，得損大半。復請停修武英殿工，及裁外戚遷官恩數，帝多曲從之。帝御文華殿，居正侍講讀畢，以給事中所上災傷疏聞，因請振。復言："上愛民如子，而在外諸司營私背公，剥民罔上，宜痛鉗以法。而皇上加意撙節，於宫中一切用度、服御、賞賚、布施，裁省禁止。"帝首肯之，多所蠲貸。居正以江南貴豪怙勢及諸奸猾吏民善逋賦，選大吏精悍者嚴行督責。賦以時輸，國藏日益充，而豪猾率怨居正。

居正服將除，帝召吏部問期日，敕賜白玉帶、大紅坐蟒、盤蟒。御平臺召對，慰諭久之。使中官張宏引見慈慶、慈寧兩宫，皆有恩賚。而慈聖皇太皇①加賜御膳九品，使宏侍宴。

帝初即位，馮保朝夕視起居，擁護提抱有力，小扞格，即以聞慈聖。慈聖訓帝嚴，每切責之，且曰："使張先生聞，奈何！"於是帝甚憚居正。及帝漸長，心厭之。乾清小璫孫海、客用等導上遊戲，皆愛幸。慈聖使保捕海、用，杖而逐之。居正復條其黨罪惡，請斥逐，而令司禮及諸内侍自陳，上裁去留。因勸帝戒遊宴以重起居，專精神以廣聖嗣，節賚赉以省浮費，卻珍玩以端好尚，親萬幾以明庶政，勤講學以資治理。帝迫於太后，不得已，皆報可，而心頗嗛保、居正矣。

帝初政，居正嘗纂古治亂事百餘條，繪圖，以俗語解之，使帝易曉。至是，復屬儒臣紀太祖列聖《寶訓》《實録》分類成書，凡四十：曰創業艱難、曰勵精圖治、曰勤學，曰敬天，曰法祖，曰保民，曰謹祭祀，曰崇孝敬，曰端好尚，曰慎起居，曰戒遊佚，曰正宫闈，曰教儲貳，曰睦宗藩，曰親賢臣，曰去奸邪，曰納諫，曰理

① 皇：《明史》卷二一三《張居正傳》作"后"。

財，曰守法，曰儆戒，曰務實，曰正紀綱，曰審官，曰久任，曰重守令，曰馭近習，曰待外戚，曰重農桑，曰興教化，曰明賞罰，曰信詔令，曰謹名分，曰裁貢獻，曰慎賞賚，曰敦節儉，曰慎刑獄，曰褒功德，曰屏異端，曰飭武備，曰禦戎狄。其辭多警切，請以經筵之暇進講。又請立起居注，紀帝言動與朝内外事，日用翰林官四員入直，應制詩文及備顧問。帝皆優詔報許。

亡何，居正病，帝頻頒布敕諭問疾，大出金帛爲醫藥資。四閲月不愈。及卒，帝爲輟朝，諭祭九壇，視國公兼師傅者。居正先以六載滿，加特進中極殿大學士；以九載滿，加賜坐蟒衣，進左柱國，蔭一子尚寶丞；以大婚，加歲禄百石，録子錦衣千户爲指揮僉事；以十二載滿，加太傅；以遼東大捷，進太師，益歲禄二百石，子由指揮僉事進同知。至是，贈上柱國，謚文忠。命四品京卿、錦衣堂上官、司禮太監護喪歸葬。於是四維始爲政，而與居正所薦引王篆、曾省吾等交惡，而禍不可解矣。

又，御史羊可立復追論居正罪，指居正搆遼庶人憲㸅獄。庶人妃因上疏辯冤，且曰："庶人金寶萬計，悉入居正。"帝命司禮張誠及侍郎丘橓偕錦衣指揮、給事中籍居正家。誠等將至，荆州守令先期録人口，錮其門，子女多遁避空室中。比門啟，餓死者十餘輩。誠等盡發其諸子兄弟藏。其長子禮部主事敬修不勝刑，自誣服寄三十萬金於省吾、篆及傅作舟等，尋自縊死。事聞，時行等與六卿大臣合疏，請少緩之；刑部尚書潘季馴疏尤激楚。詔留空宅一所、田十頃，贍其母。而御史丁此吕復追論科場事，謂高啟愚以舜、禹命題，爲居正策禪受。尚書楊巍等與相駁。此吕出外，啟愚削籍。後言者復攻居正不已。詔盡削居正官秩，奪前所賜璽書、四代誥命，以罪狀示天下，謂當剖棺戮屍而姑免之。其弟都指輝居易、子編修嗣修，俱發戍烟瘴地。

終萬曆世，無敢白居正者。熹宗時，廷臣稍稍追述之。而鄒元標爲都御史，亦稱居正。詔復故官，予葬祭。崇禎三年，禮部侍郎羅喻義等訟居正冤。帝令部議，復二蔭及誥命。十三年，敬修孫同敞請復武蔭，併復敬修官。帝授同敞中書舍人，而下部議敬修事。尚書李日宣等言："故輔居正，受遺輔政，事皇祖者十年。肩勞任怨，舉廢飭弛，弼成萬曆初年之治。其時中外乂安，海内殷阜，紀綱法度莫不修明。功在社稷，日久論定，人益追思。"帝可其奏，復敬修官。

顯鶴按：《明史》贊稱："江陵通識時變，勇於任事。神宗初政，起衰振靡，不可謂非幹濟才。而威柄之操，幾於震主，卒致禍發身後。"蓋猶僅以救時之相目之也。余故節采本傳事跡，備録於此，以明文忠功在社稷，不愧大臣之目。同敞負志節，具文武材，卒與瞿忠宣同死，余爲增輯《忠義傳》後云。

楚寶卷第三增輯

新化鄧顯鶴湘皋述

大　臣

楊一清

楊一清，字應寧，其先雲南安寧人。父景，以化州同知致仕，攜之居巴陵。少能文，以奇童薦爲翰林秀才。憲宗命内閣擇師教之。年十四舉鄉試，登成化八年進士。父喪，葬丹徒，遂家焉。服除，授中書舍人。久之，遷山西按察僉事，以副使督學陝西。一清貌寢而性警敏，好談經濟大略。在陝八年，以其暇究邊事甚悉。入爲太常寺少卿，進南京太常寺卿。

弘治十五年，用劉大夏薦，擢都察院左副都御史，督理陝西馬政。西番故饒馬，而仰給中國茶飲以去疾。太祖著令，以蜀茶易番馬，資軍中用。久而寖弛，奸人多挾私茶闌出爲利，番馬不時至。一清嚴爲禁，盡籠茶利於官，以服致諸番，番馬大集。會寇大入花馬池，帝命一清巡撫陝西，仍督馬政。甫受事，寇已退。乃選卒練兵，創平虜、紅古二城以援固原，築垣瀕河以捍靖虜，劾罷貪庸總兵武安侯鄭宏，裁鎮守中官冗費，軍紀肅然。

武宗初立，寇數萬騎抵固原，總兵曹雄軍隔絶不相聞。一清帥輕騎自平凉晝夜行，抵雄軍，爲之節度，多張疑兵脅寇，寇移犯隆德。一清夜發火礮，響應山谷間。寇疑大兵至，遁出塞。一清以延綏、寧夏、甘肅有警不相援，患無所統攝，請遣大臣兼領之。大夏請即命一清總制三鎮軍務。尋進右都御史。一清遂建議修邊，其略曰："陝西各邊，延綏據險，寧夏、甘肅扼河山，惟花馬池至靈州地寬延，城堡復疎。寇毀牆入，則固原、慶陽、平凉、鞏昌皆受患。成化初，寧夏巡撫徐廷璋築邊牆綿亘二百餘里。在延綏者，余子俊修之甚固。由是，寇不入套二十餘年。後邊備疎，牆塹日夷。弘治末至今，寇連歲侵略。都御史史琳請於花馬池、韋州設營衛，總制尚書秦紘僅修四五小堡，及靖虜至環慶治塹七百里，謂可無患。不一二年，寇復深入。是紘所修不足捍敵。臣久官陝西，頗諳形勢。寇動稱數萬，往來倏忽。未至，徵兵多擾費，既至，召援輒後時。欲戰則彼不來，持久則我師坐老。臣以爲防邊之策，大要有四：修濬牆塹，以固邊防；增設衛所，以壯邊兵；經理靈、夏，以安内附；整飭韋州，以遏外侵。

"今河套即周朔方，漢定襄，赫連勃勃統萬城也。唐張仁愿築三受降城，置烽堠千八百所，突厥不敢踰山牧馬。古之舉大事者，未嘗不勞於先，逸於後。夫受降據三面險，當千里之蔽。國初舍受降而衛東勝，已失一面之險。其後又輟東勝以就延綏，則以一面而遮千餘里之衝，遂使河套沃壤爲寇巢穴。深山大河，勢乃在彼，而寧夏外險反南備河。此邊患所以相尋而不可解也。誠宜復守東勝，因河爲固，東接大同，西屬寧夏，使河套方千里之地，歸我耕牧，屯田數百萬畝，省内地轉輸，策之上也。如或不能，及今增築防邊，敵來有以待之，猶愈無策。"

因條具便宜：延綏安邊營石澇池至横城三百里，宜設墩臺九百座，暖譙九百間，守軍四千五百人。石澇池至定邊營百六十三里，平衍宜牆者百三十一里，險崖峻阜可剷削者三十二里，宜爲墩臺，連接寧夏東路。花馬池無險，敵至仰客兵，宜置衛；興武營守禦所兵不足，宜召募；自環慶以西至寧州，宜增兵備一人；横城以北，黄河南岸有墩三十六，宜修復。帝可其議。大發帑金數十萬，使一清築牆。而劉瑾憾一清不附己，一清遂引疾歸。其成者，在要害閒僅四十里。瑾誣一清冒破邊費，逮下錦衣獄。大學士李東陽、王鏊力救得解。仍致仕歸，先後罰米六百石。

安化王寘鐇反。詔起一清總制軍務，與總兵官神英西討，中官張永監其軍。未至，一清故部將仇鉞已捕執之。一清馳至鎮，宣布德意。張永旋亦至，一清與結納，相得甚歡。知永與瑾有隙，乘閒扼腕言曰："賴公力定反側。然此易除也，如國家内患何？"永曰："何謂也？"一清遂促席畫掌作"瑾"字。永難之曰："是家晨夕上前，枝附根據，耳目廣矣。"一清慷慨曰："公亦上信臣，討賊不付他人而付公，意可知。今功成奏捷，請閒論軍事，因發瑾奸，極陳海内愁怨，懼變起心腹。上英武，必聽公誅瑾。瑾誅，公益柄用，悉矯前弊，收天下心。吕强、張承業暨公，千載三人耳。"永曰："脱不濟，奈何？"一清曰："言出於公必濟。萬一不信，公頓首據地泣，請死上前，剖心以明不妄，上必爲公動。苟得請，即行事，毋須臾緩。"於是永勃然起曰："嗟乎，老奴何惜餘年不以報主哉！"竟如一清策誅瑾。召還，拜户部尚書。論功，加太子少保，賜金幣。尋改吏部。

一清於時政最通練，而性闊大。愛樂賢士大夫，與共功名。凡爲瑾所構陷者，率見甄録。朝有所知，夕即登薦，門生徧天下。嘗再帥關中，起偏裨至大將封侯者纍纍。大盗蹦中原，一清疏請命將調兵。前後凡數上，皆報可。盗平，加少保、太子太保，蔭錦衣百户。再推内閣，不用。乾清宫災，詔求直言。一清上書言視朝太遲，享祀太慢，西内創梵宇，禁中宿邊兵，畿内皇店之害，江南織造之擾。因引疾乞歸，帝慰留之。大學士楊廷和憂去，命一清兼武英殿大學士入參機務。

張永尋得罪罷，而義子錢寧用事，有構之者因蓄怨。會災異，一清自劾，極陳時政，中有"狂言惑聖聽，匹夫摇國是，禁廷雜介胄之夫，京師無藩籬之託"語，譏切近倖，帝弗省。寧與江彬輩聞之大怒，使優人於帝前爲蜚語，刺譏一清。時有考察罷官者，嗾武學生朱大周訐一清陰事，而以寧爲内主。給事御史周金、陳軾等交章劾大周妄言，請究主使，帝不聽。一清乃力請骸骨歸，賜敕褒諭，給夫廪如制。帝南征，幸一清第，樂飲兩晝夜，賦詩賡和以十數。一清從容諷止，帝遂不爲江浙行。

世宗爲世子時，獻王嘗言楚有三傑，劉大夏、李東陽及一清也，心識之。及即位，廷臣交薦一清，乃遣官賜金幣存問，以少傅、太子太傅改兵部尚書、左都御史，總制陝西三邊軍務。故相行邊，自一清始。温詔褒美，比之郭子儀。一清至是三爲總制，部曲皆踴躍喜。亦不剌竄西海，爲西寧洮河害，金獻民言撫便，獨一清請勦。土魯番求貢，陳九疇欲絶之，一清則請撫。時帥諸將肄習行陣，嘗曰："無事時當如有事隄防，有事時當如無事鎮静。"會張璁等力排費宏，御史吉棠因請還一清。帝召一清爲吏部尚書、武英殿大學士。既入見，加少師，仍兼太子太傅，非故事也。亡何，《獻皇帝實録》成，加太子太師、謹身殿大學士。一清以不預纂修辭，不許。王憲奏捷，推功一清，加特進左柱國、華蓋殿大學士。費宏已去，一清遂爲首輔。帝賜銀章二，曰"耆德忠正"，曰"繩愆糾違"，令密封言事。

璁與桂萼既攻去費宏，意一清必援己。一清顧請召謝遷，心怨之。遷未至，璁已入内閣，多所更建。一清引故事稍裁抑，其黨積不平。錦衣聶能遷訐璁，璁欲置之死，一清不可。璁怒，上疏陰詆一清，又嗾黄綰排之甚力。一清疏辨，言璁以能遷故排己，且傍及璁他語。因乞骸骨。帝爲兩解之。一清又因災變請戒飭百官和衷，復乞宥議禮諸臣罪，璁益憾。桂萼入内閣，亦不相能。一清屢求去，且言："今持論者尚紛更，臣獨主安静；尚刻覈，臣獨主寬平。用是多齟齬，願避賢者去。"帝復温旨褒之。而給事中王準、陸粲發璁、萼招權納賄狀，帝立罷璁、萼，且暴其罪。其黨霍韜攘臂曰："張、桂行，勢且及我。"遂上疏力攻一清，言其受張永、蕭敬賄。一清再疏辨，乞罷。帝雖慰留之，而璁復召還，韜攻益急。帝果允致仕，馳驛歸，仍賜金幣。明年，璁等構朱繼宗獄，坐一清受張永弟容金錢，爲永誌墓，又與容世錦衣指揮，遂落職閒住。一清大恨曰："老矣，乃爲孺子所賣！"疽發背死。遺疏言身被汚蔑，死且不瞑，帝令釋贓罪不問。後數年復故官。久之，贈太保，謚文襄。

一清生而隱宫，貌寺人，無子。博學善權變，尤曉暢邊事。羽書旁午，一夕占十疏，悉中機宜。人或訾己，反薦揚之。惟晚與璁、萼異，爲所軋，不獲以恩禮終。然其才一時無兩，或比之姚崇云。

顯鶴按：《巴陵志》載："一清父官澧州，繼婚巴陵張氏，生一清，遂隸籍巴陵。一清年八歲，岳州守吴節舉奇童。"李文正《楊太安人受封詩序》稱："巴陵楊君應寧，上世滇南人，今定居京口。而巴陵實故郡，且爲所受薦。"《巴陵・選舉志》："一清鄉會試，本貫皆巴陵，祠鄉賢。"又本傳興獻王稱楚有三傑。據此，則文襄定爲巴陵人，無疑。

朱　英

朱英，字時傑，桂陽人。五歲而孤。力學，舉正統十年進士，授御史，浙、閩盜起，簡御史十三人與中官分守諸府，英守處州。而葉宗留黨四出剽掠，處州道梗。英間道馳至，撫降甚衆，戮賊首周明松等，賊散去，乃還。景泰初，御史王豪嘗以勘陳循争地事忤循，爲所訐。至是，循草詔，言風憲官被訐者，雖經赦宥，悉與外除。於是豪當改知縣，英言："若如詔書，則凡遭御史抨擊之人，皆將挾讐誣訐，而御史愈緘默不言矣。"章下法司，請如英言，乃復豪職。未幾，出爲廣東右參議。過家省母，橐中惟賜金十兩。抵任，撫凋瘵流亡。立均徭法，十歲一更，民稱便。天順初，兩廣賊愈熾，諸將多濫殺冒功。巡撫葉盛屬英督察。參將范信誣宋泰、永平二鄉民爲賊，屠戮殆盡，又欲屠進城鄉。英馳訊，悉縱去。信忿，留師不還。英密請於盛，檄信班帥，一方始靖。潮州賊羅劉寧等流劫遠近，屢挫官兵。英會師破滅之。還所掠人口數千，别置一營，以處婦女，人莫敢犯。

官參議十年，進右參政。遭母憂。成化初服闋，補陝西。大軍討滿四，英主饋餉有功。歷福建、陝西左、右布政使，皆推行均徭法。十年，以右副都御史巡撫甘肅，先後陳安邊二十八事。其請徙居戎、安流離、簡貢使，於時務尤切。明年冬，兩廣總督吴琛卒，廷議以英前在廣東有威信，遂以代琛。

自韓雍大征以來，將帥喜邀功，利俘掠，名爲“鵰勦”。英至，鎮以寧静，約飭將士。毋得張賊聲勢，妄請用師。招撫猺獞效順者，定爲編户，給復三年。於是馬平、陽朔、蒼梧諸縣蠻悉望風附。而荔浦賊李公主有衆數萬，久負固，亦遣子納欵。爲置永安州處之，俾其子孫世吏目。自是歸附日衆，凡爲户四萬三千有奇，口十五萬有奇。帝甚嘉之。

鎮守中官與督撫、總兵官坐次，中官居中，總督居總兵官左。時總兵官陳政以伯爵欲抑英居右，英不可，奏乞裁定。命解英總督，止爲巡撫，居政下。尚書余子俊言英招徠功多，當增秩褒賞，乃反削其事權，恐無以鎮諸蠻。乃擢英右都御史，仍總督，位次如故。

田州酋黄明，烝其知府岑溥祖母，欲殺溥。溥出走思恩，明因肆屠戮。英將進討，檄溥族人恩城知州岑欽殺明雪恥。欽遂誅明并其族屬，傳首軍門。

英淳厚，然持法無所假借。與市舶中官韋眷忤，眷摭奏英專權玩賊。潯州知府史芳以事見責，亦訐英奸貪欺罔。按皆無驗，乃鐫芳二官，諭眷協和共事。

十六年，交阯攻老撾，議者恐其内寇，詔問英處置之宜。英對言：“彼不過争甌脱耳，諭之當自悔懼。”帝從其言，果上表謝。潯、梧、高、廉賊起，偕政等分道擊之。再戰，俘斬甚衆。十九年，桂林平樂蠻攻城殺將，英、政復分兵十二道擊破之。

明年，入掌都察院事，尋加太子少保。又明年正月，星變，疏陳八事：請禁邊將節旦獻馬；鎮守中官、武將不得私立莊田，侵奪官地；燒丹符咒左道之人，當置重典；四方分守監槍内官勿進貢品物；罷撤倉場、馬房、上林苑增設内侍；召還建言得罪諸臣；清内府收白糧積弊；治奸民投獻莊田及貴戚受獻者罪。權倖皆不便，執政多持之不行。英造内閣力争，竟不能盡從也。時流民集京師者多，英請人給米月三斗，幼者半之，報許。其年秋卒，贈太子太保。

英爲總督，承韓雍、吴琛後。雍雖有大功，恢廓自奉，贈遺過侈，有司困供億，公私耗竭。而琛務謹廉，至英益持清節，僅攜一蒼頭之官。先後屢賜璽書、金幣，英藏璽書，貯金幣於庫。其威望不及雍，而惠澤過之。在甘肅積軍儲三十萬兩，廣四十餘萬，皆不以聞。或問之，答曰："此邊臣常分，何足言？"人服其知大體。正德中，追謚恭簡。子守孚，進士，刑部郎中。

周嘉謨

周嘉謨，字明卿，漢川人。隆慶五年進士，除户部主事，歷韶州知府。萬曆十年，遷四川副使，分巡瀘州。窮治大猾楊騰霄，置之死。建武所兵燔總兵官沈思學廨，單車諭定之。尋撫白草番。督兵邛州、灌縣，皆有方略。居五年，進按察使，移疾歸。久之，起故官。榷税中官邱乘雲播虐，逮繫相屬。嘉謨檄所司拒絶，而搒殺奸民助虐者，乘雲爲戢。就遷左布政使。擢右副都御史，巡撫雲南。隴川宣撫多安民叛，入緬，據蠻灣。嘉謨討禽之，立其弟，安靖而還。進兵部右侍郎，巡撫如故。黔國公沐昌祚侵民田八千餘頃，嘉謨劾治之，復劾其孫啟元罪狀。久之，改督兩廣軍務兼巡撫廣東。滿考，加右都御史。廣西土酋引交阯兵内犯，官軍拒退之，嘉謨爲增兵置戍。南海、三水、高要、四會、高明諸邑大水，壞圩岸，留贖鍰築之。遷南京户部尚書，尋召拜工部尚書。孝定后喪，内廷宣索不貲。嘉謨言喪禮有中制，不當信左右言，妄耗國帑。不納。俄改吏部尚書。

四十八年七月，神宗崩。八月丙午朔，光宗即位。鄭貴妃據乾清宫，且邀封皇太后。嘉謨從言官楊漣、左光斗等言，以大義責貴妃從子養性，示以利害。貴妃乃移慈寧宫，封后事亦寢。外廷皆言貴妃進侍姬八人，致帝得疾。二十六日，嘉謨因召見，以寡欲進規，帝注視久之，令皇長子諭外廷："傳聞不可信。"諸臣乃退。二十九日，帝疾大漸，嘉謨偕大學士方從哲、劉一燝、韓爌等受顧命。其夕，帝崩，質明。九月乙亥朔，光宗遺詔皇長子嗣位，而李選侍專制宫中，勢頗張，廷臣慮不測。既入臨，請見皇長子，呼萬歲，奉至文華殿受朝，送居慈慶宫。嘉謨奏言："殿下之身，社稷是託，出入不宜輕脱。大小殮，朝暮臨，須臣等至乃發。"皇長子頷之。諸大臣定議：皇長子以九月六日即位。選侍居乾清自如，且欲挾皇長子同居。嘉謨亟草疏率廷臣請移宫，光斗、漣繼之。五日，選侍始移噦鸞宫。時大故頻仍，國勢杌隉，首輔從哲首鼠兩端，一燝、爌又新秉政，嘉謨正色立朝，力持大議，中外倚以爲重。

神宗末，齊、楚、浙三黨爲政，黜陟之權，吏部不能主。及嘉謨秉銓，惟才是任。光、熹相繼踐祚，嘉謨大起廢籍，耆碩滿朝。向稱三黨之魁及朋奸亂政者，亦漸自引去，中朝爲清。已，極陳吏治敝壞，請責成撫、按、監司。上官注考，率用四六儷語，多失實，嘉謨請以六事定官評：一曰守，二曰才，三曰心，四曰政，五曰年，六曰貌。各注其實，毋飾虚詞。帝稱善，行之。

天啟元年，御史賈繼春得罪，其同官張慎言、高弘圖疏救，帝欲並罪之。嘉謨等力爲解，乃奪慎言、弘圖俸而止。朱欽相、倪思輝被謫，嘉謨亦申救。給事中霍維華希魏忠賢指劾王安，置之死。嘉謨惡之，出維華於外。忠賢怒，嗾給事中孫杰劾嘉謨受劉一燝屬爲安報讎，且以用袁應泰、佟卜年等爲嘉謨罪。嘉謨求退，忠賢矯旨許之。大學士葉向高等請留嘉謨竣大計事，不聽。明年，廣寧陷，嘉謨憂憤，馳疏劾兵部尚書張鶴鳴主戰誤國罪。五年秋，忠賢黨周維持復劾嘉謨曲庇王安，遂削籍。崇禎元年，薦起南京吏部尚书，加太子太保。明年，卒官，年八十四。贈少保。

杨　漣

杨漣，字文孺，應山人。爲人磊落，負奇節。萬曆三十五年成進士，除常熟知縣，舉廉吏第一，擢户科給事中，轉兵科右給事中。

四十八年，神宗疾，不食且半月，皇太子未得見。漣偕諸給事、御史走謁大學士方從哲，御史左光斗趣從哲問安。從哲曰："帝諱疾。即問左右，不敢傳。"漣曰："昔文潞公問宋仁宗疾，内侍不肯言。潞公曰：'天子起居，汝曹不令宰相知，將毋有他志，速下中書行法。'公誠日三問，不必見，亦不必上知，第令宫中知廷臣在，事自濟。公更當宿閣中。"曰："無故事。"漣曰："潞公不訶史志聰，此何時，尚問故事邪？"越二日，從哲始率廷臣入問。及帝疾亟，太子尚躊躇宫門外。漣、光斗遣人語東宫伴讀王安："帝疾甚，不召太子，非帝意。當力請入侍，嘗藥視膳，薄暮始還。"太子深納之。

無何，神宗崩。八月丙午朔，光宗嗣位。越四日，不豫。都人喧言鄭貴妃進美姬八人，又使中官崔文昇投以利劑，帝一晝夜三四十起。而是時，貴妃據乾清宫，與帝所寵李選侍相結，貴妃爲選侍請皇后封，選侍亦請封貴妃爲皇太后。帝外家王、郭二戚畹，徧謁朝士，泣愬宫禁危狀，謂："帝疾必不起，文昇藥故也，非誤也。鄭、李交甚固，包藏禍心。"廷臣聞其語，憂甚。而帝果趣禮部封貴妃爲皇太后。漣、光斗乃倡言於朝，共詰責鄭養性，令貴妃移宫，貴妃即移慈寧。漣遂劾崔文昇用藥無狀，請推問之。且曰："外廷流言，謂陛下興居無節，侍御蠱惑。必文昇藉口以掩其用藥之奸，文昇之黨煽布以預杜外廷之口。既損聖躬，又虧聖德，罪不容死。至貴妃封號，尤乖典常。尊以嫡母，若大行皇后何？尊以生母，若本生太后何？請亟寢前命。"疏上，越三日丁卯，帝召見大臣，并及漣，且宣錦衣官校。衆謂漣疏忤旨，必廷杖，囑從哲爲解。從哲勸漣引罪，漣抗聲曰："死即死耳，漣何罪？"及入，帝温言久之，數目漣，語外廷毋信流言。遂逐文昇，停封太后命。再召大臣皆及漣。

漣自以小臣預顧命，感激誓以死報。九月乙亥朔，昧爽，帝崩。廷臣趨入，諸大臣周嘉謨、張問達、李汝華等慮皇長子無嫡母、生母，勢孤孑甚，欲共託之李選侍。漣曰："天子寧可託婦人？且選侍昨於先帝召對群臣時，强上入，復推之出，是豈可託幼主者？請亟見儲皇，即呼萬歲，擁出乾清，暫居慈慶。"語未畢，大學士方從哲、劉一燝、韓爌至，漣趣諸大臣共趨乾清宫。閽人持梃不容入，漣大罵："奴才！皇帝召我等。今已晏駕，若曹不聽入，欲何爲！"閽人卻，乃入臨。群臣呼萬歲，請於初六日登極，而奉駕至文華殿，受群臣嵩呼。駕甫至中宫，内豎從寢閣出，大呼："拉少主何往？主年少畏人！"有攬衣欲奪還者。漣格而訶之曰："殿下群臣之主，四海九州莫非臣子，復畏何人！"乃擁至文華殿。禮畢，奉駕入慈慶宫。當是時，李選侍居乾清。一燝奏曰："殿下暫居此，俟選侍出宫訖，乃歸乾清宫。"群臣遂退議登極期，語紛紛未定，有請改初三者，有請於即日午時者。漣曰："今海宇清晏，内無嫡庶之嫌。父死之謂何？含斂未畢，衮冕臨朝，非禮也。"或言登極則人心安，漣曰："安與不安，不在登極早暮。處之得宜，即朝委裘何害？"議定，出過文華殿。太僕少卿徐養量、御史左光斗至，責漣誤大事，唾其面曰："事脱不濟，汝死，肉足食乎！"漣爲竦然。乃與光斗、從周、嘉謨於朝房，言選侍無恩德，必不可同居。

明日，嘉謨、光斗各上疏請選侍移宫。初四日得俞旨。而選侍聽李進忠計，必欲皇長子同居，惡光鬥疏中"武氏"語，議召皇長子，加光斗重譴。漣遇内豎於麟趾門，内豎備言狀。漣正色曰："殿下在東宫爲太子，今則爲皇帝，選侍安得召？且上已十六歲，他日即不奈選侍何，若曹置身何地？"怒目視之，其人退。給事中惠世揚、御史張潑入東宫門，駭相告曰："選侍欲垂簾處光斗，汝等何得晏然？"漣曰："無之。"出皇極門，九卿科道議上公疏，未决。

初五日，傳聞欲緩移宫期。漣及諸大臣畢集慈慶宫門外，漣語從哲趣之。從哲曰："遲亦無害。"漣曰："昨以皇長子就太子宫猶可，明日爲天子，乃反居太子宫以避宫人乎？即兩宫聖母如在，夫死亦當從子。選侍何人，敢欺藐如此！"時中官往來如織，或言選侍亦顧命中人。漣斥之曰："諸臣受顧命於先帝，先帝嘗欲先顧其子，何嘗先顧其嬖媵？請選侍於九廟前質之，若曹豈食李家禄者？能殺我則已，否則，今日不移死不去。"一燝、嘉謨助之，詞色俱厲，聲徹御前。皇長子使使宣諭，乃退。復抗疏言："選侍陽託保護之名，陰圖專擅之實，宫必不可不移。臣言之在今日，殿下行之在今日，諸大臣贊决之，亦惟今日。"其日，選侍遂移宫，居仁壽殿。明日庚辰，熹宗即位。自光宗崩，至是凡六日。漣與一燝、嘉謨定宫府危疑，言官惟光斗助之，餘悉聽漣指。漣須發盡白，帝亦數稱忠臣。未幾，遷兵科都給事中。御史馮三元等極詆熊廷弼，漣疏論其事，獨持平。旋劾兵部尚書黄嘉善八大罪，嘉善罷去。

當選侍之移宫也，漣即言於諸大臣曰："選侍不移宫，非所以尊天子。既移宫，又當有以安選侍。是在諸公調護，無使中官取快私讎。"既而諸閹果爲流言。御史賈繼春遂上書内閣，謂不當於新君御極之初，首勸主上以違忤先帝，逼逐庶母，表裏交構，羅織不休，俾先帝玉體未寒，遂不能保一姬女。蓋是時，選侍宫奴劉遜、劉朝、田詔等以盗寶繫獄，詞連選侍父。諸奄計無所出，則妄言選侍投繯，皇八妹入井，以熒惑朝士。繼春借其言，首發難。於是光斗上疏述移宫事。而帝降諭言選侍氣毆聖母，及要挾傳封皇后，與即日欲垂簾聽政語，又言："今奉養李氏於噦鸞宫，尊敬不敢怠。"大學士從哲封還上諭。帝復降諭言選侍過惡，而自白贍養優厚，俾廷臣知。未幾，噦鸞宫災。帝諭内閣，言選侍暨皇八妹無恙。而是時，給事中周朝瑞謂繼春生事，繼春與相詆諆，乃復上書内閣，有"伶仃之皇八妹，入井誰憐；孀寡之未亡人，雉經莫訴"語。朝瑞與辨駁者再。漣恐繼春説遂滋，亦上《敬述移宫始末疏》，且言："選侍自裁，皇八妹入井，蜚語何自，臣安敢無言。臣寧使今日忤選侍，無寧使移宫不速，不幸而成女后獨覽文書、稱制垂簾之事。”帝優詔褒漣志安社稷，復降諭備述宮掖情事。繼春及其黨益忌漣，詆漣結王安，圖封拜。漣不勝憤，冬十二月抗章乞去，即出城候命。帝復褒其忠直而許之歸。天啟元年春，繼春按江西還，抵家，見帝諸諭，乃具疏陳上書之實。帝切責，罷其官。漣、繼春先後去，移宮論始息。

天啟二年起漣禮科都給事中，旋擢太常少卿，明年冬，拜左僉都御史。又明年春，進左副都御史。而是時魏忠賢已用事，群小附之，憚衆正盈朝，不敢大肆。漣益與趙南星、左光斗、魏大中輩激揚諷議，務植善類，抑憸邪。忠賢及其黨銜次骨，遂興汪文言獄，將羅織諸人。事雖獲解，然正人勢日危。

其年六月，漣遂抗疏劾忠賢，列其二十四大罪，言：“高皇帝定令，内官不許干預外事，祇供掖廷洒掃，違者法無赦。聖明在御，乃有肆無忌憚，濁亂朝常，如東廠太監魏忠賢者。敢列其罪狀，爲陛下言之。忠賢本市井無賴，中年净身，夤入内地，初猶謬爲小忠、小信以倖恩，繼乃敢爲大奸大惡以亂政。祖制，以擬旨專責閣臣。自忠賢擅權，多出傳奉，或徑自内批，壞祖宗二百餘年之政體。大罪一。劉一燝、周嘉謨，顧命大臣也，忠賢令孫杰論去。急於翦己之忌，不容陛下不改父之臣。大罪二。先帝賓天，實有隱恨，孫慎行、鄒元標以公義發憤，忠賢悉排去之。顧於黨護選侍之沈潅，曲意綢繆，終加蟒玉。親亂賊而讐忠義。大罪三。王紀、鍾羽正先年功在國本。及紀爲司寇，執法如山；羽正爲司空，清修如鶴。忠賢構黨斥逐，必不容盛時有正色立朝之直臣。大罪四。國家最重無如枚卜。忠賢一手握定，力阻首推之孫慎行、盛以弘，更爲他辭以錮其出。豈真欲門生宰相乎？大罪五。爵人於朝，莫重廷推。去歲南太宰、北少宰皆用陪推，致一時名賢不安其位。顛倒銓政，掉弄機權。大罪六。聖政初新，正資忠直。乃滿朝薦、文震孟、熊德陽、江秉謙、徐大相、毛士龍、侯震暘等，抗論稍忤，立行貶黜，屢經恩典，竟阻賜環。長安謂天子之怒易解，忠賢之怒難調。大罪七。然猶曰外廷臣子也。去歲南郊之日，傳聞宮中有一貴人，以德性貞静，荷上寵注。忠賢恐其露己驕横，託言急病，置之死地。是陛下不能保其貴幸矣。大罪八。猶曰無名封也。裕妃以有娠傳封，中外方爲慶幸。忠賢惡其不附己，矯旨勒令自盡。是陛下不能保其妃嬪矣。大罪九。猶曰在妃嬪也。中宫有慶，已經成男，乃忽焉告殞，傳聞忠賢與奉聖夫人實有謀焉。是陛下且不能保其子矣。大罪十。先帝青宫四十年，所與護持孤危者惟王安耳。即陛下倉卒受命，擁衛防維，安亦不可謂無勞。忠賢以私忿，矯旨殺於南苑。是不但仇王安，而實敢仇先帝之老奴，況其他内臣無罪而擅殺擅逐者，又不知幾千百也。大罪十一。今日獎賞，明日祠額，要挾無窮，王言屢褻。近又於河間毁人居屋，起建牌坊，鏤鳳雕龍，干雲插漢，又不止塋地僭擬陵寢而已。大罪十二。今日蔭中書，明日蔭錦衣。金吾之堂口皆乳臭，誥敕之館目不識丁。如魏良弼、魏良材、魏良卿、魏希孔及其甥傅應星等，濫襲恩蔭，褻越朝常。大罪十三。用立枷之法，戚畹家人駢首畢命，意欲誣陷國戚，動摇中宫。若非閣臣力持，言官糾正，椒房之戚，又興大獄矣。大罪十四。良鄉生員章士魁，坐争煤窑，託言開礦，而致之死。假令盗長陵一抔土，何以處之？趙高鹿可爲馬，忠賢煤可爲礦。大罪十五。王思敬等牧地細事，責在有司。忠賢乃幽置檻阱，恣意榜掠，視士命如草菅。大罪十六。給事中周士樸執糾織監。忠賢竟停其陞遷，使吏部不得專銓除，言官不敢司封駁。大罪十七。北鎮撫劉僑不肯殺人媚人，忠賢以不善鍛鍊，遂致削籍。示大明之律令可以不守，而忠賢之律令不敢不遵。大罪十八。給事中魏大中遵旨莅任，忽傳旨詰責。及大中回奏，臺省交章，又再褻王言。毋論玩言官於股掌，而煌煌天語，朝夕紛更。大罪十九。東廠之設，原以緝奸。自忠賢受事，日以快私仇、行傾陷爲事。縱野子傅應星、陳居恭、傅繼教輩，投匭設阱。片語稍違，駕帖立下，勢必興同文館獄而後已。大罪二十。邊警未息，内外戒嚴，東廠訪緝何事？前奸細韓宗功潛入長安，實主忠賢司房之邸，事露始去。假令天不悔禍，宗功事成，未知九廟生靈安頓何地。大罪二十一。祖制，不蓄内兵，原有深意。忠賢與奸相沈潅創立内操，藪匿奸宄，安知無大盗、刺客爲敵國窺伺者潛入其中。一旦變生肘腋，可爲深慮。大罪二十二。忠賢進香涿州，警蹕傳呼，清塵墊道，人以爲大駕出幸。及其歸也，改駕四馬，羽幢青蓋，夾護環遮，儼然乘輿矣。其間入幕効謀。叩馬獻策者，實繁有徒。忠賢此時自視爲何如人哉？大罪二十三。夫寵極則驕，恩多成怨。聞今春忠賢走馬御前，陛下射殺其馬，貸以不死。忠賢不自伏罪，進有傲色，退有怨言，朝夕隄防，介介不釋。從來亂臣賊子，只争一念，放肆遂至不可收拾，奈何養虎兕於肘腋間乎！此又寸臠忠賢，不足盡其辜者。大罪二十四。

凡此逆跡，昭然在人耳目。乃内廷畏禍不敢言，外廷結舌而莫敢奏。間或奸狀敗露，則又有奉聖夫人爲之彌縫。甚至無恥之徒，攀附枝葉，依託門牆，更相表裏，迭爲呼應。積威所劫，致掖廷之中，但知有忠賢，不知有陛下；都城之内，亦但知有忠賢，不知有陛下。即如前日，忠賢已往涿州，一切政務必星夜馳請，待其既旋，詔旨始下。天顔咫尺，忽慢至此，陛下之威靈尚尊於忠賢否邪？陛下春秋鼎盛，生殺予奪，豈不可以自主？何爲受制么麿小醜，令中外大小惴惴莫必其命？伏乞大奮雷霆，集文武勳戚，敕刑部嚴訊，以正國法，并出奉聖夫人於外，用消隱憂，臣死且不朽。”

忠賢初聞疏，懼甚。其黨王體乾及客氏力爲保持，遂令魏廣微調旨切責漣。先是，漣疏就欲早朝面奏。值次日免朝，恐再宿機洩，遂於會極門上之，忠賢乃得爲計。漣愈憤，擬對仗復劾之，忠賢詗知，遏帝不御朝者三日。及帝出，群閹數百人衷甲夾陛立，敕左班官不得奏事，漣乃止。

自是，忠賢日謀殺漣。至十月，吏部尚書趙南星既逐，廷推代者，漣注籍不與。忠賢矯旨責漣大不敬，無人臣禮，偕吏部侍郎陳于廷、僉都御史左光斗竝削籍。忠賢恨不已，再興汪文言獄，將羅織殺漣。五年，其黨大理丞徐大化劾漣、光斗黨同伐異，招權納賄，命逮文言下獄鞫之。許顯純嚴鞫文言，使引漣納熊廷弼賄。文言仰天大呼曰：“世豈有貪贓楊大洪哉！”至死不承。大洪者，漣别字也。顯純乃自爲獄詞，坐漣贓二萬，遂逮漣。士民數萬人擁道攀號，所歷村市，悉焚香建醮，祈祐漣生還。比下詔獄，顯純酷法拷訊，體無完膚。其年七月，遂於夜中斃之，年五十四。

漣素貧，産入官不及千金。母妻止諸譙樓，二子至乞食以養。徵贓令急，鄉人競出貲助之，下至賣菜傭亦爲輸助。其節義感人如此。崇禎初，贈太子太保、兵部尚書，謚忠烈，官其一子。

賀逢聖

賀逢聖，字克繇，江夏人。與熊廷弼少同里閈，而不相能。爲諸生，同受知於督學熊尚文。尚文並奇二生，曰："熊生，干將、莫邪也；賀生，夏瑚、商璉也。"舉於鄉。家貧，就應城教諭。萬曆四十四年，殿試第二人，授翰林編修。

天啟閒，爲洗馬。當是時，廷弼已再起經略遼東矣。廣寧之同鄉官將揭白廷弼之冤，意逢聖且沮之。逢聖作色曰："此乃國家大事，吾安敢小嫌介介，不以明！"即具草上之。湖廣建魏忠賢生祠，忠賢聞上梁文出逢聖手，大喜，即日詣逢聖。逢聖曰："誤，借銜陋習耳。"忠賢咈然去。翌日削逢聖籍。

庄烈帝即位，復官，連進秩。九年六月，以禮部尚書兼东閣大學士入閣輔政，加太子太保，改文淵閣。十一年致政。十四年再入閣。明年再致政。

逢聖爲人廉静，束修砥行。帝頗事操切，逢聖終無所匡言。其再與周延儒同召，帝待之不如延儒。及予告，宴餞便殿，賜金，賜坐蟒。感激大哭，伏地不能起，帝亦泛瀾動容焉。

是時，湖廣賊大擾。明年春，張獻忠連陷蘄、黄，逼江夏。有大冶人尹如翁，逢聖門生，走三百里，持一僧帽、一袈裟來貽逢聖。逢聖反其衣曰："子第去，毋憂我。"如翁去。五月壬戌晦，賊陷武昌，執逢聖，叱曰："我朝廷大臣，若曹敢無禮!"賊麾使去，遂投墩子湖死也。賊來自夏，去以秋云。大吏望衍而祭，有神夢於湖之人，"我守賀相殊苦，汝受而視之，有黑子在其左手，其徵是。"覺而異之，俟於湖，赫然而尸出，驗之果是，蓋沉之百有七十日，面如生。以冬十一月壬子殮，大吏揮淚而葬之。

初，城之陷也，逢聖載家人以其舸艫，出墩子，鑿其舩艏，皆溺。賀氏死者，妻危氏，子覲明，子婦曾氏、陳氏，孫三人，次子光明自他所來，凡二十餘人。福王時，贈少傅，謚文忠，祭葬蔭子如制。

如翁去，归大冶。大冶城破，其慷慨而死者，如翁也。

顯鶴案：文襄負經濟才，著績邊陲，有人倫鑒，鋤奸定亂，因以成功。固不得以其尚權變、任知數而少之也。恭簡與韓雍並立威越嶠，而清節惠澤過之。《明史》贊稱其"文武兼資，偉哉一代之能臣"。漢川當光、熹踐祚之際，正色立朝，力持大議，中外引以爲重，庶幾無愧大臣之稱矣。應山與漢川協心建議，排閹奴、扶冲主，以安社稷爲己任，而元惡大憝因用以翦除善類，卒致身填犴狴，毒流縉紳，與東漢季年若蹈一轍。人之云亡，邦國殄瘁，非忠義二字所能盡。余故從《明史》列傳，與賀文忠諸公同增輯於大臣之末云。

楚寶名臣論次目録

所謂大臣者，固無愧於其名矣。然人臣奉職循理，名非所邀也。不邀名而名始无愧，何得以官爵通顯，屈我良有司乎？古史於列傳外特設循吏，蓋念臣有不必为其大而可以自名者歟？予彷其意，述《名臣》第二，凡三卷。

名臣一　尹吉甫　文之無畏　公子午　申無宇　公子申　黄琬　祝良　鄭産　董和　羅憲　李重　車胤　孟嘉　樂藹

名臣二　許圉師　岑文本　李邰　李鄘　周墀　胥偃　吴擇仁　唐義問　張問　譚世勣　吴獵　胡穎　楊大異

名臣三　吴琳　夏瑄　王竑　伍文定　袁宗皋　李承勳[①]　何孟春[②]　梅國楨　耿定向

增輯　羅宏　胡騰　張驥[③]　劉瞻　黄照　張頡　張瓚　鄧廷瓚　王軾　熊繡　孫交　鄒文盛　吴廷舉　彭澤　劉天和　李棠　王之誥　王廷瞻　李長庚　李騰芳　羅喻義　郭正域　熊開元　金聲　楊嗣昌

---

① 勳：《明史》卷一九九有“李承勛傳”，后文亦作“勛”。

② 正文：“何孟春”在“梅國禎”之後。

③ 正文“張驥”在“張頡”之後。

楚寶卷第四

明湘潭周聖楷伯孔輯纂

名　臣

尹吉甫

尹吉甫，周宣王内史也，楚房縣人。初，宣王即位，勵精中興，乃命吉甫帥師北伐玁狁，有功而歸。詩人爲賦《六月》之章，以敘其事。厥後宣王自將伐淮夷，命吉甫策命程伯休父爲司馬。申伯封謝、仲山甫城齊，吉甫咸作詩以贈送之。

聖楷曰：嘗考《周官》内史之職，掌王八柄，掌書王命，以詔王聽治。漢、唐、宋相沿，所謂中書令是也。百官之本，國家樞機，非有庸勳超格、才量清遠者，未易授也。吉甫或自北伐之後擢居是職，亦允稱賢明之選矣。然吉甫贈仲山甫詩舉其職曰："或是百辟，王躬是保。"又曰："出納王命，王之喉舌。賦政於外，四方爰發。"豈亦以冢宰而兼爲内史乎？宣王官人，固其家法，後代有宰相兼領中書令或加中書令者，皆得此意。而朱子謂仲山甫以冢宰兼太保，似未確。

房縣考

按：房縣即古房子國。其地有房山，四面石室如房，故名。舜封堯子丹朱于房。戰國屬楚地。秦漢爲房陵縣，屬漢中郡。唐爲房州。中宗以廬陵王被廢，居房州，今有廬陵城焉。《地志》誤作四川瀘州人，及山西汾州有尹吉甫墓，皆誤也。又按，房縣有湯泉，在縣東十里。宋洪邁《夷堅志》："泉中産硃砂，有粉水在縣東北五十里，源出房山，經穀城入漢江。"《雍州記》："蕭何夫人於此漬粉，鮮潔異于諸水，俗呼粉漬江。"又《房州圖經》云："西連九室，窈若曲房，南拊建鼓，以望勾將。"是亦一形勝之區也。

文之無畏

文之無畏，字子舟。楚穆王九年，會陳侯、鄭伯、蔡侯以伐宋。宋華御事曰："楚欲弱我也，先爲之弱乎？何必使誘我？我實不能，民何罪？"乃逆楚子，勞且聽命。遂道以田孟諸。宋公爲右盂，鄭伯爲左盂。期思公復遂爲右司馬，子朱及文之無畏爲左司馬，命夙駕載燧。宋公違命，無畏抶其僕以徇。或謂子舟曰："國君不可戮也。"子舟曰："當官而行，何彊之有？《詩》曰：'剛亦不吐，柔亦不茹。''毋縱詭隨，以謹罔極。'是亦非辟彊也，敢愛死以亂官乎？"

莊王十九年，楚子使申舟聘于齊，曰："無假道于宋。"亦使公子馮聘于晉，不假道于鄭。申舟以孟諸之役惡宋，曰："鄭昭宋聾，晉使不害，我則必死。"王曰："殺女，我伐之。"見犀而行。及宋，宋人止之，華元曰："過我而不假道，鄙我也。鄙我，亡也。殺其使者必伐我，伐我亦亡也。亡一也。"乃殺之。楚子聞之，投袂而起，屨及于窒皇，劍及於寢門之外，車及于蒲胥之市。

秋九月，楚子圍宋。宋人使樂嬰齊告急於晉。晉侯欲救之。伯宗曰："不可。古人有言曰：'雖鞭之長，不及馬腹。'天方授楚，未可與爭。雖晉之强，能違天乎？"使解揚如宋，使無降楚，曰："晉師悉起，將至矣。"鄭人囚而獻諸楚。楚子厚賂之，使反其言。不許，三而許之。登諸樓車，使呼宋人而告之，遂致其君命。楚子將殺之，使與之言曰："爾既許不穀而反之，何故？非我無信，女則棄之，速即爾刑。"對曰："臣聞之，君能制命爲義，臣能承命爲信，信載義而行之爲利。謀不失利，以衛社稷，民之主也。義無二信，信無二命。君之賂臣，不知命也。受命以出，有死無實，又可賂乎？臣之許君，以成命也。死而成命，臣之禄也。寡君有信臣，下臣獲考死，又何求？"楚子舍之以歸。

夏五月，楚師將去宋。申犀稽首于王之馬前，曰："毋畏知死，而不敢廢王命，王棄言焉。"王不能答。申叔時僕，曰："築室，反耕者，宋必聽命。"從之。宋人懼，使華元夜入楚師，登子反之牀，起之，曰："寡君使元以病告，曰：'敝邑易子而食，析骸以爨。雖然，城下之盟，有以國斃，不能從也。去我三十里，唯命是聽。"子反懼，與之盟而告王。退三十里，宋及楚平，華元爲質。盟曰："我無爾詐，爾無我虞。"

劉向《説苑》曰：解揚，字子虎，霍人。莊王赦而歸之，晉爵之爲上卿，故世言霍虎。

聖楷曰：申舟爲宋孟諸之役，不廢王命以死。莊王亦不自棄其言，故伐宋。君臣之閒，信義皦然，却又生出解揚致命一事，皆可爲後世人臣死封疆者法也。子反夜爲華元所劫，懼而吐實，使敵人知備，專命辱國，罪莫大焉。而《公羊》《穀梁》俱取而大之，何也？且《左氏》云：華元夜入楚師，登子反之牀而起之，此是後世劍客之術，如楚偷之類，故子反懼而與之盟。《公羊》乃謂子反乘堙而窺宋城。又謂子反對莊王曰："君請處此，臣請歸爾。"云云。傲慢悖理，豈對君父之言乎？當從《左》爲是。

孟諸考

孟諸乃九藪之一。《爾雅》云："十藪，宋有孟諸。"在梁國睢陽縣東北，今河南歸德府虞城縣是也。又《風俗通》謂"漢有九州之藪"，青州曰孟諸，不知在何處，豈未之考邪？高達夫《封邱縣》詩云："我本漁樵孟諸野。"達夫，滄洲人，而云然者，少時客梁、宋閒故也。此亦是一證。

公子午

公子午，字子庚。楚康王二年，代子囊爲令尹。五年，鄭子孔欲去諸大夫，將叛晉而起楚師以去之。使告子庚，子庚弗許。楚子聞之，使楊豚尹宜告子庚曰："國人謂不穀主社稷而不出師，死不從禮。不穀即位，於今五年，師徒不出，人其以不穀爲自逸，而忘先君之業矣。大夫圖之，其若之何？"子庚歎曰："君王其謂午懷安乎？吾以利社稷也。"見使者，稽首而對曰："諸侯方睦于晉，臣請嘗之。若可，君而繼之。不可，收師而退，可以無害，君亦無辱。"子庚帥師治兵于汾。於是子蟜、伯有、子張從鄭伯伐齊，子孔、子展、子西守。二子知子孔之謀，完守入保。子孔不敢會楚師。

楚師伐鄭，次于魚陵。右師城上棘，遂涉潁，次於旃然。蔿子馮、公子格帥鋭師侵費滑、胥靡、獻于、雍梁，右回梅山，侵鄭東北，至於蟲牢而反。子庚門于純門，信于城下而還。涉于魚齒之下，甚雨及之，楚師多凍，役徒幾盡。

晉人聞有楚師，師曠曰："不害。吾驟歌北風，又歌南風。南風不競，多死聲。楚必無功。"董叔曰："天道多在西北，南師不時，必無功。"叔向曰："在其君之德也。"八年，子庚卒，以公子追舒爲令尹。

聖楷曰：鄭子孔欲去諸大夫，故從楚而叛晉。其師甚無名，而又不義。子庚弗許，可謂識大。乃楚康强之以出兵，卒罹凍雨之咎，而應南風之奏。子庚何罪焉？叔向曰："在其君之德也。"知言哉。又按，《左傳》曰："公子午爲令尹，公子罷戎爲右尹，蔿子馮爲大司馬，公子櫜師爲右司馬，公子成爲左司馬，屈到爲莫敖，公子追舒爲箴尹，屈蕩爲連尹，養由基爲宮廄尹，以靖國人。君子謂：‘楚於是乎能官人。官人，國之急也，能官人則民無覦心。《詩》曰：嗟我懷人，置彼周行。能官人也。王及公、侯、伯、子、男、甸、采、衛、大夫，各居其列，所謂周行也。’”此時《卷耳》詩作如此解，亦奇。大抵古人讀《詩》包廣而舉微，非有專指，如“維岳降神，生甫及申。”宣王詩也，夫子以爲文、武之德。“夙夜匪懈，以事一人。”仲山甫詩也，《左氏》以爲孟明之功。又如《韓詩外傳》所舉篇章，皆此類。

申無宇

申無宇仕楚爲芋尹，曰芋尹無宇。靈王立，會諸侯于申，遂滅賴，遷賴于鄢。既又欲遷許于賴，城之而還。申無宇曰：“楚禍之首，將在此矣。召諸侯而來，伐國而克，城竟莫校。王心不違，民其居乎？民之不處，其誰堪之？不堪王命，乃禍亂也。”初，靈王之爲令尹也，爲王旌以田。無宇斷之曰：“一國兩君，其誰堪之？”及即位，爲章華之宮，納亡人以實之。無宇之閽入焉。無宇執之，有司弗與，曰：“執人于王宮，其罪大矣。”執而謁諸王。王將飲酒，無宇辭曰：“天子經略，諸侯正封，古之制也。封略之内，何非君土？食土之毛，誰非君臣？故《詩》曰：‘普天之下，莫非王土。率土之濱，莫非王臣。’天有十日自甲至癸，人有十等自王至臺，下所以事上，上所以共神也。故王臣公，公臣大夫，大夫臣士，士臣皂，皂臣輿，輿臣隸，隸臣僚，僚臣僕，僕臣臺。馬有圉，牛有牧，以待百事。今有司曰：‘女胡執人于王宮？’將焉執之？周文王之法曰：‘有亡，荒閱。’有逃亡者，當大蒐其衆。所以得天下也。吾先君文王，作《僕區》之法，曰：‘盜所隱器，與盜同罪。’所以封汝也。若從有司，是無所執逃臣也。退而舍之，是無陪臺也。王事無乃闕乎？昔武王數紂之罪，以告諸侯曰：‘紂爲天下逋逃主，萃淵藪’，故夫致死焉。君王始求諸侯而則紂，無乃不可乎？若以二文之法取之，盗有所在矣。”王曰：“取而臣以往，盗有寵，未可得也。”遂赦之。

靈王十年，滅蔡，用隱太子于岡山。無宇曰：“不祥，五牲不相爲用，况用諸候乎？王必悔之。”王城陳、蔡、不羹音郎，使公子棄疾爲蔡公。問于無宇曰：“棄疾在蔡，何如？”對曰：“擇子莫如父，擇臣莫如君。鄭莊公城櫟而寘子元焉，使昭公不立。齊桓公城穀而寘管仲焉，至于今頼之。臣聞五大不在邊，五細不在庭。親不在外，則無五大。羈不在内。則無五細。今棄疾在外，鄭丹在内，君其少戒。”王曰：“國有大城，何如？”對曰：“鄭京、櫟實殺曼音萬伯，宋蕭、亳實殺子游，齊渠丘實殺無知，衛蒲、戚實出獻公。若由是觀之，則害于國。末大必折，尾大不掉，君所知也。”後陳、蔡作亂，竟如其言。無宇子曰申亥。靈公乾谿之難，王沿夏，入于鄢。申亥曰：“吾父再奸王命，王弗誅，惠孰大焉？君不可忍，惠不可棄，吾其從王。”乃求王，遇諸棘闈以歸。王縊于申亥氏。申亥以其二女殉而葬之。

《春秋外傳》曰：靈王城陳、蔡、不羹，使僕夫子晳問于范無宇即申無宇，曰：“吾不服諸夏而獨事晉，何也？惟晉近我遠也。今吾城三國，賦皆千乘，亦當晉矣。又加之以楚，諸侯其來乎？”對曰：“其在志也，國爲大城，未有利者。昔鄭有京、櫟，衛有蒲、戚，宋有蕭、蒙，魯有弁、費，齊有渠丘，晉有曲沃，秦有徵、衙。叔段以京患嚴公，鄭幾不封，櫟人實使鄭子不得其位。衛蒲、戚實出獻公，宋蕭、蒙實殺昭公，魯弁、費實弱襄公，齊渠丘實殺無知，晉曲沃實納齊師，秦徵、衙實難桓、景，皆志于諸侯，此其不利者也。且夫制城邑若體性焉，有首領股肱，至于手拇毛脈，大能掉小，故變而不勤。地有高下，天有晦明，民有君臣，國有都鄙，古之制也。先王懼其不帥，故制之以義，旌之以服，行之以禮，辨之以名，書之以文，道之以言。既其失也，易物之由。夫邊境者，國之尾也。譬之如牛馬，處暑之既至，虻蠻之既多，而不能掉其尾，臣亦懼之。不然，是三城也，豈不使諸侯之心惕惕焉。”子皙復命。王曰：“是知天咫，安知民則？是言誕也。”右尹子革侍，曰：“民，天之生也，知天必知民矣。是其言可以懼哉！”三年，陳、蔡及不羹人納棄疾而殺靈王。

聖楷曰：申無宇答使棄疾爲蔡公一段文字，内外傳俱載，繁簡不同，各極其妙。昔人謂左氏聖于文，信然哉！因備録之，可悟作文之法。

棄疾考

棄疾即楚平王。初，共王有寵子五人，無適立，乃望祭群神，請神决之，使主社稷。而陰與巴姬埋璧于太室之庭，召五子齊而入。康王跨之，靈王肘加之，子比、子皙皆遠之。平王幼，抱而入，再拜，壓紐。故康王以長立，至其子失之；圍爲靈王，及身而弑；子比爲王十餘日；子皙不得立，又俱誅。四子皆絶無後。唯獨棄疾後立，爲平王，竟續楚祀，如其神符。

公子申

公子申，字子西，平王之庶長子也。平王薨，令尹子常欲立子西，曰：“太子壬即昭王弱，其母非適也，王子建實聘之。子西長而好善，立長則順，建善則治。王順國治，可不務乎？”子西怒曰：“是亂國而惡君王也，國有外援，不可瀆也。王有適嗣，不可亂也。敗親速讎，亂嗣不祥，我受其名，賂吾以天下，滋不從也。楚國何爲？必殺令尹。”令尹懼，乃立昭王。

初，吴王闔廬之弑王僚也，公子掩餘出奔徐，公子燭庸奔鍾吾。昭王四年，吴子使徐人執掩餘，使鍾吾人執燭庸，二公子奔楚。昭王大封，而定其徙。使監馬尹大心逆吴公子，使居養。莠尹然、左司馬沈尹戍城之，取於城父與胡田以與之，將以害吴也。子西諫曰：“吴光新得國，而親其民，視民如子，辛苦同之，將用之也。若好吴邊疆，使柔服焉，猶懼其至。吾又疆其讎以重怒之，無乃不可乎！吴，周之冑裔也，而棄在海濱，不與姬通。今而始大，比於諸華。光又甚文，將自同于先王。不知天將以爲虐乎？使翦喪吴國而封大異姓乎？其抑將卒以祚吴乎？其終不遠矣。我盍姑億安也。吾鬼神，而寧吾族姓，以待其歸。將焉用自播揚焉？”王弗聽。吴子執鍾吾子，遂伐徐，防山以水之。徐子失國來奔，吴謀伐楚，楚於是始病。

十年，吴師伐楚，戰于柏舉，楚師大敗。五戰及郢，昭王奔隨。子西帥奔徒敗吴師于軍祥，會秦救亦至。吴師再敗，吴王乃歸。明年，昭王入于郢。初，王之奔隨也。子西爲王輿服以保路，國于脾洩。聞王所在，而後從王。昭王既反國，以子西爲令尹、子期爲司馬。王謂子西曰：“方余奔隨時，將涉于成臼，藍尹亹涉其孥，不畀余舟，必殺之。”子西對曰：“子常惟思舊怨以敗，君何效焉？”王曰：“善。使復其所，以志前惡。”是歲，吴太子終纍敗楚舟師，獲潘子臣、小惟子及大夫七人。楚國大惕，懼亡。子期又以陵師敗于繁陽。子西喜曰：“乃今可爲矣。”於是遷郢于都，而改紀其政，以定楚國。

二十二年，吴師克越，楚大夫又皆懼曰：“闔廬惟能用其民，以敗我于柏舉，今聞其嗣又甚焉，將若之何？”子西曰：“二三子恤不相睦，無患吴矣。昔闔廬食不二味，酒不重席，室不從壇，器不雕鏤，宫室不觀，舟車不飾，衣服財用，擇不敢費。在國，天有菑癘，親巡其孤寡，而共其乏困。在軍，孰食者分而後敢食，其所嘗者，卒乘與焉。勤恤其民，而與之勞逸，是以民不罷勞，死知不曠。吾先大夫子常易之，所以敗我也。今聞夫差，次有臺榭陂池焉，宿有妃嬪嬙御焉，一日之行，所欲必成，玩好必從，珍異是聚，觀樂是務，視民如讎，而用之日新。夫先自敗也已，安能敗我。”

二十七年，吴伐陳。昭王曰：“吾先君與陳有盟，不可以不救。”

乃救陳，師于陳[①]父。自春至秋，卜戰，不吉；卜退，不吉。王曰："然則死也！再敗楚師，不如死。棄盟逃讎，亦不如死。死一也，其死讎乎！"命公子申爲王，不可；則命公子結，亦不可；則命公子啟，五辭而後許。將戰，王有疾。方攻，大冥，卒于城父。子閭退，曰："君王舍其子而讓，群臣敢忘君乎？從君之命，順也；立君之子，亦順也。二順不可失也。"與子西、子期謀，潛師閉塗，逆越女之子章而立之，是爲惠王。

惠王九年，子西及子期伐吴，及桐汭。初，平王太子建見殺于鄭也，其子勝在吴。子西欲召之，葉公諸梁曰："吾聞勝也，詐而亂，無乃害乎？"子西曰："吾聞勝也，信而勇，不爲不利，舍諸邊竟，使衛藩焉。"葉公曰："周仁之謂信，率義之謂勇。吾聞勝也，好復言而求死士，殆有私乎？復言非信，期死非勇也。子必悔之。"弗從。召之，處吴，爲白公。十年，勝與其徒石乞作亂，殺子西、子期于朝。

聖楷曰：楚令尹子西，始而讓國昭王，爲義至高。既而料敵制勝，安定楚國，以至報讎。次第色色可觀。其失著處，惟召白公一事耳。近代小儒不曉讀書，因孔子"彼哉"一語，遂抹煞其賢，可笑甚也。且孔子不答"或問"，深意固未可測，而小儒又謂子西沮書社之封，故孔子惡之，不足采録。然則晏嬰之沮孔子，與子西無異，何獨不絶其交？此皆俗論，無補于世。昔陳亮有言："今世之儒士，自以爲得正心誠意之學者，皆風痺不知痛癢之人也。舉一世安于君父之讎，而方低頭拱手以談性命。不知何者謂之性命乎？今世之才臣，自以爲得富國强兵之術者，皆狂惑以肆叫呼之人也。不以暇時講究立國之本末，而方揚眉伸氣以論富强。不知何者謂之富强乎？"嗟乎，予所以取公子申也。

① 陳：《左傳》哀公六年作"城"。

遷郢於鄀考

按：《水經注》：鄀，“古鄀子之國也。秦、楚之間，自商密遷此。爲楚附庸，楚滅之以爲邑。”後遷都焉。秦滅楚，復爲縣。漢惠帝三年，改曰宜城。韓愈有《宜城驛記》甚詳。又《楚昭王廟》詩云：“丘園滿目衣冠盡，城郭連雲草樹荒。猶有國人懷舊德，一間茅屋祭昭王。”

楚昭王考

按：昭王軫，平王、秦女之子也。立十年，而吴師入郢。十一年，反國。二十一年，救陳，卒于城父。是歲也，有雲如衆赤烏，夾日以飛三日。楚子使問于周太史，周太史曰：“其當王身乎！若禜之，可移于令尹、司馬。”王曰：“除腹心之病，而置諸股肱，何益？不穀不有大過，天其夭諸？有罪受罰，又焉移之。”遂弗禜。初，昭王有疾，卜曰：河爲祟。王弗祭，大夫請祭諸郊。王曰：“三代命祀，祭不越望，江、漢、雎、漳，楚之望也。不穀雖不德，河非所獲罪也。”遂弗祭。孔子曰：“楚昭王知大道矣，其不失國也宜哉。”

黄　琬

黄琬，字子琰，江夏安陸人。少失父，蚤而辯慧。祖父瓊，初爲魏郡太守，建和元年正月日食，京師不見，而瓊以狀聞。太后詔問所食多少，瓊思其對而未知所況。琬年七歲，在傍，曰：“何不言日食之餘，如月之初？”瓊大驚，即以其言應詔，而深奇愛之。後瓊爲司徒，琬以公孫拜童子郎，辭病不就，知名京師。時司空盛允有疾，瓊遣琬候問，會江夏上蠻賊事副府，允發書視畢，微戲琬曰：“江夏大邦，而蠻多士少。”琬奉手對曰：“蠻夷猾夏，責在司空。”因拂衣辭去，允甚奇之。

稍遷五官中郎將。時陳蕃爲光禄勳，深相敬待，數與議事。舊制，光禄舉三署郎，以高功久次、才德尤異者爲茂才四行。時權富子弟多以人事得舉，而貧約守志者以窮退見遺，京師爲之謡曰：“欲得不能，光禄茂才。”於是琬、蕃同心，顯用志士，平原劉醇、河東朱山、蜀郡殷參等並以才行蒙舉。蕃、琬遂爲權富郎所見中傷，事下御史丞王暢、侍御史刁韙。韙、暢素重蕃、琬，不舉其事，而左右復陷以朋黨，暢坐左轉議郎，而免蕃官，琬、韙俱禁錮。韙字子榮，彭城人。後陳蕃被徵，而言事者多訟韙，復拜議郎，遷尚書。在朝有鯁直臣節，出爲魯、東海二郡相。性抗厲，有明略，所在稱神。常以法度自整，家人莫見惰容焉。

琬被廢棄幾二十年。至光和末，太尉楊賜上書薦琬有撥亂之才，由是徵拜議郎，擢爲青州刺史，遷侍中。中平初，出爲右扶風，徵拜將作大匠、少府、太僕。又爲豫州牧。時寇賊陸梁，州境彫殘，琬討擊平之，威聲大震。政績爲天下表，封關内侯。及董卓秉政，以琬名臣，徵爲司徒，遷太尉，更封陽泉鄉侯。卓議遷都長安，琬與司徒楊彪同諫不從。琬退而駁議之曰：“昔周公營洛邑以寧姬，光武卜東都以隆漢，天之所啟，神之所安。大業既定，豈宜妄有遷動，以虧四海望？”时人懼卓暴怒，琬必及害，固諫之。琬對曰：“昔白公作亂于楚，屈廬冒刃而前；崔杼弑君于齊，晏嬰不懼其盟。吾雖不德，誠慕古人之節。”琬竟坐免。卓猶敬其名德舊族，不敢害。後與楊彪同拜光禄大夫，及徙西都，轉司隸校尉，與司徒王允同謀誅卓。及卓將李傕、郭汜攻破長安，遂收琬殺之。時年五十二。

聖楷曰：先民有言，君子全身遠害，惟有不仕而已。既爲官，又避禍，有是理乎？此子琰所以犯難而不顧也。惜乎與王允共謀誅卓，而不救蔡邕之死。王公無後，琬豈獨存？君子不能無深咎焉耳。

日食考

按：戰國以後，古曆廢壞。漢世始推月九道，然未驗其所行之遲速。漢末都尉劉洪作《乾象曆》，推其遲速，又未詳其交食。惟隋張胄元獨得其妙，以爲日行黄道，月行月道，月道交絡黄道外，十三日有奇而入經黄道，謂之交。朔望去交前後各十五度已下，即當食。若月行内道，在黄道之北，食多有驗。月行外道，在黄道之南，雖遇正交，無由掩映，食多不驗。交食之法，至是始精。

若夫臣子背君父，妾婦乘其夫，小人陵君子，外國侵中夏，而日爲之食者，此則繫乎人事之感也。今桓帝建和元年正月辛亥朔，日有食之，在營室三度，史官不見，郡國以聞。蓋是時梁太后攝政，故天變應之。

祝　良

祝良，字召卿一字邵平，長沙人。順帝永建中爲洛陽令。時大旱，祈雨不得，良乃暴身庭階，告誠引罪。自辰至申，紫雲沓起，甘雨大降，民歌之曰："天久不雨，蒸民失所。天王自出，祝令特苦。精符感應，滂沱而下。"大尉龐参夫人疾前妻子，投于井而殺之。良聞之，率吏卒入太尉府案實其事，乃上参罪，遂因災異策免。有司以良不先聞奏，輒折辱宰相，坐繫詔獄。良能得百姓心，洛陽吏人守闕請代其罪者，日有數千萬人，詔乃原刑。

未幾，出補并州刺史。永和二年，日南徼外蠻夷區憐等數千人攻象林縣，燒城寺，殺長吏。交阯刺史樊演發交阯、九真二郡兵二萬餘人救之。兵士憚遠役，遂反，攻其府。二郡雖擊破反者，而賊勢轉盛。帝召公卿百官及四府掾屬，問以方略。李固建議，謂宜更選有勇略仁惠任將帥者以爲刺史、太守，因舉故并州刺史長沙祝良性多勇决，又南陽張喬前在益州，有破寇之功，皆可任用。四府悉從固議，即拜良爲九真太守，喬爲交阯刺史。喬至，開示慰誘，並皆降散。良到九真，單車入賊中，設方略，招以威信，降者數萬人，皆爲良築起府寺。由是嶺外復平。

聖楷按：祝良本長沙人。《楚紀》與《湖廣總志》俱作長沙湘鄉人，大誤。兩漢時，湘鄉屬零陵郡。《漢書》何得云長沙也?《一統志》作臨湘人，是。又按：謝承《後漢書》曰："長沙祝良，聰明博學，以廉平見稱，爲洛陽令。常侍樊豐妻殺侍婢，置井中，良收其妻，殺之。"此事與龐參妻絶相類，一殺子，一殺婢，良皆收治。悍婦之風，其稍息乎?

鄭　産

鄭産，字景載，泉陵人也。爲白土嗇夫。漢末多事，國用不足。産子一歲輒出口錢，民多不舉子。産乃勑民勿得殺子，口錢當自代出。産因言于郡縣，爲表上言，錢得除。於是更名白土爲更生鄉。

聖楷曰：禁殺子女之慘，近日當事亦有動念及此者，然皆榜示虚文，未嘗實實以救人爲己事，如先賢鄭公之所爲也。大抵溺殺子女有二端：其一，家貧不能養活；其一，母苦不樂多子，尤惡生女。以此習爲殘忍，不自知非。倘爲上者既多方以勸悟之，復嚴法制以禁其母，厚生殖以周其窮民，即無良寧忍故殺其子女哉?程子云：士苟存心愛物，即一介之士亦必有所濟。吾故于鄭公贊歎之矣。復載記昔人所行輒效者數則于後，使有所觀感而惻然也。

蘇文忠公《與朱鄂州書》曰：昨王殿直天麟見過，言岳、鄂間田野小人，例只養二男一女，過此輒殺之。尤諱養女，初生，輒以冷水浸殺，其父母亦不忍，率常閉目背面，以手按之水盆中，咿嚶良久乃死。有神山鄉百姓石揆者，連殺兩子。去歲夏中，其妻一産四子，楚毒不可堪忍，母子皆斃。報應如此，而愚人不知創艾。天麟每聞其側近有此，則馳救之，量與衣服飲食，全活者非一。又鄂人有秦光亨者，今已及第，爲安州司法。方其在母也，其舅陳遵夢一小兒援其衣，若有所訴。比兩夕，輒見之，其狀甚急。遵獨念其妹有娠將産，而意不樂多子，豈其應是乎？馳往省之，則已在水盆中矣，救之得免。準律，故殺子孫，徒二年，此長吏所得按舉。願公明以告諸邑令佐，使召諸保正，告以法律，諭以禍福，約以必行，且立賞召人告官，賞錢以犯人及鄰保家財充。若依律行遣數人，此風便革。公更使令佐各以至意誘諭地主豪户，若實貧甚不能舉子者，薄有以賙之。人非木石，亦必樂從。但得初生數日不殺，後雖勸之使殺，亦不肯矣。自今以往，緣公而得活者，豈可勝計哉！佛言殺生之罪以殺胎卵爲最重，六畜猶爾，而况于人？昔王濬爲巴郡太守，巴人生子皆不舉。濬嚴其科條，寬其徭役，所活數千人。及後伐吴，所活者皆堪爲兵。其父母戒之曰："王府君生汝，汝必死之。"古之循吏，如此類者非一人，特未知耳。恃深契，故不自外。

《厚德録》曰[①]：先是，浙民歲輸身丁錢絹，細民生子即棄之，稍長即殺之。虞公允文聞之惻然，訪知江渚有荻場，其利甚博，而爲世家及浮屠所私。公令有司籍其數以聞，請以代輸民之身丁錢絹。以緡計者，至一十三萬七千有奇；以匹計者，一十六萬三千有奇。免之。符下日，九州之民歡呼鼓舞，始知有父子生聚之樂。

此事與鄭公相類，而設處之法更巧，居尊位者當以爲法。

---

① 《厚德録》"李元綱"無此文，疑爲《自警編》之誤。

董 和

董和，字幼宰，南郡枝江人也。其先本巴郡江州人，漢末，和率宗族西遷。益州牧劉璋以爲牛鞞江原長、成都令。蜀土富實，時俗奢侈，貨殖之家，侯服玉食，婚姻葬送，傾家竭産。和躬率以儉，惡衣蔬食，防遏踰僭，爲之軌制，所在皆移風變善，畏而不犯。然縣界豪强憚和嚴法，説璋轉和爲巴東屬國都尉。吏民老弱相攜乞留和者數千人，璋聽留二年，還遷益州太守，其清約如前。與蠻夷從事，務從誠心，南土愛而信之。先主定蜀，徵和爲掌軍中郎將，與軍師將軍諸葛亮並署左將軍大司馬府事，獻可替否，共爲交歡。自和居官食禄，外牧殊域，内幹機衡，二十餘年，死之日家無儋石之財。亮後爲丞相，教與群下曰："夫參署者，集衆思，廣忠益也。若遠小嫌，難相違覆，曠闕損矣。違覆而得中，猶棄弊蹻而獲珠玉。然人心苦不能盡，惟徐元直處兹不惑。又董幼宰參署七年，事有不至，至于十反，來相啟告。苟能慕元直之十一，幼宰之慇勤，有忠于國，則亮可少過矣"。又曰："昔初交州平，屢聞得失，後交元直，勤見啟誨。前參事於幼宰，每言則盡，後從事於偉度，數有諫止。雖姿性鄙暗，不能悉納，然與此四子終始好合，亦足以明其不疑于直言也。"其追思和如此。

《蜀書》曰：諸葛亮躬耕隴畝，好爲《梁父吟》。身長八尺，每自比于管仲、樂毅，時人莫之許也。惟博陵崔州平、潁川徐庶元直與亮友善，謂爲信然。

《水經注》曰：沔水又東過襄陽縣北，與檀溪水合。溪之陽有徐元直、崔州平故宅，故習鑿齒《與謝安書》云："每省家舅，縱目檀溪，念崔、徐之友，未嘗不撫膺躊躇，惆悵終日矣。"

《三國志》注曰：偉度者，姓胡名濟，義陽人。爲亮主簿，有忠藎之效，故見褒述。仕至兖州刺史、右驃騎將軍。

羅　憲

羅憲，字令則，襄陽人也。父蒙，蜀廣漢太守。憲年十三，能屬文，蚤知名。師事譙周，周門人稱爲子貢。性方亮嚴整，待士無倦，輕財好施，不營産業。仕蜀爲太子舍人、宣信校尉。再使于吴，吴人稱焉。時黄皓預政，衆多附之，憲獨介然。皓恚之，左遷巴東太守。時大將軍閻宇都督巴東，拜憲領軍，爲宇副貳。魏之伐蜀，召宇西還，憲守永安城。及成都敗，城中擾動，邊江長吏皆棄城走，憲斬亂者一人，百姓乃安。知劉禪降，乃率所統臨于都亭三日。吴聞蜀敗，遣將軍盛憲西上，外託救援，内欲襲憲。憲曰："本朝傾覆，吴爲唇齒，不恤我難，而邀其利，吾寧當爲降虜乎！"乃歸順。於是繕甲完聚，厲以節義，士皆用命。及鍾會、鄧艾卒，百城無主，吴又使步協西征，憲大破其軍。孫休怒，又遣陸抗助協。憲拒守經年，救援不至，城中疾疫大半。或勸南出牂牁，北奔上庸，可以保全。憲曰："夫爲人主，百姓所仰，既不能存，急而棄之，君子不爲也。畢命於此矣。"會荆州刺史胡烈等救之，抗退。加陵江將軍、監巴東軍事、使持節，領武陵太守。泰始初入朝，詔曰："憲忠烈果毅，有才策器幹，可給鼓吹。"又賜山玄玉佩劍。泰始六年卒，追封西鄂侯，謚曰烈。初，憲侍宴華林園，詔問蜀大臣子弟，後問先輩宜時敍用者，憲薦蜀人常忌、杜軫等，皆西國之良器，武帝並召而任之。

聖楷曰：羅憲初師事譙周，及蜀歸順，侍讌華林論薦蜀才，獨不舉其師者，豈亦惡其建策降魏，而鄙薄之邪？今觀憲守永安孤城，繕甲完聚，距戰經年，卒保無虞，其謀略亦足奇矣。使後主毅然不納譙周之言，君臣固守，背城借一，猶有生氣。即不然，退次東鄙，以思後圖，蜀未始無人也。蓋是時憲以重兵據白帝，霍弋以强卒鎮夜郎，蜀土險狹，山水峻隔，絶巖激湍，非步卒所涉。若悉取舟楫，保據江州，徵兵南中，乞師東國，如此則姜、廖五將自然雲從，吴之二師，承命電赴，何投寄之無所，而慮于必亡邪？惜哉！一夫誤計，漢業遽斬，此北地王諶所以痛哭于昭烈之廟也。

李 重

李重，字茂曾，江夏鍾武人也。父景王隱《晉書》作秉。泰州刺史、都亭定侯。重少好學，有文辭。蚤孤，與群弟居，以友愛著稱。弱冠爲本國中正，遜讓不行。後爲始平王文學，上疏陳九品曰："先王議制，以時因革，因革之理，唯變所適。九品始于喪亂，軍中之政，誠非經國不刊之法也。且其檢防轉碎，徵刑失實，故朝野之論，僉謂驅動風俗，爲弊已甚。而至于議改，又以爲疑。臣以革法創制，當先盡開塞利害之理，舉而措之，使體例大通，而無否滯，亦未易故也。古者諸侯之治，分土有常，國有定主，人無異望，卿大夫世禄，仕無出位之思，臣無越境之交，上下體固，人德歸厚。秦反斯道，罷侯置守，風俗淺薄，自此來矣。漢革其弊，斟酌周、秦，並建侯守，亦使分土有定，而牧司必各舉賢，貢士任之鄉議，事合聖典，比蹤三代。方今聖德之隆，光被四表，兆庶顒顒，欣覩太平。然承魏氏彫弊之跡，人物播越，仕無常朝，人無定處，郎吏蓄于軍府，豪右聚于都邑，事體駁錯，與古不同。謂九品既除，宜先開移徙，聽相并就。且明貢舉之法，不濫于境外，則冠帶之倫，將不分而自均，即土斷之實行矣。又建樹官司，功在簡久。階級少，則人心定；久其事，則政化成，而能否著，在[①]三代所以直道而行也。以爲選例九等，當今之要，所宜施用也。聖王知天下之難，常從事于其易，故寄㮚括于閭伍，則邑屋皆爲有司。若任非所由，事非所覈，則雖竭聖智，猶不足以贍其事。由此而觀，誠令二者既行，即人思反

① 在：《晉書》卷四六《李重傳》作"此"。

本，修之于鄉，譁競自息，而禮讓日隆矣。”遷太子舍人，轉尚書郎。駁制奴婢限數，及貶秩居官等奏，文多不載。

太熙初，遷廷尉平。又駁廷尉所奏。再遷中書郎，每大事及疑議，輒參以經典處決，多皆施行。遷尚書吏部郎，務抑華競，不通私謁，特留心隱逸，由是群才畢舉。拔用北海西郭湯、琅邪劉珩、燕國霍原、馮翊吉謀等爲秘書郎及諸王文學，故海内莫不歸心。時燕國中正劉沈舉霍原爲寒素，司徒府不從，沈又抗詣中書奏原，而中書復下司徒參論。司徒左長史荀組以爲："寒素者，當謂門寒身素，無世祚之資。原爲列侯，顯佩金紫，先爲人閒流通之事，晚乃務學，少長異業，年踰始立，草野之譽未洽，德禮無聞，不應寒素之目。"重奏曰："案如《癸酉詔書》，廉讓宜崇，浮競宜黜。其有履謙寒素，靖恭求己者，應有以先之。如詔書之旨，以二品繫資，或失廉退之士，故開寒素以明尚德之舉。司徒總御人倫，實掌邦教，當務峻準評，以一風流。然古之厲行高尚之士，或棲身巖穴，或隱跡丘園，或克己復禮，或耄期稱道，出處語嘿，唯義所在。未可以少長異操，疑其所守之美，而遠同終始之實，非所謂擬人必于其倫之義也。誠當考之于邦黨之倫，審之于任舉之主。沈爲中正，親執銓衡。陳原隱居求志，篤古好學，學不爲利，行不要名，絶跡窮山，藴櫝道藝，外無希世之容，内全遯逸之飾，行成名立，縉紳慕之，委質受業者千里而應，有孫、孟之風，嚴、鄭之操。始舉原，先諮侍中、領中書監華，前州大中正、後將軍嬰，河南尹軼。去三年，諸州還朝，幽州刺史許猛特以原名聞，擬之西河，求加徵聘。如沈所列，州黨之議既舉，又刺史班詔表薦，如此而猶謂草野之譽未洽，德禮無聞，舍所徵檢之實，而無明理正辭，以奪沈所執。且應二品，非所求備。但原定志窮山，修述儒道，義在可嘉。若遂抑替，將負幽邦之望，傷敦德之教。如詔書所求之旨，應爲二品。"詔從之。

重與李毅同爲吏部郎，時王戎爲尚書，重以清尚見稱，毅淹通有智識，雖二人操異，然俱處要職，戎以識會待之，各得其所。毅字茂彦，舊史闕其行事。于時内官重，外官輕，兼階級繁多，重議之，見《百官志》。又上疏曰："凡山林避寵之士，雖違世背時，出處殊軌，而先王許之者，嘉其服膺高義也。昔先帝患風流之弊，而思反純樸，乃諮詢朝衆，搜求隱逸。咸寧二年，始以太子中庶子徵安定皇甫謐。四年，又以博士徵安南朱冲。太康元年，復以太子庶子徵冲，雖皆以病疾不至，而朝野悦服。陛下遠邁先帝禮賢之旨，臣訪冲州邑，言其雖年近耋耄，而志氣克壯，耽道窮藪，老而彌新，操尚貞純，所居成化，誠山棲耆德，足以表世篤俗者也。臣以爲宜垂聖恩，及其未殁，顯加優命。"時朝廷政亂，竟不能從。出爲行討虜護軍、平陽太守，崇德化，修學校，表篤行，拔賢能，清簡無欲，正身率下。在職三年，彈黜四縣。弟嶷亡，表去官。

永康初，趙王倫用爲相國左司馬，以憂逼成疾而卒，時年四十八。家貧，宅宇狹小，無殯殮之地，詔於典客署營喪。追贈散騎常侍，謚曰成。子式，有美名，官至侍中。

晉諸公贊曰：重以清尚稱。相國趙王倫以重望取爲右司馬。重以倫將爲亂，辭疾不就。倫逼之不已，重遂不復自活，至于困篤，扶曳受拜，數日卒。重二弟，尚字茂仲，矩字茂約，永嘉中並典郡，矩至江州刺史。

《世説新語》曰：謝公與時賢共賞説，遏、胡兒並在坐。公問李弘度曰："卿家平陽，何如樂令？"於是李潸然流涕曰："趙王篡逆，樂令親授璽綬，亡伯雅正恥處亂朝，遂至仰藥，難以相比。此自顯于事實，非私親之言。"

九品考

按：魏文帝時，三方鼎立，士流播遷，四民雜處，詳覈無所。尚書陳群乃立九品官人之法。州、郡、縣俱置大、小中正，各取本處人在諸府公卿及臺省郎吏有德充才盛者爲之，區别所管人物，定爲九等。其有言行修著則升進之，或以五升四，以六升五。倘或道義虧喪，則降下之，或自五退六，自六退七矣。是以吏部不能審定覈天下人才士庶，故委中正銓第等級憑之授受，謂免乖失及法弊也。唯能知其閥閲，非復辨其賢愚，所以劉毅云："下品無高門，上品無寒士。"南朝至于梁、陳，北朝至于周、隋，選舉之法雖互相損益，而九品及中正至開皇中方罷。

車　胤

車胤，字武子，南平人也。今澧州。曾祖浚，吴會稽太守。父育，郡主簿。太守王胡之名知人，見胤于童幼之中，謂胤父曰："此兒當大興卿門，可使專學。"胤恭勤不倦，博學多通。家貧不常得油，夏月則練囊盛數十螢火以照書，以夜繼日焉。及長，風姿美劭，機悟敏速，甚有鄉曲之譽。桓温在荆州，辟爲從事，以辯識義理，深重之。引爲主簿，稍遷别駕、征西長史，遂顯于朝廷。時惟胤與吴隱之，以寒素博學知名於世。又善于賞會，當時每有盛坐而胤不在，皆云："無車公不樂。"謝公游集之日，輒開筵待之。

寧康初，以胤爲中書侍郎、關内侯。孝武帝嘗講《孝經》，僕射謝安侍坐，尚書陸納侍講，侍中卞耽執讀，黄門侍郎謝石、吏部郎袁宏執經，胤與丹陽尹王混摘句，時論榮之。累遷侍中。太元中，增置太學生百人，以胤領國子博士。其後年，議郊廟明堂之事，胤以"明堂之制既甚難詳，且樂主于和，禮主于敬，故質文不同，音器亦殊。既茅茨廣厦，不一其度，何必守其形範而不弘本順時乎？九服咸寧，四野無塵，然後明堂辟雍可光而修之。"時從其議。又遷驃騎長史、太常，進爵臨湘侯，以疾去職。俄爲護軍將軍。時王國寶諂於會稽王道子，諷八坐啟以道子爲丞相，加殊禮。胤曰："此乃成王所以尊周公也。今主上當陽，升[1]成王之地，相王在位，豈得爲周公乎？望實二三，並不宜爾，

① 升：《晉書》卷八三《車胤傳》作"非"。

必大忤上意。”乃稱疾不署其事。疏奏，帝大怒，而甚嘉胤。

隆安初，遷吏部尚書。元顯有過，胤與江績密言於道子，將奏之，事泄，元顯逼令自裁。俄而胤卒，朝廷傷之。

聖楷曰：元顯，道子之愛子也。安有欲誅人愛子而密言之于父乎？且元顯少年凶鋭，邪黨傾附。道子耽荒麯蘖，信惑讒諛，而武子自蹈危機，寧有生理哉？至黜國寶之奸，不署殊禮之奏，卓然可與事君矣。

囊螢考

按：今澧州車渚市有聚螢臺，即武子少讀書囊螢處也。又其墓在州東三十里新城鎮，今建書院。

孟　嘉

孟嘉，字萬年，江夏鄂人也。曾祖父宗，以孝行稱，仕吴司馬。祖父揖，元康中爲廬陵太守。宗葬武昌陽新縣，子孫家焉，遂爲縣人也。嘉少失父，奉母、二弟居。娶大司馬長沙桓公陶侃第十女，閨門孝友，人無能閒，鄉閭稱之。冲默有遠量，弱冠儔類咸敬之。同郡郭遜以清操知名，時在嘉右，常歎嘉温雅平曠，自以爲不及。遜從弟立，亦有才志，與嘉同時齊譽，每推服焉。由是名冠州里，聲流京邑。

太尉穎川庾亮以帝舅民望，受分陜之重，鎮武昌，并領江州。辟嘉部廬陵從事。下郡還，亮引見，問風俗得失。對曰：“嘉不知，還傳當問從吏。”亮以麈尾掩口而笑。諸從事既去，喚弟翼語之曰：“孟嘉故是盛德人也。”嘉既辭出外，自除吏，便步歸家。母在堂，兄弟共相歡樂，怡怡如也。旬有餘日，更版爲勸學從事。時亮崇修學校，高選儒官，以嘉望實，故應尚德之舉。

大傅河南褚褒[1]，簡穆有器識，時爲豫章太守。出朝宗亮。正旦大會州府人士，率多時彦，嘉在坐次甚遠。褒問亮："江州有孟嘉，其人何在？"亮云："在坐，卿但自覓。"褒歷觀，遂指嘉謂亮曰："將無是邪？"亮欣然而笑，喜褒之得嘉，奇嘉爲裒之所得，乃益器焉。舉秀才，又爲安西將軍庾翼府功曹，再爲江州别駕、巴丘令、征西大將軍譙國桓温參軍。

嘉色和而正，温甚重之。九月九日，温遊龍山，參佐畢集，四弟二甥咸在坐。時佐吏並著戎服，有風吹嘉帽墮落。温目左右及賓客勿言，以觀其舉止。嘉初不自覺，良久如厠。温命取以還之。廷尉太原孫盛爲諮議參軍，時在坐。温命紙筆，令嘲之。文成示温，温以著坐處。嘉歸，見嘲笑而請筆作答，了不容思，文辭超卓，四座歎之。奉使京師，除尚書删定郎，不拜。孝宗穆皇帝聞其名，賜見東堂。嘉辭以腳疾，不任拜起，詔使人扶入。

嘉嘗爲刺史謝永别駕。永，會稽人，喪亡，嘉求赴義，路由永興。高陽許詢有雋才，辭榮不仕，每縱心獨往。客居縣界，嘗乘船近行，適逢嘉過，歎曰："都邑美士，吾盡識之，獨不識此人。唯聞中州有孟嘉者，將非是乎？然亦何由來此？"使問嘉之從者，嘉謂其使曰："本心相過，今先赴義，尋還就君。"及歸，遂止信宿，雅相知得，有若舊交。還至，轉從事中郎，俄遷長史。在朝隤然，仗正順而已。門無雜賓，嘗會神情獨得，便超然命駕，逕之龍山，顧景酣宴，造夕乃歸。温從容謂嘉曰："人不可無勢，我乃能駕御卿。"後以疾終於家，年五十一。

嘉行不苟合，言無夸矜，未嘗有喜愠之容。好酣飲，逾多不亂，至于任懷得意，融然遠寄，傍若無人。温嘗問嘉："酒有何好，而卿嗜之？"嘉笑而答曰："明公但不得酒中趣爾。"又問聽妓，絲不如竹，

① 褚褒：《世説語·識鑒》劉孝標注、《晉書·孟嘉傳》《褚裒傳》皆作"褚裒"，袁行霈《陶渊明集箋注》謂"褒""裒"爲異體字。

竹不如肉，答曰：“漸近自然。”中散大夫桂陽羅含賦之曰：“孟生善酣，不愆其意。”

蘇軾史評曰：晉士浮虚無實用，然其閒亦有不然者。如孟嘉平生無一事，然桓温謂嘉曰：“人不可以無勢，我乃能駕馭卿。”桓温平生輕殷浩，豈妄許人者哉？乃知孟嘉若遇，當作謝安；謝安不遇，不過如孟嘉也。

聖楷曰：《晉書》附沈充于《王敦傳》後，此逆黨，理應附著。若《桓温傳》後綴以孟嘉，似傷忠厚。且其傳語疎略，不稱嘉之爲人。予故取陶元亮所撰《孟府君傳》，庶幾大雅君子之德，有所表見焉。

鄳鄂考

按：《前漢書》江夏郡統縣十四，《後漢書》江夏郡統縣十二。《晉書》江夏郡統縣七，俱有鄳縣，而無鄂。蓋漢、晉江夏郡置于今之雲夢縣北四十里，非今之江夏縣也。今江夏縣乃漢沙羨縣地，亦屬江夏郡。至三國吴時又分江夏，置武昌郡，統縣七，始有陽新與鄂縣。陽新，即析鄂之南境也。以郡邑沿革考之，鄂即今武昌縣是。陽新，即今興國州是。而鄳則今之羅山縣地也，其地與孝感相聯，隔在漢江西北，相去甚遠。故《嘉别傳》云江夏鄳人，曾祖父宗葬武昌陽新縣，子孫家焉，遂爲縣人也。其説甚明。乃宋人惟知宗爲江夏人，而不考宗爲江夏之鄳人，遂稱江夏縣城東有靈竹院，爲宗故宅，紹興閒立祠以祀。《一統志》亦相沿以宗爲江夏縣人。《武昌縣志》又引《别傳》，訛鄳爲鄂，以宗爲武昌縣人。俱誤甚。近雲閒陸伯生撰《廣輿記》，于孟嘉墓下注云：“嘉嘗爲陽新令，卒葬此。”尤可笑。古今不學無識之人，妄自撰著如此類，何可勝數。

龍山考

按：龍山在江陵縣西北十五里，山勢綿延，俗名“嶺山”，其上有落帽臺。錢希言《龍山記》云：“龍山蜒蜿如龍，逕西北群岡而來，又東盡于落帽臺，總之皆龍山也。”胡槼《落帽臺記》云：“萬年固佳士，然所事非人。風伯爲之免冠耳，此亦可謂善謔。”

樂　藹

樂藹，字蔚遠。南陽淯陽人。屬南郡。晉尚書令廣之六世孫，世居江陵。其舅雍州刺史宗慤，嘗陳器物，試諸甥。藹時尚幼，而所取惟書，慤由此奇之。又取史傳各一卷授藹等，使讀畢，言所記。藹略讀具舉，慤益善之。齊豫章王嶷爲荆州刺史，以藹爲驃騎行參軍。嶷嘗問藹風土舊俗、城隍基跱、山川險易，藹隨問立對，若按圖牒，嶷益重焉。或譖藹廨門如市，嶷遣覘之，方見藹暗閤讀書。後爲大司馬中兵參軍，轉署記室。永明八年，荆州刺史巴東王子響叛，官曹文書，一時蕩盡。武帝引見藹，問以西事，藹上對詳敏，帝悦。用爲荆州治中，勅付以修復府州事。藹還州，繕修廨署數百區，頃之咸畢，而役不及民。

九年，豫章王嶷薨，藹解官赴喪，率荆、湘二牧故吏，建碑墓所。南康王爲西中郎，以藹爲諮議參軍。義師起，蕭穎胄引藹及宗史、劉坦，任以經略。天監初，累遷御史中丞。初，藹發江陵，無故於船得八車輻，如中丞健步避道者，至是果遷焉。藹性公彊，居憲臺甚稱職。時長沙宣武王將葬，忽庫中火，欲推舉者。藹曰：“昔晉武庫火，張華以爲積油久灰必然。今庫若有灰，非吏罪也。”既而檢之，果有積灰。時稱其博物弘恕焉。二年，出爲廣州刺史，卒官。藹姊適徵士同郡劉虬，亦明識有禮訓。藹爲州，迎姊居官舍，參分禄秩，西土稱之。

子法才，字元備，幼與弟法藏俱有美名。少遊京師，造沈約，約見而稱之。天監初，累官至尚書右丞，出爲招遠將軍、建康令。不受俸秩。高祖嘉其清節，曰："居職若斯，可以爲百城表矣。"遷太府卿。尋除南康内史，恥以讓俸受名，辭不拜。後爲江夏太守，便道還鄉，割宅爲寺，棲心物表云。

聖楷曰：《武陵志》有樂令園，云藹爲武陵令時，治園植桃李，去後，百姓愛之，不忍翦伐。因名。按藹本傳，未嘗爲武陵令也。但遷龍陽相時，齊豫章王嶷爲武陵太守，雅善藹爲政，而後人遂因而訛傳之與？郡縣志中如此類甚多，皆當删去。

楚寶卷第四考異

新化鄧顯鶴湘皋述

名　臣

尹吉甫

漢、唐、宋相沿，所謂中書令也，百官之本，國家樞機。吉甫或自北伐之後，擢居是職。

顯鶴按：《漢書[①]·百官志》："尚書令一人，千石。"注曰："丞，秦所置。"荀綽《晉百官表注》曰："唐虞官也。《詩》云仲山甫'王之喉舌'，蓋謂此人。"

公子申

遷郢於鄀考

顯鶴按：宜城縣，故鄢楚之别都也。秦爲南郡之北部。漢惠帝三年，改曰宜城，屬南郡。建安十三年，魏武平荆州，分置襄陽郡。晉因之。宋曰華山縣。後魏改爲宜城郡，分華山，置率道縣。

① 漢書：當作後漢書。

西魏置都州。隋爲樂鄉，屬竞陵郡。唐武德四年，以樂鄉及襄陽之率道、上洪置都州。貞觀初，又領長壽，省上洪。八年，州廢。天寶七載，改率道曰宜城。故爲鄀國，春秋時，自商密遷此，爲楚附庸，楚滅之。昭王畏吴，自郢遷焉。文[①]《水經》："沔水又逕鄀縣故城南。"注：古鄀子之國也。秦、楚之閒，自商密遷此，爲楚附庸，楚滅之以爲邑。縣南臨沔津，津南有石山，上有古烽火臺。縣北有火[②]城，即楚昭王爲吴所迫，自絶[③]郢徙都之，所謂鄢、鄀、盧、羅、之地也，秦以爲縣。

祝良

祝良，字召卿，一字邵平。

顯鶴按：《後漢書·龐參傳》注引謝承書曰："良，字邵平。"《順帝紀》注引《續漢書》曰："良，字邵卿。"無召卿。

順帝永建中，爲洛陽令。時大旱，祈雨不得，良乃暴身庭階，告誠引罪。自辰至申，紫雲沓起，甘雨大降，民歌之曰："天久不雨，烝民失所。天王自出，祝令特苦。精符感應，滂沱而下。"

顯鶴按：《湖南通志》引《長沙耆舊傳》："劉壽，字均長。長沙人。官至太尉。少遇相師曰：'君鼻大，當貴。'順帝時，爲洛陽令。歲旱，祈雨不得，暴身階庭，告誠引罪。自辰至午，甘雨登降，人爲之歌曰：'天久不雨，蒸人失所。精誠感應，滂沱下雨。'與此小異，殆因同爲洛陽令而誤也。傳記之不同如此。

① 文：據文意當作"又"。
② 火：《水經注·沔水注》作"大"。
③ 絶：《水經注·沔水注》作"紀"。

孟　嘉

鄳、鄂考

原按：《前漢書》江夏郡統縣十四，《後漢書》統縣十二，《晉書》統縣七，俱有鄳而無鄂。

顯鶴按：《前漢書·地理志》江夏郡，縣十四，鄂次六，鄳次十。《後漢書·郡國志》江夏郡，縣十二，鄳次二，鄂次八。惟《晉書》江夏郡有鄳無鄂。然鄂隸武昌郡，亦不得云無鄂也。

又云："漢、晉江夏郡置於今之雲夢縣北四十里，非今之江夏縣也。"考前、後《漢書》，江夏郡俱治西陵。《輿地廣記》："按《漢·地理志》，西陵縣爲江夏郡治，而有雲夢宫，疑此地是也。"《晉書·地理志》：江夏郡治安陸。原書徵引亦欠明晰。

又云："三國吴時分江夏，置武昌郡。"考武昌縣，故楚之東鄂。楚子熊渠封中子紅爲鄂王。二漢鄂縣屬江夏郡，吴孫權都之。黄初三年，改爲武昌縣，孫皓亦嘗都此。晉太康元年，改江夏郡曰武昌郡。東晉時，庾亮、謝尚俱鎮此。宋、齊、梁、陳皆爲武昌郡，亦不得云分江夏置也。又按《水經》：江之右岸有鄂縣故城。"注："舊樊楚也。《世本》稱熊渠封其中子之名某者爲鄂王。《晉太康地記》以爲東鄂矣。《九州記》曰：鄂，今武昌也。孫權以魏黄初元年自公安徙此，改曰武昌縣。徙治於袁山東，又以其年立爲江夏郡。至黄龍元年，權遷都建業，以陸遜輔太子鎮武昌。孫皓亦都之。晉惠帝永平中，始置江州，傅綜爲刺史，治此城，後太尉庾亮之所鎮也。今武昌郡治城南有袁山，即樊山也。"

樂　藹

武帝引見藹，問以西事，藹占對詳敏，帝悦，用爲荆州治中，勑付以修復府州事。

顯鶴按：武帝宜稱齊武帝。荆州治中，《南史》作“荆州治中從事”。

楚寶卷第四增輯

新化鄧顯鶴湘皋述

名　　臣

羅　　宏

羅宏，長沙人。元封五年，置交州部刺史，察所部郡國，冶所在蒼梧郡。往刺史多以荒遠，行部罕徧，部吏因得恣其貪殘。宏爲刺史，春行冬息，徧歷所部，咨詢疾苦，太守多解綬請罪。宏廉實舉發，貪殘斂跡。

胡　　騰

胡騰，字子升，桂陽人。桓帝時爲竇武府掾。武死，騰獨殯殮行喪，坐禁錮。初，帝巡狩南陽，以騰爲護駕從事。公卿貴戚車乘萬計，徵求費役，不可勝極。騰上言："天子無外，乘輿所幸，即爲京師。臣請以荆州刺史比司隸校尉，臣自同都官從事。"從之。自是肅然，莫敢妄有干請，騰以此顯名。黨錮解，官至尚書。

顯鶴案：胡騰事見《後漢書·竇武傳》。漢桂陽郡治郴縣，爲今郴州。地方志以騰爲桂陽州人，誤也。又案《武傳》，武死，收捕宗親賓客姻屬，悉誅之，徙武家屬日南。當是時，凶豎得志，士大夫皆喪其氣矣。騰獨殯殮行喪，坐以禁錮。又，武孫輔二歲，逃竄得全，事覺，捕之急。騰及令史南陽張敞共逃輔於零陵界，詐云已死。騰以爲己子，而使聘娶，後舉桂陽孝廉。至建安中，荆州牧劉表辟爲從事，使還竇姓。噫！騰之行誼表表，如此其賢，豈出黨錮諸公下哉？范氏以其事附見竇武，遂不復爲立傳，而鄉賢紀載至遺其名。兹特爲增輯名臣，以表之云。

又，同時有劉常者，亦桂陽人，爲當世名儒。元嘉中，郎中汝南袁著上書論梁冀，冀笞殺之。以常素善於著，冀召補令史以辱之。附見《梁冀傳》。

楚寶卷第五

明湘潭周聖楷伯孔輯纂

名　臣

許圉師

許圉師，許紹之次子也。有器幹，研涉藝文，擢進士第。累遷給事中、黄門侍郎、同中書門下三品。龍朔中，爲左相。高宗自書詔賜遼東諸將，謂許敬宗曰："圉師愛書，可示之。"俄坐其子獵犯人田，有辭，怒而射之，圉師掩不奏，爲人所擿。帝讓曰："宰相而暴百姓，非作威福乎？"圉師謝，且言："作威福者彊兵重鎮，嫚天子法。臣文吏，何敢然。"帝曰："嫌無兵邪？"敬宗因是劾奏，遂免官。久之，爲虔州刺史，稍遷相州，專以寬治，州人刻石頌美。部有受賕者，圉師不忍按，但賜《清白箴》，其人自愧，後修飾，更爲廉士。進户部尚書。卒，贈幽州都督，謚曰簡，陪葬泰陵。

聖楷曰：《唐紀》云：左相許圉師之子自然爲奉輦直長，遊獵犯人田，田主怒，自然以鳴鏑射之。圉師杖自然一百而不以聞。田主詣司憲訟之，司憲大夫楊德裔不爲治。西臺舍人袁公瑜遣人易姓名上封事告之云云。今本傳俱不載，當是許敬宗修《實録》時削去耳，然以宰相之子射人，既杖一百，使復具奏引罪，則攻訐之輩，何所行哉？惜乎！圉師見不及此。

唐高宗書法考

《唐朝敘書録》曰：龍朔二年四月，上自爲書與遼東諸將，謂許敬宗曰：“許圉師嘗自愛書，可于朝堂開示。”圉師見，甚驚喜，私謂朝官曰：“圉師見古跡多矣，魏晉以後唯稱二王，然逸少多力而少妍，子敬多妍而少力，今觀聖跡，兼絶二王，鳳翥鸞迴，實古今書聖也。”

聖楷按：《竇泉述書賦》自高祖、太宗以至武后，皆有佳評，而獨不及高宗，豈銀鉤鐵畫亦爲金輪氣焰所奪邪？可發一噱。

岑文本

岑文本，字景仁，其先鄧州棘陽人。祖善方，後梁吏部尚書，徙家江陵。父之象，仕隋爲邯鄲令，坐爲人訟，不得申。文本年十四，詣司隸理冤，辯對哀暢無所詘。衆屬目，命作《蓮華賦》，文成，合臺嗟賞，遂得直。性沈敏，有姿儀，善文辭，多所貫綜。郡舉秀才，不應。蕭銑僭號，召爲中書侍郎，主文記。

河間王孝恭平荆州，其下欲掠寇，文本説孝恭曰：“自隋無道，四海救死，延頸以望真主。蕭氏君臣決策歸命者，意欲去危就安。大王誠縱兵剽係，恐江、嶺以南，向化心沮，狼顧麕驚。不如厚撫荆州，勸未附，陳天子厚惠，誰非王人？”孝恭善之，遽下令止侵略，署文本别駕。從擊輔公祏音託，典檄符。進署行臺考功郎中。

貞觀元年，除秘書郎，兼直中書省。太宗既籍田，又元日朝群臣，文本奏《籍田》《三元頌》二篇，文致華贍。李靖復薦于帝，擢中書舍人。時顔師古爲侍郎，自武德以來，詔誥或大事皆所草定。及得文本，號善職，而敏速過之。或策令叢遽，敕吏六七人泚筆待，分曰占授，成無遺意。師古以譴罷，温彦博爲請帝曰：“師古練時事，長於文誥，人少逮者，幸得復用。”帝曰：“朕自舉一人，公毋憂。”乃授文本侍郎，專典機要，封江陵縣子。是時，魏王泰有寵，侈第舍，冠諸王。文本上疏，勸崇節儉，陳嫡庶分，宜有抑損。帝善之，賜帛三百段。踰年爲令，從伐遼東，事一委倚，至糧漕最目、甲兵凡要、料配差序，籌不廢手，由是神明頓耗，容止不常。帝憂曰：“文本今與我同行，恐不與同返矣！”至幽州暴病，帝臨視流涕。卒，年五十一。是夕，帝聞夜嚴，曰：“文本死，所不忍聞。”命罷之。贈侍中、廣州都督，謚曰憲。陪葬昭陵。

始，文本貴，常自以興孤生，居處卑，室無茵褥幃帟。事母以孝顯，撫弟姪篤恩義。生平故人，雖羈賤，必鈞禮。帝每稱其忠謹，吾親之信之。晉王爲皇太子，大臣多兼宫官，帝欲文本兼攝，辭曰：“臣守一職，猶懼其盈，不願希恩東宫，請一心以事陛下。”帝乃止，但詔五日一參東宫。每進見，太子答拜。始爲中書令，有憂色。母問之，答曰：“非勳非舊，責重位高，所以憂也。”有來慶者，輒曰：“今日受弔不受賀。”或勸其營産業，文本歎曰：“吾漢南一布衣，徒步入關，所望不過秘書郎、縣令耳。今無汗馬勞，以文墨位宰相，奉稍已重，尚何殖産業邪？”故口未嘗言家事。既任職久，賚錫豐饒，皆令弟文昭主之。文昭任校書郎，多交輕薄，帝不悦，謂文本曰：“卿弟多過，朕將出之。”文本曰：“臣少孤，母所鍾念者弟也，不欲離左右。今若外出，母必憂，無此弟，是無老母也。”泣下嗚咽。帝湣其意，召文昭讓敕，卒無過。

《唐紀》曰：侯君集之破高昌也，私取其珍寶，將士知之，競爲盜竊。君集不能禁。爲有司所劾，詔下，君集等獄。中書侍郎岑文本上疏，以爲：“高昌昏迷，陛下命君集等討而克之，不踰旬日，並付大理。雖君集等自掛網羅，恐海内之人疑陛下唯録其過，而遺其功也。臣聞命將出師，主於克敵，苟能克敵，雖貪可賞；若其敗績，雖廉可誅。是以漢之李廣利、陳湯，晉之王濬，隋之韓擒虎，皆負罪譴，人主以其有功，咸受封賞。由是觀之，將率之臣，廉慎者寡，貪求者衆。是以黄石公《軍勢》曰：‘使智，使勇，使貪，使愚，故智者樂立其功，勇者好行其志，貪者急趨其利，愚者不計其死。’伏願録其微勞，忘其大過，使君集重升朝列，復備驅馳，雖非清貞之臣，猶得貪愚之將，斯則陛下雖屈[①]而德彌顯，君集等雖蒙宥而過更彰矣。”上乃釋之。

聖楷按：此疏甚得用人要著，兼本傳不載諸疏，特爲存録。

《冥報記》曰：唐中書令岑文本，江陵人。少信佛，常念誦《法華經·普門品》。曾乘船于吴江中，船壞，人盡死，文本没在水中，聞有人言：“但念佛，必不死也。”如是三言之。既而隨波涌出，已著北岸，遂免死。後于江陵設齋，僧徒集其家。有一客僧獨後去，謂文本曰：“天下方亂，君幸不預其災，終逢太平，致富貴也。”言畢，趨出，遂不見。既而文本食齋，于自食椀中得舍利二枚。後果如其言。文本自語人云。

李　郃

李郃，字子玄，延唐人。即今寧遠縣，宋乾德初改名，隸道州。唐太和二年，舉進士第一。時昌平劉蕡對策，譏切時政，指斥宦官，考官馮宿等見蕡對嗟伏，以爲過古晁、董，而畏中官眦睚，不敢取。士人讀其辭，至感慨流涕者。諫官御史交章論其直。於時被選者二十有三人，所言皆冗齪常務，類得優調。

郃以河南府參軍入試，曰：“蕡逐我留，吾顔其厚邪？”乃上疏曰：“陛下御正殿，求直言，使人得自奮。臣才志懦劣，不能質今古是非，使陛下聞未聞之言，行未行之事。忽忽内思，愧羞神明。今蕡所對，敢空臆盡言，至皇王之成敗，陛下所防閑，時政之安危，不私所

① 崇禎本“屈”後有“法”字。

料，又引《春秋》爲據。漢魏以來，無與蕡比。有司以言涉訐忤不敢聞，自詔書下，萬口籍籍，歎其誠鯁，至于垂涕。謂蕡指切左右，畏近臣銜怒，變興非常，朝野惴息，誠恐忠良道窮，綱紀遂絶，季漢之亂，復興于今。以陛下仁聖，近臣故無害忠良之謀；以宗廟威嚴，近臣故無速敗亡之禍。指事取驗，何懼直言！且陛下以直言召天下士，蕡以直言副陛下所問，雖訐必容，雖過當獎，書于史策，千古光明。使萬有一，蕡不幸死，天下必曰陛下陰殺讜直。結讎海内。忠義之士，皆憚誅夷，人心一摇，無以自解。况臣所對，不及蕡遠甚，内懷愧恥，自謂賢良，奈人言何？乞回臣所授，以旌蕡直。臣逃苟且之慙，朝有公正之路，陛下免天下之疑。顧不美哉？”帝不納。郃後歷賀州刺史。

《廣西名勝志》曰：李郃爲賀州刺史，留意吏事，甚得人心。州有甑山，高千餘丈。舊名幽山，郃更名曰“丹甑”。賀人愛之，至改丹甑爲瑞雲，以永其思。

聖楷曰：劉蕡，字去華，幽州昌平人。對策後七年有甘露之難。令狐楚、牛僧孺皆表蕡幕府，授秘書郎，以師禮禮之。而宦人深嫉蕡，誣以罪，貶柳州司户參軍，卒。及昭宗誅韓全誨等，左拾遺羅衮訟蕡冤，贈諫議大夫。訪子孫，授以官。嗟乎！由是觀之，科名重人乎？抑人重科名乎？子玄此疏，當與去華對策並傳天壤。今道州寧遠縣有狀元李郃墓。

李　鄘

李鄘，字建侯，北海太守邕之從孫。第進士，又以書判高等，補秘書省正字。李懷光辟致幕府，擢累監察御史。懷光反河中，鄘與母、妻陷焉。因紿懷光以兄病臥洛且革，母欲往視，懷光許可，戒妻子無偕行。鄘私遣之，懷光怒，欲加罪，謝曰：“鄘籍在軍，不得爲母駕，奈何不使婦往？”懷光止不問。後與高郢刺賊虚實及所以攻取者，白諸朝，德宗手詔褒答。懷光覺，嚴兵召二人問之，鄘詞氣不撓，三軍爲感動，懷光不殺，囚之。河中平，馬燧破械致禮，表佐其府，以言不用，罷歸洛中。召爲吏部員外郎。

徐州張建封卒，兵亂，囚監軍，迫建封子愔主軍務。帝以鄘剛敢，拜宣尉[①]使，持節直入其軍，大會士，喻以禍福，出監軍獄中，脱桎梏，使復位，衆不敢動。愔即上表謝罪，稱兵馬留後，鄘曰："非詔命，安得輒稱之？"削去乃受。既還，稱旨，遷郎中。

順宗時，進御史中丞。憲宗立爲京兆尹，進尚書右丞。元和初，京師多盜賊，復拜京兆，以檢校禮部尚書爲鳳翔隴右節度使。是鎮常兼神策行營，前此用武將，始受詔，即詣軍修謁。鄘以爲不可，詔爲去神策行營號。俄徙河東，入爲刑部尚書、諸道鹽鐵轉運使。

拜淮南節度使。王師討蔡方急，李師道謀撓沮之，鄘以兵二萬分壁鄆境，貲餉不仰有司。是時兵興，天子憂財乏，使程异馳驛江淮，諷諸道輸貨助軍。鄘素富强，即籍府庫，留一歲儲，餘盡納於朝，諸道由是悉索以獻，繄鄘倡之。

先是，吐突承璀爲監軍，貴寵甚，鄘以剛嚴治，相禮憚，稍厚善。承璀歸，數稱薦之，召拜門下侍郎、同中書門下平章事。鄘不喜由宦倖進，及出祖，樂作泣下，謂諸將曰："吾老安外鎮，宰相豈吾任乎？"至京師，不肯視事，引疾固辭，改户部尚書。俄檢校尚書左僕射兼太子賓客，分司東都。以太子少傅致仕。卒，贈太子太保，謚曰肅。

鄘强直無私，與楊憑、穆質、許孟容、王仲舒友善，皆以氣自任。而鄘當官，以峭法操下，所至稱治，猛決少恩。在淮南七年，其生殺禽擿，多委軍吏，而參佐束手不得與，人往往陷非法，議者亦以此少之。

柳宗元《石表陰先友記》曰：李鄘，江夏人。果檢自負，嶷然善爲官。爲御史中丞、京兆尹、鳳翔節度。

① 尉：崇禎本同，《新唐書》卷一四六《李鄘傳》作"慰"。

聖楷按：鄘子拭仕至河南[①]鳳翔節度使，以祕書監卒。拭子磎，字景望，大中末擢進士，累遷户部郎中，分司東都。黄巢陷洛，磎挾尚書八印走河陽。時留守劉允章爲賊脅，遣人就磎索印，拒不與。允章悟，亦不臣賊。入爲中書舍人、翰林學士。磎好學，家有書至萬卷，世號“李書樓”。所著文章及注解諸書傳甚多。子沆字東濟，亦有俊才。

周　墀

周墀，字德升。其先汝南人。自褒成侯靈超徙居黄岡，墀其六世孫也。少孤，事母孝。及進士第，辟湖南團練府巡官，入爲監察御史、集賢殿學士。長史學，屬辭高古，文宗雅重之。李宗閔鎮山南，表行軍司馬，閲歲召還。太和末，訓、注亂政，以黨語汚縉紳有名士，紛逐之。獨墀雖嘗爲宗閔所禮，不能以罪誣也。遷起居舍人，改考功員外郎，兼舍人事。帝御紫宸，與宰相語事已，或召左右史資[②]所疑，墀最爲天子欽矚。俄知制誥，入翰林爲學士。

武宗即位，以疾改工部侍郎，出爲華州刺史，徙江西觀察使，劾舉部刺史，翦捕劇賊，出兵戍彭蠡湖，禁止剽劫。進拜義成節度使，封汝南縣男。宿將暴誓不循令者，墀命鞭其背，一軍大治。以兵部侍郎召判度支，進同中書門下平章事、遷中書侍郎。建言：“故宰相德裕重定《元和實録》，竄寄他事，以廣父功。凡人君尚不改史，取必信也。”遂削新書。河東節度使王宰重賂權幸，求同平章事領宣武。墀言：“天下大鎮如并、汴者纔幾，宰之求何可厭？”宣宗納之。駙馬都尉韋讓求爲京兆，持不與。由是妄進者少衰。

① 南：崇禎本作“東”。
② 資：《新唐書》卷一八二《周墀傳》作“質”。

會吐番微弱，以三州七關自歸。帝召宰相議河湟事，墀對不合旨，罷爲劍南東川節度使。駙馬都尉鄭顥言于帝曰："世謂墀以直言相，亦以直言免。"帝悟，加拜檢校尚書右僕射。卒，年五十九，贈司徒。

聖楷按：墀初爲義成節度使，辟韋澳爲判官。及爲相，謂澳曰："何以相助？"澳曰："願相公無權。"墀愕然。澳曰："爵禄刑賞，與天下共其可否，勿以己之愛憎、喜怒移之，天下自理，何權之有？"墀深然之。又宣宗嘗與宰相論元和循吏孰爲第一。周墀曰："臣嘗奉職江西，聞觀察使韋丹功德被于八州，歿四十年，老稚歌思，如丹尚存。"於是詔史館修撰杜牧撰《丹遺愛碑》，仍擢其子宙爲御史。此二事皆佳，不知宋子京何以不采入本傳。

胥 偃

胥偃，字安道，長沙人。少力學，河東柳開見其所爲文，曰："異日必得名天下。"舉進士甲科，授大理評事，已，再遷太常丞、知開封縣。與御史高升試府進士，既封彌卷首，輒發視，擇有名者居上。降秘書省著作佐郎、監光化軍酒。起通判鄧州，復太常丞。後累遷入翰林，爲學士，權知開封府府[①]。

忻州地震，偃以爲地震，陰之盛。今朝廷政令不專上出，後宮外戚，恩澤日蕃，此陽不勝陰之證也。宜選將練師，以防邊塞。趙元昊朝貢不至，偃曰："遽討之，大暴。宜遣使問其不臣狀，待其辭出而後加兵。則不直在彼，而王師之出有名矣。"又奏："戍兵代還，宜如祖宗制，閱其藝後殿次進之。"

會有衛卒賂庫吏求揀冬衣，坐繫者三十餘人。時八月，霜雪暴至。偃推《洪範》"急，恒寒苦"之咎，請從末減。奏可。西塞用兵，士卒

---

① "府"後衍一"府"字，崇禎本同，《宋史》卷二九四《胥偃傳》無。

妻子留京師者犯法當死，帝不忍用刑，或欲以毒置飲食中，令得善死。偃極言其不可，帝亦悔而止。宦人程知誠與三班使臣馮文顯八人抵罪，帝使赦知誠三人，而文顯五人坐如法。偃曰："恤近責遠，非政也，況同罪異罰乎？"詔并釋之。未幾，卒。

偃未仕時，家有良田數十頃，既貴，悉以予族人。初，天下職田，無日月限，而赴官者多以前後爲斷。偃水陸田各限以月，因著爲令。嘗與謝絳受試中書吏，而大臣有以簡屬偃者，偃不敢發視，函焚之。歐陽修始見偃，偃愛其文，召置門下，妻以女。偃糾察刑獄，范仲淹尹京，偃數糾其立異不循法者。修方善仲淹，因與淹有隙。

聖楷曰：胥偃以文章取高第，以清節爲時名臣。《宋史》傳之，歐陽修志之，而《長沙志》不能詳其事，深可歎也。其子胥元衡，字平叔，亦進士。工爲文詞，謹畏廉潔，居官雖小必慎，在染院二庫有能名。卒年三十九。子茂諶，太廟室長，亦蚤卒，曾鞏志其墓。元衡母，直史館刁約之妹也。妻韓氏，封成安縣君，暨茂諶婦謝氏皆寡居丹陽，閨門有法，江淮人至今稱之。

吴擇仁

吴擇仁，字知夫。以父任，爲開封雍丘主簿。元祐中，金水河隄壞，十六縣皆選屬庀役，得詣朝堂白事。宰相范純仁獨異之，曰："簿乃有是人邪？"

建中靖國初，畿内饑，多盗，以擇仁知大康縣。始至，召令賊曹曰："民窮而盗，非天性也，我以静鎮之。若亡命椎埋故犯，誅之毋貸。"群盗相戒不入境。中貴人譚積奴犯法，按致于理。積恚造譖，徽宗召户部郎中宋喬年往鞫。喬年，伉吏也，疾驅至。候者皇遽入白，擇仁著衣冠，坐廡下。喬年慮囚摘隱，剔抉帑庾出入，不能得毫毛罪，乃歸傳舍。擇仁上謁，喬年迎笑曰："所以來，爲察君罪，顧乃得一奇士，吾今薦君矣。”居數日，召詣闕。

方有事青唐，擢熙河路轉運判官，即以直秘閣爲副使，從招討使王厚領兵深入，克蘭、廓城栅十三。加龍圖，進集賢殿修撰，爲京畿都轉運使。鄭州城惡，受命更築之。或讒於帝曰：“新城雜以沙土，反不如故，且速圮。”帝怒，密遣取塊城上，緘以來，令衛卒三投，監綴之如削鐵，讒不能售。遂拜户部侍郎兼知開封府。故事，尹以三日聽訟，右曹吏十輩列庭下，自占姓名，云“某送某獄，某去”，而尹無所可否。有竇鑑者，以捕盗襲官諸司使，服金帶。擇仁視事，狃舊態來前，叱而械諸獄，一府大驚。賣珠人居民貨久不返，度事急，匿宦官楊戩第，擇仁跡取之，竄於遠。戩中以事，出爲顯謨閣直學士、知熙州。後再起知青州，不克拜，卒。

聖楷曰：宋喬年，宰相庠之孫也。用父蔭監市易，坐與娼女私及私役吏，失官。落魄二十年，女嫁蔡京子攸。京當國，始復起用。其人固無足數，惟按吴擇仁一事，差不媿元獻公後。而《楚紀》編之“稽謀”，可謂不倫甚矣。且喬年原非楚人，《楚紀》如此類，皆可删。

唐義問

唐義問，字士宣。善文詞，試禮部，再試秘閣，父介引嫌罷之。熙寧中，辟京西轉運司管勾文字。神宗覽本道章奏，知義問所爲。以其名訪輔臣，因黄好謙領使事，諭之曰：“唐義問風力强敏，行且用矣，可面詔之。”尋以爲司農管當公事。方行手實法，所在騷然。義問言：“今造簿甫二歲，民不堪命，不宜復改。”

嘗從曾孝寬使河東，還奏事，記利害綱目於笏，帝取而熟視之，歷舉以問，應析如流。帝喜曰：“欲見卿，非今日也。”擢湖南轉運判官。一路敷免役錢，又分户五等，儲其羨爲别賦，號“家力錢”，義問奏除之。移使京西，文彦博守西都，義問求罷。彦博告以再入相時，嘗薦其父，晚同爲執政，相得甚歡，故義問乃止。時陝西舉兵，多亡卒，所至成聚。義問請令詣官自陳，給券續食，人以爲便。會有不悦之者，免歸。

元祐中，起知齊州，提點京東刑獄、河北轉運副使。屬邑尉因捕盜誤遺火，盜逸去，民家被焚，訟尉故縱火。郡守執尉，抑使服，義問辨出之，方旱而雨。用彦博薦，加集賢修撰，帥荆南，請廢渠陽諸砦。蠻楊晟秀斷之以叛，即拜湖北轉運使，討降之，復砦爲州。進直龍圖閣，以集賢殿修撰知廣州。章惇秉政，始棄渠陽，貶舒州團練副使。後七年，復故官，知潁州府，卒。

聖楷曰：史稱介之子淑問難進，義問强敏，介之孫恕高行不隕家聲，有足美云。予謂淑問之難進，爲其敢言，有父風也。義問之强敏，爲其文章通時務也。恕之高行，爲其甘貧不樂仕進也。昔人稱盧懷慎三世清節不易，若介家世，展也無愧。因各以其美著焉。

渠陽考

按：宋渠陽砦，即今靖州。《楚兵防志》云：靖州據辰沅之上流，爲重湖保障，南服要區，與蠻壤相犬牙。夷人族種蟠踞溪峒，道路阻絶。中國之兵入踐其地，不能長驅，且其境與宜州群苗相接，勢成犄角，表裏相患。是以宋人議棄渠陽，亦爲其不便攻守也。

聖楷按：蘇軾有《論渠陽蠻劄子》，甚詳其制馭之策。我國朝卒平其地，爲貢賦之域，然則荒徼蠻左，何必不爲我用？是在設險防危，貴得其人耳。

張　問

張問，字昌言，襄陽人也。宋進士起家，通判大名府。群牧地在魏，歲久冒入於民，有司按舊籍括之，地數易主，吏苟趣辦，持詔書奪田，至毀室廬、發丘墓。問至，曰："是豈朝廷意邪？"具上以聞。仁宗諭大臣曰："吏用心悉如問，何患赤子弗安也。"立擢[①]之。

擢提點河北刑獄。大河決，議築小吴，問言："曹村、小吴南北相直，而曹村當水衝，賴小吴隄薄，水溢北出，故南隄無患。若築小吴，則左彊而右傷，南岸且決，水並京畿爲害，獨可於孫、陳兩歸[②]間起堤以備之耳。"詔付水官議，久不決，小吴卒潰。

徙江東、淮南轉運使，加直集賢院、户部判官。所部地震，河再決，議者欲調京東民二[③]十萬，自澶築堤抵乾寧。問言："隄未能爲益，災傷之餘，力役勞民，非計也。"神宗從之。問十年不奏考課，詔特遷其官，入爲度支副使，拜集賢殿修撰、河東轉運使。坐誤軍需，貶知光化軍，未幾，復使河北。諸葛公權之亂，郡縣株蔓，連逮至數百千人，問上疏申理，止誅首惡。

熙寧末，知滄州。自新法行，問獨不阿時好。歲饑，爲帝言民免常平、助役之苦，反以得流亡爲幸，語切直驚人。元豐定官制，王安禮薦問可任六曹侍郎，帝以其好異論，不用。歷知河陽、潞州。元祐初，爲祕書監、給事中，累官正議大夫，卒，年七十五。

問處己廉潔，嘗仕鄜延幕府，與种世衡善，父喪，遺汝州田十頃，辭弗受。使歸，未至而世衡卒。其子古，用父治命，亦不納田，蕪穢者

---

① 擢：《宋史》卷三三一《張問傳》作"罷"。
② 歸，《宋史》卷三三一《張問傳》作"埽"。
③ 二：《宋史》卷三三一《張問傳》作"三"。

三十年。後汝守請以給學，朝廷命反諸种氏。

熙寧時，有陳舜俞、樂京、劉蒙，亦以役法廢黜。

聖楷曰：《宋史》爲青苗法始行，滿朝大臣盡力争之而不能止，往往多自引去。及數年之後，憲令既成，天下亦莫如之何。已而問守遠郡，尚能懇懇爲民有言。舜俞、京、蒙俱以區區一縣令，力抗部使者，視棄其官如敝屣，類非畏威懷禄者能之。甚矣，《宋史》之陋也！牧民之選，父母之戴，惟守令職不易副，而謂縣令不當與部使者抗，有是理哉？國朝劉忠宣公大夏嘗謂人：“吾做秀才時，見府縣政事不得其平，輒曰：‘使我做時，某事當如何行，某事當如何罷。’今幸登朝，不得一親民官，非素志也。”又章楓山懋亦以當時不得做臨武知縣爲恨。噫！由二公觀之，部使者豈能尊於縣令哉？

熙寧地震考

《通考》曰：宋神宗熙寧元年七月甲申，地震。乙酉、辛卯，再震。八月壬寅、甲辰，又震。是月，鄆州須城、東阿二縣地震終日，滄州清池、莫州亦震，壞官私廬舍、城壁。是時，河北復大震，或數刻不止，有聲如雷，樓櫓、民居多摧覆，壓死者甚衆。九月戊子，莫州地震，有聲如雷。十一月乙未，京師及莫州地震。十二月癸卯，瀛州地大震。丁巳，冀州地震。辛酉，滄州地震，湧出沙泥、船板、胡桃、螺蚌甲之屬。是月，潮州地再震。是歲，數路地震，有一日十數震，有踰半年震不止者。

聖楷按：《京房易傳》曰：“臣事雖正，專必震。”是時，神宗即位之初，用人求治。而王安石首爲變法，兵役民勞，禍流後裔。故紀元而日食于上，秋冬而地震于下，豈偶然哉？先儒以爲由此而上則爲英宗、仁宗、真宗、太宗、太祖，由此而下則爲哲宗、徽宗、欽宗，以至于南渡，乃有宋一代升降之會也。

譚世勣

譚世勣，字彦成，潭州長沙人。舉進士，教授郴州。時王氏學盛行，世勣雅不喜。或問之，曰："説多屢變，非不易之論。"置其書不觀。又中詞學兼茂科，除秘書省正字。時相蔡京子攸領書局，同舍郎多翕附以取貴仕。世勣獨坐直廬，繙書竟日。梁師成之客與爲鄰居，數致師成願交意，謝不答。

在館六年不遷，京罷，用久次爲司門員外郎。又三年，遷吏部。京復相，嫌不附己，罷點[①]太平宫。久之，復還吏部。倖臣妄引恩澤任子，持不與。吏白有某例，世勣曰："豈當以暫例破成法！"而取中旨行之。進少府監，擢中書舍人，以謹命令、惜名器、廣言路、吝賜與、正上供、省浮費六事言于上，又爲當路所疾。以徽猷閣待制知婺州，未行。復留之。

徽宗禪位素[②]幸，且還，使與李熙靖副執政奉迎，同主管龍德宫。請辯正宣仁國史之謗，述欽聖遺旨以復瑶華，大享神祖仍用富弼侑食，釋奠先聖不當以王安石配，後皆施行。

秋七月，彗出東方，大臣或謂此四夷將衰之兆，世勣面奏："垂象可畏，當修德以應天，不宜惑諛説。"進給事中兼侍讀。内侍喧争殿門，詔以贖論，世勣駁其不恭，因言："童貫小惡不懲，馴至大患。"疏入，同類側目。何㮚建議分外郡爲四道，置都總管，事得顓决。世勣言："裂天下以付四人，而王畿所治者才十六縣，獨無尾大不掉之慮乎？"㮚不樂。改禮部侍郎。

金騎南下，世勣言："守邊爲上策；今邊不得守，守河則京畿自

① 《宋史》卷三五七《譚世勣傳》"點"前有"提"字。

② 素：《宋史》卷三五七《譚世勣傳》作"東"。

固，中策也；巡幸江、淮，會東南兵以捍敵，下策也。”金人既渡河，又請遣大將秦元以所部京畿保甲，分護國門，使兵勢連屬，首尾相援。孫傅深然之，又格于桌議，再扈車駕至金師帳下。又以十害説其用事，言講解之利，詞意忠激，金人聳聽。張邦昌僭國，令與李熙靖同直學士院，皆稱疾臥不起。以憂卒，年五十四。建炎初，褒其守節，贈端明殿學士。所著有《師陶集》。

聖楷曰：世勣當在秘書省，不附蔡京父子以取貴仕，其立志已皎然矣。故其直氣讜言，遇事不撓，無不可以殺身者。豈待邦昌逆命時邪？嗟乎，爲靖康之忠臣易，爲政和之直臣難。不然，胡寅、趙鼎輩逃入太學，欲何爲也？

吴　　獵

吴獵，字德夫，潭州醴陵人。登進士第，初主潯州平南簿。時張栻經略廣西，檄攝静江府教授。劉焞代栻，栻以獵薦，辟本司準備差遣。

盗李接起，陷容、雷、高、化、貴、鬱林等州，獵請賞勞誅罪，焞於是録鬱林功，誅南流縣尉、鬱林巡檢，人人驚厲，争死鬬，不踰時，盗悉就禽。尉，宰相王淮甥也，獵坐降官。久之，知常州無錫縣。用陳傅良薦，召試，守正字。

光宗以疾久不覲重華宫，獵上疏曰：“今慈福有八十之大母，重華有垂白之二親，陛下宜于此時問安上壽，恪共子職。”辭甚切。又白宰相留正，乞召朱熹、楊萬里。時陳傅良以言過宫事不行求去，獵責之曰：“今安危之機，判然可見，未聞有牽裾折檻之士。公不于此時有所奮發，爲士大夫倡，第潔身而去，於國奚益？”傅良爲改容謝之。

寧宗即位，遷校書郎，除監察御史。上趣修大内，將移御，獵言：“壽皇破漢、魏以來之薄俗，服高宗三年之喪，陛下萬一輕去喪次，將無以慰在天之靈。”又言：“陛下即位，未見上皇，宜篤厲精誠，以俟上皇和豫而祗見焉。”會僞學禁興，獵言：“陛下臨御未數月，今日出一紙去宰相，明日出一紙去諫臣，昨又聞侍講朱熹遽以御札畀祠，中外惶駭，謂事不出于中書，是謂亂政。”獵既駁史浩謚，又請以張浚配享阜陵，議皆不合。尋劾罷。

黨禁既弛，起爲廣西轉運判官，除户部員外郎，總領湖廣、江西、京西財賦。韓侂胄議開邊，獵貽書當路，請號召義士以保邊埸，刺子弟以補軍實，增棗陽、信陽之戍以備衝突，分屯陽邏五關以扞武昌，杜越境誘竊以謹邊隙，選試良家子以衛府庫。且謂：“金人懲紹興末年之敗，今其來必出荆、襄踰湖。”乃輸湖南米于襄陽，凡五十萬石；又以湖北漕司和糴米三十萬石分輸荆、郢、安、信四郡；蓄銀帛百萬計以備進討；拔董逵、孟宗政、柴發等分列要郡，厥後皆爲名將。

屬江陵告饑，除秘閣修撰、主管荆湖北路安撫司公事、知江陵府。陛辭，請出大農十萬緡以振饑者。道武昌，遣人招商分糴；至郡，減價發糶，米價爲平。

獵計金攻襄陽，則荆爲重鎮，乃修成“高氏三海”，築金鸞、内湖、通濟、保安四匱，達于上海而注之中海；拱辰、長林、藥山、棗林四匱，達于下海；分高沙、東奬之流，由寸金隄外歷南紀、楚望諸門，東匯沙市爲南海。又于赤湖城西南遏走馬湖、熨斗陂之水，西北寘李公匱，水勢四合，可限戎馬。

金人圍襄陽、德安，游騎迫竟陵，朝廷命獵節制本路兵馬。獵遣張榮將兵援竟陵，又招神馬陂潰卒得萬人，分授襄陽、德安。加寶謨閣待制、京湖宣撫使。

時金人再犯竟陵，張榮死之，襄陽、德安俱急。吴曦俄反于蜀，警報至，獵請魏了翁攝參議官，訪以西事，募死士入竟陵，命其將王宗廉死守，調大軍及忠義、保捷分道夾擊，金人遂去。又督董逵等援德安，董世雄、孟宗政等解襄陽之圍。

西事方殷，獵爲討叛計，請于朝，以王大才、彭輅任西事，仍分兵扼[①]均、房諸險，漕粟歸、陝以待王師。及曦誅，除刑部侍郎，遷四川安撫制置使兼知成都府。嘉定六年召還，卒，家無餘貲。蜀人思其政，畫像祠之。

獵初從張栻學，乾道初，朱熹會栻於潭，獵又親炙，湖南之學一出於正，獵實表率之。有《畏齋文集》、奏議六十卷。謚文定。

聖楷曰：吴畏齋，予同郡人。又其治績在荆、湖閒，今皆泯泯無聞矣。君子之澤，五世而斬，亶其然乎。抑史稱其以學爲政，夫適當僞學之禁，而能行己志，千載而下，安得不仰詠其餘烈也？

三海、八櫃[②]考

按：江陵縣東北十五里，吴陸抗築大堰，高保融得之，名爲北海。宋紹興李師夔乃匱上、下海以遏敵。開禧初，兵端既開，劉甲再築上、中、下三海，於是吴獵、趙方皆增修，以壯形勢。後孟珙又引沮澤及諸潮水注之，三海綿亘數百里，遂爲江陵天險。金人嘗犯荆門州，距江陵纔百里而去，以三海之險故也。八匱者，所以蓄泄水勢。三海俗名“海子”，八匱俗名“九隔”，然其地今皆湮塞，問之江陵人，多不知。

胡　穎

胡穎，字叔獻，湘潭人。父璩，娶趙方弟雍之女，二子，長曰顯，有拳勇，以材武入官，數有功，事見《趙范傳》。穎自幼風神秀異，機警不常，趙氏諸舅以其類己，每加賞鑒。成童即能背誦諸經，中童子科，復從兄學弓馬，母不許，曰：“汝家世儒業，不可復爾。”遂感勵

① 扼：《宋史》卷三九七《吴獵傳》作“抗”。

② 櫃：正文作“匱”。

苦學，尤長於《春秋》。

紹定三年，范討李全，檄穎入幕，穎常微服行諸營，察衆志嚮，歸必三鼓。後全敗，遣穎獻俘于朝，以賞補官。五年，登進士第，京[①]秩。歷官知平江府兼浙西提刑，移湖南兼提舉常平，即家置司。性不喜邪佞，尤惡言神異，所至毀淫祠千區，以正風俗。衡州有靈祠，吏民夙所畏事，穎撤[②]之，作來諗堂奉母居之，嘗語道州教授楊允恭曰："吾夜必瞑坐此室，察影響，咸無[③]。"允恭對曰："以爲無則無矣，從而察之，則是又疑其有也。"穎甚善其言。

以樞密都承旨爲廣東經略安撫使。潮州寺僧有大蛇能驚動人，仕于潮者皆信奉之。前守去，州人心疑焉，以爲未嘗詣也。已而旱，咎守不敬蛇神故致此，後守不得已詣焉，蛇蜿蜒而出，守大驚得疾，旋卒。穎至廣州，聞其事，檄潮州令僧舁蛇至，其大如柱而黑色，載以闌檻。穎令之曰："爾有靈當三日見變怪，過三日則無神矣。"届期，蠢然猶衆蛇耳，遂殺之，毀其寺，并罪僧。移節廣西，尋還京湖總領財賦。咸淳閒卒，贈四官。

穎爲人正直剛果，博學强記，吐辭成文，判下筆千言，援據經史，切當事情，倉卒之際，對偶皆精，讀者驚歎。臨政善斷，不畏彊禦。在浙西，榮王府十二人行劫，穎悉斬之。一日輪對，理宗曰："聞卿好殺。"意在浙獄，穎曰："臣不敢屈太祖法以負陛下，非嗜殺也。"帝爲默然。

聖楷曰：先輩文衡山云：王雲鳳出爲陝西提學，臺長汪公某告之曰："君出振風紀，但盡分内事，勿毁淫祠、禁僧道。"雲鳳曰："此正我輩事，公何以云然？"公曰："君見得真確，則可；見之不真，而一時慕名爲之。他日，妻妾子女有疾，不得不禱祠，

① 《宋史》卷四一六《胡穎傳》"京"前有"即授"兩字。
② 撤：崇禎本同，《宋史》卷四一六《胡穎傳》作"徹"。
③ 《宋史》卷四一六《胡穎傳》"無"後有"有"字。

一禱祠則傳笑四方矣。”雲鳳歎服。按：此與楊允恭對胡穎之言正合。其後穎殺蛇神、斬劫卒，都從毀淫祠做去。若見稍不真，定無此等舉動矣。胡公亦可人哉。

楊大異

楊大異，字同伯，唐天平節度使漢公之後，十世祖祥避地醴陵，因家焉。祥事親孝，親亡哀毁，泣盡繼以血，廬墓終身，有白芝、白烏、白兔之瑞。事聞于朝，褒封至孝公，賜名木植墓道，以旌其孝。

大異從胡宏受《春秋》。登嘉定十三年進士第。授衡陽主簿，有惠政。調龍泉尉，攝邑令。適歲饑，提刑司遣吏和糴米二萬石于邑，米價頓增，民乏食，大異即以提刑司所糴者如價發糶，民甚德之。提刑趙與箎大怒，捃其罪弗得，坐以方命，移安遠尉。

邑有峒寇擾民，官兵致討，積年弗獲，檄大異往治之。大異以一僕負告身自隨，肩輿入賊峒，傳呼尉至，賊露刃成列以待，徐諭以禍福，皆伏地叩頭，願改過自新。留告身爲質，偕其渠魁數輩出降。以功遷吉州户曹，改廣西經幹，復以彌[1]盗賞，除四川制置司參議官。北兵入成都，大異從制置使丁黼巷戰，兵敗，身被數創死，闔門皆遇難。詰旦，其部曲竊往瘞之，大異復蘇，負以逃，獲免。進朝奉郎，宰石門縣，就除通判溧陽，攝州事，皆有惠政。去官之日，老弱攀號留之，大異易服潛去。擢知登聞鼓院，遷大理寺丞，平反冤獄者七。召對，極言時政得失，迕宰相意，出知澧州。理宗曰：“是四川死節更生者楊大異邪？論事剴切，有用之才也。何遽出之？”對曰：“是人尤長於治民。”命予節，進直秘閣、提點廣東刑獄兼庾事。

時常平司逋負山積，械繫追索，奸蠹百出。大異與之約，悉縱遣

① 彌：《宋史》卷四二三《楊大異傳》作“弭”。

之，負者如期畢輸，吏無所容其奸。訪張九齡曲江故宅，建曲江書院以祀之。改提點廣西刑獄兼漕、庾二司，所至奸吏屏息，寇盗絶跡。凡爲民興利除害者，必奏行之。復建宣成書院祀張栻、吕祖謙。廣海幅員數千里，道不拾遺，報政爲最。未六十即丐致仕，不允，章四上，除秘閣修撰、大中大夫，提舉崇禧觀、醴陵縣開國男，食邑三百户，賜紫金魚袋。歸里第，與居民無異，學者從之，講肄諄諄，相與發明經旨，條析理學。食祠禄者二十四年，卒，年八十二。子霆、霖，霆載《忠義》。

聖楷曰：醴陵，故湘南地，山水清鬱，宜産英譽。然獨盛于晚宋時，亦生才之一戹也。若楊公三世忠孝，可爲惻然。

楚寶卷第五考異

新化鄧顯鶴湘皋述

名　臣

李　郃

李郃，字子玄，延唐人。

顯鶴按：《通鑑》“郃”作“郃”，侯閤切。《通志》注引《藝文志》作“李郃，字仲元”，《楚紀》作“李郈”，今從《劉蕡傳》作“李郃”。吾友歐陽磵東紹洛《劉諫議墓下》詩云：“舐痔居然衆口推，人間風漢總非才。君看乞子誇輕駛，終古何人似李郃。”

吴擇仁

吴擇仁，字知夫。以父任，爲開封應[①]丘主簿。

顯鶴按：吴擇仁，興國永興人，中復從孫。見《宋史》吴中復本傳。

① 應：正文作“雍”。

唐義問

復故官，知潁川府。

顯鶴按：《宋史》作“潁昌府”。《輿地廣記》南輔潁昌府屬京西北路，統縣七，二漢及晉爲潁川郡。

史稱介之子淑問難進，義問强敏，介之孫恕高行不隕家聲，有足美云。

顯鶴按：淑問見《諫諍門》。又《宋史》介本傳，子淑問、義問，孫恕。恕，崇寧初，爲華陽令，以不能奉行茶法，忤使者，謝病免歸。其弟意方爲南陵令，亦以病自免。兄弟杜門躬耕。恕尋以宣教郎致仕。靖康元年，御史中丞許翰言其高行，詔起爲監察御史。意亦以宰相吴敏薦，召對，而貧不能行，竟餓死江陵山中。

吴　獵

又請以張浚配享阜陵。

顯鶴按：《宋史》吴獵本傳：“獵既駁史浩謚議，又請以張浚配享阜陵曰：‘艱難以來，首倡大義，不以成敗利鈍異其心，精忠茂烈，可貫日月、動天地，未有過於張浚者也。孝宗皇帝規恢之志，一飯不忘。歷考相臣，終始此念，足以上配孝宗在天之意，亦惟浚一人耳。’議皆不合。出爲江西轉運判官，尋劾罷。”按：獵從南軒學，故其推崇魏公如此。

拔董逵、孟宗政、柴發等分列要郡，厥後皆爲名將。屬江陵告饑，除秘閣修撰。

按本傳："召除秘書少監，首陳邊事，乞增光、鄂、江、黄四郡戍。屬江陵告饑，除秘閣修撰，主管荆湖北路安撫司公事，知江陵府。"原傳遺漏。

楚寶卷第五增輯

新化鄧顯鶴湘皋述

名　　臣

劉　　瞻

劉瞻，字幾之。其先出彭城，後徙桂陽。舉進士、博學宏詞，皆中。徐商辟署鹽鐵府，累遷太常博士。劉瑑執政，薦爲翰林學士，拜中書舍人，進承旨。出爲河東節度使。

咸通十一年，以中書侍郎同中書門下平章事。同昌公主薨，懿宗捕太醫韓宗紹等送詔獄，逮繫宗族數百人。瞻喻諫官，皆依違無敢言，即自上疏固争："宗紹窮其術不能效，情有可矜。陛下狥愛女，囚平民，忿不顧難，取肆暴不明之謗。"帝大怒，即日賜罷。以檢校刑部尚書、同平章事爲荆南節度使。路巖、韋保衡從爲惡言聞帝，俄斥廉州刺史。於是，翰林學士鄭畋以責詔不深切，御史中丞孫瑝、諫議大夫高湘等坐與瞻善，分貶嶺南。巖等殊未慊，按圖視驩州道萬里，即貶驩州司户參軍事。命李庾作詔極詆，將遂殺之。天下謂瞻鯁正，特爲讒擠，舉以爲冤。幽州節度使張公素上疏申解，巖等不敢害。

僖宗立，徙康、虢二州刺史，以刑部尚書召，復以中書侍郎平章事，居位三月卒。

瞻爲人廉約，所得俸以餘濟親舊之窶困者，家不留儲。無第舍，四方獻饋不及門，行己終始完潔。

弟助，字光德，性仁孝，幼時與諸兄遊，至食飲，取最下者。及長，能文辭，喜黄老言。年二十卒。

顯鶴案：瞻貶廉州，鄭畋草制曰："安數畝之宫，仍非己有；卻四方之賂，惟畏人知。"巖誚畋曰："侍郎乃表薦劉相耶？"坐貶梧州刺史。當是時，天下以瞻鯁正被讒，人無賢愚，莫不痛惜。乾符元年五月，以刑部尚書召還，長安兩市人率錢雇百戲迎之。瞻聞之，改期由他道入。其得人心如此。初，瞻南遷，劉鄴附於韋、路共短之，至是鄴懼，延瞻置酒，瞻歸而薨。人以爲鄴鴆之也。瞻原疏本傳未載，今並録之。

疏云："臣聞修短之期，人之定分。賢愚共一，今古攸同。喬松舜華，稟氣各異。至於籛鏗壽考，不因有知而延齡；顔子早亡，不爲不賢而促壽。此皆含靈秉氣，自然之理也。一昨同昌公主久嬰危疾，深軫聖慈。醫藥無徵，幽明遽隔。陛下過鍾宸愛，痛切追思，爰責醫功，令從嚴憲。然韓宗紹等因緣藝術，備荷寵榮，想於診候之時，無不盡其方術，亦欲病如沃雪，藥暫通神，其奈禍福難移，竟成蹉跌。原其情狀，亦可哀矜，而差誤之愆，死未塞責。自陛下雷霆一怒，朝野震驚，囚九族於狴牢，因兩人之藥誤，老幼械繫三百餘人。咸云宗紹荷恩之日，寸禄不霑，進藥之時，人不同議。此乃禍從天降，罪匪己爲，物議沸騰，道路嗟歎。陛下以寬仁厚德御宇十年，四海萬邦咸歌聖政。何事遽忘前志，頓易初心，以達理知命之君，涉肆暴不明之謗。且徇公主而違道，囚平人而結冤。此皆陛下安不思危，忿不顧難者也。陛下信崇釋典，意在天生[①]，大要不過喜舍慈悲，方便布施，不生惡念，所謂福田。則業累盡消，往生忉利。比居濁惡，未可同年。伏望陛下盡釋繫囚，易怒爲喜，虔奉空王之教，以資愛主之靈。中外臣寮，同深懇激。"

又案：《新唐書·宰相世系表》：瞻父景，字司光。《北夢瑣

① 意在天生：《舊唐書》卷一七七《劉瞻傳》作"留意生天"。

言》[①]載，景十歲許在鄭絪左右主筆硯。至十八九歲，絪爲御史，西巡荆部商山歇馬亭，俯瞻山水，時雨新霽，巖嵐奇秀，泉石甚佳。絪欲吟詩，顧見新題一絶，奇之，詢爲景作。比歸，戒子弟與共學，曰："景有才思，他日學必超異。"至三數年，所成文章，詞理優壯。後至解薦，擢進士第。絪召辟法寺，歷臺省請[②]級，終鄜坊從事。劉禹錫《贈景擢第》詩云："湘中才子是劉郎，望在長沙住桂陽。昨日鴻都新上第，三陵年少讓清光。"

又案：《郴州志》：瞻兄瞖、弟助，皆學道成仙。瞻貶驩州，次韶州，泊舟江濱。有少年來，近視之，乃瞖。瞻皤然已衰朽，又時方爲逐臣，悲喜不自勝。遂同舟行，話生平閒闊，一夕忽去。後有人於羅浮山見之。今郡東十五里有劉仙嶺。又瞻葬之明年夏六月，雷雨暴作，人見叢雲之中劉相乘而上天，霽，見其墳已陷闃其中，惟一空冢而已。乾符末，司空鄭畋自梧州徙郴，聞公尸解事，語人曰："平章立朝，氣節風骨，不愳權豪，已翹然有仙風矣。"爲公營其墓。本傳稱助好黄老言，又《家傳》稱家世應一人得道。異哉！豈因二佛九仙之地而附會之耶？

黄　照

黄照，字晦甫，世爲益陽人，其後徙江陵。曾祖餘慶、祖深，皆不仕。父彌，贈尚書職方員外郎。照慶曆六年進士，除歸州司理參軍，移華容令。至之日，遭歲大饑，亟諭富人出米，繼發官廩以哺流餓，活人以萬計。邑西有腴田數千頃，而夏燥秋潦，民棄不耕。照築隄置門[③]，

① 書名疑有誤，《北夢瑣言》所記與比頗不相同，下文與《芝田録》《玉泉子》諸書所記相似。

② 請：疑爲"清"之誤。

③ 門：《宋史翼》卷十八《黄照傳》作"閘"。

以時啟閉，遂常爲豐歲。楚俗死者焚而委其骨於野，照論使收瘞，至輟俸以濟之。小吏敏秀可教者，授以經業，多至成士。民之輸賦於府者，有洞庭之阻，照請受之於縣，其後遂以著令。

改著作佐郎，知江華縣，益用愷悌。以秘書丞通判桂州，遷太常博士。嘉祐六年，詔遣使分行天下，以寬民力。而照當使廣南，受命即行，奏蠲僞劉以來丁米，民始不以多男爲患，父子始不以避重就輕相去。廣州增外城，人驚不寧。照疏曰："無故起人[1]役，非所以綏邊，且城議有三：其欲依海者，海旁之地不能咫尺則及泉矣。欲徹室廬者，城本以保重[2]，而顧可先毀其居？欲即於劉氏故城者，其地荒陋多瘴氣，豈便民之意？皆非是。"詔罷其役。朝廷第使者之狀，照爲諸路最。

英宗立，拜尚書員外郎，改福建運判。治平三年，用王珪、馮京、范鎮、彭思永前後薦，召以爲侍御史，行次衢州，以疾卒，年五十四。

照性端敏，好文嗜詩，治身立事皎皎。在道疾革，猶自力占疏，亟論濮園事。仕二十年，不爲私計，賙族之孤寠不能嫁娶者十餘人。子友端、友聞、友顏、友益、友諒、友直皆舉進士。

顯鶴案：黄照，《宋史》無傳，《湖南通志》據劉摯《墓志》收入。

又案：黄魯直《贈益陽成之主簿詩序》云："益陽兄之叔父晦甫侍御，在家著孝友之譽，立朝有忠鯁之名。"又《答族人》云："長沙一族，初亦凌替。有晦甫者，儒學里行，人所推服。"

張頡

張頡，字仲舉，桃源人。第進士，調江陵推官。歲旱饑，朝廷遣使

① 人：《宋史翼》卷十八《黄照傳》作"大"。
② 重：《宋史翼》卷十八《黄照傳》作"衆"。

安撫。頡條獻十事，活數萬人。知益陽縣，縣接梅山溪洞，蠻獠出没。頡按禁地約束，召猺人耕墾，上其事，不報。累遷提點江西刑獄、廣東轉運使。熙寧中，章惇取南江地，克梅山，與楊光僭爲敵。頡居憂於鼎，移書朝貴，言南江殺戮太甚，無辜者十八九，浮屍蔽江，民不食魚者數月。惇疾其説，欲分功啖之，乃言曰："頡昔令益陽，首建梅山議，今日成功，權輿於頡。"詔賜絹三百匹。

尋擢江、淮制置發運副使，廣西轉運使。時建廣源爲順州，將城之，頡謂無益，朝廷從其議。

直龍圖閣，知桂州。入覲，帝言："卿鄉者論順州不可守，信然。"時有謂："海南黎人陳被蓋五洞酋領，異時盛强，且爲中國患。今請出兵自効，宜有以撫維[①]。"令頡處其事。頡使一介呼之出，補以牙校，喜而去。詔問何賞之薄，對曰："蠻蜒無他覬，得是足矣。"哲宗立，召爲户部侍郎。踰年，以寶文閣待制出爲河北都轉運使，徙知瀛州。湖北溪猺叛，朝廷託頡素望，徙知荆南，至都門，暴卒。

顯鶴案：張頡處置梅山，首先建議，其功不小，乃使章惇輩因人成事，可惜也。至其勾當黎人則曰："蠻蜒無他覬覦，得是已足。"此可以爲羈縻絶徼之法，與張功憙事、擅開邊釁者異矣。

又案：熙寧中，有黄譜者，平江人，爲長沙主簿，章惇開梅山，議增畝税，譜力請罷。性至孝，居喪廬墓三年，芝生墓前，凡六十餘本。哲宗賜帛五十匹。譜，字君謨，亦有功於吾邑者。因附記之。

---

① 維：《宋史》卷三三一《張頡傳》作"納之"。

楚寶卷第六

明湘潭周聖楷伯孔輯纂

名　臣

吴　琳

吴琳，黄岡人。父應澍，富好行德，與吴草廬、魯子翚輩諸名賢友善。元朝徵詔，不起。書"西山先生"褒之，至今稱西山先生。

公業儒，通經術。高祖平陳歲，用詹同薦，召爲國子博士。嗣遷浙江按察司僉事，歷貳鹾臺，著績入爲起居注。吴元年，命同魏觀求遺賢于四方，陞太常卿，進兵部尚書。京闈鄉試，上曰："琳經學優，命與司業宋濂典試事。"洪武三年，改吏部尚書，賜誥褒美。公既入吏部，與詹同迭視事。尋公以老乞致仕。

既家居，上嘗遣使察之。使者潛至公旁舍，見一農夫孤坐小几，起而拔稻秧徐布於田，貌甚端謹。使者問曰："此有吴尚書者，在家否乎？"農人斂手對曰："琳是也。"使者還白狀。上益重之，復召入爲原官。後在吏部堂，一旦瞑坐而逝。

聖楷曰：人臣潔身事主而蹈危機者，非盡其世之不淑也。或快意當前，止足念少；或功高譽重，斂退未能，古之覆轍往往然矣。吴公起自布衣，屢登樞要，獨能隱顯一致，坐化木天，視夔門之旅櫬，斯爲優矣。魏殀天年，寧不悲夫！故爾興曁鴻猷、得時之美駕。若夫含章貞守，以從王事，所謂棄鱗養角，知所輕重也。

夏　瑄

夏瑄，字韞輝，湘陰忠靖公之次子也。少穎敏，喜讀書，嘗竊觀忠靖奏草。及忠靖朝退，必請問所議事，忠靖笑曰："是非爾所知也。"然心默喜之。胡公濙嘗夢上以櫻桃一盤錫忠靖二子，長子琉避不敢受，而公獨受賜。後琉卒，胡公以告忠靖，曰："繼公夏氏者，必此子也。"仁廟嘗顧問忠靖曰："卿子年幾何？"欲以近侍官之。忠靖曰："臣子幼稚，非食禄時，俟成立事陛下未晚也。"

宣德五年，忠靖薨，宣廟震悼不已，即日遣中官致命于家，拜公尚寶司丞。明日，公與叔父原禮入謝。時公年甫十有三，進退有度，特賜冠帶衣服。公扶柩歸鄉里，宣廟憫公幼，特免守制，使養母于官，而別遣官護喪歸，且厚恤其家。

公强記過人，太師張公輔呼爲小友，少師蹇公義而下多公父執，禮重之。正統初，英廟追念忠靖勤勞，特賜公田十八頃而蠲其税。楊文敏公榮將歸，謂公曰："尚寶非處君地，吾還，當薦君。"未幾楊公卒，不果。雲南夷逆命，公上疏乞立功自効，尚書王公驥奇之，欲以公往，有沮者，乃已。

八年，命署尚寶司事。公以母疾，乞侍養還鄉。母愈，乃就職。時四方多事，公上疏陳七事：一謂湖廣苗本異種，必有首惡糾合爲寇，宜密令諸脅從，諭以利害，誘以重賞，使反兵相攻，然後出其不意，擊之必破；一謂苗出遠劫，必使老弱守寨，宜分兵間道擣其巢穴，則賊分而勢寡；一謂北部雖每歲朝貢，狙詐難測，宜令知兵者行邊，旌勇知，退老弱，繕兵械，修城隍，謹烽堠，以備不虞；一謂福建盗作，師久無功，使賊勢日張，民困轉輸，不得耕食，是益盗也，宜督將臣乘時殄滅。多見采納。

十四年，寇犯京師，公憂憤，陳四事：一謂寇乘勝遠鬬，鋒不可當，宜堅壁勿戰，使進無所得，退復氣沮，然後出奇設伏，諸道奮擊，破之必矣；一謂寇深入吾地，宜令死士夜襲其營，仍設伏内地以待追者；一謂寇既舉國深入，邊無所禦，宜調邊兵之半入捍京城，内外夾攻，彼將自潰；一謂我軍依城爲營，進無死志，退有所歸，宜嚴號令以堅其志，如以三隊爲法：前隊戰退，令中隊悉斬以徇，則士畏法而不畏敵矣。詔亟行之。後北使至，公又言："寇無故遣使，與吾譯者偕來，必佯爲遜辭，以緩我應援，揣我進退，覘我虛實，或爲詐事虛情以亂我謀，或賂我譯者令爲反間，宜慎防之以觀其變。又謂寇若引退，宜分兵五路，間道襲之，以正兵二路當其前，以奇兵二路攻其傍，以伏兵一路絶其後，又以宣府、大同諸路邀其歸，蓋彼方恃强，不虞吾至，且待使回犯我，而我先奪其心，勢可必破。況今太陰犯昴，主寇不利，太白出高，用兵取戰吉。臣以爲天道人事，機不可失。"當道不能盡用其言。

公又言："寇既得利，今冬來春必圖再寇，今日汝寧、鳳陽諸府及河徙故地流移之民無慮百萬，恐因隙而動，爲患不淺。願假臣便宜，使招募知勇以爲國用。仍條陳事宜，以爲先召吏士及其故老，俾各舉所知，凡舉主及所舉，勞以酒幣，揭名于旗以倡忠義，然後榜諭凡有知兵敢戰、習騎射、諳地利、能爲間諜者，許以官賞，復其家一丁以給其力，事平之後不願爲兵者釋之。教閲之法，以百人爲率，擇其能者十人以教其九十人，兵集既衆，又習戰法，可以捍京邑，可以消外變。"事下兵部，尚書于公謙請試用其才。侍郎王公偉，公知己也，時爲監察御史，亦請勅公募兵淮揚，會事定不果。

久之，公以母老乞就養金陵，命掌南京尚寶司事。三月，丁鄭夫人憂，上京師。復陳三事：曰賞罰。以爲御將不可不嚴，任吏不可不寬。宜罪敗師棄守之將以戒不忠，增廉官能吏之禄以勵不任。曰去利。以爲善治國者不損民以益己，因舉近事以利致害者，貪敵入貢致生邊患，窮兵麓川以疲中國，其弊在上。污吏賣民以妨文治，貪將虐兵以耗軍伍，其弊在下。宜減浮費以輕徭賦，省游食以足軍儲，惜民力以培邦本。又謂貴州宜仍洪武舊制，置行都司，罷藩臬郡縣，命一良將，輔以文臣，使專决于外，以寧邊患；曰審機。以爲制敵之機，係乎攻守之得失，因舉近事之失機者：敵初寇大同，氣鋭鋒利，不當戰而與戰，以致敗績，一也；宣府懲彼失利，畏慎大過，寇經其城，當戰而不與戰，以致土木之敗，二也；及寇越重關，犯畿甸，自納其死，而我過爲防禦，無所施措，以致大變，三也。宜鑒覆轍，懷遠圖，揚天威以雪國恥。大學士高公穀見公疏，薦于朝，亦不果用。奉使秦府，充册封副使，凡所賜遺，悉不受。

天順二年，公以疾請，命掌南京尚寶司事，踰月遷少卿。八年賜誥命，特贈所生母王氏爲夫人。成化二年，進爲卿。時五府多闕，惟都督一人，公奏守衛事重，非一人可任，乃命四都督往更宿衛。十四年，九載考最，陞南京太常寺少卿，仍掌尚寶司事。方圖請老歸守先墓，無何，疾卒。未卒五日，猶力疾草疏，大略言：“臣伏見太宗文皇帝賜皇太孫勑諭，皆農桑軍國爲政治民之要，誠祖宗詒謀之至意。願陛下置諸左右，覽而行之。仍命皇太子讀誦，使預知民事艱難，守成不易，則不必遠求諸古而天下可治。臣懷此言，未敢輒上。今臣病，旦夕死，此而不言，永無日矣。”命其子崇文上之。訃聞，上遣官諭祭于南京。

聖楷曰：諸葛武侯卒于軍中，宣王案其營壘處所，歎曰：“天下奇才也。”夏瑄少恥父蔭，欲立功自効不得。土木之變，寇犯京師，瑄憂憤陳四事，又陳三事，識大察亂，出奇設伏，皆救時急著，而當事者卒不能用其言，惜哉！予故特表著之，使如武侯之營壘，後人知所取法也。抑觀其終于太常，力疾一疏，又何其老成惋惻，篤于忠棐！廖太史題夏氏三世畫像云：“太師公功在當時，澤流宇内，猶之衡嶽出雲，洞庭浴日，鼓扇造化而物不有其功；太常君克昌厥後，振揚先烈，猶之山下出泉，風行水上，涵蓄浩渼而人不知其藴；通政君發其幽潛，纘其碩膚，猶之山益峻而高，水益駛而奇，而莫知其所紀極。”嗚呼，盛矣！通政君名崇文，瑄之子也，舉進士，亦有異才，多建白。

于肅愍功罪考

《維風編》曰：少保于肅愍公謙，己巳之秋，胡塵翳天，皇輿播越于迤北，戎馬蹦蹂于郊坰，變在呼吸閒耳，幸不至如靖康、永嘉之禍者，公之力也。惟公時擘畫所最難者有七：彼時闕庭閧然而譁，監國欲退，已成甘露之變矣，公上陛掖留，請立㦊王、毛二豎以紓衆憤，請宣諭王振應族，俟命行誅，馬順應死，擊死勿論，而群情乃定，一也。嗣監國新立，法紀不章，戰守無具，寇患且方熾也。公首正扈駕失律之罪，亟請遣官募義勇，集民夫，更漕卒，練營兵，以備征調。且除戎器，調兵食，傳檄邊鎮近省，並授方略，遏寇勤王，二也。嗣徐珵倡議南遷，踵宋季南渡覆轍矣。公慟哭抗言，力排其議，自是根本始固，三也。石亨請閉九門以避賊鋒，幾以百萬生靈與寇矣，公令盡移郭外居人入城，背城而軍德勝門外，堅壁清野，急散官軍通州倉糧百萬盡入都城，不以資敵，四也；喜寧嗾寇邀大臣議和，後參將許貴亦請與和緩師，是季宋款金之愚計也。公即出德勝門，對壘約戰，勵將誓師，而寇始震沮，五也；喜寧異族，以國爲市，此寇奸細也。公授計禽之，以絶禍本，六也；自是北酋悔禍，奉上還京，其時外患甫戢，内釁漸萌。奉迎之議，上不樂聞，調停少失，干戚之事兆矣。公昌言大位已定，不敢異議，惟君臣大義，兄弟至情，自應遣使奉迎，上乃勉從。七也。

且其時閩、越、嶺南劇盜蜂起，南蠻、西番亦復蠢動，公内固京師，外籌邊鎮，防衛陵寢，散遣降胡，抗控漕渠，開鎮臨清，收復獨石八城堡，倉黄注厝，動中機宜，一時經畫，奕世永賴者，不可殫述。殆若天授神啟，豈公之智算異等，抑公之精誠無二耳。

惟北酋擁上皇大同城下勒降，大同人登城謝曰："賴天地宗社之靈，國有君矣。"至宣府城下亦然，至京城下亦然。公時引據《孟子》"社稷爲重"之言，實合漢帝分羹之謾對，襲鄭人伐許之故智也。事以之成，疑以之生，悲夫！公嘗言："此一腔血，不知竟灑何地？”嗟嗟，公之血，誠已灑于此矣。太子之易，南城之錮，公何以自解于英皇？顧九廟列聖享血食于無疆者，當以鑒公此血誠也。

聖楷按：于公初謚肅愍，蕭公兑嵎撫浙，始題請改忠肅。時大司馬王公雲渠在都中，夢于公來訪，以詩相質，覺後但記一聯云："空山清淚憑誰訴，萬里忠魂獨自歸。”王異其夢，而謚乃定。噫，公之精爽如此類甚多，後學不知，或妄爲論列，予故取耿恭簡之論附見于此。

王　竑

王竑，字公度，江夏人。戍籍河州，正統四年進士。公正直剛毅，有經濟才，初爲户科給事中。郕王監國初，坐午門南面視朝，百官劾王振誤國，讀彈文未起，錦衣指揮馬順，振黨也，從旁叱言官去。公起捽順首，曰："此正奸臣，當亟誅。”百官批殺順。又索毛、王二長隨，監國爲擊死，血漬丹陛。内臣滌血，儀長史曰："勿滌，爲若曹鑒。”俄遣都御史陳鎰籍振家，并其黨。是冬，寇犯京師，命公監守北城軍。當是時，北城諸將獨戰勝退寇，京師解嚴。公上言："寇去，不大挫，必再至，宜急爲戰守計，勿遂謂無事。”陞僉都御史，守居庸關，訓練士卒，繕塞險隘，軍政一新，又能諭以大義，感動人心，北門屹然。尋病還京，蕭啟代公。

景泰二年，總漕淮上。三年，兼巡撫。清理鹽法賑濟，劾巡河御史王岷貪淫，謫岷戍開平。會災傷，四年，上疏言，“山東、河南、東昌、開府抵江北徐淮，去年正月大雪異常，夏秋雨水，人民廬舍漂蕩，麥稻淹没，老穉顛連流徙。邇者新春風雨連月，寒沍倍冬，不識天意何在。嘗觀《易·泰卦·彖》曰：‘内陽外陰，君子道長，小人道消。’《否卦·彖》曰：‘内陰外陽，君子道消，小人道長。’蓋陽爲君子，陰爲小人，今方春陽長，其候類秋冬，是陰盛陽微，殆食禄者君子少而小人多故也。然小人之行，豈懦而無用，鈍而不敏，訥而無言，愚戇而冒犯天怒者乎？必其欺詐若誠敬，便佞若忠鯁，太貪若廉，大奸若愚，即《書》所謂‘静言庸違’，孔子所謂‘色厲内荏’者是也。伏望皇上念祖宗社稷之重，上天咎徵之戒，責有位之臣痛自修省改圖，進君子，退小人，俾忠良者任政，奸邪者屏處。又必省刑罰而止聚斂，節財用而抑貢獻，罷無益之工，嚴無功之賞，散財以收民心，愛民以植邦本，庶幾人事修而天變可回。然欲知君子小人邪正，又必本于聖德之明睿，伏望皇上日親講臣，俾陳二帝三王與祖宗列聖養心修德之要，以清出治之源，則凡君子小人，莫逃天鑒矣。臣濫處臺憲，致兹災異，無所逃罪，伏乞罷歸田里。”上嘉納引咎，勑諸大臣修省，下災郡邑賑濟。公又上疏言：“饑民流徙就食，臣分遣屬吏沿河贍賑，每遇過舟，董令出米爲粥分給，賴存活者一百八十五萬八千五百人。勸諭富有力家出米、麥、穀、粟二十五萬七千三百石，銀三千六百七十兩，錢、棉布半之，量給被災者五十五萬七千四百七十九家，缺農具、種子七萬四千三百九十七家，亦以官物賑給。民流去，撫來復業者五千五百九十三家，他境流冗安輯者萬六百餘家。幸賴聖明，盜賊稀少，顧鴻雁之哀鳴方息，鷦鷯之棲戢未寧，耕籍休養，庶底康寧。”四年，少保陳循、户部尚書金濂皆言公心純政平，委曲調劑，弘濟民艱，況總督漕運，奸貪畏憚，兼理巡撫，兵民慕戴，陞副都御史，仍治淮安。上皇復辟，謫浙江參政，尋除名，編管江夏。居半歲，放歸田。

天順五年，孛來寇陝西，我兵再敗。京師曹賊反，傷二三大臣，南陽薦起公視師，會寇退，再涖淮上。威行惠職，聲望益重。茂陵即位，收用名賢，陞兵部尚書。公守正嫉邪，人知嚴憚，不能盡行其志。三閱月，請老去。正德中，謚莊毅。

《通紀》曰：王莊毅公竑巡撫兩淮諸郡，時徐淮大饑，民死者相枕藉，竑至，盡所以救荒之術。既而山東、河南流民猝至，竑不待奏報，大發廣運官儲賑之，近者人日飼以粥，遠者量散以米，流徒者給米以爲道食，被鬻者贖其人以還其家，共用米一百六十萬餘，全活數百萬人。擇醫四十人。空庾六十楹，處流民之病者，死者給以棺，爲叢冢葬之。窮晝夜，竭精慮，事事窮理，有所委任，必委曲戒諭，出于至誠，人人爲盡力，或述其行事爲《救荒録》，世傳焉。先是淮上大饑，帝于椶轎上閱疏，驚曰："奈何？百姓其饑死矣。"後得兹奏，輒開倉賑濟，大言曰："好御史！不然，饑死我百姓矣。"

聖楷曰："今之爲民上者遭歲大歉，輒藉口云救荒無奇策，試看王莊毅之賑濟饑民，是奇策否？此策在有位者人人可行否？"程子謂"一命之士，苟存心于愛物，于人必有所濟"，朱子亦謂"凡民有患難，勢可言于官，則爲言之，不可言，則多方救護之"。况時位在我得行其志者哉！按，景泰二年，帝頗聲色奢侈，嘗以銀豆金錢等物撒地，令宫人及内侍争拾爲閧笑。編修楊守陳賦《銀豆謡》曰："尚方承詔出九重，冶銀爲豆驅良工。顆顆匀圓奪天巧，朱函進入蓬萊宫。槃手親將十餘把，琅玕亂灑金階下。萬顆珠璣走玉盤，一天雨雹敲鴛瓦。中官跪拾多盈袖，金鐺半墮羅裳縐。赢得天顔一笑歡，拜賜歸來坐清晝。聞知昨日六宫中，翠娥紅袖承春風。黄金作豆競拾得，羊車不至愁煙中。别有銀壺薄如葉，并刀翦碎盈丹匣。也隨金豆灑金階，滿地春風飛玉蝶。君不見，民食木皮和草根，夢想豆食如八珍。官倉有米無錢糴，操瓢盡作溝中塵。明主由來愛一嚬，安邦只在恤窮民。願將銀豆三千斛，活取枯骸百萬人。"嗟乎，讀此謡益信莊毅公之功德不小矣。

伍文定

伍文定，松滋人。弘治二年進士。初授常州府推官，以事忤逆瑾，已陞成都府同知，追逮詔獄爲民。瑾誅，補嘉興府同知，平桃源賊有功，都御史陶琰以異材薦于朝，陞河南府知府。

時江西吉安多盗，乃調吉安。至即禽永豐巨寇賴招壽等四百餘人，平桶岡賊，得渠魁謝志山等。宸濠反，詐奉太后聖旨，移檄遠近，人心惶惑。文定即同都御史王守仁倡議討賊，提兵攻南昌，濠舟師還救，迎戰于王家渡。文定立矢石中督戰，砲火燎其鬢而不爲動，濠遂就禽。陞按察使，進都察院右副都御史，提督操江。久之，以疾致仕。

尋起爲兵部右侍郎，陞右都御史。屬雲南有安鳳之亂，陞兵部尚書兼都御史，提督雲南川廣軍務。未入境，賊平。時芒部屢不靖，文定欲乘兵力勦之，以伸威百蠻，上遽降旨罷兵，召文定還督團營。文定因乞休，許之，至是卒，詔賜祭葬如例。文定孤忠自信，遇事敢爲，不能與時爲俯仰，故功烈甚著，然以狃牾終其身，爲志士所深惜云。

《皇明通紀》曰：正德十四年六月，福建福州軍亂，王守仁奉命往撫。將至豐城，聞宸濠已反，守仁乃棄所乘座船，以小舟奔還吉安，遂與知府伍文定倡義，檄徵諸郡兵共討之。吉安府兵先集，袁州府知府徐連、臨江府知府戴德孺、贛州府知府邢珣各率兵至，守仁遂督四哨兵進攻南昌。瑞州、奉新兵亦會，賊黨守城者聞兵至，俱先逃潰。是月二十日五鼓，兵薄城下，城門或開或閉，遂克之，寧府宮中眷屬皆自焚。各哨兵入城，大縱殺掠，争取金帛，贛州、瑞州兵尤甚，守仁執十餘人斬之，乃稍定。時宸濠攻圍安慶十有八日，城中守愈固，賊兵疲氣沮，聞守仁兵下南昌，宸濠大恐，議還救根本，遂解安慶圍，兼程還。守仁趣各哨兵迎擊之，遇于王家渡，伍文定哨先進，邢珣從之，贛兵奮斬賊首吴十三，賊衆敗走。宸濠懼，退保樵舍，盡出金寶犒士死戰。守仁令以小舟載柴，乘風縱火焚之，賊遂奔潰，宸濠爲兵士所執，婁妃及宫人皆赴水死，世子諸子及李士實、劉養正等皆被禽，賊衆殺溺死者萬餘人，時七月二十六日也。初宸濠將反，婁妃嘗泣諫之不聽，既就禽，檻車北上，與監押官言往事即痛哭，且曰："昔紂用婦言而亡天下，我不用婦言而亡家國，悔恨何及。"

吴瑞登曰："宸濠之平，孫、許勵其節，王、伍大其勳，而中其機宜，奮其忠勇，則尤文定力也。昔雷萬春面中六矢而不動，文定火燎須眉而不驚，以故保全睢陽與誅鋤寧賊者，曠世一例焉。"

王陽明《舉能自代疏》曰："竊見致仕副都御史伍文定，質性勇果，識見明達，往歲寧藩之變，嘗從臣起兵討逆，臣備知其能，今年力未衰，置之閑散，誠有可惜。若起而用之，以爲巡撫，其於經略之方、撫綏之術，必能不負所委。"

聖楷按：平濠一案，賞不酬功，若文定皆未免有徙薪之歎，故併采陽明薦疏，可爲定論。

袁宗皋

袁宗皋，字仲德，石首人。少俊異有大志，弘治庚戌登進士。辛亥，恭穆興獻皇帝初分封安陸之國，選充長史，勵精奉公，獻皇慶得賢相，事無大小悉裁決焉。嘗降温旨："袁長史厚内方外，正學篤行，盛德長者也。"益見信任。釐弊戢奸，衛從有强取民財者，廉之不少貸，由是府中憚其嚴肅，無敢擾，州民賴以安堵。

丁巳，獻皇奏皋歷任既久，輔導以正，宜加陞擢，孝皇帝授正三品，進階通議大夫。正德乙亥，獻皇復表皋清謹有年，政事練達，武皇帝賜旨勞之，進江西按察使秩，仍舊輔導。辛巳，世宗入繼，皋扈從至良鄉，上覽禮部具儀，謂皋："遺詔以吾嗣皇帝位，非爲皇子。"皋曰："主上聰明仁孝，實天啟之。"蹕次京城行殿，輔臣楊廷和固請上由東安門入，皋曰："今上繼序即帝位，可復行藩王禮邪？"因正色厲聲，呼闢大明中門，入登大寶。皋翊贊新政，益効靖恭，凡所建白，悉爲國家無窮之基。四月二十二日，陞吏部左侍郎兼翰林院學士。先武皇帝時，内豎乘逆瑾餘烈，縱恣不戢，皋首請裁抑，止給役禁闥，不得預政事、典兵柄，由是閹尹屏縮，朝綱肅清。五月初十日，遷禮部尚書兼文淵閣大學士。素剛正清介，入居台衡，大小師承、京師苞苴無敢至門者。

八月初二日，上簡儒臣備日講，皋預知經筵，敷陳墳典，明剀剴切，上注聽爲之改容，因欽賜奴、婢各六人。初爲長史時，中酒晝寢，偶夢一美姬扶牀跽請曰：“妾備李白洲下陳，今願治相公帷簿。”驚覺，召黄夫人語，異之。既而李以黨宸濠敗，妻孥没入官，至是所受賜婢，李姬預焉，則昔夢中人也，定數之不可移如此。九月朔遘疾，上命御醫診視，中官臨問，病革上疏，敬還所賜奴婢，不從。遺命各放寧家。寢疾七日卒，年六十九，謚榮襄。

聖楷曰：漢官制諸侯王傅相，亦盛矣哉。其御史大夫以下皆自辟置，及景帝懲七國之亂，始更易傅相，諸侯王不得治民，令内史治之，而官僚亦自此省矣。然魏晉以降，師友文學起家王邸，又何其彬彬郁郁也！我國初略倣漢制，靖難後惟置左、右長史二人，掌王國之政令，輔相規諷，以匡王失，行之百年而無弊，洵良法也。榮襄雖附日月之光華，際飛龍之景運，要其致身亦匪無術。當其扈從至京師，獨正色厲聲，呼闢大明中門而入，與宋昌渭橋之叱太尉何異哉！若夫大禮議起，良鄉嗣位之對蚤已脗合宸衷，覺永嘉諸人爲多事也。

李承勛

李承勛，字立卿，嘉魚人。弘治六年進士。父田，歷官都御史。公幼靖敏，長與諸兄郎中承恩，評事承芳，貢士承箕、承顔相師友，修勵行業。初知太湖縣，力行善政，爲南京主事刑部，歷户、工部郎中，出守南昌。當是時，南昌難治，劇賊驕藩，内外孔棘。公深略雄才，撫機輒應。

正德六年，贛賊犯新淦，執参政趙士賢。靖安賊據越王嶺、瑪瑙崖，華林賊破瑞州。公廣詗諜，繕壁壘，扼溪澗，屢進戰，禽胡雪二。纔還府，華林賊又叛，殺副使周憲。公諭降健賊王奇，約内應，夜引兵舉火爲號，大破賊，斬首三千，境内安輯，公即上疏請蠲租。八年，桃源賊起江、浙閒，執兵備吴廷舉。總制俞諫請邊兵勦賊，公曰："賊乏食，必掠裴源積粟。請贛兵自德興、南昌兵自岳源，分兩翼伏裴源，而令邊兵驅賊。"賊果走裴源，遁去。太監黎安欲奪公功，誣公竄賊，詔大理卿燕忠即訊廣信。事白，陞浙江按察使，歷陝西、河南右、左布政使。十五年，副都御史，巡撫遼東。遼東故富饒，無邊患，自汪直開邊，敵輒攜貳，擾我開源、懿路、汛河三城，俱極殘破，公修築定遠、慶雲、古城、鎮夷、松山、柴河六堡，堠望百八十一所，屯田千五百頃，又修中固、鐵嶺、蒲河、撫順諸城，皆濬隍樹木爲阻固。東圉稍寧，進公俸一等。逾年，請告。

嘉靖初，起公南臺，轉南京刑部侍郎，進尚書。又召入吏部尚書，退改刑部，加太子少保。上疏論時事，改兵部尚書兼都御史，代胡端敏公提督團營，惡郭勛驕縱，翦其羽翼。勛愬公，欲并中端敏公，公辭營務，不允。

嘉靖八年，尚書兵部。是時田州岑猛叛，用兵。兩廣騷動，芒部、沙保又叛，土魯番奪我哈密，摇河西，小王子歲入塞。公與端敏公相繼秉兵，同心經理，戎事頗戢。公奏裁各省鎮守、守備、内臣二十七人，錦衣官校旗勇、内府詭匠數千人，此皆破祖宗法。依城社，坐耗國儲，朘民膏血大蠹，衆束手閉目，莫敢何問者，公恃上聖明，一旦翦剔去。騰驤四衛者，詭冒依附，奸欺不可詰。公言宫府一體，請官軍考選清覈，並如旗手等衛。制曰："可。"内臣言："四衛禁軍，隸兵部不便。往歲彰義門破寇、東市勦曹賊，皆四衛功，以直内故，得號召易集。下兵部再議。"公直言："往歲之事，正以兵權歸閹人致亂。彰義門之戰，由太監王振。東市之賊，即太監曹吉祥也。"上從公議。

九年，大風晝晦，上恐懼憂邊，詔問之。公答曰："聖祖有訓，謹備胡戎。去歲冰合，北部盡入河套。以陝西邊患，患延寧、固原爲急。

甘肅軍餉專仰河東，宜于蘭州及時糴貯，以備河西災窘。曩時河西患苦土魯番，亦卜剌又深入。兩寇夾擾，孤危益甚。海賊、套賊出入殺掠，並經莊浪，被其殘害。急宜繕塞設險，斷臂截種[①]，使賊相隔絶。兀良哈最近京師，不善撫，即爲門庭之寇。雲南安鳳之叛，軍民困敝，臨安、蒙自盜賊復起，曠日持久，恐釀成大患。交趾世子流寓老撾，異日歸命請援，或據地求封，皆未可測。惟用人理財，蚤爲警備，以保社稷。幸甚。"

十年，議耕桑禮，詔問，公答言："禮有儀文，政有根本，惟上下儉節，墾田興水利，足民衣食，今日急務。"議郊禘，又詔問，公以傳經術、順人心對。

公楚人，有名，上稔知公，幾欲用爲吏部尚書，不果。是年春，充正使，册九嬪，晨起趍朝，暴疾卒。贈少保，謚康惠。公學有源委，才無枝柱，提兵南北，曉暢軍事，通達國體，議論英發，廉潔自守，家無餘貲。子枚，益府長史。

聖楷曰：李康惠公父李田，字舜耕，景泰甲戌進士，勳業人品，與康惠蓋後先相映云，今略紀其一二事。爲郎中時，蜀大壩蠻叛，尚書楊鼎薦田可任督餉。至蜀，度其地險阻，遠輓病民，乃計黔、瀘、夔、慶等郡官民所有，徵調勸諭，得糧二十餘萬石、草四十餘萬束。凱還論功，擢廣東左參議。海南夷酋那喃叛，衆議請兵，田不可。巡撫檄田獨任，渡海發近郡兵，捕首惡誅之。躬抵巢穴，懇切開諭，蠻畏威懷德，相率効順。後陟右副都御史，巡撫京畿，適久旱，民轉徙饑甚，田發官廪賑濟，仍假貸富民，或給官錢，俾自趨食，全活近萬人。中官汪直用事，怒田不私謁，怵以禍，無恐。及其敗，人慶之，亦無喜。此與康惠彰義、東市之對，同一氣節也。楚先賢又若鄺忠肅之父子輔、劉忠宣之父仁宅，皆有行業，卓越時流，予收之《獨行》，庶幾蔚宗懷尚風軌之旨耳。

① 種：《明史》卷一九九《李承勛傳》作"踵"。

梅國楨

梅國楨，字客生，楚之麻城人也。少俊朗有大韻，能詩文，善騎射，既舉于鄉，遂挈家客長安。久滯公車，無意仕進，鏟采埋光，無復圭角。嘗曰：“人生自適耳，依憑軌跡，外張名教，酷非所屑。”常與海内之文人詞客花月晨夕，分題賦詠，爲騷壇主盟，遊金吾戚里閒，歌鐘酒兒，非公不歡，筆札脣舌，爲世所榮。孟公驚坐，樓緩分鯖，下至三河年少、五陵公子，走馬章臺，校射平原，酒後耳熱，相與爲裙簪之游。調笑青樓，酣歌酒肆，布衣楚製，出入市廛，摩抄鐘鼎，賞評書畫，大鼻長髯，有若劍客道人之狀。識者固知公愛憐光景，耗磨壯心，與俗沈浮，不用繩檢，而外夷内朗，宏量沈機，真謝安石、張齊賢之流也。

癸未登第，鳴琴畿輔，笑譚視事，不令而戢。邑多中貴，數擾條教，公詘其言，崇其禮，皆畏悦以去。入覲，騎駿馬，帶長弓，控羽箭，偕侍史蒼頭十餘人作健兒裝，沿途逐狡兔，射野雀，他邑令值之，大駭，以爲探丸人，熟視則公也。以政最入爲御史。

壬辰春，寧夏逆賊劉東陽、許朝、哱拜、哱承恩、土文秀等忿巡撫黨馨裁制叛卒，特起殺之，遂據城掠堡反。督臣魏學曾以變聞，朝廷旰食。公上封事，大略言：“賊不足畏，獨虜秋高馬肥，勾寇入犯，禍且不細。爲今計者，惟擇驍將扼寇，使不得入，而後賊可攻。臣見大將李如松父成梁、弟如柏等俱足知勇，無忝崇文李愬，且世受國恩，可使也。”上許之。諸言者畏李氏跋扈，不宜拒虎進狼，議論鼎沸。

公又上封事曰：“臣見寧夏猖獗，必得名將以專其任。時雖豪傑如雲，各有鎮守，惟退閑宿將李成梁父子素有威望，紀律嚴明，諸子家丁武勇可任，雖寧夏哱承恩父子號爲勇健，而不知李氏父子之遠出其上也。諸臣乃慮其勢重生患，有拒虎進狼之憂，臣于此亦念之熟矣。李氏父子即爲狼子野心，自取覆滅，但當防之于遼東握兵之時，而不當防之于廢棄離任之後，況昔則危疑不安，而今明主洞察矣，不以疑之之日肆其不肖之心，而于信之之日反爲赤族之計，其愚悖速禍又出劉東陽、哱拜下矣，謂成梁爲之乎？

“臣非不知諸臣之心爲濟臣之所不及，非相悖也。但用人之道，疑則勿用，用則勿疑。上而疑下，必不肯盡與之權，下畏上之疑，必不敢盡行其志。將領因疑而不受節制，士卒因疑而不聽號令，忌者因疑而得肆其讒，敵人因疑而得行其間。欲專制也，人曰非有異志，何以不待奏報？欲無借也，人曰非有異志，何以要結人心？欲行法也，人曰非有異志，何以立威？欲待釁也，人曰非有異志，何以觀望？或與監軍謀而不合，人曰非有異志，何以不聽約束？或與督撫期而先發，人曰非有異志，何以不與同心？服而舍之，則曰何故縱有罪以示恩？抗而盡誅之，則曰何故多屠戮以冒賞？脅之而使其自殺，則曰攘以爲功，困之而致其遁逃，則曰縱以生患，無功則以爲怠玩以養亂，有功又以爲妄報而欺罔。首尾牽制，手足束縛，古如王翦、樂羊，或請田宅而後行，或借機杼以自況。以孫權、周瑜義同骨肉，必拔劍破案而後成功，況未有深信之素，而又示以猜疑之端乎？

“臣固云今之將士殺身不足以成名，剖心無由以自白，邊事之壞，所從來久矣。伏望陛下斷之宸衷，博采輿論，成梁父子稍有可疑，速罷其權，別爲調遣，如萬萬可以相信，方可虛心任之。臣自外吏入厠臺班，雖懷狗馬之心，未効涓埃之報，若疑徒市私恩，不顧國計，願與成梁馳赴寧夏同討賊，不必加以別銜，假之以重任，但憑陛下威靈、生平忠義。賊知歸命，則臣爲陛下之使，奉揚恩赦以安反側；負固不服，則臣爲陛下之將，披堅執鋭，爲士卒先。平定之日，一切事宜付之魏學曾等，聽其安輯以靖地方，臣與成梁即日還朝，止求自明，不敢言功。倘中途事定，聞報即返，若其不捷，軍法在焉，何止薦舉非人之罪，又何至以臣之罪貽他人哉？兵機所在，關係重大，臣初聞變，即知此賊非魏學曾等所能定，今日此舉動，又知非此時紛紛者之所能辦也，臣之所望，在陛下一人耳。惟陛下自以疑信決其用舍，若曰姑以試之，而使成梁不敢自專，則功不可成，患不可測，臣不若先受狂躁之誅，以免誤國之罪也。”

疏入，人皆服其才，壯其氣，上乃命如松往，而公監其軍。公乃與如松馳寧夏城下，時賊嬰城自守，外示卑順以緩我師，廣結寇衆以爲聲援，意待秋高寇集，肆其不逞。公以一受降白旗豎之城南，寇聞公至，乃索見公，自陳歸順，公許之。東陽、許朝等梯城而下，劍戟鱗次，刀鋩耀日，城上皆控弦挽弓以俟。公單騎而進，與東陽執手折論，神意安閑，詞語慷慨。許朝露刃擬公，公笑而受之，賊不自知其膝之下也。然賊意終奸狡甚，欲求鐵券，世守西夏。公悉力攻城，因風縱火，燬其南樓，曲招降人，以安反側，引水灌城，會守將失防決隄，功遂不終，然賊益懼，所恃者寇耳。

延至初秋，達寇數萬果自沙湃大入，斷我糧道。賊遣通官二人爲寇鄉導，饋寇金帛充溢，及部落奸人，皆有贈遺。又括城中女子千人啗寇，令寇來取，寇以故樂爲之用，所至守將不能禦，至韋州、慶陽，殺人民，奪牛馬無數。寇渡河從李剛堡入，離城僅三十餘里，公曰：“事急矣，若待督撫傳示，緩不及事。”麾下將李如樟挺身願往擊寇，公壯而遣之，李如松等諸將奮勇擊寇，斬獲過當，我軍歡聲動地。寇敗去，賊大失望。

當是時，賊失外援，自知必死，然詭言朝廷有招安詔，爲諸將所匿，諸將欲盡殺城中人，以怖居民，故皆爲堅守。公度賊勢，城中尚可支一年，若至嚴冬，此地酷寒，我軍不得屯，又恐勾寇復入，至生他變，大可慮也。

季秋八日之夜，忽有三人來營中，云諸賊以重陽悉入大城寘酒，南城空虚可入也。蓋寧夏城有二重，分南城、大城云。諸將不之信，以聞公，公曰：“時不可失也。”覘之，果無城守。急令李如樟等上南城，公繼至，時餘將多次且，總兵牛秉忠年七十，賈勇先登，公從城上語曰：“老將軍登城矣，諸將何怯也？”遂相次上城。公念衆未易約，一妄殺則大城死守，不可復得，乃大呼云："生禽者論功，不以級。"凡我軍生禽一人，即予紀録，而仍縱其人，所全活者數千人。城中大喜，然炬照視，盡設香案，遂得南城，賊勢益孤。我軍從北關攻大城益急，賊以南城居民子女親戚之在大城者，盡縛之寘長干上，南城居民痛哭，訴之公，諸將皆愕然，無可爲策。公令指揮董正誼呼謂賊云："監軍已往取許朝之女、劉東陽之母矣。若不釋放，亦如之。"賊聞傳呼，良已，人心始安，仍示以未殺降人，賊黨驚喜。

公廉知許朝、劉東陽等意欲獻城，而憚哱氏父子强，其中可閒也，乃覔居民與哱相識者，得一人曰李登，令其行閒，持諭字往哱所，曰："若併劉、許，罪可贖也。"哱見之，果戟手哭曰："吾父子生矣。"召其黨畢邪氣等計議，須得符印公據，乃如約。登至，公密與免死劄付入城。時賊土文秀自作逆後，屢有歸順獻城之心，劉東陽知之，乃僞病，託文秀後事，文秀入問疾，遂殺之，哱承恩至南門殺許朝父子，畢邪氣至北樓見劉東陽，未及語，頭已墮地。哱氏父子至南門，以殺賊告公，遂開城門。嚴申軍令，不得妄殺一人，城中皆解甲，焚香以迎王師。

公念事之殷也，脅從頗多，渠魁既誅，餘可寬貸。各賊家丁，宜分屬諸將標下，撫以恩惠，皆爲有力健兒。哱氏父子即不可赦，宜寘囹圄以俟天誅，庶人心不復驚擾，而各賊資財，足供賞軍之用，刀刃不血，保全一國生靈，實奇功也。而督臣忽有傳示，云本日内不殺哱氏父子及諸從賊者，以賜劍從事，遂盡殺哱氏及家丁等輩。卒争功，恣意劫奪，賊賄悉被抄掠，居民蕭然一空。公殊憾之。

以賊平聞，公不自居功，賞獨後，僅晉官蔭一子金吾百户不世。然天子心知公能，明年遂陞大中丞，開府雲中。時酋長款塞，公以静鎮之。公嘗曰："婦姑亦有磎勃，何况華夷？當事者遇有争，無偏輕重，可潛消邊釁。"每遇華人盗夷物者，寘之法無貸。公一日大出獵，盛張旗幟，令諸將盡甲而出，校射大漠，縣令關揚怪異之，曰："今秋成，出獵多損稼。公乃多事矣。"後數日得酋諜，云酋欲大入犯，以有備中止，闞令乃歎詫公機用之神也。督宣府時，扯酋遣人送良鐵數十片，云虜中某山忽産此鐵，公不報，但命工鑄爲劍，淬磨甚精。及酋來市，公禁諸邊勿與鐵鑊，酋衆大譁。公出劍示酋使曰："前者酋長所遺鐵，中國殆未有爾。國幸有佳者，何用此方下産也。"酋衆聞之，歸怨扯酋。扯酋詞屈，乃遣人來白，云："某知罪矣。前鐵實中國市來，虜中安得有此？聊爲誇耳。"公曰："我以至誠待爾，此後勿復作此狡獪。"仍命以鐵鑊與之。公雖令酋不敢欺，而每遇酋饑，輒以賑濟，與華人不異，故酋皆感泣，酋長稱之爲父，其忠信行于蠻貊如此。後以憂歸田，既除服，不及起用而卒。

公性坦夷，外寬内嚴，終身不見有喜愠之色，毁譽當前不復致辨，倥傯之中，愈見暇整。綜理綿密，筆硯皆有方略，口無臧否，忽出一言，其人立見。飲啖兼人，後房姬侍繁多，亦無華飾，頗有夏侯妓衣之誚，公夷然不屑。文辭甚典腴，詩有奇氣，不多作，尺牘工巧，甚喜射，至老不倦，每會燕，多以寒具爲的，與賓僚共射之。晚通禪理，女澹然以孀爲尼，公不之禁。澹然戒律甚嚴，于道有入，父子書牘往來，頗有問難。方公之開府雲中也，公安袁小修客長安，以學道未契，汲汲求友爲念，公寄書云："貫城之旁有日中之市焉，雖無奇瑰異物，而抱所欲者各恣取以去。求友亦若是耳。公欲于此處求友，顯靈宫古柏婆娑委地，作虬龍形，東便門外奈[①]子花如錦幄，可容二十餘人。晉陽庵中有唐鑄觀世音相，沙窩水葛道士毬順，城門守門老中官射，亦不佞數十年内所得友也，公儻欲之，便以相贈。"其持論蓋如此。

《珂雪齋集》曰：世之名位蓋前定焉。梅公爲孝廉時，時大冢宰王公某爲子覓禮經師未得，王公夫人夜夢一人謂之曰："公子師，麻城梅孝廉也。其人官爵與堂上主公同。"頃之，即見孝廉坐堂上，長髯而鼻如拳。寤以告王公，王公明日往謁麻城劉大金吾某，曰："公邑有梅孝廉否？"劉公曰："有之。不佞兒女姻

① 奈：崇禎本作"柰"。

也。”王公即託劉金吾延之。後王公與公飲，夫人竊窺之，長髯大鼻，依然夢中人也。王公後乃語梅公以故，公遜謝。一日王公對賓寮言此事，曰：“梅大將來名位未易涯也。”少宰王公篆曰：“孝廉已非壯年，即明年得第，至八座亦須近三十年，耄矣，時恐不得待也。”次年，公即成進士，爲縣令，未滿十年爲大中丞，晉少司馬，所贈官正與冢宰同，夢中之言，不其符乎？梅公初無子，近六十乃生子，不殺之報也。

何孟春

何孟春，字子元，郴州人。祖俊，雲南按察司僉事。父説，刑部郎中。孟春少遊李東陽之門，學問該博，第弘治六年進士，授兵部主事。言官龐泮等下獄，疏救之。詔修萬歲山毓秀亭、乾清宫西室，役軍九千人，計費百餘萬，抗疏極諫。清寧宫災，陳八事，疏萬餘言，進員外郎、郎中。出理陝西馬政，條目畢張，還上釐弊五事，並劾撫臣不職。正德初，請釐正孔廟祀典，不果行。出爲河南參政，廉公有威，擢太僕少卿，進爲卿。駕幸宣府，馳疏諫。尋以右副都御史巡撫雲南，討平十八寨叛蠻阿勿、阿寺等，奏設永昌府，增五長官司、五守禦所，録功廕一子，辭不受。世宗即位，遷南京兵部右侍郎，半道召爲吏部右侍郎。會蘇、松諸府旱潦相繼，而江淮北河水大溢，漂没田廬人畜無算，孟春倣漢魏相條奏八事，帝嘉納焉。尋進左侍郎，尚書喬宇罷，代署部事。

先是，大禮議起，孟春在雲南聞之，上疏言：“臣閲邸報，見進士屈儒奏中請尊聖父爲皇叔考興獻大王，聖母爲皇叔母興獻大王妃，得旨下部，知猶未奉俞命也。臣惟前世帝王自旁支入奉大統，推尊本生得失之迹，具載史册，宣帝不敢加號於史皇孫，光武不敢加號於南頓君，晉元帝不敢加號於恭王，抑情守禮，宋司馬光所謂“當時歸美，後世頌聖”者也。哀、安、桓、靈乃追尊其父祖，犯義侵禮，司馬光所謂“取譏當時，見非後世者”也。《儀禮・喪服》“爲人後者”，《傳》曰：“何以三年也？受重者，必以尊服服之。”“爲人後者謂[1]其父母，報。”《傳》曰：“何以期也？不二斬也。重大宗者降其小宗也。”夫父母，天下莫隆焉，至繼大宗則殺其服，而移于所後之親，蓋名之不可以二也。爲人後者爲之子，不敢復顧私親，聖人制禮，尊無二上，若恭敬之心分于彼則不得專于此故也。今者廷臣詳議，事猶未决，豈非皇叔考之稱有未當者乎？抑臣愚，亦不能無疑。《禮》：生曰父母，死曰考妣。有世父母、叔父母之文，而無世叔考、世叔妣之説，今欲稱興獻王爲皇叔考，古典何據？宋英宗時有請加濮王皇伯考者，宋敏求力斥其謬，然則皇叔考之稱豈可加於興獻王乎？即稱皇叔父，於義亦未安也。經書稱伯父、叔父，皆生時相呼，及其既殁，從無通親屬冠于爵位之上者。然則皇叔父之稱，其可復加先朝已謚之親王乎？臣伏覩前詔，陛下稱先皇帝爲皇兄，誠於獻王稱皇叔如宋王珪、司馬光所云，亦已愜矣。而議者或不然，何也？天下者，太祖之天下也，自太祖傳至孝宗，孝宗傳之先皇帝，特簡陛下，授之大業，獻王雖陛下天性至親，然而所以光臨九重，富有四海，子子孫孫萬世南面者，皆先皇帝之德，孝宗之所貽也。臣故願以漢宣、光武、晉元三帝爲法，若非古之名不正之號，非臣所願於陛下也。”及孟春官吏部，則已尊本生父母爲興獻帝、興國太后，繼又改稱本生皇考恭穆獻皇帝，本生聖母章聖皇太后，孟春三上疏，乞從初詔，皆不省。於是帝益入張璁、桂萼等言，復欲去“本生”二字。璁方盛氣，列上禮官欺妄十三事，且斥爲朋黨。孟春偕九卿秦金等具疏，略曰：“伊尹謂有言逆于心，必求諸道，有言孫于志，必求諸非道。邇者大禮之議，邪正不同，若諸臣匡拂累千萬言，此所謂逆于心之言也。陛下亦嘗求諸道否乎？一二小人敢託將順之説，招徠罷閒不學無恥之徒，熒惑聖聽，此所謂孫于志之言也，陛下亦嘗求諸非道

① 謂：《儀禮・喪服》作“爲”。

否乎？何彼言之易行，而此言之難入也？”遂發十三難以辨折璁，疏入，留中。

其時詹事、翰林、給事、御史及六部諸司、大理、行人諸臣各具疏争，並留中不下，群情益洶洶。會朝方罷，孟春倡言於衆曰：“憲宗朝百官哭文華門，争慈懿皇太后葬禮，憲宗從之，此國朝故事也。”修撰楊慎曰：“國家養士百五十年，仗節死義，正在今日！”編修王元正、給事中張翀等遂遮留群臣于金水橋南，謂“今日有不力争者，必共擊之。”孟春、金獻民、徐文華復相號召，於是九卿則尚書獻民及秦金、趙鑑、趙璜、俞琳，侍郎孟春及朱希周、劉玉，都御史王時中、張潤，寺卿汪舉、潘希曾、張九敘、吴祺，通政張瓚、陳霑，少卿徐文華及張縉、蘇民、金瓚，府丞張仲賢，通政參議葛禬，寺丞袁宗儒，凡二十有三人。翰林則掌詹事府侍郎賈詠，學士豐熙，侍講張璧，修撰舒芬、楊維聰、姚淶、張衍慶，編修許成名、劉棟、張潮、崔桐、葉桂章、王三錫、余承勳、陸釴、王相、應良、王思，檢討金皋、林時及慎、元正，凡二十有二人。給事中則張翀、劉濟、安磐、張漢卿、張原、謝蕡、毛玉、曹懷、張嵩、王瑄、張㻭、鄭一鵬、黄重、李錫、趙漢、陳時明、鄭自璧、裴紹宗、韓楷、黄臣、胡納，凡二十有一人。御史則王時柯、余翺、葉奇、鄭本公、楊樞、劉穎、祁杲、杜民表、楊瑞、張英、劉謙亨、許中、陳克宅、譚纘、劉翀、張録、郭希愈、蕭一中、張恂、倪宗嶽、王璜、沈教、鍾卿密、胡瓊、張濂、何鰲、張曰韜、藍田、張鵬翰、林有孚，凡三十人。諸司郎官，吏部則郎中余寬、黨承志、劉天民，員外郎馬理、徐一鳴、劉勳，主事應大猷、李舜臣、馬冕、彭澤、張鵾，司務洪伊，凡十有二人；户部則郎中黄待顯、唐昇、賈繼之、楊易、楊淮、胡宗明、栗登、黨以平、何巖、馬朝卿，員外郎申良、鄭漳、顧可久、婁志德，主事徐嵩、張庠、高奎、安璽、王尚志、朱藻、黄一道、陳儒、陳騰鸞、高登、程旦、尹嗣忠、郭日休、李録、周詔、戴亢、繆宗周、邱其仁、俎琚、張希尹，司務金中夫，檢校丁律，凡三十有六人；禮部則郎中余才、汪必東、張聰、張懷，員外郎翁磐、李文中、張潔，主事張鏜、豐坊、仵瑜、丁汝夔、臧應奎，凡十有二人；兵部則郎中陶滋、賀縉、姚汝皋、劉淑相、萬潮，員外郎劉漳、楊儀、王德明，主事汪溱、黄嘉賓、李春芳、盧襄、華鑰、鄭曉、劉一正、郭持平、余禎、陳賞，司務李可登、劉從學，凡二十人；刑部則郎中相世芳、張峨、詹潮、胡璉、范録、陳力、張大輪、葉應驄、白轍、許路，員外郎戴欽、張儉、劉士奇，主事祁敕、趙廷松、熊宇、何鰲、楊濂、劉仕、蕭樟、顧鐸、王國光、汪嘉會、殷承敘、陸銓、錢鐸、方一蘭，凡二十有七人；工部則郎中趙儒、葉寬、張子衷、汪登、劉璣、江珊，員外郎金廷瑞、范鏓、龐淳，主事伍餘福、張鳳來、張羽、車純、蔣珙、鄭騮，凡十有五人；大理之屬則寺正毋德純、蔣同仁，寺副王暐、劉道，評事陳大綱、鍾雲瑞、王光濟、張徽、王天民、鄭重、杜鸞，凡十有一人。俱跪伏左順門，帝命司禮中官諭退，衆皆曰："必得俞旨乃敢退。"自辰至午，凡再傳諭，猶跪伏不起。

帝大怒，遣錦衣先執爲首者，於是豐熙、張翀、余翱、余寬、黄待顯、陶滋、相世芳、毋德純八人竝繫詔獄。楊慎、王元正乃撼門大哭，衆皆哭，聲震闕廷。帝益怒，命收繫四品以下官若干人，而令孟春等待罪。翼日，編修王相等十八人俱杖死，熙等及慎、元正俱謫戍。始下孟春等前疏，責曰："朕嗣承大統，祗奉宗廟，尊崇大禮，自出朕心。孟春等毀君害政，變亂是非，且張聰等所上十三條尚留中未發，安得先知？其以實對。"於是孟春等具疏伏罪，言："璁等所條者，于未進之日，先以私稿示人，且有副本存通政司，故臣等知之。臣等忝從大臣後，得與議禮之末，竊以璁等欺罔，故昌言論辨，以瀆天聽，罪應萬死。惟望聖明加察，辨其孰正孰邪，則臣等雖死亦幸。"帝怒不已，責孟春倡衆逞忿，非大臣事君之道，法宜重治，姑從輕奪俸一月。旋出爲南京工部左侍郎。故事，南部止侍郎一人，時已有右侍郎張琮，復以孟春爲左，蓋賸員也。

孟春屢疏引疾，至六年春始得請，及《明倫大典》成，削其籍。久之，卒于家。隆慶初贈禮部尚書，謚文簡。孟春所居有泉，用燕去來時盈涸得名，遂稱燕泉先生云。

耿定向

耿定向，字在倫，黄安人。嘉靖三十五年進士。除行人，擢御史。嚴嵩父子竊政，吏部尚書吴鵬附之，定向疏鵬六罪，因言鵬壻學士董份總裁會試，私鵬子紹，宜併斥。嵩爲營護。事竟寢。出按甘肅，舉劾無所私，去任，行笥一肩，有以《石經》餽者，留境上而去。還督南京學政。

隆慶初，擢大理右寺丞。高拱執政，定向嘗譏其褊淺無大臣度，拱嗛之。及拱掌吏部，以考察謫定向横州判官。拱罷，量移衡州推官。

萬曆中，累官右副都御史。吏部侍郎陸光祖爲御史趙之翰所劾，光祖已留，定向復頌光祖賢，詆之翰。給事中李以謙言定向擠言官，定向求去，帝不問。歷刑部左、右侍郎，擢南京右都御史。御史王藩臣劾應天巡撫周繼，疏發踰月不以白定向。定向怒，守故事力争，自劾求罷，且詆藩臣論劾失當。因言故江西巡撫陳有年、四川巡撫徐元泰皆賢，爲御史方萬山、王麟趾劾罷，今宜召用，而量罰藩臣。藩臣坐停俸二月。於是給事中許弘綱、觀政進士薛敷教、南京御史黄仁榮及麟趾連章劾定向，麟趾言："南臺去京師遠，章疏先傳，人得爲計。如御史孫鳴治論魏國公徐邦瑞，陳揚善論主事劉以焕，皆因奏辭豫聞，一則夤緣倖免，一則指摭被誣。故邇來投揭有遲浹月者，事理宜然，非自藩臣始。"語並侵大學士許國、左都御史吴時來、副都御史詹仰庇。執政方惡言者，勒敷教還籍省過，麟趾、仁榮亦停俸。時已除定向户部尚書督倉場，定向因力辭求退。章屢上，乃許。卒，年七十三。贈太子少保，謚恭簡。

定向立朝有時望，其學本王守仁，弟定理、定力。定理終諸生，與定向俱講學，專主禪機。定力隆慶中進士，除工部主事。萬曆中，累官右僉都御史督操江，疏陳礦使之患，再遷南京兵部右侍郎。卒贈尚書。

顯鶴按：何文簡、耿恭簡二公，原書有目無傳，今從《明史》補入。文簡當大禮議起，於萬里外上書力争。及官吏部，力詆璁議，復援先朝争慈懿葬禮故事，倡衆哭諫。既知帝意不可回，抗疏引疾，無幾微顧戀，庶幾合於以道事君，不可則止者，得不謂之大臣哉?《明史》於恭簡有微詞，謂其歷徐、張、申、王四輔，皆能無齟齬，又於江陵奪情寓書友人，譬爲伊尹而貶言者，時議訾之。又嘗招晉江李贄於黄安，後漸惡之。贄亦屢短恭簡，士大夫好禪者往往從贄遊。贄小有才機辨，恭簡不能勝也。贄爲姚安知府，一旦自去其髮，冠服坐堂皇，上官勒令解任。居黄安，日引士人講學，雜以婦女，專崇釋氏，卑侮孔、孟。北遊通州，爲給事中張問達所劾，逮死獄中。

楚寶卷第六考異

新化鄧顯鶴湘皋述

名　臣

王　竑

王竑，字公度，江夏人，戍籍河州。郕王監國初，坐午門南面視朝，百官劾王振誤國。讀彈文未起，錦衣指揮馬順，振黨也，從旁叱言官去。公起捽順首，曰："此正奸臣，當亟誅。"

顯鶴案：《明史》王竑本傳：其先江夏人。祖俊卿，坐事戍河州，遂著籍。竑豪邁負氣節，正色敢言。英宗北狩，郕王攝朝午門，群臣劾王振誤國罪。讀彈文未起，王使出待命。衆皆伏地哭，請族振。錦衣指揮馬順者，振黨也，厲聲叱言官去。竑憤怒，奮臂起，捽順髮呼曰："若曹奸黨，罪當誅，今尚敢爾！"且罵且齧其面，衆共擊之，立斃，朝班大亂。王怒，遽起入，竑率群臣隨王後。王使中官金英問所欲言，曰："内官毛貴、王長隨亦振黨，請置諸法。"王命出二人。衆又捶殺之，血漬廷陛。是時，竑名震天下，王亦以是深重竑。原傳太略，讀本傳自悉。

是冬，寇犯京師，命公監守城軍。

案本傳：王即帝位，也先犯京師，令竑與王通、楊善守禦京城，擢右僉都御史，督毛福壽、高禮軍。寇退，詔偕都指揮夏忠等鎮守居庸。原傳多未悉。

景泰二年，總漕淮上。三年，兼巡撫，清理鹽法，振濟。

本傳：景泰元年四月，浙江鎮守中官李德上言："馬順等有罪，當請命行誅，諸臣乃敢擅殺。非有内官擁護，危矣。是皆犯闕賊臣，不宜用。"章下廷議。于謙等奏曰："上皇蒙塵，由[①]賊振，順等實振腹心。陛下監國，群臣共請行戮，而順猶敢呵叱。是以在廷文武及宿衛軍士忠憤激發，不暇顧忌，捶死三人。此正《春秋》誅亂賊之大義也。向使乘輿播遷，奸黨猶在，國之安危殆未可知。臣等以爲不足問。"帝曰："誅亂臣，所以安衆志。廷臣忠義，朕已知之，卿等勿以德言介意。"八月，竑以疾還朝。尋命同都督僉事徐恭督漕運，治通州至徐州運河。明年，尚寶司檢順牙牌不得，順子請責之竑，帝許可。諸諫官言："順黨奸罪[②]，廷臣共除之，遑問牙牌。且非竑一人事，若責之竑，忠臣懼矣。"乃寢前旨。是年冬，耿九疇召還，勑竑兼巡撫淮、揚、廬三府，徐、和二州，又命兼理兩淮鹽課。案：本傳治漕之命在元年秋，巡撫之命在二年冬，原傳俱誤，且語多掛漏。

勑諸大臣修省下災郡邑振濟，公又上疏言云云。

案本傳：先是，鳳陽、淮安、徐州大水，道殣相望，竑上疏奏，不待報，開倉振之。至是，山東、河南饑民就食者坌至，廩不能給。惟徐州廣運倉有餘積，竑欲盡發之，典守中官不可。竑往告曰："民旦夕且爲盗。若不吾從，脱有變，當先斬若，然後自請死耳。"中官憚竑威名，不得已從之。竑乃自劾專擅罪，因言"廣運所儲僅支三月，請令死罪以下，得於被災所入粟自贖"。帝復命侍

① 《明史》卷一七七《王竑傳》"由"前有"禍"字。
② 《明史》卷一七七《王竑傳》"罪"後有"重"字。

郎鄒幹齎帑金馳赴，聽便宜。竑乃躬自巡行散振，不足，則令沿淮上下商舟，量大小出米，全活百八十五萬餘人。他境流移安輯者萬六百餘家。病者給藥，死者具槥，所鬻子爲贖還之，歸者予道里費。人忘其饑，頌聲大作。初帝聞淮、鳳饑，憂甚。及得竑發廣運儲自劾疏，喜曰："賢哉都御史，活我民矣。"原傳敘次未悉，又重出四年，尤誤。

上皇復辟，謫浙江參政。尋除名，編管江夏。居半歲，放歸田。

案本傳：英宗復辟，革巡撫，改竑浙江參政。數日，石亨、張軏追論竑擊馬順事，除名，編管江夏。居半歲、帝於宫中得竑疏，見"正倫理，篤恩義"語，感悟。命遣官送歸田里，勑有司善視之。

天順五年，孛來寇陝西，我兵再敗。京師曹賊反，傷二三大臣，南陽薦起公視師，會寇退，再蒞淮上。

案本傳：天順五年，孛來寇莊浪，都督馮宗等出討。用李賢薦，起竑故官，與兵部侍郎白圭參贊軍務。明年正月，竑與宗擊退孛來於紅崖子川。圭等還，竑仍留鎮。至冬，乃召還。明年春，復令督漕撫淮、揚，淮人聞竑再至，歡呼迎拜，數百里不絶。

茂陵即位，收用名賢，陞兵部尚書。

案本傳：憲宗即位，給事中蕭斌、御史吕洪等，共薦竑及宣府巡撫李秉堪大用。下廷議，尚書王翺、大學士李賢請從其言。帝曰："古人君夢卜求賢，今獨不能從輿論所與乎？"即召竑爲兵部尚書，秉爲左都御史。命下，朝野相慶。

時將用兵兩廣，竑舉韓雍爲總督。雍新得罪，衆難之。竑曰："天子方棄瑕録用，雍有罪不當用，竑非罪廢者耶？"卒用雍。竑條上進勦事宜，且言將帥征討，毋得奏攜私人，妄冒首功。又請復京營舊額，禁勢家豪帥擅役禁軍。於是命竑同給事中、御史六人簡閱十二營軍士。竑以擇兵不若擇將，共奏罷營兵[①]八十餘人，而慎簡材武補之。

兵部清理貼黄缺官，竑偕諸大臣舉修撰岳正、都給事中張寧，爲李賢所沮，竟出二人於外，並罷會舉例。竑憤然曰："吾尚可居此耶？"即引疾求退。帝方嚮用竑，優詔慰留，日遣醫視疾。竑請益切。九月命致仕去。竑爲尚書一年，謝病者四月，人以未竟其用爲惜。既去，中外薦章百十上，竝報寢。

初，竑號其室曰"戇庵"。既歸，改曰"休庵"。杜門謝客，鄉人希得見。時李秉亦罷歸，日出入里閈，與故舊談笑遊燕。竑聞之曰："大臣何可不養重自愛。"秉聞之，亦笑曰："所謂大臣，豈以立異鄉曲，尚矯激爲賢哉。"時兩稱之。竑居家二十年，弘治元年十二月卒，年七十五。正德間，贈太子少保，謚莊毅。淮人立祠祀之。

伍文定

弘治二年進士。初授常州府推官，以事忤逆瑾云云。

顯鶴案：《明史》文定本傳：文定字時泰，弘治十二年進士。有膂力，便弓馬，議論慷慨。授常州推官，精敏善决獄，稱强吏。魏國公徐俌與民争田，文定勘歸之民。劉瑾入俌重賄，興大獄，巡撫艾樸以下十四人悉被逮。定已遷成都同知，亦下詔獄，斥爲民。瑾敗，起補嘉興。

江西姚源賊王浩八等流劫浙江開化，都御史俞諫檄文定與參將李隆、都指揮江洪、僉事儲珊討之，軍華埠。而都指揮白弘與湖州

① 兵：《明史》卷一七七《王竑傳》作"職"。

知府黄衷别營馬金。賊黨劉昌三破執弘，官軍大挫。浩八突華埠，洪、文定擊敗之，追及於孔埠。隆、珊亦追至池淮，破其巢，進攻淫田。洪以奇兵深入，中賊誘，與指揮張琳等皆被執。文定等殿後得還，賊亦遁歸江西。諫等上文定忠勇狀，詔所司獎勞。擢河南知府，計禽劇賊張勇、李文簡。以才任治劇。調吉安。討平永豐及大茅山賊。已，佐巡撫王守仁平桶岡、横水。

宸濠反，吉安士民争亡匿。文定斬亡者一人，衆乃定。乃迎守仁入城。知府邢珣、徐璉、戴德孺等先後至，共討賊。文定當大師[①]。丙辰之戰，身犯矢石，火燎鬚不動。賊平，功最，擢江西按察使。張忠、許泰至南昌，欲冒其功，而守仁已俘宸濠赴浙江。忠等失望，大恨。文定出謁，遂縛之。文定駡曰："吾不恤九族爲國家平大賊，何罪？汝天子腹心，屈辱忠義，爲逆賊報仇，法當斬！"忠益怒，推文定僕地。文定求解任，不報。

尋遷廣東右布政使，未赴，而世宗嗣位。上忠等罪狀，且曰："曩忠、泰與劉暉至江西，忠自稱天子弟，暉稱天子兒，泰稱威武副將軍，與天子同僚。折辱命吏，誣害良民，需求萬端，漁獵盈百萬，致餓殍遍野，盗賊縱横。雖寸斬三人，不足謝江西百姓。今大憝江彬、錢寧皆已伏法，三人實其黨與。乞速正天誅，用章國典。"又請發宸濠貲財，還之江西，以資經費，矜釋忠、泰所陷無辜及寧府宗人不預謀者，以清冤獄，帝並嘉納之。

論功，進右副都御史，提督操江。嘉靖三年，討獲海賊董效等二百餘人，賜敕獎勞。尋謝病歸。六年，召拜兵部右侍郎。其冬擢右都御史，代胡世寧掌院事。雲南土酋安銓反，敗參政黄昭道，攻陷尋甸、嵩明。明年，武定土酋鳳朝文亦反，殺同知以下官，與銓合兵圍雲南。詔進文定兵部尚書兼前職，提督雲南、四川、貴州、湖廣軍討之，以侍郎梁材督餉。會芒部叛酋沙保子普奴爲亂，并以

---

① 師：《明史》卷二〇〇《伍文定傳》作"帥"。

屬文定。文定未至雲南，銓等已爲巡撫歐陽重所破，遂移師征普奴。左都御史李承勛極言川、貴殘弊，不當用兵，遂召還，命提督京營。文定至湖廣，疏乞省祭歸。

已，四川巡按御史戴金復上言："叛酋稱亂之初，勢尚可撫。而文定決意進兵，一無顧惜。飛芻輓糧，糜數十萬。及有詔罷師，尚不肯已。又極論土酋阿濟等罪，軍民訛言，幾復生變。臣愚以爲文定可罪也。"尚書方獻夫、李承勛因詆文定好大喜功，傷財動衆，乃令致仕。

文定忠義自許，遇事敢爲，不與時俯仰。芒部之役，憤小醜數亂，欲爲國伸威，爲議者旁撓。廟堂專務姑息，以故功不克就。九年七月，卒於家。天啟初，追謚忠襄。

邢珣，當塗人，贛州知府。招降劇盜滿總等，授廬給田，撫之甚厚。後討他盜，多藉其力。守仁征横水、桶岡，珣常爲軍鋒。功最，增二秩。宸濠反，以重賞誘總。總執其使送珣，遂從珣共平宸濠。徐璉，朝邑人，袁州知府。從討宸濠獲首功。

戴德孺，臨海人，臨江知府。宸濠反，遣使收府印，德孺斬之。與家人誓："吾死守孤城，脱有急，若輩沉池中，吾不負國也。"即日戒嚴。旋與守仁共滅宸濠。以憂去。

珣、璉等倡義討賊，月餘成大功。當事者以嫉守仁故，痛裁抑之。或賞或否，又往往借考功法逐之去。守仁之再疏辭爵也，爲諸人訟曰：

"宸濠變初起，勢焰猖熾，人心疑懼退阻。當時首從義師，自伍文定、邢珣、徐璉、戴德孺諸人外，又有知府陳槐、曾璵、胡堯元等，知縣劉源清、馬津、傅南喬、李美、李楫及楊材、王冕、顧佖、劉守緒、王軾等，鄉官都御史王懋中，編修鄒守益，御史張鰲山、伍希儒、謝源等。或摧鋒陷陣，或遮邀伏擊，或贊畫謀議，監録經紀，所謂同功一體者也。帳下之士，若聽選官雷濟、已故義官蕭禹、致仕縣丞龍光、指揮高睿、千户王佐等，或詐爲兵檄以撓其進止，壞其事機，或僞書反閒以離其心腹，散其黨與。今聞紀功文册，改造者多所删削。舉人冀元亨爲臣勸説寧王，反爲奸人搆陷，竟死獄中，尤傷心慘目，負之冥冥之中者。

夫宸濠積威凌劫，雖在數千里外，無不震駭失措。而況江西諸郡縣切近剥牀，觸目皆賊兵，隨處有賊黨，非真有捐軀赴難之義、戮力報主之忠，孰肯甘虀粉之禍，從赤族之誅，蹈必死之地，以希萬一難冀之功乎！

今臣獨崇封爵，而此同事諸人者，或賞不行而并削其績，或賞未及而罰已先行，或虚受陞職之名而因使退閑，或冒蒙不忠之號而隨以廢斥，非獨爲已斥諸權奸所誣搆挫辱而已也。群憎衆嫉，惟事指摘搜羅以爲快，曾未見有鳴其不平、伸其屈抑者，臣竊痛之。”

奏入，卒寢不行。

李承勛

華林賊又叛，殺副使周憲，公諭降健賊王奇，約内應。

顯鶴案：《明史》承勳本傳：華林賊殺副使周憲，憲軍大潰。承勛單騎入憲營，衆乃復集。都御史陳金即檄承勳討之。賊黨王奇聽撫，搜得其衷刃，縱使還。奇感泣，誓以死報。承勛令奇密入寨，説降其黨爲内應，而親率所部登山。奇夜拔栅，官軍奮而前，降者自内出，賊遂潰。

太監黎安欲奪公功，註[①]公竄賊。詔大理卿燕忠即訊廣位[②]，事白，升浙江按察使。

① 註：正文作“誣”。
② 位：正文作“信”。

案本傳：華林賊平，鎮守中貴黎安誣承勛擅易賊首王浩八獄詞，坐下吏，大理卿燕忠即訊得白。

舉治行卓異，超遷浙江按察使。歷陝西，河南左、右布政使，以右副都御史巡撫遼東。邊備久弛，開原尤甚。士馬纔十二，牆堡墩臺圮殆盡。將士依城塹自守，城外數百里悉爲諸部射獵地，承勛疏請修築。會世宗立，發帑銀四十餘萬兩。承勛命步將四人各一軍守要害，身負畚鍤先士卒。凡爲城塹各九萬一千四百餘丈，墩堡百八十有一。招逋逃三千二百人，開屯田千五百頃。又城中固、鐵嶺，斷陰山、遼河之交，城蒲河、撫順，扼要衝，邊防甚固。録功，進秩一等。又數陳軍民利病，咸報可。以疾歸。起故官，蒞南院，三遷刑部尚書，加太子少保。

帝以京營多弊，欲振飭之。遂加承勛太子太保，改兵部尚書兼左都御史，專督團營。尋兼掌都察院。以疾，三疏乞休，且言："山西潞城敗[①]，以四道兵討之，不統於一人，故無功。川、貴芒部之役措置乖方，再勝再叛，宜命伍文定深計，毋專用兵。豐、沛河工，二年三易大臣，工不就，宜令知水利者各陳所見，而俾侍郎潘希曾度可否。其尤要者，在决壅蔽患，倣唐、宋轉對、次對故事，不時召見大臣。"帝不允辭，下其議於所司。時秦、晉、楚、蜀歲祲，詔免田賦。承勛言："有司例十月始徵賦。今九月矣，恐官吏督趣，陰圖乾没。宜及其未徵，遣官馳告以所蠲數。山陬僻壤，俾悉户曉。有司不能奉宣德意者，罪之。撫按失舉奏，并坐。"帝褒納之。

代胡端敏公提督團營，惡郭勛驕縱，翦其羽翼。勛愬公，欲併中端敏公，公辭營務，不允。

案本傳：奏奪京營把總湯清職。郭勛爲求復，語侵承勛。承勛

① 敗：《明史》卷一九九《李承勛傳》作"賊"。

因求退。給事中王準等劾勛恣。乃敕責勛而下清法司。

兵部尚書胡世寧致仕，詔承勛還部代之。疏言：“朝廷有大政及推舉文武大臣，當下廷議。議者率相顧不發，拱手聽。宜及未議前，備條所議，布告與議者，俾先諗其故，然後平心商質，各盡所懷。議苟不合，聽其別奏。庶足盡諸臣之見，而所議者公。”帝然其言，下詔申飭。尋命兼督團營。

九年，大風晝晦，上恐懼憂邊，詔問。

案本傳：十年春，大風晝晦，帝憂邊事。公上言云云。“九年”作“十年”，與原傳不合。

又案本傳：承勛沉毅有大略。帝所信任，自輔臣外，獨承勛與胡世寧，大事輒咨訪。二人亦孜孜奉國，知無不言。世寧卒半歲，承勛亦卒，帝深嗟悼。贈少保，謚康惠。所賚予，常典外，特賜白金、彩幣、米蔬諸物。承勛官四十年，家無餘貲，其議“大禮”，亦與世寧相合云。

楚寶卷第六增輯

新化鄧顯鶴湘皋述

名　臣

張　驥

張驥，字仲德，安化人。永樂中舉於鄉，入國學。宣德初授御史，出按江西，慮囚福建，有仁廉聲。

正統八年，吏部尚書王直等應詔，博舉廷臣公廉有學行者，驥與焉。遷大理右寺丞，巡撫山東。先是，濟南設撫民官，專撫流民，後反爲民擾，驥奏罷之。俗遇旱，輒伐新葬塚墓，殘其肢體，以爲旱所由致，名曰“打旱骨樁”，以驥言禁絶。還朝，進右少卿。已，命巡視濟寧、淮揚饑，驥蠲逋發倉廩，民賴以濟。

十三年冬，巡撫浙江。初，慶元人葉宗留與麗水陳鑑胡聚衆爲亂，僭稱王，官軍前後敗歿。遂昌賊蘇牙、俞伯通剽蘭溪，又與相應，遠近震動。驥至，遣金華知府石瑁擊斬牙等，撫定其餘黨。而鑑胡方以争忿殺宗留，專其衆，自稱大王，國號太平，建元泰定，僞署將帥，圍處州，分掠諸縣。未幾，茂七死，鑑胡勢孤。驥命麗水丞丁寧率老人王世昌等齎榜入賊巢招之，鑑胡遂偕其黨出降。時十四年四月也。驥既招降鑑胡，賊勢乃益衰。

其秋，景帝嗣位，召驥還，卒於道。驥所至，咸有建樹，山東、兩浙民久而思之。

顯鶴按：湖南、甘肅皆有安化縣。《明史》驥傳但稱安化人，不言何省。《湖南通志》據《山東省志・名宦傳》“驥字仲德，湖廣安化人”採入，今從之。

張　瓚

張瓚，字宗器，孝感人。正統十三年進士。授工部主事，遷郎中，歷知太原、寧波二府，有善政。

成化初，市舶中官福住貪恣，瓚禁戢其下，住誣瓚於朝。瓚遂列住罪。住被責，其黨多抵法。大臣會薦，遷廣東参政，轉浙江左布政使。

十年冬，以右副都御史巡撫四川播州。致仕宣慰楊輝言所屬天壩干、灣溪諸寨及重安長官司爲生苗竊據，請王師進討。詔瓚諭還侵地，不服則征之。瓚率兵討定，請設安寧宣撫司，即授輝子友爲宣撫以鎮。詔可，賜敕奬勞。以母老乞歸，母已卒。

會松、茂番寇邊，詔起復視事。先是，僉事林璧言“松、茂曩爲大鎮，都御史寇深、侍郎羅綺嘗假便宜，專制其地，故有功。今惟設兩参將，以副使居中調度。事權輕，臨敵稟令制府，千里請戰，謀洩機緩，未有能獲利者。宜別置重臣彈壓，或即命瓚兼領，專其責成。”十二年七月，命瓚兼督松茂、安綿、建昌軍務。瓚至軍，審度形勢，改大壩舊設副使於安綿，而令副總兵堯成軍松潘，参將孫暠軍威、疊，爲夾攻計。乘閒修河西舊路，作浮梁，治月城，避偏橋棧道，軍獲安行，轉餉無阻。十四年六月，攻白草壩、西坡、禪定數大砦，斬獲亡算。徇茂州、疊溪，所過降附。抵曲山三砦，攻破之。再討平白草壩餘寇。先後破滅五十二砦，賊魁撒哈等皆殲。他一百五砦悉獻馬納款，諸番盡平。留兵戍要害，增置墩堡，乃班師。帝嘉其功，徵拜户部左侍郎，辭歸終制。

十五年起左副都御史，總督漕運兼巡撫江北諸府。十八年，歲大祲，疏請賑濟。發銀五萬兩，復敕瓚移淮安倉糧分賑，而瓚已卒。

瓚功名著西蜀。其後撫蜀者如謝士元輩，雖有名，不及瓚。

顯鶴按：林璧，字庭美，武岡人。天順甲申進士，歷官監察御史。性嚴厲，人不敢干以私。善斷疑獄，嘗活死罪八千餘人，以神明稱。中貴家有奴橫恣，捕得繩以法，閹璫昏夜使人啗以重利，峻拒之。巡按山東，轉四川按察僉事，陳定蜀六事，多見施行。見《武岡州志》。

鄧廷瓚

鄧廷瓚，字宗器，巴陵人。景泰五年進士。知淳安縣，有惠政。丁母憂，服除，遷太僕寺丞。

貴州新設程番府，地在萬山中，蠻獠雜居，吏部難其人，特擢廷瓚爲知府。至則悉心規畫，城郭、衢巷、學校、壇廟、廨舍，以次興建。榜諭諸獠受約束。政平令和，巡撫陳儼上其治行，帝令久任。九載秩滿，始遷山東左參政，尋進右布政使。

弘治二年，以右副都御史巡撫貴州。廷瓚自令至守，淹常調者踰三十年，至是去知府止三歲，遂得開府。以生母憂歸。服闋，還原任。都勻苗乜富架、長腳等作亂，敕廷瓚提督軍務，同湖廣總兵官顧溥、貴州總兵官王通等討之，副使吴倬遣熟苗詐降富架，誘令入寇，伏兵擒其父子。官軍乘勝連破百餘寨，生縶長腳以歸，群蠻震懾。廷瓚言："都勻、清平舊設二衛，九長官司，其人皆世禄，自用其法，恣虐，激變苗民，亂四十餘年。今元凶就除，非大更張不可。請改爲府縣，設流官，與土官兼治，庶可久安。"因上善後十一事，帝悉從之，遂設府一，曰都勻；州二，曰獨山、麻哈；縣一，曰清平。苗患自此漸戢。論功，進右都御史。

八年，詔掌南京都察院事。甫數月，命提督兩廣軍務兼巡撫。越二年，進左。廷瓚治尚簡易，於吏事但總大綱，結群蠻以恩信，不輕用兵，而兵出必成功。鬱林、雲鑪、大桂諸蠻及四會饑民作亂，以次討平，兩廣遂無事。十三年，復召掌南院。未行，卒。贈太子少保，謚襄敏。

廷瓚有雅量，待人不疑，時多稱其長者。至所設施，動中機宜。其在貴州平苗功爲尤偉云。

王　軾

王軾，字用敬，公安人。天順八年進士，授大理右評事，遷右寺正。録囚四川，平反百餘人，擢四川副使。歲凶，請官銀十萬兩爲糴費。以按嘉定同知盛崇仁贓罪，被訐下吏。事白，還職，改陝西。

弘治初，擢四川按察使。三年，遷南京右僉都御史，提督操江。八年進右副都御史，總理南京糧儲，旋命巡撫貴州。明年，入爲大理卿，詔與刑部裁定條例頒天下。

十三年，拜南京户部尚書。尋命兼左副都御史，督貴州軍務，討普安賊婦米魯。時鎮守中官楊友、總兵官曹愷、巡撫錢鉞共發兵討魯，大敗於阿馬坡。都指揮吴遠被執，普安幾陷。友等請濟師，乃以命軾。軾未至，而友等遣人招賊。賊揚言欲降，益擁衆攻圍普安、安南衛城，斷盤江道，勢愈熾。又乘閒劫執友。右布政使閆鉦，按察使劉福，都指揮李宗武、郭仁、史韜、李雄、吴達等死焉。

軾至，以便宜調廣西、湖廣、雲南、四川官軍、土兵八萬人，合貴州兵，分八道進，使致仕都督王通將一軍。十五年正月，參將趙晟破六隊砦。賊遁，過盤江。都指揮張泰等渡江追擊，指揮劉懷等遂進解安南衛圍，而愷、通及都指揮李政亦各破賊砦。賊還攻平夷衛及大河、扼勒諸堡，都御史陳金以雲南兵禦之。賊遁歸馬尾籠砦。官軍聚攻益急，土官鳳英等格殺米魯，餘黨遂平。用兵凡五月，破賊砦千餘，斬首四千八百有奇，俘獲一千二百。捷聞，帝大喜，嘉勞。召還京，賜賚有加，録功，加太子少保。已，改南京兵部，參贊機務。連乞致仕，不允。武宗立，遇疾復請。詔加太子太保，賜勅乘傳歸。卒，贈太保，謚襄簡。

熊繡

熊繡，字汝明，道州人。舉成化二年進士，授行人。奉使楚府，巡茶四川，力拒餽遺。擢御史，巡按陝西。左布政于璠以官帑銀餽苑馬卿邵進，繡發其罪。璠遁赴京訐繡，帝并下繡吏，謫知清豐，璠、進亦除名。久之，鳳翔闕知府，擢繡任之。

弘治初，遷山東左參政，進右布政使。七年，以右副都御史巡撫延綏。榆林初僅小堡，屯兵備冬。景泰中，始移巡撫、總兵官居之，遂爲西北巨鎮，城隘弗能容，繡因請增築千二百餘丈。蒞鎮數年，練兵積粟，邊政修舉。歷兵部左、右侍郎，尚書劉大夏深倚信之。騰驤四衛勇士額三四萬人，率虛籍。歲縻[①]錢穀數十萬，多入奄人家。廷臣屢請稽核，輒被撓。十八年命繡清釐，未竟而孝宗崩。朝政漸變，繡力持不顧，得詭冒者萬四千人。御馬太監甯瑾等疏請復舊，給事御史交章劾瑾，大夏亦力争。武宗不得已從之，而宥瑾等不問。

正德元年擢右都御史，總督兩廣軍務兼巡撫事。既抵鎮，盡裁幕府供億，秋毫無所取。二年與總兵官伏羌伯毛鋭討平賀縣獞。劉瑾以前汰勇士事深疾繡，伺察無所得。召掌南京都察院事，尋以中旨罷之。已，復摭延綏倉儲浥爛爲繡罪，罰米五百石，責繡躬輸於邊。繡家遂破。

十年閏四月卒，無子。巡撫秦金頌其清節於朝，贈刑部尚書。太僕少卿何孟春以繡承繼孫幼且貧，無以爲養，請如主事張鳳翔、孔琦例，賜月廩，且乞予謚。遂謚莊簡，給其孫米月一石。

① 縻：《明史》卷一八六《熊繡傳》作“糜”。

孫　交

孫交，字志同，安陸人。成化十七年進士。授南京兵部主事，爲尚書王恕所知。弘治初，恕入吏部，薦授稽勳員外郎，歷文選郎中。居吏部十四年，於善類多所推引。遷太常少卿，提督四夷館。大同有警，命經略黄花鎮諸邊。增垣塹，廣樹藝，制敵騎馳突。永樂時，歲遣隆慶諸衛軍采薪炭。其後罷之，令歲輸銀二萬兩，軍重困。交奏免之。

正德初，擢光禄卿。三年，進户部右侍郎，提督倉場，改吏部。尚書張綵附劉瑾，交數規切。綵怒，調之南京。瑾敗，召拜户部尚書。時征討流寇，調度煩急，仍歲凶，正賦不足，交區畫適宜。四方告饑，輒請蠲租遣振，以故民不至甚敝，而小人用事者皆不便之。帝欲以太平倉賜倖臣裴德，雲南鎮守中官張倫請采銀礦，南京織造中官吴經奏費乏，交皆力争。八年五月，中旨與禮部尚書傅珪並致仕。言官多請留，不報。

世宗在潛邸知交名，甫即位，召復故官。首請帝日讀《祖訓》，言動悉取準則，經筵日講寒暑勿輟，帝褒納焉。或議遷顯陵天壽山，交言：“山陵事重，太祖欲遷仁祖於鍾山，慮泄靈氣而止，具載《皇陵碑》。”事乃止。武宗侈汰之後，庫藏殫虚。交裁冗食，定經制，宿弊爲清。然事涉中官者，帝亦不能盡從也。

中官監督倉場者，初止數人，正德中增至五十五人。以交言罷撤過半，其後復漸增。帝已罷三十七人，交欲盡去之，並臨清、徐、淮諸倉，一切勿遣。帝令自今毋更加而已。守珠池中官，詔毋得預守土事，而安川夤緣復故。交劾川，命如前詔。正德中，上林苑内臣至九十九人，侵奪公私地無算。帝即位，命留十八人，如弘治時。已，復傳奉至六十二人，交乞汰如初，且盡歸侵奪地。報許。又論御馬監内臣宜如祖制，毋監收芻豆，並令户部通知馬數，杜其侵耗，不從。

錦衣百户張瑾率校尉支俸通倉，横取狼籍，主事羅洪載欲按之。瑾紿請受杖，奏洪載擅笞禁衛官。帝怒，逮下詔獄謫外。交與林俊、喬宇先後論救，不納。御馬監閻洪乞外豹房地，交言："先帝以豹房故，貽禍無窮。洪等欲修復以開遊獵之端，非臣等所敢聞。"詔以地十頃給豹房，餘令百户趙愷等佃如故。奉詔上各宫莊田數，視舊籍不同，帝詰其故。交言："舊籍多以奏請投獻，數多妄報也。新籍少，以奉命清核，田多除豁也。"帝意稍解，令考成、弘间籍以聞。

交年七十，連章乞罷。帝輒慰留，遣醫視療。請益力，乃許之。手詔加太子太保，馳驛。令子編修元侍行，有司時存問，給食米、輿隸，復賜道里費。卒年八十，謚榮僖。

交言論恂恂，不以勢位驕人。清慎恬憼，終始一致。初在南京，僚友以事簡多暇，相率談諧飲奕爲樂，交默處一室，讀書不輟。或以爲言，交曰："對聖賢語，不愈於賓客、妻妾乎？"興獻王素愛重交，嘗割陽春臺東偏地益其宅，後中官言孫尚書侵地，世宗曰："此先皇所賜，吾敢奪耶？"

元，進士，終四川副使。謹厚有父風。

鄒文盛

鄒文盛，字時鳴，公安人。弘治六年進士。除吏科給事中。朵顔三衛屢擾邊，文盛奏制馭六策。尚書劉大夏深善之，下之邊吏。

尋出覈兩廣糧儲。思恩土官岑濬與田州岑猛搆兵，文盛言："田州，廣西之藩蔽；李蠻，田州之干城。參政武清受濬重賂，以計殺蠻，釀成禍亂。制勅房供事參議岑業，濬懿親，爲彌縫於中，漏洩機事。請先誅二人，而後行討。"

正德初，以右副都御史巡撫貴州。清平苗阿旁、阿階、阿革稱王，諸衛咸被其患。文盛至，檄川、湖兵協勦，以貴州兵擣礮木砦，禽阿革。川、湖兵至，抵山下，山壁立，惟小徑五，賊皆樹柵。仰攻不能克，乃製戰樓與巖齊，乘夜雨附崖登，拔柵焚廬舍。賊奔後山，據絶頂。官軍乘閒梯藤木以上，遂禽阿旁，餘賊盡平。移師討平龍頭、都黎諸砦黑苗，先後斬降無算。芒部陳總等爲亂，討破之。四川土舍重安馮綸與凱里楊弘有怨。弘卒，綸糾諸苗相讐殺，侵軼貴州境。文盛遣參議蔡潮詣播州，督宣慰楊斌撫定之。請復設安寧宣撫司，以弘子襲。頃之，改蒞南京都察院。

世宗即位，改工部尚書。文盛爲人廉謹，踆踆若無能。與孫交咸稱長者。卒，贈太子少保，謚莊簡。

吴廷舉

吴廷舉，字獻臣，嘉魚人。成化二十三年登進士，除順德知縣。上官屬修中貴人先祠，廷舉不可。市舶中官市葛，以二葛與之，曰："非産也。"中官大怒。御史汪宗器亦惡廷舉，曰："彼專抗上官，市名耳。"會廷舉毁淫祠二百五十所，撤其材作隄，葺學宫、書院。宗器謂有所侵盗，執下獄。按之不得閒，慚而止。

爲縣十年，稍遷成都同知。憂歸，補松江。用尚書馬文升、劉大夏薦，擢廣東僉事。從總督潘蕃討平南海、清遠諸盗。正德初，歷副使，發總鎮中官潘忠二十罪。忠亦訐廷舉他事，逮繫詔獄。劉瑾矯詔，枷之十餘日，幾死。戍雁門，旋赦免。

楊一清薦其才，授江西右參政。敗華林賊於連河，從陳金大破桃源賊。其黨走裴源，復從俞諫破之。賊首胡浩三既撫復叛，廷舉往諭，爲所執。居三月，盡得其要領，誘使攜。及得還，浩三果殺其兄浩二，内亂。官兵乘之，遂禽浩三。

與副使李夢陽不協，奏夢陽侵官，因乞休。不俟命竟去，坐停一歲俸。起廣東右布政使，復佐陳金平府江賊。擢右副都御史，振湖廣饑。

已，復出湖南定諸夷疆地。寧王宸濠有逆謀，疏陳江西軍政六事，爲預防計。

世宗立，召爲工部右侍郎，旋改兵部，調南京工部。

嘉靖元年，廷舉乞休。尋以災異復自劾求罷，勸帝修德應天，因奏行其部興革十二事。尋就改户部，遷右都御史，巡撫應天諸府。長洲知縣郭波以事挫織造中官張志聰。志聰伺波出，倒曳之車後。典史蕭景腆操兵教場，急率兵救。百姓登屋，飛瓦擊志聰。志聰奏逮波、景腆，廷舉具白志聰貪黷狀。帝乃降波五級，調景腆遠方，志聰亦召還。尋改南京工部尚書，辭不拜，稱疾乞休。

廷舉面如削瓜，衣敝帶穿，不事藻飾。言行必自信，人莫能奪。其在太學時，兄事羅玘。玘病痢，僕死，自煮藥飲之。負以如廁，一晝夜數十反。玘嘗語人曰："獻臣生我。"廷舉好薛瑄、胡居仁學，尊事陳獻章。居湫隘，亡郭外田，有書萬卷。及卒，總督姚鏌庀其喪。隆慶中，追謚清惠。

弟廷弼，舉於鄉。廷舉枷吏部前，廷弼臥其械下。刑部主事宿進爲奏記張綵，乃得釋。

彭　澤

彭澤，字濟物，長沙人。有志節。會試二場畢，聞母病，徑歸，母病亦已。登弘治三年進士，授工部主事，歷刑部郎中。勢豪殺人，澤置之辟，中貴爲祈免，執不聽。出爲徽州知府，政最，人以方前守孫遇。父喪歸。

正德初，起知真定，閹人數撓禁，澤治一棺於廳事，以死怵之，其人不敢逞。遷浙江副使，歷河南按察使，所至以威猛稱。擢右僉都御史，巡撫遼東。進右副都御史，改保定，未赴，而劉惠、趙鐩等亂河南，命澤與威寧伯仇鉞提督軍務討之。陳便宜十一事，厚賞峻罰，以激勸將吏。澤體幹修偉，腰帶十二圍，大音聲，與人語若叱吒。始至，大陳軍容，引見諸將校，責以畏縮當死。諸將校股栗伏罪，良久乃釋。遂下令鼓行薄賊，大小數十戰，連破之。甫四月，賊平。録功，進右都御史、太子少保，廕子錦衣世百户。

尋代洪锺總督川、陝諸軍，討四川賊，平之。進左都御史、太子太保，廕子如初。

澤請還者再，乃召還。未行，會土魯番據哈密，執忠順王速檀拜牙郎，以其印去，投譠書甘肅，要索金幣。總制鄧璋、甘肅巡撫趙鑑以聞，請遣大臣經略。大學士楊廷和等共薦澤，澤材武知兵，然性疎闊負氣。經略哈密事頗不當，錢寧、王瓊等交齕齕之，遂因此得罪。澤至甘州，土魯番方寇赤斤、苦峪諸衛，遣使索金幣，請還哈密。澤以番人可利啗也，與鑑謀，遣哈密都督寫亦虎仙以幣二千、銀酒鎗一賂之，令還哈密城印。未得報，輒奏事平，乞骸骨。召還理院事，巡按御史馮時雄言城未歸，澤不宜遽召。不納。

初，兵部缺尚書，廷臣共推澤，而王瓊得之，且陰阻澤。言官多劾瓊者，由是有隙。澤又使酒常凌瓊，瓊愈欲傾之。澤時時罵錢寧，瓊以語寧，寧未信。瓊乃邀澤飲，匿寧所親屏間，挑澤醉罵使聞之，寧果大怒。會寇大入宣府，廷議以許泰將兵，澤總制東西兩邊軍務。及詔下，罷泰不遣，又不命澤總制，獨令提督兩遊擊兵六千人以行，意以困澤。澤言："臣文臣，摧鋒陷陣非臣所能獨任。"瓊乃奏遣成國公朱輔。會寇遁，澤還理院事。

寫亦虎仙者，素桀黠。雖居肅州，陰通土魯番酋速檀滿速兒，爲之耳目，據城奪印皆其謀。澤初不知而遣之。滿速兒以城印來歸，留速檀拜牙郎如故。虎仙復啗使入寇，曰："肅州可得也。"滿速兒悦，使其壻馬黑木隨入貢，以覘虚實，且徵賄。澤已還，鑑亦遷去，李昆代巡撫，慮他變，質其使於甘州，而驅虎仙出關。虎仙懼，弗去。滿速兒聞之怒，復取哈密，分兵據沙州，自率萬騎寇嘉峪關。遊擊芮寧與參將蔣存禮禦之。寧軍盡没，遂墮城堡，縱殺掠。詔澤提督三邊軍務往禦。會副使陳九疇繫其使失拜煙答及虎仙等，内應絶，乃復求和。澤兵遂罷。尋乞骸骨歸，馳驛給夫廩如制。澤既去，瓊追論嘉峪之敗，遂劾澤妄增金幣，遺書議和，失信啟釁，辱國喪師。詔斥澤爲民。

世宗入繼，即家起兵部尚書、太子太保。部事積壞久，澤覈功罪，杜干請，兵政一新。初，正德時，廷臣建白戎務多廢格，澤在部多所執持。會御史史道以訐楊廷和下獄，澤復劾道，給事、御史交章劾澤阻言路，壞祖宗法。澤不自安，累疏乞休。言者復交劾之。乃加少保，賜敕乘傳歸。錦衣百户王邦奇憾澤嘗抑已，上書言哈密失國，由澤賂番求和所致。澤復奪官爲民，家居鬱鬱以卒。

總制尚書唐龍言："澤孝友廉直，先後討平群盜，功在盟府。陛下起之田間，俾掌邦政。澤孜孜奉國，復爲讒言構罷。今歿已五年，所遺二妾，衣食不給。請覈澤往勞，復官加邺，以作忠臣之氣。"不從。隆慶初復官，謚襄毅。

顯鶴按：《明史》澤本傳"蘭州人"，《太學題名碑》"蘭州籍，長沙人"，《湘陰縣志》作"湘陰人"，今從《湖南通志·選舉志》作"長沙人"。又本傳載："澤將遣女，治漆器數十，使吏送其家。澤父大怒，趣焚之，徒步詣徽。澤驚出迓，目吏負其裝。父怒曰：'吾負此數千里，汝不能負數步耶？'入，杖澤堂下。杖已，持裝徑去。澤益痛砥礪。"

劉天和

劉天和，字養和，麻城人。正德三年進士，授南京禮部主事。改御史，出按陝西。鎮守中官廖堂奉詔辦食御物於蘭州，天和謂非所部，辭不往。堂奏天和拒命，詔逮之。部民哭送者萬人。錮詔獄久不釋，吏部尚書楊一清疏救，法司奏當贖杖還職，中旨謫金壇丞。刑部主事孫繼芳抗章救，不報。屢遷湖州知府，多惠政。

嘉靖初，擢山西提學副使。累遷南京太常少卿。以右僉都御史督甘肅屯政，請以肅州丁壯及山陝流民於近邊耕牧，且推行於諸邊。尋奏當興革者十事，田利大興。

改撫陝西，請撤鎮守中官及罷爲民患者三十餘事，帝皆從之。洮，岷番四十二族蠢動，天和誅不順命者。又討平湖店大盜及漢中妖賊，就進右副都御史。

母憂，服闋以故官總理河道。黄河南徙，歷濟、徐皆旁溢。天和疏汴河，自朱仙鎮至沛飛雲橋，殺其下流。疏山東七十二泉，自凫、尼諸山達南旺河，濬其下流。役夫二萬，不三月訖工。加工部右侍郎。故事，河南八府歲役民治河，不赴役者人出銀三兩。天和因歲饑，請盡蠲旁河受役者課，遠河未役者半之。詔可。

十五年，改兵部左侍郎，總制三邊軍務。兵車皆雙輪，用二十人，遇險即困，又行遲不適於用。天和請倣前總督秦紘隻輪車，上置砲槍斧戟，廂前樹狻猊牌，左右虎盾，連二車可蔽三四十人。一人輓之，推且翼者各二人。戰則護騎士其中，敵遠則施火器，稍近發弓弩，又近乃出短兵。敵走，則騎兵追。復製隨車小帳，令士不露宿。又毒弩矢，修邊牆濠塹。皆從之。

吉囊十萬衆屯賀蘭山，進天和右都御史。寇大集兵，將入犯。天和策寇瞰西有備，必東，密檄延綏副將白爵宵行，與參將吴瑛合。寇果東入黑河墩，遇爵伏兵，大創而去。帝大喜，進天和左都御史。吉囊犯河西，天和禦卻之，進兵部尚書。寇將入平虜城，天和伏兵花馬池。寇戰不勝，走河上，遇伏兵，多死於水。吉囊乘虚寇固原，剽掠且饜。會淫潦，弓矢盡膠，無鬭志。而諸將多畏縮。天和斬指揮二人，召故總兵周尚文令立功。會陝西總兵官魏時角寇至黑水苑，尚文盡鋭夾擊，殺吉囊子小十王。寇退寧夏，巡撫楊守禮、總兵官任傑等復邀擊，敗之鐵柱泉，斬獲共四百四十餘級。論功，加天和太子太保，廕一子錦衣千户，前後賚銀幣十數。遷南京户部尚書，召爲兵部尚書督團營。言官論天和衰老，遂乞休歸。家居三年卒。贈少保，謚莊襄。

天和初舉進士，劉瑾欲與敘宗姓，謝不往。晚年内召，陶仲文以刺迎，稱戚屬。天和返其刺，曰：“誤矣，吾中外姻連無是人。”仲文恚，其罷官有力焉。

李　棠

李棠，字石塘，長沙人。嘉靖十七年進士，由吏部郎中歷官僉都御史。

時宣大總督王崇古以俺答就撫，遣使報謝，誓不犯大同。遂令要土蠻、昆都力、吉能等皆入貢，俺答報如約，惟土蠻不至。崇古念土蠻勢孤，薊昌可無患，令將士勿燒荒搗巢，議通貢市，休息邊民。朝議譁然。兵部尚書郭乾謂馬市先帝明禁，不宜許，給事中章端甫請勅崇古無邀近功，忽遠慮。

崇古上疏謂：“先帝既誅仇鸞，禁開馬市，邊臣何敢故違？但敵求貢市，不過如遼東、開原、廣寧之規，商人自以有無貿易，非請復開馬市也。俺答父子兄弟横行四五十年，震驚宸嚴，流毒畿輔。一旦納款求貢，又必責以久要，欲保百年無事，否則治首事之罪。豈惟臣等不能逆料，他時雖俺答亦恐能保其身，不能制諸部於身後也。夫以堂堂天朝，容荒服之來王，昭聖圖之廣大，傳示東西諸部，垂之天下萬世，諸臣何疑憚而不爲耶？”因條封貢八事以上。

詔下廷議，定國公徐文璧、侍郎張四維以下二十二人以爲可許，英國公張洛、尚書張守真以下十七人以爲不可許。尚書朱衡等五人[①]封貢可許，互市不便。朝議紛然沸騰，莫知適從。棠獨力排群議，極言當許狀。尚書郭乾悉上衆議。帝從棠言，詔封俺答順義王，名所居城曰歸化。俺答率諸部受詔甚恭，使使貢馬，執趙全餘黨以獻。自是邊境休

① 《明史》卷二二二《李棠傳》“人”後有“言”字。

息，東起延、永，西抵嘉峪七鎮，數千里軍民樂業，不用兵革，歲省費什七。雖崇古功，亦棠力主其議有以贊成之也。

旋遷右副都御史，巡撫南、贛，督僉事諸察討平韶州山賊。所至有威惠，終南京吏部右侍郎。仕宦三十年，以介潔稱。天啟初，追謚恭懿。

王之誥

王之誥，字告若，石首人。嘉靖二十三年進士，授吉水知縣。遷户部主事，改兵部員外郎，出爲河南僉事。討師尚詔有功，轉參議。調大同兵備副使。以搗板升功，增俸一級，進山西右參政。擢右僉都御史，巡撫遼東。大興屯田，每營墾田百五十頃，役軍四百人。列上便宜八事，行之。召爲兵部右侍郎。尋以左侍郎總督宣、大、山西軍務。

隆慶元年，就進右都御史。俺答犯石州，之誥令山西總兵官申維岳、參將劉寶、尤月、黑雲龍四營兵尾之南下，而檄大同總兵官孫吴、山西副總兵田世威等出天門關，遏其東歸。巡撫王繼洛駐代州不出，維岳不敢前，石州遂陷。殺人數萬，所過無孑遺，大掠十有四日而去。事聞，維岳、世威、寶論死，繼洛戍邊，吴落職。之誥以還守南山，止貶二秩。

明年，詔之誥以左侍郎巡視薊、遼、保定、宣、大、山西，之誥以疾辭。三年，起督京營。進右都御史，總督陝西三邊軍務。以延寧將士搗巢功，予一子官，遷南京兵部尚書。

神宗嗣位，召拜刑部尚書。張居正專政，之誥與有連，每規切之。萬曆三年，乞假送母歸，踰時不至，被劾。會之誥亦奏請終養，遂報許。後居正喪父奪情，杖言者闕下。歸葬還闕，之誥以召還直臣，收人心爲勸。卒，贈太子太保，謚端襄。

時有夷陵劉一儒者，字孟真，亦居正姻也。嘉靖三十八年進士，屢官刑部侍郎。居正當國，嘗貽書規之。居正歿，親黨皆坐斥，一儒獨以高潔名。尋拜南京工部尚書。甫半歲，移疾歸。初，居正女歸一儒子，珠琲紈綺盈箱篋，一儒悉扃之别室。居正死，貲産盡入官，一儒乃發向所緘物還之。南京御史李一陽請還一儒於朝，以厲恬讓。帝可其奏。一儒竟不赴召，卒於家。天啟中，追謚莊介。

顯鶴案：王、劉二公俱與文忠有婣。當文忠秉用隆赫時，正言規切，不避嫌怨，斯異於瑣瑣膴仕矣。孟真視新婦匳具如涴已，扃鐍一室以待封還，若預知張氏之必以此敗者然，其識不尤卓哉！惜乎文忠之賢，不早見及此，豈非旁觀者明、當局者昧耶？君子所以致嘆於目論也。

王廷瞻

王廷瞻，字稚表，黄岡人。父濟，參政。廷瞻舉嘉靖三十八年進士，授淮安推官。入爲御史，督畿輔屯政。穆宗在裕邸，欲易莊田，廷瞻不可。隆慶元年，所部久雨。請自三宫以下及裕府莊田改入乾清宫者，悉蠲其租。詔減十之五。已，言勳戚莊田太濫，請於初給時裁量田數，限其世次，爵絶歸官。制可。高拱再輔政，廷瞻常論拱，遂引疾歸。

神宗立，起故官，歷太僕卿。萬曆五年，以右僉都御史巡撫四川。番屢犯松[①]，廷瞻令副使楊一桂、總兵官劉顯剿之，殲其魁，群蠻納款。風村、白草諸番，久居二十八砦，率男婦八千餘人來降。復命總兵顯討建昌、傀厦、洗馬、姑宰、鐵口諸叛番，皆獻首惡出降。增俸一級，進右副都御史，撫南、贛。

入爲南京大理卿，歷兩京户部左、右侍郎，以右都御史出督漕運兼

① 《明史》卷二二一《王廷瞻傳》“松”後有“潘”字。

巡撫鳳陽諸府。寶應氾光湖堤蓄水濟運，平江伯陳瑄所築也。下流無所洩，決爲八淺，匯成巨潭，諸鹽場皆没。淮流復奔入，勢益洶湧。前巡撫李世達等議開越河避其險，廷瞻承之。鑿渠千七百七十六丈，爲石閘三，減水閘二，石堤三千三十六丈，子堤五千三百九十丈，費公帑二十餘萬，八月竣事。詔旨褒嘉，賜河名弘濟。進廷瞻户部尚書，巡撫如故。

尋改南京刑部尚書。未拜，乞歸。久之卒。贈太子少保。

顯鶴案：尚書爲王子雲之祖父。子雲天下名士，不愧黨錮諸賢。余增輯《獨行》以表其志，斯爲不愧門風矣。

李長庚

李長庚，字酉卿，麻城人。萬曆二十三年進士，授户部主事。歷江西左、右布政使，所在勵清操。入爲順天府尹。改右副都御史，巡撫山東。盡心荒政，民賴以蘇。盜蔓武定諸州縣，討擒其渠魁。

四十六年，江東用兵，議行登、萊海運。長庚初言不便，後言：“自登州望鐵山西北口，至羊頭凹，歷中島、長行島抵北信口，又歷兔兒島至深井，達蓋州，剥運一百二十里，抵娘娘宫，陸行至廣寧一百八十里，至遼陽一百六十里，每石費一金。”部議以爲便，遂行之。

明年二月，特設户部侍郎一人兼右僉都御史，出督遼餉，駐天津，即以長庚爲之。奏行造淮船、通津路、議牛車、酌海道、截幫運、議錢法、設按臣、開事例、嚴海防九事。時議歲運米百八十萬石，豆九十萬石，草二千一百六十萬觔，銀三百二十四萬兩。長庚請留金花，行改折，借税課，言：“臣考會計録，每歲本色、折色通計千四百六十一萬有奇。入内府者六百餘萬，入太倉者，自本色外，折色四百餘萬。内府六百萬，自金花籽粒外，皆絲綿布帛蠟茶顔料之類，歲久皆朽敗。若改折一年，無損於上，有益於下。他若陝西羊絨，江、浙織造，亦當稍停一年，濟軍國急。”帝不悦，言：“金花籽粒本祖宗舊制，内供正額及軍官月俸，所費不貲，安得借留？其以今年天津、通州、江西、四川、廣西上供税銀，盡充軍費。”

於是户科給事中官應震上言：“考《會典》，於内庫則云，金花銀，國初解南京供武俸，諸邊或有急，亦取給其中。正統元年始自南京改解内庫。嗣後除武官俸外，皆爲禦用。是金花銀國初常以濟邊，而正統後方供御用也。《會典》於太倉庫則云，嘉靖二十二年題準諸處京運錢糧，不拘金花籽粒，應解内府者悉解貯太倉庫，備各邊應用。是世宗朝金花盡充兵餉，不知陛下初年何故斂之於内也。今不考各邊取給應用之例，而反云正供舊額，何相左若是。至武官月俸，歲不過十餘萬，乃云所費不貲哉。且原數一百萬，陛下始增二十萬，年深日久，顛末都忘。以臣計之，無論今年當借，即嗣後年年借用可也。毋論未來者當濟邊，即見在内帑者盡還太倉可也。若夫物料改折，隆慶元年曾行之以解部濟邊，六年又行於南京監局，亦以濟邊。此則祖宗舊制，陛下獨不聞耶？”帝卒不聽。

時諸事剏始，百務坌集。長庚悉辦治。天啟二年，遷南京刑部尚書，就移户部。明年召拜户部尚書，未任，以憂歸。

崇禎元年起工部尚書，復以憂去。久之，代閔洪學爲吏部尚書。六年正月，修撰陳于泰疏陳時弊。宣府監視中官王坤力詆之，侵及首輔周延儒。長庚率同列上言：“陛下博覽古今，曾見有内臣參論輔臣者否？自今以後，廷臣拱手屏息，豈盛朝所宜有。臣等溺職，祈立賜譴黜，終不忍開内臣輕議朝政之端，流禍無窮，爲萬世口實。”帝不懌。

長庚不植黨援，與温體仁不合，推郎中王茂學爲真定知府，帝不允。復推爲順德知府，帝怒責以欺蒙，並追咎冠帶監生授職事，責令回奏。奏上，斥爲民。家居十年，國變，久之卒。

李騰芳

李騰芳，字子實，湘潭人。萬曆二十年進士，改庶吉士。好學，負才名。三王竝封旨下，騰芳爲書詣朝房投大學士王錫爵。略言："公欲暫承上意，巧借封王，轉作册立。然恐王封既定，大典愈遲。他日公去而事壞，罪公始謀，何辭以解？此不獨宗社憂，亦公子孫禍也。"錫爵讀未竟，遽牽衣命坐，曰："諸人詈我，我何以自明？如子言，我受教。但我疏必親書，謂子孫禍何也？"騰芳曰："外廷正以公手書密揭，無由知其詳，公乃欲籍以自解。異日能使天子出公手書示天下乎？"錫爵憮然淚下，明日遂反竝封之詔。屢遷左諭德。

光宗立，擢少詹事，署南京翰林院。旋拜禮部右侍郎，教習庶吉士。御史王安舜劾騰芳驟遷，騰芳辭位，熹宗不許，竟以省母歸。天啟初，以故官協理詹事府，尋改吏部左侍郎。丁内艱，加禮部尚書以歸。魏忠賢惡騰芳與楊漣同鄉。御史王際逵因論騰芳被察驟起，丁憂進官，皆非制。遂削奪。

崇禎初，再以尚書協理詹事府，京師戒嚴，條畫守禦，多稱旨。代何如寵掌部事。卒官，贈太子太保。

顯鶴按：騰芳本傳：與崑山顧天埈善。被劾去，時遂有顧黨、李黨之目。其實騰芳立朝居鄉，具有本末，可覆按也。

又按：崇禎二年張繼孟劾冢臣王永光疏，其一云："李騰芳、孫慎行，天下共推服，乃指公論爲擁戴，謬三。"此亦可見騰芳之見許於清議久也。繼孟後分巡川西，死張獻忠之難。見《明史·忠義傳》。

羅喻義

羅喻義，字湘中，益陽人。萬曆四十一年進士，改庶吉士，授檢討。請假歸。

天啟初還朝，歷官諭德，晉經筵。六年，擢南京國子祭酒。諸生欲爲魏忠賢建祠，喻義懲其倡者，乃已。忠賢黨輯東林籍貫，湖廣二十人，以喻義爲首。

莊烈帝嗣位，召拜禮部右侍郎，協理詹事府。尋充日講官，教習庶吉士。

喻義性嚴冷，閉户讀書，不輕接一客。後見中外多故，將吏不習兵，鋭意講武事，推演陣圖獻之。帝爲褒納。以時方用兵，而督撫大吏不立軍府，財用無所資，因言："武有七德，豐財居其一。正餉之外，宜别立軍府，朝廷勿預知。饗士、賞功、購敵，皆取給於是。"又極陳車戰之利。帝下軍府議於所司，令喻義自製戰車。喻義復上言按畝加派之害，而以戰車營造職在有司，不肯奉詔。帝不悦，疏遂不行。

明年九月進秩尚書，撰《布昭聖武講義》。中及時事，有"左右之者不得其人"語，頗傷執政；末陳祖宗大閲之規，京營之制，冀有所興革。呈稿政府，温體仁不懌。使正字官語喻義，令改。喻義造閣中，隔扉誚體仁。體仁怒，上言："故事，惟經筵進規，多於正講，日講則正多規少。今喻義以日講而用經筵之制，及令删改，反遭其侮，惟聖明裁察。"遂下吏部議。喻義奏辨曰："講官於正文外旁及時事，亦舊制也。臣展轉敷陳，冀少有裨益。體仁删去，臣誠恐愚忠不獲上達，致忤輔臣。今草稿具在，望聖明省覽。"吏部希體仁指，議革職閒住，可之。喻義雅尚氣節，爲體仁所傾，士論交惜。瀕行乞恩，請乘傳，帝亦報可。家居十年，卒。

附録：休寧金正希聲《上羅宗伯書》云：聲以前月終抵會城，

是月中旬乃到嘉魚。到此即問舟詣師臺，不意卒得寒疾。方稍平復，而適豚兒繼之佈痘。聲之來此，未與室人俱，不得不留視醫藥。近吾師之居若此其甚也，而爲緣阻又若是。前聞師徙居郡治，至此詢近履，又傳聞復還益陽，敬遣人肅候。頃見邸報，蒙上海相公有修曆之薦。聲自前歲歸來，麋鹿之性已將終身。已聞吾師去國，百念亦復灰冷。今復有此，意悵悵，殊不欲行，圖所以辭之而未得其説也。出處兩念，至今縈縈，而不得就商决於吾師，惟吾師幸有以教之。

顯鶴按：正希，休寧人，今世皆稱“金嘉魚”。以此書考之，蓋嘉魚爲喬寄之地。《湖廣通志》收入《文苑》，今特附録此札，以見師友淵源、文章氣節相承有自云。

郭正域

郭正域，字美命，江夏人。萬曆十一年進士，選庶吉士，授編修，與修撰唐文獻同爲皇長子講官。皆三遷至庶子，不離講帷。每講畢，諸内侍出相揖，惟二人不交一言。

出爲南京祭酒。諸生納貲許充貢，正域奏罷之。李成梁孫以都督就婚魏國徐弘基家，騎過文廟門，學録李維極執而扶之。李氏蒼頭數十人蹋邸門，弘基亦至。正域曰：“今天子尚皮弁拜先聖，人臣乃走馬廟門外乎？且公侯子弟入學習禮，亦國子生耳，學録非扶都督也。”令交相謝而罷。

三十年，徵拜詹事，復爲東宫講官。旋擢禮部右侍郎，掌翰林院。

初，正域之入館也，沈一貫爲教習師。後服闋授編修，不執弟子禮，一貫不能無望。至是，一貫爲首輔，沈鯉次之。正域與鯉善，而心薄一貫。會臺官上日食占，曰：“日從上食，占爲君知佞人用之，以亡其國。”一貫怒而詈之，正域曰：“宰相憂盛危明，顧不若瞽史邪？”

一貫聞之怒。兩淮税監魯保請給關防，兼督江南、浙江織造，鯉持不可，一貫擬予之，正域亦力争。秦王以嫡子久未生，請封其庶長子爲世子，屢詔趣議。前尚書馮琦持不上，正域亦執不許。王復請封其他子爲郡王，又不可，一貫使大璫以上命脅之。正域榜於門曰："秦王以中尉進封，庶子當仍中尉，不得爲郡王。妃年未五十，庶子亦不得爲世子。"一貫無以難。及建議欲奪黄光昇、許論、吕本謚，一貫與朱賡皆本同鄉也，曰："我輩在，誰敢奪者！"正域援筆判曰："黄光昇當謚，是海瑞當殺也。許論當謚，是沈煉當殺也。吕本當謚，是鄢懋卿、趙文華皆名臣，不當削奪也。"議上，舉朝韙之，而卒不行。

正域既積忤一貫，一貫深憾之。會楚王華奎與宗人華越等相訐，正域復與一貫異議，由此幾得危禍。先是，楚恭王得廢疾，隆慶五年薨，遺腹宫人胡氏孿生子華奎、華壁。或云内官郭綸以王妃兄王如言妾尤金梅子爲華奎，妃族人如綍奴王玉子爲華壁。儀賓汪若泉嘗訐奏之，事下撫按。王妃持甚堅，得寢。萬曆八年，華奎嗣王，華壁亦封宣化王。宗人華越者，素强禦忤王。華越妻，如言女也。是年遣人訐華奎異姓子也，不當立。一貫屬通政使沈子木，格其疏勿上。月餘，楚王劾華越疏至，乃上之。命下部議。未幾，華越入都訴通政司邀截實封及華奎行賄狀，楚宗與名者，凡二十九人。子木懼，召華越令更易月日以上。旨并下部。正域請敕撫按公勘，從之。

初，一貫屬正域毋言通政司匿疏事。及華越疏上，正域主行勘，一貫言親王不當勘。及帝從勘議，楚王懼，奉百金爲正域壽，且屬無竟楚事，當酬萬金，正域嚴拒之。已而湖廣巡撫趙可懷、巡按應朝卿勘上，言詳審無左驗，而王氏持之堅，諸郡主、縣主則云"罔知真僞"，乞特遣官再問。詔公卿雜議於西闕門，日晏乃罷。議者三十七人，各具一單，言人人殊。李廷機以左侍郎代正域署部事，正域欲盡録諸人議，廷機以辭太繁，先撮其要者上。一貫遂嗾給事中楊應文、御史康丕揚劾禮部壅閼群議，不以實聞。正域疏辨，且發子木匿疏、一貫阻勘及楚王餽遺狀。一貫益恚，謂正域遣家人導華越上疏，議令楚王避位聽勘，私庇華趆。

當是時，正域右宗人，大學士沈鯉右正域，尚書趙世卿、謝傑，祭酒黄汝良則右楚王，給事中錢夢皋遂希一貫指論正域，詞連次輔鯉。應文又言正域父懋嘗笞辱於楚恭王，故正域因事陷之。正域疏辨，留中不報。一貫、鯉以楚事皆求去，廷機復請再問。帝以王嗣位二十餘年，何至今始發，且夫訐妻証，不足憑，遂罷楚事勿按。正域四疏乞休去。楚王既得安，遂奏劾正域，大略如應文言；且訐其不法數事，請褫正域官。詔下部院集議，廷機微刺正域，而謂其已去可無苛求。給事中張問達則謂藩王欲進退大臣，不可訓，乃不罪正域而令巡按御史勘王所訐以聞。

俄而妖書事起，一貫以鯉與己地相逼，而正域新罷，因是陷之，則兩人必得重禍，乃爲帝言臣下有欲相傾者爲之。蓋微引其端，以動帝意。亡何，錦衣衛都督王之禎等四人以妖書有名，指其同官周家慶爲之。東廠又捕獲妖人皦生光，巡城御史康丕揚爲生光訟冤，言妖書、楚事同一根柢，請少緩其獄，則兄弟可授首闕下。意指正域及其弟國子監丞正位。帝怒，以爲庇反賊，除其名。一貫力救始免。丕揚乃先後捕僧人達觀、醫者沈令譽等，而同知胡化則告妖書出教官阮明卿手。未幾，廠衛又捕可疑者一人曰毛尚文。數日間鋃鐺旁午，都城人人自危。家慶等皆下詔獄。家慶旋以治無驗，令革任回籍。令譽故嘗往來正域家，達觀亦時時游貴人門，嘗爲正域所撈逐，尚文則正域僕也。一貫、丕揚等欲自數人口引正域，而化所訐阮明卿，則錢夢皋壻。夢皋大恚，上疏顯攻正域，言："妖書刊播，不先不後，適在楚王疏入之時。蓋正域乃沈鯉門徒，而沈令譽者，正域食客，胡化又其同鄉同年，群奸結爲死黨。乞窮治根本，定正域亂楚首惡之罪，勒鯉閒住。"帝令正域還籍聽勘，急嚴訊諸所捕者。達觀拷死，令譽亦幾死，皆不承。法司迫化引正域及歸德。歸德，鯉所居縣也。化大呼曰："明卿，我仇也，故訐之。正域舉進士二十年不通問，何由同作妖書？我亦不知誰爲歸德者。"帝知化枉，釋之。

都督陳汝忠掠訊尚文，遂發卒圍正域舟於楊村，盡捕媪婢及傭書者男女十五人，與生光雜治，終無所得。汝忠以錦衣告身誘尚文曰："能告賊，即得之。"令引令譽，且以乳媪龔氏十歲女爲徵。比會訊，東廠太監陳矩詰女曰："汝見妖書版有幾？"曰："盈屋。"矩笑曰："妖書僅二三紙，版顧盈屋邪？"詰尚文曰："令譽語汝刊書何日？"尚文曰："十一月十六日。"戎政尚書王世揚曰："妖書以初十日獲，而十六日又刊，將有兩妖書邪？"拷生光妻妾及十歲兒，以鍼刺指爪，必欲引正域，皆不應。生光仰視夢臯、丕揚，大駡曰："死則死耳，奈何教我迎相公指，誣引郭侍郎乎？"都御史温純等力持之，事漸解，然猶不能具獄。

光宗在東宫，數語近侍曰："何爲欲殺我好講官？"諸人聞之皆懼。詹事唐文獻偕其僚楊道賓等詣一貫争之，李廷機亦力爲之地，獄益解。刑部尚書蕭大亨具爰書，猶欲坐正域。郎中王述古抵藁於地，大亨乃止。遂坐生光極刑，釋諸波及者，而正域獲免。方獄急時，邏卒圍鯉舍及正域舟，鈴柝達旦。又聲言正域且逮，迫使自裁。正域曰："大臣有罪，當伏尸都市，安能自屏野外？"既而幸無事，乃歸。歸三年，巡按御史史學遷勘上楚王所訐事，無狀。給事顧士琦因請召還正域。不報。

正域博通載籍，勇於任事，有經濟大略，自守介然，故人望歸之。扼於權相，遂不復起，家居十年卒。後四年，贈禮部尚書。光宗遺詔，加恩舊學，贈太子少保，謚文毅，官其子中書舍人。

顯鶴按：《明史》吕坤本傳：初，坤按察山西時，嘗撰《閨範圖説》，内侍購入禁中。鄭貴妃因加十二人，且爲製序，屬其伯父承恩重刊之。給事中戴士衡遂劾坤因承恩貴緣進書，結納宫掖，包藏禍心。坤持疏力辨。未幾，有妄人爲《閨範圖説》跋，名曰《憂危竑議》，略言："坤撰《閨範》，獨取漢明德后者，后出貴人進中宫，坤以媚鄭貴妃也。坤疏陳天下憂危，無事不言，獨不及建儲，意自可見。"其言絶狂誕，天下所謂妖書也。

熊開元

熊開元，字魚山，嘉魚人。天啟五年進士，除崇明知縣，調繁吴江。

崇禎四年，徵授吏科給事中。帝遣中官王應期等監視關、寧軍馬，開元抗疏争，不納。王化貞久繫不决，奸人張應時等疏頌其功，請以身代死，俾戴罪立功。開元疏駁之，言："化貞家貲鉅萬，每會朝審，輒買燕市少年，雜立道旁，投熊廷弼瓦礫，嗟歎化貞不休，以此熒惑上聽。今應時復敢爲此請，宜立肆化貞市朝。"化貞卒正法。

帝以畿輔被兵求言，官陳[1]民事者，報名會極門，即日召對。開元欲論周延儒，次日即請見。帝召入文昭閣，開元請密論軍事。帝屏左右，獨輔臣在，開元不敢言，但奏軍事而出，越十餘日，復請見。帝御德政殿，秉燭坐。開元從輔臣入，奏言："《易》稱'君不密則失臣，臣不密則失身'，請輔臣暫退。"延儒等引退者再，帝不許。開元遂言："陛下求治十五年，天下日以亂，必有其故。"帝曰："其故安在？"開元言："今所謀畫，惟兵食寇賊。不揣其本，而末是圖，雖終日夜不寢食，求天下治無益也。陛下臨御以來，輔臣至數十人，不過陛下曰賢，左右曰賢而已，未必諸大夫國人皆曰賢也。天子心膂股肱，而任之易如此。庸人在高位，相繼爲奸，人禍天殃，迄無衰止。迨言官發其罪狀，誅之斥之，已敗壞不可復救矣。"帝與詰問久之，疑開元有所爲，曰："爾意有人欲用乎？"開元辨無有，且奏且頻目延儒。延儒謝，帝曰："天下不治皆朕過，於卿等何與？"開元言："陛下令大小臣工不時而奏，而輔臣在左右，誰敢爲異同之論以速禍。且昔日輔臣，繁刑厚斂，屏棄忠良，賢人君子攻之。今輔臣奉行德意，釋累囚，蠲逋

① 陳民：《明史》卷二五八《熊開元傳》作"民陳"。

賦，起廢籍，賢人君子皆其所引用。偶有不平，私慨歎而已。”帝責開元有私。開元辨，延儒等亦前爲解。

開元復請徧召廷臣，問以輔臣賢否。“輔臣心事明，諸臣流品亦別。陛下若不察，將吏狃情面賄賂，失地喪師，皆得無罪，誰復爲陛下捐軀報國者。”延儒等奏情面不盡無，賄賂則無有。開元復言：“敵兵入口四十餘，未聞逮治一督撫。”帝曰：“督撫初推，人以爲賢，數月後即以爲不賢，必欲去之而後快。邊方與内地不同，使人何以展布？”開元言：“四方督撫，率自監司。明日廷推，今日傳單，其人姓名不列。至期吏部出諸袖，諸臣唯唯而已。既推後，言官轉相采訪，而其人伎倆亦自露於數月閒，故人得而指之，非初以爲賢，繼以爲不賢也。”帝命之退，延儒等請令補牘，從之。

當是時，開元欲發延儒罪，以其在側不敢言，而延儒慮其補牘，謀沮之。大理卿孫晉、兵部侍郎馮元飆責開元，“首輔多引賢者。首輔退，賢者且盡逐”。開元意動。大理丞吴履中至，亦以開元言爲驟。禮部郎中吴昌時者，開元知吴江時所拔士也，復致書言之。開元乃止述奏辭，不更及延儒他事。帝方信延儒，大清兵又未退，焦勞甚。得奏大怒，命錦衣衛逮治。衛帥駱養性，開元鄉人也，雅怨延儒，次日即以獄上。帝益怒[1]，“開元讒譖輔弼，必使朕孤立於上，乃便彼行私。必有主使者。養性不加刑，溺職甚，其再嚴訊以聞。”十二月朔，嚴刑詰供主謀。開元堅不承，而盡發延儒之隱，養性具以聞。帝乃廷杖開元，繫獄。十六年六月，延儒罷，言官多救開元者。不報。刑部擬贖徒，不許。明年正月，遣戍杭州。

未幾，京師陷。福王召起吏科給事中。丁母艱，不赴。唐王立，起工科左給事中。連擢太常卿、左僉都御史，隨進東閣大學士。乞假歸。汀州破，棄家爲僧，隱蘇州之靈巖以終。

《明史》張埰本傳：時行人熊開元亦以建言下錦衣衛。帝怒兩

① 《明史》卷二五八《熊開元傳》“怒”後有“曰”字。

人甚，密旨下衛帥駱養性，令潛斃之獄。養性懼，不敢奉命，私以語同鄉給事中廖國遴，國遴以語同官曹良直。良直即疏劾養性"歸過於君，而自以爲功。陛下無此旨，不宜誣謗；即有之，不宜洩。"請竝誅養性、開元。會鎮撫再上埰獄，言掠訊者再，供無異詞。養性亦封還密旨。乃命移刑官定罪，尚書徐石麒等擬埰戍，開元贖徒。帝責以徇情骫法，令對狀。乃逮埰、開元至午門，竝杖一百。埰已死，埰弟垓口溺灌之，乃復蘇，仍繫刑部獄。明年秋，大疫，命諸囚出外收保。埰、開元出，即謁謝賓客。帝以語刑部尚書張忻，忻懼，復禁之獄。十七年二月始釋埰，戍宣州衛。將赴戍所而都城陷。福王立，遇赦，起故官。丁父艱，不赴。國變後，流寓蘇州以卒。且死，語其二子曰："吾奉先帝命戍宣州，死必葬我敬亭之麓。"二子如其言。

顯鶴按：明代英、景閒，流民嘯聚，海内多故。葉宗留、鄧茂七之徒劫掠浙、閩境上，而都匀、松茂、黔楚諸苗猺所在據險稱叛。若張驥之招降鑑胡，張瓚之討平諸番，鄧廷瓚之連破都匀苗百餘寨，請改土司爲府縣，設流官與土官兼治，而苗患漸戢，史稱其設施動中機宜。王軾普安之役，用兵凡五月，破賊砦千餘，斬首四千八百有奇，厥功偉矣。熊繡、孫交砥節奉公，懇懇廷諍，跡其杜塞倖門，力撓奄豎，清嚴不苟，行無瑕尤，君子人與？彭澤偉然重望，雖處置哈密，未厭衆心。然其孝友廉直，討平群盜，功在盟府，卒爲讒言所閒，抑其使酒凌物，戇直之氣有以召之也。乃若李長庚之主海運，劉天和之疏河道及論車戰法，與羅喻義同一切中時務，儒者之效彰彰矣。喻義理學名臣，以忤宰執逐，國事可知。郭正域與沈鯉、吕坤，當時有"三大賢"之目，扼於權相，險難忽發，慬而獲免。熊開元抨擊時宰，有直臣風，卒以是獲重譴，危矣哉。

金　聲

金聲，字正希，嘉魚人。好學，工舉子業，名傾一時。崇禎元年成進士，授庶吉士。明年十一月，大清兵逼都城，聲慷慨乞面陳急務，帝即召對平臺。退具疏言："臣書生素矢忠義，遭遇聖明，日夜爲陛下憂念天下事。今兵逼京畿，不得不急爲君父用。夫通州、昌平，都城左右翼，宜戍以重兵。而天津漕艘所聚，尤宜亟防。今天下草澤之雄，欲效用國家者不少，在破格用之耳。臣所知申甫有將才。臣願仗聖天子威靈，與練敢戰士，爲國家捍强敵，惟陛下立賜裁許。"

申甫者，僧也，好談兵，方私製戰車火器。帝納聲言，取其車入覽，授都司僉書。即日召見，奏對稱旨，超擢副總兵，勅募新軍，便宜從事。改聲御史，參其軍。甫倉猝募數千人，皆市井游手，所需軍裝戎器又不時給。而是時大清兵在郊圻久，勢當速戰，急出營柳林。總理滿桂節制諸軍，甫不肯爲下。桂卒掠民閒，甫軍捕之，桂輒索去。聲以兩軍不和聞，帝即命聲調護。亡何，桂殁，甫連敗於柳林、大井，乃結車營蘆溝橋。大清兵遶出其後，御車者惶懼不能轉，殲戮殆盡，甫亦陣亡。聲痛傷之，言甫受事日淺，直前衝鋒，遺骸矢刃殆徧，非喋血力戰不至此。帝亦傷之，命予恤典。

聲恥無功，請率參將董大勝兵七百人，甫遺將古壁兵百人，及豪傑義從數百人，練成一旅，爲劉之綸奇兵，收桑榆之效。不許。俄以清核軍需告竣，奏繳關防，請按律定罪，再疏請罷斥，皆不許。東江自毛文龍被殺，兵力弱，勢孤。聲因東宫册立，自請頒詔朝鮮，俾聯絡東江，張海外形勢。帝雖嘉其意，亦不果用。

尋上疏言："陛下曉夜焦勞，日親天下之事，實未嘗日習天下之人。必使天下才不才，及才長短，一一程量不爽，方可斟酌位置。往者，陛下數召對群臣，問無所得，鮮當聖心，遂厭薄之。臣愚妄謂陛下泰交尚未殷，顧問尚未數，不得謂召對無益也。願自今閒日御文華，令京卿、翰林、臺諫及中行，評博等官，輪番入直，博咨廣詢。而內外有職業者，亦得不時進見。政事得失，軍民利病，廟堂舉錯，邊塞情形，皆與臣工考究於燕閒之間。歲月既久，品量畢呈。諸臣才不才，及才長短，豈得逃聖鑒。”帝未及報，聲再疏懇言之，終不用，遂屢疏乞歸。

後大學士徐光啟薦聲同修曆書，辭不就，以御史召，亦不赴。八年春，起山東僉事，復兩疏力辭。徽[①]郡多盜，聲團練義勇，爲捍禦。十六年，鳳陽總督馬士英遣使者李章玉徵貴州兵討賊，迂道掠江西，爲樂平吏民所拒擊。比抵徽州境，吏民以爲賊，率衆破走之。章玉諱激變，謂聲及徽州推官吴翔鳳主使。士英以聞。聲兩疏陳辨。帝察其無罪，不問。其年冬，廷臣交薦，即命召用，促入都陛見，未赴而京師陷。

福王立於南京，超擢聲左僉都御史，聲堅不起。大清兵破南京，列郡望風迎降，聲糾集士民保績溪、黄山，分兵扼六嶺。寧國丘祖德、徽州温璜、貴池吴應箕等多應之。乃遣使通表唐王，授聲右都御史兼兵部右侍郎，總督諸道軍。拔旌德、寧國諸縣。九月下旬，徽故御史黄澍降於大清，王師間道襲破之。

聲被執至江寧，語門人江天一曰：“子有老母，不可死。”對曰：“天一同公起兵，可不同公殉義乎？”遂偕死。唐王贈聲禮部尚書，謚文毅。

天一，歙諸生。其同時舉兵者有尹民興。民興，字宣子，亦嘉魚人，聲密友也。崇禎初舉進士，歷知寧國、涇二縣，除奸釐蠹，有神明之稱。行取入都，爲陳啟新所訐，謫福建按察司檢校。十五年春，疏陳時務十四事，帝喜，召爲職方主事。數召對，言多當帝意，即擢本司郎中。周延儒出督師，命從軍贊畫。延儒被譴，下民興吏，除名，久之始釋。福王立，起故官，尋謝病歸，流寓涇縣。南京失，與諸生趙初浣等據城拒守。大清兵攻破城，初浣死之，民興走免。唐王以爲御史，事

① 徽：《明史》卷二七七《金聲傳》作“鄉”。

敗，歸卒於家。

顯鶴案：正希先生原籍休寧，其父封侍御公文耀賈於嘉魚，攜先生來，遂附嘉魚縣學籍。自鄉舉至成進士，皆不用本貫，故天下稱之曰“金嘉魚”。與熊魚山開元、尹宣子民興友善，皆嘉魚名宿也。先生文集有云：“余爲兒甫八歲，老父攜入楚讀書，涉風濤不少惜。老母泣涕請留，弗顧，曰：‘此閒望一青衿若登天，何況前路？兒勿向此中老也。’”又《祭尹太翁》文：余與宣子居同里，長同學，已同舉，同公車。”魚山作傳則云：“公仲兄卒，請於太公貲之。在徽者厚與伯兄，在楚者厚與仲兄子，己獨薄取。故先生末年雖嘗返休寧，而後裔實在嘉魚。”蓋先生次子敦滋實壻於魚山，故遂爲嘉魚人也。近濟寧邵君勸令嘉魚，求得先生裔孫楠，爲建宗祠，并同龔、蔣兩學博搜刻遺集，而先生遂長有後於嘉魚，不復爲徽人矣。故增輯《名臣》之後，以存實云。

楊嗣昌

楊嗣昌，字文弱，武陵人。萬曆三十八年進士，改除杭州府教授。遷南京國子監博士，累進户部郎中。天啟初，引疾歸。

崇禎元年，起河南副使，加右參政，移霸州。四年，移山海關飭兵備。父鶴，總督陝西被逮。嗣昌三疏請代，得減死。五年夏，擢右僉都御史，巡撫永平、山海諸處。嗣昌父子不附奄，無嫌於東林。侍郎遷安郭鞏以逆案謫戍廣西，其鄉人爲訟冤。嗣昌以部民故，聞於朝，給事中姚思孝駁之，自是與東林郄。

七年秋，拜兵部右侍郎兼右僉都御史，總督宣、大、山西軍務。時中原饑，群盜蜂起。嗣昌請開金銀銅錫礦，以解散其黨。又六疏陳邊事，多所規畫。帝異其才。以父憂去，復遭繼母喪。

九年秋，兵部尚書張鳳翼卒，帝顧廷臣無可任者，即家起嗣昌。三疏辭，不許。明年三月抵京，召對。嗣昌通籍後，積歲林居，博涉文籍，多識先朝故事，工筆札，有口辨。帝與語，大信愛之。鳳翼故柔靡，兵事無所區畫。嗣昌鋭意振刷，帝益以爲能。每對必移時，所奏請無不聽，曰："恨用卿晚。"嗣昌乃議大舉平賊。請以陝西、河南、湖廣、江北爲四正，四巡撫分勦而專防；以延綏、山西、山東、江南、江西、四川爲六隅，六巡撫分防而協勦。是謂"十面之網"。而總督、總理二臣，隨賊所向，專征討。福建巡撫熊文燦者，討海賊有功，大言自詭足辦賊。嗣昌聞而善之。會總督洪承疇、王家楨分駐陝西、河南。家楨故庸材，不足任，嗣昌乃薦文燦代之。因議增兵十二萬，增餉二百八十萬。其措餉之策有四：曰因糧，曰溢地，曰事例，曰驛遞。因糧者，因舊額之糧，量爲加派，畝輸糧六合，石折銀八錢，傷地不與，歲得銀百九十二萬九千有奇。溢地者，民閒土田溢原額者，核實輸賦，歲得銀四十萬六千有奇。事例者，富民輸資爲監生，一歲而止。驛遞者，前此郵驛裁省之銀，以二十萬充餉。議上，帝乃傳諭："流寇延蔓，生民塗炭，不集兵無以平寇，不增賦無以餉兵。勉從廷議，暫累吾民一年，除此腹心大患。其改因糧爲均輸，布告天下，使知爲民去害之意。"尋議諸州縣練壯丁捍本土，詔撫按飭行。

賊攻淅川，左良玉不救，城陷。山西總兵王忠援河南，稱疾不進，兵譟而歸。嗣昌請逮戮失事諸帥，以肅軍令。遂逮忠及故總兵張全昌。良玉以六安功，落職戴罪自贖。

嗣昌既建"四正六隅"之説，欲專委重文燦，文燦顧主撫議，與前策抵牾。帝誰讓文燦，嗣昌亦心望。既已任之，則曲爲之解。乃上疏曰："網張十面，必以河南、陝西爲殺賊之地。然陝有李自成、惠登相等，大部未能勦絶，法當驅關東賊不使合，而使陝撫斷商、雒，鄖撫斷鄖、襄，安撫斷英、六，鳳撫斷亳、潁，而應撫之軍出靈、陝，保撫之軍渡延津。然後總理提邊兵，監臣提禁旅，豫撫提陳永福諸軍，并力合勦。若關中大賊逸出關東，則秦督提曹變蛟等出關協擊，期三月盡諸劇寇。巡撫不用命，立解其兵柄，簡一監司代之。總兵不用命，立奪其帥印，簡一副將代之。監司、副將以下，悉以尚方劍從事。則人人效力，何賊不平？”乃尅今年十二月至明年二月爲滅賊之期。帝可其奏。

是時賊大入四川，朝士尤洪承疇縱賊。嗣昌因言於帝曰：“熊文燦在事三月，承疇七年不効。論者繩文燦急，而承疇縱寇莫爲言。”帝知嗣昌有意左右之，變色曰：“督、理二臣但責成及時平賊，奈何以久近藉之口！”嗣昌乃不敢言。文燦既主撫議，所加餉天子遣一侍郎督之，本藉以剿賊，文燦悉以資撫。帝既不復詰，廷臣亦莫言之。

至明年三月，嗣昌以滅賊踰期，疏引罪，薦人自代。帝不許，而命察行閒功罪，乃上疏曰：“洪承疇專辦秦賊，往[①]來秦、蜀自如，剿撫俱無功，不免於罪。熊文燦兼辦江北、河南、湖廣賊，撫劉國能、張獻忠，戰舞陽、光山，剿撫俱有功，應免罪。諸巡撫則河南常道立、湖廣余應桂有功，陝西孫傳庭、山西宋賢、山東顏繼祖、保定張其平、江南張國維、江西解學龍、浙江喻思恂有勞，鄖陽戴東旻無功過，鳳陽朱大典、安慶史可法宜策勵圖功。總兵則河南左良玉有功，陝西曹變蛟、左光先無功，山西虎大威、山東倪寵、江北牟文綬、保定錢中選有勞無功，河南張任學、寧夏祖大弼無功過。承疇宜遣逮，因軍民愛戴，請削宮保、尚書，以侍郎行事。變蛟、光先貶五秩，與大弼期五月平賊，踰斯並承疇逮治。大典貶三秩，可法戴罪自贖。”議上，帝悉從之。

嗣昌既終右文燦，而文燦實不知兵。既降國能、獻忠，謂撫必可恃。嗣昌亦陰主之，所請無不曲徇，自是不復言“十面張網”之策矣。是月，帝御經筵畢，嗣昌奏對有“善戰服上刑”等語。帝怫然，詰之曰：“今天下一統，非戰國兵争比。小醜跳梁，不能伸大司馬九伐之法，奈何爲之言？”嗣昌慚。

當是時，流賊既大熾，朝廷又有東顧憂，嗣昌復陰主互市策。適太陰掩熒惑，帝減膳修省，嗣昌則歷引漢永平、唐元和、宋太平興國事，蓋爲互市地云。給事中何楷疏駁之，給事中錢增、御史林蘭友相繼論

① 《明史》卷二五二《楊嗣昌傳》“往”前有“賊”字。

列，帝不問。

六月，改禮部尚書兼東閣大學士，入參機務，仍掌兵部事。嗣昌既以奪情入政府，又奪情起陳新甲總督，於是楷、蘭友及少詹事黄道周抗疏詆斥，修撰劉同升、編修趙士春繼之。帝怒，並鐫三級，留翰林。刑部主事張若麒上疏醜詆道周，遂鐫道周六級，並同升、士春皆謫外。已而南京御史成勇、兵部尚書范景文等言之，亦獲譴。嗣昌自是益不理於人口。

我大清兵入牆子嶺、青口山，薊遼保定總督吴阿衡方醉，不能軍，敗死。京城戒嚴，召盧象昇帥師入衛。象昇主戰，嗣昌與監督中官高起潛主款，議不合，交惡。編修楊廷麟劾嗣昌誤國。嗣昌怒，改廷麟職方主事監象昇軍，而戒諸將毋輕戰。諸將本恇怯，率籍口持重觀望，所在列城多破。嗣昌據軍中報，請旨授方略。比下軍前，則機宜已變，進止乖違，疆事益壞云。象昇既陣亡，嗣昌亦貶三秩，戴罪視事。

十二年正月，濟南告陷，德王被執，遊騎北抵兗州。二月，大清兵北旋。給事中李希沆言："聖明御極以來，北兵三至。己巳之罪未正，致有丙子。丙子之罪未正，致有今日。"語侵嗣昌。御史王志舉亦劾嗣昌誤國四大罪，請用丁汝夔、袁崇焕故事。帝怒，希沆貶秩，志舉奪官。初，帝以嗣昌才而用之，非廷臣意。知其必有言，言者輒斥。嗣昌既有罪，帝又數逐言官，中外益不平。嗣昌亦不自安，屢疏引罪，乃落職冠帶視事。未幾，以敘功復之。

先是，京師被兵，樞臣皆坐罪。二年，王洽下獄死，復論大辟。九年張鳳翼出督師，服毒死，猶削籍。及是，亡七十餘城，而帝眷嗣昌不衰。嗣昌乃薦四川巡撫傅宗龍自代。帝命嗣昌議文武諸臣失事罪，分五等：曰守邊失機，曰殘破城邑，曰失陷藩封，曰失亡主帥，曰縱敵出塞。於是中官則薊鎮總監鄧希詔、分監孫茂霖，巡撫則順天陳祖苞、保定張其平、山東顔繼祖，總兵則薊鎮吴國俊、陳國威，山東倪寵，援剿祖寬、李重鎮及他副將以下，至州縣有司，凡三十六人，同日棄市。而嗣昌貶削不及，物議益譁。

當戒嚴時，廷臣多請練邊兵。嗣昌因定議宣府、大同、山西三鎮兵十七萬八千八百有奇，三總兵各練萬，總督練三萬。以二萬駐懷來，以一萬駐陽和，東西策應，餘授鎮監、巡撫以下分練。延綏、寧夏、甘肅、固原、臨洮五鎮兵十五萬五千七百有奇。五總兵各練萬，總督練三萬，以二萬駐固原，一萬駐延安，東西策應。餘授巡撫、副將以下分練。遼東、薊鎮兵二十四萬有奇。五總兵各練萬，總督練五萬。外自錦州，内抵居庸，東西策應。餘授鎮監、巡撫以下分練。汰通州、昌平督治二侍郎，設保定一總督，合畿輔、山東、河北兵，得十五萬七千有奇。四總兵各練二萬，總督練三萬。北自昌平，南抵河北，聞警策應。餘授巡撫以下分練。又以畿輔重地，議增監司四人。於是大名、廣平、順德增一人，真定、保定、河閒各一人，薊、遼總督下增監軍三人。議上，帝悉從之。嗣昌所議兵凡七十三萬有奇，然民流餉絀，未嘗有實也。

帝又采副將楊德政議，府汰通判，設練備，秩次守備，州汰判官，縣汰主簿，設練總，秩次把總；並受轄於正官，專練民兵。府千，州七百，縣五百，捍鄉土，不他調。嗣昌以勢有緩急，請先行畿輔、山東，河南、山西，從之。於是有練餉之議。初，嗣昌增剿餉，期一年而止。後餉盡而賊未平，詔徵其半。至是，督餉侍郎張伯鯨請全徵。帝慮失信，嗣昌曰："無傷也。加賦出於土田，土田盡歸有力家，百畝增銀三四錢，稍抑兼并耳。"大學士薛國觀、程國祥皆贊之。於是剿餉外復增練餉七百三十萬。論者謂："九邊自有額餉，槩予新餉，則舊者安歸？邊兵多虛額，今指爲實數，餉盡虛糜，而練數仍不足。且兵以分防不能常聚，故有抽練之議，抽練而其餘遂不問。且抽練仍虛文，邊防愈益弱。至州縣民兵益無實，徒糜厚餉。"以嗣昌主之，事鉅莫敢難也。神宗末增賦五百二十萬，崇禎初再增百四十萬，總名遼餉。至是，復增剿餉、練餉，額益之。先後增賦千六百七十萬。民不聊生，益起爲盜矣。

五月，熊文燦所撫賊張獻忠反穀城，羅汝才等九營皆反。八月，傅宗龍抵京，嗣昌解部務，還内閣。未幾，羅猴山敗書聞。帝大驚，詔逮文燦。特旨命嗣昌督師，賜尚方劍，以便宜誅賞。九月朔，召見平臺。嗣昌曰："君言不宿於家，臣朝受命，夕啟行，軍資甲仗望敕所司遄發。"帝悦，曰："卿能如此，朕復何憂。"翊日，賜白金百，大紅紵絲四表裏，斗牛衣一，賞功銀四萬、銀牌千五百、幣帛千。嗣昌條七事以獻，悉報可。四日，召見報賜宴，手觴三爵，御製贈行詩一章。嗣昌跪誦，拜且泣。越二日，陛辭，賜膳。二十九日抵襄陽，入文燦軍，文燦就逮，嗣昌猶爲疏辯云。

十月朔，嗣昌大誓三軍，督理中官劉元斌，湖廣巡撫方孔炤，總兵官左良玉、陳洪範等畢會。賊賀一龍等掠葉，圍沈丘，焚項城之郛，寇光山，副將張琮、刁明忠率京軍踰山行九十里，及其巢。先驅射賊，殪絳袍而馳者二人，追奔四十里，斬首千七百三十。嗣昌稱詔頒賜。十一月，興世王王國寧以衆千人來歸，受之於襄陽，處其妻子樊城。表良玉平賊將軍。諸將積驕玩，無鬬志。獻忠、羅汝才、惠登相等八營遁鄖陽興安山閒，掠南漳、穀城、房、竹山、竹谿。嗣昌鞭刁明忠，斬監軍僉事殷大白以徇。檄巡撫方孔炤遣楊世恩、羅萬邦剿汝才、登相，全軍覆於香油坪。嗣昌劾逮孔炤，奏辟永州推官萬元吉爲軍前監紀，從之。

當是時，李自成潛伏陜右，賀一龍、左金玉等四營跳梁漢東，嗣昌專剿獻忠。獻忠屢敗於興安，求撫，不許。其黨托天王常國安、金翅鵬劉希原來降，獻忠走入川，良玉追之。嗣昌牒令還，良玉不從。二月七日，與陜西副將賀人龍、李國奇夾擊獻忠於瑪瑙山，大破之，斬馘三千六百二十，墜巖谷死者無算。其黨掃地王曹威等授首，十反王楊友賢率衆降。是月也，帝念嗣昌，發銀萬兩犒師，賜斗牛衣、良馬、金鞍各二。使者甫出國門，而瑪瑙山之捷至。大悦，再發銀五萬、幣帛千犒師。論功，加太子少保。而湖廣將張應元、汪之鳳敗賊水石壩，獲其軍師。四川將張令、方國安敗之千江河，李國奇、賀人龍等敗之寒溪寺、鹽井，川、陜、湖廣諸將畢集，復連敗之黄墪、木瓜溪，軍聲大振。汝才、登相求撫，獻忠持之，斂兵南漳、遠安閒。殺安撫官姚宗中，走大寧、大昌，犯巫山，爲川中患。獻忠遁興安平、利山中，良玉圍而不攻，賊得收散亡，由興安、房縣走白羊山而西，與汝才等合。嗣昌以群賊合，其勢復張，乃由襄陽赴夷陵，扼其要害。帝念嗣昌行間勞苦，賜敕發賞功銀萬，賜鞍馬二。罷鄖陽撫治王鼇永，詔廢將猛如虎軍前立功。黄得功、宋紀大破賊商城，賀一龍五大部降而復叛。鄭家棟、賀人龍大破汝才、登相開縣。汝才偕小秦王東奔，登相越開縣而西，自是二賊始分。

當是時，諸部士馬居山谷，罹炎暑瘴毒，物故十二三。京兵之在荆門、雲南兵之在簡坪、湖廣兵之在螞蝗坡者，久屯思歸，夜亡多。關河大旱，人相食，土寇蜂起。陝西竇開遠、河南李際遇爲之魁。饑民從之，所在告警。嗣昌以聞。帝發帑金五萬，營醫藥，責諸將進兵。而陝之長武，川之新寧、大竹，湖廣之羅田又相繼報陷。嗣昌乃下招撫令，爲諭帖萬紙，散之賊中。七月，監軍孔貞會等大破汝才豐邑坪。其黨混世王、小秦王率其下降，賊魁整十萬及登相、王光恩亦相繼降。於是群賊盡萃於蜀中。嗣昌遂入川，以八月泛舟上，謂川地阨塞，諸軍合而蹙之，可盡殄。而人龍以秦師自開縣譟而西歸，應元等敗績於夔之土地嶺，獻忠勢復張，汝才與之合。聞督師西，遂急趨大昌，犯觀音巖，守將邵仲光不能禦，遂突净壁，陷大昌。嗣昌斬仲光，劾逮四川巡撫邵捷春。賊遂渡河至通江，嗣昌至萬縣。賊攻巴州不下。嗣昌至梁山，檄諸將分擊。賊已陷劍州，趨保寧，將由間道入漢中。趙光遠、賀人龍拒之，賊乃轉掠，陷梓潼、昭化，抵綿州，將趨成都。十一月，嗣昌至重慶，賊攻羅江，不克，走綿竹。嗣昌至順慶，諸將不會師。賊轉掠至漢州，去中江百里，守將方國安避之去，賊遂縱掠什邡、綿竹、安縣、德陽、金堂間。所至空城而遁，全蜀大震。賊遂由水道下簡州、資陽。嗣昌徵諸將合擊，皆退縮。屢徵良玉兵，又不至。賊遂陷榮昌、永川。十二月，陷瀘州。

自賊再入川，諸將無一邀擊者。嗣昌雖屢檄，令不行。其在重慶也，下令赦汝才罪，降則授官。惟獻忠不赦，禽斬者賚萬金，爵侯。翌日，自堂皇至庖湢，遍題“有斬督師獻者，賚白金三錢”。嗣昌駴愕，疑左右皆賊。勒三日進兵。會雨雪道斷，復戒期。三檄人龍，不奉令。初，嗣昌表良玉平賊將軍，良玉寖驕，欲貴人龍以抗之。既以瑪瑙山功不果，人龍愠，反以情告良玉，良玉亦愠。其後兩帥皆驕蹇。

嗣昌雖有才，然好自用。躬親簿書，過於繁碎。軍行必自裁進止，千里待報，坐失機會。王鰲永嘗諫之，不納。及鰲永罷官，上書於朝曰："嗣昌用師一年，蕩平未奏，此非謀慮之不長，正由操心之太苦也。天下事，總挈大綱則易，獨周萬目則難。況賊情瞬息更變，今舉數千里征伐機宜，盡出嗣昌一人，文牒往返，動踰旬月，坐失事機，無怪乎經年之不戰也。其閒能自出奇者，惟瑪瑙山一役。若必遵督輔號令，良玉當退守興安，無此捷矣。臣以爲陛下之任嗣昌，不必令其與諸將同功罪，但責其提衡諸將之功罪。嗣昌之馭諸將，不必人人授以機宜，但覈其機宜之當否。則嗣昌心有餘閒，自能決奇制勝，何至久延歲月，老師糜餉爲哉。"

先是，嗣昌以諸將進止不一，納幕下評事元吉言，用猛如虎爲總統，張應元副之。比賊入瀘洲，如虎及賀人龍、趙光遠軍至，賊復渡南溪，越成都，走漢州、德陽、綿州、劍州、昭化至廣元，又走巴州、達州。諸軍疲極，惟如虎軍躡其後。十四年正月，嗣昌知賊必出川，遂統舟師下雲陽，檄諸軍陸行追賊。人龍軍既譟而西，頓兵廣元不進，所恃惟如虎。比與賊戰開縣，黄陵城，大敗，將士死亡過半。如虎突圍免，馬贏關防盡爲賊有。

初，賊竄南溪，元吉欲從閒道出梓潼，扼歸路以待賊。嗣昌檄諸軍躡賊疾追，不得拒賊遠，令他逸。諸將乃盡從瀘州逐後塵。賊折而東返，歸路盡空，不可復遏，嗣昌始悔不用元吉言。賊遂下夔門，抵興山，攻當陽，犯荆門。嗣昌至夷陵，檄良玉兵，使十九返。良玉撤興、房兵趨漢中，若相避然。賊所至，燒驛舍，殺塘卒，東西消息中斷。鄖陽撫治袁繼咸聞賊至當陽，急謀發兵。獻忠令汝才與相持，而自以輕騎一日夜馳三百里，殺督師使者於道，取軍符。以二月十一日抵襄陽近郊，用二十八騎持軍符先馳呼城門督師調兵，守者合符而信，入之。夜半從中起，城遂陷。

獻忠縛襄王置堂下，屬以酒，曰："吾欲斷楊嗣昌頭，嗣昌在遠。今借王頭，俾嗣昌以陷藩伏法。王努力盡此酒。"遂害之。未幾，渡漢水，走河南，與賀一龍、左金王諸賊合。嗣昌初以襄陽重鎮，仞深溝方洫而三環之，造飛梁，設橫栢，陳利兵而譏訶，非符要合者不得渡。江、漢閒列城數十，倚襄陽爲天險，賊乃出不意而破之。嗣昌在夷陵，驚悸，上疏請死。下至荆州之沙市，聞洛陽已於正月被陷，福王遇害，益憂懼，遂不食。以三月朔日卒，年五十四。

廷臣聞襄陽之變，交章論列，而嗣昌已死矣。繼咸及河南巡按高名衡以自裁聞，其子則以病卒報，莫能明也。帝甚傷悼之，命丁啟睿代督師，傳諭廷臣："輔臣二載辛勞，一朝畢命，然功不掩過。其議罪以聞。"定國公徐允禎等請以失陷城寨律議斬。上傳制曰："故輔嗣昌奉命督勦，無城守專責，乃詐城夜襲之檄，嚴飭再三，地方若罔聞知。及違制陷城，專罪督輔，非通論。且臨戎二載，屢著捷功，盡瘁殞身，勤勞難泯。"乃昭雪嗣昌罪，賜祭，歸其喪於武陵。嗣昌先以勦賊功進太子少傅，既死，論臨、藍平盜功，進太子太傅。廷臣猶追論不已，帝終念之。後獻忠陷武陵，心恨嗣昌，發其七世祖墓，焚嗣昌夫婦柩，斷其屍見血，其子孫獲半體改葬焉。

顯鶴案：武陵楊氏一門忠義，督師盡瘁隕身，以死勤事，徒以不附東林，遂致橫被惡名。平心而論，此才胡可輕議。善乎《明史》贊曰："明季士大夫問錢穀不知，問甲兵不知，於是嗣昌得以才顯。然迄無成功者，得非功罪淆於愛憎，機宜失於遥制故耶？"斯足以服督師之心矣。余增輯《楚寶》，未及立傳，誠以列之《大將》，則苦未成功；列之《大臣》，則格於清議，故遂姑付闕如。時見他説，今補録《明史》本傳，增附《名臣》之後，用存直道之公。長公《孤兒籲天録》，今不見全書，附録陶密庵先生序文，并長公與黄石齋先生唱和詩於後，爲督師一洗餘謗，毋使好議論者藉爲口實云。

附陶密庵《籲天録序》："嗟夫！卿大夫處天步艱難之時，而能於君親朋友閒暢然無憾於志者，豈理也哉？不幸而玉既改矣，群錯其趾，好議論者且欲檢點殘枰，恣談覆局，競爲書以泄其悲憤。詆諆之私，沈約雖才，不辭夢截其舌，則亦文人拂亂者之過也。明之季，亂莫大於寇。紀事之稗野，亦莫瀆於寇。最後武陵相公奪情孤立，獨蒙宸鑒。然天子授鉞，群工張弧，蹇蹇焉矢報國之心，以竭辦賊之力。二三年暴露行閒，轉戰數千里，殲除解散之盗十數萬。迨瑪瑙山之役，狡脱者金山之逸兔耳。如是而終不濟，則以死繼之，於鞠躬盡瘁之義亦無忝矣。亡何，毅皇湣悼其忠劬，逸賊怨椎其丘墓。而騰謗不止。致小説、雜記一切失實，若試刀筆吏作甲乙。假如便欲引宰相下廷尉，俛首受惡名，安得不仰天而大叫也？公齎志矣，勞臣久質於上帝，而孝子尚訟於人閒，豈得已哉？次公某始爲《辯謗録》，耑爲瀨園一札，矯誣無端，頃聞作者亦翻肰欲焚其艸。長公某是常弱冠負劍以奉尊人於帷幄者，痛此坊刻日繁，深文巧詆，不得不取證邸抄，臚列章奏，剖晰時地歲月之訛舛，與天下共質之。其於國史良穢，所關匪細也。

"刻成已久，屢徵予言，泫肰不能答。然而不肖與武陵世誼，憶弱冠受少傅公知。後見文弱先生以司農郎乞假著書，作《地官集》，偘肰負匡濟之望，心實嚴事之。己巳廷試，入成均，少傅公幸假一榻，適以三邊特簡，而先生亦始出爲觀察畿南。親見父子之閒才誠相勉，若師友肰，則忠勤清慎之家法，洞見肝鬲矣。丁丑，再上春官，則先生墨縗赴召，相見大慟，談過夜分，曰："人臣謀國，心則何窮，而才固有量。主上但以一邊付我，可必十年無事。今一旦使廿年不入長安之外吏獨坐司馬堂，公卿臺諫相對如秦人視越，策力俱詘，何從措手？子當見我之摧覆矣。"肰則出師闖外，幸得捐糜，至於成敗利鈍，非所逆覩也明甚。今封駁諸草具在，竊歎公爲明主之所鑒任，而自負賢臣者欲擯之；爲群盗之所怨毒，而比肩事明主者欲殺之。天不祚明，遂有此事。諸哆肰操筆舌以行愛憎、護門户之諸公，亦若見驅於氣數而不暇察也。

“嗚呼，李靖强起，而推誠乏狄梁公；寬饒憂勤，而愍傷無鄭諫議。忍使英主獨殉社稷，而謂諸臣無責乎哉？李文饒嘗歎‘忠於國，而知我者鮮’，庶幾數世之後，朋黨稍息，以俟知音耳。武陵隕星四十年，明良有歌，惇史方作，豈餘波尚不息也？但持此編，籲而天聽，如風雷發縢，而乘箕尾者可無憾矣。長蒼其俟之。”

附長蒼、黄石齋先生《遣戍過常貽贈二章》：“乃者吾翁真拜賜，異時夫子直非沽。奭猶有意疑公旦，奚卻由由[1]來舉解狐。門户何曾分蜀洛，聖朝不僅責都俞。恭承一笑留溪上，排闥吾當罪捋鬚。

“幅巾小艇意何如，有客遥聞載後車。阿堵著人公未免，重門不閉我真疎。今朝應信弓無影，借箸空愁馬駭輿。不禁天真紛爛漫，頓教疑案掃無餘。”

顯鶴又案：弱翁受謗之由，始於不附東林。而一時同里諸名人，首先鼓喙，倡爲異議，忍於醜詆，不遺餘力。天下乃哆然和之。私家記載、里巷小説，嬉笑怒罵，幾於身無完膚。謗焰騰天，迄今二百年不熄，則嚴平子一札，階之厲也。先是，平子、伯孔諸人，皆少傅上客，愛禮甚至。弱翁恃才傲物，不復以輩行相推，瀨園輩積憤不平久，乃作書徧告天下。此事王山長曾親語於新城，《池北偶談》記之頗詳。即密公序所雲“瀨園一札，矯誣無端”者也。竊嘆楚人好議論，不自愛護其鄉里如此。往嘗與雲汀尚書言，思欲重刻長蒼《孤兒籲天録》，爲鄉先生一抒隱痛，而徧搜不得。今從密公集得讀其序文，想見一時忠臣孝子不得已之苦衷，後世悠悠之論，亦可以少息矣。又弱翁得罪東林，無如石齋先生之甚。今讀長蒼詩，知先生遣戍過常時，猶存問其家，留詩貽贈，則先生胸中已坦然無芥蒂矣。先生大賢，豈肯匿怨修好？即長蒼奇士，又豈

① 此處衍一“由”字。

忍背其死父，借以引重者？其詩具在，可云開懷無愧詞矣。竊疑兩家當日已如青天白日，净掃陰翳，而哆然愛憎之口，又從後而張之，可勝嘆哉！雲汀尚書有《過楊氏墓》詩，云“督師死後更無人”，斯真平允之論，可告天下後世者已。

楚寶大將論次目録

稽古周官，大司馬掌邦政，統六師，平邦國。天子出征，大司馬親執桴鼓，將中軍，初未嘗改置軍將也。其環甲而聽命者，即前日比旅族黨之農士；其秉麾而馭衆者，即前日蒐獮講武之卿大夫。上下相習，耳目不亂，赴火蹈冰，戰無不克，豈獨其將能哉？文武之途一，而戰守之法預，斯稱佳兵矣。故周宣用皇父督軍事，爲其祖南仲而位大師也。晉文用郤穀佐中軍，爲其説禮樂而敦詩書也。楚國之法，破軍殺將者，其官爲上柱國，封上爵，執珪。然皆以大司馬或令尹爲之，故叔敖之孫蔿掩爲楚司馬，子木使庀賦數甲兵，而楚是以興。楚惠王時，將取陳麥，問帥于大師子穀與葉公子高。子穀曰："右領差車與左史老皆相令尹以伐陳，其可使也。"子高曰："率賤，民慢之，懼不用命焉。"於是以司馬寬帥師而滅陳。洎乎後世，班爵既分，文武臨戎又不擇帥，或驍驕鋭卒，加以推轂之重；或戚畹嬖人，授以專閫之寄；或口談兵而拜將；或身負逆而統師。是以緩帶行間，罔知要害，五旗布陣，不辨奇正，况復凶淫嗜殺，貪懦冒貨，流血於野，傷和致災，而欲式清區宇，保我黎民，其可得乎？昔人謂百萬之衆，不如一賢良，有慨於此耳。豈待聞鼙鼓而後興思，歌《大風》而始知勸哉？余故録屈完以下爲大將，其五才十過，瑕瑜不相掩者，悉次之爲名將云。述《大將》第三，凡三卷。

楚寶卷第七

明湘潭周聖楷伯孔輯纂

大　將

屈　完

屈完，楚大夫也。楚成王十六年，齊桓公以諸侯之師侵蔡，蔡潰。遂伐楚。楚子使與師言曰："君處北海，寡人處南海，唯是風馬牛不相及也。不虞君之涉吾地也，何故？"管仲對曰："昔召康公命我先君太公曰：'五侯九伯，女實征之，以夾輔周室。'賜我先君履：東至于海，西至于河，南至于穆陵，北至于無棣。爾貢包茅不入，王祭不共，無以縮酒，寡人是徵；昭王南征而不復，寡人是問。"對曰："貢之不入，寡君之罪也，敢不共給？昭王之不復，君其問諸水濱。"師進，次于陘。夏，楚子使屈完如師。師退，次于召陵。齊侯陳諸侯之師，與屈完乘而觀之。齊侯曰："豈不穀是爲？先君之好是繼，與不穀同好，如何？"對曰："君惠徼福于敝邑之社稷，辱收寡君，寡君之願也。"齊侯曰："以此衆戰，誰能禦之？以此攻城，何城不克？"對曰："君若以德綏諸侯，誰敢不服？君若以力，楚國方城以爲城，漢水以爲池，雖衆，無所用之。"屈完及諸侯盟。

聖楷曰：《楚世家》：成王惲"初即位，布德施惠，結舊好于諸侯，使人獻天子。天子賜胙，曰："鎮爾南方，夷越之亂，無侵中國。"於是楚地千里。"十六年，齊桓公以兵侵楚，至陘山。楚成王使將軍屈完以兵禦之，與桓公盟。按，楚國將軍皆以大司馬而同姓者爲之。是時，子文爲令尹，而楚日彊大，其司馬必屈完無疑也。故使將兵禦齊桓八國之師，而與之盟，功績亦偉矣哉。公羊氏云：“屈完者何？楚大夫也。何以不稱使？尊屈完也。曷爲尊屈完？當桓公也。”穀梁氏亦云：“其不言使，權在屈完也。”然則《春秋》美召陵，豈獨序桓績哉？

昭王南征考

《世紀》曰：“周昭王南征，濟于漢，漢江人惡之，以膠舟進王。王御船至中流，膠液船解，王及祭公俱歿焉。”李善夷《責漢水辭》曰：“漢之廣兮，風波四起。雖有風波，不如蹄涔之水。不[①]爲下國而傾天子。漢之深兮，其隄莫量。雖云莫量，不如行潦之汪。行潦之汪，不爲下國而溺天王。漢之美者曰魴。吾雖饑，不食其魴，恐汚吾之饑腸。”按：《水經注》：其地在漢、沔之閒。他書以爲湘潭昭山者，謬甚。

方城考

方城，山名，在今南陽裕州葉縣界。秦置南陽郡，屬荆州，皆楚地也。盛弘之《荆州記》曰：葉東界有故城，始犨縣東，至瀙水，達泚陽界。南北聯綿數百里，號爲方城，一謂之長城。南北雖無基築，皆連山相接，而漢水流其南，故屈完云云。又《地里志》：南陽葉縣方城邑西有黄城山，是長沮、桀溺耦耕之所，有東流水，則子路問津處。尸子曰：楚狂接輿耕于方城之南。郭仲産亦謂苦菜于東俱有方城，蓋皆傍此長山方城而名者也。

聖楷按：楚方城之外，又别有万城。是時，楚争强中國，多築列城于北方，以逼華夏。唐勒曰：我是楚也，世霸南土，自越以至

① 崇禎本“不”前有“蹄涔之水”四字。

葉垂，弘鏡萬里，故號万城是也。方、万二字相似，楊太史疑方城即爲万城，非也。又袁小修謂万城在當陽縣，亦非。當陽東南一百六十里有方城，乃唐郭子儀所築。宋趙葵爲荆南置制使，避父諱改曰万城，非楚先之万城也。

漢水考

按：天下之大川以漢名者二，班固謂之東漢、西漢。而黎州之漢水源于飛越嶺者，不與焉。固之所謂東漢，則《禹貢》之導漾自嶓冢山，逕梁、洋、金、房、均、襄、郢，復至漢陽入江者也。西漢，則蘇代所謂漢中之甲，徑舟出于巴，乘夏水下漢四日而至五渚者。其源出于西和州徼外，逕階沔與嘉陵水合，俗謂之西漢。又逕大安利劍果合，與涪水合入于江。今按：荆州，古郢都也。岷江經其前，即西漢水。漢水遶其後，即東漢水。屈完所云當合二水以爲池，始稱天險矣。

成得臣

成得臣，字子玉，楚大夫也。成王三十五年，得臣帥師伐陳，城頓，鬬子文以爲功，使代己爲令尹。三十七年，秦、晉伐鄀。楚鬬克字子儀、屈禦寇字子邊以申、息之師戍商密。秦人過析隈，入而繫輿人，以圍商密，昏而傳焉。宵，坎血加書，僞與子儀、子邊盟者。商密人懼，曰："秦取析矣，戍人反矣。"乃降秦師。秦師囚申公子儀、息公子邊以歸。子玉追秦師，弗及，遂圍陳，納頓子于頓。三十八年，魯臧文仲如楚乞師，見子玉而道之伐齊、宋。秋，子玉、鬬宜申字子西帥師滅夔，以夔子歸。宋叛楚即晉。冬，令尹子玉、司馬子西帥師伐宋，圍緡。三十九年冬，楚子及諸侯圍宋。四十年，晉侯伐衛，衛君出，居于襄牛，晉侯遂入曹。宋人使門尹般如晉師告急。晉公曰："宋人告急，舍之，則絕。告楚，不許。我欲戰矣，齊、秦未可，若之何？”先軫曰：“使宋舍我而賂齊、秦，藉之告楚。我執曹君而分曹、衛之田以賜宋人。楚愛曹、衛，必不許也。喜賂怒頑，能無戰乎？”公說，執曹伯，分曹、衛之田以畀宋人。

楚子入居于申，使申叔去穀，使子玉去宋，曰：“無從晉師。晉侯在外十九年矣，而果得晉國。險阻艱難，備嘗之矣；民之情僞，盡知之矣。天假之年，而除其害。天之所置，其可廢乎？《軍志》曰：‘允當則歸。’又曰：‘知難而退。’又曰：‘有德不可敵。’此三志者，晉之謂矣。”子玉使伯棼請戰，曰：“非敢必有功也，願以閒執讒慝之口。”王怒，少與之師，唯西廣、東宮與若敖之六卒實從之。

子玉使宛春告于晉師曰：“請復衛侯而封曹，臣亦釋宋之圍矣。”子犯曰：“子玉無禮哉！君取一釋宋，臣取二復衛、封曹，不可失矣。”先軫曰：“子與之。定人之謂禮，楚一言而定三國，我一言而亡之。我則無禮，何以戰乎？不許楚言，是棄宋也。救而棄之，謂諸侯何？楚有三施，我有三怨，怨讎已多，將何以戰？不如私許復曹、衛以攜之，執宛春以怒楚，既戰而後圖之。”公說，乃拘宛春于衛，且私許復曹、衛。曹、衛告絕于楚。子玉怒，從晉師。晉師退。軍吏曰：“以君辟臣，辱也。且楚師老矣，何故退？”子犯曰：“師直爲壯，曲爲老。豈在久乎？微楚之惠不及此，退三舍辟之，所以執也。背惠食言，以亢其讎，我曲楚直。其衆素飽，不可謂老。我退而楚還，我將何求？若其不還，君退臣犯，曲在彼矣。”退三舍，楚衆欲止，子玉不可。

夏四月戊辰，晉侯、宋公、齊國歸父、崔夭、秦小子慭次于城濮。楚師背酅音奚，楚據險阻。而舍，晉侯患之。聽輿人之誦恐衆畏險，故聽其誦。曰：“原田每每，舍其舊而新是謀。”公疑焉。子犯曰：“戰也。戰而捷，必得諸侯；若其不捷，表裏山河，必無害也。”公曰：“若楚惠何？”欒貞子曰：“漢陽諸姬，楚實盡之。思小惠而忘大恥，不如戰也。”晉侯夢與楚子搏，楚子伏己而盬音古，啑也。其腦，是以懼。子犯曰：“吉。我得天，楚伏其罪，吾且柔之矣。”

子玉使鬬勃請戰，曰：“請與君之士戲，君馮軾而觀之，得臣與寓目焉。”晉侯使欒枝對曰：“寡君聞命矣。楚君之惠，未之敢忘，是以在此。爲大夫退，其敢當君乎？既不獲命矣，敢煩大夫謂二三子：‘戒爾車乘，敬爾君事，詰朝將見。’”晉車七百乘，韅、靷、鞅、靽。晉侯登有莘之虚以觀師，曰：“少長有禮，其可用也。”遂伐其木，以益其兵。

己巳，晉師陳于莘北，胥臣以下軍之佐當陳、蔡。子玉以若敖之六卒將中軍，曰：“今日必無晉矣。”子西將左，子上將右。胥臣蒙馬以虎皮，先犯陳、蔡。陳、蔡奔，楚右師潰。狐毛設二旆而退之。欒枝使輿曳柴而僞遁，楚師馳之，原軫、郤溱以中軍公族横擊之。狐毛、狐偃以上軍夾攻子西，楚左帥潰。楚師敗績。子玉收其卒而止，故不敗。晉師三日館穀，及癸酉而還。

初，子玉自爲瓊弁玉纓，未之服也。先戰，夢河神謂己曰：“畀余，余賜女孟諸之麋麋與湄同。”弗致也。大心字孫伯，子玉子與子西使榮黄諫，弗聽。榮季曰：“死而利國，猶或爲之，况瓊玉乎！是糞土也，而可以濟師，將何愛焉？”弗聽。出，告二子曰：“非神敗令尹，令尹其不勤民，實自敗也。”既敗，王使謂之曰：“大夫若入，其若申、息之老何？”子西、孫伯曰：“得臣將死，二臣止之曰：‘君其將以爲戮。’”及連穀而死。晉侯聞之而後喜可知也，曰：“莫余毒也已。”

《春秋繁露》曰：楚王髡託其國于子玉得臣，而天下畏之。及髡殺得臣，天下輕之。存亡之端，不可不知也。

何武書曰：楚國帶甲百萬，于國不以爲難。子玉將，則晉文公側席而坐。及死，君臣相賀，百萬不如一賢也。

《胡氏傳》曰：晉楚戰于城濮，楚師敗績。夫得臣信有罪矣，而楚子知其不可敵，不能使之勿敵，而少與之師，又以一敗殺之。是以師爲重，而棄其將以與之也。是晉再克，而楚再敗也。故稱國以殺而不去其官，以仲尼書鄭棄其師與楚殺得臣之事觀之，可爲來世之永鑒矣。

商密考

按：《水經》：“沔水又逕鄀縣故城南。”注云：“古鄀子之國也。秦、楚之閒，自商密遷此，爲楚附庸，楚滅之以爲縣。”即今襄陽宜城地。商密，即今商州。在西安府東南二百六十里，古商洛也，漢四皓隱其山中。《采芝歌》曰：“漠漠商洛，深谷逶迤。曄曄紫芝，可以療饑。唐虞世遠，吾將安歸？駟馬高蓋，其憂甚大。富貴之畏人，不如貧賤之肆志。”

夔子考

夔，羋姓，子爵，楚熊摯之裔也。夔子不祀祝融與鬻熊，楚人讓之。對曰：“我先王熊摯有疾，鬼神弗赦，而自竄于夔。吾是以失楚，又何祀焉？”楚於是滅之。國在建平秭歸縣。

公子嬰齊

公子嬰齊，字子重，楚莊王母弟也，爲楚左尹。莊王十六年，帥師侵宋，王待諸郔。十七年，帥師圍鄭，克之。會晉救鄭，戰于邲，晉師敗績。楚共王二年，爲令尹，將爲陽橋之役以救齊。子重曰：“君弱，群臣弗如先大夫，師衆而後可。《詩》曰：‘濟濟多士，文王以寧。’夫文王猶用衆，況吾儕乎？且先君莊王屬之曰：‘無德以及遠方，莫如惠恤其民而善用之。’”乃大户，已責，逮寡，救乏，赦罪，悉師，王卒盡行。彭名禦戎，蔡景公爲左，許靈公爲右，以侵衛，遂侵魯。及陽橋，魯孟孫請往賂之以執斲、執鍼、織紝，皆百人，公衡爲質，以請盟。楚人許平，乃盟于蜀。

六年、七年皆伐鄭，諸侯救鄭，同盟于馬陵。是年，吴入州來。

楚地。九年，子重帥師伐莒，遂入鄆。十六年甲午晦，晉侯及楚子、鄭伯戰于鄢陵。晉欒鍼見子重之旌，請曰："楚人謂夫旌，子重之麾音灰也，彼其子重也。日臣之使于楚也，子重問晉國之勇。臣對曰：'好以衆整。'曰：'又何如？'臣對曰：'好以暇。'今兩國治戎，行人不使，不可謂整。臨事而食言，不可謂暇。請攝飲焉。"公許之。使行人執榼承飲，造于子重，曰："寡君乏使，使鍼御持矛，是以不得犒從者，使某攝飲。"子重曰："夫子常與吾言于楚，必是故也。不亦識乎？"受而飲之。免使者而復鼓。旦而戰，見星未已。子反命軍吏察夷傷，補卒乘，繕甲兵，展車馬，雞鳴而食，唯命是聽。晉人患之。苗賁皇徇曰："蒐乘補卒，秣馬利兵，修陳固列，蓐食申禱，明日復戰。"乃逸楚囚。王聞之，召子反謀。穀陽豎獻飲于子反，子反醉而不能見。王曰："天敗楚也夫！余不可以待。"乃宵遁。晉入楚軍，三日穀。楚帥還，及瑕，王使謂子反曰："先大夫之覆師徒者，君不在。子無以爲過，不穀之罪也。"子反再拜稽首，曰："君賜臣死，死且不朽。臣之卒實奔，臣之罪也。"子重使謂子反曰："初隕師徒者，而亦聞之矣！盍圖之？"對曰："雖微先大夫有之，大夫命側，側敢不義？側亡君師，敢忘其死？"王使止之，弗及而卒。

十七年，子重救鄭，師于首止，諸侯還。十八年，子重救彭城，伐宋，宋華元如晉告急。晉侯師于台谷以救宋，遇楚師于靡角之谷。楚師還。二十一年，楚子重伐吴，爲簡之師。克鳩兹，至于衡山。使鄧廖帥組甲三百、被練三千，以侵吴。吴人要而擊之，獲鄧廖。其能免者，組甲八十、被練三百而已。子重歸，既飲至三日。吴人伐楚，取駕。駕，良邑也；鄧廖，亦楚之良也。君子謂："子重于是役也，所獲不如所亡。"楚人以是咎子重，子重病之，遂遇心疾而卒。

《公羊傳》曰：莊王伐鄭，勝乎皇門，放乎路衢。鄭伯肉袒，左執茅旌，右執鸞刀，以逆莊王。曰："寡人無良邊垂之臣，以干天禍，是以使君王沛焉辱到敝邑。君如矜此喪人，錫之不毛之地，使帥一二耋老而綏焉，請唯君王之命。"莊王曰："君之不令臣，交易爲言，是以使寡人得見君之玉面，而微至乎此。”莊王親自手旌，左右撝軍，退舍七里。將軍子重諫曰：“南郢之與鄭，相去數千里，諸大夫死者數人，廝役扈養死者數百人。今君勝鄭而不有，無乃失民臣之力乎？”莊王曰：“古者杅不穿，皮不蠹，則不出于四方，是以君子篤于禮而薄于利。要其人而不要其土，告從不赦，不祥。吾以不祥道民，災及吾身，何日之有？”既則晉師之救鄭者至，曰：“請戰。”莊王許諾。將軍子重諫曰：“晉，大國也，王師淹病矣，君請勿許也。”莊王曰：“弱者吾强之，强者吾辟之，是以使寡人無以立乎天下。”令之還師而逆晉寇。莊王鼓之，晉師大敗，晉衆之走者，舟中之指可掬矣。莊王曰：“嘻！吾兩君不相好，百姓何罪？”令之還師而佚晉寇。

劉子政《説苑》曰：楚莊王既服鄭伯，敗晉師，將軍子重三言而不當。莊王歸，過申侯之邑，申侯進飯，日中而王不食，申侯請罪，莊王喟然歎曰：“吾聞之，其君賢者也，而又有師者王；其君中君也，而又有師者霸；其君下君也，而群臣又莫若君者亡。今我，下君也，而群臣又莫若不穀，不穀恐亡。且世不絶聖，國不絶賢，天下有賢而我獨不得，若吾生者，何以食爲？”故戰服大國，義從諸侯，戚然憂恐，聖知不在乎身，自惜不肖，思得賢佐，日中忘飯，可謂明君矣。

聖楷曰：官人之法，爵不踰德，而後可以救時匡事也。楚嬰齊以將才而遇明主，猶可自見。迨一綰相國之印，屢興無益之師，知昏器滿。遂共司馬子反搆怨巫臣，多殺不辜，而楚是以一歲七奔命。嗟乎，鄢陵天醉，亦足寒心矣。乃至馬陵盟而鍾儀去國，鳩兹克而鄧廖入吴，伊誰之咎哉？此莊王所以日中忘飯，而擇用國良者不可不慎也。

鳩兹考

按：鳩兹，即今太平蕪湖縣地。春秋時，吴與楚共有長江之險。江以北自蘄、黄，下至于江浦、六合，皆爲楚有。惟安慶、廬州居吴、楚之半。江以南自鎮江，上至于姑孰、池陽，皆爲吴有。惟九江、南康居吴、楚之半。故吴入州來，滅巢，滅徐，皆楚境也。楚圍朱方，敗鵲岸，克鳩兹，至于衡山，皆吴境也。衡山無所考。《後漢·郡國志》註云："丹陽縣之横山，去鳩兹不遠。"疑"横"誤作"衡"，恐亦未然。

蔿　掩

蔿掩者，蔿子馮之子，孫叔敖之孫也。楚康十二年，爲楚司馬，令尹子木使庀賦，數甲兵。薳掩於是書土田，度山林，鳩藪澤，辨京陵，表淳鹵，表埆薄之地以輕賤。數疆潦，有水潦者，數之減其租入。規偃豬，町音庭原防，牧隰皋，井衍沃，量入修賦，賦車、籍馬，賦車兵、徒卒、甲楯之數。既成，以授子木，楚是以興。是年，楚子以滅舒鳩賞子木。辭曰："向也將伐舒鳩，蔿子馮請退師以須其叛，今叛而獲之，蔿子之功也。"以與蔿掩。郟敖二年，楚公子圍殺大司馬蔿掩，而取其室。申無宇曰："王子必不免。善人，國之主也。王子相楚國，將善是封殖，而虐之，是禍國也。且司馬，令尹之偏，而王之四體也。絶民之主，去身之偏，艾王之體，以禍其國，無不祥大焉。何以得免？"

聖楷曰：楚靈王爲公子時，殺叔敖之孫蔿掩而取其室，叔敖之祀斬矣。韓非子謂：叔敖獨九世而祀不絶，何也？豈乾谿之難，薳氏之族與薳居同佐平王，而復以其舊勳立之耶？非之言當必有據。

沈尹戌

沈尹戌，莊王之曾孫也。爲左司馬。平王六年，城州來，沈尹戌曰：“楚人必敗。昔吴滅州來，子旗請伐之。王曰：‘吾未撫吾民。’今亦如之，而城州來以挑吴，能無敗乎？”侍者曰：“王施舍不倦，息民五年，可謂撫之矣。”戌曰：“吾聞撫民者，節用于内而樹德于外，民樂其性而無寇讎。今宫室無量，民人日駭，勞罷轉死，忘寢與食，非撫之也。”

囊瓦爲令尹，城郢。沈尹戌曰：“子常必亡郢。苟不能衛，城無益也。古者天子守在四夷；天子卑，守在諸侯。諸侯守在四鄰；諸侯卑，守在四境。慎其四境，結其四援，民狎其野，三務成功。民無内憂，而又無外懼，國焉用城？今吴是懼，而城于郢，守已小矣。卑之不獲，能無亡乎？昔梁伯溝其公宫而民潰，民棄其上，不亡何待？夫正其疆埸，修其土田，險其走集，親其民人，明其伍候，信其鄰國，慎其官守，守其交禮，不僭不食，不懦不耆，完其守備，以待不虞，又何畏矣？《詩》曰：‘無念爾祖，聿修厥德。’無亦監乎若敖、蚡冒至于文、武，土不過同百里爲同，慎其四境，猶不城郢。今土數圻，而郢是城，不亦難乎？”

平王爲舟師以略吴疆。沈尹戌曰：“此行也，楚必亡邑。不撫民而勞之，吴不動而速之。吴踵楚，而疆埸無備，邑能無亡乎？”已而吴人踵楚，而邊人不備，遂滅巢及鍾離而還。沈尹戌曰：“亡郢之始，於此在矣。王一動而亡二姓之帥，幾如是而不及郢？《詩》曰：‘誰生厲階，至今爲梗。’其王之謂乎？”

昭王元年，費無極、鄢將師與之比，謀譖郤宛而殺之。子常信之，遂及陽令終與晉陳，皆盡滅其族黨。國人多謗于子常。沈尹戌言于令尹曰：“夫左尹郤宛與中廄尹陽令終，莫知其罪而殺之，以興謗讟，至于今不已。戌也惑之。仁者殺人以掩謗，猶弗爲也。今吾子殺人以興謗而弗圖，不亦異乎？夫無極，楚之讒人也，民莫不知。去朝吴，出蔡侯朱，喪太子建，殺連尹奢，屏王之耳目，使不聰明。不然，平王之温惠共儉，有過成、莊，無不及焉，所以不獲諸侯，邇無極也。今又殺三不辜，以興大謗，幾及子矣。子而不圖，將焉用之？夫鄢將師矯子之命，以滅三族，國之良也，而不愆位。吴新有君，疆埸日駭。楚國若有大事，子其危哉！知者除讒以自安也，今子愛讒以自危也。甚矣！其惑也。”子常曰：“是瓦之罪，敢不良圖？”於是子常殺費無極與鄢將師，盡滅其族，以説于國。謗言乃止。

十年，蔡侯、吴子、唐侯來伐楚，舍舟于淮汭，自豫章與楚夾漢。夾漢水而軍。戌謂子常曰：“子沿漢而與之上下，我悉方城外以毁其舟，還塞大隧、直轅、冥阨。子濟漢而伐之，我自後擊之，必大敗之。”既謀而行。武城黑謂子常曰：“吴用木也，我用革也，不可久也。不如速戰。”史皇謂子常曰：“楚人惡子而好司馬。若司馬毁吴舟于淮，塞城口而入，是獨克吴也。子必速戰，不然不免。”乃濟漢而陳，自小别至於大别。三戰，子常之卒奔，楚師亂。吴師大敗之。子常奔鄭。史皇以其乘廣死。戌及息，聞楚敗而還，敗吴師於雍澨，傷。初，司馬臣闔廬，故恥爲禽焉，謂其臣曰：“誰能免吾首？”吴句音勾卑曰：“臣賤，可乎？”司馬曰：“我實失子，可哉。”三戰皆傷，曰：“吾不可用也已。”句卑布裳，剄而裹之，藏其身，而以其首免。

《胡氏傳》曰：“巢，楚之附庸，實邑之也。書‘吴入州來’，著陵楚之漸。書‘吴滅巢’，著入郢之漸。四鄰，封境之守，既不能制，則封境震矣。四境，國都之守，既不能保，則國都危矣。故沈尹戌以此爲亡郢之始也。”又曰：“楚平四年，楚人及吴戰于長岸。言戰不言敗，勝負敵也。楚地五千里，帶甲數十萬，戰勝諸侯，威服天下，本非吴敵也。惟不能去讒賤貨，使費無極以讒勝，囊瓦以貨行，而策士奇才爲敵國用，故日以侵削。至雞父之師，七國皆敗。柏舉之戰，國破君奔，幾于亡滅，吴日益强而楚削矣。是故爲國必以得賢爲本，勸賢必以去讒賤貨爲先。不然，雖廣土衆民，不足恃也。考其所書本末、强弱之由，其爲後世戒，明矣。”

聖楷曰：吴兵之入郢也，自豫章與楚夾漢。豫章，即今安陸縣章山，非江西豫章也。計其舍舟而陸，必由蔡、息以道光、黄，因而住兵安陸境上以窺漢，涉數千里之險而伐人之國，又深入敵境，兵法所最忌也。伍員、孫武皆名將，而爲之而不顧者，或恃其氣足以奪人，又有唐、蔡爲之内援也。然而亦危矣哉。沈尹戌戒子常沿漢而守，勿與之戰，以挫其輕鋭之氣，此已操勝算。卻又出一奇，間道從方城外先焚其舟，則由淮入楚之歸路斷矣。又伏兵大隧、冥阸諸險隘，則由豫走淮之歸路又斷矣。然後扼其背而擊之，吴師首尾不救，前後受敵，成禽必矣。斯時即百子胥、百孫武，其何能爲乎？惜乎子常信讒倖功，急與之戰，遂使吴人乘勝而前，五戰及郢，豈非天意哉？吴人以四年十一月入郢，至五年七月秦師至始退，而卒不敢犯隨以北、[illegible]以南者，亦畏楚之諸險隘有備故也。由是觀之，沈尹戌盡忠竭力以死，其功雖覆于讒人，而謀可鑒于宗社矣。又何愧于申包胥哉？

淮汭、豫章、冥阸、大别諸考

按：淮水出南陽桐柏縣大復山，水之隈曲曰汭。此淮汭，據本傳云“及息而還”，應在今汝寧息縣南也。《水經注》曰：淮水東逕新息縣故城南。又蘇子瞻《謫黄過淮》詩云：“朝離新息縣，初亂一水碧。暮宿淮南村，已渡千山赤。麏鼯號古戍，霧雨暗破驛。回頭梁楚郊，永與中原隔。黄州在何許，想像雲夢澤。”此更可想吴師入楚之所逕矣。

按，吴楚相侵伐，師于豫章者凡數處，皆非江西豫章也。今略以其地考之，如“楚令尹子蕩伐吴，師于豫章，而次于乾谿”，“楚囊瓦伐吴，吴人見舟于豫章，而潛師于巢”。夫巢與乾谿皆江北地，與江西遠不相涉，故知其地當在廬江、潁、蔡之閒。惜地志失載耳。若江西豫章以水名，至漢高祖六年始立豫章郡于今南昌。《水經注》皆多附會。大隧在德安孝感縣東北應山縣界，今名九里關，又名黄峴關。直轅在應山縣東一百三十里，今名武勝關。冥阨亦在應山北六十里，信陽州界，共戍守之，今名平靖關，又名恨這關，即九塞之一也。此三關乃漢東之隘道，北走豫淮，南通江漢。昔人云："堅守三關，則安陸以南可以無虞。"大别山在漢陽縣東北里許，臨高阻深，與武昌、黄鵠並峙，其勢阨而險固，即《禹貢》"内方，至于大别"是也，俗名龜山。小别在漢川縣南十里，其山如甑，後周時置甑山縣，宋太平興國二年始改漢川，與大别山相去一百餘里。

公子結

公子結，字子期，一曰子綦，楚昭王庶兄也。十年，吴師入郢，昭王奔隨。吴人從之，謂隨人曰："周之子孫在漢川者，楚實盡之。天誘其衷，致罰於楚，而君又竄之。周室何罪？君若顧報周室，施及寡人，以獎天衷，君之惠也。漢陽之田，君實有之。"楚子在公宫之北，吴人在其南。子期似王，逃王，而以己爲王，曰："以我與之，王必免。"隨人卜與之，不吉，乃辭吴曰："以隨之辟小，而密邇于楚，楚實存之。世有盟誓，至于今未改。若難而棄之，何以事君？執事之患，不惟一人，若鳩楚竟，敢不聽命？"吴人乃退。鑪金初宦于子期氏，實與隨人要言。王使見，辭曰："不敢以約爲利。"王割子期之心以與隨人盟。

會申包胥以秦師至，秦子蒲、子虎帥車五百乘以救楚。大敗夫槩王于沂。吴人獲薳射于柏舉，其子帥奔徒以從子西，敗吴師于軍祥。秋七月，子期、子蒲滅唐。吴師居麇。子期將焚之，子西曰："父兄親暴骨焉，不能收，又焚之，不可。”子期曰：“國亡矣。死者若有知也，可以歆舊祀，豈憚焚之？”焚之，而又戰，吴師敗。又戰于公壻之谿，吴師大敗，吴子乃歸。昭王反國，以子期爲司馬。二十年，頓子牂欲事晉背楚，而絶陳好。子期帥師滅頓，以頓子牂歸。二十七年，吴伐陳，楚子救之，卒于城父。公子閭與子西、子期謀，潛師閉塗，逆越女之子章立之而後還，是爲惠王。三年，陳背楚即吴，楚人伐之。四年冬，子期帥師伐陳，吴延州來季子救陳，謂子期曰：“二君不務德，而力争諸侯，民何罪焉？我請退，以爲子名，務德而安民。”乃還。九年夏，子西、子期伐吴，及桐汭。十年秋，楚白公勝作亂，殺子西、子期于朝，而劫惠王。子期曰：“昔者吾以力事君，不可以弗終。”抉豫章以殺人而死。

《韓非·内儲》曰：吴攻荆，子胥使人宣言于荆曰：“子期用，將擊之；子常用，將去之。”荆人聞之，因用子常而退子期也。吴人擊之，遂入郢。

唐、頓考

唐，姬姓侯爵，屬楚之小國，在義陽安昌縣東南，即今南陽唐縣也。初，蔡昭侯爲兩佩與兩裘，以如楚獻一佩一裘于昭王。昭王服之，以享蔡侯。蔡侯亦服其一。子常欲之，弗與，三年止之。唐成公如楚，有兩肅爽馬，子常欲之，弗與，亦三年止之。唐人或相與謀，請代先從者，許之。飲先從者酒，醉之，竊馬而獻之子常。子常歸唐侯，自拘于司敗，曰：“君以弄馬之故，隱君身，棄國家，群臣請相夫人以償馬，必如之。”唐侯曰：“寡人之過也，二三子無辱。”皆賞之。蔡人聞之，固請而獻佩于子常。子常朝，見蔡侯之徒，命有司曰：“蔡君之久也，官不共也。明日，禮不畢，將死。”蔡侯歸，及漢，執玉而沈，曰：“余所有濟漢而南者，有若大川。”楚昭王十年，蔡侯、唐侯因吴子以伐楚。十一年，吴師退，楚乃滅唐。又十一年，而圍蔡，里而栽，廣丈，高倍。夫屯晝夜九日，如子西之素。蔡人男女以辨，使疆[①]于江、汝之閒而還。頓亦姬姓子爵，國在潁陰，即今陳州南頓縣。《春秋》所謂“頓迫于陳而奔楚”[②]，自頓徙南，故曰南頓也。

魯陽文子

魯陽文子，名寬，司馬子期子也。子期死白公之難，遂代爲司馬。初，惠王以梁與文子，文子辭曰：“梁險而在北境，懼子孫之有貳者也。夫事君無憾，憾則懼偪，偪則懼貳。夫盈而不偪，憾而不貳者，臣能自壽也，不知其他。縱臣而得以其首領以殁，懼子孫之以梁之險而乏臣之祀也。”王曰：“子之仁，不忘子孫，施及楚國，敢不從子？”與之魯陽。

劉向《説苑》曰：公叔文子爲楚令尹，三年，民無敢入朝。公叔子曰：“嚴矣。”文子曰：“朝廷之嚴也，寧云妨國家之治哉？”公叔子曰：“嚴則下喑，下喑則上聾，聾喑不能相通，何國之治也？蓋聞之也，順鍼縷者成帷幕，合升斗者實倉廩，并小流而成江海。明主者有所受命而不行，未嘗有所不受也。”

《淮南子》曰：魯陽公與韓搆難，戰酣日暮，援戈而撝之，日爲之退三舍。

《水經注》曰：“滍水又東逕魯陽縣故城南，即[③]劉累之故邑也。”堯之末孫劉累以龍食帝孔甲，孔甲又求之，不得，累懼而遷于此，有魯縣居其陽，故名魯陽。昔在於楚，文子守之，與韓搆難，戰有返景之誠。

① 疆：崇禎本作“彊”。
② 此實杜預《春秋經傳集解》文，非《春秋》原文。
③ 《水經注》卷三十《滍水》“即”前有“城”字。

聖楷按：《水經注》又云：魯陽關，左右連山插漢，秀木干雲。張景陽詩云："朝登魯陽關，峽路峭且深。"今汝州魯山縣，即其地也。魯陽關在南陽府城北。

楚、梁考

按：梁即今陜西漢中府地。《禹貢》爲梁州之域，《春秋》屬秦、楚之交。《索隱》曰：在秦之山南，楚之西北，漢水南之道，名曰漢中。項羽封沛公爲漢王，都南鄭，即此。晉以後爲梁州。有梁州山，在南鄭縣東南百八十里，與孤雲四角相接。大山四圍，其上三十里許，甚平，或云古梁州治也。

景 舍

景舍，字子發，爲楚宣王將軍。攻蔡，踰之。宣王郊迎，列田百頃，而封之執珪。景舍辭不受，曰："治國立政，諸侯入賓，此君之德也。發號施令，師未合而敵遁，此將軍之威也。兵陳戰而勝敵者，此庶民之力也。夫乘民之功勞而取其爵禄者，非仁義之道也。"故辭而不受。魏圍邯鄲，昭奚恤謂楚王曰："王不如無救趙，而以强魏。魏强，其割趙必深矣。趙不能聽，則必堅守，是兩敝也。"景舍曰："不然。昭奚恤不知也。夫魏之攻趙也，恐楚之攻其後也。今不救趙，趙有亡形，而魏無楚憂，是楚、魏共趙也，害必深矣！何以兩敝也？且魏令兵以割趙，趙見亡形，而有楚之不救己也，必與魏合而以謀楚。故王不如少出兵，以爲趙援。趙恃楚勁，必與魏戰。魏怒於趙之勁，而見楚救之不足畏也，必不釋趙。趙、魏相敝，而齊、秦應楚，則魏可破也。"楚因使景舍起兵救趙。邯鄲拔，楚取睢、濊之閒。

子發初爲上蔡令。民有罪當刑，獄斷論定，决于令尹前，子發喟然有淒愴之心。罪人已刑，而不忘其恩。其後，子發盤辟也罪威王而出奔，刑者遂襲。子發逃之于城下之廬，追者至，踹足而怒曰："子發視決吾罪而被吾刑，怨之憯于骨髓，使我得其肉而食之，其知厭乎？"追者以爲然，而不索其内，子發乃得逃去。

淮南劉安曰：子發之戰，進如激矢，合如雷電，解如風雨，員之中規，方之中矩，破敵陷陳，莫能壅御，澤戰必克，攻城必下。彼非輕身而樂死，務在于前，遺利于後，故名立而不墮，此自强而成功者也。

聖楷按：楚靈王十年，醉殺蔡靈侯而滅其國，使公子棄疾居之，爲蔡公。十二年，棄疾作亂，自立爲平王，乃復封陳、蔡之後。至楚惠王四十二年，復滅蔡，皆非宣王時事。不知《國策》《淮南》諸書何所據，以爲宣、威時也。鮑彪注《國策》，以爲靈王，亦未確。又杜氏《通典》"子發"作"景舍"，今從之。

莊　蹻

莊蹻，楚莊王之苗裔也。楚威王時，使爲將軍，將兵循江上，略巴、蜀、黔中以西。蹻至滇池，地方三百里，旁平地肥饒數千里，以兵威定屬楚。欲歸報，會秦擊奪楚巴、黔中郡，道塞不通，因還，以其衆王滇，變服從其俗以長之。

太史公《西南夷列傳》論曰：楚之先豈有天禄哉？在周爲文王師，封楚。及周之衰，地稱五千里。秦滅諸侯，唯楚苗裔尚有滇王。漢誅西南夷，國多滅矣，唯滇復爲寵王。然南夷之端，見枸醬番禺，大夏杖邛竹。西夷後揃，剽分二方，卒爲七郡。"

荀卿子曰：齊之田單、楚之莊蹻、秦之衛鞅、燕之繆蟣，是皆世俗之所謂善用兵者。其巧拙彊弱，則未有以相若也，若其道一也。"

聖楷曰：莊蹻以楚公子爲大將，卒立奇功于異域，而楚祀賴以不絶，較尉陀之王南越，更爲殊異。嗟乎！世間有此兩奇男子，而猶欲以尺寸量才，士大可痛也。一説楚莊王弟名莊蹻，嘗爲盜于境中，然去威王時已二百餘年矣。且“莊”楚子旅之謚也，其弟何得以君謚爲姓？此皆僞書謬傳，虚妄可疾。

滇池考

滇池，在今雲南府城南，一名昆明池。周回三百餘里，水源深廣，而末更淺狹，有似倒流，故謂之滇池。金馬、碧雞、玉案、點蒼諸山，俯仰映帶，真奥區也。楊太史慎有《滇海曲》，如“跨海虹橋三十里，廣寒宫殿夜飄香”“雲氣開成銀色界，天工斲出點蒼山”“天氣常如二三月，花枝不斷四時春”，皆實事。

奪楚巴、黔考

按：楚頃襄王十九年，秦使司馬錯發隴西兵，因蜀攻楚黔中，拔之。二十二年，又拔郢，乃置黔中郡。太史公以爲楚威王，何其疎莽也？且與《楚世家》亦自相戾。《華陽國志》曰：初，楚頃襄王時遣將莊蹻從沅水伐夜郎，將軍至且蘭，椓船于岸，而步戰。既滅夜郎，因留王滇池，以且蘭有椓船牂柯處，乃改其名爲牂牁。按：“牂”與“樁”通，“牁”與“柯”通，即今之繫船橛也。又《水經注》：“牂柯，江中兩山名。”當從注爲是。

項　梁

項梁者，楚將項燕之子，項籍之季父也。項氏世世爲楚將，封于項，故姓項氏。項籍少時，學書不成，去學劍，又不成。項梁怒之。籍曰：“書，足以紀名姓而已；劍，一人敵，不足學，學萬人敵！”於是項梁乃教籍兵法，籍大喜，略知其意，又不肯竟學。項梁嘗有櫟陽逮，乃請蘄獄掾曹咎書抵櫟陽獄掾司馬欣，以故事得已。項梁殺人，與籍避仇于吴中。吴中賢士大夫皆出項梁下。每吴中有大徭役及喪，項梁嘗爲主辦，陰以兵法部勒賓客及子弟，以是知其能。秦始皇帝游會稽，渡浙江，梁與籍俱觀。籍曰："彼可取而代也。"梁掩其口，曰："毋妄言，族矣！"梁以此奇籍。籍長八尺餘，力能扛鼎，才氣過人，雖吴中子弟皆已憚籍矣。

秦二世元年七月，陳涉等起大澤中。其九月，會稽守通謂梁曰："江西皆反，此亦天亡秦之時也。吾聞先即制人，後則爲人所制。吾欲發兵，使公及桓楚將。"是時桓楚亡在澤中。梁曰："桓楚亡，人莫知其處，獨籍知之耳。"梁乃出，誡籍持劍居外待。梁復入，與守坐，曰："請召籍，使受命召桓楚。"守曰："諾。"梁召籍入。須臾，梁眴籍曰："可行矣！"於是籍遂拔劍斬守頭。項梁持守頭，佩其印綬。門下大驚，擾亂，籍所擊殺數十百人。一府中皆慴伏，莫敢起。梁乃召故所知豪吏，諭以所爲起大事，舉吴中兵。使人收下縣，得精兵八千人。梁部署吴中豪傑爲校尉、候、司馬。有一人不得用，自言於梁。梁曰："前時某喪使公主某事，不能辦，以此不任用公。"衆乃皆伏。於是梁爲會稽守，籍爲裨將，徇下縣。

廣陵人召平於是爲陳王徇廣陵，未能下。聞陳王敗走，秦兵又且至，乃渡江矯陳王命，拜梁爲楚王上柱國，曰："江東已定，急引兵西擊秦。"項梁乃以八千人渡江而西。聞陳嬰已下東陽，使使欲與連和俱西。陳嬰乃以兵屬項梁。項梁渡淮，黥布、蒲將軍亦以兵屬焉。凡六七萬人，軍下邳。

當是時，秦嘉已立景駒爲楚王，軍彭城東，欲距項梁。項梁謂軍吏曰："陳王先首事，戰不利，未聞所在。今秦嘉倍陳王而立景駒，逆無道。"乃進兵擊秦嘉。秦嘉軍敗走，追之至胡陵。嘉還戰一日，嘉死，軍降。景駒走死梁地。項梁已并秦嘉軍，軍胡陵，將引兵而西。章邯軍至栗，項梁使别將朱雞石、餘樊君與戰。餘樊君死。朱雞石軍敗，亡走胡陵。項梁乃引兵入薛，誅雞石。項梁前使項羽别攻襄城，襄城堅守不下。已拔，皆阬之。還報項梁。項梁聞陳王定死，召諸別將會薛計事。此時沛公亦起沛往焉。

居鄛人范增，年七十，素居家，好奇計，往説項梁曰："陳勝敗固當。夫秦滅六國，楚最無罪。自懷王入秦不反，楚人憐之至今，故楚南公曰'楚雖三户，亡秦必楚'也。今陳勝首事，不立楚後而自立，其勢不長。今君起江東，楚蠭起之將皆争附君者，以君世世楚將，爲能復立楚之後也。"於是項梁然其言，乃求楚懷王孫心民閒，爲人牧羊，立以爲楚懷王，從民所望也。陳嬰爲楚上柱國，封五縣，與懷王都盱台音煦怡。項梁自號爲武信君。

居數月，引兵攻亢父，與齊田榮、司馬龍且軍救東阿，大破秦軍于東阿。田榮即引兵歸，逐其王假。假亡走楚，假相田角亡走趙。角弟田閒故齊將，居趙不敢歸。田榮立田儋子市爲齊王。項梁已破東阿下軍，遂追秦軍。數使使趣齊兵，欲與俱西。田榮曰："楚殺田假，趙殺田角、田閒，乃發兵。"項梁曰："田假爲與國之主，窮來從我，不忍殺之。"趙亦不殺田角、田閒以市于齊。齊遂不肯發兵助楚。項梁使沛公及項羽別攻城陽，屠之。西破秦軍濮陽東，秦兵收入濮陽。沛公、項羽乃攻定陶。定陶未下，去，西略地至雝丘，大破秦軍，斬李由。還攻外黄，外黄未下。

項梁起東阿，西，北至定陶，再破秦軍，項羽等又斬李由，益輕秦，有驕色。宋義乃諫項梁曰："戰勝而將驕卒惰者敗。今卒少惰矣，秦兵日益，臣爲君畏之。"項梁弗聽。乃使宋義使于齊。道遇齊使者高陵君顯，曰："公將見武信君乎？"曰："然。"曰："臣論武信君必敗。公徐行即免死，疾行則及禍。"秦果悉起兵益章邯，擊楚軍，大破之定陶，項梁死。沛公、項羽去外黄。

聖楷曰：始皇帝二十三年，王翦用六十萬人取荆，虜王負芻，其將項燕自殺，始滅楚。傳至二世才十五年閒，項梁起兵于吴，遂以八千人渡江而西，報仇復楚，豈非近古以來一大奇績哉？又能用張良言爲韓立後，不殺齊王假以悦田榮，皆義舉也。故蠭起之將，争響附之，所戰必勝。項羽撫有成業，與沛公共滅秦，不能守。是其不有天下也，不在身死東城之日，而在定陶失利之時。天意亦微矣哉！或曰：項梁不死，能有天下乎？曰：梁不死，决不背關懷楚，弑義棄增，而江東猶足王，亦未可知。予故節取《史記》舊文爲梁立傳，要使復楚之功不以羽掩云爾。

梅　鋗

梅鋗，長沙人。番君吴芮之將也。初，沛公攻南陽，遇鋗，與偕攻析酈，降之。及項羽相王，以芮率百越佐諸侯從入關，故立芮爲衡山王，都邾。其將梅鋗功多，封十萬户，爲列侯。羽死，高祖以鋗有功，從入武關，故德芮，徙爲長沙王，都臨湘，而鋗從之。

聖楷曰：漢高祖定天下，功臣非同姓，疆土而王者，八國。至孝文時，異姓盡矣，唯獨長沙藩職無恙。故賈生云："欲諸王之忠附，則莫若令如長沙王，爲其功少而冣完，勢疏而冣忠也。"由今觀之，誼亦據當時事勢論耳。貽謀不善，協贊無人，即匹夫思逞，何有於彊弱乎？陸機云："吴芮之王，祚由梅鋗。功微勢弱，世載忠賢。"信矣哉！

都臨湘考

按：芮都臨湘，即今長沙縣也。長沙，初名湘縣。漢高祖五年，以封吴芮爲長沙王，始更爲臨湘。《水經注》曰：湘水"右逕臨湘縣故城西縣治，湘水濱臨川側，故即名焉"。故城即芮所築，其新城北有吴芮冢，廣踰六十八丈。登臨寫目，爲廛郭之佳憩也。又郭頒《世語》云："魏黄初末，吴人發芮冢取木，於縣立孫堅廟，見芮尸容貌衣服並如故。吴平後，預發冢人於壽春見南蠻校尉吴綱，曰："君形貌何類長沙王吴芮乎？但君微短耳。"綱瞿然曰：‘是先祖也。’自芮卒至冢發四百年，至見綱又四十餘年矣。”今岳州亦有臨湘縣，初名王朝場，後改縣，宋至道初始改今名，非芮都也。

梅山考

按：《楚志》：梅鋗隨芮之國長沙，以益陽縣梅林爲家，遂世有其地。自漢至五代，皆稱梅山焉。後爲蠻王扶氏據之，溪峒環列，負險爲寇。宋熙寧六年，章惇始開梅山地爲二，以下梅山置安化縣，屬長沙；以上梅山置新化縣，屬寶慶。又，徽州祁門縣有梅鋗城，雲即初封十萬户處也。

季　布

季布者，楚人也。爲氣任俠，有名于楚。項籍使將兵，數窘漢王。及項羽滅，高祖購求布千金，敢有舍匿，罪及三族。季布匿濮陽周氏。周氏曰：“漢購將軍急，迹且至臣家，將軍能聽臣，臣敢獻計；即不能，願先自剄。”季布許之。迺髡鉗季布，衣褐衣，置廣柳車中，并與其家僮數十人，之魯朱家所賣之。朱家心知是季布，迺買而置之田。誡其子曰：“田事聽此奴，必與同食。”朱家迺乘軺車之洛陽，見汝陰侯滕公。滕公留朱家飲數日。因謂滕公曰：“季布何大罪，而上求之急也？”滕公曰：“布數爲項羽窘上，上忌之，故必欲得之。”朱家曰：“君視季布何如人也？”曰：“賢者也。”朱家曰：“臣各爲其主用，季布爲項籍用，職耳。項氏臣可盡誅耶？今上始得天下，獨以己之私怨求一人，何示天下之不廣也！且以季布之賢而漢求之急如此，此不北走胡即南走越耳。夫忌壯士以資敵國，此伍子胥所以鞭荊平王之墓也。君何不從容爲上言耶？”汝陰侯滕公心知朱家大俠，意季布匿其所，乃許曰：“諾。”待閒，果言如朱家指。上迺赦季布。當是時，諸公皆多季布能摧剛爲柔，朱家亦以此名聞當世。季布召見，謝，上拜爲郎中。

孝惠時，爲中郎將。單于嘗爲書嫚吕后，不遜，吕后大怒，召諸將議之。上將軍樊噲曰："臣願得十萬衆，横行匈奴中。"諸將皆阿吕后意，曰："然。"季布曰："樊噲可斬也。夫高帝將兵四十餘萬衆，困于平城，今噲奈何以十萬衆横行匈奴中，面欺！且秦以事於胡，陳勝等起。於今創痍未瘳，噲又面諛，欲摇動天下。"是時殿上皆恐，太后罷朝，遂不復議擊匈奴事。

季布爲河東守，孝文時，人有言其賢者，孝文召，欲以爲御史大夫。復有言其勇，使酒難近。至，留邸一月，見罷。季布因進曰："臣無功竊寵，待罪河東，陛下無故召臣，此人必有以臣欺陛下者；今臣至，無所受事，罷去，此人必有以毁臣者。夫陛下以一人之譽而召臣，一人之毁而去臣，臣恐天下有識聞之有以窺陛下也。"上默慙。良久曰："河東吾股肱郡，故時[①]召君耳。"布辭之官。

楚人曹丘生，辨[②]士，數招權顧金錢，事貴人趙同[③]等，與竇長君善。季布聞之，寄書諫竇長君曰："吾聞曹丘生非長者，勿與通。"及曹丘生歸，欲得書詣季布。竇長君曰："季將軍不説足下，足下無往。"固請書，遂行。使人先發書，季布果大怒，待曹丘。曹丘至，即揖季布曰："楚人諺曰：'得黄金百斤，不如得季布一諾。'足下何以得此聲于梁楚閒哉？且僕楚人，足下亦楚人也。僕游揚足下之名于天下，顧不重耶？何足下距僕之深也！"季布乃大説，引入，留數月，爲上客，厚送之。季布名所以益聞者，曹丘揚之也。

季布弟季心，氣蓋關中，遇人恭謹，爲任俠，方數千里，士皆争爲之死。常殺人，亡之吴，從袁絲匿。長事袁絲，弟畜灌夫、籍福之屬。嘗爲中司馬，中尉郅都不敢不加禮。少年多時時竊籍其名以行。當是

① 時：《史記》卷一〇〇《季布欒布列傳》作"特"。
② 辨：崇禎本及《史記》卷一〇〇《季布欒布列傳》作"辯"。
③ 同：《史記》卷一〇〇《季布欒布列傳》作"談"。

時，季心以勇，布以諾，著聞關中。

季布母弟丁公，爲楚將。丁公爲項羽逐窘高祖彭城西，短兵接，高祖急，顧丁公曰："兩賢豈相厄哉！"於是丁公引兵而還，漢王遂解去。及項王滅，丁公謁見高祖。高祖以丁公徇軍中："丁公爲項王臣不忠，使項王失天下者，乃丁公也。"遂斬丁公，曰："使後世爲人臣者無效丁公。"

太史公曰：以項羽之氣，而季布以勇顯于楚，身屨典軍搴旗者數矣，可謂壯士。然被刑戮，爲人奴而不死，何其下也！彼必自負其材，故受辱而不羞，欲有所用其未足也，故終爲漢名將。賢者誠重其死。夫婢妾賤人感慨而自殺者，非能勇也，其計畫無復之耳。欒布哭彭越，趣湯如歸者，彼誠知所處，不自重其死。雖往古烈士，何以加哉！

霍　峻

霍峻，字仲邈，南郡枝江人也。兄篤，於鄉里合部曲數百人。篤卒，荆州牧劉表令峻攝其衆。表卒，峻率衆歸先主，先主以峻爲中郎將。先主自葭萌南還襲劉璋，留峻守葭萌城。張魯遣將楊昂誘峻，求共守城，峻曰："小人頭可得，城不可得。"昂乃退去。後璋將扶禁、向存等帥衆萬餘人由閬水上，攻圍峻，且一年，不能下。峻城中兵纔數百人，伺其怠隙，選精鋭出擊，大破之，即斬存首。先主定蜀，嘉峻之功，乃分廣漢爲梓潼郡，以峻爲梓潼太守、裨將軍。在官三年，年四十卒，還葬成都。先主甚悼惜，乃詔諸葛亮曰："峻既佳士，加有功于國，欲行酹。"遂親率群僚臨會弔祭，因留宿墓上，當時榮之。

子弋，字紹先。後主立太子璿，以弋爲中庶子。璿好騎射，出入無度，弋援引古義，盡言規諫，甚得切磋之體。後歷永昌、建寧太守。景耀六年，進號安南將軍。是歲，蜀并于魏。

《漢晉春秋》曰：霍弋聞魏軍來，弋欲赴成都，後主以備敵既定，不聽。及成都不守，弋素服號哭，大臨三日。諸將咸勸宜速降，弋曰："今道路隔塞，未詳主之安危，大故去就，不可苟也。若主上與魏和，見遇以禮，則保境而降，不晚也。若萬一危辱，吾將以死拒之，何論遲速耶！"得後主東遷之問，始率六郡將守上表曰："臣聞人生於三，事之如一，惟難所在，則致其命。今臣敗主附，守死無所，是以委質，不敢有二。"晉文王善之，又拜南中都督，委以本任。後遣將兵救援吕興，平交阯、日南、九真三郡，功封列侯。弋孫彪，晉越嶲太守。

向　朗

向朗，字巨達。襄陽宜城人也。荆州牧劉表以爲臨沮長。表卒，歸先主。先主定江南，使朗督秭歸、夷道、巫山、夷陵四縣軍民事。蜀既平，以朗爲巴西太守，頃之轉任牂柯，又徙房陵。後主踐祚，爲步[①]校尉，代王連領丞相長史。丞相亮南征，朗留統後事。五年，隨亮漢中。朗素與馬謖善，謖逃亡，朗知情不舉，亮恨之，免官還成都。數年，爲光禄勳。亮卒後徙左將軍，追論舊功，封顯明亭侯，位特進。初，朗少時雖涉獵文學，然不治素檢，以吏能見稱。自去長史，優游無事垂二十年，乃更潛心典籍，孜孜不倦。年踰八十，猶手自校書，刊定謬誤，積聚篇卷，於時最多。開門接賓，誘納後進，但講論古義，不干時事，以是見稱。上自執政，下及童冠，皆敬重焉。延熙十年卒。

子條嗣，景耀中爲御史中丞。兄子寵，先主時爲牙門將。秭歸之敗，寵營特完。建興元年封都亭侯，後爲中部督，典宿衛兵。諸葛亮當北行，表與後主曰："將軍向寵，性行淑均，曉暢軍事，試用於

① 《三國志》卷四一《向朗傳》"步"後有"兵"字。

昔，先帝稱之曰能，是以衆論舉寵爲督。愚以爲營中之事，悉以咨之，必能使行陣和睦，優劣得所也。”遷中領軍。延熙三年，征漢嘉蠻夷，遇害。

《襄陽記》曰：朗遺言戒子曰：“《傳》稱師克在和不在衆，此言天地和則萬物生，君臣和則國家平，九族和則動得所求，静得所安，是以聖人守和，以存以亡也。吾，楚國之小子耳，而蚤喪所天，爲二兄所誘養，使其性行不隨禄利以墮。今但貧耳；貧非人患，惟和爲貴，汝其勉之！”子條，字文豹，亦博學多識，入晉爲江陽太守、南中軍司馬。

聖楷曰：《襄陽記》又稱：“朗少師事司馬德操，與徐元直、韓德高、龐士元皆親善。”故其老而好學，尚有典型也耶？是時蜀士如秦宓、譙周，皆博雅好論著，若以出處律之，未免多慚，安得如朗之牙籤萬軸而刀斗自嚴乎？

楚寶卷第七考異

新化鄧顯鶴湘皋述

大　將

屈　完

昭王南征考

原案：昭王南征，濟於漢，其地在漢、沔之閒，他書以爲湘潭昭山，謬甚。

顯鶴案：《湖南通志》引《寰宇記》：昭山在湘潭縣東四十里，以昭王南征至此，故名。《一統志》：昭山即馬山，截江而起，仄立萬仞。寧鄉黄氏本驥以山有伏波廟，爲五代馬氏建。馬氏自以爲伏波裔，封伏波爲昭靈王，見李宏皋譔《溪州銅柱記》。山之名昭，蓋始於此。山下有興馬洲，亦馬氏所名。湘潭之上昭陵灘，即昭靈之誤，亦以江岸有伏波廟得名。陳都督階平撰《奉使紀勝》主其説，以《一統志》“昭山即馬山”證之，其説近是。今案《水經注》：“湘水又北逕昭山西，山下有旋泉，深不可測。故言昭潭無底也，亦謂之湘州潭。”昭山之稱，最古不始於馬氏，但附會爲昭王南征，則謬矣。

方城考

方城，山名，在今裕州葉縣界。秦置南陽郡，屬荆州，皆楚地也。

案：《輿地廣記》：方城縣，本漢渚陽葉縣地，屬南陽郡，後漢及晉因之。後廢。西魏置方城縣，有方城山。又，原案引《地里志》：南陽方城邑西有黄城山，長沮、桀溺耦耕所，有東流水，則子路問津處。今案：《水經注》云：方城邑西有黄城山，是長沮、桀溺耦耕之所。有水出黄城東，流注潕水，則子路問津處。原書徵引未悉。

漢水考

天下之大川，以漢名者二，班固謂之東漢、西漢。

顯鶴案：《華陽國志》：漢水二源，東源出武都氐道縣漾山，因名漾。西源出隴西嶓冢山，會白水，經葭萌入漢，始源曰沔，故曰"沔漢"。酈注引《漢中記》："嶓冢以東，水皆東流；嶓冢以西，水皆西流，故俗以嶓冢爲分水嶺。"即此推沔水無西入之理。又云："東、西兩川俱出嶓冢，而同爲漢水。"《水經》則謂："漾水出隴西氐道嶓冢山，東至武都沮縣爲漢水，又至葭萌關，與羌水合。"是以漾爲西漢水也。又謂："沔水出武都沮縣東狼谷中。"又曰："東南流注漢。"是以沔爲東漢水也。酈氏兩疏之，而未辨其非。夫《禹貢》"嶓冢導漾，東流爲漢"，漾之東流，見於經者，顯然如此。常氏既附會漾水之名，以爲東漢。又以沔出嶓冢合白水爲西漢，明與經悖。《水經》又析東、西爲二條，其流迥别。至云漾合白水，亦與《禹貢》"東流爲漢"之文不合，不知《通志》"嶓冢山有二：一在天水上邽，一在漢之金牛山"。《雍大紀》云：西漢水在西河縣，源出嶓冢山，西流與馬池水合。此乃上邽之嶓冢，在今秦州。又云：漢江源出沔縣嶓冢山，東流入金州。此乃金牛之嶓冢。《禹貢》"嶓冢導漾"，乃沔縣之嶓冢，與秦州異。知嶓冢有二，則東、西二漢源流自判。然漾、沔本爲一流，與隴西之嶓冢都無交涉，其誤總在以兩嶓塚爲一，遂紛紜轇轕而不可解。國朝新城王文簡公士禎有《東、西二漢水辨》，極詳，末引《黄氏日鈔》云："漢水二源：一出秦州天水縣，謂之西漢水，至恭州巴中縣入江。一出大安軍三泉縣，謂之東漢水，至漢陽軍入江。"觀此，則二漢水源流益洞然矣。

公子嬰齐

鳩兹考

鳩兹，即今太平蕪湖縣地。又，楚圍朱方，敗鵲岸，克鳩兹，至於衡山，皆吴境也。衡山無所考。《後漢書·郡縣志》注云："丹陽縣之横山，去鳩兹不遠。"疑"横"誤作"衡"，恐亦未然。

顯鶴案：《左傳》襄公"三年春，楚子重伐吴，爲簡之師。克鳩兹，至於衡山"。杜預注："鳩兹，吴邑，今皋夷也。衡山在吴興烏程縣南。昭公五年，楚子以諸侯及東夷伐吴，吴人敗諸鵲岸。"注："廬江舒縣有鵲尾渚。"《後漢書·郡國志》：丹陽郡，"蕪湖中江在西。"注："《左傳》襄三年，楚子伐吴，尅鳩兹。杜預曰：在縣之東。"廬江郡，"舒有桐鄉"，注："古桐國。《左傳》昭五年，吴敗楚鵲岸。杜預曰：縣有鵲尾渚。"吴郡烏程，注："《左傳》襄三年，楚伐吴，至於衡山。杜預曰：'在縣南。或云丹陽縣之衡山，去鳩兹不遠，子重所至也。'"又，丹徒，注："《春秋》曰朱方。"原書徵引未悉，特爲考正。

沈尹戌

淮汭、豫章、冥阨、大别諸考

吴、楚相侵伐，師於豫章者凡數處，皆非今之豫章。又，巢與乾谿皆江北地，與江西遠不相涉。

顯鶴案：唐分天下爲十五道。江南道東道採訪使治蘇州，江南道西道採訪使治洪州。宋因之，以宣、歙、江、池等處爲江南東路，洪、撫、吉、袁等處爲江南西路。元遂置江西等處行中書省，明因之。所謂江西，蓋指江南之西而言，實則今之洪、吉、撫、贛皆江南，非江西也。六朝人稱江西，即今之江北淮、泗、盧、潁間，皆江西境。周氏以春秋戰國之豫章爲江北地，與江西遠不相涉，蓋指今之江西，言誤矣。當云與今南昌之豫章無涉。又，《吕氏春秋》言“九塞，冥阨其一”，今信陽州南有石城山，甚高峻，亦曰冥山。《史記》曰“魏攻冥阨”，殆謂此也。

若江西豫章以水名，至漢高祖六年始立豫章郡於今南昌。

顯鶴案：漢高帝六年，置豫章郡。豫章，以木名，非以水名。若贛州，則以章、貢二水名爾。應劭《漢官儀》曰：“有豫章生於庭中，故以名郡。此木嘗中枯，晉永嘉中，一旦更茂，咸以爲中興之祥。其後，元帝果興大業於江南。”故郭璞《南郊賦》云：“弊樟擢秀於祖邑。”以司馬宣王之祖嘗爲豫章太守故也。

梅　　鋗

梅山考

宋熙寧六年，章惇始開梅山地爲二。以下梅山置安化縣，屬長沙；以上梅山置新化縣，屬寶慶。

顯鶴案：《宋史·西南谿洞諸蠻傳》有《梅山峒蠻傳》，中言開復梅山始末甚悉。末云以其一置安化縣，屬潭州；其一置新化縣，屬邵州。其時不以長沙、寶慶名郡也。詳見《宦蹟·蔡奕傳》案。

向　　朗

初，朗少時雖涉獵文學，然不治素檢，以吏能見稱。自去長史，優游無事垂二十年，乃更潛心典籍，孜孜不倦。

顯鶴案：《華陽國志》：延熙九年秋，以故丞相長史向朗爲左將軍。即[①]自去長史，優游無事，乃鳩合經籍，開門誘士，講論古義，不預世務。是以上自執事，下及童冠，莫不宗敬焉。

① 即：《華陽國志》作“朗”。

荆楚文庫

楚寶

（二）

〔明〕周聖楷　編纂

〔清〕鄧顯鶴　增輯

施德順　點校

荆楚文庫編纂出版委員會

武漢出版社

楚寶卷第八

明湘潭周聖楷伯孔輯纂

大　將

柳元景

柳元景，字孝仁，其先河東解人也。曾祖卓，自本郡遷于襄陽，官至汝南太守。祖恬，西河太守。父憑，馮翊太守。

元景少便弓馬，數隨父伐蠻，以勇稱。寡言有器質。荆州刺史謝晦聞其名，要之，未及往而晦敗。雍州刺史劉道産深愛其能，元景時居父憂，未得加命。會荆州刺史江夏王義恭召之，道産謂曰："久規相屈。今貴王有召，難輒相留，乖意以爲惘惘。"服闋，累遷義恭司徒太尉城局參軍。文帝見，又嘉之。

先是，劉道産在雍州有惠化，遠蠻悉歸懷，皆出，緣沔爲村落，户口殷盛。及道産死，群蠻大爲寇暴。文帝西鎮襄陽，義恭以元景爲廣威將軍、隨郡太守。既至，而蠻斷驛道，欲來攻郡。郡内少糧，器仗又乏，元景設方略，得六七百人，分五百人屯驛道。或曰："蠻將逼城，不宜分衆。"元景曰："蠻聞郡遣重戍，豈悟城内兵少？且表裏合攻，於計爲長。"會蠻垂至，乃使驛道爲備。潛出其後，戒曰："火舉馳進。"前後俱發，蠻衆驚擾，投鄖水死者千餘人，斬獲數百，郡境肅然。

隨王誕鎮襄陽，徙爲後軍中兵參軍。及朝廷大舉北伐，使諸鎮各出軍，誕遣振威將軍尹顯祖出貲谷，奮武將軍魯方平、《宋書》作"曾"，非。建武將軍薛安都、略陽太守龐法起入盧氏，廣威將軍田義仁入魯陽，加元景建威將軍，總統群帥。後軍外兵參軍龐季明，年七十三，自以關中豪右，請入長安，招合夷夏，誕許之。乃自貲谷入盧氏，盧氏民趙難納之。季明遂誘說士民，應之者甚衆，安都等因之，自熊耳山出，元景引兵繼進。閏月，龐法起等諸軍入盧氏，斬縣令李封，以趙難爲盧氏令，使帥其衆爲鄉導。元景自百丈崖從諸軍於盧氏，法起等進攻弘農，辛未拔之，禽魏弘農太守李初古拔。安都留屯弘農，法起進據潼關。元景率衆至弘農，詔以元景爲弘農太守。

初，安都頓軍弘農，而諸軍已進陝，元景既到，謂安都曰："無爲坐守空城，而令龐公深入，此非計也。宜急進軍，可與顯祖并兵就之，吾須督租畢，尋後引也。"衆並造陝。陝城險固，諸軍攻之不拔。魏洛州刺史張是連提帥衆二萬度崤救陝，安都、方平各列陣城東南以待之，顯祖勒精卒以爲後柱，季明率高明、宜陽義兵當南門而陣，趙難領盧氏樂從少年，與季明爲犄角。魏兵大合，安都等與戰於城南，魏多縱突騎，諸軍不能敵。安都怒，脱兜鍪，解鎧，唯著絳衲、兩當衫，馬亦去其裝，瞋目横矛，單騎突陣，所向無前，魏人夾射不能中。如是數四，殺傷不可勝數。會日暮，别將魯元保引兵自函谷關至，魏兵乃退。

元景遣軍副柳元怙將步騎二千救安都等，夜至，魏人不之知。明日，安都等陣于城西南，方平謂安都曰："今勍敵在前，堅城在後，是吾取死之日。卿若不進，我當斬卿；我若不進，卿當斬我也。"安都曰："善。卿言是也。"遂合戰。元怙引兵自南門鼓譟直出，旌旗甚盛，魏衆驚駭。安都挺身奮擊，流血凝肘，矛折，易之更入。諸軍齊奮，自旦至日昃，魏衆大潰，斬張是連提及將卒三千餘級，其餘赴河塹死者甚衆，生降二千餘人。

明日元景至，讓降者曰："汝輩本中國民，今爲寇盡力，屈乃降，何也？"皆曰："虐虜見驅，後出者滅族。以騎蹙步，未戰先死，此將軍所親見也。"諸將欲盡殺之，元景曰："今王旗北指，當使仁聲先路。"盡釋而遣之，皆稱萬歲而去。

甲午克陝城，元景乃率諸將自湖關度白楊嶺，出于長洲，使安都斷後，宗越副之。法起自潼關向商城，與元景會，季明亦從胡谷南歸，並有功而入，士馬旌旗甚盛。誕登城望之，以鞍下馬迎元景。除元景爲冠軍司馬、襄陽太守，于樊城立府舍，率所領居之。

武陵王入討元凶，以元景爲咨議參軍，領中兵，加冠軍將軍，太守如故。配萬人爲前鋒，宗慤、薛安都等十三軍皆隸焉。夏四月癸卯，發隘口，元景以舟艦不堅，憚于水戰，乃倍道兼行。丙辰，至江寧步上，使薛安都帥鐵騎耀兵于淮上秦淮之上，移書朝士，爲陳順逆。癸亥，元景潛至新亭，依山爲壘。新降者皆勸元景速進，元景曰："不然。理順難恃，同惡相濟。輕進無防，實啟寇心。"甲子，劭使蕭斌統步軍，褚湛之統水軍，與魯秀、王羅漢、劉簡之精兵合萬人攻新亭壘，劭自登朱雀門督戰。元景宿令軍中曰："鼓繁氣易衰，叫數力易竭，但銜枚疾戰，一聽吾鼓聲。"劭將士懷劭重賞，皆殊死戰。元景水陸受敵，意氣彌彊，麾下勇上悉遣出鬭，左右唯留數人宣傳。劭兵勢垂克，魯秀擊退鼓，劭衆遽止。元景乃開壘，鼓譟以乘之，劭衆大潰，墜淮死者甚多。劭更帥餘衆自來攻壘，元景復大破之，劭僅以身免，走還宮。魯秀、褚湛之、檀和之皆南奔。丙寅，武陵王至江寧。丁卯，江夏王義恭單騎來奔，劭殺義恭十二子。己巳，武陵王即位于新亭，以元景爲侍中，領左衛將軍，尋授雍州刺史。東晉于襄陽僑置雍州。始上在巴口，問元景："事平，何所欲？"對曰："若有過恩，願還鄉里。"故有此授。尋加散騎常侍，封曲江縣公。

孝建元年正月，魯爽反，加元景撫軍將軍，假節置佐，統王玄謨等諸將討之。時臧質、義宣並反，於是玄謨南據梁山，夾江爲壘，垣護之、薛安都渡據歷陽，元景出屯采石。玄謨聞賊盛，遣司馬管法濟求益兵，上使元景進屯姑孰。質攻陷玄謨西壘，玄謨使垣護之告急于元景，曰："西城不守，唯餘東城萬人，賊軍數倍，彊弱不敵，欲退還姑孰，就節下協力當之，更議進取。"元景不許，曰："賊勢方盛，不可先退。吾當卷甲赴之。"護之曰："賊謂南州有三萬人，而將軍麾下裁十分之一，若往造賊壘，則虚實露矣。王豫州必不可來，不如分兵援之。”元景曰：“善。”乃留羸弱自守，悉遣精兵助玄謨。多張旗幟，梁山望之如數萬人，皆以爲建康兵悉至，衆心乃安，於是克捷。

大明三年，遷尚書令，封巴東郡公。六年，授侍中、驃騎大將軍、南兗州刺史，留衛京師。

孝武晏駕，與太宰江夏王義恭、尚書僕射顔師伯並受遺詔輔幼主，加開府儀同三司，領丹楊尹。元景起自將帥，及當朝理務，雖非所長，而有弘雅之美。時在朝勳要多事産業，唯元景獨無所營。南岸有數十畝菜園，守園人賣菜得錢三萬，送還宅，元景曰：“我立此園種菜，以供家中啖爾，乃復賣以取錢，奪百姓之利耶？”以錢乞守園人。

初，孝武多猜忌，王公大臣重足屏息，莫敢妄相過從。孝武殂，太宰義恭等皆相賀，曰：“今日始免横死矣。”甫過山陵，義恭與柳元景、顔師伯等聲樂酣飲，不舍晝夜。帝内不能平，既殺戴法興，諸大臣無不震慴，各不自安。於是元景、師伯密謀廢帝立義恭，日夜聚謀，而持疑不能决。沈慶之發其事，遂遇害。明帝即位，令曰：“故侍中、尚書令元景，風度弘簡，體局深沈，正義亮時，恭素範物。幽明道盡，則首贊孝圖；盛運開歷，則毗燮皇化。方任孚漢輔，業茂殷衡，而蜂豺肆濫，顯加禍毒，冤動勛烈，悲深朝貫。朕承七廟之靈，纂臨寶業，情典既申，痛悼彌軫。宜崇賁徽册，以旌忠懿。可追贈太尉，給班劍三十人，羽葆、鼓吹一部，謚曰忠烈公。”

《南史》曰：元景少時貧苦，嘗下都至大雷，日暮寒甚，頗有羈旅之歎。岸側有一老父，謂元景曰：“君方大富貴，位至三公。”元景以爲戲之，曰：“人生免饑寒幸甚，豈望富貴。”老父曰：“後當相憶。”及貴求之，不知所在。

聖楷曰：元景傳，《宋書》敘北伐，失之太繁；《南史》敘平蠻，又失之太略。甚矣，史筆之難也！予稍爲芟合，庶幾可觀。若夫史稱“元景行己所資，豈徒武毅？當朝任職，實兼雅道。卒至覆族，遭逢信有命乎？”此亦古今所共惋惜矣。

歐陽頠

歐陽頠，字靖世，長沙臨湘人。爲郡豪族。頠少質直有思理，以言行著于嶺表。父喪，毁瘠甚至。家産累積，悉讓諸兄。州郡頻辟不應，乃廬于麓山寺傍，專精習業，博通經史。年三十，其兄逼令從官，爲平西邵陵王中兵參軍。

梁左衛將軍蘭欽少與頠善，故頠常從欽征討。欽南征夷獠，禽陳文徹，所獲不可勝計，獻大銅鼓，累代所無，頠預其功，還爲直閣將軍。欽征交州，復啟頠同行，欽度嶺而卒，頠除臨賀内史，啟乞送欽喪還都，然後之任。時湘、衡界五十餘洞不賓，勅衡州刺史韋粲討之，粲委頠爲都督，悉皆平殄。

侯景搆逆，粲自解還都征景，以頠監衡州。臺城陷後，嶺南互相吞併，蘭欽弟前高州刺史裕攻始興内史蕭紹基，奪其郡。以兄欽與頠有舊，遣招之，頠不從，謂使曰："高州昆季隆顯，莫非國恩。今應赴難援都，豈可自爲跋扈？"及陳武帝入援京邑，將至始興，頠乃深自結託。裕遣兵攻頠，武帝援之，裕敗，遷頠爲始興内史。梁元帝承制以始興郡爲東衡州，以頠爲刺史，封新豐縣伯。

侯景平，元帝徧問朝宰，使各舉所知，群臣未對。帝曰："吾已得一人矣。歐陽頠甚公正，有匡濟才，恐蕭廣州不能致之。"乃授郢州刺史，欲令出嶺，蕭勃留之，不獲拜命。

時蕭勃在廣州，兵彊位重，元帝深患之，遣王琳代爲刺史。琳已至小桂嶺，勃遣其將孫瑒監州，盡率部下至始興，避琳兵鋒。頠别據一城，不往謁勃，閉門高壘，亦不拒戰。勃怒，遣兵襲頠，盡收其貲財馬仗。尋赦之，還復其所，復與結盟。荆州陷，頠委質於勃。及勃度嶺出南康，以頠爲前軍都督，周文育擊破之，禽送於武帝，帝釋之，深加接待。蕭勃死後，嶺南擾亂，頠有聲南土，且與武帝有舊，乃授安南將軍、衡州刺史，封始興縣侯。未至嶺[①]，頠子紇已克定始興。及頠至嶺南，皆慴伏，仍進廣州，盡有越地。改授都督交、廣等十九州諸軍[②]、平越中郎將。湘州刺史王琳據有中流，頠自海道及東嶺奉使不絶。永定三年，即本號開府儀同三司，封陽山郡公。

初，交州刺史袁曇緩密以金五百兩寄頠，令以百兩還合浦太守龔蔿，四百兩付兒知矩，餘人弗之知也。頠尋爲蕭勃所破，貲財並盡，唯所寄金獨在。曇緩亦尋卒，至是頠並依信還之，時人莫不歎服。天嘉四年薨，贈司空，謚曰穆。子紇嗣。

聖楷按：徐陵撰《歐陽頠德政碑》云："僧釋慧羨等來朝絳闕，備啟丹誠，乞於大路康莊，式刊豐琰。庶樊卿寶鼎，復述台司之功；羊叟高碑，更紀征南之德。於是跪開黄素，爰登紫泥。鑒此誠祈，皆如所奏。"是時佛教隆重，士氣頹靡，故清議口碑，操自緇流。如此，亦可異也。

許　紹

許紹，字嗣宗，安陸人。父法光，仕隋爲楚州刺史。元皇帝爲安州總管，紹時爲兒，與高祖同學相愛。大業末，任夷陵通守，會盜起，州境獨完，流人自占數千[③]萬，開倉振給。煬帝崩問至，紹率人吏三日臨，以所部遥屬越王侗。後王世充簒立，遂遣使以黔安、武陵、澧陽歸唐，授陝[④]州刺史，封安陸郡公。高祖致書，道平生舊以加慰納。

蕭銑將董景珍降，命紹率兵應接。以破銑功，擢其子知仁爲温州刺史。銑遣楊道生開峽州，紹擊走之。銑將陳普環具大艦遡江，與開州賊

① 《陳書》卷九《歐陽頠傳》"嶺"後有"南"字。
② 《陳書》卷九《歐陽頠傳》"軍"後有"事"字。
③ 千：《新唐書》卷九〇《許紹傳》作"十"。
④ 陝：《新唐書》卷九〇《許紹傳》作"峽"。

蕭闍提略巴、蜀，紹遣知仁及壻張玄靖、掾李弘節追戰西陵，覆其兵，禽普環，悉獲戰艦。江之南有安蜀城，地直夷陵，荊門城峙其東，皆峭險處。銑以兵戍守，紹遣知等攻荊門，取之。制書褒美，許以便宜。紹境連王世充及銑，其下爲賊剽者皆見殺，紹得敵人，獨資遣之，二邦感義，殺掠爲止。進譙國公，賜帛千段。

趙郡王孝恭等伐銑，復詔督兵圍荊州。會病，卒于軍，帝爲流涕。貞觀中，贈荊州都督。

吕温《凌煙閣勳臣贊》曰：群動相食，血流中原。譙公夷陵，豺虎爲鄰。列境連城，火炎煙昏。皎其一邦，如玉不焚。三光忽開，萬象皆新。誰有天下，平生故人。公與高祖有舊。引忠歸誠，豹變蠖伸。金石之契，移爲君臣。奕奕煌煌，爲龍爲光。元戎啟行，大旆央央。式遏大江，奄征南方。恩斯勤斯，兩不可忘。

聖楷按，《通鑒·唐紀》：武德二年二月，許紹帥黔安諸郡來降。是年八月，蕭銑遣其將楊道生寇峽州，紹擊破之。銑又遣其將陳普環帥舟師上峽，規取巴、蜀，又大破之，禽普環。銑遣兵戍安蜀城及荊門城。武德三年十二月，攻銑荊門鎮，拔之。《唐書》敘次景珍來降在破道生、普環之前，又接云“以破銑功，封其子知仁”云云，大誤。當以《唐紀》爲正。且高祖嘗陰敕紹斬李靖，紹惜其才，爲之奏請獲免，此大有關係。其後李靖以取蕭銑十策上趙郡王孝恭，卒平江陵。此靖之功，皆紹之功也。本傳俱不載，可知《新唐書》之陋。

許紹冢墓考

按：安陸縣，唐名安州。紹家在縣西六十里大安山下，其墓在縣東十八里紫石村，與其子知仁同域，又名宰相林，以其子圉師爲高宗相也。今《志》謂紹爲相，大誤。又李白娶紹之孫女，本傳俱不載，惟白《上安州裴長史書》云：“白年三十，始仗劍去國，辭親遠遊，南窮蒼梧，東涉溟海，見鄉人相如大誇雲夢之事，云楚有七澤，遂來觀焉。而許相公家見招，妻以孫女，便憩跡于此，至移三霜。”據此，則白未流夜郎，已先寓楚，其上裴書亦或在此時耶？白有《安陸白兆山桃花巖寄劉侍御》，詩云“歸來桃花巖，得憩雲窗眠”，則白之往來于許氏，蓋又不止三霜矣。

陶 弼

陶弼，字商翁，永州人。少孤，志行磊落權奇，左詩書，右孫吴，同學生歎伏之，以爲一日千里。因窮無地自致，乃聚晚學子弟，講授六經以奉母甘旨。

慶曆中，莫傜諸唐據湖南山溪，鈔掠郡縣。提點刑獄楊畋召弼俱行，頗用其策謀。弼亦分軍薄嶮，得挑油坪、太平峒，於畋軍中功第二。以進士調授桂州陽朔縣主簿。儂知高蹈藉二廣，畋以書召弼掌機宜，乘驛至曲江，畋檄弼下芙州，議救廣府。賊已走連賀，蔣偕一軍没，餘衆潰入山林，賊聲勢張甚。弼以便宜頗取敗軍，白旗大書曰“招安蔣團練下敗兵”，使十數輩持徇村落，收得散卒，則迴路，趨賀州就糧。州將持法拒牾[①]，弼曉以大義，乃聽活千餘人，送幕府。會畋罷去，不爲功，然畋在朝廷每爲人言：“湖南軍中，獨得陶弼一人耳。”

弼久次，乃爲陽朔令，以吏考除大理寺丞、監潭州糧料院、廣南西路提點刑獄。李師中論薦其能，擢知賓州。詔换崇儀副使，知容州，以六宅副使知欽州。數以母老乞歸，極懇惻，不聽。母喪奪哀，以崇儀使知邕州，招納訓、利等六州蠻及廣源内附儂知高千餘衆，皆就耕食。弼亦再滿任，乃得請知鼎州，詔使按治辰州、南江諸溪蠻。宣撫使舉使知辰州，又奏弼不上吏課者二十三年，遷皇城使。措置北江，用反間使彭

① 牾：崇禎本作“吾”，黄庭堅《東上閤門使康州團練使知順州陶公墓誌銘》作“君”。

師晏自攻伐，歸其地縣官。三[①]師問罪安南，復知邕州，又用宣撫使辟知順州，四遷爲東上閤門使、康州團練使。卒于順州之官舍。

弼不治細故，獨以文章自喜，尤號爲能詩。年三十起從軍，心通悟，達兵家機會，能得士死力。知度閑深，調護不虞，不見圭角，遇倉卒，大軍常倚以爲重。作郡縣，順民立條教，當其艱勤，與吏士同甘苦，不以遠朝廷故不盡心力。所臨數州，夷夏斬斬，以約信爲威。嘗請郴、桂靈渠通漕湘江，軍興轉粟可十倍，使者不能聽。李師中在廣西，乃用之，于今爲功。初得廣源峒爲順州，事屬草創，存亡不可知，弼受命即上道，折箠指撝，溪洞晏然。在軍中三十年，夷險一槩。使者多朝廷大吏，察治狀，卒無以易，故求去輒進官重任，使遂老于桂林表裏。所著詩文書奏十有八卷。

黄山谷銘曰：武夫面牆，文吏疢武。維此康州，俎豆軍旅。烏合其兵，忠信成城。教子弟戰，衛其父兄。乘䡾行權，處女脱兔。及其既平，左規右矩。虎媚養己，時其飽饑。康州用士，可赴深溪。子拊惸嫠，姑息夷獠。我一以律，不殘不傲。藥不皸手，漂絮終身。或千户封，奇偶匪人。梓慶爲鐻，不懷慶賞。康州撫師，尚以義往。大能小施，夸者技癢。我安義命，民得休養。邊陲之守，不必摧鋒。我銘康州，式勸士功。

楊太史慎曰：陶弼，宋仁宗時人，有詩名，仕于兩廣。詩絶似晚唐，《宋文鑑》選其二首。《虔化縣》云“暖雪梅花樹，晴雷贑石溪”，《出嶺》云“天文離卷舌，人影背含沙”，其他如《僧寺》云“花露生瓶水，松風落架書”，《蚤行》云“照枕殘雞月，吹燈落葉風”。李洞、喻鳬，可相伯仲也。

聖楷曰：史又稱弼好士樂施，所得俸禄，悉以與人，家至貧，不恤也。既死，妻在鄉里，僦屋以居。此固將相風規，未之數見，而琭琭者豈易企及乎？若夫詩成炎嶠，韻絶一時，即景風之賞，吾

① 三：崇禎本同，黄庭堅《東上閤門使康州團練墓誌銘》作“王”。

不與易焉。

孟　珙

孟珙，字璞玉，隨州棗陽人。嘉定十年，金人犯襄陽，駐團山，父宗政時爲趙方將，以兵禦之。珙料其必閼樊城，獻策宗政由羅家渡濟河，宗政然之。越翼日，諸軍臨渡布陣，金人果至，半渡伏發，殲其半。宗政被檄援棗陽，臨陣嘗父子相失，珙望敵騎中有素袍白馬者，曰："吾父也。"急麾騎軍突陣，遂脱宗政。以功補進勇副尉。

十二年，完顏訛可步騎二十萬分兩路攻棗陽，環集城下，珙登城射之，將士驚服。宗政命珙取他道劫金人，破砦十有八，斬首千餘級，大俘軍器以歸。金人遁，以功升下班祗應。十四年，入謁制置使趙方，一見奇之，辟武校尉。十六年，以功特授承信郎。丁父憂，制置使起復之，珙辭，訖葬趣就職，又辭。理宗即位，特授忠翊郎，尋辟京西第五副將，權管神勁左右軍統制。

初，宗政招唐、鄧、蔡壯士二萬餘人，號忠順軍，命江海總之，衆不安，制置使以珙代海，珙分其軍爲三，衆乃帖然。紹定元年，珙白制置司刱平堰于棗陽，自城至軍西十八里，由八疊河經漸水側，水跨九阜，建通天槽八十有三丈，溉田十萬頃，立十莊三轄，使軍民分屯，是年收十五萬石。又命忠順軍家自畜馬，官給芻粟，馬益蕃息。

六年，大元將那顔倴盞追金主完顏守緒，逼蔡，檄珙成[①]鄂，討金唐、鄧行省武仙。仙時與武天錫及鄧守移刺瑗相犄角，爲金盡力，欲迎守緒入蜀，犯光化，鋒剽甚。天錫者，鄧之農夫，乘亂聚衆二十萬爲邊患。珙逼其壘，一鼓拔之，壯士張子良斬天錫首以獻。是役獲首五千級，俘其將士四百餘人，户十二萬二十有奇。乃授江陵府副都統制，賜

① 成：崇禎本同，《宋史》卷四一二《孟珙傳》作"戍"。

金帶。

制置司檄珙問邊事，珙曰：“金人若向吕堰，則八千人不爲少，然須木查、騰雲、吕堰等砦受節制乃可濟。”已而劉全、雷去危兩部與金人戰于夏家橋，小捷。有頃，金人犯吕堰，珙喜曰：“吾計得矣。”亟命諸軍追擊吕堰，進逼大河，退逼山險，砦軍四合，金人棄輜重走，獲甲士五十有二，斬首三千，馬牛橐駝以萬計，歸其民三萬二千有奇。瑗遣其部曲馬天章奏書請降，得縣五，鎮二十二，官吏一百九十三，馬軍千五百，步軍萬四千，户三萬五千三百，口十二萬五千五百五十三。珙入城，瑗伏階下請死，珙爲之易衣冠，以賓禮見。

初，仙屯順陽，爲宋軍所撓，退屯馬蹬。金順陽令李英以縣降，申州安撫張林以州降，珙言：“歸附之人，宜因其鄉土而使之耕，因其人民而立之長，少壯籍爲軍，俾自耕自守。才能者分以土地，任以職事，使各招其徒以殺其勢。”制置使是之。七月己酉，仙愛將劉儀領壯士二百降，珙問仙虚實，儀陳：“仙所據九砦，其大砦石穴山，以馬蹬、沙窩、岵山三砦蔽其前，三砦不破，石穴未易圖也。若先破離金砦，則王子山砦亦破，岵山、沙窩孤立，三帥成禽矣。”珙翼日遣兵向離金，盧秀執黑旗帥衆入砦，金人不疑爲宋軍，乃分據巷道，大呼縱火，掩殺幾盡。是夜，壯士楊青等擣王子山砦，護帳軍酣寢，王建入帳中，斬金將首囊佩之，平明視之，金小元帥也。

丙辰，出師馬蹬，遣樊文彬攻其前門，成明等邀截西路，一軍圍[①]石烈，一軍圍小總帥砦，火燭天，殺僇山積，餘逸去者復爲成明伏軍所得，壯士老少萬二千三百來歸。師還，至沙窩西，與金人遇，大捷。是日，三戰三克。未幾，丁順等又破默候里砦。珙料武仙將上岵山絶頂窺伺，令樊文彬詰旦奪岵山，駐軍其下，前當設伏，後遮歸路。已而仙衆果登山，及半，文彬麾旗，伏兵四起，仙衆失措，枕藉厓谷，山爲之赭，殺其將兀沙惹，擒七百三十人，棄鎧甲如山。薄暮，珙進軍至小

① 《宋史》卷四一二《孟珙傳》“圍”後有“訖”。

水河，夜漏十刻，召文彬等受方略。明日攻石穴九砦。丙辰，蓐食啟行，晨至石穴。時積雨未霽，文彬患之，珙曰："此雪夜擒吴元濟之時也。"策馬直至石穴，分兵進攻，而以文彬往來給事。自寅至巳力戰，九砦一時俱破，武仙走，降其衆七萬人，獲甲兵無算。還軍襄陽，轉修武郎、鄂州江陵府副都統制。

大元兵遣宣撫王檝約共攻蔡，制置使謀於珙，珙請以二萬人行，因命珙盡護諸將。金兵二萬騎繇真陽横山南來，珙鼓行而前，金人戰敗，卻走，追至高黄陂，斬首千二百級。倴盞遣兔花忒、没荷過出、阿悉三人來迓，珙與射獵，割鮮而飲，馳入其帳。倴盞喜，約爲兄弟，酌馬湩飲之。金兵萬人自東門出戰，珙遮其歸路，掩入汝河，擒其偏裨八十有七人。得蔡降人，言城中饑，珙曰："已窘矣，當盡死而守，以防突圍。"珙與倴盞約，南北軍毋相犯。决堰水，布虎落。倴盞遣萬户張柔帥精兵五千人入城，金人鈎二卒以往，柔中流矢如蝟，珙麾先鋒救之，挾柔以出。撥發官宋榮不肅，將斬之，衆下馬羅拜以請，猶杖之。黎明，珙進逼石橋，鈎致生俘郭山，戰少卻。金人突至，珙躍馬入陣，斬山以徇，軍氣復振張，殊死戰，進逼柴潭立栅，俘金人百有二，斬首三百餘級。翼日，命諸將奪柴潭樓，金人争樓，諸軍魚貫而上。金人又飾美婦人以相蠱，麾下張禧等殺之。遂拔柴潭樓，俘其將士五百三十有七人。蔡人恃潭爲固，外即汝河，潭高於河五六尺[①]，城上金字號樓伏巨弩，相傳下有龍，人不敢近，將士疑畏。珙召麾下飲，再行，曰："柴潭非天造地設，樓伏弩能及遠而不可射近，彼所恃此水耳，决而注之，涸可立待。"皆曰："堤堅未易鑿。"珙曰："所謂堅者，止築兩堤首耳，鑿其兩翼可也。"潭果決，實以薪葦，濟師攻城，擒其兩將斬之，進逼土門。金人驅其老稚熬爲油，號"人油砲"，人不堪其楚，珙遣道士説止之。

端平元年正月辛丑，黑氣壓城，日無光。珙下令諸軍銜枚，分運雲

① 尺：《宋史》卷四一二《孟珙傳》作"丈"。

梯布城下。己酉，珙帥師向南門，至金字樓，列雲梯，令諸將聞鼓則進，馬義先登，趙榮繼之，萬衆競登，大戰城上。門開，招㑥盞入，江海執其參政張天綱以歸。珙問守緒所在，天綱曰："城危時即取寶玉置小室，環以草，號泣自經，曰'死便火我'，煙焰未絶。"珙與㑥盞分守緒骨，得金謚寶、玉帶、金銀印牌有差。還軍襄陽，擢建康府都統制。

制置司奏留珙襄陽兼鎮北軍都統制。鎮北軍者，珙所招中原精鋭百戰之士萬五千餘人，分屯漅北、樊城、新野、唐、鄧間。俄令赴樞密院稟議。二年，兼知黄州。朝辭，上曰："卿名將之子，忠勤體國，破蔡滅金，功績昭著。"珙對曰："此宗社威靈，陛下聖德，與三軍將士之勞，臣何力之有？"帝問恢復，對曰："願陛下寬民力，蓄人材，以俟機會。"帝問和議，對曰："臣介冑之士，當言戰，不當言和。"賜賚甚厚。

三年，珙至黄，增埤後隍，搜訪軍實，邊民來歸者日以千數，爲屋三萬間居之，厚加振貸。又慮兵民雜處，因高阜爲齊安、鎮淮二砦，以居諸軍。元兵攻襄陽，江陵危急。詔沿江、淮西遣援，衆謂無踰珙者，乃先遣張順渡江，珙以全師繼之。元兵分兩路，一攻復州，一在枝江監利縣編筏窺江。珙變易旌旗服色，循環往來，夜則列炬照江，數十里相接。又遣外弟趙武等共戰，躬往節度，破砦二十有四，還民二萬。嘉熙元年，封隋縣男，授鄂州諸軍都統制。

元大將忒没解入漢陽境，大將[①]温不花入淮甸，蕲守張可大、舒州李士達委郡去，光守董堯臣以州降。黄[②]守王監，江帥萬文勝戰不利。珙入城，駐帳城樓，指書戰守，全其城，斬逗遛者四十有九人以徇。御筆以戰功賞將士，特賜珙金盌，珙益以白金賜諸將士。彌月苦戰，病傷者相屬，珙遣醫視療，士皆感泣。

二年，升制置使兼知岳州。迺檄江陵節制司擣襄、郢，於是張俊復

① 《宋史》卷四一二《孟珙傳》"將"後有"口"字。

② 《宋史》卷四一二《孟珙傳》"黄"前有"攻"字。

郢州，賀順復荆門軍。十二月壬子，劉全戰于家[①]頭，戰于樊城，戰于郎神山，屢以捷聞。三年春正月，曹文鏞復信陽軍，劉全復樊城，遂復襄陽。授樞密都承旨、制置使兼知鄂州。全遣譚深復光化軍，息、蔡降，珙命以兵逆之，得壯士百餘，籍爲忠衛軍。

初，詔珙收復京、襄，珙謂必得郢然後可以通餽饟；得荆門然後可以出奇兵，由是指授方略，發兵深入，所至以捷聞。

庚寅，諜報元兵欲大舉臨江，珙策必道施、黔以透湖湘，請粟十萬石以給軍餉，以二千人屯峽州，千人屯歸州。珙弟瑛以精兵五千駐松滋爲夔聲援。遣于德興增兵守歸州隘曰“萬户谷”。元兵自隨窺江，珙密遣劉全拒敵，遣伍思知以千人屯施州。元大將塔海并禿雪帥師入蜀，號八十萬，珙增置營砦，分布戰艦，遣張舉提兵間道抵均州防遏。

又條上流備禦宜爲藩籬三層：乞剏制副司及移關外都統一軍於夔，任涪南以下江面之責，爲第一層；備鼎、澧爲第二層；備辰、沅、靖、桂爲第三層。峽州、松滋須各屯萬人，舟師隸焉。歸州屯三千人，鼎、澧、辰、沅、靖各五千人，柳、桂各千人，如是則江西可保。又遣楊鼎、張謙往辰、沅、靖三州，曉諭熟蠻，講求思、播、施、黔，以圖來上。

會諜知元兵於襄樊隨、信陽招集軍民布種，積船材於鄧之順陽，乃遣張漢英出隨，任義出信陽，焦進出襄，分路撓其勢。遣王堅潛兵燒所積船材，又度師必因糧於蔡，遣張德、劉整分兵入蔡，火其積聚。制拜寧武軍節度使、四川宣撫使兼知夔州。進封漢東郡侯兼京湖安撫制置使。

回鶻愛里八都魯帥壯士來降，剏“飛鶻軍”，改愛里名艾忠孝，充總轄，乞補以官。四川制置使陳隆之與副使彭大雅不協，珙曰：“國事如此，合知并謀，猶懼弗克，而兩司方勇於私鬬，豈不愧廉、藺之風乎？”馳書責之。隆之、大雅得書大慚。

釐蜀政之獘，爲條班諸郡縣。又曰：“不擇險要立砦柵，則難責兵以衛民；不集流離安耕種，則難責民以養兵。”乃立賞罰以課殿最，俾

① 家：崇禎本同，《宋史》卷四一二《孟珙傳》作“冢”。

諸司奉行之。又大興屯田，調夫築堰，募農給種，首秭歸，尾漢口，爲屯二十，爲莊百七十，爲頃十八萬八千二百八十，上屯田始末與所減券食之數，降詔獎諭。

淳祐二年，珙以京、襄死節死事之臣請于朝，建祠岳陽，歲時致祭，有旨賜名閔忠廟。已，拜少保，進封漢東郡公。珙言："沅之險不如辰，靖之險不如沅，三州皆當措置而靖尤急。今三州粒米寸兵無所從出，此京湖之憂一。江防上自秭歸，下至壽昌，亘二千里，自公安至峽州灘磧凡十餘處，隆冬水涸，節節當防，兵費[1]備多，此京湖之憂二。今尺籍數虧，既守灘磧，又守關隘，此京湖之憂三。陸抗有言：'荆州國之藩表，如其有虞，非但失一郡，當傾國争之。若非增兵八萬併力備禦，雖韓、白復生，無所展巧。'今日事勢大略相似，利害至重。"余玠宣諭四川，道過珙，珙以重慶積粟少，餉屯田米十萬石，遣晉德帥師六千援蜀，子之經爲策應司都統制。四年，兼知江陵府。珙謂其佐曰："政府未之思耳。彼若以兵綴我，上下流急，將若之何？珙往則彼擣吾虚，不往則誰實捍患？"識者是之。

珙至江陵，登城歎曰："江陵所恃三海，不知沮洳有變爲桑田者，敵一鳴鞭，即至城外。蓋自城以東，古嶺先鋒直至三汊，無所限隔。"迺修復内隘十有一，别作十隘於外，有距城數十里者。沮、漳之水，舊自城西入江，因障而東之，俾遶城北入于漢，而三海遂通爲一。隨其高下，爲匱蓄泄，三百里閒，渺然巨浸。土木之工百七十萬，民不知役，繪圖上之。

珙以身鎮江陵，而兄璟帥武昌，故事，無兄弟同處一路者，乞歸田，不允。珙奏："襄、蜀蕩析，士無所歸，蜀士聚于公安，襄士聚于郢渚。臣作公安、南陽兩書院、以没入田廬隸之，使有所教養。"請帝題其榜賜焉。

初，珙招鎮北軍駐襄陽，李虎、王旻軍亂，鎮北亦潰，乃厚招之，

① 費：崇禎本同，《宋史》卷四一二《孟珙傳》作"諱"。

降者不絶。行省范用吉密通降欵，以所受告爲質，珙白于朝，不從。珙歎曰："三十年收拾中原人，今志不克伸矣。"病遂革，乞休致，授檢校少師、寧武軍節度使致仕，終于江陵府治，時九月戊午也。是月朔，大星隕于境内，聲如雷。薨之夕，大風發屋折木。訃至，帝震悼輟朝，特贈太師，封吉國公，謚忠襄，廟曰威愛。

珙忠君體國之念，可貫金石。在軍中與參佐部曲論事，言人人異，珙徐以片語折衷，衆志皆愜。謁士遊客，老校退卒，壹以恩意撫接。名位雖重，惟建鼓旗，臨將吏而色凜然，無敢涕唾者。退則焚香掃地，隱几危坐，若蕭然事外。遠貨色，絶滋味。其學邃於《易》，每卦各繫四句，名《警心易贊》。亦通佛學，自號"無庵居士"。

丁南湖曰：珙四世祖安，從岳飛行兵，及厥考宗政，皆以禦金爲志。而珙滅金報宋，史但稱其忠矣，孰知其立功本於孝乎？珙嘗通佛，學虛無，故號"無庵居士"。或疑虛無何以有彼大功耶？蓋其遠貨色，絶滋味，皆出於虛無，而此則立功之本也。

余　玠

余玠，字義夫，蘄州人。家貧落魄無行，喜功名，好大言。少爲白鹿洞諸生，嘗攜客入茶肆，歐[①]賣茶翁死，脱身走襄、淮。時趙葵爲淮東制置使，玠作長短句上謁，葵壯之，留之幕中。未幾，以功補進義副尉，擢將作監主簿，進工部郎官。

嘉熙三年，與元兵戰于汴城、河陰有功，授直華文閣、淮東提點刑獄兼知淮安州兼淮東制置司參謀官。淳祐元年，玠提兵應援安豐，拜大理少卿，升制置副使。進對："必使國人上下事無不確實，然後華夏率孚，天人感格。"又言："今世胄之彦，場屋之士，一或即戎，即指之

① 歐：《宋史》卷四一六《余玠傳》作"毆"。

爲麤人，斥之爲噲伍。願陛下視文武爲一，勿令偏有所重。偏必至於激，文武交激，非國之福。”帝曰：“卿人物議論皆不常，可獨當一面，卿宜少留，當有擢用。”乃授權兵部侍郎、四川宣諭使，帝從容慰遣之。玠亦自許當手挈全蜀還本朝。

尋授兵部侍郎、四川安撫制置使兼知重慶府兼四川總領夔路轉運使。自寶慶三年至淳祐二年，凡授宣撫三人，制置使九人，副四人，或老，或暫，或慘，或貪，或繆，或遥領而不至，或開隙而各謀，終無成績。於是東、西川無復統律，遺民咸不聊生，監司、戎帥各專號令，擅辟守宰，蕩無紀綱，蜀日益壞。及聞玠入蜀，人心麤定，始有安土之志。

玠大更敝政，遴選守宰，築招賢之館於府之左，供帳[①]一如帥所居，下令曰：“集衆思，廣忠益，諸葛孔明所以用蜀也。欲有謀以告我者，近則徑詣公府，遠則自言於郡，所在以禮遣之，高爵重賞，朝廷不吝以報功，豪傑之士趨期立事，今其時矣。”士之至者，玠不厭禮接，咸得歡心，言有可用，隨其才而任之；苟不可用，亦厚爲遣謝。

播州冉氏兄弟璡、璞有文武才，隱居蠻中，前後閫帥辟召，堅不肯起，聞玠賢，相謂曰：“是可與語矣。”遂詣府上謁。玠素聞冉氏兄弟，刺入即出見之，與分廷抗禮，賓館之奉，冉安之若素，居數月，無所言。玠將謝之，乃爲設宴，玠親主之。酒酣，坐客紛紛競言所長，璡兄弟飲食而已。玠以微言挑之。卒默然。玠曰：“是觀我待士何如耳。”明日更闢别館處之，且日使人窺其所爲。兄弟終日不言，惟對踞，以堊畫地爲山川城池之形，起則漫去，如是又旬日，請見玠，屏人曰：“某兄弟辱明公禮遇，思有少裨益，非敢同衆也。爲今日西蜀之計，其在徙合州城乎？”玠不覺躍起，執手曰：“此玠志也，但未得其所耳。”曰：“蜀口形勝之地莫若釣魚山，請徙諸此，若任得其人，積粟以守之，賢於十萬師遠矣，巴蜀不足守也。”玠大喜曰：“玠固疑先生非淺士，先生之謀，玠不敢掠以歸己。”遂密以其謀聞於朝，請不次

① 帳：《宋史》卷四一六《余玠傳》作“張”。

官之。詔以琟爲承事郎、權發遣合州，璞爲承務郎、權通判州事。徙城之事，悉以任之。命下，一府皆嘩然同辭以爲不可。玠怒曰："城成則蜀賴以安，不成，玠獨坐之，諸君無與也。"卒築青居、人獲、釣魚、雲頂、天生凡十餘城，皆因山爲壘，棊布星分，爲諸郡治所，屯兵聚糧爲必守計。且誅潰將以肅軍令。又移金戎於大獲，以護蜀口。移沔戎於青居，興戎先駐合州舊城，移守釣魚，共備內水。移利戎於雲頂，以備外水。於是若臂使指，氣勢聯絡。又屬嘉定俞興開屯田於成都，蜀以富裕。

十年冬，玠率諸將巡邊，直擣興元，元兵與之大戰。十三[①]年，又大戰于嘉定。初，利司都統王夔素殘悍，號"王夜叉"，恃功驕恣，桀驁不受節度，所至劫掠，蜀人悉苦之。朝廷雖知其不法，在遠不能詰也。玠至嘉定，夔帥所部兵迎謁，才羸弱二百人。玠曰："久聞都統兵精，今疲敝若此，殊不稱所望。"夔對曰："兵非不精，所以不敢即見者，恐驚從人耳。"頃之，班聲如雷，江水如沸，聲止，圓陣即合，旗幟精明，器械森然，沙上之人彌望若林立，無一人敢亂行者。舟中皆戰掉失色，而玠自若也。徐命吏頒賞有差。夔退謂人曰："儒者中乃有此人。"

玠久欲誅夔，謀於親將楊成，成曰："夔在蜀久，所部兵精。視侍郎爲文臣，必不肯甘心從令，今縱弗誅，養成其勢，西蜀危矣。"玠曰："欲誅之久矣，獨患其黨與衆，未發耳。"成曰："侍郎以夔在蜀久，孰與吴氏？夫吴氏百戰以保蜀，傳之四世，恩威益張，根本益固，蜀人知有吴氏而不知有朝廷。一旦曦爲畔逆，諸將誅之如取狐[②]豚。况夔無吴氏之功，而有曦之逆心，恃豨突之勇，敢慢法度，縱兵殘民，奴視同列，非有吴氏得人之固也。今誅之，一夫力耳。"玠意遂决，夜召夔計事，潛以成代領其衆，夔才離營，而新將已單騎入矣，將士皆愕眙

① 三：《宋史》卷四一六《余玠傳》作"二"。
② 狐：崇禎本同，《宋史》卷四一六《余玠傳》作"孤"。

相顧，不知所爲。成以帥指[①]曉之，遂相率拜賀，夔至，斬之。成因察其所與爲惡者數人，以法誅之。乃薦成爲文州刺史。

戎帥欲舉統制姚世安爲代，玠素欲革軍中舉代之敝，以三千騎至雲頂山下，遣都統金某往代世安，世安閉關不納，且有危言，然常疑玠圖己。屬丞相謝方叔家子侄自永康避地雲頂，世安厚結之，求方叔爲援。方叔因倡言玠失利戎之心，又密求玠短，陳於帝前。於是世安與玠抗，玠鬱鬱不樂。寶祐元年，聞召，愈不自安，一夕暴卒，或謂仰藥死。蜀人莫不悲慕如失父母。

玠自入蜀，進華文閣待制，賜金帶，權兵部尚書，進徽猷閣學士，升大使，又進龍圖閣學士、端明殿學士，及召，拜資政殿學士，恩例視執政。其卒也，帝輟朝，特贈五官。以監察御史陳大方言奪職。六年，復之。

玠之治蜀也，任都統張實治軍旅，安撫王惟忠治財賦，監簿朱文炳接賓客，皆有常度。至於修學養士，輕徭以寬民力，薄征以通商賈。蜀既富實，乃罷京湖之餉；邊關無警，又撤東南之戍。自寶慶以來，蜀閫未有能及之者。惜其遽以太平自詑，進蜀錦蜀牋，過於充[②]飾。久假便宜之權，不顧嫌疑，昧於勇退，遂來讒口；而又置機捕官，雖足以廉得事情，然寄耳目於群小，虛實相半，故人多懷疑懼。至於世安拒命，玠威名頓挫，賫志以没。有子曰如孫，取"當如孫仲謀"之義，遭論改師忠，歷大理丞。

聖楷曰：奇功易建，奇士難逢，何也？乘時勢之便，中材可以因人而就；處困厄之會，英雄不能自致其身。使余玠不遇趙葵，能入對理宗乎？使冉璡兄弟不遇余玠，能城釣魚山乎？故闢館招賢，爲功業之本，而知人善任，又爲招賢之本也。玠入蜀時，作經理西蜀圖以進，曰："願假十年，手挈西蜀之地還之朝廷，然後歸老山

① 《宋史》卷四一六《余玠傳》"指"後脱"譬"字。

② 充：《宋史》卷四一六《余玠傳》作"文"。

林。”嗟乎，功既成，而玠之志亦滿矣。使其招賢禮士如初入蜀時，又安知無冉氏其人與之商歸老，而乃功不謀身，鬱鬱以終耶？

趙 葵

趙葵，字南仲，衡山人，京湖制置使方之子。初生時，或夢南嶽神降其家。方在襄陽，命葵專督飲食共養之事。與兄范俱有志事功，方器之，聘鄭清之、全子才爲之師。又遣從南康李燔爲有用之學。每聞警報，與諸將偕出，遇敵則深入死戰，諸將惟恐失制置子，盡死救之，屢以此獲捷。一日，方賞將士，恩不償勞，軍欲爲變。葵時十二三，覺之，亟呼曰：“此朝廷賜也，本司別有賞賚。”軍心賴一言而定，人服其機警。

嘉定十四年，金人犯蘄州，葵與范攻唐、鄧有功，補葵承務郎、知棗陽軍。

方卒，十五年，起復直秘閣、通判廬州，進大理司直、淮西安撫參議官。十七年，李全往青州，淮東制置使許國檄葵議兵。葵至曰：“君侯欲圖賊，而坐賊穽中，悔已無及，惟有重帳前兵，猶足制之爾。”國曰：“兵不能集，集不能精，奈何？”曰：“葵請視兩路之兵，别其精鋭，君侯留三萬帳前，賊不敢動矣。”國曰：“不若集淮兵來閲，而君董之，既足示衆，亦可選鋭。”癸曰：“有兵之郡，必當衝要，守將豈可空壁以從制使命耶？必將力争于朝，分留自衛。一得朝命，必匿其强壯，遣老弱以備數。本欲選鋭，適得其鈍，本欲示衆，適示單弱，徒啟戎心。”國不聽，卒敗。

紹定元年，出知滁州。二年，全將入浙西告糴，實欲覘畿甸也。初，全之獻俘也，朝廷授以節鉞，葵策其必叛，乃上書丞相史彌遠曰：“此賊若止於得粟，尚不宜使輕至内地，况包藏禍心，不止告糴。若不痛抑其萌，則自此肆行無憚，所謂延盗入室，恐畿内有不可勝諱之憂。”至滁，以其地當賊衝，又與金人對境，實兩淮門户，修城浚隍，經武不少暇。命秦喜守青平，趙必勝守萬山，以壯形勢。葵母疾，謁告省侍不得，刲股雜藥以寄之。母卒，葵求解官，不許，不得已，卒哭復視事。

全造舟益急，葵復致書史彌遠曰：“李全既破鹽城，反稱陳知縣自棄城，蓋欲欺朝廷以款討罪之師，彼得一意修舟楫，造器械，窺伺城邑，或直浮海以擣腹心，此其奸謀，明若觀火。葵自聞鹽城失守，日夕延頸以俟制帥之設施，今乃聞遣王節入鹽城祈哀於逆。葵又聞遣二吏入山陽，請命於賊婦，堂堂制閫，如此舉措，豈不墮賊計，貽笑天下、貽笑外夷乎？又聞張國明前此出山陽，已知賊將舉鹽城之兵，今若聽國明言，更從闊略，則自此人心解體，萬事涣散，社稷之憂有不可勝諱者。葵非欲張皇生事啟釁，李全决非忠臣，非孝子。丞相苟聽葵之言，翻然改圖，發兵討叛，則豈獨可以强國勢安社稷，葵父子世受國恩，亦庶幾萬一之報。使丞相不聽葵言，不發兵討賊，則豈特不可以强國勢安社稷，而葵亦不知死所，不復可報君相之恩矣。安危治亂，係朝廷之討叛與不討爾。淮東安則江南安，江南安則社稷安，社稷安則丞相安，如是則凡爲國之臣子莫不安矣。”

彌遠猶未欲興討，參知政事鄭清之贊决之。乃加葵直寶章閣、淮東提點刑獄兼知滁州。

已而全攻揚州東門，葵親出搏戰。問全來何爲，全曰：“朝廷動見猜疑，今復絶我糧餉，我非背叛，索錢糧耳。”葵曰：“朝廷資汝錢糧，寵汝官職，蓋不貲矣。待汝以忠臣孝子，而乃反戈攻陷城邑，朝廷安得不絶汝錢糧。汝云非叛，欺人乎？欺天乎？”全無以對，彎弓抽矢向葵而去。於是數戰皆捷，遂殺全。事見全傳。進葵福州觀察使、左驍衛上將軍，葵辭不受。

六年十一月，詔受淮東制置使兼知揚州，入對，帝曰：“卿父子兄弟，宣力甚多，卿在行陣又能率先士卒，捐身報國，此尤儒臣所難，朕甚嘉之。”葵頓首謝曰：“臣不佞，忠孝之義，嘗奉教於君子；世受國恩，當捐軀以報陛下。”

端平元年，朝議收復三京，葵上疏請出戰。時盛暑行師，汴隄破决，水潦泛溢，糧運不繼，遂潰而歸。詔與全子才各降一秩，移知泗州。

嘉熙元年，以寶章閣學士知揚州，依舊制置使。三[①]年，拜刑部尚書，進端明殿學士，特予執政恩例，復兼本路屯田使。葵前後留揚八年，墾田治兵，邊備益飭。淳祐二年，進大學士，知潭州、湖南安撫使，改福州。

三年，葬其母，乞追服終制，不允。葵上疏曰：“移忠爲孝，臣子之通誼；教孝求忠，君父之至仁。忠孝一原，並行不悖。故曰忠臣以事其君，孝子以事其親，其本一也。臣不佞，戒謹持循，惟恐失墜。往歲叨當事任，服在戎行，偕同氣以率先，冒萬死而不顧，捐軀斟難，效命守封，是以孝事君之充也。陛下昭示顯揚，優崇寵數，使爲人子者感恩，爲人親者知勸矣。臣昨於草土，被命起家，勉從權制，先國家之急而後親喪也。今釋位去官，已追服居廬，乞從彝制。”又不許。再上疏曰：“臣昔者奉詔討逆，適丁家難，閔然哀疚之中，命以驅馳之事，移孝爲忠，所不敢辭。是臣嘗先國家之急，而效臣子之義矣。親恩未報，寖踰一紀，食稻衣錦，俯仰增愧。且臣業已追衰麻之制，伸苫甴[②]之哀，負土成墳，倚廬待盡，喪事有進而無退，固不應數月而除也。”乃命提舉洞霄宫，不拜。

淳祐四年，授同知樞密院事。疏奏：“今天下之事，其大者有幾？天下之才，其可用者有幾？吾從其大者而講明之，疏其可用者而任使之。有勇略者治兵，有心計者治財，寬厚者任牧養，剛正者持風憲。爲官擇人，不爲人而擇官。用之既當，任之既久，然後可以責其成功。”又乞“亟與宰臣講求規畫，凡有關於宗社安危治亂大計者，條具以聞，審其所先後緩急以圖籌策，則治功可成，外患不足畏”。又乞“刱游擊

① 三：《宋史》卷四一二《趙葵傳》作“二”。
② 甴：崇禎本及《宋史》卷四一二《趙葵傳》作“塊”。

軍三萬人以防江”。詔從之。十二月，特授樞密使兼參知政事，督視江、淮、京西、湖北軍馬，封長沙郡公。

九年，特授光禄大夫、右丞相兼樞密使，封信國公。四上表力辭，言者以宰相須用讀書人，罷爲觀文殿學士，充醴泉觀使，兼侍讀，仍奉朝請。尋判潭州、湖南安撫使，加特進。寶祐二年，宣撫廣西。五年，進少保、寧遠軍節度使，進封魏國公。四辭，免。

景定元年，授兩淮宣撫使，判揚州，進封魯國公，尋奉祠。咸淳元年，加少傅。二年，乞致仕，特授少師、武安軍節度使，進封冀國公。舟次小孤山，薨，年八十一。是夕，五洲星隕如箕。贈太傅，謚忠靖。

《鄭清之傳》曰：清之“登進士第，調峽州教授。帥趙方嚴重，靳許可，清之往白事，爲置酒，命其子范、葵出拜，方掖清之無答拜，且曰：‘他日願以二子相累。’”又曰：“趙葵視師年餘，乞罷，上未有以處之，清之曰：‘非使作相不足以酬勞，陛下豈以臣故耶？臣必不因葵來遽引退，臣願爲主[①]，使葵居右。’上訖從之。然葵竟不果來。”

《楚紀》曰：“趙方爲蒲圻尉時，或夢南嶽神降其家，乃生葵於邑之梅隱坊。”

聖楷曰：《宋史》稱趙方豫計二子後當若何，而葵、范所立皆如其言，所謂“知子莫若父”也。然宋自端平以來捍禦淮、蜀兩邊者，非葵材館之士，即其偏裨之將，朝廷倚之如長城之勢。及其筋力既老，而衛國之志不衰，亦曰壯哉！予故以葵爲大將，而范之好大喜功，卒釀北軍之亂，其氣量似有懸絶焉爾。

① 主：《宋史》卷四一四《鄭清之傳》作“左”。

李庭芝

李庭芝，字祥甫，其先汴人，十二世同居，號“義門李氏”。後徙隨之應山縣。金亡，襄、漢被兵，又徙隨。然特以武顯。

庭芝生時，有芝産屋棟，鄉人聚觀，以爲生男祥也，遂以名之。少穎異，日能誦數千言，而知識恒出長老之上。王旻守隨，庭芝年十八，告其諸父曰：“王公貪而不恤下，下多怨之，隨必亂。請徙家德安以避。”諸父勉從之，未浹旬，旻果爲部曲挾之以叛，隨民死者甚衆。嘉熙末，江防甚急，庭芝得鄉舉不行，以策干荆帥孟珙請自效。珙善相人，且夜夢車騎稱李尚書謁，明日庭芝至。珙見其魁偉，顧諸子曰：“吾相人多，無如李生者，名位當過我。”時四川有警，即以庭芝權建始縣。庭芝至，訓農治兵，選練壯士。期年，民皆知戰守，善馳逐，無事則植戈而耕，兵至則悉出而戰。夔帥下其法於所部行之。淳祐初，舉進士。辟珙幕中，主管機宜文字，珙薦庭芝於賈似道。珙卒，庭芝感珙知己，扶其柩葬之興國，即棄官歸，爲珙行三年喪。

似道鎮京湖，起爲制置司參議，移鎮兩淮，與似道議栅清河五河口，增淮南烽百二十。繼知濠州，復城荆山以備淮南。皆切中機會。開慶元年，似道宣撫京湖，留庭芝權揚州。尋奏知峽州，以防蜀江口。朝廷以趙與簒爲淮南制置使，李應庚爲參議官。應庚發兩路兵城南城，大暑中暍死者數萬。李璮窺其無謀，奪漣水三城，渡淮奪南城。鄂兵解，庭芝丁母憂去。朝議擇守揚者，帝曰：“無如李庭芝。”乃奪情主管兩淮制置司事。庭芝再破璮兵，殺璮將厲元帥，夷南城而歸。明年，復敗璮于喬村，破東海、石圌等城。又明年，璮降，徙三城民于通、泰之閒。又破蘄縣，殺守將。

庭芝初至揚時，揚遭火，廬舍盡燬。州賴鹽爲利，而亭户多亡去，公私蕭然。庭芝悉貸民貧[1]逋，假錢使爲屋，屋成又免其假錢，凡一歲，官民居皆具。鑿河四十里入金沙餘慶場，以省車運。兼浚他運河，放亭户負鹽二百餘萬。逃者皆來歸，鹽利大興。始，平山堂瞰揚城，元兵至，則搆望樓其上，張車弩以射城中。庭芝乃築大城包之，募汴南流民二萬人以實之，有詔命爲武鋭軍。又大修學，爲《詩》、《書》、俎豆，與士行習射禮。郡中有水旱，即命發廩，不足則以私財振之。揚民愛戴如父母。劉槩自淮南入朝，帝問淮事，槩對曰："李庭芝老成謹重，軍民安之。今邊城不驚，百度具舉，皆陛下委任得人之效也。"

咸淳五年，北兵圍襄陽急，命庭芝以京湖制置大使督師援襄陽。文虎聞庭芝至，貽書似道曰："吾將兵數萬人襄陽，一戰可平，但無使聽命于京閫，則功歸恩相矣。"似道喜，即除文虎福州觀察使，其兵從中制之。文虎日攜美妾，走馬擊毬軍中爲樂。庭芝屢欲進兵，曰："吾取旨未至也。"明年六月，漢水溢，文虎不得已始一出師，未至鹿門，中道遁去。庭芝數自劾請代，不允，竟失襄陽。陳宜中請誅文虎，似道庇之，止降一官知安慶府，而貶庭芝及部將蘇劉義、范友信廣南。庭芝罷居京口。

未幾，元兵圍揚州，制置印應雷暴死，即起庭芝制置兩淮。庭芝請分淮西夏貴，而己得專力淮東，從之。十年，築清河口，詔以爲清河軍。十二月，元兵破鄂，詔天下勤王，庭芝首遣兵爲諸道倡。德祐元年春，似道兵潰蕪湖，沿江諸郡或降或遁，無一人能守者。庭芝率所部郡縣城守。有李虎者持招降榜入揚州，庭芝誅虎，焚其榜。總制張俊出戰，持孟之縉書來招降，庭芝焚書，梟俊五人于市。而日調苗再成戰其南，許文德戰其北，姜才、施忠戰其中。時出金帛牛酒燕犒將士，人人爲之死鬬。朝廷亦以督府金勞之，加庭芝參知政事。七月，以知樞密院事徵入朝，徙夏貴於揚州，貴不至，事遂已。

十月，元丞相伯顔入臨安，留元帥阿术軍鎮江以遏淮兵。阿术攻揚

① 貧：《宋史》卷四二一《李庭芝傳》作"負"。

久不拔，乃築長圍困之。冬，城中食盡，死者滿道。明年二月，饑益甚，赴濠水死者日數百，道有死者，衆争割啖之。宋亡，謝太后及瀛國公爲詔諭之降，庭芝登城曰："奉詔守城，未聞有詔諭降也。"已而兩宫入朝，至瓜州[①]，復詔庭芝曰："比詔卿納欵，日久未報，豈未悉吾意，尚欲固圉耶？今吾與嗣君既已臣伏，卿尚爲誰守之？"庭芝不答，命發弩射使者，斃一人，餘皆退去。姜才出兵奪兩宫，不克，復閉城守。三月，夏貴以淮西降，阿术驅降兵至城下以示之，旌旗蔽野，幕客有以言覘庭芝者，庭芝曰："吾惟一死而已。"阿术使者持詔來招降，庭芝開壁納使者，斬之，焚詔陴上。已而知淮安府許文德、知盱眙軍張思聰、知泗州劉興祖皆以糧盡降。庭芝猶括民閒粟以給兵，粟盡，令官人出粟，粟又盡，令將校出粟，雜牛皮、麴蘖以給之。兵有烹子而食者，猶日出苦戰。七月，阿术請赦庭芝焚詔之罪，使之降，有詔從之。庭芝亦不納。是月，益王遣使以少保、左丞相召庭芝，庭芝以朱焕守揚，與姜才將兵七千人東入海，至泰州，阿术將兵追圍之。朱焕既以城降，驅庭芝將士妻子至泰州城下，陴將孫貴、胡惟孝等開門降。庭芝聞變，赴蓮池，水淺不得死。被執至揚州。死之日，揚民皆泣下。

《陸秀夫傳》曰：秀夫字君實，景定元年，登進士第。李庭芝鎮淮南，聞其名，辟至幕府。時天下稱得士多者，以淮南爲第一，號"小朝廷"。秀夫才思清麗，一時文人少能及之。性沈静，不苟求人知，每僚吏至閤，賓主交驩，秀夫獨斂焉無一語。或時宴集府中，坐尊俎閒，矜莊終日，未嘗少有希合。至察其事，皆治，庭芝益器之，雖改官不使去己。咸淳十年，庭芝制置淮東，擢參議官。德祐元年，邊事急，諸僚屬多亡者，惟秀夫數人不去。祥興二年，崖山破，秀夫負帝昺蹈海死。

《井中心史》曰：丞相李公庭芝受刑後，書吏夏徵[②]冒險白於

① 州：《宋史》卷四二一《李庭芝傳》作"洲"。

② 徵：崇禎本作"澂"。

敵酋阿术，丐公之屍，斂棺葬于揚州堡城司空廟後。人皆危之，澂亦義士也。又云："庭芝受刑，頸無血。"按此二事，可補史傳異聞。

聖楷曰：庭芝以百戰保一孤城，至天祥之忠義來奔，尚不足以奪其守死之志，而欲殺之，豈非烈男子哉。乃天祥未免憒庭芝疑己，致使興復無成，此亦責人之過矣。又詆其在揚十餘年，畏怯無遠謀，惟閉門自守，無救于國。嗟乎，厓山抱帝，黄冠念母，誰非救國者哉？斯微、箕所以待聖而仁也。

楚寶卷第八考異

新化鄧顯鶴湘皋述

大　將

柳元景

於是元景、師伯密謀廢帝立義恭，日夜聚謀，而持疑不能决。沈慶之發其事，遂遇害。

顯鶴案：《南史》柳元景本傳：前廢帝少有凶德，殺戴法興後，悖情轉露。元景憂之，乃與顏師伯等謀廢帝，立江夏王義恭，持疑未决。發覺，帝親率宿衛兵自出討之，稱詔召元景。左右奔告，兵刃非常。元景知禍至，整朝服乘車，應召出門。逢弟車騎司馬叔仁戎服，左右壯士數千[①]人，欲拒命，元景苦禁之。及出巷，軍士大至，下車受戮，容色恬然。

余　玠

初，利目都統王夔素殘悍，號“王夜叉”，恃功驕恣，桀驁不受節度，所至劫掠，蜀人悉苦之。

① 千：《南史》卷三八《柳元景傳》作“十”。

顯鶴案：《宋史》余玠本傳：王夔素殘悍，號“王夜叉”，恃功驕恣，桀驁不受節度，所至刧掠。每得富家，穴箕加頸，四面然箕，謂之“蟆蝕月”。以弓弦繫鼻下，高懸於格，謂之“錯繫喉”。縛人兩股，以木交壓，謂之“乾榨油”。以至用醋灌鼻，惡水灌耳、口等，毒虐非一，以脅取金帛。稍不就意，即死其手，蜀人悉苦之。原傳失載。

惜其遽以太平自詫，進蜀錦蜀牋，過於充飾。

本傳“過於充飾”作“過於文飾”。

趙　葵

嘉定十四年，金人陷蘄州。葵與范攻唐、鄧有功，補葵承務郎，知棗陽軍。

顯鶴案：《宋史》葵本傳：金人陷蘄州，葵與范攻唐、鄧，方命之曰：“不克敵，無相見也。”三月丁亥，至唐州，薄城而陳。金大將阿海引兵出戰，葵帥精騎赴敵，再興從之，大捷，斬馘萬餘。金人閉門不出。時金人陷蘄州至久，常[①]數十騎出山椒，葵帥楊大成以十四騎逐之。金騎漸益至數百，葵力戰，連破之。而金部[②]騎大集，戰至夜分始解。庚寅，官軍分二陳，金人背山，亦分爲二以相當，葵以精騎横衝之，金人僵屍相屬。復相持至夜分，金人雖斂，而陣如故。葵急會將校，選死士數十[③]，黎明四面奮擊，兵聲撼山谷。金人走，乘勝逐北，斬首數千級，拔所掠子女萬餘，

① 常：《宋史》卷四一二《趙葵傳》作“長”。
② 部：《宋史》卷四一二《趙葵傳》作“步”。
③ 十：《宋史》卷四一二《趙葵傳》作“千”。

得輜重器械山積。補葵承務郎，知棗陽軍。原傳徵引太略。

彌遠猶未欲興討，參知政事鄭清之贊决之。乃加葵直寶章閣、淮東提點刑獄兼知滁州。

案本傳：葵又言於朝曰："葵父子兄弟世受國恩，每見外夷、盜賊侵侮國家，未嘗不爲忠憤所激。今大逆不道，邈視朝廷，負君相卵翼之恩，無如李全。前此畔逆未彰，猶可言也。今已破蕩城邑，略無忌憚，若朝廷更從隱忍，則將何以爲國？欲望特發剛斷，名其爲賊，即日命將遣師，水陸並進，誅鋤此逆，以安社稷，以保生靈。葵雖不才，願身許朝廷。如或不然，乞將葵早賜區分，以安邊鄙，以便國事。"彌遠猶未欲興討，參知政事鄭清之贊决之。原傳亦失載。

楚寶卷第八增輯

新化鄧顯鶴湘皋述

大　將

方逢時

方逢時，字行之，嘉魚人。嘉靖二十年進士，授宜興知縣，再徙寧津、曲周，擢户部主事，歷工部郎中，遷寧國知府。廣東、江西盜起，詔於興寧、程鄉、安遠、武平閒築伸威鎮，擢逢時廣東兵備副使，與参將俞大猷鎮之。已而程鄉賊平，移巡惠州。隆慶初，改宣府口北道，加右参政，旋擢右僉都御史，巡撫遼東。

四年正月，移大同。俺答犯威遠堡，别部千餘騎攻靖鹵，伏兵卻之。其冬，俺答孫把漢那吉來降，逢時告總督王崇古曰："機不可失也。"遣中軍康綸率騎五百往受之。與崇古定計，挾把漢，以索叛人趙全等，遣百户鮑崇德出雲石堡堡[1]俺答部下五奴柱曰："欲還把漢，則速納款，若以兵來，是趣之死矣。"五奴柱白俺答，邀入營，説以執趙全易把漢。俺答心動，遣火力赤致書逢時。而全方從臾用兵，俺答又惑之，令其子辛愛將二萬騎入宏賜堡，兄子永邵卜趨威遠堡，自率衆犯平虜城。逢時曰："此必趙全謀也。"全嘗投書逢時，言悔禍思漢，欲復歸中國，逢時以示俺答。俺答大驚，有執全意。及戰，又不利，乃引

① 堡：《明史》卷二二二《方逢時傳》作"語"。

退。辛愛猶未知，奄至大同，逢時使人持把漢箭示之曰：“吾已與而父約以報汝。”辛愛執箭泣曰：“此吾弟鐵背台吉故物也。我來求把漢，把漢既授官，又有成約，當更計之。”乃遣部下啞都善入見，逢時曉以大義，犒而遣之。辛愛喜，因使求幣，逢時笑曰：“台吉豪傑也，若納款，方重加爵賞，何愛此區區，損盛名。”辛愛大慙，復遣啞都善來謝曰：“邊人不知書，蒙太師教，幸甚。”俺答使者至故將田世威所，世威亦讓之曰：“爾來求和，兵何爲者？”使者還報俺答，召辛愛還。辛愛東行，宣府總兵官趙寄遏之，復由大同北去。於是巡按御史姚繼可劾逢時輒通寇使，屏人語，導之東行，嫁禍鄰鎮。大學士高拱曰：“撫臣臨機設策，何可洩也？但當觀後效，不宜先事輒易。”帝然之。俺答乃遣使定約，夜召全等計事，即帳中縛之送大同。逢時受之，崇古亦送把漢歸。逢時以功進兵部右侍郎兼右僉都御史，甫拜命，以憂歸。後崇古入理京營，神宗問誰可代者，大學士張居正以逢時對。

萬曆初，起故官，總督宣大、山西軍務。始逢時與崇古共決大計，而貢市之議崇古獨成之。逢時復代崇古，乃申明約信，兩人首尾共濟，邊境遂安。逢時分巡口北時，親行塞外，自龍門盤道墩以東至靖湖堡山梁一百餘里，形勢聯絡，歎曰：“此山天險，若修鑿，北可達獨石，南可援南山，誠陵京一藩籬也。”及赴陽和，道居庸，出關見邊務修舉，欲并遂前計。上疏曰：“獨石在宣府北，三面鄰敵，勢極孤懸。懷、永與陵寢止限一山，所係尤重。其地本相屬，而經行之路尚在塞外，以故聲援不便。若設盤道之險，舍迂就徑，自龍門黑峪以達寧遠，經行三十里，南山、獨石，皆可朝發夕至，不惟拓地百里，亦可漸資屯牧，於戰守皆利。”遂與巡撫吴兑經營修築，設兵戍守。累進兵部尚書兼右副都御史，總督如故，加太子少保。

五年，召理戎政，時議者争言貢市利害，逢時臨赴闕，上疏曰：“陛下特恩，起臣草土中代崇古任。賴陛下神武，八年以來，九邊生齒日繁，守備日固，田野日闢，商賈日通，邊民始知有生之樂。北部輸誠效貢，莫敢渝約，歲時請求，隨宜與之，得一菓餅，輒稽首歡笑。有掠人要賞，如打喇明安兔者，告俺答罰治，即俛首聽命。而異議者或曰‘敵使充斥爲害’，或曰‘日益費耗，彼欲終不可足’，或曰‘與寇益狎，隱憂叵測’。此言心則忠矣，事機或未覩也。夫使者之入，多者八九人，少者二三人，朝至夕去，守貢之使，賞至即歸，何有充斥？財貨之費有市本，有撫賞，計三鎮歲費二十七萬，較之鄉時户部客餉七十餘萬、太僕馬價十數萬，十纔二三耳。而民閒耕穫之入、市賈之利不與焉。所省甚多，何有耗費？乃若所憂則有之，然非隱也。方庚午以前，三軍暴骨，萬姓流離，城郭丘墟，芻糧耗竭，邊臣首領不保，朝廷爲旰食。七八年來，幸無此事矣。若使臣等處置乖方，慳小費而虧大信，使一旦肆行侵掠，則前日之憂立見，何隱之有哉？其所不可知者，俺答老矣，誠恐數年之後此人既死，諸部無所統一，其中狡黠互相爭搆，假託異辭，遂行侵擾。此則時變之或然，而不可預料者。在我處之，亦惟罷貢絶市，閉關固壘以待，仍禁邊將，毋得輕舉，使曲常在彼，而直常在我。因機處置，顧後人方略何如耳。夫封疆之事無定形，亦無定機，惟朝廷任用得人，處置適宜，何必拘拘焉貢市非而戰守是哉？臣又聞之，禦戎無上策，征戰禍也，和親辱也，賂遺恥也。今曰貢，則非和親矣；曰市，則非賂遺矣；既貢且市，則無征戰矣。臣幸藉威靈，制伏强梗，得免斧鉞之誅。今受命還朝，不復與聞閫外之事，誠恐議者謂貢市非計，輒有敷陳，國是搖惑。内則邊臣畏縮，外則部落攜貳，事機乖迕，後悔無及。臣雖得去，而犬馬之心，實有不能一日忘者。謹列上五事。”，至京復奏，上款貢圖。

尋代崇古爲尚書，署吏部事，加太子太保。以平兩廣功，進少保。累疏致仕歸，御書“盡忠”字賜之。二十四年，卒。

逢時才略明練，處置邊事皆協機宜。其功名與崇古相亞，稱“方、王”云。

熊廷弼

熊廷弼，字飛百，江夏人。萬曆二十五年舉鄉試第一，明年成進士，授保定推官，擢御史。三十六年，巡按遼東，巡撫趙楫與總兵官李成梁棄寬奠新疆八百里，徙編民六萬家於內地。已，論功受賞，給事中宋一韓論之。下廷弼覆勘，具得棄地驅民狀，劾兩人罪，及先任按臣何爾健、康丕揚黨庇，疏竟不下。時有詔興屯，廷弼言遼多曠土，歲於額軍八萬中以三分屯種，可得粟百三十萬石。帝優詔褒美，命推行於諸邊。邊將好搗巢，輒生釁端。廷弼言防邊以守爲上，繕垣建堡有五十利，奏行之。歲大旱，廷弼行部金州，禱城隍神，約七日雨，不雨毁其廟。及至廣寧，踰三日，大書白牌，封劍，使使往斬之。未至，風雷大作，雨如注，遼人以爲神。在遼數年，杜饋遺，核軍實，按劾將吏，不事姑息，風紀大振。督學南畿，嚴明有聲。以杖死諸生事，與巡按御史荆養喬相訐奏，養喬投劾去，廷弼亦聽勘歸。

四十七年，楊鎬既喪師，廷議以廷弼熟邊事，起大理寺丞兼河南道御史，宣慰遼東。旋擢兵部右侍郎兼右僉都御史，代鎬經略。未出京，開原失，廷弼上言："遼東，京師肩背，河東，遼鎮腹心，開原又河東根本，欲保遼東，則開原必不可棄。敵未破開原時，北關、朝鮮猶足爲腹背患，今已破開原，北關不敢不服，遣一介使，朝鮮不敢不從。既無腹背憂，必合東西之勢以交攻，然則遼、瀋何可守也？乞速遣將士，備芻糧，修器械，毋窘臣用，毋緩臣期，毋中格以沮臣氣，毋旁撓以掣臣肘，毋獨遺臣以艱危，以致誤臣誤遼兼誤國也。"疏入，悉報允，且賜尚方劍重其權。甫出關，鐵嶺復失，瀋陽及諸城堡軍民一時盡竄，遼陽洶洶。廷弼兼程進，遇逃者，諭令歸斬逃將劉遇節、王捷、王文鼎以祭死節士。誅貪將陳倫，劾罷總兵官李如楨，以李懷信代。督軍士造戰車，治火器，濬濠繕城，爲守禦計。令嚴法行，數月守備大固。乃上方略，請集兵十八萬分布靉陽、清河、撫順、柴河、三岔兒、鎮江諸要口，首尾相應，小警自爲堵禦，大敵互爲應援。更挑精悍者爲遊徼，乘閒掠零騎，擾耕牧，更番迭出，使敵疲於奔命，然後相機進剿。疏入，帝從之。

廷弼之初抵遼也，令僉事韓原善往撫沈陽，憚不肯行。繼命僉事閻鳴泰至虎皮驛，慟哭而返。廷弼乃躬自巡歷，自虎皮驛抵沈陽，復乘雪夜赴撫順。總兵賀世賢以近敵沮之，廷弼曰："冰雪滿地，敵不料我來。"鼓吹入。時兵燹後，數百里無人跡，廷弼祭諸死事者而哭之，遂耀兵奉集，相度形勢而還。[①] 所至招流移，繕守具，分置士馬，由是人心復固。

廷弼身長七尺，有膽知兵，善左右射，自按遼即持守邊議，至是主守禦益堅。然性剛負氣，好謾罵，不爲人下，物情以故不甚附。明年五月，我大清兵略地花嶺。六月，略王大人屯。八月，略蒲河。將士失亡七百餘人，諸將世賢等亦有斬獲功。而給事中姚宗文騰謗於朝，廷弼遂不安其位。宗文者，故户科給事中，丁憂歸，還朝欲補官，而吏部題請諸疏率數年不下。宗文患之，假招徠西部名，屬當事薦己，疏屢上，不得命。宗文計窮，致書廷弼，令代請，廷弼不從，宗文由是怨。後夤緣復吏科，閲視遼東士爲[②]，與廷弼議多不合。遼東人劉國縉先爲御史，坐大計謫官。遼事起，廷議用遼人，遂以兵部主事贊畫軍務。國縉主募遼人爲兵，所募萬七千餘人，逃亡過半。廷弼聞於朝，國縉亦怨。廷弼爲御史時，與國縉、宗文同在言路，意氣相得，並以排東林、攻道學爲事。國縉輩以故意望廷弼，廷弼不能如前，益相失。宗文故出國縉門下，兩人益相比而傾廷弼。及宗文歸，疏陳遼土日蹙，詆廷弼廢群策而雄獨知，且曰："軍馬不訓練，將領不部署，人心不親附，刑威有時窮，工作無時止。"復鼓其同類攻擊，欲必去之。御史顧慥首劾廷弼出

① "集""度"二字原互乙，今據《明史》卷二五九《熊廷弼傳》改。
② 爲：《明史》卷二五九《熊廷弼傳》作"馬"。

關踰年，漫無定畫，蒲河失守，匿不上聞。荷戈之士，徒供挑濬。尚方之劍，逞志作威。

當是時，光宗崩，熹宗初立，朝端方多事，而封疆議起。御史馮三元劾廷弼無謀者八、欺君者三，謂："不罷，遼必不保。"詔下廷議。廷弼憤，抗疏極辨，且求罷。而御史張修德復劾其破壞遼陽，廷弼益憤，再疏自明，云"遼已轉危爲安，臣且之生致死"，遂繳還尚方劍，力求罷斥。給事中魏應嘉復劾之。朝議允廷弼去，以袁應泰代。廷弼乃上疏求勘，言"遼師覆没，臣始驅羸卒數千踉蹌出關，至杏山而鐵嶺又失。廷臣咸謂遼必亡，而今且地方安堵，舉朝帖席，此非不操練、不部署者所能致也。若謂擁兵十萬，不能斬將禽王，誠臣之罪。然求此於今日，亦豈易言。令箭催而張帥殞命，馬上催而三路喪師，臣何敢復蹈前軌。"三元、應嘉、修德等復連章極論，廷弼即請三人往勘，帝從之。御史吴應奇、給事中楊漣等力言不可，乃改命兵科給事中朱童蒙往。廷弼復上疏曰："臣蒙恩回籍聽勘，行矣。但臺省責臣以破壞之遼遺他人，臣不得不一一陳之於上。今朝堂議論，全不知兵。冬春之際，敵以冰雪稍緩，鬨然言師老財匱，馬上促戰。及軍敗，始愀然不敢復言。比臣收拾甫定，而愀然者又復鬨然責戰矣。自有遼難以來，用武將，用文吏，何非臺省所建白，何嘗有一效？疆場事當聽疆場吏自爲之，何用拾帖括語，徒亂人意，一不從，輒怫然怒哉！"及童蒙還奏，備陳廷弼功狀，末言："臣入遼時，士民垂泣而道，謂數十萬生靈，皆廷弼一人所留，其罪何可輕議？獨是廷弼受知最深，蒲河之役，敵攻瀋陽，策馬趨救，何其壯也。及見官兵駑弱，遽爾乞骸以歸，將置君恩何地？廷弼功在存遼，微勞雖有可紀，罪在負君大義，實無所逃，此則罪浮於功者矣。"帝以廷弼力保危城，仍議起用。

天啟元年，瀋陽破，應泰死，廷臣復思廷弼，給事中郭鞏力詆之，并及閣臣劉一燝。及遼陽破，西河軍民盡奔，自塔山至閭陽二百餘里，煙火斷絶，京師大震。一燝曰："使廷弼在遼，當不至此。"御史江秉謙追言廷弼保守危遼功，兼以排擠勞臣爲鞏罪。帝乃治前劾廷弼者，貶三元、修德、應嘉、鞏三秩，除宗文名。御史劉廷宣救之，亦被斥。乃復詔起廷弼於家，而擢王化貞爲巡撫。化貞，諸城人，萬曆四十一年進士，由户部主事歷右參議，分守廣寧。蒙古炒花諸部長乘機窺塞下，化貞撫之，皆不敢動。朱童蒙勘事還，極言化貞得西人心，勿輕調，隳撫事。化貞亦言遼事將壞，惟發帑金百萬，亟款西人，則敵顧忌不敢深入。會遼、瀋相繼亡，廷議將起廷弼，御史方震孺請加化貞秩，便宜從事，令與薛國用同守河西。乃進化貞右僉都御史，巡撫廣寧。廣寧城在山隈，登山可俯瞰城内，恃三岔河爲阻。而三岔之黄泥窪又水淺可涉，廣寧止孱卒千，化貞招集散亡，復得萬餘人，激厲士民，聯絡西部，人心稍定。遼陽初失，遠近震驚，謂河西必不能保，化貞提弱卒，守孤城，氣不懾，時望赫然。中朝亦謂其才足倚，悉以河西事付之。而化貞又以登、萊、天津兵可不設，諸鎮入衛兵可止。當事益信其有才，所奏請輒報可。時金、復諸衛軍民及山東礦徒，多結砦自固，以待官軍，其逃入朝鮮者亦不下二萬。化貞請鼓舞諸人，優以爵禄，俾自奮於功名。詔諭朝鮮，褒以忠義，勉之同仇。帝亦從之。

至六月，廷弼入朝，首請免言官貶謫，帝不可。乃建三方布置策：廣寧用馬步列壘河上，以形勢格之，綴敵全力；天津、登、萊各置舟師，乘虚入南衛，動摇其人心，敵必内顧而遼陽可復。於是登、萊議設巡撫如天津，以陶朗先爲之。而山海特設經略，節制三方，一事權。遂進廷弼兵部尚書兼右副都御史，駐山海關，經略遼東軍務。廷弼因請尚方劍，請調兵二十餘萬，以兵馬、芻糗、器械之屬責成户、兵、工三部。白監軍道臣高出、胡嘉棟，督餉郎中傅國無罪，請復官任事。議用遼人故贊畫主事劉國縉爲登萊招練副使，夔州同知佟卜年爲登萊監軍僉事，故臨洮推官洪敷教爲職方主事，軍前贊畫，用收拾遼人心，並報允。七月，廷弼將啟行，帝特賜麒麟服一，彩幣四，宴之郊外，命文武大臣陪餞，異數也。又以京營選鋒五千護廷弼行。

先是，袁應泰死，薛國用代爲經略，病不任事。化貞乃部署諸將沿河設六營，營置參將一人，守備二人，畫地分守。西平、鎮武、柳河、盤山諸要害各置戍設防。議既上，廷弼不謂然，疏言："河窄難恃，堡小難容，今日但宜固守廣寧。若駐兵河上，兵分則力弱，敵輕騎潛渡，直攻一營，力必不支。一營潰則諸營俱潰，西平諸戍亦不能守。河上止宜置遊徼兵，更番出入，示敵不測。不宜屯聚一處，爲敵所乘。自河抵廣寧，止宜多置烽堠；西平諸處止宜稍置戍兵，爲傳烽哨探之用。而大兵悉聚廣寧，相度城外形勢，犄角立營，深壘高柵以俟。蓋遼陽去廣寧三百六十里，非敵騎一日能到。有聲息我必預知，斷不宜分兵防河，先爲自弱之計也。"疏上，優旨褒答。會御史方震孺亦言防河六不足恃，議乃寢。而化貞以計不行，愠甚，盡委軍事於廷弼。廷弼乃請申諭化貞，不得藉口節制，坐失事機。先是，四方授[①]遼之師化貞悉改爲"平遼"，遼人多不悦。廷弼言："遼人未叛，乞改爲'平東'或'征東'，以慰其心。自是化貞與廷弼有隙，而經、撫不和之議起矣。

八月朔，廷弼言："三方建置，須聯絡朝鮮，請亟發敕使，往勞彼國君臣，俾盡發八道之師，連營江上，助我聲勢。又發詔書憫恤遼人之避難彼國者，招集團練，別爲一軍，與朝鮮軍合勢。而我使臣即權駐義州，控制聯絡，俾與登、萊聲息相通，於事有濟。更宜發銀六萬兩，分犒朝鮮及遼人，而臣給與空名劄付百道，俾承制拜除。其東山礦徒能結聚千人者，即署都司；五百人者，署守備。將一呼立應，而一二萬勁兵可立致也。"因薦監軍副使梁之垣生長海濱，習朝鮮事，可充命使。帝立從之，且命如行人奉使故事，賜一品服寵其行。之垣乃列事上重事權、定職掌八事，帝亦報可。

之垣方與所司議兵餉，而化貞所遣都司毛文龍已襲取鎮江，奏捷，舉朝大喜。亟命登、萊、天津發水師二萬應文龍，化貞督廣寧兵四萬進據河上，合蒙古軍乘機進取，而廷弼居中節制。命既下，經、撫各鎮互觀望，兵不果進。頃之，化貞備陳東西情形，言："敵棄遼陽不守，河東失陷將士日夜望官軍至，即執敵將以降。而西部虎墩兔、炒花咸願助

① 授：《明史》卷二五九《熊廷弼傳》作"援"。

兵，敵兵守海州不過二千，河上止遼卒三千，若潛師夜襲，勢在必克。敵南防者聞而北歸，我據險以擊其惰，可盡也。”兵部尚書張鶴鳴以爲然，奏言時不可失。御史徐卿伯復趣之，請令廷弼進駐廣寧，薊遼總督王象乾移鎮山海。會化貞復馳奏：“敵因官軍收復鎮江，遂驅掠四衛屯民，屯民據鐵山死守，傷敵三四千人，敵圍之益急。急宜赴救。”於是兵部愈促進師，化貞即以是月渡河。廷弼不得已出關，次右屯，而馳奏海州取易守難，不宜輕舉。化貞卒無功而還。

化貞爲人騃而愎，素不習兵，輕視大敵，好謾語。文武將吏進諫悉不入，與廷弼尤牴牾。妄意降敵者李永芳爲内應，信西部言，謂虎墩兔助兵四十萬，遂欲以不戰取全勝。一切士馬、甲仗、糗糧、營壘俱置不問，務爲大言罔中朝。尚書鶴鳴深信之，所請無不允，以故廷弼不得行其志。廣寧有兵十四萬，而廷弼關上無一卒，徒擁經略虚號而已。延綏入衛兵不堪用，廷弼請罪其帥杜文焕，鶴鳴議寬之。廷弼請用卜年，鶴鳴上駁議。廷弼奏遣之垣，鶴鳴故稽其餉。兩人遂相怨，事事齟齬。而廷弼亦褊淺剛愎，有觸必發，盛氣相加，朝士多厭惡之。毛文龍鎮江之捷，化貞自謂發蹤奇功。廷弼言：“三方兵力未集，文龍發之太早，致敵恨遼人，屠戮四衛軍民殆盡，灰東山之心，寒朝鮮之膽，奪河西之氣，亂三方竝進之謀，誤屬國聯絡之算。目爲奇功，乃奇禍耳。”貽書京師，力詆化貞。朝士方以鎮江爲奇捷，聞其言亦多不服。廷弼又顯詆鶴鳴，謂：“臣既任經略，四方援軍宜聽臣調遣。乃鶴鳴徑自發戍，不令臣知。七月中，臣咨部問調軍之數，經今兩月，置不答。臣有經略名，無其實，遼左事惟樞臣與撫臣共爲之。”鶴鳴益恨。至九月，化貞猶言虎墩兔兵四十萬且至，請速濟師。廷弼言：“撫臣恃西部，欲以不戰爲戰。計西部與我，進不同進，彼入北道，我入南道，相距二百餘里，敵分兵來應，亦須我自撐拒。臣未敢輕視敵人，謂可不戰勝也。臣[1]勿議三方布置，必使兵馬、器械、舟車、芻茭無一不備，而後尅期

① 勿:《明史》卷二五九《熊廷弼傳》作“初”。

齊舉，進足戰，退亦足以守。今臨事中亂，雖樞臣主謀於中，撫臣决策於外，卜一舉成功，而臣猶有萬一不必然之慮也。”既而西部竟不至，化貞兵亦不敢進。

廷弼既與化貞隙，中朝右化貞者多詆廷弼。給事中楊道寅謂出、嘉棟不宜用。御史徐景濂極譽化貞，刺廷弼，詆之烜逍遥故鄉，不稱任使。御史蘇琰則言廷弼宜駐廣寧，不當遠駐山海，因言登、萊水師無所用。廷弼怒，抗疏力詆三人，帝皆無所問。而帝於講筵忽問：“卜年係叛族，何擢僉事？國縉數經論列，何起用？嘉棟立功贖罪，何在天津？”廷弼知左右譖之，抗疏辨，語頗憤激。是時廷弼主守，謂遼人不可用，西部不可恃，永芳不可信，廣寧多間諜可虞。化貞一切反之，絶口不言守，謂：“我一渡河，河東人必内應[①]。且騰書中朝，言仲秋之月，可高枕而聽捷音。識者知其必僨事，以疆埸事重，無敢言其短者。

至十月冰合，廣寧人謂大清兵必渡河，紛然思竄。化貞乃與震孺計分兵守鎮武、西平、閭陽、鎮寧諸城堡，而以大軍守廣寧。鶴鳴亦以廣寧可慮，請敕廷弼出關，廷弼上言：“樞臣第知經略一出，足鎮人心，不知徒手之經略一出，其動摇人心更甚。且臣駐廣寧，化貞駐何地？鶴鳴責經、撫協心同力，而樞臣與經臣獨不當協心同力乎？爲今日計，惟樞部俯同於臣，臣始得爲陛下任東方事也。”其言甚切至，鶴鳴益不悦。廷弼乃復出關，至右屯，議以重兵内護廣寧，外扼鎮武、閭陽。乃令劉渠以二萬人守鎮武，祁秉忠以萬人守閭陽。又令羅一貫以三千人守西平。復申令曰：“敵來，越鎮武一步者，文武將吏誅無赦。敵至廣寧，而鎮武、閭陽不夾攻，掠右屯餉道而三路不救援者，亦如之。”

部署甫定，化貞又信諜者言，遽發兵襲海州，旋亦引退。廷弼乃上言：“撫臣之進，及今而五矣。八、九月閒屢進屢止，猶未有疏請也。若十月二十五日之役，則拜疏輒行者也。臣疾趨出關，而撫臣歸矣。西平之會，相與協心議守，犄角設營，而進兵之書又以晦日至矣。撫臣以

① 應内：《明史》卷二五九《熊廷弼傳》作“内應”。

十一月二日赴鎮武，臣即以次日赴杜家屯，比至中途，而軍馬又遣還矣。初五日，撫臣又欲以輕兵襲牛莊，奪馬圈守之，爲明年進兵門户。時馬圈無一敵兵，即得牛莊，我不能守，敵何損？我何益？會將吏力持不可，撫臣亦怏怏回矣。兵屢進屢退，敵已窺盡伎倆，而臣之虚名亦以輕出而損。願陛下明諭撫臣，慎重舉止，毋爲敵人所笑。”化貞見疏不悦，馳奏辨，且曰：“願請兵六萬，一舉蕩平。臣不敢貪天功，但厚賚從征將士，遼民賜復十年，海内得免加派，臣願足矣。即有不稱，亦必殺傷相當，敵不復振，保不爲河西憂。”因請便宜行事。

時葉向高復當國，化貞座主也，頗右之。廷臣惟太僕少卿何喬遠言宜專守廣寧，御史夏之令言蒙古不可信，款賞無益，給事中趙時用言永芳必不可信，與廷弼合。餘多右化貞，令毋受廷弼節制。而給事中李精白欲授化貞尚方劍，得便宜操縱。孫杰劾一燝以用出、嘉楝、卜年爲罪，而言廷弼不宜駐關内。廷弼憤，上言：“臣以東西南北所欲殺之人，而適遘事機難處之會。諸臣能爲封疆容則容之，不能爲門户容則去之，何必内借閣部，外借撫道以相困？”又言；“經、撫不和，恃有言官；言官交攻，恃有樞部；樞部佐鬬，恃有閣臣。臣今無望矣。”帝以兩臣争言，遣兵部堂官及給事中各一人往諭，抗違不遵者治罪。命既下，廷臣言遣官不便，乃下廷臣集議。

初，廷弼之出關也，化貞慮奪己兵權，佯以兵事委廷弼。廷弼上言：“臣奉命控扼山海，非廣寧所得私，撫臣不宜卸責於臣。”會震孺奏經、撫不和，中有“化貞心慵意懶”語，廷弼據以刺化貞，化貞益不悦。及化貞請一舉蕩平，廷弼乃言：“宜如撫臣約，亟罷臣以鼓士氣。”當是時，中外舉知經、撫不和，必誤疆事，章日上，而鶴鳴篤信化貞，遂欲去廷弼。二年正月，員外郎徐大化希指劾廷弼大言罩世，嫉能妬功，不去必壞遼事。疏并下部，鶴鳴乃集廷臣大議，議撤廷弼者數人，餘多請分任責成。鶴鳴獨言化貞一去，毛文龍必不用命，遼人爲兵者必潰，西部必改體。宜賜化貞尚方劍，專委以廣寧，而撤廷弼他用。議上，帝不從，責吏、兵二部再奏。會大清兵逼西平，遂罷議，仍兼任二臣，責以功罪一體。

無何，西平圍急，化貞信中軍孫得功計，盡發廣寧兵畀得功及祖大壽往會秉忠進戰。廷弼亦馳檄渠撤營赴援。二十二日，遇大清兵平陽橋。鋒始交，得功及參將鮑承先等先奔，鎮武、閭陽兵遂大潰，渠、秉忠戰歿沙嶺，大壽走覺華島。西平守將一貫待援不至，與參將黑雲鶴亦戰歿。廷弼已離右屯，次閭陽。參議邢慎言勸急救廣寧，爲僉事韓初命所沮，遂退還。時大清兵頓沙嶺不進。化貞素任得功爲腹心，而得功潛降於大清，欲生縛化貞以爲功。謡言敵已薄城，城中大亂奔走，參政高邦佐禁之，不能止。化貞方闔署理軍書，不知也。參將江朝棟排闥入，化貞怒呵之，朝棟大呼曰："事急矣，請公速走。"化貞莫知所爲。朝棟掖之出，上馬，二僕人徒步從，遂棄廣寧，踉蹌走，與廷弼遇大凌河。化貞哭，廷弼微笑曰："六萬衆一舉蕩平，竟何如？"化貞慙，議守寧遠及前屯。廷弼曰："嘻，已晚。惟護潰民入關可耳。"乃以己所將五千人授化貞爲殿，盡焚聚積。二十六日，偕初命護潰民入關。化貞、出、嘉棟先後入，獨邦佐自經死。得功率廣寧叛將迎大清兵入廣寧，化貞逃已兩日矣。大清兵追逐化貞等二百里，不得食，乃還。報至，京師大震。鶴鳴恐，自請視師。

二月，逮化貞，罷廷弼聽勘。四月，刑部尚書王紀、左都御史鄒元標、大理寺卿周應秋等奏上獄詞，廷弼、化貞竝論死。魏忠賢大恨，誓速斬廷弼。及楊漣等下獄，誣以受廷弼賄，甚其罪。已，邏者獲市人蔣應暘，謂與廷弼子出入禁獄，陰謀叵測。忠賢愈欲速殺廷弼，其黨門克新、郭興治、石三畏、卓邁等遂希指趣之。會馮銓亦憾廷弼，與顧秉謙等侍講筵，出市刊《遼東傳》譖於帝曰："此廷弼所作，希脱罪耳。"帝怒，遂以五年八月棄市，傳首九邊。已，御史梁夢環謂廷弼侵盜軍資十七萬，御史劉徽謂廷弼家資百萬，宜籍以佐軍。忠賢即矯旨嚴追，罄貲不足，姻族家俱破。江夏知縣王爾玉責廷弼子貂裘珍玩，不獲，將撻之。其長子兆珪自剄死。兆珪母稱冤，爾玉去其兩婢衣，撻之四十，遠近莫不嗟憤。

崇禎元年，詔免追贓。其秋，工部主事徐爾一訟廷弼冤，曰：“廷弼以失陷封疆，至傳首陳屍，籍産追贓。而臣考當年，第覺其罪無足據，而勞有足矜也。廣平兵十三萬，糧數百萬，盡屬化貞，廷弼止援遼兵五千人駐右屯，距廣寧四十里耳。化貞忽同三四百萬遼民一時盡潰，廷弼五千人不同潰足矣，尚望其屹然堅壁哉？廷弼罪安在？化貞仗西部，廷弼云必不足仗。化貞信李永芳内附，廷弼云必不足信。無一事不力争，無一言不奇中，廷弼罪安在？且屢疏争各鎮節制不行，屢疏争原派兵馬不與，徒擁虚器，抱空名，廷弼罪安在？唐郭子儀、李光弼與九節度師同潰，自應收潰兵扼河陽橋，無再往河陽坐待思明縛去之理。今計廣寧西，止關上一門限，不趣扼關門何待？史稱慕容垂一軍三萬獨全，亦無再駐淝水與晉人决戰之理。廷弼能令五千人不散，至大凌河付與化貞，事政相類，寧得與化貞同日道乎？所謂勞有足矜者，當三路同時陷没，開鐵、北關相繼奔潰，廷弼經理不及一年，俄進築奉集、瀋陽，俄進屯虎皮驛，俄迎扼敵兵於横河上，於遼陽城下鑿河列栅埋礮，屹然樹金湯。令得竟所施，何至舉榆口關外拱手授人？而今俱抹搬不論，乃其所由必死則有故矣。其志既籠蓋一時，其氣又陵厲一世。揭辯紛紛，致攖衆怒，共起殺機，是則所由必殺其軀之道耳。當廷弼被勘被逮之時，天日輒爲無光，足明其冤。乞賜昭雪，爲勞臣勸。”不從。

明年五月，大學士韓爌等言：“廷弼遺骸至今不得歸葬，從來國法所未有。今其子疏請歸葬，臣等擬票許之。蓋國典皇仁，並行不悖，理合如此。若廷弼罪狀始末，亦有可言。皇祖朝戊申、己酉閒，廷弼以御史按遼東，早以遼患爲慮，請核地界，飭營伍，聯絡南北關，大聲疾呼，人莫爲應。十年而驗若左券，其可言者一。戊午、己未，楊鎬三路喪師，撫順、清河陷没。皇祖用楊鶴言，召起廷弼代鎬。一年餘，修飭守具，邊患稍寧。會皇祖賓天，廷議以廷弼無戰功，攻使去，使袁應泰代，四閱月而遼亡。使廷弼在，未必至此，其可言者二。遼陽既失，先帝思廷弼言，再起之田閒，復任經略。化貞主戰，廷弼主守，群議皆是化貞。廷弼屢言玩師必敗，奸細當防，莫有聽者。徘徊躑躅，以五千人駐右屯，化貞兵十三萬駐廣寧。廣寧潰，右屯乃與俱潰，其可言者三。假令廷弼於此時死守右屯，捐軀殉封疆，豈非節烈奇男子。不然，支撐寧、前、錦、義間，扶傷救敗，收拾殘黎，猶可圖桑榆之效。乃倉皇風鶴，偕化貞並馬入關，其意以我固嘗言之，言而不聽，罪當末減。此則私意短見，殺身以此，殺身而無辭公論，亦以此。傳首邊庭，頭足異處，亦足爲臨難鮮忠者之戒矣。然使誅廷弼者，按封疆失陷之條，偕同事諸臣一體伏法，廷弼九原目瞑。乃先以賄贓拷坐楊漣、魏大中等，作清流陷阱；既而刊書惑衆，借題曲殺。身死尚懸坐贓十七萬，辱及妻孥，長子兆珪迫極自刎。斯則廷弼死未心服，海内忠臣義士亦多憤惋竊歎者。特以'封疆'二字，噤不敢訟陳皇上之前。臣等平心論之，自有遼事以來，誆官營私者何算，廷弼不取一金錢，不通一饋問，焦脣敝舌，争言大計。魏忠賢盜竊威福，士大夫靡然從風。廷弼以長繫待决之人，屈曲則生，抗違則死，乃終不改其强直自遂之性，致獨膺顯戮，慷慨赴市，耿耿剛腸，猶未盡泯。今縱不敢深言，而傳首已踰三年，收葬原無禁例，聖明必當垂仁。臣所以娓娓及此者，以兹事雖屬封疆，而實陰繫朝中邪正本末。皇上天縱英哲，或不以臣等爲大謬也。"詔許其子持首歸葬。五年，化貞始伏誅。

梅之焕

梅之焕，字彬父，麻城人，侍郎國楨從子也。年十四爲諸生，御史行部閲武，之焕騎馬突教場，御史怒，命與材官角射，九發九中，長揖上馬而去。萬曆三十二年舉進士，改庶吉士。居七年，授吏科給事中。東廠太監李浚誣拷商人，之焕劾其罪。尋上言："今天下民窮餉匱，寇横兵疲，言官舍國事，争時局；部曹舍職掌，建空言，天下盡爲虚文所束縛。有意振刷者，不曰生事，則曰苛求。事未就而謗興，法未伸而怨集。豪傑灰心，庸人養拙，國事將不可爲矣。請陛下嚴綜覈以責實事，通言路以重紀綱，别臧否以惜人才，庶於國事有濟。”時朝臣部黨角立，之焕廉柧自勝，嘗言：“附小人者必小人，附君子者未必君子。蠅之附驥，即千里猶蠅耳。”時有追論故相張居正者，之焕曰：“使今日有綜名實、振紀綱如江陵者，諂訕之徒敢若此耶？”其持平不欲傅會人如此。出爲廣東副使，禽誅豪民沈殺烈女者，民服其神。海寇袁進掠潮州，之焕扼海道，招散其黨，卒降進。改視山東學政。

天啟元年，以通政參議召遷太常少卿，擢右僉都御史，巡撫南贛。丁内外艱，家居。當此之時，魏客亂政，應山楊漣首發忠賢之奸，忠賢恚甚，拷殺漣，由此悍然益誅鋤善類，慣傒楚人矣。謂漣被逮時，過麻城，漣罪人也，之焕與盤桓流涕，當削籍，其實漣未嘗過麻城也。無何，逆黨梁克順誣以贓私，詔徵贓。莊烈帝即位，乃免徵。起故官，巡撫甘肅，大破套寇，斬首七百餘級，生得部長三人，降六百餘人。明年春，寇復大入，患豌豆創，環大黄山而病。諸將請掩之，之焕不可，曰：“幸災不仁，乘危不武，不如舍之，因以爲德焉。”遂不戰。踰月，群寇望邊城搏顙涕泣而去。

冬，京師戒嚴，有詔入衛。且行，西部乘虚犯河西，之焕止留，遣兵伏賀蘭山後，邀其歸路，大兵出水泉峽口，再戰再敗之，斬首八百四十有奇，引軍東。俄悍卒王進才殺參將孫懷忠等以叛，走蘭州，之焕遂西定其變，復整軍東。明年五月抵京師，已後時矣，有詔之焕入朝。翌日，又詔之焕落職候勘，温體仁已柄政矣。初，體仁訐錢謙益，之焕移書中朝，右謙益，至是體仁修隙，之焕遂得罪。

之焕雖文士，負材武，善射，既廢，無所見。所居縣阻山多盜，之焕無事，輒率健兒助吏捕，無脱者。先是，甘肅兵變，其潰卒畏捕誅，往往亡命山谷閒爲群盜，賊勢益張。至是，賊數萬來攻麻城，望之焕部署，輒引去。帝追敘甘肅前後功，復之焕官，蔭子，然終不召。明年病卒。

顯鶴謹案：襄愍公天挺奇才，忠誠奮發，以剛烈之性、孤憤之心，處崎嶇跋疐、艱險危疑之地，而齮齕之者不遺餘力。迄今讀其奏疏、書揭，凛凛猶有生氣。我高宗純皇帝謂其曉暢軍事，爲有明一代之巨擘，披覽遺文，憮然太息。特詔求熊氏之後而予之以官，遂使勝國孤臣含冤二百餘載，一旦褮揚昭雪，起沉霾而光日月，伸公論而快人心。仰見高宗天地之量，卓越萬古，而襄愍之孤忠大節，所由動異代聖人之睿鑒者，益可思已。夫以襄愍之雄才偉略，沉機觀變，使當再起經略之時，毅然委以殘疆，畀以專閫，收效桑榆，尚可因敗爲勝，轉危爲安。乃顯詆陰箝，遥制旁撓，争構狺狺，無所不至。而其才既籠蓋一時，其氣又凌厲一世，揭辯紛騰，傾陷叢起。坐令擁虚名而受實禍，卒乃羅織大獄，禍連朝士，傳首九邊，毒流四海。疆事既壞，國祚隨傾。自壞長城，伊誰之咎？讀史至此，未嘗不太息痛恨於神、熹之際也。

余增輯《大將》，以襄愍與方逢時、梅之焕並列。之焕風采機略，爲襄愍所服，而牽於文法，屏之閒地，不得盡其用。逢時之才，豈有加於襄愍？而史稱其處置邊事，皆協機宜，功名與崇古相亞，時稱“方、王”。夫同一邊臣，才地相近，而成敗禍福相反若此，則以其時江陵當國，逢時所處爲獨幸耳。嗚呼，孰謂文忠之功可少哉！

附録 方逢時《上張太岳書》

逢時自歸江南浦，苦力松楸，草土餘形，日覺衰憊。豈意先帝龍馭上升，草莽之臣攀號無地。恭遇新皇御極，英聲四達，朝野之人，舉手加額。臺下首膺簡命，總攝百僚，明良之會，千載一時。昔人所稱，垂紳正笏，不動聲色，措天下于泰山之安者，何幸於臺下親見之。方今海内寧謐，臺下以一德贊輔，太平有象矣。竊觀古之人樹顯勳，成大業，萬世不朽者，多不在清平安樂之時，恒在於國步艱難之日。故伊尹、周公之聖，益顯著於太甲、成王之世，有由然矣。新皇英睿，堯、舜之資也。臺下忠亮，伊、周之亞也。經綸巨略，宏濟嘉猷，誠非愚賤所能仰窺萬一。今日之事，惟有保其身體，傅之德義，以爲急務。二者之外，惟恪守成憲，簡用舊人，抑遏僥倖，表達忠直，杜絶諂佞，愛惜名器，樽節財賦，寬省刑罰，申嚴軍旅，慎固封疆，以俟休命之凝固。假之五六年，天下大定矣。

草土之中，又聞聽愚者之論，謂聖主幼冲，宫闈深遠，中官之權，漸不可長，孤心惕然，此杞人之憂也。夫中官爲患，自古而然。剛之取禍，柔之取辱，傳記所述，歷歷明鑒。愚竊以爲此輩雖多不肖，然其中亦有才知謹厚之士，其僻狠之習，固與人異，而欲富貴、惡死亡之心，則與人同也。惟在辨别之明，操縱有道，使機常在我，作其忠順之志，消其不肖之心，入我彀率而不覺，庶克有濟耳。

新鄭公之去，士類寒心。昨得邸報，讀其初政諸疏，深歎服其忠誠之篤至，而又惜其機括之蚤動也。得罪之繇，或在于此。夫懇切之言，整肅之志，直達無隱，施之長君可也。若天聰未啟，聖志未昭，宫中府中之事，不免暫有所寄。苟不密其斡旋，曲爲防閑，而先憂過計，徑情直達，則衆心揺惑，群志糾紛。彼方懷豮豕牿犢之疑，我乃爲紾臂扼吭之舉，適足以觸其畏怒之邪念，豈能成格正之宏功哉。此《書》所以有敬保之訓，而《易》所以發于巷之象也。且直言正諫，一有不從，則奉身而退，此臺諫小臣之職也。若夫顧命大臣，以身係天下之休戚安危，其所調燮劑量，轉移感動，固必别有其道。此孤生之所以戚戚於新鄭公之去，而欲爲臺下一披豁之者也。且聖德方新，四方聳聽，尤宜時出德音，昭布仁言，使海隅蒼生，曉然知上意向，益堅其愛戴歸往之念，此又今日之不可無者。不識以爲何如？抑愚之心又有妄言焉。昔唐韋澳謂周墀曰：“願相公無權，爵禄刑賞與天下共，其可否？勿以己之愛憎喜怒移之，天下自理，何權之有？”此雖一時之言，或可爲一簣之助。敬爲臺下誦之。

顯鶴案：方行之此書，已舉江陵一生經濟作用，燭照計數，如著龜之不爽。其論中官一則，尤若逆知文忠之必内結馮保以爲援者。然新鄭之去，當時咸歸咎文忠。書中反復悼嘆，而終引韋澳誡周墀語“願相公無權”，使文忠盡用其言，何至威柄之操，幾於震主，禍發身後哉。

附録　魏廷謨《襄愍公論略》

余見先生者三。江夏有孫何知先生，爲先生金石交，接譚於臥鶱園。先生身長八尺，圓目巨吻，一吐氣出辭，衆人辟易。孫先生以嘲謔行之，人亦爲之辟易。蓋先生於儕偶議論紛出，遇事立辨，無留行，衆人耳目不及詳，此則照攝千里百里外矣。萬曆末年，先生再出關，余從西陵黄侍御飲於東園。時詔書迫切，勒以嚴程，坐不取定，黄先生以微辭覘之，欲其廣聽受而集衆思。不一二語而止，而先生未必應也。余少從諸人後，侍兩先生之側，閒及疆埸之事，而先生摇手頓足，亦甚知其難爲也。人謂其過易，豈有是哉！曾爲一友書近詩，中聯云：“敢洒一腔血，而邀百世勳。”今萇弘之碧，入土十丈，而一時庸夫懦子坐以剛愎誤事，此先生所以至死不甘也。然何以不甘也？縶人之手足，而責其禦武禁暴，羈縛其爪距，而求其搏擊鶱免也，一不中，則文墨吏議其後矣。然此皆非先生之所憤也。先生實心止爲朝廷固疆土，是以當讓而不讓，當辨而不辨，不當死而必死也。用先生者，所以殺之也，不待知者已知之矣。從來庸夫懦子誤國喪君，以之定難則不足，以之殺正人而有餘。人乃引盧藏用之言曰：“干將鏌鋣，用之不善，不缺則折。”此未深知先生者也。用之則折，竟無所用，而碎鋒與鍔而不之惜也，國尚有人乎？至今三十餘年，誰不知有熊先生，而庸夫懦子假手以奉他人，抑獨何心哉？

尹民興《書襄愍公傳後》

予與弟民昭並讀公治遼諸奏章，皎然日月。而竊怪當時諸蟊賊害其成不已，逐其人，而又殺之以快其志，其故何也？或曰：公馭下嚴，交友刻，性氣凌人，每事必求勝，所以死。烈皇帝勅予行東邊之地，諸長老爲予言，公東帶見長吏，怡怡若家人，雖廝養下卒，一語偶中，往往握手引坐。其推誠待人，不没人善類此。惟諸奏多擊蓍説，盛氣不平，誠如人所訾。而予又觀神宗之季年，一時賢士大夫溺於李贄含垢無爲之邪説，片策不發，以爲全軀保妻子之圖。最下貪金珠，若犬吠然，投骨即止。抱謀角立者，又如醉夢指東西，必敗乃公事。公此時非瞻一身之死也，上而天子九廟，中而諸大夫，下而普天億萬蒼生之性命，懸於一策。成敗之閒，此何時事，而誹公以争，而欲公之争，不必求勝乎？是無異於火發於室，而責救焚者以鄒魯之步；覆舟在水，而責拯溺者以容恭之手也，其不相繼而濡、焦者，幾希矣。蘇子瞻曰："士以氣爲主。"夫才猶火也，氣猶風也，火挾風以昌，才乘氣而大。有才無氣，則爲鬼蜮，爲蛇蝎，柔嬛可狎，而專螫人於不可見之中。此子長所指爲陰賊，而《巷伯》以爲豺虎不食之餘也。而欲公不性氣也哉？

顯鶴案：孫何知名鵬舉，江夏人，爲新化學官。有《祭襄愍文》云："兵部尚書熊芝岡死於西市，是年十月十二日，江夏孫鵬舉聞邸報於新化學，并得公與我絶筆手卷，仰天大哭。十五日，服朋友之服，設位於學齋之東北，痛哭以祭。"又《襄愍集》有《獄邸别孫何知》詩："老友相看四十秋，臨歧握手淚交流。故鄉萬里君今去，孤室一燈我獨留。"又《絶筆寄孫何知札》云："何知，何知，四十年骨肉交情，今日盡矣。書寄近作數首，俾何知哭我，以何知一官遠絆，不能到法場生祭我也。"案：何知先生與襄愍交篤如此，其人之賢可想。司鐸吾邑年月無可考，今邑人無有能言其名姓者矣。尹民興，字宣子，弟民昭，字翼子，民興有《奏張文忠、熊襄愍諸大績，請降殊典風勵群臣疏》，何知以駡賊死。見《忠義》增輯。

附録 襄愍公逸事

熊芝岡先生督學南畿，時試卷皆親自批閲。閲則連長几於中堂，鱗攤諸卷於上，左右置酒一劍一，手操不律，一目數行。每得佳卷，輒浮大白。遇荒謬者，則舞劍一回，以舒其鬱。凡有儁才宿學，甄拔無遺。

吴中馮夢龍，亦其門下士也。夢龍以文字被禍，時公在籍，夢龍求解於公。相見之頃，公忽問曰："海内盛傳馮生《掛枝曲》，曾攜一二册以惠老夫乎？"馮跼蹐不敢置對，唯唯引咎，因致千里求援之意。公曰："此易事，無足慮也。我且飯子，徐爲子籌之。"須臾，供枯魚、焦腐二簋，粟飯一盂，馮下箸有難色。公曰："晨選嘉肴，夕謀精粲，吴下書生，大抵皆然。似此草具，當非所以待子。然丈夫處世，不應於飲食求工，能飽餐粗糲者，真英雄也。"公遂大恣咀啖，馮啜飯匕餘而已。公起入内，良久始出，曰："我有書一槭，便道可致我故人，毋忘也。"求援之事，並無所答，而手挾一冬瓜爲贈。瓜重數十斤，馮傴僂祗受，然意甚怏怏。且力不能勝，未及舟，即委瓜於地，鼓棹而去。行數日，泊一巨鎮，公故人之居在焉。書投未幾，主人躬謁馮，延入，執禮甚恭。臨别厚資遣，抵家則事已解。蓋公心愛沈[①]生，惜其露才炫名，故示菲薄。而行李之窮，則假途以厚濟之；怨謗之集，則移書以潛消之。英豪舉動，不令人易測也如此。

蕭芝《嚴齋筆談》云：熊公宇奇爲學使，試江夏，得熊、賀兩公卷，甲、乙久不定。或問之，曰："一將一相，未易軒輊。"其人曰："相在前。"公然之。臨當大比，皆使餽以金，且察其狀。賀端坐小室，徐起，對使者再拜受之，口授謝辭。至熊所，熊適自外來，遽納金懷中，偕使者叩轅謝。使者具以告，公掀髯大笑，顧

① 沈：據文意應作"馮"。

幕僚曰："所爲將相者，信矣。"

熊襄愍公試常州，賞賚諸生，宜興首卷生進，公注目久之，曰："難道爾將來官職不高？恨爾心術不正。"杖之二十，復厲聲曰："急早回頭。"如是者再。是夕公頗不樂，連飲數斗，拔劍砍壁柱。大呼：宜興生惱人，宜興生惱人。宜興生者，周延儒也。

附録 《梅長公别傳略》

長公諱之焕，字彬父，麻城人。其先，宋宛陵先生後也。十歲喪父，從其母劉居東山之沈莊，日課書盈寸。倜儻雄駿，異於凡兒。年十四，爲諸生。萬曆癸卯，與應山楊漣同舉於鄉，以功名節義相期許，盱衡抵掌，視舉世無如也。甲辰舉進士，選翰林院庶吉士。高陽孫少師承宗，性嚴重，不可一世士，獨推重公。公在館中掀髯縱談，視館閣諸公低頭緩步，曖昧相向，恒目笑不自禁也。

居七載，出爲吏科給事中。神廟静攝日久，朝政隤弛，公上封事，言甚激切。部黨角立，如敵國不相下，一無所附離，每有封駁，恒兩非之。其大指務在破私交，絀黨論，矯時救弊，愛惜人才而已。居六載，出爲廣東按察司副使，分守惠州。惠獄多冤結，拷一連十，累歲不得决。閉門周視案牘，期旦日會堂下，據案呼囚，明舉其刑書云何，據几决遣，獄成於手中，奄忽如神。嶺表多盜賊，勢豪家通行爲之囊橐，偵知根株窟穴所在，分行收捕，窮治所犯，即時伏辜，由是盜賊禁止。惠州豪沈烈女於水，角得就烈女死地撲殺之，瘞其女於蕭烈婦墓旁，賦詩刻碑以識焉。海寇袁八老掠潮，殺守吏。潮非公所部，自請往勦。嚴兵扼海道，絶饋運，斷樵汲，散免死牌數千，首服者接踵。八老窘迫，乘潮夜遁，乞降於閩。公督學山東，八老率舟師援遼，謁公於登。公語之曰："海上之役，不得望見顔行，今何以在此？"八老泥首謝曰："畏公天威，是以走閩。今日敢不爲公死乎？"其視學，濶略教條，謝絶請託者。課之暇，進諸生而教誡之，賢者降堦執手，重以慰藉，不類者嚼齒唾罵，申以夏楚。諸生始而駭，中而服，久而歌思頌慕，咸以爲師保父母也。究富人謀并隣生園廬，使二盜要諸叢薄中，捽搏而殺之。有司以盜抵罪，公曰："是所謂功意俱惡者也。人止一命，而盜無兩死，今貰主使而論盜，可乎？"逮至，一訊而服，遂以重論，而二盜坐前案論死。

天啟元年，召入爲通政司參議，遷太常寺少卿。三年，擢都察院僉都御史，巡撫南贛。丁母憂，歸里。未幾，而逆奄之難作，逮漣杖死，言官擿抉漣黨，以公爲首。指漣就徵日，公往送，執手慟哭，誣公在省中受取賕賂，牽連即訊。當是時，鈎黨徧天下，銀鐺之使四出，公自分旦夕逮繫，而獄久未决，每呼憤頓足曰："我何渠不如野貓頭，致奄黨忽忘我耶？"野貓頭者，公與漣平居相爾女之辭也。已而嘆曰："主少國危，朝家事壞於璫兒媪息之手，當刺血草奏，大呼二祖十宗之靈，撼承天門慟哭，引刀自剄北闕下。男兒死耳，肯低頭駢首，作圜扉中一片血耶？"短衣襆被，從兩蒼頭跨馬北上，親知股栗，莫敢遏。過信陽，故人王思延止之，曰："壯哉，遂與子長別矣。强爲我少留，痛飲信宿而去。"越翼日，邸報至，坐追贓遣戍。思延笑謂："公可以歸矣。"跨馬復返，據鞍卻望，怏怏如有所失也。

公爲人忠誠樂易，光明洞達。遇顯貴人，不摳衣奉手，亦不爲崖岸斬絶。遇寒門單士，不爲翕翕熱，亦無所施易。剛腸疾惡，而折人過，如矢激弦，一往輒發。憐才好士，振窮急難，雖讐人怨家，片言唾諉，輸寫心腹，未嘗有纖毫芥蒂也。家居門無重閉，室無典謁，殺雞飯黍，賓客雜坐，笑語喧聞，几案狼藉。小夫孺子、乞兒販婦，冤憤赴愬，直入坐隅。公召其所與交鬬者，往復譬解，平亭曲直，務使得當而止。縣中桀黠奴與奸猾吏盤互漁食閭里，閭里冤結者不之有司而之公。公必禽治，痛折辱之，列其罪狀付守令，案伏其辜，不得以勢力變詐自解。由是蓽門圭竇，倚爲司命，勢豪側目視公，亦不能不爲絀服也。縣阻山多盜，皆奴吏爲淵藪。盜連發不得，得即妄引平人，連染株送，盜得不窮竟。公曰：“除盜莫如除窩，除盜窩莫如除勢窩。”具得其主名，區處責問游徼尉卒，令壹切受署。勢家有首匿者，自領尉卒搜捕，又不得，則發蒼頭健兒，裹與俱，追逐數千里外，無有遺脱。驗服，輒折其兩足，縛送所司，俾不得受賄縱舍。群盜摇手，勿復過麻城界自送死也。

流賊起秦、隴，躪豫、楚，蔓延光、黄閒。公告戒守令：勿去，有我在。用軍法部勒材官、鄉人子弟、僮奴警巡迾，遠偵探，援兵登陴。所蓄養健兒數百人爲正兵，備出戰，收無藉惡少爲游兵，資應援。一參將領辰兵護關廂，南贛大砲、東粤紅衣砲架樓櫓。募獵户，操藥弩矢，分伏關隘。城沈莊别墅，濬渠塹，具藺石、渠答，與縣治犄角。警急，親領家丁跨馬巡徼，黑夜往還數十里，守者恃以無恐。乙亥二月，賊乘夜遶城而南，不敢逼。自是賊游兵所及，不敢犯麻城者八年。獻賊投牒乞撫，稱西營張獻忠每過城東，指穀堆山，相戒無近沈莊。西陲兵所在焚掠，過沈莊，必斂兵免胄，稽首而去。鄉人入保者益衆，名其堡曰“保生”。蒔花之圃、養魚之陂，皆斥以予民，誅茅結廬，雞豚成社，所全活數十萬人。兵後凶裁，振廩貸粟，又全活數萬人。公以士大夫失勢家居，卒能枝拄劇寇，保全江漢。以其至誠惻怛，急病讓夷，一腔熱血，夙爲鄉里士民所傾信也。官兵日暮行劫，東山寨礮石傷二騎，群噪周侍郎第，登其屋，將爇焉。公至，厲聲叱曰：“奴輩三百人欲反耶？吾遣家丁，縛汝如搏豚耳。”一軍皆聲喏，擁公馬抵沈莊，聽處分而去。邑子董環據東山巴河，聚衆且數千，郡邑洶懼。公折簡召之，曰：“環敢不來乎？”環至，竿其首，衆即自解散。其呼吸應變，不動聲氣，皆此類也。

殁之日，里人皆巷哭。每歲誕日，聚哭於墓者數千人，向受公鐫責者，無不行哭失聲。與同邑陳侍郎以聞好，應山初殁，語陳曰：“昨曾見野猫頭來。”陳駭曰：“何謂也？”公曰：“日午時忽見於竹亭篁籜閒，狀貌如生，把余臂語曰：血書中未盡之語，汝爲我證盟之。言訖而歿。所謂質諸鬼神者耶？”

顯鶴案：昔人言吾楚有兩偉人，具將相才：一江陵張公，一江夏熊公，皆蓋代才，千古無對者也。江陵傳原書已采入《大臣》，余增輯《大將》，以方行之、梅長公與襄愍並列，井輯其佚事附録傳後，使論世者有所考焉。長公未竟其用，觀其居鄉守禦措置，非大將才不能也，其能令襄愍心折也有以夫。

楚寶名將論次目録

蘇洵《御將》之法，有賢將、有才將。夫才將，即所稱名將也。養騏驥固異於養鷹，然使其盡力擊搏，不逢知己，亦非雀鼠之所能羈也。乃謂才小而志小者，不先賞必怨，此非通論矣。張光盡力於劉弘，朱伺畢命於陶侃，豈爲饑飽哉？述《名將》第四，凡二卷。

名將一　鬬廉　樂伯　養由基　景陽　佽飛　偷客　李通　馬謖　張光　朱伺　張興世　宗慤　張欣泰　鄧元起　杜崱　張彪

名將二　李藝　羅紹威　雷滿　周行逢　孟宗政　趙范　管如德　康茂才　顧成　張武

增輯　柳世隆　劉之亨　劉坦　徐度　徐世譜　韓約　鄧處訥　楊再興　秦再雄　楊完者　曾華　胡美　黄彬　蕭授　李應祥

楚寶卷第九

明湘潭周聖楷伯孔輯纂

名　將

鬬　廉

鬬廉，字射師，楚大夫也。楚武王三十八年，巴子使韓服告于楚，請與鄧爲好。楚子使道朔將巴客以聘于鄧。鄧南鄙鄾人攻而奪之幣，殺道朔及巴行人。楚子使薳章讓于鄧，鄧人弗受。夏，楚使鬬廉帥師及巴師圍鄾。鄧養甥、聃甥帥師救鄾，三逐巴師，不克。鬬廉衡陳其師於巴師之中，以戰而北。鄧人逐之，背巴師，而夾攻之。鄧師大敗，鄾人宵潰。四十年，楚屈瑕將盟貳、軫，鄖人軍于蒲騷，將與隨、絞、州、蓼伐楚師，莫敖官名，即屈瑕。患之。鬬廉曰："鄖人軍其郊，必不誡，且日虞四邑之至也。君次於郊郢，以禦四邑。我以鋭師宵加於鄖，鄖有虞心，而恃其城，莫有鬬志。若敗鄖師，四邑必離。"莫敖曰："盍請濟師於王。"對曰："師克在和，不在衆。商、周之不敵，君之所聞也。成軍以出，又何濟焉？"莫敖曰："卜之。"對曰："卜以決疑，不疑何卜？"遂敗鄖師于蒲騷，卒盟而還。

《左氏傳》曰：楚文王二年，伐申，過鄧，鄧祈侯曰："吾甥也。"止而享之。騅甥、聃甥、養甥請殺楚子，鄧侯弗許。三甥曰："亡鄧國者，必此人也。若不蚤圖，後君噬齊，其及圖之乎？圖之，此爲時矣。"鄧侯曰："人將不食吾餘。"對曰："若不從三臣，抑社稷實不血食，而君焉取餘。”弗從，還。年[①]，楚子伐鄧。十六年，楚復伐鄧，滅之。

鄧國考

按：鄧，曼姓，侯爵。今襄陽府東北二十里有鄧城，即春秋鄧國地也。蓋楚伐申過鄧，是時楚都在今荆州，申在今信陽。楚出荆州抵信陽，其道必經襄陽，以是言之，鄧爲襄陽地無疑矣。況鄾爲鄧南鄙，今鄾在棗陽，去鄧不遠，則鄾亦襄陽也。若河南鄧州，或亦鄧國地，因以鄧爲名耳。

巴子考

巴，姬姓，子爵。地在巴郡，即今重慶府。府城東即巴江、閬水，與白水合流，曲折三回如“巴”字，故曰三巴。又有渝水，有海棠溪，皆賨人所居，鋭氣善舞。漢高祖詔樂府習之，世稱巴渝舞是也。

隨、絞、州、蓼考

隨，姬姓，侯爵。在漢之東，今隨州是也。在隋、唐爲漢東郡，其地因山爲郡，巖石隘險，道路交錯，自棗陽至厲山九十九岡。昔知謀之士，多談漢東險阻如兵家詭伏奇計。又言有括囊之勢，易入而難出。絞國在隨國之南。州國在南郡華容縣之東。蓼國在今鳳陽府壽州。蓼與英、六，皆皋陶之後。又云英即蓼也。臧文仲聞六與蓼爲楚所滅，曰：“皋陶庭堅不祀，忽諸，德之不逮，民之無援，哀哉！”

聖楷按：高秘書有言：皋陶至德也，其後英、蓼先亡。劉、項之際，英布黥而王，經世雖久，猶有刑之餘釁。況凡人，能無咎乎？嗟乎，爲刑官者，亦當惻然于此矣。

① 據《左傳》莊公六年“年”前脱“明”字。

樂　伯

樂伯，楚大夫。晉、楚戰于邲，楚許伯御、樂伯，攝叔爲右，以致晉師。許伯曰："吾聞致師者，御靡旌摩壘而還。"樂伯曰："吾聞致師者，左射以菆，代御執轡，御下兩馬，掉鞅而還。"攝叔曰："吾聞致師者，右入壘折馘，執俘而還。"皆行其所聞而復。晉人逐之，左右角之。樂伯左射馬而右射人，角不能進，矢一而已。麋興於前，射麋麗龜。晉鮑癸當其後，使攝叔奉麋獻焉，曰："以歲之非時，獻禽之未至，敢膳諸從者。"鮑癸止之，曰："其左善射，其右有辭，君子也。"

聖楷曰：《吴越春秋》稱：黄帝之後，楚有弧父者，生于楚之荆山，不見父母，爲兒時，習用弓矢，所射無脱。以其道傳于羿，羿傳逢蒙。按《大易》：黄帝始作弧矢，而弧父乃以其射著，是射法又始于楚也。如樂伯之射麋麗龜，熊渠子之飲金没羽，養由基之穿楊貫札，皆絶倫一時，夫豈無所自哉？射法始于楚，人多不知。

養由基

養由基，字養叔，爲楚宫廄尹。共王十六年，晉、楚戰於鄢陵。潘尫之黨與養由基蹲甲而射之，徹七札焉。以示共王，曰："君有二臣如此，何憂於戰？"王怒曰："大辱國！詰朝爾射，死藝。"晉吕錡夢射月，中之，退入於泥。占之，曰："姬姓，日也；異姓，月也，必楚王也。射而中之，退入於泥，亦必死矣。"及戰，射共王，中目。王召養由基，與之兩矢，使射吕錡，中項，伏弢。以一矢復命。楚師薄於險，叔山冉謂養由基，曰："雖君有命謂詰朝死藝之命，爲國故，子必射！"

乃射。再發，盡殪。叔山冉搏人以投，中軍[①]，折軾。晉師乃止。三十一年，共王卒。吴侵楚，養由基奔命，子庚以師繼之。養叔曰："吴乘我喪，謂我不能師也，必易我而不戒。子爲三覆以待我，我請誘之。"子庚從之。戰於庸浦，大敗吴師，獲公子黨。

《周策》曰：楚有養由基者，善射，去柳葉百步而射之，百發百中。左右皆曰善。有一人過曰："善射，可教射也矣。"養由基曰："人皆善，子乃曰可教射，子何不代我射之也？"客曰："我不能教子支左屈右。夫射柳者，百發百中，而不以善息，少焉氣力倦，弓撥矢鉤，一發不中，前功盡矣。"聖楷曰：使養叔而奉斯言，可以爲大將。

《淮南子》曰：楚廷有神白猿，楚之善射者莫能中。莊王自射之，則搏矢而嬉。使養由基射之，矯弓操矢而往，未之發，猿擁樹而號矣，發之，則應矢而下。按："莊王"當作"共王"。《尸子》射蜻蛉，亦作"莊王"，非。

《吕氏春秋》曰：養由基射虎，中石，矢乃飲羽。誠先之也。聖楷按：以石爲虎，射之没羽。人知有李廣、李遠，而不知有熊渠子、養由基。王元美，先輩中號博雅者，亦詆王充《論衡》誤以熊渠子爲養由基。蓋充所據者，《吕氏》耳，但充謂養由基射晉侯中目，則誠可笑。以此見記問之學，亦非易也。

景　陽

景陽，楚頃襄王將也。燕惠七年，齊、韓、魏共伐燕，燕使太子請救於楚。楚王使景陽將而救之。暮舍，使左右司馬各營壁地，已，植表。景陽怒曰："女所營者，水皆至滅表。此焉可以舍！"乃令徙。明

① 軍：《左傳》成公十六年作"車"。

日大雨，山水大出，所營者水皆滅其表，軍吏乃服。於是遂不救燕，而攻魏雝丘，取之以與宋。三國懼，乃罷兵。魏軍其西，齊軍其東，楚軍欲還，不可得也。景陽乃開西和門，晝以車騎，暮以燭，通使於魏。齊師怪之，以爲燕、楚與魏謀之，乃引兵而去。齊兵已去，魏失其與國，無與共擊楚，乃夜遁。楚師乃還。考烈王六年，秦圍邯鄲，趙告急於楚。楚遣將軍景陽救之。七年，至新中，秦兵去。

《淮南子》曰：顔喙聚，梁父之大盗也，而爲齊忠臣。段干木，晉國之大駔也，而爲文侯師。孟卯妻其嫂，有五子焉，然而相魏，寧其危，解其患。景陽淫酒，被髪而御於婦人，威服諸侯。此四人者，皆有所短，然而功名不滅者，其略得也。

聖楷曰：《史記》稱春申君爲楚相四年，秦破趙之長平軍四十餘萬。五年，圍邯鄲。邯鄲告急于楚，楚使春申君將兵往救之。是時，急邯鄲之難者，趙有毛先生奉銅盤歃血，傳舍子李同以三千人赴敵，公孫龍夜駕，勸平原勿請封；魏則有夷門監刎頸以送公子，如姬盗晉鄙兵符，朱亥袖四十斤鐵椎，許多奇人奇事。又得楚將如景陽者，與春申君並驅湊合，卒卻秦軍，存趙祀，功垂名立，稱絶千士。天下士固不易識也。

佽 飛

佽飛者，楚人也。得寶劍於干遂。還反涉江，至於中流，有兩蛟夾繞其船。佽飛謂舟人曰：“子嘗見兩蛟繞船，能兩活者乎？”船人曰：“未之見也。”佽飛攘臂袪衣，拔寶劍，曰：“此江中之腐肉朽骨也。棄劍以全己，余奚愛焉！”於是赴江刺蛟，殺之而復上，舟中之人皆得活。楚王聞之，仕之執圭。

《水經注》曰：“江水右經石首山北，又東逕赭要洲、下楊子洲。”二洲之閒，常苦蛟害。昔荆佽飛濟此，遇兩蛟，斬之。自後罕有所患矣。按：楊子洲在華容縣，東北三十里有荆佽飛廟。

偷　客

楚有善爲偷者，聞楚將子發好求技道之士，乃往見，曰："聞君好技道之士，臣偷也，願以技備一卒。"子發聞之，衣不及帶，冠不暇正，出見而禮之。左右諫曰："偷者，天下之盜也，何爲禮之？"子發曰："此非左右之所得與。"後無幾何，齊興兵伐楚，子發將師以當之，兵三卻。楚賢大夫皆盡其計而悉其誠，齊師愈强。於是卒偷進，請曰："臣有薄技，願爲君行之。"子發曰："諾。"偷即夜出，解齊將軍之幬帳而獻之子發。子發使人歸之，曰："卒有出採薪者，得將軍之帳，使使歸於執事。"明日又復往，取枕。子發又使歸之。明日，又復往取簪。子發又使歸之。齊師聞之，大駭。將軍與軍吏謀曰："今日不去，楚國恐取吾頭矣。"即旋師而去。

聖楷曰：偷客，即刺客也。其術本飛天夜叉，其人多傑異之流。如《左傳》華元夜入楚師，登子反之牀而起之，唐紅綫女子，皆是此術。又若韓魏公駐兵延安，忽中夜有人攜匕首至臥内，遂褰帷。魏公起坐，問是誰，曰："某來殺諫議。"又問："誰遣汝。"曰："張相公。"魏公復就枕，曰："汝取我首去。"其人曰："某不忍，願得諫議金帶足矣。"遂取帶去。明日，魏公亦不治此事。俄有守陴卒報城橹上得金帶，乃納之。范純祐時在延安，謂魏公曰："不治此事，甚善。蓋行之，則沮國威。今受其帶，是墮其計中矣。"魏公握范手，再三歎曰："非某所及。"張魏公浚在秀州，議討苗、劉，一夕夜坐，警備甚嚴，忽有客至前，出一紙懷中，曰："此苗、劉募賊公賞格也。"浚問欲何如？客曰："僕讀書，知逆順，豈以身爲賊用，特見爲備不嚴，恐有後來者耳。"浚下執其手，問："欲金帛乎？"笑曰："殺公，何患無財。”“然則留事我乎？”曰：“我有老母在河北，未可留也。”問其姓名，俛而不答。乃攝衣登屋，屋瓦無聲，月明之下，其去如飛。翌日，公斬死囚狥衆，曰：“夜來獲奸細。”公後嘗于河北物色之，不可得。按：此二客略同，二公處之，亦各有善處。

李 通

李通，字文達，江夏平春人也。以俠聞於江、汝之閒。與其郡人陳恭共起兵於朗陵，衆多歸之。時有周直者，衆二千餘家，與恭、通外和内違。通欲圖殺直，而恭難之。通知恭無斷，乃獨定策，與直克會，酒酣殺直。衆人大擾，通率恭誅其黨帥，盡并其營。後恭妻弟陳郃殺恭而據其衆。通攻破郃軍，斬郃首以祭恭墓。又生禽黄巾大帥吴霸而降其屬。遭歲大饑，通傾家振施，與士分糟糠，皆争爲用。由是盜賊不敢犯。

建安初，通舉衆詣太祖於許。拜通振威中郎將，屯汝南西界。太祖討張繡，劉表遣兵以助繡，太祖軍不利。通將兵夜詣太祖，太祖得以復戰。通爲先登，大破繡軍。拜裨將軍，封建功侯。分汝南二縣，以通爲陽安都尉。通妻伯父犯法，朗陵長趙儼收治，致之大辟。是時殺生之柄，決於牧守，通妻子號泣以請其命。通曰：“方與曹公戮力，義不以私廢公。”嘉儼執憲不阿，與爲親交。太祖與袁紹相拒於官渡。紹遣使拜通征南將軍，劉表亦陰招之，通皆拒焉。通親戚部曲流涕曰：“今孤危獨守，以失大援，亡可立而待也，不如亟從紹。”通按劍以叱之曰：“曹公明哲，必定天下。紹雖彊盛，而任使無方，終爲之虜耳。吾以死不貳。”即斬紹使，送印綬詣太祖。又擊郡賊瞿恭、江宫、沈成等，皆破殘其衆，送其首，遂定淮、汝之地。改封都亭侯，拜汝南太守。時賊張赤等五千餘家聚桃山，通攻破之。劉備與周瑜圍曹仁於江陵，别遣關羽絶北道。通率衆擊之，下馬拔鹿角入圍，且戰且前，以迎仁軍，勇冠諸將。通道得病死，時年四十二。文帝踐阼，謚曰剛侯。詔曰：“昔袁紹之難，自許、蔡以南，人懷異心。通秉義不顧，使攜貳率服，朕甚嘉之。不幸蚤薨，子基雖已襲爵，未足酬其庸勳。基兄緒，前屯樊城，又有功。世篤其勞，其以基爲奉義中郎將，緒平虜中郎將，以寵異焉。”

《魏略》曰：通小字萬億。

馬　謖

馬謖，字幼常，馬良之弟也。以荆州從事隨先主入蜀，除綿竹成都令、越嶲太守。才器過人，好論軍計，丞相諸葛亮深加器異。先主臨薨，謂亮曰：“馬謖言過其實，不可大用，君其察之。”亮猶不然，以謖爲參軍，每引見談論，自晝達夜。建興六年，亮出軍向祁山。時有宿將魏延、吴壹等，論者皆言以爲宜令爲先鋒，而亮違衆拔謖，統大衆在前，與魏將張郃戰于街亭，爲郃所破，士卒離散。亮進無所據，退軍還漢中。謖下獄物故，臨終與亮書曰：“明公視謖猶子，謖視明公猶父，願深惟殛鯀興禹之義，使平生之交不虧于此。謖雖死，無恨於黄壤也。”於時十萬之衆爲之垂泣。亮自臨祭，待其遺孤若平生。蔣琬後詣漢中，謂亮曰：“昔楚殺得臣，然後文公喜可知也。天下未定而戮知計之士，豈不惜乎？”亮流涕曰：“孫武所以能制勝於天下者，用法明也。是以揚于亂法，魏絳戮其僕。四海分裂，兵交方始，若復廢法，何用討賊邪？”

《襄陽記》曰：建興三年，亮征南中，謖送之數十里。亮曰：“雖共謀之歷年，今可更惠良規。”謖對曰：“南中恃其險阻，不服久矣，雖今日破之，明日復反耳。今公方傾國北伐以事彊賊，彼知官勢内虚，其叛亦速。若殄盡遺類以除後患，既非仁者之情，且又不可倉卒也。夫用兵之道，攻心爲上，攻城爲下；義戰爲上，兵戰爲下，願公服其心而已。”亮納其策，赦孟獲以服南方，故終亮之世，南方不敢復反。

習鑿齒曰：“諸葛亮之不能兼上國也，豈不宜哉？夫晉人規林父之後濟，故廢法而收功；楚成闇得臣之益己，故殺之以重敗。今蜀僻陋一方，才少上國，而殺其俊傑，退收駑下之用，明法勝才，不師三敗之道，將以成業，不亦難乎？且先主誡謖之不可大用，豈不謂其非才也？亮受誡而不獲奉承，明謖之難廢也。爲天下宰匠，欲大收物之力，而不量才節任，隨器付業；知之大過，則違明主之誡，裁之失中，即殺有益之人，難乎其可與言知者也。

《鶴林玉露》曰：諸葛孔明征蠻，馬謖曰：“攻心爲上，攻城爲下，義戰爲上，兵戰爲下。”其論高矣。街亭之敗，用秦穆宥孟明故事可也。蜀勢日傾，蜀才日少，而乃流涕斬謖，過矣。夫法立必誅，而不權以古人公議之仁，此申、韓之所爲也。前輩謂子房之學出于黄、老，孔明之學出於申、韓，信矣。近世張魏公之斬曲端、趙哲，乃效孔明所爲，尤非也。

聖楷曰：按《王平傳》，街亭之役，平爲馬謖先鋒，謖舍水上山，舉措煩擾，平連規諫謖，謖不能用。及大敗，衆盡星散，惟平所領千人鳴鼓自持，魏將張郃疑其伏兵，不往偪也。於是平徐徐收合諸營遺迸，率將士而還，丞相亮以此特見崇顯。平生長戎旅，手不能書，其所識不過十字，而口授作書，皆有意理。使人讀《史》《漢》諸記傳，聽之備知其大義，往往論説不失其指。由此觀之，善用兵者，固不在多識字、侈談説也。謖之違衆自用，皆由言過其實，好勝者鮮有不敗，可不戒哉？

張 光

張光，字景武，江夏鍾武人也。身長八尺，明眉目，美音聲，少爲郡吏，家世有部曲，以牙門將伐吴有功，遷江夏西部都尉，轉北地都尉。初，趙王倫爲關中都督，氐、羌反叛，太守張損戰没，郡縣吏士少有全者。光以百餘人戍馬蘭山北，賊圍之百餘日。光撫厲將士，屢出奇兵擊賊，破之。光以兵少路遠，自分敗没。會梁王肜遣司馬索靖將兵迎光，舉軍悲泣，遂還長安。肜表光"處絶圍之地，有耿恭之忠，宜加甄賞，以明獎勸"，於是擢授新平太守，加鼓吹。

屬雍州刺史劉忱被密詔討河閒王顒，光起兵助忱。忱時委任秦州刺史皇甫重，重自以關西大族，心每輕光，謀多不用。及二州軍潰，爲顒所擒，顒謂光曰："前起兵，欲作何策？"光正色對曰："但劉雍州不用鄙計，故令大王得有今日也。"顒壯之，引與歡宴彌日，表爲右衛司馬。

陳敏作亂，除光順陽太守，加陵江將軍，率步騎五千詣荆州討之。刺史劉弘雅敬重光，稱爲南楚之秀。時江夏太守陶侃與敏大將錢端相距於長岐，將戰，襄陽太守皮初爲步軍，使光設伏以待之，武陵太守苗光爲水軍，藏舟艦於沔水。皮初等與賊交戰，光發伏兵應之，水陸同奮，賊衆大敗。弘表光有殊勳，遷材官將軍、梁州刺史。時流人鄧定據漢中，光不得赴州，止於魏興，乃結諸郡守，共謀進取。累年乃得至漢中，綏撫荒殘，百姓悦服。時逆賊王如餘黨李運、楊武等，自襄陽又將三千餘家入漢中，光遣參軍晉邈率衆於黄金距之。邈受運重賂，勸光納運。光從邈言，使居城固。既而邈以運多珍貨，又欲奪之，復言於光曰："運之徒屬不事佃農，但營器仗，意在難測，可掩而取之。"光又信焉。遣邈衆討運，不尅。光乞師於氐王楊茂搜，茂搜遣子難敵助之。難敵求貨於光，光不與。楊武乃厚賂難敵，謂之曰："流人寶物，悉在光處，今伐我，不如伐光。"難敵大喜，聲言助光，内與運同，光弗之知也，遣息援率衆助邈。運與難敵夾攻邈等，援爲流矢所中死，賊遂大盛。光嬰城固守，自夏迄冬，憤激成疾。佐吏及百姓咸勸光退據魏興，光按劍曰："吾受國厚恩，不能翦除寇賊，今得自死，便如登仙，何得退還也！"聲絶而卒，時年五十五。百姓悲泣，遠近傷惜之。南平太守應詹白都督王敦，稱"光在梁州能興微繼絶，威振巴漢。值中原傾覆，征鎮失守，外無救助，内闕資儲，以寡敵衆，經年抗禦，厲節不撓，宜應追論顯贈，以慰存亡”，敦不能從。

聖楷曰：張光誤信晉邈，再失漢中，不爲無罪也。然其忠勇，固自足取。長岐之戰，南陽太守衛展説弘曰：“張光太宰腹心。公既與東海，宜斬光以明向背。”弘曰：“宰輔得失，豈張光之罪？危人自安，君子弗爲也。”乃表光殊勳，乞加遷擢。及光爲梁州時，弘已死矣。使弘而在，南服之威，相爲應援，安得復失漢中哉？孤城力盡，乃喻登仙，可爲歎息。

朱　伺

朱伺，字仲文，安陸人。少爲吴牙門將陶丹給使。吴平，内徙江夏。伺有武勇而訥口，不知書，爲郡將督，見鄉里士大夫，揖稱名而已。及爲將，遂以謙恭稱。張昌之逆，太守弓欽走灄口，伺與同輩郴寶、布興合衆討之，不尅，乃與欽奔武昌。後更率部黨攻滅之。轉騎部曲督，加綏夷都尉。伺部曲等以諸縣附昌，惟本部倡義討逆，逆順有嫌，求别立縣，因此遂割安陸東界爲灄陽縣而貫焉。

其後陳敏作亂，陶侃時鎮江夏，以伺能水戰，曉作舟艦，乃遣作大艦，署爲左甄，據江口，摧破敏前鋒。敏弟恢稱荆州刺史，在武昌，侃率伺及諸軍進討，破之。敏、恢既平，伺以功封亭侯，領騎督。時西陽夷賊抄掠江夏，太守楊珉每請督將議距賊之計，伺獨不言。珉曰：“朱將軍何以不言？”伺答曰：“諸人以舌擊賊，伺惟以力耳。”珉又問：“將軍前後擊賊，何以每得勝邪？”伺曰：“兩敵共對，惟當忍之。彼不能忍，我能忍，是以勝耳。”珉大笑。

永嘉中，石勒破江夏，伺與楊珉走夏口。及陶侃來戍夏口，伺依之，加明威將軍。隨侃討杜弢，有殊功，語在《侃傳》。夏口之戰，伺用鐵面自衛，以弩的射賊大帥數人，皆殺之。賊挽船上岸，於水邊作陣。伺逐水上下以邀之，箭中其脛，氣色不變。諸軍尋至，賊潰，追擊之，皆棄船投水，死者大半。賊夜還長沙，伺追至蒲圻，不及而反。加威遠將軍，赤幢曲蓋。

建興中，陳聲率諸無賴二千餘家斷江鈔掠，侃遣伺爲督護討聲。聲衆雖少，伺容之不擊，求遣弟詣侃降，伺外許之。及聲去，伺乃遣勁勇要聲弟，斬之，潛軍襲聲。聲正旦並出祭祀飲食，伺軍入其門方覺。聲將閻晉、鄭進皆死戰，伺軍人多傷，乃還營。聲東走保董城，伺又率諸軍圍守之，遂重砦繞城，作高櫓，以勁弩下射之。又斷其水道，城中無水，殺牛飲血。閻晉，聲婦弟也，乃斬聲首出降。又以平蜀賊襲高之功，加伺廣威將軍，領竟陵内史。

時王敦用從弟廙代侃爲荆州，廙將西出，遣長史劉浚留鎮揚口壘。時杜曾請討第五猗於襄陽，伺謂廙曰："曾是猾賊，外云西還，以疑衆心，欲誘引官軍使西，然後兼道襲揚口耳。宜大部分，未可便西。"廙性矜厲自用，不聽。曾等果馳還，廙乃遣伺歸，裁至壘，即爲曾等所圍。時侃故將鄭攀黨、馬儁等亦來攻壘，儁妻子先在壘内，或請皮其面以示之。伺曰："殺其妻子，未能解圍，但益其怒耳。"乃止。伺常所調弩忽噤不發，伺甚惡之。及賊攻陷北門，伺被傷退入船。初，浚開諸船底，以大掩之，名爲船械。伺既入，賊舉鋋擿伺，伺逆接得鋋，反以擿賊。賊走，上船屋大喚云："賊帥在此！"伺從船底沉行五十步，乃免。杜曾遣説伺云："馬儁等感卿恩，妻孥得活。盡以卿家外内百口付儁，儁已盡心收視，卿可來也。"伺答曰："賊無白首者，今吾年六十餘，不能復與卿作賊。吾死，當歸南，妻子付汝。"乃還甑山。時王廙與李桓、杜曾相持，累戰甑山下，軍士數驚喚云："賊欲至！"伺驚創而卒，因葬甑山。

聖楷曰：朱伺固勇忍之將哉！然不遇陶荆州，其功名亦無由立也。沔口之敗，卒能力戰，以免陶公于難。士感知己，豈不信然？若夫預料杜曾逆命，不殺馬儁妻孥，慷慨去就，太興諸將，未易及矣。

張興世

張興世，字文德，竟陵人也。白衣隨王玄謨伐蠻，每戰，輒有禽獲，玄謨甚奇之。還都，白太祖，稱其膽力。後隨世祖鎮尋陽，以補南中[①]參軍督護。入討元凶，隸柳元景爲前鋒，事定，轉員外將軍，領從隊。南郡王義宣反，又隨玄謨出梁山，有功。

大明末，除宣威將軍、隨郡太守。未行，太宗即位，四方反叛。進興世號龍驤將軍，領水軍，拒南賊於赭圻。築二城於湖口，僞將陳慶領舸於前爲游軍。興世率龍驤將軍佼長生、董凱之攻克二城，因擊慶，慶戰大敗，投水死者數千人。時臺軍據赭圻，南賊屯䧺尾，相持久不决。興世建議曰："賊據上流，兵彊地勝。我今雖相持有餘，而制敵不足。今若以兵數千，潛出其上，因險自固，隨宜斷截，使其首尾周遑，進退疑沮，中流一梗，糧運自艱。制賊之奇，莫過於此。"沈攸之、吴喜並贊其計。時豫州刺史殷琰之據壽陽同逆，爲劉勔所攻，南賊遣龐孟蚪率軍助琰，劉勔遣信求援甚急。建安王休仁欲遣興世救之，沈攸之曰："孟蚪蟻寇，必無能爲。遣别將馬步數千，足以相制。若有意外，且以江西餌之。上流若據，不憂不殄。興世之行，是安危大機，必不可輟。"乃遣段佛榮等援勔。

分戰士七千配興世，興世乃令輕舸泝流而上，旋復回還，一二日中，輒復如此，使賊不爲之備。劉胡聞興世欲上，笑之曰："我尚不敢越彼下取揚州，張興世何物人，欲輕據我上。"興世謂攸之等曰："上流唯有錢谿可據，地既險要，江又甚狹，去大衆不遠，應赴無難。江有洄洑，船下必來泊，岸有横浦，可以藏船。千人守險，萬夫不能過也。"其夜四更，值便風，興世舉帆直前，渡湖口，過䧺尾。賊覺，乃

① 《宋史》卷五十《张興世傳》"中"後有"郎"字。

遣胡靈秀諸軍，於東岸相翼而上。興世夕住景江浦宿，賊亦不進。夜潛遣黄道標領七十舸，徑據錢谿，營立城砦。明旦，興世與軍齊集。停一宿，劉胡自領水步二十六軍平旦來攻。將士欲迎擊之，興世禁曰："賊來尚遠，而氣盛矢驟，驟既易盡，盛亦易衰，此曹劌之所以破齊也。"令將士不得妄動，治城如故。俄而賊來轉近，舫入洄洑，興世乃命壽寂之、任農夫率壯士數百擊之，衆軍相繼進，胡於是敗走。斬級數百，投水者甚衆，胡收軍而下。

時興世城壘未固，司徒建安王休仁慮賊并力更攻錢谿，欲分其形勢，命沈攸之、吴喜、佼長生、劉靈遺等以皮艦二十，攻賊濃湖，苦戰連日，斬獲千數。是日，劉胡果率衆軍，欲更攻興世。未至錢谿數十里，袁顗以濃湖之急遽追之，錢谿城砦由此得立。賊連戰轉敗，興世又遏其糧道，尋陽遣運至南陵，不敢下，賊衆漸饑。劉胡乃遣顗安北府司馬、僞右軍沈仲玉領千人步取南陵，迎接糧運。仲玉至南陵，領米三十萬斛，錢布數十舫，豎榜爲城，規欲突過。行至貴口，不敢進，遣間信報胡，令遣重軍援接。興世、壽寂之、任農夫、李安民等三千人至貴口擊之，與仲玉相值。交戰盡日，仲玉走還顗營，悉虜其資實。賊衆大敗，劉胡棄軍遁走，顗亦奔散。興世率軍追討，與吴喜共平江陵。遷左軍將軍，封作唐縣侯，食邑千户。泰豫元年，爲雍州刺史，進號征虜將軍。順帝昇明二年，卒，時年五十九。

興世居臨沔水，沔水自襄陽以下，至于九江，二千里中，先無洲嶼。興世初生，當其門前水中，一旦忽生洲，年年漸大，至興世爲方伯，而洲上①遂十餘頃云。興世減撤而後行。興世子欣泰，當嗣封，會齊受禪，國除。

沈約曰：兵固詭道，勝在用奇。當二帝争雄，天人之分未决，南北連兵相阨而不得進者，半歲矣。蓋乃趙壁拔幟之機，官渡潛師之日，至於鵲浦投戈，實興世用奇之力也。建旆垂組，豈徒然哉？

① 上：《宋史》卷五十《張興世傳》作"土"。

宗 慤

宗慤，字元幹，世居江陵。叔父炳，高尚不仕。慤年少時，炳問其志，慤曰："願乘長風破萬里浪。"炳曰："汝不富貴，即破我家矣。"兄泌娶妻，始入門，夜被劫。慤年十四，挺身拒賊，賊十餘人皆披散，不得入室。時天下無事，士人並以文義爲業，炳素高節，諸子群從皆好學，而慤獨任氣好武，故不爲鄉曲所稱。

江夏王義恭爲征北將軍、南兖州刺史，慤隨鎮廣陵。時從兄綺爲征北府主簿，綺嘗入直，而給吏牛泰與綺妾私通，慤殺泰，綺壯其意，不責也。

元嘉二十二年，伐林邑，慤自奮請行。義恭舉慤有膽勇，乃除震武將軍，隨交州刺史檀和之圍區粟城。林邑遣將范毗沙達來救區粟，和之遣偏軍拒之，爲賊所敗。又遣慤，慤乃分軍爲數道，偃旗潛進，討破之，拔區粟，入象浦。林邑王范陽邁傾國來拒，以具裝被象，前後無際，士卒不能當。慤曰："吾聞師子威服百獸。"乃制其形，與象相禦，象果驚奔，衆因潰散，遂克林邑。收其異寶雜物，不可勝計。慤一無所取，衣櫛蕭然，文帝甚嘉之。

後爲隨郡太守，攻破雍州蠻及南新郡蠻，群蠻由是畏服。

孝武即位，封洮陽侯，功次柳元景。孝建中，累遷豫州刺史。先是，鄉人庾業，家甚富豪，方丈之膳，以待賓客，而慤至，設以菜菹粟飯，謂客曰："宗，軍人，慣噉粗食。"慤致飽而去。至是業爲慤長史，帶梁郡，慤待之甚厚，不以前事爲嫌。

卒，贈征西將軍，謚曰肅侯。

《宋紀》曰：宗慤爲豫州刺史。故事，府州部内論事，皆籤前直敘所論之事，置典籤以主之。宋世諸皇子爲方鎮者多幼，時主皆以親近左右領典籤，典籤之權稍重。至是，雖長王臨藩，素族出鎮，典籤皆出納教命，執其樞要，刺史不得專其職任。及慤爲豫州，臨安吴喜爲典籤。慤刑政所施，喜每多違執，慤大怒，曰：“宗慤年將六十，爲國竭命，正得一州如斗大，不能復與典籤共臨之！”喜稽顙流血，乃止。

張欣泰

張欣泰，字義亨，宋左衛將軍興世之子。欣泰少有志節，不以武業自居，好隸書，讀子史。年十餘，詣吏部尚書褚淵，淵問之曰：“張郎弓馬多少？”欣泰答曰：“性怯畏馬，無力牽弓。”淵甚異之。

辟州主簿，歷諸王府佐。父興世卒，欣泰兄欣華時任安成郡，欣泰悉封家財以待之。

建元初，歷官寧朔將軍，累除尚書都官郎。世祖與欣泰蚤經欵遇，及即位，以爲直閤[①]、步兵校尉，領羽林監。欣泰通涉雅俗，交結多[②]名素。下直輒遊園池，著鹿皮冠，衲衣錫杖，挾素琴。有以啟世祖者，世祖曰：“將家兒何敢作此舉止！”後從車駕出新林，勑欣泰甲仗廉察，欣泰停仗，於松樹下飲酒賦詩。制局監吕文度過見，啟世祖。世祖大怒，遣出外。數日，意稍釋，召還，謂之曰：“卿不樂爲武職驅使，當處卿以清貫。”除正員郎。

永明八年，出爲鎮軍中兵參軍、南平内史。巴東王子響殺僚佐，上遣中庶子胡諧之西討，使欣泰爲副。欣泰謂諧之曰：“今太歲在西南，逆歲行軍，兵家深忌，不可見戰，戰必見危。今段此行，勝既無名，負誠可恥。彼凶狡相聚，所以爲其用者，或利賞逼威，無由自潰。若且頓

① 直閤：《南史》卷二五《張欣泰傳》、《南齊書》卷五一《張欣泰傳》皆作“直閣”，爲“直閣將軍”之簡稱。

② 《南史》卷二五《張欣泰傳》“多”後脱“是”。

軍夏口，宣示禍福，可不戰而擒也。”諧之不從，進屯江津，尹略等見殺。

事平，欣泰徙爲隨王子隆鎮西中兵，改領河東内史。子隆深相愛納，數與談宴，州府職局，多使關領，意遇與謝朓相次。典籤密以啟聞，世祖怒，召還都。屏居家巷，置宅南岡下，面接松山。欣泰負弩射雉，恣情閑放。衆伎雜藝，頗多閑解。

明帝即位，爲領軍長史，遷諮議參軍。上書陳便宜二十條，其一條言宜毁廢塔寺。帝並優詔報答。

建武二年，敵圍鍾離城。欣泰爲軍主，隨崔慧景救援。欣泰移書責之。敵既爲徐州軍所挫，更欲於邵陽洲築城。慧景慮爲大患。欣泰曰：“敵所以築城者，外示誇大，實懼我躡其後耳。今若説之以彼此各願罷兵，則其患自息。”慧景從之。敵果引退，而洲上餘兵萬人，求輸五百匹馬假道，慧景欲斷路攻之。欣泰曰：“歸師勿遏，古人畏之。死地之兵，不可輕也。勝之既不足爲武，敗則徒喪前功。不如許之。”慧景乃聽敵過。時領軍蕭坦之亦援鍾離，還啟明帝曰：“邵陽洲有死賊萬人，慧景、欣泰放而不取。”帝以此皆不加賞。

四年，出爲永陽太守。永元初，還都。義師起，以欣泰爲持節、督雍梁南北秦四州郢隨郡軍事、雍州刺史。時少帝昏亂，人情咸伺事隙。欣泰與弟前始安内史欣時密謀廢東昏，不克，伏誅。

欣泰少時有人相其當得三公，而年裁三十。後屋瓦墮傷額，又問相者，云“無復公相，年壽更增，亦可得方伯耳。”死時年四十六。

《張融傳》曰：竟陵張欣時爲諸暨令，坐罪當死。欣時父興世宋世討南譙王義宣，官軍欲殺融父暢，興世以袍覆暢而坐之，以此得免。興世卒，融著高履負土成墳。至是融啟竟陵王子良，乞代欣時死。子良答曰：“此乃是長史美事，恐朝有常典，不得如長史所懷。”時融爲竟陵王長史，欣時卒得免死云。

鄧元起

鄧元起，字仲居，南郡當陽人也。少有膽幹，膂力過人。性任俠，好振施，鄉里年少多附之。仕齊，累遷武寧太守。

永元末，魏軍逼義陽，元起自郡援焉。蠻帥田孔明附于魏，自號郢州刺史，寇掠三關，規襲夏口，元起率鋭卒攻之，旬月之閒，頻陷六城，斬獲萬計，餘黨悉皆散走。仍戍三關。郢州刺史張冲督河北軍事，元起累與冲書，求旋軍。冲報書曰："足下在彼，吾在此，表裏之勢，所謂金城湯池。一旦捨去，則荆棘生焉。"乃表元起爲平南中兵參軍事。自是每戰必捷，勇冠當時，敢死之士樂爲用命者萬餘人。

義師起，蕭穎胄與書招之。元起乃言於衆曰："朝廷暴虐，誅戮宰臣，群小用命，衣冠道盡。荆、雍二州同舉大事，何患不尅。且我老母在西，豈容背本，若事不成，政受戮昏朝，幸免不孝之罪。"即日治嚴上道。率衆與武帝會於夏口。齊和帝即位，武帝命元起進據南堂西渚，以逼郢。中興元年七月，郢城降。遷益州刺史，仍爲前軍，先定尋陽。及大軍進至京邑，元起築壘於建陽門，與王茂、曹景宗等合圍，身當鋒鏑。建康城平，進號征虜將軍。天監初，封當陽縣侯，始之官。

初，義師起，益州刺史劉季連持兩端，及聞元起將至，遂發兵拒守。元起至巴西，巴西太守朱士略開門以待。先是蜀人多逃亡，至是出投元起，皆稱義兵。元起在道久，軍糧乏絶。或説之曰："蜀土政慢，民多詐疾，若檢巴西一郡籍注，因而罰之，所獲必厚。"元起然之。涪令李膺諫曰："使君前有嚴敵，後無繼援，山民始附，於我觀德。若糾以刻薄，民必不堪，衆心一離，雖悔無及。膺必起疾，可以濟師。膺請出圖之，不患資糧不足也。"元起曰："善，一以委卿。"膺退，率富民上軍資米，俄得三萬斛。

元起進屯西平，季連始嬰城自守。時益州兵亂既久，地[1]廢耕農，人多相食，道路斷絶，季連計窮。會明年武帝使赦季連罪，許之降。季連即日開城納附，元起送季連于建康。武帝論平蜀勳，復元起號平西將軍，增封八百户。

元起以鄉人庾黔婁爲録事參軍，又得荆州刺史蕭遥欣故客蔣元濟，並厚待之，任以州事。黔婁峻潔，元濟善謀，相須爲善政。又元起尅季連時，城内財寶無所私，勤恤民事，性能飲酒，至一斛不亂，及是絶之。蜀土翕然稱焉。元起舅子梁矜孫性輕脱，與庾黔婁志行不同，乃言于元起曰："城中稱三刺史，節下何以堪之？"元起由此疏黔婁、元濟，政迹稍損。

在州二年，以母老乞歸養，詔許之。徵爲右衛將軍，以西昌侯蕭淵藻代之。元起頗營還裝，糧儲器械，略無遺者。淵藻入城，恨之，又求其良馬。元起曰："年少郎子，何用馬爲？"淵藻恚，因醉殺之。元起麾下圍城，哭且問故。淵藻曰："天子有詔。"衆乃散。遂誣以反，上疑焉。元起故吏廣漢羅研詣闕訟之，上曰："果如我所量也。"使讓淵藻曰："元起爲汝報讎，汝爲仇報讎，淵藻，懿之子。懿爲東昏所殺，故云。忠孝之道如何？"乃貶淵藻號爲冠軍將軍。贈元起征西將軍，謚曰忠侯。

> 李延壽論曰：元起勤乃胥附，功惟闢土，勞之不圖，禍機先陷。冠軍之貶，於罰已輕，梁之政刑，於斯爲失。私戚之端，自斯而啟。年之不永，不亦宜乎！
>
> 聖楷曰：初，劉季連爲南郡太守，不禮於元起。都録朱道琛有罪，季連欲殺之，逃匿得免。至是，道琛爲元起典籤，説元起曰："益州亂離已久，公私虚耗。劉益州臨歸，豈辦遠遣迎候。道琛請先使檢校，緣路奉迎，不然，萬里資糧，未易可得。"元起許之。道琛既至，言語不恭，又歷造府州人士，見器物，輒奪之。

① 地：《梁史》卷十《鄧元起傳》作"民"。

有不獲者，語曰："會當屬人，何須苦惜！"於是軍府大懼，謂元起必誅季連，禍及黨與，競言之於季連。季連亦以爲然，且懼昔之不禮於元起，乃聚兵拒元起，收朱道琛，殺之。由此以觀，季連之阻兵，朱道琛激變之也。及元起治益州，用庾黔婁、蔣元濟，政聲頗著。又以梁矜孫之譖，疎斥二人，卒死淵藻之手。甚矣，小人之言，興戎敗德，不可不慎也。且李膺以涪令而猝辦軍資三萬斛，羅研以故吏而詣闕訟冤，皆奇士也。而元起俱置不用，可勝歎哉！併附録于後。

《南史》曰：羅研字深徹，少有材辨。元起平蜀，辟爲主簿，後爲信安令。故事，置觀農謁者，圍桑度田，勞擾百姓。研請除其弊，帝從之。齊苟兒之役，臨汝侯嘲之曰："卿蜀人，樂禍貪亂，一至於此。"對曰："蜀中積弊，實非一朝。百家爲村，不過數家有食，窮迫之人，什有八九，束縛之使，旬有二三。貪亂樂禍，無足多怪。若令家有五母之雞、一母之豕，牀上有百錢布被，甑中有數升麥飯，雖蘇、張巧説于前，韓、白按劍于後，將不能使一夫爲盜，況貪亂乎？"大通二年，爲散騎侍郎。卒官。蜀士以文達者，惟研與同郡李膺。膺，字公允，有才辨。西昌侯藻爲益州，以爲主簿。使至都，武帝悦之，謂曰："今李膺何如昔李膺？"對曰："今勝昔。"問其故，對曰："昔事桓、靈之主，今逢堯、舜之君。"帝嘉其對，以如意擊席者久之。乃以爲益州别駕。著《益州記》三卷行于世。

杜　崱

杜崱，其先自北歸南，居於雍州之襄陽，晉孝武於襄陽僑立雍州。子孫因家焉。父懷寶，少有志節，梁天監中累立軍功，官至驍猛將軍、梁州刺史。大同初，魏軍復圍南鄭，懷寶命第三子嶷帥二百人與魏前鋒戰于光道寺溪，矢中其目，失馬，敵人交矟將至，巖斬其一騎而上，馳以歸。巖膂力絶人，便馬善射，一日中戰七八合。所佩霜明朱弓四石餘力，班絲纏矟長二丈五，同心敢死士百七十人。每出殺傷數百人，敵人憚之，號爲杜彪。位至西荆州刺史，時讖言“獨梁之下有瞎天子”，元帝以巖其人也。會巖改葬父祖，帝勅圖墓者惡爲之，逾年而巖卒。

崱，巖弟也。幼有志氣，居鄉里以膽勇稱，後爲新興太守。太清二[1]年，隨岳陽王來襲荆州，元帝與之有舊，密邀之。崱乃與兄岸、弟幼安、兄子龕等夜歸於元帝。元帝以爲武州刺史，封枝江縣侯，令隨王僧辯追景至石頭。與賊相持横嶺。及戰，景親率精鋭左右冲突，崱從嶺後横截之。景乃大敗，崱入據臺城。景平，加散騎常侍、江州刺史。

是月，齊將郭元建攻秦州刺史嚴超遠于秦郡，王僧辯令崱赴援，陳武帝亦自潯陽來會。與元建大戰於上林。武帝令彊弩射元建，衆卻，崱因縱兵擊，大破之，斬首萬餘級，生擒千人，元建遁。時元帝執王琳於江陵，其長史陸納等遂于長沙反。元帝徵崱與王僧辯討之。及納等戰於車輪，大敗之。後納等降，又與王僧辯西討武陵王於硤口。旋鎮遘疾卒。詔曰：“崱，京兆舊姓，元顗苗裔。家傳學業，世載忠貞。自驅傳江渚，政號廉能。推轂湌源，實聞清静。奄致殞喪，惻愴予懷。可贈車騎將軍，加鼓吹一部。”謚曰武。

聖楷曰：史稱杜崱識機變之理，知面背之宜，加以身屢典軍，頻殄寇逆，卒爲中興功臣。誠然哉！嘗考杜氏之先，功名甚永。自巖見忌於元帝，遂凶圖其墓，而子孫亦漸凋喪無餘。青烏之説，信有徵乎？抑人謀或有未至也。其後惟龕驍勇，可與巖匹。然既爲王僧辯之壻，陳霸先决無留龕之事，龕何不知而求降耶？故古今名將未有不知而能勇者。余因巖、崱而深惜夫龕，後之爲將者，可以思去就矣。

① 二：《南史》卷六四《杜崱傳》作“三”。

張　彪

張彪，不知何許人，自云家本襄陽。少亡命在若邪山爲盜，頗有部曲。臨城公大連出牧東揚州，彪率所領客焉。始爲防閤[①]，後爲中兵參軍，禮遇甚厚。及侯景將宋子仙攻下東揚州，復爲子仙所知。後去子仙，還入若邪義舉，征子仙不捷，仍走向剡。

趙伯超兄子棱爲侯景山陰令，去職從彪。後懷異心，僞就彪計，請酒爲盟，引刀子披心出血自歃，彪信之，亦取刀刺血報之。刀始至心，棱便以手按之，望入彪心，刀斜傷得不深。棱重取刀刺彪，頭面被傷頓絶。棱謂已死，因出外告彪諸將，言已殺訖，欲與求富貴。彪左右韓武入視，彪已蘇，細聲謂曰："我尚活，可與手。"於是武遂誅棱。彪不死，復奉表元帝，帝甚喜之。

及侯景平，王僧辯遇之甚厚，引爲爪牙，與杜龕相似，世謂之張、杜。貞陽侯踐位，爲東揚州刺史，并給鼓吹。室富於財，晝夜樂聲不息。剡令王懷之不從，彪自征之。留長史謝岐居守。會僧辯見害，彪不自展拔。時陳文帝已據震澤，將及會稽，彪乃遣沈泰、吴寶真還州助岐保城。彪後至，泰等反與岐迎陳文帝入城。彪因其未定，踰城而入。陳文帝遂走出，彪復城守。沈泰説陳文帝曰："彪部曲家口並在香巖寺，可往收取。"遂往盡獲之。彪將申進密與泰相知，因又叛彪，彪復敗走，不敢還城。據城之西山樓子，及暗得與弟崑崙、妻楊氏去。猶左右數人追隨，彪疑之皆發遣，唯常所養一犬名黄蒼在彪前後，未曾捨離。乃還入若邪山中。

沈泰説陳文帝遣章昭達領千兵重購之，並圖其妻。彪眠未覺，黄蒼驚吠劫來，便嚙一人中喉即死。彪拔刀逐之，映火識之，曰："何忍舉

① 閤：《南史》卷六四《張彪傳》作"閣"。

惡。卿須我者但可取頭，誓不生見陳蒨。”劫曰：“官不肯去，請就平地。”彪知不免，謂妻楊呼爲鄉里曰：“我不忍令鄉里落他處，今當先殺鄉里然後就死。”楊引頸受刀，曾不辭憚。彪不下刀，便相隨下嶺到平處。謂劫曰：“卿須我頭，我身不去也。”呼妻與訣，曰：“生死從此而别，若見沈泰、申進等爲語曰，功名未立，猶望鬼道相逢。”劫不能生得，遂殺彪並弟，致二首於昭達。黄蒼號呌彪尸側，宛轉血中，若有哀狀。

昭達進軍，迎彪妻便拜，稱陳文帝教迎爲家主。楊便改啼爲笑，欣然意悦，請昭達殯彪喪。墳冢既畢，黄蒼又俯伏冢間，號叫不肯離。楊還經彪宅，謂昭達曰：“婦人本在容貌，辛苦日久，請暫過宅莊飾。”昭達許之。楊入屋，便以刀割髮毁面，哀哭慟絶，誓不更行。陳文帝聞之，歎息不已，遂許爲尼。後陳武帝軍人求取之，楊投井決命。時寒，比出之垂死，積火温燎乃蘇，復起投於火。

彪始起於若邪，興於若邪，終於若邪。及妻、犬皆爲時所重異。楊氏，天水人，散騎常侍曒之女也。有容貌，先爲河東裴仁林妻，因亂爲彪所納。彪友人吴中陸山才嗟泰等翻背，刊吴閶門爲詩一絶曰：“田横感義士，韓王報主臣。若爲留意氣，持寄禹川人。”

聖楷曰：張彪蹤迹甚奇，然奇不在起兵取富貴，奇在一受僧辯之知，遂始終爲梁而死，真烈丈夫也。其妻與犬，又能出此二奇，以助之千古生色。論者謂記傳所陳，無以復加此異，信然哉。

楚寶卷第九考異

新化鄧顯鶴湘皋述

名　將

鬬　廉

鄧國考

原案：鄧，曼姓，侯爵。今襄陽府東北二十里有鄧城，即春秋鄧國地也。

顯鶴案：《漢書·地里志》：鄧屬南陽郡。《晉書》曰：鄧城屬襄陽郡。其後廢入樊城。樊即周仲山甫所封地。東漢建安中置樊城縣。後周省入安養。唐屬襄州。天寶元年，改安養曰昭漢。貞元二十一年，移治古鄧城，復改曰鄧城，有樊城鎮。據此，則鄧城即今之樊城鎮。

張　光

時流人鄧定據漢中，光不得赴荊[1]州。

① 荊：原文無此字。

顯鶴案：《晉書》張光本傳：先是，秦州人鄧定等二千餘家，饑餓流入漢中，保於城固，漸爲鈔盜。梁州刺史張殷遣巴西太守張燕討之。定窘急，僞乞降於燕，并饋燕金銀，燕喜，爲之緩師。定密結李雄，雄遣衆救定，燕退，定遂進逼漢中。太守杜正冲東據魏興，殷亦棄官而遁。光不得赴州，止於魏興，乃結諸郡守共謀進取。燕倡言曰："漢中荒敗，迫近大賊，尅復之事，當俟英雄。"正冲曰："張燕受賊金銀，不時進討，阻兵緩寇，致喪漢中，實燕之罪也。"光於是發怒，呵燕令出，斬之以徇。綏撫荒殘，百姓悦服。光於是卻鎮漢中。

張興世

張興世，字文德，竟陵人也。

顯鶴案，《南史》張興世本傳：興世本單名世，宋明帝益爲興世。少家貧，白衣隨王玄謨伐蠻。《宋書》興世本傳：少時家貧，南郡宗珍之爲客竟陵。舊置軍府，以補參軍督護，不就。白衣隨王玄謨伐蠻，每戰，輒有禽獲，玄謨舊部曲諸將不及也，甚奇之。

興世初生，當其門前水中，一旦忽生洲，年年漸大，及至興世爲方伯，而洲土遂十餘頃云。興世減撤而後行。

案本傳：興世父仲子由興世致位給事中，興世欲將往襄陽，愛戀鄉里不肯去。嘗謂興世："我雖田舍老公，樂聞鼓角，可送一部，行田時吹之。"興世素恭謹畏法，譬之曰："此是天子鼓角，非田舍老公所吹。"興世欲拜墓，仲子謂曰："汝衛從太多，先人必當驚怖。"興世減撤而後行。原傳既摘去父仲子事，復贅"興世減撤而後行"句，遂使上下文理不屬，讀《宋書》本傳自悉。

宗　愨

遂克林邑。收其異寶雜物，不可勝計。愨一無所取，衣櫛蕭然。

顯鶴案：《南史》宗愨本傳：遂尅林邑。收其珍異，皆未名之寶，其餘雜物不可稱計。一毫無犯，惟有被梳枕刷，此外蕭然。

楚寶卷第九增輯

新化鄧顯鶴湘皋述

名　將

柳世隆

柳世隆，字彦緒，襄陽人，元景弟子也。父叔宗，字雙驎，位建威參軍事，蚤卒。

世隆幼孤，挺然自立，不與衆同。雖門勢子弟，獨修布衣之業。及長，好讀書，折節彈琴，涉獵文史，音吐温潤。元景愛賞，異於諸子。言於宋孝武，得召見，帝謂元景曰："此兒將來復是三公一人。"爲西陽王撫軍法曹行參軍，出爲武威將軍、上庸太守。帝謂元景曰："卿昔以武威之號爲隨郡，今復以授世隆，使卿門世不乏公也。"

元景爲前廢帝所殺，世隆以在遠得免。泰始初，四方反叛，世隆於上庸起兵以應宋明帝，爲孔道存所敗，衆敗逃隱，道存購之甚急。軍人有貌相似者，斬送之。時世隆母郭、妻閻並見縶襄陽獄，道存以所送首示之。母見首，悲情小歇，而妻閻號叫方甚，竊謂郭曰："今見不悲，爲人所覺，惟當大慟以滅之。"世隆竟以免。

後爲太子洗馬，與張緒、王延之、沈琰爲君子之交。累遷晉熙王安西司馬，加寧朔將軍。時齊武帝爲長史，與世隆相遇甚歡。齊高帝之謀度廣陵也，令武帝率衆同會都下。世隆與長流參軍蕭景先等戒嚴待期，事不行。

時朝廷疑憚沈攸之，密爲之防，府州器械，皆有素蓄。武帝將下都，劉懷珍白高帝曰："夏口是兵衝要地，宜得其人。"高帝納之，與武帝書曰："汝既入朝，當須文武兼資人委以後事，世隆其人也。"武帝乃舉世隆自代。轉爲武陵王前軍長史、江夏内史，行郢州事。

昇明元年冬，攸之反，遣輔國將軍、中兵參軍孫同等以三萬人爲前驅，又遣司馬冠軍劉攘兵等二萬人次之，又遣輔國將軍、中兵參軍王靈秀等分兵出夏口，據魯山。攸之乘輕舸從數百人先大軍下住白螺洲，坐胡牀以望其軍，有自驕色。既至郢，以郢城弱小不足攻。攸之將去，世隆遣軍於西渚挑戰，攸之果怒，晝夜攻戰。世隆隨宜拒應，衆皆被卻。

武帝初下，與世隆别，曰："攸之一旦爲變，雖留攻城，不可卒拔。卿爲其内，我爲其外，乃無憂耳。"至是，武帝遣軍主桓敬、陳胤叔、苟元賓等八軍據西塞，令堅壁以待賊疲。慮世隆危急，遣腹心胡元直潛使入郢城通援軍消息，内外並喜。

郢城既不可攻，而平西將軍黄回軍至西陽，乘三層艦，作羌胡伎，泝流而進。攸之素失人情，本逼以威力，初發江陵，已有叛者，至此稍多。攸之大怒，於是一人叛，遣十人追，並去不返。劉攘兵射書與世隆請降，開門納之。攸之怒，銜鬚咀之，收攘兵兄子天賜、女壻張平虜斬之。軍旅大散。世隆乃遣軍副劉僧麟緣道追之。

攸之已死，徵爲侍中，仍遷尚書右僕射，封貞陽縣侯。出爲吴郡太守，居母憂，寒不衣絮。齊高帝踐祚，起爲南豫州刺史，加都督，進爵爲公。上手詔司徒褚彦回，甚傷美之。彦回曰："世隆事陛下，在危盡忠，居憂杖而後起。立人之本，二理同極，加榮增寵，足以敦厲風俗。"

建元二年，授右僕射，不拜。性愛涉獵，啟高帝藉秘閣書，上給二千卷。三年，出爲南兖州刺史，加都督。武帝即位，加散騎常侍。

世隆善卜，别龜甲，價至一萬。永明初，世隆曰："永明九年我亡，亡後三年丘山崩，齊亦於此季矣。"屏人，命典籤李黨取筆及高齒屐，題簾箔旌曰："永明十一年。"因流涕謂黨曰："汝當見，吾不見也。"

遷護軍，而衛軍王儉修下官敬甚謹。世隆止之，儉曰："將軍雖存宏眷，如王典何。"其見重如此。

性清廉，唯盛事墳典。張緒問曰："觀君舉措，當以清名遺子孫耶？"答曰："一身之外，亦復何須。子孫不才，將爲争府；如其才也，不如一經。"

光禄大夫韋祖征，州里宿德，世隆雖已貴重，每爲之拜。人或勸祖征止之，答曰："司馬公所爲，後生楷法，吾豈能止之哉？"

世隆少立功名，晚專以談義自業。善弾琴，世稱柳公雙瑣，爲士品第一。常自云馬稍第一，清談第二，彈琴第三。在朝不干世務，垂簾鼓琴，風韻清遠，甚獲世譽。以疾遜位，拜左光禄大夫、侍中。永明九年卒，詔給東園秘器，贈司空，班劍二十人，謚曰忠武。

世隆曉數術，於倪塘創墓，與賓客踐履，十往五往，常坐一處。及卒，墓工圖墓，正取其坐處焉。

所著《龜經秘要》一[1]卷，行於世。

長子悦，字文殊，少有清致，位中書郎，蚤卒，謚曰恭。

顯鶴按：世隆子十人，多少亡，惟惔、惲、憕、忱，三兩年間，四人迭爲侍中，復居方伯，當世罕比。惔、惲均見《文苑》增輯。憕字文深，少有大志，好玄理，通《老》《易》。梁武帝舉兵至姑熟，與兄惲及諸友朋於小郊候接。時道路猶梗，與諸人同憩逆旅食，俱去行里餘，憕曰："寧我負人，不人負我。若復有追，堪憩此客。"命左右燒逆旅舍，以絶後追。當時服其善斷。歷位給事黄門侍郎。與瑯琊王峻齊名，時人號爲"方、王"。後爲蜀郡太守，廉恪爲政，益部懷之。忱字文若，年數歲，父世隆及母閻氏並疾，忱不解帶經年，及居喪，以毀聞。仕梁，歷五兵尚書、祕書

① 一：《南史》卷三八《柳世隆傳》、《南齊書》卷二四《柳世隆傳》皆作"二"。

監、散騎常侍。卒，謚曰穆。世隆從父弟慶遠字文和，梁武帝臨雍州，問京兆人杜惲求州綱紀，惲言慶遠。武帝曰："文和吾已知之，所問者未知耳。"因辟爲别駕。慶遠謂所親曰："天下方亂，定霸者其吾君乎！"武帝起兵，慶遠常居帷幄爲謀主。帝行營，見慶遠頓舍嚴整，每歎曰："人人若是，吾又何憂。"建康城平，爲侍中。嘗夜火，衆驚懼。帝居宫中，悉斂諸門籥，問柳侍中何在。慶遠至，悉付之，其見任如此。仕至雍州刺史。初，世隆嘗謂慶遠曰："吾昔夢太尉以褥席見賜，吾遂亞台司。適又夢以吾褥席與汝，汝必光吾門族。"至是慶遠亦繼世隆焉。慶遠子津字元舉，雖乏風華，性甚强直。人或勸之聚書，津曰："吾嘗請道士上章驅鬼，安用此鬼名耶？"歷散騎常侍、太子詹事，襲父爵。侯景圍城既急，帝召津問策。對曰："陛下有邵陵，臣有仲禮，不忠不孝，賊何由平？"臺城陷，仲禮竟降賊。

劉之亨

劉之亨，字嘉會，江陵人。年四歲，出後叔父嵩。及長好學，美風姿，善占對。梁武帝之臨荆州，唯與虬談。虬見之遴、之亨，帝曰："之遴必以文章顯，之亨當以功名著。"後州舉秀才，除太學博士，仍代兄之遴爲中書通事舍人。累遷步兵校尉，湘東王繹諮議參軍，敕賜金策并賜詩焉。

大通六年，出師南鄭，詔湘東王節度諸軍。之亨以司農卿爲行臺承制，途出本州北界，總督衆軍，杖節而西，樓船戈甲甚盛。老小緣岸觀曰："是前舉秀才者。"鄉部偉之。是行也，大致尅復，軍士有功皆録，唯之亨爲蘭欽所訟，執政因而陷之，故封賞不行，但復本位而已。久之，帝讀《陳湯傳》，恨其立功絶域而爲文吏所抵。宦者張僧胤曰："外聞論者，竊謂劉之亨似之。"帝感悟，乃封爲臨江子。固辭不拜。

之亨美績嘉聲，在朱异之右，既不協，懼爲所害，故帝出之，以代之遴爲安西湘東王繹長史、南郡太守。上問朱异曰："之亨代兄喜不？兄弟因循，豈直大馮、小馮而已。"又謂尚書令何敬容曰："荆州刺史、南郡太守，皆是僕射出入。今者之亨便是九轉。"在郡有異績，吏人稱之。卒，荆土懷之，不復稱名，號爲大南郡、小南郡。

子廣德，亦好學，負才任氣。承聖中，位湘東太守。魏平荆州，依於王琳。琳平，陳太建中，歷河東太守，卒官。

之亨弟之遲，位荆州中從事史。子仲威，少有志氣，頗涉文史。梁承聖中，爲中書侍郎。蕭莊稱尊號，以爲御史中丞，隨莊終鄴中。

劉　坦

劉坦，字德度。江陵人。之亨父虬從弟也。仕齊歷孱陵令，南中郎録事參軍，所居以幹濟稱。

梁武帝起兵，時輔國將軍楊公則爲湘州刺史，帥師赴夏口。西朝議行州事者，坦求行，乃除輔國長史、長沙太守，行湘州刺史。坦嘗在湘州，多舊恩，道迎者甚衆。齊東昏遣安成太守劉希祖破西臺所選太守范僧簡於平都，希祖移檄湘部，於是始興内史王僧粲應之，湘部諸郡，悉皆蜂起。州人咸欲泛舟逃走，坦悉聚船焚之。前湘州鎮軍鍾玄紹潛應僧粲，坦聞其謀，僞爲不知，因理訟至夜，城門遂不閉以疑之。玄紹未及發，明旦詣坦問其故。久留與語，密遣親兵收其家。玄紹在坐未起，而收兵已報具得其文書本末。玄紹即首伏，於坐斬之，焚其文書，餘黨悉無所問。

梁天監中，論功封荔浦子。三年，遷西中郎長史、蜀郡太守，行益州事。未至蜀，道卒。

徐　度

徐度，字孝節，安陸人也。少倜儻，不拘小節。及長，姿貌瓌偉，嗜酒好博，恒使僮僕屠酤爲事。

初從梁始興内史蕭介征諸山洞，以驍勇聞。陳武帝在交阯，乃委質焉。侯景之亂，武帝尅廣州，平蔡路養，破李遷仕，計畫多出於度。侯景平後，追録前後戰功，封廣德縣侯。

武帝鎮朱方，除蘭陵太守。武帝遣衡陽獻王往荆州，度率所領從焉。江陵覆亡，間行東歸。

武帝東討杜龕，奉敬帝幸京口，以度領宿衛，并知留府事。徐嗣徽、任約等來寇，武帝與敬帝還都。時賊已據石頭，使度頓軍於冶城寺。明年，嗣徽等又引齊寇濟江，度隨衆軍破之於北郊壇。以功除郢州刺史，兼領吴興太守。

文帝即位，累遷侍中、中撫將軍、開府儀同三司，進爵爲公。天嘉元年，以下王琳功，改封湘東郡公、都督、湘州刺史。秩滿，復爲侍中、中軍大將軍。文帝崩，度預顧命，進位司空。薨，贈太尉，謚曰忠肅。太建四年，配享武帝廟庭。

子敬成，幼聰慧，好讀書。起家著作佐郎，襲封湘東郡公，進號壯武將軍。

徐世譜

徐世譜，字興宗。巴東魚復人也。世居荆州，爲主帥，征伐蠻、蜒。至世譜，尤勇敢有膂力，善水戰。梁元帝之爲荆州刺史，世譜將領鄉人事焉。

侯景之亂，因預征討，累遷至員外散騎常侍。尋領水軍，從司徒陸法和，與景戰於赤亭湖。時景軍甚盛，世譜乃別造樓船、拍艦、火舫、水車以益軍勢。將戰，又乘大艦居前，大敗景軍，禽景將任約，景退走。因隨王僧辯攻郢州，世譜復乘大艦臨其倉門，賊將宋子仙據城降。以功除信州刺史，封魚復縣侯。仍隨僧辯東下，恆爲軍鋒。景平，以衡州刺史資，領河東太守。

西魏攻荆門，世譜鎮馬頭岸，據有龍洲，元帝授侍中、都督江南諸軍事、鎮南將軍、護軍將軍。魏尅江陵，世譜東下依侯瑱。

紹泰元年，徵爲侍中、左衛將軍。陳武帝之拒王琳，其水戰之具，悉委世譜。世譜性機巧，諳解舊法，所造器械，竝隨機損益，妙思出入。

永定二年，遷護軍將軍。文帝即位，歷特進、右光禄大夫。以疾失明，謝病不朝。卒，謚曰桓。

顯鶴按：世隆以門勢子弟，修布衣之業，讀書折節，涉獵文史，固彬彬乎儒將風矣。洎乎遭逢家難，扶翼興朝。摧攸之驕僨之軍，存郢城危急之地。在危盡忠，居憂致毁。立人之本，允矣君子。况復德藝並至，本末兼賅。元公多材，鄭僑博物，方之斯人，殆無以過。諸子門素所傳，俱云克搆。仲禮始終之際，判若兩人。梁宗既亡，柳族亦覆。哀哉！之亨一門，文武兼資，兄弟競爽，同符柳氏。史稱其學業之美，各著家聲，斯固荆南之人望也。徐慶驍勇，世譜精於造戰具，殆亦不失爲名將云。

楚寶卷第十

明湘潭周聖楷伯孔輯纂

名　將

李　藝

李藝，字子延，襄陽人。初本姓羅，歸唐後始賜姓，預屬籍。藝剛愎，勇攻戰，善用槊，大業中，補虎賁郎將。遼東之役，李景以武衛大將軍督餽北平，詔藝以兵屬，分部嚴一。然任氣，常慢侮景。

天下盜起，涿郡號富饒，伐遼兵仗多在，而倉峙盈羨，又臨朔宮多珍寶，屯師且數萬，苦盜侵掠，留守將趙什住、賀蘭誼[1]、晉文衍等，惟藝捍寇，數破卻之，勇常冠軍，爲諸將忌畏。藝陰自計，因出師，詭説衆曰："吾軍討賊數有功，而食乏。官粟若山，而留守不振卹，豈安人彊衆意耶？"士皆怨。既還，郡丞出郊謁，藝執之，陳兵入，什住等懼，争聽命。藝即發貲賜戰士，倉粟給窮，境内大悦。殺異己者渤海太守唐禕等，威動北邊。柳城、懷遠並歸附。黜柳城太守楊林甫，改郡曰營州，以襄平太守鄧暠爲總管，藝自稱幽州總管。

宇文化及至山東，遣使招藝，藝曰："我隋舊臣，今大行顛覆，義不辱於賊。"斬使者，爲煬帝發喪三日。時竇建德、高開道亦遣使於藝，藝謂官屬曰："建德等皆劇賊，不足共功名。唐公起兵據關中，民

① 詛：《新唐書》卷九二《羅藝傳》作"誼"。

望所繫，王業必成，吾決歸之。敢異議者戮！”乃奉表以地歸，詔封燕王。數與建德戰，多所禽馘。秦王擊劉黑闥，高祖詔藝弟壽以兵從。藝自率衆數萬破劉什善、張君立於徐河。黑闥引突厥入寇，藝復以兵與皇太子建成會洺州，遂請入朝，拜左翼衛大將軍。

藝負其功，且貴重不少屈，秦王左右常至其營，藝累辱之。高祖怒，以屬吏，久乃釋。時突厥放横，藉藝威名欲憚虜，詔以本官領天節將軍，鎮涇州。

太宗即位，竟誅死。

聖楷曰：李藝固剛愎哉。當其激衆怒，據幽州，爲煬帝發喪三日，識唐公人望所歸，何其義勇而明决也。若夫摧黑闥之强，制突厥之變，功亦不在諸人下，乃卒以猜疑致叛。甚矣！御將之難，每於獸盡狗烹，有深歎也。

羅紹威

羅紹威，字端己，其先長沙人。祖讓，北遷爲魏州貴鄉人。

父弘信，爲牧馬監卒。文德元年，魏博牙軍亂，遂殺其帥樂彦貞，立其將趙文建爲留後，已而又殺之。牙軍未知所立，乃聚呼曰：“孰能爲我帥者？”弘信從衆中出應曰：“我可爲君等帥也。”弘信狀貌奇怪，面色青黑，軍中異之，乃共立爲留後。唐昭宗即位，拜弘信節度使。

梁太祖將攻晉，乞糴于弘信，弘信不與，由是有隙。梁兵攻魏，取黎陽、臨河、淇門、衛縣，戰于内黄，魏兵五戰五敗。弘信懼，請盟，乃止。是時，梁方東攻兖、鄆，北敵晉，晉遣李存信救朱宣，假道于魏。太祖閒遣使語弘信曰：“晉人志在河朔，兵還滅魏矣。”弘信以爲然，乃發兵擊存信于莘縣，太祖遣葛從周助之。梁兵擒晉王子落落，送於魏，弘信殺之，乃與晉絶。太祖猶疑弘信有二心，乃以兄事弘信，常爲卑辭厚幣以聘魏。魏使者至梁，太祖北面拜而受幣，謂使者曰："六兄於我有倍年之長，吾何敢慢之。"弘信大喜，以爲厚己。以故太祖往來燕、趙之閒，卒有河北者，魏不爲之患也。弘信死，紹威立。

紹威好學工書，頗知屬文，聚書數萬卷，開館以延四方之士。弘信在唐，以其先長沙人，故封長沙郡王，紹威襲父爵長沙。紹威新立，幽州劉仁恭以兵十萬攻魏，屠貝州，紹威求救于梁，大敗燕軍于内黄。明年，梁太祖遣葛從周會魏兵攻滄州，取其德州，遂敗燕兵于老鴉隄，紹威以故德梁助己。

魏博自田承嗣始有牙軍，牙軍歲久益驕，至紹威時已二百年，父子世相婚姻以自固結。前帥史憲誠、何全皞、韓君雄、樂彦貞等，皆由牙軍所立，怒輒逐殺之。紹威爲人精悍明敏，通習吏事，爲政有威嚴，然其家世由牙軍所立。天祐二年，魏州城中地陷，紹威懼有變。已而牙校李公佺作亂，紹威誅之，乃閒遣使告梁乞兵，欲盡誅牙軍。梁太祖許之，爲遣李思安等攻滄州，召兵于魏，紹威因悉發魏兵以從，獨牙軍在。

紹威子廷規娶梁女，會梁女卒，太祖陰遣客將馬嗣勳選良兵實輿中，以長直軍千人雜輿夫入魏，詐爲助葬，太祖以兵繼其後。紹威夜以奴兵數百，會嗣勳兵擊牙軍，并其家屬盡殺之。太祖自内黄馳至魏，魏兵從攻滄州者行至歷亭，聞之皆反，分入澶、博諸州，魏境大亂。數月，太祖爲悉平之。牙軍死，魏兵悉叛，紹威勢益孤，太祖乃欲奪其地，紹威始大悔。是歲，太祖復攻滄州，宿兵長蘆，紹威饋給梁兵，自滄至魏五百里，起亭堠，供帳什物自具，梁兵數十萬皆取足，紹威以此重困。

昭宗東遷洛陽，詔諸鎮繕理京師，紹威營太廟成，加拜守侍中，進封鄴王。

太祖圍滄州未下，劉守光會晉軍破梁潞州。太祖自長蘆歸，過魏，疾作，卧府中，諸將莫得見。紹威懼太祖終襲己，乃乘閒入見曰："今四方稱兵，爲梁患者，以唐在故也；唐家天命已去，不如蚤自取之。"

太祖大喜，乃急歸。太祖即位，將都洛陽，紹威取魏良材爲五鳳樓、朝元殿[①]殿，浮河而上，立之京師。太祖歎曰："吾聞蕭何守關中，爲漢起未央宫，豈若紹威越千里而爲此，若神化然，功過蕭何遠矣。"賜以寶帶名馬。

燕王劉守光囚其父仁恭，與其弟守文有隙，紹威馳書勸守光等降梁。太祖聞之笑曰："吾常攻燕不能下，今紹威折簡，乃勝用兵十萬。"太祖每有大事，多遣使者問之，紹威時亦馳簡入白，使者相遇道中，其事往往相合。

紹威自以魏久不用兵，願伐木安陽淇門爲船，自河入洛，歲漕數百萬石，以供京師。太祖益以紹威爲盡忠，遣將程厚、盧凝督其役。舟未成而紹威病，乃表言："魏故大鎮，多外兵，願得梁一有功重臣臨之，請以骸骨就第。"太祖亟命其子周翰監府事，語使者曰："亟行，語而主，爲我彊飲[②]，如有不諱，當世世貴爾子孫。今使周翰監府事，尚冀卿復愈耳。"紹威仕梁，累拜太師兼中書令，卒年三十四，贈尚書令，謚貞壯。

聖楷曰：羅弘信父子，其知皆足以自全。而紹威遂至盡誅牙軍，是又殆爲知所困矣。力窮勢迫，乃媚於梁以移唐祚。嗟乎！唐既滅矣，魏將何往？此亦可爲危人以自安者之炯戒也。

雷　滿

雷滿，武陵人也。爲人凶悍驕勇，文身斷髮。唐廣明中，湖南饑，盜賊起，滿與同里人區景思、周岳等聚諸蠻數千，獵大澤中，乃擊鮮釃酒，擇坐中豪者，補置伍長，號土團軍，諸蠻從之，推滿爲帥。

---

① 殿：《新五代史》卷三九《羅紹威傳》作"前"。
② 飲：崇禎本及《新五代史》卷三九《羅紹威傳》作"飯"。

是時，高駢鎮荆南，召滿隸麾下，使以蠻軍擊賊。駢徙淮南，滿從至廣陵，逃歸，殺刺史崔翥，遂據朗州，請命於唐。昭宗以澧、朗爲武貞軍，拜滿節度使。

是時澧陽人向瓌殺刺史吕自牧據澧州，而溪洞諸蠻宋鄴、昌師益等，皆起兵剽掠湖外，滿亦以輕舟上下荆江，攻刼州縣。楊行密攻杜洪于鄂州、荆南，成汭出兵救洪，汭戰敗，溺死于君山。滿襲破荆南，不能守，焚掠殆盡而去。

滿常鑿深池于府中，客有過者，召宴池上，指其水曰："蛟龍水怪皆窟于此，蓋水府也。"酒酣，取坐上器擲池中，因裸而入，取其器嬉水上，久之乃出，治衣復坐，意氣自若。

滿居朗州，引沅水塹其城，上爲長橋，爲不可攻之計。天祐中，滿卒，子彦恭自立。開平元年，馬殷發兵攻彦恭，彦恭恃塹爲阻，逾年不能破。三年，彦恭奔于楊行密，澧、朗遂入於楚。

聖楷曰：雷滿初起兵大澤中，觀其知計有大過人者，使高駢能善御之，何群盜之弗滅哉？乃聽其逃歸而自立，遂據有澧、朗、稱節度使，天子不得而問，連帥不得而討，父子刼盜，爲荆湖大患，此亦僖、昭以來所僅見也。向使不遇馬殷，澧、朗其終爲蛟窟乎？嗚乎！御得其道，天下狙詐皆吾屬；御失其道，天下狙詐皆吾敵。治天下者之貴審所御也。歐陽子修《五代史》，爲滿作傳，其大旨或在斯乎？

澧、朗入楚考

聖楷按：《五代史·楚世家》：馬殷，字霸圖，許州鄢陵人也。初爲孫儒裨將。唐乾寧元年，從劉建鋒入湖南，建鋒爲其下所殺，遂共推殷爲帥。唐拜殷潭州刺史。殷遣其將秦彦暉等攻連、邵、郴、衡、道、永六州，皆下之。已，又取桂管，以其將李瓊爲桂管觀察使。四年，拜殷武安軍節度使。梁太祖即位，殷遣使修貢，太祖拜殷侍中兼中書令，封楚王。已，又攻嶺南，取昭、賀、梧、蒙、龔、富等州。攻朗州，執雷彦雄等七人送于梁。於是澧州向瓌、辰州宋鄴、溆州昌師益等率溪洞諸蠻皆附于殷。殷乃請依唐太宗故事，開天册府，置官屬。太祖拜殷天册上將軍。殷以其弟賓爲左相，存爲右相，廖匡圖等十八人爲學士。唐莊宗滅梁，殷遣其子希範修貢京師，上梁所授都統印。莊宗問洞庭廣狹，希範對曰："車駕南巡，纔堪飲馬爾。"莊宗嘉之，下璽書慰勞。殷由此地大力完，數邀封爵。明宗即位二年，封殷楚國王。自湖南北共十州，殷以潭州爲長沙府，建國承制，自置官屬，文武皆進位，立三廟于長沙。長興元年，殷卒，年七十九，謚曰武穆。子希聲立。希聲卒，弟希範立。希範卒，弟希廣立，爲兄希萼所弑，國遂入于南唐。初，殷入湖南，掘地得石，讖云："龍起頭，猪掉尾。"蓋殷以乾寧三年歲在丙辰自立于湖南，至廣順元年辛亥而滅，凡五十七年。

周行逢

周行逢，武陵人也。與王進逵俱爲静江軍卒，事希萼爲軍校。進逵攻邊鎬，行逢别破益陽，殺李景兵二千餘人，擒其將李建期。進逵爲武安軍節度使，拜行逢集州刺史，爲進逵行軍司馬。進逵與劉言有隙，行逢爲畫謀策，遂襲殺言。進逵據武陵，行逢據潭州。

顯德元年，周世宗。拜行逢武清軍節度使，權知潭州軍府事。潘叔嗣殺進逵，或勸其入武陵，叔嗣曰："吾殺進逵，救死而已，武陵非吾利也。"乃還岳州。遣其客將李簡率武陵人迎行逢於潭州。行逢入武陵，或請以潭州與叔嗣，行逢曰："叔嗣殺主帥，罪當死。以其迎我，未忍殺爾。若與武安，是吾使之殺王公也。"召以爲行軍司馬。叔嗣怒，稱疾不至。行逢怒曰："是又欲殺我矣！"乃陽以武安與之，召使至府受命，至則殺之。

行逢，故武陵農家子，少貧賤，無行，多慷慨大言。及居武陵，能儉約自勉勵，而性勇敢，果於殺戮，麾下將吏素恃功驕慢者，一以法繩之。大將十餘人謀爲亂，行逢召宴諸將，酒半，以壯士擒下斬之，一境皆畏服。民過無大小皆死，夫人嚴氏諫曰："人情有善惡，安得一概殺之乎！"行逢怒曰："此外事，婦人何知！"嚴氏不悦，紿曰："家田佃户，以公貴，頗不力農，多恃勢以侵民，請往視之。"至則營居以老，歲時衣青裙押佃户送租入城。行逢往就見之，勞曰："吾貴矣，夫人何自苦耶？"嚴氏曰："公思作户長時乎？民租後時，常苦鞭扑。今貴矣，宜先期以率衆，安得遂忘壠畝閒乎！"行逢彊邀之，以群妾擁升肩輿，嚴氏卒無留意。因曰："公用法太嚴而失人心，所以不欲留者，一旦禍起，田野閒易爲逃死爾。"行逢爲少損。

建隆三年，宋太祖。行逢病，召其將吏，以其子保權屬之曰："吾起隴田爲團兵，同時十人，皆以誅死，惟衡州刺史張文表獨存，然常快快不得行軍司馬。吾死，文表必叛，當以楊師璠討之。如其不能，則嬰城勿戰，自歸於朝廷。"

行逢卒，子保權立。文表聞之，怒曰："行逢與我起微賤而立功名，今日安能北面事小兒乎！"遂舉兵叛，攻下潭州。保權乞師於朝廷，亦命楊師璠討文表，告以先人之言，感激涕泣，師璠亦涕，顧其軍曰："汝見郎君乎？年未成人而賢若此。"軍士奮然皆思自効。師璠至平津亭，文表出戰，大敗之。初，保權之乞師也，太祖皇帝遣慕容延釗討文表，未至而文表爲師璠所執。延釗兵入朗州，保權舉族朝于京師。

聖楷曰：《綱目》稱行逢留心民事，悉除馬氏横賦，貪吏、猾民、爲民害者皆去之。擇廉平吏爲刺史、縣令。又湖南大饑，行逢開倉以振之，全活甚衆。行逢自奉甚薄，或譏其大儉，行逢曰："馬氏父子窮奢極靡，不恤百姓，今子孫乞食於人，又足效乎！"按此數事，當時諸鎮無有如行逢者。但其邊幅狹隘，喜於殺戮，雖襲馬氏之餘烈，而不永其祚。此青裙負租，所以來室内之誚也。徐仲雅杜門不出，豈獨高尚哉？

孟宗政

孟宗政，字德夫，其先絳州人。父林，從岳飛至隨州，因家焉。宗政自幼豪偉，有膽略，常出没疆埸間。開禧二年，金將完顔董犯襄、郢，宗政率義士據險遊擊，奪其輜重。宣撫使吴獵奇之，補承節郎、襄[①]陽令。京西路分趙方、吴柔勝皆薦其才，轉秉義郎、京西鈐轄，駐劄襄陽。

嘉定十年，金人犯襄陽，方檄宗政節制神勁、報捷、忠義三軍。宗政與統制扈再興、陳祥分爲三軍，設伏三所，蹀血以戰，金兵敗走。尋報棗陽圍急，宗政午發峴首，遲明抵棗陽，馳突如神，金人大駭，宵遁。方時移帥京西，聞捷大喜，差權棗陽軍。初視事，一愛僕犯新令，立斬之，軍民股栗。於是築堤積水，修治城堞，簡閲軍士。

十一年，金帥完顔賽不擁步騎圍城，宗政與再興合兵角敵，歷三月，大小七十餘戰。宗政身先士卒，金人戰輒敗，忿甚，周城開濠，四面控兵列濠外，飛鋒[②]，以綯鈴自警，鈴響則犬吠。宗政厚募壯士，乘間突擊，金人不能支。盛兵薄城，宗政隨方力拒，隨守許國援師至白水，鼓聲相聞。宗政率諸將出戰，金人奔潰。賜金帶，轉武德郎。

十二年，金帥完顔訛可擁步騎傅城，宗政囊糠盛沙以覆樓棚，列甕豬[③]水以防火。募砲手擊之，一砲輒殺數人。金人選精騎二千，號弩子手，擁雲梯、天橋先登，又募鑿銀礦石工晝夜掐城，運茅葦直抵圜樓下，欲焚樓。宗政先燬樓，掘深坑，防地道；刱戰棚，防城隕；穿穽才透，即施毒煙烈火，鼓鞴以熏之。金人窒以濕氈，析路以刳土，城頹樓

① 襄：《宋史》卷四〇三《孟宗政傳》作“棗”。
② 《宋史》卷四〇三《孟宗政傳》“鋒”後有“鏑”。
③ 潴：《宋史》卷四〇三《孟宗政傳》作“豬”。

陷。宗政撤[1]樓益薪，架火山以絶其路，列勇士，以長槍勁弩備其衝。距樓陷所數丈築偃月城，袤百餘尺，翼傅正城，深坑倍仞，躬督役，五日成。金人摘彊兵，披厚鎧、氈衫，鐵面而前，又濕氈濡革蒙火山，覆以冰雪，擁雲梯徑抵西北圜樓登城。城中軍以長戈舂其喉，殺之；敢勇城軍自下夾擊金兵，兵墜死燎焰。金將於後截其軍，拒馬揮刀迫前，自昕至夕，死傷踵接，梯橋盡燬。金人連不得志，俄乘順風渡濠，飛脂革燒戰棚，宗政激戰[2]士血戰，凡十五陳，矢石交，金兵死者千餘，弩子手十七八，射其都統殪。天反風，金人愈忿，砲愈急。會王大任領鋭卒一千冒重圍轉鬬入城，内外合勢，士氣大振。賈勇入金營，自晡至三更，金人横屍徧地，奪其銅印十有六，訛可棄帳走，獲輜重牛馬萬計。捷至，朝廷方録前戰守功，升武功大夫兼閤門宣贊舍人，重賜金帶。

制置司以湖陽縣迫境金兵，檄宗政圖之。宗政一鼓而拔，燔燒積聚，夷蕩營砦，俘掠以回。金人自是不敢窺襄、漢、棗陽。許國移金陵，宗政代爲荆鄂都統制，仍知棗陽。宗政以迫濠而陳，廼於西北濠外瀦水爲濘以限騎。中原遺民來歸者以萬數，宗政發廩贍之，爲給田、剏屋與居。籍其勇壯，號忠順軍，俾出没唐、鄧閒，威振境外，金人呼爲“孟爺爺”。俄病疽卒，轉右武大夫、團練防禦使。

宗政於有功者怨必賞，有罪者親必罰。好賢樂善，出於天性，未嘗學兵法，而暗與之合。死之日，邊城爲罷市慟哭。子珙，有傳。

《扈再興傳》曰：金完顔訛可擁步騎數萬傅城，再興與宗政縱之涉濠，半渡擊之。又云：金人剏對樓、鵝車、革洞，决濠水，運土石填城下。再興募死士，著鐵面具，披氈，列陳以待之。金人計無所施，乃大敗去。

《趙方傳》曰：棗陽城堅，金頓兵八十餘日，方知其氣已竭，乃召再興，隸以東師，尅期合戰。再興敗金人于瀼河，又敗之城

① 撤：《宋史》卷四〇三《孟宗政傳》作“撤”。
② 戰：《宋史》卷四〇三《孟宗政傳》作“將”。

南，宗政自城中出夾擊，殺其衆三萬，金人大潰，訛可單騎遁。

聖楷按：金帥訛可再圍棗陽八十餘日，宗政與之血戰凡十五陳，援師始至，此是宗政第一奇功。若據《再興傳》，則是再興與宗政同在圍城中也，與《趙方傳》不合。又本傳云“會王大任領鋭卒一千冒重圍轉鬬入城”，豈王大任爲再興所統，而先之入耶？三傳共紀一事而矛盾如此，蓋當時秉筆者不出一手，故令赴援與城守之功無所差別。此脱脱之史之陋也。

趙 范

趙范，字武仲，衡山人。京湖制置使方之子，少從父軍中。嘉定十三年，嘗與弟葵殲金人於高頭。十四年，出師唐、鄧，范與葵監軍。孟宗政時知棗陽，憚於供億，使人問曰：“金人在蘄、黄，而君攻唐、鄧，何也？”范曰：“不然。撤襄陽之備以救蘄、黄，則唐、鄧必將躡吾後。且蘄、黄之寇正鋭，曷若先擣唐、鄧以示有餘？唐、鄧應我之不暇，則吾圉不守而自固。寇在蘄、黄，師日以老，然後回師蹙之，可勝敵而無後患。”又敗金人於天長，與弟葵俱授制置安撫司内機，事具《葵傳》。

十五年，丁父憂。起復直秘閣，累進直徽猷閣、知揚州、淮東安撫副使。劉全、王文信二軍老幼留揚州，范欲修軍政，懼其徒漏泄兵機，乃時饋勞，二家既大喜，范即遺徐希稷書，令教二人挈家歸楚，二人從之，范厚賚以遣。有孫海者，其衆亦八百。范併請抽還楚州，又請刱馬軍三千，招遊手之强壯者及籍牢城重役人充之。别籍民爲半年兵，春夏在田，秋冬教閲。官免建砦而私不廢農。

彭義斌使統領張士顯見范，請合謀討李全。范告於制置使趙善湘曰：“以義斌蹙全，如山壓卵；然必請而後討者，知有朝廷也。失此不右，而右凶徒，則權綱解紐矣。萬一義斌無朝命而成大勳，是又唐藩鎮之事，非計之得也。莫若移揚州增戍之兵往盱眙，而四總管兵各留半以備金人，餘皆起發，擇一能將統之。命葵摘淮西精鋭萬人與會於楚州，出許浦海道，五千艘入淮，以斷賊歸路。密約義斌自北攻之，事無不濟。四總管權位相侔，劉琸雖能得其歡心，而不能制其死命。如用琸，須令親履行陳，指蹤四人，不可止坐籌帷幄也。”不報。

范又曰：“國家討賊則自此中興，否則自此不振。若朝廷不欲張皇，則范乃提刑，職在捕盗，但令范以本路兵措置楚州鹽賊，范當調時青、張惠兩軍之半，及其船數百，徑薄楚城，以遏賊路。調夏全、范成進之半，據漣、海而守之。又移揚州之戍以戍盱眙，然後親提精鋭雄勝、强勇等就時青于城外。示賊以形勢，諭賊以禍福，賊必自降。若猶拒守，則南北軍民雜處，必有内應者矣。别約義斌攻之於北，山陽下則進駐漣海以應之，撫歸附家屬以離其黨。不出半月，此賊必亡。若是，則不調許浦水軍，但得趙葵三千人亦足矣。若朝廷憚費，則全有預買軍需錢二十萬在真州，且漣、楚積聚，多自足用。”

丞相史彌遠報范書，令諭四總管各享安静之福。會全且至，范又獻計曰：“撫機不發，事已無及。侯景困喪河南，致毒蕭氏；今逆全不得志於義斌，而復慮四總管應之，歸據舊巢，其謀必急。然蹙之於喪敗之餘者易，圖之於休息之後者難。矧四總管合謀章露，必難遂已。但事機既變，局面不同。若廟算果定，不欲出教令，但得密賜指授，范一切伏藏不動，只約義斌，使自彼攻其所必救，則機會在我，而前日之策可用矣。”還報，戒范無出位專兵。范乃爲書謝廟堂。

二年春，奉祠。三年，彌遠訪將才於葵，葵以范對。進范直敷文閣、淮東提刑兼知滁州。乃上書彌遠曰：“淮東之事，日異日新，然有淮則有江，無淮則長江以北，港汊蘆葦之處，敵人皆可潛師以濟，江面數千里，何從而防哉？今或謂巽辭厚惠可以啗賊，而不知陷彼欵兵之計。或謂斂兵退屯可以緩賊，而不知成彼深入之謀。或欲行清野以嬰城，或欲聚烏合而浪戰，或以賊辭之乍逆乍順而爲喜懼，或以賊兵之乍進乍退而爲寬緊，皆失策也。失策則失淮，失淮則失江，而其失有不可勝諱者矣。夫有遏寇之兵，有遊擊之兵，有討賊之兵。今寶應之逼山陽，天長之逼盱眙，須各增戍兵萬人，遣良將統之。賊來則堅壁以挫其鋒，不來則耀武以壓其境。而又覰釁伺隙，時遣偏師掩其不備，以示敢戰，使雖欲深入而畏吾之擣其虛，此遏寇之兵也。盱眙之寇，素無儲蓄，金人亦無以養之，不過分兵剽掠而食；當量出精兵，授以勇校，募土豪，出奇設伏以勦殺之。此遊擊之兵也。維揚、金陵、合肥，各聚二三萬人，人物必精，將校必勇，器械必利，教閱必熟，紀律必嚴，賞罰必公，其心術念慮必人人思親其上而死其長；信能行此，半年可以强國，一年可討賊矣。賊既不能深入，剽掠復無所獲，而又懷見討之恐，則必反而求贍於金；金無餘力及此，則必怨怒，吾於是可以嫁禍於金人矣。或謂揚州不可屯重兵，恐速賊禍，是不然。揚州者，國之北門，一以統淮，一以蔽江，一以守運河，豈可無備哉？善守者，敵不知所攻。今若設寶應、天長二屯以扼其衝，復重二三帥閫以張吾勢，賊將不知所攻，而敢犯我揚州哉？”朝廷乃召范稟議。

紹定三年，丁母憂，求解官，不許。起復直徽猷閣、淮東安撫副使。尋轉右文殿修撰，賜章服金帶。不得已，卒哭復視事。又爲書告廟堂：“請罷調停之議，一請檄沿江制置司，調王明本軍駐泰興港以扼泰州下江之捷徑；一請檄射陽湖人爲兵，屯其半高郵以制賊後，屯其半瓜州以扼賊前；一請速調淮西兵合滁陽、六合諸軍圖救江面。不然，范雖死江皋無益也。”朝旨乃許范刺射陽湖兵毋過二萬人，就聽節制。於是討賊之謀遂決，遂戮全。進范兵部侍郎、淮東安撫使兼知揚州，累進端明殿學士、東京留守兼江、淮制置使。

入洛之師大潰，乃授京湖安撫制置使兼知襄陽府。范至，則倚王旻、樊文彬、李伯淵、黄岡[①]弼數人爲腹心，朝夕酣狎，了無上下之序，民訟邊防，一切廢弛。屬南北軍將交争，范失於撫御，於是北軍王

① 岡：《宋史》卷四一七《趙范傳》作“國”。

旻内判[①]，李伯淵繼之，焚襄陽北去；南軍大將李虎不救焚，不定變，乃因之劫掠。城中官民尚四萬七千有奇，錢糧在倉庫者無慮三十萬，弓矢器械二十有四庫，皆爲敵有。蓋自岳飛收復百三十年，生聚繁庶，城高池深，甲於西陲。一旦灰燼，禍至慘也。言者劾范，降三官落職，依舊制置使。後卒於家。

聖楷曰：趙范故好功喜事之人哉？然說者謂其狃揚州之捷，遂致洛師之敗，此不足以服其心也。三京八陵，豈可一日委之强寇者？獨惜以范之知，明于料全而昧于北伐也。使當孟珙入蔡滅金之後，各守封境，蓄養人材，歲歉則發廩以救饑，兵暇則屯田以足餉，寇至則以戰爲守，寇退則以守爲戰，宋事何不可爲？乃獨違衆議，饑饉興師，争千里之空城，啟淮、漢之大釁。既失汴京，而范之氣亦索然矣。襄陽煨燼，可勝歎哉！語云："怠生于宦成，病始于新瘳。"其范之謂乎？

管如德

管如德，黄州黄陂縣人。父景模，爲宋將，以蘄州降，授淮西宣撫使。如德爲江州都統制，至元十二年，亦以城降。先是，如德嘗被俘虜，思其父，與同輩七人閒道南馳，爲邏者所獲，械送于郡。如德伺邏者怠，即引械擊死數十人，破械脱走，閒關萬里達父所。景模喜曰："此真吾兒也。"至是，入覲，世祖笑曰："是孝於父者，必忠於我矣。"一日，授以强弓二，如德以左手兼握，右手悉引滿之，帝曰："得無傷汝臂乎？後無復然！"嘗從獵，遇大溝，馬不可越，如德即解衣浮渡，帝壯之，由是稱爲拔都，賞賚優渥。帝問："我何以得天下？宋何以亡？"如德對曰："陛下以福德勝之。襄樊，宋咽喉也，咽喉被

① 判：《宋史》卷四一七《趙范傳》作"叛"。

塞，不亡何恃？”帝曰：“善。”帝又命習國書，曰：“習成，當爲朕言之。”一日，帝語如德曰：“朕治天下，重惜人命，凡有罪者必令面對，果實而後罪之，非如宋權奸擅權，書片紙數字即殺人也。汝但一心奉職，毋懼。”授湖北招討使，總管本部軍馬，佩金虎符。

是年六月，丞相阿朮南攻宋。如德以軍爲前鋒，至揚州子橋，與宋戰，晝夜不息，如德先登陷陣，擒其帥張都統等，宋軍遂潰。七月，進軍佳山江上，復大戰，奪宋帥夏都統牌印、衣甲及餉軍海船，悉送阿朮所。事聞，帝命賞之。軍至鎮江，如德招安諸郡，守將皆望風降附。丞相伯顔取臨安，復選能招諸郡者，衆推如德，如德銜命往諭，紹興諸郡皆下。初，世祖以寳刀賜如德，及與敵戰，刀刃盡缺。宋平，入覲，如德以刀上呈，曰：“陛下向所賜刀，從軍以來，刀缺如是矣。”帝嘉其樸。

十二年，遷浙西宣慰使。上時政五條，曰：立額薄徵，息兵懷遠，立法用人，省役恤民，設官制禄。時法制未備，仕多冗員，又方用兵日本倭國，而廩禄未有定制，故如德言及之，權臣抑不得上。二年，丞相阿塔海命馳驛奏出兵事，入見，世祖問曰：“江南之民，得毋有二心乎？”如德對曰：“往歲旱澇相仍，民不聊生，今累歲豐稔，沐恩多矣，敢有貳志？”帝善其言，且喻之曰：“阿塔海有未及者，卿善輔導之，有當奏聞者，卿勿憚勞，宜馳捷足之馬，來告於朕。”

二十四年，遷江西行省參知政事，破豪猾，去奸吏，居民大悦。是時，贛、汀二州盗起，如德指揮諸將討平之，脅從者多所全宥。二十六年，遷江西行尚書省左丞，時鍾明亮以循州叛，殺掠州縣，千里丘墟。帝命如德統四省兵討之，諸將欲直擣其巢穴，如德曰：“嘻！今田野之氓，疲于轉輸，介胄之士，病于暴露，重困斯民，而自爲功，吾不爲也。”於是遣使諭以禍福，賊感如德誠信，即擁十餘騎，詣贛州石城縣降。平章政事奥魯赤怒其跋扈不臣，欲以事殺明亮，如德聞之曰：“皇元仁厚，未嘗殺降，明亮叛人，何足惜，所重者，信不可失耳！”

年四十有四，卒於軍。贈江西行省左丞、平昌郡[1]，謚武襄。

聖楷曰：管如德父子，宋爪牙之任也，皆以城降，何取乎爾？抑如德之孝，足動主知歟？乃至缺斨蹀血而無怨，然後歎士爲知己者死，由其感憤深也。豈得以犬馬羈之哉？若夫不戮一人而下諸郡，不殺降卒以昭仁信，則又賢于白起諸人遠矣。

康茂才

康茂才，蘄人。元末，結義兵保鄉里。立功，至都元帥。上渡江時，茂才力戰，立寨天寧洲。諸將以襄陽砲破茂才寨，茂才奔至京口，不能脱，率兵三千來降，頓首軍門曰："前日之戰，戮力爲主，屢敗不振，天數，非人力。今願歸死効尺寸。"上喜得茂才，立拜秦淮翼水軍元帥。守龍灣，敗馬馱沙，克樅陽。改營田使，上曰："北方兵亂，失耕乏食，特設此官命汝。"興水利，高下旱澇，時其蓄洩，屯田大獲。仍兼帳前總制親兵左副指揮使。

陳友諒既破姑熟，將窺建康，上密諭茂才曰："有事任汝，能辦乎？"應曰："惟命。"曰："友諒且入寇，吾欲速其來，分其力，紿以虚實，非汝莫可使者。汝與友諒舊，可僞降，約爲内應者。友諒來，吾事濟矣。"對曰："家有老閽，舊事友諒，令持書往，必信。"茂才爲書言："上不足與有爲，兵弱地蹙，四面勍敵。僕委身圈阱，欲奮拔鱗翼，倘大將軍分道遞進，便當納款，建康可唾手得也。"友諒得書大喜，問："康公安在？"曰："守江東橋。"問："橋何爲？"曰："木橋。"遣閽者歸，書答茂才："余某日至橋所，呼'老康'，公即我應。内外奮擊，功成，官賞不爾吝。"茂才以書上，上曰："虜且墮彀中矣。"即命善長日夜易橋鐵石。友諒至，見鐵石橋，愕然，又連呼

① 《元史》卷一六五《管如德傳》"郡"後有"公"。

"老康"不應。遣視營中，瘠馬敝旗，四散落落，益大驚曰："老賊紿我。"語未畢，伏兵四起，友諒狼狽走得脱，擒殺將士數萬。

茂才從破蘄、黄，戰鄱陽湖，圍武昌，有功，升副都護。收湖南，敗吴巫子門，戰尹山橋，逼蘇州，軍其北門。吴平，進督府同知，兼太子左率府使。又從征下齊魯、關隴，鎮河中，節制太原諸城。再征漢中，卒。追封蘄國公，謚武襄。

子鐸，洪武三年以茂才功封蘄春侯，食禄千五百石，與世券，曰："鐸，嫡子也，嫡終無後及庶長。"時鐸年十歲，入侍皇太子讀書大本堂，金鐫"蘄國武義公"五字牌賜鐸及其庶兄鑑。鐸長，督民墾田鳳陽，征辰州獠，平松、疊諸州有功。巡並海諸城，從徐將軍征胡、傅將軍征雲南，皆有功。卒於軍。追封如父，謚忠愍。

聖楷曰：開國勳追封俱再世者，蘄春一人而已，又皆卒于軍。撫塵編如聞鼙鼓，可勝歎哉！

顧成

顧成，字景昭，其先湘潭人。成往來江、淮間，遂居江都。容貌魁梧壯勇，質直有膽略，喜習武事，自文其身，誇異人。或謂成黥徒者，非也。丙申來歸，充帳前親兵，常擎蓋侍上出入，忠謹無過。初授百户，從征，陞金吾副千户、宿衛，陞指揮僉事。從平蜀，破貴州蠻，克普定，功升指揮使、普定衛，進都指揮同知。已而征雲南，成扼普定斷後，進督府僉事，充征南將軍。鎮貴州，征五開六洞，破一百三十七寨，斬首三千。

建文初，令錦衣指揮談全諭成班師。二年，進同知。三年，進右都督。是年閏三月，從盛庸至真定，戰敗被執。成祖解成縛曰："吾且用汝。"遣至北平，侍仁宗，居守有功。建文四年，以左都督封鎮遠侯，食禄一千五百石，與世券。又出鎮貴州，申嚴號令，威信並行。討撫諸蠻，搗臺羅寨，斬叛酋普亮，滅其衆，蠻震慴。卒，年八十五。贈夏國公，謚武毅。蠻中皆祠祀焉。

成八子，長統爲普定指揮使，先卒。孫興祖，永樂十二年嗣侯，贈父統侯，爲總兵。宣德中坐交趾事，徵下獄。正統十四年，從征失律，降都督同知。景帝初，守備紫荆關，詔與伯爵。英宗復辟，詔復侯，出鎮貴州，有戰功，加禄三百石，守南京。宣德中，鎮廣西，坐貪才好色，失地喪師，逮下獄，既而釋之。子翰，先卒。翰子淳，天順八年嗣侯，卒，無子。淳從弟溥者，成諸玄孫也，成化九年嗣侯。溥初學國學，解文墨，嘗總兵團營，爲平蠻將軍。鎮湖廣，擒貴苗僞王，通滇、蜀道，還流移五千家。復爛土長官司，設都匀府，增禄二百石。溥清慎，囊無餘資，英國公張懋爲率布帛供斂事，謚襄恪。子仕隆，弘治十七年嗣侯。仕隆好文諳武，爲京營總兵，寬弘簡質，得士心。充漕運總兵，鎮守淮安，廉幹不苛擾，卒，贈太傅，謚榮靖。子寰，嘉靖七年嗣侯，出爲漕運總兵。二十三年，言官劾罷。伏羌伯毛漢代寰，旨下數日，又劾罷漢，用都督劉壐。壐致仕，居南京，萬表代壐。寰端靖廉明，温恭孝友，時論歸之。言官竟被考察去，寰復爲漕運總兵，鎮守淮安。尋總督京營戎政。

聖楷曰：夏國初事高皇帝，忠謹無過，雖屢從征伐，位不過充將軍而已。迨革除之際，受知成祖，始列爵土，又終其身未嘗去鬼方也。然是時以靖難功封者四十餘人，而夏國之後，獨增華彝鼎，以迄于今。若溥之清慎能文，仕隆之寬弘簡質，寰之廉明孝友，其粲然往牒者矣。豈非事主而捐其私，則胙福必大；立功而忘其報，則錫類無疆。天道亦有不爽者哉！予爲夏國同里人，每求其先世之封樹不可得，輒愾然動弔古之悲。李太史曰：予嘗聞公有戰衣一襲，血染花殷。曾以問公九世孫大禮，云春秋忌日，輒陳以祭其花斑。緊恨不遂索見之也。

張　武

張武，瀏陽人。豁達有勇力，稍涉書史，爲燕山護衛百户。戰真定，破耿炳文兵於滹沱河，設伏戰勝夾河要敵西水寨。累功陞都督同知。建文四年，封成陽侯，食禄千五百石，與世券。當時武功第三，前二人邱福、朱能封公，武侯第一。卒，成祖出内廄馬賻武。贈潞國公，謚忠毅。無子。壻臧子聚、義兒張旺匿誥、券。天順二年，奪入官。

聖楷曰：靖難後以九門、壩上、白溝、滄州、藁城、夾河、靈璧七戰論功，而武功居封侯之首，可謂拔起者矣。鐵券寶綸，天盟廟授，豈能倖致哉？惜其無子國除，不詳青史，以光大業也。是時孝感王忠封靖安侯，亦以無後除。荆州王友封清遠伯，以罪廢，皆靖難功。

楚寶卷第十考異

新化鄧顯鶴湘皋述

名　將

羅紹威

紹威好學工書，頗知屬文。

顯鶴案：《五代史·羅隱傳》：先是，隱適魏，謁鄴王羅紹威，將入境，先寓書敘家世，以紹威爲從子行。幕府吏皆怒曰："隱一布衣，而侄大王，可乎！"紹威素重士，且曰："隱名振天下，王公大人多爲所薄，今惠然肯顧，得爲從子，幸矣。"遂擁旆郊迎，執禮甚恭，隱亦不讓。比行，贈錢百萬，仍以書抵武肅王，稱爲季父。又紹威喜學隱詩，號其文曰《偷江東集》。

紹威勢益孤，太祖乃欲奪其地，紹威始大悔。

案：《資治通鑒》：羅紹威既誅牙軍，雖去其逼，而魏兵自此衰弱。紹威悔曰："合六州四十三縣鐵，不能爲此錯也！"

周行逢

行逢性勇敢，果於殺戮，麾下將吏素恃功驕慢者，一以法繩之。

顯鶴案：《行逢别傳》：行逢本農家子，起微賤，知民閒疾苦，勵精圖治，公而無私。壻唐德求補吏，行逢曰："汝才不堪爲吏，吾今私汝則可矣。汝居官無狀，吾不敢以法貸汝。"與之農具而遣之。辟署僚屬皆取廉介之士，約束簡要，吏民便之。其自奉甚薄，每曰："馬氏父子窮奢極靡，不恤百姓，今子孫乞食於人，尚足效乎？"行逢以坐事，故面有文，或請用藥滅之，恐爲朝廷使者嗤。行逢曰："吾聞漢有黥布，不失爲英雄，吾何恥焉！"性勇果，敢於殺戮。大將十餘人謀爲亂，行逢召宴諸將，酒半，呼壯士曳下斬之，一軍皆畏服。

行逢卒，子保權立，文表聞之，怒。

顯鶴案：《十國春秋·行逢傳》：保權，行逢子。初爲武平軍節度副使。行逢卒，保權年十一，頗英爽有膽氣，宋太祖授以起復檢校太尉、朗州大都督、武平軍節度使。先是，行逢病革時，召將吏，以保權屬之，曰："吾起隴畝爲團兵，同時十人，皆以誅死，惟衡州張文表獨存，然嘗怏怏不得行軍司馬。吾死，文表必亂，宜以楊師璠討之。諸公善佐吾兒，無失土宇。必不得已，當舉族歸朝，無令陷虎口。"

康茂才

上渡江時，茂才立戰。

顯鶴案："上渡江"宜稱"明太祖渡江"。

楚寶卷第十增輯

新化鄧顯鶴湘皋述

名　將

韓　約

韓約，武陵人，本名重華。志勇决，略涉書，有吏幹。

元和中，振武軍饑，宰相李絳請開營田，可省度支漕運及絶和糴欺隱，憲宗稱善，乃以約爲振武、京西營田、和糴、水陸運使。至則出贓罪吏九百餘人，脱其桎梏，給耒耜與牛，使耕其傍便近地，以償所負。釋其粟之在吏者四十萬斛不徵，吏得去罪死，假種糧，齒平人，有以自效，莫不涕泣感奮，相率盡力以奉其令。又爲之奔走經營，相原隰之宜，指授方法。連二歲大熟，吏得盡償所亡失四十萬斛，而私其贏餘，得以蘇息，軍不復饑。約曰："此未足爲天子言。"請益募人爲十五屯，屯置百三十人而種百頃，令各就高爲堡相望，寇來不能爲暴，人得肆耕其中，少罷漕輓之費。朝廷從其議，秋果倍收，歲省度支錢千三百萬。八年，詔拜殿中侍御史，錫服朱銀。其冬來朝，奏曰："得分開田四千頃，可以給塞下五城，田五千頃，法當用人七千。臣令吏於無事時督習弓矢，爲戰守備，因以制寇，庶幾兵農兼事，一舉兩得。"會李絳已罷，宰相持其議而止。

後歷兩池榷鹽使、虔州刺史。交趾叛，領安南都護，再遷太府卿。太和九年，代崔鄯爲左金吾衛大將軍，與李訓誅宦官仇士良等不克，死之。

鄧處訥

鄧處訥，字冲韞，武岡龍潭人。《唐書》本傳載邵州龍潭人。其時武岡隸邵陽，故稱邵州龍潭，即今之龍潭舖，州東一百里。少從江西人閔頊防秋安南，中和元年還，道潭州，逐觀察使李裕，召諸州戍校詢曰："天下未定，今與君等安護州邑，以待天子命，若何？"衆稱善。乃推頊爲留後，請諸朝。僖宗方在蜀，遣使者撫慰。當是時，撫州刺史鍾傳據洪州，議者欲二盜相噬，即復置鎮南軍，擢頊節度使。頊悟，不受命，更爲檢校尚書右僕射、欽化軍節度使，以處訥爲邵州刺史。

朗州武陵人雷滿者，本漁師，有勇力。時武陵諸蠻數叛，荆南節度使高騈擢滿爲裨將，將鎮蠻軍從騈淮南。逃歸，與里人區景思獵大澤中，嘯亡命少年千人，署伍長，自號"朗團軍"。推滿爲帥，景思爲司馬，襲州，殺刺史崔翥。詔授朗州兵馬留後。歲略江陵，焚廬落，劫居人。俄進武貞軍節度使。先是，陬溪人周岳與滿狎，因獵，宰肉不平而鬬，欲殺滿，不克。見滿已據州，悉衆趨衡州，逐刺史徐顥，詔授衡州刺史。石門峒酋向瓌聞滿得志，亦集夷獠數千屠牛勞衆，操長刀柘弩寇州縣，自稱"朗北團"，陷澧州，殺刺史呂自牧，自稱刺史。

頊既彊大，且治人有恩，哀徐顥窮，率兵納之。向瓌召梅山十峒獠斷邵州道，頊掩其營。周岳嬴軍誘戰，頊墮伏中，故大敗。淮西將黄皓殺頊。岳聞亂，以輕兵入潭州，自稱欽化軍節度使。處訥聞之哭，諸將入弔。處訥曰："與君等荷僕射恩，若合一州之兵問周岳罪，奈何？"衆曰："善。"於是礪甲訓兵，積八年，結雷滿爲援，攻岳斬之，自稱留後。昭宗詔拜武安軍節度使。

不三日，會劉建鋒、馬殷兵至，攻醴陵，處訥遣邵州豪傑蔣勛、鄧繼崇率兵三千斷龍回關。勛以牛酒犒師，殷説勛曰："劉公勇知絶人，術家言當興翼、軫閒。今精兵十萬，攻必下，戰必克，不如下之，富貴可得也。”勛謂然。又其下畏建鋒虐，夜棄甲走。建鋒至關曰：“此天意也！”盡用邵旗鎧趨潭州。守者以爲勛軍，納之。既入，處訥方宴，執而殺之。

楊再興

楊再興，臨岡人，賊曹成將也。紹興二年，岳飛破成，入莫邪關。第五將韓順夫解鞍脱甲，以所虜婦人佐酒。再興率衆直入其營，官軍卻，殺順夫，又殺飛弟翻。成敗，再興走躍入澗，張憲欲殺之，再興曰：“願執我見岳公。”遂受縛。飛見再興，奇其貌，釋之，曰：“吾不汝殺，汝當以忠義報國。”再興拜謝。

飛屯襄陽以圖中原，遣再興至西京長水縣之業陽，殺孫都統及統制滿在，斬五百餘人，俘將吏百人，餘黨奔潰。明日，再戰於孫洪澗，破其衆二千，復長水，得糧二萬石以給軍民，盡復西京險要。又得僞齊所留馬萬匹，芻粟數十萬。中原響應。復至蔡州，焚賊糧。

飛敗金人于郾城，兀术怒，合龍虎大王、蓋天大王及韓常兵逼之。飛遣子雲當敵，鏖戰數十合，敵不支。再興以單騎入其軍，擒兀术不獲，手殺數百人而還。兀术憤甚，併力復來，頓兵十二萬于臨潁。再興以三百騎遇敵于小商橋，驟與之戰，殺二千餘人，及萬户撒八孛堇、千户百人。再興戰死。後獲其屍，焚之，得箭鏃二升。

> 顯鶴《武岡志》贊曰：唐末群雄蜂起，處訥起自田閒，建牙列鎮，功名之際，固運會使然哉。觀其眷懷舊恩，灑淚誓師，與雷滿、景思之徒不可同日語矣。再興初隸曹成，一賊將耳，及感岳公忠義報國之言，摧鋒陷陣，奮不顧身。至於馬革裹屍，體無完膚，何其烈也！再興，臨岡人，《宋史》既不詳里居，而《南蠻傳》又但紀其扇亂之迹。至其子正拱，猶以叛誅，豈其時有兩再興與？何父子異趣，而議功之典初不聞於朝也？

顯鶴按：舊《志》：再興叛應曹成。權知潭州、荆湖東路都總管岳飛討曹成於賀州，成走邵州。飛遣部將徐慶至邵，執其將楊再興，釋之，令勦其黨，餘寇悉平。今以《宋史·岳飛傳》及《南蠻傳》合考之，時事頗合。飛《傳》：紹興二年，賊曹成擁衆十餘萬據道、賀二州，聞飛將至，驚曰："岳家軍來矣。"即分道而遁。飛入賀州境，成據險拒守。飛麾兵掩擊，破其衆，成奔連州。飛乃遣張憲自賀、連，徐慶自邵、道，王貴自郴、桂，招降者二萬。再興本傳：飛破成，入莫邪關。再興走躍入澗，張憲欲殺之，再興曰："願執我見岳公。"遂受縛。飛見再興，奇其貌，釋之，曰"吾不汝殺，當以忠義報國"云云，不言何處人。又《南蠻傳》：紹興二十四年，禽楊正修及其弟正拱，送理寺獄，斬之。初，正修侍其父再興入覲，獻還省民疆土，遂命以官。建炎後，與弟正拱率九十團峒猺人出武岡軍，縱火殺掠民財爲亂。紹興閒，潭州帥司嘗招徠之，後復作亂，屢抗官軍，至是伏誅。乾道十年，全州上言："本州密邇谿峒，交相鼓扇，深爲邊患。如武岡楊再興、桂陽陳峒相繼爲亂，實原於此。"考再興獻還省民疆土，入覲命官，已在建炎之前矣。豈命官後又叛應曹成，及降飛後其子又以叛誅耶？其爲兩人姓名無疑。特以再興本傳既無里居，而姓名、時代正復相同，亦不能辨其必非一人也。

又按，五代時亦有楊再興。乾寧中，飛山峒酋潘全盛遣其黨楊承磊寇武岡。時馬殷初據湖南，遣邵州刺史吕師周率衡山兵三千人討平之。承磊族人楊再興等，以其地附於楚。大抵楊氏盤踞誠徽溪峒之閒，世有其地，《宋史》所稱"十峒首領皆楊姓也"。《新寧志》謂"再興從楊業討粤寇，身被箭簇二升而死"則以訛傳訛，更無謂矣。楊業終身未離代州，去再興戰死之時垂二百年，方志之可笑如此。《宋史》"楊業，并州太原人"，《明一統志》載"業墳在古北口"，顧林亭《日知録》笑明人不學之陋。今俗云楊令公守山海關，尤爲鄙俚可笑。又稱業爲寶慶人。考《宋史》，業之子延昭驍勇善戰，在邊防二十年，契丹憚之，即世所稱楊六郎者也。延浦、延訓、延環、延貴、延彬並貴顯，官供奉殿直。昭子文廣爲廣西鈐轄，知宜、邕二州，英宗曰："文廣名將後，且有功。"擢成州團練使。時稱楊氏世將。而誠徽諸楊十峒首領，亦以其時率其族姓二十二州峒歸附，詔補爲右班殿直、三班奉職，子弟補授有差。而楊通寶又爲誠州刺史，時稱楊氏世勳。其時同，其姓同，其授官同，其官之地又略同，則流俗譌傳有自來矣。

又《湖南通志》："楊再興，武岡軍猺人。"注：《宋史》不著本貫，舊《志》作臨岡人，今從《高宗本紀》更正。顯鶴按：《高宗本紀》："紹興三年冬十月己卯，席益遣統制吴錫率兵討猺賊楊再興，大破之。十年秋七月甲寅，岳飛遣統制楊再興、王蘭等擊金人於小商橋，皆戰死。"據此，則戰死小商橋之再興似即吴錫討破之人，此《通志》所本也。然據飛及再興本傳，在"紹興二年"與本紀不合，今不能信其必爲一人，要其爲楚人無疑也。臨岡即新寧，宋隸武岡軍。

秦再雄

秦再雄，辰州人。長七尺，武健多謀。先是，馬希範承襲父業，據有湖南，時蠻猺保聚，依山阻江，殆十餘萬。至周行逢時，數出寇邊，逼辰、永二州，殺掠民畜無寧歲。

太祖既下荆、湖，思得通蠻情、習險阨，勇知可任者以鎮撫之。再雄在行逢時屢立戰功，蠻黨懾伏。太祖召至闕下，察其可用，擢辰州刺史。官其子爲殿直，賜予甚厚，仍使自辟吏屬，予一州租賦。再雄感恩，誓死報效。至州日訓練土兵，得三千人，皆能被甲渡水，歷山飛塹，捷如猿猱。又選親校二十人分使諸蠻，以傳朝廷懷來之意，莫不從風而靡，各得降表以聞。太祖大喜，復召至闕，面加獎激，改辰州團練使，又以其門客王允成爲辰州推官。再雄盡瘁邊圉，五州連袤數千里，不增一兵，不費帑庾，終太祖世，邊境無患。

顯鶴按：再雄事見《宋史》溪峒諸蠻傳，編次當在唐[①]處訥後、楊再興前。以處訥、再興二傳合贊，從《武岡志》采出，故次再雄於後。

楊完者

楊完者，城步人，世爲土官。元至正十五年，達識帖睦邇爲江浙行省左丞相，時江淮盜勢日盛，南北阻隔。達識帖睦邇獨治方面，任用非人，所部州縣往往淪陷。

十六年正月，張士誠陷平江。七月，逼杭州，達識帖睦邇即棄城遁於富陽。時完者駐嘉興，引兵至，及萬户普賢奴擊去士誠，達識帖睦邇乃還。初，達識帖睦邇兵屢敗，議者謂蠻兵可用，乃請於朝。至寶慶，招武岡路土官完者至，達識帖睦邇以爲海北宣慰使、都元帥。尋陞江浙行省參政。至是，遂陞右丞。時余闕爲江浙左丞，完者爲右丞云。

達識帖睦邇方倚完者爲重，而心忌其專。士誠屢爲完者所敗蹙，請降，完者以爲言。達識帖睦邇實幸其降，遂授士誠太尉。士誠雖降，仍據城如故，惟忌完者。朝廷方以招安士誠爲達識帖睦邇功。當是時，徽州、建德皆已陷，完者出師不利，士誠素欲圖完者，達識帖睦邇亦甚厭之，乃陰與士誠定計除完者。揚言使士誠出兵復建德，完者營在杭城北，不爲備，遂被圍。軍潰，完者與其弟伯顔皆自殺。事聞，贈完者潭國忠愍公，伯顔衡國忠烈公。完者既死，士誠遂據杭州，不可制云。

顯鶴按：陶九成《輟耕録》載，楊完者所統土兵，異服方言，爲五溪遺種，尅復諸州，慘苦莫甚。《元史》因據以入傳。其實完

① 唐：據文意作“鄧”。

者之功，自不可滅。其死也，楊廉夫、袁景文諸人皆哭以詩，可想其保障東南，禮賢下士，能使一時士大夫心折，久而不忘如此，非漫無紀律，肆爲鈔掠者所能也。《元史》附見達識帖睦邇傳，既失其實，方志又語焉不詳。今參考史志爲傳，增輯《名將》後，庶不使桓桓忠愍，遺謗千載。并録鐵崖諸詩於後云。

附録　山陰楊維禎《和楊参政完者題省府壁韻》：皇元正朔承千祀，天下車書共一家。一柱東南擎白日，五城西北護丹霞。寶刀雷焕蒼精傑，天馬郭家獅子花。收拾全吴還聖主，將軍須用李輕車。將軍三軍共甘苦，將軍之度吞百川。樓蘭矯制嗤介子，定遠破虜銘燕然。相君勸酒春如海，壯士吹笳霜滿天。謗書不解惑明主，將軍努力安三邊。

盧陵張昱《過楊忠愍公軍府留題》：總是田家門下客，誰於軍府若爲情。林花滿樹鶯都散，雨水平池草自生。街上相逢驚故吏，馬前迎拜泣殘兵。能言樓上題詩處，獨有將軍舊姓名。

華亭袁凱《過楊右丞墓》：鐵騎千群下九江，將軍才氣古無雙。誓傾淮海鯨鯢窟，痛洗東南禮義邦。關羽不妨吴寇入，費禕終惑魏人降。腐儒憂國思家淚，獨向西風洒石釭。

曾　華

曾華，字萼叟，武岡人。幼嚴重有識，與群兒戲，能以兵法部勒其衆。長知兵，以從軍官廣東宣慰使、僉都元帥府事，爲楊完者部將。至正中，完者以土兵破走張士誠，累官江浙行省參政，遣華備浦陽縣。華撫恤士卒，紀律嚴明。兵至，士民安堵，市不易肆，歌舞載道。後被完者檄移鎮，一夕即去，不聞人馬聲。浦陽人曰：“使大將皆如曾將軍之紀律，何致使吾民暴露於山澤中耶？”作嘉政祠，立石記之，宋濂爲文。

顯鶴《武岡志》贊曰：元季喪亂，群雄競起，盜賊充斥，所在爲民害者何限？楊完者以谿峒土官摧東南强敵，而殺戮之慘，君子病之。曾華爲其部將，乃能嚴戢士伍，所至之處，民不知兵，或以爲華之賢過於完者遠矣。雖然，完者亦人傑也哉！

胡　美

胡美，沔陽人。初名廷瑞，避太祖字，易名美。初仕陳友諒，爲江西行省丞相，守龍興。太祖既下江州，遣使招諭美，美遣使鄭仁傑詣九江請降，且請無散部曲。太祖初難之，劉基蹴所坐胡牀。太祖悟，賜書報曰：“鄭仁傑至，言足下有效順之誠，此足下明達也；又恐分散所部，此足下過慮也。吾起兵十年，奇才英士，得之四方多矣。有能審天時，料事機，不待交兵，挺然委身來者，嘗推赤心以待，隨其才任使之。兵少則益之以兵，位卑則隆之以爵，財乏則厚之以賞，安肯散其部曲，使人自危疑，負來歸之心哉？”美至，慰勞之，俾仍舊官。

美之降也，同僉康泰、平章祝宗不欲從，美微言於太祖。太祖命將其兵，從徐達征武昌。二人果叛，攻陷洪都。達等還兵擊定之。祝宗走死，執康泰歸於建康。太祖以泰爲美甥，赦勿誅。美從征武昌，復與達等帥馬步舟師取淮東，進伐張士誠，下湖州，圍平江，别將取無錫，降莫天祐。師還，加榮禄大夫。

其冬，命爲征南將軍，帥師由江西取福建，諭之曰：“汝以陳氏丞相來歸，事吾數年，忠實無過，故命汝總兵取閩。汝嘗攻閩中，宜深知其地利險易。今總大軍攻圍城邑，必擇便宜可否爲進退，無失機宜。”美遂渡彬關，下光澤，邵武守將李宗茂以城降。次建陽，守將曹復疇亦降。進圍建寧，守將同僉達里麻、參政陳子琦謀堅守以老我師，美數挑戰，不出，急攻之，乃降。整軍入城，秋毫無所犯，執子琦等送京師，獲將士九千七百餘人，糧糗馬畜稱是。福建悉平。美留守其地，尋召還，從幸汴梁。

太祖即位，以美爲中書平章、同知詹事院事。洪武三年命赴河南，招集擴廓故部曲。是年冬論功，封豫章侯，食禄千五百石，予世券，誥詞以竇融歸漢爲比。十三年改封臨川侯，董建潭府於長沙。太祖榜列勳臣，謂持兵兩雄閒，可觀望而不觀望來歸者七人。七人者，韓政、曹良臣、楊璟、陸聚、梅思祖、黄彬及美，皆封侯。美與璟有方面勳，帝遇之尤厚。十七年坐法死。

黄　　彬

黄彬，江夏人。從歐普祥攻陷袁、吉屬縣，徐壽輝以普祥守袁州。及陳友諒殺壽輝，僭僞號，彬言於普祥曰："公與友諒比肩，奈何下之？友諒驕恣，非江東敵也，保境候東師，當不失富貴。"普祥遂遣使納欵。友諒遣弟友仁攻之。彬與普祥敗其衆，獲友仁。友諒懼，約分界不相犯，乃釋友仁。時江楚諸郡皆爲陳氏有，袁扼其要害，潭、岳、贛兵不得出，友諒勢大蹙。太祖兵臨之，遂棄江州，彬力也。

太祖至龍興，令普祥仍守袁州，而以彬爲江西行省參政。未幾，普祥死，彬領其衆。普祥故殘暴，彬盡反所爲，民甚安之。從常遇春征贛州。饒鼎臣據吉安，爲熊天瑞聲援。遇春兵至，鼎臣走安福，彬以兵躡之。鼎臣走茶陵，天瑞乃降。永新守將周安叛，彬從湯和執安，鼎臣亦殪。移鎮袁州，招集諸山寨，江西悉定，進江淮行省中書左丞。

洪武三年封宜春侯，歲禄九百石，予世券。二十三年坐胡惟庸黨死，爵除。

蕭 授

蕭授，華容人。由千户從成祖起兵，至都指揮同知。永樂十六年擢右軍都督僉事，充總兵官，鎮湖廣、貴州。

宣德元年，鎮遠邛水蠻銀總作亂。授遣都指揮張名破斬之。貴州宣慰所轄乖西巴香諸峒寨，山箐深險，諸蠻錯居，攻剽他部，傷官軍，發民塚，而昆阻比諸寨亦恃險不輸賦。二年，授遣都指揮蘇保等攻破昆阻比寨，窮追，斬僞王以下數百人，乖西諸蠻皆震懾歸命。

水西蠻阿閉妨宜作亂，授結旁寨酋，以計誅之。而西堡蠻阿骨等與寨底、豐寧諸苗復相聚爲寇，授且捕且撫。諸蠻先後聽命，承制赦之。以豐寧酋稔惡，械送京師，伏誅。七年諭降安隆酋岑俊。已，討辰州蠻，禽其酋八十，斬馘無算。移兵擊江華苗，討富川山賊，先後破禽之。

先是，貴州治古、答意二長官司苗數出掠。授築二十四堡，環戍，賊不得逞。久之，其酋吴不爾覘官軍少，復掠清浪，殺官吏。授遣張名擊破之。賊走湖廣境，結生苗，勢復張。授乃發黔、楚、蜀軍分道捕討。進軍筸子坪，誅不爾，斬首五百九十餘級。賊悉平。九年，都勻蠻爲亂，引廣西賊入掠。授遣指揮陳原、顧勇分道邀擊，獲賊首，下五十餘寨。

英宗即位，命佩征蠻副將軍印，鎮守如故。正統元年，普定蠻阿遲等叛，授遣顧勇等擣其巢，破之。而廣西蒙顧十六洞與湖廣逃民相聚蜂起，授督兵圍之，悉就誅。捷聞，進右都督。上言："靖州與廣西接壤，時苦苗患。永樂、宣德閒嘗儲糧數萬石備軍興。比年儲糧少，有警，發人徒轉輸，賊輒先覺，以故不能得賊。乞於清浪、靖州二衛，各增儲五萬石，庶緩急可藉。"報可。

四年，貴州計沙賊苗糾紅江生苗作亂。授督兵抵計沙，分遣都指揮鄭通等大破之，生苗盡降。授沉毅多計算，裨校皆盡其材，而馭軍嚴整。自鎮遠侯顧成歿，群蠻所在屯結。官軍討之，多無功。授在鎮二十餘年，規畫多本於成，久益明練，威信大行，寇起輒滅，前後諸帥莫及也。論功，進左都督。是年六月召還，以老致仕。尋起視事右府。十年卒。贈臨武伯，謚靖襄。

顯鶴按，胡美、黄彬初隸陳氏，迄太祖龍興，翻然來歸，可謂知順逆之勢，識興亡之機者矣。迹其論功酬庸，坐享茅土，而卒不免於誅死，惜哉！蕭授起家千户，經略楚、黔，在鎮二十餘年，威信著於蠻夷，史稱其沉毅多計，御軍嚴整，規畫多本於顧成，其能以功名終也宜哉。

李應祥

李應祥，湖廣九谿衛人。以武生從軍，積功至廣西思恩參將。

萬曆七年，巡撫張任大征十寨，應祥與有功。即其地設三鎮，築城列戍。應祥方職營建，會擢松潘副總兵，當事者奏留之，以新秩涖舊任。從總兵王尚文大破馬平賊韋王明。尋以署都督僉事，入爲五軍營副將。

十三年改南京左府僉事，出爲四川總兵官。松、茂諸番列砦四十八，歲爲吏民患。王廷瞻撫蜀時，嘗遣副將吴子忠擊破丢骨、人荒、没舌三寨，諸酋乃降。故事，諸番歲有賞賚，番恃强要索無已。其來堡也，有下馬、上馬、解渴、過堡酒及熱衣氣力偏手錢；戍軍更番，亦奉以錢，曰新班、架梁、放狗、躧草、掛綵。延瞻一切除之，西陲稍靖。僅六七年，勢復猖獗。是年夏，楊柳番出攻普安堡，犯歸水崖、石門坎，遂入金瓶堡，殺守將，巡撫雒遵屬應祥討之。提卒三千人茂州，克一巖。番恃險，剽如故。

無何，遵罷，徐元泰代。檄諭之，使三反，番不應。窺蒲江關，斷歸水崖、黄土坎道，築牆五哨溝，絶東南聲援。見官軍少，相顧笑曰："如此磨子兵，奈我何！"磨子者，謂屢旋轉而數不增也。其冬突平夷堡，掠良民，刳其腸，繞二牛角，牛奔，腸寸裂。明年正月，遂圍蒲江關，礮燬雉堞。守將朱文達出，斬數十人。賊稍解，東南路始通。

元泰決計大征，諸路兵悉集，乃命遊擊周于德將播州兵爲前鋒，遊擊邊之垣將酉陽兵爲後拒，故總兵郭成將敘、馬兵抗其吭[①]，參將朱文達將平茶兵擊其脅，而應祥居中節制，参議王鳳監之。應祥令軍中各樹赤、白幟一。良民陷賊者徒手立赤幟下，熟番不附賊者徒手立白幟下，即免罪。番雖多，遇急不相救。國師喇嘛者，狡猾，聯姻青海酋丙兔與灣仲、占柯等，刻木連大小諸姓，歃血詛盟。至是邀灣仲、占柯先犯歸化以嘗官軍。于德誘擒喇嘛、灣仲，守備曹希彬，復擊斬占柯。丟骨、人荒、没舌三砦最强，于德皆攻克，復連破卜洞王諸砦。文達、成、之垣亦各拔數砦，與于德軍合。遂攻破蜈蚣、茹兒諸巢。嘉靖初，之垣祖輪以指揮討茹兒賊，被殺，漆其頭爲飲器。及是六十年，之垣乃得之，以還葬焉。

賊屢北，窘，悉棄輜重餌官軍。官軍不顧，斬關入，賊多死，河東平。尋渡河而西，連破西坡、西革、歪地、乾溝、樹底諸巢。有小粟谷者，首亂。覘大軍西，不設備。郭成夜襲之，大獲。牛尾寨尤險惡，將士三路夾攻，火其柵，斬酋合兒結父子。河西亦平。諸軍得所積稞粟，留十日，盡焚其砦，以六月班師。其逃竄谷者，求偏頭結賽乞降。應祥令埋奴設誓，然後許之。埋奴者，番人反接其奴，獻軍前，諕天而誓，即牽至要路，掘坎埋之，露其首，凡埋二十三人。偏頭結賽雅善天竺僧。僧言歲在雞犬，番有阨。偏頭信之，預匿山谷中。逸賊以爲神，跡而拜求之，故偏頭爲之請。是役也，焚碉房千六百有奇，生禽賊魁三十餘人，俘馘以千餘計。自是群番震驚，不敢爲患，邊人樹碑記績焉。

建昌、越巂諸衛，番猓雜居。建昌逆酋曰安守，曰五咱，曰王大咱，與越巂邛部黑骨夷竝起爲亂。巡撫徐元泰議討，徵兵萬八千，仍以文達、之垣分將，應祥統之，副使周光鎬監其軍。十一月，光鎬先渡瀘，黑骨與大咱已據相嶺，焚三峽橋；五咱等亦寇禮州、德昌二所。時

① 抗：《明史》卷二四七《李應祥傳》作“扼”。

徵兵未集，光鎬先設疑，以嘗相嶺賊，賊果退據桐槽。桐槽者，大咱巢穴也。已而諸道兵盡抵越嶲，應祥令文達攻五咱，之垣攻大咱，姑置黑骨夷弗問。夜半走三百里抵禮州。賊半渡，文達擊敗之，遂渡河搗其巢。之垣亦屢破桐槽，大咱亡入山峪中。

無何，五咱據磨旗山挑戰。官軍夾擊，賊退保毛牛山。山延袤六七百里，連大小西番界，文達兵大破之。五咱西遁，與安守合，結砦西谿。會所徵鹽井馬剌兵三千至，狰獰跳躍，類非人形，諸番所深畏。應祥偵賊將劫營，乃潛移己營，而令馬剌兵屯其處。夜分賊來襲，馬剌起擊之，伏屍狼藉。諸將遂進攻西谿，逐北至磨砦。七板番連兵圖五咱，而令裨將田中科營麥達，逼安守。會諜者報守謀襲中科，應祥夜飲材官高逢勝三巨觥，令率敢死士三百疾趨七十里，抵麥達而伏。守夜至，遇伏被禽。守爲群寇魁，守殪，西南邛窄、苴蘭、靡莫諸酋皆震怖。商山四堡番乞降於之垣，大小七板番乞降於文達。各埋奴道左，呼號頓首，誓世世不敢叛。五咱勢窮，走昌州，亦爲裨將王言所獲。

土木安四兒者，居連昌城中，潛剽掠於外。至是知禍及，率黨數百人走據虛郎溝。諸軍既滅五咱，應祥遣之北，示將討黑骨者，四兒遂弛備，將士忽還軍襲之，獲四兒。

復討大咱。初，大咱敗，匿所親普雄酋姑咱所。大軍至，姑咱懼，密告裨將王之翰，之翰搜得大咱；而黑夷酋阿弓等七人在大孤山，亦先爲之翰所禽。於是建昌、越嶲諸番盡平。上首功二千有奇，撫降者三千餘人。時萬曆十五年七月也。

邛部屬夷膩乃者，地近馬湖。其酋撒假與外兄安興、木瓜夷白祿、雷坡賊楊九乍等，數侵掠内地。巡撫曾省吾議討之。會有都蠻之役，不果。乃建六堡，益戍兵千二百人。而諸蠻鴟張如故。及建、越興師，又藏納叛人。元泰乃令都指揮李獻忠等分勦。賊詐降，誘執獻忠等三將，殺士卒數千人，勢益猖獗。應祥等師旋，元泰益徵播州、酉陽諸士兵，合五萬人，令應祥督文達、之垣及周于德諸將三道入，故總兵郭成亦從征。十一月，于德首敗白祿兵，追至馬蝗山，懸索而登，賊潰。乘勢攻木瓜夷，射殺白禄。追至利濟山，雪深數尺。于德先登，復大敗賊，毁其巢。初，撒假、九乍率萬人據山，播州兵擊走之。至是，文達復破之大田壩，合于德兵追逐，所向皆捷。遊擊萬鏊躡擊撒假於鼠囤，獲其妻子。郭成復至三寶山大戰，生禽撒假。安興據巢守，文達、鏊分道入，獲其母妻，安興擲金於途，以緩追者，遂得脱。已，諸軍深入，竟獲之。他夷猓畏威降者二千餘人，悉獻還土田，願修職貢，兵乃罷。凡斬首一千六百九十餘，俘獲七百三十有奇，以其地置屏山縣。論功，應祥屢加都督同知，元泰亦至兵部尚書。

當是時，蜀中劇寇盡平，應祥威名甚著。御史傅霈按部，詰應祥冒餉，應祥賄以千金，爲所奏，罷職。兵部舉應祥僉書南京右府，給事中薛三才持不可。

二十八年大征播州。貴州總兵官童元鎮逗遛，總督李化龍劾之，薦應祥代。時分兵八道，貴州分烏江、興隆二道。詔元鎮充爲事官由烏江入，應祥由興隆入，諸道尅二月望進兵。應祥未受事，副將陳寅等已連克數囤，拒賊四牌高囤下，别遣兵從閒道直搗龍水囤。他將蔡兆吉又自乾坪抵箐岡，過四牌。賊首謝朝俸營其地，四面峭壁深箐，前二關。賊從高鼓譟，官軍殊死戰，俘朝俸妻子，乘勢抵河畔。會烏江敗書聞，斂兵不進者旬日。及應祥受任，益趣諸將急渡。寅等乃取他道渡河，而潛爲浮橋以濟師。諸軍渡，賊失險，乞降者相繼，應祥悉受之。賊所恃止黄灘一關，壁立，衆死守。會賊徒石勝俸等率萬餘人降，告曰："去黄灘三十里有三關，入播門户也，先襲破之，則黄灘孤難守。"應祥然其計，令偕陳寅率精卒四千夜抵關下。勝俸以數十騎誘開門，殲其戍卒。黄灘賊懼。寅督諸將渡河攻關前，勝俸由墳林暗渡襲關後，賊乃大敗。應祥直抵海龍囤，合諸道兵共滅楊應龍。

播既平，還鎮銅仁。明年改鎮四川。播遺賊吴洪、盧文秀等惡有司法嚴，而遵義知縣蕭明世失衆心。洪等遂稱應龍有子，聚衆爲亂。應祥偕副使傅光宅捕之，盡獲。應祥尋卒於官，以平播功，贈左都督，世蔭千户。

應祥爲將，謀勇兼資，所至奏績。平蜀三大寇，功最多。

楚寶知謀論次目録

鬻子年九十，見文王。文王曰："噫！老矣。"鬻子曰："使臣捕獸逐麋，已老矣；若使坐策國事，臣年尚少。"文王善之，遂以爲師。《周書》曰：知與衆人同者，非人師也，成事必在大知。鬻子知計過人，多歷歲月，故能輔成文、武之道，功先周、召。今之策國事者，疇念黄發哉！《詩》云："老夫灌灌，小子蹻蹻。匪我言耄，爾用憂謔。"蓋新進與老成不可同事久矣。楚懷王能用昭子之言不入秦，何至令屈平痛哭江潭耶？秦豈盡知，山東豈盡愚，從衡諸人皆爲一身取富貴資耳！其流毒乃至于後世。述《知謀》第五，凡二卷。

知謀一　鬬伯比　蔿賈　范山　伍參　昭奚恤　昭陽　干象　景鯉　昭雎　傅慎子　黄歇

知謀二　朱建　袁盎　龐統　劉巴　黄蓋　桓階　蒯越　潘濬　楊儀　鄧騫　朱朴　王登

增輯　中射之士　藍尹亹　文種　莊生　陳軫　汗明　朱英

楚寶卷第十一

明湘潭周聖楷伯孔輯纂

知　謀

鬭伯比

鬭伯比，楚大夫，羋音米姓，若敖熊儀之後也。楚武王二十五年，東侵隨，使薳音威章求成焉。軍於瑕以待之。隨人使少師董成。伯比言於武王曰："吾不得志於漢東也，我則使然。我張吾三軍，而被吾甲兵，以武臨之，彼則懼而協以謀我，故難閒也。漢東之國，隨爲大。隨張，必棄小國。小國離，楚之利也。少師侈，請羸師以張之。"熊率且音律徂比曰："季良在，何益？"伯比曰："以爲後圖，少師得其君。"

王毁軍而納少師。少師歸，請追楚師。隨師將許之，季良止之，曰："天方授楚。楚之羸，其誘我也。君何急焉？臣聞小之能敵大也，小道大淫。所謂道，忠於民而信於神也。上思利民，忠也；祝史正辭，信也。今民餒而君逞欲，祝史矯舉以祭，臣不知其可也。"公曰："吾牲牷肥腯，音突，牛羊曰肥，豕曰腯。粢盛豐備，何則不信？"對曰："夫民，神之主也。是以聖王先成民，而後致力於神。故奉牲以告曰：'博碩肥腯。'謂民力之普存也，謂其畜之碩大蕃滋也，謂其不疾瘯音族，疥癬也。蠡音裸，無毛也。也，謂其備腯咸有也。奉盛以告曰：'潔粢豐盛。'謂其三時不害，而民和年豐也。奉酒醴以告曰：'嘉粟旨酒。'謂其上下皆有嘉德而無違心也。所謂'馨香'，無讒慝也。故務其三時，修其五教，親其九族，以致其禋祀。於是乎民和而神降之福，故動則有成。今民各有心，而鬼神乏主，君雖獨豐，其何福之有？君姑修政而親兄弟之國，庶免于難。”隨侯懼而修政，楚不敢伐。

隨少師有寵，伯比復言于王曰：“可矣。讎有釁，不可失也。”三十七年，楚子伐隨，軍于漢、淮之閒。季良請下之：“弗許而後戰，所以怒我而怠寇也。”少師謂隨侯曰：“必速戰。不然，將失楚師。”隨侯禦之，望楚師。季梁曰：“楚人上左，君必左，無與王遇。且攻其右，右無良焉，必敗。偏敗，衆乃攜矣。”少師曰：“不當王，非敵也。”弗從。戰於于速杞，隨師敗績。隨侯逸，鬬丹獲其戎車，與其戎右少師。隨及楚平，武王將不許，伯比曰：“天去其疾矣，隨未可克也。”乃盟而還。

四十二年，楚屈瑕伐羅，伯比送之。還，謂其御曰：“莫敖官名屈瑕爲此官必敗。舉趾高，心不固矣。”遂入見于王曰：“必濟師。”王辭焉。入告夫人鄧曼，鄧曼曰：“大夫，其非衆之謂。其謂君撫小民以信，訓諸司以德，威莫敖以刑也。莫敖狃于蒲騷之役，將自用也，必小羅。君若不鎮撫，其不設備乎？夫固謂君訓衆而好鎮撫之，召諸司而勸之以令德，見莫敖而告諸天之不假易也。不然，夫豈不知楚師之盡行也。”楚子使賴人追之，不及。莫敖使狥于師曰：“諫者有刑！”及鄢，亂次以濟，遂無次，且不設備。及羅，羅與盧戎兩軍之，大敗之。莫敖縊于荒谷。群帥囚于冶父以聽刑。楚子曰：“孤之罪也。”皆免之。

吕東萊曰：嘗考鬬伯比之謀，既假毀軍之詐，而中少師之欲；復假少師之請，而激季梁之諫；復假季梁之重，而致隨侯之懼；復假隨侯之懼，而增少師之慚；復假少師之寵，而阻季梁之請。置毫末之毒于少師之心，而一國君臣展轉熏染，自勝自負，自起自仆，自予自奪，如輪如機，不得少息。吾端坐拱手，不動聲色，而徐制其敝焉。今時往事陳，書之簡册，讀者猶不知其端倪，况當時自墜其網者乎！

《水經注》曰：隨縣，故隨國也，楚滅之以爲縣。有溠水出縣西北黄山。楚武王伐隨，令尹鬭祁、莫敖屈重，除道梁溠，軍臨于隨，即此水也。水側有斷蛇丘，昔隨侯出而見大蛇中斷，因舉而藥之，故謂之斷蛇丘。後蛇銜明珠報德，世謂之“隨侯珠”，亦曰“靈蛇珠”。丘南有隨季良大夫池。

聖楷按，周武王大封同姓四十人，隨爵爲侯，至楚昭王時尚存。其卻吴人曰：“以隨之僻小而密邇于楚，楚實存之，世有盟誓，至于今未改。”不知何時始滅入楚，《史記》國表俱不載。

羅、鄀、盧戎考

羅，熊姓，子爵。初，國南郡枝江，楚文王移之長沙境内。秦立長沙郡，因以爲羅縣，即今湘陰、平江二縣地，羅水所從出也。鄀亦小國，在宜城縣南。《水經・沔水》：“又東過中盧縣東。”注云：“即春秋盧戎之國也。”縣西山中有一石穴出馬，其事近誕，故不載。

蔿 賈

蔿賈，字伯嬴，芈音米姓，蚡冒之後。薳章食邑于蔿，故以命氏。楚成王時，子玉伐陳有功，子文使爲令尹。王將圍宋，使子文治兵于睽，終朝而畢，不戮一人。子玉治兵于蔿，終日而畢，鞭七人，貫三人耳。國老皆賀子文，子文飲之酒。蔿賈尚幼，後至，不賀。子文問之，對曰：“不知所賀。子之傳政于子玉，曰：‘以靖國也。’靖諸内而敗諸外，所獲幾何？子玉之敗，子之舉也。舉以敗國，將何賀焉？子玉剛而無禮，不可以治民。過三百乘，其不能以入矣。苟入而賀，何後之有？”已而子玉果敗。

莊王三年，楚大饑。戎伐其西南，至于阜山，師于大林。又伐其東南，至于陽丘，以侵訾枝。庸人帥群蠻以叛楚，麇人率百濮聚于選，將伐楚。於是申、息之北門不啟。楚人謀徙于阪高。蔿賈曰："不可。我能往，寇亦能往，不如伐庸。夫麇與百濮謂我饑不能師，故伐我也。若我出師，必懼而歸。百濮離居，將若[①]走其邑，誰暇謀人？"乃出師。旬有五日，百濮乃罷。

自廬以往，振廩同食，上下無異饌。次于句澨音勾筮，使廬戢黎侵庸及庸方城。庸人逐之，囚子揚窗。三宿而逸，曰："庸師衆，群蠻聚焉。不如復大師，且起王卒，合而後進。"師叔曰："不可。姑又與之遇以驕之。彼驕我怒，而後可克，先君蚡冒所以服陘隰也。"又與之遇，七遇皆北，惟裨、儵、魚人實逐之。庸人曰："楚不足與戰矣。"遂不設備。楚子乘驛，會師于臨品，分爲二隊，子越自石溪，子貝自仞，以伐庸。秦人、巴人從楚師，群蠻從楚子盟，遂滅庸，賈之力也。

《胡氏傳》曰：楚大饑。戎與麇、濮交伐之，而庸人幸其弱，帥群蠻以叛楚，此取滅之道也。楚人謀徙于阪高，蔿賈曰："不可。我能往，寇亦能往，不如伐庸。"亦見其謀國之善矣。列書三國而楚不稱師，滅楚之罪詞也。

聖楷曰："楚莊王九年，令尹子文始卒。其子鬬般爲令尹，弟子越椒爲司馬。蔿賈爲工正。賈因與越椒譖鬬般殺之，故椒爲令尹、賈爲司馬。既而椒又惡賈，乃以若敖氏之族圄賈于轑陽而殺之。是何蔿賈之知工于料，子玉拙于自料也。黄溍翁謂："魏晉間士大夫往往有人材風鑒，至于反照，便如漆墨。"殆亦蔿賈之流與。

庸、麇考

麇，嬴姓，子爵。《沿革志》云："鄖陽府，古麇、庸二國地也。"今按：竹山、竹谿與漢中平利諸縣皆庸地，而麇則鄖縣、鄖西居多。故庸帥群蠻，麇率百濮，俱各以其相近而招聚之。且庸

① 若：崇禎本及《左傳》作"各"。

地廣而近楚，麇地狹而百濮又去楚甚遠，伐庸則麇懼而百濮散矣。蔿賈之善謀如此。

百濮考

《周書·王會》："卜人丹沙。"注云："卜人，西南之蠻，丹沙所出。"今按：卜人，即濮人也。其地與哀牢相接，種類不一，有黑僰濮；有赤口濮；有折腰濮，其俗生子，子皆折其腰；有文面濮，其俗劖面，以青畫之；有尾濮，其人有尾，長三四寸，欲坐，輒先穿地爲穴，以安其尾，尾折便死。其俗食人，好噉其老。故賓婚有日，老者必泣。

范山

范山，楚人。穆王八年，言于楚子曰："晉君少，不在諸侯，北方可圖也。"楚子于是師于狼淵以伐鄭，囚公子堅、公子尨及樂耳。鄭及楚平。

吕東萊《博議》曰：晉靈公不道，基于始而成于終。當其嗣服之初，雖無萌芽之可尋，豈無朕兆之可卜？舉世不知，而范山獨知之，豈山之知獨踰于衆人乎？亦有所蔽焉耳。嬖幸者，靈公恩賞之所及也，故蔽于愛而不知；卿大夫者，靈公政令之所及也，故蔽于尊而不知；列于齊盟者，靈公兵威之所及也，故蔽于畏而不知。惟范山立楚之朝，食楚之禄，非晉國恩賞、政令、兵威之所可及，故揆之趙盾、隨會之諫，反在于十年之先也。孰謂近者難掩，而遠者易欺耶？吾嘗深味范山"晉君不在諸侯"之一語，深有感焉！

按：是時晉靈公始立三年。

伍　參

伍參，楚嬖人。莊王十七年圍鄭，晉師救之，楚師將飲馬于河而歸。聞晉師既濟，王欲還，嬖人伍參欲戰。令尹孫叔敖弗欲，曰："昔歲入陳，今茲入鄭，不無事矣。戰而不捷，參之肉其足食乎？"參曰："若事之捷，孫叔爲無謀矣。不捷，參之肉將在晉軍，可得食乎？"令尹南轅反斾，伍參言于王曰："晉之從政者新，未能行令。其佐先縠剛愎不仁，未肯用命。其三帥者桓子林父、武子士會、莊子趙朔，專行不獲。聽而無上，衆誰適從？此行也，晉師必敗，且君而逃臣，若社稷何？"王病之，告令尹改乘轅而北之，次于管以待之。

晉師在敖、鄗之閒，鄭皇戌使如晉師，曰："鄭之從楚，社稷之故也，未有貳心。楚師驟勝而驕，其師老矣，而不設備。子擊之，鄭師爲承，楚師必敗。"彘子即先縠曰："敗楚服鄭，于此在矣。必許之。"欒武子書，佐下軍，曰："楚自克庸以來，其君無日不討國人而訓之于民生之不易，禍至之無日，戒懼之不可以怠；在軍，無日不討軍實而申儆之於勝之不可保，紂之百克而卒無成；訓之以若敖、蚡冒篳路藍縷，以啟山林。箴之曰：'民生在勤，勤則不匱。'不可謂驕。先大夫子犯有言曰：'師直爲壯，曲爲老。'我則不德，而徼怨于楚。我曲楚直，不可謂老。其君之戎，分爲二廣，廣有一卒，卒偏之兩。右廣初駕，數及日中，左則受之，以至于昏。內官序當其夜，以待不虞，不可謂無備。子良，鄭之良也；師叔，楚之崇也。師叔入盟，子良在楚，楚、鄭親矣。來勸我戰，我克則來，不克遂往，以我卜也。鄭不可從！"趙括中軍大夫、趙同下軍大夫曰："率師以來，唯敵是求。克敵得屬，又何俟？必從彘子。"知季荀首，下軍大夫。曰："原趙同邑、屏趙括邑，咎指彘子之徒也。"趙莊子曰："欒伯即欒武子善哉！實其言，必長晉國。"

楚少宰如晉師，曰："寡君少遭閔凶，不能文。聞二先君之出入此行也，將鄭是訓定，豈敢求罪于晉？二三子無淹久。”隨季對曰：“昔平王命我先君文侯曰：‘與鄭夾輔周室，毋廢王命！’今鄭不率，寡君使群臣問諸鄭，豈敢辱人侯[①]？敢拜君命之辱。”彘子以爲諂，使趙括從而更之，曰：“行人失辭。寡君使群臣遷大國之迹鄭’，曰：‘無辟敵！’群臣無所逃命。”

楚子又使求成于晉，晉人許之，盟有日矣。晉魏錡求爲公族未得而怒，欲敗晉師。請致師，弗許。請使，許之。遂往，請戰而還。楚潘黨逐之。及滎澤，見六麋，射一麋以顧獻，曰：“子有軍事，獸人無乃不給于鮮？敢獻于從者。”叔黨命去之。趙旃求卿未得，且怒于失楚之致師者，請挑戰，弗許。請召盟，許之，與魏錡皆命而往。郤獻子即郤克，佐士軍。曰：“二憾往矣。弗備，必敗。”彘子曰：“鄭人勸戰，弗敢從也；楚人求成，弗能好也。師無成命，多備何爲？”士季即隨季曰：“備之善。若二子怒楚，楚人乘我，喪師無日矣，不如備之。楚之無惡，除備而盟，何損于好？”彘子不可。士季使鞏朔、韓穿帥七覆于敖前，故上軍不敗。趙嬰齊使其徒先具舟于河，故敗而先濟。

潘黨既逐魏錡。乙卯，王乘左廣以逐趙旃，趙旃棄車而走林。屈蕩爲左廣右，搏之，得其甲裳。晉人懼二子之怒楚師也，使軘車逆之。潘黨望其塵，使騁而告曰：“晉師至矣！”楚人亦懼王之入晉軍也，遂出陳。孫叔曰：“進之！寧我薄人，無人薄我。《詩》云：‘元戎十乘，以先啟行。’先人也。《軍志》曰：‘先人有奪人之心。’薄之也。”遂疾進師，車馳卒奔，乘晉軍。桓子不知所爲，鼓於軍中，曰：“先濟者有賞。”中軍、下軍爭舟，舟中之指可掬也。

晉師右移，上軍未動。工尹齊楚大夫將右拒卒以逐下軍。楚子使唐狡與蔡鳩居告唐惠侯曰：“不穀不德而貪，以遇大敵，不穀之罪也。然楚不克，君之羞也，敢藉君靈，以濟楚師。”使潘黨率游闕四十乘，從唐侯以爲左拒，以從上軍。駒伯即郤克曰：“待諸乎？”隨季曰：“楚師方

① 人侯：《左傳》宣公十二年作“侯人”。

壯，若萃于我，吾師必盡。不如收而去之，分謗生民，不亦可乎？”殿其卒而退，不敗。

王見右廣，將從之乘。屈蕩尸之，曰：“君以此始，亦必以終。”自是楚之乘廣先左。

及昏，楚師軍于邲。晉之餘師不能軍，宵濟，亦終夜有聲。

胡氏《傳》曰：先穀違命，大敗晉師，元師[①]不能用鉞，已失刑矣。今又重有罪焉，晉人治其罪而戮之，義也。曷爲稱國以殺而不去其官？夫兵者，安危所係，有國之大事也。將非其人，則敗；雖得其人，使親信閒之，則敗；以剛愎不仁者參焉，而莫肯用命，則敗。凡此三敗，君之過也。河曲之戰，趙穿獨出，而臾駢之謀不用；濟涇而次，欒黶欲東而荀偃之令不行。今林父初將中軍，乃以先穀佐之，使敵國謀臣知其從政者新，未能行令，誰之過歟！故稱國以殺，不去其官，罪累上也。

聖楷曰：邲之戰，晉楚[②]敗績，春秋獨罪荀林父者，爲其令不行于先穀也。然而伍參于未戰之先料之不爽，又何其神也！蓋謀之既臧，即嬖人可以佐相國之所不及；謀之不臧，雖大夫適足以覆師辱國而已。謀國者可不慎所從哉！抑參之後爲伍舉、爲伍員，直諫著于楚國，忠孝昭乎天下，其貽謀之善，予更有取焉爾。

昭奚恤

昭奚恤，楚大夫也。楚宣王問群臣曰：“吾聞北方之畏昭奚恤也，果誠何如？”群臣莫對。江乙對曰：“虎求百獸而食之，得狐，狐曰：‘子無敢食我也。天帝使我長百獸，今子食我，是逆天帝命也。子以我

① 師：《春秋胡氏傳》作“帥”。
② 楚：崇禎本作“師”。

爲不信，吾爲子先行，子隨我後，觀百獸之見我而敢不走乎？’虎以爲然，故遂與之行。獸見之皆走。虎不知獸畏己而走也，以爲畏狐也。今王之地，方五千里，帶甲百萬，而專屬之昭奚恤。故北方之畏奚恤也，其實畏王之甲兵也，猶百獸之畏虎也。”

江乙惡昭奚恤，謂楚王曰：“人有以其狗爲有執言善守而愛之，其狗嘗溺井，其鄰人見狗之溺井也，欲入言之。狗惡之，當門而噬之，鄰人憚之，遂不得入言。邯鄲之難，楚進兵，大梁取矣。昭奚恤取魏之寶器，臣居魏知之，故昭奚恤常惡臣之見王。”又謂楚王曰：“下比周則上危，下分争則上安，王亦知之乎？願王勿忘也。且人有好揚人之惡者于王，何如？”王曰：“此小人也，遠之。”江乙曰：“然則，且有子殺其父，臣弑其主者，而王終已不知者，何也？以王好善[①]人之美，惡聞人之惡也。”王曰：“善。寡人願兩聞之。”

江乙欲惡昭奚恤于楚王，而力不能，故爲梁山陽君請封於楚，楚王曰：“諾。”昭奚恤曰：“山陽君無功于楚國，不當封。”江乙因得山陽君，與之共惡昭奚恤。魏氏即山陽君惡昭奚恤于楚王，楚王告昭子。昭子曰：“臣朝夕以事聽命，而魏入吾君臣之閒，臣大懼。臣非畏魏也，夫泄吾君臣之交而天下信之，是其爲人也近苦矣。指江乙。夫苟不難爲之外，豈忘爲之内乎？臣之得罪無日矣。”王曰：“寡人知之，大夫何患？”

郢人有獄三年不决者，故令人請其宅，以卜其罪。客因請之昭奚恤曰：“郢人某氏之宅，臣願之。”昭奚恤曰：“郢人某氏不當服罪，故其宅不得。”客辭而去。昭奚恤已而悔之，因謂客曰：“奚恤得事公，公何爲以故與奚恤？故謂設事探己意。”客曰：“非用故也。”曰：“請而不得有説色，非故如何也？”

劉向《新序》曰：秦欲伐楚，使使者往觀楚之寶器。楚王聞之，召令尹子西而問焉，曰：“秦欲觀楚之寶器，吾和氏之璧、隨

① 善：《戰國策》卷十四《楚策一》作“聞”。

侯之珠，可以示諸？”令尹子西對曰：“不知也。”召昭奚恤問焉，昭奚恤對曰：“此欲觀吾國得失而圖之，不在寶器，在賢臣。珠玉玩好之物，非寶重者。”王遂使昭奚恤應之。昭奚恤發精兵三百人，陳于西門之内，爲東面之壇一，爲南面之壇四，爲西面之壇一。秦使者至，昭奚恤曰：“君客也，請就上位東面。”令尹子西南面，太宗子敖次之，葉公子高次之，司馬子反次之。昭奚恤自居西面之壇，稱曰：“客欲觀楚國之寶器，楚國之所寶者，賢臣也。理百姓，實倉廩，使民各得其所，令尹子西在此；奉珪璧，使諸侯，解忿悁之難，交兩國之歡，使無兵革之憂，太宗子敖在此；守封疆，謹境界，不侵鄰國，鄰國亦不見侵，葉公子高在此；理師旅，整兵戎，以當彊敵，提枹鼓以動百萬之衆，所使皆趨湯火、蹈白刃，出萬死不顧一生之難，司馬子反在此；懷霸王之餘議，攝治亂之遺風，昭奚恤在此。唯大國之所觀。”秦使者懼然無以對，昭奚恤遂揖而去。秦使者反，言于秦王曰：“楚多賢臣，未可謀也。”

聖楷曰：楚司馬子反死共王十六年，令尹子西死惠王十年，葉公子高與昭奚恤皆相去百餘年，何得聚于一壇之上？愛其文采陸離，敘次可觀，以爲寓言，亦足存也。大抵劉中壘之書，此類甚多。如石乞侍坐于屈建，左史倚相畫策于莊王，皆乖繆之尤者，不可覼舉。

聖楷又曰：江乙欲惡昭奚恤于楚王，不得其閒而入。一承北方畏奚恤之問，遂爲狐假虎，遂爲狗溺井，遂爲子弒父、臣弒君，言愈支離，意愈深毒，以中楚王之心，然而奚恤不爲動也。至又得山陽君與之共惡，所謂衆口鑠金，三人成虎，奚恤于是危矣！故不得不爲王明白言之，末後云“是其爲人也近苦矣”更妙。讒人之口甘，讒人之心苦，一語拈出。然奚恤與江乙自是箭鋒相拄，若使他人當之，死江乙舌本久矣。事君交友者，其何能自保乎？

昭 陽

昭陽爲楚令尹。楚懷王六年，使昭陽將兵攻魏，破之于襄陵，得八邑。又移兵而攻齊，齊王患之。陳軫適爲秦使齊，齊王曰："爲之奈何？"陳軫曰："王勿憂，請令罷之。"即往見昭陽軍中，曰："願聞楚國之法，破軍殺將者何以貴之？"昭陽曰："其官爲上柱國，封上爵執珪。"陳軫曰："其有貴于此者乎？"昭陽曰："令尹。"陳軫曰："今君已爲令尹矣，此國冠之上。臣請得譬之，人有遺其舍人一卮酒者，舍人相謂曰：'數人飲此，不足以徧，請遂畫地爲蛇，蛇先成者獨飲之。'一人曰：'吾蛇先成。'舉酒而起，曰：'吾能爲之足。'及其爲之足，而後成人奪之酒而飲之，曰：'蛇固無足，今爲之足，是非蛇也。'今君相楚而攻魏，破軍殺將，功莫大焉，冠之上不可以加矣。今又移兵而攻齊，攻齊勝之，官爵不加于此；攻之不勝，身死爵奪，有毁于楚。此爲蛇爲足之説也。不若引兵而去以德齊，此持滿之術也。"昭陽曰："善。"引兵去之。

十二年，五國約以伐秦。昭陽謂楚王曰："五國以破秦，必南圖。"楚王曰："然則奈何？"對曰："韓氏輔國也，言可爲楚之助。好利而惡難。好利可營也，惡難可懼也，我厚賂之以利，其心必營。我悉兵以臨之，其心必懼。彼懼吾兵而營我利，五國之事，必可敗也。約絶之後，雖勿與地可。"王從之。

五國既敗，魏使惠施之楚，將入秦而使行和。杜赫謂昭陽曰："凡爲伐秦者，楚也。今施以魏來，而公入之秦，是明楚之伐而信魏之和也。公不如無聽惠施，而因使人以請聽秦。"昭子曰："善。"因謂惠施曰："凡爲攻秦者，魏也，今子從楚爲和，楚得其利，魏受其怨，子歸，吾將使人因魏而和。"惠子反，魏王不説。杜赫謂昭陽曰："魏爲子先戰，折兵之半，謁病不聽，請和不得，魏折而入齊、秦，子何以救之？東有越累，北無晉，而交未定于齊、秦，是楚孤也。不如速和。”昭子曰：“善。”因令人謁和于魏。

聖楷曰：六國時，惟楚、魏與秦接界，故韓氏爲楚輔國也。然昭陽相全楚之盛，不能使其君安富尊榮，一則信陳軫而罷齊師，再則因杜赫而構秦和，是皆以楚爲餌而保己之富貴功名也，豈忠于謀國者哉？嗟乎！天下爲秦相割，秦曾不出刀；天下爲秦相烹，秦曾不出薪，陳軫之言，可爲楚事之痛哭也。

干　象

干象，楚人。宣王時，齊、楚構難，宋請中立。齊急宋，宋許之。干象爲楚謂宋王曰：“楚以緩失宋，將法齊之急也。齊以急得宋，後將常急矣，是從齊而攻楚之未必利也。齊戰勝楚，勢必危宋；不勝，是以弱宋予强楚也。而令兩萬乘之國，常以急求所欲，國必危矣。”

楚王謂干象曰：“吾欲以楚扶甘茂而相之秦，可乎？”干象對曰：“不可也。”王曰：“何也？”曰：“甘茂少而事史舉先生，史舉，上蔡之監門也，大不事君，小不事家，以苛刻聞天下，茂事之順焉。惠王之明、張儀之辯也，茂事之，取十官而免于罪，是茂賢也。”王曰：“相人敵國而相賢，其不可何也？”干象曰：“前時王使邵滑之越，五年而能亡越，所以然者，越亂而楚治也。日者知用之越，今亡之秦，不亦太亟亡乎！”王曰：“然則爲之奈何？”干象曰：“不如相共立。”王曰：“共立可相何也？”對曰：“共立少見愛幸，長爲貴卿，被王衣，含杜若，握玉環，以聽于朝，且利以亂秦矣。”

聖楷按：《楚策》亦有“甘茂相秦”一段，但干象作范環，共立作公孫郝，其文字多脱誤，故取韓説。

景 鯉

景鯉，楚大夫也。楚懷王時，齊、楚之交善，秦與魏遇，且以善齊而絶齊于楚。楚王使景鯉之秦，鯉與于秦、魏之遇。楚王怒景鯉，恐齊以楚遇爲有陰于秦、魏也，且罪景鯉。

爲謂楚王曰："臣賀鯉之與于遇也。秦、魏無遇也，將以合齊、秦而絶齊于楚也。今鯉與于遇，齊之[1]以信魏之合己于秦而攻于楚也，齊又畏楚之有陰于秦、魏也，必重楚。故鯉之與于遇，王之大資也。今鯉不與于遇，魏之絶齊于楚信明矣。齊信之，必輕王，故王不如無罪景鯉，以視齊于有秦、魏，齊必重楚，而且疑秦、魏于齊。"王曰："諾。"因不罪而益其列。

楚王使景鯉如秦。客謂秦王曰：景鯉，楚王所甚愛，王不如留之以市地。楚王聽，則不用兵而得地；楚不聽，則殺景鯉，更與不如景鯉者，是便計也。"秦王乃留景鯉。

景鯉使人説秦王曰："臣見王之權輕天下，而地不可得也。臣之來使也，聞齊、魏皆且割地以事秦。所以然者，以秦與楚爲昆弟國。今大王留臣，是示天下無楚也，齊、魏有何重于孤國也。楚知秦之孤，不與地，而外結交以圖，則社稷必危，不如出臣。"秦王乃出之。

《秦策》曰：楚使者景鯉在秦，從秦王與魏王遇于境。楚怒。秦令周冣謂楚王曰："魏請無與楚遇，而合于秦，是以鯉與之遇也。敝邑之于與遇善之，故齊不合也。"楚王因不罪景鯉，而德周、秦。

聖楷曰：鯉與于秦魏、之遇，是時秦、魏、齊三國俱墮鯉術中而不悟，楚王之不知，無足責也。故鯉以己與遇之策，使人陰賀之

---

① 之：《戰國策》卷《韓策一》作"無"。

于王，而復令周、秦代爲之請，此鯉之策最奇處。鮑彪、高誘諸注都不解，何也？

楊太史慎曰："昭常、景鯉不肯與秦地，昭雎、屈原止懷王入秦，四臣皆楚同姓世臣，夷險不易其操，危難不更其守。家國一體，休戚同之。豈若江左王、謝，唐之崔、柳，易姓則爲之佐命，竊國則爲之奉璽，誨盜黨賊，樂菑利亡，恬不知怪，可勝誅乎？"

昭　　雎

昭雎，楚相也。楚懷王二十年，業已欲和秦，齊湣王復遺楚書，欲爲從長，懷王見書猶豫不決，下其議群臣。群臣或言和秦，或曰聽齊。昭雎曰："王雖東取地于越，不足以刷恥；必且取地于秦，而後足以刷恥于諸侯。王不如深善齊、韓以重樗里疾，如是則王得韓、齊之重以求地矣。秦破韓宜陽，而韓猶復事秦者，以先王墓在平陽，而秦之武遂去之七十里，以故尤畏秦。不然，秦攻三川，趙攻上黨，楚攻河外，韓必亡。楚之救韓，不能使韓不亡，然存韓者楚也。韓已得武遂于秦，以河山爲塞，所報德莫如楚厚，臣以爲其事王必疾。齊之所信于韓者，以韓公子眛爲齊相也。韓已得武遂於秦，王甚善之，使之以齊、韓重樗里疾，疾得齊、韓之重，其主弗敢棄疾也。今又益之以楚之重，樗里子必言秦，復與楚之侵地矣。"於是懷王許之，竟不合秦，而合齊以善韓。

二十四年，倍齊而合秦。三十年，秦昭王遺懷王書，欲與王會武關。王患之，欲往，恐見欺；無往，恐秦怒。昭雎曰："王毋行，而發兵自守耳。秦虎狼，不可信，有并諸侯之心。"懷王子子蘭勸王行，曰："奈何絶秦之歡心！"於是往會秦昭王。昭王詐令一將軍伏兵武關，號爲秦王。楚王至，則閉武關，遂與西至咸陽，朝章臺，如藩臣，不與亢禮。楚懷王大怒，悔不用昭子言。秦因留楚王，要以割巫、黔中郡。

楚大臣患之，乃相與謀曰：“吾王在秦不得還，要以割地，而太子爲質于齊，齊、秦合謀，則楚無國矣。”乃欲立懷王子在國者。昭睢曰：“王與太子俱困于諸侯，而今又倍王命而立其庶子，不宜。”乃詐赴于齊。詐言楚王薨，而太子還王楚。齊湣王謂其相曰：“不若留太子以來楚之淮北。”相曰：“不可，郢中立王，是吾抱空質而行不義于天下也。”或曰：“不然。郢中立王，因與其新王市曰：‘予我下東國，吾爲王殺太子。不然，將與三國共立之。三國謂齊、韓、魏。’然則東國必可得矣。”齊王卒用其相計而歸楚太子。太子横至，立爲王，是爲頃襄王。乃告于秦曰：“賴社稷神靈，國有主矣。”

頃襄十八年，楚復爲從，欲與齊、韓連和伐秦，因欲圖周。周王赧使武公謂楚相昭子曰：“周不可圖也。”昭子曰：“乃圖周則無之。雖然，周何故不可圖也？”武公曰：“西周之地，絶長補短，不過百里。名爲天下共主，裂其地不足以肥國，得其衆不足以勁兵。雖然，攻之者名爲弑君，然而猶有欲攻之者，見祭器在焉故也。夫虎肉臊，而兵利身，人猶攻之。若使澤中之麋蒙虎之皮，人之攻之也必萬倍矣。裂楚之地，足以肥國；詘楚之名，足以尊王。今子欲誅殘天下之共主，居三代之傳器，器南則兵至矣。”於是楚計輟不行。

聖楷曰：昭睢重樗里疾于齊、韓，與夫爲景鯉畫策，俱平平耳。及諫懷王入秦數語，便遠出當時策士之上，故其詐赴于齊以歸太子，著著生色。至所云“賴社稷神明，國有主矣”，我朝于忠肅公謙，猶用其策，以固神京，以全上皇。嗟乎！忠憤生其知勇，千古一轍，誰諒之哉？

傅慎子

傅慎子，楚襄王傅也。襄王爲太子時，質于齊。懷王薨，太子辭于齊王而歸，齊王隘之：“予我東地五百里乃歸子，子不予我，不得歸。”太子曰：“臣有傅，請退而問傅。”傅慎子曰：“獻之。地所以爲身也，愛地不送死父，不義。臣故曰獻之便。”太子入，致命齊王曰：“敬獻地五百里。”齊王歸楚太子。

太子歸，即位爲王。齊使車五千[①]乘，來取東地于楚。楚王告慎子曰：“齊使來求東地，爲之奈何？”慎子曰：“王明日朝群臣，皆令獻其計。”

上柱國子良入見。王曰：“寡人之得求反，主墳墓、復群臣，歸社稷也，以東地五百里許齊。齊今使來求地，爲之奈何？”子良曰：“王不可不與也。王身出玉聲，許强萬乘之齊而不與，則不信，後不可以約結諸侯。請與而復攻之，與之信，攻之武，臣故曰與之。”

子良出，昭常入見。王曰：“齊使來求東地五百里，爲之奈何？”昭常曰：“不可與也。萬乘者，以地大爲萬乘。今去東地五百里，是去我國之半也，有萬乘之號而無萬乘之用也，不可。臣故曰勿與，常請守之！”

昭常出，景鯉入見。王曰：“齊使來求東地五百里，爲之奈何？”景鯉曰：“不可與也。雖然，楚不能獨守。王身出玉聲，許萬乘之强齊也而不與，負不義于天下。楚亦不能獨守，臣請西索救于秦。”

景鯉出，慎子入。王以三大夫計告慎子曰：“子良見寡人曰：‘不可不與也，與而復攻之。’常見寡人曰：‘不可與也，常請守之。’鯉見寡人曰：‘不可與也，雖然，楚不能獨守也，臣請索救[②]秦。’寡人誰用于三子之計？”慎子對曰：“王皆用之。”王怫然作色，曰：“何謂也？”慎子曰：“臣請效其説，而王且見其誠然也。王發上柱國子良車五十乘，而北獻地五百里于齊；發子良之明日，遣昭常爲大司馬，令往守東地；遣昭常之明日；遣景鯉車五十乘，西索救于秦。”王曰：“善。”乃從其計。

① 千：《戰國策》卷十五《楚策二》作“十”。
② 《戰國策》“救”後有“于”字。

子良至齊，齊使人以甲受東地。昭常應齊使曰："我典主東地，且與死生。悉吾之士卒三十餘萬，敝甲鈍兵，願承下塵。"齊王謂子良曰："大夫來獻地，今常守之何如？"子良曰："臣身受命敝邑之王，是常矯也，王攻之。"齊王大興兵攻東地，伐昭常。未涉疆，秦以五十萬臨齊右壤，曰："夫隘楚太子弗出，不仁；又欲奪之東地五百里，不義。其縮甲則可，不然，則願待戰。"

齊王恐焉。乃請子良南道楚，西使秦，解齊患。士卒不用，東地復全。

聖楷按：《楚策》又云：長沙之難，楚太子橫爲質于齊。楚王死，薛公歸太子橫。因與韓、魏之兵，隨而攻東國。太子懼。昭蓋曰："不若令屈署以東國爲和于齊以動秦。秦恐齊之敗東國，而令行于天下也，必將救我。"太子曰："善。"遽令屈署以東國爲和于齊。秦王聞之懼，令芈戎告楚曰："毋與齊東國，吾與子出兵矣。"按：此即子良之策，而兼用景鯉者，亦甚捷要。但不若《楚策》敘次層折，點染多姿。文人之筆，辯士之舌，可稱二美。

黄 歇

春申君者，楚人也，名歇，姓黄氏。游學博聞，事楚頃襄王。頃襄王以歇爲辯，使于秦。秦昭王使白起攻韓、魏，敗之於華陽，禽魏將芒卯，韓、魏服而事秦。秦昭王方令白起與韓、魏共伐楚，未行，而楚使黄歇適至于秦，聞秦之計，畏其乘勝一舉而滅楚也。乃上書説秦昭王曰：

"臣聞物至則反，冬夏是也；致至則危，累棊是也。今大國之地，徧天下有其二垂，此從生民以來，萬乘之地未嘗有也。先王三世不忘[①]接地于齊，以接[②]從親之要。今王使盛橋守事于韓，盛橋以其地入秦，是王不用甲，不信威，而得百里之地。王可謂能矣。王又舉甲而攻魏，杜大梁之門，舉河内，拔燕、酸棗、虛、桃，入邢，魏之兵雲翔而不敢救，王之功亦多矣。王休甲息衆，二年而後復之；又并蒲、衍、首、垣，以臨仁、平丘，黄、濟陽嬰城而魏氏服；謂秦以兵臨仁、平丘二縣，則黄、濟陽嬰城而自守也。王又割濮磨之北，注齊、秦之要，絶楚、趙之脊。言秦既服魏，又割濮磨之北，則地連于齊，是注齊之要也。魏地既入于秦，則楚、趙之聲勢不接，是絶楚、趙之脊也。天下五合六聚而不敢救。王之威亦憚矣。

王若能保功守威，絀攻取之心而肥仁義之地，使無後患，三王不足四，五伯不足六也。王若負人徒之衆，仗兵革之彊，乘毁魏之威，而欲以力臣天下之主，臣恐其有後患也。

"《詩》曰：'靡不有初，鮮克有終。'《易》曰：'狐涉水，濡其尾。'此言始之易，終之難也。昔吴之信越也，從而伐齊，既勝齊人于艾陵，還爲越王禽于三江之浦。知氏之信韓、魏也，從而伐趙，攻晉陽城，勝有日矣，韓、魏叛之，殺知伯瑶于鑿臺之下。今王妬楚之不毁，而忘毁楚之彊韓、魏也，臣爲王慮而不取也。夫楚國，援也；鄰國，敵也。今王信韓、魏之善王，此正吴之信越也，臣恐韓、魏卑辭除患而實欲欺大國也。何則？王無重世之德于韓、魏，而有累世之怨焉。夫韓、魏父子兄弟接踵而死于秦將十世矣。本國殘，社稷壞，宗廟毁，刳腹絶腸，折頸摺音拉頤，首身分離，暴骸骨于草野[③]，頸顱僵仆，相望于境，父子老弱係脰束手爲群虜者相及于路。鬼神孤傷，無所血食。人民不聊生，族類離散，流亡爲僕妾者，盈滿海内矣。故韓、魏之不亡，秦社稷之憂也，今王資之與攻楚，不亦過乎！

① 忘：《史記》卷七八《春申君列傳》作"妄"。
② 接：《史記》卷七八《春申君列傳》作"絶"。
③ 野：《史記》卷七八《春申君列傳》作"澤"。

且攻楚將惡出兵？王將借路于仇讎之韓、魏乎？兵出之日而王憂其不反也。王若不借路於仇讎之韓、魏，必攻隨水右壤。隨水右壤，此皆廣川大水，山林谿谷，不食之地，是王有毀楚之名而無得地之實也。

且王攻楚之日，四國必悉起兵而應王。秦、楚之兵搆而不離，魏氏將出而攻留、方與、銍、湖陵、碭、蕭、相，故宋必盡。齊人南面攻楚，泗上必舉。此皆平原四達，膏腴之地，如此，則天下之國莫彊于齊、魏矣。

"臣爲王慮，莫若善楚，秦、楚合而爲一以臨韓，韓必斂手而朝。王施以東山之險，帶以曲河之利，韓必爲關内之侯。若是而王以十萬戍鄭，梁氏寒心，許、鄢陵嬰城，而上蔡、召陵不往來也，如此魏亦關内侯矣。夫王壹善楚，而關内兩萬乘之主注地于齊，齊右壤可拱手而取也。王之地一經兩海，要約天下，是燕、趙無齊、楚，齊、楚無燕、趙也。然後危動燕、趙，直摇齊、楚，此四國者不待痛而服矣。"

昭王曰："善。"於是乃止白起而謝韓、魏。發使賂楚，約爲與國。

黄歇受約歸楚，楚使歇與太子完入質于秦，秦留之數年。楚頃襄王病，太子不得歸。而楚太子與秦相應侯善，於是黄歇乃説應侯曰："相國誠善楚太子乎？"應候曰："然。"歇曰："今楚王恐不起疾，秦不如歸其太子。太子得立，其事秦必重而德相國無窮，是親與國而得儲萬乘也。若不歸，則咸陽一布衣耳；楚更立太子，必不事秦。夫失與國而絶萬乘之和，非計也。願相國熟慮之。"應侯以聞秦王。秦王曰："令楚太子之傅先往問楚王之疾，返而後圖之。"黄歇爲楚太子計曰："秦之留太子也，欲以求利也。今太子力未能有以利秦也，歇憂之甚。而陽文君子二人在中，王若卒大命，太子不在，陽文君子必立爲後，太子不得奉宗廟矣。不如亡秦，與使者俱出；臣請止，以死當之。"楚太子因變衣服爲楚使者御以出關，而黄歇守舍，常爲謝病。度太子已違[①]，

① 違：《史記》卷七八《春申君列傳》作"遠"。

秦不能追，歇乃自言秦昭王曰：“楚太子已歸，出遠矣。歇當死，願賜死。”昭王大怒，欲聽其自殺也。應侯曰：“歇爲人臣，出身以狥其主，太子立，必用歇。故不如無罪而歸之，以親楚。”秦因遣黄歇。

歇至楚三月，楚頃襄王卒，太子完立，是爲考烈王。考烈王元年，以黄歇爲相，封爲春申君，賜淮北地十二縣。後十五歲，黄歇言之楚王曰：“淮北地邊齊，其事急，請以爲郡便。”因并獻淮北十二縣，請封于江東。考烈王許之。春申君因城故吴墟，以自爲都邑。

春申君既相楚，是時齊有孟嘗君，趙有平原君，魏有信陵君，方争下士，招致賓客，以相傾奪，輔國持權。

春申君爲楚相四年，秦破趙之長平軍四十餘萬。五年，圍邯鄲。邯鄲告急于楚，楚使春申君將兵往救之，秦兵亦去，春申君歸。相楚八年，爲楚北伐滅魯，以荀卿爲蘭陵令。當是時，楚復强。

趙平原君使人于春申君，春申君舍之于上舍。趙使欲誇楚，爲瑇瑁簪，刀劍室以珠玉飾之，請命春申君客。春申君客三千餘人，其上客皆躡珠履以見趙使，趙使大慚。

春申君相楚二十二年，楚乃去陳徙壽春。春申君由此就封於吴，行相事。二十五年，考烈王卒，李園伏死士刺殺春申君，盡滅其家。

太史公曰：吾適楚，觀春申君故城，宫室盛矣哉！初，春申君之説秦昭王，及出身遣太子歸，何其知之明也！後制于李園，旄矣。語曰：“當斷不斷，反受其亂。”春申君失朱英之謂邪？

聖楷曰：春申君自相考烈王而後，無一事足快人意者，豈其才知有盡哉？蓋是時楚已盡失故郢，徙陳未已，徙鉅陽，又徙壽春，封疆日蹙，國事已不可爲矣。然則爲春申計者，將如之何？不請江東之封，不進李園之妹，爲君擇一賢嗣，爲國擇數賢佐，如朱英、汗明輩，使修富彊之術，輔己行政，秦雖大，何畏焉？猶可以善始善終也。計不出此，而城吴故墟，盛營宫室，娠姬竊國，身隨以滅，悲哉！

春申考

按：黄歇，楚黔陽人。是時楚都申郢，故黄歇封于春申，如齊之孟嘗、魏之信陵、趙之平原，各在其地。今黄州相傳爲春申故城，皆始封也。謂之春者，蘄春、壽春是也；謂之申者，申、光之閒是也。其必兼二城封焉，如田之食嘗、薛耳。後楚并吴，秦侵申郢，楚遷壽春，歇始請吴之故封以居。然行相事，未嘗去國，今無錫慧山有春申廟，亦後人追作之也。《廣輿》諸志不考，乃謂春申君墓在常德府，又云府治南爲春申君宅，此皆因黔陽而附會之，不足據。

楚寶卷第十一考異

新化鄧顯鶴湘皋述

知　謀

鬬伯比

羅、鄢、盧戎考

原按引《水經》中廬縣西山中有一石穴出馬，其事近誕，故不載。

顯鶴按：《水經·沔水》“又過中廬縣東。”注：“縣，即春秋盧戎之國也。縣故城南有水出西山，山有石穴出馬，謂之馬穴山。漢時有數百匹馬出其中，馬形小，似巴滇馬。三國時，陸遜攻襄陽，於此穴又得馬數十匹送建業。蜀使至，有家在滇池者，識其馬毛色，云其父所乘馬，對之流涕。其水東流一百四十里逕城南，名曰浴馬港。言初得此馬，洗之於此，因以名。”今節録於此，以廣異聞。

昭奚恤

邯鄲之難，楚進兵，大梁取矣。昭奚恤取魏之寶器，臣居魏知之。

顯鶴按：宋槧本《國策》“取”作“拔”，“臣”作“目”。

郢人有獄三年不决者，故令人請其宅，以卜其罪。客因請之昭奚恤。請而不得有説色，非故如何也?

按：宋本《國策》“客因請之昭奚恤”作“客因爲之謂昭奚恤”，“請而不得”作“謂而不得”。

干象

《楚策》亦有“甘茂相秦”一段，但干象作范環，共立作公孫郝。

按，《楚策》注：《續史記》作“范蜎”；徐廣，一作“蠉”；公孫郝，一作“公孫赫”。

傅慎子

齊使人以甲受東地。昭常應齊使曰：“我典[1]東地，且與死生。悉吾之士卒三十餘萬。”

按：宋本《國策》：“我典主東地，且與死生，悉五尺至六十，三十餘萬。”

黄歇

春申考

原按：黄歇，楚黔陽人。是時楚都申郢，故黄歇封於春申。

---

① 據前文，“典”後脱“主”字。

顯鶴按：秦分天下爲四十郡，黔中郡領鼎、澧、溪、辰、錦、黔、沅、獎、思。漢十三郡，荆州部郡國凡八，更名黔中爲武陵。唐分十五道，黔中採訪使治黔州，領黔、辰、錦、施、敘、獎、夷、播、思、費、南、溪、溱，無所謂黔陽也。今之黔陽縣，本鐔城縣地，宋元豐初始升黔江城爲黔陽縣。又按《史記·楚世家》：頃襄王“十九年，秦伐楚，楚軍敗，割上庸、漢北地予秦。二十年，秦將白起拔我西陵。二十一年，遂拔我郢，燒先王墓夷陵。襄王兵遂散，保於陳城。二十二年，秦復拔我巫、黔中郡。三十六年，頃襄王卒，太子熊元代立，是爲考烈王。考烈王以左徒爲令尹，封以吴，號春申君。考烈王元年，納州於秦以平。是時楚益弱。十二年，秦昭王卒，楚王使春申君弔祠於秦。十六年，秦莊襄王卒，秦王政立。二十二年，與諸侯共伐秦，不利而去。楚東徙壽春，命曰郢。”按：楚凡五徙，丹陽、郢、鄀、陳、壽春。陳，秦爲潁川郡，漢爲淮陽國，與申無涉，亦不得謂之都申郢也。

楚寶卷第十一增輯

新化鄧顯鶴湘皋述

知　　謀

中射之士

中射之士，楚人。有獻不死之藥於荆王者，謁者操以獻。中射之士問曰："可食乎？"曰："可。"因奪而食之。王怒，使人殺中射之士。中射之士使人説王曰："臣問謁者，謁者曰'可食'，臣故食之，是臣無罪而罪在謁者也。且客獻不死之藥，臣食之而王殺臣，是死藥也。王殺無罪之臣而明人之欺王。"王乃不殺。

顯鶴案：《鶴林玉露》：岳陽有酒香山，相傳古有仙酒，飲者不死。漢武帝得之，東方朔竊飲焉。帝怒，欲誅之。朔曰："陛下殺臣，臣亦不死；臣死，酒亦不驗。"遂得免。方朔數語，員轉簡明，意其竊飲以發此論，殆諷武帝之求長生也。其源蓋出於此。

藍尹亹

藍尹亹，楚大夫。吴人入楚，昭王出奔，濟於成臼。見藍尹亹載其孥，王曰："載予。"對曰："自先王莫墜其國，當君而亡之，君之過也。"遂去王。王歸，又求見王，王欲執之。子西曰："請聽其詞，夫其有故。”王使謂之曰：“成臼之役，而棄不穀，今而敢來，何也？”曰：“昔瓦唯長舊怨，以敗於柏舉，故君及此。今又效之，毋乃不可乎？臣避於成臼，以儆君也，庶悛而更乎！今之敢見，觀君之德也，曰：庶冀懼而鑒前惡乎！君若不鑒而長之，君實有國而不愛，臣何有於死，死在司敗矣！唯君圖之。”子西曰：“使復在其位，以無忘前敗。”王乃見之。

子西歎於朝，藍尹亹曰：“吾聞君子唯獨居思念前世之崇替者，與哀殯喪，於是有歎，其餘則否。君子臨政思義，飲食思禮，同宴思樂，在樂思舊，無有歎焉。今吾子臨政而歎，何也？”子西曰：“闔盧能敗吾師。闔盧即世，吾聞其嗣又甚焉，吾是以歎。”對曰：“子患政德之不修，無患吳矣。闔盧口不貪嘉味，耳不聽逸聲，目不淫於色，身不懷於安，朝夕勤政，恤民之羸，聞一善若驚，見一士若賞，有過必悛，有不善必懼，是故得民以濟其志。今吾聞夫差好疲民力以成私好，縱過而翳諫，一夕之宿，臺榭陂池必成，六畜玩好必從。夫差先自敗也已，彼焉能敗人？子修德以待吳，吳將斃矣。”

顯鶴案：藍尹亹對昭王語，與《左傳》寺人披、豎頭須之於晉文同一作用。二君皆翻然悔悟，卒不失爲令主。楚多知謀之士，若藍尹亹者，亦曷可少哉？

文　種

文種，字子禽，楚之郢人。荆平王時爲宛令，范蠡居宛，人以爲狂，種入縣，知有賢者，未知所在。邑人以爲狂夫多賢士，泛求之焉。種既得蠡，與語説之，謂霸王之氣，見於東南。種乃棄官，偕蠡至吳，吳不用。因入越，越王勾踐頗異之，大夫石買閒之。蠡退遊於楚、越之閒，種頻言於王，王召還蠡，然皆未聽用也。

及王棲於會稽，石買爲軍士所殺，王令於軍曰：“有能助寡人謀退吴者，吾與之共知越國之政。”種進曰：“臣聞之，賈人夏則資皮，冬則資絺，旱則資舟，水則資車，以待乏也。夫雖無四方之憂，然謀臣與爪牙之士，不可不養而擇也。今君王既棲於會稽之上，然後乃求謀臣，無乃後乎？”王曰：“苟聞子大夫之言，何後之有？”執其手而與之謀，並召范蠡計事。因使種行成於吴，吴人不許。種還，以報王。王欲殺妻子，燔寶器，觸戰以死。種止王曰：“吴大宰嚭貪，可誘以利，請閒行言之。”王令種飾美女寶器閒獻吴大宰嚭。嚭受之，乃見種於吴王。種頓首言曰：“願大王赦勾踐之罪，盡入其寶器，委管鑰屬國家，以身隨之，君王制之。不幸不赦，勾踐將盡殺其妻子，燔其寶器，悉五千人觸戰，必有當也。”嚭因説吴王，吴王將許之。伍員諫曰：“今不滅越，後必悔之。勾踐賢君，種、蠡良臣，若反國，將爲亂。”吴王弗聽，卒赦越，罷兵歸。

越王入臣於吴，范蠡從行，種守於國。王喟然歎曰：“吾將終於此乎？”種曰：“湯系夏臺，文王囚羑里，重耳奔翟，卒致伯王。君王雖困，何遽不爲福乎？”

王居吴三歲，吴王歸之。王歸，使蠡治國政，蠡以讓種，王許之。是時吴封越地方百里，後稍增至八百里。王使種索葛布十萬，甘蜜九笥，文笥七枚，狐皮五雙，晉竹十艘，以復封禮。吴於是盡以越故地千里封之。王問政於種，種對曰：“愛民而已。”王曰：“奈何？”種曰：“利之無害，成之無敗，生之無殺，與之無奪，樂之無苦，喜之無怒。”王曰：“願聞其詳。”種曰：“無奪民所好，則利矣；民不失其時，則成矣；省刑去罰，則生矣；薄其賦斂，則與矣；無多臺遊，則樂矣；静而無苛，則喜矣。臣聞善爲國者，遇民如父之愛其子，如兄之愛其弟，聞其饑寒爲之哀，見其勞苦爲之悲。”王乃緩刑薄罰，省賦斂，於是人民殷富。

王欲雪恥於吴，種以九術進。九術者：一曰尊天事鬼以求福；二曰重財幣以遺其君，多貨賄以喜其臣；三曰貴糴粟槁以虚其國，利所欲以疲其民；四曰遺美女以惑其心而亂其謀；五曰遺之巧工良材，使之起宫室以盡其財；六曰遺之諛臣，使之易伐；七曰强其諫臣，使之自殺；八曰君王國富而備利器；九曰利甲兵以承其弊。王善之。其後越獻良材於吴，而吴起姑胥之臺，貢西施、鄭旦於吴，而吴王淫惑，及興陰陽江海會稽之祀，皆種之術也。吴敗齊於艾陵。王謂種曰："孤蒙子之術所圖者，未嘗不合也。今復謀吴，奈何？"種曰，"臣觀吴王數驕矣，請嘗試之貸粟，以卜其事。"請貸，吴王欲與，伍員諫勿與，王遂與之，越乃私喜。吴饑，越王曰："彼已窮居，其可攻也。"種曰："未可。國始貧耳，忠臣尚在，天應未至，須俟其時。"吴殺伍員，稻蟹不遺種。種乃謂王曰："吴之所以强者，爲有子胥。今子胥誅死，天變亦至，亡國之證也，吴可伐矣。"王遂起兵伐吴。時吴爲黄池之會，國中空虚，越入吴。吴求成，王度未能滅吴，乃與吴平。吴王還自黄池，息民不戒。種乃唱謀復伐吴，王從之，遂興師圍吴，三年滅之。王既滅吴，會諸侯於徐州，還吴置酒，群臣大悦，王無喜色。范蠡知王有忌群臣之心，從反越，中道謂種曰："子去矣，王必將誅子。"種不然其言，蠡遂去。

自是之後，諸功臣曳庸、皋如之徒，皆日疏遠，計倪詳狂。蠡自齊遺種書曰："高鳥盡，良弓藏；狡兔死，走狗烹。越王爲人長頸鳥喙，可以共患難，而不可與共安樂。子奈何不去？"種見書内憂，稱病不朝。人或讒種且作亂，王乃賜種劍曰："子教寡人伐吴九術，寡人用其三而敗吴，其六在子，爲我從先王試之。"種仰天歎曰："嗟乎！吾不用范蠡之言，乃爲越王所戮。"又曰："南陽之宰，而爲越王之禽。百世之後，忠臣必以吾爲喻矣！"伏劍而死，王葬之國之西山。

顯鶴案：錢曉徵大昕《文種非鄞人辨》云："越大夫種，《春秋》内外傳注家皆不言何許人。"今考《吕氏春秋·當染》篇注云："楚之鄒人。"《尊師》篇注云："楚鄞人。"鄒、鄞字形相涉，刊本傳譌，固難决其然否。但兩注皆云楚人，而鄞爲越地，鄒爲魯地，與楚並不相涉，則鄞、鄒均未可信。及讀《太平寰宇記》敘荆州人物，云文種楚南郢人，乃恍然悟《吕覽》注本是"郢"

字。樂史生於宋初，所見吕氏書尚未譌也。又攷高氏注以范蠡爲楚三户人，蓋本於《吴越春秋》。今世所傳《吴越春秋》亦非足本，然張守節注《史記》嘗引之云："大夫種姓文，字子禽。荆平王時爲宛令，之三户之里，范蠡從犬竇蹲而吠之，從吏恐文種慙，令人引衣而鄣之。"是大夫種嘗爲宛令，因范蠡要之，乃棄楚而適越，其爲楚人非越人，固信而有徵矣。

《會稽典録》載虞翻、朱育所説會稽先賢，未有一言及文種。《乾道四明圖經》《寶慶四明志》初不列入人物，至王厚齋始據以爲鄞人。然袁清容，厚齋高弟，而延祐修志不取其説，蓋已疑而未信矣。全祖望《辨大夫種非鄞産》云："自昔圖經、地志，莫不扳援古人，以爲桑梓生色，予謂不覈其實，則徒使其書之不足信於世。[①]吾浙河以東人物，莫備於《會稽典録》，其於鄞人自大里黄公始。南宋王尚書深寧、黄提刑東發始據高誘《吕覽注》以大夫種爲鄞産，因謂范蠡與種同功一體，蠡可去而種不可去者，以父母之邦也。兩先生之言善矣，而以予核之，則有疑焉。

《越絶書・外傳》曰：'范蠡始居楚，内視若盲，反聽若聾。大夫種入其縣，知有賢者，得蠡，大説。俱見霸兆出於東南，相要而往，偕止於吴。吴任子胥，於是去吴之越。'又曰："范蠡要種入越，越大夫石買曰：客歷諸侯，渡河津，無由自致，殆非真賢。'然則種非鄞人矣。《吴越春秋・内傳》曰：'勾踐還自吴，范蠡謂種曰：子可去矣。種不然之。其後内憂不朝，謂妻曰：吾王雪恥於吴，我悉徙宅，自投死亡之地，悔不隨范蠡之謀。'又曰：'勾踐賜以屬鏤之劍，歎曰：南陽之宰，而爲越王之禽。'然則由種將死之言攷之，益非鄞人矣。

夫《越絶書》雖非出於子贛之手，然固西京之筆。《吴越春秋》雖係皇甫摭拾之書，要亦自東京以來傳之。兩先生據高氏之一

① "於"字下原衍一"於"字，據《潛研堂集》删。

言而盡棄諸佐證，恐不其然。予又攷《吴越春秋》注中亦引高注：‘文種，字會[1]，楚鄒人。’然後恍然曰：鄒與鄞皆從邑，或相近而訛也。”錢從樂史爲郢人，全從高誘爲鄒人。郢故楚也，鄒、邾古通用，漢江夏有邾縣，是鄒亦楚地，則種爲楚産明矣。

莊　生

莊生者，楚人也。家負郭，居甚貧，以廉直聞於國，自楚王以下皆師尊之。范蠡既居陶，天下稱陶朱公。朱公居陶，生少子。少子既壯，而朱公中男殺人，囚於楚。朱公曰：“殺人而死，職也。然吾聞千金之子不死於市。”乃裝黄金千鎰，置褐器中，載以一牛車。遣其少子往視，朱公長男固請欲行，曰：“家有長子曰家督，今弟有罪，大人不遣，乃遣少弟，是吾不肖。”欲自殺。其母爲言曰：“今遣少子，未必能生中子也，而先亡長男，奈何？”朱公不得已遣之。朱公故善莊生，爲書遺之，且誡長男曰：“至則進千金於莊生所，聽其所爲，慎無與争事。”長男既行，亦自私齎數百金。

至楚莊生家，披藜藋到門。長男發書進千金，如其父言。莊生曰：“可疾去矣，慎毋留，即弟出，勿問所以然。”長男既去，不過莊生而私留，以其私齎獻遺楚國貴人用事者。

莊生故廉直，朱公進金，非有意受也，欲以成事後復歸之以爲信耳。故金至，謂其婦曰：“此朱公之金。有如病不宿誡，後復歸，勿動。”而朱公長男不知其意，以爲殊無短長也。

莊生閒時入見楚王，言“某星宿某，此則害於楚”。楚王素信莊生，曰：“今爲奈何？”莊生曰：“獨以德爲可以除之。”楚王曰：“生休矣，寡人將行之。”王乃使使者封三錢之府。楚貴人驚告朱公長

① 會：《南村草堂文鈔》卷第二十《楚寶考異》作“禽”。

男曰："王且赦。"曰："何以也？"曰："每王旦[①]赦，常封三錢之府。昨暮王使使封之。"朱公長男以爲赦，弟固當出也，重千金虚棄莊生，無所爲也，乃復見莊生。莊生曰："若不去耶？"長男曰："固未也。初爲事弟，弟今議自赦，故辭生去。"莊生知其意欲復得其金。曰："若自入室取金。"長男即自入室取金持去，獨自歡幸。

莊生羞爲兒子所賣，乃入見楚王曰："臣前言某星事，王言欲以修德報之。今臣出，道路皆言陶之富人朱公之子殺人囚楚，其家多持金銀賂王左右，故王非能恤楚國而赦，乃以朱公子故也。"楚王大怒曰："寡人雖不德，奈何以朱公之子故而施惠乎！"令論殺朱公子，明日遂下赦令。朱公長男竟持其弟喪歸。

至，其母及邑人盡哀之，唯朱公獨笑，曰："吾固知必殺其弟也！彼非不愛其弟，顧有所不能忍者也。是少與我俱，見苦，爲生難，故重棄財。至如少弟者，生而見我富，乘堅驅良逐狡兔，豈知財所從來，故輕棄之，非所惜吝。前日吾所爲欲遣少子，固爲其能棄財故也。而長者不能，故卒以殺其弟，事之理也，無足悲者。吾日夜固以望其喪之來也。"

顯鶴案：莊生以廉直稱，固非有意受金也，朱公長男以不忍千金之故竟殺其弟。俚語云"廣錢通神"，其是之謂乎？雖然，莊亦傾險之士哉。

陳　軫

陳軫，楚大夫。秦伐宜陽，楚王謂陳軫曰："寡人聞韓侈巧士也，習諸侯事，殆能自免也。爲其必免，吾欲先據之。"陳軫對曰："舍之，王勿據也。以韓侈之知，於此困矣。今山澤之獸，無黠於麋。麋

① 旦：《史記》卷四一《越王勾踐世家第十一》作"且"。

知獵者張網前而驅己也，因還走而冒人至數。獵者知其詐，僞舉網而進之，麋因得矣。今諸侯明知此多詐僞，舉網而進者必衆矣。舍之，王勿據也。韓侈之知於此困矣。”楚王聽之。宜陽果拔，陳軫先知之也。

秦欲伐齊，而楚與齊從親，秦惠王患之，乃使張儀見楚王，賂以商於之地六百里。懷王大悦，乃置相璽於張儀，宣言“吾復得商於之地”。群臣皆賀，而陳軫獨弔，曰：“秦之所以重王者，以王之有齊也。今地未可得而齊交先絶，是楚孤也。夫秦又何重孤國哉，必輕楚。西起秦患，北絶齊交，則兩國之兵必至。臣故弔。”王弗聽，乃使勇士宋遺北辱齊王。齊[①]大怒，折楚符而合於秦。秦、齊交合，而商於之約終負，竟見欺於張儀。懷王大怒，興師將伐秦。陳軫又曰：“伐秦非計也。不如因賂之以一名都，與之伐齊，是我亡於秦而取償於齊也。今王已絶於齊而責欺於秦，是合秦、齊之交而來天下之兵也，國必大傷矣。”王不聽，發兵攻秦，遂大敗。

顯鶴案：陳軫，游説之士也。《史記》《國策》，俱不言其本貫。其始仕秦，繼而去秦之楚，其設謀亦不專爲楚也，今摘其爲楚謀而善者録之。使楚聽其言，亦何致坐困於虎狼之國也？噫！

汗　明

汗明，楚人，春申君客也。見春申君，候問三月而後得見。談卒，春申君大悦之。汗明欲復談，春申君曰：“僕已知先生，先生大息矣。”汗明憱焉曰：“明願有問君，而恐固。不審君之聖孰與堯也？”春申君曰：“先生過矣，臣何足以當堯？”汗明曰：“然則君料臣，孰與舜？”春申君曰：“先生即舜也。”汗明曰：“不然。臣請爲君終言之。君之賢實不如堯，臣之能不及舜。夫以賢舜事聖堯，三年而後乃相

① 《史記》卷四十《楚世家第十》“齊”後有“王”字。

知也。今君一時而知臣，是君聖於堯，而臣賢於舜也。”春申君曰：“善。”召門吏爲汗先生著客籍，五日一見。

汗明曰：“君亦聞驥乎？夫驥之齒至矣，服鹽車而上大行，蹏申膝折，尾湛胕潰，漉汁灑地，白汗交流，中阪遷延，負轅不能上。伯樂遭之，下車攀而哭之，解紵衣以冪之。驥於是俛而噴，仰而鳴，聲達於天，若出金石聲者，何也？彼見伯樂之知己也。今僕之不肖，阨於州部，堀穴窮巷，沈洿鄙俗之日久矣，君獨無意湔拔僕也，使得爲君高鳴屈於梁乎？”

朱 英

朱英，楚春申君客。春申君相楚二十五年，考烈王病，朱英謂春申君曰：“世有無妄之福，又有無妄之禍。今君處無妄之世，以事無妄之主，安不有無妄之人乎？”春申君曰：“何謂無妄之福？”曰：“君相楚二十餘年矣，雖名爲相國，實楚王也，五子皆相諸侯。今王疾甚，旦暮且崩。太子襄[①]弱，疾而不起，而君相少主，因而代立當國，如伊尹、周公。王長而反政，不即遂南面稱孤，因而有楚國，此所謂無妄之福也。”春申君曰：“何謂無妄之禍？”曰：“李園不治國，王之舅也，不爲兵將而陰養死士之日久矣。楚王崩，李園必先入，據本議制斷君命，秉權而殺君以滅口，此所謂無妄之禍也。”春申君曰：“何謂無妄之人？”曰：“君先仕臣爲郎中，君王崩，李園先入，臣請爲君劃其胸殺之，此所謂無妄之人也。”春申君曰：“先生置之，勿復言已。李園，軟弱人也，僕又善之，又何至此？”朱英恐，乃亡去。

後十七日，楚考烈王崩，李園果先入，置死士止於棘門之內。春申君後入，止棘門。園死士夾刺春申君，斬其頭，投之棘門外。於是使吏

① 襄：《戰國策》卷十七《楚策四》作“衰”。

盡滅春申君之家。而李園女弟初幸春申君有身，而入之王，所生子者遂立爲楚幽王也。

顯鶴案：汗明楚人，朱英《楚策》不言本貫，以其同爲春申君之客，故增輯《知謀》。吁！“當斷不斷，反受其亂”，史遷以爲春申君失朱英之謂。雖百汗明一日十見，亦何益也？娠姬竊國，血濺棘門，謀之不臧，自貽伊咎。哀哉！

楚寶卷第十二

明湘潭周聖楷伯孔輯纂

知　謀

朱　建

平原君朱建者，楚人也。故嘗爲淮南王黥布相，有辠去，後復事黥布。布欲反時，問平原君，平原君止之。布不聽，而聽梁父侯，遂反。漢已誅布，聞平原君諫不與謀，得不誅。

平原君爲人辯有口，刻廉剛直，家于長安，行不苟合，義不取容。辟陽侯行不正，得幸吕太后，時辟陽侯欲知平原君，平原君不肯見。及平原君母死，陸生素與平原君善，過之。平原君家貧，未有以發喪，方假貸服具，陸生令平原君發喪。陸生往見辟陽侯，賀曰："平原君母死。"辟陽侯曰："平原君母死，何乃賀我乎？"陸賈曰："前日君侯欲知平原君，平原君義不知君，以其母故。今其母死，君誠厚送喪，則彼爲君死矣。"辟陽侯乃奉百金往税，税當爲襚。列侯貴人以辟陽侯故，往襚凡五百金。

辟陽侯幸吕太后，人或毁辟陽侯于孝惠帝，孝惠帝大怒，下吏，欲誅之。吕太后慚，不可以言。大臣多害辟陽侯行，欲遂誅之。辟陽侯急，因使人欲見平原君。平原君辭曰："獄急，不敢見君。"乃求見孝惠帝幸臣閎籍孺，當作閎孺。説之曰："君所以得幸帝，天下莫不聞。今辟陽侯幸太后而下吏，道路皆言君讒，欲殺之。今日辟陽侯誅，旦日太后含怒，亦誅君。何不肉袒爲辟陽侯言于帝？帝聽君出辟陽侯，太后大驩。兩主共幸君，君貴富益倍矣。”于是閎籍孺大恐，從其計，言帝，果出辟陽侯。辟陽侯之囚，欲見平原君，平原君不見辟陽侯，辟陽侯以爲倍己，大怒。及其成功出之，乃大驚。

吕太后崩，大臣誅諸吕，辟陽侯于諸吕至深，而卒不誅。計畫所以全者，皆陸生、平原君之力也。孝文帝時，淮南厲王殺辟陽侯，以諸吕故。文帝聞其客平原君爲計策，使吏捕欲治。聞吏至門，平原君欲自殺，諸子及吏皆曰：“事未可知，何蚤自殺爲？”平原君曰：“我死禍絶，不及而身矣。”遂自剄。孝文帝聞而惜之，曰：“吾無意殺之。”乃召其子，拜爲中大夫。使匈奴，單于無禮，迺駡單于，遂死匈奴中。

鍾惺曰：平原君朱建廉直，竟以貧故，不能葬母，爲辟陽侯所取，身與名俱殉之，可見貧亦士之累也。有經世用人之責者，豈可使士貧哉？若田叔死，魯以百金祠，少子仁不受也，曰：不以百金累先人名。志士哉！田叔過朱建遠矣，此則士之可貧者也。

聖楷曰：朱建以身許辟陽侯，雖爲葬母，亦是憤恨此身不見知于世耳。觀陸生賀辟陽侯數語，便可知其志願，建豈貧困所能累哉？嗟乎！士處貧易，處知己難，身與名又當别論。

袁　盎

袁盎者，楚人也，字絲。父故爲群盜，徙處安陵。高后時，盎嘗爲吕禄舍人。及孝文帝即位，盎兄噲任盎爲中郎。絳侯爲丞相，朝罷趨出，意得甚。上禮之恭，常自送之。袁盎進曰：“陛下以丞相何如人？”上曰：“社稷臣。”盎曰：“絳侯所謂功臣，非社稷臣。社稷臣，主在與在，主亡與亡。方吕后時，諸吕用事，擅相王，劉氏不絶如帶。是時，絳侯爲太尉，主兵柄，弗能正。吕后崩，大臣相與共畔諸吕，太尉主兵，適會其成功，所謂功臣，非社稷臣。丞相如有驕主色，陛下謙讓，臣主失禮，竊爲陛下不取也。”後朝，上益莊，丞相益畏。已而絳侯望袁盎曰：“吾與而兄善，今兒廷毁我！”盎遂不謝。及絳侯免相之國，國人上書告以爲反，徵繫清室，宗室諸公莫敢爲言，唯袁盎明絳侯無罪。絳侯得釋，盎頗有力。絳侯乃大與盎結交。

淮南厲王朝，殺辟陽侯，居處驕甚。袁盎諫曰：“諸侯大驕必生患，可適削地。”上弗用。淮南王益横。及棘蒲侯柴武太子謀反事覺，治連淮南王，淮南王徵，上因遷之蜀，轞車傳送。袁盎時爲中郎將，乃諫曰：“陛下素驕淮南王，弗稍禁，以至此。今又暴摧折之，淮南王爲人剛，如有遇霧露行道死，陛下竟爲以天下之大弗能容，有殺弟之名。奈何？”上弗聽，遂行之。淮南王至雍，病死，聞，上輟食，哭甚哀。盎入，頓首請罪。上曰：“以不用公言至此。”盎曰：“上自寬，此往事，豈可悔哉？且陛下有高世之行者三，此不足以毁名。”上曰：“吾高世行三者何事？”盎曰：“陛下居代時，太后嘗病，三年，陛下不交睫，不解衣，湯藥非陛下口所嘗弗進。夫曾參以布衣猶難之，今陛下親以王者修之，過曾參孝遠矣。夫諸吕用事，大臣專制，然陛下從代乘六乘傳馳不測之淵，雖賁、育之勇不及陛下。陛下至代邸，西向讓天子位者再，南向讓天子位者三。夫許由一讓，而陛下五以天下讓，過許由四矣。且陛下遷淮南王，欲以苦其志，使改過，有司衛不謹，故病死。”於是上乃解，曰：“將奈何？”盎曰：“淮南王有三子，唯在陛下耳。”於是文帝立其三子皆爲王。盎由此名重朝廷。

袁盎常引大體忼慨，宦者趙同以數幸，常害袁盎，袁盎患之。盎兄子種爲常侍騎，持節夾乘，説盎曰：“君與鬬，廷辱之，使其毁不用。”孝文帝出，趙同參乘，袁盎伏車前曰：“臣聞天子所與共六尺輿者，皆天下豪英。今漢雖乏人，陛下獨奈何與刀鋸餘人載！”於是上笑，下趙同。趙同泣下車。文帝從霸陵上，欲西馳下峻阪，袁盎騎，並車擥轡，上曰：“將軍怯邪？”盎曰：“臣聞千金之子坐不垂堂，百金之子不騎衡，聖主不乘危而徼幸。今陛下騁六騑，馳下峻山，如有馬驚車敗，陛下縱自輕，奈高廟、太后何？”上乃止。

上幸上林，皇后、慎夫人從。其在禁中，常同席坐。及坐，郎署長布席，袁盎引卻慎夫人坐。慎夫人怒，不肯坐。上亦怒，起，入禁中。盎因前説曰："臣聞尊卑有序則上下和，今陛下既已立后，慎夫人乃妾，妾主豈可與同坐哉！且陛下幸之，即厚賜之。陛下所以爲慎夫人，適所以禍之。陛下獨不見'人彘'乎？"於是上乃説，召語慎夫人，慎夫人賜盎金五十斤。

然袁盎亦以數直諫，不得久居中，調爲隴西都尉。憐愛士卒，士卒皆爭爲死。遷爲齊相。徙爲吴相，辭行，種謂盎曰："吴王驕日久，國多奸，今苟欲劾治，彼不上書告君，即利劍刺君矣。南方卑溼，君能日飲，毋何，時説王曰毋反而已。如此幸得脱。"盎用種之計，吴王厚遇盎。

盎告歸，道逢丞相申屠嘉，下車拜謁，丞相從車上謝袁盎。袁盎還，愧其吏，乃之丞相舍上謁，求見丞相。丞相良久而見之，盎因跪曰："願請閒。"丞相曰："使君所言公事，之曹與長史掾議，吾且奏之。即私邪，吾不受私語。"袁盎即跪説曰："君爲丞相，自度孰與陳平、絳侯？"丞相曰："吾不如。"袁盎曰："善君即自謂不如。夫陳平、絳侯輔翼高帝，定天下，爲將相，而誅諸吕，存劉氏。君乃爲材官蹶張，遷爲隊率，積功至淮陽守，非有奇計攻城野戰之功。且陛下從代來，每朝，郎官上書疏，未嘗不止輦受其言，言不可用置之，言可受採之，未嘗不稱善。何也？則欲以致天下賢士大夫。上日聞所不聞，明所不知，日益聖知，君今自閉鉗天下之口而日益愚。夫以聖主責愚相，君受禍不久矣！"丞相乃再拜曰："嘉鄙野人，乃不知，將軍幸教。"引入與坐，爲上客。

盎素不好鼂錯。鼂錯所居坐，盎去，盎坐，錯亦去，兩人未嘗同堂語。及孝文帝崩，孝景帝即位，鼂錯爲御史大夫，使吏案袁盎受吴王財物，抵罪，詔赦以爲庶人。吴、楚反，聞鼂錯謂丞史曰："夫袁盎多受吴王金錢，專爲蔽匿，言不反。今果反，欲請治盎宜知計謀。"丞史曰："事未發，治之有絶。今兵西鄉，治之何益？且袁盎不宜有謀。"

鼂錯猶與未決。人有告袁盎者，袁盎恐，夜見竇嬰，爲言吴所以反者，願至上前口對狀。竇嬰入言上，上乃召袁盎入見。鼂錯在前，及盎請辟人賜閒，錯去，固恨甚。袁盎具言吴所以反狀，以錯故，獨急斬錯以謝吴，吴兵乃可罷，其語具在吴事中。使袁盎爲太常，竇嬰爲大將軍，兩人素相與善。逮吴反，諸陵長者長安中賢大夫争附兩人，車隨者日數百乘。

及鼂錯已誅，袁盎以太常使吴。吴王欲使將，不肯。欲殺之，使一都尉以五百人圍守盎軍中。袁盎自其爲吴相時，嘗有從史，從史嘗盜盎愛侍兒，盎知之，弗泄，遇之如故。人有告從史，言“君知爾與侍者通”，乃亡歸。袁盎驅自追之，遂以侍者賜之，復爲從史。及袁盎使吴見守，從史適爲守盎校尉司馬，乃悉以其裝齎置二石醇醪。會天寒，士卒饑渴，飲酒醉，西南陬卒皆臥。司馬夜引袁盎起，曰：“君可以去矣！吴王期旦日斬君。”盎弗信，曰：“公何爲者？”司馬曰：“臣故爲從史盜君侍兒者。”盎乃驚謝曰：“公幸有親，吾不足以累公。”司馬曰：“公第去，臣亦且亡，避吾親，君何患！”乃以刀決張道，從醉卒直隧出。司馬與分背，袁盎解節毛懷之，杖步行七八里，明，見梁騎，騎馳去，遂歸報。

吴、楚已破，上更以元王子平陸侯禮爲楚王，袁盎爲楚相。嘗上書有所言，不用。袁盎病免居家，與閭里浮沉，相隨行，鬬雞走狗。雒陽劇孟嘗過袁盎，盎善待之。安陵富人有謂盎曰：“吾聞劇孟博徒，將軍何自通之？”盎曰：“劇孟雖博徒，然母死，客送葬車千餘乘，此亦有過人者。且緩急人所有，夫一旦有急叩門，不以親爲解，不以存亡爲辭，天下所望者，獨季心、劇孟耳。今公嘗從數騎，一旦有緩急，寧足恃乎！”罵富人，弗與通。諸公聞之，皆多袁盎。

袁盎雖家居，景帝時時使人問籌策。梁王欲求爲嗣，袁盎進説，其後語塞。梁王以此怨盎，曾使人刺盎。刺者至關中，問袁盎，諸君譽之皆不容口。乃見袁盎曰：“臣受梁王金來刺君，君長者，不忍刺君。然，後刺君者十餘曹，備之！”袁盎心不樂，家又多怪，乃之棓生所問占。還，梁刺客後曹輩果遮刺殺盎安陵郭門外。

太史公曰：袁盎雖不好學，亦善傅會，仁心爲質，引義慷慨。遭孝文初立，資適逢世。時以變易，及吴、楚一説，説雖行哉，然復不遂。好聲矜賢，竟以名敗。鼂錯爲家令時，數言事不用，後擅權，多所變更。諸侯發難，不急匡救，欲報私仇，反以亡軀。語曰："變古亂常，不死則亡。"豈錯等謂耶！

鍾惺曰：袁盎有知數人，每于强諫犯顔中微寓獻媚之意，自結于人主，作用甚巧，彌縫甚工。人知其直而不知其譎。太史公以"善傅會"三字盡之，得其情矣。

又曰：淮南厲王朝，殺辟陽侯，袁盎諫曰："諸侯太驕必生患，可適削地。"上弗用。由此觀之，削地之説發于盎，而盎乃以此殺鼂錯，漢何以服錯哉？且盎言"獨急斬錯以謝吴，吴兵乃可罷"，及殺錯後，漢遣盎説吴不下，則殺錯之效可見矣。且爲使亡歸，盎何以謝漢、謝錯也？漢無法矣。

龐　統

龐統，字士元，襄陽人也。少時樸鈍，未有識者。潁川司馬徽清雅有知人鑒，統弱冠往見徽，徽採桑于樹上，坐統在樹下，共語自晝至夜。徽甚異之，稱統當爲南州士之冠冕，由是漸顯。後郡命爲功曹。性好人倫，勤于長養。每所稱述，多過其才，時人怪而問之，統答曰："當今天下大亂，雅道陵夷，善人少而惡人多。方欲興風俗，長道業，不美其譚即聲名不足慕企，不足慕企而爲善者少矣。今拔十失五，猶得其半，而可以崇邁世教，使有志者自勵，不亦可乎？"吴將周瑜助先主取荆州，因領南郡太守。瑜卒，統送喪至吴，吴人多聞其名。及當西還，並會閶門，陸績、顧劭、全琮皆往。統曰："陸子可謂駑馬有逸足之力，顧子所謂駑牛能負重志遠也。"謂全琮曰："卿好施慕名，有似汝南樊子昭。雖知力不多，亦一時之佳也。”績、劭謂統曰：“使天下太平，當與卿共料四海之士。”深與統相結而還。

先主領荆州，統以從事守耒陽令，在縣不治，免官。吴將魯肅遺先主書曰：“龐士元非百里才也，使處治中、别駕之任，始當展其驥足耳。”諸葛亮亦言之于先主，先主見與善譚，大器之，以爲治中從事。親待亞于諸葛亮，遂與亮並爲軍師中郎將。亮留鎮荆州，統隨從入蜀。

益州牧劉璋與先主會涪，統進策曰：“今因此會，便可執之，則將軍無用兵之勞而坐定一州也。”先主曰：“初入他國，恩信未著，此不可也。”璋既還成都，先主嘗爲璋北征漢中，統復説曰：“陰選精兵，晝夜兼道，徑襲成都；璋既不武，又素無預備，大軍卒至，一舉便定，此上計也。楊懷、高沛，璋之名將，各仗彊兵，據守關頭，聞數有牋諫璋，使發遣將軍還荆州。將軍未至，遣與相聞，説荆州有急，欲還救之，並使束裝，外作歸形；此二子既服將軍英名，又喜將軍之去，計必乘輕騎來見，將軍因此執之，進取其兵，仍向成都，此中計也。退還白帝，連引荆州，徐還圖之，此下計也。若沉吟不去，將致大困，不可久矣。”先主然其中計，即斬懷、沛，還向成都，所過輒克。于涪大會，置酒作樂，謂統曰：“今日之會，可謂樂矣。”統曰：“伐人之國而以爲歡，非仁者之兵也。”先主醉，怒曰：“武王伐紂，前歌後舞，非仁者邪？卿言不當，宜速起出！”于是統逡巡引退。先主尋悔，請還。統復故位，初不顧謝，飲食自若。先主謂曰：“向者之論，阿誰爲失？”統對曰：“君臣俱失。”先主大笑，宴樂如初。

進圍雒縣，統率衆攻城，爲流矢所中，卒，時年三十六。先主痛惜，言則流涕。拜統父議郎，遷諫議大夫，諸葛亮親爲之拜。追賜統爵關内侯，謚曰靖侯。

《襄陽記》曰：士元，德公之從子也。年少未有識者，唯德公重之。年十八，使往見德操，與語，歎曰：“德公誠知人，此實盛德也。”後劉備訪世事于德操，德操曰：“俗士豈識時務？此閒自有伏龍、鳳雛。”謂諸葛孔明與士元也。

《新語》曰：南郡龐士元聞司馬德操在潁川，故二千里候之。至，遇德採桑，士元從車中謂曰："吾聞丈夫處世，當帶金佩紫，焉有屈洪流之量，而執絲婦之事"德操曰："子且下車。子適知邪徑之速，不慮失道之迷。昔伯成耦耕，不慕諸侯之榮；原憲桑樞，不易有官之宅。何有坐則華屋，行則肥馬，侍女數十，然後爲奇？此乃許、父所以慷慨，夷、齊所以長歎。雖有竊秦之爵，千駟之富，不足貴也！"士元曰："僕生出邊垂，寡見大義。若不一叩洪鐘，伐雷鼓，則不識其音響也。"

《江表傳》曰：先主與統從容宴語，問曰："卿爲周公瑾功曹，孤到吴，聞此人密有白事，勸仲謀相留，有之乎？在君爲君，卿具無隱。"統對曰："有之。"備歎息曰："孤時危急，當有所求，故不得不往，殆不免周瑜之手！天下知謀之士，所見略同耳。時孔明諫孤莫行，其意甚篤，亦慮此也。孤以仲謀所防在北，當賴孤爲援，故決意不疑，此誠出于險途，非萬全之計也。"

锺惺曰：悔者不爲，爲者不悔，先主此言，蓋深悔其身之幾不免于吴也。此悔卻不可無，然前計殊又不錯，事有當悔于後而不得不爲之于前者，此類是也。

劉　巴

劉巴，字子初，零陵烝陽人也。少知名，荆州牧劉表連辟，及舉茂才，皆不就。表卒，曹公征荆州。先主奔江南，荆楚群士從之如雲，而巴北詣曹公。曹公辟爲掾，使招納長沙、零陵、桂陽。會先主略有三郡，巴不得反使，遂遠適交趾，先主深以爲恨。

巴復從交趾至蜀。俄而先主定益州，巴辭謝罪負，先主不責。而諸葛孔明數稱薦之，先主辟爲左將軍西曹掾。建安二十四年，先主爲漢中王，巴爲尚書，後代法正爲尚書令。躬履清儉，不治産業，又自以歸附非素，懼見猜嫌，恭默守静，退無私交，非公事不言。先主稱尊號，昭告于皇天上帝后土神祇，凡諸文誥策命，皆巴所作也。章武二年卒。卒後，魏尚書僕射陳群與丞相諸葛亮書，問巴消息，稱曰劉君子初，甚敬重焉。

《零陵先賢傳》曰：巴祖父曜，蒼梧太守。父祥，江夏太守、蕩寇將軍。時孫堅舉兵討董卓，以南陽太守張咨不給軍糧，殺之。祥與同心，南陽士民由此怨祥，舉兵攻之，與戰，敗亡。劉表亦素不善祥，拘巴，欲殺之，數遣祥故所親信人密詐謂巴曰："劉牧欲相危害，可相隨逃之。"如此再三，巴輒不應。具以報表，表乃不殺巴。年十八，郡署户曹史、主計、主簿。劉先主欲遣周不疑就巴學，巴答曰："昔游荆北，時涉師門，記問之學，不足紀名，内無楊朱守静之術，外無墨翟務時之風，猶天之南箕，虚而不用。賜書乃欲令賢甥摧鸞鳳之豔，遊燕雀之宇，將何以啟明之哉？愧于有若無，實若虚，何以堪之。"

又曰：張飛嘗就巴宿，巴不與語，飛遂恚。諸葛亮謂巴曰："張飛雖實武人，敬慕足下。主公今方收合文武，以定大事；足下雖天素高亮，宜少降意也。"巴曰："大丈夫處世，當交四海英雄，如何與兵子共語乎？"備聞之，怒曰："孤欲定天下，而子初專亂之。其欲還北，假道于此，豈欲成孤事邪？"備又曰："子初才知絶人，如孤，可任用之，非孤者難獨任也。"亮亦曰："運籌策于幃幄之中，吾不如子初遠矣。若提枹鼓，會軍門，使百姓喜勇，當與人議之耳。"初攻劉璋，備與士衆約："若事定，府庫百物，孤無與焉。"及拔成都，士衆皆舍干戈，赴諸藏競取寶物。軍用不足，備甚憂之。巴曰："易耳，但當鑄直百錢，平諸物價，令吏官市。"備從之，數月之閒，府庫充實。

鍾惺曰：張飛就劉巴宿，巴不與語，畢竟是巴心粗，作漢末名士習氣。主人自處無禮，而坐視客之加禮于我，巴輸飛遠矣。巴在蜀，以歸附非素，懼見嫌猜，恭默守静，而有此舉動，抑豈涉世全身之道乎？

黄　蓋

黄蓋，字公覆，零陵泉陵人也。少孤，嬰丁凶難，辛苦備嘗。然有壯志，雖處貧賤，不自同于凡庸。常以負薪餘閒，學書疏，講兵事。初爲郡吏，察孝廉，辟公府。孫堅舉義兵，蓋從之。堅南破山賊，北走董卓，拜蓋别部司馬。堅薨，蓋隨策及權，擐甲周旋，蹈刃屠城。

諸山越不賓，有寇難之縣，輒用蓋爲守長。石城縣吏，特難檢御，蓋乃署兩掾，分主諸曹。教曰："令長不德，徒以武功爲官，不以文吏爲稱。今賊寇未平，有軍旅之務，一以文書委付兩掾，當檢攝諸曹，糾擿謬誤。兩掾所署，事入諾出，若有奸欺，終不加以鞭杖，宜各盡心，無爲衆先。"初皆怖威，夙夜供職。久之，吏以蓋不視文書，漸容人事。蓋亦嫌外懈怠，時有所省，各得兩掾不奉法數事。乃悉請諸掾吏，賜酒食，因出事詰問。兩掾辭屈，皆叩頭謝罪。蓋曰："前已相勑，終不以鞭杖相加，非相欺也。"遂殺之。縣中震慄，後轉春穀長、尋陽令。凡守九縣，所在平定。遷丹陽都尉，抑彊扶弱，山越懷附。

蓋姿貌嚴毅，善于養衆，每所征討，士卒皆争爲先。建安中，隨周瑜拒曹公于赤壁，建策火攻，語在瑜傳。拜武鋒中郎將。武陵蠻夷反亂，攻掠城邑，乃以蓋領太守。時郡兵才五百人，自以不敵，因開城門，賊半入，乃擊之，斬首數百，餘皆奔走，盡歸邑落。誅討魁帥，附從者赦之。自春訖夏，寇亂盡平，諸幽邃巴、醴、由、誕邑侯君長，皆改操易節，奉禮請見，郡境遂清。後長沙益陽縣爲山賊所攻，蓋又平討。加偏將軍，病卒于官。蓋當官決斷，事無留滯，國人思之，圖畫蓋形，四時祠祭。

　　《周瑜傳》曰：權遣瑜及程普等與備并力逆曹公，遇于赤壁。時曹公軍衆已有疾病，初一交戰，曹軍敗，退引次江北。瑜等在南岸。瑜部將黄蓋曰："今寇衆我寡，難與持久。然觀操軍方連船艦，首尾相接，可燒而走也。"乃取蒙衝鬭艦數十艘，實以薪草，膏油灌其中，裹以帷幕，上建牙旗，先書報曹公，欺以欲降。又豫備走舸，各繫大船後，因引次俱前。曹公軍吏士皆延頸觀望，指言蓋降。蓋放諸船，同時發火。時風盛猛，悉延燒岸上營落。頃之，煙炎張天，人馬燒溺死者甚衆，軍遂敗退，還保南郡。

赤壁考

按：江漢閒言赤壁者五：漢陽、漢川、黄州、嘉魚、江夏。當從嘉魚縣西者爲是。唐《元和志》云：在蒲圻縣西，與烏林峰對。蓋初蒲圻地，今屬嘉魚也。史稱昭烈居樊口，進兵逆操，遇于赤壁，當在樊口之上。又史稱赤壁初戰不利，引次江北，則赤壁當在江南。宋謝疉山云：予自江夏泝洞庭，舟過蒲圻，見石巖有"赤壁"二字，因登岸閲赤壁，其北岸曰烏林，又曰烏巢，乃漢陽境。有烈火岡，上有周公瑾廟。至今土人耕地，得弩箭鏃，長尺餘，或得斷槍折戟。以今嘉魚赤壁合之，信爲瑜破曹操處無疑，其他四處皆非是。若黄州赤壁，原名赤鼻，蘇文忠特借事譏當時用事者爾。

桓　階

桓階，字伯緒，長沙臨湘人也。今長沙縣。仕郡功曹，太守孫堅舉階孝廉，除尚書郎。父喪，還鄉里。會堅擊劉表戰死，階冒難詣表乞堅喪，表義而與之。後太祖與袁紹相拒于官渡，表舉州以應紹。階説其太守張羨曰："夫舉事而不本于義，未有不敗者也。故齊桓率諸侯以尊周，晉文逐叔帶以納王。今袁氏反此，而劉牧應之，取禍之道也。明府必欲立功明義，全福遠禍，不宜與之同也。"羨曰："然則何向而可？"階曰："曹公雖弱，仗義而起，救朝廷之危，奉王命而討有罪，孰敢不服？今若舉四郡保三江以待其來，而爲之内應，不亦可乎！”羡曰：“善。”乃舉長沙及旁三郡以拒表，遣使詣太祖。太祖大悦。會紹與太祖連戰，軍未得南。而表急攻羡，羡病死。城陷，階遂自匿。久之，劉表辟爲從事祭酒，欲妻以妻妹蔡氏。階自陳已結婚，拒而不受，因辭疾告退。

太祖定荆州，聞其爲張羡謀也，異之，辟爲丞相掾主簿，遷趙郡太守。魏國初建，爲虎賁中郎將、侍中。時太子未定，而臨菑[①]侯植有寵。階數陳文帝德優齒長，宜爲儲副，公規密諫，前後懇至。又毛玠、徐奕以剛蹇少黨，而爲西曹掾丁儀所不善，儀屢言其短，賴階左右以自全保。其將順匡救，多此類也。遷尚書，典選舉。曹仁爲關羽所圍，太祖遣徐晃救之，不解。太祖欲自南征，以問群下。群下皆謂：“王不亟行，今敗矣。”階獨曰：“大王以仁等爲足以料事勢不也？”曰：“能。”“大王恐二人遺力邪？”曰：“不。”“然則何爲自往？”曰：“吾恐敵衆多，而晃等勢不便耳。”階曰：“今仁等處重圍之中而守死無貳者，誠以大王遠爲之勢也。夫居萬死之地，必有死争之心；内懷死争，外有彊救，大王案六軍以示餘力，何憂于敗而欲自往？”太祖善其言，駐軍于摩陂。敵遂退。

文帝踐阼，遷尚書令，封高鄉亭侯，加侍中。階疾病，帝自臨省，謂曰：“吾方託六尺之孤，寄天下之命于卿。勉之！”徙封安樂鄉侯，邑六百户。後階疾篤，遣使者即拜太常，薨，帝爲之流涕，謚曰貞侯。子嘉嗣。嘉尚升遷亭公主，會嘉平中，以樂安太守與吴戰于關東，軍敗，没，謚曰壯侯。子翊嗣。

《桓階别傳》曰：階爲趙郡太守，在郡時俸盡食醬䴷，上聞之，數戲之曰：“卿家醬頗得不減耶？”乃詔曰：“昔子文清儉，朝不謀夕，而有脯糧之秩。宣子守約，軍食魚餐，[②]而有加梁之

① 菑，當爲“淄”。

② 軍食魚餐，《太平御覧》卷二六二職官部六十《良太守下》作“簞食魚飧”。

賜。豈棟宇大臣而有蔬食，非吾所以禮賢之意。”其賜射鹿師二人并弩。

聖楷按：階祖父超，父勝，皆歷典州郡。勝爲尚書，著名南方。階孫陵，字元徽，亦有名于晉，武帝世仕至滎陽太守，卒。今郡乘既不能詳其家世，又并階之行事而略之。彼撰先賢耆舊傳者，又何人哉？每念張謂一碑，不勝煙雨冥冥之歎。

蒯 越

蒯越，字異度，襄陽郡中廬人，蒯通之後也。深中足知，魁傑有雄姿。大將軍何進聞其名，辟爲東曹掾。越勸進誅諸閹宦，進猶豫不决。越知進必敗，求出爲汝陽令，佐劉表平定境内，表得以彊大。詔書拜章陵太守，封樊亭侯。荆州平，太祖與荀彧書曰：“不喜得荆州，喜得蒯異度耳。”建安十九年卒。臨終，與太祖書，託以門户。太祖報書曰：“死者反生，生者不愧。孤少所舉，行之多矣。魂而有靈，亦將聞孤此言也。”

司馬彪《戰略》曰：劉表之初爲荆州也，江南宗賊盛，袁術屯魯陽，盡有南陽之衆。吴人蘇代領長沙太守，貝羽爲華容長，各阻兵作亂。表初到，單馬入宜城，而延中廬人蒯良、蒯越，襄陽人蔡瑁與謀。表曰：“宗賊甚盛，而衆不附，袁術因之，禍今至矣！吾欲徵兵，恐不集，其策安出？”良曰：“衆不附者，仁不足也；附而不治者，義不足也；苟仁義之道行，百姓歸之如水之趣下，何患所至之不從而問興兵之策乎？”表顧問越，越曰：“治平者先仁義，治亂者先權謀。兵不在多，在得人也。袁術勇而無斷，蘇代、貝羽皆武人，不足慮。宗賊帥多貪暴，爲下所患。越有所素善者，使示之以利，必以衆來。君誅其無道，撫而用之。一州之人，有樂存之心，聞君盛德，必襁負而至矣。兵集衆附，南據江陵，北守襄陽，荆州八郡可傳檄而定。術等雖至，無能爲也。”表曰：“子柔之言，雍季之論也。異度之計，咎犯之謀也。”遂使越遣人誘宗賊，至者五十五人，皆斬之。襲取其衆，或即授部曲。唯江夏賊張虎、陳生擁衆據襄陽，表乃使越與龐季，單騎往説降之，江南遂悉平。

潘　濬

潘濬，字承明，武陵漢壽人也。弱冠，從宋仲子受學。濬爲人聰察，對問有機理。山陽王粲見而貴異之，由是知名。年未三十，荆州牧劉表辟爲部江夏從事。時沙羡長贓穢不修，濬按殺之，一郡震竦。後爲湘鄉令，治甚有聲。劉備領荆州，以濬爲治中從事。備入蜀，留典州事。孫權殺關羽，并荆土，將吏悉皆歸附，濬獨稱疾不見。權遣人以牀就家輿致之，濬伏面著牀席不起，涕泣交横，哀咽不能自勝。權慰勞與語，呼其字曰：“承明，昔觀丁父，鄀俘也，武王以爲軍師；彭仲爽，申俘也，文王以爲令尹。此二人，卿荆國之先賢也，初雖見囚，後皆擢用，爲楚名臣。卿獨不然，未肯降意，將以孤異古人之量邪？”使親近以手巾拭其面，濬起下地拜謝。即以爲治中，荆州諸軍事一以諮之。武陵部從事樊伷誘導諸夷，圖以武陵屬劉備，外白差督督萬人往討之。權不聽，特召問濬，濬答：“以五千兵往，足可以擒伷。”權曰：“卿何以輕之？”濬曰：“伷是南陽舊姓，頗能弄唇吻，而實無辯論之才。臣所以知之者，伷昔嘗爲州人設饌，比至日中，食不可得，而十餘自起，此亦侏儒觀一節之驗也。”權大笑而納其言，即遣濬將五千往，果斬平之。遷奮威將軍，封常遷亭侯。

權稱尊號，拜爲少府，進封劉陽侯，遷太常。驃騎將軍步騭屯漚口，求召募諸郡以增兵。權以問濬，濬曰：“豪將在民間，耗亂爲害，加騭有名勢，在在所媚，不可聽也。”權從之。中郎將豫章徐宗，有名士也，嘗到京師，與孔融交結，然儒生誕節，部曲寬縱，不奉節度，爲衆作殿，濬遂斬之。其奉法不憚私議，皆此類也。歸義隱蕃，以口辯爲豪傑所善，濬子翥亦與周旋，饋餉之。濬聞大怒，疏責翥曰："吾受國厚恩，志報以命，爾輩在都，當念恭順，親賢慕善，何故與降虜交，以糧餉之？在遠聞此，心震面熱，惆悵累旬。疏到，急就往使受杖一百，促責所餉。"當時人咸怪濬，及蕃圖叛誅夷，衆乃歸服。

時濬姨兄零陵蔣琬爲蜀大將軍，或有閒濬于武陵太守衛旍者，云濬遣密使與琬相聞，欲有自託之計。旍以啟權，權曰："承明不爲此也。"即封旍表以示于濬，而召旍還，免官。赤烏二年，濬卒，子翥嗣。

聖楷按：濬本傳止載討五溪蠻與手刃吕壹二事，殊不盡其行事，故敘次無色，兹採合《江表傳》與《吴書》差可觀。《江表傳》又云：權數射雉，濬諫權，權曰："相與別後，時時蹔出耳，不復如往日之好也。"濬曰："天下未定，萬機務多，射雉非急，弦絶括破，皆能爲害，乞特爲臣故息置之。"濬出，見雉翳故在，乃手自撤壞之。權由是自絶，不復射雉。

楊　儀

楊儀，字威公，襄陽人也。建安中，爲荆州刺史傅群主簿，背群而詣襄陽太守關羽。羽命爲功曹，遣奉使西詣先主。先主與語論軍國計策、政治得失，大悦之，因辟爲左將軍兵曹掾。及先主爲漢中王，拔儀爲尚書。先主稱尊號，東征吴，儀與尚書令劉巴不睦，左遷，遥署弘農太守。

建興三年，丞相亮以爲參軍，署府事，將南行。五年，隨亮漢中。八年，遷長史，加綏軍將軍。亮數出軍，儀常規畫分部，籌度糧穀，不稽思慮，斯須便了。軍戎節度，取辯于儀。亮深惜儀之才幹，憑魏延之驍勇，常恨二人之不平，不忍有所偏廢也。十二年，隨亮出屯谷口，亮卒于敵場。儀既領軍還，又誅討延，自以爲功勳至大，宜當代亮秉政，呼都尉趙正以《周易》筮之，卦得《家人》，默然不悦。而亮平生密指，以儀性狷狹，意在蔣琬，琬遂爲尚書令、益州刺史。儀至，拜爲中軍師，無所統領，從容而已。

初，儀爲先主尚書，琬爲尚書郎，後雖俱爲丞相參軍長史，儀每從行，當其勞劇，自惟年官先琬，才能踰之，於是怨憤形于聲色，歎咤之音發于五内，時人畏其言語不節，莫敢從也。爲[①]後軍師費禕往慰省之，儀對禕恨望，前後云云，又語禕曰："往者丞相亡没之際，吾若舉軍以就魏氏，處世寧當落度如此邪！令人追悔不可復及。"禕密表其言。十三年，廢儀爲民，徙漢嘉郡。儀至徙所，復上書誹謗，辭指激切，遂下郡收儀。儀自殺，其妻子還蜀。

《楚國先賢傳》曰：儀兄慮，字威方。少有德行，爲江南冠冕。州郡禮召，諸公辭請，皆不能屈。年十七，夭，鄉人號曰德行楊君。

《魏延傳》曰：亮病，因密與長史楊儀等計，身殁之後退軍節度，令延斷後，姜維次之。若延或不從命，軍便自發。亮適卒，秘不發喪，儀令費禕往揣延意指。延曰："丞相雖亡，吾自見在。府親官屬，便可將喪還葬，吾自當率諸軍擊賊；云何以一人死廢天下之事邪？且魏延何人，當爲楊儀所部勒，作斷後將乎？"因與禕共作行留部分。令禕手書與己連名，告下諸將。禕紿延曰："當爲君還解楊長史。長史文吏，稀更軍事，必不違命也。"禕出門，馳馬而去。延尋悔，追之，已不及矣。延遣人覘儀等，遂使欲案亮成規，諸營相次引軍還。延大怒，率所領徑先南歸，所過燒絶閣道。儀等槎山通道，晝夜兼行，亦繼延後。延先至，據南谷口，遣兵逆擊儀等，儀等令何平在前禦延。平叱延先登曰："公亡身尚未寒，

① 爲，《三國志·楊儀傳》作"惟"。

汝輩何敢乃爾！”延士衆知曲在延，莫爲用命，軍皆散。延獨與其子數人逃亡，奔漢中。儀遣馬岱追斬之。

《晉書·宣帝紀》曰：會亮病卒，諸將燒營遁走，百姓奔告，帝出兵追之。長史楊儀反旗鳴鼓，若將距帝者。帝不之逼，於是楊儀結陣而去。

聖楷曰：按《延傳》與《晉紀》所云，儀之討延全師，功固不少，然而致延背叛，夷其三族，上下震動，幾生外寇，儀安得自處無過乎？而卒以怨憤，自殺其身。雖云狷狹之性，夫亦好還之道有不爽也。《季漢輔臣贊》曰：“威公狷狹，取異衆人；閑則及理，逼則傷侵；舍順入凶，大易之云。”此亦惜其反身無術矣。

鄧　騫

鄧騫，字長真，長沙人。少有志氣，爲鄉鄰所重。常推誠行己，能以正直全于多難之時。刺史譙王承命爲主簿，使説甘卓。卓留爲參軍，欲與同行，以母老辭卓而反。承爲魏乂所敗，以虞悝兄弟爲承黨，乂盡誅之，而求騫甚急。鄉人皆爲之懼，騫笑曰：“欲用我耳。彼新得州，多殺忠良，是其求賢之時，豈以行人爲罪！”乃往詣乂。乂喜曰：“君所謂古之解揚也。”以爲别駕。騫有節操忠信，兼識量宏遠，善與人交，久而益敬。太尉庾亮稱之，以爲長者。歷武陵、始興太守，遷大司農，卒于官。

《甘卓傳》曰：王敦稱兵，甘卓欲舉義，不能決。時湘州刺史譙王承遣主簿鄧騫説卓曰：“劉大連雖乘權寵，非有害于天下也。大將軍以其私憾稱兵象魏，雖託討亂之名，實失天下之望，此忠臣義士匡救之時也。昔魯連匹夫，猶懷路海之志，况受任方伯，位同體國者乎？今若因天人之心，倡桓文之舉，仗大順以掃逆節，擁義兵以勤王室，斯千載之運，不可失也。”卓笑曰：“桓文之事，豈吾所能。至于盡力圖難，乃其心也。當共詳思之。”参軍季[1]梁説卓以隗囂、竇融之舉。騫謂梁曰：“光武創業，中國未平，故隗囂斷隴右，竇融兼河西，各據一方，鼎足之勢，故得文服天子，從容顧望。及海内已定，君臣正位，終于隴右傾覆，河西入朝。何則？向之文服，義所不容也。今將軍之于本朝，非竇融之喻也。襄陽之于大府，非河西之固也。且人臣之義，安忍國難而不陳力，何以北面于天子邪！使大將軍平劉隗，還武昌，增石城之守，石城在今沔陽州東南。絶荆湘之粟，將軍將安歸乎？勢在人手，而曰我處廟勝，未之聞也。”卓尚持疑未决，騫又謂卓曰：“今既不義舉，又不承大將軍檄。此必至之禍，愚知所見也。且議者之所難，以彼彊我弱，是不量虚實者也。今大將軍兵不過萬餘，其留者不能五千；而將軍見衆既倍之矣。將軍威名，天下所聞也，擁彊衆，藉威名，杖節而行，豈王含所能御哉！泝流之衆，勢不自救，將軍之舉武昌，若摧枯拉朽，何所顧慮乎？武昌既定，據其軍實，鎮撫二州，施惠士卒，使還者如歸，此吕蒙所以克羽也。如是，大將軍可不戰而自潰。今釋必勝之策，安坐以待危亡，不可言知計矣。願將軍熟慮之。”卓於是以參軍虞冲，與騫偕至長沙，遺譙王承書，勸其固守。

聖楷曰：譙王承之討逆也，長沙桓雄、虞悝諸人皆争爲之死，所謂義高田叔，節邁解揚，斯無愧矣。鄧騫素以忠信著稱，乃一旦坐觀成敗，出就魏乂，曾無抗辭正性，折忤雄奸。又湎然受其别駕之命，長者固如是哉？當譙王承湘州刺史之命初下，騫聞之歎曰：“湘州之禍，其在斯乎？”此非無先識者也。及其使説甘卓，侃侃正議，知卓之不可有爲而去之，又何其知人之哲也。原其用心，蓋容身之知有餘，而成仁之念不篤，故刓圓委屈可以博正直之名，趨時察變不損其識量之遠。士品至此，爲之三歎。

---

① 季，崇禎本及《晉書》卷七〇《甘卓傳》當作“李”。

朱 朴

朱朴，襄州襄陽人。以三史舉，繇荆門令進京兆府司録參軍，改著作郎。乾寧初，太府少卿李元實欲取中外九品以上官兩月俸助軍興，朴上疏執不可而止。擢國子《毛詩》博士。上書言當世事，議遷都曰：“古王者不常厥居，皆觀天地興衰，隨時制事。關中，隋家所都，我實因之，凡三百歲，文物資貨，奢侈僭僞皆極焉；廣明巨盜陷覆宫闕，局署帑藏，里閈井肆，所存十二，比幸石門、華陰，十二之中又亡八九，高祖、太宗之制蕩然矣。夫襄、鄧之西，夷漫數百里，其東，漢輿、鳳林爲之關，南，菊潭環屈而流屬于漢，西有上洛重山之險，北有白崖聯絡，乃形勝之地，沃衍之墟。若廣浚漕渠，運天下之財，可使大集。自古中興之君，去已衰之衰，就未王而王。今南陽，漢光武雖起而未王也。臣視山河壯麗處多，故都已盛而衰，難可興已；江南土薄水淺，人心囂浮輕巧，不可以都；河北土厚水深，人心彊愎狠戾，不可以都。惟襄、鄧實惟中原，人心質良，去秦咫尺，而有上洛爲之限，永無夷狄侵軼之虞，此建都之極選也。”不報。

朴爲人木彊，無他能。方是時，天子失政，思用特起士，任之以中興，而朴所善方士許巖士得幸，出入禁中，言朴有經濟才，又水部郎中何迎亦表其賢。帝召與語，擢左諫議大夫、同中書門下平章事。以素無聞，人人大驚。俄判户部，進中書侍郎。帝益治兵，所處可一委朴。後數月，罷爲祕書監，三貶郴州司户參軍，卒。

聖楷曰：朴爲人雖不可詳，若其議都襄、鄧，則誠良策也。宋陳亮《中興論》與《上孝宗皇帝第一書》，皆惓惓以襄、鄧爲言，豈非謂形勢之消長，亦天命人心所由係哉？我國家撫有全盛，襄、鄧一隅，固不足煩遠慮，亦何至令群盗出没其閒，如蔓草之不除也。顧瞻周道，可勝流涕。

王　登

王登，字景宋，德安府人。少讀書，喜古兵法，慷慨有大志，不事生産。出制置使孟珙幕府，久之，權知巴東縣。獻俘制置司，登念奮自書生，不拜，吏曰："不拜則不敢上。"難之，竟棄功去。淳祐四年，舉進士，調興山主簿。總領賈似道檄修江南城，條畫有法。明年，制置使李曾伯經理襄陽，登在行，以積功升，尋以母憂去。

及吴淵爲制置使，邊事甚急，因憶弟潛盛言王登才略，具書幣招之。登方與客弈，發書，衣冠拜家廟，長揖出門，問牛幾何，可盡發犒師。淵慨然曰："事亟矣，奈何？"登曰："亟呼諸將共議。"衆至，驩躍曰："景宋在此。"淵曰："汝輩欲西門出，景宋欲從方城，如何？"衆曰："惟命！"登曰："用兵患不一，登書生，不過凴軾觀戰，請五大帥中擇一人爲節制。"淵曰："請監丞出，正爲此也。"即書銀牌曰："監丞代某親行，將士用命不用命，賞罰畢具申。"登至沙市，椎牛釃酒，得七千人，誓曰："登與諸將義同骨肉，今日之事，登不用命，諸將殺登以獻主帥；諸將有一不用命，登有制劄在，不敢私也。"衆股栗聽命，竟立奇功于沮河。

趙葵爲制置使，握登手曰："景宋一身膽，惜相見晚也。"俾參宣撫司兼京西兩節。馬光祖爲制置使，辟充參謀官，遷軍器少監、京司提點刑獄。

登威聲日振。有余思忠及徐制幾譏于光祖曰："京湖知有王景宋，不知有馬制置，非久易位矣。"光祖疑焉，出登屯郢州，後以幹辦鍾蜚英調護，情好如初。侍御史戴慶炣劾思忠，其黨過元龍、沈翥在幕中，又傾之，以是議論不合，才略不能施，識者惜焉。

開慶元年，登提兵援蜀，約日合戰，夜分，登經理軍事，忽絶倒，五臟出血。幕客唐舜申至，登尚瞪目視几上文書，俄而卒。他日，舜申舟經漢陽，有蜀聲呼唐舜申者三，左右曰：“景宋聲也。”是夕，舜申暴卒。

聖楷曰：自古離亂戰争之際，往往奇才輩出，嶄然自赴功名之會者，固不乏人。然或沉没于困窮，不能自奮以爲世用，即偶一用之，而卒沮于疑忌，如王登輩，又可勝歎哉！此俊傑之士，所以掉背而不顧也。

楚寶卷第十二考異

新化鄧顯鶴湘皋述

知　謀

朱　建

布不聽，聽梁父侯，遂反。

顯鶴按：《漢書》注：如淳曰："遂者，布臣也。"臣瓚曰："布聞梁甫侯漢之計而遂反。"師古曰："瓚説是也。"

辟陽侯乃奉百金往税。

按：《漢書》作"辟陽侯乃奉百金税"，師古曰："贈終者之衣被曰税，音式芮[①]。"

乃求見孝惠帝幸臣閎籍孺。

按：《漢書》師古曰："《佞倖傳》云高祖時則有籍孺，孝惠時有閎孺，二人皆名爲孺，而姓各别。今此云閎籍孺，誤賸籍字，後人所妄加耳。"

---

① 據《漢書》，此處句末脱"反"字。顔師古以反切注音，"反"字不當省。

袁　盎

上禮之恭，嘗自送之。

按：《史記》注：徐廣曰："自，一作'目'。"

徵縶清室。

按：《漢書》"清室"作"請室"，應劭曰："請室，請罪之室。"如淳曰："請室，獄也，若古刑於甸師氏也。"

乃之棓生所問占。

按：《史記》注：徐廣曰："棓，一作'服'。"裴駰按：文穎曰："棓音陪，秦賢士，善術者。"

龐　統

統弱冠往見徽，徽採桑於樹上，坐統在樹下，共語自晝至夜。徽甚異之。

顯鶴按：《蜀志》統本傳注引《襄陽記》曰：諸葛孔明爲臥龍，龐統爲鳳雛，司馬德操爲水鏡，皆龐德公語。統，德公從子也，少未有識者，惟德公重之。年十八，使往見德操。德操與語，既而歎曰："德公誠知人，此實盛德也。"

陸子可謂駑馬有逸足之力，顧子可謂駑牛能負重致遠也。

按：本傳注引張勃《吴録》曰：或問統曰："如所目，陸子爲勝乎？"統曰："駑馬雖精，所致一人耳。駑牛一日行三百里，豈一人之重哉？”顧劭就統宿，語，因問：“卿名知人，吾與卿孰愈？”統曰：“陶冶世俗，甄綜人物，吾不及卿；論帝王之秘策，攬倚伏之要最，吾似有一日之長。”劭安其言而親之。

又按統本傳：統子宏，字巨帥[①]，剛簡有臧否，輕傲尚書令陳祗，爲祗所抑，卒於涪陵太守。統弟林，以荆州治中從事參鎮北將軍黄權征吴，值軍敗，隨權入魏，魏封列侯，至鉅鹿太守。

《襄陽記》曰：林婦，同郡習禎妹。曹公之破荆州，林婦與林分隔，守養弱女十有餘年，後林隨黄權降魏，始復集聚。魏文帝聞而賢之，賜牀帳衣服，以顯其節義。

劉　巴

會先主略有三郡，巴不得反使，遂遠適交阯。

顯鶴按：《蜀書》巴本傳注引《零陵先賢傳》曰：巴往零陵，事不成，欲遊交州，道還京師。時諸葛亮在臨蒸，巴與亮書曰：“乘危歷險，到值思義之民，自與其衆，承天之心，順物之性，非余身謀所能勸動。若道窮數盡，將託命於滄海，不復顧荆州矣。”亮追謂曰：“劉公雄才蓋世，據有荆土，莫不歸德，天人去就，已可知矣。足下欲何之？”巴曰：“受命而來，不成當還，此其宜也。足下何言耶？”

先主深以爲恨，巴復從交阯至蜀。

按：本傳注引《零陵先賢傳》云：“巴入交阯，更姓爲張。與交阯太守士燮計議不合，乃由牂牱[②]道去，爲益州郡所拘留，太守

① 帥，《三國志》卷三七《龐統法正傳》當作“師”。
② 牂牱，當爲“牂牁”。

欲殺之，主簿曰：‘此非常人，不可殺也。’主簿請自送至州，見益州牧劉璋。璋父焉昔爲巴父祥所舉孝廉，見巴驚喜，每大事輒以咨訪。”裴松之案：“劉焉在漢靈帝時已歷宗正太常，出爲益州牧，祥始以孫堅作長沙時爲江夏太守，不得舉焉爲孝廉，明也。”

俄而先主定益州，巴辭謝罪負，先主不責。

按：《零陵先賢傳》：璋遣法正迎劉備，巴諫曰：“備，雄人也，入必爲害，不可迎也。”既入，巴復諫曰：“若使備討張魯，是放虎於山林也。”璋不聽。巴閉門稱疾。備攻成都，令軍中：其有害巴者，夷三族。及得巴，甚喜。又輔吴將軍張昭，嘗對孫權論巴褊阨，不當拒張飛太甚。權曰：“若令子初隨世浮沉，容悦玄德，交非其人，何足稱爲高士乎？”

桓　階

時太子未定，而臨菑[1]侯植有寵。階數陳文帝德優齒長，宜爲儲副，公規密諫，前後懇至。

顯鶴按：《魏書》稱階諫曰：“今太子位冠君群子，名重海内，仁聖達節，天下莫不聞；而大王甫以植而問臣，臣誠惑之。”於是太祖知階篤於守正，身益重焉。

階孫陵，字元徵。

按：《魏志》階本傳注引《世語》曰：階孫，字元徽。

① 菑，當爲“淄”。

潘　濬

原按：濬本傳止載討五谿蠻與手刃吕壹二事，殊不盡其行，今採合《江表傳》與《吴書》差可觀。

顯鶴按：《吴書》濬本傳："先是，濬與陸遜俱駐武昌，共掌留後，還復故。時校事吕壹操弄威柄，奏按丞相顧雍、左將軍朱據等，皆見禁止。黄門侍郎謝厷語次問壹：'顧公事何如？'壹答：'不能佳。'厷又問：'若此公免退，誰當代之？'壹未答厷，厷曰：'得無潘太常得之乎？'壹良久曰：'君語近之也。'厷謂曰：'潘太常嘗切齒於君，但道遠無因耳。今日代顧公，恐明日便擊君矣。'壹大懼，遂解散雍事。濬求朝，詣建業，欲盡辭極諫。至，聞太子登已數言之而不見從，濬乃大請百僚，欲因會手刃殺壹，以身當之，爲國除患。壹密聞知，稱疾不行。濬每進見，無不陳壹之奸險也。由此壹寵漸衰，後遂誅戮。權引咎責躬，因誚讓大臣，語在權傳。"按，原傳遺漏。又本傳"欲因會手刃殺壹，壹密聞知，稱疾不行"，非實手刃也。

又本傳註引《吴書》曰：濬子翥，字文龍，拜騎都尉，後代領兵，蚤卒。翥弟祕，權以姊陳氏女妻之，調湘鄉令。又《襄陽記》曰：襄陽習温爲荆州大公平。大公平，今之州都。祕過辭於温，曰："先君昔因君侯當爲州里議主，今果如其言，不審州里誰當復相代者？"温曰："無過於君也。"後祕爲尚書僕射，代温爲公平，甚得州之譽。

楚寶諫諍論次目録

夫爲人臣，而以諫君得名，固非其臣之幸矣。況復瀝血抽誠，披胸見欵，赴焦爛于危年，甘滅亡于昔日者乎！大聖人傷之，是以有取于諷諫焉，非謂直諫之終不可行也。自蘇洵設爲機知勇辨之説，而後世之以諫沽名，以不諫容身者，皆得藉口于事君矣。古之人臣，安有是哉？故知術諫易，忠諫難，以諫事君易，以不諫事君爲尤難也。述《諫諍》第六，凡二卷。

諫諍一

鬻拳　葆申　筦饒　成公賈　蘇從　優孟　白公子張　芈尹文　莊辛　周章　董允　楊顒

諫諍二

劉洎　俞文俊　唐介　唐淑問　吴中復　鄭獬　張嵲　湯璹　皮龍榮

增輯

郭祖深　王宗茂　周宏[①]祖　艾穆　彭遵古　孟養浩　樊玉衡子維城　李沂　周弘禴　何宗彦　滿朝薦　毛羽健　吴裕中

① 宏，據正文當爲“弘”。

楚寶卷第十三

明湘潭周聖楷伯孔輯纂

諫　諍

鬻　拳

鬻拳，楚大閽。楚文王十四年冬，巴人伐楚。十五年春，楚子禦之，大敗于津。還，鬻拳弗納。遂伐黄，敗黄師于踖陵。還，及湫，有疾。夏六月庚申，卒。鬻拳葬諸夕室，亦自殺也，而葬于绖皇。初，鬻拳强諫楚子，弗從。臨之以兵，懼而從之。鬻拳曰："吾懼君以兵，罪莫大焉。"遂自刖也。楚人以爲大閽，謂之大伯，使其後掌之。君子曰："鬻拳可謂愛君矣，諫以自納于刑，刑猶不忘納君于善。"

方正學曰：鬻拳以兵諫王而自刑，左氏稱之爲愛君，余謂不然。君臣之際，固有常道矣。賢者之事君，不爲違道之行以危身，不爲難繼之事以駭世。順其常，不徼異名，守其世，使後可法，如斯而已。不敢僥倖以圖志之必達，事之必成也。故君有過舉，則積誠以諫。三諫而不從，則避其位而去之。安可臨之以兵，脅之以威而劫其君哉？語之而不聽，則讋懼之，咄咤之，俾不敢肆，此制嬰兒之術耳，烏有北面事君而以嬰兒視之哉！先王立爲上下尊卑之分，俾爲臣者嚴守之而不敢僭，所以杜亂也。馬之在原野，三尺牧豎鞭之而無罪，及加羈靮而入君之閑，雖國之貴臣，不敢視其齒而僦其芻，豈誠重馬哉？尊其爲君之所御也。齒馬蹴芻，細故也，先生[1]所以嚴爲之禁者，其慮天下深矣。况以兵劫其君者乎！或謂君爲非義，則將危社稷，大臣以安社稷爲心，行權以格君，宜若無罪焉。是豈得爲權哉？事固有可以行權者矣，然賢者猶難之。若君臣父子之分，天下之大經也。父暴而違道，子烏可行權而誶父乎？舜聖人也，瞽瞍頑夫也，舜視其父之惡，夔夔然順之，不敢見于色設于辭，舜豈不欲格父哉？盡子之道而使父化，乃所以格父也。紂之暴可謂甚矣！箕子，紂之戚，微子，紂之兄，二子皆賢人也。至親且賢，事暴君而不敢失人臣之禮，或屈而爲奴，或待其亡而去之。二子豈不知社稷重于君乎？終不忍劫其君者，知君臣之大經，重於社稷也。鬻拳之君雖有過，非紂之甚。鬻拳爲臣，非若二子之親且賢，乃忍劫其君而不顧，蓋激于小忠而不知大義者也，焉得爲愛君乎？君子之予奪人，將以法戒於後世，不可苟也。劫君而謂之曰愛君，將使奸臣亂賊欲行簒弑之事者，皆挾愛君之名以自文其禍，後世可勝道哉？然固左氏啟之也。

聖楷曰：先儒有言，臣不忘身不爲忠，言不逆耳不爲諫。鬻拳以兵諫，正與漢薛廣德欲自刎以血汙車輪事同。范甯輩誤解“臨之以兵，懼而從之”二語，遂謂拳欲以兵加其君，爲悖逆之行，豈有是理哉？且拳楚同姓也，始而强諫自刖，繼而爲閽，又激其君轉敗爲功而自殺。其情必有萬不得已者，不然何自苦若此？故君子深痛其兵諫之非正，而又不得不出于兵諫者，其心有足悲焉爾。謂之愛君，豈云過乎？

① 生，據文意及方孝孺《遜志齋集》卷五《雜著》當作“王”。

葆　申

葆申爲楚太保，申，其名也。荆文王得茹黄之狗、宛路之矰，以畋于雲夢，三月不反。得丹之姬，淫，朞年不聽朝。葆申曰："先王卜以臣爲保，吉。今王得茹黄之狗、宛路之矰，畋三月不反；得丹之姬，淫，朞年不聽朝。王之罪當笞。"王曰："不穀免衣繦緥而齒于諸侯，願請變更而無笞。"葆申曰："臣承先王之令，不敢廢也。王不受笞，是廢先王之令也。臣寧抵罪于王，毋抵罪于先王。"王曰："敬諾。"引席，王伏。葆申束細荆五十，跪而加之于背，如此者再，謂"王起矣"，王曰："有笞之名一也。"遂致之。申曰："臣聞君子恥之，小人痛之。恥之不變，痛之何益？"葆申趣出，自流于淵，請死罪。文王曰："此不穀之過也，葆申何罪？"王乃變更，召葆申，殺茹黄之狗，折宛路之矰，放丹之姬。後荆國兼國三十九。令荆國廣大至于此者，葆申之力也，極言之功也。

《淮南子》曰：楚文王好服獬冠，楚國效之。

《孔氏志怪》曰：楚文王少時雅好田獵，天下快狗、名鷹畢聚焉。有人獻一鷹曰："非王鷹之儔。"俄而雲際有一物，凝翔飄颻，鮮白，鷹見之便竦翮而升，矗若飛電，須臾羽墮如雪，血灑如雨，有大鳥墮地而死。度其兩翅廣一里許，喙邊有黄，衆莫能知。有博物者曰："此鵬雛也，始飛焉，故爲鷹所制。"文王乃厚賞獻者。

聖楷按：楚文王立十五年内止伐蔡，伐申，伐鄭，滅鄧，滅息，其後伐黄，歸而卒。所謂兼國三十九者，皆其後王事。

筦　饒

筦饒，楚大夫。初，楚文王有疾，告大夫曰："筦饒犯我以義，違我以禮，與處不安，不見不思，然吾有得焉，必以吾時節之。申侯伯，吾所欲者勸吾爲之，吾所樂者先我行之。與處則安，不見則思，然吾有喪焉，必以吾時遣之。"大夫許諾，乃爵筦饒以大夫，贈申侯伯而行之。申侯伯將之鄭，王曰："必戒之矣，而爲人也不仁，而欲得人之政，毋以之魯、衛、宋、鄭。"不聽，遂之鄭，三年而得鄭國之政，五月而鄭人殺之。

聖楷按：筦饒，劉向《新序》作"筦蘇"，又"楚文王"作"楚共王"，皆非也。《春秋》僖七年書"鄭殺其大夫申侯"，《左氏傳》曰："申侯，申出也，有寵于楚文王。文王將死，與之璧，使行，曰：'唯我知女，女專利而不厭，予取予求，不女疵瑕也。後之人將求多于女，女必不免。我死，女必速行，無適小國，將不女容焉。'既葬，出奔鄭，又有寵于厲公。子文聞其死也，曰：'古人有言曰，知臣莫若君。弗可改也已。'"據此，則《新序》之誤甚明。

成公賈

成公賈，楚大夫也。莊王立三年，不聽而好讔。成公賈入諫，王曰："不穀禁諫者，今子諫，何故？"對曰："臣非敢諫也，願與君王讔也。"王曰："胡不設不穀矣。"對曰："有鳥止于南方之阜，三年不動不飛不鳴，是何鳥也？"王射之，曰："有鳥止于南方之阜，其三年不動，將以定志意也；其不飛，將以長羽翼也；其不鳴，將以覽民則也。是鳥雖無飛，飛將冲天；雖無鳴，鳴將駭人。賈出矣，不穀知之矣。”明日朝，所進者五人，所退者十人。群臣大説，荆國之衆相賀也。

《楚世家》曰：莊王即位三年，不出號令，日夜爲樂，令國中曰：“有敢諫者死無赦！”伍舉入諫。莊王左抱鄭姬，右抱越女，坐鐘鼓之閒。伍舉曰：“願有進。隱曰：有鳥在于阜，三年不飛不鳴，是何鳥也？”莊王曰：“三年不蜚，蜚將冲天；三年不鳴，鳴將驚人。舉退矣，吾知之矣。”居數月，淫益甚。大夫蘇從乃入諫。王曰：“若不聞令乎？”對曰：“殺身以明君，臣之願也。”於是乃罷淫樂，聽政，所誅者數百人，所進者數百人，任伍舉、蘇從以政，國人大説。

《新序》曰：楚莊王蒞政三年，不治而隱戲，社稷危，國將亡，士慶問左右群臣曰：“王蒞政三年，不治而好隱戲，社稷危，國將亡，胡不入諫？”左右曰：“子其入矣。”士慶入，再拜而進曰：“隱有大鳥，來止南山之陽，三年不蜚不鳴，不審其何故也？”王曰：“子其去矣，寡人知之矣。”士慶曰：“臣言亦死，不言亦死，願聞其説。”王曰：“此鳥不蜚，以長羽翼；不鳴，以觀群臣之慝。是鳥雖不蜚，蜚必冲天；雖不鳴，鳴必驚人。”士慶稽首曰：“所願聞已。”王大悦士慶之問，而拜之以爲令尹，授之相印。

聖楷按：三書所述讔語，互相異同，當從吕氏爲確。吕事秦莊襄王而採集六國時事以爲書，其必有據。若《史記》以爲伍舉，尤謬。伍舉，伍參之子也。楚莊王十七年戰于邲，用參之謀以敗晉。其後七年莊王卒，子共王立，三十一年卒；子康王立，十四年卒。康王十三年，伍舉以公子牟故奔晉，令尹子木乃復召之。又六年，靈王弑夾敖，伍舉始爲大夫于楚，計去莊王戰邲之時，已五十八年矣。安得莊王立三年，而伍舉即秉政也？史之不足信如此！況他載記小説，尤多附會，是在好學深思者自擇之耳。

讔語考

劉勰《諧讔篇》曰：讔者，隱也，遯辭以隱意，譎譬以指事也。昔還社求拯于楚師，喻眢井而稱麥麴；叔儀乞糧于魯人，歌佩玉而呼庚癸；伍舉刺荆王以大鳥；齊客譏薛公以海魚；莊姬託辭于龍尾；臧文謬書于羊裘，隱語之用，被于紀傳。大者興治濟身，其次弼違曉惑。蓋意生于權譎，而事出于機急，與夫諧辭，可相表裏者也。漢世《隱書》十有八篇，歆、固編文，録之歌末云。

蘇　從

蘇從，楚大夫也。莊王立爲君，三年不聽朝，乃令于國曰："寡人惡爲人臣而遽諫其君者。今寡人有國家，立社稷，有諫則死無赦！"蘇從曰："處君之高爵，食君之厚禄，愛其死而不諫其君，則非忠臣也。"乃入諫。莊王立鐘鼓之閒，左伏楊姬，右擁越姬，左裯袵，右朝服，曰："吾鼓鐘之不暇，何諫之聽？"蘇從曰："臣聞之，好道者多資，好樂者多迷；好道者多糧，好樂者多亡。荆國亡無日矣，死臣敢以告王。"王曰："善。"左執蘇從手，右抽陰刀，刎鐘鼓之懸。明日，授蘇從爲相。

聖楷按：《説苑》又載諸御己諫楚莊王云"吴不用子胥而越并之"。此是楚昭王以後事，相去百餘年，何得出諸御己口中？其僞不待辨也。《楚檮杌》原是僞書，故載此事。或後人無識，妄編入《説苑》中，決非劉子政初本，今不取。

優　孟

優孟者，故楚之樂人也。長八尺，多辨，嘗以談笑諷諫。楚莊王之時，有所愛馬，衣以文繡，置之華屋之下，席以露牀，啗以棗脯。馬病肥死，使群臣喪之，欲以棺椁大夫禮葬之。左右争之，以爲不可。王下令曰："有敢以馬諫者，罪至死！"優孟聞之，入殿門，仰天大哭。王驚而問其故。優孟曰："馬者，王之所愛也，以楚國堂堂之大，何求不得，而以大夫禮葬之？薄，請以人君禮葬之。"王曰："何如？"對曰："臣請以雕玉爲棺，文梓爲椁，楩、楓、豫章爲題湊，發甲卒爲穿壙，老弱負土，齊、趙陪位于前，韓、魏翼衛其後，廟食太牢，奉以萬户之邑。諸侯聞之，皆知大王賤人而貴馬也。"王曰："寡人之過，一至此乎！爲之奈何？"優孟曰："請爲大王六畜葬之。以壠竈爲椁，銅歷爲棺，齎以薑棗，薦以木蘭，祭以粳稻，衣以火光，葬之于人腹腸。"於是王乃使以馬屬大官，無令天下久聞也。

楚相孫叔敖知其賢人也，善待之。病且死，屬其子曰："我死，汝必貧困。若往見優孟，言我孫叔敖之子也。"居數年，其子窮困負薪，逢優孟，與言曰："我孫叔敖之子也。父且死時，屬我貧困往見優孟。"優孟曰："若無遠有所之。"即爲孫叔敖衣冠，抵掌談語。歲餘，像孫叔敖，楚王左右不能别也。莊王置酒，優孟前爲壽。莊王大驚，以爲孫叔敖復生也，欲以爲相。優孟曰："請歸與婦計之，三日而爲相。"莊王許之。三日後，優孟復來，王曰："婦言謂何？"優孟曰："婦言慎無爲，楚相不足爲也。如孫叔敖之爲楚相，盡忠爲廉以治楚，楚王得以霸。今死，其子無立錐之地，貧困負薪，以自飲食。必如孫叔敖，不如自殺。"因歌曰："山居耕田苦，難以得食。起而爲吏，身貪鄙者餘財，不顧耻辱。身死家室富，又恐受賕枉法，爲奸觸大罪，身死而家滅。貪吏安可爲也！念爲廉吏，奉法守職，竟死不敢爲非。廉吏安可爲也！楚相孫叔敖，持廉至死，方今妻子窮困，負薪而食，不足爲也！”於是莊王謝優孟，乃召孫叔敖子，封之寢丘四百户，以奉其祀。後十世不絶。此知可以言時矣。

《梁谿漫志》曰：《史記》載優孟事，人頗疑之。費補之曰：予嘗遊浮光，叔敖即是郡期思縣人也。期思今廢爲鎮。予得漢延熹中所立碑，書是事微有不同，云：饒[①]病甚，臨卒，將無棺椁，令其子曰：“優孟曾許千金貸吾。孟，楚之樂長，與相君相善。雖言千金，實不負也。”卒後數年，莊王置酒以爲樂，優孟乃言孫君相楚之功，既慷慨高歌，涕泣數行下，投首王。王心感動覺悟，問孟，孟具列對，即求其子而加封焉。子辭：“父有命，如楚不忘亡臣社稷圖，而欲有賞，必于潘國下濕墝埆，人所不貪。”遂封潘鄉，即固始也。而所載歌絶奇，曰：“貪吏而可爲，而不可爲；廉吏而可爲，而不可爲。貪吏而不可爲者，當時有汙名；而可爲者，子孫以家成。廉吏而可爲者，當時有清名；而不可爲者，子孫困窮，披褐而賣薪。貪吏常苦富，廉吏常苦貧。獨不見楚相孫叔敖，廉潔不受錢。”味其辭語，憤世疾邪，含思哀怨，過于慟哭。比之《史記》所書遠甚，聽者安得不感動也？歐陽公《集古録》謂：“微斯碑，後世遂不復知叔敖名饒。”又謂：“碑亦罕傳，余以集録，二十年間求之博且勤，乃得之。”云云。

聖楷曰：孫叔敖，一名蔿艾獵，乃楚同姓蔿賈之子，《左傳》甚明。其封地，予于《寢丘考》亦詳辨之。今按，《漢延熹碑》所載歌詞，果勝《史記》，且無衣冠抵掌之事，俱近理。但云叔敖名饒，又似後人妄傳，如楚狂接輿名陸通之類也。而歐陽公信之不疑，何也？昔劉原父放，私謂所親曰：“好箇歐九，極有文章，但可惜不甚讀書耳。”王介甫亦譏其不學，豈其然哉？

楊太史慎曰：優孟爲孫叔敖衣冠，抵掌談語，莊王大驚，以爲

① 饒，據《梁谿漫志》卷五“優孟孫叔敖歌”條，應爲衍字，當删去。

叔敖復生，欲以爲相。劉子玄譏之曰："人心不同，有如其面非由倣效，俾有遷革。又況叔敖之殁，時日已久。豈有一見無疑，遽欲加以寵榮，復其禄位者哉？"予按此傳以"滑稽"名，乃優孟自爲寓言，云欲復以爲相，亦優孟自言，如今人爲戲發科打諢之類，豈可真以爲王欲復相之事乎？此説亦通。

白公子張

白公子張，楚大夫也。靈王立，求逞于諸侯，又亟暴于國，人甚患之。白公子張驟諫，王惡其直也，謂史老曰："吾欲已子張之諫，若何？"對曰："用之實難，已之易矣。若諫，君則曰：'余左執鬼中，右執殤宫，中，身也。殤宫，殤之宫也。執，謂把其禄籍，制服其身，知其居處也。凡百箴諫，吾盡聞之矣，寧聞他言？'"

白公又諫，王如史老之言。對曰："昔武丁之神明也，其聖之睿廣也，其知之不疚也，猶自謂未乂，故三年默以思道。既得道，猶不敢專制，使以象旁求聖人。既得以爲輔，又恐其荒失遺忘，故使朝夕規誨箴諫，曰：'必交修余，無余棄也。'今君或者未及武丁，而惡規者，不亦難乎？齊桓、晉文，皆非嗣也，還軫諸侯，不敢淫逸，心類德音，以得有國。近臣諫，遠臣謗，輿人誦，以自誥也。是以其入也，四封不備一同，而至于有畿田，以屬諸侯，至于今爲令君。桓、文皆然，君不度憂于二令君，而欲自逸也，無乃不可乎！《周詩》有之曰：'弗躬弗親，庶民弗信。'臣懼民之不信君也，故不敢不言。不然，何急其以言取罪也？"

王病之，曰："子復語。不穀雖不能用，吾憖音印。寘之于耳。"對曰："賴君之用也，故言。不然，巴浦之犀、犛、音毛。兕、象，其可盡乎，其又以規爲瑱也？"王不能用，遂趨而退，歸，杜門不出。七月，有乾谿之亂，靈王經而死。

聖楷曰：楚虔弑麋以立，三年，大會諸侯于申，晉叔向、鄭子產、宋向戌，皆諸侯之良也，而獻禮焉，此莊王之所未遑也。乃不務修德，凶淫以逞，滅陳而縣其國，誘殺蔡侯般，用隱太子于岡山，伐吴，伐徐，師無寧日。既落章華之臺，又築乾谿之地。是時棄疾在蔡，群怨在下，禍機將發，故白公子張不得不驟諫之也。然驟諫之不聽，則又諫之，又諫之不聽，則急趨而退，杜門不出，何其忠且知也？且其諫也，勉其法武丁以納誨，法桓文以令終，意迫切而語不激，王即惡而無所加罪。若白公子張者，可爲後世諫暴君之法矣。

芈尹文

芈尹文者，荆之歐鹿彘者也。司馬子期獵于雲夢，載旗之長拖地。芈尹文拔劍齊諸軫而斷之。貳車抽弓于韔，援矢于筩，引而未發也。司馬子期伏軾而問曰："吾有罪于夫子乎？"對曰："臣以君旗拽地故也。國君之旗齊于軫，大夫之旗齊于軾。今子荆國有名大夫而滅三等，文之斷也，不亦可乎？"子期悦，載之王所。王曰："吾聞有斷子之旗者，其人安在？吾將殺之。"子期以文之言告，王悦，使文爲江南令而大治。

聖楷曰：古命百官箴王闕，不廢虞人。今文爲滅三等而斷大夫之旗，豈非獸臣之矯矯者乎？當是楚昭王遷都以後事，故其大小臣工相與警惕以有爲如此。

莊　辛

莊辛，楚人，諫楚襄王曰："君王左州侯，右夏侯，輦從鄢陵君與壽陵君，專淫逸侈靡。而念[①]國政，郢都必危矣！”襄王曰：“先生老悖乎，將以爲楚國妖祥乎？”莊辛曰：“臣誠見其必然者也，非敢以爲國妖祥也。君王卒幸四子者不衰，楚國必亡矣。臣請避于趙，淹留以觀之。”莊辛去之趙，留五月，秦果舉鄢、郢、巫山、蔡、陳之地，襄王流揜于成陽。於是使人發騶徵莊辛于趙。

莊辛至。襄王曰：“寡人不能用先生之言，今事至于此，爲之奈何？”莊辛對曰：“見兔而顧犬，未爲晚也；亡羊而補牢，未爲遲也。臣聞昔湯、武以百里昌，桀、紂以天下亡。今楚國雖小，絶長續短，猶以數千里，豈特百里哉？

“王獨不見夫蜻蛉乎？六足四翼，飛翔乎天地之閒，俛啄蚉蝱而食之，仰承甘露而飲之，自以爲無患，與人無争也。不知夫五尺童子，方將調飴膠絲，加己乎四仞之上，而下爲螻蟻食也。夫蜻蛉其小者也，黄雀因是以。俯噣百粒，仰栖茂樹，鼓翅奮翼，自以爲無患，與人無争也。不知夫公子王孫，左挾彈，右攝丸，將加己乎十仞之上，以其類爲招。晝游乎茂樹，夕調乎酸鹹，倏忽之閒，墜于公子之手。夫雀其小者也，黄鵠因是以。游乎江海，淹乎大沼，俯噣鱔鯉，仰囓蔆衡，以奮其六翮而凌清風，飄飖乎高翔，自以爲無患，與人無争也。不知乎射者，方將修其碆盧，治其矰繳，將加己乎百仞之上，被劚利。礛，引微繳，折清風而抎矣。故晝游乎江河，夕調乎鼎鼐。

“夫黄鵠其小者也，蔡靈侯之事因是以。南游乎高陂，北陵乎巫山，飲茹溪之流，食湘波之魚，左抱幼妾，右擁嬖女，與之馳騁乎高蔡之中，而不以國家爲事。不知夫子發方受命乎靈王，繫己以朱絲而見之也。

“蔡靈侯之事其小者也，君王之事因是以。左州侯，右夏侯，輦從鄢陵君與壽陵君，飯封禄之粟，而載方府之金，與之馳騁乎雲夢之中，而不以天下家國爲事。而不知夫穰侯方受命乎秦王，填黽塞之内，而己

① 念，據崇禎本及文意當作“忘”。

投乎黽塞之外。”

襄王聞之，顔色變作，身體戰慄，於是乃以執珪而授之爲陽陵君，與謀秦，復取淮北之地。

《元和姓纂》曰：莊辛，楚莊王之後，以謚爲號。

《説苑》曰：楚王問莊辛曰：“君子之行奈何？”莊辛對曰：“居不爲垣牆，人莫能毀傷；行不從周衛，人莫能暴害。此君子之行也。”楚王復問：“君子之富奈何？”對曰：“君子之富，假貸人，不德也，不責也；其食飲人，不使也，不役也。親戚愛之，衆人喜之，不肖者事之，皆欲其壽樂而不傷于患，此君子之富也。”楚王曰：“善。”

又曰：襄成君始封之日，衣翠衣，帶玉劍，履縞舄，立于游水之上。楚大夫莊辛過而説之，遂造託而拜謁，起立曰：“臣願把君之手，其可乎？”襄成君忿作色而不言。莊辛遷延盥手而稱曰：“君獨不聞夫鄂君子晳之汎舟于新波之中也，乘青翰之舟，張翠蓋之華，會鐘鼓之音畢，榜枻越人擁楫而歌，曰：‘今夕何夕兮，褰洲中流。今日何日兮，得與王子同舟。蒙羞被好兮，不訾詬耻。心幾頑而不絶兮，得知王子。山有木兮木有枝，心説君兮君不知。’於是鄂君子晳乃揄修袂行而擁之，舉繡被而覆之。鄂君子晳，親楚王母弟也，官爲令尹，爵爲執珪，一榜枻越人，猶得交歡盡意焉。今君可以踰于鄂君子晳？臣獨何以不若榜枻之人？願把君之手，其不可何也？”襄成君乃奉手而進之曰：“吾少之時，亦嘗以色稱于長者矣，未嘗遇僇如此之卒也。自今以後，願以壯少之禮謹受命。”

聖楷按：《楚世家》：襄王十九年，秦伐楚，楚軍敗，割上庸、漢北地予秦。二十年，秦將白起拔我西陵。二十一年，秦將白起遂拔我郢，燒夷陵。楚襄王兵散，遂不復戰，東北保于陳城。二十二年，秦復拔我巫、黔中郡。莊辛自趙反楚，當在此時。二十三年，襄王乃取東地兵，得十餘萬，復西取秦所拔我江旁十五邑以爲郡，距秦。此復取淮北之地爲辛之策無疑也。若夫諷諫引喻之妙，于蔡靈侯則曰繫之以朱絲而見之，于襄王則曰投己于黽塞之外，明是以楚、蔡二君等之蜻蛉、黄雀，不足與有爲也。但其置語婉而善入，諧而近理，故襄王不覺其傾聽耳。嗟乎！“蜉蝣之羽，衣裳楚楚。心之憂矣，于我歸處。”其莊辛之謂乎。

周　章

周章，字次叔，南陽隨人也。初仕郡爲功曹。時大將軍竇憲免，封冠軍侯就國。章從太守行春到冠軍，太守猶欲謁之。章進諫曰：“今日公行春，豈可越儀私交。且憲椒房之親，勢傾王室，而退就藩國，禍福難量。明府剖符大臣，千里重任，舉止進退，其可輕乎？”太守不聽，遂便升車。章前拔佩刀絶馬鞅，於是乃止。及憲被誅，公卿以下多以交關得罪，太守幸免，以此重章。舉孝廉，六遷爲五官中郎將。

延平元年，爲光禄勳。永初元年，代魏霸爲太常。其冬，代尹勤爲司空。是時中常侍鄭衆、蔡倫等皆秉勢豫政，章數進直言。初，和帝崩，鄧太后以皇子勝有痼疾，不可奉承宗廟，貪殤帝孩抱，養爲己子，故立之，以勝爲平原王。及殤帝崩，君臣以勝疾非痼，意咸歸之，太后以前既不立，恐後爲怨，乃立和帝兄清河孝王子祜，是爲安帝。章以衆心不附，遂密謀閉宫門，誅車騎將軍鄧騭兄弟及鄭衆、蔡倫，劫尚書，廢太后于南宫，封帝爲遠國王，而立平原王。事覺，勝策免，章自殺。家無餘財，諸子易衣而出，并日而食。

范曄曰：孔子稱“可與立，未可與權”，權也者，反經者也。將從反常之事，必資非常之會，使夫舉無違妄，志行名全。周章身非負圖之託，德乏萬夫之望，王無絶天之釁，地有既安之勢，而創慮于難圖，希功于理絶，不已悖乎！如令君器易以下議，即斗筲必能叨天業，則狂夫豎臣亦自奮矣。孟軻有言曰：“有伊尹之志則可，無伊尹之志則篡矣。”於戲，方來之人戒之哉！

董　允

董允，字休昭，掌軍中郎將和之子也。先主立太子，允以選爲舍人，徙洗馬。後主襲位，遷黄門侍郎。丞相亮將北征，往漢中，慮後主富于春秋，朱紫難别，以允秉心公亮，欲任以宫省之事。上疏曰：“侍中郭攸之、費禕，侍郎董允等，先帝簡拔以遺陛下，至于斟酌規益，進盡忠言，則其任也。愚以爲宫中之事，事無大小，悉以咨之，必能裨補闕漏，有所廣益。若無興德之言，則戮允等以彰其慢。”亮尋請禕爲參軍，允遷爲侍中，領虎賁中郎將，統宿衛親兵。攸之性素和順，備員而已，獻納之任，允皆專之矣。

允處事爲防制，甚盡匡救之理。後主常欲采擇以充後宫，允以爲古者天子后妃之數不過十二，今嬪嬙已具，不宜增益，終執不聽。後主益嚴憚之。尚書令蔣琬領益州刺史，上疏以讓費禕及允，又表：“允内侍歷年，翼贊王室，宜賜爵土以褒勳勞。”允固辭不受。後主漸長大，愛宦人黄皓。皓便僻佞慧，欲自容入。允常上則正色匡主，下則數責于皓。皓畏允，不敢爲非。終允之世，皓位不過黄門丞。

允嘗與尚書令費禕、中典軍胡濟等共期游宴，嚴駕已辨，而郎中襄陽董恢詣允修敬。恢年少官微，見允停出，逡巡求去，允不許，曰：“本所以出者，欲與同好游談也，今君已自屈，方展闊積，舍此之談，就彼之宴，非所謂也。”乃命解驂，禕等罷駕不行。其守正下士，凡此類也。延熙六年，加輔國將軍。七年，以侍中守尚書令，爲大將軍費禕副貳。九年，卒。

《華陽國志》曰：時蜀人以諸葛亮、蔣琬、費禕及允爲四相，一號四英也。

《費禕别傳》曰：董允代禕爲尚書令，欲學禕之所行，旬日之中，事多愆滯。允乃歎曰：“人才力相懸若此甚遠，此非吾之所及也。聽事終日，有不暇禰。”

楊　顒

楊顒，字子昭，楊儀宗人也。入蜀，爲巴郡太守，丞相諸葛亮主簿。亮嘗自校簿書，顒直入諫曰：“爲治有體，上下不可相侵，請爲明公以作家譬之。今有人使奴執耕稼，婢典炊爨，雞主司晨，犬主吠盜，牛負重載，馬涉遠路，私業無曠，所求皆足，雍容高枕，飲食而已。忽一日盡欲以身親其役，不復付任，勞其體力，爲此碎務，形疲神困，終無一成。豈其知之不如奴婢雞狗哉？失爲家主之法也。是故古人稱坐而論道謂之三公，作而行之謂之士大夫。故邴吉不問横道死人而憂牛喘，陳平不肯知錢穀之數，云自有主者。彼誠達于位分之體也。今明公爲治，乃躬自校簿書，流汗竟日，不亦勞乎！”亮謝之。後爲東曹屬典選舉。卒，亮垂泣三日。時零陵賴厷，爲丞相西曹令史，隨諸葛亮于漢中，蚤夭，亮甚惜之，與張裔、蔣琬書曰：“令史失賴厷，掾屬喪楊顒，爲朝中損益多矣。”

《水經注》曰：襄陽蔡洲大岸西有洄湖，停水數十畝，長數里，廣减百步，水色常緑。楊儀居上洄，楊顒居下洄，與蔡洲相對，在峴山南廣昌里。

《襄陽耆舊傳》曰：蔡瑁，字德珪，性豪自喜，少爲魏武所親。家在蔡洲上，屋宇甚好，四牆皆以青石結角，婢妾數百人，別業四五十處。漢末，諸蔡最盛。永嘉末，其家猶富，宗族甚强，共保于洲上。

聖楷按：劉表時，瑁爲江夏郡竟陵太守、鎮南將軍，仕魏，封漢陽亭侯。是時，襄陽諸習、諸蔡皆盛族，而又多寓公俊傑之士，相與往來媥娙。隆中之幽邃，習池之爽豁，緑洄翠峴，泛舟褰裳，白沙魚梁，望衡對宇，何得不動人卜居偕隱之想？每誦十畝之章，爲之增慨。

楚寶卷第十三考異

新化鄧顯鶴湘皋述

諫　　諍

莊　　辛

莊辛去之趙，留五月，秦果舉鄢、郢、巫山、蔡、陳之地，襄王流揜於城陽。

顯鶴按：《國策》“巫山”作“巫上”，“城陽”作“成陽”。

方將調飴膠絲，加己於四仞之上。

按：宋本“調飴”作“調鉛”。

方將修其碆廬，治其矰繳，被鄗磻，引微繳。

按：宋槧本“碆廬”作“菓廬”，下文“磻”即“碆”。《新序》作“修其防翳剸磻”，宋本作“磁磻”。磻，補左、補何二切，以石維繳也。

蔡靈侯之事方受命於靈王。

按：蔡靈侯，宋本作“蔡聖侯”。靈王，宋本作“宣王”。

葷從鄢陵君與壽陵君。

按：葷從，宋本作“輩從”。

周　章

和帝崩，鄧太后以皇子勝有痼疾，不可奉承宗廟，貪殤帝孩抱，養爲己子，故立之，以勝爲平原王。及殤帝崩，群臣以勝疾非痼，意咸歸之，太后以前既不立，恐後爲怨，迺立和帝兄清河孝王子祜，是爲安帝。

顯鶴按：太后恐勝爲怨，不知使騭兄弟强死者，祜也。但謂勝無疾見廢，則非實録，以和熹明哲，肯捨和帝之子以與從子乎？《安帝紀》及《平原王勝傳》於時亦無策免之事。又和帝既崩，始收諸皇子於民閒，殤帝即以其日爲皇太子，其夜即位，謂貪其孩抱，養爲己子，亦非實録。此條出何義門《札記》。

楚寶卷第十三增輯

新化鄧顯鶴湘皋述

諫　　諍

郭祖深

郭祖深，襄陽人也。梁武帝初起，以客從。後隨蔡道恭在司州。陷北還，上書言境上事，不見用。選爲長兼南梁郡丞，徙後軍行參軍。帝溺情内教，朝政縱弛，祖深輿襯[①]詣闕上封事。其略曰：

“大梁應運，功高百王，慈悲既宏，憲律如替。愚輩罔識，褫慢斯作。各競奢侈，貪穢遂生。頗由陛下寵勳太過，馭下太寬，故廉潔者自進無途，貪苛者取入多徑，直弦者淪溺溝壑，曲鉤者升進重沓。飾口利辭，競相推薦，訥直守信，坐見埋没。勞深勳厚，禄賞未均，無功側入，反加寵擢。昔宋人賣酒，犬惡致酸，陛下之犬，其甚矣哉！

“臣聞人爲國本，食爲人命，故《禮》曰國無六年之儲，謂非其國也。推此而言，農爲急務，而郡縣苛暴，不加勸獎。今年豐歲稔，猶人有飢色，設遇水旱，何以救之？陛下昔歲尚學，置立五館，行吟坐詠，誦聲溢境。比來慕法，普天信向，家家齋戒，人人懺禮，不務農桑，空談彼岸。夫農桑者今日濟育，功德者將來勝因，豈可墮本勤末，置邇效賒也。今商旅轉繁，游食轉衆，耕夫日少，杼軸日空。陛下若廣興屯

① 襯，據《南史》卷七〇《周祖深傳》，當作“櫬”。

田，賤金貴粟，勤農桑者擢以階級，惰耕織者告以明刑。如此數年，則家給人足，廉讓可生。

“夫君子小人，智計不同。君子志於道，小人謀於利。志於道者安國濟人，志於利者損物圖己。道人者，害國小人也；忠良者，捍國君子也。臣見疾者詣道士則勸奏章，僧尼則令齋講，俗師則鬼禍須解，醫診則湯熨散丸，皆先自爲也。臣謂爲國之本，與療病相類，療病當去巫鬼，尋華、扁，爲國當黜佞邪，用管、晏。今之所任，腹背之毛耳。論外則有勉、捨，説内則有雲、旻。雲、旻所議，則傷俗盛法，勉、捨之志，唯願安枕江東。主慈臣惟，息謀外甸，使中國士女，南望懷冤。若賈誼重生，豈不慟哭！臣今直言犯顔，罪或容宥，而乖忤貴臣，則禍在不測。所以不憚鼎鑊區區必聞者，正以社稷計重，而螻蟻命輕。使臣言入身滅，臣何所恨。謹上封事二十九條，伏願抑獨斷之明，少察愚瞽。”

時帝大弘釋典，將以易俗，故祖深尤言其事，條以爲：“都下佛寺五百餘所，窮極宏麗。僧尼十餘萬，資産豐沃。所在郡縣，不可勝言。道人又有白徒，尼則皆畜養女，皆不貫人籍，天下户口，幾亡其半。凡僧尼多非法，養女皆服羅紈，其蠹俗傷法，抑由於此。請精加檢括，若無道行，四十以下，皆使還俗附農。罷白徒養女，聽畜奴婢。婢唯著青布衣，僧尼皆令蔬食。如此，則法興俗盛，國富人殷。不然，恐方來處處成寺，家家剃落，尺土一人，非復國有。

“朝廷擢用勳舊，爲上郵[①]州郡，不顧御人之道，唯以貪殘爲務。迫脅良善，害甚豺狼。江、湘人尤受其弊。自三關以外，是處遭毒。而此勳人投化之始，但有一身，及被任用，皆募部曲。而揚、徐之人，逼以衆役，多投其募，利其貨財。皆虚名上簿，止送出三津，名在遠役，身歸鄉里。又懼本屬檢問，於是逃亡他境，僑户之興，良由此故。

又梁興以來，發人征役，號爲三五。及投募將客，主將無恩，存

① 上郵，據《南史》卷七〇《周祖深傳》當作“三陲”。

郵失理，多有物故，輕[1]刺叛亡。或有身殞戰場，而名在叛目，監符下討，稱爲逋叛，録質家丁。合家又叛，則取同籍，同籍又叛，則取比伍，比伍又叛，則望村而取。一人有犯，則合村皆空。雖肆眚時降，蕩滌惟始，而監符猶下舊日，限以嚴程。自是所在恣意貪利，以事上官。”

又“請斷界首將生口入北，及關津廢替，須加糾擿”。又言“廬陵年少，不宜鎮襄陽；左僕射王暕在喪，被起爲吴郡，曾無辭讓”。其言深刻。又“請復郊四星”。帝雖不能悉用，然嘉其正直，擢爲豫章鍾陵令、員外散騎常侍。

普通七年，改南州津爲南津校尉，以祖深爲之，加雲騎將軍，秩二千石。使募部曲二千。及至南州，公嚴清刻。由來王候勢家出入津，不忌憲網，俠藏王命。祖深搜檢奸惡，不被强禦，動致刑辟。奏江州刺史邵陵王、太子詹事周捨贓罪，遠近側足，莫敢縱恣。淮南太守畏之如上府。

常服故布襦，素木案，食不過一肉。有姥餉一早青瓜，祖深報以疋帛。後有富人效之以貨，鞭而徇衆。朝野憚之，絶於干請。所領皆精兵，令行禁止。有所討逐，越境追禽。江中嘗有賊，祖深自率討之，列陣未敢進，仍令所親人先登，不時進，斬之。遂大破賊，威振遠近，長江肅清。

顯鶴按：史稱梁武留心俎豆，忘情干戚，抑揚孔墨，留連釋老，惑於聽受，權在奸佞，儲后百辟，莫能盡言。卒致釁起蕭牆，禍成戎羯，良可哀痛。雖曰咎由自致，抑其時士大夫崇尚虚無，溺情内典，靡然成風。諫鼓徒懸，犯顔無侣。祖深輿櫬上封，至言危論，抑何深刻！乃嘉其正直，不見采納，愎諫違卜，乃底滅亡。自古以安爲危，既成而敗，顛覆之患，書契未聞，讀鄭文貞之論，益令人服祖深之賢也。

① 輕，據《南史》卷七〇《周祖深傳》當作“輒”。

楚寶卷第十四

明湘潭周聖楷伯孔輯纂

諫　　諍

劉　　洎

劉洎，字思道，荆州江陵人。初爲蕭銑黄門侍郎，南略地嶺表，下五十城，未還而銑敗，遂以城自歸，授南康州都督府長史。貞觀七年，擢給事中，封清苑縣男，轉治書侍御史。于時，尚書省詔勅稽壅，按成復下，彌年不能决。洎言："尚書，萬機本，貞觀初未有令、僕，職併務繁，左丞戴胄、右丞魏徵，應事彈舉，無所回撓，百司虔肅不敢懈。比者勳親在位，品非其任，功勢相傾，本欲自彊，先懼囂謗。故郎中嘿奪，惟事咨稟；尚書依違，不得專裁。管轄玩弛，綱紀不振。今宜精選左右丞、兩司郎中，使皆得人，非惟救曠滯之弊，固當矯拂趨競也。"未幾，拜尚書右丞。洎健于職，於是尚書復治如徵時。累加銀青光禄大夫、散騎常侍，攝黄門侍郎。

太宗好持論，與公卿言古今事，必往復難詰，究臧否。洎諫曰："帝王之與臣庶，聖哲之與庸愚，等級遼絶，勢不倫擬。故課愚對聖，持卑抗尊，雖思自彊，不可得已。陛下降慈旨，假柔顔，虚心聽納，猶恐群臣惴縮不敢進。况以神機天辨，飾辭援古，而逞其議哉！夫天以無言爲尊，聖以不言爲德，皆弗欲煩也。且多記損心，多語耗氣，心氣内損，形神外勞，初雖無覺，久且爲弊。且今之雍平，陛下力行所至耳。

欲求長久，匪由辨博，但當忘愛憎，慎取捨，若貞觀初則可矣！”詔答曰：“非慮無以臨下，非言無以述慮。雖然，驕人輕物，恐由確論致之。若形神心氣，不爲勞也。”

皇太子初立，洎謂宜尊賢重道，上書曰：“太子宗祧是繫，善惡之習，興亡在焉。弗勤于始，將悔于末。故鼂錯上書，令通政術；賈誼奏記，務知禮教。今太子孝友仁愛，挺自天姿，然春秋鼎盛，學當有漸。以陛下多才多藝，尚垂精厲志，以博異聞，而太子優游，坐棄白日。陛下每退期，引見群臣，訪以今古，咨以得失；而太子處内，不接正人，不聞正論，臣所未諭。古者，問安而退，以廣敬也；異宫而處，以遠嫌也。間者，太子一入侍，逾旬不出，師傅寮寀，具員而已，非所謂愛之也。臣愚以爲授以良書，娱以佳賓，使耳所未聞，覩所未見，儲德愈光，群生之福也。”帝於是敕洎與岑文本、馬周遞日直東宫。帝嘗怒苑西監穆裕，有詔斬朝堂，皇太子驟諫。帝喜曰：“朕始得魏徵，朝夕進諫。徵亡，劉洎、岑文本、馬周、褚遂良繼之。兒在吾膝前，見朕悦諫熟矣，故有今日言也。誠習以性成哉！”稍遷侍中。帝忽謂群臣曰：“朕今欲聞己過，卿等爲朕言之。”長孫無忌、李勣、楊師道同辭對曰：“陛下以盛德致太平，臣等愚不見其過。”洎曰：“然頃上書有不稱旨，或面窮詰，無不羞汗，恐非所以進言者路。”帝曰：“卿言善，朕能改之。”

及征遼東，詔兼太子左庶子、檢校民部尚書，輔皇太子監國。帝曰：“以卿輔太子，社稷安危在焉，宜識朕意。”洎曰：“願無憂！即大臣有罪，臣謹按法誅之。”帝怪其語謬，戒曰：“君不密則失臣，臣不密則失身。卿性疎而果，恐以此敗。”洎與褚遂良不相中。帝還，不豫，洎與馬周入候，出，見遂良，泣曰：“上體患癰，殊可懼！”遂良即誣奏：“洎曰：國家不足慮，正當輔少主行伊、霍事，大臣有異者，誅之。”帝愈，召洎問狀，洎引馬周爲左。遂良執不已，帝惑之，乃賜死。方死時，索筆牘，欲自言，有司不敢與。帝後知之，有司皆得罪。顯慶中，其子宏業詣闕訴遂良譖死狀，李義府右之。高宗問近臣，給事中樂彦瑋曰：“辨之，是暴先帝過刑。”事寢。文明初，詔復官爵。

《新唐書》贊曰：劉洎之才之烈，《易》所謂“王臣蹇蹇”者。然性剛疎，輔太子，欲身任安危，以言掩其衆，爲娟忌所乘，卒陷罪誅。嗚呼！以太宗之明，蔽于所忿，洎之忠不能自申于上，况其下哉？古人以言爲戒，可不慎與！

《通鑒考異》曰：《實録》云黄門侍郎褚遂良誣奏洎有輔少主，行伊、霍之語，洎遂及罪。按此事中人所不爲，遂良忠直之臣，且素無怨仇，何至于此！蓋許敬宗惡遂良，故修《實録》時以洎死歸咎于遂良耳。

聖楷按：太宗嘗謂褚遂良曰：“卿知起居注，朕有不善，卿亦記之耶？”對曰：“臣職當載筆，不敢不記。”黄門侍郎劉洎曰：“借使遂良不記，天下亦皆記之。”上曰：“誠然。”又太宗嘗自評諸臣曰：“劉洎性最堅貞，有利益，然其意尚然諾，私于朋友。馬周見事敏速，性甚貞正，論量人物，直道而言，朕比任使，多能稱意。褚遂良學問稍長，性亦堅正，每寫忠誠，親附于朕。”觀此，遂良與周、洎三人，所謂信友，獲上德音不違也，豈有相譖以死之事乎？温公不取《實録》，良是。

又按：《尚書故實》云：唐太宗嘗召三品以上官，賜宴于玄武門。帝操筆作飛白書賜群臣，咸乘酒就帝手中相競。劉洎登御牀引手，然後得之。其不得者，咸稱洎登牀，罪當死，請付法。太宗笑曰：“昔聞婕好辭輦，今見常侍登牀。”此亦可想見其君臣相遇之隆也，卒以性疎而敗，惜哉！

俞文俊

俞文俊，荆州江陵人。唐武后垂拱二年九月己巳，雍州新豐縣露臺鄉大風雨，震雹，有山湧出，高二十丈，有池周三百畝，池中有龍鳳之形、禾麥之異。武后以爲休應，名曰“慶山”。俞文俊上書：“天氣不和而寒暑併，人氣不和而疣贅生，地氣不和而堆阜出。今陛下以女主處陽位，反易剛柔，故地氣塞隔而山變爲災。陛下謂之‘慶山’，臣以爲非慶也。臣愚以爲宜側身修德以答天譴，不然，恐殃禍生矣。”后怒，流于嶺南，後爲六道使所殺。

聖楷曰：俞文俊以布衣上書，力詆慶山之非，可謂有識有膽。惜其生平無所考見，《荆州志》亦不載此人，特表著之。

慶山考

程大昌曰：武后改新豐爲慶山縣，其説謂時因雷雨踴出一山，故取以爲名。初不言其詳，此即在位小人共加傅會也。考《兩京道里志》曰：“慶山踴出，初時六七尺，漸漸高至三百尺。”則是積力爲之，自六七尺日日纍增至三百尺，非一夜雷雨頓能突兀如許也。此爲人力所成，大不難見。

聖楷按：以災爲慶，其爲諛佞易見，惟昔人共載之符瑞，如黄河清之類，亦多有不驗者，併附記之，以俟特識。漢桓、靈之世，河水清至兼旬。郭璞曰：大河之質，黄濁數千里，而不可澄清者也。凡物反常爲妖，濁而忽清，猶地而出堆阜，山而沸泉湧，非所當有變異之象也，故裴楷言“自古未有河清者”。後世乃以爲大慶，君臣動色，載于年號，著于邑名，形于歌詠，紀于史牒，不亦異乎？至若大海朝宗衆流，自非並岸風水激薄沙泥渾污之處，則萬里渟瀅，未嘗濁也。而佞人諂媚，又有以海清爲賀者，不亦異之甚乎？

唐　介

唐介，字子方，江陵人。父拱，卒漳州，州人知其貧，斂錢以賻，介尚幼，謝不取。擢進士第，爲武陵尉，調平江令。吏誣民李貲殺人祭鬼，岳守捕之，備極楚掠，介訊之，無他驗。守怒白于朝，遣御史方偕别鞫之，與介同。守以下獲罪，偕受賞，介未嘗自言。

改知莫州任丘縣，遼使往來，驛吏以誅索破家爲苦。介坐驛門，禁之，皆帖伏以去。沿邊塘水歲溢浸田，中人楊懷敏主之，欲割邑西十一村地瀦漲潦，介築堤扞之，民以爲利。通判德州，轉運使崔嶧取庫絹配民而重其估。介留牒不下，且移安撫司責數之。嶧怒，數馳檄按詰，介不爲動，既而果不能行。

入爲監察御史裏行，轉殿中侍御史。啟聖院造龍鳳車，内出珠玉爲飾。介言："此太宗神御所在，不可喧瀆；後宫奇靡之器，不宜過制。"詔亟毁去。張堯佐驟除宣徽、節度、景靈、群牧四使，介與包拯、吴奎等力争之，又請中丞王舉正留百官班廷論，奪其二使。無何，復除宣徽使、知河陽。介謂同列曰："是欲與宣徽，而假河陽爲名耳，不可但已也。"而同列依違，介獨抗言之。仁宗謂曰："除擬本出中書。"介遂劾宰相文彦博守蜀日造閒金奇錦，緣閹侍通宫掖，以得執政；今顯用堯佐，益自固結，請罷之而相富弼。又言諫官吴奎表裏觀望，語甚切直。帝怒，卻其奏不視，且言將遠竄。介徐讀畢，曰："臣忠憤所激，鼎鑊不避，何辭于謫？"帝急召執政示之曰："介論事是其職。至謂彦博由妃嬪致宰相，此何言也？進用冢司，豈應得預？"時彦博在前，介責之曰："彦博宜自省，即有之，不可隱。"彦博拜謝不已，帝怒益甚。梁適叱介使下殿，修起居注蔡襄趨進救之。貶春州别駕，王舉正言以爲太重，帝旋悟，明日取其疏入，改置英州，而罷彦博相，吴奎亦出。又慮介或道死，有殺直臣名，命中使護之。梅堯臣、李師中皆賦詩激美，由是直聲動天下，士大夫稱真御史，必曰唐子方而不名。

數月，起監郴州税，通判潭州，知復州，召爲殿中侍御史。遣使賜告，趨詣闕下。入對，帝問曰："卿遷謫以來，未嘗以私書至京師，可謂不易所守矣。"介頓首謝，言事益無所顧。他日請曰："臣既任言責，言之不行將固争，争之重違陛下，願得解職。”换工部員外郎、直集賢院，爲開封府判官，出知揚州，徙江東轉運使。御史吴中復言，介不宜久居外。文彦博再當國，奏：“介向所言，誠中臣病，願如中復言。”然但徙河東。

久之，爲度支副使，進天章閣侍[①]制，復知諫院。帝自至和後，臨朝淵默。介言：“君臣如天地，以交泰爲理，願時發德音，以勤萬幾。”又論：宫禁干丐恩澤之命不由中書，宜有以抑絶；賜宫嬪之費，多先朝時十數倍，日加無窮，且[②]有所朘損；監司薦舉，多文法小吏，請令精選端良敦樸之士，毋使與憸薄者同進；諸路走馬丞凌擾郡縣，可罷勾遣，以權歸監司；兖國公主夜開禁門，宜劾宿衛主吏，以嚴宫省。帝悉開納之。

御史中丞韓絳劾宰相富弼，弼家居求罷，絳亦待罪。介與王陶論絳以危法中傷大臣，絳罷。介嫌于右宰相，請外，以知荆南。勑過門下，知銀臺司何剡封還之，留權開封府。旋以論罷陳升之，亦出知洪州。加龍圖閣直學士、河北都轉運使，樞密直學士、知瀛州。

治平元年，復召爲御史中丞。英宗謂曰：“卿在先朝有直聲，故用卿，非繇左右。”介曰：“臣無狀，陛下過聽，願獻愚忠。自古欲治之主，亦無求絶世俗之術，要在順人情而已。祖宗遺德餘烈，在人未遠，願覽已成之業以爲監，則天下蒙福矣。”明年，以龍圖閣學士知太原府。帝曰：“朕視河東，不在中執法下，暫煩卿往耳。”夏人數擾代州邊，多築堡境上。介遣兵悉撒[③]之，移諭以利害，遂不敢動。

神宗立，以三司使召。熙寧元年，拜參知政事。先時，宰相省閲所進文書於待漏院，同列不得聞。介謂曾公亮曰：“身在政府而文書弗與知，上或有所問，何辭以對？”乃與同視，後遂爲常。帝欲用王安石，

① 侍，據崇禎本及《宋史》卷三一六《唐介傳》當作“待”。
② 且，據《宋史》卷三一六《唐介傳》當作“宜”。
③ 撒，據《宋史》卷三一六《唐介傳》當作“撤”。

公亮因薦之，介言其難大位。帝曰："文學、吏事、經術不可任耶？"對曰："安石好學而泥古，故論議迂闊，若使爲政，必多所變更。"退謂公亮曰："安石果用，天下必困擾，諸公當自知之。"中書嘗進除目，數日不决，帝曰："當問王安石。"介曰："陛下以安石可大用，即用之，豈可使中書政事决于翰林學士？臣近每聞宣諭某事問安石，可即行之，不可不行，如此則執政何所用，恐非信任大臣之體也。必以臣爲不才，願先罷免。"

安石既執政，奏言："中書處分劄子，皆稱聖旨，不中理者十八九，宜止令中書出牒。"帝愕然。介曰："昔寇準用劄子遷馮拯，訴之，太宗謂：'前代中書用堂牒，乃權臣假此爲威福。太祖時以堂帖重于勑命，遂削去之。今復用劄子，何異堂帖？'張洎因言：'廢劄子，則中書行事，别無公式。'太宗曰：'大事則降勑，其當用劄子，亦須奏裁。'此所以稱聖旨也。如安石言，則是政不自天子出，使輔臣皆忠賢，猶爲擅命，苟非其人，豈不害國？"帝以爲然，乃止。介自是數與安石争論。安石强辨，而帝主其説。介不勝憤，疽發背，薨，年六十。

介爲人簡伉，以敢言見憚。每言官缺，衆皆望介處之，觀其風采。神宗謂其先朝遺直，故大用之。然居政府，遭時有爲，而扼于安石，少所建明，聲名减于諫官、御史時。比疾亟，帝臨問流涕，復幸其第弔哭，以畫像不類，命取禁中舊藏本賜其家。贈禮部尚書，謚曰質肅。子淑問、義問，孫恕。

《言行録》曰：仁宗貶唐介嶺南，遣中使賜介金，又畫其像，置之便殿。

《自警編》曰：唐質肅公以言事謫潭州倅，時有一巨賈私藏蚌胎，爲關吏所搜，太守而下輕其估，悉自售焉。及分珠獄發，奏方入，仁宗謂近侍曰："唐介必不肯買。"案具奏復，覽之果然。又曰：王荆公與唐質肅公同爲參知政事，議論未嘗少合。荆公雅愛馮道，以其能屈身安人，如諸佛菩薩之行。一日于上前語及此事，介曰："道爲宰相，易四姓，事十主，此得爲純臣乎？"荆公曰："伊尹嘗五就湯五就桀者，志在安人而已，豈可亦謂之非純臣也？"質肅曰："有伊尹之志，則可。"荆公爲之變色。其論議不合而多致相侵，率如此。

《湘山録》曰：唐質肅公一日自政府歸，語諸子曰："吾備位政府，知無不言，桃李固未嘗爲汝等栽培，而荆棘則甚多矣。然汝等窮達莫不有命，惟自勉而已。"

《老學庵筆記》曰：唐質肅公參禪，得法于浮山遠禪師。嘗作《贈僧詩》云："今日是重陽，勞師訪野堂。相逢又無語，籬下菊花黄。"

聖楷曰：介貶英州時，挈家渡淮，至中流，大風，舟幾覆。介獨賦詩云："聖宋非狂楚，清淮異汨羅。平生仗忠信，今日任風波。"既而得濟，又續之云："舟楫顛危甚，魚龍出没多。斜陽幸無事，沽酒聽漁歌。"昔人處變者多矣，如此正性定力，未易造也。嘗歎彦博爲宰相，介爲諫官，其立朝之奇節易見；安石爲學士，介爲宰相，其爲國之深慮難知。卒之安石相而新法行，宋自此多事矣。杜鵑聲豈非先兆哉？以此見介之力諍，非得已也。

唐介墓考

按：介墓在江陵縣龍山，今廣西興安縣亦有龍山，乃介先世之丘隴也，大宜山碑載之甚詳。曹能始撰《廣西名勝志》，疑其爲介之墓，又引解縉《過全州詩》云"唐介墓前江水聲"爲證，此亦有理。但介生于江陵，卒于京邸，何由遠復葬興安？或興安人慕介之品，因以龍山名其先世之墓，而後人遂訛指爲介之墓也。不可不辨。

唐淑問

唐淑問，字士憲。舉進士，至殿中丞。神宗以其家世，擢監察御史裏行，諭以謹家法大體。淑問見帝初即位，鋭于治，因言："中旨數下，一出特斷，當謹出納、别枉直，使命令必行。今詔書求直言，而久無所施用，必欲屈群策以起治道，願行其言。"初，詔侍臣講讀。淑問言："帝王之學，不在章句、飾文辭。稽古聖人治天下之道，歷代致興王之由，延登正人，博訪世務，以求合先王，則天下幸甚。"河北饑，流人就食京師，官振廩給食，來者不止。淑問曰："出宿[①]不繼，是誘之失業而就死地也。"條三策上之。

滕甫爲中丞，淑問力數其短，帝以爲邀名，乃詔避其父三司使，出通判復州。久之，知真州，提點湖北刑獄，言新法不便，乞解事，黜知信陽軍，以病免。數年，起知宣州，徙湖州，入爲吏部員外郎。又引疾求外，帝以爲避事，降監撫州酒税。哲宗立，司馬光薦其行己有恥，召爲左司諫，以病致仕，數月卒。

聖楷曰：滕甫，字元發，在宋稱賢臣，而淑問與孫覺俱言其短，亦是《春秋》責備賢者之意。

吴中復

吴中復，字仲庶，興國永興人，吴舉之子也。登宋進士及第，初授峨嵋令。邊土淫祠盛，中復悉廢之。廉于居官，代還，不載一物。通判潬州，御史中丞孫抃初未之識，薦爲監察御史。或問之，抃曰："昔人

① 宿，據《宋史》卷三一六《唐淑問傳》當作"粟"。

恥爲呈身御史，今豈有識面臺官耶？”遷殿中侍御史。劾宰相梁適，仁宗問中復曰：“唐自天寶後治亂分，何也？”中復歷引崇、璟、九齡、林甫、國忠用舍以對。適罷，中復亦通判處州，未至，復還臺。

富弼主李仲昌開六漯河，内臣劉恢密告所斷岡與國姓上名同，賈昌朝陰助之，欲以摇弼。詔中復往治，促行以急。中復言：“獄起奸臣，非盛世所宜有。”馳至，較其名，乃趙征村也，亦無岡勢，獄以故得止。又彈宰相劉沆，沆罷。改右司諫，同知諫院。遷史知雜事、户部副使，擢天章閣待制，知潭州、瀛州，移河東都轉運使，進龍圖閣直學士、知江寧府。郵兵苦巡轄官苛刻，縶而鞭之。獄具，法不至死，中復以便宜戮首惡，流其餘，入奏爲令。歷成德軍、成都府、永興軍。

河北行青苗法，使者至，將先下州縣。中復曰：“斂散自有期，今先事擾之，何也？”拒不聽，且以報安撫使韓琦，琦方疏諫青苗，録其語以上。熙寧併省郡邑，以永康爲縣，中復言：“永康控威、茂，不可廢。”其後因夷亂竟復之。會關内大旱，民多流亡。中復請加賑恤，執政惡之，遣使往視，謂爲不實，削一階，提舉玉隆觀。起知荆南，未幾卒。中復樂易簡約，多周人急，士人稱之。

聖楷按：皇祐中，詔委御史中丞孫抃舉御史，抃舉太常博士吴中復，或云：“公平生不識中復，何由知之？”抃曰：“聞中復知犍爲縣，廢淫祠以禁民之非，開河灘以通民之利。又嘉州舊産紫竹桶、榴癭木等，任于蜀者，競採之以爲器，民甚苦之，中復作《嘉陽四詠》詩以悼之。及替還，舟中並不載嘉陽一物，其愛民清謹如此，使之立朝，必不苟且。昔人恥爲呈身御史，今我豈薦識面臺官？”遂除殿中侍御史。本傳似大略。

鄭　獬

鄭獬，字毅夫，安州安陸人。少負俊材，詞章豪整，流輩莫敢望。

初試《圜丘象天賦》，登進士第一。通判陳州，入直集賢院、度支判官、修起居注、知制誥。英宗即位，治永昭山陵，悉用乾興制度。獬言："今國用空乏，近者賞軍，已見橫斂，富室嗟怨，流聞京師。先帝節儉愛民，蓋出天性，凡服用器玩，極于樸陋，此天下所共知也。而山陵制乃欲效乾興最盛之時，獨不傷儉德乎？願飭有司，損其名數。"又言："天子初即位，郡國馳表稱賀，例官其人，此出五代餘習，因仍未改。今度官猥衆，充溢銓曹。況前日群臣進官，已布維新之澤，不須行此，以開僥倖。"皆不報。

又上疏言："陛下初臨御，恭默不言，所以恭政者七八大臣而已，焉能盡天下之聰明哉？願申詔中外，許令盡言，有可采録，召與之對。至于近臣，不時見訪以得失，虛心求之，必能有益治道。"帝加納之。時詔諸郡敦遣遺逸之士，至則試之秘閣，命以官。頗有謬舉者，衆論諠譁，旋即廢罷。獬言："古者薦士，拔十得五，猶得其半；況今所失未至于五，而遽以浮言廢之，可乎？願復此科，使豪俊無遺滯之歎。"未及行，出知荆南。

治平中，大水，求言，獬上疏："陛下側身思咎，念有以消復之，不知求忠言者，將欲用之邪？抑但舉故事邪？觀前世之君，因變異以求諫甚衆，及攷其實，則能用其言而載於行事者，亦鮮矣。今詔發天下忠義之士，必有極其所蘊，以薦諸朝，百萬機務，未能盡覽，不過如平時下之中書、察院，至于無所行而後止。如是，則與前世之爲空言者等爾。謂宜選官置屬，掌所上章，兩府近臣從容講貫，可則行之，否則罷之，有疑焉，則廣詢而決之。群臣得而衆事舉，此應天之實也。天下之進言也甚難，而上之受言也常忽。願陛下采群臣之章疏，容而聽之，史册大書，以爲某年大水，詔求直言，用某人之辭而求某事，無令徒挂牆壁爲虛文而已。"還，判三班院。

神宗初，獬上奏曰："如欲省任子，莫若先擇賢。凡任子已補，欲出身仕者，從其所能而試之，或以一經，或以禮學，或以法律，或以文辭。武臣則試武伎，或以策略。每歲二月，集于有司，如試進士、武舉法，差官糊名較實，中程乃任仕。如此，則得仕者必少，而所取者材。子弟各相勉强，于學又有勸焉。如有不能文墨而獨可以才幹者，則請家試一人，此所以盡人之能而且不絶其世禄也。至于俱無能焉，則終身不得仕，又何憾焉？臣又以爲，臣下至病眊不欲去者，顧禄而已。至不得已，乃求宫觀、留臺、監榷，是終無去意。臣欲乞分司致仕官，其俸皆勿奪，俾終其身，病眊者有所養，則必有相引而去。彼居閭里，待次累年，俸錢亦不絶也。縣官何惜一二千錢，畀之以禮引退，且有優遇老臣之恩。至于貪贓酷吏，一有所犯，此可終身勿令仕，兹亦有省官之術焉。臣誠不欲陛下初即位，德澤未及宣究，而遽有刻薄之更制，此臣所惜也。如臣議可采，欲乞付中書，與衆論，定其可者焉。”

三年，知開封府。獬又奏曰：“陛下聰明好問，繇逮訪于下，多言者或以此譽臣，此妄譽也。當其進言時，陛下何不使條臣所行之事？彼必窮而無對，設使有其實，則陛下亦當深察之，然後以爲信。今臣無是而陛下遽信之，如有以臣不肖而毁之者，陛下亦必聽之矣。何則？善惡之來，不考其實，既容妄譽，亦必容妄毁，此臣不敢喜而有懼也。伏願陛下高視遠照，毋牽私言，使天下知毁譽之不能亂政，則非獨臣之願，實天下之願。”

獬又奏曰：“日者陛下陞黜大臣，出于獨斷，二府不得與謀，中外聞風皆震動。伊鬱之士，至有通夕不寐，拊髀而起者，以爲自天禧以來，五十六年間，未有此等事。昔堯之聖，猶曰知人惟帝其難之，自堯而後，愈爲難矣。今賢不肖，赧然以進，深情厚貌，言與行違，陛下雖聰明，焉能探其肝膽，而辨其真僞乎？辨莫若試之，凡其所長者，宜從其長而用之。用之以效，群臣以爲然，未也，大臣以爲然，亦未也。陛下察之，見其有效，然後賞之，賞罰明而人自勸。雖堯舜不踰于此。既用其賢矣，時以不肖者參焉；既用其知矣，時以愚者參焉。于是黑白淆亂，邪正倒置，則天下事去矣。昔者秦始皇自侈，以爲天下無賢，及漢祖之起蕭、張、韓、黥，乃秦之棄士也。隋煬帝自大，以爲天下無賢，及唐宗之起房、杜、英、衛，乃隋之棄士也。今天下之廣，豈乏賢者，惟無棄士以資後人，幸矣。然陛下既得士，宜用其所長，在三司，宜擇錢穀之吏；尹京兆，宜擇通政事之臣；在御史，宜擇强毅之臣；在侍從，宜擇文學通古今之臣。如此，則才盡其所藴，而官宿其所業，天下之事不舉者，未之有也。故舜之命夔典樂，則不復典禮；命禹作司空，則不復作司徒；命稷播農，則不復作士。以夔、禹之賢而不能兼二事，况以庸庸之材而欲兼天下之任，可乎？故今世不爲官擇人，而爲人擇官，惟履踐之多，則爲大臣，不問其治與不治，此天下所以不治也。今天下士如有自薦，或因大臣所舉，且試召之，使論其士而觀其藴，然後命之以職，試其所爲。如此，則人焉廋哉。"

是歲，召獬夕對内東門，命草吴奎知青州及張方平、趙槩[①]參政事三制，賜雙燭送歸舍人院，外廷無知者。遂拜翰林學士。朝廷議納横山，獬曰："兵禍必起于此。"已而种諤取綏州，獬言："竊見詔，深戒邊臣無得生事。今乃特用變詐之臣，務爲掩襲。如戰國暴君之所尚，豈帝王大略哉？諤擅興兵，當誅。"又請因諒祚告哀，遣使立其嗣子，識者韙之。

權發遣開封府，民諭[②]興與妻謀殺一婦，獬不肯用按問新法，爲王安石所惡，出爲侍讀學士，知杭州。御史中丞吕誨乞還之，不聽。未幾，徙青州，方散青苗錢，獬言："但見其害，不忍民無罪而陷憲網。"引疾祈閒，提舉鴻慶宫，卒，年五十一。家貧子弱，其柩藁殯僧屋十餘年。滕甫守安州，乃克葬。

陳氏《書録解題》曰：皇祐五年，廷試《圜丘象天賦》，時獬與滕甫俱有場屋聲，甫賦首曰："大禮必簡，圜丘自然。"自謂人莫能及。獬賦但倒二字曰："禮大必簡，圜丘自然。"甫聞之大服，果居其次云。獬著有《鄖溪集》五十卷。

《夢溪筆談》曰：鄭毅夫自負時名，國子監以第五人送，意甚

① 槩，據《宋史》卷三二一《鄭獬傳》當作"抃"。
② 諭，據《宋史》卷三二一《鄭獬傳》當作"喻"。

不平。謝主司啟事，有“李廣事業，自謂無雙；杜牧文章，止得第五”之句。又云：“騏驥已老，甘駑馬以先之；巨鼇不靈，因頑石之在上。”主司深銜之。他日廷策，主司復爲攷官，必欲黜落，以報其不遜，有試業似獬者，枉遭斥逐，既而發考卷，則獬乃第一人及第。

《孫公談圃》曰：鄭毅夫未第時，夢浴池中化爲大龍，池邊小兒數十，拍手呼爲“龍公來”，既覺，猶見其尾曳牀閒。卒于安州十年，貧不克葬。滕元發爲郡，一日夢毅夫來，但見轎中一白龍，身首即毅夫也。元發因出俸營窆。

《老學庵筆記》曰：王荆公素不樂滕元發、鄭毅夫，目爲“滕屠”“鄭酤”。然二公資氣豪邁，殊不病其言。毅夫爲内相，一日送客出郊，過朱亥冢，俗謂之屠兒原者，作詩云：“高論唐虞儒者事，賣交負國豈勝言？憑君莫笑金椎陋，卻是屠酤解報恩。”

張　嵲

張嵲，字巨山，襄陽人。宋徽宗宣和三年，上舍選中第，調唐州方城尉，改房州司刑曹。劉子羽薦于川、陜宣撫使張浚，辟利州路安撫司幹辦公事，以母病去官。紹興五年，召對，嵲上疏：“金人去冬深涉吾地，王師屢捷，一朝宵遁，金有自敗之道，非我幸勝之也。今士氣稍振，乘其鋭而用之，固無不可。然兵疲民勞，若便圖進，似未可遽。臣竊謂爲今日計，當築塢堡以守淮南之地，興屯田以爲久戍之資，備舟楫以阻長江之險，以我之常，待彼之變。又荆、襄、壽春皆古重鎮，敵之侵軼，多出此途。速擇良將勁兵，戍守其地，以重上流之勢。”召試，除秘書省正字。

六年，地震。嵲奏：“比年以來，賦斂繁重，征求百出，流移者填溝壑，土著者失常業，地震之異，殆或爲此。願深思變異之由，修政之闕，以致民之安。”七年，遷校書郎兼史館校勘，再遷著作郎。嵲因對言：“吴、蜀脣齒之勢也。蜀去朝廷遠，今無元帥一年矣。蜀之利害，臣麤知之。忠勇之人，可捍外侮，至于撫循斯民，則非所能。宜于前宰執中，擇其克任川事者委任之。然川蜀繫國利害，非腹心之臣不可，今亟得一賢宣撫使爲要。”又言：“自駐蹕吴會以來，未嘗以襄陽、荆南爲意，今宜亟選儒臣有牧御之才者爲二路帥，使之招集流散，興農桑，治城堡，爲保固之資，重上流之勢。”

既而何掄之[①]刊改《神宗實録》得罪，語連嵲，出爲福建路轉運判官。上疏略曰：“古之人君，其患有二：不在于拒諫，在納諫而不能用；不在于不知天下利害，在知而不以爲意。陛下渡江十年，外有勍敵之國，内有驕悍之兵，下有窮困無聊之民。進言者多矣，皆以爲陳腐而別取新奇之説；任事者衆矣，皆習以爲當然而更爲迂闊之事。此近于納諫而不知用，知利害而不知恤也。爲今之計，非是二者不務，數年之後，庶其有濟。有國之所惡者，莫大于朋黨，今一宰相用，凡其所與者，不擇賢否而盡用之；一宰相去，凡其所與者，不擇賢否而盡逐之。宜其朋黨之寖成也。”

九年，除司勳員外郎，兼實録院檢討。金人叛盟，上命兩省、卿、監、郎、曹各草檄以進，獨取嵲所進者，播之四方。十年，擢中書舍人，升實録院同修撰。論王德收復宿、亳兩郡，乃擅退軍，使岳飛勢孤，金人猖獗，授承宣、防禦使，何應罰而反賞？封還詞頭，乞罷已降轉官指揮。未幾，右正言万俟卨論嵲爲侍從日，薦引非才，以酬私恩，邊報始至，託疾家居，由是罷去。頃之，起知衢州，除敷文閣待制。爲政頗尚嚴酷，歲滿，得請提舉江州太平興國宫。時方修好息兵，嵲作《中興復古詩》以進。上將召用，會卒，年五十三。子昌時。

直齋陳氏曰：嵲爲司勳郎官，金人再取河南，秦相皇恐，上章引伊尹“善無常主”及周任“不能者止”之文以自解，嵲之筆也。

---

① 之，據《宋史》卷四四五《張嵲傳》當作“以”。

秦德之，遂擢修注掌制，而其具藁倉卒，誤以伊尹告太甲爲告湯，及周任之言爲孔子自言。時秘書省寓傳法寺，有書其門曰："周任爲孔聖，太甲作成湯。"秦疑諸館職爲之，多被逐。然嵲亦以答檜三折肱之語，謂其貳于己，無幾亦罷。

聖楷曰：張嵲，襄陽光化人，有《巨山集》三十卷。觀其所上諸疏，切中時務，頗有可采。既而爲秦代筆，驟列清華，名譽頓減，人故患不知足，有如是哉！

湯 璹

湯璹，字君保，瀏陽人。淳熙十四年進士，調德安府學教授，轉三省樞密院架閣，遷國子博士。時詔朱熹爲侍講，未幾辭歸，朝廷從其請，予祠。璹上疏言："熹以正學爲講官，四方顒望其有啟沃之益。曾未踰時，輒聽其去，必駭物論。宜追召熹還，仍授講職。"疏上，不報。由是侵忤權相意，而璹之直聲亦大聞于時。歷官爲大理少卿，進直徽猷閣，卒。

璹負直槩，與韓侂胄、陳自强不合，故屢嗾言者中傷。璹生平奉祠閒居之日，多于剔歷，其在禮曹，例掌三省奏記。臨安大火，寧宗遇災避正殿，中書三表請復，不許。璹屬辭務持大體，不爲阿曲，言者摭其語涉訕上，而朝廷實知其無他，故起復，制詞有"清風峻節"之語。嘗擇壻得蔣重珍，後舉進士第一。

聖楷曰：《宋史》稱"湯璹立朝蹇諤，蔣重珍自擢巍科。既居盛名之下，而能樹立于當時，可爲難矣"。按：蔣重珍，字良貴，無錫人，嘉定十六年進士第一。歷官以刑部侍郎致仕。初行都火，應詔陳言，其略云："昔周勃今日握璽授文帝，是夜即以宋昌領南北軍；霍光今年定策立宣帝，而明年稽首歸政。今臨御八年，未聞有所作爲。進退人才，興廢政事，天下皆曰此丞相意，一時恩怨，雖歸廟堂，異日治亂，實在陛下。焉有爲天之子，爲人之主，而自朝廷達于天下，皆言相而不言君哉？天之所以火宗廟、火都城者殆以此。臣所以痛心者，九廟至重，事如生存，而徹小塗大，不防于火之未至；宰相之居，華屋廣袤，而焦頭爛額，獨全于火之未然，亦足以見人心陷溺，知有權勢，不知有君父矣。他有變故，何所倚仗，陛下自視，不亦孤乎？昔史浩兩入相，才五月或九月即罷，孝宗之報功，寧有窮已，顧如此其亟，何哉？保全功臣之道，可厚以富貴，不可久以權也。”上讀之感動。

皮龍榮

皮龍榮，字起霖，一字季遠，醴陵人。淳祐四年進士。歷官三[1]管吏部架閣文字，遷學諭，授諸王官大小學教授兼資善堂直講。入對，請“以改過之實，易更化之名，一過改則一善著，百過改則百善融”。遷秘書郎，陞著作郎。入對，因及真德秀、崔與之名，龍榮曰：“今天下豈無廉者，願陛下崇獎之以風天下，執賞罰之公以示勸懲。”帝以爲然。兼兵部郎中、差知嘉興府。召赴闕，遷右侍郎官兼資善堂贊讀，又遷吏部員外郎兼直講。入對，言：“忠王之學，願陛下身教之于内。”帝嘉納。景定元年四月，拜端明殿學士、簽樞密院，進封伯。權參知政事兼太子賓客，封壽沙郡公。三年，罷爲湖南安撫使，判潭州。

咸淳元年，以舊職奉祠。他日，帝偶問龍榮安在，賈似道恐其召用，陰諷湖南提刑李雷應劾之。雷應至官，謁龍榮，龍榮託故不出，既退，又斥罵之。或以語雷應，不能平，遂疏其罪，又謂“每對人言，有‘吾擁至尊于膝上’之語”。詔徙衡州居住。湖南提刑治衡州，龍榮恐不爲雷應所容，未至而歿。

① 三，據《宋史》卷四二〇《皮龍榮傳》當作“主”。

龍榮少有志略，精于《春秋》學，有文集三十卷。性慷直，似道當國，不肯降志。又以度宗舊學，卒爲似道所擯。德祐元年，復其官致仕。二年，太府卿柳岳乞賜贈謚，未及行而宋亡。

聖楷曰：史稱皮龍榮精于《春秋》。南湖丁氏亦謂“龍榮負性伉直，不諂似道，是守經知宜也。似道竄之，將致于死，即飲藥而終，是遭變知權也”。以予觀之，龍榮爲度宗舊官僚，度宗既承大統而似道又專國政，此不兩立之勢也。龍榮惟有引身以退，庶幾能免，乃復危行危言，以自取殺身乎？陽處父一于剛，而甯嬴去之，知其必及于禍也。然而處父爲狐夜姑所殺，猶曰其君泄其言也。龍榮之見竄于李雷應也，將誰咎哉？犯小人之怒以發其不平之氣，而謂其遭變知權，吾未敢許。

楚寶卷第十四增輯

新化鄧顯鶴湘皋述

諫　　諍

王宗茂

王宗茂，字時育，京山人。父橋，廣東布政使。從父格，太僕卿。宗茂登嘉靖二十六年進士，授行人，三十一年擢南京御史。時先後劾嚴嵩者俱得禍，沈鍊至謫佃保安。中外懾其威，益箝口。宗茂積不平，甫拜官三月，上疏曰：

“嵩本邪諂之徒，寡廉鮮恥，久持國柄，作福作威，薄海内外，罔不怨恨。任吏、兵二部，每選請屬二十人，人索賄數百金，任自擇善地。致文武將吏盡出其門。此嵩負國之罪一也。

“任私人萬寀爲考功郎。凡外官遷擢，不察其行能，不計其資歷，唯賄是問，致端方之士不得爲國家用。此嵩負國之罪二也。

“往歲遣人論劾，潛輸家資南返，輦載珍寶，不可數計。金銀人物，多高二三尺者。下至溺器，亦金銀爲之。不知陛下宫中亦有此器否耶？此嵩負國之罪三也。

“廣布良田，遍於江西數郡。又於府第之後，積石爲大坎，實以金銀珍玩，爲子孫百世計。而國計民瘼，一不措懷。此嵩負國之罪四也。

“畜家奴五百餘人，往來京邸。所至騷擾驛傳，虐害居民，長吏皆怨怒而不敢言。此嵩負國之罪五也。

“陛下所食大官之饌不數品，而嵩則窮極珍錯。殊方異產，莫不畢致。是九州萬國之待嵩有甚於陛下。此嵩負國之罪六也。

“往歲寇迫京畿，正上下憂懼之日，而嵩貪肆益甚。致民俗歌謠，遍於京師，達於沙漠。海内百姓，莫不祝天以冀其早亡，嵩尚恬不知止。此嵩負國之罪七也。

“募朝士爲乾兒義子至三十餘輩。若尹耕、梁紹儒，早已敗露。此輩實衣冠之盜，而皆爲之爪牙，助其虐燄，致朝廷恩威不出於陛下。此嵩負國之罪八也。

“夫天下之所恃以爲安者，財也，兵也。不才之文吏，以賂而出其門，則必剝民之財，去百而求千，去千而求萬，民奈何不困？不才之武將以賂而出其門，則必尅軍之餉，或缺伍而不補，或踰期而不發，兵奈何不疲？邇者，四方地震，其占爲臣下專權。試問今日之專權者，寧有出於嵩右乎？陛下之帑藏，不足支諸邊一年之費，而嵩所蓄積可贍儲數年。與其開賣官鬻爵之令以助邊，盍去此蠹國害民之賊，籍其家以紓患也？臣見數年以來，凡論嵩者不死於廷杖，則役於邊塞。臣亦有身家，寧不致惜，而敢犯九重之怒，嬰權相之鋒哉？誠念世受國恩，不忍見祖宗天下壞於賊嵩之手也。”

疏至，通政司趙文華密以示嵩，留數日始上，由是嵩得預爲地。遂以誣詆大臣，謫平陽縣丞。方宗茂上疏，自謂必死。及得貶，恬然出都。到官半歲，以母憂歸。嵩無以釋憾，奪其父橋官，橋竟憤悒卒。嵩罷相之日，宗茂亦卒。隆慶初，贈光禄少卿。

周弘祖

周弘祖，麻城人。嘉靖三十八年進士，除吉安推官。徵授御史，出督屯田、馬政。隆慶改元，司禮中貴及藩邸近侍廕錦衣指揮以下至二十餘人。弘祖馳疏請止賚金幣，或停世襲，且言：“高皇帝定制，宦侍止給奔走掃除，不關政事。孝宗召對大臣，宦侍必退去百餘武，非惟不使之預，亦且不使之聞。願陛下勿與謀議，假以嚬笑，則彼無亂政之階，而聖德媲太祖、孝宗矣。臣又聞先帝初載，欲廕太監張欽義子錦衣，兵部尚書彭澤執奏再四。今趙炳然居澤位，不能效澤忠，無所逃罪。”報聞。已請汰内府監局、錦衣衛、光禄寺、文思院冗員，復嘉靖初年之舊。又請仿行古社倉制。詔皆從之。

明年春，言：“近四方地震，土裂成渠，旂竿數火，天鼓再鳴，隕星旋風，天雨黑豆，此皆陰盛之徵也。陛下嗣位二年，未嘗接見大臣，咨訪治道。邊患孔棘，備禦無方。事涉内庭，輒見撓沮，如閲馬、核庫，詔出復停。皇莊則親收子粒，大和則榷取香錢，織造之使累遣，糾劾之疏留中。内臣爵賞謝辭，温旨遠出六卿上，尤祖宗朝所絶無者。”疏入，不報。其冬詔市珍玩，魏時亮等争，不聽。弘祖復切諫。尋遷福建提學副使。大學士高拱掌吏部，考察言官，惡弘祖及岑用賓等，謫弘祖安順判官。未幾，拱罷，量移廣平推官。萬曆中，屢遷南京光禄卿。坐朱衣謁陵免。

艾　穆

艾穆，字和父，平江人。以鄉舉署阜城教諭，鄰郡諸生趙南星、喬璧星皆就學焉。入爲國子助教。張居正知穆名，欲用爲誥敕房中書舍人，不應。萬曆初，擢刑部主事。進員外郎，録囚陜西。時居正法嚴，決囚不如額者罪。穆與御史議，止決二人。御史懼不稱，穆曰：“我終不以人命博官也。”還朝，居正盛氣譙讓。穆曰：“主上沖年，小臣體好生德，佐公平允之治，有罪甘之。”揖而退。及居正遭喪奪情，穆私居歎息，遂與主事沈思孝抗疏諫曰：

“自居正奪情，妖星突見，光逼中天。言官曾士楚、陳三謨甘犯清議，率先請留，人心頓死，舉國如狂。今星變未銷，火災繼起。臣敢自愛其死，不灑血一爲陛下言之。陛下之留居正也，動曰爲社稷故。夫社稷所重，莫如綱常。而元輔大臣者，綱常之表也。綱常不顧，何社稷之能安？且事偶一爲之者，例也，而萬世不易者，先王之制也。今棄先王之制，而從近代之例，如之何其可也！居正今以例留，腆顔就例矣。異時國家有大慶賀、大祭祀，爲元輔者，欲避則害君臣之義，欲出則傷父子之情。臣不知陛下何以處居正，居正又何以自處也！徐庶以母故辭於昭烈曰：‘臣方寸亂矣。’居正獨非人子而方寸不亂耶？位極人臣，反不修匹夫常節，何以對天下後世？臣聞古聖帝明王勸人以孝矣，未聞從而奪之也。爲人臣者，移孝以事君矣，未聞爲所奪也。以禮義廉恥風天下猶恐不足，顧乃奪之，使天下爲人子者，皆忘三年之愛於其父，常紀墜矣。異時即欲以法度整齊之，何可得耶！陛下誠眷居正，當愛之以德，使奔喪終制，以全大節。則綱常植而朝廷正，朝廷正而百官萬民莫不一於正，災變無不可弭矣。”

時吴中行、趙用賢請令居正奔喪，葬畢還朝，而穆、思孝直請令終制，故居正尤怒。中行、用賢杖六十，穆、思孝皆八十加梏拲，置之詔獄。越三日，以門扉舁出城，穆遣戍凉州。刑重不省人事，既而復甦，遂詣戍所。穆，居正鄉人也。居正語人曰：“昔嚴分宜時未有同鄉攻擊者，我不得比分宜矣。”九年，大計，復寘穆、思孝察籍。

及居正死，言官交薦，起户部員外郎。遷四川僉事，屢遷太僕少卿。

十九年秋，擢右僉都御史，巡撫四川。故崇陽知縣周應中、賓州知州葉春及行義過人，穆舉以自代，不報。既之官，有告播州宣慰使楊應龍叛者，貴州巡撫葉夢熊請征之。蜀人多言應龍强，未易輕舉，穆亦不欲加兵，與夢熊異。朝命兩撫臣會勘，應龍不願赴貴州，乃逮至重慶，對簿論斬，輸贖，放之還。穆病歸，未幾卒。後應龍復叛，議者追咎穆，奪穆職。

彭遵古

彭遵古，麻城人。萬曆中，南畿督學御史德清人房寰，連疏詆都御史海瑞。遵古偕同年生顧允成、諸壽賢抗疏劾之。略言："寰妬賢醜正，不復知人閒羞恥事。臣等自幼讀書，即知慕瑞，以爲當代偉人。寰大事貪汚，聞瑞之風，宜愧且死，反敢造言逞誣，臣等所爲痛心。"因劾其欺罔七罪。始寰疏出，朝野多切齒。而政府庇之，但擬旨譙讓。及得遵古等疏，謂寰已切讓，不當出位妄奏，奪三人冠帶，還家省愆，令九卿約束辦事進士，毋妄言時政。遵古後起用，終光禄少卿。

孟養浩

孟養浩，字義甫，湖廣咸寧人。萬曆十一年進士。授行人。擢户科給事中，遷左給事中。帝嚴譴李獻可，養浩疏諫曰："人臣即至狂悖，未有敢於侮君者，陛下豈真以其侮而罪之耶？獻可甫躋禮垣，驟議鉅典。一字之誤，本屬無心，乃遽蒙顯斥。臣愚以爲有五不可。元子天下本，豫教之請，實爲宗社計。陛下不惟不聽，且從而罰之，是坐忍元子失學，而敝帚宗社也。不可者一。長幼定序，明旨森嚴，天下臣民既曉然諒陛下之無他矣。然豫教、册立，本非兩事。今日既遲回於豫教，安知來歲不游移於册立？是重啟天下之疑。不可者二。父子之恩，根於天性，豫教之請，有益元子明甚。而陛下罪之，非所以示慈愛。不可者三。古者引裾折檻之事，中主能容之。陛下量侔天地，奈何言及宗社大計，反震怒而摧折之？天下萬世謂陛下何如主？不可者四。獻可等所論，非二三言官之私言，實天下臣民之公言也。今加罪獻可，是所罪者一人，而實失天下人之心。不可者五。祈陛下收還成命，亟行豫教。"

帝大怒，言册立已諭於明年舉行，養浩疑君惑衆，殊可痛惡。令錦衣衛杖之百，削籍爲民，永不敘用。中外交薦，悉報寢。

光宗立，起太常少卿。半歲中遷至南京刑部右侍郎。未之官，卒。

樊玉衡

樊玉衡，字以齊，黄岡人。萬曆十一年進士。由廣信推官徵授御史。京察，謫無爲判官。稍遷全椒知縣。二十六年四月，玉衡以册立久稽，上言："陛下愛貴妃，當圖所以善處之。今天下無不以册立之稽歸過貴妃者，而陛下又故依違以成其過，陛下將何以託貴妃於天下哉？由元子而觀則不慈，由貴妃而觀則不智，無一可者。願早定大計，册立、冠婚諸典次第舉行，使天下以元子之安爲貴妃功，豈不並受其福，享令名無窮哉！"疏奏，帝及貴妃怒甚。旨一日三四擬，禍且不測。大學士趙志臯等力救，言自帝即位未嘗殺諫臣。帝乃焚其疏，忍而不發。再踰月，以《憂危竑議》連及，遂永戍雷州。長子鼎遇伏闕請代者再，不許。光宗立，起南京刑部主事，以老辭。疏陳親賢、遠姦十事，優詔答之。尋命以太常少卿致仕，卒於家。

子維城，舉萬曆四十七年進士。除海鹽知縣，遷禮部主事。天啟七年，坐事謫上林苑典薄[①]。莊烈帝即位，魏忠賢未誅，抗疏言："高皇帝定律，人臣非有大功，朦朧奏請封爵者，所司及封受之人俱斬。今魏良卿、良棟、鵬翼，白丁乳臭兒，並叨封爵，皆當按律誅。忠賢所積財，半盜内帑，籍還太府，可裕九邊數歲之餉。"因請褒恤楊漣、萬璟等一十四人，召還賀逢聖、文震孟、孫必顯等三十二人，亟正張體乾、許顯純、楊寰等罪。其月，又言："崔呈秀雖死，宜剖棺戮屍。'五虎''五彪'之徒，乃或賜馳驛，或僅令還鄉，何以服人心，昭國

① 薄，據《明史》卷二三三《樊玉衡傳》當作"簿"。

典！”末斥吏科陳爾翼請緝東林遺孽之非，乞釋御史方震孺罪。帝並採納之。

崇禎元年，遷户部主事，進員外郎。歷泉州知府、福建副使。八年，以大計罷歸。十六年，黄州城南門哭五日夜。衆知禍必至，傾城走，婦女多不及行。三月二十四日，張獻忠破黄岡，知縣孫自一、縣丞吴文燮死之。賊欲屈維城，抗聲大罵，刃洞胸而死。賊遂驅婦女墮城，稍緩，輒斷其腕，血淋漓土石間。三日而城平，復殺之以實塹焉。自一，光山人。

李　沂

李沂，字景魯，嘉魚人。萬曆十四年進士，改庶吉士。十六年冬，授吏科給事中。中官張鯨掌東廠，横肆無憚。御史何出光劾鯨死罪八，並及其黨錦衣都督劉守有、序班邢尚智。尚智論死，守有除名，鯨被切讓，而任職如故。御史馬象乾復劾鯨詆執政甚力，帝下象乾詔獄。大學士申時行等力救，且封還御批，不報。許國、王錫爵復各申救，乃寢前命，而鯨竟不罪。外議謂鯨以金寶獻帝獲免。

沂拜官甫一月，上疏曰："陛下往年罪馮保，近日逐宋坤，鯨惡百保而萬坤，奈何獨濡忍不去？若謂其侍奉多年，則壞法亦多年；謂痛加省改，猶足供事，則未聞可馴虎狼使守門户也。流傳鯨廣獻金寶，多方請乞，陛下猶豫未忍斷決。中外臣民初未肯信，以爲陛下富有四海，豈愛金寶；威如雷霆，豈徇請乞。及見明旨許鯨策勵供事，外議藉藉，遂謂爲真。虧損聖德，夫豈淺尠！且鯨奸謀既遂，而國家之禍將從此始，臣所大懼也。"

是日，給事中唐堯欽亦具疏諫。帝獨手沂疏，震怒，謂沂欲爲馮保、張居正報讐，立下詔獄嚴鞫。時行等乞宥，不從。讞上，詔廷杖六十，斥爲民。御批至閣，時行等欲留御批，中使不可，持去。帝特遣司禮張誠出監杖。時行等上疏，俱詣會極門候進止。帝言："沂置貪吏不言，而獨謂朕貪，謗誣君父，罪不可宥。"竟杖之。太常卿李尚智、給事中薛三才等抗章論救，俱不報。國、錫爵以言不見用，引罪乞歸。錫爵言："廷杖非正刑，祖宗雖閒一行之，亦未有詔獄、廷杖並加於一人者。故事，惟盗賊大逆則有打問之旨，今豈可加之言官。"帝優詔慰留錫爵，卒不聽其言。

初，馮保獲罪，實鯨爲之，故帝云然。或謂鯨罪不至如保，張誠掌司禮，素德保，授意言者發之，事秘莫能明也。其時，周弘禴、潘士藻皆以忤鯨得罪，而沂禍爲烈。家居十八年，未召而卒。光宗嗣位，贈光禄少卿。士藻，婺源人。

周弘禴

周弘禴，字元孚，麻城人。倜儻負奇，好射獵。舉萬曆二年進士，授户部主事。降無爲州同知，遷順天通判。

十三年春，上疏指斥朝貴，言："兵部尚書張學顔被論屢矣。陛下以學顔故，逐一給事中、三御史，此人心所共憤也。學顔結張鯨爲兄弟，言官指論學顔而不敢及鯨，畏其勢耳。若李植之論馮保，似乎忠讜矣，實張宏門客樂新聲爲謀主。其巡按順天，納娼爲小妻，猖狂干紀，則恃宏爲内援也。鯨、宏既竊陛下權，而植又竊司禮勢，此公論所不容。祖訓，大小官許至御前言事。今吏科都給事中齊世臣乃請禁部曹建言。曩居正竊權，臺省群頌功德，而首發其奸者，顧在艾穆、沈思孝，部曹言事果何負於國哉？居正惡員外郎管志道之建白也，御史龔懋賢因誣以老疾；惡主事趙世卿之條奏也，尚書王國光遂錮以王官。論者切齒，爲其附權奸而棄直言，長壅蔽之禍也。今學顔、植交附鯨、宏，鯨敢竊柄，世臣豈不聞？己不敢言，奈何反欲人不言乎？前此長吏垣者周邦傑、秦燿。當居正時，燿則甘心獵犬，邦傑則比迹寒蟬。今燿官太常，邦傑官太僕矣，諫職無補，坐陟京卿，尚謂臺省足恃乎？而乃禁諸臣言事也。夫逐一人之言者，其罪小；禁諸臣之言者，其罪大。往者，嚴嵩及居正猶不敢明立此禁，何世臣無忌憚一至此哉！乞放學顔、植歸里，出燿、世傑於外，屏張鯨使閒居，而奪世臣諫職，嚴勅司禮張誠等止掌内府禮儀，毋干政事，天下幸甚。”帝怒，謫代州判官，再遷南京兵部主事。

十七年，帝始倦勤，章奏多留中不下。弘禴疏諫，且請早建皇儲，不報。尋召爲尚寶丞。明年冬，命監察御史閱視寧夏邊務。巡撫僉都御史梁問孟、巡茶御史鍾化民，取官帑銀交際，弘禴疏發之。詔褫問孟職，調化民於外。河東有秦、漢二壩，弘禴請以石爲之，濬渠北達鴛鴦諸湖，大興水利。還朝，以將材薦哱承恩、土文秀、哱雲。明年，承恩等反，坐謫澄海典史。投劾歸，卒於家。天啟初，以嘗請建儲，贈太僕少卿。時南京御史茶陵譚希思疏論中官、外戚，宜循舊制，内閣設絲綸簿，宫門置鐵牌。帝怒見謫，亦能言者也。

何宗彦

何宗彦，字君美。其先由金谿客隨州，遂家焉。宗彦舉萬曆二十三年進士，累官詹事。四十二年遷禮部右侍郎，署部事。福王之國河南，請求無已。宗彦上疏言可慮者有六，帝不聽。又屢疏請東宫講學，皇孫就傅，及瑞、惠、桂三王婚禮。太子生母王貴妃薨，不置守墳内官，又不置墳户贍地，宗彦力争之。梃擊事起，宗彦因言：“天下疑陛下薄太子久。太子處積輕之勢，致慈慶宫門止守以耄年二内侍，中門則寂無一人。乞亟下張差廷訊，凡青宫諸典禮，悉允臣部施行，宗社幸甚。”不報。尋轉左侍郎，署部如故。

四十四年冬，隆德殿災，宗彦請通下情，修廢政，補曠官。明年，皇長孫年十三，未就傅，宗彦再疏力言。自是頻歲懇請，帝終不納。四十六年六月，京師地震。上修省三事。時帝不視朝已三十年，朝政積弛，庶官盡曠。明年秋，遼事益棘。宗彦率僚屬上言："自三路喪師，開原、鐵嶺相繼没，瀋陽孤危。請陛下臨朝，與臣等面籌兵食大計。"帝亦不報。

宗彦清修有執。攝尚書事六年，遇事侃侃敷奏，時望甚隆。其年十二月，會推閣臣，廷臣多首宗彦，獨吏科給事中張延登不署名，遂不獲與。宗彦旋乞假去。御史薛敷政、蕭毅中、左光斗、李徵儀、倪應春、彭際遇、張新詔等交章惜之，而延登同官亓詩教、薛鳳翔又屢疏糾駁。其時齊黨勢盛，非同類率排去之。宗彦無所附麗，故終不安其位。

明年，神宗崩，光宗立，即家拜禮部尚書兼東閣大學士。天啟元年夏還朝，屢加少師兼太子太師、吏部尚書、建極殿大學士。四年正月卒官，贈太傅，謚文毅。

滿朝薦

滿朝薦，字震東，麻陽人。萬曆三十二年進士。授咸寧知縣，有廉能聲。税監梁永縱其下劫諸生橐，朝薦捕治之。永怒，劾其擅刑税役，詔鐫一官。大學士沈鯉等論救，不聽。會巡撫顧其志極論永貪殘狀，乃復朝薦官，奪俸一歲。無何，永遣人蠱巡按御史余懋衡。事覺，朝薦捕獲其人。永懼，率衆擐甲入縣庭。吏卒早爲備，無所掠而去。城中數夜驚，言永反。或謂永宜自明，永遂下教，自白不反狀，然蓄甲者數百。而朝薦助懋衡操之急，諸惡黨多亡去。朝薦追之渭南，頗有所格傷。永懼，使使繫書髮中，入都訟朝薦劫上供物，殺數人，投屍河中。帝震怒，立遣使逮治，時三十五年七月也。既至，下詔獄搒掠，遂長繫。中外論救，自大學士朱賡以下百十疏。最後，四十一年秋，萬壽節將屆，用大學士葉向高請，乃與王邦才、卞孔時竝釋歸。

光宗立，起南京刑部郎中，再遷尚寶卿。天啟二年，遼東地盡失，海内多故，而廷臣方植黨逞浮議。朝薦深慮之，疏陳時事十可憂、七可怪，語極危切。尋進太僕少卿，復上疏曰：

“比者風霾曀晦，星月晝見，太白經天，四月雹，六月冰，山東地震，畿内霪潦，天地之變極矣。四川則奢崇明叛，貴川[①]則安邦彦叛，山東則徐鴻儒亂，民人之變極矣。而朝廷政令乃顛倒日甚。

“一乞骸耳，周嘉謨、劉一燝，顧命之元老，以中讒去；孫慎行，守禮之宗伯，以封典去；王紀，執法如山之司寇，以平反去。皆漠不顧惜。獨惓惓於三十疏劾之沈潅，即去而猶加異數焉。祖宗朝有是顛倒乎？一建言耳，倪思輝、朱欽相等之削籍，已重箝口之嗟；周朝瑞、惠世揚等之拂衣，又中一網之計。祖宗朝有是顛倒乎？一邊餫耳，西部索百萬之貲，邊臣猶慮其未飽；健兒乞錙銖之餉，度支尚謂其過奢。祖宗朝有是顛倒乎？一棄城耳，多年議確之犯或以庇厚而緩求，旬日矜疑之輩反以妬深而苛督。祖宗朝有是顛倒乎？一緝奸耳，正罪自有常律，平反原無濫條。遼陽之禍，起於袁應泰之大納降人，降人盡占居民婦女，故遼民發憤，招敵攻城。事發倉卒，未聞有何人獻送之説也。廣寧之變，起於王化貞之誤信西部，取餉金以啖插而不給卒伍，以故人心離散。敵兵過河，又不聞西部策應，遂至手足無措，抱頭鼠竄。亦事發倉卒，未聞有何人獻送之説也。深求奸細，不過爲化貞卸罪地耳。王紀不欲殺人媚人，反致削籍。祖宗朝有是顛倒乎？

“若夫閣臣之職，在主持清議。今章疏有妬才壞政者，非惟不納也，輕則見讓，重則遞加黜罰矣。尤有恨者，沈潅賄盧受得進，及受敗，又交通跋扈之奄以樹威。振、瑾僨裂之禍，皆潅作俑，而放流不加。他若戚畹，豈不當檢，何至以閹寺之讒，斃其三僕？二宫分有常尊，何至以傾國之昵，僭逼母儀。此皆顛倒之甚者也。顧成於陛下者什之一二，成於當事大臣者十之八九。臣誠不忍見神州陸沉，祈陛下終覽臣疏，與閣部大臣更絃易轍，悉軌祖宗舊章，臣即從逢、干於地下，猶

① 川，據《明史》卷二四六《滿朝薦傳》當作“州”。

生之年。”

既奏，魏忠賢激帝怒，降旨切責，褫職爲民。大學士向高申救甚力，帝不納。已，忠賢黨撰《東林同志録》，朝薦與焉，竟不復用。崇禎二年薦起故官，未上卒。

毛羽健

毛羽健，字芝田，公安人。天啟二年進士。崇禎元年，由知縣徵授御史。好言事，首劾楊維垣八大罪及阮大鋮反覆變幻狀，二人遂被斥。王師討安邦彦久無功。羽健言：“賊巢在大方，黔其前門，蜀遵、永其後户。由黔進兵，必渡陸廣奇險，七晝夜抵大方，一夫當關，千人自廢，王三善、蔡復一所以屢敗也。遵義距大方三日程，而畢節止百餘里平衍，從此進兵，何患不克？”因畫上足兵措餉方略，並薦舊總督朱燮元、閔夢得等。帝即議行，後果平賊。已，陳驛遞之害：“兵部勘合有發出，無繳入。士紳遞相假，一紙洗補數四。差役之威如虎，小民之命如絲。”帝即飭所司嚴加釐革，積困爲蘇。

當是之時，閹黨既敗，東林大盛。而朝端王永光陰陽閃爍，温體仁猾賊，周延儒回佞。言路新進標直之徒，尤競抨擊以爲名高。體仁之訐錢謙益也，以科場舊事，延儒助之惡，且目攻己者爲結黨欺君，帝怒而爲之罷會推矣。御史黄宗昌疏糾體仁熱中枚卜，欲以“結黨”二字破前此公論之不予，且箝後來言路之多口。羽健亦憤朋黨之説，曰：“彼附逆諸奸既不可用，勢不得不用諸奸擯斥之人。如以今之連袂登進者爲相黨而來，抑將以昔之鱗次削奪者爲相黨而去乎！陛下不識在朝諸臣與奸黨諸臣之孰正孰邪，不觀天啟七年前與崇禎元年後之天下乎，孰危孰安？今日語太平則不足，語剔弊則有餘，諸臣亦何負國家哉？一夫高張，輒疑舉朝皆黨，則株連蔓引，不且一網盡哉？”帝責羽健疑揣，而以前條陳驛遞原之。

太常少卿謝陞求巡撫於永光，永光長吏部，陞當推薊鎮，畏而引病以避，後推太僕則不病。羽健劾陞、永光朋比，宜竝罪。永光召對文華殿，力詆羽健，請究主使之者。大學士韓爌曰："究言官，非體也。"帝不從，已而宥之。一日，帝御文華殿，獨召延儒語良久，事秘，舉朝疑駭。羽健曰："召見不以盈廷而以獨侍，清問不以朝參而以燕閒；更漏已沉，閣門猶啟。漢臣有言：'所言公，公言之；所言私，王者不受私。'"疏入，切責。羽健既積忤權要，其黨日思事去之。及袁崇焕下獄，主事陸澄源以羽健嘗疏譽崇焕，劾之，落職歸。卒。

吴裕中

吴裕中，字磊石，江夏人。少孤貧，發憤自勵。萬曆三十五年進士，授順德令。邑多陋規，裕中一切罷絶。首行保甲法，擒巨盜十三人。攝新會令，盗聞其在順德時廉能聲，相戒勿犯。政最行，取御史。時魏忠賢方羅織忠讜，次輔丁紹軾與比，裕中將劾之，夜肅衣冠，昭告二祖列宗，伸紙具疏，風旋滅燭者三。裕中叱之曰："何物鬼伯，輒肆狂侮？"舉燭，脱草，奏上。削裕中職，廷杖百。方命下，裕中飲某所，緹騎至，四坐失色。裕中從容曰："昨具小疏，此來必爲某也。"至午門拜杖，血濺如注，肉糜，骨節碎折，猶頌天子聖明不絶。稍甦，語所知曰："杖亦君恩，惟疏才達其一，諸君當爲我續繕後三疏，次第封奏，可告無罪於先皇。"又曰："母氏遠隔，豈知今夕兒爲國死。"未幾氣絶，年僅四十一。諜者報紹軾，方手茗碗，忽墮地碎，伛身連呼曰："無預我事。"左右驚問，曰："適見吴御史來。"越日，暴卒。裕中母微聞其事，曰："兒其以諫死乎？兒爲范滂，吾爲滂母矣。"崇禎初，追贈太僕寺卿，蔭子，謚忠烈，祀鄉賢。

顯鶴案：明自太祖廣開言路，中外臣僚建言，不拘所職。朝陳封事，夕達帝閽，懸鞀設鐸，惟恐後時，故其時以諫諍受戮者多，而蒙顯擢者亦不少。中葉以後，權相奸璫相繼柄政，言者踵至，斥逐罪死，甘之若飴。王宗茂但以謫去，蓋猶幸也，艾穆以楚人論江陵奪情，致罹慘酷。然平心而論，江陵當國不爲無功，諸人論之，不無過當。《明史》贊云："惟善人能受盡言。"亮哉！滿朝薦諸賢，侃侃諤諤，可謂披鱗犯顔，蹇蹇匪躬者矣。吴裕中，史未立傳，嘗考其本末，丁紹軾險陂孅人，以銜廷弼之故遷怒裕中，言於忠賢而杖殺之。廷弼之死，軾謀居多。天奪其魄，柄用未幾而卒。或以爲伯有爲厲，殆亦快心之論，故編次其事，增輯《諫諍》，以愧夫世之自命寒蟬，甘爲立仗馬者。

又案：趙吉士《寄園寄所寄》：熊廷弼之死，成於丁紹軾。一日，紹軾於長安道上，白日見廷弼，歸而腦裂死。

楚寶文苑論次目録

楚自鬻熊發忠敬和嚴之旨，而後世始有子書；倚相讀墳典丘索之書，而歷代始尊史學。若夫《離騷》振南國之風，屈平詞賦争光日月；《太極》抉先天之秘，濂溪理學上接羲文。靡不自我作祖，以待來兹。猗與盛哉！天下文章，莫大于楚，豈復有憾焉者乎？然予不能無深慨者，漢唐迄今，江漢英靈，鮮有貴仕，故史家逸其行事，野乘因而失載。其一二傳聞者，又復流離鄉土，生卒難稽，豈熊子遲暮之氣，湘纍忠憤之感，楚才晉用，有以開其先乎？抑洞庭浩汗，沐日浴月，九疑二嶽，負嶺分天，使造物洩而無餘，鬼神忌而不惜乎？不然《靈光》一賦，妖夢何憑？江夏無雙，鼎鉉何恡？侍中開府，何仕非君？何葱市之能辱，何干將之虞折，何黄陵詠而殂澧，何鹿門去而入越？是皆《天問》所不能窮，而草木金石有同悲也。

嗟乎！後之君子，慎毋沾沾文人自命，先行其言，庶幾免夫。兹集雖統《文苑》，專採騷流，故翰藻久著者，録其本傳，姓字稍僻者，閒附遺篇，以至書畫詩僧亦皆收入，使夫杜若江蘺與楩楠齊秀，羽毛齒革共珠璧争輝，是亦詞林之雅致，文囿之殊觀也。其他曰史、曰子、曰儒、曰辭命、曰典故，雖同經國，大異門庭，各以其類，區而别之。著作之隆，斯焉備矣。述《文苑》第七，凡四卷。

文苑三

岑參　綦毋潛　薛據　張子容　張繼　衛象　鮑防　朱放　戎昱　柳識　董挺　許渾　李群玉　崔道融　曹松　劉棗彊　劉蛻　王璘　皮日休　胡曾　廖融　廖凝　懷素　齊己

文苑四

朱昂　夏侯嘉正　張景　張君房　魏泰　米芾　狄遵度　鄧忠臣　廖正一　潘大臨　林敏功　高荷　米友仁　易元吉　王質　馮子振　王廷陳　孫宜　吴國倫　袁宏道　袁中道　鍾惺　譚元春

增輯

唐勒　谷儉　柳惔　柳惲　陰鏗　覃季子　周魯儒　徐仲雅　李宏皋　李宏節　戴偃　何仲舉　劉昭禹　歐陽彬　鄧洵美　侯彭老　柳拱辰　蘇堅　廖偁　易祓　樂雷發　丁易東　陳仁子　李祁　胡天游　李維楨　瞿九思　郝敬　顔木　廖道南　孫穀　郭都賢　陶汝鼐　杜濬　黄周星　郭金臺　潘應斗　鄧祥麟　王夫之　車以遵

楚寶卷第十五

明湘潭周聖楷伯孔輯纂

文　　苑

屈　　原

屈原者，名平，楚之同姓也。爲楚懷王左徒，博聞彊志，明于治亂，嫺于辭令。入則與王圖議國事，以出號令；出則接遇賓客，應對諸侯。王甚任之。上官大夫與之同列，爭寵而心害其能。懷王使屈原造爲憲令，屈平屬草藁未定。上官大夫見而欲奪之，屈平不與，因讒之曰："王使屈平爲令，衆莫不知。每一令出，平伐其功，曰以爲非我莫能爲也。"王怒而疏屈平。

屈平疾王聽之不聰也，讒諂之蔽明也，邪曲之害公也，方正之不容也，故憂愁幽思而作《離騷》。離騷者，猶離憂也。夫天者，人之始也；父母者，人之本也。人窮則反本，故勞苦倦極，未嘗不呼天也；疾痛慘怛，未嘗不呼父母也。屈平正道直行，竭忠盡知以事其君，讒人閒之，可謂窮矣。信而見疑，忠而被謗，能無怨乎？屈平之作《離騷》，蓋自怨生也。《國風》好色而不淫，《小雅》怨誹而不亂。若《離騷》者，可謂兼之矣。上稱帝嚳，下道齊桓，中述湯、武，以刺世事。明道德之廣崇，治亂之條貫，靡不畢見。其文約，其辭微，其志潔，其行廉，其稱文小而其指極大，舉類邇而見義遠。其志潔，故其稱物芳。其行廉，故死而不容。自疎濯淖汚泥之中，蟬蜕于濁穢，以浮游塵埃之外，不獲世之滋垢，皭然泥而不滓者也。推此志也，雖與日月争光可也。

屈平既絀，其後秦欲伐齊，齊與楚從親，惠王患之，乃令張儀詐去秦，厚幣委質事楚，曰："秦甚憎齊，齊與楚從親，楚誠能絶齊，秦願獻商於之地六百里。"楚懷王貪而信張儀，遂絶齊，使使如秦受地。張儀詐之曰："儀與王約六里，不聞六百里。"楚使怒去，歸告懷王，懷王怒，大興師伐秦。秦發兵擊之，大破楚師于丹、淅，斬首八萬，虜楚將屈匄，音蓋。遂取楚之漢中地。懷王乃悉發國中兵以深入擊秦，戰于藍田。魏聞之，襲楚至鄧，楚兵懼，自秦歸。而齊竟怒不救楚，楚大困。

明年，秦割漢中地與楚以和，楚王曰："不願得地，願得張儀而甘心焉！"張儀聞，乃曰："以一儀而當漢中地，臣請往如楚。"如楚，又因厚幣用事者臣靳尚，即上官大夫。而設詭辨于懷王之寵姬鄭袖。懷王竟聽鄭袖，復釋去張儀。是時屈平既疏，不復在位，使于齊。顧反，諫懷王曰："何不殺張儀？"懷王悔，追張儀不及。其後諸侯共擊楚，大破之，殺其將唐昧。時秦昭王與楚婚，欲與懷王會，懷王欲行，屈平曰："秦，虎狼之國，不可信。不如無行。"懷王穉子子蘭勸王行："奈何絶秦歡？"懷王卒行。入武關，秦伏兵絶其後，因留懷王，以求割地。懷王怒，不聽。亡走趙，趙不納。復之秦，竟死于秦而歸葬。長子頃音傾。襄王立，以其弟子蘭爲令尹。楚人既咎子蘭以勸懷王入秦而不反也。

屈平既嫉之，雖放流，睠顧楚國，繫心懷王，不忘欲反，冀幸君之一悟，俗之一改也。其存君興國而欲反覆之，一篇之中三致意焉。然終無可奈何，故不可以反，卒以此見懷王之終不悟也。人君無愚知賢不肖，莫不欲求忠以自爲，舉賢以自佐，然亡國破家相隨屬，而聖君治國累世而不見者，其所謂忠者不忠，而所謂賢者不賢也。懷王以不知忠臣之分，故内惑于鄭袖，外欺于張儀，疏屈平而信上官大夫、令尹子蘭，兵挫地削，亡其六郡，身客死于秦，爲天下笑。此不知人之禍也。《易》曰："井泄不食，爲我心惻，可以汲。王明，並受其福。"王之不明，豈足福哉？令尹子蘭聞之大怒，卒使上官大夫短屈原於頃襄王，頃襄王怒而遷之。

屈原至于江濱，被髪行吟澤畔，顏色憔悴，形容枯槁。漁父見而問之曰："子非三閭大夫歟？何故而至此？"屈原曰："舉世混濁而我獨清，衆人皆醉而我獨醒，是以見放。"漁父曰："夫聖人者，不凝滯于物，而能與世推移。舉世混濁，何不隨其流而揚其波？衆人皆醉，何不餔其糟而啜其醨？何故懷瑾握瑜而自令見放爲？"屈原曰："吾聞之，新沐者必彈冠，新浴者必振衣。人又誰能以身之察察，受物之汶汶者乎！寧赴常流而葬乎江魚腹中耳，又安能以皓皓之白而蒙世之温蠖乎！"乃作《懷沙》之賦。其詞見《九章》。於是懷石，遂自投汨羅以死。

屈原既死之後，楚有宋玉、唐勒、景差之徒者，皆好辭而以賦見稱。然皆祖屈原之從容辭令，終莫敢直諫。其後楚日以削，數十年竟爲秦所滅。自屈原沉汨羅後，百有餘年，漢有賈生，爲長沙王太傅，過湘水，投書以弔屈原。

太史公曰：余讀《離騷》《天問》《招魂》《哀郢》，悲其志。適長沙，觀屈原所自沈淵，未嘗不垂涕，想見其爲人。及見賈生弔之，又怪屈原以彼其材游諸侯，何國不容，而自令若是！讀《服[①]鳥賦》，同死生，輕去就，又爽然自失矣。

聖楷曰：屈原作《離騷》，爲詞賦之祖，何取乎離騷也？離，明也；騷，擾也。何取乎明而擾也？離爲火，火在天則明，風則擾矣。屈子之于君，同姓也，患自内生，風自火出，有《家人》之象焉。故曰："帝高陽之苗裔兮，朕皇考曰伯庸。"且屈子自念楚材也，木入離火而致烹飪，又有《鼎》之象焉。奈何衆口鑠金，雉膏不食，故曰："朝飲木蘭之墜露兮，夕餐秋菊之落英。"然而屈子戴君如戴天也，天在上而火炎上，將安逃乎？庶幾同人于郊，以待

① 服，當爲"鵩"。

君心之悔悟。故曰："步余馬于蘭皋兮，馳椒丘且焉止息。"而屈子之心，於是乎苦矣。求爲地上之火不可得，晉如愁如，其卜居乎？求爲山下之火不可得，我心不快，其行吟澤畔乎？求爲地中之火亦不可得，三日不食，其赴汨羅乎？嗟乎！汨羅有屈子，澤中有火，天地革矣。革則變，變則通，大人何以不虎，君子何以不豹？文明以悦，其終食報于楚乎？故《思美人》曰："開春發歲兮，白日出之悠悠。吾將蕩志而愉樂兮，遵江夏以忘憂。"司馬遷謂其志可與日月争光，以此見離火文明之象，忠君愛國之誠，惟《離騷》爲能兼之，爲其通身是《易》與聖人同其憂患，而非僅以文士自命，哀怨自許也。千餘年來，讀《騷》人尚未窺測到此，特爲拈出。

汨羅考

《水經注》曰：汨水西逕羅縣北，本羅子國也。故在襄陽宜城縣西，楚文王移之于此，秦長沙立郡，因以爲縣，謂之羅水。汨水又西逕玉笥山，《湘中記》云：屈潭之左有玉笥山，此福地也。一曰地腳山。汨水又西爲屈潭，即羅淵也。屈原懷沙自沈于此，故淵潭以屈爲名。昔賈誼、史遷皆嘗逕此，弭檝江波，投弔于淵。淵北有屈原廟，廟前有碑。又甄烈《湘中記》曰：屈潭之左玉笥山，屈平之放，棲于此山而作《九歌》焉。

聖楷按：今湘陰縣，即古羅子國地。汨羅本一水，流逕玉笥山，下匯爲淵潭，而以汨羅江名者，亦猶湘江之統稱矣。其地在湘陰縣北七十里，《異苑》曰：長沙羅縣有屈原自投之川，山水明净，異于常處。民爲立祠，在汨潭之西，岸側盤石，馬跡尚存。相傳云：原投川之日，乘白驥而來。

屈原田宅考

按：秭歸縣，即今歸州。《水經注》：秭歸縣東北數十里有屈原舊田宅，雖畦堰縻漫，猶保屈田之稱也。縣北一百六十里有屈原故宅，累石爲屋基，名其地曰“樂平里”，宅之東北六十里有女嬃廟，擣衣石猶存。女嬃，屈原姊也。又《楚勝蹟志》：歸州三閭鄉有玉米田，相傳屈原耕此，産白米似玉。三閭鄉一名歸鄉。袁崧云：“抑其山秀水清，故出儁異，地嶮流疾，故其性亦隘。”今以其地考之，信然。

競渡考

《隋·地理志》曰：屈原以五月望日赴汨羅，土人追至洞庭不見，湖大船小，莫得濟者，乃歌曰：“何由得渡湖？”因爾鼓櫂争歸，競會亭上。習以相傳，爲競渡之戲。其迅檝齊馳，櫂歌亂響，喧振水陸，觀者如雲，諸郡率然，而南郡、襄陽尤甚。按：他書記皆以屈原五月五日投汨羅，此云望日，亦異聞也。又《續齊諧記》曰：屈原五月五日投汨羅而死，楚人哀之，每于此日，以竹筒貯米，投水祭之。漢建武中，長沙區回白日忽見一人，自云三閭大夫，謂回曰：“聞君當見祭，甚善。但常年所遺，並爲蛟龍所竊。今若有惠，可以楝樹葉塞上，以五色絲轉縛之，此二物蛟龍所憚。”回依其言。今五月五日作粽，並帶五色絲及楝葉，皆汨羅之遺風。

宋　玉

宋玉，南郡宜城人，屈原弟子也。儁才辯給，善屬文而識音。閔惜其師忠而放逐，作《九辯》，以述其志。又恐其愁懣山澤，魂魄放佚，厥命將落，作《招魂》，欲以復其精神，延其年壽。外陳四方之惡，内崇楚國之美，以諷諫懷王，冀其覺悟而還之也。後因其友以見于楚襄王，襄王待之無以異，宋玉讓其友，其友曰：“夫薑桂因地而生，不因地而辛。婦人因媒而嫁，不因媒而親。子之事王未耳，何怨于我？”宋玉曰：“不然。昔者齊有良兔，曰東郭㕙，蓋一旦而走五百里。於是齊有良狗曰韓盧，亦一旦而走五百里。使之遥見而指屬，則雖韓盧不及衆兔之塵。若[①]躡迹而縱緤與，遥見而指屬與？”

楚襄王問于宋玉曰：“先生其有遺行與？何士民衆庶不譽之甚也？”宋玉對曰：“唯，然。有之。願大王寬其罪，使得畢其辭。客有歌于郢中者。其始曰《下里》《巴人》，國中屬而和者數千人；其爲《陽阿》《薤露》，國中屬而和者數百人；其爲《陽春》《白雪》，國中屬而和者數十人；引商刻羽，雜以流徵，國中屬而和者不過數人而已。是其曲彌高，其和彌寡。故鳥有鳳而魚有鯤。鳳皇上擊九千里，絶雲霓，負蒼天，翱翔乎杳冥之上。夫藩籬之鷃，豈能與之料天地之高哉？鯤魚朝發崑崙之虚，暴鬐于碣石，暮宿于孟諸。夫尺澤之鯢，豈能與之量江海之大哉？故非獨鳥有鳳而魚有鯤也，士亦有之。夫聖人瑰意琦行，超然獨處，世俗之民，又安知臣之所爲哉？”

一日，同唐勒、景差從襄王于陽雲之臺。王曰：“能爲寡人大言者，上坐。”唐勒曰：“壯士憤兮絶天維，北斗戾兮泰山夷。”景差曰：“校士猛毅皋陶嘻，大笑至兮摧罘罳。”玉曰：“方地爲車，圓天爲蓋，長劍耿耿倚天外。”王曰：“未也。有能小言者，賜以雲夢之田。”景差曰：“載氛埃兮乘飄塵。”唐勒曰：“館蠅鬚兮宴毫端。”玉曰：“超于太虚之域，出于未兆之庭。視之眇眇，望之冥冥。”王曰：“善。”賜之以田。後玉休歸，唐勒讒之，乃著諸賦以自見云。

陳氏《書録》曰：楚大夫《宋玉集》一卷，《史記・屈原傳》言楚人宋玉、唐勒、景差之徒，皆原之弟子也。而玉之詞賦獨傳，至以“屈宋”並稱于後世，餘人皆莫能及。按：《隋志》集三卷，《唐志》二卷，今書乃《文選》及《古文苑》中録出者，未必當時

① “若”下，《新序・雜事第五》尚有“躡跡而縱緤，則雖東郭㕙亦不能離。今子之屬臣也”，當據補，文意始完。

本也。

聖楷曰：古昔師弟子，文章並稱者，莫若屈、宋矣。嘗誦玉《悲秋》一章，託旨興懷，深悽婉至。自《遠游》《天問》而下，罕見其儔。而子雲所謂"麗以淫"者，其《高唐》《神女》諸賦乎？劉舍人云："屈平聯藻于日月，宋玉交彩于風雲。"又云："屈、宋逸步，莫之能追。蓋其敘情怨，則鬱伊而易感；述離居，則愴怏而難懷；論山水，則循聲而得貌；言節候，則披文而見時。是以枚、賈追風以入麗，馬、揚沿波而得奇，其衣被詞人，非一代也。"亶其然乎！若夫景差《大招》，興言于流澤，施尚三王，補《招魂》所未逮，抑亦鸞鳳之片羽、蘭芷之芬芳也。按，原爲三閭大夫，三閭之職，掌王族三姓，曰屈、景、昭。原敘其譜屬，率其賢良，以厲國士，則景差當亦原所獎植。《大招》一作似不容已，又何疑哉？唐勒初亦尊事屈平，其後懷讒妬玉，甘爲鵜鴂之鳴，古今交道，如此輩人，可勝歎息！

郢中考

《宛委餘編》曰：楚昭王避吴師，自郢涉睢濟江，入于雲中，遂奔鄖。鄖即鄖子國，在宋爲安州，今爲德安府，非今之鄖縣也。雲中，即雲夢地，江南爲夢，江北爲雲。郢本楚都，在江陵北十二里紀南城，所謂南郢也。《陽春》《白雪》之倡在是矣。今之承天，初爲安陸，蕭梁、唐、宋爲郢州，所謂北郢也。其在楚非都會地，然則郢曲仍當歸之江陵，乃爲當也。

聖楷按：楚都凡四徙，文王自丹陽徙都郢，今江陵縣北南城是也，即春秋之渚宫矣。至平王所城郢，則在今江陵東北，所謂郢城也。《荆州記》："昭王十年，吴通漳水灌紀南，入赤湖，進灌郢城，遂破楚。"則郢與紀南蓋二城云。昭王因避吴難，又徙都鄀，在今宜城縣東北三十三里。頃襄王時，秦兵拔郢，又徙都陳，在今河南陳州。考烈王時，又去陳徙都壽春，亦命曰郢，在今南直壽州。若今承天，古之安陸州也。在春秋戰國，爲楚之郊郢地，未嘗建都。自劉宋始沿魏置郢州，隸竟陵郡，後人遂以爲郢中在是，而不復考正耳。得王弇州此論，爲之一快。

宋玉宅考

《水經注》：襄陽宜城縣南有宋玉宅。按，宜城地原屬郢都。今承天、荆州俱有宋玉宅，當以荆州爲是。《渚宮故事》云："庾信因侯景之亂，自建康道歸江陵，居宋玉故宅。故其賦曰：'誅茅宋玉之宅，穿徑臨江之府。'"杜子美送人歸荆州詩亦云："曾聞宋玉宅，每欲到荆州。"是也。又子美《移居夔州入宅詩》云："宋玉歸州宅，云通白帝城。"然則歸州亦有宋玉宅，非止荆州。大抵昔賢摇落，安知有宅以貽後人？文士棲遲，乃託江山而留永慨。李商隱詩云："何事荆臺百萬家，惟教宋玉擅才華？楚辭已不饒唐勒，風賦何曾讓景差。落日渚宫供觀閣，開年雲夢送煙花。可憐庾信尋荒徑，猶得三朝託後車。"其懷抱故可想矣。

景　差

景差，楚同姓也，與宋玉同師事屈原。嘗至蒲騷見宋玉曰："不意重見故人，慰此去國戀戀之心。昨到夢澤，喜見楚山之碧，眼力頓明。今又會故人，閑心日足矣。"屈原死，賦《大招》一篇。

朱子《楚詞集註》曰：《大招》不知何人所作，或曰屈原，或曰景差。然今以宋玉大小言賦考之，則凡差語，皆平淡醇古，意亦深靖幽遠，不爲詞人墨客浮誇豔逸之態，然後乃知此篇决爲差作無疑也。雖其所言，有未免于神怪之惑、逸欲之娱者，然視《小招》則已遠矣。

王 逸

王逸，字叔師，南郡宜城人也。元初中，舉上計吏，爲校書郎。順帝時爲侍中，與處士樊英相爲師友。逸自謂與屈原同土共國，悼傷之情，與凡有異。於是作頌一篇，號曰《九思》，以繫《離騷》《九章》之後。又著《楚辭章句》行于世，其敘曰：

“昔者孔子叡聖明哲，天生不王，俾定經術，乃删《詩》《書》，正禮樂，制作《春秋》，以爲後王之法。門人三千，罔不昭達。臨終之日，則大義乖而微言絶。其後周室衰微，戰國並争，道德陵遲，譎詐萌生，於是楊、墨、鄒、孟、孫、韓之徒，各以所知著造傳記，或以述古，或以明世。而屈原履忠被譖，憂悲愁思，獨依詩人之義而作《離騷》，上以諷諫，下以自慰。遭時暗亂，不見省納，不勝憤懣，遂復作《九歌》以下凡二十五篇。楚人高其行義，瑋其文采，以相教傳。至于孝武帝，恢廓道訓，使淮南王安作《離騷經章句》，則大義粲然。後世雄俊，莫不瞻仰，攄舒妙思，纘述其詞。逮至劉向，典校經書，分以爲十六卷。孝章即位，深宏道藝，而班固、賈逵復以所見，改易前疑，各作《離騷經章句》。其餘十五卷，闕而不説。又以壯爲狀，義多乖異，事不要撮。今臣復以所識所知，稽之舊章，合之經傳，作十六卷章句。雖未能究其微妙，然大指之趣，略可見矣。

“且人臣之義，以忠正爲高，以伏節爲賢。故有危言以存國，殺身以成仁。是以伍子胥不恨于浮江，比干不悔于剖心，然後德立而行成，榮顯而名稱。若夫懷道以迷國，佯愚而不言，顛則不能扶，危則不能安，婉娩以順上，逡巡以避患，雖保黄耇，終壽百年，蓋志士之所恥，愚夫之所賤也。今若屈原，膺忠貞之質，體清潔之性，直若砥矢，言若丹青，進不隱其謀，退不顧其命，此誠絶世之行、俊彦之英也。而班固謂之露才揚己，競于群小之中，怨恨懷王，譏刺椒、蘭，苟欲求進，强非其人，不見容納，忿恚自沈，是虧其高明而損其清潔者也。昔伯夷、叔齊讓國守志，不食周粟，遂餓而死，豈可復謂有求于世而恨怨哉！且詩人怨主刺上，曰：‘嗚呼小子，未知臧否。匪面命之，言提其耳。’風諫之語，于斯爲切。然仲尼論之，以爲大雅。引此比彼，屈原之詞，優游婉順，寧以其君不知之故，欲提攜其耳乎？而論者以爲露才揚己，怨刺其上，强非其人，殆失厥中矣。

“夫《離騷》之文，依託五經以立義焉。‘帝高陽之苗裔’，則《詩》‘厥初生民，時惟姜嫄’也。‘紉秋蘭以爲佩’，則‘將翱將翔，佩玉瓊琚’也。‘夕攬洲之宿莽’，則《易》‘潛龍勿用’也。‘駟玉虬而乘鷖’，則《易》‘時乘六龍以御天’也。‘就重華而陳詞’，則《尚書》‘咎繇之謀謨’也。‘登崑崙而涉流沙’，則《禹貢》之‘敷土’也。故知彌盛者其言博，才益劭者其識遠，屈原之詞，誠博遠矣。自孔丘終歿以來，名儒博達之士，著造詞賦，莫不擬則其儀表，祖式其模範，取其要妙，竊其華藻。所謂金相玉質，百歲無匹，名垂罔極，永不刊滅者也。”

逸所著賦、誄、書論及雜文凡二十一篇，又作《漢詩》一百二十三篇。

聖楷曰：屈子之死，爲懷王死也，非爲己見放而死也。何言乎爲懷死也？入則與王圖議國事，以出號令，出則接遇賓客，應對諸侯。君之于我厚矣。一旦以讒口去國，忠諫不行，而忍視其君獨死于秦歟？然則何爲不死于懷王歸葬之日，而必死于放逐江潭之時也？原之心或冀頃襄之能報仇雪耻，一叩秦關，而後徐以身死之未晚也。故作《九歌》《天問》，一篇之中，三致意焉。至于頃襄怒而遷之，而己之志願不獲申矣。自沉汨羅，豈獨見先王于地下乎？崇同姓之恩，篤君臣之義，庶幾天下後世猶能見此心耳。諸家章句，攬其篇章之妙美，則芳草美人，徒存嗟怨；思其哀怨之無端，則《山鬼》《湘君》，莫明寄託。甚之以爲懟君而憤死，加以不情之語，傷其萬古之魂，豈不痛哉！余嘗反覆悲之，使屈子不爲懷王死，千載而下，尚復有君臣乎？昔人謂詩窮于周，騷窮于楚，余亦謂忠窮于原矣。王逸自歎與原同土共國，悼傷之情，與凡有異，等其死於伯夷、叔齊，尊其騷于《尚書》《大易》，而爲之章句，共十六卷，超然諸家之旨。余故録其敘詞入本傳，俾原之微言隱志，有所著明，而逸亦非後人可得而及矣。

王延壽

王延壽，字文考，侍中王逸之子也。有雋才，少遊魯國，作《靈光殿賦》，後蔡邕亦造此賦，未成，及見延壽所爲，甚奇之，遂輟翰。延壽曾有異夢，意惡之，乃作《夢賦》以自厲。敘曰："臣弱冠嘗夜寢，見鬼物與臣戰，遂得東方朔與臣作駡鬼之書，臣遂作賦一篇敘夢。後人夢者，讀誦以卻鬼，數數有驗，臣不敢蔽。"其詞曰：

"余夜寢息，乃有非恒之夢。其爲夢也，悉覩鬼神之變怪，則虵頭而四角，魚首而鳥身，三足而六眼，龍形而似人。群行而奮摇，忽來到吾前，申臂而舞手，意欲相引牽。

"於是夢中驚怒，腷臆紛紜，曰：'吾含天地之純和，何妖孽之敢臻！'乃揮手振拳，雷發電舒，斮游光，斬猛豬，批鱟毅，斫魅虚，捎魍魎，拂諸渠，撞縱目，打三顱，撲苕蕘，抶夔䰧，搏睍睆，蹴睢盱。爾乃三三四四，相隨踉蹡而歷僻。瓏瓏磕磕，精氣充布。鞫鞫翏翏，鬼驚魅怖。或盤跚而欲走，或拘攣而不能步。或中創而婉轉，或捧痛而號呼。奄霧消而光蔽，寂不知其何故。嗟妖邪之怪物，豈干真人之正度！耳唧嘈而外郎[①]，忽屈伸而覺悟。

"亂曰：齊桓夢物，而亦以霸兮。武丁夜感，而得賢佐兮。周夢九齡，年克百兮。晉文盬腦，國以競兮。老子役鬼，爲神將兮。轉禍爲

① 郎，疑當作"朗"。

福，永無恙兮。”

後竟溺湘水死，時年二十一。

《文選注》曰：王文考有雋才，父逸欲作《靈光殿賦》，命延壽往圖其狀，延壽因韻之以獻其父。父曰：“吾無以加也。”時蔡邕亦有此作，十年不成，見此賦，遂隱而不出。

《博物志》曰：王子山與父叔師到泰山，從鮑子真學算。到魯，賦靈光殿。歸渡湘水，溺死。王文考，名延壽，一字子山也。

溺湘考

《水經注》：黄水又西流入于湘，謂之黄陵口。昔王子山得惡夢，溺死于湘浦，即斯川矣。按：地志湘陰縣北四十里有黄陵山，即舜二妃葬處，有黄陵廟，黄水從山下西流三十里入江。子山溺處，應在黄陵廟之下，汨羅江之上。所謂湘浦，亦舉其大槩而言也。

黄　香

黄香，字文彊，江夏安陸人也。年九歲失母，思慕憔悴，殆不免喪，鄉人稱其至孝。年十二，太守劉護聞而召之，署門下孝子，甚見愛敬。香家貧，内無僕妾，躬執苦勤，盡心奉養。遂博學經典，精究道術，能文章，京師號曰“天下無雙，江夏黄童”。

初除郎中，元和元年，肅宗詔香詣東觀，讀所未嘗見書。香後告休，及歸京師，時千乘王冠，帝會中山邸，乃詔香殿下，顧謂諸王曰：“此天下無雙江夏黄童者也。”左右莫不改觀。後召詣安福殿言政事，拜尚書郎，數陳得失，賞賚增加。嘗獨止宿臺上，晝夜不離省闥，帝聞善之。

永元四年，拜左丞，功滿當遷，和帝留，增秩。六年，累遷尚書令。後以爲東郡太守，香上疏讓曰：“臣江淮孤賤，愚矇小生，經學行能，無可算録。遭值太平，先人餘福，得以弱冠特蒙徵用，連階累任，遂極臺閣。訖無纖介，稱報恩效死，誠不意悟，卒被非望，顯拜近郡，尊位千里。臣聞量能授官，則職無廢事；因勞施爵，則賢愚得宜。臣香小醜，少爲諸生，典郡從政，固非所堪，誠恐矇頑，孤忝聖恩。又惟機密端首，至爲尊要，復非臣香所當久奉。承詔驚惶，不知所裁。臣香年在方剛，適可驅使。願乞餘恩，留備冗官，賜以督責小職，任之宫臺煩事，以畢臣香螻蟻小志，誠瞑目至願，土灰極榮。”帝亦惜香幹用，久習舊事，復留爲尚書令，增秩二千石，賜錢三十萬。是後遂管樞機，甚見親重，而香亦祗勤物務，憂公如家。

十二年，東平清河奏妖言卿仲遼等，所連及且千人。香料别據奏，全活甚衆。每郡國疑罪，輒務求輕科，愛惜人命，每存憂濟。又曉習邊事，均量軍政，皆得事宜。帝知其精勤，數加恩賞，疾病存問，賜醫藥。在位多所薦達，寵遇甚盛，議者譏其過倖。

延光元年，遷魏郡太守。郡舊有内外園田，常與人分種，收穀歲數千斛。香曰：“《月令》‘商者不農’，《王制》‘仕者不耕’，伐冰食禄之人，不與百姓争利。”乃悉以賦人，課令耕種。時被水年饑，乃分俸禄及所得賞賜班贍貧者，於是豐富之家各出義穀，助官稟貸，荒民獲全。後坐水潦事免，數月，卒于家。所著賦、牋、奏、書、令凡五篇。子瓊，自有傳。

謝承《後漢書》曰：香代爲冠族，葉令況之子也。又曰：香爲尚書郎，上以香父尚在，賜以臥几、靈壽杖。

《東觀漢記》曰：黄香家素貧，躬執勤苦，盡心供養，暑則扇牀枕，寒則自温席。又曰：香爲魏郡太守，俗每太守將交代，添設儲峙輒數千萬。香未入界，移勑悉出所設什器。及到，頗有即徹去。到官之日，不祭灶求福，閉門絶客。

聖楷曰：黄文彊十二歲以文名天下。然范史《文苑傳》述所著作僅五篇，又不盡見于世，可見文章不本之忠孝，即雕繪滿眼，皆飄塵影事，不足述也。文彊至孝絶人，觀其典郡多廉潔之風，宫臺宣鞠瘁之節，所謂“忠順不失，以事其上”者非邪。若夫東平妖案，活近千人，郡縣疑獄，罪必從輕，减俸禄，賑饑民，皆盛德之所爲。孝悌之至，通于神明者矣。其後子瓊、孫琬，俱位三公，副時望，豈非天道哉！俗好言文人無行，又云名過其實者無後，當熟讀香傳以懺悔之。

劉　珍

劉珍，字秋孫，一名寶，南陽蔡陽人。今棗陽縣。少好學，永初中，爲謁者僕射，鄧太后詔使與校書劉騊駼、馬融及五經博士，校定東觀五經、諸子傳記、百家藝術，整齊脱誤，是正文字。永寧元年，太后又詔珍與騊駼作建武已來名臣傳，遷侍中、越騎校尉。延光四年，拜宗正。明年，轉衛尉，卒官。著誄、頌、連珠凡七篇。又撰《釋名》三十篇，以辯萬物之稱號云。

聖楷按：北海劉熙亦有《釋名》二十七篇，豈珍所撰而熙攘爲己有邪？珍書未見别行，俟更考之。

周不疑

周不疑，字元直，零陵人，同郡羲先之甥也。幼有異才，聰明敏達。魏太祖時，有白雀瑞，儒林並已作頌，不疑後至，太祖授紙筆立令復作，大奇，欲以女妻之，不疑不敢當。太祖愛子蒼舒，夙有才知，謂可與不疑爲儔。及蒼舒卒，太祖心忌不疑，欲除之，文帝諫以爲不可。太祖曰：“此人非汝所能駕御也。”乃遣刺客殺之。

摯虞《文章志》曰：不疑死時年十七，著《文論》四首。

聖楷按：《零陵先賢傳》又以不疑作劉先主之甥，遣就劉巴爲學，此必有一誤。不然，不疑既已仕蜀又仕魏，既爲羲甥又爲劉甥邪？

李充

李充，字弘度，江夏人。父矩，江州刺史。充少孤，其父墓中柏樹嘗爲盜賊所砍，充手刃之，由是知名。善楷書，妙參鍾索，世咸重之。辟丞相王導掾，轉記室參軍。

幼好刑名之學，深抑虛浮之士。嘗著《學箴》，稱："《老子》云：'絕仁棄義，家復孝慈。'豈仁義之道絕，然後孝慈乃生哉？蓋患乎情仁義者寡，而利仁義者衆也。道德喪而仁義彰，仁義彰而名利作，禮教之弊，直在兹也。先王以道德之不行，故以仁義化之；行仁義之不篤，故以禮律檢之；檢之彌繁，而僞亦愈廣，老、莊是乃明無爲之益，塞争欲之門。夫極靈知之妙、總會通之和者，莫尚乎聖人。革一代之弘制，垂千載之遺風，則非聖不立。然則聖人之在世，吐言則爲訓辭，莅事則爲物軌，運通則與時隆，理喪則與世弊矣。是以大爲之論以標其旨。物必有宗，事必有主，寄責于聖人，而遺累乎陳迹也。故化之以絕聖棄知，鎮之以無名之樸。聖教救其末，老、莊明其本，本末之塗殊，而爲教一也。人之迷也，其日久矣。見形者衆，及道者少。不覿千仞之門而逐適物之迹，逐迹逾篤，離本逾遠，遂使華端與薄俗俱興，妙緒與淳風並絕。所以聖人長潛，而迹未嘗滅矣。懼後進惑其如此，將越禮棄學而希無爲之風，見義教之殺而不觀其隆矣。略言所懷，以補其闕。引道家之弘旨，會世教之適當，義不違本，言不流放，庶以袪困蒙之蔽，悟一往之惑乎！其辭曰：

"芒芒太初，悠悠鴻荒，蚩蚩萬類，與道兼忘。聖迹未顯，賢名不彰，怡此鼓腹，率我猖狂。資生既廣，群塗思通，闇實師明，匪予求蒙，遺己濟物而天下爲公。大庭唱基，羲農宏贊，六位時成，離暉大觀。澤洽雨濡，化流風散，比屋同塵而人罔僭亂。爰暨中古，哲王胥承，質文代作，禮統迭興。事籍用以繁，化因阻而凝，動非性擾，静豈神澄。名之攸彰，道之攸廢，乃損所隆，乃崇所替。刑作由于德衰，三辟興乎淑世，既敦既誘，乃矯乃厲。敦亦既備，矯亦既深，雕琢生文，抑揚成音，群能騁技，衆巧竭心，野無陸馬，山無散林。風罔不動，化罔不移，人之失德，反正作奇。乃放欲以越禮，不知希競之爲病，違彼夷塗而遵此險徑。狡兔陵岡，游魚遁川，至賾深妙，大象幽玄，棄餌收罝而責功蹄筌，先統喪歸而寄旨忘言。政異徵辭，拔本塞源，遁迹永日，尋響窮年，刻意離性而失其常然。世有險夷，運有通圮，損益適時，升降惟理。道不可以一日廢，亦不可以一朝擬，禮不可以千載制，亦不可以當年止。非仁無以長物，非義無以齊耻，仁義固不可遠，去其害仁義者而已。力行猶懼不逮，希企邈以遠矣。室有善言，應在千里，况乎行止復禮克己。風人司箴，敬貽君子。”

征北將軍褚裒又引爲參軍，充以家貧，苦求外出。裒將許之爲縣，試問之，充曰：“窮猨投林，豈暇擇木？”乃除剡縣令。遭母憂。服闋，爲大著作郎，於時典籍混亂，充删除煩重，以類相從，分作四部，甚有條貫，秘閣以爲永制。累遷中書侍郎，卒官。充注《尚書》及《周易旨》六篇、《釋莊論》上下二篇、詩賦表頌等雜文二百四十首，行于世。

子顒，亦有文義，多所述作，郡舉孝廉。充從兄式以平隱著稱，善楷、隸。中興初，仕至侍中。

張懷瓘《書斷》曰：衛夫人名鑠，字茂漪，廷尉展之女弟，恒之從女，汝陰太守李矩之妻也。隸書猶善規矩，鍾公云：“碎玉壺之冰，爛瑶臺之月。婉然芳樹，穆若清風。”右軍少常師之。永和五年卒，年七十八。子充，爲中書郎，亦工書。

又曰：李式，字景則，江夏鍾武人。官至侍中。衛夫人之猶子也，甚推其叔母，善書。右軍云：“李式、平南之流，亦可比庾翼。”咸熙三年卒，年五十四。隸、草入能。

聖楷按：衛恒，字巨山，河東安邑人，瓘之子也。仕至黄門郎，善草、隸書，著《四體書勢》，論甚佳。衛展，字道舒，恒之族弟。夫人固非楚産，因附其子以著焉。

又按：《新語》曰：“李弘度常歎不被遇，殷揚州浩知其家貧，問：‘君能屈志百里否？’李答曰：‘北門之歎，久已上聞。窮猿奔林，豈暇擇木？’遂授剡縣。”此與本傳亦異。

羅 含

羅含，字君章，桂陽耒陽人也。曾祖彦，臨海太守。父綏，滎陽太守。含幼孤，爲叔母朱氏所養。少有志尚，嘗晝臥，夢一鳥文彩異常，飛入口中，因驚起説之。朱氏曰：“鳥有文彩，汝後必有文章。”自此後藻思日新。弱冠，州三辟，不就。含父嘗宰新淦，新淦人楊羨後爲含州將，引含爲主簿，含傲然不顧，羨招致不已，辭不獲而就焉。及羨去職，含送之到縣。新淦人以含舊宰之子，咸致賂遺，含難違而受之。及歸，悉封置而去。由是遠近推服焉。

後爲郡功曹，刺史庾亮以爲部江夏從事。太守謝尚與含爲方外之好，乃稱曰：“羅君章可謂湘中之琳瑯。”尋轉州主簿。後桓温臨州，又補征西參軍。温嘗使含詣尚，有所檢劾。含至，不問郡事，與尚累日酣飲而還。温問所劾事，含曰：“公謂尚何如人？”温曰：“勝我也。”含曰：“豈有勝公而行非邪？故一無所問。”温奇其意而不責焉。

轉州别駕。以廨舍諠擾，於城西池小洲上立茅屋，伐木爲牀，織葦爲席而居，布衣蔬食，晏如也。温嘗與僚屬讌會，含後至。温問衆坐曰：“此何如人？”或曰：“可謂荆楚之材。”温曰：“此自江左之秀，豈惟荆楚而已。”徵爲尚書郎。温雅重其才，又表轉征西户曹參軍。俄遷宜都太守。及温封南郡公，引爲郎中令。尋徵正員郎，累遷散騎常侍、侍中，仍轉廷尉、長沙相。

年老致仕，加中散大夫，門施行馬。初，含在官舍，有一白雀棲集堂宇，及致仕還家，階庭忽蘭菊叢生，以爲德行之感焉。年七十七卒，所著文章行於世。

聖楷曰：今荆州承天寺，云即羅含舊宅，謬傳已久。考《湖廣總志》，寺乃晉永和中建。是時，含方爲温别駕，廨含尚不肯居，安得有宅？且其後，官亦累遷，不定在荆州也。若夫蘭菊叢生，皆致仕還家後事，本傳甚明。無識者因杜少陵“庾信羅含俱有宅”之句，遂附會其説耳。今衡州耒陽縣南四十里有羅含墓。又《始興記》云：始興城西百餘步有棲霞樓，臨川王營置，清暑遊焉。羅君章居之，因名羅公洲。樓下洲上，果竹交蔭，長楊傍映，高梧前竦，雖即城隍，趣同丘壑。按：魏甘露元年，分桂陽置始興郡，此乃確證也。

庾於陵

庾於陵，字子介，江陵人，散騎常侍黔婁之弟也。七歲能言玄理，既長，清警博學，有才思。齊隨王子隆爲荆州，召爲主簿，使與謝眺、宗史鈔撰群書。子隆代還，又以爲送故主簿。子隆尋爲明帝所害，僚吏畏避，莫有至者，唯於陵與史獨留，經理喪事。始安王遥光爲撫軍，引爲行參軍，兼記室。永元末，除東陽遂安令，爲民吏所稱。天監初，爲建康獄平，遷尚書功論郎，待詔文德殿。後兼中書通事舍人，拜太子洗馬。舊事，東宫官屬，通爲清選，洗馬掌文翰，尤其清者。近世用人，皆取甲族有才望，時於陵與周捨並擢充此職，高祖曰：“官以人清，豈限甲族？”時論以爲美。累遷中書黄門侍郎，後終於鴻臚卿。文集十卷。弟肩吾。

聖楷按：《南齊書・庾易傳》已自南陽徙居江陵，則於陵、肩吾與信皆當作江陵人。而《梁書・黔婁傳》仍系之新野者，是時南北三朝，人無常世，郡無專屬，故史臣據其祖系，亦無由深考耳。如宗氏之徙江陵自炳始，劉氏之徙江陵自虯始。此類今皆正之。

庾肩吾

庾肩吾，字子慎，江陵人。八歲能賦詩，特爲兄於陵所友愛。初爲晉安王國常侍，王每徙鎮，肩吾常隨府。在廬州，被命與劉孝威、江伯瑶、孔敬通、申子悦、徐防、徐摛、王囿、孔鑠、鮑至等十人，鈔撰衆籍，豐其果餞，號“高齋學士”。中大通三年，王爲皇太子，兼東宫通事舍人。後除安西湘東王録事參軍，太子率更令、中庶子。簡文又開文德省置學士，肩吾子信、摛子陵、吴郡張長公、北地傅弘、東海鮑至等充其選。

齊永明中，文士王融、謝朓、沈約文章始用四聲，以爲新變，至是轉拘聲韻，彌尚麗靡，復踰於往時。時太子與湘東王書論之曰：“吾輩亦無所遊賞，止事披閱。性既好文，時復短詠，雖是庸音，不能閣筆。有慙伎癢，更同故態。比見京師文體，懦鈍殊常，競學浮疎，争爲闡緩。玄冬修夜，思所不得，既殊比興，正背風騷。若夫六典三禮，所施則有地，吉凶嘉賓，用之則有所。未聞吟詠情性，反擬《内則》之篇，操筆寫志，更摹《酒誥》之作。遲遲春日，翻學《歸藏》，湛湛江水，遂同《大傳》。

“吾既拙於爲文，不敢輕有掎摭。但以當世之作，歷方古之才人，遠則揚、馬、曹、王，近則潘、陸、顏、謝，而觀其遺辭用心，了不相似。若以今文爲是，則古文爲非，若昔賢可稱，則今體宜棄。俱爲盍各，則未之敢許。又時有效謝康樂、裴鴻臚文者，亦頗有惑焉。何者？謝客吐言天拔，出於自然，時有不拘，是其糟粕。裴氏乃是良史之才，了無篇什之美。是爲學謝則不屆其精華，但得其冗長；師裴則蔑絶其所長，惟得其所短。謝故巧不可階，裴亦質不宜慕。故胸馳臆斷之侣，好名忘實之類，方分肉於仁獸，逞郤克於邯鄲。入鮑忘臭，效尤致禍。決羽謝生，豈三千之可及？伏膺裴氏，懼兩唐之不傳。故玉徽金銑，反爲拙目所嗤；《巴人》《下里》，更合郢中之聽。《陽春》高而不和，妙聲絶而不尋。竟不精討錙銖，覈量文質，有異巧心，終愧妍手。是以握瑜懷玉之士，瞻鄭邦而知退；章甫翠履之人，望閩鄉而歎息。詩既若此，筆又如之。徒以煙墨不言，受其驅染，紙札無情，任其摇襞。甚矣哉！文之横流，一至於此。

"至如近世謝朓、沈約之詩，任昉、陸倕之筆，斯實文章之冠冕，述作之楷模。張士簡之賦，周升逸之辯，亦成佳手，難可復遇。文章未墜，必有英絶，領袖之者，非弟而誰？每欲論之，無可與語，思吾子建，一共商榷。辯兹清濁，使如涇渭；論兹月旦，類彼汝南。朱丹既定，雌黄有别，使夫懷鼠知慙，濫竽自恥。譬斯袁紹，畏見子將；同彼盗牛，遥羞王烈。相思不見，我勞如何！"

太清中，侯景寇陷京都，及簡文即位，以肩吾爲度支尚書。時上流諸番，並據州拒景。景矯詔遣肩吾使江州，喻當陽公大心。大心降賊，肩吾因逃入建昌界。宋子仙破會稽，購得肩吾，欲殺之，仙謂曰："吾聞汝能作詩，今可即作，若能，將貸汝命。"肩吾操筆便成，子仙乃釋以爲建昌令。仍間道奔江陵，歷江州刺史，領義陽太守，封武康縣侯。卒。

> 梁元帝《中書令庾肩吾墓志》曰：荆山萬重，地産卞和之玉；隨流千仞，水出靈蛇之珠。故能孕兹屈、景，育斯唐、宋。掌庾命族，世濟琳瑯，遂昌開國，蟬聯冠冕。父易，高尚其道，肥遁貞吉。關吏蚤逢，夙表真人之氣；少微映晚，還彰隱士之星。肩吾氣識淹通，風神閒逸，鐘鼓辭林，笙簧文苑。入爲度支尚書。任同北斗，錫韓棱之劍；朝比南宫，識鄭崇之履。余以其爲人也，瑚璉之器，無慚垂棘；杞梓之材，有均廊廟。故贈散騎常侍，蓋旌賢也。

張懷瓘《書斷》曰：庾肩吾，字叔慎。才華既秀，草、隸兼善，累紀專精，偏探名法，可謂贍聞之士也。變態殊妍，多慙質素，雖有奇尚，手不稱情，乏於筋力。文勝質則史，是之謂乎？嘗作《書品》，亦有佳致。大寶元年卒。子信，亦工草書。

晉安、湘東二王考

聖楷按：梁簡文帝名綱，字世纘，小字六通，武帝第三子，昭明太子同母弟也。初封晉安王，昭明薨，立爲皇太子。在位二年，爲侯景所弑。帝幼而敏睿，識悟過人，六歲便能屬文，讀書十行俱下，善言玄理，雅好題詩。其自序云："余七歲有詩癖，長而不倦。然傷於輕豔，當時號曰宫體。"

元帝名繹，字世誠，小字七符，亦曰法車，武帝第七子。初封湘東王，大寶三年，討誅侯景，正位江陵。自序六歲解爲詩，因爾稱學爲文。及長好學，博極群書。年十二，患疥，閑齋張葛幃避蠅獨坐，銀瓶貯山陰甜酒，時復進之，以自寬痛。率意讀史書，一日二十卷。年十四，便患目，多不自執卷，置讀書左右，番次上直，晝夜爲常，略無休已，雖睡，卷猶不釋。五人各伺一更，恒致達曉。常眠睡大鼾，左右有睡，讀失次第，或偷卷度紙，必驚覺，更令追讀，加以檟楚。聚書四十年，得八萬卷，江陵既陷，乃悉焚之。又以寶劍砍柱令折，歎曰："文武之道，今夜盡矣。"

劉之遴

劉之遴，字思貞，其先南陽人，父虯徙居江陵。之遴八歲能屬文，十五舉茂才對策，沈約、任昉見而異之。起家寧朔主簿。吏部尚書王瞻嘗候任昉，值之遴在坐，昉謂瞻曰："此南陽劉之遴，學優未仕，水鏡所宜甄擢。"瞻即辟爲太學博士。時張稷新除尚書僕射，託昉爲讓表，昉令之遴代作，操筆立成。昉曰："荆南秀氣，果有異才，後仕必當過僕。"御史中丞樂藹，即之遴舅，憲臺奏彈，皆之遴草焉。遷平南行參軍，尚書起部郎，延陵令，荆州治中。太宗臨荆州，仍遷宣惠記室。之遴篤學明審，博覽群籍，時劉顯、韋稜並强記，之遴每與討論，咸不能過也。

累遷中書侍郎，出爲南郡太守，高祖謂曰："卿母年德並高，故令卿衣錦還鄉，盡榮養之理。"後轉爲西中郎湘東王長史，太守如故。初，之遴在荆府，嘗寄居南郡廨，忽夢前太守袁彖曰："卿後當爲折臂太守，即居此中。"之遴後果損臂，遂臨此郡。丁母憂，服闋，徵祕書監，領步兵校尉。出爲郢州行事，之遴意不願出，固辭，高祖手勅曰："朕聞妻子具，孝衰於親；爵禄具，忠衰於君。卿既内足，理忘奉公之節。"遂爲有司奏免。久之，爲都官尚書、太常卿。

之遴好古愛奇，在荆州聚古器數十百種。有一器似甌，可容一斛，上有金錯字，時人無能知者。又獻古器四種於東宫。其第一種鏤銅鴟夷榼二枚，兩耳有鏤[①]鏤，銘云"建平二年造"。其第二種金銀錯鏤古罇二枚，有篆銘云"秦容成侯適楚之歲造"。其第三種外國澡灌一口，銘云"元封二年龜兹國獻"。其第四種古制澡槃一枚，銘云"初平二年造"。

時鄱陽嗣王範得班固所上《漢書》真本，獻之東宫，皇太子令之遴與張纘、到溉、陸襄等參校異同。之遴具異狀十事，其大略曰："案本《漢書》稱'永平十六年五月二十一日己酉，郎班固上'，而今本無上書年月日字。又案古本《敘傳》號爲中篇，今本稱爲《敘傳》。又今本《敘傳》載班彪事行，而古本云'稚生彪，自有傳'。又今本紀及表、志、列傳不相合爲次，而古本相合爲次，總成三十八卷。又今本《外戚》在《西域》後，古本《外戚》次《帝紀》下。又今本《高五子》《文三王》《景十三王》《武五子》《寧元六王》雜在諸傳表中，古

① 鏤，據《南史》卷五〇《劉之遴傳》當作"銀"。

本諸王悉次《外戚》下，在《陳項傳》前。又今本《韓彭英盧吴》述云‘信惟餓隸，布實黥徒，越亦狗盗，芮尹江湖，雲起龍驤，化爲侯王’，古本述云‘淮陰毅毅，仗劍周章，邦之傑子，實惟彭、英，化爲侯王，雲起龍驤’。又古本第三十七卷，解音釋義，以助雅詁，而今本無此卷。”

之遴好屬文，多學古體，與河東裴子野、沛國劉顯常共討論書籍，因爲交好。是時《周易》《尚書》《禮記》《毛詩》並有高祖義疏，惟《左氏傳》尚闕，之遴乃著《春秋大意》十科，《左氏》十科、《三傳同異》十科，合三十事以上之。高祖大悦，詔答之曰：“省所撰《春秋》義，比事論書，辭微旨遠。編年之教，言闡義繁，丘明傳洙泗之風，公羊稟西河之學，鐸椒之解不追，瑕丘之説無取。繼踵胡母，仲舒云盛，因修《穀梁》，千秋最篤。張蒼之傳《左氏》，賈誼之襲荀卿，源本分鑣，指歸殊致，詳略紛然，其來舊矣。昔在弱年，乃經研味，一從遺置，迄將五紀。兼晚冬晷促，機事罕暇，夜分求衣，未遑搜括。須待夏景，試取推尋，若温故可求，別酬所問也。”

太清二年，侯景亂，之遴避難還鄉，未至，卒於夏口，時年七十二。前後文集五十卷，行於世。弟之亨，字嘉會，少亦有令名。代兄之遴爲南郡太守，有異績。數年卒於官，荆土懷之，不忍斥其名，號爲“大南郡”“小南郡”云。

劉之遴《與劉孝標借〈類苑〉書》曰：“間聞足下作《類苑》，括綜百家，馳騁千載，彌綸天地，纏絡萬品。撮道略之英華，搜群言之隱賾。鉛摘既畢，殺青已就。義以類聚，事以群分。述作之妙，揚、班儔也。擅此博物，何快如之。雖復子野調聲，寄知音於後世，文信構《覽》，懸百金於當時，居然無以相尚。自非沈鬱淡雅之思，安能閉志經年，勤成若此。吾嘗聞爲之者勞，觀之者逸。足下已勞於精力，宜令吾見異書。”劉孝標答書曰：“九冬有隙，三餘暇時，多遊書圃，代樹萱蘇。若夫釆亹亹於緗縹，閲微言於殘竹，嘔飫膏液，咀嚼英華，不知地之爲輿，天之爲蓋，靡測迴塘，莫辨輿馬。烏足以言乎？是用周流墳素，詳觀圖牒，搦管聯册，纂兹英奇。蛩蛩之謀，止於善草，周周之計，利在銜翼。故鳩集斯文，蓋自綴其漏耳。豈冀藏山之石，播於士大夫哉！”

《南史》曰：之遴八歲能屬文，父虯[①]曰：“此兒必以文興吾宗。”常謂諸子曰：“若比之顔氏，之遴得吾之文。”由是鄉里稱之。時有沙門僧惠，有異識，每詣虯，必呼之遴小字曰：“僧伽福德兒。”握手而進之。又曰：始武帝於齊代爲荆府諮議，時之遴父虯隱在百里洲，蚤相知聞。帝偶匱乏，遣就虯换穀百斛。之遴時在父側，曰：“蕭諮議躓士，云何能得舂，願與其米。”虯從之。及帝即位，常懷之。侯景初，避難還鄉，湘東王繹嫉其才學，聞其西上至夏口，乃密送藥殺之。不欲使人知，乃自製誌銘，厚其賻贈。又曰：之遴子三達，字三善，數歲能清言及屬文。州將湘東王繹聞之，盛集賓客，召而試之，説義屬詩，皆有理致。年十二，聽江陵令賀革講《禮》還，仍覆述，不遺一句。年十八卒。之遴深懷悼恨，乃題墓曰“梁妙士”以旌之。

聖楷曰：湘東王殺劉之遴，隋煬帝殺薛道衡、王胄，皆始於好勝妬才之念。如文士相排陷，不足齒也。若魏武殺孔融、禰衡諸人，自是英雄手段，故共一殺名士，而或以之得人力，或以之失人心，彼所争者，非一才一技之微耳。

① 虬，底本“虬”“虯”混用，此篇多作“虯”，爲方便閲讀，本篇之内皆改作“虯”，後不再出注。

楚寶卷第十五考異

新化鄧顯鶴湘皋述

文　　苑

黄　　香

遭值太平，先人餘福，得以弱冠特蒙徵用。

顯鶴按：謝承書：香代爲冠族，葉令况之子也。

劉　　珍

劉珍，字秋孫，一名寶，南陽蔡陽人也。

顯鶴按：珍本傳注：諸本時有作“秘孫”者。其人名珍，與“秘”義相扶，而作“秋”者多也。

庾肩吾

庾肩吾，字子慎，江陵人。

顯鶴按：《南史》肩吾本傳作“字慎之”。

劉之遴

卿後當爲折臂太守，即居此中。之遴後果損臂，遂臨此郡。

顯鶴按：《南史》之遴本傳：之遴後牛奔墮車折臂，右手偏直，不復得屈伸，書則以手就筆，歎曰："豈黥而手乎？"周捨嘗戲之曰："雖復並坐可横，政恐陋巷無枕。"後連相兩王，再爲此郡。

楚寶卷第十五增輯

新化鄧顯鶴湘皋述

文　苑

唐　勒

唐勒，楚人，與景差、宋玉同師事屈原，皆好詞而以賦稱。楚襄王與勒及景差、宋玉遊於陽雲之臺。王曰："能爲寡人大言者，上坐。"王因唏曰："操是太阿剥一世，流血冲天，車不可以厲。"至勒，曰："壯士憤兮絶天維，北斗戾兮太山夷。"《大言賦》畢，宋玉受賞。王曰："有能爲《小言賦》者，賜之雲夢之田。"勒曰："析飛糠以爲輿，剖粃糟以爲舟。汎然投乎桮水中，淡若巨海之洪流。憑蚋眥以顧眄，附蠛蠓而遨遊。甯隱微以無準，原存亡而不憂。"又曰："館於蠅鬚，宴於豪端，烹虱脛，切蟣肝，會九族而同嚌，猶委餘而不殫。"王終善宋玉，賜以雲夢之田。語多不載。宋玉作《諷賦》，以爲玉休歸，勒讒之於王，曰："玉爲人，身體容冶，口多微辭，出愛主人之女，入事大王，願王疏之。"玉休還，王謂玉曰："玉爲人，身體容冶，口多微辭，出愛主人之女，入事寡人，不亦薄乎？"玉曰："臣身體容冶，受之二親；口多微辭，聞之聖人。臣嘗出行，僕飢馬疲，正值主人門開，主人翁出，嫗又到市，獨有主人女在。女欲置臣，堂上太高，堂下太卑，乃更於蘭房之室，止臣其中。中有鳴琴焉，臣援而鼓之，爲幽蘭白雪之曲。主人之女，翳承日之華，披翠雲之裘，更被白縠之單衫，垂珠步摇，來排臣户，曰：'上客，無乃飢乎？'爲臣炊彫胡之飯，烹露葵之羹，來勸臣食。以其翡翠之釵，掛臣冠纓。臣不忍仰視。爲臣歌曰：'歲將暮兮日已寒，中心亂兮勿多言。'臣復援琴而鼓之，爲秋竹積雪之曲。主人之女又爲臣歌曰：'内怵惕兮徂玉牀，横白陳兮君之傍。君不御兮妾誰怨？日將至兮下黄泉。'玉曰：'吾甯殺人之父，孤人之子，誠不忍愛主人之女。'"王曰："止，止，寡人於此時，亦何能已也？"蓋託勒讒以發端，非事實也。

顯鶴案：唐勒與景差、宋玉同師事靈均，而玉之名獨重，至以"屈宋"並稱，誠非勒可並論。然《史記》言屈原既死之後，楚有宋玉、唐勒、景差之徒，皆好詞而以賦見稱，然皆祖屈之從容詞令，終莫敢直諫。其後，楚日以以[①]削。於勒無貶詞。《漢書·藝文志》有唐勒賦四篇，今無存。而《古文苑》所載宋玉《諷賦》云"楚襄王時，宋玉休歸，唐勒讒之於王"云云，周氏遂據此以屏勒，其實《高唐》《神女》皆爲屈子而作，亦猶《子虚》《上林》之意，非真有男女淫佚之思也。至《大言》《小言》與《笛》《釣》《諷賦》諸篇，皆出《古文苑》與《文選注》《藝文類聚》《初學記》等書，所引往往參錯。朱子謂其理不足而詞有餘，疑後人綴拾依託爲之，事之有無不足辨。而遂以是定勒之爰書，則周氏之過也。故補傳增輯之首，而辨之如此。又《漢志》有長沙王群臣賦四篇，今皆無存。

谷　儉

谷儉，郴縣人。晉甘卓爲湘州刺史，舉儉爲秀才。儉辭不獲命，州厚禮遣之。諸州秀才聞當考試，皆憚不行，惟儉一人到臺，遂不復策

① 以以，據《史記》卷八四《屈原賈生列傳》及文意，此二"以"字衍一，當删去一字。。

試。儉恥其州少士，乃表求試，以高第除中郎。

儉少有志行，寒苦自立，博涉經史。於是南土彫荒，經籍道息，儉不能遠求師友，唯在家研精。雖所得實深，未有名譽，又恥衒輝取達，遂歸，終身不仕。

柳 惔

柳惔，字文通，襄陽人。尚書令世隆之子，好學工製文，尤曉音律，少與長兄悦齊名。王儉謂人曰："柳氏二龍，可謂一日千里。"儉爲尚書左僕射，嘗造世隆宅，世隆謂爲詣己，徘徊久之。及至門，唯求悦及惔。遣謂世隆曰："賢子俱有盛才，一日見顧，今故報禮。若仍相造，似非本意，恐年少窺人。"

嘗預齊武烽火樓宴，帝善其詩，謂豫章王嶷曰："惔非徒風韻清爽，亦屬文遒麗。"後爲巴東王子響友，子響爲荆州，惔隨之鎮。子響昵近小人，惔知將爲禍，稱疾還都。及難作以免。

累遷新安太守，居郡以無政績免。建武末，爲梁、南秦二州刺史。及梁武帝起兵，惔舉漢中以應。梁武受命，爲太子詹事，加散騎常侍。武帝之鎮襄陽，惔祖道，帝解茅土玉環贈之。天監二年元會，帝謂曰："卿所佩玉環，是新亭所贈邪？"對曰："既而瑞感神衷，臣謹服之無斁。"帝因勸之酒，惔時未卒爵，帝曰："吾常比卿劉越石，近辭卮酒邪？"罷會，封曲江縣侯。帝因宴爲詩貽惔曰："爾實冠群后，惟余實念功。"帝又嘗謂曰："徐元瑜違命嶺南，《周書》父子兄弟罪不相及，朕已放其諸子，何如？"惔曰："罰不及嗣，賞延于後，今復見之聖朝。"時以爲知言。尋遷尚書左僕射。年六十，卒於湘州刺史，謚曰穆。

惔度量寬博，家人未嘗見其喜愠。甚重其婦，頗成畏憚。性愛音樂，女妓精麗，略不敢視。僕射張稷與惔狎密，而爲惔妻賞敬。稷每詣惔，必先相問夫人。惔每欲見妓，恒因稷請奏。其妻隔幔坐，妓然後出。惔因留目。

惔著《仁政傳》及諸詩賦。子昭，位中書郎，襲爵曲江侯。

柳　惲

柳惲，字文暢，惔弟。少有志行，好學，善尺牘。與陳郡謝瀹鄰居，深見友愛，瀹曰："宅南柳郎，可爲儀表。"

初，宋時有嵇元榮、羊蓋者，並善琴，云傳戴安道法。惲從之學。惲特窮其妙。齊竟陵王子良聞而引爲法曹行參軍，唯與王暕、陸果善。每歎曰："暕雖名家，猶恐累我也。"雅被子良賞狎。子良嘗置酒後園，有晉太傅謝安鳴琴在側，援以授惲，惲彈爲雅弄。子良曰："卿巧越嵇心，妙臻羊體，良質美手，信在今夜。豈止當今稱奇，亦可追蹤古烈。"

爲太子洗馬，父憂去官，著《述先頌》，申其罔極之心，文甚哀麗。後試守鄱陽相，聽吏俱得盡三年喪禮，署之文教，百姓稱焉。還除驃騎從事中郎。梁武帝至建鄴，惲候謁石頭，以爲征東府司馬。上牋請城平之日，先收圖籍，及遵漢高寬大之義。帝從之。徙爲相國右司馬。天監元年，除長兼侍中，與僕射沈約等共定新律。

惲立性貞素，以貴公子早有令名，少工篇什，爲詩云："亭皋木葉下，隴首秋雲飛。"琅邪王融見而嗟賞，因書齋壁及所執白團扇。武帝與宴，必詔惲賦詩。嘗和武帝《登景陽樓篇》云："太液滄波起，長楊高樹秋。翠華承漢遠，雕輦逐風游。"深見賞美。當時咸共稱傳。

歷平越中郎將、廣州刺史，祕書監，右衛將軍。再爲吴興太守，爲政清静，人吏懷之。於郡感疾，自陳解任。父老千餘人拜表陳請，事未施行，卒。

初，惲父世隆彈琴，爲士流第一，惲每奏其父曲，嘗感思。復變體備寫古曲。嘗賦詩未就，以筆捶琴，坐客過，以筯扣之，惲驚其哀韻，乃製爲雅音。後傳擊琴自於此。惲常以今聲轉棄古法，乃著《清調論》，具有條流。齊竟陵王嘗宿晏，明旦將朝，見惲投壺梟不絶，停輦久之，進見遂晚。齊武帝遲之，王以實對。武帝復使爲之，賜絹二十匹。嘗與琅邪王瞻博射，嫌其皮闊，乃摘梅帖烏珠之上，發必命中，觀者驚駭。

梁武帝好弈棊，使惲品定棊譜，登格者二百七十八人，第其優劣，爲《棊品》三卷。惲爲第二焉。帝謂周拾[①]曰："吾聞君子不可求備，至如柳惲，可謂具美。分其才藝，足了十人。"惲著《十杖龜經》，性好醫術，盡其精妙。

少子偃，字彦游。年十二，梁武帝引見，詔問讀何書，對曰："《尚書》。"又問其何美句，對曰："德惟善政，政在養人。"衆咸異之。詔尚武帝女長城公主，拜駙馬都尉、都亭侯，位鄱陽内史，卒。

顯鶴案：《隋書·經籍志》有湘州秀才《谷儉集》一卷。梁有其集，至隋已亡。考《晉書·甘卓傳》卓"舉桂陽谷儉爲秀才"，則儉爲桂陽人。今從卓傳采入。柳氏二龍，雅擅名譽，"亭皋隴首"之句與"池塘春草"並傳，不審原書何以不收，今並采入。

① 拾，據《南史》卷三八《柳惲傳》當作"舍"。

楚寶卷第十六

明湘潭周聖楷伯孔輯纂

文　　苑

庾　　信

庾信，字子山，其先南陽新野人。祖易，徙居江陵。父肩吾，梁散騎常侍、中書令。信幼而俊邁，聰敏絶倫，博覽群書，尤善《春秋左氏傳》。身長八尺，腰帶十圍，容止頽然，有過人者。起家湘東國常侍，轉安南府參軍。時肩吾爲梁太子中庶子，掌管記。東海徐摛爲左衛率。摛子陵及信，並爲鈔撰學士。父子在東宫，出入禁闥，恩禮莫與比隆。既有盛才，文並綺豔，故世號爲徐、庾體焉。當時後進，競相模範。每有一文，京都莫不傳誦。累遷尚書度支郎中、通直正員郎。出爲郢州别駕。尋兼通直散騎常侍，聘於東魏。文章辭令，盛爲鄴下所稱。還爲東宫學士，領建康令。

侯景作亂，梁簡文帝命信率宫中文武千餘人，營於朱雀航。及景至，信以衆先退。臺城陷後，信奔於江陵。梁元帝承制，除御史中丞。及即位，轉右衛將軍，封武康縣侯，加散騎常侍，聘於魏。屬大軍南討，遂留長安。

孝閔帝踐祚，累遷驃騎大將軍、開府儀同三司、司憲中大夫，進爵義城侯。俄拜洛州刺史。信多識舊章，爲政簡静，吏民安之。時陳氏與周通好，南北流寓之士，各許還其舊國。陳氏乃請王褒及信等十數人。

高祖唯放王克、殷不害等，信及褒並留而不遣。尋徵爲司宗中大夫。

世宗、高祖皆周帝。並雅好文學，信特蒙恩禮。至於趙、滕諸王，周旋欵至，有若布衣之交。群公碑誌，多相請託。唯王褒頗與信相埒，自餘文人，莫有逮者。信雖位望通顯，常有鄉關之思，乃作《哀江南賦》以致其意云。其敘曰：

“粤以戊辰之年，建亥之月，大盗移國，金陵瓦解。余乃竄身荒谷，公私塗炭。華陽奔命，有去無歸，中興道消，窮於甲戌。三日哭於都亭，三年囚於別館。天道周星，物極不反。傅燮之但悲身世，無所求生；袁安之每念王室，自然流涕。昔桓君山之志事，杜元顗之生平，並有著書，咸能自序。潘岳之文彩，始述家風；陸機之詞賦，多陳世德。信年始二毛，即逢喪亂，藐是流離，至於暮齒。燕歌遠別，悲不自勝；楚老相逢，泣將何及。畏南山之雨，忽踐秦庭；讓東海之濱，遂飱周粟。下亭漂泊，臯橋羈旅，楚歌非取樂之方，魯酒無忘憂之用。追惟此賦，聊以記言，不無危苦之辭，唯以悲哀爲主。

“日暮途遠，人間何世。將軍一去，大樹飄零；壯士不還，寒風蕭瑟。荆璧睨柱，受連城而見欺；載書横階，捧珠盤而不定。鍾儀君子，入就南冠之囚；季孫行人，留守西河之館。申包胥之頓地，碎之以首；蔡威公之淚盡，加之以血。釣臺移柳，非玉關之可望；華亭唳鶴，豈河橋之可聞。

“孫策以天下爲三分，衆裁一旅；項羽用江東之子弟，人唯八千。遂乃分裂山河，宰割天下。豈有百萬義師，一朝卷甲，芟夷斬伐，如草木焉？江、淮無涯岸之阻，亭壁無藩籬之固。頭會箕斂者，合從締交；鉏耰棘矜者，因利乘便。將非江表王氣，應終三百年乎？是知并吞六合，不免軹道之災；混一車書，無救平陽之禍。嗚呼！山嶽崩頽，既履危亡之運；春秋迭代，必有去故之悲。天意人事，可以淒愴傷心者矣。況復舟楫路窮，星漢非乘槎可上；風飆道阻，蓬萊無可到之期。窮者欲達其言，勞者須歌其事。陸士衡聞而撫掌，是所甘心；張平子見而陋之，固其宜矣。”

賦多不載。大象初，以疾去職。卒。有文集二十卷。隋文帝深悼之，贈本官，加荆、淮二州刺史。子立嗣。

《後周書》曰：周氏創業，運屬陵夷。纂遺文於既喪，聘奇士如弗及。是以蘇亮、蘇綽、盧柔、唐瑾、元偉、李昶之徒，咸奮鱗翼，自致青紫。然綽建言，務存質樸，遂糠粃魏、晋，憲章虞、夏。雖屬詞有師古之美，矯枉非適時之用，故莫能常行焉。既而革車電邁，渚宫雲撤。爾其荆、衡杞梓，東南竹箭，備器用於廟堂者衆矣。唯王褒、庾信奇才秀出，牢籠于一代。是時世宗雅詞雲委，滕、趙二王雕章間發。咸築宫虚館，有如布衣之交。由是朝廷之人，閭閻之士，莫不忘味於遺韻，眩精於末光。猶丘陵之仰嵩、岱，川流之宗溟、渤也。然則子山之文，發源于宋末，盛行于梁季。其體以淫放爲本，其詞以輕險爲宗。故能誇目侈于紅紫，蕩心逾于鄭、衛。昔揚子雲有言："詩人之賦麗以則，詞人之賦麗以淫。"若以庾氏方之，斯又詞賦之罪人也。

《僉載》曰：梁庾信從南朝初至北方，文士多輕之。信將《枯樹賦》以示之，於後無敢言者。時温子昇作《韓陵山寺碑》，信讀而寫其本，南人問信曰："北方文士何如？"信曰："唯有韓陵山一片石堪共語，薛道衡、盧思道少解把筆，自餘驢鳴狗吠，聒耳而已。"

楊慎曰：庾信之詩，爲梁之冠絶，啟唐之先鞭。史評其詩曰綺豔，杜子美稱之曰清新，又曰老成。綺豔、清新，人皆知之，而其老成，獨子美能發其妙。余嘗合而衍之曰：綺多傷質，豔多無骨，清易近薄，新易近尖。子山之詩，綺而有質，豔而有骨，清而不薄，新而不尖，所以爲老成也。若元人之詩，非不綺豔，非不清新，而乏老成。宋人詩則强作老成，而綺豔清新，槩未之有。子山者，可謂兼之矣。

宗 懔

宗懔，字元懔，其先南陽涅陽人。八世祖承，永嘉之亂，討陳敏有功，封柴桑縣侯，除宜都郡守，今宜都縣，漢爲郡。尋卒官。子孫因居江陵。懔少聰令，好讀書，晝夜不倦。語輒引古事，鄉里呼爲童子學士。梁普通六年，舉秀才，以不及二宫元會，例不對策。及梁元帝鎮荆州，謂長史劉之遴曰："貴鄉多士，爲舉一有意少年。"之遴以懔應命。即日引見，令兼記室。嘗夕被召宿省，使製《龍川廟碑》，一夜便就，詰朝呈上。梁元帝歎美之。及移鎮江州，以懔爲刑獄参軍，兼掌書記。歷臨汝、建成、廣晉三縣令。遭母憂去職。哭輒嘔血，兩旬之内，絶而復蘇者三。每有群烏數千，集於廬舍，候哭而來，哭止而去。時論稱之，以爲孝感所致。

梁元帝重牧荆州，以懔爲别駕、江陵令。及帝即位，擢爲尚書侍郎。封信安縣侯，邑一千户。累遷吏部尚書。初，侯景平後，梁元帝議還建業，唯懔勸都渚宫，以其鄉里在荆州故也。

及江陵陷，與王褒等入關。周太祖以懔名重南土，甚禮之。孝閔帝踐祚，拜車騎大將軍、儀同三司。世宗即位，又與王褒等在麟趾殿刊定群書。數蒙宴賜。保定中卒，有集二十卷，行於世。

《後周書》曰：宗懔幹局才辭見稱于梁元之世。逮乎俘囚楚甸，播越秦中，屬太祖思治之辰，遇世宗好士之日，在朝不預政事，就列纔忝戎章。豈懷道圖全，優游卒歲，將用與不用，留滯當年乎？

聖楷按：懔遭遇梁元，功稱佐命，一旦江陵陷没，舊君之義，遽爾恝然，何其厚於親而薄於君也？方寸之内，忠孝異情，荆楚歲時，有難乎其爲感者矣。又按别傳[1]，懔父高之先爲南臺書侍御史，犯憲當坐。懔願父釋罪，終身蔬食。鄉里以此稱之，然識者多言其矯也。及在尚書日，大進魚肉，國子祭酒沛國劉毅讓之曰："本知卿不忠，猶謂卿孝，今日便是忠孝並無。"懔莫對。嗟乎！世豈有不忠而能孝者哉？真僞之閒，正自有辨。

柳　䛒

柳䛒，音卞。字顧言，本河東人也。晉永嘉之亂，徙家襄陽。祖惔，梁侍中。父暉，都官尚書。䛒少聰敏，解屬文，好讀書，所覽將萬卷。仕梁，釋褐著作佐郎。後蕭詧據荊州，以爲侍中，領國子祭酒、吏部尚書。及梁國廢，以無吏幹去職，尋轉晉王諮議參軍。王好文雅，招引才學之士諸葛穎、虞世南、王胄、朱瑒等百餘人以充學士，而䛒爲之冠。王以師友處之，每有文什，必令其潤色，然後示人。嘗朝京師還，作《歸藩賦》，命䛒爲序，詞甚典麗。初，王屬文，爲庾信體，及見䛒後，文體遂變。仁壽初，引䛒爲東宫學士，加通直散騎常侍，檢校洗馬。甚見親重，每召入臥内，與之宴謔。䛒尤俊辯，多在侍從，有所顧問，應答如響。性又嗜酒，言雜誹諧，由是彌爲王所親狎。以其好内典，令撰《法華玄宗》，爲二十卷，奏之。王大悦，賞賜優洽，儕輩莫比。

及王嗣位，拜祕書監，封漢南縣公。帝退朝後，便命入閣，言宴諷讀，終日而罷。帝每與嬪后對酒，時逢興會，輒遣命之至，與同榻共席，恩若朋友。帝猶恨不能夜召，於是命匠刻木爲偶人，施機關，能坐起拜伏，以像䛒。帝每在月下對酒，輒令宫人置之於座，與相酬酢，而爲歡笑。從幸揚州，遇疾卒，年六十九。帝傷惜者久之。贈大將，謚曰

① 下文出自《北史》卷七〇《宗懔傳》，疑"别傳"乃"本傳"之誤。

康。撰《晉王北伐記》十五卷，有集十卷，行於世。

聖楷曰：共一隋煬也，于薛道衡、王胄，則忌之至于死；于柳䛒，則寵異之至爲木偶，以象其生。豈人主之好惡故有偏殊，抑文人之命自致之邪？然䛒非隋煬，亦幾不免諸葛穎之手矣。吁！可畏哉！嘗讀顔之推《家訓》云："文章之體，標舉興會，發引性靈，使人矜伐，故忽于持操，果于進取。今世文士，此患彌切，一字愜當，一句清巧，神厲九霄，志凌千載，自吟自賞，不覺更有傍人。加以砂礫所傷，慘于矛戟，諷刺之禍，速于風塵，深宜防慮，以保元吉。"嗟乎！由此觀之，文人習氣，固未易除也。然惟多讀書，厚養氣，庶幾免夫。

杜審言

杜審言，字必簡，襄州襄陽人，晉征南將軍預遠裔。擢進士，爲隰城尉，恃才高，以傲世見嫉。蘇味道爲天官侍郎，審言集判，出謂人曰："味道必死。"人驚問故，答曰："彼見吾判，且羞死。"又嘗語人曰："吾文章當得屈、宋作衙官，吾筆當得王羲之北面。"其矜誕類此。

累遷洛陽丞，坐事貶吉州司户參軍，司馬周季重、司户郭若訥構其罪，繫獄，將殺之。季重等酒酣，審言子并年十三，褏刃刺季重於坐，左右殺并。季重將死，曰："審言有孝子，吾不知，若訥故誤我。"審言免官，還東都。蘇頲傷并孝烈，誌其墓，劉允濟祭以文。

後武后召審言，將用之，問曰："卿喜否？"審言蹈舞謝，后令賦《歡喜詩》，歎重其文，授著作佐郎，遷膳部員外郎。神龍初，坐交通張易之，流峰州。入爲國子監主簿、修文館直學士，卒。大學士李嶠等奏請加贈，詔贈著作郎。

初，審言病甚，宋之問、武平一等省候何如，答曰"甚爲造化小兒相苦，尚何言？然吾在，久壓公等，今且死，固大慰，但恨不見替人”云。少與李嶠、崔融、蘇味道爲文章四友，世號“崔李蘇杜”。融之亡，審言爲服緦麻云。

宋之問《祭杜學士審言文》曰：嗚呼！位曰天寶，才曰天爵。鮮業備而官成，多聲高而命薄。屈原不終於楚相，揚雄自投於漢閣。代生人而豈無，人違代而咸若。運鍾唐虞，崇文寵儒，國求至寶，家獻靈珠。後俊有王、楊、盧、駱，繼之以子跡雲衢。王也才參卿於西陜，楊也終遠宰於東吴，盧則哀其栖山而臥疾，駱則不能保族而全軀，由運然邪？莫以福壽自衛，將神忌也，不得華實斯俱。惟靈昭昭，度越諸子。言必得雋，意常通理。其含潤也，若和風欲曙，摇露氣於春林；其秉豔也，似凉雨半晴，懸日光於秋水。衆轍同遵者擯落，群心不際者探擬。人也不幸而則亡，名兮可大而不死。君之栖遑，自昔迷方。逢時泰兮欲達，聞數奇兮自傷。屬文母之丕運，應才子之明敭。援淪秀於蘭畹，待遊仙於柏梁。命以著作，拜之爲郎。始翔鴛於清列，旋禦魅於炎荒。遺嫁雁兮超彭蠡，作編人兮居越裳。殊許靖之新適，憶虞舜之舊鄉。惟皇龍興，再施法度，拂洗溟渤，騫翔雨露。通籍於八舍禁門，摇筆於萬年芳樹。仰赤墀兮非遠，謂白首兮方遇。君病何病，到此彌留。藥雖餌兮寧愈，鍼不及兮增憂。雖則妙醫莫識，實冀明神獲瘳。嗚呼哀哉！君之將亡，其言也善。余向十旬，日或臥展，君感斯意，贈言宛轉。識金石之契密，悔文章之交淺。命子誡妻，既懇且辯。自予與君，弱歲遊執，文翰共許，風露相浥。况窮海兮同竄，復文房兮並入。川流遽閲，隙電初過。昔秉運兮如此，今造冥兮若何。懷君疇昔兮念已積，念君恩惠兮情倍多。道之南宅，困之東栗，使君孤之有餘，寧我家之不足。

籍籍流議，喧喧薄俗。名全每困於鑠金，身没誰恨其埋玉。空落長松千尺，詎置生芻一束？倬彼韋公，贈殷禮縟，善乎崔子，理感情屬。相識有素，見覽增劻。澄君詞賦於雲臺之上，藏君齒發於緱山之曲。緱氏山兮山上雲，秦城郊兮郊外墳。孟冬十日兮共歸君，君有靈兮聞不聞。我咀瑶屑，君知自夕。坐泣焚芝，遥哀畫柳。闕視祖載，爰奠卮酒，願歆悲誠，將告良友。

《唐·文藝傳》曰：初，中宗景龍二年，始於修文館置大學士四員、學士八員、直學士十二員，象四時、八節、十二月。於是李嶠、宗楚客、趙彦昭、韋嗣立爲大學士，李適、劉憲、崔湜、鄭愔、盧藏用、李乂、岑羲、劉子玄爲學士，薛稷、馬懷素、宋之問、武平一、杜審言、沈佺期、閻朝隱爲直學士。又召徐堅、韋元旦、徐彦伯、劉允濟等備員。其後被選者不一。凡天子饗會游豫，唯宰相及學士得從。春幸梨園，并渭水祓除，則賜細柳圈辟癘；夏宴蒲萄園，賜朱櫻；秋登慈恩浮圖，獻菊花酒稱壽；冬幸新豐，歷白鹿觀，上驪山，賜浴湯池，給香粉蘭澤，從行給翔麟馬，品官黄衣各一。帝有所感即賦詩，學士皆屬和。當時人所歆慕，然皆狎猥佻佞，忘君臣禮法，惟以文章取幸云。

杜易簡

杜易簡者，審言從祖兄也。九歲能屬文，長博學，爲岑文本所器，擢進士，補渭南尉。咸亨初，入殿中侍御史。嘗道遇吏部尚書李敬玄，不避，敬玄恨，召爲考功員外郎屈之。而侍郎裴行儉與敬玄不平，故易簡上書言敬玄罪，敬玄曰："襄陽兒輕薄乃爾。"因奏易簡險躁，高宗怒，貶開州司馬。

聖楷曰：嘗見《唐科第題名考》，高宗咸亨元年，進士五十四人。狀元杜易簡，進士杜審言，杜氏科名亦云盛矣。易簡有集二十卷，又有《御史臺雜注》五卷，今皆不傳。其《湘川新曲》一首，清婉可誦，附録之，云："二八相招攜，采菱度前溪。弱腕隨橈起，纖腰向舸低。自解看花笑，憎聞染竹啼。"又《續通典》云：

御史臺侍御史廳前，有古柏兩株，杜易簡爲之贊云："爰有貞柏，徙植清臺。廓條霜勁，靈葉風開。始逢鵲喜，終見烏來。"

劉孝孫

劉孝孫者，荆州人。祖貞，周石臺太守。孝孫少知名。大業末，爲王世充弟杞王辯行臺郎中。辯降，衆引去，獨孝孫攀援號慟，送于郊。貞觀六年，遷著作佐郎、吴王友。歷諮議參軍，遷太子洗馬，未拜，卒。

《新唐書》曰：武德四年，太宗爲天策上將軍，寇亂稍平，乃鄉儒官城西作文學館，收聘賢才，於是下教，以杜如晦、房玄齡、于志寧、蘇世長、薛收、褚亮、姚思廉、陸德明、孔穎達、李玄道、李守素、虞世南、蔡允恭、顔相時、許敬宗、薛元敬、蓋文達、蘇勖，並以本官爲學士。七年，收卒，復召東虞州録事參軍劉孝孫補之。凡分三番遞宿于閣下，悉給珍膳。每暇日，訪以政事，討論墳籍，榷略前載，無常禮之閒。命閻立本圖象，使亮爲之贊，題名字爵里，號"十八學士"，藏之書府，以章禮賢之重。方是時，在選中者，謂之"登瀛洲"。

聖楷按：《劉孝孫集》三十卷，又有《二儀實録》一卷，《隋開皇曆》一卷，《七曜雜術》二卷，《古今類聚詩苑》三十卷，俱載《唐・藝文志》。

歐陽詢子通附

歐陽詢，字信本，潭州臨湘人。父紇，陳廣州刺史，以謀反誅。詢當從坐，匿而免。江總以故人子，私養之。貌寢侻，敏悟絶人，總教以書記，每讀輒數行同盡，遂博貫經史。仕隋，爲太常博士。高祖微時，數與游，既即位，累擢給事中。

詢初仿王羲之書，後險勁過之，自名其體。尺牘所傳，人以爲法。高麗嘗遣使求之，帝歎曰："彼觀其書，固謂形貌魁梧耶？"嘗行見索靖所書碑，觀之，去數步復返，及疲，乃布坐，至宿其傍，三日乃得去。其所嗜類此。貞觀初，歷太子率更令、弘文館學士，封渤海男。卒，年八十五。

子通，儀鳳中累遷中書舍人。居母喪，詔奪哀。每入朝，徒跣及門。夜直，藉藁以寢。非公事不語，還家輒號慟。年饑，未克葬，居廬四年，不釋服。冬月，家人以氈絮潛置席下，通覺，即徹去。累遷殿中監，封渤海子。天授初，轉司禮卿，判納言事。輔政月餘，會鳳閣舍人張嘉福請以武承嗣爲太子，通與岑長倩等固執，忤諸武意。及長倩下獄，坐大逆死，來俊臣并引通同謀，通雖被慘毒無異詞，俊臣代占，誅之。神龍初，追復官爵。

通蚤孤，母徐教以父書，懼其墮，嘗遺錢使市父遺跡，通乃刻意臨倣以求售，數年，書亞於詢，父子齊名，號"大小歐陽體"。褚遂良亦以書自名，嘗問虞世南曰："吾書何如知永？"答曰："吾聞彼一字直五萬，君豈得此？"曰："孰如詢？"曰："吾聞詢不擇紙筆，皆得如志，君豈得此？"遂良曰："然則何如？"世南曰："君若手和筆調，固可貴尚。"遂良大喜。通晚自矜重，以狸毛爲筆，覆以兔毫，管皆象犀，非是未嘗書。

《唐紀》曰：武德九年九月，上於弘文殿聚四部書二十餘萬卷，置弘文館於殿側，精選天下文學之士虞世南、褚亮、姚思廉、歐陽詢、蔡允恭、蕭德言等，以本官兼學士。令更日宿直，聽朝之隙，引入内殿，講論前言往行，商榷政事，或至夜分乃罷。

聖楷按：歷代文章，自漢以來，史官列其名氏篇第，以爲六藝、九種、七略，至唐始分爲四類，曰經、史、子、集，以甲、乙、丙、丁爲次，謂之四庫書，亦曰四部。其本有正有副，軸帶帙籤皆異色以别之。凡購天下書，以千錢購書一卷，選五品以上子孫工書者爲書手，繕寫藏于四庫，以宫人掌之。又修書局，太府月給蜀郡麻紙五千番，季給上谷墨三百三十六丸，歲給河間、景城、清河、博平四郡兔千五百皮爲筆材。故其藏書之盛極於一時，其著録者五萬三千九百一十五卷，而唐之學者自爲之書，又一萬八千四百六十九卷。歐陽詢嘗被命撰《藝文類聚》凡一百卷，其書至今行之。

《廣川書跋》曰：書必託於筆以顯，則筋骨肉理皆筆之所寄也。率更于筆特未嘗擇而皆得佳趣，故當是絶藝。蓋其所寄者，心耳。論者謂“飛白冠絶，有龍蛇戰鬬之象、雲霧輕飄之勢。真、行出于大令，森森焉若武庫矛戟，至使知永奪氣”。信乎書妙至此極者。然飛白、篆書世不復傳，今收真、行、章草可見，知略無勁敵，非虚語也。

聖楷曰：大小歐陽，爲予潭州人。然問之潭州人，無一知者，亦大可歎也。湖南書法久絶，即神禹碣、北海碑，巍然峙于嶽麓，尚不辨爲宋以後重刻，况其他乎？嘗攷古法帖譜系有《慶曆長沙帖》，爲丞相劉沆帥潭日以《淳化官帖》命錢希白摹刻于郡齋者，亦謂之潭帖。此外又有長沙别本、私第本、新刻本，俱稱墨妙。蜀人秦子明慕之，練兵於長沙日，乃買石摹刻《僧寶月古法帖》十卷，載歸黔江，其時刻石者爲潭人湯正臣併二子仙芝、靈芝。黄山谷《跋秦氏所置法帖》云：“湯正臣父子，皆善摹刻，得于手而應于心，近古人用筆意。”嗟乎！當時刻工，尚有如此妙手，何今昔之不相及一至此邪？董思白太史云：“歐陽信本有《楚辭》諸帖，刻于長沙，今亦未聞。”然則今人不及古人，且併令古人遺蹟亦與寒煙同滅没，可勝歎哉！

席　豫

席豫，字建侯，襄州襄陽人。後周昌州刺史固七世孫，後徙河南。長安中，舉學兼流略、詞擅文場，科擢上第，時年十六，以父喪罷。復舉手筆俊拔科，中之。補襄邑尉，奏事闕下。會節愍太子難，安樂公主請爲皇太女，豫曰："昔梅福上書譏后族，彼何人哉！"乃上疏請立皇太子，語深切，人爲寒懼。太平公主聞其名，將表爲諫官，豫恥汙詖謁，遁去。俄舉賢良方正異等，爲陽翟尉。

開元初，觀察使薦豫賢，遷監察御史，出爲樂壽令。前令以親喪解，而豫母病，訴諸朝，改懷州司倉參軍。復舉超拔群類科。會母喪去。服除，授大理丞，遷考功員外郎，進爲中書舍人。與韓休、許景先、徐安貞、遜逖名相甲乙，出爲鄭州刺史。韓休輔政，舉代己，入拜吏部侍郎。玄宗曰："卿前日考功職詳事允，故有今授。"豫典選六年，拔寒遠士多至臺閣，當時推知人，號席公云。天寶六載，進禮部尚書，累封襄陽縣子。凡四以使者按行江南、江東、淮南、河北。南方俗死不葬，暴骨中野，豫教以埋斂，明列科防，俗爲之改。

豫清直無欲，當官不爲勢權所撼。性謹畏，與子弟、屬吏書，不作草字。或曰："此細事耳，何留慮？"答曰："細不謹，况大事邪？"及疾篤，遺令三日斂，斂已即葬，勿久留以黷公私。貲不足，可賣居宅以終事。卒，年六十九。贈江陵大都督，謚曰文。

帝嘗登朝元閣賦詩，群臣屬和，帝以豫詩最工，詔曰："詩人之冠冕也。"弟晉，亦以文名當時。

唐二公主考

聖楷按：安樂公主，中宗幼女。帝遷房陵而主生，解衣以褓之，名裹兒。姝秀辯敏，后尤愛之。下嫁武崇訓。帝復位，光豔動天下，侯王柄臣多出其門。常自爲制勅，掩其文，令上署之，上笑而從之，竟不視也。又私請廢太子，立己爲皇太女，上雖不從，亦不譴責。與太平等七公主皆開府，而主府官屬尤濫。嘗請昆明池爲私沼不得，乃自鑿定昆池，延袤數里以抗之。崇訓死，主素與武延秀亂，即嫁之。後臨淄王誅韋后，主方覽鏡作眉，爲亂兵所斬。

太平公主，則天皇后所生，后愛之傾諸女。榮國夫人死，后丐主爲道士，以幸冥福。久之，主衣紫袍玉帶，折上巾，具紛礪，歌舞帝前。帝及后大笑曰："兒不爲武官，何遽爾？"主曰："以賜附馬可乎？"帝識其意，擇薛紹尚之。紹死，后殺武攸暨妻，以配主。主方額廣頤，沈敏多權略，武后以爲類己，頗得預密謀。中宗之世，韋后、安樂公主皆畏之，後卒以謀廢太子，賜死于第。

李邕

李邕，字泰和，其先江夏人。父善，淹貫經籍。梁顯慶中，兼沛王侍讀，注昭明太子《文選》。

邕少知名。謁特進李嶠，願讀秘書，嶠曰："祕閣萬卷，豈時日能習邪？"邕固請，乃假直秘書。未幾辭去，嶠驚，試問奥篇隱帙，了辯如響，嶠歎曰："子且名家。"

嶠爲内史，與監察御史張廷珪薦邕文高氣方直，才任諫諍，乃召拜左拾遺。御史中丞宋璟劾張昌宗等反狀，武后不應，邕立階下大言曰："璟所陳社稷大計，陛下當聽。"后色解，即可璟奏。邕出，或讓曰："子位卑，一忤旨，禍不測。"邕曰："不如是，名亦不傳。"

中宗立，鄭普思以方技幸，擢祕書監。邕諫曰："陛下躬政日淺，有九重之嚴，未聞道路横議。今籍籍皆言普思馮詭惑，説妖祥，陛下不知，猥見驅使。孔子曰：'《詩》三百，一言以蔽之，曰：思無邪。'陛下誠以普思術可致長生，則爽鳩氏且因之永有天下，非陛下乃今可得；能致神人邪？秦、漢且因之永有天下，非陛下乃今可得；能致佛法邪？梁武帝且因之永有天下，非陛下乃今可得；能鬼道邪？墨翟、干寶且各獻其主，永有天下，非陛下乃今可得。自古堯、舜稱聖者，臣觀所以行，皆在人事，敦睦九族，平章百姓，不聞以鬼神道治天下，惟陛下省察。”不納。

五王誅，坐善張柬之，出爲南和令，貶富州司户參軍事。韋氏平，召拜左臺殿中侍御史，彈劾任職，人頗憚之。遷户部員外郎。岑羲、崔湜惡崔日用，而邕與之交。玄宗在東宫，邕及崔隱甫、倪若水同被禮遇，羲等忌之，貶邕舍城丞。玄宗即位，召爲户部郎中。張廷珪爲黄門侍郎，而姜皎方幸，乃援邕爲御史中丞。姚崇疾邕險躁，左遷括州司馬，起爲陳州刺史。

帝封泰山還，邕見帝汴州，詔獻詞賦，帝悦。然矜肆，自謂且宰相。邕素輕張説，與相惡。會仇人告邕贓貸枉法，下獄當死。許昌男子孔璋上書天子曰：“明主舉能而捨過，取才而棄行。烈士抗節，勇者不避死，故晉用林父不以過，漢任陳平不以行，禽息隕身不祈生，北郭碎首不愛死。向若林父誅，陳平死，百里不用，晏嬰見逐，是晉無赤狄之土，漢無天子之尊，秦不彊，齊不霸矣。伏見陳州刺史邕，剛毅忠烈，難不苟免。往者折二張之角，挫韋氏之鋒，雖身受謫屈，而奸謀沮解，即邕有功於國。且邕所能者，拯孤恤窮，救乏賙惠，家無私聚。今聞坐贓下吏，死在旦夕。臣聞生無益於國者，不若殺身以明賢。臣願以六尺之軀膏斧鉞，以代邕死。臣與邕生平不欵曲，臣知有邕，邕不知有臣，臣不逮邕明矣。夫知賢而舉，仁也；任人之患，義也。獲二善以死，臣又何求？伏惟陛下寬邕之死，使率德改行。興林父、曲逆之功，臣得瞑目；附禽息、北郭之迹，大願畢矣。若以陽和方始，重行大戮，則臣請伏劍，不敢煩有司，皇天后土，實聞臣言。昔吴、楚反，漢得劇孟則不憂，夫以一賢而敵七國之衆，伏惟敷含垢之道，棄瑕之義，遠思劇孟，近取於邕。况告成岱宗，天地更新，赦而復論，人誰無罪，惟明王圖之。臣聞士爲知己者死，臣不爲死者所知，而甘之死者，非特惜邕賢，亦以成陛下矜能之慈。”

疏奏，邕得減死，貶遵化尉，流璋嶺南。邕妻温，復爲邕請戍邊自贖，曰：“邕少習文章，疾惡如讎，不容於衆，邪妄切齒，諸儒側目。頻謫遠郡，削跡朝端，不啻十載。歲時歎息，聞者傷懷。屬國家有事泰山，法駕旋路，邕獻牛酒，例蒙恩私。妾聞正人用則佞人憂，邕之禍端，故自此始。且邕比任外官，卒無一毀，天意暫顧，罪過旋生。諺曰：‘士無賢不肖，入朝見嫉。’惟陛下明察。邕初蒙訊責，便繫牢户，水不入口者踰五日，氣息奄奄，惟吏是聽。事生吏口，迫邕手書。貸人麠種，以爲枉法；市羅貢奉，指爲奸贓。於時匭使朝堂，守捉嚴固，號天訴地，誰肯爲聞？泣血去國，投骨荒裔，永無還期。妾願使邕得充一卒，効力王事，膏塗朔邊，骨糞沙壤，成邕夙心。”表入不省。

邕後從中人楊思勖討嶺南賊有功，徙澧州司馬。開元二十三年，起爲括州刺史，喜興利除害。復坐誣枉，且得罪，天子識其名，詔勿劾。後歷淄、滑二州刺史，上計京師。始，邕蚤有名，重義愛士，久斥外，不與士大夫接。既入朝，人閒傳其眉目瓌異，至阡陌聚觀，後生望風内謁，門巷填溢。中人臨問，索所爲文章，且進上。以讒媢不得留，出爲汲郡、北海太守。

天寶中，左驍衛兵曹參軍柳勣有罪下獄，邕常遺勣馬，故吉温使引邕嘗以休咎相語，陰賂遺宰相，李林甫素忌邕，因傅以罪。詔刑部員外郎祁順之、監察御史羅希奭就郡杖殺之。時年七十。代宗時，贈祕書監。

邕之文，於碑頌是所長，人奉金帛請其文，前後所受鉅萬計。邕雖詘不進，而文名天下，時稱李北海。盧藏用嘗謂：“邕如干將、莫邪，難與争鋒，但虞傷缺耳。”後卒如言。杜甫知邕負謗死，作《八哀詩》，讀者傷之。

杜甫《八哀詩·江夏李公邕》曰：長嘯宇宙閒，高才日陵替。古人不可見，前輩復誰繼？憶昔李公存，詞林有根柢。聲華當健筆，灑落富清製。風流散金石，追琢山嶽鋭。情窮造化理，學貫天人際。干謁走其門，碑版照四裔。各滿深望還，森然起凡例。蕭蕭白楊路，洞徹寶珠惠。龍宫塔廟湧，浩劫浮雲衛。宗儒俎豆事，故吏去思計。眄睞已皆虚，跋涉會不泥。向來映當時，豈獨勸後世。豐屋珊瑚鈎，麒麟織成罽。紫騮隨劍几，義取無虚歲。分宅脱驂間，感激懷未濟。衆歸賙給美，擺落多藏穢。獨步四十年，風聽九皋唳。嗚呼江夏姿，竟掩宣尼袂。往者武后朝，引用多寵嬖。否臧太常議，面折二張勢。哀俗凜生風，排蕩秋旻霽。忠貞負冤恨，宫闕深旒綴。放逐蚤聯翩，低垂困炎癘。日斜鵩鳥入，魂斷蒼梧帝。榮枯走不暇，星駕無安税。幾分漢庭竹，夙擁文侯篲。終悲洛陽獄，事近小臣斃。禍階初負謗，易力何深嚌。伊昔臨淄亭，酒酣託末契。重敘東都别，朝陰改軒砌。論文到崔蘇，指盡流水逝。近伏盈川雄，未甘特進麗。是非張相國，相扼一危脆。争名古豈然，鍵捷欻不閉。例及吾家詩，曠懷掃氛翳。慷慨嗣真作，咨嗟玉山桂。鍾律儼高懸，鯨鯢噴迢遰。坡陁青州血，蕪没汶陽瘞。哀贈竟蕭條，恩波延揭厲。子孫存如綫，舊客舟凝滯。君臣尚論兵，將帥接燕薊。朗詠六公篇，憂來豁蒙蔽。

聖楷按：趙明誠《金石録》云：唐《六公詠》，李邕撰。文辭高古，真一代佳作也。六公者，五王張柬之等各爲一章，狄丞相爲一章。

《唐志》曰：李邕義烈、英邁、正直、詞辨、文章、書翰，號“翰林六絶”。

《書法苑》曰：李邕書始變右軍行法，頓挫起伏，李陽冰謂之“書中仙手”。

聖楷曰：李北海邕之先，自高陽侯就至六世孫式，仕晉爲侍中，皆居江夏。其後孫元哲乃徙廣陵，元哲生善，善生邕，邕之再居江夏，不可知。然《新唐書·儒學傳》曰：曹憲，揚州江都人，始以梁昭明太子《文選》授諸生，而同郡魏模、公孫羅，江夏李善相繼傳授，於是其學大興。按此，則善與邕仍當係之江夏，作江都者非也。又李白《題江夏修静寺》曰："我家北海宅，作寺南江濱。空庭無玉樹，高殿坐幽人。書帶留青草，琴堂羃素塵。平生種桃李，寂滅不成春。"注云："此寺是李北海舊宅。"今修静寺在洪山西庵之東。

董宗伯其昌曰：長沙嶽麓寺有李北海碑。李，江夏人，其爲楚書碑惟此。又曰：北海在當時特以文名，後乃爲書所掩。

聖楷又按：晁氏《讀書記》云：李善，江夏人。高宗時爲弘文學士，博學，經史百家無不備覽而無文，時人謂之"書簏"。嘗爲《昭明文選》輯註，博引經史，釋事而忘其義。書成上進，問其子邕，邕無言。善曰："非邪？爾當正之。"於是邕更加以義釋，解精於五臣。今釋事加義者兩存焉。

杜　甫

杜甫，字子美，襄陽人。少貧不自振，客吴越、齊趙閒。李邕奇其才，先往見之，舉進士不中第，困長安。天寶十三載，玄宗朝獻太清宫饗廟及郊，甫奏賦三篇。帝奇之，使待制集賢院，命宰相試文章，擢河西尉，不拜，改右衛率府胄曹參軍。數上賦頌，因高自稱道，且言："先臣恕、預以來，承儒守官十一世，迨審言，以文章顯中宗時。臣賴緒業，自七歲屬辭，且四十年，然衣不蓋體，常寄食於人，竊恐轉死溝壑，伏惟天子哀憐之。若令執先臣故事，拔泥塗之久辱，則臣之述作雖不足鼓吹《六經》，至沈鬱頓挫，隨時敏給，揚雄、枚臯可企及也。有臣如此，陛下其忍棄之？"

會禄山亂，天子入蜀，甫避走三川。肅宗立，自鄜州羸服欲奔行在，爲賊所得。至德二年，亡走鳳翔上謁，拜右拾遺。與房琯爲布衣交，琯時敗陳濤斜，又以客董廷蘭罷宰相。甫上疏言："罪細，不宜免大臣。"帝怒，詔三司雜問。宰相張鎬曰："甫若抵罪，絶言者路。"

帝乃解。甫謝，且稱："琯宰相子，少自樹立爲醇儒，有大臣體，時論許琯才堪公輔，陛下可委而相之。觀其深念主憂，義形於色。然性失於簡，酷嗜鼓琴，廷蘭託琯門下，貧疾昏老，依倚爲非，琯愛惜人情，一至玷汙。臣歎其功名未就，志氣挫衂，覬陛下棄細録大，所以冒死稱述，涉近訐激，違忤聖心。陛下赦臣百死，再賜骸骨，天下之幸，非臣獨蒙。"然帝自是不甚省録。

時所在寇奪，甫家寓鄜，彌年艱窶，孺弱至餓死，因許甫自往省視。從還京師，出爲華州司功參軍。關輔饑，輒棄官去，客秦州，負薪採橡栗自給。流落劍南，結廬成都西郭。召補京兆功曹參軍，不至。會嚴武節度劍南東、西川，往依焉。武再帥劍南，表爲參謀，檢校工部員外郎。以世舊，待甫甚善，親至其家。甫見之，或時不巾，而性褊躁傲誕，嘗醉登武牀，瞪視曰："嚴挺之乃有此兒！"武亦暴猛，外若不爲忤，中銜之。一日欲殺甫及梓州刺史章彝，集吏於門。武將出，冠鉤於簾三，左右白其母，奔救得止，獨殺彝。武卒，崔旺等亂，甫往來梓、夔間。

大曆中，出瞿唐，下江陵，泝沅、湘以登衡山，因客耒陽。游嶽祠，大水遽至，涉旬不得食，縣令具舟迎之，乃得還。令嘗饋牛炙白酒，大醉，一夕卒，年五十九。

甫曠放不自檢，好論天下大事，高而不切。少與李白齊名，時號"李杜"。嘗從白及高適過汴州，酒酣登吹臺，慷慨懷古，人莫測也。數嘗寇亂，挺節無所汙，爲歌詩，傷時撓弱，情不忘君，人憐其忠云。

> 《新唐書》贊曰：唐興，詩人承陳、隋風流，浮靡相矜。至宋之問、沈佺期等，研揣聲音，浮切不差，而號"律詩"，競相襲沿。逮開元間，稍裁以雅正，然恃華者質反，好麗者壯違，人得一槩，皆自名所長。至甫，渾涵汪茫，千彙萬狀，兼古今而有之，他人不足，甫乃厭餘，殘膏賸馥，沾丐後人多矣。故元稹謂："詩人以來，未有如子美者。"甫又善陳時事，律切精深，至千言不少衰，世號"詩史"。昌黎韓愈於文章慎許可，至歌詩，獨推曰：

"李杜文章在，光焰萬丈長。"誠可信云。

元稹《唐工部員外郎杜君墓銘》敘曰："予讀詩至杜子美，而知小大之有所總萃焉。始堯舜時，君臣以賡歌相和。是後詩人繼作，歷夏、殷、周千餘年，仲尼輯拾選練，其干預教化之尤者三百，其餘無聞焉。騷人作而怨憤之態繁，然猶去風雅日近，尚相比擬。秦漢以還，採詩之官既廢，天下妖謡民謳、歌頌諷賦、曲度嬉戲之詞，亦隨時閒作。逮至漢武賦《柏梁》，而七言之體具。蘇子卿、李少卿之徒，尤工爲五言。雖句讀文律各異，雅鄭之音[1]，而詞意簡遠，指事言情，自非有爲而爲，則文不妄作。建安之後，天下文士遭罹兵戰，曹氏父子鞍馬閒爲文，往往横槊賦詩，故其遒文壯節，抑揚冤哀存離之作，尤極於古。晉世風槩稍存。宋、齊之閒，教失根本，士以簡慢歙飾相尚，文章以風容色澤放曠、精清爲高，蓋吟寫性靈、流連光景之文也，意義格力，無取焉。陵遲至於梁、陳，淫豔刻飾、佻巧小碎之詞劇，又宋、齊之所不取。

"唐興，官學大振，歷世之文，能者互出。而又沈、宋之流，研練精切，穩順聲勢，謂之爲律詩。由是而後，文變之體極焉。然而好古者遺近，務華者去實，効齊梁則不逮於魏晉，工樂府則力屈於五言；律切則骨格不存，閒暇則纖穠莫備。至於子美，蓋所謂上薄風騷，下該沈宋，古傍蘇李，氣奪曹劉，掩顔謝之孤高，雜徐庾之流麗，盡得古今之體勢，而兼人人之所獨專矣。時山東人李白，亦以奇文取稱，時人謂之"李杜"。予觀其壯浪縱恣，擺去拘束，模寫物象，及樂府歌詩，誠亦差次也。至若鋪陳終始，排比聲韻，大或千言，次猶數百，詞氣豪邁而風調清深，屬對律切而脱棄凡近，則李尚不能歷其藩翰，況堂奥乎！

"予常欲件析其文，體别相附，與來者爲之準，特病嬾未就。適子美之孫嗣業，啟子美之柩，襄祔事於偃師，次於荆，雅

① "音"下疑有脱文，據元稹《元氏長慶集》卷五六爲"雅鄭之音亦雜"。

知予愛言其大父爲文，拜予爲誌。辭不可絶，予因係其官閥而銘其卒葬云。

“係曰：晉當陽成侯姓杜氏，十世而生依藝，令於鞏。依藝生審言，善詩，官至膳部員外郎。審言生閑，閑生甫。閑爲奉天令。甫字子美，天寶中，獻《三大禮賦》，明皇奇之，命宰相試文，文善，授甫曹屬。京師亂，步謁行在，拜左拾遺。歲餘，以直言失官，出爲華州司功，尋遷京兆功曹。劍南節度使嚴武狀爲工部員外，參軍事。旋又棄去，扁舟下荆、楚閒，竟以寓卒，旅殯岳陽，享年五十九。夫人弘農楊氏女，父曰司農少卿怡，四十九年而終。嗣子曰宗武，病不克葬，歿，命其子嗣業。嗣業貧，無以給喪，收拾乞丐，焦勞晝夜，去子美歿後餘四十年，然後卒先人之志，亦足爲難矣。

“銘曰：維元和之癸巳，粤某月某日之佳辰。合窆我杜子美於首陽之前山。嗚呼！千步而下，曰此文先生之古墳。”

聖楷曰：杜子美卒葬時地，元積敘之甚詳，今楚志云杜甫墓在耒陽，可删。但子美生於楚，葬於洛，人多不解其故。宋延清《祭審言文》亦云：“藏君齒髮於緱山之曲。”緱山、首陽，皆在偃師縣，蓋祔祖以葬，自是杜氏家法，觀杜征南遺令可見。

《宛委餘編》曰：偶閲張伯雨《贈紐憐太監詩跋》云：“曾疏請以蜀文翁之石室、揚雄之墨池、杜甫之草堂，皆列祀典。又爲甫請得賜謚曰文貞。《虞奎章集》紀其事。”按：《元史》有《紐憐傳》，而不載此事。又杜甫之謚文貞，亦出奇聞。

孟浩然

孟浩然，字浩然，襄陽人也。骨貌淑清，風神散朗。救患釋紛，以立義表，灌蔬藝竹，以全高尚。交游之中，通脱傾蓋，機警無匿。學不爲儒，務掇菁藻；文不按古，匠心獨妙。五言詩天下稱其盡美矣。閒遊秘省，秋月新霽，諸英華賦詩作會，浩然句曰："微雲淡河漢，疎雨滴梧桐。"舉坐嗟其清絶，咸閣筆不復爲繼。丞相范陽張九齡、侍御史京兆王維、尚書侍郎河東裴朏、范陽盧僎、大理評事河東裴總、華陰太守鄭倩之、守河南獨孤策，率與浩然爲忘形之交。山南採訪使、本郡守昌黎韓朝宗謂："浩然閒代清律，寘諸周行，必咏穆如之頌。"因入秦，與偕行，先揚於朝，與期，約日引謁。及期，浩然會寮友，文酒講好甚適。或曰："子與韓公預諾而忘之，無乃不可。"浩然叱曰："僕已飲矣，身行樂耳，遑恤其他。"遂畢席不赴。由是閒罷，既而浩然亦不之悔也，其好樂忘名如此。

士源他時嘗筆讚之，曰："導漾挺靈，實生芝英。浩然清發，亦其自名。"開元二十八年，王昌齡遊襄陽，時浩然疾瘍發背，且愈，相得歡甚，浪情宴謔，食鮮疾動，終于冶城南園，年五十有二。子曰儀甫。

浩然文不爲仕，佇興而作，故或遲；行不爲飾，動以求真，故似誕；遊不爲利，期以放性，故常貧。名不繼于選部，聚不盈于儋石，雖屢空不給，而自若也。浩然凡所屬綴，就輒毁棄，無復編録，常自歎爲文不逮意也。流落既多，篇章散逸，鄉里購採，不有其半。敷求四方，往往而獲，既無他事爲之傳次，遂使海内衣冠縉紳，經襄陽思覩其文，蓋有不備見而去，惜哉！今集其文、詩二百一十八首，分爲四卷云。

皮日休《郢州孟亭記》曰：明皇世，章句之風，大得建安體，論者推李翰林、杜工部爲之尤。介其間能不愧者，惟吾鄉之孟先生也。先生之作，遇思入詠，不抱奇抉異，齷齪束人口者，涵涵然有干霄之興，若公輸氏當巧而不巧者也。北齊美蕭慤有"芙蓉露下落，楊柳月中疎"。先生則有"微雲淡河漢，疎雨滴梧桐"。樂府美王融"日霽沙嶼明，風動甘泉濁"。先生則有"氣蒸雲夢澤，波撼岳陽城"。謝朓之詩句，精者有"露濕寒塘草，月映清淮流"。先生則有"荷風送香氣，竹露滴清響"。此與古人争勝于毫釐也。稱是者衆，不可悉類。

嗚呼！先生之道，他復何言邪？謂乎貧，則天爵于身；謂乎死，則不朽于文。爲士之道，亦已至矣。先生，襄陽人也；日休，襄陽人也。既慕其名，亦覩其貌，蓋仲尼思文王，則嗜昌歜；七十子思仲尼，則思有若。吾於先生見之矣。説者曰：王右丞筆先生貌于郢之亭。每有觀之志。四年，滎陽鄭公誠刺是州，余將抵江南，艤舟而請之。果以文見責，則先生之貌縱視矣。先，亭之名，取先生之諱。公曰："焉有賢者之名，趨廝走養，朝夕言於刺史前邪？"命易之以先生姓。日休時在宴，因曰："《春秋》書紀季、公子友、仲孫湫字者，貴之也。故書名曰貶，書字曰貴，况以賢者名署於亭乎？君子是以知公樂善之深也。百祀之弊，一朝而去，則民之弊也，去之可知矣。"見善不書，非聖人之志，宴豆既徹，立而爲文。咸通四年四月三日記。

符載《從樊漢南爲鹿門孟處士求修墓牋》：夫仁義揚顯朗，德之充也；惠慈被幽昧，仁之原也。竊見故鹿門孟處士浩然，納靈冲粹，仗儒傑立，文寶貴重，價吞連城，一旦殞落，胤替陵蔑。吁嗟邱隴，頽陷荒圃。形或異斧，高不及隱。永懷若人，行路慨然。前日辦覺佛寺峴首亭，恭覩明公，垂意拳拳，將墓文表隧封起窀穸，闔境縉紳，瞥聞嘉聲，風動興感，偕至踴躍。然垂休務當時，從善貴若流，今閣下外迫軍旅程使之劇，内勞賓客俯仰之勤，牽耗星歲，未遑指顧。常恐旦夕，飛践廊廟，纏綿深旨，鬱紆不寫，則處士之風流精爽，沉翳厚地矣。或好事者乘而射之，孤負夙志矣。伏惟閣下醇仁盛德，覆乎草木，除惡彰善，發於鄉黨。割省庶務，凝神晷刻，盼睞官屬，望則首尾。實足以副士林之翹翹，慰羈魂之冥冥。事關教化，不主名譽，伏惟慮之始終。幸甚。

聖楷曰：世稱孟浩然以"不才明主棄，多病故人疏"之句，見擯于明皇，故坎壈以終其身。予觀浩然《留别王侍御維》詩有云："欲尋芳草去，惜與故人違。當路誰相假，知音世所希。"是其胸中原不作富貴想，而獨于友朋之閒，有似悲似憤者，豈得以世情測量之哉？故王維送其歸襄陽云："杜門不復出，久與世情疎。以此爲長策，勸君歸舊廬。醉歌田舍酒，笑讀古人書。好是一生事，無勞獻子虚。"劉昚虚《寄江滔求孟六遺文》云："南望襄陽路，思君情轉親。偏知漢水廣，應與孟家隣。在日貪爲善，昨來聞更貧。相如有遺草，試一問家人。"嗟乎！浩然有如此良友，亦可老死鹿門無憾矣。况其流風餘韻，起人咏思，又有王士源，符厚之之輩乎？交情雅道，誠曠世而一覩也。

鍾退庵曰：浩然詩，當于清淺中尋其静遠之趣，豈可故作清態，飾其寒窘，爲不讀書不深思人便門？若右丞詩，雖欲竊其似以自文，不可得矣。此王、孟之别也。

楚寶卷第十六考異

新化鄧顯鶴湘皋述

文苑

庾信

加散騎常侍，聘於魏。

顯鶴按：聘於魏，當作“聘於西魏”。

柳䛒

尋轉晉王諮議參軍。

顯鶴按：文宜稱“尋轉隋晉王諮議參軍”。贈大將，當作“贈大將軍”。

孟浩然

孟浩然，字浩然，襄陽人也。骨貌淑清，風神散朗。救患釋紛，以立義表，灌蔬藝竹，以全高尚。交遊之中，通脱傾蓋。

顯鶴按：《唐書》浩然本傳：少好節義，喜振人患難，隱鹿門山。年四十，乃遊京師。嘗於太學賦詩，一座嗟伏，無敢抗。張九齡、王維雅稱道之。維私邀入内署，俄而玄宗至，浩然匿牀下，維以實對。帝曰："朕聞其人而不見也，何懼而匿？"帝問其詩，浩然再拜，自誦所爲，至"不才明主棄"之句，帝曰："卿不求仕，而朕未嘗棄卿，奈何誣我？"因放還。

山南採訪使、本郡守昌黎韓朝宗謂："浩然閒代清律，寘諸周行，必詠穆如之頌。"因入秦，與偕行，先揚於朝。

本傳：採訪使韓朝宗約浩然偕至京師，欲薦諸朝。會故人至，劇飲歡甚。或曰："君與韓公有期。"浩然叱曰："業已飲，遑恤他。"卒不赴。朝宗怒，辭行，浩然不悔也。

四年，滎陽鄭公誠刺是州。

按本傳："鄭公誠"當作"鄭公誠"。

符載《從樊漢南爲鹿門孟處士求修墓牋》。

按本傳：樊澤爲節度使時，浩然墓庳壞，符載以牋叩澤云云。澤乃更爲刻碑鳳林山南，封其墓。

楚寶卷第十六增輯

新化鄧顯鶴湘皋述

文　苑

陰　鏗

陰鏗，字子堅，南平人。父子春，仕至梁、秦二州刺史。鏗博涉史傳，尤善五言詩，被當時所重。爲梁湘東王法曹行參軍。初鏗嘗與賓友宴飲，見行觴者，因回酒炙以授之，衆坐皆笑，鏗曰："吾儕終日酣酒，而執爵者不知其味，非人情也。"及侯景之亂，鏗當爲賊禽，或救之，獲免。鏗問之，乃前所行觴者。陳天嘉中，爲始興王中録事參軍，文帝嘗宴群臣賦詩，徐陵言之，帝即日召鏗預宴，使賦新成安樂宫。鏗援筆便就，帝甚歎賞之。累遷晉陵太守、員外散騎常侍。頃之，卒。有文集三卷行於世。

顯鶴案：《南史・陰子春傳》："子春，字幼文，武威姑臧人也。晉義熙末，曾祖襲隨宋武帝南遷，至南平，因家焉。父知伯，與梁武帝鄰居，少相善，嘗入帝臥内，見有異光成五色，因握帝手曰：'公後必大貴，非人臣也。天下方亂，安蒼生者，其在君乎！'帝曰：'幸勿多言。'於是情好轉密，帝每有求，如外府焉。及帝踐祚，官至梁、秦二州刺史。"子春亦至梁、秦二州刺史，卒於江陵。案：陰氏家南平已五世，與劉虬、宗測同例，皆當爲楚人。子堅五言詩，爲當時所重，時稱"陰何"。不應見遺，今特增輯《文苑》。

又案《宋書·州郡志》："南平内史，吴南郡治江南，領江陵、華容諸縣。晉武帝太康元年，分南郡江南爲南平郡，治作唐。"即今之安鄉，隸澧州。今《湖南通志》亦未收入。

楚寶卷第十七

明湘潭周聖楷伯孔輯纂

文　苑

岑　參

岑參，江陵人，岑文本之曾孫也。天寶三載進士，釋褐率府兵曹參軍，遷大理評事兼監察御史。杜甫薦之轉左補闕，累遷侍御史，出爲嘉州刺史。屬中原多故，卒死于蜀。有集八卷行于世。

京兆杜確序略曰：南陽岑公，蚤歲孤貧，能自砥勵，遍覽史籍，尤工綴文，屬辭尚清，用志尚切。其有所得，多入佳境，迥拔孤秀，出于常情。每篇絶筆，則人人傳寫，雖閭里士庶、戎夷蠻貊，莫不吟習焉。後之詞人有所觀覽，亦由聆廣樂者識清商之韻，遊名山者仰翠微之色，足以瑩徹心府，發揮高致焉。

殷璠曰：參詩語奇體俊，意亦造奇。至如“長風吹白茅，野火燒枯桑”，可謂逸才。又“山風吹空林，颯颯如有人”，宜稱幽致也。

晁氏《讀書記》曰：岑參，文本之裔孫，天寶三年進士。累官補闕起居郎。出爲嘉州刺史，杜鴻漸表置幕府，爲職方郎中兼侍御史，罷，歸於蜀。至德中，裴垍、杜甫等常薦其識度清遠，議論雅正，佳名蚤立，時輩所仰，可以備獻替之官云。

聖楷按：岑氏其先爲南陽人，自祖善方徙襄陽，更徙江陵，故

《唐書》以岑文本爲江陵人，不復係之南陽矣。其後岑長倩，封鄧國；岑羲，封汝南。隨相繼誅滅，子孫星散。故參著《感舊賦》云："去鄉離土，隳宗破族。雲雨流離，江山放逐。愁見蒼梧之雲，泣盡江潭之竹。或投于黑齒之野，或竄于文身之俗。"又自敘云"十五隱于嵩陽"，則不定于南陽益可見。彼作南陽者，或以其居無定址，仍以舊土稱之耳，其實非也。

綦毋潛

綦毋潛，字季通，荆南人。開元十四年進士。由宜壽縣尉人爲集賢待詔，遷右拾遺，終著作郎。集一卷。

綦毋潛遷宜壽尉，李頎以詩寄之曰："新加大邑綬仍黄，近與單車向洛陽。顧盼一過丞相府，風流三接令公香。南川粳稻花侵縣，西嶺雲霞色滿堂。共道進賢蒙上賞，看君幾歲作臺郎。"

殷璠曰：潛詩屹崒峭蒨，善寫方外之情。至如"松覆山殿冷"，不可多得。又"塔影挂清漢，鐘聲和白雲"，歷代未有。荆南分野，數百年來，獨秀斯人。

聖楷曰：潛詩如《冬夜寓居寄儲太祝》："自爲洛陽客，夫子吾知音。盡義能下士，時人無此心。奈何離居夜，巢鳥悲空林。愁坐至月上，復聞南隣砧。"深幽古奥，可謂初盛之音。又如《春泛若邪》："幽意無斷絶，此去隨所偶。晚風吹行舟，花路入谿口。際夜轉西壑，林月低向後。"妙語妙境，心手俱閒，如此等詩，真不厭百回讀也。

薛據

薛據，荊南人。仕至太子司議郎。

殷璠曰：據爲人骨鯁有氣魄，其文亦爾。自傷不蚤達，因著《古興》詩云："投珠恐見疑，抱玉但垂泣。道在君不舉，功成歎何及。"怨憤頗深。至如"寒風吹長林，白日原上没"，又"孟冬時短晷，日盡西南天"，可謂曠代之佳句。

崔曙《送薛據之宋州》詩云："無媒嗟失路，有道亦乘流。客處不堪别，異鄉應共愁。我生蚤孤賤，淪落居此州。風土至今憶，山河皆昔遊。一從文章事，兩京春復秋。君去問相識，幾人今白頭。"

張子容

張子容，襄陽人。與孟浩然同隱鹿門山。開元元年登進士，爲樂城令。

孟浩然《送張子容進士舉》云："夕曛山照滅，送客出柴門。惆悵野中别，殷勤歧路言。茂林予偃息，喬木爾飛翻。無使谷風誚，須令友道存。"按，此詩可證子容爲襄陽人。又子容《送孟六歸襄陽》亦有"常懷故園意，歸與孟家隣"之句。

《升庵詩品》曰：張子容詩："海氣朝成雨，江天晚作霞。"李嘉祐詩："朝霞晴作雨，濕氣晚生寒。"二詩極相似，然盛唐、中唐分焉，試辨之。

聖楷曰：張子容詩不多見，如《春江花月夜》："林花發岸口，氣色動江新。此夜江中月，流光花上春。分明石潭裏，宜照浣紗人。”清婉簡妙，與張若虛之長篇排宕，可稱勁敵。又如《泛永嘉江日暮回舟》詩：“無雲天欲暮，輕鷁大江清。歸路煙中遠，回舟月上行。傍潭窺竹暗，出嶼見沙明。更值微風起，乘流絲管聲。”俱雅雋之作。

張　繼

張繼，字懿孫，襄州襄陽人。大曆末，檢校祠部員外郎，分掌財賦於洪州。集一卷。

聖楷按：張繼爲襄州人，載《唐·藝文志》。今詩人爵里，作兖州者誤。世傳誦繼詩，止《楓橋夜泊》一絶。然其五言絶如“調與時人背，心將静者論。終年帝城裏，不識五侯門”。七言絶如“紫陽宫女捧丹砂，王母令過漢帝家。春風不肯停仙馭，卻向蓬萊看杏花”。五言排律如《送判官往陳留》：“齊宋分巡地，頻年此用兵。女停襄邑杼，農廢汶陽耕。使者乘軺去，諸藩擁節迎。深仁佐君子，薄賦恤黎氓。火燎原猶熱，風摇海未平。應將否泰理，一問魯諸生”。皆深於比興，切於事理，佳句也。

楊太史慎曰：《國語》“室無懸耜，野無奥草”，《尉繚子兵法》“耕有春懸耜，織有日斷機”，言用兵之妨於耕織也。唐張繼詩“女停襄邑杼，農廢汶陽耕”，蓋祖尉繚子之語。

衛　象

衛象，江陵人。大曆間，爲長林縣令，與丞司空曙厚善。官至侍御。

楊太史慎曰：衛象《吴宫怨》云：“吴王宫闕臨江起，不捲珠簾見江水。曉氣晴來雙闕間，潮聲夜落千門裏。勾踐城中非舊春，姑蘇臺上起黄塵。只今惟有西江月，曾照吴王宫里人。”此詩與王子安《滕王閣》詩相似，少誦之，知爲初唐人無疑，而未有明證。偶閲《李嶠集》，有《詠衛象餳絲結》，知爲巨山同時。高棅選唐詩，乃收之晚唐，不考之甚矣。

聖楷按：李嶠《長林令衛象餳絲結歌》，小題用七言歌體甚奇，予友鍾伯敬選入《詩歸》。歌云：“主人琱盤盤素絲，寒女眷眷墨子悲。苔乃假使餳爲之，八珍重沓失顔色。手援玉節不敢持，始狀芙容新出水。仰折重衣領萬蕊，又如合歡交亂枝，紅茸向暮花參差。吴蠶落繭抽尚絶，細縷纖毫看欲滅。雲髮羞垂倭墮鬟，繡囊畏並茱萸結。我愛此絲巧妙絶世無，爲君作歌陳坐隅。”

鮑　防

鮑防，字子慎，襄州襄陽人。少孤窶，彊志於學，善辭章。及進士第，歷職方員外郎，節度行軍司馬。俄知留後，兼太原尹、節度使。人樂其治，詔圖形别殿。入爲御史大夫，歷福建、江西觀察使，召拜左散騎常侍。從德宗奉天，進禮部侍郎，封東海郡公。

貞元元年，策賢良方正，得穆質、裴復、柳公綽、歸登、崔邠、韋純、魏弘簡、熊執易等，世美防知人。時比歲旱，策問陰陽祲沴，質對：“漢故事，免三公，卜式請烹弘羊。”指當時輔政者。右司郎中獨孤愐欲下質，防不許，曰：“使上聞所未聞，不亦善乎？”卒置質高第，帝見策嘉歎。

防後授工部尚書。卒贈太子少保，謚曰宣。防於詩尤工，有所感發，以譏切世敝，當時稱之。與中書舍人謝良弼友善，時號“鮑謝”云。

聖楷曰：蘇頲撰鮑防碑，爲河南洛陽人，與《唐書》本傳不合。然于致仕下，又云“徙家東周”，豈防先世洛陽，而後寓于襄州，至防而又徙歸于洛邪？且碑銘止稱其“蒞官行己”一語，不及于詩，何也？今從《唐書》。

朱　　放

朱放，字長通，襄陽人，隱居剡溪。曹王皋鎮江西，辟節度參謀。貞元初，召爲拾遺，不就。詩一卷，載《唐·藝文志》。

聖楷按：朱放，《文獻通考》作“朱倣”，乃宰相朱朴之後。《萬首唐詩》選其五、七言絶十首，惟《銅雀妓》、《亂後經淮陰岸》與《别李季蘭》三詩可誦。《别季蘭》云：“古岸新花開一枝，岸傍花下有分離。莫將羅袖拂花落，便是行人腸斷時。”季蘭女伎，見《藝文略》。高仲武《中興閒氣集》甚稱其詩，如“遠水浮仙棹，寒星伴使車”，此五言之嘉境也。有《寄朱放》詩云：“望水試登山，山高湖又闊。相思無曉夕，相望經年月。鬱鬱山木青，綿綿野花發。别後無限情，相逢一時説。”朱放亦有《剡溪行卻寄新别者》詩：“潺湲寒溪上，自此成離别。迴首望歸人，移舟逢暮雪。頻行識草樹，漸老傷年髮。惟有白雲心，爲向東山月。”二詩皆怨别而又同一韻，或亦爲答季蘭作邪？按，剡溪，在紹興府嵊縣剡山下。秦始皇東遊時，鑿此以泄王氣，漢剡中地。

戎　　昱

戎昱，荆南人。唐至德間，以文名登進士第。京兆尹李鑾欲以女妻之，令改姓，昱辭焉。衛伯玉鎮荆南，辟爲從事。德宗建中中，歷辰、虔二州刺史。

《雲溪友議》曰：唐憲宗皇帝朝，以北狄頻侵邊境，大臣奏議："古者和親有五利，而無千金之費。"帝曰："比聞有一卿能爲詩，而姓氏稍僻，是誰？"宰相對曰："恐是包子虛、冷朝陽。"皆不是也。帝遂吟曰："山上青松陌上塵，雲泥豈合得相親？世路盡嫌良馬瘦，唯君不棄臥龍貧。千金未必能移姓，一諾從來許殺身。莫道書生無感激，寸心還是報恩人。"侍臣對曰："此戎昱詩也。"帝悦，曰："朕又記得《咏史》一篇。此人若在，便與朗州刺史，武陵桃源，足稱詩人之興。"詠其《咏史》詩云："漢家青史内，計拙是和親。社稷依明主，安危託婦人。豈能將玉貌，便欲静胡塵。地下千年骨，誰爲輔佐臣？"帝笑曰："魏絳之功，何其懦也。"大臣公卿遂息和戎之論。

唐《本事詩》曰：韓晉公鎮浙西，戎昱爲部内刺史。郡有酒妓，善歌，色亦嫻妙，昱情屬甚厚。浙西樂將聞其能，白晉公召置籍中。昱不敢留，餞於湖上，爲歌詞以贈之，且曰："至彼令歌，必首唱是詞。"既至，韓爲開筵，自持盃命歌送之，遂唱戎詞。曲既終，韓問曰："戎使君於汝寄情邪？"悚然起立，曰："然。"淚下隨言。韓令更衣待命，席上爲之憂危。韓召樂將責曰："戎使君名士，留情郡妓，故何不知而召置之，成余之過。"乃十笞之。命妓與百縑，即時歸之。其詞曰："仍去春風湖上亭，柳條藤蔓繫離情。黄鶯久住渾相識，欲别頻啼四五聲。"

又曰：初，有客自零陵來，稱戎昱使君席上有善歌者，襄陽公頔遽命召焉。戎使君豈敢違命，逾月而至。及至，令唱歌，乃戎使君之什也。詩曰："寶鈿香娥翡翠裙，粧成掩泣欲行雲。慇勤好取襄王意，莫向陽臺夢使君。"公曰："丈夫不能立功立業，爲異代之所稱，豈可奪人愛姬，爲己之嬉娱？以此觀之，誠可竄身於無人之地。"遂多以繒帛贈行，以書遜謝於零陵之守也。

晁公武《讀書記》曰：戎昱，有集三卷。初，李蕞廉察桂林，月夜，聞隣居吟咏之音清暢，遲明訪之，乃昱也，即延爲幕賓。因飲席，調其侍兒，蕢知其意，即贈之。昱感怍賦詩，有“恩合死前酬”之句，後歷辰、虔二州刺史。

又《書録解題》曰：其姪孫爲序，言弱冠謁杜甫于渚官，一見禮遇。集中有哭甫詩。世所傳“在家貧亦好”之句，昱詩也。

聖楷曰：戎昱亦中唐妙手，惜其氣格稍弱耳。然《咏史》諸作，見賞于帝，宫人才子之稱，不足多也。且又有聞歌而贈侍兒、返愛妓者，詩至戎昱，不可謂不得力矣。其“在家貧亦好”，乃《長安秋夕》題，姚鉉選入《文粹》，全首云：“八月更漏長，愁人常起蚤。閉門寂無事，滿地生秋草。昨宵西窗夢，先入荆門道。遠客歸去來，在家貧亦好。”

柳　識

柳識，字方明，襄陽人，柳渾同母兄也。工文章，與蕭穎士、元德秀、劉迅相上下，而識練理創端，往往詣極。雖趣尚非博，然當時作者伏其簡拔。渾亦善屬文，但沈思不逮於識云。識官歷屯田郎中，集賢殿學士。

聖楷按：柳識文惟《琴會記》屢見選本，如“贊皇公絃琴，樊公和之，演操相應，澄清撫綏。遞爲伯牙，更爲子期。琴動人静，琴酣酒醒。清聲向月，和氣在堂。春風猶寒，是日覺暖”。又如“自樸散爲器，真意在琴，與衆樂同出于虚，獨能致静；同韻五音，獨能多感；同名爲樂，獨偶聖賢”。皆《記》中妙語，惜多錯落，不可盡讀。

董　挺

董挺，字庶中，武陵人。元和中，爲荆南從事。有《武陵集》一卷，載《唐·藝文志》。

劉禹錫《董氏武陵集序》云：片言可以明百意，坐馳可以役萬景，工于詩者能之。風雅體變而興同，古今調殊而理具，達于詩者能之。工生于才，達生于明，二者還相爲用，而後詩道備矣。余嘗執斯評爲公是且衡而度之。誠懸于心，默掃群才，鈞銖尋尺，隨限而盡。如是所閲者百態。一旦得董生之詞，沓如搏翠屏，浮層瀾，視聽所遇，非風塵閒物。亦猶明金粹羽得于遐裔，雖欲勿寶，得乎？

生名挺，字庶中。幼嗜屬詩，晚而不衰。心源爲鑑[①]，筆端爲炭。鍛鍊元本，雕礱群形。糾紛舛錯，逐意奔走。因故沿濁，叶爲新聲。當時以所與遊，皆青雲之士，聞名如盧、杜，盧象、杜甫。高韻如包、李，包結、李紓。迭以章句揚于當時。末路寡徒，值余歡甚。因相謂曰："閒者身以廷尉屬于荆州從事，移疾罷去，幽臥于武陵，逮今四載。言未信于世，道不施于人。寓其性懷，播爲吟咏，時復發笥，紛然盈前。凡五十篇，因地爲目。吾子嘗號知我，盍表而志之，爲生羽翼。"余不得讓而著於篇。因系之曰：

詩者文章之助，義得而言喪，故微而難能。境生于象外，故精而寡和。千里之謬，不容秋毫。非有的然之姿，可使户曉，必俟知者，然後鼓行于時。自建安距永明已還，詞人比肩，倡和相發。有以"朔風""零雨"高視天下，"蟬噪""鳥鳴"蔚在史策。國朝因之，粲然復興。繇篇章以躋貴仕者，相踵而起。兵興已還，有武

① 鑑，據《劉夢得文集》卷二三及上下文意當作"鑪"。

尚功，公卿大夫以安濟爲任，不暇器人于文什之間。故其風寖息。樂府協律，不能足新音以度曲，夜諷之職，寂寥無紀。則董生貧臥于裔土也，其不得于時者歟，其不試故藝者歟？

許　渾

許渾，字用晦，圉師之後。太和六年進士，爲當塗、太平二令，以病免，起潤州司馬。大中三年，爲監察御史，歷虞部員外，睦、郢二州刺史，嘗分司於朱方。丁卯閒自編所著，因以爲名。一云丁卯者，其所居之地有丁卯橋，故云。

《書史》曰：許渾以烏絲欄手自鈔其詩一百篇爲集，字法極不俗。第一篇：湘潭雲盡暮煙出，巴蜀雪消春水來。

聖楷曰：按晁公武《讀書記》，渾乃許圉師之後，則渾當爲楚安陸人。今作丹陽者，或避地寓居其閒耳。大抵詩人爵里既不見尊于國史，而邑乘之紀載又多承訛舊説。如此之類，未易悉舉。又有籍係楚人，而姓氏不甚著，無事實可考者，吾懼其久而益湮没也，併附見之：

費昶，江夏人。善爲樂府，嘗作《鼓吹曲》，武帝重之，勅曰：才[①]清[②]拔，有足嘉異，可賜絹十疋。

黄閔，武陵人。博學善屬辭，嘗撰《沅志》，精核可紀。唐章懷太子爲《郡國志》，多采其説。

毛欽一，荆州長林人。長林，今荆門屬縣。欽一上諸公書，自稱毛欽一，字傑，而或以傑爲名。唐人以字行者多矣。自號雲夢子，開元中人。

---

① 此處據《南史》卷七二《王子雲傳》脱“意”字，當補入。

② 清，據《南史》卷七二《王子雲傳》當作“新”。

張復，澧州人。飽書性，作《絛山集》三十卷，論世外事。此人兼得鬼神趣，隱不仕。有文集行于世。

孟琯，郴州人。唐元和閒[①]五年，崔樞知貢舉，試《洪鐘待撞賦》，舉進士，爲韓愈所重，贈之以文。琯所著有《嶺南異物志》。

章孝標，襄陽人。元和閒下第，作《歸燕詩》，留獻侍郎庾承宣云："舊壘危巢泥已落，今年故向社前歸。連雲大厦無棲處，更望誰家門户飛。"承宣吟諷恨遺才，及重典禮闈，孝標擢第。雍陶《寄襄陽章孝標》詩："青油幕下白雲邊，日日空山夜夜泉。聞説小齋多野意，枳花陰裏麝香眠。"

劉昭禹，桂陽人。爲湖南天策府學士，有集一卷。

廖匡圖，衡山人。爲湖南從事，有集一卷。

李群玉

李群玉，字文山，澧州人。曠逸不樂仕進，專以吟詩自適。詩筆妍麗，才力遒健，好吹笙，善急就章。喜食鵝。親友强赴舉，一上而止。裴休廉察湖南，厚延致之，及爲相，以詩論薦。群玉乃詣闕，進詩三百篇，表曰：

"草澤臣群玉言：臣宗緒凋淪，丘壑賤品，幽沉江介，分託漁樵。伏遇皇帝陛下，運屬陞平，率土歡泰，沐雨露膏育之化，在薰風長養之閒。願同率舞之誠，遠逐越裳之貢。頃以鼓腹勳華之代，怡情林皐之隈。涵泳皇風，殆忘仕進。以致年踰不惑，痾恙暴侵。但慮寒餓江湖之濱，與枯魚涸鱗爲伍，瞑目黄壤，虚謝文明，是以徒步負琴，遠至輦下。謹捧所業歌行古體、七言今體、五言今體等，合三百首，謹詣光順

① 閒，據文意爲衍字，當删。

門，昧死上進。

“伏以卿雲在天，草木五色，廣野之氣，燭爲祥煙。熙熙含生，盡躋壽域。白日亭午，物無斜陰。方今風后提衡，庶尹感咸績，忝言語侍從之列，皆嚴、徐、班、馬之倫。凡在墨客詩人，詠歌聲明文物不暇，何議諷刺興於筆端。臣所貢前件歌詩，以居住沅、湘，宗師屈、宋，楓江蘭浦，蕩思摇情。蕪類之餘，過於諷野。天文不到，徒窺星漢之高；滄海攸歸，豈阻黄污之陋。然則爨桐不爆，俄成曲突之煙；埋劍無光，永作幽泉之鐵。巴濮下調，塵觸天聽；螻蟻之微，伏待刑戮。謹拜表陳獻以聞，無任焚灼隕越屏營之至。”

延英口宣勅旨：“卿所進歌詩，異常高雅，朕已遍覽。今有少錦彩器物賜卿，宜領取。夏熱，卿比平安好。”大學士僕射令狐綯狀曰：“群玉苦心歌篇，屏迹林壑，佳句流傳於衆口，芳聲籍甚于一時。守道安貧，遠絶名利，當文明之盛代，宜備搜羅，俾典校于瀛洲，佇光志業。臣等今日延英，已面陳奏狀。伏奉聖旨，令典一文學官者。臣等商量，望授弘文館校書郎，未知可否。謹具奏聞，伏聽勅旨。”

上即允其奏，制詞曰：“李群玉放懷丘壑，吟咏性情，孤雲無心，浮磬有韻。吐妍詞於麗則，動清律於風騷。冥鴻不歸，羽翰自逸；霧豹遠跡，文彩益奇。信不試而逾精，能久幽而獨樂。念其求志，可以言詩。用是縶維，俾之刊校，可守弘文館校書郎。”

未幾，解任歸涔陽，經二妃廟，題詩曰：“黄陵廟前春已空，子規啼血滴松風。不知精爽落何處，疑是行雲秋色中。”群玉疑“春空”遂至“秋色”，欲易之，恍若有物，告以二年之兆，時潯陽太守段成式志其事。二年後果卒於洪井。段以詩哭之云：“曾話黄陵事，今爲白日催。老無男女累，誰哭到泉臺。”又“酒裹詩中三十年，縱横唐突世喧喧。明時不作禰衡死，傲盡公卿歸九泉。”群玉所著詩三卷、後集五卷，載《唐・藝文志》。

聖楷曰：李群玉事蹟，雜見晁公武《讀書志》、尤遂初《詩話》中，予稍删補之成傳。五代周朴云：“群玉才名冠李唐，投詩换得校書郎。”予歎群玉詩换校書郎，比之王維以鬱輪袍奪解者遠甚。雖然，使維不遇岐王，亦一伶人耳，群玉不得裴相國爲之汲引，安知不與浩然同放斥哉？詩人《黄鳥》之章，所以不恥夫後車也。

崔道融

崔道融，荆州人，官永嘉令。有《申唐詩》三卷。

《唐詩紀事》曰：崔道融，荆州人，自號東甌散人，與司空圖爲詩友。

陳氏《書録解題》曰：唐荆南崔道融，有《東浮集》三[①]卷，自稱東甌散人，乾寧乙卯永嘉山齋編成，蓋避地於此，今闕第十卷。又撰《唐詩》三卷，皆四言詩，述唐中世以前事實。事爲一篇，篇各有小序，凡六十九篇。

楊升庵太史曰：楊誠齋愛唐人崔道融《詠梅》云：“香中别有韻，清極不知寒。”方虚谷云：“惜不見全篇。”予近見雜鈔唐詩册子，此首適全，今載之：“數萼初含雪，孤標畫本難。香中别有韻，清極不知寒。横笛和愁聽，斜枝倚病看。朔風如解意，容易莫催殘。”

曹 松

曹松，字夢徵，衡陽人。學賈島爲詩。昭宗天復初及第，王希禹、

① 三，下文云闕第十卷，其存者自是九卷，《直齋書録解題》卷一六正作“九卷”，當據改作“九”。

劉象、柯崇、鄭希顔同榜，皆年七十餘，時號“五老榜”，各授校書郎。有集三卷。

《摭言》曰：昭宗天復元年敕文，令中書門下選擇新及第進士中，有久在名場，才沾科級，年齒已高者，不拘常例，各授一官。於是禮部侍郎杜德祥奏：“揀到新及第進士陳光問年六十九，曹松年五十四，王希禹年七十三，劉象年七十，柯崇年六十四，鄭希顔年五十九。”詔光問、松、希禹可秘書省正字；象、崇、希顔可太子校書。

聖楷按：陳光問，長沙茶陵人。讀書靈巖山中，年近六十，忽有雙鶴鳴舞，其友沈彬曰：“必登雲兆也。”是歲，果同曹松登第，爲五老榜。然考松之年，在諸老中爲最少，其授官亦各異，不得槩以五老稱之。《詩人爵里》不載陳光問，似欠考。又晁氏《讀書記》以松爲舒州人，亦誤。

劉棗彊

劉棗彊，襄陽人。或傳其名爲言，唐時曾辟爲棗彊令，故以邑呼。善爲詩，美麗恢贍，與李賀齊名。王武俊鎮冀州，敬重之，辟爲從事，辭不應。嘗觀武俊射鴨于蒲稗間，一發疊中。武俊曰：“俊之伎，先生之詩，可謂文武之會矣。曷賦一詩？”言即于馬上賦《射鴨歌》。武俊喜甚，表授棗彊令，固辭不受。隴西公夷簡節度漢南，復聘爲賓，卒于襄陽。郡人劉永高述其事，以告皮日休，日休爲撰墓碑。

聖楷曰：劉棗彊《射鴨歌》，今皆不傳。然猶幸託日休以傳其事。古詩人之泯滅無聞者，又可勝歎哉！抑王元美先輩有云：“世之于文章，有挾貴而名者，有挾科第而名者，有挾他技如書畫之類而名者，有中于一時之好而名者，有依附先達，假吹噓之力而名者，有務爲大言，樹門户而名者，有廣引朋輩，互相標榜而名者。

要之，非可久可大之道也。”乃今有纔知韻語，便自命千秋，旁若無人者，欲何爲哉？

劉 蜕

劉蜕，字復愚，長沙人。唐懿宗咸通閒，進士及第，爲左拾遺，與起居郎張聖疏論右拾遺令狐滈，納李琢賄，陷父于惡，當時謂之“白衣宰相”。绹方守淮南，上奏自治，貶蜕爲山陽令。寓居潼川，垂老，瘞文爲塚于南山，刻石爲銘。其序曰：

文塚者，長沙劉蜕復愚爲文，不忍棄其草，聚而封之也。蜕愚而不銳於[①]，百工之技，天不工蜕也，而獨文蜕焉。故飲食不忘於文，晦冥不忘於文，悲戚、怨憤、疾病、嬉遊、群居、行役，未嘗不以文之爲懷也。適當無事，而天下將以文爲號，文明代生植，明晦皆效文用。故日月星辰，文乎旂常；魚蟲鳥獸，文乎彝器；徐方之土，文于侯社；夏翟之羽，文於旗旄。登龍於章，升玉於藻。百工婦人，雕礱染練，以供宗廟祭祀之用，豈獨蜕也？生知效用，不及時文哉。然而意嘗獲助於天，而不獲助於人，故其窮，雖窮無憾也。當勤意之時，不敢嚏，不敢咳，不敢唾，不敢跂倚，嗜欲躁競，忘之於心。其祗祗畏畏，如臨上帝。故有粲如星光，如貝氣，如蛟宫之水。又有黯如屯雲，如久陰，如枯腐熬燥之色。則有如春陽，如華川，逶逶迤迤；則有如運海，如震怒，動蕩怪異。夫十爲文不得十如意，少如意，則豈非天助乎？

常欲使天下聞之而必行，勸之而必蹈，散之茫洋以爲道，演之浸潤以及物。然後農文之，使風雨以時；兵文之，使戎寇以順。文於野，文於市，使得其所。幽隱之士以出，口者使之言，材者使之用。然而自振者無力，終知者甚稀，豈非不獲於人助乎？

① 此處脱“用”字，據劉蜕《文泉子集》卷三，當補入。

嗚呼！十五年矣，實得一千一百八十紙。有塗者、乙者，有注楷者，有覆背者，有朱墨圍者。於是以《周易》筮之，遇復之同人。筮者曰：“鳴於地中，殷殷隆隆。七日不復，來其天下昭融乎。”他日更召龜而令之，將聽襲吉。卜於火，如秦兆，惟曰“不吉”。卜於水，不成乎河洛兆，則亦惟曰“不吉”。卜於木，而悶悶。土叶吉。累累爲塚，則汲之兆乎？峭峭爲壁，則魯之兆乎？且其占曰：“土之文爲阿山，爲華英，將不崩不竭，爲滋味而傳乎？結爲丘陵，爲其設險乎？融爲川瀆，率其朝宗乎？華爲白穀，以潔祭禮之粢盛乎？不然，使其速腐爲墟壤，生芻稿以食牛羊乎？化塗泥爲甄陶以作器乎？將塊爲五色，而分封茅社乎？流爲樂，爲土鼓，爲古桴，以泄其和聲乎？夷爲都邑，以興宫廟，坎爲洿池，以澤生植乎？祀爲壇竈乎？窾爲井墓乎？吾皆不得而知也。常既不得爲吾用，惟速化爲百工之用。慎毋朽爲芝菌，以怪人自媚；慎毋堅爲金鐵，以作貨起争；慎毋潏爲醴泉，以味乎諂口；慎毋搗爲城社，以狐鼠憑妖；慎毋聳爲良材，以雕斫傷性；慎毋萌爲蘭茝，以佩服見褻。

嗚呼！介而爲石，使之服言；舒而爲蟦，使之飲泉。既而他年遊魂之未返者，亦命巫以巾三招之。號曰：“在几閣而來歸兮，視不汝醜；在口吻而來歸兮，譽不汝久。”噫！筆絶之年而麟見祟，文其無祟乎？哈非珠玉，斂無裙襦，後世詩禮之儒，無驚吾之幽墟。其塚也，在莽蒼之野，大塊之丘。時大唐大中之丁卯，而戊辰之季秋。銘云：

文乎文乎，有鬼神乎？風水維貞，將利其子孫乎？

《摭言》曰：唐荆州衣冠藪澤，每歲解送舉人，多不成名，號曰“天荒解”。劉蜕舍人以荆解及第，號爲“破天荒”。時崔魏公作鎮，以破天荒錢七十萬資蜕。蜕謝書略曰：“三十年來，自是人廢；一千里外，豈曰天荒？”

陳氏《書録解題》曰：《文泉子》十卷，唐中書舍人長沙劉蜕復愚撰。自爲序云：“覃以九流之旨，配以不竭之義，曰泉。”有《文塚銘》，甚奇。大中四年進士。其爲西掖，在咸通時。

聖楷曰：劉蜕，或以爲桐廬人，或以爲射洪人。射洪在蜀，桐廬在浙，何相懸遠若此。考之文塚在梓州，即今潼川州也。射洪爲潼川附邑，豈蜕生於桐廬，解於荆南，而老於射洪邪？然文塚自稱長沙劉蜕，則又當爲長沙人。嘗見别記云：蜕蚤以文學進士，其父戒之曰："任汝舉進取，窮之與達，不望于汝。吾殁後，慎勿祭祀。"乃乘扁舟，以漁釣自娱，竟不知其所適。蜕後登華貫，出典商於。霜露之思，於是乎止。臨終，亦戒其子，如先考之命。由此觀之，蜕之父子，泛宅浮家，隨地皆可繫籍，固其素願然也。

王 璘

王璘，長沙人。詞學富贍，非積學所致，崔詹事廉問湖南，特表薦之于朝。先是試之于使院，璘請十書吏，皆給筆札，璘衫絺捫腹，往來口授，十吏筆不停綴。首題《黄河賦》三千字，數刻而成。復爲《鳥散餘花落》詩三十首，時未亭午，忽風雨暴至，數幅爲回飆所卷，泥滓沾漬。璘復另構十餘篇，約已七千餘言。崔公語試官曰："萬言不在試限，但請召來飲酒。"《黄河賦》復有僻字百餘，請璘對衆朗宣，旁若無人。至京時，路巖方當軸，遣一介召之，璘意在沽激，曰："請候見帝。"岩大怒，亟命奏廢萬言科，璘杖策而歸，放曠杯酒閒。一日與李群玉相遇嶽麓，玉曰："公何許人？"璘曰："日試萬言王璘。"群玉待之甚淺，因相與聯句。群玉破題授之，璘略不佇思，至"芍藥花開菩薩面，椶櫚葉散夜叉頭"，群玉始屈。

聖楷按：日試萬言科，即百篇科也，故崔詹事云葛[①]言不在試限。唐吴士孫發嘗舉百篇科，皮日休贈以詩云："百篇宫體喧金屋，一日官銜下玉除。"陸龜蒙亦有云："直應天授與詩情，百詠

① 葛，崇禎本作"萬"。

惟消一日成。”此科不知創自何代，宋初亦無定制，惟求應者即命試。太平興國五年，有趙昌國願試此科，帝御殿出四句詩爲題，詩云：“松風雪月天，花竹鶴雲煙。詩酒春池雨，山僧道柳泉。”每題五第[①]，篇四韻。至晚，僅成十首。方欲激勸後學，特賜及第。仍詔今後應此科者，約此題爲式。

皮日休

皮日休，字襲美，襄陽人。咸通丙戌中，日休射策不上，乃退歸州之別墅，編次其文，復將貢于有司。發篋叢萃，繁如藪澤，因名其書曰《文藪》焉。比見元次山納《文編》于有司，侍郎楊公浚見《文編》，歎曰：“上第，污元子耳！”斯文也，不敢希楊公之歎，希當時作者亦知耳。夫賦者，古詩之流也。傷前王泰佚，作《憂賦》；[②]民道難濟，作《河橋賦》；念下情不達，作《霍山賦》；憫寒士道壅，作《桃花賦》。《離騷》者，文之菁英，傷於宏奥，今也不顯《離騷》，作《九諷》。文貴窮理，理貴原情，作《十原》。大樂既止，至音不嗣，作《補周禮九夏歌》。兩漢庸儒，賤我《左氏》，作《春秋决疑》。其餘碑、銘、贊、頌、論、議、書、序，皆上剔遠非，下補近失，非空言也。較其道，可在古人之後矣。古風詩，編之文末，俾視之，矗悦於口也。亦由食魚遇鯖，持肉偶膘。《皮子世録》著之于後，亦《太史公自序》之意也。凡二百篇，爲十卷，覽者無诮矣。

又《請孟子爲學科書》曰：聖人之道，不過乎經；經之降者，不過乎史；史之降者，不過乎子；子不異乎道者，孟子也。舍是子者，必戾乎經史。不率乎子者，則聖人之盜也。夫孟子之文，燦若經傳。天惕其

① 第，崇禎本作“篇”。

② 據《文藪》皮日休自序，“民”字前脱“慮”字，當補入。

道，不燼于秦。自漢氏得之，嘗置博士，以專其學。故其文繼乎六藝，光乎百氏，真聖人之微旨也。若然者，何其道曄曄於前，其書汲汲於後？得非道拘乎正，文極乎奥，有好邪者憚正而不舉，嗜淺者鄙奥而無稱耶？蓋仲尼愛文王，嗜昌歜以取味。後之人將愛仲尼者，其嗜在乎孟子矣。嗚呼！古之士以湯、武爲逆取者，其不讀《孟子》乎？以楊、墨爲達知者，其不讀《孟子》乎？由是觀之，孟子功利於人亦不輕矣。今有司除茂才明經外，其次有熟莊周、列子書者，亦登于科。其誘善也雖深，而懸科也未正。夫莊、列之文也，讀之可以爲方外之士，習之可以爲鴻荒之民。有能汲汲以救時補教爲志哉？請命有司，去莊、列書，專以《孟子》爲主。有能精通其義者，其科選視明經。苟若是也，不謝漢之博士矣。

咸通十年，崔璞守蘇，辟日休爲軍事判官，與陸龜蒙爲友。著《鹿門隱書》數十篇。子光業，字文通，爲吴越相。孫燦，官鴻臚寺卿。

晁公武《讀書記》曰：皮日休，字襲美，一字逸少，襄陽人。隱鹿門山，自號醉吟先生，以文章自負，尤善箴銘。咸通八年，登進士第，爲著作佐郎，太常博士。乾符喪亂，東出關，爲毗陵副使。陷巢賊中，遣爲讖文，疑其譏己，遂害之。有《文藪》十卷。

《老學庵筆記》曰：《該聞録》言皮日休陷黄巢，爲翰林學士，巢敗被誅。今《唐書》取其事。按：尹師魯作《大理寺丞皮子良墓志》稱：“曾祖日休，避廣明之難，徙籍會稽，依錢氏，官太常博士，贈禮部尚書。祖光業，爲吴越丞相。父燦，爲元帥府判官。三世皆以文雄江東。”據此，則日休未嘗陷賊爲其翰林學士被誅也。光業見《吴越備史》，頗詳。孫使[①]容在仁廟時，仕亦通顯。乃知小説繆妄，無所不有。師魯文章傳世，且剛直有守，非欺後世者，可信不疑也。故予表而出之，爲襲美雪謗于泉下。

① 使，據《老學庵筆記》卷一〇當作“仲”。

胡　曾

胡曾，邵陽人。長於才幹，後晉天福閒，應舉不第。高駢鎮川，辟置門下。時南詔叛，乘傳入川。辭旨不遜者，幕客各撰書答之。曾云：四方之於中國，猶衆星之拱北辰，百川之趨東海，天地尚不能違，況於人乎？駢盛稱之，凡牋奏皆出其手。撰《安定集》十二卷，《詠史詩》一百首，共三卷。

陳氏《書録解題》曰：唐邵陽胡曾《詠史詩》三卷，凡一百五十首。曾，咸通末爲漢南從事。

楊升庵《詩品》曰：胡曾《詠史》云："漠漠黄沙際碧天，問人云此是居延。停驂一顧猶魂斷，蘇武争銷十九年。"此詩全用杜牧之句。慎少侍先師李文正公，公曰："近日兒童村學，教以胡曾《詠史詩》，入門先壞了聲口矣。"慎曰："如詠蘇武一首，亦好。"公曰："全是偷杜牧之《聞胡笳》詩。"退而閲之，誠然。然曾之詩，此外無留良者。

按：胡曾墓在邵陽永成鄉，地名秋田。

廖　融

廖融，字元素，衡陽人。隱衡山，與任鵠、凌蟾、王正己相友善，皆一時名士也。王正己贈之詩曰："病起坐當秋閣迥，酒醒迎對夜濤寒。爐中藥熟分僧飲，枕上琴閒借客彈。"左司諫某贈之詩曰："未向漆園爲傲吏，定應明代作徵君。傳家變世無金玉，樂道經年有典墳。積雨小舟横别浦，隔花幽犬吠深雲。到頭終爲蒼生起，休戀耕煙楚水濱。"融不樂進取，不苟勢利，乃獨耽於山水，自爲詩有曰："雲穿擣藥屋，雪壓釣魚船。”又《夢仙詩》曰：“琪木扶疎係辟邪，麻姑夜宴紫皇家。銀河旌節摇波影，珠閣笙簫吸月華。翠鳳引遊三島路，赤龍齊駕五雲車。星移猶倚虹橋立，擬就張騫搭漢槎。”亡何卒，刺史何承矩葬之，進士鄭鉉誌其墓。

《荆湖近事》曰：廖融、潘居冲更唱迭和。宋太宗懲五代之弊，以詞賦論策取士。融曰：“豈知今日詩，一似大市裹賣平天官，並無人問耶。”又贈僧詩甚多，常曰：“僧是詩家奴，一人贈一篇，且帶圖行東西南北耳。”

廖　凝

廖凝，字熙績，衡山人。夙學邁德，隱居南嶽時，登眺祝融峰頂，而石廩天柱，芙蓉華蓋，舉目蕩胸，煙雲荏苒，奇葩異卉，觸思成韻，一時詩人盡屈其下。南唐王李景平馬氏之亂，遣使聘之，凝初不屈，後江南交構爲亂，劇賊蜂起，凝曰：“與其抱道而死，以遺吾名，孰如就義而仕，以存吾宗之爲愈。”遂出爲彭澤令。慕陶元亮之風，或釆菊南山，或種柳江村，陶然自樂，委心去留，略無凝滯。其詩有曰：“風清竹閣留僧宿，雨潤莎亭放吏衙。”其寄興者遠矣。視篆未幾，浩然長往，嗒爾嘯曰：“昔淵明不以五斗米折腰，吾何久爲人役，惻愴若轅下駒耶！”即解印歸衡山。其詩有曰：“五斗徒勞自折腰，三年兩鬢爲誰焦。今朝官滿重歸去，還挈來時舊酒瓢。”復聘起爲連州刺史，與門下侍郎張居詠、右僕射張延翰、中書侍郎李建勳爲詩友。建勳遇雨，遺之詩曰：“江石未散東風暖，溟濛正在高樓見。細雨緣堤少過人，平蕪隔水時飛燕。我有新詩與誰和，憶君狂醉愁難破。昨夜南窗不得眠，閑階點滴迴燈坐。”又《訪凝山居》曰：“郢客相尋夜，荒庭雪灑篙。虚堂看向曙，吟坐共忘勞。溪凍聲全減，燈寒焰不高。他人莫相笑，未易會吾曹。”凝辭刺史歸，復隱衡山。

聖楷曰：廖凝十歲作《詠白詩》云："滿汀鷗不散，一局黑全輸。"又常覽裴説《經杜工部墓》詩："擬鑿孤墳破，重教大雅生。"笑曰："裴説劫墳賊耳。"按：唐時衡山法席最盛，琳宫梵刹，秀甲匡廬，故高隱之士樂于棲託。如廖氏，其最著者。《唐語林》云：衡山五峰下，人多文詞，至於樵夫，往往能言詩。嘗有廣州幕府夜聞舟中吟，曰："野鵲灘西棹影孤，月光遥接洞庭湖。堪憎回雁峰前過，望斷家山一字無。"問之，乃其所作也，或亦安貞、敬業之流歟？

懷　素

懷素，家長沙。幼而事佛，經禪之暇，頗好筆翰，然恨未能遠覩前人之奇迹，所見甚淺。遂擔笈杖錫，西遊上國，謁見當代名公。錯綜其事，遺編絶簡，往往遇之。豁然心胸，略無疑滯；魚牋絹素，多所塵點，士大夫不以爲怪焉。顔刑部，書家者流，精極筆法，水鏡之辨，許在末行。又以尚書司勳郎盧象、小宗伯張正言曾爲歌詩，故敘之曰：

開士懷素，僧中之英。氣槩通疎，性靈豁暢。精心草聖，積有歲時。江嶺之閒，其名大著，故吏部侍郎韋公陟，覩其筆力，勖以有成。今禮部侍郎張公謂賞其不羈，引以遊處，兼好事者同作歌以贊之，動盈卷軸。夫草稿之作，起於漢代，杜度、崔瑗，始以妙聞，迨乎伯英，尤擅其美。羲、獻兹降，虞、陸相承，口訣手授，以至於吴郡張旭長史，雖姿性顛逸，超絶古今，而模楷精法詳，特爲真正。真卿蚤歲常接遊居，屢蒙激昂，教以筆法。資質劣弱，又嬰物務，不能懇習，迄以無成。追思一言，何可復得。忽見師作，縱横不群，迅疾駭人，若還舊觀。向使師得親承善誘，函挹規模，則入室之賓，捨子奚適？嗟歎不足，聊書此以冠諸篇首。

其後繼作不絶，溢乎箱篋。其述形似，則有張禮部云："奔蛇走虺勢入座，驟雨旋風聲滿堂。”盧員外云：“初凝輕煙澹古松，又似山開萬仞峰。”王永州邕曰：“寒猿飲水撼枯藤，壯士拔山伸勁鐵。”朱處士遥云：“筆下惟看激電流，字成只畏盤龍走。”敘機格，則有李御史舟云：“昔張旭之作也，時人謂之張顛，今懷素之爲也，余實謂之狂僧，以狂繼顛，誰曰不可。”張公又云：“稽山賀老麤知名，吴郡張顛曾不易。”許御史瑶云：“志在新奇無定則，古瘦灕驪半無墨。醉來信手兩三行，醒後卻書書不得。”戴御史叔倫云：“心手相師勢轉奇，詭形怪狀翻合宜。人人欲問此中妙，懷素自言初不知。”語疾速，則有竇御史冀云：“粉壁長廊數十間，興來小豁胸中氣，忽然絶叫三五聲，滿壁縱横千萬字。”戴公又云：“馳毫驟墨列奔駟，滿座失聲看不及。”目愚劣，則有從父司勳員外郎吴興錢起詩云：“遠錫無前侶，孤雲寄太虚。狂來輕世界，醉裏得真如。”皆辭旨激切，理識玄奥，固非虚蕩之所敢當，徒增愧畏耳。時大曆丁巳冬十月廿有八日。

《書苑》曰：懷素與鄔肜爲友，嘗從肜受筆法。肜曰：“張長史私教肜云‘孤蓬自振，驚砂坐飛’，余自是得奇怪，草聖盡於此矣。”顔真卿曰：“師亦有自得乎？”素云：“吾觀夏雲多奇峰，嘗師之。又遇折壁之路，一一自然。”真卿曰：“何如屋溜雨痕？”素起握真卿手曰：“得之矣！”

陸羽撰《懷素傳》曰：疎放不拘細行，酒酣興發，遇寺壁里牆，靡不書之。貧無紙，乃于故里種芭蕉萬餘株，以供揮灑。

《國史補》曰：長沙僧懷素學草書，自云得草書三昧。棄筆堆積，埋于山下，號曰筆塜。

按：懷素塔在衡山縣東五里，相傳唐僧懷素于此草書。旁有墨池、筆塜。

聖楷曰：僧詩妙自惠休，草法精于智永。下迄三唐，可謂盛矣。然史家從未收入《文苑》，予故擇其尤異，如懷素、齊己，始得附于卷末。抑昔人謂“解吟僧亦俗，愛舞鶴終卑”。若遇本色道人，未免喫棒在。

齊　　己

僧齊己，姓胡氏，潭之益陽人。出家大溈寺，與仰山宗師爲同門友。後居西山，與方干、鄭谷等善。有《白蓮集》十卷，又《外編》十卷。

《黄山谷集》曰：齊己，胡氏子，本益陽人。高氏據有荆州，延己居龍興寺，給月俸，遂作《渚宫莫問》十五篇以自見。蓋己初捨俗，入大溈山，參禪猛利，持律清苦。晚歲牽情於詩，遂作荆州僧正以老。

聖楷曰：齊己《寓居嶽麓謝[①]士沈彬再訪》詩云："去歲來尋我，留題在蘚痕。又因風雪夜，重宿古松門。玉有疑休泣，詩無主且言。明朝此相送，被褐入桃源。"可稱深直孤閒。然其詩，全首最佳者頗多。如《劍客》"拔劍繞殘樽，歌終便出門。西風滿天雪，何處報人恩。勇死尋常事，輕讎不足論。翻嫌易水上，細碎動離魂。"《秋夜聽業上人彈琴》："萬物都寂寂，堪聞彈正聲。人心盡如此，天下自和平。湘水瀉和碧，古風吹太清。往年廬嶽奏，今夕更分明。"《聽泉》："落石幾萬仞，遠聲飄冷空。高秋初雨後，半夜亂山中。只有照壁月，更無吹葉風。幾曾廬嶽聽，到曉與僧同。"《酬元員外》："清洛碧嵩根，寒流白照門。園林經難别，桃李幾株存。衰老江南日，淒凉海上村。閒來曬朱紱，淚滴舊朝恩。"鍾伯敬謂齊己詩，似有一種高渾靈妙之氣，翼其心手。誦此數詩，信非凡流所可望也。同時徐東野有云："我唐有僧號齊己，未出家時宰相器，爰見夢中逢武丁，毁形自學無生理。"夫己公既具大根器，又得溈仰爲之師資，乃卒成就一詩僧，枉卻此一番夢想矣。

① 據崇禎本，此處脱"進"字，當補入。

楚寶卷第十七考異

新化鄧顯鶴湘皋述

文　　苑

董　　挺

董挺，字庶中，武陵人。元和中，爲荆南從事。

顯鶴按：董挺，《湖南通志》作董侹，一作董頲。祖思簡，汝南太守。父承祖，太子舍人。由弘文館校書郎選大理評事，終荆南節度推官。移疾歸武陵，杜甫、盧象、包佶、李紓、戴叔倫皆贈以詩。劉禹錫刺朗州，與論《易》九六之旨甚辨，且爲序其集并志墓。子四，夏卿、殷卿、周卿、雲卿。原傳仕履未詳，備録於此。

孟琯，郴州人，舉進士。韓昌黎稱其年甚少，禮甚度，所與偕盡善人長者，手其文一編甚鉅。披其編讀之，盡其書無有不能。太和三年，琯奉勅往淮南巡察米價，御史臺奏云：江西、湖南地稱沃壤，所出常倍他州，乞命琯兼出洪潭巡察。報可。

按，琯附見許渾後，仕履未詳。據《湖南通志》補録於此。

李群玉

群玉所著詩三卷，後集五卷，載《唐・藝文志》。

顯鶴按：《唐書·藝文志》：《李群玉集》三卷，《後集》五卷。《四庫全書提要》云：集首載群玉《進詩表》，稱歌行、古體、今體七言、今體五言四通，合三百首。唐人以一通爲一卷，今本三卷，已與《表》不合。又《表》稱三百首，而今本集僅一百三十五首，外集亦僅一百二十三首，合之不足三百之數。觀中卷末，有《出春明門》一首，自注曰："時請告歸。"則此集雖仍以古今體分目，而已兼得官以後之詩，非奏進之原本矣。《太平廣記》載群玉遇湘君事甚奇，其詩今載《後集》第三卷。然前一首爲弔古之詞，無媟褻之意。後一首寫當時棹女，與二妃無與，小説家附會，往往如是，不足據也。

崔道融

崔道融，荆州人，官永嘉令。《唐詩紀事》曰：自號東甌散人。

顯鶴按：吴任仁[①]《十國春秋閩崔道融傳》："道融以征辟爲永嘉令，累官右補闕。避地來閩依太祖，未幾病卒。道融素與黄滔善，其卒也，滔爲文祭之，有云：'識通龜策，耀握靈珠。國風騷雅，王佐謀訏。袁安之涕泣泫然，劉氏之宗祧莫扶。'"按，道融依王審知於閩，故自號東甌散人。

曹　松

於是禮部侍郎杜德祥奏：揀到新及第進士陳光問年六十九，曹松年五十四云云。又考松之年，在諸老中爲最少，其授官亦各異，不得槩以

① 仁，當作"臣"。

五老稱之。

顯鶴按：《湖南通志》舊説以光問爲五老榜之一。考王定保《唐摭言》云：天復元年杜德祥榜，放曹松、王希羽、劉象、柯崇、鄭希顔等及第。松、希羽甲子，皆七十，餘象、崇、希顔亦皆年逾耳順矣，時謂五老榜。無光問名。而洪容齋所引德祥奏内自光問以下凡六人第，言其同日受官，亦未指光問在五老之列。蓋光問雖與松等同榜，而五老之稱，光問不與也，與原按不同。又“希羽”作“希禹”。

劉蜕

《文泉子》十卷，唐中書舍人長沙劉蜕復愚撰。

顯鶴按：《唐書·藝文志》：長沙劉蜕，《文泉子》十卷。陳氏《書録解題》同。

《四庫全書提要》云：蜕文原本揚雄，奇奥險於孫樵，而易於樊宗師，大旨與元結出入，亦可謂特立者矣。《唐志》載有集十卷，今佚。此本爲崇禎庚辰閩人韓錫所編，僅得一卷。蓋從《文苑英華》諸書采出，非舊也。

又蜕自序《文泉子》云：於西華主之降也，其三月辛卯，夜未半，野水入廬，漬壞簡策。既明日，燎其書，有不可玩其辭者。噫！當初不能自明其書十五年矣。今水之來寇余，命也，已矣！故自褐衣以來，辛卯以前，收其微辭屬意古今上下之閒者，爲外内篇焉，復收其怨抑頌記嬰於仁義者，雜爲諸篇焉。物不可以終雜，故離爲十卷。離則名之不絶，故授之以爲《文泉》。泉之時義大矣哉！蓋覃以九流之文旨，配以不竭之義曰泉。崖谷結珠璣，昧則將救之；雲雷亢粢盛，乾則將救之。予豈垂之空文哉！自辛卯迄甲午，覆研於襄陽之野。

皮日休

《老學庵筆記》曰：《該聞録》言皮日休陷黄巢，爲翰林學士，巢破被誅。今《唐書》取其事。按，尹師魯作《大理寺丞皮子良墓》稱："曾祖日休，避廣明之難，徙籍會稽，依錢氏，官太常博士，祖光業，爲吴越丞相。父燦，爲元帥府判官。三世皆以文雄江東。"據此，則日休未嘗陷賊爲翰林學士也。

顯鶴按：《十國春秋吴越皮光業傳》："世爲襄陽竟陵人，父日休有盛名。唐末爲蘇州軍事判官，太常博士，遂家焉。光業生於姑蘇，十歲能屬文。"據此則廣明之難，日休家蘇州久，遂避地會稽，依錢氏，無由陷賊中，明矣。小説繆妄，原不足信，《唐書》取其事入史，過矣。

胡　曾

胡曾，邵陽人。長於才幹，後晉天福間，應舉不第。高駢鎮四川，辟置門下。

顯鶴按：《寶慶府志》：胡曾，邵陽秋田鄉人。咸通中，舉進士不第。乾符初，高駢鎮蜀，辟掌書記。時南蠻飛一木夾，欲借錦江飲馬，曾以檄報之云云，其謀遂沮。梁貞明間入蜀，蜀王衍宴飲無度，曾作詩諷之，衍怒罷宴。後權延唐令，請於朝，復立舜祠於玉琯山下。又舊志云：曾以天福間狀元及第，高駢鎮蜀時辟爲書記。按，駢鎮蜀，在唐乾符二年，去石晉天福元年尚隔六十年之久，不應爲書記於六十年前，而及第反在六十年後。原傳亦云：後晉天福間，應舉不第。殆仍方志之誤也。

又按：《四庫全書》：邵陽胡曾《詠史詩》一卷。《提要》云：《文苑英華》載其二啟，皆干謁方鎮之作。陳振孫《書録解題》稱其咸通末爲漢南從事，何光遠《鑒戒録》“判木夾”一條，載高駢鎮蜀，曾爲記室，有草檄喻西山入國事，蓋終於幕府也。是編雜詠史事，各以地名爲題，自共工之《不周山》，迄於隋之《汴水》，凡一百五十首。其詩興寄頗淺，格調亦卑。何光遠稱其中《陳後主》《吴夫差》《隋煬帝》三首，然在唐人之中，未有傑出，惟其追述興亡，意存法戒，爲大旨不悖於風人耳。

又《唐書·藝文志》：胡曾《安定集》十卷。王志遠《搜刻安定集序》：邵陽胡從事曾著《安定集》，列在《唐史》，必斐然可觀，求之僅得《詠史詩》一百四十九首，又七言律詩若干首。曾有詩名，所傳當不止此，要以弔古悲歌，義存勸沮，勝於豔情俚語遠矣。曾嘗從高駢，駢卒叛唐，曾之始末未能詳考。然墳在里中秋田鄉，羊虎未盡崩褫，其爲終老於家，不與從逆，較然可知。邵陽聞人唐以前如麟角，曾詩詎可不在掌故？乃爲校梓以行。

廖融　廖凝

廖融，字元素；廖凝，字熙績。衡山人。

顯鶴按：《湖南通志》：廖匡圖，長沙人。先世籍江西，父爽官韶州刺史，爲南越所攻，匡圖舉族奔潭州，楚王馬殷以其彊而多侶，將拒之，或諫曰：“廖者，料也。馬得料必肥，是霸兆也。”遂表爽爲永州刺史，匡圖授江南觀察判官。具陳南越可取狀，殷大喜，未數月，拔管桂十八城。馬希範時置天策府學士十八人，以匡圖爲首。匡圖性豪俠，善文辭。希範作會春園、嘉宴堂，匡圖著作居多。

按：廖氏一門，見於《五代史》《通鑒》及《九國志》《三楚新録》《五代史補》《十國春秋》《楚紀》諸書。自爽以下，曰匡圖，曰凝，曰融，曰匡齊，曰偃，所載籍貫、世系互異。劉羽彊謂匡圖自韶陽奔潭州，司馬光、陶岳皆謂爽、匡齊爲贛人，陸游謂偃爲虔化人，而舊志則以匡圖、偃及匡齊之母隸長沙，以融、凝隸衡陽。又廖凝，一作“匡凝”，爲匡圖之弟、廖偃爲匡圖之子，又有謂偃爲匡圖之弟，凝之兄者。五季之亂，史氏失職，野乘傳聞，疑不能明也。

又《十國春秋·廖凝傳》：再起爲連州刺史，與張居詠輩爲詩友，尋復歸隱衡山，有詩集七卷。又《廖光圖集》三卷，《廖凝集》七卷，《廖融集》四卷，俱見《宋史·藝文志》。《湖南通志》：廖凝終江州團練副使，未幾歸隱。喜吟諷，與李建勳爲詩友，江左學者多造其門。爲人不羈，好詼諧。其在江州，盛暑嘗患體燥，以大斛盛涼水坐其中，客至，於斛中露首與之談笑，其簡率如此。嘗夢人授以缺角印，占曰：“印缺一角，偏裨之象也。”及授副使之命，果驗。又《廣輿記》則云：凝秩滿但攜詩卷、酒瓢而去，即原傳黄凝詩所云“今朝官滿重歸去，還挈來時舊酒瓢”也。匡圖，《宋史》避太祖諱，作“光圖”。

楚寶卷第十七增輯

新化鄧顯鶴湘皋述

文　苑

覃季子

覃季子，祁陽人。性愛書，貧甚，尤介，不苟受施。讀經傳言，推太史公、班固下至唐，通爲書號“史纂”。又取鬻、老、管、莊，子思、晏子下至唐，其術自儒、墨、名、法，凡有益於世者爲“子纂”。黜陟使取其書以氏名聞。除太子校書。

周魯儒

周魯儒，延唐人，居縣南明月山。太和閒舉進士，詞賦宏麗，有時名，官終員外郎知制誥。劉禹錫有《送魯儒赴舉詩》，其序云：“與之言，能言其得姓因家之所自，曁縣道鄉亭之風俗，望山名水之概狀。羅含所未記，朱贛所未條，咸得之於生。”

徐仲雅

徐仲雅，一作中雅。字東野。其先秦中人，徙居長沙。事馬氏，爲昭順軍觀察判官。年方十八，即引故實以正公府諸僭擬，與廖匡圖等同爲天策府學士。自馬希廣之變，杜門不出。周行逢既代馬氏，不爲士流所附，仲雅有清才，然性滑稽，破國之後，傷於凍餒，行逢慕其名，且以窮困，必能改節，辟爲節度判官。初，行逢起兵，苟能應募，皆署顯官，自是武陵材豪、溪洞酋長稱司空、太保者無算。一日問仲雅曰："吾奄有湖湘，兵彊俗阜，四鄰其懼我乎？"仲雅曰："公部内滿天太保，遍地司空，孰敢不懼？"行逢不悦。未幾，大宴僚吏，行逢夷音，呼字多誤，仲雅戲曰："不於五月五日翦卻舌頭，使語音輮澀如此。"行逢大怒。然仲雅嘗歷事馬氏，潭人信之，故不敢加誅，竟以忤意落職，退居山寺。暇日詠椶樹曰："葉似新蒲緑，身如亂錦纏。任君千度剥，意氣自衝天。"蓋怒行逢而發也。

李宏臯

李宏臯，《五代史》作李臯，《宋史・藝文志》作李洪臯，今從銅柱文。長沙人。父善夷，唐宣宗時謫官澧陽，宏臯由澧遷長沙，仕楚營道令，累遷都統，掌書記。馬希範時爲天策府學士，撰《溪州銅柱銘》，官至刑部侍郎。希範卒，牙將張少敵議立希萼。宏臯曰："立嗣以嫡，希萼婢妾所生，安可立乎？"少敵退而歎曰："惜哉！李公禍自此始。"希尊既殺希廣，捕宏臯至，責之曰："吾雖生於庶孽，然託體先君，汝何見毁而不吾立邪？"命壯士臠而殺之。

李宏節

李宏節，宏皋弟。少有文學，與宏皋同居幕府。唐同光初，楚王馬殷拜江南諸道都統，莊宗詔賜戰馬數百匹。殷屬宏皋草謝表，會宏皋文思艱澀，顧謂宏節曰：“馬有旋風之隊，那得一事作對？”宏節曰：“獨不聞軍有偃月營邪！”宏皋欣然捉筆云：“尋當偃月之營，擺作旋風之隊。”表成，殷大稱賞。後爲天策府學士，與宏皋同死於朗兵。

戴　偃

戴偃，湘陰人。《新録》作湖南處士，《史補》作金陵人，今從《通鑑》作湘陰。能爲詩，尤好規諷。馬希範奢僭過度，偃非之，自號元黄子，著《漁父詩》百篇以獻。希範覽之怒，謂賓佐曰：“偃，何如人？”賓佐莫測其意，以偃爲希範所重，對曰：“偃，詩人，深爲流輩所許，今方貧悴，大王哀之，置之髯參短簿之間，足矣。”希範曰：“偃獻吾詩，想其爲人，大抵務以漁釣自娱耳！”因賜碧湘湖，以遂其性，即日使遷居湖上，仍潛禁士庶無與之交，偃竟餓死。

何仲舉

何仲舉，營道人。少時，母嘗夢仲舉入月。年十三，家貧輸税不及限。李宏皋爲令，命荷項繫之獄，或言仲舉能文，宏皋曰：“若能詩，吾當貸汝。”仲舉援筆立就。宏皋驚異，延講鈞禮，仲舉由是鋭意力學。唐天成中，入洛，會秦王從榮爲河南尹，傾身下士，仲舉遊其門。

長興四年，遂登進士第。時公舉數百人，獨以仲舉爲擅場。仲舉因獻秦王詩曰："碧雲章句裁離手，紫府神仙盡點頭。"秦王大悦，稱賞不已，故一舉上第，賜所居鄉曰"進賢里"。未幾，歸事楚王馬希範，爲桂管觀察推官，會希範置天策府學士，而宏皋方柄用，仲舉雖策名中朝，事之益恭，宏皋遂加引薦，同與十八人之數。久之，出爲全州刺史，又改衡州，以壽終。

先是楚地多詩人，最著者有沈彬、廖凝、劉昭禹、尚顔、齊己、虚中之徒，而仲舉實伯仲諸子閒，獨宏皋推轂仲舉爲甚，往往對衆吟《秋日晚望》詩云："樹迎高鳥歸深野，雲傍斜陽過遠山。"以足頓地，歎曰："何仲舉，故詩家之高逸者也。"其見重如此。

劉昭禹

劉昭禹，字休明，桂陽人。事馬氏，歷官容管節度推官、天策府學士，終嚴州刺史。昭禹少師林寬，爲詩刻苦，平居論詩曰："五言如四十賢人，著一屠沽不得。"又云："索句如獲玉匣，精求必得其寶。"嘗有詩云："句向夜深得，心從天外歸。"又有《送休上人之衡岳》《經費冠卿舊居》二章，甚稱於時。昭禹善詩而好折節下賢，一日見石文德詩，於坐中駭服曰："君文苑之雄也。"力薦於馬希範，同隸天策府，其虚懷多此類。

歐陽彬

歐陽彬，字齊美，衡山人。世爲縣吏，至彬好學，工於詞賦。嘗攜所著詣馬殷，掌客吏索賄，彬恥以賄進，竟不與。吏怒曰："吏人子乃欲謁王侯邪？"擲名紙於地，彬吟詩曰："無錢乞與樊知客，名紙生毛不爲通。”因而落魄街市，歌姬酒徒，無所不狎，有妓瑞卿慕其才，延之於家。時湖南自舊管七郡，外加以武陵、岳陽，是爲九州。彬作《九州歌》以授瑞卿，使歌以動殷，殷竟不問。彬歎曰：“天下分裂之際，廝徒皆能自奮，我何負而至此邪？”聞西蜀頭綱將發，遂謀入蜀，瑞卿以家財之半贈之，彬亦不讓，盡以所贈賂綱吏，求爲駕船傒夫，吏許之。既至，獻《萬里朝天賦》。蜀主大悦，擢居清要。後至尚書左丞，出爲夔州節度使。既領夔州，殷子希範繼立。彬致書敘疇昔入蜀之由，以衡山宗族爲託。希範大慚，悉免其親友賦役。彬雅有風儀，爲文詞近而理直，聞之者雖不知書，亦曉其意，竟以此遇。

鄧洵美

鄧洵美，郴縣人。有敏才，工詩賦。時湖南朱昂號博學，一時士無當意者，獨遜洵美，以爲不如。天福中，與孟賓于並爲李若虛所薦，入洛陽，登晉進士第。後還鄉，上牋周行逢，署館驛巡官。洵美貌寢而背傴，時謂之“鄧馱”。又性迂僻，不爲同事者所喜，於是行逢禮遇漸薄。雖處府僚，而時憂空乏。同年生王溥、李昉爲中朝顯官，溥聞洵美不得志，貽以詩曰：“彩衣我已登黄閣，白社君猶困故廬。”行逢稍稍優給之。未幾，昉爲給事中，來楚相見，話舊不覺悲泣，因與唱和欸論竟日。行逢疑其泄己陰事，貶爲易俗場官，已而使人詐爲山賊，突入舍殺之，聞者無不痛惜。

洵美晚娶，無子，有三女，頗賢淑。醴陵人盧氏聞洵美名，憐而迎之歸，妻於儒家。先是，江南太常丞陳度有《薛孤延聞雷賦》，雅爲時彦所推尚，而《洵美集》中亦有此作，語句皆同，首末小異，竟未定誰氏之筆。

顯鶴按：唐賢至五季，可謂哀矣！馬氏父子據有湖南，驕侈僭妄至不足數。然文昭襲父兄之業，頗留意聲詩，愛禮賢士，天策群英，幾於梁苑、鄴下之選。雖其君臣荒讌，晝夜無節，迄於危亡，無裨治道，要以諸賢側身亂世，出處進退，亦具有本末，故綴輯於篇。自徐仲雅至鄧洵美，凡八人。廖氏一門，已附見《考異》，不具論。洵美，一作“恂美”，連州人，今從《三楚新録》《江南野史》作郴州人。

又按：《十國春秋》引《湖湘故事》馬氏會春園遊宴詩，徐東野最多。有“珠璣影冷偏粘草，蘭麝香濃卻損花”，“山色遠堆螺黛雨，草梢春憂麝香風”，“衰蘭寂寞含愁緑，小杏妖嬈弄色紅。”如此類爲時所稱，饒有晚唐風韻。

楚寶卷第十八

明湘潭周聖楷伯孔輯纂

文　苑

朱　昂

朱昂，字舉之。其先京兆人，世家漢陂塘，天復末，徙家南陽。梁祖篡唐，父葆光與唐舊臣顏蕘、李濤數輩挈家南渡，寓潭州。每正旦、長至，必序立南嶽祠前，北望號慟，殆二十年。後濤北歸，葆光樂衡山之勝，遂家焉。後徙江陵。

昂少與熊若谷、鄧洵美同學。朱遵度好讀書，人號之爲“朱萬卷”，目昂爲“小萬卷”。昂常閒行經廬陵，道遇異人，謂之曰：“中原不久當有真主平一天下，子仕至四品，安用南爲？”遂北遊江、淮。時周世宗南征，韓令坤統兵至揚州，昂謁見，陳治亂方略，令坤奇之，署權知揚州揚子縣。適兵革之際，逃亡過半，昂便宜綏輯，復逋亡者七千餘家，令坤即表授本縣令。

宋初，爲衡州録事參軍，常讀陶潛《閑情賦》而慕之，因廣其辭，曰：

“維稟氣兮清濁，獨得意兮虚徐。耳何聰兮無瑱，衣何散兮無裾。務冥懷于得喪，寧勤體乎菑畬。將使同方姬、孔，抗迹孫、蘧。精篤廣漢，心遊太虚。傲朝曦兮南榮，遡夕飆兮北疏。非道之病，惟情之舒。

“繇是含穎懷精，凝和習懿。器淵淪兮幽夐，德芬馨兮周比。井無渫兮泉融，珠潛輝兮川媚。又何必陋雄之尚玄，笑奕之心醉，悲墨之素絲，歎展之下位？苟因時之明揚，乃斯文之不墜。

“睇煙景兮飄飄，心懸旌兮摇摇。感朝榮而夕落，嗟響蛩而鳴蜩。姑藏器以有待，因寄物而長謡。願在首而爲弁，束玄髮而未衰。會名器之有得，與纓珥兮相宜。願在足而爲舄，何坎險之罹憂。欲効勤於豎亥，思追踵於浮邱。願在服而爲袂，傅繒素而飭躬。異化緇之色涅，寧拭面而道窮。願在目而爲鑑，分妍醜於崇朝。驚青陽之難久，庶自首以見招。願在地而爲簟，當暑溽而冰寒。伊膚革之尚疚，胡寤寐以求安。願在觴而爲醴，不亂德而溺真。體虛受之爲器，革譎性以歸淳。願在握而爲劍，每輔袵而保裾。殊鉛銛之效用，比硎刃而有餘。願在橐而爲矢，美笴羽之斯全。疇懋勳而錫晉，射窮壘而衂燕。願在體而爲裘，託鍼縷以成功。非珍華而取飾，將被服而有容。願在軒而爲篁，貫歲寒而不改。挺介節以自持，廓虛心而有待。

“人之願兮實繁，我之心兮若此。蓄爲志兮璞藏，發爲文兮霧委。既持瑾兮掌瑜，復擷蘭兮藝芷。始無言兮植杖，終俛首兮嗟髀。振襟兮自適，覿物兮解頤。雲無心兮遐舉，蘿倚幹兮叢滋。想陵谷之變地，況玄黄之易絲。人可汰而可煆，己不磷而不緇。苟一鳴而驚人，何五鼎而勿飴。

“已而擁膝清嘯，傾懷自寬。樞桑户蓽兮差樂，鳩飛梭躍兮胡難。指夜蟾兮爲伍，仰踈籟兮邀歡。何孫牧而伊耕？何巢箕而吕磻？滌我慮緑綺，清我眠琅玕。周旋兮有則，徙倚兮可觀。終卷舒兮自得，契休哉於考槃。”

李昉知州事，暇日多召語，且以文爲贄，昉深所嗟賞。歷宜城令，開寶中，拜太子洗馬，知蓬州，徙廣安軍。會渠州妖賊李仙衆萬人劫掠軍界，昂設策擒之。果、合、渝、涪四州民連結爲妖者，置不問，蜀民遂安。宰相薛居正稱其能，遷殿中丞、知泗州。

常作《隋河辭》。又聚淮水流屍三千，爲塚瘞之。有戍卒謀亂，昂誅其首惡，餘黨詿誤者貰之。遷監察御史、江南轉運副使。太平興國二年，知鄂州，加殿中侍御史，爲峽州路轉運副使，改庫部員外郎。端拱二年，直秘閣，賜金紫。久之，出知復州，表求謝事，不許。遷水部郎中，復請老，召遠[①]，尋兼越王府記室參軍。

真宗即位，遷司封郎中，俄知制誥，判史館，受詔編次三館秘閣書籍，加吏部。咸平二年，召入翰林爲學士。踰年，拜工部侍郎致仕。遣使就第賜器幣，給全俸，詔本府歲時存問，章奏聽附驛以聞。命其子正辭知公安縣，以便侍養，許歸江陵。舊制，致仕官止謝殿門外，昂特延見命坐，恩禮甚厚。令俟秋凉上道，遣中使賜宴于玉津園，兩制三館皆預，仍詔賦詩餞行，縉紳榮之。

昂前後所得俸賜，半購奇書，以諷誦爲樂。及是閑居，自稱退叟，著《資理論》三卷上之，詔付史館。弟協以純謹著稱，仕至主客郎中、雍王府翊善。昂以書招之，協亦告老歸。兄弟皆眉壽，時人比漢之二疏。知府陳堯咨署其居曰東、西致政坊。又建二亭，曰知止，曰幽棲。頗好釋氏書。晚歲自爲墓誌，景德四年卒，年八十三。門人謚曰正裕先生。

《澠水燕談録》曰：荆南朱昂，博學有清德，晚年以工部侍郎乞骸骨。既得謝，真宗賜坐，寵詔留候秋凉還荆南，故吴淑贈詩曰："浴殿東凉初閣筆，渚宫秋晚得懸車。"比行，錫宴玉津園，侍臣皆赴。坐中，内侍傳詔各賦詩餞行，凡四十八篇，獨李翰長維詩最奇絶，云："清朝納禄猶强健，白首還家正太平。"昂弟協亦退居里中，皆八十餘，時謂"渚宫二疏"。

聖楷曰：濂溪遊山詩云："是處塵勞皆可息，時清終未忍辭官。"此乃由衷之語，有道之言，不可及也。今之巧宦，身説歸田，心行媚竈，不至驅逐病死不已，豈得借口濂溪哉？嗟乎！"盡道青山歸去好，青山曾有幾人歸？"總爲不知止足所誤耳。陳堯咨以"知止"二字名其亭，可謂真唤醒矣。

① 遠，據《宋史》卷四三九《文苑傳》當作"還"。

夏侯嘉正

夏侯嘉正，字會之，江陵人。少有俊才，太平興國中進士，仕至著作佐郎。常使江南，撰《洞庭賦》。徐鉉見之，曰："是木[①]玄虚之流也。"端拱初，太宗聞其名，召試辭賦，擢爲右正言，直史館兼直秘閣，賜緋魚。元夕，上御乾元門觀燈，嘉正獻五言十韻詩，其末句云："兩制誠堪羡，青雲侍玉輿。"上依韻和以賜之，有"俠劣終難舉，通才列上居"之句，議者以誠嘉正之好進也。未幾被病，詔以爲益王生辰使。所獲金幣，鬻得錢輦歸家，忽一緡自地起立，良久而仆，聞者異之。嘉正疾遂篤，月餘卒，年三十七。

《野客叢談》曰：天下美事，安有兼得之理？夏侯嘉正喜丹竈，又欲爲知制誥。嘗曰："使我得水銀銀半兩，知制誥三日，平生足矣！"二願竟不遂而卒。

聖楷曰：夏侯嘉正未遇時，有劉童子者，善命術，爲之推算曰："將來須及第，亦有清職，唯得清貴，自餘俱弱。已俸外，有百金横入，不病則死。"由此觀之，非獨美事不可兼得。即能兼得之，亦有命在，豈貪求躁進者之所能及乎？大抵士人一有俗念横據於胸中，則其所爲皆犯造物之所忌，故不消折其年壽，亦必盡喪其生平，又何止一夏侯嘉正哉？予交游中，往往見其人，可爲深戒！

張　景

張景，字晦之，公安人。少從河東柳開遊，悉出家書畀之，嗜學益

① "木"爲衍字，崇禎本同，據《宋史》卷四四〇《文苑傳》當删。

力。時富春孫僅、沛國朱嚴、成紀李庶，景與麗益，聲華日振。真宗詔有司計偕天下士，景居首列，調館陶簿，坐累，謫全州，尋爲房、襄二州文學參軍。陳堯咨知其才，薦爲寶應簿，淮島傖雜馮戾蔑巫，景剪除之。後通理真州事。天禧二年卒，所著有《洪範》《王霸》數十篇。

晁氏《讀書記》曰：張景，字晦之，師事柳開，學爲古文，名震一時。卒官至廷評，年四十九。集二十卷，有文百九十三首，禹偁所編，並爲之序。

聖楷按：《宋史》：柳開，字仲塗，大名人。幼奇警有膽氣，學必宗經，慕韓愈、柳宗元爲文，因名肩愈，字紹先。既而易今名字，自以爲能開聖道之塗也。宋開寶進士。太平興國中，上書願備邊用，其後官歷八郡以卒。門人張景爲行狀、集序，集凡十五卷。歐公常推宋朝古文自仲塗始，葉水心亦謂柳開、穆修、張景、劉牧，當時號能古文云。

張君房

張君房，安陸人。宋真宗時爲著作郎。時日本國入貢，求本國神光寺記，舍人辭不工，令張君房代之。張退食，多潛飲市樓，掖垣求之不得，大窘。時种放以司諫歸華山，楊大年爲《閑忙令》云：“世上何人號最閑，司諫拂衣歸華山。世上何人號最忙？紫微失卻張君房。”

晁氏《讀書記》曰：張君房，祥符中謫官寧海。時聖祖降，朝廷盡以秘閣道書付杭州，俾戚綸、陳堯臣校正，綸等同王欽若薦君房專其事。君房銓次，得四千五百六十五卷，於是掇其藴奥，總萬餘條成書，名《雲笈七籤》，一百二十卷，仁宗時上之。

聖楷曰：張君房事無所考，今安陸縣東董店有張君房墓。因編修《雲笈七籤》，得著作佐郎。其書至今行，然不甚佳。又撰《乘異記》三卷，敘謂：“乘者，載記之名；異者，非常之事。”蓋志鬼神變怪之書，凡十一門，七十五事。又撰《脞説》，今皆未見。

魏　泰

魏泰，字道輔，襄陽人。曾子宣夫人之弟也。章惇爲相，欲官之，不就。作《東軒筆録》《碧雲騢》《漢南隱書》，自稱漢南處士。有《臨漢集》二十卷。黄山谷與之唱和，極推重之，常和其《旅懷見寄》云："歲華其將晚，霜葉不可風。生理魚乞水，歸心鳥飛空。風塵化衣黑，旅宿夢裙紅。人言家無壁，自倚筆有鋒。轉蓬且半歲，交臂各衰翁。扁舟去日遠，明月與君同。露晞百年駛，麟獲萬事窮。裝懷酒瀸淡，塞意霧空濛。諸公尚無恙，不見陳元龍。"

米襄陽《志林》曰：魏泰爲人無行而有口，每稱章子厚。泰既不得志場屋，數僞作他人著書，如《志怪集》《括異志》《倦游録》《碧雲騢》。又自作《東軒筆録》，皆用私喜怒誣蔑前人。

聖楷曰：古今文士，如魏泰者不少。大抵皆恃才薄福，不得於時者之所爲也，終身埋鬱以死，又何怨哉？因其多作僞書，不得不收之，爲後來考據者助耳。

米　芾

米芾，字元章，襄陽人。博洽記聞，於群經務通大旨，議論斷以己意。其辭發揚踔厲，世儒所不能屈，爲文務崖絶魁壘，要必己出爲工。悟竹簡以竹聿行漆，故篆籀法先秦正書，魏晉而下無取。愛潤州江山，因定居北固。作寶晉齋，前有碧梧廿本，甘露降其上。蓄王謝真蹟、右軍紫金石硯，善畫古聖賢像及寫山水，幅長不過三尺。制白玉圖書印六，文曰：辛卯米芾、米芾之印、米芾氏、米芾印、米芾氏印、米芾元章印。性至潔，置水其傍，數盥而不帨，未嘗與人同服器。客請閱法書，對設兩案，手爲舒卷，懼客手袖觸之，則一裝洗之也。嘗願死作蠹書魚，游於金題玉躞閒而無害。

妙解音律，作《五音正韻》，用以制律本。五聲之音，出於五行自然之理，管仲深明其要，著其形，以爲太平作樂之具。沈隱侯得四聲而不得宫聲，乃分平聲爲二，以欺學者。陸德明遂以吴音傳會。至是，始自五方，立五行，求五音，乃得一聲於孟仲季位，因金寄土，五音皆具，有聲無形，互相假借。千載之下，神奸鬼秘，無所逃形云。又著《天説》，備究天地日月、旁側盈虚之形。撰《晝夜六十圖》，與潮汐大小凖，援據《六經》，盡黜古今百家之妄，其書藏之名山。

平生與遊，率天下士，蜀郡劉涇、長安薛紹彭，好奇尚古，是其一流人也。風神散朗，服唐人冠衣，眉宇軒然，進趨襜如，音吐鴻暢，雖不識者，皆知爲元章也。晚爲臨川王公、眉山蘇公所深知。臨川絶愛其詩，摘句書於便面。蘇公有云："元章奔逸絶塵之氣、超妙入神之字、清新絶俗之文，相知二十年，恨知公不盡。"答曰："更有知不盡處，修楊、許之業，爲帝宸碧落之游，異時相見乃知也。"

初，宣仁高后在藩，與其母丹陽君有舊。元章長於邸中，以恩補校書郎，授含光尉。七遷入淮南幕，改宣德郎，知雍丘縣，乞監中嶽廟，因號中嶽外史。崇寧閒置書畫學，公時在太常爲博士，因進上所藏書若畫，皆不下一品，優禮答之，詔用黄庭小楷書千文。出知常州，不赴。改管勾洞霄宫，就除知無爲軍。元章性好石，無爲公廨有奇石，元章驚喜曰："吾當兄事之。"遂具袍笏再拜。未幾，召爲書畫學博士，尋擢禮部員外郎。以言者罷，知淮陽軍。彌年，瘍生於首，即上書謝事，不允。卒於郡齋，年五十有七。大觀三年，葬於丹陽長山下。有自寫《海嶽庵凈名齋圖》，著《山林集》十卷，並傳於世。

丹陽蔡肇嘗銘其墓，予怪其敘事多脱落，故爲搜剔舊聞，補葺爲《中嶽外史傳》。昔賀知章號秘書外監，而元章號中嶽外史。張長史旭稱賀八清鑑風流，千載一人也。予用爲米元章傳贊，當世不能損益云。

米元章《净名齋記》曰："帶江萬里，十郡百邑，繚山爲城，臨流爲隍者，惟吾丹徒。重樓參差，巧若圖冠，地靈極倪而雲霞出没，星辰掛腹而天光不夜，高三景小萬有者，惟吾甘露。東北極海野，西南朝數山者，謂之多景。然臺殿羽張，寶堵中盤五州之後，與西爲阻。若夫東眺京峴，西極棲霞，平林坡陀淮海之域，遠岫隱見滁泗之封。洪流東折，白沙之雲濤如線；大磧南絶，中泠之贔屭蔚起。筆山之隙，岧嶢雙聳；五州之外，嶒崚千疊。黄鶴竇勢，珠捧於豆；長山異氣，龍矗于天。晨曦垂虹，時媚于左；長庚纖月，每華其右。千林霜落，萬嶺雪饒。春群于西邪，而秋留于南岩者，惟吾净名。

"天下佳山水固多矣！在東南則杭以湖山鄣其境，洪以西山彌其望，潭以嶽麓周其區，皆一山也。而望兩邦，逮窮荒迢遰，發周羽皇之歎者，有之矣。百川匯流而赴北，既濬既淵，亦沃亦蕩也；多山引嶺而趨東，且列且驅，各群各醜也。吾齋在萬井之中，半天之上，乃右卷而一揖焉，此其所以得山川之多，而甲天下之勝也。至若水天鑑湛而博望弭槎，葭葦榔鳴而詹何投餌。洪鐘動而飛仙下，疾飆舉而連山湧。地祇聽法，水怪效珍。或鵬雲壓山，海氣吞野，纖雲漏月，清籟韻松。兜羅密而靈光生，陰霧合而大霆走。瑰奇忽恍，又不可得而詳言之。

"襄陽米元章，將卜老丹徒，而仲宜長老，以道相契。會内閣蔣公穎叔以詩寄云：'京塵汩没興如何？歸棹翩翩返薜蘿。盡室生涯寄京口，滿牀圖籍鏁巖阿。六朝人物東流盡，千古江山北固多。爲借文殊方丈地，中間容取病維摩。'於是宜公以其末句命名余居，亦冀公之與余同此樂也。念老矣，無佳句壓其勝，後之登吾齋攬吾勝者，得不爲吾賦乎？"

徽皇聞米元章有字學，一日於瑶林殿張絹圖方廣二丈許，設瑪瑙硯、李廷珪墨、牙管筆、金硯匣、玉鎮紙、水滴，召米書之。上出簾觀看，令梁守道相伴，賜酒果。元章乃反繫袍袖，跳躍便捷，落筆如雲龍飛動，聞上在簾下，回顧抗聲曰："奇絶，陛下。"上大喜，盡以硯匣、鎮紙之屬賜之。尋除書學博士。一日，上與蔡京論書艮嶽，召芾至，令書一大屏，顧左右宣取筆硯，而上指御案閒端硯，使就用之。芾書成，即捧硯跪請曰："此硯經賜臣濡染，不堪復以進御，取進止。"上大笑，因以賜之。芾舞蹈以謝，即抱負趨出，餘墨沾漬袍袖而喜見顏色。上顧謂蔡京曰："顛名不虚得也。"京奏曰："芾人品誠高，所謂不可無一，不可有二者也。"

元章守漣水，地接靈壁，蓄石甚富，一一品第，加以美名，入翫，則終日不出。時楊次公爲憲使，因往廉焉，正色言曰："朝廷以千里郡邑付公，那得終日弄石，都不省録郡事？"米趨前，曰："固也。"乃揞笏於左袖中取一石，嵌空瓌瓏，峰巒洞穴皆具，色極清潤，宛轉翻覆以示楊，曰："如此石，安得不愛？"楊殊不顧，乃納之袖。又出一石，疊嶂層巒，奇巧又勝，又納之袖。最後出一石，盡天劃神鏤之巧，顧楊曰："如此石，安得不愛？"楊忽曰："非獨公愛，我亦愛也。"即就米手攫得之，徑登車去。米以楊奪其所最，悯然自失者累月。

米南宫相石法，曰瘦，曰秀，曰皺，曰透。米元章晚年學禪有得，知淮陽軍，未卒先一月，區處家事，作親朋别書，盡焚其所好書畫奇物，造香楠木棺，飲食、坐臥、書判其中。前七日，不茹葷，更衣沐浴，焚香清坐而已。及期，徧請郡僚，舉拂示衆曰："衆香國中來，衆香國中去。"擲拂合掌而逝。

潤州鶴林寺有馬素塔，唐人詩"因過竹院逢僧話"即此地也。襄陽米元章愛其松石沉秀，誓以來生爲寺伽藍，永護名勝。公殁時，鶴林伽藍無故塌下，里人知公欲還宿願於此。至今祠于寺之左。

黄實師是言爲發運使時，大暑，泊清淮樓，見米元章衣犢鼻自滌硯於淮口，因索之篋中，得小龍團二餠，亟遣人遺之。趁其滌硯未畢也。我生平有此事，頗自慰云。

崇寧閒，米元章爲江淮發勾，揭牌於行舸之上，曰：米家書畫船。黄山谷贈之詩，曰："萬里風帆水著天，麝煤鼠尾過年年。滄江盡夜虹貫月，定是米家書畫船。"

倪雲林《題米南宫石刻遺像》云："米公遺像刻堅珉，猶在荒煙野水濱。絶歎莓苔迷慘澹，細看風骨尚嶙峋。山中仙塚芝應長，海内清詩語最新。地僻無人打碑賣，每懷英爽一傷神。"

聖楷曰：昔吾友秀水范長康與米襄陽同癖，購奇石曰"舞蛟"，蓋李唐時物，元趙魏公所題也。長康買宅臨之，日夕吟嘯其下，並蒐積元章遺事，爲《米襄陽志林》，分十三目，爲十三卷。而元章自著名言、研史、詩文雜撰，各成帙。一時名宿，咸有序跋。今長康没二十餘年矣，予藏其書若新，不覺爲之隕涕，因閒采一二事附傳後，吾友英靈庶幾有託。

狄遵度

狄遵度，字元規，長沙人。宋樞密直學士棐之仲子也。少穎悟，篤志於學，每讀書，意有所得，即仰屋瞪視，人呼之，弗聞也。舉進士，一斥於有司，恥不復爲。以父任爲襄縣主簿，居數月，棄去。好爲古文，著《春秋雜説》，多所發明。常患時學靡敝，作《擬皇太子册文》《除侍御史制》《裴晉公傳》，人多稱之。尤嗜杜甫詩，常讀其集，一夕夢見甫爲誦世所未見詩，及覺，才記十餘字，遵度足成之，後數月卒。有集十二卷。

聖楷按：狄棐，字輔之。少隨父官徐州，以文謁路振，振器愛之，妻以女。舉進士，知廣州，代還，不以海物自隨，人稱其廉。在河中時，有中貴過郡，言將援棐于上，棐拒之，退而語所親曰："吾湘潭一寒士，今官侍從，可垂老自汙邪！"王荆公志其墓。六子，惟遵度最知名，夢中記杜詩云："夜卧北斗寒插枕，木落霜拱雁連天。”亦奇句。

鄧忠臣

鄧忠臣，字慎思，湘陰人。熙寧三年進士，仕至考功郎，坐元符黨廢不用。言者論其議范忠宣謚過實，又坐罰銅。崇觀也。閒卒。平生著述至多，嘗和杜詩全帙，又嘗獻《郊祀慶成賦》《屈原廟詩百韻》，裕陵喜之，擢爲館職，今皆軼弗得，所存一二而已。有《玉池集》十二卷。玉池，其所居山峰名。

聖楷按：忠臣卒，贈直秘閣官。其弟孝臣，亦高士也。杜門力學，宣和閒，屢辟不就，年七十猶手不釋卷，以行誼聞於世。

廖正一

廖正一，字明略，世家安陸之竹林。元祐中，召試館職。蘇子瞻在翰林，見其所對策，大奇之，俄除正字。時黄、秦、晁、張皆子瞻門下士，號“四學士”。子瞻待之厚，每來，必命侍妾朝雲取密雲龍，家人以此知之。一日，又命取密雲龍，家人謂是四學士，窺之，乃明略來謝也。紹聖閒，明略貶信州玉山監税，鬱不得志，喪明而歿。自號竹林居士，有《竹林集》三卷。

葉石林序略曰：明略常言：“吾深服左氏，而樂道范曄之秀正温繹。曄嘗自敘其書，以爲但多公家之言，而少事外遠致，吾所恨亦云邱明不可及也，異時有置吾於曄伯仲之閒，吾尚無愧。往有評吾文似尹師魯者，吾雖不學師魯，然意善其言。”是時余見明略文固多，知其所自道不誣也。明略自爲舉子時，即不沿襲場屋一語。再舉而取進士，其所試，傑然已若可以名世者，至今爲學者推重。

蓋其用志深苦，而思致精愨，淵源所從來者遠矣。每一出語，輒有區域町畦，未有卒然而作者。至于出入經傳，驅駕前言，左掐右摘，比次回曲，他人咀嚼桯杌終不能安者，明略繩約隱括，如以利刀摧朽木，尺箠呵群羊，無不如意。故其典奥簡潔，音節遒峻，精新煥發，使人讀之不覺矍然增氣。惜其蚤困，不得盡用所長。

始，元祐初，天下所推文章黄、張、晁、秦，號“四學士”。明略同直三館，軒輊諸公間，無所貶屈，欲自成一家，然其流落不偶，略相似云。

聖楷按：明略元豐二年登時彦榜進士。初授華陰司理參軍，累官至端明殿學士，出知常州，亦不可謂不遇矣，乃至鬱鬱喪明而歿耶？文士習氣，大都如此。然其著作爲世所重，卒亦不傳，惜哉！

潘大臨

潘大臨，字邠老，黄岡人。與弟大觀俱以詩知名。蘇東坡在黄州時，邠老多從之遊。及東坡去，以雪堂付之，邠老因以居焉。

黄山谷《書倦殼軒詩後》曰：潘邠老，密得詩律於東坡，蓋天下奇才也。

聖楷按：邠老詩學山谷，與陳無己、謝無逸、徐師川、饒得操、韓子蒼，皆其法嗣，謂之“江西詩派”。謝無逸常以書問潘邠老：“近作新詩否？”答曰：“秋來景物，件件是佳，致昨日清臥，聞攪林風雨聲，遂起題壁曰‘滿城風雨近重陽’，忽催租人至，敗意，止此一句奉寄。”後潘既下世，無逸念之，廣爲三絶句云。

林敏功

林敏功，字子仁，蘄春人。嘗以春秋鄉薦不第。有詩文百卷，號《蒙山集》，兵火後不存。今存《高隱集》七卷。弟敏修，字子來，亦善詩，撰《無思集》四卷。

後村劉氏曰：二林詩極少，曾端伯作《高隱小傳》，云有詩文百二十卷，今所存十無一二。兄弟皆隱君子，不獨以詩重。

《漁隱叢話》曰：吕居仁近世以詩得名，自言傳衣江西，嘗作《宗派圖》一百三十七卷，自豫章以降，列陳師道、潘大臨、謝無逸、洪芻、饒節、僧祖可、徐俯、洪明、林敏修、洪炎、汪革、李錞、韓駒、李彭、晁冲之、江端本、楊符、謝薖、夏倪、林敏功、潘大觀、何顒、王直方、僧善權、高荷，合二十五人，以爲法嗣，謂其源流皆出豫章也。其《宗派圖序》數百言，大略云："唐自李杜之出，焜耀一世，後之言詩者，皆莫能及。至韓、柳、孟郊、張籍諸人，激昂奮厲，終不能與前作者並。元和以後，至國朝歌詩之作，或傳者多依效舊聞，未盡所趣。惟豫章始大出而力振之，抑揚反覆，盡兼衆體，而後學者，同作並和，雖體制或異，要皆所傳者一，予故録其名字以遺來者。"

余竊謂山谷自出機杼，别成一家，清新奇巧，是其所長，若言抑揚反覆，盡兼衆體，則非也。元和至今，騷翁墨客，代不乏人，觀其英辭傑句，真能發明古人不到處，卓然成立者甚衆。若言多依效舊文，未盡所趣，又非也。所列二十五人，其間知名之士，有詩卷傳于世，爲時所稱者，止數人而已，其餘無聞焉，亦濫登其列。居仁此圖之作，選擇弗精，議論不公，余是以辨之。

聖楷曰：劉後村《續詩派序》又以東萊繼宗派。按，東萊名祖謙，字伯恭，居仁之孫。後人以其詩入派中，詩以派名，已墮惡道，又續派焉，何宋人不韻若此？

高　荷

高荷，字子勉，江陵人。仕宋直龍圖閣。有《還還集》二卷。

後村劉氏曰：子勉親見山谷，經指授，記覽多，如《麥城》，詩押險韻，略無窘態。集中健語層出，紫微公《詩派》乃以殿諸人，何耶？可升。

聖楷曰：山谷《跋高子勉作詩》云："以杜子美爲標準，用一事如軍中之令，置一字如關門之鍵。而充之以博學，行之以温恭，蓋天下士也。"又《跋歐陽元老詩》："此詩入陶淵明格律，頗雍容，使高子勉追之，或未能。然子勉作唐律五言數十韻，用事穩帖，置字有力，元老亦未能也。"其推許如此，惜未得全集讀之。

又按：詩派中夏倪，字均父，蘄春人。仕宋，知江州。有《遠遊堂集》二卷，如擬陶、韋五言古作，俱佳。

米友仁

米友仁，字元暉，元章子也。幼年黄山谷贈詩曰："我有元暉古印章，印刓不忍與諸郎。虎兒友仁小字。筆力能扛鼎，教字元暉繼阿章。"遂字元暉。元章當置畫學之初，召爲博士，賜對便殿。因上友仁《楚山清曉圖》，既退，賜御書、畫扇各二事。友仁宣和中爲大名少尹，天機超逸，不事繩墨，其風氣肖乃翁也。每自題其畫曰"墨戲"。被遇光堯，官至工部侍郎、敷文閣直學士，日奉清閑之燕。方其未遇時，士大夫可得其筆，既貴，甚自秘重，雖親舊間無緣得之。年八十，神明不衰，無疾而逝。弟友知，亦善楷法，其父芾常云："幼兒友知代吾書碑及作大字，更無辯。”門下許侍郎尤愛其小楷，云：“每示簡，可使令嗣書。”謂友知也。

《格古要論》曰：米元暉，紹興中權兵部尚書，高宗眷待甚厚。能傳家學，山水略變父法，自成一家。煙雲變滅，林泉點綴，草草而成，不失天真也。畫紙不用膠礬，不肯於絹上畫，臨摹古畫，閒一用之。

易元吉

易元吉，字慶之，長沙人。初工花鳥，及見趙昌畫，乃曰“世不乏人”。遂游荆湖，搜奇訪古。幾與猨狖鹿豕同遊，故口傳目擊之妙，一寫於毫端。又於長沙舍後開圃鑿池，以亂石叢篁梅菊葭葦馴養水禽山獸，伺其動静，以資畫思。尤善畫獐猨，評者謂徐熙以後，一人而已。畫上多自書“長沙助教易元吉畫，字慶之”。

米南宫《畫學》曰：易元吉，徐熙後一人而已。善畫草木葉心翎毛，如唐、徐。後無人繼，世但以獐猿稱，可歎！或云畫孝嚴殿壁，畫院人妬其能，只令畫獐猿，竟爲人所鴆。

又云：余收易元吉逸色筆作蘆如真，上一鸜鵒活動，晉卿借去不歸。

聖楷按：長沙易元吉畫，人多不知，故特拔之《文苑》，使與湘煙潭露，點染生香，亦一快事也。

王　質

王質，字景文，其先鄆州人，後徙興國。質博通經史，善屬文。游太學，與九江王阮齊名。阮每云：“聽景文論古，如讀酈道元《水經》，名川支川，貫穿周匝，無有間斷，咳唾皆成珠璣。”

質與張孝祥父子遊，深見器重。孝祥爲中書舍人，將薦質舉制科，會去國不果。著論五十篇，言歷代君臣治亂，謂之《樸論》。中紹興三十年進士第，用大臣言，召試館職，不就。明年，金主完顏亮南侵，御史中丞汪澈宣諭荆襄；又明年，樞密使張浚都督江淮，皆辟爲屬。入爲太學正。

時孝宗屢易相，國論未定，質乃上疏曰：“陛下即位以來，慨然起乘時有爲之志，而陳康伯、葉義問、汪澈在廷，陛下皆不以爲才。於是先逐義問，次逐澈，獨徘回康伯，難於進退，陛下意終鄙之。遂決意用史浩，而浩亦不稱陛下意，於是決用張浚，而浚又無成，於是決用湯思退。今思退專任國政，又且數月，臣度其終無益於陛下。

“夫宰相之任一不稱，則陛下之志一沮。前日康伯持陛下以和，和不成；浚持陛下以戰，戰不驗；浚又持陛下以守，守既困；思退又持陛下以和。陛下亦嘗深察和、戰、守之事乎？李牧在雁門，法主於守，守乃有戰。祖逖在河南，法主於戰，戰乃有和。羊祜在襄陽，法主於和，和乃有守。何至分而不使相合？

“今陛下之心志未定，規模未立。或告陛下，金弱且亡，而吾兵甚振，陛下則勃然有勒燕然之志；或告陛下，吾力不足恃，而金人且來，陛下即委然有盟平凉之心；或告陛下，吾不可進，金不可入，陛下又蹇然有指鴻溝之意。使臣爲陛下謀，會三者爲一，天下烏有不治哉？”

天子心知質忠，而忌者共讒質年少好異論，遂罷去。會虞允文宣撫川、陝，辟質偕行。一日令草檄契丹文，援毫立就，辭氣激壯。允文起執其手曰：“景文天才也。”入爲勅令所删定官，遷樞密院編修官。允文當國，孝宗命擬進諫官，允文以質鯁亮不回，且文學推重於時，可右正言。時中貴人用事，多畏憚質，陰沮之，出通判荆南府，改吉州，皆不行，奉祠山居，絶意禄仕。淳熙十五年卒。

陳氏《書録》曰：富川王質景文，有《雪山集》三卷。質遊太學，治《詩》有聲，仕爲樞屬，嘗著《詩解》三十卷，未之見也。

聖楷按：王阮字南卿，江州人。好學，尚氣節，登隆興元年進士第。熙寧中知撫州，韓侂胄宿聞阮名，特命入奏，將誘以美官。夜遣密客詣阮，阮不答，私謂所親曰："吾聞公卿擇士，士亦擇公卿。劉歆、柳宗元失身匪人，爲萬世笑。今政自韓氏出，吾肯出其門哉？"陛對畢，拂衣出關。侂胄聞之大怒，批旨予祠，阮於是歸隱廬山。嘉定元年卒。今《湖廣總志》以阮爲德安人，蓋誤以江州德安縣爲德安府耳。《總志》如此謬誤甚多，閱者不可不詳也。

馮子振

馮子振，號海粟，攸州人。仕元，爲集賢待制、宣撫使。

《元史·陳孚傳》曰：攸州馮子振，其豪俊與孚略同，孚極敬畏之，自以爲不可及。子振於天下之書，無所不記。當其爲文，酒酣耳熱，命侍吏二三人，潤筆以俟，子振據案疾書，隨紙數多寡，頃刻輒盡。雖事料醲郁，美如簇錦，律之法度，未免乖剌。人亦以此少之。

聖楷曰：馮子振附見《元史》中，人多不知。然亦止稱其敏捷，故今所傳《梅花百詠》《華清樂府》，皆無足採。攸州，即今攸縣，元升爲州。《楚紀》作寧鄉，誤。又按，陳氏《書録》：侯延慶，字季長，長沙人。有《退齋詞》一卷。其壓卷爲天寧節《萬年歡》。鍾將之，字仲山，長沙人。嘗爲編修官，有《岫雲詞》一卷。劉過，字改之，襄陽人。有詞一卷。今皆不傳，惟劉改之，猶見其小詞一二可誦。

王廷陳

王廷陳，字穉欽，黄岡人。父濟，吏部郎中。廷陳穎慧絶人，幼好弄，父扶之，輒大呼曰："大人奈何虐天下名士！"正德十二年成進士，選庶吉士，益恃才放恣。故事，兩學士爲館師，體嚴重，廷陳伺其退食，獨上樹杪，大聲叫呼。兩學士無如之何，佯弗聞也。武宗下詔南巡，與同館舒芬等七人將疏諫，館師石珤力止之。廷陳賦《烏母謡》，大書於壁以刺，珤及執政皆不悦。已而疏上，帝怒，罰跪五日，杖於廷。時已改吏科給事中，乃出爲裕州知州。

廷陳不習爲吏，又失職怨望，簿牒堆案，漫不省視。夏日裸跣坐堂皇，見飛鳥集庭樹，輒止訟者，取彈彈之。上官行部，不出迎。已而布政使陳鳳梧及巡按御史喻茂堅先後至，廷陳以鳳梧座主，特出迓。鳳梧好謂曰："子候我固善，御史即來，候之當倍謹。"廷陳許諾。及茂堅至，銜其素驕蹇，有意裁抑之，以小過榜州吏。廷陳爲跪請，茂堅故益甚。廷陳大駡曰："陳公誤我！"直上堂搏茂堅，悉呼吏卒出，鎖其門，禁絶供億，且將具奏。茂堅大窘，鳳梧爲解，乃夜馳去。尋上疏劾之，適裕人被案者逸出，奏廷陳不法事，收捕繫獄，削籍歸。世宗踐阼，前直諫被謫者悉復官，獨廷陳以罣吏議不與。

屏居二十餘年，嗜酒縱倡樂，益自放廢。士大夫造謁，多蓬髮赤足，不具賓主禮。時衣紅紫窄袖衫，騎牛跨馬，嘯歌田野間。嘉靖十八年，詔修《承天大志》，巡撫顧璘以廷陳及顏木、王格薦。書成，不稱旨，賜銀幣而已。廷陳才高，詩文重當世，一時才士鮮能過之。木，應山人，官亳州知州。格，京山人，官河南僉事。

孫 宜

孫宜，字仲可，華容人。父繼芳，正德辛未進士，官刑部主事，忤中官，謝病歸。起車駕司，偕郎中黄鞏等諫武宗南巡，捕繫廷杖。同官陸震杖斃，繼芳爲治其喪。終雲南提學副使。宜嘉靖戊子舉人，以父喪哭泣損目，遂不復試禮部。築室洞庭，鋭意著述，自號洞庭漁人，所著有《漁人集》六十九卷，《遯言》十卷，《孫氏日鈔》《明初略》《洞玄志》《宋元史論》數百卷。子斯億七歲能賦詩，十四補弟子員，上書棄衣巾，稱雲夢山人，晚隱元石山中。

吴國倫

吴國倫，字明卿，興國人。嘉靖二十九年進士，由中書舍人擢兵科給事中。楊繼盛死，倡衆賻送，忤嚴嵩，假他事謫江西按察司知事。量移南康推官，調歸德，居二歲棄去。嵩敗，起建寧同知，累遷河南左參政，大計罷歸。國倫才氣横放，好客輕財。歸田後聲名籍甚，與李攀龍、王世貞、宗臣、徐中行、梁有譽、謝榛輩，稱七子。諸人多少年，才高氣鋭，互相標榜，視當世無人，七才子之名播天下。求名之士，不東走太倉，則西走興國。萬曆時，國倫猶無恙，在七子中最爲老壽。

袁宏道

袁宏道，字中郎，公安人。與兄宗道、弟中道並有才名，時稱“三袁”。宗道，字伯修，萬曆十四年會試第一，授庶吉士，進編修，卒官右庶子。泰昌時，追録光宗講官，贈禮部右侍郎。

宏道年十六爲諸生，即結社城南，爲之長。閒爲詩歌古文，有聲里中。舉萬曆二年進士。歸家，下帷讀書。詩文主妙悟。選吴縣知縣，聽斷敏决，公庭鮮事。與士大夫談説詩文，以風雅自命。已而解官去。起授順天教授，歷國子助教、禮部主事，謝病歸。久之，起故官。尋以清望擢吏部驗封主事，改文選。尋移考功員外郎，立歲終考察群吏法。言外官三歲一察，京官六歲，武官五歲，此曹安得獨免？疏上，報可，遂爲定制。遷稽勳郎中，後謝病歸，數月卒。

先是，王、李之學盛行，袁氏兄弟獨心非之。宗道在館中，與同館黄輝力排其説。於唐好白樂天，於宋好蘇軾，名其齋曰白蘇。至宏道，益矯以清新輕俊，學者多舍王、李而從之，目爲公安體。然意在矯王、李之弊，而亦不免空疏。其後王、李風漸息，而鍾、譚之説大熾。

袁中道

袁中道，字小修。十餘歲，作《黄山》《雪》二賦五千餘言。長益豪邁，從兩兄宦遊京師，多交四方名士，足跡半天下。萬曆三十一年始舉於鄉，又十四年乃成進士。由徽州教授，曆國子博士、南京禮部主事。天啟四年，進南京吏部郎中，卒於官。

鍾惺 譚元春

鍾惺，字伯敬，竟陵人。萬曆三十八年進士。授行人，稍遷工部主事，尋改南京禮部，進郎中，擢福建提學僉事，以父憂歸，卒於家。惺貌寢，羸不勝衣，爲人嚴冷，不喜接俗客，由此得謝人事。官南都，僦秦淮水閣讀史，恒至丙夜，有所見即筆之，名曰《史懷》。晚逃於禪以卒。

自宏道矯王、李詩之弊，倡以清真，惺復矯其弊，變而爲幽深孤峭。與同里譚元春評選唐人之詩爲《唐詩歸》，又評選隋以前詩爲《古詩歸》。鍾、譚之名滿天下，謂之“竟陵體”，海内翕然宗之。然其識解多僻，頗爲通人所譏。

元春，字友夏，名輩後於惺，以《詩歸》故，與齊名。至天啟元年始舉鄉試第一，惺已前卒。

顯鶴按：王廷陳以下七人，原書有目無傳。今從《明史》及《一統志》《通志》補入。

楚寶卷第十八考異

新化鄧顯鶴湘皋述

文　苑

朱　昂

昂少與熊若谷、鄧洵美同學。朱遵度好讀書，人號之爲“朱萬卷”，目昂爲“小萬卷”。

顯鶴按：《十國春秋·楚朱遵度傳》：遵度，青州人。家多藏書，周覽略遍，當時推爲博學，稱曰“朱萬卷”。避耶律德光之召，挈妻孥，攜書，雜商賈來奔文昭王，待之甚薄，遵度杜門卻掃。諸學士每爲文章，先問古今首末於遵度，國人號爲“幕府書廚”。後徙居金陵，高尚不仕。著《鴻漸學記》一千卷，《群書麗藻》一千卷，《漆經》若干卷。

魏　泰

魏泰爲人無行而有口，每稱章子厚。數僞作他人著書，如《志怪集》《括異志》《碧雲騢》。又自作《東軒筆録》，皆用私喜怒誣蔑前人。

顯鶴按：《文獻通考》引晁公武《讀書記》曰：昭陵時有御

馬，名碧雲騢，以旋毛貴，用以名書者，詆當時鼎貴之人，然其意專在范希文也。陳振孫《書録解題》云：《碧雲騢》一卷，題梅聖俞撰。以廄馬爲書名。所記載十餘條，公卿多所毁訐，雖范文正亦不免，聖俞必不爾也。或曰實魏泰作，託之聖俞。又引李氏曰：《碧雲騢》一書，世傳以爲出於梅堯臣怨懟之口，其後諸公議論多矣。葉夢得、王銍則以爲非堯臣所爲，而邵博乃疑以爲實出於堯臣。今以魏泰《東軒筆録》考之，然後知泰之嫁名於堯臣者，不特此書也。堯臣平日爲人仁厚樂易，未嘗忤於物。今市井輕浮之子未必爲之，而謂堯臣爲之哉？又王銍《跋範仲伊墓志》云：近時襄陽魏泰者，場屋不得志，喜僞作他人著書，如《志怪集》《括異志》《倦遊録》，盡假名武人張師正。又不能自抑，出其姓名作《東軒筆録》，皆用私喜怒誣蔑前人。最後作此書，且仲淹與堯臣立朝同心，詎有異論？銍猶及識泰，知其後來最詳，張而明之，使百世之下，仲淹不蒙其謬焉。

按：魏泰專作僞書，敢於誣蔑善類，乃小人無忌憚之尤者，竟廁之《文苑》，誠爲不倫。余修《安徽藝文志稿》時已力詆之，復録諸説於此，以備考云。

鄧忠臣

坐元符黨廢不用。言者論其議范忠宣謚過實，又坐罰銅。有《玉池集》十二卷。

顯鶴按：忠臣事母周盡孝，周卒，護喪歸葬，哀慕之節，皆應古禮。崇寧初，禮官追奪范純仁謚，並罰忠臣。後入元祐黨籍，崇觀閒卒。又《浙江遺書總録》有忠臣等《同文館倡和詩》十卷。忠臣與余幹、耿南仲、商倚、張耒、晁補之、蔡肇、柳子文、李公麟、孔武仲、曹輔諸人，同在試院同文館校士時倡和諸作。

又《四庫全書目録》有《鄧紳伯集》二卷。《提要》云：《鄧紳伯集》散見《永樂大典》中，裒集排纂尚得二卷，然原本不著其名，亦不著時代，諸家目録皆不載其書。惟集中分韻詩題有曰“深得一字”“深得把字”者，則其名當爲鄧深。考《古羅志》曰：宋鄧深，字資道，有文集十卷。凌迪知《萬姓統譜》亦載鄧深湘陰人，仕履與《羅志》同。是編諸作，與深本籍及遊宦之地一一相符，則此集爲鄧深所撰明矣。

又《湖南通志·藝文志》引高斯得《恥堂存稿·跋鄧中丞家集》云：李公秀巖《朝野雜記》載嘉泰二年言者論：“近歲習僞之徒，倡爲攻僞之説，今陰陽已分，真僞已定，人之趨向已正，望播告中外，專事忠恪。”奏可。其年二月朔，遂復趙忠定公資正殿學士，徐子宜、劉德修、陳君舉、張茂獻、薛象先後復官自便，或典州宫觀。又削薦牘中“不係僞學”一節，俾勿復有言。時朱文公殁已踰年，周益公、留衛公皆已斥貶還政。冬十月，詔文公以次對致仕。閏十二月，制復益公少傅、衛公少保，自是僞禁稍稍解矣。予始讀之，甚偉言者是舉，以爲機括轉移之閒，邪説遂止，善者獲伸，國脈道命，至於今是賴，《記》不表出其人，爲深可惜。及來湘中，得觀中丞鄧公《家集》，則知此疏乃公爲察官時所奏也。彭忠肅公與往來之書，稱其正論侃侃，扶持善類於荆榛摧折之餘，又深歎其措意懇切、委蛇曲折之爲不易。惜乎公以謫死，斯事世鮮知之。不知後來秉筆者，能搜羅紀載之否也？

按：《中丞家集》即《鄧淵集》。淵，字不傳；深，字資道，一字紳伯，俱湘陰人。淵，崇寧三年進士，初爲鄜延經略使幕官，除國子丞，遷虞部員外郎。大觀初，星變求言，上封事，多剴切。蔡京惡之，左遷監酒税，知懷州。深，紹興中進士，試中教官，入爲太府丞，提舉廣西市舶。以親老求便郡，知衡州，擢潼川漕。鹽酒虚額，久爲民害，請於朝捐川引四千七百。守令貪虐，奏劾之，虞允文貽書曰：“不畏强禦，思濟斯民，挺然之操，未見近比。”

按：湘陰鄧氏，自唐以來多貴顯。淵、深，《宋史》無傳，與忠臣遠近未及考，要其爲一家之才，斷可識矣，因並録之。

楚寶卷第十八增輯

新化鄧顯鶴湘皋述

文　苑

侯彭老

侯彭老，長沙人。建中靖國時，以太學生上書得罪，詔歸本貫。作小詞别同舍，云："十二封章，三千里路。當年走徧東西府。時人莫訝出都忙，官家送我歸鄉去。三詔出山，一言悟主。古人料得皆虚語。太平朝野總多懽，江湖幸有寛閒處。"此詞既傳，各齋厚驢其行，亦傳入禁中，即降旨令改正，屬同獲譴者不一，乃格。後由鄉貫竟登甲科。

顯鶴按：彭老小詞見王[①]煇《清波雜志》，今從《通志》收入。

柳拱辰

柳拱辰，其先青州人，自五季時，避地荆楚，遂爲武陵人。精《易》《春秋》，舉天聖八年進士，通判鄂岳州，有惠政。年六十致仕，創亭於青陵館，名其橋曰"歸老"，曾鞏爲之記。弟應辰，寶元元

① 王，當作"周"。

年進士，官尚書都官員外郎，通判永州。子平、猷等，相繼擢第，人號“武陵五柳”。

顯鶴按：洪邁《容齋五筆》引蔣世基《述夢記》云：至和三年八月，知永州職方員外郎柳拱辰受代歸闕，祁陽縣令齊術送行至白水，夢一儒衣冠者曰：“我元結也，今柳公遊浯溪，無詩而去，子盍求之？”覺而心異之，遂獻一詩。柳乃依韻以和。

又《湖廣通志·拾遺》載應辰判永州時，夜坐有物引手入窗，柳援筆押字於其手，去後見州治古槐上，遂伐之。又江邊多巨石，下嘗有怪，柳押字石上，信宿大雷雨，石拆有鼇鱉浮出，患遂絶。州人鐫應辰押字以記。其言絶誕。今按，浯溪磨厓碑旁，有應辰題名及書夬字符，俗云可以治鬼。余過浯溪，亦拓得一分，旋散去。

蘇 堅

蘇堅，字伯固，澧州人。以臨濮縣主簿監杭州在城商税，督開西湖。與蘇軾倡和甚多，及軾從儋耳北歸，猶作詩寄之。有“靈均一去楚江空，澧陽蘭芷無顔色”之句。

子庠，字養直。工詩，少爲蘇軾所賞，由是名益重。初以病目，號眚翁，後徙居丹陽之後湖，更號後湖病民。紹興閒，居廬山，與徐俯同召。俯赴召，庠不起。俯造朝，便道過庠，留飲對弈甚歡。平日俯弈高於庠，是日庠拈一子，笑視俯曰：“今日須讓老夫下此一著。”俯有愧色。秦檜欲見之，庠曰：“吾老矣，不能販賣雲壑。”卒年八十餘。

顯鶴案：蘇集有《次韻蘇伯固重九》詩，註云：蘇伯固，名堅，博學能詩，公與講宗盟。自黄徙汝，同遊廬山，有《歸朝歡》詞，以劉夢得比之。公自翰林守杭，道吴興，伯固以臨濮縣主簿監杭州在城商税，自杭來會。作《後六客詞》，伯固與焉。方經理開西湖，伯固建議，謂當參酌古今而用中策。湖成，其力爲多。後一歲，又相從於廣陵，有《和伯固韻送李孝博》詩。公歸自海南，伯固在南華相待，公有詩，序云："昔在九江，與蘇伯固唱和。曰'我夢扁舟浮震澤'，蓋實夢也。昨日又夢伯固手持乳香嬰兒示予，覺而思之，蓋南華賜物也。豈復與伯固相見於此耶？今得來書，知已在南華相待數日矣。"又黄魯直謫死宜州，至大觀間，伯固在嶺外，護其喪歸葬雙井，其風義如此。

案：伯固與東坡交甚篤，見於集中可考者如此。其所謂"靈均一去楚江空，澧陽蘭芷無顔色"之句，不見集中。又《通志》譌臨濮主簿爲錢塘丞，今據蘇集正之。

廖　偁

廖偁，衡山人。天禧進士。其先世以能詩知名於湖南。偁尤好古，能文章，德行聞於鄉里，一時賢士皆與之遊。著有《朱陵編》一卷。弟倚，亦有名。歐陽修有《送廖倚歸衡山序》，稱其文則雲霓，材則杞梓。

歐陽文忠公修序《朱陵編》云：衡山廖倚，與余游三十年。已而出其兄偁之遺文百餘篇號《朱陵編》者，其論《洪範》，以爲九疇聖人之法爾，非有龜書出洛之事也。余乃知不待千歲，而有與余同於今世者。

朱子曰：廖氏論《洪範》，大段闢《河圖》《洛書》，以此見知於歐陽公。蓋歐公有無祥瑞之論。歐公只見五代有僞作祥瑞，故并與古而不信。如《河圖》《洛書》之事，《論語》自有此説。而歐公不信祥瑞，并不信此。

顯鶴案：歐陽公不信《河圖》《洛書》，并《繫辭》亦疑之。朱子以爲歐公只見五代僞作符瑞，故并古不信。其實歐公胸中深有見於天書之僞妄，而不敢明言，故見端於此，廖偁或亦同此意。偁爲廖融之裔世，有文學。《朱陵編》一卷，見《宋史・藝文志》，集中有《洪範論》，載入《宋文鑑》。《湖南藝文志》從朱氏《經義考》，別著録經部。又衡陽廖行之《省齋集》十卷，見《永樂大典》，詳《四庫全書目録》。又《省齋詩餘》一卷，見《詞綜》。

易　祓

易祓，字彦祥，一字彦偉，號山齋，寧鄉人。弱冠鄉舉，遊太學，工詞賦。淳熙乙巳，釋褐依殿試第一人恩例。初仕文林郎、昭慶軍節度使、掌書記。累官至禮部尚書兼翰林院直學士，以時論不合謫融州，移全州、衡州，得旨自便。家居三十年，著書自娱。零陵唐如晦，博學士也，遠來受業，祓題其書室曰“善齋”。尋復原官，轉朝議大夫，賜紫金魚袋，封寧鄉開國男，食邑三百户。祓著書最多，屢燼於兵燹，乾隆初，祓同裹王文清充三禮纂修官，從中秘《永樂大典》書内見所著《周禮總義》一帙，因序行之。

顯鶴按：《湖南通志・藝文志》：易祓《周易總義》三十卷，見趙希弁《讀書附志》；《易學舉隅》四卷，見朱彝尊《經義考》；《禹貢疆里廣記》六卷，《經義考》作一卷；《周禮總義》二十六卷，見《宋史・藝文志》，趙希弁《讀書附志》作三十卷；《周禮辨疑》無卷數，見《一統志》。又《通志》引魏了翁云：彦章《周禮》足補傳記所未及。則祓又字彦章矣。又樂聲遠有《謁山齋詩》云：“淳熙人物到嘉熙，聽説山齋亦白髭。細嚼梅花讀總義，只應姬老是相知。”

樂雷發

樂雷發，字聲遠，寧遠人。少穎敏，工爲詩，長湛深經術，慨然有澄清天下之志，屢舉不第。門人姚勉登科，以讓雷發，疏上，理宗詔親策試，雷發言："臣來自遠方，懷忠欲吐，意陛下必策以當世之務、理亂安危之機，而聖問所及，乃止於此，毋乃慮臣等觸時諱，而不使之言乎？抑慮臣等有待對之帖，而問其所不備乎？甚非策士之本意也。雖然，人才亦國家之重事，陛下求學術者，則欲其達性命而學聖賢，挺氣節而發言議；求才知者，則欲其理國家而窮民事，裕邦計而捍邊陲。則亦皆時政之大者。臣敢因陛下所問，而條其所對，然後以臣所欲言者，爲陛下言之。"語多不録，時論比之劉蕡。疏上，理宗嘉納之，賜特科第一。因數議時政不用，歸隱雪磯，號雪磯先生。與趙汝愚、姚雪蓬爲老友，有《雪磯叢稿》五卷。

顯鶴按：《雪磯叢稿》刻於南宋寶祐中。先生自序云："余少時溺志纂組，比當鞭辟裹近，以進聖賢之學，其敢以詩鳴哉？"然其詩沉著瀏亮，在南宋中不在放翁、誠齋下，而世尠知之者。國朝《四庫書目提要》云：《雪磯叢稿》五卷，其詩舊列《江湖集》中，而風骨頗遒，調亦瀏亮，實勝於江湖一派。蓋《江湖集》中多遊士，而雷發則恬澹無求，人品甚高也。

丁易東

丁易東，字漢臣，武陵人。咸淳戊辰進士，仕至朝議大夫、太府寺簿兼樞密院編修官。入元，屢徵不起。築石壇精舍，教授生徒，捐己田以贍之，事聞於朝，授以山長。著《周易象義》十六卷、《大衍索隱》三卷。

顯鶴按：易東，一作龍陽人。仕履見《永樂大典》。《四庫書提要》稱《象義》取象之法凡十有二，不主一家。遠紹旁搜，要歸於變動不拘之旨，亦言象者所當考也。

陳仁子

陳仁子，字同甫，茶陵人。宋咸淳末薦漕舉。屬國亡，絶意仕進，營東山書院居之，自號古迂，終身不出。博學好古，著述甚富，輯《文選補遺》四十卷，去取精當，議論賅博，足補《昭明》所未備。

顯鶴按：仁子《文選補遺》四十卷，趙文序：同甫少閲《文選》，以爲存《封禪書》何如存《天人三策》，存《劇秦美新》何如存《更生封事》，存《魏公九錫文》何如存《蕃固諸賢論列》，遂作《文選補》，凡四十卷。又《續文選補遺》十二卷。又《浙江遺書録》：陳仁子《牧萊脞語》二十卷，《二稿》八卷。潛研堂補《元志》：陳仁子《韻史》三百卷。

李　祁

李祁，字一初，别號希蘧，茶陵人。泰定四年進士，除應奉翰院文字，改授婺源州同知，遷江浙儒學副提舉，以母憂解職。會天下已亂，遂隱於江西永新山中。元亡，自稱不二心老人。明洪武中，徵詔舊儒，力拒不起。年七十餘乃卒。祁每與諸將言，必陳君臣大義，聞他將不守，輒憤切，食不下咽，及談國家事，至流涕不自勝。雖無官守，而憂國之心不忘。子位，留居茶陵。明大學士東陽，其五世孫也。著《雲陽集》十卷。

顯鶴按：《四庫全書提要》曰：祁詩冲融和平，自合節奏，文章亦雅潔有法。永新千户俞子茂重其爲人，祁歿後，爲刻其遺集。明弘治間，其五世從孫東陽捜輯遺稿，屬吉安守顧天錫重鋟，即此本也。《提要》又曰：元制以漢人、南人爲左榜，蒙古、色目人爲右榜，祁爲左榜第二人，其右榜第二人則余闕也。後闕死節，而祁獨轉側兵戈閒。爲闕序《青陽集》，以不得乘一障効死爲恨，又稱"世之貪生畏死，甘就屈辱，靦然以面目向人者，斯文之喪益掃地盡矣"！蓋與闕雖出處稍殊，死生各異，而其惓惓故主，義不負元，則大節如一。昔宋理宗開寶四年，榜得文天祥爲狀元，又得陸秀夫、謝枋得二人。是榜得李黼爲狀元，而又得祁與闕二人。黼不愧文天祥，闕不愧陸秀夫，而祁亦不愧謝枋得。是二榜者，後先輝映，亦可云科第之盛事矣。

胡[1]天游

胡天游，名乘龍，以字行，平江人。博學高志，遭元季亂，抗志不仕，養晦巖谷。邑人艾科爲之傳，謂負氣孤立，俯仰太高，有沈湘蹈海之風，集中《荆軻館》與《醉歌》可想見也。至正閒，萑苻蠭起，所過皆墟，獨天游室巋然煨燼中，因自號傲軒。性少許可，晚歲益自矜，其徘徊亂世以緬想太平之心，泯然不白，因作《述志賦》以寓恨。豫章羅慄謂《傲軒詩稿》豪邁卓絶，與虞集、趙孟頫相敵，而出處大節過之。

顯鶴按：《四庫書目録》：平江胡天游《傲軒吟稿》一卷。提要曰：天游自號松竹主人，又號傲軒，没於順帝末年。邑人艾科稱其七歲能詩，已具作者風力，藉藉一時，視伯生、子昂，不輸一籌。今觀所作，大都悲壯激烈，而頗病粗豪，不足以抗敵虞、趙。

---

① 胡，底本原作"湖"，據改。

然長歌慷慨之中，能發乎情止乎禮義。身處末季，惓惓然想見太平，猶有詩人忠厚之遺。其在元季，要亦不失爲作者。

李維楨

李維楨，字本寧，京山人。父裕，福建布政使。維楨舉隆慶二年進士，授編修。萬曆時，《穆宗實録》成，進修撰。出爲陝西右參議，遷提學副使。浮湛外僚幾三十年。天啟初，以布政使家居，年七十餘矣。會朝議登用耆舊，召爲南京太僕卿，旋改太常，未赴。時方修《神宗實録》，給事中薛大中、太常卿董其昌交薦之，召爲禮部右侍郎，甫三月進尚書，並在南京。維楨緣史事起用，乃館中諸臣憚其以前輩壓己，不令入館，但超遷其官。維楨亦以年衰老乞骸骨去。卒於家，年八十。崇禎時，贈太子太保。

維楨弱冠登朝，博聞强記，與同館許國齊名。館中爲之語曰："記不得，問老許；做不得，問小李。"維楨爲人，樂易闊達，賓客雜進。其文章宏肆有才氣，海内請求者無虚日，能屈曲以副其所望。碑版之文，照耀四裔。門下士招富人大賈，受取金錢，代爲請乞，亦應之無倦，負重名垂四十年。

瞿九思

瞿九思，字睿夫，黄梅人。父晟，嘉靖三十二年進士，歷官廣平知府，鑿長渠三百里，引水爲四閘，得田數十萬畝，卒於官。九思十歲從父宦吉安，事羅洪先。十五作《定志論》。後從同郡耿定向游，學益進。舉萬曆元年鄉試。居二年，縣令張維翰違制苛派，民聚毆之，維翰坐九思倡亂。巡按御史向程劾維翰激變。吏部尚書張瀚言御史議非是，九思遂長流塞下。子甲，年十三，爲書數千言，歷抵公卿，訟父冤。甲弟罕，亦伏闕上書求宥。屠隆作《訟瞿生書》，遍告中外，馮夢禎亦白於楚中當事，而張居正故才九思，乃獲釋歸。三十七年，以撫按疏薦，授翰林待詔，力辭不受。詔有司歲給米六十石，終其身。乃撰《樂章》及《萬曆武功録》，遣罕詣闕上之。卒年七十一。

九思學極奥博，一時嗜古篤志之士亦鮮其儔。甲，字釋之，年十九舉於鄉，蚤卒。罕，字曰有，七歲能文。白父冤時，往返徒步，不避寒餒，天下稱雙孝。崇禎時，辟舉知州。

郝　敬

郝敬，字仲輿，京山人。父承健舉於鄉，與李維楨友，官肅寧知縣。敬幼稱神童，性躍弛，嘗殺人繫獄。維楨以父執故援出之，館於家。始折節讀書，舉萬曆十七年進士。歷知縉雲、永嘉二縣，並有能聲。徵授禮科給事中，乞假歸養。久之，補户科，數有所論奏。坐事謫知江陰縣，投劾歸，杜門著書。崇禎十二年卒。

顯鶴按：《湖廣通志》載敬中年即制一棺，額曰“一杯齋”。年八十二，忽草數書别諸親故，乘赭車，令子、婦、親故喪服送之，及壙所無變色，送者冀無恙，敬從容下車，題詩揮手而逝。所著有《九經解》。子洪範，壬午舉人。

顔　木

顔木，字惟喬，隨州人。正德丁丑進士，與王廷陳齊名。初知許州，以薦調亳州，懲武人石氏之肆，坐中傷免。歸益淬礪，自信曰：“彼能尼吾仕，而不能錯吾履；能黜吾爵，而不能隳吾學，吾將樹風立言，示範後世。”屹然表正於淮漢之間，學者號淮漢先生。

顯鶴按：顔木與王廷陳應詔修《承天志》，附見《明史·廷陳傳》。

廖道南

廖道南，字鳴吾，蒲圻人。父漢，弘治朝進士，授户部主事，孤介有聲。上疏論時政不報，徒步出都，結茅五洪山，躬耕自給，非其力不食。道南，正德六年進士，改庶吉士，累官侍講學士。嘗以日食陳洪範天變四事。著《楚紀》六十卷。

顯鶴案：《四庫全書提要》稱道南《楚紀》爲明世宗作，大旨以爲太祖平陳理於武昌，實開定鼎之基。世宗復由安陸履帝位，更啟中興之業。故以楚地爲受命之符，因博采古今，成《楚紀》六十卷。

張　治

張治，字文邦，茶陵人。正德十五年會試第一，改庶吉士，授編修。嘉靖中，歷兩京吏部侍郎、南京吏部尚書。持身方正，鋭然以辨邪正爲己任。累進禮部尚書、文淵閣大學士，進太子太保。治博學，有文詞，明習典故。及秉政時，嚴嵩專權，悒悒不自得，遂病卒。謚文隱，隆慶初，改謚文毅。著《龍湖集》。

顯鶴案：文毅《龍湖集》十五卷，《明史·藝文志》作十四卷。《四庫提要》云：朱彝尊《静志居詩話》嘗謫其《夜過洞庭》一首，以吴地而混於楚。且云文肅家茶陵，與洞庭近，何得以君山屬吴？今觀集中是詩，固未誤也，豈彝尊所見，乃翻本耶？按，文毅，朱氏作文肅，亦誤。

孫　瑴

孫瑴，華容人。曾祖宜、祖斯億，累世以文學顯。父羽侯，萬曆己丑進士，官禮科、刑科給事中。兄穀，萬曆丁未進士，累官遼東巡撫。弟慤，兄弟俱有文名。瑴嘗雜采舊文，分爲四部，總謂之《微書》：一曰《樊微》，輯秦漢以前逸書；一曰《綫微》，輯漢晉閒箋疏；一曰《闕微》，徵皇古七十二代之文；一曰《删微》，采《尚書》十一種、《春秋》十六種、《易》八種、《禮》《樂》《詩》各三種、《論語》四種、《孝經》九種、《河圖》十種、《洛書》五種、統謂之《古微書》。又著《唐紀》七十卷，以《新》《舊唐書》踳駁，其所指摘，皆當體例。

顯鶴案：華容孫氏，世有聞人，著述甚富。《明史·藝文志》：孫宜《洞庭山人集》五十三卷、《明初略》二卷、《國朝事迹》一百二十卷。於瑴爲曾祖。孫斯億七歲能詩，所著有《園居》《鳴鋏》《浮湘》《北遊》等集。於瑴爲祖。孫羽侯，有《遂初堂集》十一卷。則瑴之父也。瑴所著《古微書》四種，今所存，惟《删微》一種，獨被《微書》之名，凡三十六卷。《四庫全書録提要》稱其書能使學者生於千百年後，猶見東京以上之遺文，以資考證，其功良不可没。《經義考》“毖緯”一門，其所引據，出瑴書者十之八九，則用力亦甚勤矣。又瑴嘗與其同邑嚴首昇作《漢唐宋後三代史》。首昇，字平子，華容諸生，有《瀨園詩》前、後集若干卷，文集二十卷。

郭都賢

郭都賢，字天門，益陽人。父諟，以鄉貢知開縣，素有志於道，從吉州鄒守益遊最久。

都賢幼聰慧異常，天啟二年進士，授行人，册封閩藩，以母憂歸。服闋，除原職。七年，充順天鄉試同考官，得史可法等六人。歷升吏部稽勳司、驗封司主事，文選司員外。父憂，起復除四川參議。崇禎十二年，督學江西。十四年，分守嶺北道。十五年，巡撫江西，時張獻忠已逼境，賊騎充斥，都賢晝夜繕堵禦策。兵餉無措，大會其屬，誓約凡官司一應供給，俱捐以助餉。左良玉屯兵九江，驕蹇觀望，都賢介馬往見，責以大義。會有尼之者，遂以病乞歸。歸後，北京陷，悲憤不食。已，南都建，可法開閫揚州，都賢門人也，薦授南京操江，辭不受。桂王立肇慶，以大學士召，時都賢已落髮爲僧矣。

先是，洪承疇方革職，都賢奏懇起用鎮遼陽。至是承疇入本朝，經略西南，以故舊謁都賢於山中，饋以金，不受。奏攜其子監軍，亦堅辭不允。都賢性嚴介，風骨冷然。博學强識，工詩文，書法瘦硬，兼善繪事，寫竹尤妙。人得其片紙只字，皆珍弆。

祝髮後，號頑石，又號些庵，益茹苦無定居。流寓沔陽，十有六載。歸里後，結草廬於桃花江。復以詩累，竟客死於江陵之承天寺。所著有《衡嶽集》《止庵集》《秋聲吟》《西山片石集》《破草鞋集》《佛嬾子瞉音》《水閤吟》《罪狀》《蒿夢集》《補山堂集》《些庵雜著》等書。

顯鶴案：羅宗伯稱："天門先生，天與至性，哀樂過人。撫江西時，黜貪墨，獎循吏，汲汲如不及。遭時多故，敝屣纓紱，膏肓泉石。至於祝髮空門，流離轉徙，客死荒寺，其心亦良苦，其志已大白矣。"鄉曲小兒，横生異議。余久病之，欲爲先生作傳，並謀刻其詩文集。而方志簡略，無能傳先生者，詩文亦散佚幾盡。今據其孫宏碧所編年譜，綴輯爲傳。年譜載己卯官江西提學，已卯爲崇禎十二年。寧都魏叔子禧有上先生書，稱崇禎壬午之役，先生校士江右，則十五年事。時先生已爲巡撫，尚云校士江右，可見先生奬誘後進，雖軍務旁午，不廢弦誦，其性然也。叔子書云："先生抱道履德，二十年閒，所著述之文與所交友造就之士，必有偉論奇人，足以振天下之聾聵，開後世之太平者。"其推重如此。余以爲先生門下道鄰之忠節、叔子之文學，俱可以争光日月，得一已足不朽，亦可以想見師友淵源之有自矣。

又按：《無錫縣志·遺愛傳》：郭命賢，字漢虹。益陽拔貢，萬曆中爲無錫縣丞。孫宗伯繼皋送其歸益陽詩云："上書不達賦歸來，空橐何妨載石回。臣自當誅曾出位，衆皆欲殺可憐才。三年水國將漕苦，十日風江泊浪哀。但不負丞休亦得，幾枝殘菊媚寒杯。"詩意似曾以建言譴謫，惜其事不傳。今江蘇巡撫安化陶公嘗爲余誦之，録記於此。命賢當是天門先生兄弟行。又先生有女名純貞，許字黔國公沐氏。國變後音問梗絶，遂終於家。純貞能詩，自署曰郭貞女。

陶汝鼐

陶汝鼐，字仲調，號密庵，寧鄉人。生有異徵，少奇慧。甫齔齒，應童子試，督學徐亮生驚喜得異才，拔冠湖南數郡。旋以里選貢成均。會上幸太學，廷臣請復高皇積分法。祭酒顧九疇奏汝鼐文壓卷，烈皇帝重其文，特賜一詔，題名勒石太學。除五品官，不拜，乞留監肄業。時汝鼐詩文、書法名動長安，有"楚陶三絶"之譽。崇禎六年，舉於鄉。十年、十六年兩中會試副榜，授翰林院待詔，旋陞檢討，乞假歸。鼎革後，剃髮潙山，號忍頭陀。

汝鼐有至性，父殁，哀慕終身，事母曲盡孝養。處宗族鄉黨多厚德。嘗爲人雪奇冤，冒險難活千餘人，不自言也。

汝鼐詩古文有奇氣，書法險勁，與益陽郭都賢齊名，海内名宿識與不識，莫敢抵牾云。著有《嚏古集》三卷，《寄雲樓集》《褐玉堂集》若干卷，《榮木堂集》十五卷。

顯鶴案：仲調先生《嘉樹堂全集》舊有刻本。郭天門先生序略云：舊史陶密庵詩文名海内垂四十年，予與公生同里，長同學，出處患難，同時同志，今兩人冉冉老矣。當年盛時，方思大用所學於當世。亡何，兵燹頻仍，狐兔充斥，姑仗策以規江左，垂涕而受拾遺。於是哀時命，弔戰場，尚有不盡於詩若文者。晚復以凌霜齧雪之肝腸，赴篊鳳弋鴻之羅罻。西臺之髪自晞，湘水之魂復返，人世坎坷抑鬱到此無處開口，烏知皆公之詩文登峰造極時也！

杜 濬

杜濬，字子皇，號茶村，黄岡人。明季諸生，避亂居金陵。少倜儻有大志，遭時多故，不得有所試，遂刻意爲詩。性嚴，冷峻廉隅，孤特自遂，遇名貴人，必以氣折之。金陵爲冠蓋輻輳之衢，四方求名者多走其門，濬多謝絶。大吏欲求一見，不可得。對衆人未嘗一接語言。錢謙益嘗造訪，至閉户不與通。世以此嫉之。然詩名在天下，人争傳頌。吴偉業云："吾五言律詩，得茶村《焦山》詩而始進。"其爲時所推服如此。年七十有七，卒於揚州。湘潭陳恪勤鵬年守金陵時，始葬於蔣山北梅花村。濬詩最富，世所傳不及十一，手定者四十七册。

弟岕，字蒼略，號些山。與濬同客金陵，壯喪妻，不復娶，所居一漏室，敝帷木榻，數十年不易，室中終歲不掃除。每日中不得食，男女啼號，客至，無水漿，意色閒無幾微不自適者。行於途，嘗避人，不中道與人語，雖兒童厠[1]輿，惟恐傷也。後濬七年卒，年亦七十有七。有《些山集》。

顯鶴案：茶村先生詩名重海内，然當時名公如梅村、芝麓、阮亭諸先生，無不傾心向慕，蓋其風節名義足以服人，不僅以其詩也。方靈皋苞文集有先生墓表，其略云：

先生明季爲諸生，避流賊張獻忠之亂，流轉至金陵，遂久客焉。少常欲赫然著奇節，既不得有所試，遂一意於詩，以此聞天下，然雅不欲以詩人自名也。於並世人，獨重宣城沈眉生、吴中徐昭發，自愧不如。在金陵，獨與先君子善，客揚州，則主蔣前民。諸公貴人求詩名者湊至，先生謝不與通。惟故舊及守土吏迫欲見，徒步往，亦偶接焉。門内爲竹關，先生午睡或治事，則外鍵之。關外設坐，約客至，視鍵閉，則坐而待，不得叩關，雖大府至亦然。及功令有排門之役，有司注籍優免。先生曰："是吾所服也。"躬雜厮輿，夜巡綽，衆莫能止。

先生居北山，去先君子五里而近，以詩相得，旦晚過從，非甚風疾雨無閒。丙寅春，先生年七十有七，攜襆被叩門，語先君子曰："吾老矣！將一視前民，歸而窟室蔣山之陽，死即葬焉。"是日渡江，數月竟死維揚，喪歸，寄長幹僧舍。一二故人謀卜兆，子世濟曰："吾有親而以葬事辱二三故人，是謂我非人也無何，世濟亦卒。先生故三子，一子幼迷失，一爲僧遠方，衆莫敢主。又數年，長沙陳公滄州來守金陵，謂先生其鄉人之立名義者。哀其志，爲買小丘蔣山北梅花村，召先生從孫揚文及故人會葬。姑述其大略，碣於阡。

① 厠，據文意當作"厮"。

黄周星

黄周星，字九煙，湘潭人。本姓周氏，父逢泰，官江南，生星於金陵，爲上元黄氏撫養，遂冒其姓爲黄周星。周星生有異稟，六歲能文，出語驚人。七歲工書，十二歲入南監，積分登鄉舉。崇禎十三年進士，除户科掌印給事中，不就，歸湘潭。葬父畢，復反上元。性剛介，詩文奇偉，慷慨激昂，略似其人。嘗選《唐詩快》三集行世。國變後，變姓名曰黄人，字略似，僑寓湖州，布衣素冠，寒暑不易，狀類狂易。年七十，自撰墓志，作《解脱吟》十二章，縱飲盡一斗，大醉，沉南潯河而死。時五月五日也。所著書爲盜掠，散佚失傳。

顯鶴案：九煙選《唐詩快》三集，一曰《驚天》，一曰《泣鬼》，一曰《移人》。《自序》略云：僕生不辰，窮愁拂鬱，倔彊支離。生平著述等身，積稿滿屋，晚歲始成此一書，期與千古以上之詩人相與歌哭叫跳於前，千古以下之詩人相與歌哭叫跳於後，則我一人之心快，而天下萬世之心俱快。嘗自鐫一私印，曰“性剛骨傲，腸熱心慈”。嘗詡與正人君子鬼神仙佛相知，而與衆人少合多忤。有詩云：“高山流水詩千軸，明月清風酒一船。借問阿誰堪作伴，美人才子與神仙。”又自言生平性最愛夕陽，嘗欲裒輯古今人詩爲《夕陽集》，詩云：“自古詩人愛夕陽，夕陽佳句滿縑緗。我今收拾懸霄壤，好與天争日月光。”今《詩快》尚存，所著書雖散佚，可想見古之傷心人，别有懷抱也。

郭金臺

郭金臺，字幼隗，湘潭人。本姓陳氏，年十三，遭家難，匿中表郭氏得脱，遂冒郭氏。生而狀貌奇偉，見者咸目爲異人。弱冠有聲黌序。居家孝友淵默，至慷慨談天下事，議論風生。諸監司郡縣，旌幣踵至。吉藩延致邸館，置醴賦詩，常爲倒屣。崇禎己卯、壬午兩中副榜。會舉行積分法，朝士屢以名薦，不起，例授官，亦不就。隆武南渡，登鄉舉。督師何騰蛟、巡撫堵胤錫先後論薦，授職方郎中，再起監司僉事，皆以母老辭。是時獻賊既陷湖湘，闖賊潰卒復相繼蹂躪，縣百里無人煙。乃請於督師，命偏裨練鄉勇爲守禦，全活者以萬計。

晚歸隱衡山，著書授徒，絶口不談世事，惟論列當時徇難諸人，輒欷戲流涕。與長沙推官蔡道憲交甚篤，道憲殉城，死最烈，金臺言及，輒痛哭曰："負我良友！"嘗以不及殉爲憾，及卒，自題其阡曰：遺民郭金臺之墓。著有《石村詩文集》。

顯鶴案：《湖南藝文志》：《石村代古詩》二卷，與善化馮棖公一第同作。其詩仿古樂府體，代古人作，故名代古。蔡江門先生序之，略云：

丁丑，都門有以郭子《代古詩》授余者，余甚重其詩，初不識郭子也。辛巳官長沙，揖郭子庭見之，見其人果如其詩，探其古文辭尤奇。乃今而後，吾可以全交。交定，譽者至，毁者至，誹忌攻擊者且至。余課士日，偶拈"遥憐山影外，人在剔燈寒"之句贈郭子。紙初落，遂有投筆碎硯睁睁操鋒刃而起立者，余乃噴飯曰："文字交，雖蘇、張不能閒，賁、育不能奪，嘵嘵何爲？"天既濫以古人之才屬郭子，而又不幸以不收今人之目屬余，宜乎乳水者如此，而冰炭水火如彼。此氣運升降，分量大小，人之差等自應爾爾。昌黎子曰："動而得謗，名亦隨之。"人以爲謗耳，彼因之而成名矣。如以謗而益之名，則孰慊於無謗？

又《石邨行吟卷自序略》云："余迫吏議，多亡道中，走山澤，伏滯巖寺田舍閒，於是有披髮行吟之意。"又《遇嶽堂集自序》："年十二，逢家厄，易姓，遘閔，私讀《柏舟》《小弁》之什，而如有會者，乃改治《詩》。"蓋石村遭遇坎懔，家國之際，有難以顯言者，奇情偉抱，固非方志所得而盡傳。我朝陳恪勤公鵬年，文章經濟蔚然爲一代名臣，於石村先生爲曾孫。蓋其貽謀遠矣，豈偶然哉！

潘應斗

潘應斗，字章辰，武岡人。崇禎十七年進士，以二甲序應外任。大學士方岳貢見其策論，奇之，曰："此不世才也。"擬館選内用，部覆未下。值國變，倉皇南奔，瀕死燕齊，展轉塗乞達南京，上書陳時政，言甚激切，爲阮大鋮等所阨，以資授廣東萬州知州。視事年餘，有政聲。會金陵、福建相繼陷没，桂王稱號肇慶，授應斗監察御史，未任，改吏部驗封司郎中，調銓選司郎中，加太常寺卿。時劉承允劫遷桂王於武岡，驕蹇跋扈，擅權亂政。應斗度力不能與之争，喟然曰："大事已去，無能爲也。"即告終養去，灌園自給，敝衣垢履，日荷鋤鍤雜販豎耕作。屢遭刦禍，僅以身免。國朝三徵不起。

應斗少聰慧，有至性，剛介簡澹，寡交遊，與弟應星友愛最篤。歸田後，誅茅威溪之口，日相倡和，饔飧不給，晏如也。好讀書，爲古文詞類歐、王，高潔有法，詩格清渾。所著有《白石山史評補》《雲山别志》《武岡圖經》《武岡州志》《允孚堂文集》《詩集》等書，多佚。《史評補》，乾隆中有刻本。

顯鶴案：章辰先生生逢厄運，當危亡板蕩之餘，閒關展轉，流涕上書，一阨於權奸，再制於驕帥，卒之飄然遠引，泉石銷聲。《詩》言明哲，《易》曰知幾，君子以之，乃其心亦良苦矣。嘉慶丁丑，余修《武岡志》，輯其文行作傳，方言之州牧咸寧許公，請祀鄉賢，未果。

案：先生鼎革後，同弟夢白隱於威溪，有《威溪卜築》四首。同時邵陽王稚潛嗣乾《九日送潘章辰兄弟歸威溪》詩最佳，詩云：

“登高已自謝才名，詩卷相看氣漸平。乍笑須眉同洛社，且忘風雨在彭城。河山漫送群公淚，絲竹難陶晚歲情。世事未堪容久住，各攜太息返柴荆。”

余客武岡時，亦有《威溪弔章辰先生兄弟》詩，并附録於此：“孑孑威溪山，二鶴昔巢此。鶴去巢已空，遺此一溪水。天網張八紘，皇途遵九軌。朝起茹芝翁，夕致采薇士。鶴兮獨不聞，偃蹇空山裏。至今威溪旁，餘芳襲蘭芷。我來訪遺跡，懷古獨仰止。高風二墨儔，頹俗中流砥。想見千秋胸，泠泠澗泉洗。廉頑立懦功，正可百世祀。窮鄉昧節義，薄俗眩朱紫。遺文付雲煙，片石没荆杞。弔古發幽情，溪風日夕起。”

鄧祥麟

鄧祥麟，字玉書，一字子與，號鹿巖，武岡人。官岷藩長史，或曰官審理。工詩善畫，書法絶類二王。鼎革後，寓居新寧之石田，築鵝峰山房，日夕吟咏其中。時釋一念以上元將家子祝髮南岳，寓新寧獅蹲閣，即放生閣。祥麟與爲方外交近三十年。稱其豪俠曠達，直欲一粟世界，杯塊湖山。一念死，祥麟以詩哭之，并編其集。弟祥鳳，字子威，亦能詩。

顯鶴案：子與先生哭一念詩蹟存放生閣老僧月照手。今藏余家，余友歐陽磵東紹洛跋云：“余以嘉慶丁巳見此幅於夫彜僧壁，蛛絲煤跡，摩挲再四，嗟玩竟日。以謂詩格、書法，俱非近時所見。諄屬寺僧珍藏之。嗣於門人鄒氏宅見所作佛座工筆，及書東坡《怪石供》并《同陸康侯聽雨詩》及《序》，無一不精妙者。竊歎吾鄉前輩風流如此，爾後悢悢於懷，輒爲儕輩稱道。今歲杪，湘皋自粤歸，甫相晤，忽把臂絶叫曰：“老顛所誇吾宗子與先生放生閣墨蹟，入僕手矣。”急啟篋展視之，精光炯炯，似見故人面，聲容笑貌，纖悉可指言也。噫！人閒尤物，溷跡奴隸閒，而不見知於人者多矣，此幅乃爲湘皋所得，豈鬼神陰相之，使得所也？湘皋真有心人哉。”

王夫之

王夫之，字而農，號薑齋。先世高郵人，明永樂初，有官衡州衛者，遂爲衡陽人。父朝聘，副貢生，以文學知名。夫之少負儁才，讀書十行俱下。年二十四，與兄介之同舉崇禎十五年鄉試。以道梗不赴會試。明年，張獻忠陷衡州，士類多汙僞命，其不屈者，縛而投諸湘江。夫之走匿南嶽雙髻峰下，賊執其父以爲質，夫之自引刀刺其肢體，舁往易父。賊見其徧創也，免之，父子俱得脱。

十七年，北京陷，夫之涕泣不食者數日。明年，我師下金陵。唐、桂二王相繼稱號，督師何騰蛟屯長沙，堵胤錫駐常德，兩人相持頗不相能。夫之憂其必敗，上書於監軍章曠，請調和南北兩軍，以防潰變。曠不聽，卒之諸鎮奔覆，曠以憂憤死。順治四年，我師下湖南，夫之走桂林。大學士瞿式耜疏薦於桂王，夫之以父憂請終制。服闋，即起就行人司行人。是時桂王建國肇慶，旋移駐武岡，走靖州、柳州。大學士嚴起恒皆從，已，復從至肇慶。時朝端水火，紀綱已大壞，有吴黨、楚黨之目。主吴者爲朱天麟、張孝起、吴貞毓、堵胤錫、王化澄諸人，主楚者爲金堡、丁時魁、劉湘客、袁彭年、蒙正發諸人。又其時李成棟新叛附於王，朝政皆决於其子元胤，堡等五人附之，人目爲五虎。起恒居其閒，不能有所匡正。王在梧州，貞毓等十四人合疏攻五虎，下湘客等於獄，將置之死。夫之約舍人管嗣裘走告起恒曰：“諸君棄墳墓，捐妻子，崎嶇從王，而以黨人殺之，則志士解體，誰與共危亡者？”起恒感其言，跪王舟力救，貞毓等並惡之。是時化澄已爲言者劾去，貞毓等請召還，因與之合攻起恒。夫之亦三上疏劾化澄，化澄恚甚，必欲殺夫之。會降帥鄖國公高必正救之，得不死，返桂林，復依式耜。聞母病，間道歸衡，至則母已殁。其後式耜殉節於桂林，起恒被害於南寧，夫之知勢愈不可爲，遂決計老牖下。

已而緬甸亦覆没，夫之益自晦匿，遂浪遊郴、永、漣、邵間，所至人士慕從，輒辭去。最後歸衡陽之石船山，築土室名曰觀生居，晨夕杜門，學者稱船山先生。著有《讀四書大全説》《周易内傳》《外傳》、《大象解》《詩廣傳》《尚書引義》《春秋世論》《家説》《左氏傳續博議》《禮記章句》並諸經《裨疏》各若干卷。作《通鑑論》三十卷，《宋論》十五卷，《莊子解》《莊子通》《楚詞通釋》《搔首問》《俟解》《噩夢》各種。又注釋《老子》《吕覽》《淮南》，評選古今詩各若干卷。

自明統絶祀，夫之著書凡四十年，其學深博無涯涘，而原本淵源，尤神契《正蒙》一書。於清虚一大之旨，陰陽象法之狀，往來原反之故，靡不有以顯微抉幽，晰其奥窔。其《自序》以爲：張子之學，上承孔孟之志，下救來兹之失，如皎日麗天，無幽不燭，聖人復起，未有能易焉者也。惟其門人未有殆庶者。而當時鉅公耆儒，如富、文、司馬諸公，張子皆以素位隱居，而末繇爲羽翼。是以其道之行，曾不得與邵康節之數學相與頡頏，而世之信從者寡，道之誠然者不著。是以不百年而陸子静之異説興，又二百年而王伯安之邪説熺。其以朱子格物、道問學之教争負勝者，猶水勝火，一盈一虚而莫適有定。使張子之學曉然大明，以正童蒙之志於始，則浮屠生死之狂惑不折而自摧，陸子静、王伯安之蕞然者，亦惡能傲君子以所獨知，而爲浮屠作率獸食人之倀乎？

《周易》者，天道之顯也，性之藏也，聖功之牖也。陰陽動静、幽明屈伸，誠有之而神行焉，禮樂之精微存焉，鬼神之化裁出焉，仁義之大用興焉，治亂吉凶生死之數準焉。故夫子曰“彌綸天下之道，以崇德而廣業”者也。張子言無非《易》。立天立地立人，反經研幾，精義存神，以綱維三才，貞生而安死，則往聖之傳，非張子其孰與歸？是故《正蒙》者，匠者之繩墨也，射者之彀率也。雖力之未逮，養之未熟，見爲登天之難，不可企及，而志於是則可至焉，不志於是，未有能至者也。養蒙以是，爲聖功之所自定，而邪説之淫蠱不足以亂之矣。故曰《正蒙》也。詞多不載。

康熙十八年，吴逆僭號於衡，僞僚以有[1]勸進表相屬者，夫之曰："某本亡國遺臣，所欠一死耳，今汝亦安用此不祥之人哉？"遂逃入深山，作《祓禊賦》。吴逆既平，湖南巡撫鄭端聞而嘉之，屬郡守某饋粟帛請見，夫之以病辭，受其粟，反其帛。未幾，卒於石船山，葬大樂山之高節里。自題其墓曰："明遺臣王夫之之墓。"自銘曰："抱劉越石之孤忠，而命無從致；希張横渠之正學，而力不能企。幸全歸於兹丘，因銜恤以永世。"子二人：攽、敔。敔字虎止，能紹其家學者。先生家故貧，著書筆札，多取給於故友及門人家。書成，因以授之，不自收拾，藏於家者，蓋無幾焉。

嗣裘，字冶仲，夫之同縣人。崇禎末舉人。獻賊陷衡州，匿安仁山中，賊購索甚急，兄嗣箕佯以死報，乃免。國變後誅茅桂林之靈溪洞，與猺獞雜處。食缺，獞民每義而餉之。尋轉入永安州，不知所終，著述皆不傳。

介之，字石子。衡州陷，賊索介之兄弟急，執其父。介之投潭水自誓。夫之匿兄，自以重創見賊，得俱免。介之遂築室衡、邵、永界萬山中，鰥居不娶，鶉衣草食終其身。著有《春秋三傳質》《詩序參》《易本義質》諸書。晚題座右曰："到老六經猶未了，及歸一點不成灰。"年八十一卒。

顯鶴案：船山先生於勝國爲遺老，於本朝爲大儒，其志行之超潔，學問之正大，體用之明備，著述之精卓宏富，當與顧亭林、黄梨洲、李二曲諸老先相頡頏，而世尠知者。其所著諸書采入《欽定四庫全書》。案《全書提要》凡當代儒碩纂著多齗齗辨論，獨於先生書推崇無異詞。鄉曲里師，乃不能舉其名姓，蓋其書之若存若

① 以有，據文意當作"有以"。

没、湮塞不行久矣。往桐城李海帆觀察宗傳分巡衡、永時，余嘗爲言，求其全書不得。近武陵趙學博敦怡語余：先生已刻行之板，尚存衡陽學署，多殘缺。頃衡陽馬碩坡同年運鑾以《春秋世論》《論語稗疏》《張子正蒙》《莊子解》《楚詞通釋》《俟解》六種見贈，蓋其諸父湘門太史倚元所刻行者，而全書亦未得見。安得士夫家有珍藏全部善本，重爲審校開雕，嘉惠後學，使湖湘之士共知宗仰，豈非羽翼吾道，表揚前哲一大功乎？

長沙余太史廷燦，嘗以著述自任，其爲先生傳贊云："先生可謂篤信好學，蒙難而能正其志者。方明之亡，先生非不知事不可爲，然且窮老盡氣，奔竄於荒巖絶徼間，發讜論，攻憸邪，終擯不用，而始隱伏著書，其志可哀也矣。若横渠以《禮》爲堂，以《易》爲室，所稱四先生之學，柱立不祧者，而著《正蒙》一書，尤窮天地之奥，達性命之原，反經精義，存神達化。朱子亦謂其廣大精深，未易窺測。先生究察於天人之故，通乎晝夜幽明之原，即是書暢演精繹，與自著《思問録》内外二篇，皆本隱之顯，原始要終，朗然如揭日月。至其扶樹道教，剖析數千年學術源流分合同異，《自序》中羅羅指掌，尤可想見先生素業。雖其逃名用晦，遯跡知稀，從遊蓋寡，而視真西山、魏了翁以降姚、許、歐、吴諸名儒，僅僅拾雒、閩之糟粕，以稱理學，其立志存心、淺深本末，相距何如也？宜與潘太史宗洛稱先生爲前明之遺臣，我朝之貢士，是固然已。而其立文苑儒林之極，闡微言絶學之則，又有待於後之推闡先生者矣。"

車以遵

車以遵，字孝則，徙字孝思，邵陽人。父大任，萬曆八年進士，歷官浙江參政，祀鄉賢。以遵幼奇敏，屢困場屋，崇禎十四年歲貢生。鼎革後隱居高霞山，浩歌遠引，矯然繒繳之外。年八十三，以布衣終。著有《高霞堂集》百餘卷。

以遵名家子，蚤負盛名，有經世大志。崇禎時，烈皇帝破格求才，當事以其名應召。以遵知時事不可爲，乃遯之古茱萸江，築劬園，讀書其中。嘗采古君臣相得之事，作爲《史繫》，將獻諸朝，書未成而國變。又嘗與同縣舒心忠、車鼎黄、王嗣乾、蔣大年、劉應祁輩應聘，佐郡守陶珙修郡志。書成，以遵不稱意，别爲《邵乘臚句》一書。其云臚句者，取朝儀上告下曰臚，下告上曰句也，今其書不傳。

心忠，字若訥，兩浙轉運副使有翼子，戊子潰兵之變，有翼死於火，若訥奮身殉。鼎黄，字中理，崇禎時副貢生，國朝屢徵不起。嗣乾，字稚潛，與兄嗣翰同舉於鄉，國變後旋棄去。大年，字彌少。應祁，字澹山，俱以文學名一時。

顯鶴案：孝思先生著作甚富，有《聲香閣草》《高霞堂正集》《續集》五種，《邵乘臚句》《貝葉集》凡百餘卷，俱經刊板，兵燹後失其八九，備載先生所作《胡秋田祠堂記》中。蓋先生著作，及身時已多散佚矣。先生交遊最廣，負名甚重，明季言詩者，必歸鍾、譚，先生與之抗。《高霞堂集》，譚友夏、陶密庵、王山長諸君均有序，散見諸人集中，推尊無異詞。今《高霞堂集》邵人已無有能知之者。乾隆閒，湘人士所刻廖大隱《楚風補》即逸其名姓，存詩四十首，但署曰高霞居士，而稱“其人有《高霞集》三十卷，亦玩世逸民也”。吾鄉前輩風流闃寂如此，至乃不能舉其名姓，吁，誰之咎哉?

楚寶（三）

〔明〕周聖楷 編纂

〔清〕鄧顯鶴 增輯

施德順 點校

荊楚文庫編纂出版委員會

武漢出版社

楚寶良史論次目録①

古者典籍、圖法皆史也，蒼頡、沮誦皆史臣也。自周官設而史之職始重，《春秋》作而史之權始一。故周室既東，王章紊亂，伯臣强辟，猶時從周太史問祥祲焉。下逮漢武，秦灰既冷，書積丘山，龍門應運而生，三史並時而著，雖云繼美麟止，實則論同目睫。嗣是國不一録，代不一手，范穢陳誣，互有得失，揚善貶惡，未見其人。嗚呼！難言之矣。

余生長楚服，久淹庠序，未讀中秘之書，頗負汗青之志。日月斯邁，愛玩陳編，十不得一，古人同恨。蓋《鶡次》僅蒙穀所負，《檮杌》乃後人僞作，汲冢之竹不出，江陵之火再焚，亦何從發異聞也。惟夫丘明述《春秋内傳》而倚相作祖，紫陽定漢晉正統而鑿齒開先，此固博達高明，淵源深大，合轍千古者矣。執簡以往，意在斯乎？述《良史》第八，凡一卷。

良史

左史倚相　鐸椒　習鑿齒　鄧粲　蔡允恭　路振　崔遵度　歐陽玄　廖昇

增輯

余知古　鄭向　陶岳　王容　陳洪謨　江盈科　易爲鼎劉醇驥　嚴首昇

---

① 《良史》《命使》《諸子》《孝友》論次目録，底本原脱，據崇禎本及正文補。

楚寶卷第十九

明湘潭周聖楷伯孔輯纂

良　史

左史倚相

左史倚相，世爲楚左史，故以官稱倚相。倚相廷見申公子亹，子亹不出，左史謗之，舉伯以告。子亹怒而出曰："女無亦謂我老耄而舍我，而又謗我！"

左史倚相曰："唯子老耄，故欲見以交儆子。若子方壯，能經營百事，倚相將奔走承序，於是不給，而何暇得見？昔衛武公年數九十有五矣，猶箴儆于國，曰：'自卿以下至于師長士，苟在朝者，無謂我老耄而舍我，必恭恪于朝，朝夕以交戒我，聞一二之言，必誦志而納之，以訓導我。'在輿有旅賁之規，位宁有官師之典，倚几有誦訓之諫，居寢有暬御之箴，臨事有瞽史之導，宴居有師工之誦。史不失書，矇[①]不失誦，以訓御之，於是乎作《懿戒》以自儆也。及其没也，謂之睿聖武公。子實不睿聖，于倚相何害。《周書》曰：'文王至于日中昃，不遑暇食。惠于小民，惟正之供[②]。'文王猶不敢憜。今子老楚國而欲自安也，以禦數者，王將何爲？若常如此，楚其難哉！"子亹曰："老之過

① 矇：《册府元龜》卷九百一作"矇"。
② 供：《册府元龜》卷九百一作"恭"。

也。”乃驟見左史。

司馬子期欲以其妾爲内子，訪之左史倚相，曰：“吾有妾而願，欲笄之，其可乎？”對曰：“昔先大夫子囊違王之命謚；子夕嗜芰，子木有羊饋而無芰薦。君子曰：‘違而道’。穀陽豎愛子反之勞也，而獻飲焉，以斃于鄢；芋尹申亥從靈王之欲，以隕于乾谿。以二女殉葬。君子曰：‘從而逆。’君子之行，欲其道也，故進退周旋，唯道之從。夫子木能違若敖之欲，以道[①]而去芰薦，吾子經楚國，而欲薦芰以干之，其可乎？”司馬子期乃止。

韓非《説林》曰：荆伐陳，吴救之，軍間三十里。雨十日，夜星。左史倚相謂子期曰：“雨十日，甲輯而兵聚，吴人必至，不如備之。”乃爲陳。陳未成也而吴人至，見荆陳而反。左史曰：“吴反覆六十里，其君子必休，小人必食，我行三十里擊之，必可敗也。”乃從之，遂破吴軍。

劉向《説苑》曰：越破吴，請師于楚以伐晉。楚王與大夫皆懼，將許之。左史倚相曰：“此恐吾攻己，故示我不病。請爲長轂千乘，卒三萬，與分吴地也。”莊王聽之，遂取東國。

聖楷曰：吴救陳，越破吴，俱是楚惠王時事，《説苑》作莊王者誤也。且惠四年，楚子期伐陳。吴延州來季子救陳，謂子期曰：“二君不務德，而力争諸侯，民何罪焉？我請退，以爲子名。”乃還。未嘗有破吴之事。惠十六年，越滅吴。惠四十四年，楚始東侵，廣地至泗上。所謂遂取東國者，或當是時也耶？然是時司馬子期死白公之難已二十餘年，而左史倚相當靈王在乾谿時稱爲良史，計其年近百餘歲人矣，猶能坐策兵機如此，豈非楚國方城之重寶哉？恐未盡然。

① 《册府元龜》卷九百一“道”前有“之”字。

鐸 椒

鐸椒，楚大夫。威王時爲太傅，慮王不能盡觀《春秋》，采取成敗四十章以獻，名曰《鐸氏徵》。

聖楷曰：此《鐸氏春秋》，或孔子既作之《春秋》也。先是《晉語》云悼公與司馬侯升臺而樂，因問德義，對曰："諸侯之爲，日在君側，以其善行，以其惡戒，可謂德義矣。"公曰："孰能？"對曰："羊舌肸習于《春秋》。"乃使叔向傅太子彪。又楚莊王使士亹傅太子箴，申叔時曰："教之《春秋》，而爲之聳善而抑惡焉，以戒勸其心。"唐韋昭注云："《春秋》，紀人事之善惡而目以天時，謂之《春秋》，周史之法也。"

按：此時孔子未作《春秋》而列國已有其書者，當是周史所掌而列國奉之爲勸戒耳。然則孔子之作《春秋》，不獨尊魯史之名，而且因周官之舊，故曰：《春秋》，天子之事也。若非周史原有此書，孔子即能竊取其義，猶然魯之《春秋》耳，何以行于列國而使亂臣賊子懼哉？從來瞶瞶，特爲拈出，以俟識者。

習鑿齒

習鑿齒，字彦威，襄陽人也。宗族富盛，世爲鄉豪。鑿齒少有志氣，博學洽聞，以文章著稱。荆州刺史桓温辟爲從事，江夏相袁喬深器之，數稱其才于温，轉西曹主簿，親遇隆密。

時温有大志，追蜀人知天文者至，夜執手問國家祚運修短。答云："世祀方永。"温疑其難言，乃飾辭云："如君言，豈獨吾福，乃蒼生之幸。然今日之語自可令盡，必有小小厄運，亦宜説之。"星人曰：

“太微、紫微、文昌三宫氣候如此，决無憂虞。至五十年外不論耳。”温不悦，乃止。異日，送絹一疋、錢五千文以與之。星人乃馳詣鑿齒曰：“家在益州，被命遠下，今受旨自裁，無由致其骸骨。緣君仁厚，乞爲標碣棺木耳。”鑿齒問其故，星人曰：“賜絹一疋，令僕自裁，惠錢五千，以買棺耳。”鑿齒曰：“君幾誤死！君嘗聞千[①]知星宿有不覆之義乎？此以絹戲君，以錢供道中資，是聽君去耳。”星人大喜，明便詣温别。温問去意，以鑿齒言答。温笑曰：“鑿齒憂君誤死，君定是誤活。然徒三十年看儒書，不如一詣習主簿。”

累遷别駕。温出征伐，鑿齒或從或守，所在任職，每處機要，蒞事有績，善尺牘論議，温甚器遇之。時清談文章之士韓伯、伏滔等並相友善，後使至京師，簡文亦雅重焉。既還，温問：“相王何似？”答曰：“生平所未見。”以此大忤温旨，左遷户曹參軍。時有桑門釋道安，俊辨有高才，自北至荆州，與鑿齒初相見。道安曰：“彌天釋道安。”鑿齒曰：“四海習鑿齒。”時人以爲佳對。

初，鑿齒與其二舅羅崇、羅友俱爲州從事。及遷别駕，以坐越舅右，屢經陳請。温後激怒既盛，乃超拔其二舅，相繼爲襄陽都督，出鑿齒爲滎陽太守。

温弟秘亦有才氣，素與鑿齒相親善。鑿齒既罷郡歸，與秘書曰：“吾以去五月三日來達襄陽，觸目悲感，略無懽情，痛惻之事，故非書言之所能具也。每定省家舅，從北門入，西望隆中，想臥龍之吟；東眺白沙，思鳳雛之聲；北臨樊墟，存鄧老之高；南眷城邑，懷羊公之風；縱目檀溪，念崔、徐之友；肆睇魚梁，追二德之遠。未嘗不徘徊移日，惆悵極多，撫乘躊躇，慨爾而泣。曰若乃魏武之所置酒，孫堅之所隕斃，裴杜之故居，繁王之舊宅，遺事猶存，星列滿目。瑝瑝常流，碌碌凡士，焉足以感其方寸哉！夫芬芳起于椒蘭，清響生乎琳瑯[②]。命世而

① 千：《晉書》卷八十二《習鑿齒傳》作“干”。
② 瑯：《册府元龜》卷九百一作“琅”。

作佐者，必垂可大之餘風；高尚而邁德者，必有明勝之遺事。若向八君子者，千載猶使義想其爲人，况相去之不遠乎！彼一時也，此一時也，焉知今日之才不如疇辰，百年之後，吾與足下不並爲景升乎！”其風期俊邁如此。

是時温覬覦非望，鑿齒在郡，著《漢晉春秋》以裁正之。起漢光武，終于晉愍帝。于三國之時，蜀以宗室爲正，魏武雖受漢禪晉，尚爲簒逆，至文帝平蜀，乃爲漢亡而晉始興焉。引世祖諱炎興而爲禪受，明天心不可以勢力强也。凡五十四卷。後以腳疾，遂廢于里巷。

及襄陽陷于苻堅，堅素聞其名，與道安俱輿而致焉。既見，與語，大悦之，賜遺甚厚。又以其蹇疾，與諸鎮書：“昔晉氏平吴，利在二陸，今破漢南，獲士裁一人有半耳。”俄以疾歸襄陽。尋而襄、鄧反正，朝廷欲徵鑿齒，使典國史，會卒，不果。臨終上疏曰：

“臣每謂皇晉宜越魏繼漢，不應以魏後爲三恪。而身微官卑，無由上達，懷抱愚情，三十餘年。今沈淪重疾，性命難保，遂常懷此，當與之朽爛，區區之情，切所悼惜，謹力疾著論一篇，寫上如左。願陛下考尋古義，求經常之表，超然遠覽，不以臣微賤廢其所言。論曰：

或問：“魏武帝功蓋中夏，文帝受禪于漢，而吾子謂漢終有晉，豈實理乎？且魏之見廢，晉道亦病，晉之臣子寧可以聞此言哉！”答曰：“此乃所以尊晉也。但絶節赴曲，非常耳所悲，見殊心異，雖奇莫察，請爲子言焉。昔漢氏失御，九州殘隔，三國乘閒，鼎峙數世，干戈日尋，流血百載，雖各有偏平，而其實亂也。宣皇帝勢逼當年，力制魏氏，蠖屈從時，遂羈戎役。晦明掩耀，龍潛下位，俛首重足，鞠躬屏息，道有不容之難，躬蹈履霜之險，可謂危矣！魏武既亡，大難獲免，始南擒孟達，東蕩海隅，西抑勁蜀，旋撫諸夏，摧吴人入侵之鋒，掃曹爽見忌之黨，植靈根以跨中嶽，樹群才以翼子弟，命世之志既恢，非常之業亦固。景文繼之，靈武冠世，尅伐貳違，以定厥庸，席卷梁、益，奄征西極，功格皇天，勳侔古烈，豐規顯祚，故以灼如也。至于武皇，遂并彊吴，混一宇宙，乂清四海，同軌二漢。除三國之大害，静漢末之交争，開九域之蒙晦，定千載之盛功者，皆司馬氏也。而推魏繼漢，以晉承魏，比義唐、虞，自託純臣，豈不惜哉！

“今若以魏有代王之德，則其道不足；有静亂之功，則孫、劉鼎立。道不足則不可謂制當年，當年不制于魏，則魏未曾爲天下之主；王道不足于曹，則曹未始爲一日之王矣。昔共工伯有九州，秦政奄平區夏，鞭撻華戎，專總六合，猶不見序于帝王，淪没于戰國。何況暫制數州之人，威行境内而已，便可推爲一代者乎？若以晉嘗事魏，懼傷皇德，拘惜禪名，謂不可割，則惑之甚者也。何者？隗囂據隴，公孫帝蜀，蜀、隴之人雖服其役，取之大義，于彼何有！且吴、楚僭號，周室未亡，子文、延陵不見貶絶。宣皇帝官魏，逼于性命，舉非擇木，何虧德美。禪代之義，不同堯、舜，校實定名，必彰于後，人各有心，事胡可掩！定空虚之魏以屈于己，孰若仗義而以貶魏哉！夫命世之人正情遇物，假之際會，必兼義勇。宣皇祖考立功于漢，世篤爾勞，思報亦深。魏武超越，志在傾主，德不素積，義險冰薄，宣帝與之，情將何重？雖形屈當年，意申百世，降心全己，憤慨于下，非道服北面，有純臣之節，畢命曹氏，忘濟世之功者也。

“夫成業者係于所爲，不係所藉；立功者言其所濟，不言所起。是故漢高稟命于懷王，劉氏乘斃于亡秦，超二僞以遠嗣，不論近而計功，考五德于帝典，不疑道于力政，季無承楚之號，漢有繼周之業，取之既美，而己德亦重故也。凡天下事有可借喻于古以曉于今，定之往昔而足爲來證者。當陽秋之時，吴、楚二國皆僭號之王也，若使楚莊推鄢郢以尊有德，闔閭舉三江以奉命世，命世之君、有德之主或藉之以應天，或撫之而光定[①]，彼必自係于周室，不推吴、楚以爲代明矣。况積勳累功，静亂寧衆，數之所録，衆之所與，不資于燕噲之授，不賴于因藉之力，長轡廟堂，吴、蜀兩斃，運奇二紀而平定天下，服魏武之所不能臣，蕩累葉之所不能除者哉！

① 定：《册府元龜》卷九百一作“宅”。

“自漢末鼎沸五六十年，吴、魏犯順而强，蜀人仗[①]正而弱，三家不能相一，萬姓曠而無主。夫有定天下之大功，爲天下之所推，孰如見推于闇人，受尊于微弱？配天而爲帝，方駕于三代，豈比俛首于曹氏，側足于不正？即情而恒實，取之而無慚，何與詭事而託僞，開亂于將來者乎？是故故舊之恩可封魏後，三恪之數不宜見列。以晉承漢，功實顯然，正名當事，情體亦厭，又何爲虚尊不正之魏，而虧我道于大通哉！

“昔周人詠祖宗之德，追述翦商之功；仲尼明大孝之道，高稱配天之義。然后稷勤于所職，聿來未以翦商，異于司馬氏仕乎曹族，三祖之寓于魏世矣。且夫魏自君之道不正，則三祖臣魏之義未盡。義未盡，故假塗以運高略；道不正，則君臣之節有殊。然則弘道不以輔魏而無逆取之嫌，高拱不勞汗馬而有静亂之功者，蓋勳足以王四海，義可以登天位，雖我德慚于有周，而彼道異于殷商故也。

“今子不疑共工之不得列于帝王，不嫌漢之係周而不係秦，何至于一魏猶疑滯而不化哉！夫欲尊其君而不知推之于堯、舜之道，欲重其國而反厝之于不勝之地，豈君子之高義？若猶未悟，請於是止矣。”

子辟强，才學有父風，位至驃騎從事中郎。

聖楷曰：習彦威著《漢晉春秋》，其書雖不傳，其論則斷不可易。且如后稷孫子，未始翦商，漢有天下，不係于秦，皆足破後儒之陋傳也。蘇子瞻《正統辨論》謂：“聽其自得者十，曰：堯、舜、夏、商、周、秦、漢、晉、隋、唐。予其可得者六以存教，曰：魏、梁、後唐、晉、漢、周。”其意亦未嘗不主習氏。但其文字縱横遊戲，使人不覺耳。故朱子修《綱目》，卒取彦威之説。蓋彦威意雖主尊晉，猶不失《春秋》之大義。蘇子意雖併黜魏、晉，而已全授奸暴之空名，此又不可無辨也。

① 仗：《册府元龜》卷九百一作“杖”。

鄧粲

鄧粲，長沙人。少以高潔著名，與南陽劉驎之、南郡劉尚公同志友善，並不應州郡辟命。荆州刺史桓冲卑辭厚禮請粲爲别駕，粲嘉其好賢，乃起應召。驎之、尚公謂之曰："卿道廣學深，衆所推懷，忽然改節，誠失所望。"粲笑答曰："足下可謂有志于隱而未知隱。夫隱之爲道，朝亦可隱，市亦可隱。隱初在我，不在于物。"尚公等無以難之，然粲于[①]此名譽減半矣。後患足疾，不能朝拜，求去職，不聽，令臥視事。後以病篤，乞骸骨，許之。

粲以父騫有忠信言而世無知者，乃著《元明紀》十篇，注《老子》，並行于世。

聖楷按：《世説》注所引鄧粲《晉紀》與《續晉陽秋》恒多雅致，足補舊聞。而《晉書》謂其祖述前史，葺宇重軒之下，施牀連榻之上，奇詞異義，罕見稱焉者，或亦過情之貶乎？然即其論隱，亦具名通。唐張謂《長沙土風碑》云："軾鄧粲之宅，足以表[②]儒風。"吾不能無慨然矣。

蔡允恭

蔡允恭，江陵人。父名大業，仕後梁，爲左氏[③]尚書。允恭美姿容，工于詩。仕隋，爲起居舍人。煬帝有所賦，必令諷誦，遣教宫

① 《晉書》卷八十二《鄧粲傳》"于"前有"亦"字。
② 表：《全唐文》卷三百七十五《張謂》作"厚"。
③ 氏：《舊唐書》卷一九〇《文苑傳》作"民"。

人，俾入宫，改内史舍人。允恭恥之，由是疎斥。所著有《後梁春秋》十卷。

聖楷曰：晉、漢以前，朝野俱重史學，故紀年書事，世有其人。降自六朝、唐、宋，聲律既興，時文日盛，學士家能舉前代之年號者，蓋亦寡矣。况能探索四十一家之義例，十四萬卷之藏編乎？允恭史學雖不炳著，然當亂世，事淫主，獨能深懷宮嬪之恥，纘造先世之書，其逸節皦皦，視柳晉諸人相去遠矣。良史風規，何多讓焉！

路振

路振，字子發，永州祁陽人。唐相巖之四世孫。巖貶死嶺外，其孫[①]琛避地湘潭[②]閒，遂居焉。振父洵美事馬希果[③]，署連州從事，謝病終于家。振幼穎悟，五歲誦《孝經》《論語》。十歲聽講《陰符》，裁百言而止，洵美責之，俾終其業。振曰："百言演道足矣，餘何必學？"洵美大奇之。十二丁外艱，母氏慮其廢業，日加誨激，雖隆冬盛暑，未使有懈。

淳化中舉進士，太宗以詞場之弊，多事輕淺，不能該貫古道，因試《巵[④]言日出賦》。時就試者凡數百人，咸騁眙忘其所出。振寒素，遊京師，所作賦尤爲典贍，太宗甚嘉之。擢寘甲科，釋褐大理評事，通判邠州，徙徐州。召還，直史館，復遣之任，遷太子中允，知濱州。一日契丹至城下，兵少，民相恐，衆謂振文吏，無戰禦方略，環聚而泣。振乃親加撫諭，且以敵盛不可與争鋒，宜堅壁自守。數日，契丹引去。轉

① 孫：《宋史》卷四四一《路振傳》作"子"。
② 湘潭：《宋史》卷四四一作"湖湘"。
③ 果：《宋史》卷四四一作"杲"。
④ 巵：《宋史》卷四四一作"卮"。

運使劉綜稱其能，詔書褒美。

嘗作《祭戰馬文》，敘云："咸平中，契丹犯高陽關，執大將康保裔，略河朔。天子幸魏，特遣將王榮以五千騎追之。榮無將才，但能馳射，受命逗遛，伺賊渡河而後發。有剽淄、齊者數千騎尚屯直沽[①]，榮不欲見敵，遂以其騎略河南岸而還。晝夜急騎，馬不秣而道斃者十有四五，天子憫之，遣使收瘞焉。因作祭文，其辭曰：

"房駟之精，降爲驪騂。飲泉呀風，流沙激霆。虎脊孤聳，龍媒鶩獰。丹髦曉霞，的顙秋星。𢎘方著幹，宜乘旋膺。巉臚角起，方背珠明。

"爾其絶塞草荒，八月隕霜。毛縮蹄堅，筋舒脈張。獸惡恐噬，虬獰欲驤。噴沙散沫，千里飛雪。圉人負紖，武士索鐵。前遮後突，雷動地裂。忽挽一而制百，終伏撾而受絏。牧官劬劬，歲入券書。蹴蹴纍纍，通乎鬼區。名駒大駃，銜尾入塞。勞其酋長，飾[②]以組[③]儈。蜀錦吴繒，積如丘陵。馬歸于我雖[④]重，幣入于彼則[⑤]輕。

"於是絡黄金之羈，浴天池之波。鼓鬣雲衢，弄影星河。或踶而齧，或顛而吪。原蠶申禁，騆[⑥]駿何多。帝念神物，來經遠道。閑之[⑦]内殿，養之[⑧]外皁。飲以玉池，秣之瑶草。窮冬邊塵，入我河滑。羽書霄飛，龍馭北巡。選仗下之名馬，屬閫外之武臣。琱戈電燭，禁旅星陳。授以長策，帥以全軍。壯士怒兮山可擘，猛馬哮兮虎可咋。何嚄唶之無勇，反遷延而避地[⑨]。

"冰霜淒淒，介甲而馳。不飲不秣，載渴載饑。駿馬餒死，行人嗟

① 直：《宋史》卷四四一《路振傳》作"泥"。
② 飾：《宋史》卷四四一作"節"。
③ 組：《宋史》卷四四一作"駔"。
④ 雖：《宋史》卷四四一作"也"。
⑤ 則：《宋史》卷四四一作"也"。
⑥ 騆：《宋史》卷四四一作"駔"。
⑦⑧ 《宋史》卷四四一《路振傳》"之"後有"于"字。
⑨ 地：《宋史》卷四四一《路振傳》作"敵"。

咨。委天骨于衢路，反星精于雲霧。報主恩之無及，齊戎力而何誤。生芻致祭，弊帷成禮。瘞而高岡，全爾具體。馬如有神，知帝之仁。”

又撰《伐棘篇》，辭曰：“秋風[①]颼颼棘子丹。折根破柢堅且頑，斸夫趦趄汗污顔。攢鋒束芒趨道還，薅之森森繚長藩。暮冬號風雪暗天，漏寒不鳴守犬眠。主人堂上多金錢，東陵暴客來窺垣。舉手觸鋒身隕顛，千矛萬戟争後先。襟袖結裂不可揎，蹠破指傷流血殷。神離氣沮走蹁躚，數尺之牆弗復攀。索頭醜奴搔河壖，朔方屯師連七年。木波馬嶺沙填填，氣脈不絶如喉咽。官軍虎怒思吼軒，强弩一發山河穿。將不協謀空即安，玩養小醜成凶顛。推芻挽粟徒喧喧，邊臣無心静國艱。爲余諷此《伐棘篇》。”識者聞而壯之。

又以西兵未弭，入判大理寺，改太常丞，知河中府，徙知鄧州。代還，判吏部南曹三司。至景德中使福建巡撫，俄判登聞鼓院。會修《兩朝國史》，以振爲編修官。大中祥符初，使契丹，撰《乘軺録》以獻。改太常博士、左司諫，擢知制誥。

振文詞温麗，屢奏賦頌，爲名輩所稱，尤長于詩[②]，多警句。及居文翰之職，深愜物議，自是彌加精厲。從祀譙、亳，時同職分局掌事，振獨直行在，專典綸命[③]，牋奏填委，應用無滯，時推其敏贍。七年，同修起居注，張復、崔遵度以書事誤失降秩，擇振與夏竦代之。嗜酒得疾。有集二十卷。嘗求[④]五代末九國君臣行事作世家、列傳，書未成，卒。録其子倫爲太常[⑤]奉禮郎。

聖楷曰：先達謂修史在于得人。有學問文章而不知史事，不可與；有學問文章知史事而心術不正，不可與。若路振心術固無可議，即其學問、文章、史事，唐、宋以來，湖南文士，未易及也。

① 吕祖謙編《皇朝文鑑》卷二六“秋風”前尚有“伐棘何所山之巔”句。

② 于詩：《宋史》卷四四一《路振傳》作“詩詠”。

③ 命：《宋史》卷四四一《路振傳》作“翰”。

④ 求：《宋史》卷四四一《路振傳》作“采”。

⑤ 《宋史》卷四四一《路振傳》“常”後有“寺”字。

《伐棘篇》可擬老杜《桃竹》諸作，《祭戰馬文》體識亦在六朝以上。惜不得其《乘軺録》讀之，何止文獻凋落之感。按：《長沙志》以振作湘潭人，今從《宋史》。

崔遵度

崔遵度，字堅白，江陵人。七歲授經于叔父憲，嘗以《春秋》編年、《史》《漢》紀傳之例問于憲，憲曰："此兒他日成令名矣。"太平興國八年，舉進士，解褐和州[①]主簿，轉[②]臨汾。饋芻糧，三抵綏州，涉無定河。河沙與水混流無跡[③]，陷溺相繼，遵度憫之，著銘以紀焉。端拱初，轉運副使夏侯濤上其勤狀，召歸，對便殿[④]，因獻文自薦。時新建秘閣，命中書試作頌一首，擢著作佐郎。

淳化中，吏部侍郎李至薦之，遷殿中丞，出知忠州。李順之亂，坐失城池，貶崇陽令，移鹿邑。咸平初，復爲太子中允。景德初，内出遵度名，引對崇政殿，詔索所著文，召試舍人院，改太常丞、直史館。會修《兩朝國史》，與路振並爲編修官。太[⑤]中祥符元年，命同修起居注。東封，進博士；祀汾陰，是歲，真宗以兩省官絶少，故因覃慶選補之，命爲左司諫。

遵度與物無競，口不言是非，淳澹清素，勢[⑥]利泊如也。掌右史十餘載，立[⑦]墀上，常退匿楹閒，慮上見之[⑧]。善鼓琴，得其深趣。所僦

① 州：崇禎本及《宋史》卷四四一《崔遵度傳》作"川"。
② 轉：《宋史》卷四四一《崔遵度傳》作"换"。
③ 《宋史》卷四四一《崔遵度傳》"跡"前有"定"字。
④ 殿：《宋史》卷四四一《崔遵度傳》作"坐"。
⑤ 太，當改作"大"。
⑥ 《宋史》卷四四一《崔遵度傳》"勢"前有"於"字。
⑦ 《宋史》卷四四一《崔遵度傳》"立"後有"殿"字。
⑧ 見之：《宋史》卷四四一《崔遵度傳》作"之見"。

舍甚湫隘，有小閣，手植竹數本，朝退，默坐其上，彈琴獨酌，翛然自適，嘗著《琴牋》云："世之言琴者，必曰長二[①]尺六寸象期之日，十三徽象期之月，居中者象閏，前世未有辨者。至唐協律郎劉貺以樂器配諸節候，而謂琴爲夏至之音。至于泛聲，卒無述者，愚嘗病之。因張弓附案，泛其弦而十三徽聲具焉，況琴瑟之絃乎！是知非所謂象者，蓋天地自然之節耳，又豈止夏至之音而已。"

"夫《易》有太極，是生兩儀。兩儀者，太極之位[②]也；四時者，兩儀之節也；律吕者，四時之節也；晝夜者，律吕之節也；刻漏者，晝夜之節也。節節相受，自細至大而歲成焉。節[③]，氣之自然者也。氣既節矣，聲同則應。既節且應，則天地之交成矣。文之義也，或任形而著，或假物而彰。日星文乎上，山川理乎下，動物植物，花者節者，五色具矣。斯任形者也。至于人有五性而不著，以事觀之然後著；日有五色而不見，以水觀之然後見；氣有五音而不聞，以絃攷之然後聞。斯假物者也。

"是故聖人不作《易》而能知自然之數，不作琴而能作[④]自然之節。何則？數本于一而成于三，因而重之，故《易》六畫而成卦。及其應也，一必于四，二必于五，三必于六焉。節節[⑤]相召，其應也必矣。卦既畫矣，故畫琴焉。始以一弦泛桐，當其節則清然而號，不當其節則泯然無聲，豈人力也哉？且徽有十三，而居中者一。一[⑥]自中而左泛有三焉，右[⑦]泛有三焉，其聲殺而已，絃盡則聲滅。及其應也，一必于四，二必于五，三必于六焉，節節相召，其應也必矣。

① 二：《宋史》卷四四一《崔遵度傳》作"三"。
② 位：《宋史》卷四四一《崔遵度傳》作"節"。
③ 節：《宋史》卷四四一《崔遵度傳》作"既不可使之節，亦不可使之不節"。
④ 作：《宋史》卷四四一《崔遵度傳》作"知"。
⑤ 節節：《宋史》卷四四一《崔遵度傳》作"氣氣"。
⑥ 一：《宋史》卷四四一《崔遵度傳》無此字。
⑦ 《宋史》卷四四一《崔遵度傳》"右"前有"又"字。

“《易》之畫[1]也，偶三爲六，三才之配具焉，萬物由之而出。雖曰六畫，及其數也，止三而已矣。琴之畫也，偶六而根于一，一鐘者，道之所生也。在數爲一，在律爲黄，在音爲宫，在木爲根，在四體爲心，衆徽由之而生。雖曰十三，及其節也，三[2]而已矣。卦之德方，經也；蓍之德圓，緯也；故萬物不能逃其象。徽其[3]節，經也；絃五音[4]，緯也；故衆音不能勝其文。先儒謂八音以絲爲君，絲以琴爲君。愚謂琴以中徽爲君，盡矣。夫徽十三者，蓋可[5]聞者也。苟盡絃而考之，乃[6]有二十三徽焉，是一氣也。丈絃具之，尺絃亦具之，豈有長短大小之限哉?

“蓋[7]萬物本于天地，天地本于太極，太極至于萬物；聖人本于道，道本于自然，自然至于無爲；樂本于琴，琴本于中徽，中徽至于無聲。是作《易》者，天地之象也；作琴者，天地之聲也。往者藏音而未談，來者專聲而忘理。《琴牋》之作也，庶乎近之。苟其闕也，請俟君子。”世稱其知言。

九年，仁宗以壽春郡王開府，詔宰相擇耆德有[8]學術者，咸謂[9]遵度力學，有士行，稱[10]長者，遂命與張士遜並爲王友。改户部員外郎，賜服金紫。府中文翰皆遵度所作。國史成，拜吏部員外郎，歷禮部兼[11]左諭德。未幾，命使契丹，判司農卿。

遵度性寡合，喜讀《易》，嘗云：“意有疑，則彈琴辨其數，筮

① 畫：《宋史》卷四四一《崔遵度傳》作“畫”。
② 《宋史》卷四四一《崔遵度傳》“三”前有“止”字。
③ 《宋史》卷四四一《崔遵度傳》“其”前有“三”字。
④ 《宋史》卷四四一《崔遵度傳》“音”前有“其”字。
⑤ 《宋史》卷四四一《崔遵度傳》“可”前有“盡昭昭”三字。
⑥ 《宋史》卷四四一《崔遵度傳》“乃”前有“總”字。
⑦ 蓋：《宋史》卷四四一《崔遵度傳》作“是則”。
⑧ 《宋史》卷四四一《崔遵度傳》“有”前有“方正”二字。
⑨ 謂：《宋史》卷四四一《崔遵度傳》作“曰”。
⑩ 《宋史》卷四四一《崔遵度傳》“稱”前有“時”字。
⑪ 《宋史》卷四四一《崔遵度傳》“兼”前有“郎中，又加吏部”。

《易》觀其象，無不究也。”天禧四年八月，卒，年六十七。官其子二人，孫二人。仁宗立詔贈工部侍郎，有集二十卷。

聖楷按：范仲淹嘗問琴理，遵度對曰：“清麗而静，和潤而遠，琴盡是矣。”

無定河考

《輿地廣記》：“唐銀州東北，有無定河，即圁水也。”後人因濆沙急流，淺深不定，故更今名。唐陳祐詩：“無定河邊暮笛聲，赫連臺畔旅人情。函關歸路千餘里，一夜秋風白髮生。”陳陶詩：“誓掃匈奴不顧身，五千貂錦喪胡塵。可憐無定河邊骨，猶是春閨夢裏人。”

歐陽玄

歐陽玄，字原功。其先家廬陵，與文忠公修同所自出。至曾大父新，始遷居瀏陽，故玄爲瀏陽人。幼岐嶷，母李氏，親授《孝經》《論語》、小學諸書，八歲能成誦，始從鄉先生張貫之學，日記數千言，即知屬文。十歲，有黄冠師注目視玄，謂貫之曰：“是兒神氣凝遠，目光射人，異日當以文章冠世，廊廟之器也。”言訖而去，亟追與語，已失所之。部使者行縣，玄以諸生見，命賦梅花詩，立成十首，晚歸，增至百首，見者駭異[①]。年十四，益從宋故老習爲詞章，每試庠序，輒占高等。弱冠，下帷數年，人莫見其面。經史百家，靡不研究，伊、洛諸儒源委，尤爲淹貫。

延祐元年，詔設科取士，玄以《尚書》與貢。明年，賜進士出身，

① 《元史》卷一八二《歐陽玄傳》“異”後有“之”字。

授岳州路平江府同知。調太平路兼[①]湖縣尹。縣多疑獄，久不决，玄察其情，皆爲平翻。豪右不法，虐其驅奴，玄斷之從良。貢賦徵發及時，民樂趨事，教化大行，飛蝗不[②]入境。改武岡縣尹。縣控制溪洞，蠻獠雜居，撫字稍乖，輒弄兵犯順。玄至踰月，赤水、大清兩洞聚衆攻[③]殺，官曹相顧失色，計無從出。玄即日單騎從二人，徑抵其地諭之。至則死傷滿道，戰鬭未已。獠人熟玄名，棄兵仗，羅拜馬首曰："我曹非不畏法，緣訴某事于縣，縣官不爲直，反以繇役横歛掊克之，情有弗堪，乃發憤就死耳。"玄喻以禍福，爲[④]理其訟，獠人遂安。

召爲國子博士，陞國子監丞。致和元年，遷翰林待制，兼國史院編修官。時當兵興，玄領印攝院事，日直内廷，參决機務，凡遠近調發，制詔書檄。以至[⑤]改元天曆，郊廟、建后、立儲、肆赦之文，皆經撰述。復條時政數十事，實封以聞，多推行之。明年，初置奎章閣學士院，又置藝文監隷焉，皆選清望官居之。文宗親署玄爲藝文少監，奉詔纂修《經世大典》，陞太監，檢校書籍事。

元統元年，改遷太常禮儀院事，拜翰林直學士，編修《四朝實録》，俄兼國子祭酒，召赴中都議事，陞侍講學士，復兼國子祭酒。重紀至元五年，足患風痺，乞南歸以便醫藥，帝不允。拜翰林學士，未幾，懇辭去位，帝復不允，免其行朝賀禮。至正改元，更張朝政，事有不便者，集議廷中，玄極言無隱，科目之復，沮者尤衆，玄力[⑥]争之。未幾南歸，復起爲翰林學士，以疾未行。

詔修遼、金、宋三史，召爲總裁官，發凡舉例，俾論撰者有所據依。史官中有議論不公者，玄不以口舌争，俟其呈藁，援筆竄定之，統

---

① 《元史》卷一八二《歐陽玄傳》"兼"後有"蕪"字。
② 《元史》卷一八二《歐陽玄傳》"不"前有"獨"字。
③ 《元史》卷一八二《歐陽玄傳》"攻"前有"相"字。
④ 《元史》卷一八二《歐陽玄傳》"爲"前有"歸"字。
⑤ 以至：《元史》卷一八二《歐陽玄傳》作"既而"。
⑥ 《元史》卷一八二《歐陽玄傳》"力"前有"尤"字。

系自正。至于論、贊、表、奏，皆玄屬筆。五年，帝以玄歷仕累朝，且有修三史功，諭旨丞相，超授爵秩，遂擬拜翰林學士承旨。及入奏，上稱快者再三。已而乞致仕，不允。御史臺奏除福建廉訪使，行次淛西，疾復作，乃休歸南山隱居，優游山水間。復拜翰林學士承旨，玄屢力辭，不獲命。奉勅定國律，尋乞致仕，陳情懇切，乃特授湖廣行中書省右丞致仕，賜白玉束帶，給俸以終其身。將行，帝復降旨不允，仍前翰林學士承旨，進階光禄大夫。

十四年，汝、潁盗起，蔓延南北，州縣幾無完城。玄獻招捕之策千餘言，鑿鑿可行，當時不能用。十七年春，乞致仕，不允。時將大赦，宣赴内府。玄久病，不能步履，丞相傳旨，肩輿至延春閣下，實異數也。是歲十二月戊戌，卒，年八十五。帝賜贈甚厚，贈崇仁昭德推忠守正功臣、大司徒、柱國，追封楚國公，謚曰文。

玄性度雍容，含弘縝密，處己儉約，爲政廉平，歷官四十餘年，在朝之日，殆四之三。三任成均，兩爲祭酒，六入翰林，三拜承旨。修實録、《大典》、三史，皆大制作。屢主文衡，兩知貢舉及讀卷官，凡宗廟朝廷雄文大册、播告萬方制誥，多出玄手。金繒上尊之賜，幾無虚歲。海内名山大川，釋、老之宫，王公貴人墓隧之碑，得玄文辭以爲榮。片言隻字，流傳人間，咸知寶重。玄無子，以從子達爲[1]後，復先玄卒。有《圭齋文集》若干卷傳于世。

楊用修曰：《宋史表》首稱相阿魯圖，其實歐陽玄之筆也。其爲卷六百，文百萬言，自有史册以來，未有若是多者也。其自謂“辭之煩簡以事，文之今古以時”，蓋欲自成一代書，而不强附昔人是也。其可憾者，有紀一事而先後不同，一人而彼此不同，由修之者非一手也。愚觀自古文籍，至宋而憾焉。非憾乎人也，所憾于上之人壞古修史之法也。史始于《尚書》《春秋》，大抵皆一人之筆。《尚書》雖雜出，然而紀一事自一篇，一篇自一人；《春秋》

① 爲：《元史》卷一八二《歐陽玄傳》作“老”。

則孔子特筆，而門人一辭不能贊者矣。《春秋三傳》各以其意釋經，而其事傳焉。若《國語》，若《世本》，若《戰國策》，皆一家言。自《史記》下，十七代之書，亦皆一人成之。《唐書》雖文忠與景文共之，然而卷帙互分，兩美相合。至元修宋、遼、金三史，此法壞矣。雖然，豈始于宋哉？後漢東觀，大集群儒，著述無主，條章靡立。由是伯度譏其不實，公理以爲可焚。張、蔡二子糾之于當代，傅、范兩家嗤之于後葉，其傳卒亦不廣。唐中宗世，“史司取士，每記一事、載一言，皆閣筆相視，含毫不斷”，義稟監修，辭從指受。由是劉知幾謂“頭白可期，汗青無日”，卒不能成其書也。原《宋史》一書，其實類此。

廖　昇

廖昇，襄陽人。學行最知名，與方孝孺、王紳輩友善。洪武中，爲左府斷事。上知其賢，二十九年六月，擢太常少卿。建文元年正月，勅修《高皇實録》，禮部左侍郎兼翰林學士董倫、右侍郎兼翰林學士王景彰爲總裁官；昇及翰林侍講學士高巽志爲副總裁。昇博雅有史才，朗達負氣，書靖難兵事，語多摭實。聞茹常[①]等龍潭還，慟哭與家人訣，自縊死。都御史陳瑛奏昇與黄觀等，皆不順天命，效死建文，其[②]存心，與叛逆等，並宜追戮。上詔勿問。

聖楷曰：蜀中娥眉亭，嘗有建文遺臣題詩云：“一箇忠臣九族殃，全身遠害亦天常。夷齊死後君臣薄，力爲君王固首陽。”讀此詩，乃歎廖昇之死，正爲君王愛青史耳。萬曆甲申十二年，秀水屠叔方，嘗以建文仗節諸臣，請謚請祠，請修治塚墓，請恤録子

① 常：據《明史》卷一五一《茹瑺傳》，當作“瑺”。
② 《續藏書》卷六《太常少卿廖公》“其”前有“計”字。

孫，而交遊媚黨之波及以世世編成者，請一體赦宥。已蒙旨特賜允行，嗣後詔修正史，言臣亦以建文爲請。皇上許復年號，并綴其事于洪武之末。嗟乎！繼志述事，聖德如天，使陳瑛輩有知，寧不愧死哉！

又按：永樂十一年，翰林庶吉事錢習禮，與練子寧有婣婭。先是逮治奸黨，習禮偶獲免。而恒爲鄉人所持，以告楊榮，榮乘閒以聞。上欣然曰："使子寧尚在，朕固當用之，况習禮乎？"即日下令，由是黨禁漸解。又張太后大漸，乃召諸閣臣于榻前，問朝廷尚有何大事未辦者，士奇首對有三事。其一，建文君雖已滅，曾臨御四年，當命史官修其一朝實録，仍用建文之號。后曰："曆日已革除之，豈可復用？"對曰："曆日行于一時。萬世信史，豈可蒙洪武之年以亂實？"后納之。其二，后亦首肯。其三，方孝孺已誅，皇帝詔收其片言一字論死，乞弛其禁，聽令存而傳之。后默然未答。士奇等即趨下叩頭言："三事臣等謹受顧命。"

楚寶卷第十九考異

新化鄧顯鶴湘皋述

良　　史

習鑿齒

習彥威著《漢晉春秋》，其書雖不傳，其論則斷不可易。故朱子修《綱目》，卒取彥威之説。蓋彥威意雖主尊晉，猶不失《春秋》之大義。

顯鶴案：陳氏《三國》、司馬《通鑑》皆以正統予魏，朱子修《綱目》毅然以昭烈爲正統，世或謂其祖彥威之説。其實彥威生當東晉，紫陽生當南渡，故能自申其説，所處之時地則然。與陳氏生西晉之初，涑水值北宋之盛，時勢不同，言各有當也。

路　　振

嘗求五代末九國君臣行事作世家、列傳，書未成，卒。録其子倫爲[1]奉禮部。

顯鶴案：路振《九國志》五十一卷，雜記吳、越、唐、前後

① 原文“爲”後有“太常”二字。

蜀、北漢、南漢、閩、楚凡九國，見晁公武《郡齋讀書志》。路倫《十國志》見《玉海》。王應麟曰："路振撰《九國志》，其子倫又增高氏季興爲《十國志》。治平元年六月辛酉，倫上之，詔付史館。"吴任臣《十國春秋·凡例》："路振編《九國志》不列南平，以南平止江陵一隅，不予其爲國也。後振孫倫作《荆南志》續之，或稱《十國志》焉。"又《宋史·藝文志》：路振《楚青》五卷。據此則其書實成，史稱未成者誤也。

歐陽玄

歐陽玄，字原功，其先家廬陵，與文忠公修同所自出。至曾大父新始遷居瀏陽，故玄爲瀏陽人。

顯鶴案：歐陽氏自晉歐陽建之兄子質，由渤海遷長沙，越九世而生陳山陽穆公頠，是爲唐歐陽率更令詢之祖。又六世而生吉州刺史琮，始遷於廬陵，是爲宋文忠公之十五世祖。至淳祐間，琮八世孫安福令萬之裔孫安，時復自廬陵遷於長沙之瀏陽，是爲元文公。玄之高祖歐陽氏，在湖湘著籍者代有聞人。自頠之祖景達以下凡九世，玄之曾祖新以下凡六世，名字、官履散見於陳、唐、宋、元諸史列傳及《唐書·世系表》，歐陽永叔《族譜》《圖序》、歐陽圭齋《文集》，皆確有可據。《湖南通志·人物》各順朝代，撮其最顯者著於篇，以为可见一家之盛，且为一邦之光。信哉！

楚寶卷第十九增輯

新化鄧顯鶴湘皋述

良　　史

余知古

余知古，江陵人。唐末進士。善屬文，明習掌故，嘗蒐録楚事，上起鬻熊，下訖唐代，作《渚宫遺事》十卷，補遺一卷。題曰渚宫者，《左傳》孔穎達疏："渚宫，在郢都之南。"是也。

顯鶴案：《四庫全書提要》云：原本十卷，此本僅存五卷，至晉而止。今摭諸書所引宋、齊後事别爲一卷補之，其餘則不可考矣。

鄭　　向

鄭向，字公明，衡陽人。舉進士，爲大理評事，通判蔡州。屢遷屯田員外郎，知濠州，徙蔡州。召試集賢院，除三司户部判官，修起居注。遷度支員外郎、鹽鐵判官。出爲兩浙運副，疏潤州蒜山漕河抵[①]江，人以爲便。擢知制誥。使契丹，再遷兵部、提點諸司庫務，以龍圖

① 《宋史》卷三〇一《鄭向傳》"抵"後有"于"字。

閣直學士知杭州，卒。嘗病五代亂亡，史册多漏，摭拾遺事，著《五代開皇紀》三十卷。

顯鶴案：《宋史》向本傳作陳留人。《湖南通志》據文天祥《題名記》，衡進士姓名可考者自向始，作衡陽人。今從之。

陶 岳

陶岳，字舜咨，祁陽人。太平興國五年進士。性清介，以儒學有名，官太常博士、尚書職方員外郎，知端州。余靖過端，訪諸父老，言爲硯所苦，前後刺史不求硯者，惟包拯及岳二人而已。歷官四十年，五爲郡守。卒贈刑部侍郎。著《荆湘近事》十卷、《五代史補》五卷。

顯鶴案：岳爲陶弼之父，所纂《荆湘近事》《五代史補》俱見《宋史·藝文志》。《荆湘近事》，鄭氏《通志略》作《荆湖近事》。

王 容

王容，字南强，湘鄉人。淳熙丁未進士第一人，官至禮部侍郎。奉勑撰《光宗日曆》三百卷、《寧宗日曆》五百一十卷。

顯鶴案：王容奉勑撰光、寧兩朝日曆，見王應麟《玉海》。又《玉海》載：太平興國五年甲戌，以孟瑜爲固始主簿。瑜，長沙人。嘗撰《野史》三十卷。石熙載言於上，而有是命。又有丁特起者，武陵人，不詳仕履。著《靖康紀聞》一卷、《紀聞拾遺》一卷，見《浙江遺書總録》。朱彝尊《日下舊聞》徵引書目有丁特起《孤臣泣血録》，疑即《紀聞》别名，附録於此。

陳洪謨

陳洪謨，字宗禹，武陵人。弘治朝進士，正德時知漳州，有惠政，擢雲南按察使。性剛介，神采凝重，不畏强禦。嘉靖初，巡撫江西，終兵部侍郎。致仕後居高吾山下，築亭山中，曰“静芳”。洪謨熟於本朝掌故，著《治世餘聞》二卷、《繼世餘聞》五卷。

顯鶴案：《明史·藝文志》有《洪謨文稿》二卷、《治世餘聞》四卷、《繼世餘聞》四卷。《四庫全書存目提要》曰：是書所記皆明孝宗時事，攷《明史·藝文志》有陳洪謨《治世餘聞》四卷，此書止分上下二卷，而卷上標目又闕焉，蓋即洪謨之書傳鈔者合并耳。《繼世餘聞》皆記武宗時事，據《明史·藝文志》亦洪謨所撰。

又案：衡山茹瑺等奉勑撰《太祖實録》，見《明史》本傳；夏原吉等奉勑撰《太祖實録》二百五十七卷、《寶訓》十五卷；李東陽等奉勑撰《憲宗實録》《孝宗實録》二百三十六卷、《通鑒纂要》九十二卷。俱見《明史·藝文志》。

江盈科

江盈科，字進之，桃源人。萬曆朝進士，官長洲令，擢吏部主事，終四川提學僉事。操行純篤，推遺田以與兄弟，授徒自給。嘗采輯明代軼事，分爲四綱十六目：一曰四維，分忠、孝、廉、節四目；二曰四常，分慈、寛、明、慎四目；三曰四奇，分隱、怪、機、俠四目；四曰四凶，分奸、諂、貪、酷四目。

顯鶴案：盈科有《雪濤閣詩文集》十四卷。袁宏道序稱爲大家無疑。《明史·藝文志》作《明臣小傳》十六卷，《四庫全書存目》作《明臣十六種小傳》四卷，《明史》蓋悮，以十六種爲十六卷也。

易爲鼎劉醇驥

易爲鼎，字用玉，黄岡人。生而有文在手，曰汪。劉醇驥，字千里，廣濟人。生而有文在手，曰曆。俱以文章氣節著明季，佐學使無錫高世泰修《三楚文獻録》，體裁義例嚴謹，得史法。

嚴首昇

嚴首昇，字平子，華容人。崇禎歲貢，與同邑孫慤兄弟交，俱以文雄海内，尤長於史。與慤弟㲉同纂《後三代史》。首昇自序以爲，史非一體所能備，司馬氏紀年、袁氏紀事、二十一史紀人，三者相需，闕一不可。編年之善十七，紀事之善十三，兼之者二十一史。二十一史重在列傳，亦不能無失。思兼此數家之長而卻其短，姑舍紀事，斟酌於《通鑒》、二十一史之閒，以本紀盡編年之實録，而以一朝人臣，各附本紀之後。若兵、刑、食貨、禮、樂諸大典，令自成書，蓋集二十一史之書若志，而爲一書志也。首昇又著《談史》六卷，今書不傳。

顯鶴案：首昇有《瀨園文集》，劉鋐序：平子著書四百卷，詩與文近百萬言，亦健者也。所著《後三代史》今不傳，自序與孫慤兄弟分纂，自任宋史，慤唐書，㲉兩漢。今《四庫存目》有孫慤《唐紀》，或其分纂時所輯。又孫氏父子皆史才。《明史·藝文志》有華容孫宜《明初略》二卷、《國朝事迹》一百二十卷、《華容縣志》。孫㲉《唐史》七十卷，殆即與平子分纂《後三代史》之一種，惜乎不傳。又近時吾邑吳建軒先生思樹纂《通史》一千卷，先生乾隆辛卯進士，出大興朱竹君學士筠門，有《上學士書》《論通史原委》凡數萬言。先生淵博，於學無不通，吾邑人乃不知有此書。其弟檽亦著《地理釋》，皆散佚，可惜也。

楚寶命使論次目録

使臣者，奉一人之命，結兩國之好，歷聘四方之域，而周知天下之故者也。豈徒侈輶軒、巡履聲、芳亥步而已哉？故周官設九儀以大其典，達六節以授其符，成六瑞以昭其信，合六幣以致其誠。於其使事將畢也，又録爲五書以盡其職。爲使臣慮至繁且慎。降自春秋，此禮漸廢，而任責尤重。一言之不酬，一揖之不中，而兩國爲之暴骨，甚至私輸國情，潛啟外寇，玉帛化爲戈矛，皇華疲于奔命。又若後世埋輪攬轡，擊斷成威，窮源度笮，遠探極欲，旌節四出，辭令鮮聞於以傳美，往賢流芳篆素，其可得乎？昔葉公子高使齊，朝受命而夕飲冰。吾夫子語之曰："夫傳兩喜兩怒之言，天下之難者也。兩喜必多溢美之言，兩怒必多溢惡之言。"又曰："無遷令，無勸成，美成在久，惡成不及改。"嗟乎！爲使之道盡此矣。述《命使》第九，凡一卷。

命使

增輯

楚寶卷第二十

明湘潭周聖楷伯孔輯纂

命　使

薳　章

薳章，芈姓，蚡冒之後，爲楚大夫。楚武王三十五年侵隨，使章求成焉，軍于瑕以待之。隨人使少師董成。三十七年，王合諸侯于沈鹿，黄、隨不會，使章讓黄。三十八年，使道朔將巴客，以聘于鄧。鄧南鄙鄾人攻而奪之幣，殺道朔及巴行人。楚子使章讓于鄧。

聖楷曰：薳章詞令雖不載史傳，然其成于隨，讓于黄，屢將王命，必有可觀。且其後人，若伯嬴之將才，叔敖之相業，子馮之納善息民，而楚日以光大，誰貽之哉？昔鄭國爲命合四賢之所長，仲尼猶有取焉，則薳氏之良可知矣。

薳　罷

薳罷音皮。字子蕩，薳章之後裔也。楚康王十四年，薳罷如晉莅盟，晉侯享之。將出，賦《既醉》。叔向曰："薳氏之有後于楚國也，宜哉！承君命，不忘敏。子蕩將知政矣。敏以事君，必能養民，政其焉往？"楚郟敖元年，王子圍爲令尹。二年，使薳罷聘于魯，穆叔問：

“王子之爲政何如？”對曰：“吾儕小人，食而聽事，猶懼不及命而不免于戾，焉與知政？”固問焉，不告。穆叔告大夫曰：“楚令尹將有大事，子蕩將與焉，助之匿其情矣。”四年，郟敖有疾，公子圍縊而殺之，自立爲靈王，以薳罷爲令尹。

聖楷曰：薳罷使于晉，賦《既醉》之詩，而叔向許其知政；使于魯，不告王子之政；而穆叔知其匿情。古人每于此處，用心看人，故不爽如此。弟子職謹應對，聖門科重言語，豈末務哉！

鍾　儀

鍾儀，楚大夫也。共王七年，使公子嬰齊帥師伐鄭，鍾儀時從行焉。既而晉會諸侯救鄭，鄭共仲、侯羽軍楚師，囚鄖公鍾儀，獻諸晉。八月，晉人以鍾儀歸，囚諸軍府。後三年，晉侯觀于軍府，見鐘儀，問之曰：“南冠而縶者誰也？”有司對曰：“鄭人所獻楚囚也。”使稅音脱，義同。之，召而弔之。再拜稽首。問其族，對曰：“伶人也。”公曰：“能樂乎？”對曰：“先之職官也，敢有二事？”使與之琴。操南音。公曰：“君王何如？”對曰：“非小人之所得知也。”固問之，對曰：“其爲太子也，師、保奉之，以朝于嬰齊而夕于側也。不知其他。”公語范文子，文子曰：“楚囚，君子也。言稱先職，不背本也。樂操土風，不忘舊也。稱太子，抑無私也。名其二卿，尊君也。不背本，仁也。不忘舊，信也。無私，忠也。尊君，敏也。仁以接事，信以守之，忠以成之，敏以行之。事雖大，必濟。君盍歸之，使合晉、楚之成。”公從之，重爲禮，使歸求成。

《史懷》曰：楚鍾儀，南冠囚于晉，晉侯見而使稅之，召而弔之，此時已知儀矣。豈待其對而後稱爲君子哉？重爲之禮，使歸求成，非獨妙于觀人，亦巧于用人矣。

聖楷曰：鍾儀爲楚鄖縣大夫，晉人囚之軍府，晉侯見而問其族，對曰伶人，是述其先世之職官以對，非鍾儀身自爲之也。故晉侯復問能樂，而范文子稱其不背本。若鍾儀身自爲樂官，則能樂既不必問，而先職之稱，又何足貴？且左氏明言問其族，非問其官，古今讀書人盡相沿以鍾儀爲伶人，何憒憒至此？偶拈出爲之一快。

薳啟疆

薳啟疆，楚同姓也。靈王即位，殺伯州犁，使啟疆爲太宰。靈王四年，晉韓宣子如楚逆女，叔向爲介。王朝其大夫，曰："晉，吾仇敵也。苟得志焉，無恤其他。今其來者，上卿、上大夫也。若吾以韓起爲閽，以羊舌肸爲司宮，足以辱晉，吾亦得志矣。可乎？"大夫莫對。薳啟疆曰："可。苟有其備，何故不可？恥匹夫不可以無備，況恥國乎？是以聖王務行禮，不求恥人。朝聘有珪，享頫音眺有璋。小有述職，大有巡功。設機音几而不倚，爵盈而不飲；宴有好貨，飧有陪鼎，入有郊勞，出有贈賄，禮之至也。國家之敗，失之道也，則禍亂興。城濮之役，晉無楚備，以敗于邲。邲之役，楚無晉備，以敗于鄢。自鄢以來，晉不失備，而加之以禮，重之以睦，是以楚弗能報，而求親焉。既獲姻親，又欲恥之，以召寇讎，備之若何？誰其重此？若有其人，恥之可也；若其未有，君亦圖之！晉之事君，臣曰可矣。求諸侯而麇至。求昏而薦女，君親送之，上卿及上大夫致之。猶欲恥之，君其亦有備矣。不然，奈何？韓起之下，趙成、中行吴、魏舒、范鞅、知盈；五卿。羊舌肸之下，祁午、張趯、籍談、女齊、梁丙、張骼、輔躒、苗賁皇，皆諸侯之選也。韓襄爲公族大夫，韓須受命而使矣。箕襄、邢帶、叔禽、叔椒、子羽，皆大家也。韓賦七邑，皆城縣也。羊舌四族，皆彊家也。晉人若喪韓起、羊肸，五卿、八大夫輔韓須、羊石，因其十家九縣，長轂九百，其餘四十縣，遺守四千，奮其武怒，以報其大恥。伯華謀之，中行伯、魏舒帥之，其蔑不濟矣。君將以親易怨，實無禮以速寇，而未有其備，使群臣往遺之禽，以逞君心，何不可之有？”王曰：“不穀之過也，大夫無辱。”厚爲韓子禮而歸之。

靈王六年，成章華之臺，願與諸侯落之。薳啟疆曰：“臣能得魯侯。”王使召之，辭曰：“昔先君成公魯成公命我先大夫嬰齊曰：‘吾不忘先君之好，將使衡父照臨楚國，鎮撫其社稷，以輯寧爾民。’嬰齊受命于蜀。奉承以來，弗敢失隕，而致諸宗祧。曰我先君共王，引領北望，日月以冀，傳序相授，于今四王矣。嘉惠未至，唯襄公之辱臨我喪。孤與其二三臣，悼心失圖，社稷之不皇，况能懷思君德？今君若步玉趾，辱見寡君，寵靈楚國，以信蜀之役，致君之嘉惠，是寡君既受貺矣，何蜀之敢望？其先君鬼神實嘉賴之，豈惟寡君？君若不來，使臣請問行期，寡君將承質幣而見于蜀，以請先君成公之貺。”魯侯從之。

靈王享魯侯于新臺，使長鬣者相，好以大屈。既而悔之。薳啟疆聞之，見魯侯，語之，拜賀。魯侯曰：“何賀？”對曰：“齊與晉、越欲此久矣。寡君無適與也，而傳之君。君其備禦三鄰，慎守寶矣，敢不賀乎？”魯侯懼，而反之。

聖楷曰：薳啟疆以詞令致魯君，又以詐反大屈之弓，皆辯士風氣，不足尚也。惟諫靈王辱晉卿，不言晉卿不可辱，第言辱晉卿不可無備。其語似迂似謔，似勸似諷，使靈王冷熱自揣，驕心頓歇。與子革對求周鼎鄭田，同一機軸，可見能言之士，機知勇辯，濟以忠貞，亦可以事君矣。謣謣者何爲哉？

章華臺考

按：《吴語》云：昔楚靈王不君，乃築臺於章華之上，闕爲石郭，陂漢，以象帝舜。注云：舜葬九疑，其山體水旋其丘下，故壅漢水，使旋石郭以象之。又賈誼《新書》云：翟王使使至楚，楚王誇使者以章華之臺，臺甚高，三休乃至。由此觀之，臺亦半因山水之勝，非盡人力可爲也。今岳州華容縣，山水奇麗，登眺清鬱，所謂左江而右湖，以臨徬徨，其樂忘死，殆非虚語。故杜預注云：在華容城内。此無疑也。今《楚志》云：臺在荆州，有二。一在沙市，即今章臺寺。此大可笑。寺乃元泰定中始建，元人無識，遊人無學，固不足辨。一在今監利縣。監利雖屬古華容析置，然地多湖泊，亦非枛築之所，此皆妄傳，而秉筆者鮮博識之士，是可歎耳！又按：沈括[①]《東軒筆録》：亳州城父縣、陳州商水縣，皆云有章華臺，亦力辨其非。

伍　舉

伍舉，伍參子也。其先食采于椒，亦曰椒舉《國語》又作"湫舉"。參死，伍舉以公子牟故奔晉，以聲子力得復于楚。郟敖四年，楚公子圍將聘于鄭，伍舉爲介，未出竟，聞王有疾而還。伍舉遂聘。圍入問王疾，縊而弑之。使赴于鄭，伍舉問應爲後之辭焉。對曰："寡大夫圍。"伍舉更之曰："共王之子圍爲長。"圍既立，是爲靈王。王三年，使椒舉如晉求諸侯，椒舉致命曰："寡君使舉曰：日君有惠，賜盟于宋，曰：'晉、楚之從，交相見也。'以歲之不易，寡人願結驩于二三君，使舉請閒。君若苟無四方之虞，則願假寵以請于諸侯。"晉侯許之，諸侯皆許。

是年，晉、楚合諸侯于申。椒舉言于王曰："臣聞諸侯無歸，禮以爲歸。君[②]始得諸侯，其慎禮矣。霸之濟否，在此會也。夏啟有鈞臺之享，商湯有景亳之命，周武有孟津之誓，成有岐陽之蒐，康有酆宫之朝，穆有塗山之會，齊桓有召陵之師，晉文有踐土之盟。君其何用？宋向戌、鄭公孫僑在，諸侯之良也，君其選焉。"王曰："吾用齊桓。"王使問禮于左師向戌與子産僑。左師曰："小國習之，大國用之，敢不薦

① 沈括，底本誤，當爲"魏泰"。
② 《左傳》昭公四年"君"前有"今"字。

聞？”獻公合諸侯之禮六。子産曰：“小國共職，敢不薦守？”獻伯、子、男會公之禮六。王使椒舉侍于後，以規過。卒事不規，王問其故，對曰：“禮，吾所未見者有六焉，又何以規？”宋太子佐後至，王田于武城。久而弗見，椒舉請辭焉。王使往曰：“屬有宗祧之事于武城，寡君將墮幣焉，敢謝後見。”

楚子示諸侯侈，椒舉曰：“夫六王、二公之事，皆所以示諸侯禮也，諸侯所由用命也。夏啟[①]爲仍之會，有緡叛之。商紂爲黎之蒐，東夷叛之。周幽爲太室之盟，戎狄叛之。皆所以示諸侯汰也，諸侯所由棄命也。今君以汰，無乃不濟乎？”王弗聽。子産見左師，曰：“吾不患楚矣。汰而愎諫，不過十年。”左師曰：“然。不十年侈，其惡不遠，遠惡而後棄。善亦如之，德遠而後興。”

靈王執徐子于申，以諸侯伐吴。使屈申圍朱方，克之，執齊慶封而盡滅其族。將戮慶封，椒舉曰：“臣聞無瑕者可以戮人。慶封惟逆命，是以在此，其肯從于戮乎？播于諸侯，焉用之？”王弗聽，負之斧鉞以徇于諸侯，使言曰：“無或如齊慶封弑其君，弱其孤，以盟其大夫？”慶封曰：“無或如楚共王之庶子圍弑其君兄之子麇而代之，以盟諸侯！”王使速殺之。遂以諸侯滅賴。賴子面縛銜璧，士袒，輿櫬從之，造于中軍。王問諸椒舉，對曰：“成王克許，許僖公如是。王親釋其縛，受其璧，焚其櫬。”王從之，遷賴于鄢。

六年，靈王爲章華之臺，與伍舉升焉。曰：“臺美夫？”對曰：“臣聞國君服寵以爲美，安民以爲樂，聽德以爲聰，致遠以爲明，不聞其以木土之崇高彤鏤爲美，而以金石之昌大囂庶爲樂。先君莊王爲匏居之臺，高不過望國氛，大不過容宴豆，木不妨守備，用不煩官府，民不廢時務，官不易朝常。問誰宴焉，則宋公、鄭伯。問誰相禮，則華元、駟騑。問誰贊事，則陳侯、蔡侯、許男、頓子，其大夫侍之。先君是以除亂克敵，而無惡于諸侯。今君爲此臺也，國民罷焉，財用盡焉，年穀

① 啟：《左傳》昭公四年作“桀”。

敗焉，百官煩焉，舉國留之，數年乃成。願得諸侯與始升焉，諸候皆距無有至者。而後使太宰啟疆請于魯侯，懼之以蜀之役，而僅得以來。使富都那豎贊焉，而使長鬣之士相焉，臣不知其美也。夫美也者，上下、外内、小大、遠邇，皆無害焉，故曰美。若于目觀則美，縮于財用則匱，是聚民利以自封而瘠民也，胡美之爲？楚其殆矣！"

《左氏傳》曰：初，楚伍參與蔡大師子朝友，其子伍舉與聲子相善也。伍舉娶于王子牟，王子牟爲申公而亡，楚人曰："伍舉實送之。"伍舉奔鄭，將遂奔晉。聲子將如晉，遇之于鄭郊，班荆相與食，而言復故。聲子曰："子行也，吾必復子。"

及宋向戌將平晉、楚，聲子通使于晉，還如楚。令尹子木與之語，問吾[①]故焉，且曰："晉大夫與楚孰賢？"對曰："晉卿不如楚，其大夫則賢，皆卿材也。如杞、梓、皮革，自楚往也。雖楚有材，晉實用之。"子木曰："夫獨無族姻乎？"對曰："雖有，而用楚材實多。子儀之亂，析公奔晉。晉人寘諸戎車之殿，以爲謀主。繞角之役，晉將遁矣，析公曰：'楚師輕窕，易震蕩也。若多鼓鍾聲，以夜軍之，楚師必遁。'晉人從之，楚師宵潰。晉遂侵蔡，襲沈，獲其君；敗申、息之師于桑隧，獲申麗而還。鄭於是不敢南面。楚失華夏，則析公之爲也。雍子之父兄譖雍子，君與大夫不善是也。雍子奔晉，晉人與之鄐，以爲謀主。彭城之役，晉、楚遇于靡角之谷。晉將遁矣。雍子發命于軍曰：'歸老幼，反孤疾，二人役，歸一人，秣馬蓐食，師陳焚次，明日將戰。'行歸者而逸楚囚，楚師宵潰。晉降彭城而歸諸宋，以魚石歸。楚失東夷，子辛死之，則雍子之爲也。子反與子靈争夏姬，而雍害其事，子靈奔晉。晉人與之邢，以爲謀主。扞禦北狄，通吴于晉，教吴叛楚，教之乘車、射御、驅侵，使其子狐庸爲吴行人焉。吴於是伐巢，取駕，克棘，入州來。楚罷于奔命，至今爲患，則子靈之爲也。若敖

① 吾，據《左傳》當作"晉"。

之亂，伯賁之子賁皇奔晉。晉人與之苗，以爲謀主。鄢陵之役，楚晨壓晉軍而陳，晉將遁矣。苗賁皇曰：‘楚師之良，在其中軍王族而已。若塞井夷竈，成陳以當之，欒、范易行以誘之，中行、二郤必克二穆。吾乃四萃于其王族，必大敗之。’晉人從之，楚師大敗，王夷師熸，子反死之。鄭叛，吴興，楚失諸侯，則苗賁皇之爲也。”

子木曰：“是皆然矣。”聲子曰：“今又有甚于此。椒舉娶于申公子牟，子牟得戾而亡，君大夫謂椒舉：‘女實遣之！’懼而奔鄭，引領南望曰：‘庶幾赦余！’亦弗圖也。今在晉矣。晉人將與之縣，以比叔向。彼若謀害楚國，豈不爲患？”子木懼，言諸王，益其爵禄而復之。聲子使椒鳴逆之。

聖楷曰：楚靈王即位三年，大合諸侯于申，與會者凡十有三國。其各國之臣，若宋向戌、鄭子産，皆國之良也。伍舉獨能勉其君以六王、二公之事，子産、向戌俱願獻守禮焉，豈不稱賢大夫哉？嗟乎！靈王固無足數，使舉當出奔之時，不遇蔡聲子，觀其知略，更在析公、巫臣之上，用而謀楚，可勝言哉？其後子若孫，卒以忠孝名，或死于國，或死于外。雖所遭之有幸有不幸，抑國運實使之耳。乃以此爲鑒，而後世猶有輕棄其臣者。

王孫圉

王孫圉，楚大夫。嘗以君命聘于晉，定公饗之，趙簡子鳴玉以相，問于王孫圉曰：“楚之白珩猶在乎？”對曰：“然。”簡子曰：“其爲寳也，幾何世也矣。”曰：“未嘗爲寳。楚之所寳者，曰觀射音亦父，能作訓辭，以行事于諸侯，使無以寡君爲口實。又有左史倚相，能道訓典，以敘百物，以朝夕獻善敗于寡君，使寡君無忘先王之業。又能上下説乎鬼神，順道其欲惡，使神無有怨恫于楚國。又有藪曰雲連徒洲，金、木、竹、箭之所生也。龜、珠、齒、角、皮、革、羽、毛，所以備賦用，以戒不虞者也。所以共幣帛，以賓享于諸侯者也。若諸侯之好幣具，而導之以訓辭，有不虞之備，而皇神相之，寡君其可以免罪于諸侯，而國民保焉。此楚國之寶也。若夫白珩，先王之玩也，何寶焉？圉聞國之寶六而已：聖能制議百物，以輔相國家，則寶之；玉足以庇蔭嘉穀，使無水旱之災，則寶之；龜足以憲臧否，則寶之；珠足以禦火災，則寶之；金足以禦兵亂，則寶之；山林藪澤足以備財用，則寶之。若夫譁囂之美，楚雖蠻夷，不能寶也。”

雲夢考

按：《禹貢》“雲土夢作乂”。本二澤。然二澤合稱，其來已久，傳記所指，合析不一，惟胡三省辨誤。《禹貢》雲夢，孔安國云在江南。《左傳》：楚王以鄭伯田江南之夢。《漢志》：雲夢澤在華容南。沈立云：雲即今玉沙、監利、景陵等縣，夢即今公安、石首、建寧等縣。《漢陽志》云：雲在江之北，夢在江之南。杜預云：雲夢跨江南北。而蔡沈《書傳》云：雲夢方八九百里，跨江南北，華容、枝江、江夏、安陸皆其地。合而言之則一，別言之則二澤也。《禹貢》云：雲土夢作乂。蓋澤勢有高卑，故水落辨遲速，人工有蚤晚爾。此説得之。今德安雲夢縣南皆大澤，雲夢澤自此始，故以名縣云。

馬　良

馬良，字季常，襄陽宜城人也。兄弟五人，並有才名，鄉里爲之諺曰：“馬氏五常，白眉最良。”良眉中有白毛，故以稱之。先主領荆州，辟爲從事，及先主入蜀，諸葛亮亦從後往，良留荆州，與亮書曰：“聞雒城已拔，此天祚也。尊兄應期贊世，配業光國，魄兆見矣。夫變用雅慮，審貴才明，于以簡才，宜適其時。若乃和光悦遠，邁德天壤，使時閑于聽，世服于道，齊高妙之音，正鄭、衛之聲，並利于事，無相奪倫，此乃管絃之至，牙、曠之調也。雖非鍾期，敢不擊節！”先主辟良爲左將軍掾。

後遣使吴，良謂亮曰：“今銜國命，協穆二家，幸爲良介于孫將軍。”亮曰：“君試自爲文。”良即爲草曰：“寡君遣掾馬良通聘繼好，以紹昆吾、豕韋之勳。其人吉士，荆楚之令，鮮于造次之華，而有克終之美，願降心存納，以慰將命。”權敬待之。先主稱尊號，以良爲侍中。及東征吴，遣良入武陵招納五溪蠻夷，蠻夷渠帥皆受印號，咸如意指。會先主敗績于夷陵，良亦遇害。先主拜良子秉爲騎都尉。

裴松之曰：良與亮，或結爲兄弟，或相與有親，亮年長，良故呼亮爲尊兄耳。

聖楷按：松之此論，可見古人稱謂之閒亦自不苟。長幼卑尊，各有所宜，常見王弇州《觚不觚録》略載一二，如投刺之大小、稱名之諂傲，已不勝江河之感。若至今日，又當何如詫歎耶？

董　恢

董恢，字休緒，襄陽人。入蜀，以宣信中郎副費禕使吴。孫權嘗大醉，問禕曰：“楊儀、魏延，牧豎小人也。雖嘗有鳴吠之益于時務，然既已任之，勢不得輕，若一朝無諸葛亮，必爲禍亂矣。諸君憒憒，曾不知防慮于此，豈所謂貽厥孫謀乎？”禕愕然四顧視，不能即答。恢曰：“儀、延之不協起于私忿耳，而無黥、韓難禦之心也。今方掃除彊賊，混一區夏，功以才成，業由才廣，若捨此不任，防其後患，是猶備有風波而逆廢舟楫，非長計也。”權大笑樂。諸葛亮聞之，以爲知言。還未滿三日，辟爲丞相府屬，遷巴郡太守。

聖楷曰：吴、蜀，敵國也；楊、魏，私忿也，安知孫權醉後之言，非挑釁侮鄰之意乎？故禕未能即答，而休緒侃侃正論，權便折服。吾友鍾伯敬著《史懷》云：權論出自至誠，痛癢相關，一時奉使之人，以周旋語了之，爲可惜。此等豎議，吾所不取。

羲　先

羲先，字始宗，章陵人。博學彊記，尤好黄老言，明習漢家典故。爲劉表别駕，奉章詣許，見太祖。時賓客並會，太祖問先："劉牧如何郊天？"先對曰："劉牧託漢室肺腑，處牧伯之位，而遭王道未平，群凶塞路，抱玉帛而無所聘頫，修章表而不獲達御，是以郊天祀地，昭告赤誠。"太祖曰："群凶爲誰？"先曰："舉目皆是。"太祖曰："今孤有熊羆之士，步騎十萬，奉辭伐罪，誰敢不服？"先曰："漢道凌遲，群生憔悴，既無忠義之士，翼戴天子，綏寧海内，使萬邦歸德，而阻兵安忍，曰莫己若，即蚩尤、知伯復見于今也。"太祖嘿然。拜先武陵太守。荆州平，先始爲漢尚書，後爲魏國尚書令。

聖楷曰：羲先仕表，官至侍中。建安十三年，曹操平荆州，始以爲尚書令。然本傳又云：先始爲漢尚書，是則先受漢恩，不爲不重，又復俛首事魏，豈郊天之對，亦有時而二天乎！

潘　京

潘京，字世長，武陵漢壽人也。弱冠，郡辟主簿，太守趙廞甚器之，嘗問曰："貴郡何以名武陵？"京曰："鄙郡本名義陵，在辰陽縣界，與夷相接，數爲所攻，光武時移東出，遂得全完，共議易號。《傳》曰'止戈爲武'，《詩》稱'高平曰陵'，於是名焉。"爲州所辟，因謁見問策，探得"不孝"字，刺史戲京曰："辟士爲不孝邪？"

京舉版答曰："今爲忠臣，不得復爲孝子。"其機辨皆此類。後太廟立，州郡皆遣使賀，京白太守曰："夫太廟立，移神主，應問訊，不應賀。"遂遣京作文，使詣京師，以爲永式。

京仍舉秀才，到洛。尚書令樂廣，京州人也，共談累日，深歎其才，謂京曰："君天才過人，恨不學耳。若學，必爲一代談宗。"京感其言，遂勤學不倦。時武陵太守戴昌亦善談論，與京共談，京假借之，昌以爲不如己，笑而遣之，令過其子若思，京方極其言論。昌竊聽之，乃歎服曰："才不可假。"遂父子俱屈焉。歷巴丘、邵陵、泉陵三令。京明于政術，路不拾遺。遷桂林太守，不就，歸家，年五十卒。

聖楷按：《晉書》京載《良吏傳》，然觀其應對機辨，見推于樂令，勤學不倦，遂令戴昌父子俱屈，亦可想片言折獄之風軌矣。

義陵考

按：常德武陵屬楚黔中地，秦伐楚，以爲黔中郡。漢高祖初，更郡爲武陵。先是，項羽弑義帝，郡人編素而哭，高帝義之，故亦曰"義陵"。非如潘京之所云也。且新莽又嘗更爲建平郡，屬荆州。至光武始復名武陵，潘蓋一時强辭，不足爲據。

柳　莊

柳莊，字思敬，霍州刺史遐之子也。莊少有遠量，博覽群籍，兼善辭令。濟陽蔡大寶有重名于江左，時爲岳陽王蕭詧咨議，見莊便歎曰："襄陽水鏡，復在于兹矣。"大寶遂以女妻之，俄而詧辟爲參軍，轉法曹。及詧稱帝，還署中書舍人，歷給事黄門侍郎、吏部郎中、鴻臚卿。

隋高祖輔政，蕭巋令莊奉書入關。時三方構難，高祖懼巋有異志，及莊還，謂莊曰："孤昔開府從役江陵，深蒙梁主殊眷。今主幼時艱，猥蒙顧託。梁主弈葉，委誠朝廷，當相與共保歲寒。君還本國，幸申孤此意于梁主也。”遂執莊手而别。時梁諸將咸勸梁主，與尉遲迥等連謀，以爲進可以盡節周氏，退可以席卷山南。唯巋疑爲不可。會莊至自長安，具申高祖結託之意，遂言于巋曰：“昔袁紹、劉表、王淩、諸葛誕，皆一時雄傑。據要害，擁强兵，然功業莫建，而禍不旋踵者，良由魏、晉挾天子，保京都，仗大義以爲名故也。今迥雖曰舊將，昏耄已甚，消難、王謙，非有匡合之才。周朝將相，多爲身計，競効節于楊氏。以臣料之，迥等終當覆滅，隋公必移周祚。未若保境息民，以觀其變。”巋深以爲然，衆議遂止。未幾，消難奔陳，迥及謙相次就戮，巋謂莊曰：“近者若從衆人之言，社稷已不守矣。”

高祖踐祚，莊又入朝，高祖深慰勉之。及爲晉王廣納妃于梁，莊因是往來四五反，前後賜物數千段。蕭琮嗣位，遷太府卿。及梁國廢，授開府儀同三司，尋除給事黄門侍郎，并賜以田宅。莊明習舊章，雅達政事，凡所駁正，帝莫不稱善。蘇威爲納言，重莊器識，常奏帝云：“江南人有學業者，多不習世務，習世務者，又無學業。能兼之者，不過于柳莊。”高熲亦與莊甚厚。十一年，以平徐璒功授饒州刺史，甚有治名。後數載卒官。

聖楷曰：蕭詧父子，受命强國，所謂以小事大，苟延宗社，其志義有足悲焉爾。柳莊爲之奉書通使，結好隋文，深達時務之宜，卒享數世之利，豈非使臣之極則乎？而且以明達見重當時，受禄不愧，固遠出樓護、陟璆諸人上矣。

按：蕭詧，字理孫，梁昭明太子統之第三子也。幼而好學，善屬文，尤長佛義。昭明卒，武帝舍詧兄弟而立簡文，内常愧之，故寵亞諸子。中大同元年，除持節，都督雍、梁等七州諸軍事，雍州刺史。詧以襄陽形勝之地，又是梁武創基之所，時平足以樹根本，世亂可以圖霸功，遂尅己勵節，務修刑政，志存綏養，於是境内大治。侯景亂後，既與江陵搆隙，恐不能自固，乃遣使稱藩于魏。及江陵平，魏立詧爲梁主，居江陵稱帝，改元大定，在位八載薨。詧少有大志，不拘小節。事其母以孝聞，性不飲酒，惡見婦人，雖相去數步，遥聞其臭。經御婦人之衣，不復更著。又惡見人髮，白事者必方便以避之。子巋嗣位，隋文帝開皇二年，納巋女爲晉王廣妃。四年，巋朝長安，文帝甚敬待之，詔巋位在王公之上。及還，親執其手，謂之曰："梁主久滯荆楚，未復舊都，故鄉之念，良軫懷抱。朕當振旅長江，相送旋反耳。"巋在位二十三載薨，其子琮嗣位二年，梁國始廢。

邵　曄

邵曄，字日華，桂陽人。曄幼嗜學，恥從辟署。太平興國八年，擢進士第，解褐，授邵陽主簿，改大理評事、知蓬州録事參軍。時太子中舍楊全知州，性悍率蒙昧，部民張道豐等二人被誣爲盜，悉寘死，獄已具，曄察其枉，不署牘，白全當核其實。全不聽，引道豐等抵法，號呼不服，再繫獄按驗。既而獲正盜，道豐等遂得釋，全坐削籍爲民。曄代還引對，太宗謂曰："爾能活吾民，深可嘉也。"賜錢五萬，詔以全事戒諭天下。授曄光禄寺丞，使廣南採訪刑獄。俄通判荆南，賜緋魚。遷著作佐郎，知忠州。

歷景德中，假光禄卿，充交阯安撫國信使。會黎桓死，其子龍鉞嗣立。弟龍全率兵刼庫財而去，其弟龍廷殺鉞自立，龍廷兄明護率扶蘭砦兵攻戰。曄駐嶺表，以事上聞，改命爲緣海安撫使，許以便益設方略。曄貽書安南，諭朝廷威德，俾速定位。明護等即時聽命，奉龍廷主軍事。初，詔曄俟其事定，即以黎桓禮物改賜新帥。曄上言："懷撫外夷，當是誠信，不若俟龍廷貢奉，别加封爵而寵賜之。"真宗甚嘉納。使還，改兵部員外郎，賜金紫。初受使，假官錢八十一萬，市私覿物，及爲安撫，已償其半，餘皆詔除之。嘗上《邕州至交州水陸路》及《宜州山川》等四圖，頗詳控制之要。

俄判三司院，坐所舉李隨犯贓，曄當削一官，上以其遠使之勤，令停仕。大中祥符初，起知兗州，表請東封，優詔答之。及遣王欽若、趙安仁經度封禪，仍判州事，就命曄爲京東轉運使。封禪禮畢，超拜刑部郎中，復判三司院，出爲淮南、江浙、荆湖制置發運使。四年，改右諫議大夫、知廣州。州城瀕海，每蕃舶至岸，常苦颶風，曄鑿内濠通舟，颶不能害。遘疾卒，年六十三。

聖楷曰：邵曄幼恥辟署之末，長負四方之譽。觀其蒙部冤獄，片言立折，交南閲牆，尺書定難，可謂遠有光華，不愧原隰者矣。若夫圖山川而控制有要，鑿海岸而蕃舶不驚，八月輶軒之使，何以過焉？惜乎東封之請，是亦白璧之微瑕也。

楚寶卷第二十考異

新化鄧顯鶴湘皋述

命　　使

董　　恢

恢目禕曰[①]："可速言[②]儀、延之不恊起於[③]私忿耳，而無黥、彭[④]難御[⑤]之心也。"云云。

顯鶴按：《蜀書》董恢附董允本傳，注引《襄陽記》載副費禕使吴事。松之按云：《漢晉春秋》亦載此語，不云董恢所教，辭亦小異，此二書俱出習氏而不同若此。本傳云"恢年少官微"，若已爲丞相府屬，則官不微矣。以此疑習氏之言爲不審的也。

羲　　先

羲先，字始宗，章陵人。

① 恢目禕曰：原文作"恢曰"。
② 原文無"可速言"三字。
③ 於：原文作"于"。
④ 彭：原文作"韓"。
⑤ 御：原文作"禦"。

顯鶴按：《魏書》注作章陵人。章陵，今湖北棗陽縣。《零陵先賢傳》不載先本貫，傳後載先甥同郡周不疑，零陵人，則先亦零陵郡人明矣。以此知章陵當是泉陵之誤不疑，見《文苑門》。

柳　　莊

霍州刺史霞[①]之子也。

顯鶴按：柳霞[②]，見《孝友門》，《周書》作“霞”，《南史》作“遐”。

消難、王謙，非有匡合之才。

按：消難，謂司馬消難也，上當有“司馬”二字。

①② 霞：當作“遐”。

楚寶卷第二十增輯

新化鄧顯鶴湘皋述

命　使

皮光業

皮光業，字文通，世爲襄陽竟陵人。父日休，有盛名，唐末爲蘇州軍事判官、太常博士，遂家焉。光業生於姑蘇，十歲能屬文。及長，以所業謁武肅王，與沈崧、林鼎同辟幕府，累署浙西節度推官，賜緋。

天寶九年，王欲通誠於梁，而難其人，且中隔淮南，輒繞道爲苦，於是以光業爲才使，自建、汀逾虔、郴，越潭、岳、荆南入貢。梁均王大喜，加王天下兵馬大元帥，開府置官屬，特賜光業進士及第，仍賜秘書郎，授右補闕内供奉，賜金紫。

未幾，淮人來求好，王以光業報聘，及還，贈錢三百萬，復禁其出，且曰："可以市易。"光業曰："我使介也，豈賈豎也。"乃委置而去，淮人亟載隨之。尋兼兩浙觀察使。文穆王嗣立，命知東府事。天福二年，國建，拜光業丞相，與曹仲達、沈崧同日受命，凡教令儀注，多所考定。

光業美容儀，善談論，見者或以爲神仙中人。性嗜茗，常作詩以茗爲苦口師，國中多傳其癖。八年二月丙辰卒，年六十七。謚曰貞敬。所撰《皮氏見聞録》十三卷行世。又有《妖怪録》五卷。

初，光業微時，夢亭上偶人皆列拜，覺而自負。又旅遊會稽，有神降於里巷，光業往視之，神輒不語，及去，衆詰之，曰："皮秀才此土地主，我小神，不當遽見。"梁選王子傳珍爲駙馬都尉，光業奉命如京師，及歸經靖海，山陰令滕文規，故光業舅也，日暝，見有黄衣吏報曰："皮補闕今已及靖海。"俄失所在。其異徵多此類。

弟光鄴，官温州刺史。子璨，或作文璨，非。官元帥府判官，著有《鹿門家鈔詩咏》。三世皆以文雄江東，識者榮之。

顯鶴按：羅江東隱勸武肅王舉兵討梁曰："王，唐臣，義當稱戈北嚮。縱無成功，猶可退保杭、越，自爲東帝，奈何交臂事賊，爲終古羞。"其論甚正。武肅不能用，而亟亟遣使通誠，閒關迂道，可謂勞矣，其使良不足重。吾獨愛皮氏三世能以文雄江東，亟書之，以見襲美有子庶，一洗《唐書》之謗云。

楚寶典故論次目録

典故者，亦史職也。史失其官，而後一二博雅之士，爲之收録舊聞，考稽竹素，言必敦古，事不泥俗。故使馬上雄辟，好説《詩》《書》，春陵哲后，修頒《月令》，豈非亟務哉？是以文王興老成之咨，仲尼抱文獻之歎，誠重之也。楚國當春秋時，丹陽肇宅，流風未遠，朝多故老，家有耆碩，往往得其言如得藏龜焉。其後遊談習靡，郡縣星離，丘索之儒既盡，經術之用不貴。如謝文儀之學識、李玄胄之家誡、嚴孝源之陰德、柳德廣之禮法，皆如祥麟威鳳，散在藪澤，未有貴仕，可勝歎息。昔司馬温公自言修《通鑑》成，惟王勝之借一讀，他人讀未盡一紙，已欠伸思睡。嗟呼，書猶如此，人復何堪？余故深願明君良相，毋輕棄其人也。述《典故》第十，凡一卷。

典故一

申叔時　逢伯　成公乾　觀射父　鬬且　屈宜臼　莫敖子華　謝該　李秉　嚴植之　柳靖

增輯

魏觀　劉三吾

楚寶卷第二十一

明湘潭周聖楷伯孔輯纂

典　故

申叔時

申叔時，楚大夫，爲申公，故曰申叔時。莊王使士亹傅太子箴，辭曰："臣不材，無能益焉。"王曰："賴子之善，善之也。"對曰："夫善在太子。太子欲善，善人將至；若不欲善，善則不用。故堯有丹朱，舜有商均，啟有五觀，湯有太甲，文王有管、蔡。是五王者，皆元德也，而有奸子。夫豈不欲其善？不能故也。若民煩，可教訓。蠻夷戎狄，其不賓也久矣，中國所不能用也。"王卒使傅之。

問于申叔時。叔時曰："教之《春秋》，而爲之聳善而抑惡焉，以戒勸其心；教之《世》，而爲之昭明德而廢幽昏焉，以休懼其動；教之《詩》，而爲之道廣顯德，以耀明其志；教之《禮》，使知上下之則；教之《樂》，而疏其穢而鎮其浮；教之《令》，使訪物官；教之《語》，使明其德，而知先王之務用明德于民也；教之《故志》，使知廢興者而戒懼焉；教之《訓典》，使知族類行比義焉。若是而不從，動而不悛，則又詠物以行之，求賢良以翼之。悛而不攝，則身勤之，多訓典刑以納之，務慎惇篤以固之。攝而不徹，則明施舍以道之忠，明久長以道之信，明度量以道之義，明等級以道之禮，明恭儉以道之孝，明敬戒以道之事，明慈愛以道之仁，明昭利以道之文，明除害以道之武，明精意以道之罰，明正德以道之賞，明齋肅以耀之臨。若是而不濟，不可爲也。且夫誦詩以輔相之，威儀以先後之，體貌以左右之，明行以宣翼之，制節義以動行之，莊敬以臨監之，勤勉以勸之，孝順以納之，忠信以發之，德音以揚之。教備而不從者，非人也，其可興乎？夫子踐位則退，自退則敬，否則赧。”

莊王十五年，陳夏徵舒弑其君靈公。莊王使人謂陳人無動，予將有討于少西氏。明年遂入陳，殺夏徵舒，轘諸栗門，因縣陳。申叔時使于齊，反，復命而退。王使讓之曰：“夏徵舒爲不道，弑其君，寡人討而戮之。諸侯縣公皆慶寡人，女獨不慶寡人，何故？”對曰：“猶可辭乎？”王曰：“可哉。”曰：“夏徵舒弑其君，其罪大矣。討而戮之，君之義也。抑人有言曰：牽牛以蹊人之田而奪之牛，牽牛以蹊者，信有罪矣，而奪之牛，罰已重矣。諸侯之從也，曰討有罪也。今縣陳，貪其富也。以討召諸侯而以貪歸之，無乃不可乎！”王曰：“善哉，吾未之聞也！反之可乎？”對曰：“可哉。吾儕小人所謂取諸其懷而與之也。”乃復封陳，鄉取一人焉以歸，謂之夏州。

莊王十九年，伐宋。踰年，宋人未服。楚師將歸，申叔時僕曰：“築室反耕者，宋必聽命。”從之。宋人懼，使華元夜入楚師，以病告宋。及楚平。共王十五年，將北侵鄭、衛。子囊曰：“新與晉盟而背之，無乃不可乎？”子反曰：“敵利則進，何盟之有？”申叔時老矣，在申聞之，曰：“子反必不免。信以守禮，禮以庇身。信、禮之亡，欲免得乎？”既侵鄭，鄭人不服。明年，王自武城使公子成以汝陰之田求成于鄭，鄭叛晉。晉侯伐鄭，鄭聞晉師，告于楚。楚師救之，子反將中軍，子重將左，子辛將右，過申。子反入見申叔時曰：“師其何如？”對曰：“德、刑、詳、義、禮、信，戰之器也。德以施惠，刑以正邪，詳以事神，義以建利，禮以順時，信以守物。民生厚而德正，用利而事節，時順而物成，上下和睦，周旋不逆，求無不具，各知其極，故《詩》曰：‘立我蒸民，莫匪爾極。’是以神降之福，時無災害，民生敦龎，和同以聽，莫不盡力以從上命，致死以補其闕。此戰之所由克也。今楚内棄其民而外絶其好，瀆齊盟而食話言，奸時以動，而疲民以逞，民不知信，進退罪也。人恤所底，其誰致死。子其勉之，吾不復見子矣。”遂戰于鄢陵。楚師敗績，子反死之。

聖楷曰：吾于楚之申叔時而三見先王之行事焉。何以言之？昔者周成王幼，在襁褓之中，召公爲太保，周公爲太傅，太公爲太師。保保其身體，傅傅之德義，師道之教訓，此三公之職也。楚莊王使士亹傅太子箴，即楚共王也。其自云：“不穀不德，少主社稷，生十年而喪先君。”是士亹傅之，正在襁褓時。而申叔時所謂教之以《春秋》《詩》《禮》，翼之以賢良者，非古師傅之遺訓乎？此先王之行事一也。莊王伐陳，討夏徵舒，義舉也。設不有申叔時之諫，而蹊田奪牛又何解于諸侯縣公？此先王之行事二也。故《春秋》初書“楚人”，繼書“楚子”，不予其專討而予其存諫，聖人所以大改過也。若夫共王救鄭，申叔時爲德、刑、禮、信之論，古先王用衆克敵，豈復有加哉？而卒不用其言以敗。然則老臣憂國而焦其心，苦其口，其可忽諸？巴浦之犀犛兕象，用之則貴爲瑱耳。

又按：子反鄢陵之敗，不獨申叔時知之，即鄭大夫姚句耳亦知之。其言于子駟曰：楚師行速過險而不整。速則失志，不整喪列。失志，喪列，將何以戰？由此觀之，穀陽豎即不獻飲于子反，子反亦必不能勝晉。何也？晉以衆整，楚師不整；晉以暇，楚師行速而不暇。著著皆犯晉對，安得而不敗。且如圍宋而使華元得夜入其師，登其牀，此豈將帥持重之道哉？是又在御將之責耳。

逢　伯

逢伯，楚大夫。僖六年秋，楚子圍許。冬，蔡穆侯將許僖公以見楚子于武城。許男面縛銜璧，大夫衰絰，士輿櫬。楚子問諸逢伯。對曰：

“昔武王克殷，微子啟如是，武王親釋其縛，受其璧而袚之，焚其櫬，禮而命之，使復其所。”楚子從之。

聖楷曰：按蔡沈“微子”註，是箕子曾勸帝乙立微子，故恐紂之見忌，不得不暫避其沈酗而遯于荒野，非忍遽絶其君也，亦非爲存宗祀計而始去也。今説者乃謂微子先抱其祭器入周，周乃伐紂，此大可笑。且周以微子續湯祀，在武庚、管、蔡伏誅之後，而微子先時何得遽作此妄想耶？蓋微子以帝乙之元子，躬神明之聖德，其去留遲速，皆商、周之耳目所係，故其去也不能自决，而其歸也不敢獨後。此一段深心，較泰伯荆蠻之逃更苦，而論者不得其解，又謂楚師入許，其臣逢伯權詞以述此事，而《史記》誤採入《世家》，何其冤古人若是哉！

成公乾

成公乾，楚子王之後裔也。楚令尹死，景公遇成公乾曰：“令尹將焉歸？”成公乾曰：“殆于屈春乎？”景公怒曰：“國人以爲歸于我。”成公乾曰：“子資少，屈春資多，言其資于賢人之力。子義獲天下之至憂也，而子以爲友。鳴鶴與芻狗，其知甚少，而子玩之。鴟夷子皮日使于屈春，損頗爲友，二人者之知，足以爲令尹，不敢專其知而委之屈春，故曰政其歸于屈春乎？”

王子建出守于城父，與成公乾遇于疇中，問曰：“是何也？”成公乾曰：“疇也。”“疇也者何也？”曰：“所以爲麻也。”“麻也者何也？”曰：“所以爲衣也。”成公乾曰：“昔者，莊王伐陳，舍于有蕭氏，謂路室之人曰：巷其不善乎？何溝之不浚也？莊王猶知巷之不善、溝之不浚。今吾子不知疇之爲麻、麻之爲衣，吾子其不主社稷乎？”王子果不立。

聖楷曰：士之尊賢，雖異于王公，國之卜相，貴先其所與。故周公以大聖而其言曰："吾不如者，吾不與處，累我者也；與吾齊者，吾不與處，無益我者也。"於是朝于窮巷甕牖者七十人而天下理。使楚之君臣果以成公乾之言而定國相，又安得有王子建出奔之事乎？然考楚國令尹見于《春秋》者，自楚共王元年子重爲令尹，凡二十一年卒；子辛爲令尹，凡三年，以陳叛見殺；子囊爲令尹，至楚康王，凡十年卒；子庚爲令尹，凡六年卒；子南爲令尹，凡一年，以其寵臣多馬見殺；薳子馮爲令尹卒；屈建爲令尹，共九年；至郟敖立公子圍爲令尹，凡四年，弑郟敖自立，爲楚靈王；薳罷爲令尹，凡十三年；楚平王立子旗爲令尹，凡一年，以有德于王而求無厭見殺；子瑕爲令尹，凡十年；子常爲令尹，至楚昭王十年吴入郢，未嘗有所謂屈春也。今姑從《説苑》。

觀射父

觀射父，楚大夫。昭王問于射父曰："《周書》所謂重黎實使天地不通者，何也？若無，然民將能登天乎？"對曰："非此之謂也。古者民神不雜，民之精爽不攜貳者，而又能齊肅衷正。其知能上下比義，其聖能光遠宣朗，其明能光照之，其聰能聽徹之，如是則明神降之，在男曰覡，在女曰巫。是使制神之處位次主，而爲之牲器時服，而後使先聖之後之有光烈，而能知山川之號、高祖之主、宗廟之事、昭穆之世、齊敬之勤、禮節之宜、威儀之則、容貌之崇、忠信之質、禋潔之服、而敬恭明神者，以爲之祝。使名姓舊族之後，能知四時之生、犧牲之物、玉帛之類、采服之儀、彝器之量、次主之度、屏攝之位、壇場之所、上下之神、氏姓之出，而心率舊典者爲之宗。於是乎有天地神明類物之官，謂之五官，各司其序，不相亂也。民是以能有忠信，神是以能有明德。民神異業，敬而不瀆，故神降之嘉生，民以物享，禍災不至，求用不匱。及少皞之衰也，九黎亂德，民神雜揉，不可方物。夫人作享，家爲巫史，無有要質，民匱于祀而不知其福。烝享無度，民神同位，民瀆齊同也盟，無有嚴威。神狎民則，不蠲其爲。嘉生不降，無物以享。禍災薦臻，莫盡其氣。顓頊受之，乃命南正重司天以屬神，命火正黎司地以屬民，使復舊常，無相侵瀆，是謂絶地天通。其後三苗復九黎之德，堯復育重黎之後不忘舊者，使復典之。以至于夏、商，故重、黎氏世敘天地，而別其分主者也。其在周，程伯休父其後也。當先王時，失其官守而爲司馬氏。寵神其祖，以取威于民，曰'重實上天，黎實下地'。遭世之亂，而莫之能禦也。不然，夫天地成而不變，何比之有？"

子期祀平王，祭以牛俎于王。王問于觀射父曰："祀牲何及？"對曰："祀加于舉。天子舉以大牢，祀以會；諸侯舉以特牛，祀以大牢；卿舉以少牢，祀以特牛；大夫舉以特牲，祀以少牢；士食魚炙，祀以特牲；庶人食菜，祀以魚。上下有序，民則不慢。"王曰："其小大何如？"對曰："郊禘不過繭栗，烝嘗不過把握。"王曰："何其小也？"對曰："夫神以精明臨民者也，故求備物，不求豐大。是以先王之祀也，以一純、二精、三牲、四時、五色、六律、七事、八種、九祭、十日、十二辰以致之。百姓、千品、萬官、億醜、兆民，經入畡數以奉之，明德以昭之，和聲以聽之，以告徧至，則無不受休。毛以示物，血以告殺，接誠拔取以獻具，爲齊敬也。敬不可久，民功不堪，故齊肅以承之。"

王曰："芻豢幾何？"對曰："遠不過三月，近不過浹日。"王曰："祀不可以已乎？"對曰："祀所以昭孝息民，撫國家，定百姓也，不可以已。夫民氣縱則底，底則滯，滯久不震，生乃不殖。是用不從，其生不殖，不可以封。是以古者先王日祭月享，時類歲祀，諸侯舍日，卿、大夫舍月，士、庶人舍時。天子徧祖群臣[①]品物，諸侯祀天地三辰及其土之山川，卿、大夫祀其禮，士、庶人不過其祖。日月會于龍豽音豆，土氣含收，天明昌作，百嘉備合，群神頻行，國於是乎烝嘗，家

① 臣，據《國語・楚語下》當作"神"。

於是乎嘗祀，百姓夫婦擇其令辰，奉其犧牲，敬其粢盛，潔其糞除，慎其采服，禋其酒醴，帥其子姓，從其時享，虔其宗祀，道其辭順，以昭祀其先祖。肅肅濟濟，如或臨之。於是乎合其州鄉朋友婚姻，比爾兄弟親戚。於是乎弭其百苛，殄其讒慝，合其嘉好，結其親暱，億安也其上下，以申固其姓。上所以教民虔也，下所以昭事上也。天子禘郊之事，必自射其牲，王后必自舂其粢。諸侯宗廟之事，必自射其牛、刲羊、擊豕，夫人必自舂其盛。况其下之人，其誰敢不戰戰兢兢，以事百神！天子親舂禘郊之盛，王后親繅其服，自公以下至於庶人，其誰敢不齊肅恭敬，致力于神！民所以攝固者也，若之何其舍之也？”

王曰：“所謂一純、二精、七事者，何也？”對曰：“聖王正端冕，以其不違心，帥其群臣精物以臨監享祀，無有苛慝於神者，謂之一純。玉、帛爲二精，天、地、民及四時之務爲七事。”王曰：“三事者，何也？”對曰：“天事武，地事文，民事忠信。”王曰：“所謂百姓、千品、萬官、億醜、兆民經入畡數者，何也？”對曰：“民之徹官百。王公之子弟之質能言能聽徹其官者，而物賜之姓，以監其官，是爲百姓。姓有徹品，十于王，謂之千品。五物之官，陪屬萬爲萬官。官有十醜，爲億醜。天子之田九畡，以食兆民，王取經入焉，以食萬官。”

聖楷曰：嘗讀《賈誼傳》至宣室夜半鬼神之事，以史不載其語爲恨。乃今觀射父登天之對，生豈復有過焉者。大抵古人學問多精于言鬼，如鄭子産之實沈臺駘、内史過之房后丹朱，皆確然有據，有關係，非若後世《搜神》《夷堅》之類虚誕可笑，何得槩以誣豔病之！段成式《諾臯記》云：度朔司刑，可以知其情狀，葆登掌祀，將以著于感通。有生盡幻，遊魂爲變，乃聖人定璇璣之式，立巫祝之官，考乎十煇之祥，正乎九黎之亂。當有道之日，鬼不傷人；在觀德之時，神無乏主。若列生言竈下之駒掇，莊生言户内之雷霆，楚莊爭隨兕而禍移，齊桓覩委蛇而病愈，徵祥變化，無日無之。在乎不傷人、不乏主而已。亦可謂善言者矣。

鬬 且

鬬且音徂，楚大夫。廷見令尹子常，子常與之語，問蓄貨聚馬。歸以語其弟曰："楚其亡乎？不然，令尹其不免乎？吾見令尹，令尹問蓄聚積實，如餓豺狼焉，殆必亡者也。夫古者聚貨不妨民衣食之利，聚馬不害民之財用。國馬足以行軍，公馬足以稱賦，不是過也。公貨足以賓獻，家貨足以供用，不是過也。夫貨、馬郵則闕于民，民多闕則有離叛之心，將何以封矣？昔鬬子文三舍令尹，無一日之積，恤民之故也。成王聞子文之朝不及夕也，於是乎每朝設脯一束，糗一筐，以羞進也。子文。至于今令尹秩之。成王每出子文之禄，必逃，王止而後復。人謂子文曰：'人生求富而子逃之，何也？'對曰：'夫從政者，以庇民也。民多曠者，而我取富焉，是勤民以自封也，死無日矣。我逃死，非逃富也。'故莊王之世，滅若敖氏，唯子文之後在，至于今處鄖爲楚良臣，是不先恤民而後己之富乎？今子常，先大夫之後也，而相楚君，無令名于四方。民之羸餒日日已甚，四境盈壘，道殣相望，盜賊司目，民無所放。是之不恤而蓄聚不厭，其速怨于民多矣。積貨滋多，蓄怨滋厚，不亡何待？夫民心之愠也，若防大川焉，潰而所犯必大矣。子常其能賢于成、靈乎？成不禮于穆，願食熊蹯，不獲而死。靈王不顧于民，一國棄之，如遺跡焉。子常爲政而無禮不顧，甚于成、靈，其獨何力以待之？"期年，乃有柏舉之戰，子常奔鄭，昭王奔隨。

《左氏傳》曰：蔡昭侯爲兩佩與兩裘以如楚，獻一佩一裘于昭王，昭王服之，以享蔡侯，蔡侯亦服其一。子常欲之，弗與。三年止之。唐成公如楚，有兩肅爽馬，子常欲之，弗與，亦三年止之。唐人或相與謀，請代先從者，許之。飲先從者酒，醉之，竊馬而獻之子常。子常歸唐侯。自拘竊馬者于司敗，曰："君以弄馬之故，隱君身，棄國家，群臣請相夫人圉馬者以償馬，必如之。"唐侯曰：

“寡人之過也，二三子無辱。”皆賞之。蔡人聞之，固請而獻佩于子常。子常朝，見蔡侯之徒，命有司曰：“蔡君之久也，官不共也。明日禮不畢，將死。”蔡侯歸，及漢，執玉而沉，曰：“余所有濟漢而南者，有若大川。”蔡侯如晉，以其子元與其大夫之子爲質焉，而請伐楚。晉荀寅求貨于蔡侯，弗得，言于范獻子，乃辭蔡侯。楚自昭王即位，無歲不有吴師，蔡侯因之，以其子乾與其大夫之子爲質于吴。冬，蔡侯以吴子與楚人戰于柏舉，楚師敗績。

聖楷曰：子常弄馬，昭幾不社。荀盈求貨，晉失諸侯。唐、蔡止楚，自貽伊戚。知過尚可，沈玉何尤？其後楚卒圍蔡，報怨柏舉。嗟乎，戒之哉！保利棄義，國遷身死，始于佩、裘。

屈宜臼

屈宜臼，楚大夫，治息。吴起爲苑守，行縣適息，問屈宜臼曰：“王不知起不肖，以爲苑守，先生將何以教之？”屈公不對。居一年，王以爲令尹，行縣適息，問屈宜臼曰：“起問先生，先生不教。今王不知起不肖，以爲令尹，先生試觀起爲之也。”屈公曰：“子將奈何？”吴起曰：“將均楚國之爵而平其禄，損其有餘而繼其不足，厲甲兵以時争于天下。”屈公曰：“吾聞昔善治國家者，不變故，不易常。今子將均楚國之爵而平其禄，損其有餘而繼其不足，是變其故而易其常也。且吾聞兵者凶器也，争者逆德也。今子陰謀逆德，好用凶器，殆人所棄，逆之至也，淫佚之事也，行者不利。且子用魯兵，不宜得志于齊而得志焉；子用魏兵，不宜得志于秦而得志焉。吾聞之曰：‘非禍人不能成禍。’吾因怪吾王之數逆天道，至今無禍。嘻，且待夫子也。”吴起惕然曰：“尚可更乎？”屈公曰：“不可。”吴起曰：“起之爲人謀。”屈公曰：“成刑之徒，不可更已。子不如敦處而篤行之。楚國無貴于舉賢。”

屈宜臼在韓，韓昭侯作高門。屈宜臼曰："君必不出此門。何也？不時。吾所謂時者，非時日也。夫人固有利不利時。往者君嘗利矣，不作高門。前年秦拔宜陽，今年旱，君不以此時恤民之急，而顧益奢，此所謂時詘舉贏者也，故曰不時。"明年，韓高門成，昭侯薨，卒如屈宜臼之言。

韓非曰：昔吴起教楚悼王以楚國之俗曰：大臣太重，封君太衆，若此，則上偪主而下虐民，此貧國弱兵之道也。不如使封君之子孫三世而收爵禄，絶滅百吏之禄秩，損不急之枝官，以奉選練之士。悼王行之三年而薨，吴起枝解于楚。

聖楷曰："楚國無貴于舉賢"，非獨爲楚國言也。"非禍人不能成禍"，非獨爲吴起言也。時詘舉贏，故曰不時，非獨爲韓昭侯言也。仁人之言，其利溥哉！吾于宜臼始見之矣。

莫敖子華

公子華，爲楚莫敖官名。楚威王問曰："自從先君文王以至不穀之身，亦有不爲爵勸，不爲禄勉，以憂社稷者乎？"子華對曰："如華不足以知之矣。"王曰："不于大夫無所聞之？"子華對曰："君王將何問者也？彼有廉其爵，貧其身，以憂社稷者；有崇其爵，豐其禄，以憂社稷者；有斷脰决腹，一瞑而萬世不視，不知所益，以憂社稷者；亦有不爲爵勸，不爲禄勉，以憂社稷者。"

王曰："大夫此言，將何謂也？"子華對曰："昔令尹子文緇帛之衣以朝，鹿裘以處，未明而立于朝，日晦而歸食，朝不謀夕，無一日之積，故彼廉其爵，貧其身，以憂社稷者，令尹子文是也。昔者葉公子高身獲于表薄而財于柱國，定白公之禍，寧楚國之事，恢先君以揜方城之外，四封不廉，名不挫于諸侯，當此之時也，天下莫敢以兵南鄉。葉公子高食田六百畛，故彼崇其爵、封[1]其禄，以憂社稷者，葉公子高是也。昔者吴與楚戰于柏舉，兩軍之閒夫卒交。莫敖大心撫其御之手，顧而太息曰：‘嗟乎子乎，楚國亡之日至矣。吾將深入吴軍，若扑一人，若捽一人，以與大心者也，社稷其庶幾乎。’故斷脰决腹，一瞑而萬世不視，不知所益，以憂社稷者，莫敖大心是也。昔吴與楚戰于柏舉，三戰入郢。寡君身出，大夫悉屬，百姓離散。棼冒勃蘇曰：‘吾被堅執鋭，赴强敵而死，此猶一卒也，不若奔諸侯。’於是贏糧潛行，上峥山，踰深豀，蹠穿膝暴，七日而薄秦王之朝，雀立不轉，晝吟宵哭，七日不得告，水漿無入口，瘨而殫悶，旄不知人。秦王聞而走之，冠帶不相及，左奉其首，右濡其口，勃蘇乃蘇。秦王身問之：‘子孰誰也？’棼冒勃蘇對曰：‘臣非異，楚使新造盭棼冒勃蘇。吴與楚人戰于柏舉，三戰入郢。寡君身出，大夫悉屬，百姓離散，使下臣來告亡，且求救。’秦王顧令之起：‘寡人聞之，萬乘之君，得罪一士，社稷其危，今此之謂也。’遂出革車千乘，卒萬人，屬之子滿與子虎，下塞以東，與吴人戰于濁水而大敗之，亦聞于遂浦。故勞其身，愁其思，以憂社稷者，棼冒勃蘇是也。吴與楚戰于柏舉，三戰入郢。君王身出，大夫悉屬，百姓離散。蒙穀楚將結鬭于宫唐之上，舍鬭奔郢曰：‘若有孤，楚國社稷其庶幾乎？’遂入大宫，負雞次之典，以浮于江，逃于雲夢之中。昭王反郢，五官失法，百姓昏亂，蒙穀獻此，五官得法，而百姓大治。此蒙穀之功，多與存國相若，封之執圭，田六百畛。蒙穀怒曰：‘穀非人臣，社稷之臣。苟社稷血食，余豈患無君乎？’遂自棄于磨山之中，至今無冒。故不爲爵勸，不爲禄勉，以憂社稷者，蒙穀是也。”

王乃太息曰：“此古之人也。今之人，焉能有之邪？”子華對曰：“昔者先君靈王好小腰，楚士約食，馮而能立，式而能起，食之可欲，忍而不入，死之可惡，然而不避。華聞之，其君好發者，其臣决拾。君王直不好。若君王誠好賢，此五臣者，皆可得而致之。”

---

① 封，據崇禎本及《戰國策·楚策一》當作“豐”。

聖楷曰：《吕覽》稱楚威王學書于沈尹華，又好制，昭釐惡之。乃因中謝佐制者，謂威王曰："國人皆曰王乃沈尹華之弟子也。"王不悦，因疏沈尹華。按：此莫敖子華，豈即沈尹乎？夫威王有一子華而不能免于讒口，又安得彼五臣者而用之？此馮唐所以主臣于文帝也。

謝　該

謝該，字文儀，南陽章陵人。今棗陽。善明《春秋左氏》，爲世名儒，門徒數百千人。建安中，河東人樂詳條《左氏》疑滯數十事以問該，皆爲通解之，名爲《謝氏釋》，行于世。

仕爲公車司馬令，以父母老，託疾去官，欲歸鄉里。會荆州道斷，不得去。少府孔融上書薦之曰："臣聞高祖創業，韓、彭之將征討暴亂，陸賈、叔孫通進説《詩》《書》。光武中興，吴、耿佐命，范升、衛宏修述舊業，故能文武並用，成長久之計。陛下聖德欽明，同符二祖，勞謙戹運，三年乃讙。今尚父鷹揚，方叔翰飛，王師電鶩，群凶破殄，始有櫜弓臥鼓之次，宜得名儒典綜禮紀。竊見故公車司馬令謝該，體曾、史之淑性，兼商、偃之文學，博通群蓺，周覽古今，物來有應，事至不惑，清白異行，敦悦道訓。求之遠近，少有疇匹。若乃巨骨出吴，隼集陳庭，黄能入寢，亥有二首，非夫洽聞者，莫識其端也。雋不疑定北闕之前，夏侯勝辯常陰之驗，然後朝士益重儒術。今該實卓然比跡前列，閒以父母老疾，棄官欲歸，道路險塞，無由自致。猥使良才抱璞而逃，踰越山河，沈淪荆楚，所謂往而不反者也。後日當更饋樂以釣由余，刻像以求傅説，豈不煩哉？臣愚以爲可推録所在，召該令還。楚人止孫卿之去國，漢朝追匡衡于平原，尊儒貴學，惜失賢也。"書奏，詔即徵還，拜議郎。以壽終。

章陵考

聖楷曰：今棗陽縣南三十里有春陵城。春陵本冷道縣山名，漢元朔五年封長沙王子買于其地，爲春陵侯。至戴侯仁，始請徙南陽之蔡陽白水鄉，仍名春陵。望氣者蘇伯阿見春陵城，歎曰：“氣佳哉，鬱鬱葱葱。”即此地也。及建武三年十月，帝幸春陵，祠園廟，因置酒舊宅，大會故人父老。六年，乃改春陵鄉爲章陵縣。章懷太子注云：“光武舊宅，在今隨州棗陽縣東南，宅南二里有白水，即張衡所謂‘龍飛白水’也。”又《光武紀》云：“帝避吏新野，因賣穀于宛。”按此，則章陵、蔡陽，正今棗陽縣地。而新野亦云光武故里者，乃其避亂起兵之所耳。人多不悉其由，特詳著之。

李　秉

李秉，字玄胄，江夏平春人，汝南太守通之孫也。有儁才，爲時人所貴。官至秦州刺史。秉嘗得司馬文王問，因以爲家誡曰：“昔侍坐于先帝時，有三長吏俱見，臨辭出，上曰：‘爲官長當清、當慎、當勤。修此三者，何患不治乎。’並受詔。既出，上顧謂吾等曰：‘相誡勑正當爾不？’侍坐衆賢莫不贊善。上又問曰：‘必不得已，于斯三者何先？’或對曰：‘清固爲本。’次復問吾，對曰：‘清慎之道，相須而成。必不得已，慎乃爲大。夫清者不必慎，慎者必自清。亦由仁者必有勇，勇者不必有仁。是以《易》稱“括囊無咎”“藉用白茅”，皆慎之至也。’上曰：‘卿言得之耳。可舉近世能慎者誰乎？’諸人各未知所對，吾乃舉故太尉荀景倩、尚書董仲連、僕射王公仲，並可謂爲慎。上曰：‘此諸人者，温恭朝夕，執事有恪，亦各其慎也。然天下之至慎，其唯阮嗣宗乎？每與之言，言及玄遠，而未曾評論時事，臧否人物，真可謂至愼矣。’吾每思此言，亦足以爲明誡。凡人行事，年少立身，不可不愼，勿輕論人，勿輕説事，如此則悔吝何由而生，患禍無從而至矣。”秉子重。

聖楷曰：顔延之《五君詠》云：“阮公雖淪迹，識密鑒亦洞。沈醉似埋照，寓辭類託諷。長嘯若懷人，越禮自驚衆。物故不可論，途窮能無慟。”此詩看嗣宗，比晉文王更深一層。蓋文王得其迹，延之得其神。得其迹者，言言玄遠，便出世人眼光之外，故可以免禍。得其神者，事事洞密，正在世人狎玩之中，故可以用世。自古真能用世者方能出世，真能傲世者方能混世。李玄胄雖以其言著爲家誡，尚未夢見阮嗣宗也。

嚴植之

嚴植之，字孝源，建平姊歸人[①]。今歸州。少善《莊》《老》，能玄言，精解《喪服》《孝經》《論語》。及長，偏治鄭氏《禮》《周易》《毛詩》《左氏春秋》。性惇孝謹厚，不以所長高人。少遭父憂，因菜食二十三載，後得風冷疾乃止。仕齊，爲廣漢王國右常侍。王誅，國人莫敢視，植之獨奔哭，手營殯殮，徒跣送喪墓所，爲起冢，葬畢乃還，當時義之。建武中，爲康樂令。在縣清白，民吏稱之。天監二年，詔求通儒修五禮，有司奏植之治凶禮。四年初，置五經博士，各開館教授，以植之兼五經博士。植之館在潮溝，生徒常百數。講説有區段次第，析理分明。每登講，五館生必至，聽者千餘人。六年，遷中撫軍記室參軍，猶兼博士。七年，卒于館，時年五十二。植之自疾後，便不受廩俸，妻子困乏。既卒，喪無所寄，生徒爲市宅，乃得成喪。

植之性慈仁，好陰德，雖在闇室，未嘗怠也。少嘗山行，見一患

① 姊：《南史》卷七一《嚴植之傳》作“秭”。

者，問其姓名，不能答，植之載與俱歸，爲營醫藥，六日而死，爲棺殮殯之，卒不知何許人也。又嘗緣栅塘行，見患人臥塘側，下車問其故，云姓黄，家本荆州，爲人傭賃，疾既危篤，船主將發，棄之于岸。植之心惻然，載還治之，經年而愈，請終身充奴僕以報厚恩，植之不受，遺以資糧遣之。其行義多如此。撰《凶禮義注》四百七十九卷。

聖楷按：梁天監四年詔曰："二漢登賢，莫非經術，服膺雅道，名立行成。魏晉浮蕩，儒教淪歇，風節罔樹。抑此之由，可置五經博士各一人，廣開館宇，招内後進。"於是以賀瑒及平原明山賓、吴興沈峻、建平嚴植之補博士，各主一館。館有數百生，給其廩餼，其射策通明者，即除爲吏。期年之閒，懷經負笈者雲會。又選學生往會稽雲門山，從何允受業。命允選門徒中經明行修者，具以名聞。分遣博士、祭酒巡州郡立學。夫梁武初年，崇儒重道若此，故其稽古之風，隆于東漢，碩學之徒，咸至高官。奈何耄而佞佛，委事群倖，塗炭黎元，遂使三四十年菁莪之化等于黍離，可勝痛哉！

柳　靖

柳靖，字思休，霍州刺史遐之子也。少方雅，博覽墳籍。梁大同末，釋褐武陵王國左常侍，轉法曹行參軍。大定初，除尚書度支郎，遷正員郎。隨遐入朝，授大都督。歷河南、德廣二郡守。靖雅達政事，所居皆有治術，吏民畏而愛之。然性愛閑素，其于名利澹如也。及秩滿還，便有終焉之志。隋文帝踐極，特詔徵之，靖遂以疾固辭。優游不仕，閉門自守，所對惟琴書而已。足不履園庭殆將十載，子弟等奉之若嚴君焉。其有過者，靖必下帷自責。於是長幼相率拜謝于庭，靖然後見之，勖以禮法。鄉里亦慕而化之。或有不善者，皆曰："唯恐柳德廣知也。"時論方之王烈。前後總管到官，皆親至靖家問疾，遂以爲故事。

秦王俊臨州，齎以几杖，并致衣物，靖唯受几杖，餘並固辭。其爲當時所重如此。開皇中，以壽終。

聖楷曰：靖之立身化俗，全從澹于名利中來，故王烈之稱爲不愧也。先輩邵二泉云："願爲真士夫，不願爲假道學。"有以哉。

楚寶卷[1]二十一考異

新化鄧顯鶴湘皋述

典　故

莫敖子華

遂入大宫，負雞次之典，以浮於[2]江，逃於[3]雲夢之中。

又，遂自棄於[4]磨山之中。

顯鶴按：雞次，一作離次。磨山，一作歷山。《楚策》注引《續漢・李通傳》論曰：昔蒙穀負書，不狥楚難。注引《戰國策》：吴楚戰於柏舉，蒙穀奔入宫，負離次之典，浮逃於雲夢之中云云。“苟利社稷血食，余豈患無君乎？”遂棄於歷山也。

---

① 底本“卷”後脱“第”字。

②③④ 於：原文作“于”。

楚寶卷第二十一增輯

新化鄧顯鶴湘皋述

典　故

魏　觀

魏觀，蒲圻人。元季隱居蒲山。太祖下武昌，聘授至積官浙江按察司僉事。吴元年，遷兩淮都轉運使，兼起居注，奉命偕吴琳以幣帛求遺賢於四方。洪武元年，建大本堂，詔侍太子説書及授諸王經。未幾，又命偕文原吉、詹同、吴輔、趙壽等，分行天下，訪求遺才，所舉悉擢用。三年，轉太常卿，考訂諸祀典稱旨，改侍讀學士，尋遷祭酒。明年，坐考祀孔子禮不以時奏，謫知龍南縣，旋召爲禮部主事。五年，廷臣薦觀才，出知蘇州府。前守陳寧苛刻，人呼“陳烙鐵”。觀盡改寧所爲，以明教化、正風俗。爲治建黌舍，聘周南老、王徐[①]、徐用誠，與教授貢潁之定學儀，王彝、高啟、張羽訂經史，耆民周壽誼、楊茂、林文友行鄉飲酒禮，政化大行，課績爲天下最。明年，擢四川行省參知政事，未行，以部民乞留，命還任。初，張士誠以蘇州舊治爲宫，遷府治於都水行司。觀以其地湫隘，還治舊基。又濬錦帆涇，興水利。或譖觀興既滅之基，帝使御史張度廉其事，遂被誅。帝亦尋悔，命歸葬。

① 徐，據《明史》卷一四〇《魏觀傳》當作“行”。

劉三吾

劉三吾，茶陵人。初名如孫，以字行。兄耕孫、燾孫，皆仕元。耕孫，寧國路推官，死長槍賊難。燾孫，常寧州學正，死獠寇。三吾避兵廣西，行省承制授靖江路儒學副提舉。明兵下廣西，乃歸茶陵。

洪武十八年，以茹瑺薦，召至，年七十三矣。奏對稱旨，授左贊善，累遷翰林學士。時天下初平，典章闕略，帝鋭意制作，宿儒彫謝，得三吾晚，悦之。一切禮制及三場取士法，多所刊定。三吾博學善屬文，帝制《大誥》及《洪範注》成，皆命爲序。敕修《省躬録》《書傳會選》《寰宇通志》《禮制集要》諸書，皆總其事，賜賚甚厚。帝嘗曰："朕觀奎壁間嘗有黑氣，今消矣，文運其興乎？卿等宜有所述作，以稱朕意。"帝製詩，時令屬和。嘗賜以朝鮮玳瑁筆。朝參，命列侍衛前。燕享，賜坐殿中。與汪叡、朱善稱三老。既而三吾年日益老，才力日益減，往往忤意，禮遇亦漸輕。二十三年，授晉世子經。吏部侍郎侯庸劾其怠職，降國子助教，尋還職。

三吾爲人慷慨，不設城府，自號坦坦翁。至臨大節，屹乎不可奪。懿文太子薨，帝御東閣門召對，群臣慟哭，三吾進曰："皇孫世嫡承統，禮也。"太孫之立由此。户部尚書趙勉者，三吾壻也，坐贓死，三吾引退，許之。未幾，復爲學士。三十年，偕紀善、白信蹈等主考會試。榜發，泰和宋琮第一，北士無預者。於是諸生言三吾等南人，私其鄉。帝怒，命侍講張信等覆閲，不稱旨。或言信等故以陋卷呈，三吾等實屬之，帝益怒，信蹈等論死，三吾以老戍邊，琮亦遣戍。帝親賜策問，更擢六十一人，皆北士，時謂之"南北榜"，又曰"春夏榜"云。建文初，三吾召還，久之卒。

顯鶴按：《湖南通志》註引鄭曉、雷禮、王世貞，並謂三吾於洪武三十年以罪誅死。蔣一葵又謂三吾以作《大誥》漏言賜死。今檢三吾集中，有《勑下御製大明一統賦》，實建文時譔，與史相合，曉等所載未確。

又按：《明史·桂彥良傳》："彥良與陳南賓等皆宿儒老生。"南賓名光裕，以字行，茶陵人。元末爲全州學正，洪武三年聘至都，除無棣丞，歷膠州同知。所至以經術爲治，召爲國子助教。嘗入見，講《洪範》"九疇"，帝大喜，書姓名殿柱，後御[1]《洪範》，多采其説。擢蜀府長史。蜀獻王好學，敬禮尤至，造安車以賜，爲搆第，名安老堂。二十九年，與方孝孺同爲四川考試官。詩文清勁有法。卒年八十。

---

① 此處脱"注"字，據《明史》卷一三七《陳南賓傳》當補入。

楚寶真儒論次目録

周子敦頤，生于楚之營道，倡明絶學，史稱其《太極》《通書》言約而道大，文質而義精，得孔、孟之本源，信矣！然攷其當年行事，以小吏歷江湖郡縣十五年，未常聚徒講學，自謂我得千聖不傳之秘也。惟河南程珦，視其氣貌非常，知其有道，因與爲友，使二子受業于南安。所謂"尋孔顔樂處，所樂何事"是也。其後再與李初平言于桂陽，與侯師聖言于廬山，亦不過對榻夜談而已。若夫趙忭[1]初惑于讒，臨之以威，敦頤處之超然。王安石不可一世，獨懷刺候濂溪，三及門而三辭焉。益可見其光風霽月，人莫得而親疎者矣。乃論者謂道學盛于宋，宋弗究于用，甚至有僞學之禁，若深憾焉者。嗚呼！使宋諸君子盡如元公，又何憾哉？後百餘年有趙復者，以其學傳于北方，稱江漢先生。述《真儒》第十一，凡一卷。

真儒一

周敦頤　周式　周堯卿　朱震　趙復

增輯

先賢

公孫龍　任不齊　秦商附馯臂

真儒

周輔成　方暹　歐陽龍生　冀元亨　蔣信　李承箕　魯鐸

---

① 忭，據《宋史》卷四二七《周敦頤傳》當作"抃"。

楚寶卷第二十二

明湘潭周聖楷伯孔輯纂

真　儒

周敦頤

周敦頤，字茂叔，道州營道人。元名敦實，避英宗舊諱改焉。以舅龍圖閣學士鄭向任爲分寧主簿，有獄久不决，敦頤至，一訊立辨。邑人驚曰："老吏不如也。"部使者薦之，調南安軍司理參軍。有囚法不當死，轉運使王逵欲深治之。逵，酷悍吏也，衆莫敢争，敦頤獨與之辨，不聽，乃委手版歸，將棄官去，曰："如此尚可仕乎？殺人以媚人，吾不爲也。"逵悟，囚得免。

移郴之桂陽令，治績尤著。郡守李初平賢之，語之曰："吾欲讀書，何如？"敦頤曰："公老無及矣，請爲公言之。"二年，果有得。徙知南昌，南昌人皆曰："是能辨分寧獄者，吾屬得所訴矣。"富家大姓、黠吏惡少，惴惴焉不獨以得罪于令爲憂，而又以汙穢善政爲恥。歷合州判官，事不經手，吏不敢决，雖下之，民不肯從。部使者趙抃惑于譖口，臨之甚威，敦頤處之超然。通判處州[①]，抃守處[②]，熟視其所爲，乃大悟，執其手曰："吾幾失君矣。今而後，乃知周茂叔也。"

---

① 處州，據《宋史》卷四二七《周敦頤傳》當作"虔州"。
② 守處，據《宋史》卷四二七《周敦頤傳》當作"守虔"。

熙寧初，知郴州。用抃及吕公著薦，爲廣東轉運判官，提點刑獄，以洗冤澤物爲己任，行部不憚勞苦，雖瘴癘險遠，亦緩視徐按以疾求。知南康軍，因家廬山蓮花峰下，前有溪合于湓江，取營道所居濂溪以名之。抃再鎮蜀，將奏用之，未及而卒，年五十七。

黄庭堅稱其“人品甚高，胸懷灑落，如光風霽月。廉于取名而鋭于求志，薄于徼福而厚于得民，菲于奉身而燕及煢嫠，陋于希世而尚友千古”。

博學力行，著《太極圖》，明天理之根源，究萬物之終始。其説曰：“無極而太極。太極動而生陽，動極而静，静而生陰，静極復動，一動一静，互爲其根。分陰分陽，兩儀立焉。陽變陰合而生水、火、木、金、土，五氣順布，四時行焉。五行一陰陽也，陰陽一太極也。太極本無極也。五行之生也，各一其性。無極之真，二五之精，妙合而凝。乾道成男，坤道成女，二氣交感，化生萬物。萬物生生而變化無窮焉。惟人也，得其秀而最靈。形既生矣，神發知矣，五性感動而善惡分。萬事出矣，聖人定之以中正仁義而主静，立人極焉。故聖人與天地合其德，日月合其明，四時合其序，鬼神合其吉凶。君子修之吉，小人悖之凶。故曰：‘立天之道曰陰與陽，立地之道曰柔與剛，立人之道曰仁與義。’又曰：‘原始反終，故知死生之説。’大哉《易》也，斯其至矣。”

又著《通書》四十篇，發明太極之藴。序者謂“其言約而道大，文質而義精，得孔、孟之本源，大有功于學者也”。

掾南安時，程珦通判軍事，視其氣貌非常人，與語，知其爲學知道，因與爲友，使二子顥、頤往受業焉。敦頤每令尋孔顔樂處，所樂何事。二程之學，源流乎此矣。故顥之言曰：“自再見周茂叔後，吟風弄月以歸，有‘吾與點也’之意。”侯師聖學于程頤，未悟，訪敦頤。敦頤曰：“吾老矣，説不可不詳。”留對榻夜談。越三日，乃還。頤驚異之曰：“非從周茂叔來耶？”其善開發人類此。嘉定十三年，賜謚曰元公。淳祐元年，封汝南伯，從祀孔子廟庭。二子壽、燾，燾官至寶文閣待制。

黄庭堅《濂溪詩》敘曰：春陵周茂叔人品甚高，胸中灑落，如光風霽月。好讀書，雅意林壑。初不爲人窘束世故。權輿仕籍，不卑小官，職思其憂。論法常欲與民，决訟得情而不喜。其爲小吏，在江湖郡縣蓋十五年，所至輒可傳。任司理參軍，運使以権利變具獄，茂叔争之不能得，投告身欲去，使者斂手聽之。趙公閲道，號稱好賢。人有惡茂叔者，趙公以使者臨之甚威，茂叔處之超然。其後迺悟曰："周茂叔，天下士也。"薦之于朝，論之于士大夫，終其身。其爲使者，進退官吏，得罪者自以不冤。中歲乞身，老于湓城。有水發源于蓮花峰下，潔清紺寒，下合于湓江。茂叔濯纓而樂之，築屋于其上，用其平生所安樂，媲水而成，名曰濂溪。與之游者曰："溪名未足以對茂叔之美。"雖然，茂叔短于取名而鋭于求志，薄于徼福而厚于得民，菲于奉身而燕及煢嫠，陋于希世而尚友千古。聞茂叔之餘風，猶足以律貪，則此溪之水配茂叔以永久，所得多矣。茂叔諱敦實，避厚陵，奉朝請名改敦頤。二子壽、燾，皆好學承家，求余作《濂溪詩》，思詠先德。茂叔雖仕宦三十年，而平生之志終在丘壑，故余詩詞不及世故，猶髣髴其音塵。

溪毛秀兮水清，可飯羹兮濯纓，不漁民利兮又何有于名。絃琴兮觴酒，寫溪聲兮延五老以爲壽。蟬蜕塵埃兮玉雪自清，聽潺湲兮鑒澄明。激貪兮敦薄，非青蘋白鷗兮誰與同樂。

津有舟兮蕩有蓮，勝日兮與客就閒。人聞拏音兮不知何處散髮醉，高荷爲蓋兮倚芙蓉以當伎。霜清水寒兮舟著平沙，八方同宇兮雲月爲家。懷連城兮佩明月，魚鳥親人兮野老同社而争席。白雲蒙頭兮與南山爲伍，非夫人攘臂兮誰余敢侮。

朱子《通書序》曰：《通書》者，濂溪夫子之所作也。夫子姓周氏，名敦頤，字茂叔。自少即以學行有聞于世，而莫或知其師傳之所自。獨以河南兩程夫子嘗受學焉，而得孔、孟不傳之正統，則其淵源因可槩見。然所以指夫仲尼、顔子之樂而發其吟風弄月之趣者，亦不可得而悉聞矣。所著之書又多散失，獨此一篇，本號《易通》，與《太極圖説》並出程氏，以傳于世，而其爲説，實相表裏。大抵推一理二氣五行之分合，以紀綱道體之精微，決道義文辭利禄之取舍，以振起俗學之卑陋。至論所以入德之方、經世之具，又皆親切簡要，不爲空言。顧其宏綱大用，既非秦、漢以來諸儒所及，而其條理之密、意味之深，又非今世學者所能驟而窺也。是以程氏既殁，而傳者鮮焉。其知之者，不過以爲用意高遠而已。熹自蚤歲即幸得其遺編而伏讀之，初蓋茫然不知其所謂，而甚或不能以句。壯歲獲遊延平先生之門，然後始得聞其説之一二。比年以來，潛玩既久，乃若蠡有得焉。雖其宏綱大用所不敢知，然于其章句文字之閒，則有以實見。其條理之愈密，意味之愈深，而不我欺也。顧自始讀以至于今，歲月幾何，倏焉三紀。慨前哲之益遠，懼妙旨之無傳，竊不自量，輒爲注釋。雖知凡近不足以發夫子之精藴，然創通大義，以俟後之君子，則萬一其庶幾焉。淳熙丁未九月甲辰，後學朱熹謹記。

魏鶴山《邵州祠記》曰：自孔、孟以來爲五百年者三矣，聖遠言湮，俗淪士散，求道者離乎器而不知一理二氣之互根，言性者離乎氣而不知元亨變化之實理。知剛柔之爲善惡，而不知剛不一于善，柔不一于惡也。知陰陽之爲動静，而不知陰不一于静，陽不一于動也。先生始爲圖書，貫融而劈析之。二程先生得其傳，道日以彰。迨胡子、朱子、張子推衍究極，亦幾無餘藴矣。然而論説益明，適以爲藻飾詞辨之資；流傳益廣，適以爲給取聲利之計。故胡子曰："棄不貲之身，于一物之小，其不仁莫甚焉。"張子曰："學校所講，不過綴緝文詞，規取利禄，非先生所望于後人之意。"而朱子亦曰："程氏既殁，傳之者不能無失，流爲釋、老而世莫之悟也。"

《鶴林玉露》曰：王荆公少年不可一世士，獨懷刺候濂溪，三及門而三辭焉。荆公恚曰："吾獨不可自求之六經乎？"乃不復見。余謂濂溪知荆公自信太篤，自處太高，故欲少摧其鋭，而不料其不可回也。然再辭可矣，三則已甚。使荆公得從濂溪，沐浴于光風霽月之中，以消釋其偏蔽，則他日得君行道，必無新法之煩苛，必不斥衆君子爲流俗，而社稷蒼生將有賴焉。嗚呼，豈非天哉?

廬山濂溪考

按：廬山稱名，其説不一。據豫章舊志，則廬俗本姓匡，其父佐漢定天下而亡，漢封俗于鄱陽，曰越廬君。兄弟七人，皆好道，修真此山，故山以廬名矣，從其姓也。據遠法師志又謂：殷周之際，有匡俗先生者棲止此山，時人呼爲神仙之廬，因以名山。據周景式則曰：周武王時人屢逃徵聘，廬于此山，後來羽化，惟空廬存，故人以名山，亦從其居也。其山四方，周四百餘里，疊鄣之巖萬仞，懷靈抱異，苞諸仙迹，故爾山水明净，風澤清曠，氣爽節和，土沃民逸。嘉遁之士繼響窟巖，龍潛鳳采之賢往者忘歸矣。周茂叔濂溪，在今九江府城南一十五里。朱晦庵云："茂叔卒葬江州德化縣清泉社，亦在府城南。又張南軒云：濂溪，里名也，先生家世其間。及寓于他郡，而不忘其所自，故亦以是名溪。在道州城西二十五里，即先生故宅。"

周　式

周式，湘陰人。有行義，爲嶽麓山長。祥符八年召見，拜國子學主簿，詔留講諸王宫。式辭，賜對衣鞍馬，使歸教授鄉里，增賜中秘書，勅賜嶽麓書院名額。

張栻《嶽麓書院記》曰：湘西故有藏室，背陵而向壑，木茂而泉潔，爲士子肄業之地。始，開寶中，郡守朱洞首度其基，創宇以待四方學者。歷四十有一載，居益加葺，生益加多。李允則來爲州，請于朝，乞以書藏。方是時，山長周式以行誼著，祥符八年召見便殿，拜國子學主簿，使歸教授，詔以嶽麓書院名增賜中秘書，於是書院之稱始聞天下。鼓笥登堂者，相繼不絶。

聖楷曰：周式行事無所考見，以其爲書院之刱始，故足録也。其後湘潭有鍾震，湘鄉有周奭、彪虎臣諸子，皆以經行修明，不愧正學。蓋是時，朱晦翁、張南軒唱和于江、潭，胡文定公父子家南嶽山下，而道州尤爲茂叔故里，蘭槐之根漸澤之在人。故君子居必擇鄉，游必就士，不可不慎所漸矣。

周堯卿

周堯卿，字子俞，道州永明人。警悟彊記，以學行知名。天聖二年舉進士，歷連、衡二州司理參軍，桂州司録，知高安、寧化二縣提點刑獄。楊紘入境，有被刑而耘苗者，紘就詢其故。對曰："貧以利故，爲人直其枉，令不我欺而我欺之，我又何怨？"紘至縣，以所聞薦之。後通判饒州，積官至太常博士。范仲淹薦經行可爲師表，未及用，以慶曆五年卒，年五十一。

始，堯卿年十二喪父，憂戚如成人，見母則抑情忍哀，不欲傷其意。母知而異之，謂族人曰："是兒愛我如此，多知孝養矣。"卒能如母之言。及母喪，倚廬三年，席薪枕塊，雖疾病不飲酒食肉。既葬，慈烏百數銜土集隴上，人以爲孝感所致。其于昆季，尤篤友愛。又爲人簡重不校，有慢己者，必厚爲禮以愧之。居官禄雖薄，必以周宗族朋友，罄而後已。

爲學不專于傳注，問辨思索，以通爲期。長于毛、鄭《詩》及《左氏春秋》。其學《詩》，以孔子之"思無邪"、孟子之"以意逆志"考經指歸，而見毛、鄭之得失。曰："毛之傳欲簡，或寡于義理，非一言以蔽之也；鄭之箋欲詳，或遠于性情，非以意逆志也。是可以無去取乎？”其學《春秋》，由左氏記之詳，得經之所以書者。至三傳之異同，均有所不取，曰：“聖人之意，豈二致耶？讀莊周、孟子之書，曰：周善言理，未至于窮理，窮理則好惡不繆于聖人，孟軻是已。孟善言性，未至于盡己之性，能盡己之性，則能盡物之性，而可與天地參，其唯聖人乎？天何言哉？性與天道，子貢所以不可得而聞也。昔宰我、子貢善爲説辭，冉牛、閔子、顔淵善言德行。孔子曰：‘我于辭命，則不能也。’惟不言，故曰不能而已，蓋言生于不足者也。”其講解議論，皆若是。有《詩説》《春秋説》各三十卷，文集二十卷。七子：論、誂、謐、諷、譚、説、誥。論，鼎州司理參軍；誂，湖州歸安主簿。

聖楷曰：周堯卿與元公生同時，居同地，其經行又見重于范文正諸人，而後儒卒鮮有稱述之者，豈其學固不欲使人知歟？抑地僻遠，著作未易流通歟？然《宋史》有傳，故里有墓，猶可得而考識云。墓在永明縣紫微岡。

朱　震

朱震，字子發，荆門軍人。即荆門州。登宋政和進士第。仕州縣，以廉稱。胡安國一見，大器之，薦于高宗，召爲司勳員外郎，震稱疾不至。會江西制置使趙鼎入爲參知政事，上諮以當世人才，鼎曰：“臣所知朱震，學術深博，廉正守道，士之冠冕，使任講讀，必有益于陛下。”上乃召之。既至，上問以《易》《春秋》之旨，震具以所學對，上説，擢爲祠部員外郎，兼川、陝、荆、襄都督府詳議官。震因言：“荆、襄之間，沿漢上下，膏腴之田七百餘里，若選良將領部曲鎮之，招集流亡，務農種穀，寇來則禦，寇去則耕，不過三年，兵食自足。又給茶、鹽、鈔于軍中，募人中糴，可以下江西之舟，通湘中之粟。觀釁而動，席捲河南，此以逸待勞，萬全計也。”

遷秘書少監，兼侍經筵，轉起居郎。建國公出閣，以震爲贊讀，仍賜五品服。遷中書舍人，兼翊善。時郭千里除將作監丞，震言："千里侵奪民田，曾經按治，願寢新命。"從之。轉給事中，兼直學士院，遷翰林學士。是時處[①]州民爲盜，天子以爲憂，選良太守往慰撫之。將行，震曰："使居官者廉而不擾，則百姓自安，雖誘之爲盜，亦不爲矣。願詔新太守到官之日，條具本郡及屬縣官吏有貪墨無狀者，一切罷去，聽其自擇慈祥仁惠之人，有治效者優加獎勸。"上從其言。

故事，當喪無享廟禮。時徽宗未祔廟，太常少卿吴表臣奏行明堂祭。震因言："《王制》：'喪三年不祭，惟天地社稷，爲越紼而行事。'《春秋》書：'五月乙酉，吉禘于莊公。'《公羊傳》曰：'譏始不三年也。'國朝景德二年，真宗居明德皇后喪，既易月而除服，明年遂享太廟，合祀天地于圜丘。當時未行三年之喪，以日易月可也，在今日行之則非也。"詔侍從、臺諫、禮官參議，卒用御史趙涣、禮部侍郎陳公輔言，大饗明堂。七年，震謝病丐祠，旋知禮部貢舉。會足疾不果。

震經學深醇，有《漢上易解》云："陳摶以《先天圖》傳种放，放傳穆修，穆修傳李之才，之才傳邵雍。放以《河圖》《洛書》傳李溉，溉傳許堅，許堅傳范諤昌，諤昌傳劉牧。穆修以《太極圖》傳周惇[②]頤，惇頤傳程顥、程頤。是時張載講學于二程、邵雍之間，故雍著《皇極經世書》。牧陳天地五十有五之數，惇頤作《通書》，程頤作《易傳》，載造《太和》《參兩》篇。臣今以《易傳》爲宗，和會雍、載之論，上采漢、魏、吴、晉，下逮有唐及今，包括異同，庶幾道離而復合。"蓋其學以王弼盡去舊説，雜以莊、老，專尚文辭爲非，是故其于象數加詳焉。其論《圖》《書》授受原委如此，蓋莫知其所自云。

聖楷曰：宋自崇寧以來，禁錮元祐學術。高宗渡江，始召楊時

① 處，據《宋史》卷四三五《朱震傳》當作"虔"。
② 惇，當作"敦"。

寘從班，召胡安國居給舍。范伸、朱震俱在講席，薦尹焞甚力。既召，而左司諫陳公輔上疏，攻程氏之學，乞加屏絶。於是尹焞辭疾不進，胡安國奉祠居衡陽。朱震引疾告去，不允。至紹興八年，震疾亟，薦尹焞自代。輔臣入奏，上慘然曰："楊時物故，胡安國與震又亡，朕痛惜之。"趙鼎曰："尹焞學問淵源，可以繼震。"上指奏牘曰："震亦薦焞代資善之職，但焞微聵，恐教兒費力爾。"觀此，則震之出不苟就，死不忘君，有超絶諸儒者矣。所著《易傳》十一卷、《卦圖》三卷、《易傳叢説》一卷，載《宋·藝文志》。

趙　復

趙復，字仁甫，德安人也。太宗乙未歲，命太子闊出帥師伐宋，德安以嘗逆戰，其民數十萬皆俘戮無遺。時楊惟中行中書省，軍前姚樞奉詔即軍中求儒、道、釋、醫、卜、士，凡儒生掛俘籍者，輙脱之以歸。復在其中，樞與之言，信奇士。復以九族俱殘，不欲北，因與樞訣。樞恐其自裁，留帳中共宿。既覺，月色皓然，惟寢衣在，遽馳馬周號積屍間，無有也。行及水際，則見復已被髪徒跣，仰天而號，欲投水而未入。樞曉以徒死無益："汝存則子孫或可以傳緒百世。隨吾而北，必可無他。"復强從之。先是，南北道絶，載籍不相通，至是復以所記程、朱所著諸經傳註，盡録以付樞。自復至燕，學子從者百餘人。

世祖在潛邸，嘗召見，問曰："我欲取宋，卿可導之乎？"對曰：宋，吾父母國也，未有引他人以伐吾父母者。"世祖悦，因不强之仕。惟中聞復論議，始嗜其學，乃與樞謀建太極書院，立周子祠，以二程、張、楊、游、朱六君子配食，選取遺書八千餘卷，請復講授其中。復以周、程而後，其書廣博，學者未能貫通，乃原羲、農、堯、舜所以繼天立極，孔子、顔、孟所以垂世立教、周、程、張、朱氏所以發明紹續者，作《傳道圖》，而以書目條列于後；别著《伊洛發揮》，以標其宗旨。朱子門人，散在四方，則以見諸登載與得諸傳聞者共五十有三人，作《師友圖》，以寓私淑之志。又取伊尹、顔淵言行，作《希賢録》，使學者知所嚮慕，然後求端用力之方備矣。樞既退隱蘇門，乃即復傳其學。由是許衡、郝經、劉因皆得其書而尊信之。北方知有程、朱之學，自復始。

復爲人樂易而耿介，雖居燕，不忘故土。與人交，尤篤分誼。元好問文名擅一時，其南歸也，復贈之言，以博溺心、末喪本爲戒，以自修讀《易》求文王、孔子之用心爲勉。其愛人以德類若此。復家江漢之上，以江漢自號，學者稱之曰江漢先生。子卿月，克紹家學云。

姚燧《序江漢先生死生》略曰：江漢先生至燕，名益大著。北方經學，實賴鳴之。游其門者將百人，多達材其閒。燧生也後，不及拜其履前。獲識其子卿月者七年矣，凡再見之。初以府僚見之洛陽，雖嘗以好見余，猶未語此。今以憲屬來鄧，始及之，且德先公不忘也。燧曰："嗚呼！自先公言之，夫既受詔出之軍中，而使之死不以命，非善其職。且儒同出者將千數，纔得如先生一人，而使之泯没無聞，非崇其道，此公所懼而必生之也。自先生觀之，孰親于其七尺之軀，而大其所關。人持瓦缶將敗之，猶有惜而不果者。必茹毒罹禍不可一日居，故忍而爲此，出處非不思也。中[1]夜以興，蹀膏血以鬪[2]魑魅，徑林莽以觸虎豹，而始及水，仰天而祝，其行非不决也。夫思而後行，行之以决，則其勢多難奪于中路。使非先公自行，而他人赴之，能捨所忍爲以冋其復生之志，收其已逝之魄，反就是一日不可居之禍毒乎？由是言之，先生之死，求以無辱，不以全歸；其生也，不以有赴，而以知己。此其胸中揆制一時，相爲高下之權衡也。然古

① 《全元文》卷三〇一《序江漢先生事實》"中"前有"乃"字。
② 鬪：《全元文》卷三〇一《序江漢先生事實》作"禦"。

之人，爲知己死者有之，無有爲知己而生者。先生以古人所不爲者報之先公，而先公所受先生也已多矣，奚德哉！”卿月與余相視一泣。卿月歸，序所與言者贈之。

歐陽玄《趙忠簡祠堂記》曰：臨川王安石以新學誤宋，致天下騷然，河南程氏兩夫子出而救之，卒不勝其説。既而蔡京爲相，宗王氏説，黜程氏學，宋遂大壞。京客張觷教京亟召程氏門人楊中立用之，庶幾救其半。及宋中興，解人趙忠簡公鼎爲相，首罷王安石孔廟配享，尊尚二程子書，凡其門人之僅存者，悉見召用，江左乃復振。不幸秦檜相，忠簡公斥，程氏門人散亡。洎中興業衰，又不幸韓侂冑相，禁建安朱文公熹之徒之爲程氏學者。其後禁稍弛，宋已日削。皇元熠興，江漢趙氏復能背誦程、朱書，北度江，私筆以授學者。許文正公衡，神明其書，進以所得相世祖，興禮樂，文太平。後是四十年，貢舉法行，非程、朱學不式于有司，於是天下學術，凛然一趨于正。時相尋定濂、洛以下九儒及衡爲十人，祀孔子廟庭，天子從之。至順二年春，趙忠簡公六世孫賔翁，請即解之聞喜縣學爲忠簡祠云。

北學諸儒考

楊惟中，字彦誠，弘州人。少知讀書，有膽略，太宗器之。年二十，奉命使西域三十餘國，宣暢國威，敷布正條，俾皆籍户口，屬吏皆歸。會伐宋，命惟中于軍前行中書省事。克宋棗陽、光化等軍，光、隨、郢、復等州，及襄陽、德安府，凡得名士數十人。收伊洛諸書送燕都，立宋大儒周惇頤祠，建太極書院，延儒士趙復、王粹等講授其間。遂通聖賢學，慨然欲以道濟天下。

姚樞，字公茂，柳城人。少力學。内翰宋九嘉識其有王佐略，楊惟中乃與之偕覲太宗。歲乙未南伐，詔樞從惟中即軍中求儒、道、釋、醫、卜者。會破棗陽，主將將盡坑之，樞力辨非詔書意，他日何以復命。乃蹙數人逃入篁竹中脱死。拔德安，得名儒趙復，始得程頤、朱熹之書。因棄官去，攜家來輝州，作家廟，别爲室，奉孔子及宋儒周惇頤等象，刊諸經，會學者，讀書鳴琴，若將終身。時許衡在魏，至輝就録程、朱所註書以歸，謂其徒曰："曩所授受皆非，今始聞進學之序。"既而盡室依樞以居。樞仕至翰林學士承旨，卒年七十八，謚文獻。

許衡，字仲平，懷之河内人也。世爲農。衡幼有異質，七歲入學，授章句，問其師曰："讀書何爲？"師曰："取科第耳。"曰："如斯而已乎？"師大奇之。每授書，又能問其旨義。久之，師謂其父母曰："兒穎悟不凡，他日必有大過人者，吾非其師也。"遂力辭去。如是者，凡更三師。稍長，嗜學如饑渴。然遭世亂，且貧無書，嘗從日者家見《書》疏義，因請寓宿，手抄歸。既逃難岨崍山，始得《易》王輔嗣説。時兵亂中，衡夜思晝誦，身體力踐，言動必揆諸義。後仕至集賢大學士，年七十三卒，謚文正。

劉因，字夢吉，保定容城人。其父述夢神人馬載一兒至其家，曰："善養之。"既覺而生，乃名曰駰，字夢驥，後改今名及字。因天資絶人，三歲識書，日記千百言，過目即成誦。六歲能詩，七歲能屬文，落筆驚人。甫弱冠，才器超邁。日閲方册，思得如古人者友之。初爲經學，究訓詁解釋之説，輒歎曰："聖人精義，殆不止此。"及得周、程、張、邵、朱、吕之書，一見能發其微，曰："我固謂其有是也。"卒不仕。歐陽玄嘗贊因畫象曰："微點之狂，而有沂上風雩之樂；資由之勇，而無北鄙鼓瑟之聲；于裕皇之仁，而見不可留之四皓；以世祖之略，而遇不能致之兩生。烏乎！麒麟鳳皇，固宇内之不常有也。然而一鳴而六典作，一出而《春秋》成，則其志不欲遺世而獨往也明矣。亦將從周公、孔子之後，爲往聖繼絶學，爲來世開太平者耶！"

郝經，字伯常，其先潞州人。家貧，晝則負薪米爲養，暮則讀書。居五年，爲守帥張柔、賈輔所知，延爲上客。二家藏書皆萬卷，經博覽無不通。世祖即位，以經爲翰林侍讀學士，佩金虎符，充國信使使宋，爲宋所拘留，經不爲屈。經爲人尚氣節，爲學務有用。及被留，思託言垂後，撰《續後漢書》《易》《春秋外傳》《太極演》《原古録》《通鑑書法》《玉衡貞觀》等書及文集凡數百卷。其文豐蔚豪宕，善議論，詩多奇崛。拘宋十六年，從者皆通于學。經還之歲，汴中民射鴈金明池，得繫帛書，詩云："霜落風高恣所如，歸期回首是春初。上林天子援弓繳，窮海纍臣有帛書。"乃經所題也。

楚寶卷第二十二考異

新化鄧顯鶴湘皋述

真　　儒

趙　　復

元好問文名擅一時，其南歸也，復贈之言，以博溺心、末喪本爲戒。

顯鶴按：《遺山集》中有《贈答劉御史四首》，其第一首云："濂溪無北流，此道日西沈。南風雖寥寥，聞絃猶賞音。"第三首云："我觀唐以前，斯文有伊周。開雲揭日月，不獨程張儔。"其趣向已可想見，世僅以詩人目之，非知遺山者也。

楚寶卷第二十二增輯

新化鄧顯鶴湘皋述

先　賢

公孫龍

公孫龍，字子石，楚人。爲孔子弟子，少孔子五十三歲。子貢問子石曰："子不學《詩》乎？"子石曰："吾暇乎哉！父母求吾孝，兄弟求吾悌，朋友求吾信，吾暇乎哉！"子貢曰："請投吾師。"以學於子。

顯鶴案：公孫龍，古本《家語》作"寵"，古、今本《家語》皆作衛人，《史記正義》引孟子曰趙人，今從鄭康成説作楚人。安鄉潘承焯《俎豆集》稱引頗詳。至論堅白異同之公孫龍，當另是一人，康成以子石當之，非也。

任不齊

任不齊，字選，今本《家語》云字子選，楚人，爲孔子弟子。

秦　商

秦商，字丕兹，楚人。少孔子四十歲，爲孔子弟子。《史記索隱》云："少孔子四歲。"其父堇父，與孔子父紇俱以力聞。

顯鶴案：秦商，《史記》云字子丕，《正義》云字丕慈，今本《家語》字不慈，當以《左傳》作"丕兹"爲是。古、今本《家語》皆作魯人，今從鄭氏作楚人。吾友寧鄉黄虎癡本驥曰："《左傳》孟氏之臣秦堇父生秦丕兹，事仲尼。作魯人爲是。或堇父本楚人，而仕於魯，故康成書商之父貫與？"

附馯　臂

馯臂，字子弓，楚人。受孔子弟子商瞿《易》，傳於江東矯疵。自疵以下凡五傳，而至淄川楊何。漢元朔中，何以治《易》爲大中大夫，皆馯氏之學也。

顯鶴案：馯，徐廣曰："音寒。"顔師古曰："姓也，音韓。"《史記·仲尼弟子列傳》云："孔子傳《易》於商瞿，瞿傳於楚人馯臂子弘。"臂爲楚産無疑。《漢書·儒林傳》則云："自魯商瞿子木受《易》孔子，以授魯橋庇子庸，子庸授江東馯臂子弓。"則又以馯臂爲江東人，《漢書》悮也。今案：《史記》云："孔子傳《易》於商瞿，瞿傳楚人馯臂子弘，弘傳江東人矯子庸疵，疵傳燕人周子家豎，豎傳淳于人光子乘羽，羽傳齊人田子莊何，何傳東武人王子中同，同傳菑川楊何。何元朔中以治《易》爲漢中大夫。"凡五傳至楊何，師承授受，里居姓氏，無不鑿鑿。班氏既云商瞿親授《易》於橋庇子庸，姓名及授《易》淵源既與司馬不合，矯子庸疵江東人也，班書又誤以橋庇爲魯人，因移其江東之籍屬之馯臂，此其悮之尤顯而易見者也。至臂字子弓，《漢書》與《荀子》同。臂有弓之義，當以《漢書》爲正。

顯鶴謹案：楚三賢親受業孔子之門，自漢以來，與七十二弟子之祀，俎豆膠庠，配享兩廡，周氏編列《真儒》，以濂溪爲首，不復遠溯洙泗，誠未允協。今宜敬謹增輯。然三賢親炙聖門，久在七十二賢之列，不宜退之於儒，又不能另立門類，玆略爲變通，增輯仍歸真儒門，謹冠以“先賢”二字，以示區別。又附録馯臂子弓，以其傳《易》經師，爲鄉校不祧之祖，謂宜增祀報本，以崇經術而光鄉里。謹附識於此，用待來哲。其《真儒》增輯，仍另標名目，類附於後云。

真　儒

周輔成

周輔成，先賢周子之父，登祥符八年進士。所歷多善政，終賀州桂嶺令，贈諫議大夫。明神宗二十三年，以湖廣巡撫郭惟賢等之請，詔從祀啟聖祠，稱先儒。

顯鶴謹案：宋熙寧中，元公葬母江州，子孫因家廬山蓮花峰下。明景泰七年，官其十二世孫周冕翰林院五經博士，子孫世襲。還居道州，以奉周子祀事。卒，子繡麟祀，《明史·儒林》有傳。又有周壎者，字伯和，於元公爲九世孫，世居道州。好學，善談《易》，長於《詩》，元季隱居營道山之陰。洪武初，以明經舉，不就。

方　　暹

方暹，字明甫，平江人。初師李璠、黄幹。與饒伯輿、張元簡、趙師恕皆同門友。元簡，九江人，嘗遺書曰："伯輿明理而遠於事，明甫練事而中於理。吾嘗以斯道望伯輿，而以斯世望明甫也。"淳熙間，朝廷詔諸道帥臣舉節行才識之士，時孟珙帥荆湖，董槐帥湖南，皆以暹應詔。珙疏略曰："伏見岳陽布衣方暹，自其少年即知古人。磨礱既久，涵養益深，脱去塵滓之中，遊心高明之域。天下之事，無所不通，豈惟一道罕有，誠四方不多見也。"槐疏略曰："暹體用通貫，言行得實。蚤從朱熹高弟黄幹遊，有冰清玉潔之譽，妙性命道德之原。聽其議論，從容閑暇；驗之操履，肅清恪忠。臣三年驅馳湖之南北，採訪人物，未有出暹右者。"詔特免文解一次，暹辭不受。珙復奏："既不録以官，宜賜以處士名，示國家優禮賢才之意。"疏入未報，而暹已卒。學者稱爲連雲先生。

顯鶴案：吾鄉自朱、張二先生講學倡和於此，湖湘之士多從之遊。其姓名可考者，湘潭鍾震，湘鄉周奭、彪虎臣外，又有醴陵黎貴臣，湘鄉彪居正，即虎臣子，武陵楊枋、楊臣，零陵蔣復、吴倫、義太初、吕涉，祁陽謝用賓。用賓受業吕祖謙，而吴倫從張栻遊最久，栻易簀時，猶告以蟬蜕人欲之私，春容天理之妙。平江則有李璠、李祀、吴雄、鄒䚯、李儒用、方䚯，皆親受業朱子。儒用長於《春秋》，與朱子往復辨難，今《語録》中多其問答語，學者稱練溪先生。李璠再傳方暹，遂赫然以名聞於朝，大昌其所學。而其時衡山廖俁以楊萬里薦，受業朱子之門，朱集中有答俁書，論《西銘》天地萬物與我同體之意固極宏大，然其論事天功夫，則自"于時保之"下，方爲親切。同邑廖謙爲朱子傳《易》弟子。有葉定者，亦受業南軒之門。暹之門有同邑萬鎮，字子静。同時又有許炳、許應寅、魯仕能，皆展轉師授，淵源可考。今岳州鄉校有九君子祠，蓋祀李璠、方暹諸人也。同時張丰應、萬貞，俱大冶人。貞字人傑，與丰應俱師事朱子，講學白鹿洞。時丰應爲講《尚書·周官》“慎刑章”，世稱通儒。

歐陽龍生

歐陽龍生，字成叔，瀏陽人。逢泰子。從醴陵田氏受《春秋》三傳，試經學，以《春秋》中第二名。至元丙子，侍逢泰還瀏陽。左丞崔斌召之，以親老辭，居山十有七年。瀏有文靖書院，祀龜山楊時，淪廢已久。部使者至，復謀其舊，授龍生爲山長，升堂講《孟子》“承三聖”章，言龜山傳周、程學，而及豫章、紫陽，朱子實承道統，其功可配孟子。山林老儒聞講筵之復，至爲出涕。秩滿，改本州教授，遷道州路教授。朔望率諸生謁濂溪祠。祠東爲西山精舍，祠蔡元定，龍生爲修其祠。卒年五十有七。以子玄爵追封渤海郡侯，加封冀國公。

顯鶴案：龍生爲歐陽元公之父。龍生父逢泰，字忠叟，以行業教授生徒，從學者嘗數百人。祖新，字仲齊，自廬陵徙瀏陽之馬渡，遂爲瀏陽人，以經學著。淳祐末，荆溪吴子良轉運湖南，辟新宗人守道爲嶽麓副山長。新往訪之，晤語相契，即請爲嶽麓講書。新講《禮記》“天降時雨，山川出雲”一章，守道起曰：“長沙自有仲齊，吾何爲至此。”踰年卒，守道哭之慟，爲銘其墓。以玄官追封冀國公。

冀元亨

冀元亨，字維乾，武陵人。篤信王守仁學。舉正德十一年鄉試，從守仁於贛，守仁屬以教子。宸濠懷不軌，而外務名高，貽書守仁問學。守仁使元亨往。宸濠語挑之，佯不喻，獨與之論學，宸濠目爲癡。他日講《西銘》，反覆君臣義甚悉，宸濠亦服，厚贈遣之。元亨反其贈於官。已，宸濠敗，張忠、許泰誣守仁與通，詰宸濠，言無有。忠等詰不已，曰：“獨嘗遣冀元亨論學。”忠等大喜，搒元亨，加以炮烙，終不承。械繫京師詔獄。世宗嗣位，言者交白其冤，出獄五日卒。元亨在獄，善待諸囚若兄弟，囚皆感泣。

附録：黄宗羲《明儒學案》：陽明謫龍場，先生與蔣道林往師焉，從之之盧陵，踰年而歸。正德十一年湖廣鄉試，有司以格物致知發策，先生不從朱注，以所聞於陽明者爲對。主司奇而録之。陽明在贛，先生又從之。主教濂溪書院，宸濠致書問學，陽明使先生往答之。濠談王霸之略，先生昧昧，第與之言學而已。濠撫掌謂人曰：“人癡亦至此耶！”一日講《西銘》，先生反覆講君臣之義本於一體而動濠，濠大詫之。先生從容復理前語，濠曰：“此生大有膽氣。”遂遣歸。濠敗，忌陽明者欲借先生而陷之，逮至京師，搒掠不服。科道交章訟冤，出獄五日而卒。在獄與諸囚講説，使囚能忘其苦。先生嘗謂道林曰：“贛中諸子頗能静坐，苟無見於仁體，槁坐何益？”觀其不挫志於艱危，信所言之非虚也。

蔣　信

蔣信，字卿實，武陵人。年十四，居喪毁瘠。與同郡冀元亨善。王守仁謫龍場，過其地，偕元亨事焉。嘉靖初，貢入京師，復師湛若水。若水爲南祭酒，門下士多分教。至十一年，舉進士，累官四川水利僉事。卻播州土官賄，寘妖道士於法。遷貴州提學副使，建書院二，廩髦士。其中龍場故有守仁祠，爲置祠田。坐擅離職守除名。信初從守仁游，時未以良知教。後從若水游最久，學得之湛氏爲多。信踐履篤實，不事虚談。湖南學者宗其教，稱之曰正學先生。卒年七十九。

時宜興周衝字道通，亦游王、湛之門，由舉人授高安訓導，至唐府紀善。嘗曰："湛之體認天理，即王之致良知也。"與信集師説爲《新泉問辨録》，兩家門人各相非笑，衝爲疏通其旨焉。

附録：《儒[1]學案》：信少而端嚴，盛暑未嘗袒裼。不信形家術，母没，自擇高爽之地以葬。登嘉靖十一年進士第，授户部主事，轉兵部員外郎，出爲四川僉事。興利除害若嗜欲。有道士以妖術禁人，先生召之，術不復驗，置之於法。陞貴州提學副使，建書院二所，曰正德，曰文明。擇士之秀出者養之於中，而示以趨向，使不汩没於流俗。龍場有陽明祠，爲置祭田。湖廣清浪五衛諸生鄉試，去省險遠，多不能達，乃增貴州解額，使之附試。尋告病歸。御史以擅離職守劾之，削籍。後奉恩例冠帶閒住。先生築精舍於桃花岡，學徒雲集，遠方來者即以精舍學田廩之。先生危坐其中，絃歌不輟，惟家祭始一入城。閒或出遊，則所至迎請開講。三十八年十二月庚子卒，年七十九。屬纊時作詩曰："吾儒傳性即傳神，豈向風塵滯此身。分付萬桃岡上月，要須今夜一齊明。"先生初無所師授，與冀闇齋考索於書卷之閒。先生謂《大學》知止當是識仁體，闇齋躍然曰："如此安定静慮，即是以誠敬存之。"陽明謫龍場，過武陵，見先生之詩而稱之，先生遂與闇齋師事焉。已應貢入京，師事甘泉。及甘泉在南雍，及其門者甚衆，則令先生分教之。先生棄官歸，甘泉遊南岳，先生從之彌月。後四年入廣東，省甘

① 據文意，"儒"前脱"明"字。

泉。又八年，甘泉再遊南岳，先生又從之。是故先生之學，得於甘泉者爲多也。先生初看《論語》與《定性》《西銘》，領得萬物一體，是聖學立根處。三十二、三時，病肺，至道林寺，静坐久之。一日忽覺洞然，宇宙渾然一身，乃信明道廓然大公無内外是如此，自身與萬物一身是如此。

顯鶴案：陽明先生謫龍場時，道經湖南辰、沅閒，親炙者衆。冀元亨、蔣信之外，其可紀者，有沅陵諸生劉觀時，字易仲，從陽明講學虎溪，盡得其奥妙。陽明作《健齋説》遺之，學者稱爲沙溪先生。王嘉秀，字實夫，亦沅陵人。陽明自龍場歸，從之遊。嘗言學者不必排斥佛、老，但當篤志聖賢，則佛、老自泯。陽明甚善其言。時瀘溪吴鶴亦從陽明講學虎溪，稱高弟。有覃世維者，字汝張，沅陵人，少從蔣信遊學，務實踐。信嘗稱其澄心之説，即孔門默識之學；求仁之要，即孟子盡心知性知天之旨。又案：道林歸里，築精舍於郡東之桃花岡，日講學其中，四方從遊以千計，庠舍莫能容。先生没，門人歸，共改精舍爲祠，祀先生，以門人姚世英、柳東伯、丁有周、龍德孚、龍德中、徐仲文、丁應賓、姚學閔、鄒元標、陳可禹諸人作配。而先生曾孫錙，字巨源，年六十以殉城死。

李承箕

李承箕，字世卿，嘉魚人。成化二十二年舉鄉試。往師陳獻章，日與登涉山水，投壺賦詩，縱論古今事，獨無一語及道。久之，承箕有所悟，辭歸，隱居黄公山，不復仕。與兄進士承芳，皆好學，稱“嘉魚二李”。卒年五十四。

魯 鐸

魯鐸，字振之，景陵人。弘治十五年會試第一，歷編修。閉門自守，不妄交人。武宗立，使安南，卻其餽。正德二年，遷國子監司業，累擢南祭酒，尋改北。鐸累典成均，教士切實爲學，不專章句。士有假歸廢學者，訓飭之，悔過乃已。久之，謝病歸。嘉靖初，以刑部尚書林俊薦，用孝宗朝謝鐸故事，起南祭酒，踰年復請致仕。累徵不起，卒。謚文恪。

鐸以德望聞於時。居鄉，有盜掠牛馬，或紿云“魯祭酒物也”，舍之去。大學士李東陽生日，鐸爲司業，與祭酒趙永皆其門生也，相約以二帕爲壽，比檢笥亡有，徐曰：“鄉有饋乾魚者，盍以此往？”詢諸庖，食已過半矣，以其餘詣東陽。東陽喜，爲烹魚置酒，留二人飲，極歡乃去。

顯鶴案：承箕師事白沙，白沙日與登山涉水，縱談古今，無一語及道。此白沙之學所由，純非空談性命者比也。魯鐸不以理學鳴，而自守正，訓士嚴。至於化及鄉人，感孚豪賊，殆所謂不言而躬行者與？觀其壽文正禮物，先進遺風，令人神往，非真儒而能之乎？

顯鶴又案：《三楚文獻録》：顧問，字子承，蕲州人。少即有志聖賢。年十六偶疾，父母以爲憂。問曰：“疾易愈耳，政恐以此廢學，不至聖賢爲大懼也。”嘉靖壬戌成進士，累官福建參政，乞歸講學。居官蔬食，閩人呼爲“茹菜顧公”。羅洪先嘗謂人曰：“子承，真聖人之徒也。”

弟闕，字子良。方六歲，即焚香祝天，願爲道德性命之學。弱冠，舉於鄉。赴禮闈試，事竣即歸省。道中閲邸報，成進士，除刑部，以戀母遄歸。母殁，與兄同廬墓所。父卒，復廬墓於鈷鉧之濱。蘄有一鄉，距城百里，舊俗獷悍，格捕逋賦，當事建議屠滅之。闞力言願以禮化，乃偕門下數輩往，申以孝弟，一鄉咸服。甫逾壯，即決策不仕，里居教授四十七年。一日，忽召子孫語曰："昨夢聯語云'津吏報增三尺水，山人歸臥萬重雲'，是歲當大水，吾將逝矣。"已而果然。闞治六經，尤精《詩》《易》。學者私謚爲宣靖先生。

又有吴良吉者，字石梁，黄岡人。篤信好古，日以講學爲事。督學胡廬山倡學楚中，良吉往謁，待以殊禮。耿定向兄弟聞其名，過訪，會雨漲不能去，日以麥飯鮮鰕爲供客具。耿嘗戲謂人曰："吾生平爲吴石梁先生麥飯淡鰕所苦，然不敢不飽也。"

楚寶諸子論次目録

史遷、班固敘次諸子，不辨陰陽、儒、墨，後世均有譏焉。原其初旨，洙、泗之閒，儒分大小，微言既絶，學益多歧。裔宇嵬瑣，溝猶區瞀，譬之朱門甲第，舍而弗居，於市肆中自占一隅，而號於人曰“我華胄之子也”，人亦孰從而別識之哉？是則儒効之彰，不能與縱横、名、法家争，固非一日矣。楚自鬻熊子爲文王之師始有子書，然其語惟賈長沙時時稱述之，他亦罕聞。其後柱下之老、漆園之莊，皆産于楚，而子之書始為經。然老與孔子同時，莊與孟子同時，未聞孔、孟攻老、莊，則老、莊之書斷乎其未可廢也。若夫鬼谷爲儀、秦所竊，鶡冠祖黄、老用世，老萊、亢倉各有所託以行其書，真僞相半，吾誰與語。庶幾陸生可起，橐中之裝，猶可值千金云。述《諸子》第十二，凡一卷。

諸子

鬻熊　老子　莊子　鶡冠子　鬼谷子　亢倉[①]　陸賈

增輯

蜎淵　尸佼　南公　曹羽　劉蜕

① 亢倉：正文作“亢倉子”。

楚寶卷第二十三

明湘潭周聖楷伯孔輯纂

諸　　子

鬻　　熊

鬻子，名熊，芈姓，季連之苗裔也。年九十始見文王，王曰："噫，老矣。"鬻子曰："使臣捕獸逐麋，已老矣。若使坐策國事，臣年尚少。"文王善之，遂以爲師。著《鬻子》二十二篇。

晁氏《讀書記》曰：《鬻子》一卷。按《漢志》云：爲周師，自文王以下問焉。周封爲楚祖。凡二十二篇，今存者十四篇，唐逢行珪註。永徽中，上於朝。敘稱見文王時行年九十，而書載周公封康叔事，蓋著書時百餘歲矣。

高氏《子略》曰：《鬻子》書曰："發政施仁謂之道，上下相親謂之和，不求而得謂之信，除天下之害謂之仁。"其所以啟文王者决矣，與太公之遇文王有相合者。太公之言曰："君有六守，仁、義、忠、信、勇、讓。"又曰："鷙鳥將擊，卑飛翮翼；虎狼將擊，弭耳俯伏；聖人將動，必有愚色。"尤决於啟文王者矣。非二公之言，殊相經緯。然其書辭意大略淆雜，若《大誥》《洛誥》之所以爲《書》者，是亦漢儒之所綴輯者乎？太公又曰："天下非一人之天下，天下之天下也。"奇矣。唐貞元間柳伯存嘗言"子書起于鬻熊"，此語亦佳，因録之。

楊用修曰：鬻子，文王時人，著書二十二篇，子書莫先焉。今其存者十四篇，皆無可取，後人贋本，無所疑也。擬賈誼《新書》所引《鬻子》七條，如云："和可以守而嚴可以守，而嚴不若和之固也；和可以攻而嚴可以攻，而嚴不若和之德也；和可以戰而嚴可以戰，而嚴不若和之勝也。"則惟由和而可也。又云："治國之道，上忠于主，而中敬其士，而下愛其民。故上忠其主者，非以道義則無以入忠也；而中敬其士，非以禮節則無以諭敬也；下愛其民，非以忠信則無以行愛也。"又曰："聖王在上位則天下不死軍兵，民免于死而得一生矣；聖王在上位則民無凍餒，民免于二死而得二生矣；聖王在上位則民無夭閼，民免于三死而得三生矣；聖王在上位則民無厲疾，民免于四死而得四生矣。"是皆正言確論，今之所傳有是乎？又《文選注》引《鬻子》"武王率兵車以伐紂，紂虎旅百萬，陣于商郊，起自黄鳥，至于赤斧，三軍之士莫不失色"，今本亦無，知其爲僞書矣。曷取賈誼書中七條傳之，以冠于書，亦愈于傳贋售僞也。

老　子

老子者，楚苦縣厲鄉曲仁里人也。姓李氏，名耳，字伯陽，謚曰聃，周守藏室之史也。孔子適周，將問禮於老子，老子曰："子所言者，其人與骨皆已朽矣，獨其言在耳。且君子得其時則駕，不得其時則蓬累而行。吾聞之，良賈深藏若虚，君子盛德，容貌若愚。去子之驕氣與多欲，慾[①]色與淫志，是皆無益於子之身。吾所以告子，若是而已。"孔子去，謂弟子曰："鳥，吾知其能飛；魚，吾知其能游；獸，吾知其能走。走者可以爲網，遊者可以爲綸，飛者可以爲矰。至于龍，

① 慾，據《史記》卷六三《老子韓非列傳》及崇禎本當作"態"。

吾不能知，其乘風雲而上天。吾今日見老子，其猶龍邪？”

老子修道德，其學以自隱無名爲務。居周久之，見周之衰，迺遂去。至關，關令尹喜曰：“子將隱矣，彊爲我著書。”於是老子迺著書上下篇，言道德之意五千餘言而去，莫知其所終。

或曰老萊子亦楚人也，著書十五篇，言道德之用，與孔子同時云。蓋老子百有六十餘歲，或言二百餘歲，以其修道而養壽也。自孔子死之後百二十九年，而史記周太史儋見秦獻公曰：“始秦與周合而離，離五百年而復合，合七十歲而霸王者出焉。”或曰儋即老子，或曰非也。世莫知其然否。老子，隱君子也。

老子之子名宗，宗爲魏將，封於段干。宗子注，注子宫。宫玄孫假，假仕於漢孝文帝。而假之子解，爲膠西王卬太傅，因家於齊焉。世之學老子者則絀儒學，儒學亦絀老子。道不同不相爲謀，豈謂是邪？李耳無爲自化，清净自正。

王弇州曰：太史公言道家使人精神專一，動合無形，贍足萬物；儒者博而寡要，勞而寡功。道家宗老子，而儒者宗吾孔子。孔子之教，蓋萬世人主取則焉，而其徒不明兩家之始所合，遂抑絀老子，以爲異端，而老子之徒其庸鄙詭誕者，覩西來之跡宏奇高大，炫燿一世，遂不暇與吾儒辨，而更竊漬其餘瀋，以求與之角而並傳。蓋豔釋迦之稱累劫，則謂在伏羲爲鬱華子，在祝融爲廣壽子，在神農爲大成子，在軒轅爲廣成子，在少昊爲隨應子，在顓頊爲赤精子，在帝嚳爲録圖子，在堯爲務成子，在舜爲尹壽子，在禹爲真行子，在湯爲錫則子，在周始爲老子。夫軒轅之世，廣成居崆峒千七百年，而其後猶未已也。遠者姑無論已，前是而爲廣壽，爲大成，後是而爲隨應，爲赤精，又何人耶？且堯、舜、禹非異代也，一時而爲三子，何遷逝之速也？三代以還，賢公卿非乏紀也，又何爲而不一及也？乃至謂老子生于商，爲周文王守藏吏，曰燮邑子，武王時遷柱下史，成王時守故官爲經成子，遂西游流沙，康王時復歸，曰郭叔子，昭王復西邁云云，蓋又傳會《化胡經》之説也。奇釋迦之有三十二相及七十二好相，則亦曰七十二相八十好相也。偉釋迦之長丈六尺，則亦曰丈二尺也。不知孔子九尺六寸，人以爲長人而異之。若丈二尺，而人不怪且駭者，未之有也。且史何以不載也？夫老子，至聖也，其化而爲太上靈真，至尊也，又奚必借西方之事而矯飾之？然至儒者之所抑絀而指爲異端者，又可笑也。《老子》往往皆格言，其體至虚而不無，其用廣大而能泯其跡，精以治躬，麤以治天下，取之固逢原矣。“大道廢，有仁義。仁惠出，有大僞。六親不和，有孝慈。國家昏亂，有忠臣。”知言哉！君子之于世，甚無樂乎其名也。仁義也，孝慈也，忠臣也，其名不得已而有之。故曰：“絶仁棄義，民復孝慈。”絶者絶其名，復者復其實也。夫不得老子之所以立言，不解其文義而妄爲之闢，荀卿氏所謂賤儒也。

聖楷按：《玄妙内篇》《真靈位業》諸書載老子事，頗多詭誕，且多託西方化跡，以尊大老子，非道德之意。此俱不取。

楚苦縣考

按：苦縣即今河南歸德府鹿邑縣也，其地尚有苦縣城，舊屬西楚。《水經注》曰：渦水逕苦縣故城，南至瀨鄉老子廟東。中有九井，又有李老母廟，在老子廟北。廟前有李母塚。

莊　子

莊子者，蒙人也，名周。周嘗爲蒙漆園吏，與梁惠王、齊宣王同時。其學無所不闚，然其要本歸于老子之言，故其著書十餘萬言，大抵率寓言也。作《漁父》《盜跖》《胠篋》以詆訿孔子之徒，以明老子之術。畏累虚、亢桑子之屬，皆空語無實事，然善屬書離辭，指事類情，用剽剥儒、墨，雖當世宿學，不能自解免也。其言洸洋自恣以適己，故自王公大人不能器之。

楚威王聞莊周賢，使使厚幣迎之，許以爲相。莊周笑謂楚使者曰："千金，重利；卿相，尊位也。子獨不見郊祭之犧牛乎？養食之數歲，衣以文繡，以入太廟。當是之時，雖欲爲孤豚，豈可得乎？子亟去，無汚我。我寧游戲汚瀆之中自快，無爲有國者所羈。終身不仕，以快吾志焉。"

《朱子語録》曰：莊子與孟子同時，卻不曾相遇。孟子平生足跡只在齊、魯、滕、大梁之閒，不曾過大梁之南。莊子自是楚人，想見聲聞止於梁而止。然當時南方亦多異端，如陳良之類是也。

聖楷按：今鳳陽臨淮縣有莊子墓，定遠縣有漆園，靈壁縣有潼山，上有南華觀，云周嘗隱此。其地戰國時屬楚，或云蒙即今蒙城縣，然未確。

譚元春《遇莊序》曰：童年讀《莊》，未有省也。十五年閒凡六閲之，手皆出没，微殊昔觀。其閒四閲，本文一閲，本文兼郭注一閲，郭、吕注旁及近時焦、陸諸注，又回旋本文，撰《遇莊總論》三十三篇，如其篇數。益歎是書那復須注，不易之言也。注彌明，吾疑其明；注彌貫，吾疑其貫。閲《莊》有法，藏去故我，化身莊子，坐而抱想，默而把筆，汎然而游，昧昧然涉，我盡莊現。循視内外，其有不合者，聽於其際與其數，如咒咒物，物利咒止，又如物獲咒益，不断咒故，因而遇之，芒昧何極。口弄物外之言，手弄世外之事。稽厥行藏，伊可恥也，黿犢枯魚，心迹超然，因而遇之，情染一洗。於物中爲人，人中爲男，豈如木梗，隨水遷流，豈如落英，隨風近遠，不發大寤，自同蟲豸，何往何來，念之悲動，因而遇之，雞鳴不已。洞天棊散，雲霞周身，竇不可塞，關不可扃，扃而塞之，魂魄焉宅？

吾瞑目恬氣，伺厥升降，因而遇之，廣成面語。傷物者傷，菑人者菑。鵬飛蝶息，不出人閒，因而遇之，其《老》《易》之旨乎？寧晦勿宣，寧誤勿鑿，寧斷勿紉，紉刺我指，如夢古人，語半分手，因而遇之，空牀不寢。文理潦倒，《莊》《騷》同思，我愛《天問》，灌灌如訴，薄暮雷電，即記其事，前絲後絲，總不相連。玆談羊蟻，胡乃及魚，見魚書魚，想亦如是，因而遇之，以破吾拘。至巧者化工，人敢椎拙，仰而思天，寧不怪絶，瞻彼小草，葉葉染采，小蟲跂跂，其殼青黄，天地大文，亦既工此，海入其塘，嶽入其牖，無小無大，愛玩終日，因而遇之，字句我師。彼笑且侮，此怒而争，侮者又笑，我寓言耳，父前不拜，抱頸以嬉，不揖密執，跳弄酒歌，豈口可咎？他人反恭，莊不云乎：大親則已矣。因而遇之，詆訕何有哉？

客有從予問《莊》者，曰："已哉止哉，誣《莊》者自誣，注《莊》者自注。十夫之灌溉，不如細雨之滲漉。端居絶念，可以一遇。逐步追逋，勿失其處。"予應之曰："是也。雖然，予既化身爲莊矣，遇莊者，夫豈予哉？且夫景純有筆，入夢求還。輔嗣玄理，出塚相告。精文妙道，神鬼所戀，如此，吾不忘莊，莊必繞吾晨宇夜池，劃剔吾膺臆，溼吾硯往來不絶，豈但遇也。"

聖楷曰：若以文字説《莊》，未有快如譚子此篇者。雖然，且置是事，試看憨山道者發明趣向。其言曰："看《老》《莊》者，先要熟覽教乘，精透《楞嚴》，融會吾佛破執之論，則不被他文字所惑。然後精修静定工夫純熟，用心微細，方見此老工夫苦切。然要真真實實，看得身爲苦本，知爲累根，自能隳形釋知，方知此老真實受用至樂處。更須將世事一一看破，人情一一覷透，虚懷處世，目前無有絲毫障礙，方見此老其實逍遥快活，廣大自在，儼然一無事道人，然後不得已而應世，則不費一點氣力，端然無爲而治。故曰：'吾言甚易知，甚易行。天下莫能知，莫能行。'而世之談二子者，全不在自己工夫體會，只以語言文字相求，故大不相及。要且學疏狂之態者有之，未見有以静定工夫而入者，此其所謂知我者希矣。冀親二子者，當作如是觀。"

鶡冠子

鶡冠子，或曰楚人。隱居幽山，衣被屢空，以鶡爲冠，莫測其名，因服成號。著書言道家。馮諼常師事之，後顯於趙，鶡冠子懼其薦己也，乃與諼絶。

韓愈讀曰：《鶡冠子》十有六篇，其詞雜黄老、刑名。其《博選篇》四稽五至之説，當矣。使其人遇其時，援其道而施於國家，功德豈少哉？《學問篇》稱賤生於無所用、中流失船、一壺千金者，余三讀其辭而悲之。文字脱謬，爲之正三十有五字，乙者二，滅者二十有二，注十有二字云。

陸佃《解》注曰：鶡冠子，楚人也。居於深山，以鶡爲冠，號曰鶡冠子。其道踳駁，著書初本黄老，而末流迪於刑名。《傳》曰：申、韓厲名實，切事情，其極慘礉少恩，而原於道德之意。蓋學之弊有如此者也，故曰孔、墨之後，儒分爲八，墨離爲三。嗚呼！可不慎哉？此書雖雜黄老、刑名，而要其宿時若散亂而無家者，然其奇言奥旨，亦每每而有也。自《博選篇》至《武靈王問》，凡十有九篇，而退之讀此云十有六篇者，非全書也。今其書雖具在，然文字脱繆不可考者多矣。語曰：書三寫，魚成魯，帝成虎。豈虚言哉！余竊閔之，故爲釋其可知者，而其不可考者，輒疑焉以俟博洽君子。

高氏《子略》曰：《列仙傳》曰鶡冠子，楚人，隱居著書，言道家事則皆出於黄老矣。其書有曰："小人事其君，務蔽其明，塞其聰，乘其威，以灼熱天下。""天高不難追，有福不可請，有禍不可違。"其言如此。是蓋未能忘情於斯世者。

鬼谷子

鬼谷子，西周楚人，受道于老君。居遠安，嘗入雲夢山採藥，服之，顔如童。蘇秦、張儀受業三年，辭去，鬼谷子曰："二足下功名赫赫，但春華至秋，不能久茂。今好朝露之榮，忽長久之功，輕喬松之永延，貴一旦之浮爵。夫女愛不極席，男歡不畢輪，痛哉！"後不知所終。

袁淑《真隱傳》曰：鬼谷先生不知何許人也，隱居韜知，居鬼谷山，因以爲稱。蘇秦、張儀師之，遂立功名。先生遺書責之曰："若二君，豈不見河邊之樹乎？僕御折其枝，浪盪其根，上無徑尺之蔭，身被數千之痕，此木豈與天地有仇怨？所居然也。子不見嵩、岱之松、柏，華、霍之檀、桐乎？上枝干於青雲，下根通於三泉，千秋萬歲，不受斧斤之患。此木豈與天地有骨肉哉？蓋所居然也。"

高氏《子略》曰：劉向、班固《録》《書》無《鬼谷子》，《隋志》始有之，列於縱横家。《唐志》以爲蘇秦之書。然蘇秦所記，以爲周時有豪士隱者，居鬼谷，自號鬼谷先生，無鄉里俗姓名字。今考其言有曰："世無常貴，事無常師。"又曰："人動我静，人言我聽。知性則寡累，知命則不憂。"凡此之類，其爲辭亦卓然矣。至若《盛神》《養志》諸篇所謂中稽道德之祖，散入神明之賾者，不亦幾乎？郭璞《登樓賦》有曰："揖首陽之二老，招鬼谷之隱士。"又《游仙詩》曰："青溪千餘仞，中有一道士。借問此阿誰，云是鬼谷子。"可謂慨想其人矣。

聖楷按：《隋·籍[①]志》云：《鬼谷子》三卷，皇甫謐注：

① 據文意，"隋"前脱"經"字。

“鬼谷子，楚人也，周世隱于鬼谷。”又《續仙傳》曰：“鬼谷子即王詡也，得道爲地仙。”此謏詞，不足信。大抵諸子姓氏，多半採入神仙，於此益見方士之陋。

雲夢山考

按：蘇子由《寄題清溪寺》詩自注云：在峽州鬼谷子故居。《日華瑣碎録》曰：峽州玉泉鬼谷洞前有叢竹，竹葉有文成符，葉葉不同，佩之可以辟患。今荆州遠安縣西南六十里有雲夢山，峰巒聳翠，一名清溪山，有鬼谷洞，是其遺址也。遠安原屬峽州。又《史記索隱》云扶風池陽、潁川陽城並有鬼谷者，非。

亢倉子

《亢倉子》，襄陽處士王士源所撰也。其自敘云：“士源幼好名山，行年十八，首事陵山。踐止恒嶽，咨求通玄丈人，又過蘇門，問道隱者元知運。太行採藥，經王屋小有洞。太白習隱訣，終南修《亢倉子》九篇。天寶四載徂夏，詔書徵謁京邑，與冢臣八座討論，山林之士麕至。”

晁氏《讀書記》曰：唐柳宗元曰：“太史公爲《莊周列傳》，稱其爲書畏累、亢桑子，皆空言無事實。今世有《亢桑子》書，其首篇出《莊子》而益以庸言，蓋周所云者尚不能有事實，又况取其語而益之者，其爲空言，尤也。劉向、班固《録》《書》無《亢倉子》，而今之爲術者，乃始爲之傳注以教于世，不亦惑乎？”按：唐天寶元年詔號《亢桑子》爲《洞靈真經》，然求之不獲。襄陽處士王士源謂：《莊子》作“庚桑子”，太史公、《列子》作“亢倉子”，其實一也。取諸子文義類者補其亡，今此書乃士源補亡者。宗元不知其故而遽詆之，可見其鋭于譏議也。其書多作古文奇文，豈内不足者，必假外飾歟？何燦註。

高氏《子略》曰：開元、天寶閒，天子方鄉道家者流之説，尊表老氏、莊、列，又以《亢桑子》號《洞靈真經》，既不知其人之仙否，又不識其書之可經，一旦表而出之，固未始有此書也。處士王褒乃趨世好，迎上意，撰而獻之。今讀其篇，往往采諸《列子》《文子》，又采《吕氏春秋》《新序》《説苑》，又時采諸戴氏《禮》，源流不一，論殊而辭異，可謂雜而不純、濫而不實者矣。

聖楷按：子書之僞，不獨一《亢倉子》也。但《亢倉子》爲楚人所撰，其書宜屬之楚，故詳采諸論與其自敘，使讀者有所考焉。又王士源，高氏作王褒，或者士源以字行耶？晁氏又作士元，此是聲訛，併正之。

陸　賈

陸賈者，楚人也。以客從高祖定天下，名爲有口辨士。居左右，常使諸侯。及高祖時，中國初定，尉佗平南越，因王之。高祖使陸賈賜尉佗印，爲南越王。陸生至，尉佗魋結箕踞見陸生。陸生因進説佗曰：“足下中國人，親戚昆弟墳墓在真定。今足下反天性，棄冠帶，欲以區區之越，與天下抗衡爲敵國，禍且及身矣。且夫秦失其政，諸侯豪傑並起，唯漢王先入關，據咸陽。項羽倍約，自立爲西楚霸王，諸侯皆屬，可謂至彊。然漢王起巴蜀，鞭笞天下，劫略諸侯，遂誅項羽滅之。五年之閒，海内平定，此非人力，天之所建也。天子聞君王王南越，不助天下除暴逆，將相欲移兵而誅王，天子憐百姓新勞苦，故且休之，遣臣授君王印，剖符通使。君王宜郊迎，北面稱臣。迺欲以新造未集之越，屈彊於此。漢誠聞之，掘燒王先人冢，夷滅宗族。使一偏將，將十萬衆臨越，則越殺王降漢，如反覆手耳。”

於是尉佗迺蹶然起坐，謝陸生曰：“居蠻夷中久，殊失禮義。”因問陸生曰："我孰與蕭何、曹參、韓信賢？"陸生曰："王似賢。"復曰："我孰與皇帝賢？"陸生曰："皇帝起豐沛，討暴秦，誅彊楚，爲天下興利除害，繼五帝三皇之業，統理中國。中國之人以億計，地方萬里，居天下之膏腴。人衆車轝，萬物殷富，政由一家。自天地剖判，未始有也。今王衆不過數十萬，皆蠻夷，崎嶇山海閒，譬若漢一郡，王何乃比於漢？"尉佗大笑曰："吾不起中國，故王此。使我居中國，何渠音詎不若漢？"迺大悦陸生，留與飲數月，曰："越中無足與語，至生來，令我日聞所不聞。"賜陸生橐中裝直千金，他送亦千金。陸生卒拜尉佗爲越王，令稱臣奉漢約。歸報，高祖大悦，拜賈爲大中大夫。

陸生時時前説稱《詩》《書》，高祖罵之曰："乃公居馬上而得之，安事《詩》《書》？"陸生曰："居馬上得之，寧可以馬上治之乎？且湯、武逆取而以順守之，文武並用，長久之術也。昔者吴王夫差、知伯，極武而亡，秦任刑法不變，卒滅趙氏。鄉使秦已并天下，行仁義，法先聖，陛下安得而有之？"高帝不懌而有慙色，迺謂陸生曰："試爲我著秦所以失天下，吾所以得之者何，及古成敗之國。"陸生迺粗述存亡之徵，凡著十二篇。每奏一篇，高帝未嘗不稱善，左右呼萬歲，號其書曰《新語》。

孝惠帝時，吕太后用事，欲王諸吕，畏大臣有口者。陸生自度不能争之，迺病免家居。以好畤田地善，可以家焉。有五男，迺出所使越得橐中裝，賣千金，分其子，子二百金，令爲生産。陸生常安車駟馬，從歌舞鼓琴瑟侍者十人，寶劍直百金，謂其子曰："與汝約，過汝，汝給吾人馬酒食，極欲，十日而更。所死家，得寶劍車騎侍從者。一歲中往來過他客，率不過再三過，數見不鮮。無久慁公爲也。"

吕太后時王諸吕，諸吕擅權，欲劫少主，危劉氏。右丞相陳平患之，力不能争，恐禍及己，常燕居深念。陸生往請，直入坐，而陳丞相方深念，不時見陸生。陸生曰："何念之深也？"陳平曰："生揣我何念？"陸生曰："足下位爲上相，食三萬户侯，可謂極富貴無欲矣。然有憂念，不過患諸吕、少主耳。"陳平曰："然。爲之奈何？"陸生曰："天下安，注意相；天下危，注意將。將相和調，則士務附。士務附，天下雖有變，即權不分。爲社稷計，在兩君掌握耳。臣嘗欲謂太尉絳侯，絳侯與我戲，易吾言。君何不交驩太尉，深相結？"爲陳平畫吕氏數事。陳平用其計，迺以五百金爲絳侯壽，厚具樂飲，太尉亦報如之。此兩人深相結，則吕氏謀益衰。陳平迺以奴婢百人、車馬五十乘、錢五百萬遺陸生，爲飲食費。陸生以此游漢廷公卿間，名聲藉甚。

及誅諸吕，立孝文帝，陸生頗有力焉。孝文帝即位，欲使人之南越，陳丞相等乃言陸生，爲大中大夫，往使尉佗，令尉佗去黄屋稱制，令比諸侯，皆如意旨。語在《南越》語中。陸生竟以壽終。

鍾伯敬曰：陸賈蓋子房之流。英雄有道術，而姑以辨士自晦者也。賈以客從高祖定天下。凡漢定天下之事，若何之守，參與勃之戰，良、平之智，信、越之勇，賈皆無聞焉。及漢有天下，可以無所用賈矣，賈乃起而有爲。其一説尉佗，爲漢服遠人；其一奏《新語》，爲漢開文治。而其大者，乃在聯將相之交，用平、勃以誅諸吕，爲漢克復舊物，功在社稷。察其動静顯藏，蓋諸臣圖功食報之終，乃爲賈奮身揆策之始。意不能無所爲，而又不欲爲諸臣之所已爲。其有所不爲也，不獨養其純氣，留其全力，以標其獨能而已，抑亦置其身于諸功臣之外，使漢不得有所加，以預爲自全之地。而其起而有爲也，則事必擇其大，時必待其可，功必度其成。諸功臣聲名俱亨，策力兩窮，而徐以一辨士收之，則陸生之所以爲陸生者，皆不在漢有天下之前也。天下已定，女主臨朝，欲王諸吕，畏諸大臣有口者，陸生自度不能争之，乃病免家居。使陸生而與之争，則其爲陸生也亦淺矣。買田分金，飲食歌舞，藏身袖手于樂生娱老之中，而誅吕安劉始末，業有全局于胸中矣。當其時，非惟吕氏之人不知，即劉氏之人亦不知也。能使吕氏與劉氏之人浮没其中而不知，然後可以惟吾所爲而莫之礙。當其時，知如陳平，燕居深念，計無所出，而不知深心妙用，陸生之部署久矣。善哉乎，將相和調則權不分，千古謀國名言。身爲侯鯖，不出杯杓筐篚之内，而已默制諸吕之命，布局寬而當機緊，用力輕而取道捷。功歸平、勃而仍以辨士自了，有功臣之實而始終于辨士之名，其薄於食其報者，正厚于託其身者也。陸生竟以壽終。漢功臣如此結局者，蓋亦難其人矣。觀其進退取舍，蓋英雄而有道術者也。不然，使粵之功，止可當一婁敬；《新語》之奏，止可當一叔孫通。其誅吕安劉及自全之妙，作用機權，非子房莫能與于此也。

聖楷曰：陸生具大奇知辨才。兩番使越，皆如意旨；交驩平、勃，卒誅吕安劉，功伐偉然。且夫漢高當馬上歌風之時，生獨陳説《詩》《書》，不襲秦故，其視叔孫通輩，何啻霄壤哉！昔人有云：《新語》未奏之先，而帝不知尊太公，《新語》既奏之後，而帝遂能尊孔子。漢之文教，賈實啟之。予友鍾子謂生蓋英雄有道術而姑以辨士自晦，知言哉！予故以爲諸子中之麟鳳也。

楚寶卷第二十三考異

新化鄧顯鶴湘皋述

諸　子

老　子

楚苦縣考

原案：苦縣即今河南歸德府鹿邑縣也，其地尚有苦縣城，舊屬西楚。

顯鶴案：《史記》：“老子，楚苦縣厲鄉曲仁里人也。注引《括地志》云：苦縣，在亳州谷陽縣界，有老子宅及廟，在今亳州真源縣。

又按：《輿地廣記》：衛真縣本苦縣城，東有賴鄉祠，老子所生之地。衛真即真源，亦非鹿邑縣也。

莊　子

原案：鳳陽臨淮縣有莊子墓，定遠縣有漆園，靈壁縣有南華觀，周嘗隱此。其地戰國時屬楚。或云蒙即今蒙城縣。

顯鶴案：《史記》：莊子者，蒙人也。嘗爲蒙漆園吏。注：《地里志》：蒙縣屬梁國。《索隱》曰：劉向《别録》：宋之蒙人也。《正義》曰：《括地志》云：在曹州冤句縣北十七里，莊周爲漆園吏，即此。《江南通志》以今潁州所屬之蒙城當之。考《唐書·地理志》：亳州蒙城縣，本山桑，天寶元年更名。與梁國之蒙無與。冤句屬曹州，戰國時屬魏，亦非楚地也。

鶡冠子

鶡冠子，或曰楚人。

顯鶴案：《隋書·經籍志》：《鶡冠子》三卷，註：楚之隱人。

鬼谷子

原案：《隋書·經籍志》云：《鬼谷子》三卷，皇甫謐注：鬼谷子，楚人也，周世隱於鬼谷。又《續仙傳》：鬼谷子，即王詡也。

顯鶴案：《鬼谷子》，《漢志》不著録，《隋志》縱橫家有《鬼谷子》三卷。皇甫謐注曰：周世隱於鬼谷。無“楚人也”三字。又按：《江南通志》稱淮南王詡隱居鬼谷，故以書名。《壽州志》亦云：周王詡，淮南人，隱居鬼谷。《玉海》引《中興書目》曰：周時高士，無鄉里族姓名字，以其所隱自號鬼谷先生。蘇秦、張儀事之。《唐志》卷數相同，而註曰蘇秦，因《隋志》之説也。張守節《史記正義》曰：鬼谷在陽城縣北五里。《七録》有蘇秦書。樂壹注云：秦欲神秘其術，故假名鬼谷。此又《唐志》之所本也。胡應麟《筆叢》則謂《隋志》有《蘇秦》三十一篇，《張儀》十篇，必東漢人本二書之言而託爲鬼谷，若子虛亡是之類，然亦終無確證云云。是鬼谷之有無，原屬傳疑。考諸書，尤無所謂王詡者。周氏又稱王詡爲王誗，尤不足據也。

楚寶卷第二十三增輯

新化鄧顯鶴湘皋述

諸　子

蜎　淵

蜎淵，《史記》作“環淵”。楚人，老子弟子。學道德之術，因發明序其指意，著《蜎子》上下篇。《漢書·藝文志》作十三篇。

顯鶴案：王應麟《漢藝文志攷》：《史記》：環淵，楚人，學黄老道德之術，著上下篇。《廣韻》：古有楚賢者環淵。《索隱》《正義》皆無注釋。今按：《文選》枚乘《七發》“便蜎詹何之倫”，注云：《淮南子》：雖有鉤鍼芳餌，加以詹何、蜎蠉之數，猶不能與罔罟争得也。宋玉與登徒子偕受釣於玄淵。《七略》：蜎子名淵。三文雖殊，其人一也。考據甚詳，今並録之。

尸　佼

尸佼，楚人，《漢書·藝文志》作魯人，《史記》注作晋人。秦相商鞅師之。凡鞅謀事畫計，立法理民，未嘗不與佼規也。鞅被刑，佼恐并誅，乃亡逃入蜀。造《尸子》二十篇，其十九篇陳道德仁義之紀，一篇言九州險阻、水泉所起，凡六萬餘言。佼治《春秋》，穀梁氏嘗偁之。

南　公

南公，楚人也。居國南鄙，因以爲號。善言陰陽，識廢興之數。秦滅六國，楚最無罪。南公嘗曰："楚雖三户，亡秦者必楚也。"著書言陰陽事，凡三十一篇。

曹　羽

曹羽，楚人。漢武帝時説於齊王，著書二篇。

劉　蜕

劉蜕，字復愚，長沙人。唐大中四年進士。爲文原本揚雄，奇奥幽險。著《文泉子》十卷，自序云：覃以九流之旨，配以不竭之義，曰泉。今存一卷。

顯鶴案：環淵、尸子、長盧見《史記·孟荀列傳》。《蜎子》十三篇、《尸子》二十篇、《南公》三十一篇、《曹羽》二篇、《老萊子》十六篇、《長盧子》九篇，見《漢書·藝文志》。長盧子無事實，老萊子已增輯孝友、真隱二門，兹不復列。劉蜕文甚奇險，用殿諸子，雖已見《文苑》，例不嫌兩存也。陳氏《書録解題》：蜕，大中四年進士，其爲西掖在咸通時。周氏文苑門蜕傳既引陳氏此條，又云咸通閒進士及第，其抵牾往往如此。又《漢·藝文志》縱横家有《零陵令信難李斯》一篇；雜家有《伍子胥》八篇，圖一卷；兵家技巧有《伍子胥》十篇，圖一卷；兵家形勢有《楚兵法》七篇，圖一卷。不知撰人姓名，皆楚故也，用附於此，以備遺亡。

楚寶孝友論次目録

孝，庸德也，人以其庸而忽之，故奇孝著焉，嗟乎，孝又何能奇也。吉甫一信其妻而伯奇放，楚康三泣其臣而棄疾死，石奮不以父廢法，莊善不以禄私親。其秉志操心，蹈禮中節，千載而下，未有能知其委曲者也。至于冒火伏棺，捕魚泣筍，舐肓嘗糞，負土成墳，往往至情所發，通于神明，又豈有希覬行善之心哉？乃後世殘忍者，動以刲股割肝爲苦孝而疑之，是使血誠之子不及羊、烏，飾僞之兒等于曾、閔。天經地義，於斯泯滅，可勝歎哉！可勝歎哉！何怪同氣相戕，而友于之義罕有聞也？予傷之痛之，述《孝友》第十三，凡一卷。

孝友

增輯

楚寶卷第二十四

明湘潭周聖楷伯孔輯纂

孝　友

尹伯奇

尹伯奇，周内史吉甫之子也。母死，吉甫更娶，後妻生子曰伯邽，乃譖伯奇於吉甫曰："伯奇見妾美色，有欲心。"吉甫曰："伯奇爲人慈仁，安有此也？"妻曰："試置空居中，君登樓察之。"後妻乃取毒蜂緣衣領，伯奇前持之。於是吉甫大怒，放之於野。伯奇乃集芰荷以爲衣，採楟花以爲食。晨朝履霜，自傷見放，於是援琴鼓之而作操曰："履朝霜兮採晨寒，考不明吾心兮聽讒言。孤息别離兮摧肺肝，何辜天兮遭斯愆。痛没不同兮恩有偏，誰能流顧兮知我冤。"會吉甫從宣王出遊，伯奇乃歌以動宣王。宣王聞之曰："此放子辭也。"吉甫乃收伯奇，射殺後妻。

揚雄《琴清英》曰：尹吉甫子伯奇至孝，後母譖之，自投江中。衣苔帶藻，忽夢見水仙，賜之美藥。思惟養親，揚聲悲歌。船人聞而學之。吉甫聞船人之聲，疑似伯奇，援琴作《子安之操》。

《顔氏家訓》曰：吉甫，賢父也；伯奇，孝子也。賢父御孝子，合得終于天性，而後妻間之，伯奇遂放。曾參婦死，謂其子曰："吾不及吉甫，汝不及伯奇。"王駿喪妻，亦謂人曰："我不及曾參，子不如華元。"並終身不娶。此等足以爲戒。其後假繼慘虐孤遺，離閒骨肉，傷心斷腸者，何可勝數。慎之哉！慎之哉！

棄　疾

棄疾者，楚令尹子南之子也。楚觀起有寵于令尹子南，未益禄而有馬數十乘，楚人患之，王將討焉。子南之子棄疾爲王御士，王每見之必泣。棄疾曰："君三泣臣矣，敢問誰之罪也？"王曰："令尹之不能，汝所知也，國將討焉，爾其居乎？"對曰："父戮子居，君焉用之。洩命重刑，臣亦不爲。"王遂殺子南于朝，環[①]觀起于四竟。子南之臣謂棄疾："請徙子尸于朝。"曰："君臣有禮，唯二三子。"三日，棄疾請尸，王許之。既葬，其徒曰："行乎？"曰："吾與殺吾父，行將焉入？"曰："然則臣王乎？"曰："棄父事讎，吾弗忍也。"遂縊而死。

聖楷曰：棄疾者，楚令尹子南之子也。康王欲討子南而三泣其子，知其子之必死也。棄疾不洩君命而與殺其父，亦知其父之必死也。父子俱死，君臣始安。楚雖伯國，大義凜然若此。後世之爲人臣、爲人子者，一處嫌疑之際，輒多决裂之行，甚至鋒加元首，刃出於腹，可勝道哉！眉山論武庚，所以有取于棄疾也。

伍　尚

伍尚，伍奢之子，爲楚棠邑宰。初，平王在蔡，生太子建，及即位，使伍奢爲之師。費無極爲少師，無寵焉，欲譖諸王曰："建可室矣。"王爲之聘于秦。無極與逆，勸王取之，而使太子建居于城父。既

① 環，《左傳》作"轘"，杜預注："轘，車裂以徇。"

又言于楚子曰：“建與伍奢將以方城之外叛，自以爲猶宋、鄭也。齊、晉又交輔之，將以害楚，其事集矣。”王信之，問伍奢。伍奢對曰：“君一過多矣，何信於讒？”王執伍奢。無極曰：“奢之子材，若在吴，必憂楚國。盍以免其父召之？彼仁，必來。不然，將爲患。”王使召之曰：“來，吾免而父。”棠君尚謂其弟員曰：“爾適吴，我將歸死。吾知不逮，我能死，爾能報。聞免父之命，不可以莫之奔也；視親爲戮，不可以莫之報也。奔死免父，孝也；度功而行，仁也；擇任而往，知也；知死不辟，勇也。父不可棄，名不可廢，爾其勉之！相從爲愈。”伍尚歸。奢聞員不來，曰：“楚君、大夫其旰食乎？”楚人皆殺之。員如吴。

聖楷按：今應天江浦縣即楚棠邑地。《輿地廣記》云：伍尚爲棠邑宰，多惠政，民稱棠君。

石　奢

石奢者，楚昭王士也。其爲人公正而好義，王使爲理。於是庭有殺人者，石奢追之，則其父也。遂反於庭曰：“殺人者，僕之父也。以父成政，不孝；不行君法，不忠。弛罪廢法而伏其辜，僕之所守也。”伏斧鑕，命在君，君曰：“追而不及，庸有罪乎？子其治事矣。”石奢曰：“不私其父，非孝也；不行君法，非忠也；以死罪生，非廉也。君赦之，上之惠也；臣不敢失法，下之行也。”遂不離鈇鑕，刎頸而死于庭中。

聖楷曰：石奢身爲士而父殺人于庭，此時惟有一死可以贖父全法，更無他路可走，故奢一則曰“以父成政不孝”，再則曰“不私其父非孝”，古人看孝字如此分明，委曲一片苦心，豈徒悻悻而死也。説者乃欲引舜之事以相例，固哉！按，太史公《循吏傳》云“石奢爲楚昭王相，堅直廉正，無所阿避。行縣，道有殺人者”云云。今從《新序》。

莊　　善

莊善者，楚人也。白公之難，善辭其母，將往死之。其母曰："棄其親而死其君，可謂義乎？"善曰："吾聞事君者，内其禄而外其身。今所以養母者，君之禄也，身安得無死乎？"遂辭而行。比至公門，三廢車中。其僕曰："子懼矣？"曰："懼。""懼何不反？"善曰："懼者，吾私也；死義，吾公也。聞君子不以私害公。"及公門，刎頸而死。

聖楷曰：莊善三廢車中，非懼死也，懼其母之不終養也。此刻剛腸何止寸斷。使少一轉念，便不能爲殺身成仁之事。故曰："懼者，吾私也。"壯矣哉！

申　　鳴

申鳴者，楚士也。治園以養父母，孝聞於楚王，召之。申鳴辭不往。其父曰："王欲用汝，何爲辭之？"申鳴曰："何舍爲子乃爲臣乎！"其父曰："使汝有禄於國，有位於廷，汝樂而我不憂矣。我欲汝之仕也。"申鳴曰："諾。"遂之朝受命。楚王以爲左司馬。其年遇白公之難，殺令尹子西、司馬子期。申鳴因以兵入衛。白公謂石乞曰："申鳴，天下勇士也。今將兵，爲之奈何？"石乞曰："吾聞申鳴孝子。"劫其父以兵，使人謂申鳴曰："子與我則與子楚國，不與我則殺乃父。"申鳴流涕而應之曰："始則父之子，今則君之臣，已不得爲孝子矣，安得不爲忠臣乎？"援桴鼓之，遂殺白公。其父亦死焉。王歸賞之。申鳴曰："受君之禄，避君之難，非忠臣也；正君之法，以殺其父，又非孝子也。行不兩全，名不兩立，悲夫！若此而生，亦何以示天下之士哉！”遂自刎而死。

聖楷曰：莊善、申鳴俱以孝稱于楚。然于白公之難，一則不顧其母，一則不顧其父，何哉？蓋既以君之禄養母，即不得以君之身事母；既以父之命事君，即不得以父之身背君。古人忠孝兩路，十字分明，故不徒奉養孺慕爲孝，而以盡忠死節爲孝也。如以奉養孺慕爲孝，則必以蒲伏選懦爲忠。不幸而逆鱗犯難，又安得有剖心碎首之臣乎？此王遵所以叱馭於九折阪，而周處决一死以西征也。

申 喜

申喜者，楚人也。亡其母。聞乞人歌于門下而悲之，動於顔色，謂門者内乞人之歌者，自覺而問焉，曰：“何故而乞？”與之語，蓋其母也。

《淮南子》曰：“老母行歌而動申喜，精之至也。”高誘注云：“申喜，楚人。”

聖楷按：《風俗通》引九江太守武陵威生不識母，常自悲感。游學京師，還於陵谷中見一老母，年六十餘，因就問母姓爲何，曰：“陳家女李氏。”“何故獨行？”曰：“我孤獨，欲依親家子。”威再拜，長跪自白曰：“子威少失慈母，姓陳，舅氏亦李。又母與亡親同年，會遇于此，乃天意也。”因載歸家供養，以爲母。此事與申喜略相類。當其未得則悲，既得則喜，必有一種痛切之情與之相感，而非旁觀所能喻者。豈得等于道路之人而遽爲定省乎？應劭以爲愆禮，吾所未解。

古　初

古初，長沙義士也。父喪未葬，鄰人火起，及初舍下，棺不可移，初冒火伏棺上。俄而火滅。時郅惲遷長沙太守，聞其事，甄異之，以爲首舉。

聖楷按：郅惲字君章，汝南人。年十二失母，居喪過禮。及長，理《韓詩》《嚴氏春秋》，明天文曆數。因上書諫王莽，莽怒，繫獄。會赦得出。乃與同郡鄭敬南遁蒼梧。既而辭敬，客居江夏，教授。郡舉孝廉，爲上東城門候。帝常出獵，車駕夜還，惲拒關不開。帝令從者見面于門間，惲曰："火明遼遠。"遂不受詔。帝乃從東中門入。明日，賜布百匹。貶東中門候。復令惲授皇太子《韓詩》，侍講殿中。及郭皇后廢，太子不自安，惲亦遷長沙太守。後坐事免歸，以病卒。事詳《後漢書》。今《長沙府志》不載。

孟　宗

孟宗，字恭武，江夏人也。後避皓字，改名仁。少從南陽李肅學，其母爲作厚褥大被。或問其故，母曰："小兒無德致客，學者多貧，故爲廣被，庶可得與氣類接也。"其讀書夙夜不懈，肅奇之，曰："卿宰相器也。"初爲驃騎將軍朱據軍吏，將母在營。既不得志，又夜雨屋漏，因起涕泣，以謝其母。母曰："但當勉之，何足泣也。"據亦稍知之，除爲監池司馬。自能結網，手以捕魚，作鮓寄母，母因以還之，曰："汝爲魚官，而以鮓寄我，非避嫌也。"遷吴令。時皆不得將家之官。每得時物，未以寄母，常不先食。及聞母亡，犯禁委官。語在《權傳》。特爲減死一等，復使爲官，蓋優之也。宗母嗜筍，冬節將至，時筍尚未生，宗入竹林哀歎，而筍爲之出，得以供母。皆以爲至孝之所致感。累遷光禄勳，至司空卒。

《吴主孫權傳》：嘉禾六年春正月，詔曰："夫三年之喪，天下之達制，人情之極痛也。賢者割哀以從禮，不肖者勉而致之。世治道泰，上下無事，君子不奪人情，故三年不逮孝子之門。至於有事，則殺禮以從宜，要絰而處事。故聖人制法，有禮無時則不行。遭喪不奔，非古也。蓋隨時之宜，以義斷恩也。前故設科，長吏在官，當須交代，而故犯之，雖隨糾坐，猶以廢曠。方事之殷，國家多難，凡有官司，各宜盡節，先公後私。而不恭承，甚非謂也。中外群僚，其更平議，務令得中，詳爲節度。"顧譚議以爲："奔喪立科，輕則不足以禁孝子之情，重則本非應死之罪，雖嚴刑益設，違奪必少。若偶有犯者，加其刑則恩所不忍，有減則法廢不行。愚以爲長吏在遠，苟不告語，勢不得知。比選代之閒，若有傳者，必加大辟，則長吏無廢職之負，孝子無犯重之刑。"將軍胡綜議以爲："喪紀之禮，雖有典制，苟無其時，所不得行。方今戎事，軍國異容，而長吏遭喪，知有科禁，公敢干突，苟念聞憂不奔之恥，不計爲臣犯禁之罪，此由科防本輕所致。忠節在國，孝道立家，出身爲臣，焉得兼之？故爲忠臣，不得爲孝子。宜定科文，示以大辟。若故違犯，有罪無罪①。以殺止殺，行之一人，其後必絶。"丞相雍奏從大辟。其後吴令孟宗喪母奔赴，已而自拘於武昌以聽刑。陸遜陳其素行，因爲之請。權乃減宗一等，後不得以爲比。因此遂絶。

《孟宗别傳》曰：孟宗爲光禄勳，大會，宗先少酒，偶有强者，飲之一盃便吐。權詔司察，宗吐麥飯，察者以聞，上乃歎曰："至德清純如此。"

① 罪，據《三國志·吴書·孫權傳》及崇禎本當作"赦"。

聖楷按：孟宗於孫休永安五年冬，始以光禄勳爲御史大夫，孫皓寶鼎三年春爲司空，建衡三年冬卒。又《别傳》云嘗爲豫章太守，人思其惠，路有行歌，故時人之生以孟爲名。

庾黔婁

庾黔婁，字子貞。父易，自新野徙居江陵。黔婁少好學，多講誦《孝經》，未嘗失色於人。南陽高士劉虯、宗測並歎異之。起家本州主簿，遷西平行參軍，出爲編令，治有異績。先是，縣境多獸暴，黔婁至，獸皆渡往臨沮界，當時以爲仁化所感。齊永元初，除孱陵令。到縣未旬，易在家遘疾，黔婁忽然心驚，舉身流汗，即日棄官歸家。家人悉驚其忽至。時易疾始二日，醫云："欲知差劇，但嘗糞甜苦。"易泄痢，黔婁輒取嘗之，味轉甜滑，心逾憂苦。至夕，每稽顙北辰，求以身代。俄聞空中有聲曰："徵君壽命盡，不復可延。汝誠禱既至，止得申至月末。"及晦而易亡，黔婁居喪過禮，廬于冢側。和帝即位，將起之，鎮軍蕭穎胄手書敦譬，黔婁固辭。服闋，除西臺尚書儀曹郎。

梁臺建，鄧元起爲益州刺史，表黔婁爲府長史，巴西、梓潼二郡太守。及成都平，城中珍寶山積，元起悉分與僚屬，惟黔婁一無所取。元起惡其異衆，厲聲曰："長史何獨爾爲？"黔婁示不違之，請書數篋。尋除蜀郡太守，在職清素，百姓便之。元起死于蜀，部曲皆散，黔婁身營殯殮，攜持喪柩歸鄉里。

東宫建，以本官侍皇太子讀，甚見知重。詔與太子中庶子殷鈞、中舍人到洽、國子博士明山賓等，遞日爲太子講五經義。遷散騎侍郎、荆州大中正。卒時年四十六。

聖楷曰：庾黔婁，高士之子也，性復純孝，故爾齧指心痛，上感北辰，流虹鋟玉，斯其著矣。若夫猛獸表治縣之績，篋書高幕府之風，以視巢、許，豈有閒乎？即使於陵、肩吾徐步庭幃，笙簧文苑，未見其難爲兄也。

韓係伯

韓係伯，襄陽人也，事父母謹孝。襄陽土俗，隣居種桑樹於界土爲誌。係伯以桑枝蔭妨他地，遷界上開數尺，隣畔隨復侵之。係伯輒更改正。久之，隣人慙愧，還所侵地，躬往謝之。建元三年，蠲租税，表門閭。以壽終。

聖楷曰：韓係伯，謹孝人也。念桑陰之妨地，輒受侵而不悔。是不獨以界讓其隣，而且以照臨讓天，雨露讓地矣。大哉孝乎！夫一樹桑之微，而至于動衰俗之慚愧，補天地之有憾，若使居高臨下，永言孝思，其德教寧有既哉！彼王漸之詣門高誦、張融之凌雲一笑，爲多事也。

柳 霞

柳霞，字子昇。其先河東解人，曾祖卓，晉汝南太守，始自本郡徙居襄陽。霞幼而爽邁，篤好文學，動合規矩。其世父慶遠特器異之，謂霞曰："吾昔逮事伯父太尉公，嘗語吾云：'我昨夢汝登一樓，樓甚峻麗，吾以坐席與汝。汝後名宦必達，恨吾不及見耳。'吾向聊復晝寢，又夢將昔時坐席還以賜汝。汝之宦位，當復及吾。特宜勉厲，以應嘉祥也。"

梁西昌侯深藻鎮雍州，霞時年十二，以民禮修謁，風儀端肅，進止詳雅，深藻美之。試遣左右踐霞衣裾，欲觀其舉措。霞徐步稍前，曾不顧盼。除尚書工部郎，謝舉時爲僕射，引霞與語，深嘉之，顧謂人曰："江漢英靈，見於此矣。"歷仕至車騎大將軍、儀同三司、大都督，爵聞喜縣公。

及蕭詧踐帝位於江陵，以襄陽歸於魏。霞乃辭詧曰："陛下中興鼎運，龍飛舊楚。臣昔幸會，忝奉名節，理當以身許國，期之始終。自晉氏南遷，臣宗族蓋寡，從祖太尉、世父儀同、從父司空，並以位望隆重，遂家於金陵，惟留先臣獨守墳柏，常誡臣等，使不違此志。今襄陽既入北朝，臣若陪隨鑾蹕，進則無益塵露，退則有虧先旨。伏願曲垂照鑒，亮臣此心。"詧重違其志，遂許之。因留鄉里，以經籍自娱。

周太祖世宗頻有徵命，霞固辭以疾。及詧殂，霞舉哀，行舊君之服。寶定中，又徵之，霞始入朝。授霍州刺史。霞導民務先以德，再三不用命者，乃微加貶異，示之恥而已。其下感而化之，不復爲過。咸曰："我君仁惠如此，其可欺乎。"太和中卒，時年七十二。

霞有志行，初爲州主簿，其父卒於揚州，霞自襄陽奔赴，六日而至，哀感行路，毁瘁殆不可識。後奉喪泝江西歸，中流風起，舟中之人相顧失色，霞抱棺號慟，愬天求哀，俄頃風浪止息。其母常乳間發疽，醫云："此病無可救之理，唯得人吮膿，或望微止其痛。"霞應聲即吮，旬日遂瘳，咸以爲孝感所致。性又温裕，略無喜愠之容。弘奬名教，未嘗論人之短。尤好施與，家無餘財。臨終遺誡薄葬，其子等並奉行之。有十子，靖、莊最知名。

《周書》贊曰：柳霞立身之道，進退有節。觀其眷戀墳壠，其孝可移於朝廷；盡禮舊主，其忠可事於新君。夫能推此類以求賢，則知人幾於易矣。

樂　頤

樂頤，《南史》作頤之，字文德。其先南陽涅陽人。世居南郡。少而言行和謹。仕爲京府參軍，父在郢州病亡，頤忽思父涕泣，因請假還，中路果得父凶問，頤便徒跣號咷。出陶家後渚，遇商人附載西上，水漿不入口數日。嘗遇病，與母隔壁，忍痛不言，齧被至碎，恐母之哀己也。

湘州刺史王僧虔引爲主簿，以同僚非人，棄官去。吏部郎庾杲之常往候，頤爲設食，枯魚菜菹而已。杲之曰："我不能食此。"母聞之，自出常膳魚羹數種。杲之曰："卿過於茅季偉，我非郭林宗。"仕至郢州治中，卒。

弟預，亦孝。父臨亡，執其手以託郢州行事王奐。預悲感悶絶，吐血數升，遂發病。官至驃騎録事。隆昌末，預謂丹陽尹徐孝嗣曰："外傳藉藉，似有伊、周之事。君蒙武帝殊常之恩，荷託付之重，恐不得同人此舉。人笑褚公，至今齒冷。"孝嗣心甚納之。建武中，爲永世令，民懷其德。卒官。時有一老嫗行擔槲蔌葉將詣市，聞預死，棄擔號泣。

《南齊書》曰：鴈門解仲恭，亦僑居南郡，家行敦睦。得纖毫財利，輒與兄弟平分。母病，經時不差，入山採藥，遇一老父，語之曰："得丁公藤，病立愈。此藤近在前山際高樹垂下便是也。"忽然不見。仲恭如其言得之，治病，母即差。至今江陵人猶有識此藤者。

按：此事原載本傳，後似不倫，故附記之。又《南史》作解叔謙，其敘丁公藤亦不同。

雙泰貞

雙泰貞，徐州人。南宋時沈攸之攻郢城，招集才力之士，泰貞召不肯來，攸之遣十人被甲追之，泰貞射殺數人。欲過家將母去，事迫不獲，走入蠻。追者至，掠其母去。泰貞聞之，乃自歸。攸之不罪，曰："此孝子也。"賜錢一萬，轉補隊長。

聖楷曰：雙泰貞以才力著稱，而不肯受召，其人必有超于才力之外者。觀其射殺數人，將母不獲，而後以其身來歸，豈一萬錢、一隊長可得而動其心哉！嗟乎，英雄處亂世，往往不幸失身於人，如徐庶之依曹，而終沉淪于下位，亦足悲矣。

孫普濟

孫普濟，長沙臨湘人。南齊時居喪未葬，鄰火將及舍，普濟號慟伏棺上，以身蔽火。鄰人往救之，焚炙將絶，累日乃蘇。

聖楷曰：孝子之事其親也，頂踵可捐，水火可蹈，未有親在焚灼之中而不以身赴之者。孫普濟與義士古初同一里巷，聞風興感，致其中痛，豈有他念哉！乃後世忍人以刲股割肝爲苦孝，禁行旌表，是使血誠之子不及羊、烏，飾僞之兒等于曾、閔，天經地義，於斯泯滅，可勝歎哉！可勝歎哉！

王玄紹

王玄紹，江陵人。與弟孝英、子敏兄弟三人，特相友愛。所得甘旨新異，非共聚食，必不先嘗。孜孜色貌，相見如不足者。及西臺陷没，玄紹以形體魁梧，爲兵所圍，二弟争共抱持，各求代死，終不得解，遂并命爾。

北齊顔之推曰：兄弟者，分形連氣之人也。方其幼也，父母左提右挈，前襟後裾，食則同案，衣則傳服，學則連業，遊則共方。雖有悖亂之人，不能不相愛也。及其壯也，各妻其妻，各子其子，雖有篤厚之人，不能不少衰也。

又曰：兄弟之際，異于他人。望深則易怨，他親則易弭。譬猶居室，一穴則塞之，一隙則塗之，則無頹毁之慮。如雀鼠之不恤，風雨之不防，壁陷楹淪，無可救矣。僕婢之爲雀鼠，妻子之爲風雨，甚哉！

聖楷曰：玄紹事略見《顔氏家訓·兄弟篇》中，故併録其一二刺骨語，俾薄於兄弟者，一究圖之。

力僧護

力僧護，江陵人。父力昌死，其母欲追薦之，乏貲。護時五歲，謂母曰："何不將兒賣以易錢？"母乃哽咽，抱市鬻錢薦之。母後憶子，目盲。僧護隨客之蜀，念母，痛死者數。後還江陵，尋母得見。齋戒叩禱，以水嗽口，爲母舐其目，復明。

聖楷曰：仲尼稱毁不滅性，教民無以死傷生也。生者不傷，則死者亦逸矣。力僧護衰絰遺孩，何知禮教？其母惑於追薦之説，而忍鬻其子，故僧護亦動于愛父之誠，而頓捨其軀。使死者有知，其能不抱恨于泉壤乎？厥後母既喪明，而僧護來歸，未必非天道也。

尹　怦

尹怦，字守忠，襄陽人。父嗣宗居喪踰禮，唐貞觀中特蒙旌辟，結廬墳側，若將終焉。怦時年十三，竭力畎畝，勤苦備養。父疾篤，怦不解衣歷年，形貌頓瘠，幾至隕滅。父卒，廬墓負土成墳，朝夕號慟，有紫芝産墓側。州將楊洪武奏怦誠信著于鄉閭，淳孝通于幽顯。龍朔中，刺史封道洪改其閭爲南陔里。張柬之爲記。子慕先，字冬[illegible]。孫仁恕，字南金。皆有孝行，被旌表。

聖楷曰：尹怦四世皆以孝聞，紫芝之瑞，非偶然也。至今襄陽城東南有孝義井，相傳爲尹怦孝子故宅中井。庶幾《南陔》之咏，想見伊人。

龐天祐

龐天祐，江陵人。以經籍教授里中。父疾，天祐割股食之。疾愈，又復病目喪明。天祐號泣祈天，舐之。父年八十有餘，大中祥符四年卒。天祐負土封墳，結廬其側，晝夜哀號不絶。知府陳堯咨親往致奠，上其事。詔旌表門門[①]。天祐家無儋石儲，居委巷中，堯咨爲徙里門之右。

聖楷曰：《宋史》稱："太祖、太宗以來，子有復父仇而殺人者，壯而釋之；刲股割肝，咸見褒賞；至於數世同居，輒復其家。一百餘年，孝義所感，醴泉、甘露、芝草、異木之瑞，史不絶書。宋之教化有足觀者。"噫，由此論之，若龐天祐，世豈無其人哉？第不得長吏如陳堯咨輩爲之上聞，則亦泯泯委巷中耳。

陳道周

陳道周，湘潭人。少孤，事母至孝，常自進盥。及饋必拜，禮無遺者。家貧，竭力奉甘旨，侍膳，未徹不敢退。非有他故，終日不離母側。母亡，旦夕哀毁，酸感行路。葬縣郭西北，廬墓所，自陶磚甃墓，胼胝塗滅，日成五甓，藉以袵，號泣進之，已拜而退，以是爲常。邑人往觀者日以百數，無不隕涕。於是歷四年而塚乃成，高三尺。甃畢，道周繼亡，祔葬母傍。鄉人哀之，爲立碑，表曰宋孝子母墓。

聖楷曰：按長沙舊志云：孝子墓始爲側近，豪民攘奪侵毁，墓磚零落，鞠爲荒草。元知州王奉議下車之初，首敦教化，登邱覽

① 門，據崇禎本當作"閭"。

古，憐傷孝子之心，亟命奪故地，禁止侵犯，捐俸爲之封樹，孝子華表，乃復舊觀。至皇明萬曆乙卯歲，邑侯秀水包鴻逵重修拓之，因請與宋死難縣丞李長庚並祀學宫，一時歎爲盛典。然其墓近在城西北委巷中，易爲居民所逼，漸有不保之勢，可爲心惻。

孫景修

孫景修，長沙人。宋咸平間舉進士，仕至太常少卿。嘗撰《古今家戒》一書，潁濱蘇轍序之曰："老子曰：'慈故能勇，儉故能廣。'或曰：'慈則安能勇？'曰：'父母之於子也，愛之深，故其爲之慮事也精。以深愛而行精慮，故其爲之避害也速，而就利也果。此慈之所以能勇也。非父母之賢於人，勢有所必至矣。'轍少而讀書，見父母之戒其子者，諄諄乎惟恐其不盡也，惻惻乎惟恐其不入也，曰：嗚呼，此父母之心也哉！師之於弟子也，爲之規矩以授之，賢者引之，不賢者不强也；君之於臣也，爲之號令以戒之，能者與之，不能者不取也；臣之於君也，可則諫，不則去；子之於父也，以幾諫，不敢顯。皆有禮存焉。父母則不然。子雖不肖，豈有棄子者哉？是以盡其有以告之，無憾而後止。《詩》曰：'泂酌彼行潦，挹彼注兹，可以饋饎，豈弟君子，民之父母。'夫雖行潦之陋而無所棄，猶父母之無棄子也。故父母之於子，人倫之極也，雖其不賢，及其爲子言也，必忠且盡，而况其賢者乎？太常少卿、長沙孫公景修，少孤而教於母，母賢能就其業。既老而念母之心不忘，爲《賢母録》以致其思。既又集古今家誡，得四十九人，以示轍曰：'古有爲是書者，而其文不完，吾病焉，是以爲此，合衆父母之心，以遺天下之人。庶幾有益乎？'轍讀之而歎曰：'雖有悍子忿鬬於市，莫之能止也，聞父之聲，則斂手而退，市人之過之者，亦莫不泣也。慈者之心，人皆有之，特患無以發之耳。今是書也，要將以發之歟？雖廣之天下可也。自周公以來至於今，父戒四十五，母戒四，公又將益廣之未止也。’”

聖楷曰：孫景修、丁維皋，俱長沙人。雖未詳其生平，然而諄諄父母之感、宗族之慮，有今人所不能及者。嘗閲《漢通紀》，順帝永和三年九月，以光禄勳長沙劉壽爲司徒，至漢安元年十月始免。夫司徒之位，可謂尊矣，在位五年，可謂久矣。乃考其人，卒泯泯焉。彼所謂高爵厚禄，熏灼一時者，以二公視之，不猶腐鼠乎？夫二公之書，託其人以傳，猶能自見若此，若夫行成於内而名立於後世，又何如哉！二書目具載《文獻通考》。

丁維皋

丁維皋，長沙人。宋紹興末撰《皇朝百族譜》四卷，周益公爲之序曰：“君子之著書也，有心於勸戒，而無意於好惡，然後可以施當今而傳來裔。昔者，世系之學，蓋嘗盛矣，姓有苑，官有譜，氏族有志，朝廷以是定流品，士大夫以是通婚姻。然行之一時，其弊有不勝言者，何也？好惡害之也。是故進新門則退舊望，右膏粱則左寒畯。進而右者以爲榮，榮則夸，夸則必侈；退而左者以爲辱，辱則怒，怒則必怨。以侈臨怨，則生乎其時者，悉力以逞憾；出乎其後者，貪名以自欺。此正倫所以鑿杜固，義府所以陷不辜，而無知如崇韜者，所以流涕於尚父之墓而不恥也。長沙丁公維皋，宿學耆儒，慨然以譜牒爲任，未有聞而不求，求而不得，得而不録也。日裒月聚，殆且百家，而又推其源流，條其派别，自微以至著，由遠以及近，疏戚窮達，可指諸掌。如嘗從其父兄而友其弟子也，如與之同鄉黨而接姻婭也，不亦博而知要也哉？維皋不鄙謂予，使序其首。予曰：‘不待序也。’然維皋之一[①]意不可以不明。蓋世臣巨室則必書，讀者可以知先烈之有貽，而思保其閥閲也；方

① “一”爲衍字，崇禎本無此字，當删。

興未艾則必書，讀者可以知將相之無端，而思大其門閭也。至於四姓小侯，重茵疊衮，則知無兩漢敗亡之禍；勳臣勞舊，傳龜襲紫，則知無三世道家之忌。上以彰國家人物之盛，下以爲子孫昭穆之辨，向所謂有心於勸戒而無意於好惡者，不在兹乎？他日其得益多，其編益詳，上之太史，傳之薦紳，予亦將乞其副而寓目焉。對千客而不犯一人之諱，或可勉也。

陳直齋《書録》曰：丁維皋《百族譜》，僅得百二十有三家，其闕遺尚多，未有能續裒集者。

聖楷曰：醴陵丁氏，固世族也。其先有丁雋，習《春秋》，熟于三傳，時人稱之。登第十七人，義聚三百口，家無閒言。祥[1]符間詔表其門。有丁公膺，紹興初爲高郵尉，拒金兵，力戰死之。朝廷旌其忠節，官其子倚爲衡山令。有丁公億，與兄公萬避難于鄉，賊得公萬，縛之將就炮烙，公億號呼，願以身代，賊義而舍之。有丁仁，擢進士第，累參淮蜀制幕。知無爲軍，依城築堰，郡人感德，名曰丁公堰。歷官湖北漕運使，退居二十年卒，年八十四。維皋豈即其苗裔耶？譜牒之撰，或亦感念其家世之忠孝而作歟？然益公序中亦未及之。又按《輿地記》，醴陵縣有角鯉池，宋天聖中，丁少連侍母於此觀魚，得大鯉，命作膾，庖人驚報魚頂生角，即放之。盧載爲作《送角鯉文》，因名池。夫丁少連又何人耶？文獻不足，姑附見之，俟再考。

周古象

周古象，蘄水人。元兵下淮，被虜至薊，贅蒙古氏。既生子，未嘗喜。妻問，曰："有母在，欲歸省。"妻許之，囑曰："母在，當奉

① "祥"上原衍"未"字，据崇禎本删。

養，勿以妾故復來。”及歸，母尚無恙。古象時年四十餘，奉養盡孝。母没，廬墓。妻亦終身不嫁。淮西憲僉幹堯莊爲立孝里門。

聖楷曰：古象既歸省而終養廬墓易，未歸省而思養其母難。古象之妻囑古象以歸養易，既歸養而終身不嫁難。何以言之？當離亂時，胡越亦解相憐，况復兒女情深？惟夫兩地既絶，他念易生，而各不負其初心，此即風化之流有未易及者矣。

劉琦

劉琦，岳州臨湘人。生二歲而母劉氏遭亂，陷于兵。琦獨事其父。稍長，思其母不置，常歎曰：“人皆有母，而我獨無。”輒歔欷泣下。及冠，請於父，往求其母。遍歷河之南北、淮之東西，數歲不得。後求得於池州之貴池，迎以歸養。其後十五年，父没，又三年，而母没。終喪猶蔬食。有司上其事，旌表其門曰孝義。

《元史·孝友傳》曰：世言先王没，民無善俗。元有天下，其教化未必古若也，而民以孝義聞者蓋不乏焉。豈非天理民彝之存于人心者，終不可泯歟？上之人苟能因其所不泯者，復加獎勸而興起之，則三代之治，亦可以漸復矣。

楚寶卷第二十四考異

新化鄧顯鶴湘皋述

孝　　友

石　　奢

石奢者，楚昭王士也。

顯鶴案：《史記》：石奢者，楚昭王相也。堅直廉正，無所阿避。行縣，道有殺人者，相追之，乃其父也。縱其父而還，自繫焉。使人言之王曰："殺人者，臣之父也，以父立政，不孝也；廢法縱罪，非忠也。臣罪當死。"王曰："追而不及，不當伏罪。子其治事矣。"石奢曰："不私其父，非孝子也；不奉王法，非忠臣也。王赦其罪，上惠也；伏誅而死，臣職也。"遂不受命，自刎而死。

柳　　霞

柳霞，字子昇。其先河東解人。

顯鶴案：柳霞，《南史》作柳遐。

太祖、世宗，頻有徵命。

案，太祖、世宗，當稱周太祖、周世宗。

樂　頤

鴈門解仲恭，亦僑居南郡。家行敦睦，得纖毫財利，輒與兄弟平分。母病，入山採藥，遇一老父，語之曰："得丁公藤，病立愈。此藤近在前山際高樹垂下便是也。"忽然不見。

顯鶴案：《南史》解仲恭作解叔謙，其傳丁公藤一事，亦與此異。《南史》傳云："解叔謙，字楚梁，鴈門人也。母有疾，叔謙夜於庭中稽顙祈福，聞空中語云：'此病得丁公藤爲酒便差。'即訪醫及《本草注》，皆無識者。乃求訪至宜都郡，遥見山中一老父伐木，問其所用，答曰：'此丁公藤，療風尤驗。'叔謙便伏拜流涕，具言來意。此公愴然，以四段與之，并示以漬酒法。叔謙受之。顧視此人，不復知處。依法爲酒，母病即差。"樂頤，《南史》作樂頤之。

建武中爲永世令，民懷其德。卒官。時有一老嫗，行擔槲簌葉，將詣市，聞預死，棄擔號泣。

案：《南史·樂頤之傳》：弟預，建武中爲永世令，人懷其德。卒官。時有一嫗，年可六七十，擔槲簌葉造市貨之。聞預亡，大泣，棄溪中曰："失我賢令，我孤獨老姥，政應就死耳。"市人亦皆泣。其惠化如此。

雙泰貞

雙泰貞，徐州人。南宋時沈攸之攻郢城。

顯鶴案：《南史・沈攸之傳》："初，攸之招集才力之士，隨郡人雙泰貞有幹力，召不肯來。後泰貞至江陵買賣，有以告攸之者，攸之因留之，補隊副，厚加料理。泰貞無停志，少日叛走。攸之遣二十人被甲追之，逐討甚急。泰貞殺數人，餘者不敢近。欲過家將母去，事迫不獲，單身走入蠻。追者既失之，録其母而去。泰貞既失母，乃出，自歸。攸之不罪，曰：'此孝子也。'賜錢一萬，轉補隊主。"案，泰貞隨郡人，周氏作徐州人，誤。宋時亦不宜稱南宋。

孫普濟

孫普濟，長沙臨湘人。

顯鶴案：《南史・滕曇恭傳》："時有徐普濟者，長沙臨湘人。"周氏作孫普濟，誤。

孫景修

孫景修，長沙人。宋咸平間舉進士，仕至太常少卿。嘗撰《古今家誡》一書，潁濱蘇轍序之。

顯鶴案：《湖南通志》引《劉摯集》："孫頎，字景修，號拙翁。曾祖匡替，祖雋，父成象，累世俱以行義著。頎，宋咸平間進士。知桂陽軍，遷湖北轉運使，終太常少卿。以才顯於世。少孤，受教於母，爲《賢母録》以致其思。弟禺，官靈川令。"周氏云未詳其生平，又以景修爲頎名，俱誤。按，孫頎《賢母録》，目見《文獻通考》，今其書不傳。吾友寧鄉黄虎癡本驥與其兄伯良本騏，少孤，母劉太孺人賢明，教之成立。伯良以孤露食貧發名成業，由於母訓，又與孫氏生同郡貫，爰采史傳所載賢母事蹟，上起陶唐，下訖明代，編爲四卷，仍名曰《賢母録》，未卒業而伯良死，虎癡爲續成刊行。

嘗閲《漢通紀》，順帝永和三年九月，以光禄長沙劉壽爲司徒，至漢安元年十月始免。夫司徒之位，可謂尊矣；在位五[①]，可謂久矣。乃考其人卒泯泯焉。

顯鶴案：《太平御覽》引《長沙耆舊傳》："劉壽，字均長，長沙人。官至太尉。少遇相師曰：'君鼻大，當貴。'順帝時爲洛陽令，歲旱，祈雨不得，暴身階庭，告誠引罪，自辰至午，甘雨登降。人爲之歌曰：'天久不雨，蒸人失所。精神感應，滂沱下雨。'"又案，《後漢書·順帝本紀》：永和三年九月己酉，光禄勳長沙劉壽爲司徒。注：劉壽，字伯長，臨湘人也。漢安元年冬十月，司徒劉壽免。以《太平御覽》考之，壽亦非泯泯無聞者，周氏以壽事牽入祝良。考祝良見《漢·龐參傳》，不言求雨事，未審何據。

---

① 據正文，此處脱"年"字，當補入。

楚寶卷第二十四增輯

新化鄧顯鶴湘臯述

孝　友

老萊子

老萊子，楚人。孝養二親，行年七十，作嬰兒戲，著五色斑斕之衣，戲舞於庭。嘗取水上堂，詐跌仆臥地，爲小兒啼。或弄雛鳥於親側，欲其喜。

顯鶴案：古今所傳孝子，其最著者如老萊子、伯奇、黄香、董永、孟宗之類，婦人孺子莫不知之。然皆楚産也。原書收老萊子妻入《列女傳》而遺萊子，今增輯《孝友》，亦接輿妻一收《隱逸》，一收《列女》之例也。

董　永

董永，青州千乘人。蚤喪母。靈帝中平中，黄巾起，渤海騷動。永奉父來楚。家貧，傭耕以養父，歿不能葬，貸錢里富人裴氏，約身爲奴償之。既葬，如裴氏，道逢一婦人求爲妻。永謝不可得，乃與俱往。裴難之曰："能爲我織絹三百縑，免若僕。"婦遂索絲，纔彌月，事竣，大驚異，放永歸。婦中途謂永曰："我天孫也。天帝感君純孝，而以煢然一身埤益裴富人。富人實勤操作，子何以堪？故不愛一人經緯取而代之，以明冲漠之無所負子也。吾不能久稽報命。”言訖，騰空去。後以故名其地曰孝昌。

顯鶴案：董永事見《孝子傳》，即俗所傳賣身葬父者也。宋孝武帝置孝昌縣以此。後唐改爲孝感縣。方志載孝感縣孝子獨多，亦閭巷濡染，有所感發與？《湖廣通志》：南宋以故名其地爲孝昌縣。考孝昌置於宋孝武帝，其稱南宋，謬也。案，董永之孝至於名縣，原書見遺，不可謂不疏矣。

夏侯叔仁

夏侯叔仁，長沙人。氏族單微。丁母憂，居喪過禮。同郡徐元休，弱冠知名，聞而弔焉。旬日之中，積刺盈案。

程　　曾

程曾，字孝孫，桂陽人。七歲亡母，號慕毁悴。王母哀憐，嚼食哺之。知有肉味，遂吐不食。

伍　　襲

伍襲，字世茂，武陵人。父没羌中，乃學羌語言衣服，與賓客入搆諸羌，令相攻襲。乘其仇，負喪而歸。葬畢，因廬墓所。每哭，有鹿距墳而鳴。漢法，死事之孤，皆拜郎中，而襲不忍受。吏迫之，乃掘室逃其中，吏不知處。

顯鶴案：夏侯叔仁、程曾事，一見《長沙耆舊傳》，一見《桂陽先賢畫讚》，《通志》從《太平御覽》采出。伍襲事見宋躬《孝子傳》。襲，晉時人，其稱漢法，對羌而言，非謂漢代也。又六朝時有蕭孝子者，泠道人，佚其名。舊有祠，在文昌門内褒忠廟後，基址略存。舊志載孝子爲趙宋時人。今案，泠道，漢隸零陵郡，隨省入營道，唐爲延唐，宋乾德三年改名寧遠。孝子泠道人，知非趙宋時明矣。

杜叔毗

杜叔毗，字子弼。其先杜陵人，徙居襄陽。蚤孤，事母孝。仕梁爲宜豐侯，蕭循府幕參軍。周文帝遣達奚武圍循於南鄭，遣叔毗詣周請和。使未反，而循參軍曹策、劉曉謀以城降。時叔毗兄君錫、從子映、映弟晰，並爲循參軍，各領部曲。策懼不同己，誣以謀叛加害焉。及循降，策至長安，叔毗朝夕號泣，具申冤狀，志在復讎。然恐坐及其母。母曰："汝兄横罹禍酷，痛切骨髓。曹策朝死，吾以夕殁，亦所甘心。"叔毗拜受母言，遂白日手刃策於京城，支解之，然後面縛就戮。周文嘉其志節，特命捨之。母喪，哀毁骨立，殆不勝喪。後爲陳人所禽，不屈死。

吉翂

吉翂，字彦霄，家居襄陽。翂幼有孝性，年十一，遭所生母憂，水漿不入口，殆將滅性，親黨異之。梁天監初，父爲吴興原鄉令，爲吏所誣，逮詣廷尉。翂年十五，號泣衢路，祈請公卿。行人見者，皆爲隕涕。其父理雖清白，而恥爲吏訊，乃虚自引咎，罪當大辟。翂乃撾登聞鼓，乞代父命。武帝異之，尚以其童幼，疑受教於人，敕廷尉蔡法度嚴加脅誘，取其欵實。法度乃還寺，盛陳徽纆，厲色問曰："汝求代父死，敕已相許，便應伏法。然刀鋸至劇，審能死不？且爾童孺，志不及此，必爲人所教，姓名是誰？若有悔異，亦相聽許。"對曰："囚雖蒙弱，豈不知死可畏憚？顧諸弟幼藐，唯囚爲長，不忍見父極刑，自延視息，所以内斷胸臆，上干萬乘。今欲殉身不測，委骨泉壤，此非細故，奈何受人教耶？"法度知不可屈撓，乃更和顔誘語之曰："觀君神儀明秀，足稱佳童。奚以此妙年，苦求湯鑊？"猶曰："凡鯤鮞螻蟻，尚惜其生，況在人斯，豈願齑粉？但父挂深劾，必正刑書，故思殞仆，冀延父命。"猶初見囚，獄掾依法備加桎梏，法度矜之，命脱其二械，更令著一小者。猶弗聽，曰："猶求代父死，死囚豈可減乎？"竟不脱械。法度以聞，帝乃宥其父。

丹陽尹王志求其在廷尉故事，并諸[①]鄉居，欲於歲首舉充純孝。猶曰："異哉，王尹何量猶之淺？夫父辱子死，斯道固然。若猶有靦面目，當其此舉，則是以父買名，一何甚辱！"拒之而止。

年十七，應辟爲本州主簿，出監萬年縣。攝官期月，風化大行。自雍還郢，鄉人連名薦猶，以爲孝行純至，明通《易》《老》，勑付太常旌舉。初，猶以父陷囚成悸疾，後因發而卒。

甄　恬

甄恬，字彦約，世居江陵。數歲喪父，哀感有若成人。家人矜其少，以肉汁和飯飼之，恬不肯食。年八歲，嘗問其母，恨生不識父，遂悲泣累日。忽若有見，言形貌，則其父也，時以爲孝感。家貧，養母常得珍羞。及居喪，廬於墓側，恒有烏玄黄雜色，集於廬樹。恬哭則鳴，

① 諸，據《南史》卷七四《孝義傳》當作"請"。

哭止則止。又有白鳩、白雀，棲宿其廬。州將始興王憺表其行狀，詔旌表門廬，加以爵位。官至安南行參軍。

顯鶴案：吉翂、甄恬事見《南史》。翂、恬皆世居荆襄，與劉虬、宗易一例。周氏於虬、易諸賢均采入《隱逸》《文苑》，何緣遺此至行？兹特爲增輯，以勸孝云。又案，《南史·封延伯傳》：何弘，衡陽人，疎從四世同居。譚宏寶，零陵人，四世同居。邵榮興、文獻叔皆武陵人，八世同居。范安祖、李聖伯、范道根，皆武陵人，五世同居。皆建元三年詔表門閭，蠲租税。又宋時漢陽張昌中，一名昌宗，累世同居。馮京贈詩曰：“一水瀠洄繞沌村，子孫苗裔此間存。同居八世三千口，可惜君恩未表門。”元時黄梅嚴仲祥九世同居，天曆中旌爲義門。

譚進頗

譚進頗，鄱人。馬殷據潭州，遣使徵四方丁壯，授進頗左殿直大將軍。家書至，報父喪母疾，進頗哀痛幾絶，上書乞治喪，不許。退語其下曰：“吾終不以一官易吾父。”即日奔赴。有司言進頗擅離軍次，王自將兵討之。進頗聞之曰：“死以孝，吾何恨焉。”乃血指寫書，自陳無叛意，書畢自刎。

唐　傑

唐傑，東安人。生四歲，即知孝愛。繼祖母蔣老而失明，傑舐之，輒有光。劇賊孔彦舟犯東安，盡驅邑人去。傑號泣詣賊營，負蔣以出。賊義而舍之。母有奇疾，食時胸腹彭亨。或教以導氣法，傑吸惡滿口，母即氣通得食。如是三年。父卒，以舌舐屍代沐浴。既葬廬墓，哀動山谷。所居忽生異木，一幹三花，皆堆綿起地數尺，合理而上；園植蔬果，皆同蒂雙實。紹興五年，州守熊彦謀上其狀，詔宣付史館，賜以束帛。

孫成象

孫成象，字乾曜，長沙人。性篤孝，事親能竭誠力，友弟以愛，居喪致哀謹禮，鄉里稱之。好學問，聞善見義，篤好力行。娶李氏，家多貲。嘗析其屋，同門壻以女分，每有所訴。成象曰："婚姻以利，末俗事也，而又以訟乎？是非士人之所爲。"因謝絶之。嘗以事出旁郡，而母以疾亡。既還，伏棺悲摧，累日不能飲食。忽撫其子曰："吾不爲無後死，當免於聖人乎？其從先君遊無恨。"號頓而終，年三十三。贈刑部侍郎。

顯鶴案：成象即孫景脩之父。景脩名頎。少孤，受教於母，爲《賢母録》以志其哀痛。潁濱序之，見原書《孝友傳》。劉摯撰成象墓志，稱湖湘衣冠，論治家可法者，推城南孫氏。蓋其家法然也。

程學曾

程學曾，孝感人。程穗長子，肫肫有至姓[①]。歲饑，隨父貸米戚家，主人輕之。曾忿曰："我弗力耕，使若輩辱翁耶？"卻之，竭胼胝爲養，退哺糠覈，自若也。繼母待之甚嚴，偶有撻罵，曾愉色長跪自責。母或盛怒，背之坐，曾膝行屢遷當母前。俟怒霽，得善言，然後

① 姓，據《康熙湖廣通志》當作"性"。

起。穏嘗被誣而逃，曾詣獄，經年乃得出。諸弟就外傅及外試，曾不避風雪，負米蔬以給之。萬曆甲寅，歲大饑，取婦機上布，易米餉諸弟。

李學梅

李學梅，字平橋，黄安人。家貧，嘗爲臬司掾。父母相繼亡，廬墓者六年。煢棲莽閒，暑雨一蓋，嚴冬一藁席。日他往，深夜必返。墓隔溪。一夜返，忽大雷雨，溪漲不可渡，乃持蓋望墓號曰："兒在此，兒在此。"如是者達旦。又一夜，積雪數尺許。有老儒者，意學梅苦雪，或他避也，深夜往瞯之。席藁臥不可辨，諦視，乃見雪中隱隱一髻，亦復不僵死。世宗崩，諸司哭臨，學梅伏庭下，哭獨哀。

學梅兄弟凡四人，父愛諸子，分田宅，凡便利者，皆與諸子。其大父不平，欲訟諸官。學梅跪膝下曰："兄弟一體也，奈何控孫訟子，以子懟父乎？"嘗督臬獄，不浼囚一錢，且爲饘粥飼囚之無告者。一囚法不應死，學梅争於上，竟生之，其囚卒不知所自。同邑耿恭簡定向爲作《李掾傳》。

王　威

王威，黄安人。幼失父母，從父時瑩撫存之。比長，娶張氏。時瑩多病，臥牀十餘年，坐起、飲食、櫛沐，即溲溺諸瑣委，須人扶掖護持，威躬親惟謹。時瑩病劇，喜怒失常，威及張百計將順，如慈嬰兒，如是者再。逾年，時瑩歿，尚有媪，事之如瑩。病劇，醫云得溲味辛甘，尚可活，威取密嘗焉。媪歿，威亦繼卒。張年僅二十餘，有孤八齡，家益落。張朝鋤夕紡者數十年。其門有未亡人者五，咸相勵，里更稱一門五節云。

張敬修

張敬修，江陵人，文忠公居正長子。萬曆八年進士，官禮部儀制司主事。居正籍没命下，江陵縣令逮敬修於烈日中，掠治慘酷，因諷以誣所怨及各大姓。敬修於獄中報刑部侍郎邱橓書云："先人當國數十年，賞賚之外無私入，賜第之外無別椽。剛介之節，海内共知。"語甚激痛。所司見書，考掠愈急。敬修乃咋血爲書，報其鄉人，决計一死以快怨者之心。怨者謂時相張四維也。敬修竟投繯死。事聞，詔留田宅一所，贍其祖母，事遂少解。

崇禎初，孫同厰[①]訟諸朝，詔復敬修官，旌其孝弟嗣修、懋修、允修。懋修，字斗樞，官修撰，清約如寒素。遘家難，冤憤投井，不死，不食累日，又不死。日抱其父手蹟，每有感觸，則嗚咽，哭不成聲。允修遭流寇之難，不食死。見《同厰傳》。

熊兆珪

熊兆珪，字元敬，江夏人，襄愍公廷弼長子。廷弼以遼事陷吏，議繫獄三年。兆珪百端營救。及廷弼死西市，魏璫大索兆珪。兆珪宵遁，步馳還江夏，足履俱穿。入門見母姊及家人，大哭。姊觸階一號而絶。廷弼既死，言者希璫旨，坐廷弼贓十七萬有奇，下諸子於獄。兆珪就逮日，盡籍其家所有，彙爲二册，無絲毫隱，一歸之官，一藏之家，泣曰："吾父直戇忠耳，何所得贓！吾不死，吾父冤終不白。"乃佯爲辦贓者，乞以弟兆璧代繫。既出獄，泣别母弟妻孥及親故，又往拜祖墓并

① 厰，據《明史》卷二一三《張居正傳》當作"敞"。

葬諸母之未葬者，退就獄，扃户作二書授僕曰：“一以報吾母，一以示縣官。”遂引刀自裁，時天啟七年正月十八日也。獄卒啟户視之，刀猶在手，血盈户矣。三日，屍始出，面如生。由是獄稍解。兆珪身長八尺，美鬢眉，肌膚如雪。其死也，天下冤之，鄉人私謚曰“孝烈”。弟兆璧，字仲敬，上疏乞收葬父骨。兆琮，字叔敬，死獻賊之難。

附録：元敬先生兆珪《報母書》：不孝兆珪死前血書痛上老母膝下。我家不知是前世冤、今世孽，父死法場，兒死縣獄，幼孤老寡，乞覓無依。前年父親受法，兒思伏闕剖心，以明父屈。但起眼一看，老母衰年，依託在兒一身，萬一復因兒死，致有不測，别生禍端，貽累老母，是兒一日作鬼，翻成萬世罪人。況且父屍未收，爺忠未白，以此腸百斷而又忍喘一夕之尚延。豈料禍中丁禍，本不敢輕死，無奈落在坑中，只得割萬恩難報之老母，捨一刻難離之幼弟，拋父親天大未白之情事。九天叫不應，九地哭不聞，悔將死忠不得、死孝不得之身，一朝屈死，望斷獄門，不得見老母一面，傷心傷心！伏乞老母切莫爲兒冤死急性痛哭，父親大事，幼弟一脈，全靠老人家一身是主。若急性過傷，是重兒不孝罪過，男死亦不瞑目。兒今陰侍父親於地下連朝，好歹總是一死，萬莫感傷。男身後事，開列於後，萬望依兒而行。

其示縣官書有云：臣節可戮而不可誣，士身可殺而不可辱。又云：窮家無私蓄，何以應之？丈夫有血性，惟一死耳。畢殘生於匕首，固所甘心；侍冤親於地下，政其至願。

附録：仲敬先生兆璧《乞收父骨疏》略云：先臣有文武才幹，孤忠自許，徒以剛直不撓，爲朋奸陷害。先人一死而東人稱觴，天下傷之。乃賊臣梁夢環傾心附翼，猶加以身後之誅，冤贓鉅萬。凶焰一張，追比如虎。籍家百不及一，致死兄熊兆珪刎死獄中，臣姊胡嘔血殞命，臣母陳白髮纍辱縣庭，僮婢箠死十餘口。聖朝三百年來，因事受法之臣，未有如是之冤且慘者！今先臣之首尚懸國門，殘屍久棄荒野，臣爲人子，既不能同兄姊從父於九原，又不能裹父屍而歸窀穸，安用生爲？是以萬里哀號，仰冀聖朝垂賜矜憫，察先臣勞可準罪，法浮於情，允臣領回父首并所棄餘骸，收歸蒿里，則聖朝帷蓋之仁，遠邁周文之澤朽。至若臣兄冤臟自殺，慘動國人，倘再邀皇上無外洪恩，略加憫念，俾天下人子相與言孝，人弟相與言弟，庶天下之人臣勸而相與言忠，聖治益光，皇仁遠被，臣生生世世頌戴無極矣。

楊山松

楊山松，字長蒼，武陵人，督師嗣昌長子。襲錦衣衛指揮，改授監紀同知。有才略。嗣昌督勦流賊，山松籌畫軍務，每夜達曙，軍中有“小楊”之號。嗣昌卒，哀毁不欲生，著《孤兒籲天録》，以雪父冤。弟山梓，山梓弟山櫲。山梓，字仲丹，襲錦衣衛百户，著《辨冤録》。山櫲，字季元。流寇陷常德，山櫲與兩兄募義復仇。賊令有能執楊氏一人者，與千金。山櫲竟爲伍伯所得，執至城南之龍灣。漁人伍立者，伏委巷突出，大呼曰：“楊氏世德在人，何負於汝？”出白挺斃伍伯，山櫲亦奪刀殺數人得脱。

顯鶴案：吾楚人傑如張文忠、熊襄愍、楊督師，俱以身繫天下安危，乃文忠不保其身後，襄愍受戮於生前，督師更得罪於清議。史册具在，公論昭彰，誠非鄉曲迂生所敢論説。然三家公子之賢孝，又何其若出一轍也。噫！

羅永高

羅永高，新化人。性純樸，躭經史。父銓病篤，永高竊嘗糞，妹見，乃大驚，詰其故。曰：“嘗聞症熱者糞必苦，可驗危否。”聞者歎美。一日拾遺金，訪其主還之。卒年九十。孫愈舉鄉試，爲清白吏。世以孝聞。事見《三楚文獻録》。

顯鶴案：周穀，新化人，與余居同里。萬曆閒以孝旌其事，與永高同里之婦孺，無不知有周孝子者。今案《明史·孝義傳》援《唐書》例，臚其姓氏，在洪武時則有桃源張注、祁陽郝安童。永樂時則有靖州方觀。《武岡志》亦有方觀，當是一人。天順閒則有湘陰邵敏。弘治閒則有寧鄉劉端、湘陰甘準、祁陽張機、善化陳大用、湘陰蘇純。萬曆閒則有黄岡唐治，光化蔡玉、蔡佩。天啟閒則有孝感施文星。皆以孝行旌其門，而周穀之名獨不見於傳。吁，閭巷一至之行，能以力達於朝者有幾，而史氏漏書，可惜也。又，《傳》載同居敦睦，則有七世同居之蒲圻李玘、五世同爨之石首王宗義、六世同居之永州唐汝賢、七世同居之孝感程昂，皆旌曰“義門”。又有王燾者，蘄水人，七世同居，一家二百餘口，人無閒言，洪武九年十一月詔旌爲孝義之門。而漵浦黄奉翠，九代同居，家至百口，國朝雍正中請祀忠孝祠。又，國朝鄧一隆，黄岡人，家世孝友，一隆尤恭謹勤儉。著家規十六條，家訓四十二章，月朔集男女，序班會講。婦女以黎明集内室，治女功。財物悉貯公所，一人掌其出入，服食無私。年老及有疾者，别優養之。自一隆高祖文書至曾孫丕槐，八世同居，人無閒言，雍正元年旌此，亦何減義門鄭氏。亟登之以爲有家者法。

彭　寀

彭寀，字少雲，茶陵人。學有根柢，張治與爲忘年交。母陳患消渴，惟飲雩山泉少止。寀家距泉所五里許，母疑僕憚遠汲，或入他水。寀無分晴雨，每晨必偕僕往汲。逾年，泉忽濁不可飲，母病加劇。寀乃爲文，刺指血書之，禱於神。俄宅南隅有紫脈隱起，如篆文“午廷”

字，掃之不滅。忽有清泉迸涌，甘洌過雩泉。母飲之，疾遂瘳。寀，嘉靖甲午舉於鄉，仕至少廷尉，始晤[1]“午廷”二字之驗。

唐治許恩

唐治，黄岡人。父柩在堂，鄰居火，治盡出貲財，募人舁柩，人各自顧，無應者。或挽之出，泣曰：“父柩在此，我死不出。”火息，後堂巋然獨存，柩亦無恙，而治竟熏灼伏柩死。

同時許恩，蘄水人。夜半鄰家失火，恩驚出，徧尋母不得，復突入，遂與母俱焚。

鄧希曾

鄧希曾，漵浦人。諸生。所居多山，一旦有虎自牖入，嚙其母左膝。希曾奮身曳虎尾，虎驚躍池水中，遂擊斃之。時人以爲孝勇。希曾，萬曆時人。

楊　逵

楊逵，新化人。蚤孤，事母唐氏盡孝。凡飲食，必先進於母乃敢嘗。定省之禮，朝夕不廢。母爲擇婚，謝曰：“人子不孝，多起於婦人。”辭弗娶。母詰以無後，逵願婚其二弟。家無恒産，其叔父與隙地，耕藝其中。又教童子習句讀，以資奉養。母疾篤，貧不能延醫，籲

① 晤，據《乾隆湖南通志》當作“悟”。

天割股肉，煮糜以進，病良已。母卒，哀毁骨立。既葬，廬墓三年。里人多感化焉。

顯鶴案：楊逵，《三楚文獻録》作新化人，《湖廣通志》同，《寶慶府志》作城步人。與族人矮孝子事絶相類，仲兄雲渠有《孝子傳》，附録於此。

《傳》略云：孝子者，余族人，故儒士學優之長子也。學優從先祖松堂府君遊，好學能文章。早卒。有子三。卒之日，孝子甫九齡，仲四齡，季猶在襁褓。母李氏，以節著。家有田數畝，孝子稍長，即勤耕作，母亦勤績紡助之。家漸裕，即爲兩弟謀婚。母欲長子先得匹，以次及兩弟。孝子曰："不可。使兒受妻子累，不得竭力以事母。且兩弟有婦可以任操作，有子可以承宗祧，兒可不有室也。"由是仲、季均授室，而孝子獨無妻。

已而仲死季病，孤雛寡鵠，食指日多，家遂落，母益憂之。孝子乃以沃壤易瘠土，貴售賤賃，以少易多，增歲之所入。里有棣木嶺，嶺多墾田及可種莜麥，土價最廉，糞多力勤，可收數倍。孝子罄所存膏腴産易之，構茅屋居其上。其地藜蒿滿目，絶無居民鄰舍。孝子披荆斬棘，獨力墾辟耕種，夜僅一犬相守。翠微深箐中，遠望烟痕一縷，燈光熒熒。盜賊亦知爲鄧孝子力耕養親地，相戒勿犯。數年，家稍給，母亦竟解憂。山中多畜雞豚，然未嘗輕一割以自嘗。距家二里許，五日一歸省，歸必持所畜以進母，從未見其有倦容。人有以餕餘遺其母者，孝子且泣且謝，曰："某母一生操潔，奈何以貧故嘗君餘羹。"人自是凡有饋遺，皆操苞苴簞食敬進，蓋深懼孝子之泣也。孝子無妻子累，而形容槁甚。向使先爲己謀，固不至於無妻與子，即不然，出胼胝之力以養尺寸之膚，亦奚至是？所以至是者，由恤孤寡以慰母心也。

孝子目不識丁，其父手澤獨珍藏，不肯一字與人。從子中有稍異者，必使之讀書，曰："非敢望汝成名，不忍使乃祖遺書一篋，無所寄也。"孝子先母卒。其病也，親戚來問者，必扶病長跽曰：

“吾不能事母矣。”語未竟，則長哭繼之。孝子死，無後，例不得祔祖塋。族叔顯鶴擇善地葬之，豎碣表道，大書“孝子鄧某之墓”。族人曰：“是不可以無傳也。”因綜其生平大略，藏之譜笥，以俟後之修譜者有所取焉。孝子名盛謙，字升讓。形短小，人呼爲“矮孝子”云。抑又聞學優生時之事母也，母患痰喘，學優以口受吐之。其誕孝子也，豈偶然哉！豈偶然哉！

李蓮珠

李蓮珠，蒲圻人，李甲之子。甲官四川，以討流賊死。越二十二年，蓮珠重趼由汴入秦，達益州，至新都所在，涕泣訪問，遺民莫有知者。倉皇走新都而西，忽遇僧槃寰於道次，詢之，得遺骸於庵中。哭曰：“吾父萬里孤忠，今相見於枯崖斷壑閒，誰表章者？”遂謁監軍道程鳳翔，請邮祀雅州名宦。扶柩歸蒲圻。

顯鶴案：蓮珠事見《湖廣通志》，與近世所傳翁孝子事頗類，并附録於此。

孝子翁姓，名運槐，餘姚人。父瀛，縣諸生。康熙三十一年，隨戚某赴廣西恭城任。夜泊祁陽，失所在，同舟久索不得，馳報其家，竝返其扃鎖行篋。時運槐八歲，弟運標三歲。其姊檢遺篋，失其鑰，以他物啟，得瀛《次新塘詩》，其末云：“霜濃古寺鐘開後，一點空明透佛燈。”蓋疑其逃緇黄閒也。卜於神，得讖曰：“扁舟風雨泊江干，兄弟相看夢寐閒。已分天涯成死别，誰知意外得生還。”三卜而三兆焉。運槐年十三，歷楚、粤、豫章，徧跡之不得，以病歸。雍正八年，運標成進士，乃與運槐更由故道之楚。一肩襆被，足繭萬山，凡琳宫梵宇，廢觀叢祠，必窮極險隘。時刺臂作血疏，號於神。更兩歲，無所遇，乃榜一舟曰：“餘姚翁某，尋父溯洄衡、永閒。”又半載，一日泊新塘，有土人鄭海還者，言三十年前其弟海生婦産子，海生走報婦家被溺，格敗葦，得不死。視葦中，有已溺屍，因瘞之白沙洲。計其年月，則瀛失所在之後二日也。海生妻收得鑰囊，是屍所佩物，因刺繡工藏之。運槐遣急足持歸，示其姊，果昔年手製奉父者。以鑰啟篋，牝牡脗合。於是信生還之讖，應於鄭氏兩名。遂號泣啟墓，易槥而封焉。至乾隆十一年，運標知武陵縣，即洲建啟鑰亭，置田若干畝，令鄭氏世董之。祁陽縣知縣爲顔其祠曰“永思”。

于子禮

于子禮，武岡人。父爲木工，子禮世其業。性謹篤。兄子仁故多幻術，子禮誡之曰：“兄勿惡作劇，累吾門。”兄既貴，子禮不改業。及子仁遭逮，子禮以匠役在京，乃囚服自械，蹌踉奔救，以母老乞留兄侍養，願代兄死。上感其意，復子仁官。子禮隨至任所，不入署，但曰：“兄今後宜知警，無自恃奇詭矣。”言訖遂别，仍赴役。上聞得實，並免其役。

劉文焕

劉文焕，廣濟人。洪武中與兄文輝運糧愆期當死，兄以長坐。文焕詣吏請代，叩頭流血。所司上其狀，並宥之，則兄已死矣。太祖特書“義民”二字旌之。

顯鶴案：《明史·孝義傳》：黄璽，字廷璽，餘姚人。兄伯震商十年不歸，璽出求之。經行萬里，不得蹤跡。最後至衡州，禱南岳廟，夢神人授以“纏綿盜賊際，狼狽江漢行”二句。一書生告之曰：“此杜甫《春陵行》詩也。春陵今道州，曷往尋之？”璽從其言。既至，無所遇。一日入廁，置傘道旁，伯震適過之，曰："此吾鄉之傘也。"循其柄而觀，見有"餘姚黄廷璽記"六字，方疑駭，璽出，問訊，則其兄也。遂奉以歸。

案：黄廷璽尋兄事甚奇，與翁孝子事可並傳，今附録于子禮、劉文焕之後，以勸天下之爲人弟者。嗚呼，友于道衰，鬩牆怨作，《棠棣》之詩不聞，尺布之謡競起。讀《上留田》之篇，可爲痛哭。

劉紹基

劉紹基，崇陽人。父病噎，累醫不效。或云啖黑猿肉可療。禱三日，走山中，索猿不獲，則刲股肉進。越三日，忽得猿於南谷，煮羹啖之，父疾果愈。又嘗爲父謁醫，遇雨，河漲作，大木從上流來，卒用濟。歷城李攀龍表其墓。

王仲才

王仲才，大冶人。業農，性至孝。父璋病篤，仲才籲天割左股，烹以進父，曰："予何能肉？"仲才諱曰："比得奇方，内有藥味調煮，第食之。"父乃强食，病痊。邑令聞而召之，仲才曰："吾救吾父耳，烏知所謂割股孝子哉？"卒不赴。

顯鶴案："吾救吾父，烏知所謂割股孝子哉？"至哉言乎！必如此，而後可以教孝。

胡安壽

胡安壽，邵陽人。性至孝。父守愈病篤，割股肉以進，旋愈。因貧，鬻身爲人奴，去家百里。母病，其弟報之。壽密禱神，以刀剖胸，割肝付弟以療母，復愈。郡守陶珙親驗股胸新舊痕，給以銀米，贖還所鬻，行縣優恤其家。將聞之朝，而珙以候代不果。

周　瑚

周瑚，新化人。家貧，喪父，旦夕哀毁。母曾氏復病，夜静籲天，乞以身代。病劇，割股肉入藥奉之，遂瘳。母詢何藥，不以告，妻子亦不知。及葬父，負土築墳，露股，母怪其傷痕，詰之至再四，始得其實。母子相持而泣，聞者驚嘆。有劉長合者，沅陵人，年十二，割股愈孀母疾。後爲諸生，有文譽。

彭有源

彭有源，《益陽志》作友元。字信宇，益陽人。天啟時，父學一病，有源年十九，齋戒禱於神，刲左臂肉以療，父輒愈。崇禎九年，母吴氏病篤，有源夢神謂之曰："得人肝，猶可療。"母正思羊肝，有源垂涕跪禱，擁刀剖胸割肝一片，烹以進母，食而愈。久之，餘肝露肉外如瘤，見者泣下。邑人羅喻義、郭都賢有《割肝吟》，士林争和之。崇禎閒，知縣胡應詔旌其門，督學高世泰爲之傳。

附録：督學高世泰《彭孝子傳》：彭孝子，名有源。父學一，製冠爲業。生四子，孝子最少。生而木質，習市事。性馴謹，語必尊神明、重天道。年十九，父病失血，齋戒禱於神，刲左臂肉以療其父，父輒愈。於是孝子謂行孝有驗，益力求與神明相感召。父愈十年，卒。奉其母吴氏，視父存有加。每裁口以市甘旨，約身以成温煖。妻湯氏，復能鍼紉操作，以給朝夕。丙子秋，母病骨痛，竟月不能起，又疽發潰掌間，咸謂無治理。孝子悲思，入夜忽夢大士手持一丸，附耳語之曰："爾母年壽將盡，若得人肝和此丸進之，猶可療。"驚起，走母所，則母正思羊肝。孝子曰："是殆神啟耶？"乃垂涕跪禱，以求神許。越三日，忽見諸神在户間，即澡身頂禮，舉刀捫心下，略得肺、肝所在，持刀自刺。一剖而血迸膜開，砉然有聲，又量其隙，尚不能出肝，加刀劑之，凡六剖而心出。遂乃緣心迸肺，緣肺迸肝，而孝子幾絶。先是，孝子之爲此也，雖其妻素知孝養，不敢與謀。及得肝，始呼其妻。妻至，抱持悲慟。有頃，孝子稍甦，令妻速煮肝以進母。母不知，欣然爲下筯[①]，再索，以汁進，又復瀝其餘滓傅母手瘡，瘡口即小斂。自是而孝子在九死間。事漸聞於隣里，往來聚觀贊歎，傾動一邑。有憐而授之醫食者。邑之人救孝子，又若救父母然。既而母愈，孝子猶未痊，肺棱棱出外，瘡不能合。衆爲禱於神，神見夢於里老曰："是孝子肺收之無難，欲出之百日，令世人遠近遍觀之耳。"縣尉某既詣門驗實，而鄉搢紳皆有詩以詠其事。江陵孝廉王文南爲之作傳。

顯鶴謹案：明代洪武間，山東守臣言日照民江伯兒母疾，割脇肉以療，不愈。禱岱嶽神，願殺子以祀，已，果愈。竟殺其三歲兒。太祖大怒，逮伯兒杖之，遣戍海南。禮臣言："卧冰割股，上古未聞。愚昧之徒，尚詭異，駭愚俗，割股不已，至於割肝，割肝不已，至於殺子。違道傷生，莫此爲甚。自今以後，聽其自爲，不

① 筯，據《同治益陽縣志》當作"箸"。

在旌表。”永樂間，江陰衛卒徐佛保等復以割股被旌，後遂格於例。我朝以孝治天下，閭閻奇行，咸與旌典。委巷之甿、匹夫匹婦、兒童穉弱之微，赫然得顯於朝廷，聞於後世，其所以扶樹人倫，敦厲末俗，意至深遠。伏讀世宗憲皇帝詔諭，大哉王言，仁至義盡，洵足立萬世人子之極已。方志所載，割股割肝，不一而足。謹擇其尤著者，次於篇，近事亦附見焉。外曾王父毛府君自成以割股療母病，兒時聞先太孺人言之甚詳。雍正間旌，今毛氏宅左有孝子坊。同邑曾君艾割股療父，病人無知者。嘉慶初，曾官貴州永豐州同知，殉狆苗難，死甚烈，廕子入昭忠祠，余爲立傳。又慈利符正道，七歲割股醫父，而安化陶中丞澍女公子十二歲割臂愈母，皆近事。見聞所習者，以彼生長名門，夙聞彝訓，賢者之過，或可勉爲，乃至甿隸微賤，耳不聞詩書，目不覩條教，百室之邑，一至之行，動以什伯[①]計。嗚乎，孝弟之道，光於神明，通於四海。當其至性所激，感天地，動鬼神，水不能濡，火不能熱，豺虎猛獸不能害，山川兵刃不能阻。此豈有爲而爲哉？誠發於不自知而愛結於中之不可解也。吁，誰非人子？誰無父母？可以觀秉彝之良矣。

① 伯，疑爲“佰”之誤。

楚寶忠義論次目録

楚之忠義，天性哉？抑其流風使然也。宋李芾潭州之死，人以爲難，不知熊湘一炬毒焰，在衡山廢棄中預辨之矣，豈待見敵而後審。已哉！蓋天不可逃，克黄不恤子文之無後；奉初以還，奮揚惟知事建如事君；又若包胥痛哭于秦庭，子閭潔行于宗國，譙王立義于湘州，皆具疾風勁草、歲寒松柏之操。故爾感激志仁，傷懷閨烈，而青史相望，有繇然矣。嗟乎，今之視昔，亦猶後之視今。彼郴陽白兆之墟，寧不悲乎？述《忠義》第十四，凡二卷。

忠義一

鬬克黄　申公子培　奮揚　鬬辛　申包胥　王孫由于　易甲　屈廬　王子啟　習珍　廖化　應余　張悌　周該　周崎　易雄　虞悝　桓雄　韓階　許欽寂　許欽明　李景威

忠義二

陳遘　陳求道　范天順　張順　李芾　楊霆　尹穀　邊居誼　周鎧　劉畊孫　丁普郎　姚善　鄺埜　楊漣　石有恒

增輯

馮習　樂子雲　柳敬禮　熊桂　吴希奭　陳子全　王夢應　張唐　賀興隆　劉儁　馮貴　何忠　易光　易紹宗　周憲　宋以方　錢錞　朱裒　鄧祖禹　陳純德　陳瑞　張同廠[①]　傅作霖　孫鵬舉　龐瑜　張郊芳陳之奇　朱士完　彭大翮　陳萬策李開先　李新　郭以重岳壁　馮雲路　熊霈　明睿　易道暹　傅可知　王時化盧大受　蔡思繩宋大勛、韓應龍　張國勳袁啟觀等　王維藩張允修等　程良籌　程道壽　周之訓鄧

---

① 廠，據《明史》卷二一三《張同敞傳》及正文當作“敞”。

謙等　馮一第　邱之陶　洪雲蒸　周繼聖　陳君寵　劉孔暉楊芳等　熊兆琮　侯偉時　楊鷺　劉世玉　彭承孟子夢麟　唐遇衡楊士瑋等　周世美陶熠等

楚寶卷第二十五

明湘潭周聖楷伯孔輯纂

忠　義

鬬克黄

鬬克黄，子文之孫，楚箴尹也。初，子文弟司馬子良生子越椒。子文曰："必殺之。是子也，熊虎之狀而豺狼之聲，弗殺，必滅若敖氏矣。"子良不可，子文以爲大慼。及將死，聚其族曰："椒也知政，乃速行矣，無及於難。"且泣曰："鬼猶求食，若敖氏之鬼，不其餒而。"

子文卒，子鬬般爲令尹，越椒爲司馬。既而與蔿賈譖鬬般，殺之而居其位。遂處於烝野，攻王。王滅若敖氏。[①]戰於皋滸。伯棼射王，汰輈及鼓跗，著于丁寧。又射，汰輈，以貫笠轂。師懼，退。王使巡師曰："吾先君文王克息，獲三矢焉，伯棼竊其二，盡於是矣。"鼓而進之，遂滅若敖氏。

時箴尹克黄使于齊，還及宋，聞亂。其人曰："不可以入矣。"箴尹曰："棄君之命，獨誰受之？君，天也，天可逃乎？"遂歸復命，而自拘於司敗。王思子文之治楚國也，曰："子文無後，何以勸善？"使復其所，改命曰生。其子孫，昭文時爲鄖公。

---

① "王滅若敖氏"一句似衍文。

《東萊博議》曰：正其義，不謀其利；明其道，不計其功。此吾儒之本指也。自謀利計功之説行，雖古人之事峻厲卓絶，表表然出於常情俗慮之外者，莫不以是心量之。其爲害豈淺哉？楚之滅若敖氏也，箴尹克黄實其餘裔，適出使於齊，幸而漏網。是宜委質諸侯，以逃其死。策無先於此者矣。箴尹獨以君命爲重，明知死地，而直赴之。非審知義命，一視死生者，豈能之乎？謀利計功者猶曰：死地乃生地也，犯死以復君命，君必以爲輕其死而重吾命，殆將赦之，以勸事君，是陽以死結君而陰取生之利也。嗚呼，是説也，乃謀利計功者之心，初非箴尹之心也。人如箴尹，尚可以女之鼠肝蛙腹斟量之乎？箴尹之言曰："棄君之命，獨誰受之？君，天也，天可逃乎？"由其言以觀其心，明粹端直，固可對越在天而無愧。使有一毫覬倖之心閒之，則心聲所發，必有不可掩者矣。箴尹知有君而不知有己，知就義而不知就生，雖不免於司敗之戮，必以死得其所爲幸，固瞑目而無憾也，豈預期楚子之宥哉？箴尹之心，有如白水，吾故發之，以折謀利計功者之説。

《春秋賞析》曰：春秋諸侯，互爲逋逃藪。臣子有罪，輒逃死于四方，以謀宗國。如賁皇在晉，州犁在楚，曾公山不狃之所羞，而揚揚對壘。夫安知連尹可以贖知罃乎？克黄獨恥逃天，執誼堅正而歸命自拘，三有禮焉，遂令國無逋臣，宗無餒鬼，寧獨子文之勳德乎哉？嗚呼，巫臣竊妻共集矢，伍員貫弓平鞭屍，屈原沈沙懷客死。失人者崩，非虛語也。合觀楚事，而莊之伯也固宜。

申公子培

申公子培者，楚申邑宰也。楚莊王獵於雲夢，射科雉，得之。申公子培攻而奪之。王將殺之，大夫諫曰："子培自好也，争王雉必有説。王姑察之。"不出三月，子培病而死。邲之戰，楚大勝晉，歸而賞功。

申公子培之弟進，請賞於王曰："人之有功也，賞於車下。"王曰："奚謂也？"對曰："臣之兄讀故記曰'射科雉者，不出三月必死'，臣之兄争而得之，故夫死也。"王命發平府而視之於記，果有焉，乃厚賞之。

聖楷按：《吕氏春秋》"科雉"作"隨兕"，注云："惡獸也。""楚莊王"作"荆哀王。"按，哀王乃考烈王之子，立二月，爲負芻所殺。故取劉向説爲是。

奮　揚

司馬奮揚，楚城父司馬也。費無極譖太子建于平王，王信之，使城父司馬奮揚殺太子。未至而使遣之。三月，太子建奔宋。王召奮揚，奮揚使城父人執己以至。王曰："言出於余口，入於爾耳，誰告建也？"對曰："臣告之。君王命臣曰'事建如事余'，臣不佞，不能苟貳，奉初以還，不忍後命，故遣之。既而悔之，亦無及已。"王曰："而敢來，何也？"對曰："使而失命，召而不來，是再奸也，逃無所入。"王曰："歸。"從政如他日。

《春秋賞析》曰：申生在内而亡，重耳在外而安。夫人子豈安于去父哉？誠不遺君以殺子名，斯亦小杖受、大杖走之義也。斬袪之事，君命三宿而一宿至，其與未至而先遣太子，不霄淵歟？夫咄嗟應機，慷慨應召，自非知深勇沈者，曷克辨此！至"奉初以還，不忍後命"，真可動天地，泣鬼神，其奈平之充耳何？平於無極若轉圜，然納娼黜子，明開必殺之機，而獨惜伍奢之不得爲奮揚也。藉揚而處奢之地，不知别有機權不耶？抑待死併命耶？夫權難預設，要不離正。若奮揚者，正而能權，奇之奇矣。

《史懷》曰：楚執伍奢，使城父司馬奮揚殺太子，未至而使遣之。奮揚使人執己以至，王直其詞而免之。可見處暴主讒臣之間，亦有以持正而全者，人亦何必不勉爲正哉？又曰：奢知無忌讒太子于平王，因曰："王獨奈何以讒賊小臣，疏骨肉之親乎？"處人所難言之地，不知當有許多快心妙論，而以一戆語塞之，安得不危身以及太子。甚矣，忠之不可無術也！

鬬辛

鬬辛，楚大夫成然之子。子文玄孙之孫。楚滅鄖，以辛爲鄖大夫，故號曰鄖公辛。成然之爲政也，貪賄無厭，故平王殺之，而復用辛。及吴人之入楚也，昭王出奔鄖。辛之弟懷，謀將弑王。辛固止之。懷曰："平王殺吾父，在國則君，在外則讎也。見讎弗殺，非人也。"辛曰："夫事君者，不爲外内行，不爲豐約舉，苟君之尊卑一也。且夫自敵以下則有讎，非是不讎。下虐上爲弑，上虐下爲討，而况君乎？君而討臣，何仇之爲？若皆仇君，則何上下之有乎？吾先人以善事君成名於諸侯，自鬬伯比以來，未之失也。今爾以是殃之，不可。"懷弗聽，曰："吾思吾父，不能顧矣。"辛懼不免，乃以王奔隨。王歸而賞及鄖、懷。子西諫曰："君有二臣，或可賞也，或可戮也。君王均之，群臣懼矣。"王曰："夫子期蔓成然字。之二子耶？吾知之矣。或禮於君，或禮於父，均之，不亦可乎？"

初，吴人入郢，楚人皆懼吴之强，以爲遂滅楚也。既而大夫皆争宫，辛曰："吾聞之，不讓則不和，不可以遠征。吴争於楚，必將有亂，有亂則必歸，焉能定楚？"未幾，吴師還，昭王復國，卒如其言。

聖楷曰：鬬辛謂"君而討臣，何讎之有"，自是正論。即以懷報父讎論之，奢以忠殺，成然以貪賄無厭殺，奢父子俱死，成然二子皆封。其怨毒之甚，懷固不得同于員也，徒以昭王出奔，狡焉思逞，是不可戮乎？昭王曰"或禮於君，或禮於父"，此蓋懲鞭墓之痛而廢典刑也，吾亦不取。

申包胥

申包胥，楚大夫。初，包胥與伍員友。員將奔吴，辭包胥謂曰："楚王殺吾父兄，爲之奈何？"包胥曰："於乎，吾欲教子報楚則爲不忠，教子不報則爲無親。"員曰："我必覆楚。"包胥曰："我必存之。"及吴兵入郢，員求昭王既不得，乃掘楚平王墓，出其尸，鞭之三百然後已。包胥亡於山中，使人謂子胥曰："子之報讎，其以甚乎？吾聞之，人衆者勝天，天定亦能勝人。今子故平王之臣，親北面而事之。今至于僇死人，此豈其無天道之極乎？"乃如秦乞師，曰："吴爲封豕、長蛇，以薦食上國，虐始於楚。寡君失守社稷，越在草莽，使下臣告急曰：'吴夷國無厭，若鄰於君，疆埸之患也。逮吴之未定，君其取分焉，若以君靈撫之，世以事君'。"秦伯使辭焉，曰："寡君聞命矣。子姑就館，將圖而告。"對曰："寡君越在草莽，未獲所伏。下臣何敢即安。"裂裳裹膝，立於庭牆而哭，勺飲不入口，七日七夜，不絶其聲。哀公素沉湎，不恤國事，聞其言，大驚曰："楚有賢臣如是，吴猶欲滅之。寡人無臣若斯者，其亡無日矣。"爲賦《無衣》之詩。包胥九頓首而坐，秦乃出師。包胥以秦師至楚，大敗吴師，昭王乃復國，而賞始於申包胥。包胥曰："吾爲君也，非爲身也。君既定矣，又何求？且吾尤子旗，其又爲諸？"遂逃賞。

《吴語》曰：越將伐吴，楚申包胥聘於越。越王問曰："吴可伐耶？"包胥曰："臣鄙於策，謀未足以卜。"越王曰："吴國爲不道，求殘我社稷，夷吾宗廟以爲平原，弗使血食。吾欲與之徼天之衷，惟是車馬、兵甲、卒伍既具，無以行之。請問戰奚以而可？"包胥辭曰："不知。"王固問焉，乃對曰："夫吴，良國也，能博取於諸侯。敢問君王之所以與之戰者？"王曰："在孤之側者，觴酒、豆肉、簞食，未嘗敢不分也。飲食不致味，聽樂不盡聲，求以報吴。願以此戰。”包胥曰：“善則善矣，未可以戰也。”王曰：“越國之中，疾者吾問之，死者吾葬之，老其老，慈其幼，長其孤，求以報吴。願以此戰。”包胥曰：“善則善矣，未可以戰也。”王曰：“越國之中，吾寬民以子之，忠惠以善之。吾修令寬刑，施民所欲，去民所惡，稱其善，掩其惡，求以報吴。願以此戰。”包胥曰：“善則善矣，未可以戰也。”王曰：“越國之中，富者吾安之，貧者吾予之。救其不足，裁其有餘，使貧富皆利之，求以報吴。願以此戰。”包胥曰：“善則善矣，未可以戰也。”王曰：“越國南則楚，西則晉，北則齊，春秋皮幣、玉帛、子女以賓服焉，未嘗敢絶，求以報吴。願以此戰。”包胥曰：“善哉，蔑以加焉。然又未可以戰也。夫戰，知爲始，仁次之，勇斷之。不知，則不知民之極，無以銓度天下之衆寡；不仁，則不能與三軍共饑勞之殃；不勇，則不能斷疑以發大計。”越王曰：“諾。”乃召五大夫曰：“吴爲不道，求殘吾社稷宗廟以爲平原，不使血食，吾欲與之徼天之衷，惟是車馬、兵甲、卒伍既具，無以行之，吾問於王孫包胥，既命孤矣。”

鍾惺《史懷》曰：越王大戒師，將伐吴，楚申包胥使于越。此吴、楚夙世冤對，頭頭相值也。越王勾踐請問“戰奚以而可”，包胥對以“知、仁、勇”。人知包胥之借秦以救楚，不知其借越以滅吴，乃可以終其復楚之局，而快其讎吴之志也。古人不欺其君與友如此。

王孫由于

王孫由于，爲楚大夫。昭王十年，吴師伐楚，戰于柏舉。楚師大敗。五戰及郢，昭王涉睢濟江，入于雲中。王寢，盗攻之，以戈擊王。王孫由于以背受之，中肩。王奔鄖。由于徐蘇而從王，遂奔隨。明年，昭王復入郢。王使由于城麇。復命，子西問高厚焉，弗知。子西曰："不能，如辭。城不知高厚小大，何知？"對曰："固辭不能，子使余也。人各有能有不能。王遇盜于雲中，余受其戈，其所猶在。"袒而示之背，曰："此余所能也。脾泄之事，余亦弗能也。"子西謝之。初，王之在隨也，子西爲王輿服以保路，國于脾洩，聞王所在，而後從王。故由于云云。

聖楷曰：通材，古今所少，但古人不誣所不知，不羞所不能。度德量力，審而自許，故其所就，亦有可觀。即如"人各有能有不能"，此語今人決不肯道，便是今人不及古人處，不必更問其所能矣。

易　甲

易甲，楚人也。白公勝將弒惠王及子西，欲得易甲，陳士勒兵以示易甲，曰："與我，無患不富貴；不吾與，則此是也。"易甲笑曰："嘗言吾義矣，吾子忘之乎？立得天下，不義，吾不取也；威吾以兵，不義，吾不從也。今子將弒子之君，而使我從子，非吾前義也。子雖告我以利，威我以兵，吾不忍爲也。子行子之威，則吾亦得明吾義也。逆子以兵，争也；應子以聲，鄙也。吾聞士立義不争，行死不鄙。"拱而待兵，顔色不變。

聖楷曰：易甲見義甚晰，赴義甚勇，故不爲利諂，不爲威屈，然而捨生取義，名心猶在。若市南宜僚，則併不爲名動，忠義二字，又何足以浼之哉！

屈廬

屈廬，楚令尹屈建之後裔也。白公勝將弑楚惠王，王出亡。令尹、司馬皆死，拔劍而屬之於屈廬，曰："子與我，將捨子；子不與我，必殺子。"廬曰："子殺叔父，而求福於廬也，可乎？吾聞知命之士，見利不動，臨死不恐。爲人臣者，時生則生，時死則死，是謂人臣之禮。故上知天命，下知臣道。其有可劫乎？子胡不推之！"白公勝乃内其劍。

聖楷曰：屈廬，宗臣也，死難自與諸人不同。觀其言曰"子殺叔父，而求福於廬可乎"，大義凜然。夫白公勝之殺子西，總爲欲報父仇，而恨其不伐鄭，故積怨無所雪，而激爲此變也，其心豈嘗一日忘大義哉？故每遇易甲諸人而輒退，有足悲夫！

王子啟

王子啟，字子閭，楚昭王之弟也。白公勝既殺令尹、司馬，欲立王子閭以爲王。子閭不可，劫之以刃。子閭曰："王孫輔相楚國，匡正王室，而後自庇焉，閭之願也。今子假威以暴王室，殺伐以亂國家，吾雖死，不子從也。"白公勝曰："楚國之重，天下無有，天以與子，子何不受也？"子閭曰："吾聞辭天下者，非輕其利也，以明其德也；不爲諸侯者，非惡其位也，以潔其行也。今吾見國而忘主，不仁也；劫白刃而失義，不勇也。子雖告我以利，威我以兵，吾不爲也。"白公强之不可，遂殺之。

聖楷曰：昭王病于城父，欲命公子啟爲王，五辭而後許。昭王既卒，子啟乃與子西、子期謀立越女之子章，是爲惠王。豈有白公勝作亂，殺子西、子期于朝，而己立爲王乎？故于昭之卒也，頗高季札之讓；于惠之出也，恥類楚圍之簒。若王子啟者，亦春秋時之佳公子矣。

習　　珍

習珍，襄陽人。祖融，有隱德。融子郁，字文通，爲黄門侍郎，封襄陽郡公。族子禎，字文祥，隨先主入蜀，爲雒郫令，進廣漢太守。禎風流善談，論名亞龐士元而出馬季常右。珍丕振先緒，爲時名家，仕先主爲零陵北部都尉，加裨將軍。孫權襲殺關羽，珍與樊胄等舉兵弗克。潘濬招降，珍曰："我必爲漢鬼，不爲吴臣。"糧盡自裁。先主聞之哀悼，追贈邵陵太守。子温，仕至廣州刺史。温子宇，爲執法郎。裔孫椵，仕晉爲臨湘令，山簡辟爲工曹。

聖楷曰：關壯繆之死，其將士解體，俱墮吕蒙術中，賴有習珍一舉，差爲吐氣。若夫不受潘濬之招，寧爲漢鬼，豈非義勇之匹，休哉！嗟乎，蜀之亡也，惟北地王諶與諸葛瞻數子以死節著，殺身成仁，故非易事。

廖　　化

廖化，字元儉，本名淳，襄陽人也。爲前將軍關羽主簿，羽敗屬吴。思歸先主，乃詐死，時人謂爲信然，因攜持老母晝夜西行。會先主東征，遇於秭歸，先主大悦，以化爲宜都大守。先主薨，爲丞相參軍，後爲督廣武，稍遷至右車騎將軍，假節領并州刺史，封中鄉侯，以果烈稱。景耀五年，姜維率衆出漢侯和，化曰："兵不戢，必自焚，伯約之謂也。知不出敵而力少於寇，用之無厭，何以能立？《詩》云：'不自我先，不自我後。’今日之事也。”六年，蜀遂亡。

《漢晉春秋》曰：費禕謂維曰：“吾等不如丞相亦已遠矣，丞相猶不能定中夏，况吾等乎？且不如保國治民，敬守社稷，如其功業，以俟能者。無以爲希冀徼倖，而决成敗於一舉。若不如志，悔之無及。”

聖楷曰：姜維每欲興軍大舉，費禕輒裁制不從，與其兵不過萬人。禕卒，而後維率數萬人出石營，出隴西，出狄道，俱無功而還。至景耀五年，再出侯和，爲黄皓所嫉，不敢復還成都。六年而後主降於魏。然則禕慎其始，化慮其終，皆内持根本之論，誠可爲玩衆黷旅者戒也。若夫化之詐死赴蜀，視芳、仁輩不啻狗彘。果烈之稱，又何愧焉。

又按：裴松之曰：“於時鍾會大衆既造劍閣，維與諸將列營守險，會不得進，已議還計，全蜀之功，幾乎立矣。但鄧艾詭道傍入，出於其後，諸葛瞻既没，成都自潰。維若回軍救内，則會乘其背。當時之勢，焉得兩濟？而責維不能奮節綿竹，擁衛蜀土，非其理也。會欲盡坑魏將以舉大事，授維重兵，使爲前驅。若令魏將皆死，兵事在維手，殺會復蜀，不爲難也。夫功成理外，然後爲奇，不可以事有差手而抑謂不然。設使田單之計，邂逅不會，復可謂之愚闇哉？”此論姜維詣會事極快，故附見之。

應　余

應余，字子正，荆州人。天姿方毅，志尚仁義。建安二十三年，爲郡功曹。是時吴、蜀不賓，疆埸多虞。宛將侯音扇動山民保城以叛，余與太守東里衮當擾攘之際，迸竄得出。音即遣騎追逐，去城十里相及，賊便射衮，飛矢交流。余前以身當箭，被七創，因謂追賊曰：“侯音狂佞，造爲凶逆。大軍尋至，誅夷在近。謂卿曹本是善人，素無惡心，當思反善，何爲受其指揮？我以身代君，已被重創。若身死君全，隕没無恨。”因仰天號哭泣涕，血淚俱下。賊見其義烈，釋衮不害。賊去之後，余亦命絶。征南將軍曹仁討平音，表余行狀，并修祭醊。太祖聞之，嗟歎良久，下荆州復表門閭，賜穀千斛。衮後爲于禁司馬。

《魏書》曰：甘露三年六月丙子，詔曰：昔南陽郡山賊擾攘，欲劫質故太守東里衮，功曹應余獨身捍衮，遂免於難。余顛沛殞斃，殺身濟君。其下司徒，署余孫倫吏，使蒙仗[①]節之報。

張　悌

張悌，字巨先，襄陽人。少有名理，孫休時爲屯騎校尉。伐蜀，吴人問悌，曰："司馬氏得政以來，大難屢作，知力雖豐，而百姓未復[②]也。今又竭其資力，遠征巴蜀，兵勞民疲，而不知恤，敗於不暇，何以能濟？昔夫差伐齊，非不克勝，所以危亡，不憂其本也，况彼之事地乎？"悌曰："不然。曹操雖功蓋中夏，威鎮四海，崇詐仗術，征伐無已，民畏其威，而不懷其德也。丕、叡承之，係以慘虐，内興宫室，外懼雄豪，東西馳驅，無歲獲安。彼之失民，爲日久矣。司馬懿父子自握其柄，累有大功。除其煩苛，而布其平惠，爲之謀主，而救其疾。民心歸之，亦已久矣。故淮南三叛，而腹心不擾，曹髦之死，四方不動，摧堅敵如折枯，蕩異同如反掌，任賢使能，各盡其心，非知勇兼人，孰能如之？其威武張矣，本根固矣，群情服矣，奸計立矣。今蜀閹宦專朝，國無政令，而玩戎黷武，民勞卒斃，競於外利，不修守備。彼彊弱不同，知算亦勝，因危而伐，殆其克乎？若其不克，不過無功，終無退北之憂、覆軍之慮也，何爲不可哉？昔楚劍利而秦昭懼，孟明用而晋人

① 仗，據《三國志·魏書·三少帝紀》及崇禎本當作“伏”。
② 復，據《三國志·吴書·三嗣主傳》及崇禎本當作“服”。

憂，彼之得志，故我之大患也。”吴人笑其言，而蜀果降於魏。

晉來伐吴，皓使悌督沈瑩、諸葛靚，率衆三萬，渡江逆之。至牛渚，沈瑩曰：“晉治水軍於蜀久矣，今傾國大舉，萬里齊力，必悉益州之衆，浮江而下。我上流諸軍，無有戒備，名將皆死，幼少當任，恐邊江諸城，盡莫能禦也。晉之水軍，必至於此矣。宜畜衆力，待來一戰。若勝之日，江西自清，上流雖壞，可還取之。今渡江逆戰，勝不可保。若或摧喪，則大事去矣。”悌曰：“吴之將亡，賢愚所知，非今日也。吾恐蜀兵來至此，衆心必駭懼，不可復整。今宜渡江，可用決戰力爭。若其敗喪，則同死社稷，無所復恨；若其克勝，則北敵敗走，兵勢萬倍，便當乘威南上，逆之中道，不憂不破也。若如子計，恐行散盡，相與坐待敵到，君臣俱降，無復一人死難者，不亦辱乎？”遂渡江戰，吴軍大敗。諸葛靚與五六百人退走，使過迎悌，悌不肯去。靚自往牽之，謂曰：“存亡自有大數，非卿一人所支，奈何故自取死？”悌垂涕曰：“仲思，今日是我死日也。且我作兒童時，便爲卿家丞相所識拔，謂諸葛亮在荆州時。常恐不得其死，負名賢知顧。今以身徇社稷，復何道邪？”靚再三牽之不動，乃流淚放去。行百餘步，顧之，已爲晉兵所殺。

干寶《晉紀》曰：吴丞相軍師張悌、護軍孫震、丹陽太守沈瑩，帥衆三萬濟江，圍成陽都尉張喬於楊荷。喬衆才七千，閉栅自守，舉白接告降。吴副軍師諸葛靚欲屠之，悌曰：“彊敵在前，不宜先事其小，且殺降不祥。”靚曰：“此等以救兵未至而力少，故且僞降以緩我，非來伏也。因其無戰心而盡阬之，可以成三軍之氣。若舍之而前，必爲後患。”悌不從，撫之而進。與討吴護軍張翰、揚州刺史周浚成陣相對。沈瑩領丹陽鋭卒刀楯五千，號曰青巾兵，前後屢陷堅陣，於是以馳淮南軍，三衝不動，退引亂。薛勝、蔣班因其亂而乘之，吴軍以次土崩，將帥不能止，張喬又出其後，大敗吴軍於版橋，獲悌、震、瑩等。

聖楷曰：按，晉咸寧五年冬，大舉伐吴，遣鎮軍將軍琅邪王伷出涂中，安東將軍王渾出江西，建威將軍王戎出武昌，平南將軍胡奮出夏口，鎮南大將軍杜預出江陵，龍驤將軍王濬，巴東監軍魯國、唐彬下巴蜀，東西凡二十餘萬。是時吴事已不可爲矣，即使仲謀復生，大費支撑，况一昏虐孫皓，而可與辦此？故爲吴計者，渡江亦亡，不渡江亦亡；殺降亦敗，不殺降亦敗。止求一片乾淨死地以報君父，最爲上策。而張悌獨能料蜀懷憂於十年之前，從容就義於决戰之日，豈非奇烈男子哉！嘗怪陳壽不爲立傳，抱慙良史，而《吴録》復以清論誣之，安得是非之正乎？諸葛靚，字思理，亦奇士也。吴亡，靚逃竄不出。武帝與靚有舊，靚姊爲琅邪王妃。帝知靚在姊閒，因就見焉，靚逃於廁，帝又逼見之，謂曰："不謂今曰復得相見。"靚流涕曰："臣不能漆身皮面，復覩聖顔，誠爲慙恨。"詔以爲侍中，固辭不拜，歸於鄉里，終身不向朝廷而坐。

周　該

周該，天門人也。性果烈，以義勇稱。雖不好學，而率由名教。叔父級爲宜都内史，亦忠節士也。聞譙王承立義湘州，甘卓又不同王敦之舉，而書檄不至。級謂該曰："吾嘗疾王敦挾陵上之心，今稱兵搆逆，有危社稷之勢。譙王宗室之望，據方州之重，建旗誓衆，圖襲武昌。甘安南少著勇名，士馬器械當今爲盛，聞與譙王尅期舉義，此乃烈士急病之秋，吾致死之時也。汝其成吾之志，申欵於譙王乎？"該欣然奉命，潛至湘州，與承相見，口陳至誠。承大悦。會王敦遣其將魏乂圍承甚急，該乃與湘州從事周崎閒出反命，俱爲乂所執。考之至死，竟不言其故。級由是獲免。

胡身之曰：吴孫皓永安六年，分武陵立天門郡。充縣有松梁山，山有石，石門處數十丈，其高，以弩仰射不至，其上名天門，因此名郡。宋白曰：澧州石門縣，吴立天門郡，隋罷郡爲石門縣。

聖楷按：充縣，今慈利縣是也。縣西南百八十里古松梁山，狀如香爐，有十六峰環列，最高者爲天門，空虚透徹，上貫山頂。石門、慈利，舊俱屬武陵郡，故宋白云云，非以石門爲天門也。石門縣自有石門山，在縣西十五里，兩巖壁立如門，高二丈，縣名因此。

《晉紀》曰：左將軍譙王承忠厚有志行，帝親信之。會劉隗爲帝謀，出心腹以鎮方面，帝謂承曰："王敦奸逆已著，朕爲惠皇，其勢不遠。湘州據上流之勢，控三州之會，欲以叔父居之，何如？"承曰："臣奉承詔命，惟力是視，何敢有辭？然湘州經蜀寇謂杜弢之亂。之餘，民物凋弊，若得之部，比及三年，乃可即戎；苟未及此，雖復灰身，亦無益也。"至是敦遣從母弟魏乂帥甲二萬攻長沙，相持百餘日。甘卓聞王師敗績，停師不進，城遂没。

周　崎

周崎，邵陵人也，爲湘州從事。王敦之難，譙王承使崎求救于外，與周該俱爲魏乂偵人所執，乂責崎辭情，臨以白刃。崎曰："州將使求援於外，本無定指，隨時制宜耳。"乂謂崎曰："汝爲我語城中，稱大將軍已破劉隗、戴若思，甘卓住襄陽，無復異議，三江州郡，萬里肅清，外援理絶。如是者，我當活汝。"崎僞許之。既到城下，大呼曰："王敦軍敗於于湖，甘安南已尅武昌，即日分遣大衆來赴此急。努力堅守，賊今散矣。"乂於是數而殺之。

陳[①]身之曰：此非潁川之邵陵。吴孫皓寶鼎元年，分零陵北部都尉，立邵陵郡。

聖楷按：邵陵即今寶慶邵陽縣。秦曰昭陵，漢曰昭陽，俱屬長

① 下文乃胡三省《通鑑音注》文，故"陳"當作"胡"。

沙，東漢始屬零陵。其後沿革不一。至宋理宗入承大統，即位寶慶紀元，乃升爲寶慶府，領縣二，治邵陽云。

易　雄

易雄，字興長，長沙瀏陽人也。少爲縣吏，自念卑淺，無由自達，乃脱幘絓縣門而去。因習律令及施行故事，交結豪右，州里稍稱之。仕郡爲主簿。張冒之亂也，執太守萬嗣，將斬之。雄與賊争論曲直，賊怒叱，使牽雄斬之，雄趨出自若，賊又呼問之，雄對如初。如此者三，賊乃舍之，嗣由是獲免，雄遂知名。

舉孝廉，爲州主簿，遷别駕，後爲春陵令。刺史譙王承既拒王敦，將謀起兵，以赴朝廷，雄承符馳檄遠近，列敦罪惡，宣募縣境，數日之中，有衆千人負糧荷戈而從之。承既固守，而湘中殘荒之後，城池不完，兵資又闕，敦遣魏乂、李恒攻之。雄勉厲所統，扞禦累旬，士卒死傷者相枕。力屈城陷，爲乂所虜，意氣慷慨，神無懼色。送到武昌，敦遣人以檄示雄而數之。雄曰："此實有之。惜雄位微力弱，不能救國之難。王室如燬，雄安用生爲？今日即戮，得作忠鬼，乃所願也。"敦憚其辭正，釋之。衆人皆賀，雄笑曰："昨夜夢乘車，絓肉其傍。夫肉必有筋，筋者斤也。車傍有斤，吾其戮乎？"尋而敦遣殺之。當時見者，莫不傷惋。

聖楷按：郡志云瀏陽縣西三里太湖山下有别駕祠，以祀易雄，邑人于八月十四日祭之，又祀于鄉賢，真可以妥忠魂矣。然長沙虞悝、桓雄諸人，皆忠踰白日，義蓋秋天，有守土之責者，何不一倣例祀之？猶勝乞靈于木居士也。

虞 悝

虞悝，長沙人也。弟望，字子都。並有士操，孝弟廉信，爲鄉黨所稱。而俱好臧否，以人倫爲己任。少仕州郡，兄弟更爲治中、别駕。元帝爲丞相，招延四方之士，多辟府掾，時人謂之百六掾。望亦被召，恥而不應。譙王承臨州，知其名，檄悝爲長史。未到，遭母喪。會王敦作逆，承往弔悝，因留與語曰："吾前被詔遣鎮此州，正以王敦專擅，防其爲禍。今敦果爲逆謀。吾受任一方，欲率所領，馳赴朝廷，而衆少糧乏，且始到貴州，恩信未著。卿兄弟，南夏之翹儁，而知勇遠聞。古人墨絰即戎，况今鯨鯢塞路，王室危急，安得遂罔極之情，忘忠義之節乎？如今起事，將士器械可以济否？"悝、望對曰："王敦居分陝之任，一旦搆逆，圖危社稷，此天地所不容，人神所忿疾。大王不以猥劣，枉駕訪及，悝兄弟並受國恩，敢不自奮！今天朝中興，人思普德。大王以宗子之亲，奉信順而誅有罪，孰不荷戈致命？但鄙州荒弊，糧器空竭，舟艦寡少，難以進討。宜且收衆固守，傳檄四方，其勢必分，然後圖之，事可捷也。"承以爲然。乃命悝爲長史，望爲司马，督护諸軍。

湘東太守鄭澹，敦之姊夫也，不顺承旨，遣望讨之。望率衆一旅，直入郡，斬澹以徇四境。及魏乂来攻，望每先登，力战而死。城破，悝復为乂所执，将害之。子弟對之號泣，悝謂曰："人生有死，闔門爲忠義鬼，亦何恨哉！"及王敦平，贈悝襄陽太守，望滎陽太守，遣謁者至墓，祭以少牢。

聖楷按：王敦初起兵，遣參軍桓熊説譙王承，請承爲軍司。承歎曰："吾其死矣。地荒民寡，勢孤援絶，將何以濟？然得死忠義，夫復何求！"乃檄長沙虞悝爲長史。會悝遭母喪，丞往弔之云云。乃囚桓熊，以悝弟虞望爲司馬，督護諸軍。與零陵太守尹奉、建昌太守長沙王循、衡陽太守淮陵劉翼、舂陵令長沙易雄同舉兵討敦。雄移檄遠近，列敦罪惡，於是一州之内皆應承。惟湘東太守鄭澹不從，使虞望討斬之，以徇四境。又遣主簿鄧騫至襄陽，説甘卓。承倉猝中舉事，用得其人，動操勝著，亦何忝將帥才？惜乎兵少糧乏，救援不至，徒使湘中之豪傑，共爲王室之忠魂。千載而下，令人三歎。

桓雄

桓雄，長沙人也。少仕州郡。譙王承爲湘州刺史，命爲主簿。王敦之逆，承爲敦將魏乂所執，佐吏奔散，雄與西曹韓階、從事武延，並毁服爲僮豎，隨承向武昌。乂見雄姿貌長者，進退有禮，知非凡人，有畏憚之色，因害之。

聖楷按：朱晦庵知潭州日，特立忠節廟，祀晉湘州刺史譙王承，宋通判潭州事孟彦卿、趙民彦，將官劉玠，兵官趙聿之，凡五人，皆死王事者，並象其參佐，侍左右，立位記其官職姓名，以風百凡，誠曠典也。今其廟久廢。

韓階

韓階，長沙人也。性廉謹篤慎，爲閭里所敬愛。刺史譙王承辟爲議曹祭酒，轉西曹書佐。及承爲魏乂所執，送武昌，階與武延等同心隨從，在承左右。桓雄被害之後，二人執志愈固。及承遇禍，階、延親營殯斂，送柩還都，朝夕哭奠。俱葬畢，乃還。

聖楷按：長沙城陷後，魏乂檻送承。荆州刺史王廙承敦旨，於道中害之。是時桓雄、韓階、武延三人皆毁服爲僮豎，而雄獨以姿貌見憚，遂同遇害。嗟乎，忠亦有幸不幸哉！

許欽寂

許欽寂，紹之曾孫也，以恩嗣封。萬歲通天元年，契丹入寇，詔爲隴山軍討擊副使，戰崇州敗，爲虜所擒。方圍安東，脅令説屬城未下者。時安東都護裴元珪在城中，欽寂呼曰："狂賊朝夕當滅，公但勵兵謹守，以全忠節。"虜怒害之。武后下制褒美，贈蘄州刺史，謚曰忠。子輔乾以父死難，授左監門衛中候，爲海東慰勞使，迎柩還葬。

聖楷曰：按是年夏五月壬子，營州契丹松漠都督李盡忠、歸誠州刺史孫萬榮舉兵反，攻陷營州。九月丁巳，突厥寇涼州，唐兵俱不利，而許欽寂兄弟一死于契丹，一死于突厥，可謂凌煙之胄，允符霍虎之忠。《綱目》書欽明而不書欽寂，豈非疎漏耶？司馬温公兩書之爲是。

許欽明

許欽明，欽寂之弟也。以軍功擢左玉鈐衛將軍、安西大都護、鹽山郡公，爲涼州都督。嘗輕騎按部，會突厥默啜兵奄至被執，賊與皆至靈州，使説之降。欽明至城下，呼曰："我乏食，有美醬乎？有粱米乎？并乞墨一枝。"時賊營四面阻水，惟一路得入。欽明欲選將鍊兵，乘夜襲賊也，而城中無寤者，遂見害。兄弟俱死王事，世名其忠。

《考異》曰：《實録》云：吐蕃寇涼州，都督許欽明爲賊所殺。按明年正月，默啜寇靈州，以欽明自隨。又默啜將襲孫萬榮，殺欽明以祭天。《實録》云吐蕃，誤也。

韋述《西京記》曰：許欽明與郝虞俊，鄉黨親族，兩家子弟類多醜陋，而盛飾車馬，以游里巷。京洛爲之語曰：“衣裳好，儀貌惡，不姓許，即姓郝。”

李景威

李景威，長陽人。仕高季興爲水軍都指揮。宋建隆中，湖南周行逢卒，子保權立。其將張文表作亂，太祖命慕容延釗等討之。延釗假道荆南，約以兵過城外。景威曰：“兵尚權譎。城外之約，其可信乎？宜嚴兵以待之。”判官孫光憲叱之曰：“汝峽江一民耳，安識成敗？且中國自周世宗時，已有混一天下之志，况聖宋受命，真主出耶？”因勸繼冲去斥候，封府庫以待。繼冲以爲然。景威出而歎曰：“吾言不用，大事去矣。何用生爲？”因扼吭而死。延釗軍至，繼冲出迎于郊，而前鋒遽入其城。繼冲亟歸，見旌旗甲馬布列衢巷，大懼，即詣延釗，納牌印。太祖優詔答之。

聖楷曰：食人之禄者，必死人之事。如景威者，可謂卓烈奇男子矣。孫光憲豈真識成敗者哉？勸其主以降，實爲一身謀富貴耳。以視景威，何啻霄壤。

楚寶卷第二十五考異

新化鄧顯鶴湘皋述

忠　義

桓　雄

朱晦庵知潭州日，特立忠節祠，祀晉湘州刺史譙王丞云云。

顯鶴案：五忠祠，朱子帥潭時所立。《湖南通志·祠廟門》載：朱子潭州約束榜，見《宦蹟》增輯。五忠：晉譙國司馬王丞、宋通判潭州軍事孟彦卿、通判州事趙民彦、將官劉玠、兵官趙聿之五人。又以譙王長史虞悝，司馬虞望，參軍韓階，主簿周琦①、鄧騫塑像配食。祠在北門内，修而復之，以妥忠魂，以存古蹟。是所望於守土君子。

李景威

太祖命慕容延釗等討之。延釗假道荆南，約以兵過城外。景威曰："兵尚權譎。城外之約，其可信乎？宜嚴兵以待。"判官孫光②憲叱之。

① 琦，據正文當作"崎"。
② "光"字原脱，據正文補。

顯鶴案：《十國春秋·李景威傳》：會湖南張文表之亂，周保權求救於宋。宋命慕容延釗等往討，復詔江陵發水軍赴潭州。繼冲遣景威將兵三千人以待。未幾，宋師假道，聲言兵過城外。景威曰："兵尚權譎。城外之約，其可信乎？以臣觀之，直欲乘釁伐我耳。方今精卒數萬，訓練甚備。莫若嚴兵整旅以禦之。"少監孫光憲固謂不可。景威出而歎曰："吾言不用，大事去矣。何用生爲？"因扼吭而死。宋太祖聞之，曰："忠臣也。"命王仁贍厚邺其家。先是，景威語繼冲云："舊傳江陵諸處九十九洲，滿百則王者興。武信王之初，江心深浪，忽生一洲。今此洲遽爾漂滅，若可憂也。"繼冲殊不爲意，遂至於亡國。

楚寶卷第二十五增輯

新化鄧顯鶴湘皋述

忠　義

馮　習

馮習，字休元，南郡人。隨先主入蜀，爲領軍統諸軍事。先主敗於猇亭，習死之。

樂子雲

樂子雲，江陵人。廣州刺史藹之孫也。美容貌，善舉止。梁武帝時遷江陵令。魏克江陵，衆皆奔散，呼子雲。子雲曰："終爲虜矣，不如守以死節。"遂仆地，死於馬蹄之下。

柳敬禮

柳敬禮，襄陽人，雍州刺史慶遠之孫。少以勇烈聞。起家著作佐郎，稍遷扶風太守。侯景渡江，敬禮率所部三千赴援，與景頻戰，甚著威名。臺城陷，與兄仲禮經略上流。景以敬禮爲護軍將軍，餞仲禮於後渚。敬禮謂仲禮曰：“景今來會，敬禮抱之，兄便可殺。雖死無恨。”仲禮壯其言，許之。及酒數行，敬禮目仲禮，仲禮見備衛嚴，不敢動，遂不果。會景征晉熙，敬禮與南康王會理謀襲其城，尅期將發，建安侯蕭賁告之，遂遇害。臨死曰：“我兄老婢也，國敗家亡，實予之責。今日就死，豈非天乎？”

顯鶴案：柳氏一門，文武兼資，忠誠奮發。仲禮以將家子，勇力兼人，少有膽氣。景賊反噬，慷慨赴援，朝野傾向，方自謂當世英雄。迄青塘之敗，壯氣頓衰，傲狠尤甚。始終之際，判若兩人。論者以爲梁禍始於朱異，成於仲禮，遂致宫闕淪陷，宗族覆滅。天方喪梁，豈徒墮柳氏門風？老婢之誚，未爲甚已。敬禮之死，猶不失爲勇烈。哀哉！

楚寶卷第二十六

明湘潭周聖楷伯孔輯纂

忠　　義

陳　　遘

陳遘，字亨伯。其先自江寧徙永州。登進士，知辛縣，有治績。再知雍丘縣，爲廣西轉運判官。蔡京啟釁蠻徼，遘言蠻人幸安静，輕擾之，則召亂不測。京惡之，以他事罷歸。張商英柄政，用爲左司員外郎，俄擢給事中。會商英免相，遘懼，請外，以直秘閣爲河北轉運使，加直龍圖閣，徙陝西。召還京師，而蔡京復相，再使河北，徙淮南。徽將易置發運使，朝廷方督綱餉，運渠壅澀，遘使决吕城、陳公兩塘達于渠，漕路甫通。而朱勔花石綱塞道，官舟不得行，遘捕繫系其人，上章自劾，乃黜勔，進遘徽猷閣待制。

宣和七年冬，方臘亂，詔以屬遘加龍圖閣直學士，經制七路，治于杭。時縣官多費，遘議度公私出納，量增其贏，號“經制錢”。後總制使翁彦國仿其式，號“總制錢”，於是始有“經總制錢”名。

又言：“妖賊陵暴，恣行殺戮，斷截支體，探取肺肝，熬以鼎油，射以勁矢，備極慘毒，不償怨心。蓋貪汙嗜利，倚法侵牟，騷動不知藝極，積有逆氣，結于民心，一旦乘勢，可爲悲痛。此風不除，必更生事。臣願采摭官吏奸贓，按治以聞進。”於是劾越州王仲薿糾市民造金茶器，减置糧券，而以私錢取之。仲薿坐黜。徙河北都轉運使。欽宗立，加資政殿學士，積官至光禄大夫。歷真定守，又徙中山。

金人再至，遘冒圍入城堅守。詔康王領大元帥，命遘爲兵馬元帥，受圍半年，外無援師。京都既陷，割兩河求和。遘弟光禄卿適至中山，臨城諭旨，遘遥語曰："主辱臣死，吾兄弟平居，以名義自處，寧當賣國家爲囚孥乎？"適泣曰："兄但盡力，勿以弟爲念。"

遘呼總管，使盡括城中兵擊賊，總管辭，遂斬以徇。又呼步將沙振往，振亦固辭，遘固遣之。振怒且懼，衷刃入府。遘妾定奴責其輒入，振立殺之，遂害遘于堂，及其子錫，併僕妾十七人。長子鉅，以官淮南獲免。振出，帳下譟而前曰："大敵臨城，汝安得殺吾父？"執而捽裂之，身首無餘。城中無主，乃開門出降。金人入，見其屍曰："南朝忠臣也。"斂而葬諸鐵柱寺。建炎初，贈特進。

遘性孝友寬厚，任部刺史二十年，每出行郡邑，必焚香祈天，願不逢貪濁吏。適由開封少尹、衛尉、少卿至光禄，是役也，金人執之以北，後十年死于雲中。

聖楷曰：陳遘爲刺史，行郡邑，以不逢貪濁吏爲己任，庶幾埋輪獨立之風。乃坐守中山，卒以殞命，豈吏治有餘，將才不足者歟？雖然，是時二帝已北，邦昌僭命，中山孤注，誰與守之？遘、適兄弟獨以名義相勉，之死靡他。斯其忠節，亦爲難能矣。

陳求道

陳求道，字得之，鄂州咸寧人。登進士第，靖康間判都水監。及朝議二帝出郊請和，求道力争之，不聽。欽宗知康王兵衆，求道請以元帥加之，齎蠟書者八人，皆遇害，惟求道所薦劉定致書還。金人立張邦昌，下令在京官不朝者死，求道稱疾不往，嘔血累日。開封尹親以邦昌命召之，竟不能屈。求道以二帝蒙塵，屢欲自殺，因救得免。

先是，陳留河决四十餘日，漕運不通，京城大恐。開封尹宗澤命求道治之，七日河盡復故道。建炎四年，命爲相[1]、鄧、隨、郢鎮撫使，以請兵食，不給，緣有嫉之者。遂歸蒲待命。會招討劉忠叛，劫求道爲主，數千人擁至茗山。求道怒罵不從，賊遂殺其妻並二子符、佺，求道罵愈厲，賊砍其口，拔舌斷之而死。獨符子凱竄山谷得免。賊退，始得求道屍，瘞于龍堂寺側。事聞，改葬興陂。

聖楷按：《一統志》：陳求道墓在蒲圻縣東二十里興陂，景泰中，黎公弁以旱禱雨，有應。事載《蒲圻志》中。

范天順

范天順，荆湖都統也。襄陽受圍，天順日夕守戰尤力。及吕文焕出降，天順仰天歎曰："生爲宋臣，死當爲宋鬼。"即守處縊死。贈定江軍承使。制曰："賀蘭擁兵，坐視睢陽之失；李陵喪節，重爲隴士之羞。今有人焉，得其死所，不可無褒恤以示寵綏。范天順功烈雖卑，忠義莫奪。自均、房泛舟之役，克濟爲艱；襄、樊坐甲之師，益堅所守。俄州刺史爲降將軍，爾乃不屈自縊，可謂見危致命。"封其妻宜人，官其二子。仍賜白金五百兩，田五百为畝。

聖楷按：樊城被圍五年，天順、牛富力戰不降。咸熙九年正月，元張弘範見阿术曰："襄在江南，樊在江北，我陸攻樊，則襄出舟師來救，終不可取。若截江道，斷救兵，水陸夾攻之，則樊必破，而襄亦下矣。"阿术從之，遂以師截江，而出鋭師薄樊城，城乃陷。二月，吕文焕遂以襄陽叛降于元。制詞中"俄州刺史爲降將軍"，蓋指文焕也，真當愧死。

---

① 相，據《宋史》卷四四八《陳求道傳》當作"襄"。

張順張貴附

張順，民兵部將也。襄陽受圍五年，宋闖知其西北一水曰清泥河，源于均、房，即其地造輕舟百艘，以三舟聯爲一舫，中舟裝載，左右舟則虚其底而掩覆之。出重賞募死士，得三千，求將，得順與張貴。俗呼順曰矮張，貴曰竹園張，俱知勇，素爲諸將所服。俾爲都統，出令曰："此行有死而已，汝輩或非本心，宜亟去，毋敗吾事。"人人感奮。

漢水方生，發舟百艘，稍進團山。越二日，進高頭港口，結方陳。各船置火鎗、火砲、熾炭、巨斧、勁弩，夜漏下三刻，起矴出江，以紅燈爲識。貴先登，順殿之，乘風浪，徑犯重圍。至磨洪灘以上，北軍舟師布滿江面，無隙可入。衆乘鋭，凡斷鐵絙攢杙數百，轉戰百二十里，黎明抵襄城下。城中久絶援，聞救至，踴躍，氣百倍。及收軍，獨失順。越數日，有浮屍逆流而上，被甲胄，執弓矢，直抵浮梁，視之順也，身中四槍六箭，怒氣勃勃如生。諸軍驚以爲神，結冢斂葬，立廟祀之。

張貴既抵襄，襄帥吕文焕力留共守，貴恃其驍勇，欲還郢。乃募二士，能伏水中數日不食，使持蠟書赴郢求援。北兵增守益密，水路連鎖數十里，列撒星椿，雖魚蝦不得度。二人遇椿即鋸斷之，竟達郢。還報，許發兵五千，駐龍尾洲，以助夾擊。

刻日，既乃别文焕東下。點視所部軍，洎登舟，帳前一人亡去，乃有過被撻者。貴驚曰："吾事泄矣。亟行，彼或未及知。"復不能銜枚隱迹，乃舉砲鼓噪，發舟乘夜順流，斷絙破圍冒進，衆皆辟易。既出險地，夜半天黑，至小新城，大兵邀擊，以死拒戰。沿岸束火列炬，火光燭天如白晝。至勾林灘，漸近龍尾洲，遥望軍船旗幟紛披，貴軍喜躍，舉流星火示之。軍船見火，即前迎，及勢近欲合，則來舟皆北兵也。蓋郢兵前二日以風水驚疑，退屯三十里，而大兵得逃卒之報，據龍尾洲以逸待勞。貴戰已困，出於不意，殺傷殆盡，身被數十槍，力不支見執，卒不屈死之。乃命降卒四人舁屍至襄，令于城下，曰："識矮張乎？此是也。"守陴者皆哭，城中喪氣。文焕斬四卒，以貴附葬順塚，立雙廟祀之。

聖楷曰：是時李庭芝爲荆湖制置使，功雖不就，事則甚奇。且二人出入重圍，潛行水底，如履平地，與順屍逆流而上，至今猶有生氣。使貴謀不泄，龍尾洲之績，豈讓鵲浦哉？又按，庭芝受援襄之命，范文虎即貽書賈似道曰："吾將兵數萬入襄陽，一戰可平。但願無使聽命于京閫，事成則功歸恩相矣。"似道即命文虎之兵從中制之。庭芝屢約進兵，文虎但與妓妾嬖倖擊鞠飲宴爲樂，以取旨未至爲辭。卒之文虎敗逃，而元兵大合。庭芝不得已而爲是，亦無及矣。宋事至此，誰能救之？徒使英雄相尋盡耳。

李　芾

李芾，字叔章。其先廣平人，中徙汴。高祖升起家爲吏，有廉名。靖康中，金人破汴，以刃迫之，升前捍之，與其父俱死。曾祖椿徙居衡州，遂爲衡人。

芾生而聰警，少自樹立，名其齋曰"無暴棄"。魏了翁一見禮之，謂有祖風，易其名曰"肯齋"。初以蔭補南安司户，辟祁陽尉。出賑荒，即有聲。攝祁陽縣，縣大治。辟湖廣安撫司幕官。時盜起永州，招之，歲餘不下。芾與參議鄧坰提千三百人，破其巢，禽賊魁蔣時選以歸，餘黨悉平。攝湘潭縣，縣多大家，前令束手不敢犯。芾稽籍出賦，不避貴勢，賦役大均。

入朝，差知德清縣，屬浙西饑。芾置保伍賑民，活數萬計。遷主管酒庫。德清有妖人煽亂，民蜂起附之，至數萬人。遣芾討之。盜聞其來，衆立散。歸，除司農寺丞。歷知永州，有惠政，永人祠之。以浙東提刑知温州，州瀕海，多盗。芾至，盗息。遂以前官移浙西。時浙西亦多盗，群穴文廟中。芾跡得其出没，按捕之，盗亦駭散。作虎丘書院，以祠尹焞；置學官，親爲學規以教之，學者甚盛。

咸淳元年，入知臨安府。時賈似道當國，前尹事無鉅細，先關白始行，芾獨無所問。福王府有迫人死者，似道力爲營救。芾以書往復辨論，竟置諸法。嘗出閲火具，民有不爲具者，問之，曰："似道家人也。"立杖之。似道大怒，使臺臣黄萬石誣以贓罪，罷之。

大軍取鄂州，始起爲湖南提刑。時郡縣盗擾，民多奔竄，芾令所部發民兵自衛，縣與一皂幟，令曰："作亂者斬幟下。"民始帖然。乃號召發兵，擇壯士三千人，使土豪尹奮忠將之勤王，别召民兵集衡爲守備。未幾，似道兵潰蕪湖，乃復芾官，知潭州兼湖南安撫使。時湖北州郡皆已歸附，其友勸芾勿行。芾泣曰："吾豈昧謀身哉？第以世受國恩，雖廢棄中，猶思所以報者。今幸用我，我以家許國矣。"時所愛女死，一慟而行。

德祐元年七月至潭。潭兵調且盡，游騎已入湘陰、益陽諸縣。倉卒召募，不滿三千人，乃結溪峒蠻爲聲援，繕器械，峙芻糧，栅江修壁，命劉孝忠統諸軍。吴繼明自湖北至，陳義、陳元自戍蜀歸。芾奏請留之戍潭，推誠任之，皆得其死力。元右丞阿里海牙既下江陵，分軍戍常德，遏諸蠻，而以大兵入潭。芾遣其將於興帥兵禦之于湘陰，興戰死。九月，再調繼明出禦，兵不及出，而元軍已圍城。芾慷慨登陴，與諸將分地而守。民老弱亦皆出保伍助之，不令而集。十月，兵攻西壁，孝忠輩奮戰，芾親冒矢石以督之。城中矢盡，有故矢，皆羽敗，芾命括民間羽扇，羽立具。又苦食無鹽，芾取庫中積鹽席，焚取鹽給之。有中傷者，躬自撫勞，日以忠義勉其將士。死傷相藉，人猶飲血乘城殊死戰。有來招降者，芾殺之以徇。

十二月，城圍益急，孝忠中礮，風不能起，諸將泣請曰："事急矣，吾屬爲國死可也，如民何？"芾罵曰："國家平時所以厚養汝者，爲今日也。汝第死守，有後言者，吾先戮汝。"除夕，大兵登城，戰少卻，旋蟻附而登。衡守尹穀及其家人自焚，芾命酒酹之。因留賓佐會飲，傳令猶書“盡忠”字爲號。飲達旦，諸賓佐出，參議楊霆赴園池死。芾坐熊湘閣，召帳下沈忠，遺之金曰：“吾力竭，分當死。吾家人亦不可辱於俘，汝盡殺之，而後殺我。”忠伏地叩頭，辭以不能。芾固命之，忠泣而諾，取酒飲其家人，盡醉，乃徧刃之，芾亦引頸受刃。忠縱火焚其居，還家殺其妻子，復至火所，大慟，舉身投地，乃自刎。幕屬茶陵顏應焱、安仁陳億孫皆死。潭民聞之，多舉家自盡，城無虛井，縊林木者，累累相比。繼明等以城降。陳毅潰圍，將奔閩，中道戰死。事聞，贈端明殿大學士，謚忠節。

芾初至潭，遣其子裕孫出曰：“存汝以奉祀也。”其孫叔輔亦親迎于温，皆得不死。二王悉詔入閩官之。芾爲人剛介，不畏强禦，臨事精敏，奸猾不能欺。且强力過人，自旦治事，至暮無倦色，夜卒至三鼓始休，五鼓復起視事。望之凜然猶神明。而好賢禮士，即之温然，雖一藝小善，亦惓惓獎薦之。平生居官廉，及擯斥，家無餘貲。

宋本《湖南安撫使李公祠堂記》曰：“李公以至元十二年冬爲我師所圍，城守三閲月，隨方備禦數戰，無外救，不能支。明年正月四日，城破，公不肯屈，曰：‘吾死固分，家亦不可辱于俘。’乃積薪州治熊湘閣，命妻孥十九人登其上，召帳下沈忠曰：‘汝先殺吾家，次及我，然後縱火。’忠不忍，强之，始如命。忠感公義，亦自剄。事載宋野史，湖湘閒父老亦能道之。公衡人，宅在郡西南。至元閒，有司以爲學，建祠學東偏，置公畫像其中奉之。久頗壞。天曆二年，校官劉佀上言提舉儒學官曰：‘前政祠公，號山主，謂學其宅也，是特細者。公盡心所事，一宜祠；衡爲公鄉校，鄉校嘗出忠義，人可增重，二宜祠。乞葺公故祠，塑公像。且宜以故宋知衡陽縣穆君侑食。穆君諱擯祖。初尉縣。當憲宗皇帝之九年十月，大將兀良合台以天兵由大理、交趾入廣南西道，先鋒破永州，衡守令丞暨民皆走，穆君戍石灣，聞難還救。時所在盜充斥，穆君緣道捕擊，始得行。比至，先鋒入城，見民大去，餘空室，火之而退。十一月，穆君達城中，招散亡以守。閏十一月，兀良合台進駐青草渡，聚舟欲絶湘夾攻。穆君提兵水東岸楊林廟，相拒七晝夜，募死士沈所聚舟，兀良合台遂舍去，衡卒以完。公薦諸朝，超七資，以承務郎知縣事。穆君，公故吏，德同義比，衡民又嘗賴以活。侶謂公宜祠，穆君宜侑者以此。’提舉官報行，乃修祠屋，塑公像其中，左以穆君配。工畢，侶之父淳安縣尹壽翁走書京師，求予記。

“嗟乎，當歲己未，憲廟親幸蜀，世祖皇帝以皇弟帥兵渡鄂，將與兀良合台共會江左，宋人號幹腹之師，掎角搗虛，勢急雷電。穆君以一尉，軍孤壘小，敢與之抗，克免於厄，艱哉。及淮安王伯顔受命南伐郢之沙陽新城，戍將嘗一再戰。及陽羅敗衂，岸江郡邑，小大文武將吏降走恐後。其降者或自言未賞賚，或又自言己雖得名位，子弟部曲未官。至或自言某郡某城有己屋室、奴婢、資業，身先未降時，行營嘗謂若納欵，俟下其地悉見還，今已克其所，乞如向所許。可羞可惡之狀百出。死城郭封疆者閒有一二，求如李公之死之明白偉特蓋鮮。累聖下詔書郡國及忠臣烈士之祀者十九，公與君合食一祠，信宜矣。

“然予又有告衡校官者。昔金將亡，其威勝軍節度使兼沃州管内觀察使、右監軍、行元帥府事趙慤，與天兵戰高邑被擒，怒罵不屈以死。其子嵩汝招撫使良貴、孫十人長讜、弟子忠勇軍提控良材，皆以戰敗死國事。至元六年，慤次子良弼以祕書監使日本，將行，上奏曰：‘臣家世仕金源，死事者四人，嘗欲紀其行實，以事在前朝，無裨聖代，造次未敢。謹昧死上聞，乞聖慈矜憫。”上曰：“人臣各爲其主，父終于所事，雖在前朝，亦朕心所嘉，况有賢子爲吾藎臣，何嫌何疑，不以立石哉？’命中書省傳旨，翰林學士王盤撰文，刻其贊皇家廟。嗟乎，世祖之心，惟天似之。今皇上神聖文明，動法祖宗，而學校清議所根，苟能援慤比言之朝曰：公與慤皆亡國人，慤家死者四人，公自殘一家，節不下慤，乞褒寵如愬。萬一開可，敕詞臣紀其事，則既可爲公光耀，又能作沈忠像其側以侍，所勸將益廣而祠爲大備矣。試思之。公諱芾，字叔章，號肯齋先生。其先洺之，永年縣萬頃鄉招農里人。穆君字公有，天彭人，仕至湖北僉憲。”

李西涯公曰：嗚呼，自古有國莫不亡，而顛踣困蹙可悲痛者，宜莫如宋之亡也。仗節死義者數十人，或止一身，或連一家，或及其將佐。而能使人感激之深且衆者，宜莫如李忠節。宋亡後數十年，其遺民故老尚隱思之。忠節死，潭人至今道其事，猶慷慨泣下。嗚呼，是孰使然哉？論者因以爲宋三百年養士之報，然當時棄城賣主，背位而逃者亦多矣。微忠節，潭人未必死，死未必能多。忠節守潭未半年，而感動人若是。及其死，舉湖以南皆降。天下之存亡所繫，可知已。

聖楷按：宋本記忠節公之宅廢爲學宫，與記其妻孥十九人焚死事，皆國史所不及，故備録之。及今衡州忠節祠，弘治間徙于城隍廟左，失其故宅爲學之意，還當祠于學傍爲是。

楊　霆

楊霆，字震仲，以父大異蔭補將仕郎。銓試第一，授修職郎、桂嶺主簿，有能聲。五中漕舉，改鄂州教授，遷復州司理參軍，轉鼎[①]、澧觀察推官，擢知監利縣。縣有疑獄，歷年不决，霆未上，廉得實，立决之，人稱神明。辟荊湖制置司幹官。吕文德爲帥，素慢侮士，嘗試以難事，霆倉卒立辨，皆合其意。一日謂曰：“朝廷有密旨，出師策應淮東，誰可往者？”即對曰：“某將可司兵器糧草，某營可備器甲矢石。”口占立授，頃刻案成。文德大驚曰：“吾平生輕文人，以其不事

① “鼎”，《宋史》卷四五〇《忠義傳》作“常”。

事也。公材幹如此，吾何敢不敬？”密薦諸朝，除通判江陵府。

江陵雄據上流，表裏襄漢，西控巴蜀，南扼湖廣，兵民雜處，庶務叢集。霆隨事裁决，處之泰然。暇日詣郡庠，與諸生講學。又取隸官閒田增益廩，稍選民之强壯者，於農隙訓練之，時付以器械，雜兵行肄習，親閲試行賞，以激勸之。未幾，能擐甲騎射，遂皆獲用，而兵不復擾民。

丁内艱。德祐初，起復奉議郎、湖南安撫司參議，與安撫使李芾協力戰守。霆有心計，善出奇應變，帥府機務，芾一以委之。城初被圍，日夜守禦。數日，西北隅破，霆麾兵巷戰，抵暮增築月城，比旦城復完，策厲將士，以死守之。城既破，霆赴水死，妻妾奔救無及，遂皆死。

聖楷曰：李芾，潭州之闈以盡忠厲將士，故元夕城破，潭民感激，多舉室自盡。此從古未有之事。説者謂屈、賈之遺澤，漸涵于長沙者，先爲芾地，而芾乃得以倡而風之。斯固然矣，然亦是偉人義士，生同鄉，死同地，湊合一時。如楊霆父子，忠孝素著，尹穀師範，三學歸心。又如沈忠之義勇，顔陳之協贊，皆志烈秋霜，精貫白日。潭之人士，何獨無心？且潭之人士，忠孝固其天性也。晉譙王承一興討逆之師，而易雄、虞悝諸人赴死如歸，豈非丹心注射，前後合轍哉？吕温《題陽人城》云：“忠驅義感即風雷，誰道南方乏武才。天下起兵誅董卓，長沙子弟最先來。”然則潭之人士，不獨可與死難，又可與勤王矣。

尹　穀

尹穀，字耕叟，長沙人。性剛直莊厲。初處郡學，士友皆嚴憚之。宋以詞賦取士，季年惟閩、浙賦擅四方，穀與同郡邢天榮、董景舒、歐逢泰諸人爲賦，體裁典雅，每一篇出，士争學之。由是湘賦與閩、浙頡頑。中年登進士第，調常德推官，知崇陽。所至廉正有聲。

丁内艱，居家教授，不改儒素。日未出，授諸生經及朱氏《四書》，士雖有才思而不謹飭者，擯不齒。諸生隆暑必盛服端居終日，夜滅燭始免巾幘，蚤作必冠而後出。雖行市中，市人見其舉動有禮，相謂曰："是必尹先生門人也。"

詰之果然。晚入李庭芝制幕，用薦擢知衡州，需次于家。潭城受兵，帥臣李芾禮以爲參謀，共晝備禦策。時城中壯士皆入衛臨安，所餘軍僅四百五十人，老弱大半。芾糾率民丁，獎勵以義，人殊死戰，三月城不下。大軍斷絶險要，援兵不至。穀知城危，與妻子訣曰："吾以寒儒，受國恩，典方州，誼不可屈，若輩必當從吾死耳。"召弟岳、秀，使屈以存尹氏祀，岳、秀泣而許之。已乃積薪扃户，朝服望闕拜。先取歷官告身焚之，即火自焚。隣家救之，火熾不可前，但於烈焰中遥見穀正冠端笏危坐，闔門少長皆死焉。芾聞之，命酹穀曰："尹務實，男子也，先我就義矣。"務實，穀號也。

初，潭士以居學肄業爲重，州學生月試，積分高等，升湘西嶽麓院生，又積分高等，升嶽麓精舍，故潭人號爲"三學生"。聚居州學，猶不廢業。穀死，諸生數百人往哭之。城破，多感激死義者。

聖楷按：李忠節公芾，長沙先未有專祠。成化五年，郡守金壇錢澍始請于朝立祠，塑芾像其中，以尹穀配，永著祀典，李文正公東陽撰記。今祠即熊湘閣故址。

邊居誼

邊居誼，隨人也。初事李庭芝，積戰功至都統制。咸淳十年，以京湖制置帳前都統守新城。居誼善御下，得士心，凡戰守之具，治皆有法。大兵至沙陽[1]，守將王大用不降，麾兵攻城，破之，執大用。呂文焕意其小壘，可不攻而破。居誼率舟師拒之。文焕列沙陽所斬首招降，不從。明日，縛大用至壁下，使呼曰："邊都統急降，不然禍即至矣。"居誼不答。又射榜檄入壁中，居誼曰："吾欲與呂參政語。"文焕聞之，以爲居誼降己，馳馬至，伏弩亂發，中文焕者三，併中其馬。馬仆，幾鉤得之。衆挾文焕，以他馬奔走。越三日，總制黄順挾一人開東門走降，明日使順來招之。居誼曰："若欲得新城耶？吾誓以死守，此何可得也？"順又呼其部曲，欲縋城出。居誼悉驅以入，當門斬之。文焕乃麾兵攻城，以火具卻之。旋蟻附而上，居誼乃取其家金盡散將士，往來督戰。會暮，破侵戰樓，樓火延燬民居。居誼度力不支，走還第，拔劍自殺，赴火死。丞相伯顔壯其勇，購得其屍燼中，觀之。事聞，贈利州觀察使，立廟死所。

聖楷曰：宋失襄陽已五年矣，至是，元伯顔帥師二十萬侵郢，張世傑力戰拒之。遂潛師入漢，屠沙洋，進逼新城，而呂文焕爲之前驅。悲哉，新城一孤壘耳，居誼以疲卒三千，敵其二十萬方張之寇，且守且戰，至死不屈，豈非烈丈夫哉！購既燼之骨，識猶生之面，伯顔此時視呂文焕爲何如人也！

周　　鏜

周鏜，字以聲，瀏陽州人。元陞爲州。篤學，通《春秋》。登泰定四年進士第，授衡陽縣丞，再調大冶縣尹。縣有豪民，持官府短長、號爲難治。鏜狀若尪懦，而毅然有威不可犯。抑豪强，惠窮民，治行遂爲諸縣最。累遷國子助教。會修功臣列傳，擢翰林國史編修官，乃出爲四川行省儒學提舉，便道還家。無何盜起，湖南北郡縣皆陷，瀏陽無城守，

① "陽"字原脱，據《宋史》卷四五〇《忠義傳》補。

盗至，民皆驚竄。鏜告其兄弟，使遠引，自謂："我受國恩，脱不幸，必死，毋爲相累也。"賊至，得鏜，欲推以爲主。鏜惟瞠目厲聲大罵，賊知其不可屈，乃殺之。

聖楷按：《楚紀》取鏜《大別山賦》，遂編入《昭文外紀》。此場屋末技耳，何堪雅薦？不若從《元史·忠義傳》録之爲當。然鏜以便道還家，無城守之責，又無應敵奇謀，足衛桑梓，徒忿然輕身决死，亦非正命。孟子謂"可以死，可以無死，死傷勇"，其鏜之謂歟？抑歎古鄉先生猶有不避賊鋒而死民社者，後之棄城而逃，赧然符綬，又何人哉！

劉畊孫

劉畊孫，字存吾，茶陵州人。至順元年進士，授承事郎，桂陽路臨武縣尹。臨武近蠻獠，畊孫至，召父老告之曰："吾儒生也，今爲汝邑尹。汝父老當體吾教，訓其子弟孝弟力田，暇則事《詩》《書》，毋自棄，以干吾政。"乃爲建學校，求民閒俊秀教之，設俎豆，習禮讓，三年文化大興。邑有茶課，歲不過五錠，後增至五十錠。畊孫言于朝，除其額。歷建德、徽州、瑞州三路推官。所至詳讞疑獄，其政績卓然者甚衆。

至正十二年春，蘄、黄賊攻破湖南，畊孫傾家貲，募義丁，以援茶陵。賊至輒卻，故茶陵久不失守。十五年，轉儒林郎、寧國路推官。歲饑，勸富民發粟振之，活者萬計。會長鎗瑣南班、程述、謝璽等攻寧國，畊孫分守城西，南城陷，畊孫力戰遇害。

弟熹孫以國學生下第，授常寧州儒學正。湖南陷，常寧長吏棄城走，民奉印請熹爲城守，城賴以完者一年。外援俱絶，死之。長子碩，爲武昌江夏縣魯湖大使，起義兵援茶陵，亦死之。

丁普郎

丁普郎，黄州府黄陂人。從征友諒有功，授行樞密院同知。復與友諒戰，死於鄱陽，身被十餘創，首脱，猶執兵若戰狀，直立不仆。贈柱國上將軍，封齊陽郡公，從祀康山忠臣祠。

聖楷曰：我太祖高皇帝癸卯鄱陽之捷，血戰凡五晝夜，友諒伏弢，其神功駿烈，具載宋濂《平江雙頌》中。是時將臣效忠死敵者，帳前總制親兵左副都指揮使韓成，樞密院同知丁普郎，院判張志雄，統軍元帥宋貴、陳兆先，副元帥余永昌、文貴、王勝、李信，萬户程國勝，千户姜潤，鎮撫曹信等凡三十餘人。事平，立廟康郎山。

姚　善

姚善，字克一，安陸人。初姓李，後復姓。居魚寨。善志行淳實，學識高遠。爲書生時，扁讀書所曰“待旦軒”，會稽唐之淳爲之銘。善工詩，與唐相倡和。洪武中鄉舉，歷祁門丞，同知廬州、重慶，所至有能聲。三十年，擢蘇州府。

初，上以吴民染夷俗，僭靡違式，繩以重法。嚚訟者更持短長，訟蜂起難治。善洞達政體，周悉人情，張弛寬密，允協時宜，數造請郡賢，考求治道，商略民生休戚，俗尚淳漓，稍因俗救正。吏民回響，轉稱大治，爲列郡最。

隱士王賓居陋巷，善往候，舍車詣門。賓問爲誰，曰：“姚善。”賓乃開門延語。及賓報謁，面府門再拜而返，善自邀還，辭非公事，不敢入。又將候韓奕，奕避入太湖。善歎曰：“韓先生可謂名可聞而面不可見者。”

錢芹自守甚高，善願見不可得。有俞貞木者，以明經見重於善，月朔望必延至學宫講經書訓士。一日饋菜於貞木，誤送芹所，芹受之。吏覺其誤，詣貞木以告。貞木曰：“錢先生不苟取與，今受不辭，必仰府公之賢耳。”善聞之，欲往候，乃使人先道意。芹對使者曰：“芹誠願見公。然芹，民也，禮不可往見于庭者。明公宏下士之風，請候月朔，相會于學宫。”善如期至，迎芹置座上，請質經義。芹曰：“此士子之業。公今有官守，何不詢時務邪？”善益起敬，請問今日急務。芹出授一簡，竟不交言而去。視之，皆戰守制勝之策也。善心嘉之。時靖難兵已出北平，善於是密結常、鎮、嘉、松四郡守，訓練民兵，相約勤王，而薦芹爲行軍司馬。

建文元年，善至京師，畫策防禦，又從大將軍北行，尋還京。建文君用漢破七國策，貶齊、黄于外。善言于朝曰：“人有文武才略，可扶顛濟危者，反置散地不用。今事已狼狽，須急召之。”詢其姓名，不對。再三詢之，曰：“今人才豈有過于黄大卿者？”遂復召還二人。四年，詔善督蘇、松、嘉、常、鎮五郡兵勤王。未及戰，文皇即位，索子澄甚急。子澄避善所，約共航海。善謝曰：“公可去，善不可去。公朝臣，可四往號召，圖興復；善職守土，義當與城存亡。”子澄遂去。善爲麾下許千户等縛見，文皇詰善曰：“若一郡守，乃敢舉兵抗我耶？”善歷[①]聲不遜，死之，時年四十三。後有沈魯者，以詩弔之曰：“倉卒勤王五郡兵，南風無力北風鳴。清忠自託巴湖月，穢史何曾説杲卿。”正德十一年，湖廣巡撫秦金祀善鄉賢祠。

《遜國臣記》曰：黄鉞，字叔揚，常熟人。以生員薦，除宜章典史。建文元年，舉湖廣鄉試，明年進士，授刑科給事中，陞户科左，改禮科。建文三年，外艱。方孝孺屏左右問曰：“北兵日南，蘇、常、鎮，京師左輔。君吴人，朝廷近臣，今雖去，宜有以教

① 歷，據崇禎本及文意當作“厲”。

我。”鉞曰：“三郡惟鎮江最要害，守非其人，自撒[1]藩籬也。鎮江指揮童俊，狡猾不可測。蘇州知府姚善，忠義激烈，有國士風，能當一面，但仁慈有餘，而御下太寬，此治郡之良才，恐不足定亂。然國家大勢，不在江南，戎馬至此而禦之，晚矣。”孝孺因附書善，勉以忠孝，期戮力王室，濟時艱。善得書，與鉞相對慟哭，以死自誓。鉞就父殯，居陂上舊廬，足跡不入城邑。靖難兵至江上，善受建文君詔，總督蘇、松、常、鎮、嘉興五郡兵勤王。以書招鉞，鉞即日營葬畢，遂至善所。時俊果以鎮江降。靖難後，詔暴善罪，捕善急。善麾下許百户，數權詐，得親善，縛善邀賞。鉞聞之慟哭，遂絶食閉目三日求死，家人救免。或告鉞曰：“善欵服，已得宥。”鉞即瞠目曰：“吾知善决無二心。吾且少俟善事定，吾獨死未晚。脱善果不死，吾將下報希直。”遂復稍稍食。是年七月，善死報至，鉞起登琴川橋，西向再拜祀善，慟哭曰：“吾與君同受國恩，國有難，義同許身。君今與希直同死國，吾忍獨生乎？”祀畢，給家人歸祭具，遂從容整衣冠，奮身入水死。時北兵四出，捕善黨籍籍，言且併録鉞家，親族悉驚伏。鉞友人楊福具棺衾，日夜泣橋側，百方求鉞屍不得。更數日，屍忽自出立水中。福痛哭，抱起易衣，體猶不潰，竟成禮，葬之屏處。福父滐蚤奇鉞，鉞與福共學，福亦有古行。

聖楷按：國朝風氣淳樸，有父兄之于子弟，惟恐讀書見徵者。鉞父見鉞好學，甚恐不免，數懲之，弗爲變，乃令督耕葛澤陂田舍閒。鉞託市鹽酪，一二日入城，借書親知閒，沿道披閲，至陂輒盡，每以爲限。隱者楊滐，避雨泊舟鉞舍旁，見鉞倚簷讀書，就視之，曰：“豎子學如此哉？日讀幾何？”對曰：“我苦無書讀耳，過目不忘也。”滐曰：“我有書藏洋海店，架插不下萬卷，豎子能從吾遊乎？”鉞喜，從至滐舍，乃令其子福與鉞同業三年，盡其

① 撒，疑爲“撤”之誤。

書。縣聞之，俱辟賢良。濴怨鉞曰："吾遭亂世，家破族散，攜兒耕讀遠郊，以全餘生。念子好學，舉書供業。一何不善晦，并累吾兒耶？"鉞乃説尹罷福。及鉞與姚善俱死建文之難，而福獨冒死求之。既得屍，復弔以詩曰："江風夜夜鼓洪波，江雨朝朝濕薜蘿。九辨不回《哀郢》志，三軍難奪《采薇》歌。手披宿草狐蹤滿，夢轉空梁月影多。誰謂百年臣子恨，獨同野老淚滂沱。"噫，革除之際，又何多奇士也！

鄺 埜

鄺埜，字孟質，宜章人。永樂辛卯鄉貢士，理刑部院事，以廉平名。十一年，爲監察御史。時駕在北京，有言南京鈔法滯，衆謂將起大獄。公往擒市豪一二，歸奏曰："市人聞令懼，鈔法通矣。"事遂已。十六年，石州人告變，擢陝西案[①]察副使，勑公事即實，會官軍勦，公察其誣，乃反獄亡命妄言，冀脱死，聞上，止弗問，誅誣者。宣德四年，陝右饑，移粟煮粥，全活萬人。

公最清謹，父又賢，嘗市褐寄父，貽書罵"何處得此褐者，以不義汚我？"父教官，公欲見父，聘陝西考鄉試，父又大怒罵，辭不至。歸憂。服除，陞應天尹，興利去害，市征田税，皆酌其平，豪猾不得爲輕重。正統元年，進兵部左侍郎。時尚書王驥西征，公任部事有勞，上與除戎籍。四年，京師淫雨壞廬舍，公言："此陰陽爲沴。兵，陰也。臣等不職所致。"乞罷歸田里，不許。久之，進尚書。時欲變易軍伍，使南北人各適土性。下群議，公曰："此舊制，不可紊。稍有變易，將不勝其弊。咎將誰歸？"卒不動。十四年，上北征寇，力止不允。比出關，又請回鑾。王振惡公，矯旨令與户部王尚書佐隨老營。至懷安，墜

① 案，據崇禎本及文意當作"按"。

馬幾殆，從者請留就醫藥，曰："天子在前，可託疾求自便？"力疾至雲中，還至宣府，寇大至。再請上疾驅入關而嚴兵爲殿，皆不報。最後詣行殿力請，振怒曰："腐儒安知兵事！再妄言，必死。"公曰："我爲社稷生靈言，何得以死懼我？"振愈怒，叱左右扶出。明日，次土木，師覆遇害。贈少保，謚忠肅。

聖楷按：公父名子輔，以明經任本縣訓導，升安福令，不受，復改句容教授，家教至嚴。公在陝西時，俸易一絨褐寄之，父大怒曰："此子不才如此！汝掌一方刑名，不能洗冤澤物，乃索此不義之物汚我！"即封還公。又欲見其父不可得，念父爲教職，居閒秋闈，聘典文衡者，謀于僚友，往請其父。父大怒曰："此子無知！汝居憲司，吾爲考官，何以防範？"又以書責之。公拜書跪讀，泣受其教而已。嗟乎，事父至孝如此，事君那得不忠？世不乏慷慨就死，身膏沙漠者，殆未可同日而語也。

楊　漣

楊漣，字文孺，德安應山人。爲諸生，落拓自喜，里中呼爲狂生。少與陳愚結交，以豪傑相期許。嘗雪夜兩人行歌徧邑中，倚柱而嘯，畫地而書，狂呼痛哭，人莫能測也。舉萬曆丁未進士，知常熟縣。其爲治，好古教化。豪强大姓爲奸猾，亂吏治，必收案致法。吏人捧手釁氣，丞、尉嚴事如大府。字養小弱，問民所疾苦。徒行阡陌閒，執手慰勞，如家人父子，亦更以此察知謠俗，及閭里奸利。訟息盜衰，邑以大治。邑令俸薄，不足贍家口，其兄清賣田以資之。五年，入覲，毁所束帶，以佐辦裝。舉清官第一。庚申，擢兵科給事中。

先是，光宗久在東朝，閒于鄭氏，儲位危阢，慬然後定。是年秋，神宗寢疾，皇太子希得召見，日旰尚傍[1]徨寢門外。公慮之，走告閣臣，當直宿閣中，日率百官問安，效宋文潞公訶内侍故事，傳語伴讀王安，太子當力請入侍，遲明而出，日暮還宫，以備非常。安故守正力擁佑太子，同心憂懼者也。光宗踐祚，五日而病，趣封鄭貴妃爲皇太后，及所愛李選侍爲皇貴妃。傳旨旁午，中外奸邪詗知上病不能自還，扇動鄭、李謀踞兩宫，挾皇長子以專國命。公要諸大臣集左掖門，面折貴妃姪養性。貴妃知不可奪，即日移慈寧宫去。公遂上疏，極論"鄭氏所遺醫文昇侍疾無狀，宜下司理[2]監推舉窮究，宣示中外，罔俾賤臣誣汙起居發病狀，虧損盛德。上暫輟萬幾，進皇長子及皇子扶牀繞膝，導迎和氣，收回封太后成命，無輕發詔令，以尊國體。事關禁近，皆人臣所難言者。"疏上三日，上特命錦衣召公，人意公且得罪。上對群臣，從容言病狀，既而數注視公，指皇長子："科臣謂不當去朕左右。"皆理公疏中語也。故事，宣詔群臣，止及吏科掌垣，他垣不得與。公以兵垣特召，閣部咸在，兵衛甚嚴，示以設九賓廷見之意。自是再召，與聞末命。

光宗崩，選侍踞乾清宫，群閹教選侍閉皇長子，不聽出，度外廷無可如何。公首定大計："大行在乾清，群臣哭臨畢，即擁皇太子升文華殿，呼萬歲，暫御慈慶宫。須選侍移宫而復，則群閹之計格，我輩得以事少主矣。"初詣乾清宫，閹人持挺"誰何"，公大罵"奴才"，手格卻之。將及宫門，内豎傳李娘娘命，追呼泣還者至再。公復手格叱退之。皇長子既居慈慶，選侍猶踞乾清不肯去，宣言將垂簾詰責御史左光斗疏中"武氏"何語。公抗論于朝房，于掖門，于殿廷者，日以十數；叱小豎于麟趾門者一，叱閣臣從哲及大閹于朝者再。選侍乃移一號殿，而天子復還乾清。後先諍辨，謂選侍不得母天子，天子不當託宫嬪。反復痛切，聞者口噤。移宫之日，奮髯叫呼，聲淚迸咽："選侍能于九廟

① 傍，據崇禎本及文意當作"徬"。
② 理，據崇禎本及文意當作"禮"。

前殺我則已，今日不移宮，死不出矣！”聲徹御座，殿陛皆驚。上亦語近侍：“胡子官真忠臣也。”當是時，三朝大故，變起旬月，舉朝洶洶，不知所爲。公儼然行顧命大臣之事，外成金吾，簡緹騎，周廬儆備，内戒中官乳母，禁宫人闌入，身露坐宫門外，五日夜不交睫，頭須盡白。每有大議，大臣左右顧視，問楊給事云何，莫敢專决也。

自神廟中年，群小窺菀枯之勢，開離閒之隙，浸淫蘊祟，而發作于鼎革之交，公察知奥窔，誓死仗節，奪人主于婦寺之手，其功最爲奇偉。然移宫既竣，群小失所凴依，膏脣鼓舌，造作蜚語，聳動朝士。好異者進安選侍之揭以撼公，公乃上《移宫始末疏》，優詔欵[①]嘉；則誣公交關司禮王[②]安脅取中旨以恚公，公發憤再疏。移病歸。逆閹魏忠賢漸用事，搆安殺之。群小私相幸，以爲殺公有基矣。

明年，即家起太常寺少卿，擢都察院左僉都御史，轉左副都御史。群小日夜中公忠賢所，顧猶未敢即發，使其私人疏糾左光斗、魏大忠，牽連公客汪文言以嘗公。公家居時，嫉忠賢關通阿母，竊弄威福，必爲社稷憂，扼腕流涕，草疏藏弆篋中。至是，乃修飾爲二十四大罪上之。忠賢驚且恚，擲地展轉號哭。群小教之曰：“毋恐。逐楊某，公可安枕矣。”忠賢喜，假會推，盡逐公等。群小又嗾之曰：“不殺楊某，公之禍未艾也。”忠賢復大懼，急徵公等，坐故經略熊廷弼贓，羅織成獄。先是考文言，五毒備極，迫使引公。文言號去呼公，仰天笑曰：“安有貪贓楊大洪乎！”至死不服。及考公，獄吏顧以文言爲徵，公大呼太祖高皇帝，神、光兩宗，竟坐誣服以死。

公死後，大舉鈎黨，轉相連染，死徙廢禁，逮捕相望。乃爲閹定三案，刊《要典》，借公爲質的，以欺誣天下，而群小所以殺公之本謀始大露。然後知公之死，不死于擊閹，而死于移宫。定計殺公者，非操刀

① 欵，據崇禎本及文意當作“歎”。

② “王”字底本原脱，據錢謙益《都察院左副都御史贈右都御史加贈太子太保謚忠烈楊公墓誌銘》補。

之閹，而主張三案之小人也。詔獄後三年，今天子即位，追録死閹忠臣，以公爲首。會其子之易等詣闕訟父冤，詔所司上公死狀，閹孽猶用事，初贈僅平進一級，再贈削去部銜，不肯上。群小之忌公而憎其骨餘，至于此極哉！

公爲人孝友潔廉，正直誠篤。家貧喪父，躬自相地，勞瘁得疾，幾殆。夜聞鼓樂聲，有神人降其室，爲處方，病良已。事繼母至孝，事其兄清更衣并食如一人。其妻有違言于母兄，痛毆之，令長跪謝罪而後已。在省垣，四方貨賂不敢窺其門，閒受故人問遺，隨手散盡，家無餘財。蘊義生風，抗論愲俗。采纖芥之善，貶毫末之惡，是是非非，明白洞達。推賢讓能，慰薦單素，手疏口贊，如恐不及。與人交，輸寫心腹，貿易首領，奮迅感慨，急人之危，甚于己。以故知與不知，皆傾心倒身，願爲公死，無所辭也。

當其舁櫬就徵，自鄖抵汴，哭送者數萬人，壯士劍客聚而謀篡奪者幾千人。所過市集，攀檻車，看忠臣，炷香設祭祝生還者，自豫、冀達荆、吴，綿延萬餘里。追贓令亟，賣菜洗削者，争持數錢投縣令匭中，三年而後止。昭雪之後，街談巷議，驚而相告。芸夫牧豎，有歎有泣。公之忠義激烈，波蕩海内，蓋亦從古所未有矣。嗚呼，公之死，在天啟五年七月二十四日也，惨毒萬狀，暴屍六晝夜，蛆蟲穿穴。畢命之夕，白氣貫北斗，災眚疊見，天地震動，冤抑可勝痛哉！崇禎五年，其死友陳愚始爲公狀，率其二子，跋涉數千里，屬錢太史謙益志之。兹蓋傳其略云。

聖楷曰：楊大洪先生，固社稷臣也。抑予讀陳元樸狀，知世間尚有死友；讀錢太史志，知世間尚有公道。頃奉高督學師檄修四朝《三楚文獻録》，大洪傳屬之華容孫穀。又知世間極大忠孝，即是極大文章。以之作人，而訓行善俗，流風遐邇；以之報國，而樹勳建業，彪炳丹青。太史亦云：“千載而下，讀枕中齧血之書，殆未有不正冠肅容，傍徨涕泗，相與教忠而勸義者也。”吾師《文獻》一録，造楚之功，寧有暨哉！

石有恒

石有恒，字季常，黄梅人。萬曆四十七年進士。博學能文，慷慨負大志。初，官遂安令，有神君之稱。改調長興，會正月朔日海寇猝至，爲所執，不屈死。事聞，贈太僕少卿，謚忠烈，祀鄉賢。

顯鶴案：原書石有恒有目無傳，今從《湖廣通志》補入。桐川俞長城《百二十家制義題辭》略云：余年十齡，讀石季常先生文，高古腴煉，心酷嗜之，以爲秦漢以下無是書也。又聞先生楚人，尹浙，元旦殉難。大節奇偉，益重其爲人。嘗遊彭蠡，過洞庭，訪先生故居。既慕其人，益思其文集。有友人爲黄梅令，致書求之，不得。蓋兵燹以來，湮滅於煨燼中者多矣。

楚寶卷第二十六考異

新化鄧顯鶴湘皋述

忠　義

李　芾

李芾，潭州之圍以盡忠厲將士，故元夕城破，潭民感激，多舉室自盡，此從古未有之事。説者謂屈、賈之遺澤，漸涵於長沙者，先爲芾地，而芾乃得以倡而風之。

顯鶴案：李忠節死難最烈，合幕屬顔應炎、陳億孫及尹穀、楊霆，亦爲五忠，謂宜合立一祠，以朱子五忠爲之主，益以忠節公等五人。及明末，蔡忠烈公道憲、劉忠毅公熙祚、周通守公二南、邱寧鄉公存忠、何文烈公騰蛟，總名之曰五忠祠，而以沈忠、凌國俊諸人配享，用以表揚節義，風勵末俗。荆南淫祀相望，桓桓忠靈，曾不血食，豈非闕典？下走末僚，職司籩豆，望古欷歔言之而已。

楊　霆

楊霆，字震仲，以父大異蔭補將仕郎。

顯鶴案：楊霆，一作楊震，蓋沿字震仲之誤耳。

尹　　穀

諸生隆暑必盛服端居終日，夜滅燭始免巾幘，蚤作必冠而後出。市人見其舉動有禮，相謂曰：“必是尹先生門人也。”詰之果然。

顯鶴案：《尹穀别傳》：穀知城危，召親友，爲二子行冠禮。或謂之曰：“此何時，乃作此事？”穀曰：“正欲兒曹冠帶以見先人耳。”其臨難不苟如此。《宋史》本傳失載此事。

鄺　　埜

永樂辛卯鄉貢士，理刑部院事。

顯鶴案：《明史》鄺埜本傳：永樂九年進士，授監察御史。《湖南選舉志》：鄺埜，永樂九年辛卯蕭時中榜。不宜獨稱鄉貢士。

十六年，石州人告變。擢陝西按察副使，勑公事即實，會官軍勦，公察其誣。

案：本傳：十六年，有言秦民群聚不軌者，擢埜陝西按察副使，勑以便宜調兵勦捕。埜白其誣，詔誅妄言者。原傳敘次甚未悉。

正統十四年，上北征寇，力諫不允。比出關，又請回鑾。王振惡公，矯旨令與户部王尚書佐隨老營。至懷安墜馬，幾殆。

案：本傳：瓦剌也先勢盛，埜請爲備，又與廷臣議上方略，請增大同兵，擇知謀大臣巡視西北邊務，尋又請罷京營兵修城之役，令休息以備緩急。時不能用。也先入寇，王振主親征，不與外廷議可否。詔下，埜上疏言："也先入犯，一邊將足制之。陛下爲宗廟社稷主，奈何不自重。"既扈駕出關，力請回鑾。振怒，令與户部尚書王佐皆隨大營。埜墜馬幾殆。或勸留懷來城就醫，埜曰："至尊在行，敢託疾自便乎？"

父又賢，嘗市褐寄父，貽書罵"何處得此褐者，以不義汚我？"父教官，公欲見父，聘陝西鄉試。父又大怒罵，辭不至。

案：本傳：埜爲人勤嚴端謹，性至孝。父子輔爲句容教官，教埜甚嚴。埜在陝，久思一見父，乃謀聘父爲鄉試考官。父怒曰："子居憲司，而父爲考官，何以防閑？"馳書責之。埜又嘗寄父褐，復貽書責曰："汝掌刑名，當洗冤釋滯，以無忝任使。何從得此褐，乃以汚我？"封還之。埜奉書跪誦，泣受教。

楚寶卷第二十六增輯

新化鄧顯鶴湘皋述

忠　　義

熊　　桂

熊桂，湘潭人。咸淳十年進士，通判贛州。年七十餘，與趙張唐同起兵，復衡山等縣。明年，督府文天祥兵敗，人心失望。元行省兵復陷所復諸縣，桂被害，并屠其家。

吴希奭

吴希奭，一作王希奭。攸人。其先世積善急義，鄉里德之。臨安陷，希奭遣閒使通行朝，通蜀帥，又遣區仲舉通桂帥，及都元帥益王府。旬月閒，遠近響應。景炎即位，授官，復醴陵。遇北軍，衆寡不敵，死之。一門三十口無免者。

陳子全

陳子全，攸人。少剛猛殺人，晚入佛學，徒千數百人。穎悟如高僧。臨安陷，自通於督府文天祥，承制授官，聚衆數千。子全善撫馭，爲衆所懷。復萍鄉縣。袁州總管聶嵩孫宣差來萬户舉兵來争，屢敗之。會天祥師潰，衆謂事未可圖，遂退，獨子全所部據險待命。已而湘部諸縣再陷北軍，日夜環而攻之，子全胸中流矢死。其子就逮，盡殺之，妻屬死獄，無遺類。

王夢應

王夢應，字聖與，攸人。咸淳甲戌進士，調廬陵尉。與陳子全等通於督府文天祥，復萍鄉縣。袁州總管遣來萬户舉兵來争，夢應率數百人遇於明府嶺，戰數合，殺曹千户大小頭目，北軍敗走。未幾，益兵再大戰，北軍又遁，殺來萬户之子及頭目六人，僵尸蔽野，餘兵奔袁州。會傳永新兵敗，天祥師潰，其衆亦潰。夢應竄歸，收淮、潭散遺舊兵，捕者無敢近。己卯春，天祥被執，厓山已亡，乃率數百人閒行入永新境，依顔明叔。後其衆復散，夢應母妻兒女皆歿，惟一身存，未幾亦死。

張　唐

張唐，長沙人。一作張鏜，衡山人。先儒栻諸孫，官朝奉郎。與趙璠同起兵應文天祥，復衡山、湘潭等縣。天祥敗，所復縣復陷。唐被執，元行省參政崔斌欲降之，唐罵曰："紹興至今百五十年，乃我祖魏公收拾撑拓者。今日降而死，何以見魏公於地下？"遂遇害。

顯鶴按：熊桂以下五人，俱見鄧光薦督府《忠義傳》。又《宋史·文天祥傳》：張虎，潭州人；劉斗元，湘潭人。皆與張唐等起兵邵、永閒，復新化、安化、益陽、寧鄉、湘潭諸縣。又《楚紀》載，譚端伯，字應元，茶陵人。文天祥舉兵勤王，端伯率族衆應之。天祥與之劄曰："湖南九郡，爾實統之。"後爲元兵所獲，令具供狀。端伯書曰："兩手撥開南浦雲，人誰似我？一口吸盡西江水，我自擔當！"竟不屈而死。

賀興隆

賀興隆，安化人。元至正末，天下大亂，興隆率鄉人陳源隆、姚廷曙等，聚鄉子弟爲兵，保障閭里。陳友諒兵起，授興隆參軍。後率衆歸明太祖，仍予故官。隨徐達取辰州，又隨胡海克寶慶路，獲元元帥唐隆道，即授寶慶指揮同知。會邵陽賊周文貴之亂，興隆率兵與戰，衝其前鋒，援兵不至，死之。朝廷以璽書褒，其略曰："唐兵未出，睢陽之勢始孤；知伯漸强，晉陽之城已浸。首雖可折，心乃不移。未膺大國之封，遂見長星之墜。贈湖廣等處行中書省參知政事。"仍命有司立祠，歲以六月初八戰歿之日致祭。特祠在寶慶府。

附録：李文正公東陽《傳贊》略曰：當元之季，海内鼎沸，兵革并起。士大夫享有民社佩符秉纛者，棄位而逃，視其民轉移陷溺，若秦越人之相視肥瘠，其身且不自保，於民則又何賴？興隆以一布衣，伸鋤爲兵，蒸麥爲糧，出入守望，爲鄉里保障。荆楚之南，苗獠出入，於斯爲盛。一方之不亡，皆其功也。天下未定，垂翅而附翼，不以爲恥。及夫誕運有主，翻然來歸，名正事成，於焉罔愧。逮夫事窮勢極，竟殞其身，寧爲順死，不爲逆生。嗚呼，豈不真知順逆大丈夫哉。在古祀典曰："能捍大患則祀，以死勤事則祀。"若興隆不祀，誰宜祀耶？人不幸生當亂世，死於鋒鏑之下，與沙蟲同腐者何限？賀氏獨享有祀典，崇名涣勅，照耀來世。視俯首縮臂，臣妾二姓，冒旦夕之榮者，萬死奚足贖哉？予南歸湖湘，聞邵人道賀公事甚著，但其事未有傳於郡志者，其祠亦久荒落。成化辛卯，寶慶知府謝侯始復修之，請爲賀公傳，立石於祠，以示後人。

劉 儁

劉儁，字子士，江陵人。洪武十八年進士，除兵部主事，歷郎中。遇事善剖决，爲帝所器。二十八年，擢右侍郎。建文時爲侍中。成祖即位，進尚書。永樂四年，大征安南，以儁參贊軍務。儁爲人縝密勤敏，在軍佐畫籌策有功，還受厚賚。未幾，簡定復叛，儁再出，參贊沐晟軍務。六年冬，晟與簡定戰生厥江，敗績，儁行至大安海口，颶風作，揚沙晝晦，且戰且行，爲賊所圍，自經死。洪熙元年三月，帝以儁陷賊不屈，有司不言，未加褒卹，勑責禮官。乃賜祭，贈太子少傅，謚節湣。官其子奎給事中。

馮 貴

馮貴，武陵人。舉進士，爲兵科給事中。從張輔征交阯，督兵餉，累遷左參政。涖事明敏，善撫流亡。土兵二千人，驍果善戰，貴撫以恩意，數擊賊有功，中官馬騏盡奪之黎利，反貴以羸卒數百。禦賊於瑰縣，力屈而死。仁宗時，尚書黄福言狀，贈貴左布政使。

何 忠

何忠，字廷臣，江陵人。由進士爲監察御史。廉真[①]，人莫敢幹以

① 真，據《明史》卷一五四《何忠傳》當作“慎”。

私。永樂中，三殿災，言事忤旨，出爲政平知州，民安其政。寧橋之敗，王通詭與賊和，而請濟師於朝，爲賊所遮，不得達。賊遣使奉表入謝，通乃遣忠及副千户桂勝與偕行，以奏還土地爲辭，陰令請兵。至昌江，内官徐訓泄其謀，賊遂拘忠、勝，臨以白刃。二人瞋目怒駡，不屈，竝忠子，皆被害。

易　先

易先，字泰初，湘陰人。以國子生授諒山知府，有善政。歲滿還朝，郡人乞留。詔進秩三品，還任。賊破諒山，先自縊，合家十八口同日死。事聞，贈布政司參政，謚忠節。

顯鶴按：劉儁以下四人，俱死交險之難，事見《明史》。又《湘陰縣志》載：縣人婁銹，未仕時讀書三峰山，夢三人張黄蓋相訪，問之，旁一人答曰："此三閭大夫、夏忠靖、易忠節公也。"因建名賢閣，祀三先生於上。銹字元夫，天啟舉人，崇禎時官涇州。流寇掃地王犯州，殉城死甚烈，贈太僕寺少卿。

易紹宗

易紹宗，攸人。洪武時從軍有功，授象山縣錢倉所千户。建文三年，倭登岸剽掠，紹宗大書於壁曰："設將禦敵，設軍衛民。縱敵不忠，棄民不仁。不忠不仁，何以爲臣？爲臣不職，何以爲人？"書畢，命妻李具牲酒，生奠之。訣而出，密令遊兵間道焚賊舟。賊驚救，紹宗格戰，追至海岸，陷淖中，手刃數十賊，遂被害。其妻攜孤奏於朝，賜葬祭，勒碑旌之。

周　憲

周憲，安陸人。弘治六年進士，除刑部主事，進員外郎。十七年，坐事下詔獄，謫衮州通判。正德初，復故官，歷江西副使。華林、馬腦賊方熾，總督陳金檄憲剿之。平馬腦砦及仙女、雞公嶺諸寨，先後斬獲千餘人。華林賊窘，遣諜者詭言饑困狀，憲信之，移檄會師夾擊。他將多觀望、憲攻北門，三戰，賊稍卻。與子幹先登逼之。賊下木石如雨，軍潰，憲中槍。幹前救，力戰，墮崖死，憲創重被執，罵不絶口，賊支解之。事始聞，贈按察使，予祭葬，謚節湣，廕一子，旌幹門曰孝烈。嘉靖二年，江西巡撫盛應期請與黄宏、馬思驄並旌，詔附祀忠烈祠。後從給事中李鐸言，命有司歲給其家米二石、帛二匹。

宋以方

宋以方，字義卿，靖州人。弘治十八年進士，歷户部郎中。正德十年，遷瑞州知府。時華林大盗甫平，瘡痍未復，以方悉心撫字，吏民愛之。宸濠逆謀萌，而瑞故無城郭，以方築城，繕守具，募兵三千，日夕訓練。宸濠深忌之，有徵索又不應，遂迫鎮守劾繫南昌獄。明日，宸濠反，出以方，脅之降，不可。械舟中，至安慶，兵敗。問地何名，舟子云“黄石磯”，江西人音則“王失機”也。宸濠以爲不祥，斬以方祭江。後賊平，其子崇學求遺骸不得，斂衣冠歸葬。嘉靖六年，巡撫陳洪謨上其事。詔贈光禄卿，蔭一子，立祠瑞州。

錢　錞

錢錞，字鳴叔，鍾祥人。嘉靖二十九年進士，授江陰知縣。初至官，倭已熾，三十三年入犯，鄉民奔入城者萬計，兵備道王從古不納。錞曰："民死不救，守空城奚爲？"遂開門縱之入，而身自搏戰於斜橋，三戰卻之。明年六月，倭據蔡涇閘，分衆犯塘頭，錞提狼兵，戰九里山。薄暮，雷雨大作，伏四起，狼兵悉奔，錞戰死。世廕錦衣百户。

朱　裒

朱裒，字崇晉，鄖西人。嘉靖中，舉於鄉，署鞏縣教諭事，遷武功知縣。抑豪强，祛積弊，關中呼爲鐵漢。遷揚州同知，吏無敢索民一錢。三十四年，倭入犯，擊敗之沙河，殲其酋，還所掠牲畜甚衆。未幾，復大至，薄城東門，督兵奮擊，兵潰死焉。贈左參政，録一子。

鄧祖禹

鄧祖禹，蘄水人。舉萬曆四十七年武會試，授瀋陽守備。嘗出戰，中矢死，夜半復甦，創甚告歸。崇禎初，起宣府遊擊，入衛京師。副將申甫軍歿，祖禹力戰蘆溝橋。擢涿州參將，疏請召對，不許。入朝上書，聲甚厲，爲御史所糾，下獄。然帝頗採其言。久之赦，出爲辰、沅參將。禽苗酋飛天王張五保，斬首千五百級，夷其巢。擢副總兵，轄德安、黄州。攻賊土壁山，盡掩所獲爲已有。當事將劾之，請剿寇自贖。乃令援應城。將七百人入城，賊大至，圍數重。祖禹突圍，保西城外。

賊復圍之。軍敗被執，賊説降，怒罵不屈。賊言之再三，復罵曰："若此，須換卻心肝。"賊笑曰："換不難。"遂剖心剜肝而死。

陳純德

陳純德，字静生，零陵人。爲諸生，以學行稱。嘗夜泊洞庭，爲盜窘，躍出墮水，再躍入洲渚。比曉，坐蘆葦中，去泊舟數十丈。崇禎十三年成進士，年已六十矣。莊烈帝召諸進士，咨以時事，純德奏稱旨，立擢御史，巡按山西。七月，部内嚴霜，民凍餒。純德上疏請恤，因陳抽練之弊，言："兵抽則人失故居，無父母妻子之依、田園丘隴之戀，思歸則逃，逢敵則潰。抽餘者既以餉薄而安於無用，抽去者又以遠調而不樂爲用。伍虚而餉仍在，不歸主帥則歸偏裨，樂其逃而利其餉。凡借以營求遷秩，皆是物也。精神不以束伍而以侵餉，厚餉不以養士而以求官。伍虚則無人，安望其練？餉糜則愈缺，安望其充？此今日行閒大弊也。"帝不能用。還朝，督畿輔學政。將出按部，都城陷，賊下令百官以某日入見，衆摄純德入，還邸慟哭，遂自經。京山人秦嘉系買地葬之永定門外，立石表墓焉。贈太僕卿，謚恭節。

顯鶴案：《明史》：崇禎十有七年三月，流賊李自成犯京師。十九日，莊烈帝殉社稷，文臣死國者，東閣大學士范景文而下凡二十有一人。又云：右范景文至金鉉二十有一人，皆自引決。其他率委蛇見賊，賊以大僚多誤國，槩囚縶之。大抵降者十七，刑者十三。福王時，以六等治諸從逆者罪，而文武諸臣殉難，并予贈廕祭葬。且建旌忠祠於都城，曰正祀，文臣祀景文以下二十人。《明史》本傳云：公督畿輔學政，將出按部，都城陷，賊下令百官以某日入見，衆摄純德入，還邸慟哭，遂自經。今按《零陵志》及家傳，載公殉難事甚詳。按傳，公巡按復命，旋督學北直，按試易州。聞警，戎裝入援，一晝夜馳三百里，馬上占稾，請募將勤王。

入都見帝，走官論馬世奇寓，相持痛哭，約以身殉。甲申三月十九日，城陷，二十日，公始得莊烈凶問，即具衣冠哭拜，作書報二親。家僮泣阻，不顧，執筆作蠅頭楷字，書畢，投繯，神色安定如平日。是時殉節凡二十二人，《明史》作二十一人。湖南惟公一人。初，公未遇時，與同學嘗談及死難事，有抵掌以誓者，公曰："不在此，顧臨事何如耳。"又嘗勖同人曰："吾輩當厚自醞釀，他日登仕籍，或可報朝廷一二事。"然則公之志，已素定矣。今按《明史》列傳二十一人：范景文、倪元璐、李邦華、王家彦、孟兆祥、子章明、施邦曜、凌義渠、馬世奇、吴麟徵、周鳳祥、劉理順、汪偉、吴甘來、王章、陳良謨、陳純德、申佳胤、成德、許直、金鉉，凡二十有一人。順治九年所司以名上，自范景文至金鉉二十人，命所在有司致祭，且予美謚，而公名獨不與。豈當日祀典偶遺，抑或史傳漏載耶?

又，家傳載：公爲御史，總憲劉宗周廉甚，偶乏米，遣貸於公。夫人曰："京師官無限，何取必於陳也?"劉曰："非陳公粟，予固弗甘之也。"時人兩賢之。李邦華爲臺長，有故人子假名柬投公，弗應，人方以忤堂官爲公慮。李奇公，力爲揚譽。大抵公之爲人，沈静嚴毅，即處貴顯，抑抑自晦。及履險艱，志益堅正，故能從容就義，視死如歸。先贈太僕寺卿，謚恭節，入鄉賢祠。國朝賜謚節愍，并給祀田。

附録：殉難家報：三月十九日，都城破。男食君之禄，義當死節。永用、永興、永安三人，力爲哭阻，然人臣義無所逃，於二十日晚自盡。忠孝不能兩全，父母劬勞之恩，願矢報於來世而已。滿弟及才偉，雷、胡兩賢壻，俱存心做好人是望，暨各至親知己，不及裁候，統爲申意。男獲從文文山、謝疊山於地下矣，父母不必痛念，才偉萬不可言奔喪，三僕可善視之。列位祖臺父母，不遑具報，家中稟聞。甲申三月二十日，男純德薰沐具報。

京山秦嘉系《買地葬公始末記》：吾楚陳滄元先生，殉崇禎甲申難，迄今白骨未瘞，忠魂無歸，壘然抔土，在京師永州會館之荒園。見者聞者，莫不悲悼。先生死且不朽，何須葬，又何忍不葬也。嗟乎，泠風白露，衰草寒泉，雖吞聲黄壤，忠貞豈瞑目哉？先生有一子，隔於洞庭，南北數千里，或因貧不能歸葬。是以十年暴露於兹。今聖恩浩蕩，旌前朝死節之臣，又詔掩骸埋胔，以澤及枯骨。余居旅館，與壘土比閭者三載。每悲先生濺侍中之血，尚未獲封棺之土，因捐金購地於永定門外，吾楚郭惟明祖塋之傍，以爲先生春秋窀穸。若先生長葬於此墟墓之閒，使人憐其忠。若先生有子後來，乞骸骨復歸丘首，又使人傳其節。九原可作，咸有卞忠公之思矣。順治十四年四月二十五日，置地卜葬，撰文勒石。墓在京師永定門外，地名邊村，詳具《殉難録》。

陳　瑞

陳瑞，咸寧諸生。明末江水竭，嘗作《涸江歎》。流賊内訌，瑞曰："吾有從彭咸之故居而已。"二女孫未字，晨起扁舟載之紫漳，令先投水，徐浩歌一絶，自溺焉，卓立水中，數日不仆。

張同敞

張同敞，字别山，居正曾孫。少負志節。崇禎中上書請復武廕，併復其祖敬修官。帝授同敞中書舍人，復敬修官。同敞感帝恩，益自奮。十五年，奉敕慰問湖廣諸王，因令調兵雲南。未復命，兩京相繼失。走詣福建，唐王亦念居正功，復其錦衣世廕，授同敞指揮僉事。尋奉使湖南，聞汀州破，依何騰蛟於武岡。永明王用廷臣薦，改授同敞侍讀學士，爲總兵官劉承允所惡，言翰林、吏部、督學，必用甲科。乃改同敞尚寶卿。以大學士瞿式耜薦，擢兵部右侍郎，兼翰林侍讀學士，總督諸路軍務。

同敞有文武材、意氣慷慨。每出師，輒躍馬爲諸將先。或敗奔，同敞危坐不去，諸將復還戰，或取勝。軍中以是服同敞。大將王永祚等久圍永州，大兵赴救，胡一青率衆迎敵，戰敗。同敞馳至全州，檄楊國棟兵策應，乃解去。順治七年，大兵破嚴關，諸將盡棄桂林走。城中虚無人，獨式耜端坐府中。適同敞自靈川至，見式耜。式耜曰："我爲留守，當死此。子無城守責，盍去諸？"同敞正色曰："昔人恥獨爲君子，公顧不許同敞共死乎？"式耜喜，取酒與飲，明燭達旦。侵晨被執，諭之降，不從，令爲僧，亦不從。乃幽之民舍。雖異室，聲息相聞，兩人日賦詩倡和。閲四十餘日，整衣冠就刃，顔色不變。既死，同敞屍植立，首墜躍而前者三，人皆辟易。而居正第五子允修，字建初，廕尚寶丞。崇禎十七年正月，張獻忠掠荆州，允修題詩於壁，不食而死。

附録：《明史》瞿式耜本傳：部將戚良勛請式耜上馬速走，式耜堅不聽，叱退之。俄總督張同敞至，誓偕死，乃相對飲酒。一老兵侍，召中軍徐高，付以敕印，屬馳送王。是夕，兩人秉燭危坐。黎明，數騎至，式耜曰："吾兩人待死久矣。"遂與偕行，至則踞坐於地。諭之降，不聽，幽於民舍。兩人日賦詩倡和，得百餘首。至閏十一月十有七日將就刑，天大雷電，空中震擊者三，遠近稱異，遂與同敞俱死。

顯鶴按：別山先生在桂林時，其夫人某氏背負張氏七世神主，間關往粵。至寶慶道梗，止邵陽車氏囊螢閣，經年復行，厘而得達。公死，夫人亦卒。兩棺浮厝桂林棲霞寺，主僧渾融擇地葬之，墓在桂林東關外，距棲霞不遠。粵人至今以公生日上冢致祭。寺僧主之渾融，故明參將，沅州人，亦奇士也。鼎革後爲僧。其收葬公夫婦，尤義舉云。

傅作霖

傅作霖，武陵人。依何騰蛟長沙，改監軍御史。永明王在全州，超拜兵部左侍郎，掌部事，尋進尚書。從至武岡。時劉承胤擅政，作霖與相善，故驟遷。及大軍逼武岡，承胤議迎降，作霖勃然責之。及承胤遣使納款，大兵入城，作霖冠帶坐堂上，承胤力勸之降，不從，遂被殺。妾鄭有殊色，被執，驅之過橋，躍入水中死。

《常德府志》云：武陵傅氏家譜載，作霖死難時，恭順王孔有德欲生降之，不屈，王壯其忠，命校卒拔短刀刺右脅死，以禮葬於武岡東塔寺旁。丁亥八月，永明王聞，贈東閣大學士，謚忠肅，廕子允漸秘書郎。少子岩，字夢臣，兩走京師，歷滇、黔、吴、豫，往返齊、魯，求作霖奏議詩文，上之史館。一時士大夫咸哀其志，爲文以送之。

附録：咸寧許蓮舫刺史紹宗《修傅忠節墓記》云：公名作霖，字潤生，武陵人。崇禎壬午舉人。仕唐王爲職方主事，監蘇觀生軍。已，依何騰蛟長沙，改監軍御史。永明王在全州，超拜兵部左侍郎，尋進尚書。從王至武岡，大兵進逼，王走靖州。公冠帶坐堂上，被獲，不屈死之。妾鄭亦躍水死。事載《明史》。是公之死在武岡，而不言其葬。武岡舊志載公臨終絶命詩，甚哀惋。當事爲之斂葬封墓，與史略同，而亦不言其墓地。《常德府志》載恭順王孔有德欲公生降，不屈，命校卒短刀刺右腋死，以禮葬武岡州東塔寺旁，蓋得之傅氏家譜者。傅氏武陵舊族，不知武岡有東塔寺，所載當不謬。余輯《武岡志》，既采公事入載記，而訪其墓地，則百餘年來湮没已久，州人無能知之者。余曰："州幸有東塔寺在耳。"迺躬履其地，則州之城東塔已漸欹，環塔而纍纍者皆僧龕。右爲鄧塋，去塔數十武，衍而曠者爲寺，寺爲元時建。寺之左傍菜圃有大塚已陷，無墓石文字可辨。詢之土人鄧敦教，曰："小人祖居此百餘年矣。此寺内地國朝無葬者，疑前明廢塚耳。"詢之寺僧，亦云然。余矍然曰："此真公墓矣。"蓋《常德志》明言葬東塔寺旁，非東塔旁。而土人言國朝無葬者，與《常德志》合。其塔旁僧龕及鄧塋皆有主者，則益信寺旁爲公墓無疑。伏惟我朝褒忠勵節，超越千古，於故明三王殉難諸臣，均沐賜謚建祠，恩周泉壤。公之大節亦已昭炳日星，而獨此墓土一抔，倉皇藁葬於戎馬之餘，有司不知護，子孫不能修，獨賴數行志乘，猶可搜討。使再遲之數十年，將不可復識矣。不重可哀也哉？雖然，東塔寺不廢，寺旁無别墓，則固公在天之靈默牖予衷，而忠義之骨爲鬼神所呵護久矣。因捐俸爲之修墓，立石而記其事於碑陰。與其事者，州人夏能彬、寺僧渟亨、山鄰鄧敦教。其始事則新化鄧孝廉顯鶴也。例並得書。

附録：顯鶴《詩序》：武岡東塔寺旁，有故明傳忠節公作霖墓。舊志失載，寺僧夷爲菜圃。嘉慶丁丑，房師許蓮舫先生牧武岡，重修州志，顯鶴襄校讎之役，乃從《常德府志》采出，言之先生，修其墓。先生爲文以祭，詳記其事於碑陰，且以謂事發顯鶴，宜有詩。謹先賦此詩，惟大雅表微焉。詩云：武岡城東東塔寺，旁有廢塚無人識。去聲。殘碑剥蝕困樵牧，名姓没滅長幽悶。天憐忠骨沈埋久，碧血模糊兩行字。劫火燔餘二百年，六丁飛掣精魂出。大書殉難傅忠節，血痕點點收葬地。吁嗟明社久淪覆，天佑皇清主神器。渡江五馬同羊劫，在野群蛇空蟻沸。江南殘局已不支，何況永明真兒戲。傳聞桂林告警時，老臣主守無他議。瞿忠宣公式耜。倉皇出走制中瑠，王坤。跋扈劫遷迫悍帥。劉承胤。可憐假息遊釜中，紛紛水火争同異。謂毛壽登、劉湘客諸人。公時羈紲秉戎政，調停中立非阿媚。亦如史何用列鎮，思以衆志回天意。按《明史・何騰蛟傳》謂公與劉承胤善，故驟遷尚書。余謂公之善承胤，亦如閣部之用劉、高，中湘之用郝、李，皆不得已之苦心，不宜加以微辭也。堂堂征南仁義師，平南王孔有德。百萬貔貅從天至。斗溪一戰鼓聲死，城上已樹迎降幟。天乎一木可奈何，自辦一死無餘事。斗溪之敗，承允議降，公勃然責之。城陷，公衣冠端坐，賦《天乎》一詩而死。詩有“煉石有心嗟一木”之句，載州志。當時禮葬雖盛節，倉卒毋乃難求備。蕭蕭古寺竄鼪鼯，黯黯荒丘禦魑魅。聖朝教忠隆曠典，表閭封墓蒙通謚。纍纍華表屹道旁，而此一杯永潛瘞。更無片石勒誰某，豈有銘志書勳位。徵文考獻紛呰謷，殘墨依稀見他志。《常德府志》載傅氏家譜言公死事頗悉，末書“以禮葬於武岡州東塔寺旁”十一字。今寺旁廢圃中一塚巋然，斯言信矣。東陽太史蒞玆土，首崇風化褒節義。殘編蠹簡恣搜討，蘚印苔痕遍摹記。精神正直能感通，雲軿想像來髣髴。揆圭測影正域兆，伐山鑿石銘埏隧。煌煌大字書蝌斗，屹屹豐碑負贔屓。黄童白叟競傾觀，里神社鬼争迎伺。嗚呼列鎮訖明亡，安國驕蹇尤横恣。勒石記功彼何人，都人好惡毋乃蔽。按傳，上瑞勸何忠誠騰蛟立十三鎮，卒爲湖南大患，荼毒之慘，甚於張、李。劉承胤其一也，降款我朝，卒以誅死，本末無足觀矣。乾隆中，州人猶有追立安國公遺澤碑者，今碑立武廟中，可毁也。先生用心良獨苦，表微誅奸别忠僞。堂堂忠節靈爽憑，篿卜龜從神不貳。先生既履得墓地，禱於神，夢中若有所見。里人戴明經炳以盃珓擲墓前，三卜皆協，於是國人翕然信公墓在此矣。君看墓前雙柏影，勃勃英風作生氣。寺有古柏二株。嗟余望古眼忽明，豈有筆力能垂世。揮毫鼓懦賦長歌，請附貞珉告來裔。先生議立祠墓前，將郵書武陵，求公後奉祀，且以徵士大夫詩文，籍傳不朽云。

孫鵬舉

孫鵬舉，字何知，江夏人。歷官新化教諭、松楊令，致仕歸。獻賊攻城，與賀逢聖同爲死守計。城陷，冠帶坐中堂，家人挽之避，怒叱去之。賊至，罵不絶口，遂遇害。一門赴水死者十餘人。祀鄉賢。

顯鶴案：何知先生與熊襄愍公廷弼爲兄弟交。襄愍以遼事下獄死西市，先生時官吾邑，設位於學署之東北，爲文以祭。文見《襄愍集》。

龐　瑜

龐瑜，字堅白，公安人，家貧，躬耕自給。夏轉水灌田，執書從牛後，朗誦不輟。由歲貢生授京山訓導。崇禎七年，擢陝西崇信知縣。縣無城，兵荒，貧民止百餘户。瑜知賊必至，言於監司陸夢龍，以無兵辭。瑜集士民築土垣以守，流涕誓死職。閏八月，天大雨，土垣盡圮。賊掩至，瑜急解印，遣家人齎送上官，端坐堂上以待。賊至，捽令跪，瑜駡曰："賊奴敢辱官長？"拔刀脅之，駡益厲。賊掠城中，無所有。執野外，剖心裂屍而去。贈固原知州。

張郊芳程之奇

張郊芳，荆門州學正。程之奇，荆門訓導。俱黄州人。賊犯荆門，郊芳、之奇盟諸生於大成殿，佐知州夏縣盧學古守城。賊環攻四日，無援，城陷。學古駡賊不絶口，剖腹而死。郊芳、之奇，均不屈死。

朱士完

朱士完，潛江舉人。鄉試揭榜，夕夢黑幟墮其墓門，粉書"亂世忠臣"四字。賊破承天，長驅陷潛江。士完被執，械送襄陽，道由泗港，齧指血書己盡節處，遂自經。賊所過焚毁，士完所題壁獨存。

彭大翮

彭大翮，竟陵人。賊逼承天，大翮出所著《平賊權略》上之，當事不能用。遂自集一旅，保鄉曲，邀斬賊過當，賊怒，雨夜襲之。大翮太息曰："吾子孫陣亡已盡，何用生爲？"赴水死。

陳萬策李開先

陳萬策，江陵人。天啟中，與同邑李開先先後舉於鄉，竝有時名。崇禎十六年正月，李自成據襄陽，設僞官。其吏政府侍郎石首險[1]上猷，先爲御史，降賊，薦兩人賢可用。自成遣使具書幣徵之。萬策隱龍灣市，賊使至，歎曰："我爲名誤，既不能奮身滅賊，尚可惜頂踵耶？"夜自經。賊使至開先家，開先瞋目大罵，頭觸牆死。福王時俱命優邺。

李　新

李新，蕲州人。官陝西僉事，歸，賊陷蕲州，新舉家被執。賊欲屈之。新叱曰："我昔官秦中，爾輩方爲廝養。今日肯屈膝廝養耶？"賊怒，新抱父屍就刃。

① 險，據《明史》卷二九四《忠義傳》當作"喻"。

郭以重岳璧

郭以重，黃州人。世爲衛指揮。崇禎十六年，城陷，自他所來赴難。其妻欲止之，叱曰：“朝家畀我十三葉金紫，不能易一死哉？吾將先殺汝。”妻乃不敢言。既至，遇賊，欲脅之去，堅不從。露刃懾之，乃好謂賊目：“從汝非難，但抱小兒者吾妻也，汝爲我殺之，吾無累矣。”賊如其言。以重即奪賊刀，擊斬一賊。群賊擁至，遂赴水死。

先是，蘄州破，指揮岳璧自屋墮地不死，賊執至城上，欲降之，厲聲曰：“我世臣也。城亡與亡，豈降賊！”賊刃之，仆地，氣將絶，瞋目曰：“我死爲鬼，當滅汝。”時大雪，血流丈餘，目眦不合。

馮雲路

馮雲路，字漸卿，黃岡人。好學勵行。年三十，即棄諸生，從賀逢聖講學，遂寓居武昌。著書數百卷。崇禎三年，巡按御史林鳴球薦其賢，并上所著書。不用。及賊將渡江，雲路貽書逢聖曰：“在内以寧湖爲止水，在外以漢江爲汨羅。”寧湖者，雲路談經處也。城既陷，乘桴入寧湖。賊遣使來聘，遥應曰：“我平生只讀忠孝書，未嘗讀降賊書也。”遂投湖水。從游諸生汪延陛亦死焉。

熊　霈

熊霈，字渭公，黃岡人，移居武昌。喜邵子《皇極書》，頗言未來事。十六年元旦，盡以所撰《性理格言》《圖書懸象》《大易參》書[①]書付其季弟曰：“善藏之。”城破前一日，貽書雲路，言“明日當覓我某樹下”。及期，行樹傍，賊追至，躍入荷池以死。

明　睿

明睿，江夏人，諸生。城破，賊獨不入其門。睿慨然曰：“安有父母之邦覆而偷生苟活者。”語家人：“速從我入井，否則速去。”於是及妻、二子、二女并諸婢以次投井。睿笑曰：“吾今曠然無累矣。”從容榜諸門，赴井死。時人號爲明井。

易道暹

易道暹，字曦侯，黄岡人。好學尚氣節。居深山中，積書滿家。賊氛漸逼，道暹惜所積書，又以己所著書多不忍棄，逡巡未行。及賊至，子爲瑚急奉母走青峰巖。道暹攜幼子爲璉擔書以行，遇賊，紿曰：“余書賈也。”賊笑曰：“汝易曦侯，何紿我？”道暹曰：“若既知我，當聽我一言，慎毋殺人焚廬舍。”賊曰：“若身不保，尚爲他人言耶？”道暹厲色叱賊，賊怒殺之。爲璉請代，賊并殺之。未幾，爲瑚亦被殺。

傅可知

傅可知，黄陂諸生。幼喪父，臥柩下三年。六十喪母，啜粥三年。

① 書，據《明史》卷二九四《忠義傳》當作“諸”。

黄陂陷，被執，可知年已踰八十。賊憫其老，不殺，俾養馬。叱曰："我爲士數十年，肯役於賊耶？"延頸就刃，賊殺之。

王時化盧大受

王時化，江夏人。萬曆己酉，舉鄉試第一，知昭化縣。崇禎十年十月，李自成、惠登相等以四十萬衆入四川，大將侯良柱敗歿於廣元，昭化陷，時化死之。贈光禄丞。

又賊陷羅田，訓導盧大受偕知縣梁志仁不屈死。大受，寶慶貢生，詔贈學録，廕子祭葬如例。

案：時化見《明史·忠義·徐尚卿傳》，但云湖廣人，今從《選舉志》補正。大受，字德華，邵陽人，見《寶慶府志》。

蔡思繩宋大勛、韓應龍

蔡思繩，字孺思。以恩貢官井研令、羅平知州。宋大勳，字震寰。以歲貢通判福州。俱襄陽人。思繩歷官清而不刻，歸隱鹿門。大勛爲諸生時，有膽力，遇事敢言。賊陷襄陽，俱殉節死。時光化韓應龍，以鄉舉歷長蘆鹽運使，亦不受僞職，自縊死。

張國勳袁啟觀等

張國勳，黄陂人。官應城訓導。城將陷，國勳詣文廟，抱先師木主大哭，爲賊執，大罵不屈，支解死。妻子十餘人皆殉節。袁啟觀者，雲夢諸生也。賊據城，啟觀立寨自守。賊執去，出題試之。啟觀曰："汝既知文，亦知亂臣賊子，人人得而誅之乎？”賊怒，殺之。時賊延蔓，鄉民結寨自保。賊將白旺連破十餘寨，安陸諸生廖應元守益堅。奸人執送旺，旺曰：“汝欲何爲？”厲聲曰：“欲殺賊耳。”賊怒，射殺之。應山舉人劉申錫，養死士百人，城陷，謀恢復。兵敗，爲旺所殺，數百人皆戰死。

王維藩張允修等

王維藩，江陵人。賊既陷荆門，遂向荆州。巡撫陳睿謨奉瑞王南奔，維藩率妻朱及二女避難，爲賊所掠。維藩令妻女赴井死，遂見殺。時賊大索縉紳，尚寶丞張允修既不食死，見《同敞傳》。户部員外李友蘭、諸生王圖南，皆不屈罵賊死。而夷陵李雲中，鄉舉知潁川州，州人祠祀之。謝事歸，流賊熾，大書“名義至重，鬼神難欺”二語於牖以自警。及城陷，不屈，執至江陵，絶食死。

程良籌

程良籌，字持卿，孝感人，工部尚書註子也。天啟五年進士。時註爲太常少卿，不附魏忠賢。御史王士英劾其爲趙南星、李三才私黨，忠賢遂矯并並良籌除名，永不敘録。未出仕而除名，前此未有也。崇禎元年，起官歷文選員外郎，掌選事。麻城李長庚爲尚書，以同鄉故，甚倚之。長庚用推舉失當削籍，良籌亦下吏遣戍，久乃釋歸。

十六年，李自成犯承天，孝感亦陷。良籌以白雲山險峻，與同邑參政夏時亨築壘聚守。賊使説降，良籌毁其書。賊怒，設長圍攻之，相持四十餘日解去。時漢陽、武昌亦爲張獻忠所陷，四面俱賊，獨白雲孤處其閒，賊頗患之。已，武昌爲官軍所復，良籌號召遠近諸寨，犄角進兵。其冬，遂復孝感、雲夢。十二月，進薄德安，兵敗，退保白蓮寨。寨中人素通賊，爲内應。良籌遂被執。説降不屈，羈之密室。明年正月，左良玉遣將攻德安，賊懼，擁良籌，令止外兵，不從。賊棄城去，逼良籌偕行，又不從，遂被殺。贈太常少卿。

程道壽

程道壽，良籌里人也，嘗爲來安知縣。賊陷孝感，置掌旅守之。道壽結里中壯士，擊殺掌旅。賊復至，杖之，繫獄，令爲書招良籌。道壽曰："我不能助白雲滅汝，肯助汝耶？"遂見殺。

周之訓鄧謙等

周之訓，字無逸，黄岡人。萬曆四十一年進士，官濟南分巡副使。鄧謙，字少予，孝感人。崇禎二年進士，官參議。崇禎十一年冬，大清兵自畿輔南下。時本兵楊嗣昌檄山東巡撫顔繼祖移師德州，於是濟南空虚，之訓、謙偕布政司桐城張秉文守城，連章告急於朝，不應。秉文等分門死守，晝夜不解甲，援兵竟無至者。正月二日，城潰，之訓望闕再拜，與妻劉偕死閤門殉難。謙戰於城上，與季父有正偕死。母莫氏匿民間，不食死，族戚傔從死者四十六人。之訓、謙俱贈光禄卿，皆建特祠。時以守城殉難者，又有王端冕，字服先，江陵舉人，知趙州，以廉惠得民。城破被執，死。周啟元，黄岡舉人，知高苑，縣城破，朱衣坐堂上死之。

馮一第唐德明等

馮一第，字棖公，善化人。天啟舉人，以詩文名。張獻忠陷長沙，一第走湘鄉，將乞師他所。賊繫其母與兄，招之。一第歸就縛，將斬之，一老僧伏地哭請免，賊乃去其兩手，置營中，一夕死，母兄獲免。賊陷東安，舉人唐德明仰藥死。犯耒陽，諸生謝如珂拒戰死。賊趨岳州巴陵，陷桂陽，歐陽顯宇時攝縣事，死焉。衡州府教授永明蔣道亨，攝武陵縣事，亦抱印罵節死。①

顯鶴案：龐瑜以下諸人，俱見《明史·忠義傳》。馮一第，即與郭金臺同刻《代古詩》，爲蔡忠節公道憲所賞者。一第亦附見《明史·道憲傳》。

邱之陶

邱之陶，宜城人，大學士瑜子。年少有幹略。李自成陷宜城，瑜父民忠罵賊死，之陶被獲，用爲兵政府從事，尋以本府侍郎守襄陽。襄陽尹牛佺，賊相金星子，其倚任不如也。之陶以蠟丸書貽孫傳庭曰："督師與之戰，吾詭言左鎮兵至，搖其心，彼必返顧。督師擊其後，吾從中起，賊可滅也。"傳庭大喜，報書如其言，爲賊邏者所得。傳庭恃内應，連營前進。之陶果舉火報左兵大至，自成驗得其詐，召而示以傳庭書，責其負己。之陶大罵曰："吾恨不斬汝萬段，豈從汝反耶？"賊怒，支解之。

顯鶴案：邱瑜與穀城方岳貢，俱有時稱，超擢輔相。都城陷，

① 節，據《明史》卷二九四《忠義傳》當作"賊"。

不能蚤自引決，致以拷掠死，有愧其父其子多矣。

洪雲蒸

洪雲蒸，字化卿，攸人。萬曆三十八年進士，官廣東參政。嘗搜凌秀餘黨，斬三十餘級，盡毀其巢。崇禎七年，海寇劉香犯閩、廣沿海邑，總督熊文燦不能討，議招撫。賊佯許之。乃令雲蒸與副使康承祖等入賊舟宣諭，俱被留。文燦懼，奏諸臣信賊自陷。八年，鄭芝龍合廣東兵擊香於田尾遠洋，香脅雲蒸止兵。雲蒸揮手大呼曰："我矢死報國，急擊勿失。"遂遇害，沉屍海中。越五日，浮屍沙口，有鶴張翼覆之。

顯鶴案：雲蒸著有《紫雲文集》《運甓齋啟稿》。吴雲序《紫雲文集》，稱先生之學，傳自耿天臺。天臺楚人，先生亦楚人也。先生每與同門論學，謂吾道自足，必不可引二氏之言以爲湊泊。先生文集多散佚，然先生之爲先生，何必在文。全楚河山，洞庭、南嶽，皆先生忠義之所塞。天臺、紫雲，真楚中兩賢哉！

周繼聖

周繼聖，字述之，長沙人。年十四爲諸生，食餼，有聲庠序。獻賊陷長沙，其鄉人某故與繼聖有隙，嗾賊授以僞職。繼聖匿不出，則執其母妻要之。繼聖詣賊，仍不屈。賊次第殺其母妻，繼聖力衛母，賊斷其右腕。尋逸去，聚族擊賊，竝某家三百餘人，皆殲之，設其首以祭母。督師何騰蛟上其事，授儒學教諭。繼聖痛母妻死節，終身不仕。

顯鶴案：《四庫全書存目》有長沙周宣知念貽《賸紀》一卷。宣知爲繼聖曾孫，裒其行狀、墓銘之類，共爲一編，而以繼聖遺詩十二首附焉，故名《賸紀》。紀中載繼聖母馬氏、妻吴氏，及其弟繼珩妻陳氏、繼隨妻項氏，皆駡賊死。

陳君寵

陳君寵，字簡之，新化人。萬曆四十六年湖廣鄉試第一，官四川羅川令，擢潼川知州，以清節著。崇禎十七年，張獻忠僞鎮馬科入潼川，逼君寵降，不從，幽五顯祠内。君寵日飲酒賦詩。一日遺書其子世軒曰："吾以一死報國，事畢矣。"閉户自經死。啟户視之，生氣凜然，士民爲涕泣發喪。逾月，馬科亦爲獻忠所磔，而君寵門人何其輝以其喪歸新化。其輝，君寵分試蜀闈所得士也。

顯鶴案：簡之先生，吾邑之横楊山人。嘗聞父老言先生生時，其父夢一龍盤於奎星閣鐘下，因名君寵。《寶慶府志》載其師，同邑譚昌期。譚，端士也。先生每謁，負劍卻立，嚴憚如童子時，譚顰笑不假，則譚之賢，亦可知也。附録於此。

劉孔暉楊芳等

劉孔暉，字默庵，邵陽人。天啟元年舉人，官龍陽縣教諭。崇禎十四年，遷新鄭知縣。時李自成蹂躪中原，郡縣多陷殁，守令望風去。或勸毋履危地。孔暉慨然曰："國家養士不薄。平日虚談節義，急則委去，奈國事何？吾志决矣。"既就道，會襄陽陷。孔暉閒道馳至新鄭，謁子産祠，歎息泣下。邑頻歲被兵，旱癘相繼，死亡遍野。孔暉撫循振濟，不遺餘力。已，集士民修城濬濠，爲死守計。土寇李際遇掠村堡，犯城者再。孔暉親率鄉勇趙汴等，擒斬之。其年冬，闖逆逼城。孔暉誓衆守禦閲日，賊復益數千，呼降。孔暉登陴大駡，爲飛矢傷臂。士民感激，誓以死拒，賊亦尋去。時賊攻汴，驍騎往來。孔暉誓死厲衆，乘閒截殺，力持四十日。十五年正月，賊恨其抗，合數萬衆攻城。危亟，孔暉曰："此吾致命之日也。"諭吏民："死葬我子産廟側。"亟草書報父曰："人誰不死？兒今日得死所矣。老父不得盡孝之子，得盡忠之子，亦可以快然於心也。"援絶城陷，被執，賊欲屈之，罵不絶口，遂遇害。贈尚寶卿，廕子，予特祠。新鄭人設主配享子産祠。時殉死者，門人楊芳、鍾寬，僕劉登、劉中、劉儀、楊時。楊芳、鍾寬，皆龍陽人，孔暉官教諭時，學官弟子也。或曰：劉登藏公遺書，歸報其父云。子應祁，歲貢生，有文行。嘗痛其父殉難，作《忠孝録》。

顯鶴案：默庵先生有至性。父汝能體羸，每病，先生衣不解帶者嘗經月。幼與兄同課，課竟伏几而泣。師問之，則曰："兄課未竟也。"赴會試，道聞兄病即返，旦夕侍醫藥。兄殁，哀動鄰里。母殁，臥柩側，形毁骨立。人稱爲古孝子。年十三入學，爲督學董元宰其昌所器。官新鄭，軍書旁午中修子産祠、歐陽文忠公墓。今讀其告急上官及報父書，從容暇豫，視死如歸，蓋其樹立者素矣。論者謂其浩氣凜凜，可與文信國作配，以先生之先固吉人也。嗚呼，豈偶然哉？先生死難事，附見《明史·忠義·劉振之傳》。

熊兆琮

熊兆琮，字叔敬，江夏人。父廷弼，以遼事被議，兆琮甫成童。迄事平，年已弱冠，爲縣諸生。痛父冤未雪，又遭時多難，益奮激力學。與人言及家國事，輒泣下。崇禎十六年，張獻忠陷武昌，兆琮被執。賊衆擁至南壇，兆琮大呼二祖列宗之靈，賊相視笑。已知爲廷弼子，欲降之，且嗛以官。兆琮瞋目大罵曰："二祖十三宗之靈安在，而使賊奴梟張若是，且敢以官辱我乎？"唾罵不已。賊大怒，探其舌，群起臠之，并戮其二子名在、名師，合室殲焉。

顯鶴案：叔敬先生爲襄愍公第三子，《襄愍集》有陳國祝所作

《叔敬殉難傳》頗悉，中略云：先是，予兄國祥在蘄陽陷賊中，披剃爲僧，從師石句出亂軍中。賊重緇流，不害也。從至江夏南壇，見賊衆擁一人至，大呼太祖高皇、成祖文皇烈宗之靈，熟視之，乃叔敬先生也。賊衆大笑，不知其所呼何人。既知爲襄愍子，震其名，欲官之。先生瞋目大罵，奪賊刃與鬬，賊大怒，遂遇害。是時惟國祥、石句兩僧在旁，視其死而默識之。脱歸告人，始知先生之與難也。

案：襄愍死於忠，長子及仲女死於孝，仲子展轉患難，閒關萬里，陳請父骸歸葬，終身不仕，而先生又以罵賊死。忠孝節烈，萃於一家，世比之伍奢、岳少保父子。然後知彼陰賊鬼域，百計構陷，甘剸刃於襄愍者，由今觀之，適以成熊氏一門争光日月，撑拄宇宙，照耀古今之忠烈耳。於鼠輩何尤！

侯偉時

侯偉時，公安人。崇禎中，授吏部文選司主事，避亂衡山。國朝順治四年，大兵入衡，偉時閒道走武岡。及大兵克武岡，執見主帥，將殺之。偉時曰："吾不死燕京而死武岡，不死甲申之難而死今日，罪誠不容於死也。"遂從容就刑。

楊　鷺

楊鷺，字子容，號弱水，常德衛人。歷官鴻臚寺卿。因亂歸里。獻賊逼常德，鷺督率宗族邑人盡力拒守，城陷，爲獻賊所執，不屈見害。國朝通謚節愍。

顯鶴案：獻賊陷常德，楊督師一門死節最烈。《常德府志》載巡撫何騰蛟請旌疏略云：獻賊蹂躪楚疆，澧、常繼陷，人民居室一空。據該道詳稱，各紳衿男婦，殉難甚衆。故閣部鄉官楊嗣昌之家，受禍獨慘。一時城陷，不免於九地之人；六世祖塋，莫保守一抔之土。總之閣臣讎賊甚，故賊讎閣臣亦甚。禍愈慘，而忠愈烈，不必爲閣臣慟也。原任順天巡撫楊鶚之妻鄭氏，生長將門，伉儷名家，當賊鋒逼城之時，乃能倡率妾婢樊氏、陳氏，子嗣遠等守城，効死節之義。鶚之兄，鴻臚寺卿鷺，與鶚之三子諸僕相對而盡，真可謂慘極烈極矣。一日之正氣堪傷，千古之綱常攸繫。亟宜旌揚，以勵風化。

案：獻賊陷襄陽，云欲借王頭以殺嗣昌，其讎閣部如此。既陷常德，下令有能禽楊氏一人者，予千金。并伐閣部墓及其四世先塋。賊去後，子孫獲半體葬焉。其慘如此。吾故曰：流寇之亡明，不得盡歸罪於武陵也。鷺兄鴻、弟鶚，福王時俱殉難麻陽之烏羅司。

劉世玉

劉世玉，字振之，武岡人。父應德夢金甲神捧日至其家，生世玉。幼倜儻有大志，貌奇偉，膂力絶倫。以時方多故，棄舉子業，學兵法。已，爲岷藩審理。崇禎癸未，奉命出使永州。未幾，袁有志亂作，世玉聞變，星夜走長沙，詣巡按劉熙祚，痛哭乞師。熙祚與千人，隨黎靖參將劉承胤，禽有志斬之。事聞，擢永州鎮遊擊。明年，北都陷，莊烈帝殉難。丙戌，桂王稱號肇慶。丁亥，桂林圍急。世玉隨承胤赴援桂王，晉世玉神勇將軍，賜名中砥。

丁亥四月，承胤劫遷桂王於武岡。中砥鎮守東河。八月，大兵逼武岡，中砥屢表請戰。時人心已散，衆議奔靖州。中砥疏請與城存亡，不聽，倉皇出奔。壬戌，大兵抵城下，承胤已陰使人通款，誘中砥降。中砥忿不從，策馬歸，呼酒狂飲，語其妻王氏曰："事勢至此，心死已極，我惟刎此頭以報國耳，夫人可自爲計。"妻曰："君死，妾義不獨生，請先死以釋君念。"遂自縊。中砥手刃其幼子二女，自殺。並家衆投繯死者凡十四人。有裨將周縉，護屍不去。城破，大兵相戒曰，"此忠臣也。"縉乃得殯其夫婦於城隍廟側。有劉大幹者，少爲道典，任俠尚氣，以勦土寇功，歷官副總兵。大兵開武岡，死之。或曰大幹即中砥，實一人云。

顯鶴案：劉中砥事不載於史，方志亦逸其名。余修《武岡志》時，從其裔孫家得邵陽車毓秀所爲《神勇將軍傳》，言將軍死事甚悉。《傳》作於順治戊子五月，距將軍之死未期年，宜可信。夫當日草莽，引決疆埸，畢命之臣，皆蒙聖朝易名曠典，而將軍姓名滅没，歷百八十年始一見於方志，可哀也已。然則事之顯晦有時，固亦有數存哉。

彭承孟子夢麟

彭承孟，武岡人，諸生。崇禎末，土寇袁有志陷州，殺岷藩，承孟率其子夢麟督鄉勇勦賊，先登陷陳，援兵失期，爲賊所蹙，投水死。夢麟曰："吾父死，吾忍獨生？"力戰死之。明日，次子夢龍以他師復戰，獲賊首，祭其父兄。

唐遇衡楊士璋等

唐遇衡，字國祚，邵陽人，廩生。張獻忠攻城，遇衡倡義旅堵禦，城陷被執，罵賊不屈死，一門同死者四十餘人。季子士玉，年十歲，爲賊掠入江西後四十餘年，始得歸。同時有楊士璋者，新化人，爲獻賊所執，整衣冠端坐，齧血罵賊死。而邵陽諸生劉源澄、曾士選、彭養生，義民劉人儼、陳邦基，俱以殉城巷戰死，配食三忠祠。

周世美陶熛等

周世美，寧鄉人，貢生。張獻忠寇縣，世美被執，不屈，被戮於北郊。子諸生希麟，厲聲罵賊不絕口，賊怒，並殺之。先是，知縣邱存忠偵知賊將西掠，大誓於衆，爲守禦計，得紳士陶熛，劉爲邦，朱國昌、治昌，湯道揆，劉光賢，周易及世美等一百三十六人。熛，歲貢生，官陳州府經歷，時致仕家居，首先倡義。縣故無城，賊至，存忠度勢不敵，未發，爲賊所執，不屈死之。熛等一百三十六人皆延頸就刃，無一逃者。是日晝霾如夜。有賀繼祚者，與兄繼軥俱隸於庠。賊至，脅諸生往迎，繼祚謂家人曰："余兄弟均無子，安可同死？冀賊得一人則去耳。獨率其僕往見賊，大罵被殺。其死於宗師廟者，有姜自明、黃錦二人。時儀賓張爾晟聞國變，與郡主同死。

顯鶴案：寧鄉北郊有邱公祠，祀故明死節知縣邱存忠及紳士陶熛等一百三十六人。乾隆中，桂林陳文恭公宏謀巡撫湖南，檄寧鄉令侯可儀重修，文恭記其事略云：邱公存忠，滇南人。崇禎末宰寧鄉未半載，獻賊蹂躪湖南，州邑瓦解，守土官望風逃竄。公誓不與賊俱生，與紳士陶熛等一百三十六人齧指歃血。賊至，截殺於南關渡頭，斃賊數千，猶懷印死守。以兵寡被執。賊欲强公降，爲置酒延上坐，授印公懷中。公抛僞印擲賊，幾中賊面。賊仍百計勸公，公辱罵加厲。賊怒，縛至道林市殺之。同時一百三十六人皆延頸受刃，曰："吾輩與公同盡，萬死無恨也。"邑人哀之，爲招魂以祭。新令黨哲立祠於北門餘將軍廟右，以偕死紳士配享。歲久圮廢，祠地被占。予專檄侯令可儀采訪祠址重修，不得其處，乃捐金於北門外官路旁靈官廟之右，購隙地一所，重建公祠，其殉節紳士百三十六人，昔止傳陶熞、劉爲邦二人。今考縣志，又得周世美等八人，共十人，繫與公誓死同盡者。外更有抗賊殺身之諸生朱之梗、楊啟華、楊會英、彭日浴等，雖不在百三十六人之内，而其同時同事，節烈亦同，爲各置木主，列祀於旁。其無可考者，另置一主，書“寧鄉殉節義士無名氏一百二十人之位”。

案：今祠主仍舊，嘉慶閒，余友福山王君餘英令寧鄉時，復略爲修葺。故事，歲以春秋丁祭之日，學官率弟子員詣祠致祭。道光七年，顯鶴來秉斯鐸，恭修祀事，循覽牆垣，蓬蒿滿眼，棟宇傾頹，𧷤焉心傷，思與邑士大夫重修之，而尚未逮也。嗚乎，人臣遭時多故，效命疆埸，分也。復有草莽微賤，名不出閭巷，捐軀慷慨，蹈死如飴，此豈非忠義之氣積於中而勃作於外乎？凜凜焉日月争光可也。余增輯《忠義》，自宋以來至明之季，凡見於史傳及方志，有事迹可考者若幹人爲一帙。其膏血原野，名湮滅而不彰者，可勝道哉，可勝道哉！

楚寶獨行論次目録

《後漢書》始立《獨行傳》，其言曰："或志剛金石，而捍敵于强禦；或意嚴冬霜，而片心于小諒。亦有結朋協好，幽明共心；蹈義陵險，死生等節。雖事非圓通，良其風軌，有足懷者。"予觀楚士，又何多偏至哉！性不偏不獨，事不癖不奇。荆山痛哭，車下佯狂，昭王失國，乃見屠羊。卿士五百，市南足當，以此掩映方來，操行俱絶。故爾龔生竟夭天年，陸子號泣而不返也。述《獨行》第十五，凡一卷。

獨行一

卞和　接輿　屠羊説　熊宜僚　兩龔　陳平子　何顒　石偉　廖立　羅友　魚弘　陸羽　段弘古　吴瑛

增輯

虞芝　張熹　羅陵　尹虞　厲圖南　劉昌嗣　彭子民　蔣漳　鄧璋　王繪　譚章　劉子駒　徐經孫　歐道　尹謙孫　黄卷　秦聚奎　王一翥　唐誠　鄒統魯廖應亨、何文熹　曹應昌　劉仕元

楚寶卷第二十七

明湘潭周聖楷伯孔輯纂

獨　行

卞　和

卞和，荆人。得玉璞而獻之。荆厲王使玉尹相之，曰："石也。"王以和爲謾，而斷其左足。厲王薨，武王即位，和復奉玉璞而獻之武王。武王使玉尹相之，曰："石也。"又以爲謾，而斷其右足。武王薨，文王即位，和乃奉玉璞而哭於荆山中三日三夜，泣盡而繼之以血。文王聞之，使人問之曰："天下刑之者衆矣，子刑，何哭之悲也？"對曰："寶玉而名之曰石，貞士而戮之以謾，此臣之所以悲也。"文王曰："惜矣，吾先王之聽，難剖石而易斬人之足。夫死者不可生，斷者不可屬，何聽之殊也。"乃使人理其璞而得寶焉，故名之曰"和氏之璧"。

劉向曰：珠玉者，人主之所貴也。和雖獻寶而美，未爲玉尹用也。進寶且若彼之難也，況進賢人乎？賢人與奸臣，猶仇讐也，於庸君意不合。夫欲使奸臣進其讐於不合意之君，其難萬倍於和氏之璧。又無斷兩足之臣以推，其難猶拔山也。千歲一合若繼踵，然後霸王之君興焉，其賢而不用，不可勝載。故有道者之不戮也，宜白玉之璞未獻耳。

聖楷曰：玉不可再獻，再獻即非玉；足不可再刖，再刖即非足。然而事有不然，情有不得已者，卞和特爲千古傷心人。痛哭空山，生其光焰，豈爲玉作計哉？故璞中之寶有時入秦，足下之悲惟餘"哀郢"。論者乃謂和負希世之珍，不剖之以獻，而以璞嘗，此何異癡人説夢。

荆山考

按：荆山在襄陽南漳縣西北八十里，三面險絶，惟西南一隅通人行。其上有抱玉巖、仙女洞。《荆州記》曰："縣西北三十里，有清谿，谿北即荆州，首曰景山，即卞和抱璞之處。"然又考《漢·地理志》有二荆山，其一《禹貢》北條荆山，在馮翊懷德縣南，今鳳陽懷遠縣是也；其一南條荆山，在南郡臨沮縣東南。臨沮即南漳地，近于郢，和氏泣玉，固應在此。若鳳陽在戰國時始屬楚，安得有獻玉荆厲王之事？《廣》《輿》諸記作"懷王"，此又緣《琴操》之妄傳耳。江淹《望荆山詩》云："奉詔至江漢，始知楚塞長。南關繞桐柏，西途出魯陽。寒郊無留影，秋日懸清光。悲風撓重林，雲霞肅川漲。歲晏君如何，零淚沾衣裳。玉柱空掩露，金樽坐含霜。一聞苦寒奏，再使豔歌傷。"

接　輿

接輿，楚人也。好養性，躬耕以爲食。見楚政無常，乃徉狂不仕，時人謂之楚狂。楚王聞接輿賢，遣使持金百鎰、車馬二駟往聘，曰："請先生治江南。"接輿笑而不應。於是夫負釜甑，妻戴紝器，變名易姓，遊諸名山。嘗歌而過孔子曰："鳳兮鳳兮，何德之衰。往者不可諫，來者猶可追。已而已而，今之從政者殆而。"孔子下，欲與之言，趨而辟之，不得與之言。

聖楷曰：接輿不以隱名而以狂著，蓋有心用世人也。楚自莊、共而後，靈餓平鞭，昭、惠出走。忠憤之士，無不怨心隕涕，接輿獨何取潔身哉？然此時非有大聖人，不能爲之挽回，而子西輩又不足與語。故孔子適楚，亦未必無勤勞文、武之思，而接輿直以爲不可也。嗚呼，胸中無一世，目中尚有孔子，伊何人哉？鳳德遺輝，楚音絶響。

屠羊説

屠羊説，楚之屠羊者也。楚昭王失國，屠羊説走而從於昭王。昭王反國，將賞從者。及屠羊説，屠羊説曰："大王失國，説失屠羊；大王反國，説亦反屠羊，臣之爵禄已復矣，又何賞之言？"王曰："强之。"屠羊説曰："大王失國，非臣之罪，故不敢伏其誅；大王反國，非臣之功，故不敢當其賞。"王曰："見之。"屠羊説曰："楚國之法，必有重賞，大功而後得見。今臣之知不足以存國，而勇不足以死寇。吴軍入郢，説畏難而避寇，非故隨大王也。今大王欲廢法毁約而見説，此非臣之所以聞天下也。"王謂司馬子綦曰："屠羊説居處卑賤而陳義甚高，子其爲我延之以三旌之位。"屠羊説曰："夫三旌之位，吾知其貴於屠羊之肆也；萬鍾之禄，吾知其富於屠羊之利也，然豈可以貪爵禄而使吾君有妄施之名乎？説不敢當，願復反吾屠羊之肆。"遂不受也。

聖楷曰：屠羊説不屑以絶人避世爲高，又不屑以三旌、萬鍾爲貴。故反而屠肆，臣之爵禄已復，走而從王，臣之功罪無關。仕隱之外，有此奇人。

熊宜僚

熊宜僚，楚人，居于市之南。白公勝將爲亂，謂其徒石乞曰：“王與三卿士，皆五百人當之則可矣。”乞曰：“不可得也。”曰：“市南有熊宜僚者，若得之，可以當五百人矣。”乃從白公而見之，與之言説，告之故辭，承之以劍，不動。勝曰：“不爲利諂，不爲威惕，不洩人言以求媚者。”去之。

聖楷曰：楚之昭、惠，宗社幾覆，禍皆起于父子。宜僚爲楚同姓，不知幾許傷心，而肯從白公之亂乎？此不足異。惟其身足當五百人，而能令君相不知，通國不知，有一白公勝知之，而又不爲之動。想其藏身之智，埋名之勇，千古無兩。嗟乎，楚有如此人而棄之市南，猶幸不資敵國耳。

兩　龔

兩龔皆楚人也，勝字君賓，舍字君倩。二人相友，並著名節，故世謂之楚兩龔。少皆好學明經。哀帝自爲定陶王，固已聞勝名，徵爲諫大夫。引見，勝薦龔舍及元父甯壽、濟陰侯嘉。有詔皆徵。勝曰：“竊見國家徵醫巫，嘗爲駕，徵賢者宜駕。”上曰：“大夫乘私車來邪？”勝曰：“唯唯。”有詔爲駕。龔舍、侯嘉至，皆爲諫議大夫。甯壽稱疾不至。

勝居諫官，數上書求見，言百姓貧，盜賊多，吏不良，風俗薄，災異數見，不可不憂。制度泰奢，刑罰泰深，賦斂泰重，宜以儉約先下。其言祖述王吉、貢禹之意。爲大夫二歲餘，遷丞相司直，徙光禄大夫。與廷臣會議丞相王嘉事不和，博士夏侯常起至勝前謂曰：“宜如奏所言。”勝以手推常曰：“去。”後數日，復會議可復孝惠、孝景廟不，議者皆曰宜復。勝曰：“當如禮。”常復謂勝：“禮有變。”勝疾言曰：“去！是時之變。”常恚，謂勝曰：“我視君何若，君欲小與衆異，外以采名。君乃申徒狄屬耳。”未幾，坐與常相非恨，貶秩各一等。勝謝罪，乞骸骨。會哀帝崩，王莽秉政，勝遂歸老於鄉里。

初，龔舍以龔勝薦，徵爲諫大夫。病免，復徵爲博士，又病去。頃之，哀帝遣使者即楚，拜舍爲太山太守。舍家居在武原，使者上縣請舍，欲令至廷拜授印綬。舍曰：“王者以天下爲家，何必縣官？”遂於家受詔，便道之官。既至數月，上書乞骸骨。上徵舍，至京兆東湖界，固稱病篤。天子使使者收印綬，拜舍爲光禄大夫。數賜告，舍終不肯起，乃遣歸。舍亦通五經，以《魯詩》教授。舍、勝既歸鄉里，郡二千石長吏初到官，皆至其家，如師弟子之禮。舍年六十八，王莽居攝中卒。

莽既篡國，遣五威將帥行天下風俗。將帥親奉羊酒存問勝。明年，莽遣使者即拜勝爲講學祭酒，勝稱疾不應徵。後二年，莽復遣使者奉璽書，太子師友祭酒印綬，安車駟馬迎勝，即拜，秩上卿，先賜六月禄直以辦裝，使者與郡太守、縣長吏、三老官屬、行義諸生千人以上，入勝里致詔。使者欲令勝起迎，久立門外。勝稱病篤，爲牀室中户西南牖下，東首加朝服拖紳。使者入户，西行南面立，致詔付璽書，遷延再拜奉印綬，内安車駟馬，進謂勝曰：“聖朝未常忘君，制作未定，待君爲政。思聞所欲施行，以安海内。”勝對曰：“素愚，加以年老被病，命在朝夕。隨使君上道，必死道路，無益萬分。”使者要説，至以印綬就加勝身，勝輒推不受。使者即上言：“方盛夏暑熱，勝病少氣，可須秋凉乃發。”有詔許。使者五日一與太守俱問起居，爲勝兩子及門人高暉等言：“朝廷虚心待君以茅土之封，雖疾病，宜動移至傳舍，示有行意，必爲子孫遺大業。”暉等白使者語，勝自知不見聽，即謂暉等：“吾受漢家厚恩，亡以報。今年老矣，旦暮入地，誼豈以一身事二姓，下見故主哉？”勝因勅以棺斂喪事：“衣周於身，棺周以衣，勿隨俗動吾家，種柏作祠堂。”語畢，遂不復開口飲食，積十四日死，死時七十九矣。使者、太守臨斂賜，復衾祭祠如法。門人衰绖治喪者百數。有老父來弔，哭甚哀，既而曰：“嗟乎。薰以香自燒，膏以明自銷。龔生竟夭天年，非吾徒也。”遂趨而出，莫知其誰。勝居彭城廉里，後世刻石表其里門。

聖楷按：彭城，古大彭氏國，春秋爲宋地，戰國屬楚，秦置彭城縣。項羽自稱西楚霸王，都此。漢曰徐州，隋、唐、宋及國朝因之。城東南有龔勝墓。

陳平子

陳平子，長沙人。少遊太學爲諸生，時山陽范式亦同在學，未相見，而平子被病將亡，謂其妻曰：“吾聞山陽范巨卿，烈士也，可以託死。吾歿後，但以屍埋巨卿户前。”乃裂素爲書，以遺巨卿。既終，妻從其言。時式出行適還，省書見瘞，愴然感之，向墳揖哭，以爲死友。乃營護平子妻兒，身自送喪于臨湘，未至四五里，乃委素書于柩上，哭别而去。其兄弟聞之，尋求不復見。長沙上計掾史到京師，上書表式行狀。

聖楷曰：人知范巨卿爲張元伯死友，不知陳平子又爲范巨卿死友。然巨卿之見信於元伯，猶在生前；平子之見信於巨卿，乃在身後。嗟乎，人愈疏而愈密，事愈難而愈奇。巨卿固不可及，平子亦豈易得哉？裂素爲書，當必有高於醖酒設饌者，予故表著之，使與烈士並傳。

何 顒

何顒，字伯求，南陽襄鄉人也。襄鄉，今隨州。少遊學洛陽。顒雖後進，而郭林宗、賈偉節等與之相好，顯名太學。友人虞偉高，有父讎未報，而篤病將終。顒往候之，偉高泣而訴。顒感其義，爲復讎，以頭醊其墓。

及陳蕃、李膺之敗，顒以與蕃、膺善，遂爲宦官所陷。乃變姓名，亡匿汝南閒。所至皆親其豪傑，有聲荆、豫之域。袁紹慕之，私與往來，結爲奔走之友。是時黨事起，天下多罹其難。顒常私入洛陽，從紹計議。其窮困閉戹者，爲求援救以濟其患；有被掩捕者，則廣設權計，使得逃隱，全免者甚衆。

及黨錮解，顒辟司空府。每三府會議，莫不推顒之長。累遷。及董卓秉政，逼顒以爲長史，託疾不就。乃與司空荀爽、司徒王允等共謀卓。會爽薨，顒以他事爲卓所繫，憂憤而卒。初，顒見曹操，歎曰："漢家將亡，安天下者必此人也。"操以是嘉之。常稱"潁川荀彧，王佐之器"。及彧爲尚書令，遣人西迎叔父爽，並致顒屍，而葬之爽冢傍。

石 偉

石偉，字公操，南郡人。少好學，修節不怠，介然獨立，有不可奪之志。舉茂才、賢良方正，皆不就。孫休即位，特徵偉，累遷至光禄勳。及皓即位，朝政昏亂，偉乃辭老耄痼疾，乞身，就拜光禄大夫。吴平，建威將軍王戎親詣偉。太康二年，詔曰："吴故光禄大夫石偉，秉志清白，皓首不渝。雖處危亂，廉節可紀。年已過邁，不堪遠涉。其以偉爲議郎，加二千石秩，以終厥世。”偉乃陽狂僞盲，不受晉爵。年八十三，太熙元年卒。

《吴書》曰：永安四年夏五月，大雨，水泉涌溢。秋八月，遣光禄大夫周奕、石偉巡行風俗，察將吏清濁，民所疾苦，爲黜陟之詔。

廖　立

廖立，字公淵，武陵臨沅人。今武陵縣。先主領荆州牧，辟爲從事。年未三十，擢爲太守。先主入蜀，諸葛亮鎮荆土，孫權遣使通好於亮，因問士人皆誰相經緯者，亮答曰：“龐統、廖立，楚之良才，當贊興世業者也。”建安二十年，權遣吕蒙奄襲南三郡，立脱身走，自歸先主。先主素識待之，不深責也，以爲巴郡太守。二十四年，先主爲漢中王，徵立爲侍中。後主襲位，徙長水校尉。

立本意自謂才名宜爲諸葛亮之貳，而更游散在李嚴等下，常懷怏怏。後丞相掾李邵、蔣琬至，立計曰：“軍當遠出，卿諸人好諦其事。昔先主不取漢中，走與吴人争南三郡，卒以三郡與吴人，徒勞役吏士，無益而還。既亡漢中，使夏侯淵、張郃深入於巴，幾喪一州。後至漢中，使關侯身死無孑遺，上庸覆敗，徒失一方。是羽怙恃勇名，作軍無法，直以意突耳。故前後數喪師衆也。如向朗、文恭，凡俗之人耳。恭作治中，無綱紀；朗昔奉馬良兄弟，謂爲聖人，今作長吏，未能合道。中郎郭演長，從人者耳，不足與經大事而作侍中。今弱世也，欲任此三人，爲不然也。王連流俗，苟作掊克，使百姓疲弊，以致今日。”邵、琬具白其言於諸葛亮，亮表立曰：“長水校尉廖立，坐自貴大，臧否群士，公言國家不任賢達而任俗吏。又言萬人率者，皆小子也。誹謗先帝，疵毁衆臣。人有言國家兵衆簡練，部伍分明者，立舉頭視屋，憤咤作色曰：‘何足言！’凡如是者，不可勝數。羊之亂群，猶能爲害，況立託在大位，中人以下識真僞邪？”於是廢立爲民，徙汶山郡。立躬率妻子，耕殖自守。聞諸葛亮卒，垂涕歎曰：“吾終爲左衽矣。”後監軍姜維率偏軍經汶山，詣立，稱立意氣不衰，言論自若。立遂終徙所，妻子還蜀。

《史懷》曰：廖立指切蜀事，歷詆蜀用事之人與失事之狀，皆中痛癢，不爲無識。而語語犯忌，武侯稍抑之，未爲不是。而表劾之語，似屬護短甚矣。聽言容物之不易也！立被廢後，自處不苟，躬率妻子，耕植自守，不失反己思過之義。武侯没而垂泣，若以虛公誠恕推諸葛於身後者，實是武侯知己。觀武侯處彭羕、廖立、李平，皆未盡善，而立爲甚。

聖楷曰：廖立負名使氣，不能忍耐目中流俗，遂至怏怏于衷。大言犯其所忌，臧否近于誹怨，非才之善藏者也。然當其遠徙汶山，耕殖自守，聞亮既卒，垂涕興思，矯然異夫李嚴、彭羕之所爲，是真能自行其胸臆者，豈亮之用法果有以致之乎？吾故不取于習氏之言。

羅 友

羅友，字他仁，襄陽人。少好學，不持節檢，性嗜酒。當其所遇，不擇士庶。又好伺人祠，往乞餘食。雖復營署墟肆，不以爲羞。桓温嘗責之云：“君太不逮，須食，何不就身求，乃至于此？”友傲然不屑，答曰：“就公乞食，今乃可得，明日已復無。”温大笑之。始仕荆州，後在温府，以家貧乞禄。温雖以才學遇之，而謂其誕肆，非治民才，許而不用。後同府人有得郡者，温爲席起别，友至尤晚。問之，友答曰：“民性飲道嗜味，昨奉教旨，乃是首旦出門，于中路逢一鬼，大見揶揄云：‘我只見汝送人作郡，何以不見人送汝作郡？’民始怖終慙，回還以解，不覺成淹緩之罪。”温雖笑其滑稽，而心頗愧焉。後以爲襄陽太守，累遷廣、益二州刺史。在藩舉其宏綱，不存小察，甚爲吏民所安說。薨于益州。

《世説新語》曰：襄陽羅友，有大韻，少時多謂之癡。嘗伺人祠，欲乞食，往太蚤，門未開。主人迎神出見，問以非時，何得在此。答曰："聞卿祠，欲乞一頓食耳。"遂隱門側，至曉得食便退，了無怍容。爲人有記功，從桓宣武平蜀，按行蜀城闕，觀宇内外，道陌廣狹，植種果竹多少，皆默記之。後宣武漂洲與簡文集，友亦與焉，共道蜀中事，亦有所遺忘，友皆名列，曾無錯漏。宣武驗以蜀城闕簿，皆如其言。坐者歎服。謝公云："羅友詎減魏陽元！"後爲廣州刺史，當之鎮，刺史相[①]豁語令莫來宿，答曰："民已有前期，主人貧，或有酒饌之費，見與甚有舊。請别日奉命。"征西密遣人察之。至日，乃往荆州門下書佐家，處之怡然，不異勝達。

聖楷曰：羅友有治民之才，而世不見知。遇桓宣武之主而不肯趨媚以干進，安得不乞食。人見其乞食也，而鄙之羞之；鬼見其送人也，而揶之揄之。羅友胸中，豈無超然于鄙笑揶揄之外者哉？昔蘇眉山謂淵明得一食，至欲以冥謝主人。哀哉哀哉，饑寒嘗在身前，功名嘗在身後，二者不相待，此士之所以窮也。

魚　弘

魚弘，襄陽人。身長八尺，白皙美姿容。累從征討，嘗爲軍鋒，歷南譙、盱台[②]、竟陵太守。嘗謂人曰："我爲郡有四盡：水中魚鱉盡，山中麞鹿盡，田中米穀盡，村里人庶盡。丈夫生如輕塵栖弱草，白駒之

① 相，據《世説新語·容止》當作"桓"。

② 盱台，據《南史》卷五五《魚弘傳》當作"盱眙"。

過隙。人生但歡樂，富貴在何時。”於是恣意酬賞。侍妾百餘人，不勝金翠，服玩車馬，皆窮一時之驚絶。有眠牀一張，皆是蹙柏，四面周匝，無一有異，通用銀鏤金花壽福兩重爲腳。

爲湘東王鎮西司馬，述職西上，道中乏食，緣路采菱，作菱米飯給所部。弘度之所，後人覓一菱不得。又于窮洲之上，捕得數百彌猴，膊以爲脯，以供酒食。比及江陵，資食復振。逢勑迎瑞像，王令送像下都。弘率部曲數百，悉衣錦袍，赫奕滿道，頗爲人所慕。塗經夏首，李抗斆其爲人，抗舅元法僧聞之，杖之三百。後爲新興、永寧太守，卒官。

《酉陽雜俎》曰：金錢花本出外國，梁大同二年進來中土。梁時荆州椽[①]屬雙陸賭金錢，錢盡以金錢花相足。魚弘謂得花勝得錢。

聖楷曰：魚弘之爲人，所謂不可無一，不可有二者。然觀弘常爲軍鋒，累典大郡，卒保其身家以終，又豈無識以處此者乎？且自謂爲郡有四盡，似諷似謔，似滿眼傷懷，似滿肚不平，安知不是現羅刹身而爲説法也？至于“人生但歡樂，富貴在何時”，與張季鷹同一慨慷，而湖海之氣自别。李抗學之，誠過矣。

陸　羽

陸子名羽，字鴻漸，不知何許人。有仲宣、孟陽之貌陋，相如、子雲之口吃，而爲人才辯篤信，褊操多自用意。朋友規諫，豁然不惑。凡與人宴處，意有所適，不言而去。人或疑之，謂生爲嗔。及與人爲信，雖冰雪千里，虎狼當道，而必行也。上元初，結廬于苕溪之濱，閉關對書，不雜非類，名僧高士，談讌永日。嘗扁舟往山寺，隨身惟紗巾藤

① 椽，疑爲“掾”之誤。

鞵，袒裼犢鼻。往往獨行野中，誦佛經，吟古詩，杖擊林木，手弄流水，夷猶徘徊，自曙達暮。至日黑興盡，號泣而歸。故楚人相謂："陸子蓋今之接輿也。"

始，其家孕露育乎竟陵大師積公之禪院。自幼學屬文，積公示以佛書出世之業，子答曰："終鮮兄弟，無復後嗣，染衣削髮，號爲釋氏。使儒者聞之，得稱爲孝乎？自將援孔聖之文，可乎？"公曰："善哉，子爲孝。殊不知西方之道，其名大矣。"公執釋典不屈，子執儒典不屈。公用矯憐無變。

歷試賤務，掃寺地，潔僧廁，踐泥污牆，具瓦施屋。牧牛一百二十蹄竟陵西湖，無紙學書，以竹鞭[1]牛背爲字。他日問字於學者，得張衡《南都賦》，不識其字，但於牧所倣青衿小兒，危坐展卷，口動而已。公知之，恐漸漬外典，去道日曠，又求於寺中，令其翦榛莽，以門人之。然或默記文字，懵焉若有所遺，灰心木立，過日不作。主者以爲慵惰，鞭之。因歎歲月往矣，恐不知其書，嗚咽不自勝。主者以爲蓄怒，又鞭其背，折其楚乃釋。困倦所投[2]，捨主者而去。卷衣詣伶當者，謔談三氏篇，[3]以身爲伶正，弄木人假吏藏珠之戲。公追之，曰："念爾道喪，惜哉。吾本師有言，我弟子十二時中，許一時外學，令降伏外道也。以我門人衆多，今從爾所欲，可緝學工書。"

天寶中，郢人酺於滄浪道，邑吏召子爲伶正之師。時河南尹李公齊物出守，見異，捉手拊背，親授詩集。於是漢沔之俗，亦異焉。後負書于火門山鄒夫子墅，屬禮部郎中崔公國輔出守竟陵，因與之遊處。凡三年，贈白驢馬幫一頭、文槐書函一枚，云："白驢幫，襄陽太守李憕見遺；文槐函，故盧黄門侍郎所與。此物皆已之所惜也，宜野人乘畜，故特以相贈。"洎至德初，秦人過江，子亦過江。與吳興釋皎然爲緇素忘

① 鞭，崇禎本作"畫"。

② 困倦所投，《文苑英華》卷七九三引《陸文學自傳》作"困倦所役"。

③ 卷衣詣伶當者，謔談三氏，《文苑英華》卷七九三作《陸文學自傳》作"卷衣詣伶黨，著《謔談》三篇"。

年之交。

少好屬文，多所諷諭。見人爲善，若己有之，見人不善，若己羞之。苦言逆耳，無所回避。由是俗人多之。自禄山亂中原，爲《四悲詩》。劉展窺江淮，作《天之未明賦》。皆見感激常時，行哭涕泗。著《君臣契》三卷、《源解》三十卷、《吴興歷官記》三卷、《湖州刺史記》一卷、《茶經》三卷、《占夢》上中下三卷，並貯于褐布囊。上元辛丑歲子陽秋二十有九日。

皇甫曾《送陸鴻漸山人采茶迴》詩：千峰待逋客，香茗復叢生。採摘知深處，煙霞羨獨行。幽期山寺遠，野飯石泉清。寂寂然燈夜，相思磬一聲。

張又新《水録》曰：代宗朝李季卿刺湖州，至維揚，逢陸處士鴻漸。李素熟其名，有傾蓋之歡，因之赴郡。泊楊子驛，將食，李曰："陸君善于茶，蓋天下聞名矣，况揚子南零水又殊絶，今者二妙千載一遇，何可輕失？"乃命軍士謹信者挈瓶操舟，深詣南零，陸利器以俟。俄水至，陸以杓揚其水曰："江則江矣，非南零者，似臨岸之水。"使稱不敢紿，陸不言。既而傾諸盆，至半，陸遽止之，又以杓揚之曰："此南零者矣。"使蹶然大駭，伏罪曰："某自南零齎至岸，舟蕩覆半，懼其尠，挹岸水增之。處士之鑒，神鑒也。"李大驚。陸又曰："楚水第一，晉水最下。"自命吏占而次第之。

聖楷曰：嘗讀周愿《牧守竟陵三感説》，其略云：願頻歲與太子文學陸羽同佐隴西李公之幕，兄事之。又云：羽字鴻漸，竟陵人。百氏之典學鋪在手掌，天下賢士大夫半與之遊。加以方口諤諤，坐能諧謔，世無奈何。文行如軻，所不至者，貴位而已。按此則羽在當時屢就徵辟，大有文譽，不第以煎茶著稱也。且羽既自撰《陸文學傳》，則他書之傳疑者皆可删也。惜其著作不見于世，惟《茶經》三卷猶存。王元之《陸羽茶井》詩云："甃石封苔百尺深，試茶嘗味少知音。惟餘半夜泉中月，留得先生一片心。"井在景陵縣西北里許，一名陸子泉。

段弘古

段弘古，安鄉人。讀縱横書，剛峭少合，尤濩落不事産。人或交之，度非義，輒去。以故年五十不就禄。常以法家言抵御史大夫何士幹，延以上座，將用之。會士幹死，聞襄陽節度使于頔愛人大言，遂干以兵畫，一見喜甚。居月餘，視頔終不可與立功，又遁去。隴西李景儉、東平吕温，高氣節，尚道藝，聞其名，求見，大歡。留門下，或一歲，或半歲。夜與言，不知日出。温卒，景儉逐，前右拾遺張宿與然諾，南見中山劉禹錫、河東柳宗元，二人者言於御史中丞崔公。公時降治永州，知其信賢，傲共去。又南抵好義容州扶風竇群，途過桂，桂守舊知君，拒不爲禮。君憤怒發病，不肯治，曰："平生見大人，未嘗相下。今窮於此，年加老，棲棲無所容入也。益困於俗笑，吾安用生爲？埋道邊耳。"居六月，死逆旅中。崔公爲出涕，命特贈賻，致其喪來永州，哭爲祭之，與喪具道里費，歸葬澧州安鄉縣黄山南麓上。

聖楷按：黄山在安鄉縣北六十里，上有宋謝晦廟，一名謝山。

吴　瑛

吴瑛，字德仁，蕲春人。以父龍圖閣直學士遵路任，歷仕至虞部員外郎。治平三年，官滿如京師，年四十六，即請致仕。公卿大夫知之者，挽留不聽，相率賦詩，飲餞于都門，遂歸。

蕲有田，僅足自給。臨溪築室，種花釀酒，家事一付子弟。賓至必飲，飲必醉。或臥花間，客去亦不問。有臧否人物者，不酬一語，但促行酒。嘗有貴客過，瑛酒酣而歌，以樂器扣其頭爲節，客亦不以爲忤。

視財物如糞土。妹壻輒取家財數十萬貸人，不能償，瑛哀之曰："是人有母，得無重憂！"召而焚其券。門生爲治田事歷歲，忽謝去："聞有言某簿書爲欺者，誼不可留。"瑛命取前後文書示之，蓋未嘗發封也。盜入室，覺而不言，且取其被，乃曰："他物惟所欲，夜至寒，幸舍吾被。"其真率曠達類此。哲宗朝屢召，皆不起。崇寧三年卒。

聖楷曰：吴瑛胸中故無俗物者，然有焚券一事，始覺種花釀酒，非僞隱之資。《宋史》爲之立傳，亦具别眼邪？

楚寶卷第二十七考異

新化鄧顯鶴湘皋述

獨　　行

接　　輿

接輿，楚人也，好養性，躬耕以爲食。

顯鶴按：《高士傳》：接輿姓陸名通，字接輿，楚人也。好養性，躬耕以爲食。楚昭王時，通見楚政無常，乃佯狂不仕《莊子·人閒世》篇：孔子適楚，接輿遊其門，曰："鳳兮鳳兮，何德之衰也。來世不可待，往世不可追也。天下有道，聖人成焉；天下無道，聖人生焉。方今之世，僅免刑焉。福輕乎羽，莫之知載；禍重乎地，莫之知避。已乎已乎，臨人以德；殆乎殆乎，畫地而趨。迷陽迷陽，無傷吾行。吾行卻曲，無傷吾足。"山木自寇，膏火自煎也。桂可食，故伐之；漆可用，故割之。人知有用之用，而不知無用之用。

兩　　龔

君乃申徒狄屬耳。

本傳注：服虔曰：申徒狄，殷之末世介士也，自沉於河者。

廖 立

郃、琬具白其言於諸葛亮，亮表立曰："長水校尉廖立，坐自貴大"云云。

顯鶴按：立本傳注引亮集，有亮表曰："立奉先帝，無忠孝之心。守長沙，則開門就敵；領巴郡，則有闇昧闒茸其事；隨大將軍，則誹謗譏呵；侍梓宫，則挾刃斷人頭於梓宫之側。陛下即位之後，普增職號，立隨比爲將軍，面語臣曰：'我何宜在諸將軍中？不表我爲卿，上當在五校。'臣答：'將軍者，隨大比耳；至於卿者，正方亦未爲卿也。且宜處五校。'自是之後，怏怏懷恨。詔曰："三苗亂政，有虞流宥。廖立狂惑，朕不忍刑。亟徙不毛之地。"與本傳語異。

陸 羽

陸子名羽，字鴻漸，不知何許人。

顯鶴按：《唐書》羽本傳：陸羽，字鴻漸，一名疾，字季疵，復州竟陵人。不知所生。或言有僧得諸水濱，畜之。既長，以《易》自筮，得《蹇》之《漸》，曰："鴻漸于陸，其羽可用爲儀。"乃以陸爲氏，名而字之。

始，其家孕露乎竟陵大師積公之禪院。自幼學屬文，積公示以佛書出世之業，子答曰："終鮮兄弟，無復後嗣"云云。

本傳云：其師教以旁行書，答曰："終鮮兄弟，而絶後嗣，得爲孝乎？"師怒，使執糞除圬塓以苦之。又使牧牛三十。羽潛以竹畫牛背爲字。得張衡《南都賦》，不能讀，危坐效群兒囁嚅，若成誦狀。師拘之，令薙草莽。當其記文字，懵懵若有遺。過日不作，主者鞭苦，因嘆曰："歲月往矣，奈何不知書。"嗚咽不自勝，因亡去，匿爲優人，作詼諧數千言。

天寶中，郢人酺於滄浪道。邑吏召子爲伶正之師。時河南尹李公齊物出守，見異，捉手拊背，親授詩集。

本傳：天寶中，州人酺，吏署羽伶師。太守李齊物見，異之，授以書，遂廬火門山。

有仲宣、孟陽之貌陋，相如、子雲之口吃，而爲人才辨獨信，褊操多自用意。

本傳云：貌侻陋，口吃而辯。聞人善，若在已；見有過者，規切至忤人。朋友燕處，意有所行，輒去，人疑其多嗔。與人期，雨雪虎狼不避也。

上元初，結廬於苕溪之濱，閉關對書，不雜非類。云云。

本傳云："上元初，更隱苕溪，自稱桑苧翁，闔門著書。或獨行野中，誦詩擊木，裴回不得意，或慟哭而歸，故時謂今接輿也。"又按，本傳：久之，詔拜太子文學，徙太常寺太祝，不就。貞元末卒。羽嗜茶，著《茶經》三篇，言茶之原、之法、之具尤備，天下益知飲茶矣。時鬻茶者，至陶羽形置煬突閒，[1]祀爲茶神。有常伯熊者，因羽論復廣著茶之功。御史大夫李季卿宣慰江南，次臨淮，知伯熊善煮茶，召之。伯熊執器前，季卿爲再舉杯。至江南，又有薦羽者，召之。羽野服挈器而入，季卿不爲禮，愧之，更著《毁茶論》。其後尚茶成風。時回紇入朝，始驅馬市茶。

① "煬"下原有"帝"字，據文意删。

按：本傳與張又新《水録》所載李季卿事迥異。又，南零，“零”疑作“泠”，當以中泠名也。

楚寶卷第二十七增輯

新化鄧顯鶴湘臯述

獨　　行

虞　　芝

虞芝，長沙人。州辟南陽從事。太守張忠連婣王室，罪名入重，芝依法執按。刺史畏勢，召芝。芝曰："吾年往志盡，譬如八百錢老馬，生死同價，且欲立效於明時耳。"遂投傳去。

張　　熹

張熹，字季知，臨武人。靈帝時，以辟舉任平輿令。持身廉介，慈惠愛民，謝絶情面，人不敢干以私。時邑大旱，禱雨不應，熹曰："居官無善狀，上干天怒，災累小民。"乃積柴自焚。主簿崇小吏張化從之。火既舉，大雨如注，是年大有。民歌頌焉。

顯鶴案：張熹事見《桂陽先賢畫像[1]贊》，《水經注》亦引之。今增入《獨行》，以其蹈義凌險，正范史所謂操行獨絶者也。

---

① "像"據文意疑爲衍字，當删。

羅　陵

羅陵，耒陽人，果而好義。郡汲府君爲州，誣陵，被掠拷，慘加五毒，授刀截舌，以著盤中，獻之朝廷。群公義之，事得清理。

顯鶴案：羅陵亦見《桂陽先賢畫贊》，《湖南通志》從《太平御覽》四百二十一卷中采出，原文作“朱陽羅陵”。考漢桂陽郡屬無朱陽縣名，《通志》以爲“耒”字之誤，是也，今從之。

尹　虞

尹虞，長沙人。舉孝廉，慷慨有志操。吾彦爲南中都督，陸機兄弟毁之。虞曰：“自古由賤而興者，乃有帝王，何但公卿。若何元幹、侯孝明、唐儒宗、張義秀等竝起自寒微，皆内侍外鎮，人無譏者。卿以士則吾彦字。答詔小有不善，毁之無已，吾恐南人皆將去卿，卿便獨坐也。”於是機等意始解。永嘉初，虞仕至始興太守，值杜弢之亂，戰没。

顯鶴案：尹虞語見《晉書·吾彦傳》，可以破從來門地之見，可以懲才人輕薄之習。雖以士衡兄弟之傲睨一世，亦不能不心折其言也。

厲圖南

厲圖南，澧州人。陽朔曹鄴有送圖南下第詩。後圖南爲西川副使，隨府罷職，時吴行魯鎮西川，欲延辟之。圖南素薄行魯，聞之大笑曰：

“不能翦頭刺面，而趨侍健兒乎？”自使院乘馬，不歸私第，直出北郭。家人遽結束而追之。

顯鶴案：《湖南通志》辨舊志云：圖南以員外郎辱盧杞於澧州。考杞爲澧州别駕，在德宗貞元時。志又云與曹鄴遊，有贈答詩。而鄴登進士在宣宗大中時，距貞元末年相去四十餘年之久。圖南不應與盧杞同時已爲員外郎，至曹鄴贈詩時，尚未及第也。又案，孫光憲《北夢瑣言》載：吴行魯少事内官西門軍容，至每夜温溺器以奉，深得中尉之意，假以軍職，積階至節鎮。其人之出身猥瑣如此，而欲延辟名流，圖南安得不趨避之乎？

劉昌嗣

劉昌嗣，湘鄉人。五代漢隱帝時爲磁、相二州刺史。帝遇害，昌嗣憤之，避地衡山。馬希萼招以賓禮，不赴。周行逢逼爲掾，昌嗣曰：“吾嘗致身漢氏，縱不能爲夷齊，獨不可效梅福乎？”乃改姓范，號漁叟，躬耕終身。

顯鶴案：五代危亂之時，中材以下，鮮能以節義自立。馬氏據有湖南，開府天策，衡、湘之士景從響應，昌嗣獨守一節，亦可謂鐵中錚錚者矣。同時有慈利周樸者，居天門山，亦屢徵不起。

彭子民

彭子民，字彦修，湘陰人。與弟子中同舉進士。子民爲廣西察訪使董必屬官，蘇軾謫儋州，必媚時宰，欲遣人害之。子民泣曰：“人各有子孫。”必感悟，只令小使臣迫出官舍。子民官至員外郎。

顯鶴案：湘陰彭氏爲顯族，子民父慥，皇祐初進士。劉摯志其墓，稱其居鄉有行義，仕宦二十年，未嘗問其家有無。子民之陰護正人，保全善類，殆有所受之也。

蔣湋

蔣湋，零陵人。少辭家入太學，既不遇，去而歸隱。與黄庭堅相友善。庭堅謫宜州，士大夫畏禍不敢往還，獨湋日陪杖履。庭堅疾革，子弟無一人在側，湋往見之，大喜，握手曰："身後事，委君矣。"及卒，湋爲棺殮，具舟送歸。鄒浩謫永，湋從之遊。浩有昭州之行，湋又爲經紀其家。

鄧璋

鄧璋，字德甫，永州人。范純仁謫永州，璋館門下，教授諸孫。有詔舉遺佚，提舉湖南學事胡安國以璋應詔。璋過長沙，與故人蔣擴遇，擴以詩送之云："高談耳冷幾經秋，邂逅長沙得少留。莫畏洞庭風浪險，主翁元是濟川舟。"後零陵簿李良弼媚附蔡京，以擴詩聞於上，擴被貶竄，舉璋者皆譴詘。

王繪

王繪，永州布衣。徽宗時，詔舉遺佚，胡安國以繪與鄧璋應詔。二人老不行，安國請命之官，以勸爲學者。李良輔稱二人黨人范純仁客，而流人鄒浩所請託也。蔡京素惡安國與己異，得良輔言，大喜，命湖南提刑置獄推治，又移湖北再鞫，卒無驗。

顯鶴案，蔣瑋事，他無所表見，觀其眷眷於黄文節、鄒忠公二人，始終之義，與東漢黨錮諸賢何異！斯其無愧於獨行君子也。鄧璋、王繪，俱見《宋史·胡安國傳》及范公稱[①]《過庭録》，跡其見重諸君子，尊師取友，其人之賢可知。乃指爲黨人，推及舉主，小人醜正無所不至，險矣哉。

譚　章

譚章，字焕之，長沙人。三世居鄉，稱善人長者。章隱居昭潭閒，專以求志爲事。方數百里閒，有識者藉其教，有材者賴其養。訟不能決者，不之官府而之章。人尊仰之，甚於父兄。有老人黄升貸章錢百萬，行而遇盗，盡亡之。歸謝於章，章曰："幾累吾故人。今生還，幸矣，尚何言？"遭靖康之變，痛哭，一目喪明。時子世勣爲禮部侍郎，張邦昌僭僞，不食，幽僨死。章泣曰："吾子得死所矣。不勝父子之情，一己之私，爲國盡節，天下之公也，吾何恨哉！"

劉子駒

劉子駒，長沙人。多聞强記，清貧苦節。少仕州縣，遇熙、豐故家子孫，輒引避。饘粥不繼，或憊臥終日，處之泰然。乾道三年，朱子與張栻謁之，時子駒已老，尚能談説往事，衮衮不休，氣貌醇古然有前輩風度。子侄無譽無咎，閉門窮約，謹守家法。

顯鶴案：譚章富而好禮，劉子駒貧不喪守，皆吾鄉典型也。章弟申、子世勣，俱顯於時。世勣《宋史》有傳，周氏采入《名

① 稱，據文意當作"偁"。

臣》。子駒窮約守道，非朱、張二先生，姓名滅歿，幾不見於方志。吁，隱矣哉！

徐經孫

徐經孫，字子立，邵陽人。爲瀏陽主簿，潭守俾部牙契錢至州，有告者曰："朝廷方下令[①]頒行十七界會，若此錢皆用會，小須，則幸而獲大利矣。"經孫曰："此錢取諸保司，出諸公庫，吾納會而私取其錢，外欺其民，内欺其心，奚可哉。"詰旦，悉上所部錢，其人驚服，有愧色。後擢知潭州，兼湖南安撫使。

顯鶴案：經孫，《宋史》本傳不著本貫，《湖南通志》作邵陽人。觀其處牙契錢一事，而内質之心，斯乃先師所謂見利思義。彼假公營私，瘠民以肥己者，亦獨何心哉？

歐　道

歐道，字性之，寧鄉人。宋德祐初舉進士不第，隱居讀書於泉溪。元兵破潭州，欲屠城，道策杖入軍門，勸勿殺。或沮之，道曰："吾以一身膏斧躓，何足恤！萬一能活百萬命，其惠溥矣。"行省阿里海牙納其説，城得不屠。後辟爲荆湖行樞密院掌書記，遷中書令史。卒，世祖憐其才，深悼惜之，命有司具棺殮，給傳還葬。

① 令，據《宋史》卷四一〇《徐經孫傳》當作"廷"。

尹謙孫

尹謙孫，字希吕，茶陵人。事親至孝，宋末以《禮記》魁鄉薦。屬國事不競，歎曰："揖讓之言，尚污許由之耳；盜跖之粟，豈飽伯夷之口哉！"乃歸隱，築室以老。與弟復孫自爲師友，肆力古學。謙孫以文名，有《茶陵侯祠碑銘》，極古雅。

顯鶴案：歐道、尹謙孫二人，一則杖策軍門，心存利物；一則躬耕肥遯，歸潔其身，皆獨行之正者。士大夫生當末運，不可無此膽力。

黄　卷

黄卷，字景文，麻城人。嘉靖閒進士，累官副都御史。年四十即歸隱。日服犢鼻裈，躬督田事，與奴僕同甘苦。嘗從鄰舍借耒耜，鄰人負送，卷曰："但借足矣，豈可復荒汝工。"遂自肩還之。又嘗以隻雞尊酒候邑侯，曰："瓦缶可見還。"候笑與之。其清樸如此。

秦聚奎

秦聚奎，字仲默，漢陽人。萬曆辛丑進士，累官順天府尹。時魏忠賢假子良弼封侯開府，議毁京兆陰陽學廣其居。聚奎疏曰："皇上不惜茅土之封，臣亦何敢愛尺寸之土。但事關國體，臣死不敢奉詔。"觸忠賢怒，削職。

王家賓，字叔獻，亦漢陽人。以鄉舉知陝州。會新撫檄建忠賢生祠，投筆不署名，曰：“家賓，楚人也，死無以見楊大洪於地下。”遂被劾歸。

有楊金通者，官丹徒，卓異。入都時璫禍方熾，或指金通爲應山族人。通笑曰：“大洪海内名臣，得附爲幸。”亦投劾歸。

王一翥

王一翥，字子雲，黄岡人。負才傲岸，不可一世。父追皋襲祖廷瞻廕，由部郎出守安順。值奢藺之亂，勞瘁，卒於軍。一翥哀號，伏闕請贈恤。

天啟時客京師，魏忠賢震其名，屬趙鳴陽邀爲記室。一翥大恚曰：“吾肯爲璫羅致耶？”一夕，棄其僕，從間道歸。後舉於鄉，隱盧[①]山十餘載。晚歸黄岡卒。妻樊氏，當流寇陷黄岡時，被掠至三江口，賊逼之，罵曰：“我天下名士妻爾，敢辱我？”賊問姓名，曰：“吾夫黄岡王子雲也。”賊笑曰：“名士有何官職？”氏曰：“不作賊耳。”乘間躍入江死。

顯鶴案：一翥與杜茶村、劉克猷輩，皆復社名士，以文章風義相砥厲。聞古老言，克猷登第後南歸，泊舟荒渚阻雪，見對岸一人青蓑蒻笠，拄杖徘徊，意態閒適，克猷曰：“此必王子雲也。”使人邀之上船。一翥至，一笑就坐，絶不問北來事。

唐誠

唐誠，字存之，武陵人。生而穎異，讀書一目十行下。十歲，父紹

① 盧，據文意當作“廬”。

堯以璫禍誣贓二萬兩，誠走吳、越、閩、廣，泣愬父友，得解驂代贖。登崇禎十六年進士，授中書舍人。南渡後，歷少詹事。桂王時募兵勤王，復郴、沅等州，駐桂林。晉文淵閣大學士，命督五省義師，與何騰蛟相犄角。騰蛟被執，誠倍道援之，不克，走端州。及辰、常破，兄誼死之，母被縶粵軍。誠泣數日，歎曰："趙苞何人，忍使母戕？"遂上印綬，自囚贖母。兵主禮之，誠固請死，不屈，遂縶之。國初蒙釋，歸里。秘書學士胡統虞論薦，誠作詩有云："無如世相韓，此義不忍絶。"遂隱秦人山。

弟訪，字周之，寄籍廣西，中鄉舉。桂王時知制誥，備顧問，上《六代中興法戒》。奉命歸楚，聯絡勳鎮何騰蛟等。值父喪，遂痛哭，祝髮以終，自號食苦和尚，有《食苦和尚記》。

顯鶴案：誠父紹堯，字二華，天啟二年進士。知高陽縣，魏忠賢湯沐邑也。生祠極麗，日奏樂上食。紹堯下車，首禁止之。又籍璫黨冉世魁家充餉。忠賢積怒，逮紹堯於獄。紹堯自獄中上疏，劾忠賢奸謀叵測，難以枚舉，撮其罪之大者有三，一曰蔽主聰，一曰誤國事，一曰僇群賢。疏上，忠賢益怒，必欲置之死，枉贓三萬兩，囹圄箠楚，三年迄無完膚。莊烈帝立，出紹堯獄中，累官貴州巡撫，以蹇乞歸。卒，遺命三子當破家勤王。謚文貞。弟思堯，累官户部主事。璫禍起，棄家侍兄於獄。思堯弟心堯，亦殉城死。

鄒統魯廖應亨、何文熹

鄒統魯，字大系，衡陽人。崇禎八年拔貢，廷試第一，舉壬午鄉試。張獻忠陷衡州，迫紳士受僞職。統魯單騎亡之粵，上書總督沈猶龍，謂保粵莫如援楚，猶龍疑之。適統魯友包爾庚在坐，力稱統魯有經濟才，可用，乃從其請。

時與統魯同乞師者，有同邑廖應亨、桂陽何文熹。應亨，字利涉，崇禎庚午鄉舉。獻忠陷衡，同統魯乞師。猶龍遣總兵宋紀先攻臨武，别遣裨將偕應亨出宜、郴。時楚部楊國棟、湯執中騎卒二千，依猶龍自贖，頗桀驁難制。至耒陽，以糧匱譁，應亨咄嗟立辦，國棟心折，師行如律。事平，授中書，尋擢御史。

文熹，字昭常。獻賊既陷湖南，遣僞將胡尚月據桂陽，州置僞官，勒諸生考試。文熹時爲州學生，哭於先師廟，即日杖策廣西，乞猶龍兵，并鄉勇數百人，禽知州以下僞官，并復興寧縣。事聞，授龍陽縣知縣，尋擢職方司主事。

甲申之變，應亨痛哭不已，狂憤出走，尋卒於蒼梧。統魯隱祁邵山中以終。

顯鶴案：黄卷刻苦自勵，似徐孺子一流人，使人忘其爲顯宦，惜居官政蹟不傳。秦聚奎以下諸賢，皆以忤璫獲譴，百折不回。允矣，獨行君子矣。統魯、文熹奮其才知，立功名於崎嶇戎馬之際，亦豪傑之士哉。

又嘉靖初，大禮議起，時諸臣忤旨譴謫相望，有吴璋者，黄岡人，爲郡掾吏，慨然曰："爲臣死忠，分也。我其爲陳東、歐陽澈乎？"遂徒步詣闕，申救楊廷和等，復力持諸臣前議，詞甚激。上怒，下錦衣獄，杖八十。數日，太廟災，上問："湖廣前日上疏小吏何在？"守者疑上不能容，遂潛斃之，以死聞。上曰："惜哉，朕將有以用之也。"

又案：《湖廣通志》有兩黄卷，一爲鍾祥人，字蘭輝，天啟舉人，事母至孝，烈皇帝親策舉人，得卷甚喜，賜進士，授縣令，忤大府，棄官歸。北都陷，望闕痛哭經旬，不食死。

曹應昌

曹應昌，字石霞，麻城人。崇禎十二年舉鄉試第一，癸未成進士。

喜讀書，不任吏事，授知縣，棄歸奔父喪於永昌。時同郡何閎中，亦客死於滇。應昌並挈其櫬歸。至昆明，以哀毀卒。家人欲置何柩，屢舁昌柩不起。其弟祝曰：“得毋爲何先生乎？今當偕行耳。”乃發。應昌與何並未一面也，聞者益歎息。

劉仕元

劉仕元，江夏人。尉鞏昌三月，以愛民故，忤鑛監意，被拘於行臺省年餘。左右皆逃匿，獨舊隸趙邦周蚤夜不離側。及仕元獲免，邦周又獨送還江夏。仕元死，遂廬墓，終其身不去。縣令徐魯人、樊鍾陽表曰義民之廬。

顯鶴案：仕元一尉耳，居官止三月，以忤鑛監[1]罷官，餘無可傳，以邦周故，遂傳。然所以能得此於邦周者，亦必有道也。熊襄愍公廷弼有《義民傳》，附録其略於此，傳云：義民趙邦周者，陝西鞏昌府城民壯也。予鄉劉仕元爲城尉，僅三月，以愛民故，忤鑛監意，被拘年餘。左右皆逃匿，獨邦周蚤夜不離。及劉獲免，邦周又獨送還籍，遂戀戀不忍去。閲八載而劉病將死，囑二子曰：“邦周自患難，帖身相隨殆十年，勤苦篤切，汝輩不如也。我死，當厚遺遺之。”言畢而逝。

邦周慟哭躃踴，廬於其墓不肯去。初露卧墓側，鄉人皆笑之。居數月，鄉人見其誠，爲之搭一席棚，偪窄至不能伸足。荒山曠野，豺虎狐魅咆哮嗥跳於其前，邦周不以爲意也。鄉人愈義之，爲言於邑侯徐君魯人、樊君鍾陽，月給穀一石。堅不受，曰：“吾歲耡地三畝，可得麥三石，木棉花二三十斤。又以其暇爲人傭，不餓死足矣。安可受官穀？”令愈高之，立一坊於棚前，額曰

① “監”字原脱，據文意補入。

“義民之廬”。

邦周本姓朱，冒趙懷差，故以趙邦周呼之。劉墓距先隴僅里許，予每上冢，邦周必供焚掃之役。予重其義，頗善待之。而邦周遂感謝不能已。及聞予嬰患難，日夜爲餘誦經祈福，且逢人輒泣曰：“吾安得往都門一見其面？”會予莊有李九明者，欲來視予，而邦周即隨之行。兩人閒關三千餘里，徒步四十餘日，始至。至則僵臥不能動履，又兼沿途乞食，尫餒更甚。居數日，始能見予，抱予足大哭。而予亦痛不自禁，拭淚歎曰：“咫尺閒周親密友、門生故吏幾何人？視予者幾何人？而乃得之兩窮人於三千里之外，善哉！”徐君云趙懷所行，當令世閒無義之徒愧死，信已。鄉人欲作一屋居邦周，邦周不聽。所居席棚寬七尺，深八尺，一榻之外，僅餘一缶炊飯瓦檠，一經數本，每夜誦至三鼓方臥。晝則爲力役，有贏餘，直以濟貧。閒朝謁諸名山，踰數月歸，而棚内瓦缶土檠之類，無有動之者。其苦行感人又如此。

陳　愚

陳愚，字元樸，應山人。萬曆己酉舉人。父一極，官貴州府學訓導。愚生有至性。少與同縣楊忠烈公漣交，落拓自喜。嘗雪夜兩人行歌徧邑中，倚柱而嘯，畫地而書，已，狂呼痛哭，人莫測也。忠烈被閹禍，愚以女妻其子之易，傾身營救。邏者交跡於門。其母張氏，賢婦人也，語愚曰：“汝不記文孺升堂拜母時乎？文孺爲忠臣，汝不能爲死友，無用見我矣。”愚泣别母，匿忠烈幼子於廬山，攜之易閒行荆、郢、吴越閒，踵虞山錢氏之門，告曰：“父母存，不許友以死。我兩人俱有母在，其若文孺何？”文孺，忠烈字也。時黨禍甚烈，相與屏人野哭。忠烈死後五年，愚乃撰次行狀，求虞山志其墓。志云：“忠烈令常熟時，語余曰：子不可不識吾元樸。”又云：“余爲此志，不獨不忍負公，抑不忍負愚也。”

顯鶴案：元樸先生事跡不他見，即其友忠烈一節，可想見其生平。虞山爲其母張孺人志墓，詳哉言之，亦附見所作忠烈墓銘。亟登之《獨行》，以傳其概云。

楚寶真隱論次目録

古之所謂隱者，不盡放情江海，取逸丘樊已也。或時有所未際，姑棄鱗以養角；或道有所不屈，甘肥遁以幽棲；或性有所不可，寧孤光而絶俗。故朝端振金玉之音，而市肆多秀羸之士。其迹愈近，其心愈遠；其隱愈大，其道愈光。自夫後世慕終南嵩少之風，而處士虛聲羞側席矣。善乎，孟少孤之言曰："億兆之人，無官者十居其九，豈皆高士哉？"執此而循名雲壑，採秀山阿，洞庭衡嶽之閒，當必有隱君子焉。述《真隱》第十六，凡一卷。

真隱一

善卷　桃花源隱者　漢陰丈人　漢陰老父　龐公　伍朝　孟陋　郭翻　龔玄之　被苫野老　宗炳　宗彧之　劉凝之　龔祈　郭希林　劉虯　庾易　宗測　洞庭老父　唐節　令狐揆[①]

增輯

江上丈人　庚桑楚　老萊子　漁父　韓望　穆和　譚一峰　張季秀　張子厚　鄧翁　胡叔　杜淦　令狐揆　李僑　柴杰　王臨　劉春萊　孫斯億

① 此處雖列有"令狐揆"，然正文并無相關内容，鄧顯鶴列其人"增輯"，此處當刪去。

楚寶卷第二十八

明湘潭周聖楷伯孔輯纂

真　　隱

善　　卷

善卷者，楚人。舜以天下讓之，卷曰："予立宇宙之中，冬衣皮毛，夏衣絺葛，日出而作，日入而息。逍遥天地之閒，而心意自得，何以天下爲哉？"遂入深山，莫知其所終。

劉禹錫《善卷壇下作》曰：先生見堯心，相與去九有。斯民既以治，我得安林藪。道爲自然貴，名是無窮壽。瑶臺在此山，識者嘗回首。

善卷壇考

按：常德武陵縣東南十五里枉山，今名德山，舊名善德山。隋刺史樊子蓋以堯時隱者善卷居此，故名，即所謂善卷壇也。又考《楚志》，卷墓在辰溪西南二里龜山上。

桃花源隱者

桃花源隱者，秦時人也。避亂隱武陵山中。陶靖節記曰：晉太元中，武陵人捕魚爲業。緣溪行，忘路之遠近。忽逢桃花林，夾岸數百步，中無雜樹，芳草鮮美，落英繽紛。漁人甚異之。復前行，欲窮其林。林盡水源，便得一山，山有小口，髣髴若有光，便舍船從口入。初極狹，纔通人，復行數十步，豁然開朗，土地平曠，屋舍儼然。有良田美池桑竹之屬，阡陌交通，雞犬相聞。其中往來種作，男女衣著，悉如外人。黄髮垂髫，並怡然自樂。見漁人，乃大驚，問所從來。具答之。便要還家，設酒殺鷄作食。村中聞有此人，咸來問訊。自云先世避秦時亂，率妻子邑人來此絶境，不復出焉，遂與外人閒隔。問今是何世，乃不知有漢，無論魏晉。此人一一爲具言所聞，皆歎惋。餘人各復延至其家，皆出酒食。停數日，辭去。此中人語云：不足爲外人道也。既出，得其船，便扶向路處處誌之。及郡下，詣太守説如此。太守即遣人隨其往，尋向所誌，遂迷不復得路。南陽劉子驥，高尚士也，聞之欣然親往，未果，尋病終。後遂無問津者。

嬴氏亂天紀，賢者避其世。黄綺之商山，伊人亦云逝。往迹浸復湮，來逕遂蕪廢。相命肆農耕，日入從所憩。桑竹垂餘蔭，菽稷隨時藝。春蠶取長絲，秋熟靡王税。荒路曖交通，雞犬互鳴吠。俎豆猶古法，衣裳無新製。童孺縱行歌，班白歡游詣。草榮識節和，木衰知風厲。雖無紀歷[①]誌，四時自成歲。怡然有餘樂，于何勞智慧。奇蹤隱五百，一朝敞神界。淳薄既異源，旋復還幽蔽。借問游方士，焉測塵囂外。願言躡輕風，高舉尋吾契。

蘇東坡曰：世傳桃源事，多過其實。考淵明所記，止言先世避秦亂來此，則漁人所見，似是其子孫，非秦人不死者也。又云殺鷄作食，豈有仙而殺者乎？舊説南陽有菊水，水甘而芳，居民三十餘家飲其水，皆壽至百餘歲。蜀青城山老人村有五世孫者，道極險遠，生不食鹽醯而溪中多枸杞，根如龍蛇，飲其水，故壽。近歲稍通，漸能致五味，而壽益衰，桃源蓋此比也。使武陵太守得至焉，

① 歷，疑爲“曆”之誤。

則已化爲争奪之場久矣。常德天壤間若此者甚衆，不獨桃源。

漢陰丈人

漢陰丈人，不知其姓氏。子貢南遊于楚，過漢陰，見一丈人，方將爲圃畦，鑿隧而入井，抱甕而出灌，搰搰然用力甚多而見功寡。子貢曰："有機于此，一日浸百畦，用力甚寡而見功多，夫子不欲乎？"爲圃者仰而視之曰："奈何？"曰："鑿木爲機，後重前輕，挈水若抽，數如泆湯，其名爲槔。"爲圃者忿然作色而笑曰："吾聞之吾師，有機械者必有機事，有機事者必有機心。機心存於胸中，則純白不備，純白不備，則神生不定。道之所不載也，吾非不知，羞而不爲也。子往矣，無乏吾事。"

聖楷曰：按：漢陰在今漢中府漢陰縣境，周爲庸國地，春秋戰國屬楚。其源出于西和州徼外，徑階沔，與嘉陵水合。又徑大安利劍果合，與涪水合入于江，俗謂之西漢，非嶓冢之水由均、襄、郢而至漢陽入江者也。

又按：漢陽亦有二。如《龐參傳》"任棠爲漢陽郡人"，乃今鞏昌府所屬秦州，其地漢置天水郡，治平襄。東漢改漢陽郡，治冀，非今之漢陽府也。今漢陽府，在兩漢時爲安陸縣地，屬江夏郡。自晉及隋，雖沿革不一，併無漢陽之名。至隋大業初，始改漢津爲漢陽。先輩廖鳴吾，國之史臣也，撰《楚紀》闡幽，乃以任棠爲漢陽府人，何鹵莽之甚。

按：《龐參傳》："参爲漢陽太守。郡人任棠者，有奇節，隱居教授。參到，先候之。棠不與言，但以薤一大本、水一盂，置户屏前，自抱孫兒伏于户下。主簿白以爲倨，參思其微意，良久曰：'棠是欲曉太守也。水者，欲吾清也；拔大本薤者，欲吾擊强宗也；抱兒當户，欲吾開門恤孤也。'於是歎息而還。"事甚奇特，併附録之。

漢陰老父

漢陰老父者，不知何許人。桓帝延熹中幸章陵，過雲夢，臨沔水，百姓莫不觀者。有老父獨耕不輟。尚書郎南陽張温異之，使問曰：“人皆來觀，老父獨不輟，何也？”老父笑而不對。温下道百步，自與言。老父曰：“我野人耳，不達斯語。請問天下亂而立天子邪？理而立天子邪？立天子以父天下邪？役天下以奉天子邪？昔聖王宰世，茅茨采椽而萬人以寧。今子之君勞人自縱，逸游無忌，吾爲子羞之，何忍欲人觀之乎？”温大慙，問其姓名，不告而去。

聖楷曰：此漢陰，卻是沔漢之陰，在均、襄閒者。《桓帝紀》云：庚申，幸章陵，祠舊宅，遂有事于園廟。幸雲夢，臨漢水，還幸新野。新野屬南陽，亦光武避吏之地也。是時公卿貴戚車騎萬計，徵求費役，不可勝極。觀老父對張温數語，便知范史“依尠流彘”之論，殆非已甚。

龐　公

龐公者，南郡襄陽人也。居峴山之南，未嘗入城府。夫妻相敬如賓。荆州刺史劉表數延請，不能屈。乃就候之曰：“夫保全一身，孰若保全天下乎？”龐公笑曰：“鴻鵠巢于高林之上，暮而得所栖；黿鼉穴于深淵之下，夕而得所宿。夫趣舍行止，亦人之巢穴也，且各得其栖宿而已，天下非所保也。”因釋耕于壟上，而妻子耘于前。表指而問曰：“先生苦居畎畝而不肯官禄，後世何以遺子孫乎？”龐公曰：“世人皆遺之以危，今獨遺之以安。雖所遺不同，未爲無所遺也。”表歎息而去。後遂攜其妻子登鹿門山，因采藥，不返。

《襄陽記》曰：諸葛孔明每至德公家，獨拜牀下。德公初不令止。司馬德操嘗詣德公，值其渡沔上先人墓，德操竟入其室，呼德公妻子使速作黍，徐元直向云當來就我與德公談。其妻子皆羅拜于堂下，奔走共設。須臾，德公還，直入相就，不知何者是客也。德操年小德公十歲，兄事之，呼作龐公，故俗人遂謂龐公是德公名，非也。德公子字山人，亦有令名，娶諸葛孔明姊，爲魏黄門吏部郎。子渙，晉太康中爲牂牁太守，去官歸鄉，居白沙里，鄉人宗敬之，相語曰："我家池中龍種來。"里中化其德讓，少壯皆代老者擔云。

《水經注》曰：襄陽城東有東白沙，白沙北有三洲，其一魚梁洲，龐德公所居。士元居漢之陰，在南白沙，世故謂是地爲白沙曲矣。司馬德操宅洲之陽，望衡對宇，歡情自接。泛舟褰裳，率爾休暢。豈待還桂柁于千里，貢深心于永思哉。

鹿門山考

聖楷按，鹿門山在襄陽縣東三十里，舊名蘇嶺。《襄陽耆舊傳》曰：習郁爲侍中時，從光武幸黎邱，與帝通夢見蘇山神，光武嘉之，拜大鴻臚，録其前後功，封襄陽侯。使立蘇嶺祠，刻二石鹿夾神道，百姓謂之鹿門，或呼蘇嶺山爲鹿門山，後遂相仍云。

伍　朝

伍朝，字世明，武陵漢壽人也。少有雅操，閑居樂道，不修世事。性好學，以博士徵，不就。刺史劉宏薦朝爲零陵太守，主者以非選例，不聽。尚書郎胡濟奏曰："臣以爲當今資喪亂之餘運，承百王之遺弊，進趨者乘國故以僥倖，守道者懷蘊匵以終身，故令敦褒之化虧，退讓之風薄。按朝心游物外，不屑時務，守静衡門，志道日新，年過耳順，而所尚無虧。誠江南之奇才，邱園之逸老也。不加飾進，何以勸善？且白衣爲郡，前漢有舊。宜聽光顯，以獎風尚。”奏可，而朝不就，終于家。

聖楷按：《楚志》：武陵縣東北九十里有學書池，乃晉高士伍朝别墅也。其池水色微黑，故名。

孟 陋

孟陋，字少孤，武昌人。兄嘉，桓温征西長史。陋少而貞立，清操絶倫，布衣蔬食，以文籍自娱，口不及世事。未曾交游時，或弋釣孤興獨往，雖家人亦不知其所之也。喪母，毁瘠殆於滅性，不飲酒食肉，十有餘年。親族迭勸譬之，然後從吉。

簡文帝輔政，命爲參軍，稱疾不起，桓温躬往造焉。或謂温曰：“孟陋高行，學爲儒宗。宜引在府，以和鼎味。”温歎曰：“會稽王尚不能屈，非敢擬議也。”陋聞之，曰：“桓公正以我不往故耳。億兆之人，無官者十居其九，豈皆高士哉？我疾病，不堪恭相王之命，非敢爲高也。”由是名稱益重。博學多通，長於《三禮》，註《論語》行于世。卒以壽終。

劉義慶《新語》曰：孟萬年及弟少孤，居武昌陽新縣。萬年遊宦，有盛名當世。少孤未嘗出，京邑人士思欲見之，乃遣信報少孤，云兄病篤，狼狽至都。時賢見之者，莫不嗟重，因相謂曰：“少孤如此，萬年可死。”

郭　翻

郭翻，字長翔，武昌人也。伯父訥，廣州刺史，父察，安城太守。翻少有志操，辭州郡辟及賢良之舉。家于臨川，不交世事，惟以漁釣射獵爲娱。居貧無業，欲墾荒田，先立表題，經年無主，然後乃作。稻將熟，有認之者，悉推與之。縣令聞而詰之，以稻還翻，翻遂不受。嘗以車獵，去家百餘里，道中逢病人，以車送之，徒步而歸。其漁獵所得，或從買者，便與之而不取直，亦不告姓名。由是士庶咸敬貴焉。

與翟湯俱爲庾亮所薦公車博士，徵不就。咸康末，乘小船暫歸武昌省墳墓，安西將軍庾翼以帝舅之重，躬往造翻，欲强起之。翻曰："人性各有所短，焉可强逼。"翼又以其船小狹，欲引就大船。翻曰："使君不以鄙賤而辱臨之，此固野人之舟也。"翼俯屈入其船中，終日而去。

嘗墜刀于水，路人有爲取者，因與之，路人不取，固辭。翻曰："爾向不取，我豈能得？"路人曰："我若取此，將爲天地鬼神所責矣。"翻知其終不受，復沈刀于水。路人悵焉，乃復沈没取之。翻於是不逆其意，乃以十倍刀價與之。其廉不受惠，皆此類也。卒於家。

聖楷按：翟湯，字道淵，尋陽人。篤行任素，義讓廉潔，饋贈一無所受。值亂多寇，聞湯名德，皆不敢犯。《尋陽記》曰：初，庾亮臨江州，聞翟湯之風，束帶躡屐而詣焉。亮禮甚恭。湯曰："使君直敬其枯木朽株耳。"亮稱其能言，表薦之，不赴。其子莊，字祖休，少以孝友著名。遵湯之操，不交人物，惟以弋釣爲事。及長，不復獵。或問："漁、獵同是害生之事，而先生止去其一，何哉？"莊曰："獵自我，釣自物，未能頓盡，故先節其甚者。"人以爲知言。晚節亦不復釣，端居蓽門，歠菽飲水。州府禮命及公車徵，並不就。

龔玄之

龔玄之，字道元，武陵漢壽人。好學潛默，安於陋巷。州舉秀才，公府辟不就。孝武帝下詔曰："夫哲王御世，必搜揚幽隱。故空谷流縶維之詠，邱園旅束帛之觀。譙國戴逵、武陵龔玄之，並高尚其操，依仁游藝，潔己貞鮮，學宏儒業。朕虚懷久矣，二三君子，豈其戢賢於懷抱哉。思挹雅言，希承諷議，可並以爲散騎常侍，領國子博士。旨下，所在備禮發遣，不得循常，以稽側席之望。"郡縣敦逼，苦辭疾篤，不行。弟子元嘉，亦有德操，高尚不仕。孝武帝以太學博士、散騎侍郎、給事中累徵不起。卒于家。

聖楷按：戴逵，字安道，譙國人。總角時以雞卵汁溲白瓦屑作鄭玄碑，又爲文而自鐫之，詞麗器妙，時人莫不驚歎。性不樂當世，常以琴書自娱。太宰武陵王晞聞其善鼓琴，使人召之。逵對使者破琴曰："戴安道不爲王門伶人。"孝武帝時，與龔玄之同徵，郡縣敦逼不已，乃逃於吴。

被苫野老

被苫野老，郢人也。宋衡陽王義季代臨川王義慶都督荆、湘八州事，嘗春月出獵于郢，有老人被苫而耕，左右斥之。老人曰："般于遊畋，古人所戒。方今陽和布氣，播厥之始，一日不耕，民失其時，奈何以從禽之樂，而驅斥老夫？非勸農也。"義季止馬曰："賢者也。"命賜之食。老人辭曰："苟不奪時，則境内之民皆飽，大王之食，老夫何敢獨受其賜乎？"義季問其名，不告而退。

聖楷曰：漢陰老父語傲而戇，其殆憤世而逃者歟？此老卻婉似是用世人。然皆夷穆而近道，遯世而晦名，鴻飛弋慕，故知非其倫匹也。

宗　　炳

宗炳，字少文。其先南陽涅陽人也，祖承，宜都太守，遂家江陵。父繇之，湘鄉令。母同郡師氏，聰辯有學義，教授諸子。炳居喪過禮，爲鄉閭所稱。刺史殷仲堪、桓玄並辟主簿，舉秀才不就。宋高祖領荆州，辟炳爲主簿，不起。問其故，答曰："棲邱飲谷三十餘年。"高祖善其對而止。

炳妙善琴書，精于言理。每游山水，往輒忘歸。征西長史王敬弘每從之，未嘗不彌日也。乃下入廬山，就釋慧遠，考尋文義。兄臧爲南平太守，逼與俱還。乃于江陵三湖立宅，閑居無事。高祖召爲太尉參軍，不就。二兄蚤卒，孤累甚多，家貧無以相贍，頗營稼穡。人有餉饋，並受之。高祖勅南郡長給吏役，又數致餼賚。其後子弟從禄，乃悉不復受。元嘉初，又徵通直郎，東宫建，徵爲太子中舍人、庶子，並不應。

妻羅氏，亦有高情，與炳協趣。羅氏殁，炳哀之過甚。既而輟哭尋理，悲情頓釋，謂沙門釋慧堅曰："死生之分，未易可達。三復至教，方能遣哀。"衡陽王義季在荆州，親至炳室，與之歡讌，命爲咨議參軍，不起。

好山水，愛遠遊。西陟荆、巫，南登衡嶽。因而結宇衡山，欲懷尚平之志。有疾，還江陵，歎曰："老疾俱至，名山恐難徧覩。唯當澄懷觀道，卧以游之。"凡所游履，皆圖之於室，謂人曰："撫琴動操，欲令衆山皆響。"古有金石弄，爲諸桓所重，桓氏亡，其聲遂絶，唯炳傳焉。太祖遣樂師楊觀就炳受之。

元嘉二十年，炳卒，時年六十九。衡陽王義季與司徒江夏王義恭書曰："宗居士不救所病，其清履肥素，終始可嘉。爲之惻愴，不能已已。”子朔，南譙王義宣車騎參軍；次綺，江夏王義恭司空主簿；次昭，郢州治中；次説，正員郎。炳外弟師覺授，亦有素業，以琴書自娱，不就徵辟。

宗炳自爲《畫山水序》曰：聖人含道應物，賢者澄懷味象。至于山水，質有而趣靈，是以軒轅、堯、孔、廣成、大塊、許由、孤竹之流，必有崆峒、具茨、藐姑、箕首、大蒙之遊焉，又稱仁知之樂焉。夫聖人以神法道而賢者通，山水以形媚道而仁者樂，不亦幾乎？余眷戀衡廬，契闊荆、巫，不知老之將至。愧不能凝氣怡身，傷跕石門之流，於是畫象布色，搆兹雲嶺。夫理絶于中古之上者，可意求于千載之下；旨微于言象之外者，可心取于書策之内。況乎身所盤桓，目所綢繆，以形寫形，以色貌色也。且夫崑崙山之大，曠子之小，迫目以寸，則其形莫覩。迴以數里，則可圍于寸眸。誠由去之稍闊，則其見彌小。今張綃素以遠暎，則崑閬之形可圍于方寸之内。豎劃三寸，當千仞之高；横墨數尺，體百里之迴。是以觀畫圖者，徒患類之不巧，不以制小而累其似，此自然之勢。如是，則嵩筆[①]之秀，玄牝之靈，皆可得之於一圖矣。夫以應目會心爲理者，類之成巧，則目亦同應，心亦俱會，應會感神，神超理得，雖復虚求幽巖，何以加焉？又神本無端，栖形感類，理入影迹，誠能妙寫，亦誠盡矣。於是閒居理氣，拂觴鳴琴，披圖幽對，坐究四荒。不違天勵之藂，獨應無人之野。峰岫嶢嶷，雲林森渺，聖賢映于絶代，萬趣融其神思，于復何爲哉？暢神而已。神之所暢，孰有先焉。

① 筆，據《歷代名畫記》《宋文紀》等當作“華”。

宗彧之

宗彧之，字叔粲，炳從父弟也。蚤孤，事兄恭謹。家貧好學，雖文義不逮炳，而真澹過之。州辟主簿，舉秀才，不就。公私餽遺一無所受。宋高祖受禪，徵著作佐郎，不至。元嘉初，大使陸子真觀采風俗，三詣彧之，每辭疾不見也。告人曰："我布衣草萊之人，少長壟畝，何枉軒冕之客？"子真還，表薦之，徵員外散騎侍郎，又不就。元嘉八年卒。

聖楷曰：衡陽王義季嘗欲屈宗炳以重禄，炳曰："禄如腐草，盛衰幾何。"然而不禁子弟之從禄，豈其中猶有未忘者歟？《宋書》謂彧之文義雖不及炳，而真澹過之，此便知門内之情，有徑庭之别矣。

劉凝之

劉凝之，字志安，小名長年，南郡枝江人也。父期公，衡陽太守；兄盛公，高尚不仕。凝之慕老萊、嚴子陵爲人，推家財與弟及兄子，立屋於野外，非其力不食。州里重其德行，州三禮辟西曹主簿，舉秀才，不就。妻，梁州刺史郭銓女也，遣送豐麗，凝之悉散之親屬。妻亦能不慕榮華，與凝之共安儉苦。夫妻共乘薄一作蒲。笨車出市買易，周用之外，輒以施人。爲村里所誣，一年三輸公調，求輒與之。有人嘗認其所著屐，笑曰："僕著之已敗，今家中覓新者備君也。"此人後田中得所失屐，送還之，不肯復取。

元嘉初，徵爲祕書郎，不就。臨川王義慶、衡陽王義季鎮江陵，並遣使存問，凝之答書，頓首稱僕，不修民禮，人或譏焉，凝之曰："昔老萊向楚王稱僕，嚴陵亦抗禮光武，未聞巢、許稱臣堯、舜。”時戴顒與衡陽王義季書亦稱僕。

荆州年饑，義季慮凝之餧斃，餉錢十萬。凝之大喜，將錢至市門，觀有饑色者，悉分與之，俄頃立盡。性好山水。一旦攜妻子泛江湖，隱居衡山之陽，登高嶺，絶人迹，爲小屋居之，采藥服食。妻子皆從其志。元嘉二十五年卒，年五十九。

庾仲雍《荆州記》曰：劉盛公，枝江人。桓司空臨州，與上佐游于靈溪，盛公詣市還，著練帽布裙，以杖荷履與桓司空語，語畢負荷而去。

蘇東坡曰：《梁史》，劉凝之爲人認所著履，即與之。此人後得所失履送還，不肯復取。又沈士麟亦爲鄰人認所著屐，士麟笑曰：“是卿屐邪？”即與之。鄰人得所失屐，送還，士麟曰：“非卿屐邪？”笑而受之。此雖小事，當如士麟，不當如凝之也。

龔 祈

龔祈，字孟道，武陵漢壽人。從祖玄之，父黎人，並不應徵辟。祈年十四，鄉黨舉爲州迎西曹，不行。謝晦臨州，命爲主簿，彭城王義康舉秀才，除奉朝請，臨川王義慶平西參軍，皆不就。風姿端雅，容止可觀。中書郎范述見之，歎曰：“此荆楚仙人也。”衡陽王義季臨荆州，發教以祈及劉凝之、師覺授不應徵召，辟其三子。祈又徵太子舍人，不起。時或賦詩，言不及世事。元嘉十七年卒，時年四十二。

聖楷曰：獨往之人，皆負介性；高尚之士，多在暮年。若祈以垂髫而即放情江海，取逸邱樊，即三世幽貞，未有過也。况賦詩不及時事，又何其善于處濁世哉？乃日月之車，遽爾折軸，豈碧澗清潭，亦復爲造物所忌邪？

郭希林

郭希林，武昌人也。曾祖翻，晉世高尚不仕。希林少守家業，徵州主簿、秀才、衛參軍，並不就。元嘉初，吏部尚書王敬弘舉王弘之爲太子庶子，希林爲著作佐郎，後又徵員外散騎侍郎，並不就。十年卒，時年四十七。子蒙亦隱居不仕，泰始中，郢州刺史蔡興宗辟爲主簿，不就。

《王弘之傳》曰：從兄王敬弘爲吏部尚書，奏前員外散騎常侍琅琊王弘之，恬漠邱園，放心居逸；前衛將軍參軍武昌郭希林，素履純潔，嗣徽前武，並擊壤聖朝，未蒙表飾，宜加旌聘，賁于邱園。

聖楷按：王弘之，曾爲琅琊王中軍參軍，遷司徒主簿。家貧而性好山水，求爲烏程令，尋以病歸，後累徵不就。郭希林未受一命，而亦以前官稱，何也？此必有誤。

劉　虯

劉虯，字靈預，南陽涅陽人也。舊族，徙居江陵。虯少而抗節好學，須得禄便隱。宋太始中，仕至晉平王驃騎記室、當陽令。罷官歸家，静處，常服鹿皮袷，斷穀，餌术及胡麻。建元初，豫章王爲荆州，教辟虯爲别駕，與同郡宗測、新野庾易並遺書禮請，虯等各修牋答而不應辟命。永明三年，刺史廬陵王子卿表虯及同郡宗測、宗尚之、庾易、劉昭五人，請加蒲車束帛之命，詔徵爲通直郎，不就。竟陵王子良致書通意，虯答曰：“虯四節卧病，三時營灌，暢餘陰於山澤，託暮情於魚鳥。寧非唐、虞重恩，周、邵弘施。虯進不研機入玄，無洙泗稷館之辯；退不凝心出累，非冢閒樹下之節。遠澤既灑，仁規先著，謹收樵牧之嫌，敬加軾鼂之義。”

虯精信釋氏，衣粗布衣，禮佛長齋。注《法華經》，自講佛義。以江陵西沙洲去人遠，乃徙居之。建武二年，詔徵國子博士，不就。其冬，虯病，正晝有白雲徘徊檐户之内，又有香氣及磬聲。其日卒，年五十八。劉昭與虯同宗，州辟祭酒從事，不就，隱居山中。

竟陵王子良《與南郡太守劉景蕤書》：去冬因君與劉居士書，今春得其返价，辭趣翩翩，足有才藻，實子雲之筆札，元瑜之書記。伸復咨嗟，彌用欽想。此子含真抱璞，比調雲霞，背俗居幽，寓歡林潊。養志南荆，可與卞寶争價；韜光梵服，固同隨照共明。雖顔、段之栖遲偃仰，楊、鄭之寂漠恬淡，取之若人，信可同日而語矣。且道性天悠，禪心自謐，敦悦九部，研味三乘。在家菩薩，行之而不艱；白衣居士，即之而方易。逝將燭昏霾于慧炬，拯淪溺于法橋。扇靈崿之留風，鏡貞林之絶影。僕栖尚既同，情契彌至。而悠悠京苑，閒以江山。假復神通遠邇，冥交曉曙，疇得寫析深襟，辨明幽旨，迹生滅之中談，究真俗之諦義。故重有别書，招來畿邑，居問道之次，具爲敦請。此蘭山桂水，既足逍遥；儒侣玄宗，復多朋往。非以一爵相加，豈其旌蒲爲分，直闇投誠素，庶必能玄了。脱悠爾來儀，想特加資遣也。

梁裴子野《劉虯碑》曰：受川嶽之英靈，有清明之淑性。澹乎若深泉之静，皜乎若寒霜之潔。千仞不足議其高，萬頃不足儔其量。在其幼也，孝敬淳深，貫乎幽顯，廬乎墓所，而暴獸去之，墟里賴焉，樵蘇無犯。及其長也，捧檄動容，薄遊下邑，甘露零于豐草，蒲密至于時雍，有以見賢人之行，動天地，感鬼神，疾乎影響如斯之美者矣。夫聲名藉甚，群公倒席，鑿室林皋，面流傍隴。咫尺荆衡，表裏巫夢。樹蕙滋蘭，蕪没庭户，平疇翠潊，千里極目。信物外之神區，幽居之勝境。昔許子將謂太邱道廣，廣則不周；仲舉性峻，峻則少納。峻而納，廣而周，君于二陳，折其中矣。其所修孔氏之學，則儒者師之；所明釋氏之教，則净行傳之；所著文集，則辭人録之。銘曰：

滔滔江漢，實紀南國。篤生居士，高明柔克。峨峨其道，巍巍其德。曰仁曰義，惟民惟則。築室皇壤，考槃郛郭。坐臥山樊，嘯歌林薄。親致甘旨，躬餐上藥。優哉游哉，且以行樂。九邱八索，百家群史。西河疑聖，華陰成市。悠哉荆夢，逖矣江瀆。輜軿結轍，羔雁成群。監觀令範，式如金玉。君之徽猷，誰其與屬。疇咨故老，遵揚實録。

庾　易

庾易，字幼簡。其先新野人，徙居江陵。祖玫，巴郡太守；父道驥，安西參軍。易志性恬隱，不交外物。建元元年，刺史豫章王辟爲驃騎參軍，不就。臨川王映臨州，獨重易，表薦之，餉麥百斛。易謂使人曰："民樵采麋鹿之伍，終歲鮮毛之衣，馳聘日月之車，得保自耕之禄。於大王之恩，亦已深矣。"辭不受。永明三年，詔徵太子舍人，不就。以文義自樂。安西長史袁彖欽其風，通書致遺。易以連理几，竹翹書格報之。建武二年，詔復徵爲司徒主簿，不就。卒。

聖楷按：《南史》：安西長史袁彖贈易以鹿角書格、蚌盤、蚌研、白象牙筆，并贈詩云："白日清明，青雲遼亮。昔聞巢、許，今覩高[①]尚。"故易報之如此。蕭子顯《高逸傳》不載，似略。

① 高，《南史》卷五〇《庾易傳》作"臺"。

宗 測

宗測，字敬徵，一字茂深，宋徵士炳孫也。世居江陵。測少静退，不樂人閒，歎曰：“家貧親老，不擇官而仕，先哲以爲美談，余竊有感。誠不能潛感地金，冥致江鯉，但當用天道，分地利，孰能食人厚禄，憂人重事乎？”州舉秀才主簿，不就。驃騎豫章王徵爲參軍，測答府召云：“何爲謬傷海鳥，横斤山木。”母喪，身負土植松柏。豫章王復遣書請之，辟爲參軍。測答曰：“性同鱗羽，愛止山壑，眷戀松筠，輕迷人路，縱宕巖流，有若狂者，忽不知老至。而今鬢已白，豈容課虛責有，限魚慕鳥哉？”永明三年，詔徵太子舍人，不就。

欲遊名山，乃寫祖炳所畫《尚平圖》于壁上。測長子賓，官在京師，知父此旨，便求禄養，還爲南郡丞，付以家事。刺史安陸王子敬、長史劉寅以下，皆贈送之。測無所受，齎《老子》《莊子》二書自隨。子孫拜辭悲泣，測長嘯不視。遂往廬山，止祖炳舊宅。

魚復侯子響爲江州，厚遣贈遺。測曰：“少有狂疾，尋山采藥，遠來至此，量腹而進松朮，度形而衣薜蘿。淡然已足，豈容當此横施？”子響命駕造之，測避不見。後子響不告而來，奄至所住，測不得已，巾褐對之，竟不交言，子響不悦而退。侍中王秀之彌所欽慕，乃令陸探微畫其形，與己相對。又貽書曰：“昔人有圖畫僑、札、輕以自方耳。”尚書令王儉亦雅重之，贈以蒲褥筍席。

頃之，測送弟喪還西，仍留舊宅永業寺，絶賓友，唯與同志庾易、劉虯、宗人尚之等往來講説。刺史隨王子隆至鎮，遣别駕宗哲[1]致勞問，測笑曰：“貴賤理隔，何以及此。”竟不答。建武二年，徵爲司徒主簿，不就，卒。

① 哲，據《南史》卷五四《宗測傳》當作“忻”。

測善畫，自圖阮籍遇蘇門於行障上，坐臥對之。又畫永業寺佛影臺，皆爲妙作。頗好音律，善《易》《老》，續皇甫謐《高士傳》三卷。又嘗遊衡山七嶺，著《衡山》《廬山記》。

尚之，字敬文，亦好山澤，與劉虬俱以驃騎記室不仕。宋末，刺史武陵王辟贊府，豫章王辟别駕，並不就。永明中，與劉虬同徵爲通直郎，和帝中興初，又徵爲諮議，並不就。壽終。

唐馮贄《記事珠》曰：宗測春遊山谷，見奇花異草，則係于帶上，歸而圖其形狀，名“聚芳圖”“百花帶”，人多效之。

黄庭堅《書小宗香》曰：南陽宗少文嘉，遯江湖之間，援琴作金石弄，遠山皆與之同聲，其文獻足以配古人。孫茂深亦有祖風，當時貴人欲與之游不得，乃使陸探微畫像掛壁觀之。聞茂深閉閤焚香，作此香饋之，時謂少文“大宗”，茂深“小宗”，故傳小宗香云。

聖楷曰：嘗疑宗茂深待魚復侯爲已甚。及閲《武十七王列傳》，魚復侯子響勇力絶人，關弓四斛力，數在園池中帖騎馳走竹樹下，身無虧傷。鎮荆州，日所爲多不法，卒以謀叛伏誅。乃知高士非好爲絶人之行，交際嫌疑，固不可以昧昧也。

洞庭老父

洞庭老父，不知何許人。卓彦恭嘗遇洞庭月下，有小漁舟過其傍，因呼問：“有魚否？”應曰：“無魚有詩。”迺喜曰：“願聞一篇，可乎？”老人鼓枻徐去，高吟一絶云：“八十滄浪一老翁，蘆花江上水連空。世間多少乘除事，良夜月明收釣筒。”欲邀致之，不可得矣。

聖楷曰：君山父老閑吟云：“湘中老人讀黄老，手接紫蘲坐碧草。春至不知湖水深，日暮忘却巴陵道。”此猶是遁世高蹈語。若“世間多少乘除事，良夜月明收釣筒”，便將出世用世人熱心冷眼一齊唤醒。然不讀黄老，亦不知此語之妙。洞庭之上，君山之阿，伊何人哉？

唐　節

唐節，零陵人。嘗爲瀧水令。去官，家于瀧下三十里，自號丹崖翁。丹崖，湘中水石之異者；翁，湘中得道之逸者。元次山愛其水石，爲作宅銘曰："瀧山未盡，瀧水猶峻。忽見淵洄，丹崖千仞。磳磳丹崖，其下誰家。門前斷船，籬上釣車。不知幾峰，爲其四墉。竹幽石磴，泉飛户中。怪石臨淵，硱硱石顛。何得石顛，翁獨醉眠。吾欲與翁，東西茅宇，飲啄終老，翁亦悦許。世俗嘗事，阻人心情，徘徊崖下，遂刻此銘。"

聖楷按：丹崖翁宅，在零陵縣南百里，其崖石色如丹。唐永泰中，元結刺道州，路出崖下，見節，甚重之，因爲作銘。

楚寶卷第二十八考異

新化鄧顯鶴湘皋述

真　隱

汉陰丈人

漢陰在今漢中府漢陰縣境，周爲庸國，春秋戰國屬楚。

顯鶴按：漢陰縣，本漢安陽縣，屬漢中郡，東漢因之。晉改爲安康，屬魏興郡，後改曰寧都。南齊置安康，屬西城郡。後魏置東梁州，蕭詧改直州。唐屬金州，本西城郡，天寶元年改曰安康郡。至德二載，以安禄山姓，始改爲漢陰，無緣知爲子貢南遊之漢陰矣。又按《明史·地理志》：漢陰縣屬興安州，嘉靖三十八年十一月改屬漢中府，萬曆十一年還屬州。是書成於崇禎朝，不應云在今漢中府矣。又廖氏《楚紀》以任棠爲漢陽府人，周氏辨漢陽府始於隋大業初，非二漢凉、益州之漢陽。其説辯矣，獨不知漢陰名縣亦始於唐至德初乎？又誤隋大業爲唐大業，今並正之。

伍　朝

刺史劉弘薦朝爲零陵太守，主者以非選例，不聽。

顯鶴按：《劉弘傳》云：頃者多難，淳朴彌凋，臣輒以徵士伍朝補零陵太守，庶以懲波蕩之弊，養退讓之操。

龔玄之

龔玄之，字道元，武陵漢壽人。

顯鶴按：《通志·氏族略》有“龔玄之，武陵郡漢壽人”。《常德府志》據此作“龔”。

龔　祈

龔祈，字孟道，武陵漢壽人。從祖玄之，父黎人。

《常德府志》作“龔祈”。黎人，《宋書》作“黎民”。

唐　節

唐節，零陵人，嘗爲瀧水令。

顯鶴按：《楚紀》及舊志俱作“唐節”，《湖南通志》據《全唐文》作“唐節督”。

楚寶卷第二十八增輯

新化鄧顯鶴湘皋述

真　　隱

江上丈人

江上丈人者，楚人也。楚平王以費無忌之讒殺伍奢，奢子員亡，將奔吴，至江上欲渡無舟，而楚人購員甚急，自恐不脱，見丈人，得渡。因解所佩劍，以與丈人曰："此千金之劍也，願獻之。"丈人不取，曰："楚國之法，得伍員者，爵執珪，金千鎰，吾尚不取，何用劍爲？"不受而别，莫知其誰。員至吴，爲相，求丈人不能得，每食，輒祭之曰："名可得聞而不可得見，其惟江上丈人乎？"

庚桑楚

庚桑楚者，楚人也。老聃弟子，偏得老聃之道，以北居畏壘之山。其居三年，畏壘大穰，畏壘之民相與言曰："庚桑之子始來，吾洒然異之。今吾日計之而不足，歲計之而有餘，庶幾其聖人乎？子胡不相與尸而祝之，社而稷之乎？"庚桑子聞之，南面而不釋然。弟子異之，庚桑子曰："弟子何異於予？夫春氣發而百草生，正得秋而萬寶成。夫春與秋豈無得而然哉？天道已行矣。吾聞至人尸居環堵之室，而百姓猖狂，不知所如往。今以畏壘之細民，而竊竊焉欲俎豆予於賢人之閒，我其杓之人耶？吾是以不釋於老聃之言。”

老萊子

老萊子者，楚人也。當時世亂逃世，耕於蒙山之陽。莞葭爲牆，蓬蒿爲室，枝木爲牀，蓍艾爲席，飲水食菽，墾山播種。人或言於楚王，王於是駕至萊子之門。萊子與其妻逃至江南而止，曰：“鳥獸之毛，可績而衣，其遺粒足食也。”仲尼嘗聞其論，而蹙然改容焉。著書十五篇，言道家之用，人莫知其所終也。

漁父

漁父者，楚人也。楚亂，乃匿名隱釣於江濱。楚頃襄王時，屈原爲三閭大夫，名顯於諸侯，爲上官靳尚所譖，王怒，放之江濱，被髮行吟於澤畔。漁父見而問之曰：“子非三閭大夫與？何故至於斯？”屈原曰：“舉世混濁我獨清，衆人皆醉而我獨醒，是以見放。”漁父曰：“聞聖人不凝滯於萬物，故能與世推移。舉世混濁，何不揚其波，汨其泥？衆人皆醉，何不餔其糟，歠其醨？何故懷瑾握瑜，自令放爲？”乃歌曰：“滄浪之水清，可以濯我纓；滄浪之水濁，可以濯吾足。”遂去深山自閉匿，人莫知焉。

顯鶴案：自江上丈人以下凡四人，俱載皇甫謐《高士傳》。原書中，惟老萊子妻見《列女》，餘皆未收。玆特爲增輯。老萊已增入《孝友》，玆復重出，亦各有所取云爾。

韓　望

韓望，南平人。蕭秀督荆州，立學校，招隱逸，辟望等教曰："夫鵷火之禽，不匿影於丹山；昭華之寶，乍耀采於藍田。是以江漢有濯纓之歌，空谷著來思之詠。宏風闡道，靡不由兹。處士河東韓懷明、南平韓望、南郡庾承先、河東郭麻，竝脱落風塵，高蹈其事。兩韓之孝友純深，庾、郭之形骸枯槁，或橡飯青虀，惟日不足，或葭牆艾席，樂在其中。昔伯武貞堅，就仕河内；史雲孤劭，屈志陳留。豈曰場苗，實惟攻玉，可加引辟，並遣喻意。既同魏侯致禮之請，庶無辟疆三緘之歎。"

顯鶴案：韓懷明，見《南史·孝友傳》。庾承先，見《南史·隱逸傳》。二人俱增輯《遷寓》。

穆　和

穆和，茶陵人。陳文帝時爲太常博士。及隋滅陳，和隱居教授。開皇三年，屢徵不起，遂以鎔鐵錮其門，歲餘猶聞朗誦聲。唐武德二年，少詹事杜淹立碑記其事，碑在潞溪北。見《湖南金石志》。

譚一峰

譚一峰，茶陵人。訪元結於道州，結贈以序，略云：吾於九疑之下，賞愛泉石幾三年，能扁舟數千里來遊者，獨雲陽譚子焉。譚子以文學隱名山野，隱身雲陽之阿，松竹滿亭，水石滿堂。石魚負尊，舼舫運觴，醉送譚子於雲陽。

張季秀

張季秀，道州人。介直自全，退守廉讓，文學爲業，不求人知。刺史元結表其行於朝，乞給田宅，免徭役，令得保遂其志。

顯鶴案：《湖南通志》引舊志作“李季芳”，今考《全唐文》元結薦表，作“張季秀”。惟表墓文則稱“處士張秀”，無“季”字。或名秀、字季秀耶？

張子厚

張子厚，江華人。家洄溪，元結聞而就之，見其容若少壯，問其年，已九十有奇。問何以能此，子厚對曰：“巖下有泉田環於左右，五世居此，飲食取足，無求乎他。”乃止結宿。結贈以詩，刻於巖下。

顯鶴案：譚一峰、張子厚諸人，棲巖飲谷，取足無求，殆亦丹屋翁之流。其見重於漫叟，有以也。余嘗愛浯溪山水之幽勝，欲卜居於此。洄溪、濂水之旁，何隱君子之多也！每念斯人，爲之神往。

鄧　翁

鄧翁，潭州郭外民也。當馬氏熾盛時，以侈靡爲務，識者非之。馬氏諸子聞而且怒，國師張氏曰：“彼所見者，恐祚之不永也。以君家昆仲之衆，使更而王，亦可八百年，何懼乎？”翁聞而歎曰：“治國之道，不介意而更納虚誕之説，吾見其死於溝壑有日矣。”及邊鎬師至，果驗。

顯鶴案：馬氏兄弟淫縱無度，惡聞直言，故虛誕之説適足以亡其國。鄧翁何人，真有心人哉。

胡　叔

胡叔，江夏人。家居蒿室草徑，惟酒自適。嘗謂人曰：“我生澹泊，似勝焦先。”不治生産，饑貧不以爲恥，養子曰螟蛉以自隨。恒乘一牸牛，布囊容三四升，飲啖醉飽，便盛餘肉以付螟蛉。

杜　淦

杜淦，江夏人，自稱漢陰老人。居水濱，戴笠躬耕。嘗曰：“仕者忍恥，耕者勞力，皆大造之委蜕耳，吾何心哉。”

令狐揆

令狐揆，德安人。卜築涓溪之南。嘗雪中跨驢入城，詣張君房借書，令小僮攜篦負琴，帛繒暖帽，委轡長吟曰：“借書離近郭，冒雪渡寒溪。”布衣林逸善繪，因作《令狐揆雪中渡溪圖》。

李　僑

李僑，字希鄭，邵陽人。弟傑，宋皇祐五年進士。僑篤意黄老之術，棄儒巾，爲道士，父母不能奪其志。日誦《黄庭經》，鼓琴賦詩以自娱。嘉祐中，所居殿生五色芝，郡守崔欲以上聞，曰："王者尊事壽耇則芝草生，此何與焉？"復問以衛生之術，僑曰："寡欲以養氣，省事以養神，此其術也。"年九十有八卒。

顯鶴案：李僑墓誌，康熙十三年出土，縣人蔣莪録其文，封石於墓。《寶慶府志》據誌撰傳，入"仙釋門"，新、舊《湖南通志》因之，皆稱李希鄭，蓋誌字殘泐，誤以字爲名，又訛爲傑父。寧鄉黄虎癡本驥撰《古誌石華》謂希鄭爲李傑之兄，以傑字偏旁推之，當是名僑、字希鄭，蓋取法子産之義，用是知其名爲僑，其言甚辨。

今案：《寶慶府志·行誼傳》有李僑，邵陽人，李傑之兄，即希鄭也。修志者失考，乃誤分僑與希鄭爲兩人，黄氏之言信而有徵矣。李氏在邵陽爲顯族，《府志·賢達傳》："李傑，邵陽人。熙寧進士，歷守永州、絳州，提刑東川。元豐中，以金部大夫出帥湖南，所至皆有能聲。官至大理卿。買書萬卷，以遺郡庠；買田數千畝，以贍同族。"據誌石，傑以皇祐五年第進士，知《府志》稱熙寧誤也。又墓誌載僑侄楷，舉進士，楞、榛皆官丞簿。僑生長仕門，獨恬退雅素，託跡黄老。舊志稱其與姪楷同措置傑所置同莊，以贍族人，非世外人舉動。疑其有所託而逃者，列之《仙釋》，殊爲失倫。兹特增入《真隱》，以存其概云。誌石撰人姓氏俱闕，獨傳書誌爲周元公，而題銜曰知鬱林軍。鬱林在宋廣東西路，周子宦蹟未至其地，蔣氏以意竄入。意存張邵而不知其作僞，斯蹈方志之陋習矣。

又案：宋侯延慶《李氏同莊記》稱：潭帥金部李公買田於鄉爲義莊，以贍宗族，後易名曰同莊，以爲義之名重而不敢居，與吾祖之所自出者同之云爾。其法以族子之賢者司之，視歲豐歉爲出入，父行倍兄弟，兄弟倍姊妹，月計而季給之。戒其子孫，凡同莊所有，一毫勿私取，一力勿私役，嚴於有司之守。又稱金部之賢，恭儉沉静，有古名臣風。蓋邵之賢者也，并附録於此。

柴　杰

柴杰，蘄水人。博學有隱德，於書無所不窺。與兄本友愛最篤。析田廬爲四，一子與兄子三均。每戒子云："知事宜少，識人毋多。饘粥外，有餘則去之，不可以田産累子孫也。"

顯鶴案：《寶慶府志》載：吾邑人有鄒祖東者，生一子，兄子七人。兄以子多，恐累弟，欲析箸，祖東堅不從。臨老，以己子與兄子計産均分，鄉人傳爲盛事。噫，兄弟之子猶子也。委巷小民，私其繼體無論已，乃侈然。自命爲士大夫，膜視同體肥瘠，竭畢生心計，廣置膏腴，徒供不肖子孫之浪費。卒之釁啟鬩牆，豪猾因而攘併，官吏恣其攫啖，而其禍皆自其祖、父貽之。觀柴氏戒子之言"不可以田産累子孫"，嗚呼，彼自以爲利也，孰知其累之無窮哉。可哀也已。

王　臨

王臨，字泰生，廣濟人。家貧力學。明季流寇至，見臨於大松樹下執卷微吟，毅然不動，異之。賊魁有梁廷柱者，素知書，其婦尤能讀《孝經》，相與夜撤屋椽代炬，出所挾書就質。天明揖臨去，戒賊徒毋犯王先生，遂免於難。後臨因江行避雨，得邑殘志於村店，攜歸修輯成書。又嘗作《禹貢圖》及《河圖考》書。

劉春萊

劉春萊，字芝侶，武岡人。少爲諸生，嗜學好古。以性疎放，遂棄制舉業。敏於詞翰，操觚立就，文不加點。僻懶箕跣，不樂見貴介。有逼就之者，春萊舉身躍出窗外，竟折其足云。

孫斯億

孫斯億，字兆孺，華容人。年十四，補弟子員。久之，上書督學，棄巾襤袍，著華陽巾，渡江如淮。覽京口三山，歷姑蘇，泛錢塘，徘徊會稽、天目之門，返憩金陵。歷豫章，再遊京師。日與世外人交，不袖一刺。即有知者過之，亦未嘗報謝。還訪鹿門，登參山，南謁衡岳，東入郢，北遊蘇門、百泉、嵩高。所至遍歷名勝，慷慨懷古，長嘯高歌，人莫之測。

時王元美、汪伯玉、吴明卿、徐子與諸人，各以其業自雄，意不可一世士，然靡不倒屣延致。斯億掉臂其閒，傲然無所屈。歸華容，誅茆蒔竹，住玄石山中，蔬食閉關。墨客緇流，無間晨夕，頹然自放，遂以是終。事祖母，以孝聞。居母喪，有盗晝入，斯億護棺泣，盗惻然避去。年六十終。

楚寶列女論次目録

喬木珮聲，始于江漢；蒼梧煙色，半是瀟湘。是以錯薪刈楚，游女鮮求；蕙帶荷衣，美人多怨。翠竹何情，九點疑雲長是淚；暮花欲落，一川郴水不成流。望鄧墟而思配，誰招荆武之魂；念樊塚以求賢，莫辨王孫之樹。乃有輕生豔質，齒劍如歸；薄命紅顔，捐生靡顧。或永巷閉而吴丘頓卻，或漸臺圮而使者不來，或赤烏夾日而踐附社之心，或白璧及門而矢松楸之志，或長沙南畔雙花萎雪，或岳陽樓下五字流香。豈非料敵審天，借箸難再，臨危許死，隔代相望乎？至若負戴相隨于泉石，縞綦不羨乎雲荼，解毛遺粒之貞風，卻鮓種橘之峻節，何止棲隱偕老，實有明哲兼劭者矣。又若盛年悔不青樓，晚烈偏高彤管。草迷青冢，胡漢何分；烽起黑狼，雌雄遂混。揮金愧馬，誓死殉秦；憐才念舊，代有逸女。斯亦蛾眉之奇績，南國之香荃也。君子痛其遭遇不齊，國史表其嶶美則一，故併採綴焉。惟夫淫如夏姬，妬若鄭袖，是名妖蠱，汙我佳麗，姑存牋注之末，以爲好色者戒云。撰《列女》第十七，凡一卷。

列女

鄧曼　息嬀　樊姬　北郭先生婦　伯嬴　貞姜　越姬　季羋　老萊子妻　接輿妻　伯貞姬　子發母　女嫛　王昭君　李衡妻　尹虞二女　丁貴嬪　衛敬瑜妻　木蘭　瑞卿　義娼　韓希孟　徐君寶妻　趙淮妾　曹氏　趙孝婦

增輯

孫叔敖母　江乙母　龐林妻　柳世隆妻　鄧元起母　杜龕妻　馬希萼妻　周行逢妻　區端妻　冀元亨妻　熊孝女　郭貞女

附曾孝女　沈雲英

楚寶卷第二十九

明湘潭周聖楷伯孔輯纂

列　女

鄧　曼

鄧曼，楚武王夫人也。鄧國之女，曼姓。武王四十二年，命屈瑕伐羅，鬭伯比送之。還，謂其御曰："莫敖必敗。舉趾高，心不固矣。"遂見王曰："必濟師。"王辭焉，入告夫人鄧曼。鄧曼曰："大夫其非衆之謂，其謂君撫小民以信，訓諸司以德，而威莫敖以刑也。莫敖狃於蒲騷之役，將自用也，必小羅君。若不鎮撫，其不設備乎？夫固謂君訓衆而好鎮撫之，召諸司而勸之以令德，見莫敖而告諸天之不假易也。不然，夫豈不知楚師之盡行也？"王使賴人追之，不及。莫敖果大敗，縊于荒谷。群帥囚于冶父以聽刑。王曰："孤之罪也。"皆免之。

五十一年三月，武王荆尸，授師孑焉，以伐隨，將齋，入告夫人鄧曼曰："余心蕩。"鄧曼歎曰："王祿盡矣。盈而蕩，天之道也。先君其知之矣，故臨武事，將發大命而蕩王心焉。若師徒無虧，王薨於行，國之福也。"王遂行，卒于樠木之下。令尹鬭祈、莫敖屈重除道梁溠，營軍臨隨。隨人懼，行成。莫敖以王命入盟隨侯，且請爲會於漢汭而還，濟漢而後發喪。

左貴嬪芬贊曰：天道惡盈，極數則微。邈哉鄧曼，心映禍機。覩兆歎亡，考德知衰。賢智卓殊，邈哉難追。

鍾伯敬《史懷》曰：鄧曼，何等婦人也？天人理數，出其口中。“蕩王心”三字，靈光剡剡，説出鬼神體物之理。又曰：“若師徒無虧，王薨于行，國之福也。”此社稷爲重君爲輕之説，已先孟子看出。卓然高識！

聖楷曰：楚武王熊通弑蚡冒子，奪其位，又劫周室以求尊號，憑凌小國五十年，其無天道甚矣。鄧曼從旁代爲悚懼，若惟恐不終厥位，曰“告諸天之不假易”，曰“盈而蕩，天之道也”，炯然如鬼神相向。卒之荒谷之縊，樠木之薨，君若臣一如所料。此豈僅僅才智婦人所能及哉？且軍旅大事也，武王傑主也，每事輒入告之，必其平昔令德有折服之者矣。

息　嬀

息嬀者，楚文王之夫人也。初，蔡哀侯娶于陳，息侯亦娶焉。息嬀將歸，過蔡。蔡侯曰：“吾姨也。”止而見之，弗賓。息侯聞之，怒，使謂楚文王曰：“伐我，吾求救于蔡而伐之。”楚子從之。秋九月，敗蔡師于莘，以蔡侯獻舞歸。十年，蔡哀侯爲莘故，繩息嬀以語楚子。楚子如息，以食人享，遂滅息，以息嬀歸。生堵敖及成王焉，未言。楚子問之。對曰：“吾一婦人而事二夫，縱弗能死，其又奚言？”

文王卒，令尹子元欲蠱文夫人，爲館于其宫側而振萬焉。夫人聞之，泣曰：“先君以是舞也，習戎備也。今令尹不尋諸仇讐，而于未亡人之側，不亦異乎？”御人以告子元，子元曰：“婦人不忘襲讐，我反忘之。”於是以車六百乘伐鄭。

《史懷》曰：楚子滅息，以息嬀歸，生堵敖及成王焉，未言。令尹子元欲蠱之而泣，情辭俱厲，可謂有至性，有高識矣。但欠息侯一死，死之難也。李陵之降寇也，揚雄之爲莽大夫也，息嬀哉？

聖楷曰：楚文王在位十五年卒。十年，以息嬀歸，生堵敖及成王。而堵敖立三年卒，成王立六年，皆幼稚，令尹子元欲蠱文夫人，此定是息嬀無疑也。蓋息嬀入楚，前後止得十四年，色尚未衰，故令尹蠱之。《左傳》又曰："楚公子元歸自伐鄭，而處王宫。鬬射師諫，則執而梏之。"不知此時息夫人在何處？大抵息嬀之不言與泣，同一機巧。尤物惑人，喪身亡國，至死不悟，此足戒也。王維《息夫人》詩曰："莫以今時寵，能忘舊日恩。看花滿眼淚，不共楚王言。"注解唐詩者引《列女傳》，其事近俚，乃後人僞撰，非劉向書也，當從《左氏》爲正。又劉長卿《桃花夫人廟》詩曰："寂寞應千載，桃花想一枝。路人看古木，江月向空祠。雲雨飛何處，山川是舊時。獨憐春草色，猶似憶佳期。"按《楚志》，桃花夫人即息夫人也，廟在漢陽縣後魯山桃洞前。

樊　姬

樊姬，楚莊王夫人。王好獵，姬數諫不止，乃不食禽獸之肉二年，王感之而勤政事。一日，王罷朝晏，姬問其故。王曰："今旦與賢相語，不知日之晏也。"姬曰："賢相爲誰？"王曰："爲虞邱子。"樊姬掩口而笑。王問其故，曰："妾幸得執巾櫛以侍王，非不欲專貴擅愛也，以爲傷王之義，故所進與妾同位者數人矣。今虞邱子爲相十年，未嘗進一賢。知而不進，是不忠也；不知，是不知也。安得爲賢？"明日朝，王以樊姬之言告虞邱子。虞邱子稽首曰："如樊姬之言。"於是辭位而進孫叔敖。孫叔敖相楚莊王，卒以霸。樊姬與有力焉。

張九齡《樊妃冢》詩序曰："郢州西北，有大古冢數十，觀其封域，多是楚時諸王，而年代久遠，不復可識。唯直西有樊妃冢，因後人爲植松柏，故行路盡知之。"詩曰："蘋藻生南澗，蕙蘭秀中林。嘉名有所在，芳氣無幽深。楚子初逞志，樊妃嘗獻箴。能令更擇士，非直罷從禽。舊國皆湮滅，先王亦莫尋。唯傳賢媛隴，猶結後人心。牢落山川意，蕭疎松柏陰。破牆時直上，荒徑或斜侵。惠問終不絶，風流獨至今。千春思窈窕，黄鳥復哀音。”

張説《登九里臺是樊姬墓》詩曰：“楚國所以伯，樊姬有力焉。不懷沈尹禄，誰諳叔敖賢。萬化茫無在，孤墳獨巋然。北分陽臺陌，南識郢城阡。漠漠渚宫樹，蒼蒼雲夢田。登高形勝出，訪古令名傳。自我來符守，因君樹蕙荃。詩書將變俗，絺纊忽彌年。志闌三折後，愁值二毛前。佇立帝京路，遥心寄此篇。”

北郭先生婦

北郭先生婦者，楚莊王使使賚金百斤，聘北郭先生，先生曰：“臣有箕帚之使，願入計之。”即謂婦人曰：“楚欲以我爲相。今日相，即結駟列騎，食方丈於前，如何？”婦人曰：“夫子以織屨爲食，食粥毚履，無怵惕之憂者，何哉？與物無治也。今如結駟列騎，所安不過容膝；食方丈于前，所甘不過一肉。以容膝之安、一肉之味，而殉楚國之憂，其可乎？”於是遂不應聘，與婦去之。

聖楷曰：祝牧謂其妻曰：天下有道，我黻子佩；天下無道，我負子戴。北郭先生與其婦，蓋謀之久矣，借箕帚之言以卻楚使，不過糊黠隱士家風。列禦寇之妻拊心辭粟，亦是此意。疑此皆文人之寓言也。然世閒失行男子，多半爲室家不能安貧，腳跟不定，遭所驅迫，故北門之歎，猶是賢人；東郭之乞，狗彘不如矣。可勝歎哉！

伯　嬴

伯嬴者，楚平王夫人，昭王之母也。當昭王時，楚與吴戰于柏莒，吴勝楚，遂入至郢。吴王闔閭盡妻其後宫，次至伯嬴。伯嬴持刀曰："妾聞天子者，天下之表也；公侯者，一國之儀也。天子失制，則天下亂；諸侯失節，則國危。夫婦之道，固人倫之始，王教之端。是以明王之制，男女不親授受，坐不同席，食不同器，殊椸枷，異巾櫛，所以防之也。若諸侯外淫者絶，卿大夫外淫者放，士庶人外淫者宫割。夫然者，以爲仁失可復以義，義失可復以禮，男女之失，亂亡具焉。夫造亂亡之端，諸侯之所絶，天子之所誅也。今君王棄儀表之行，縱亂亡之欲，犯誅絶之事，何以行令訓民？且妾聞，生而辱，不若死而榮。若使君王棄其儀表，則無以臨國；妾有淫端，則無以生世。一舉而兩辱，妾以死守之，不敢承命。且凡所欲妾者，爲樂也。近妾而死，何樂之有？如先殺妾，又何益于君乎？"吴王慙，遂退。伯嬴與其保阿閉永巷之門，皆不釋兵。三旬，秦救至，昭王乃復。

聖楷曰：《春秋》"庚辰，吴入郢"，《穀梁傳》曰："何以謂之吴也？狄之也。何謂狄之也？君居其君之寢而妻其君之妻，大夫居其大夫之寢而妻其大夫之妻，蓋有欲妻楚王之母者，不正。乘敗人之績，而深爲利，居人之國，故反其狄道也。"嗟乎，伯嬴者，楚太子建所聘之秦女也，當其失身楚平之日，與衛宣、齊姜同一隱忍，乃獨能皎末路如此，楚國之復，豈待秦庭七日之哭哉？吴爲不道，故終併入于楚耳。

貞　姜

貞姜，楚昭王夫人也。王出遊，留夫人漸臺之上而去。王聞江水大至，使使者迎夫人，忘持符。夫人曰："王與宫人約，召必以符。"使者曰："今水方大至，還而取符，則恐後矣。"夫人曰："妾知從使者必生，留必死。然乖約越義而生，不若留而死耳。"於是使者取符，則水大至，臺崩，夫人流而死。王號之曰貞姜。

李西涯樂府曰：漸臺水，深幾許，使者來，誰遣汝。不見君王符，空傳君王語。漸臺水，行宫不可度，妾死猶守邱，君行在何處。平生委質身爲君，此時重信輕妾身。君不還，妾當死。臺高高，水瀰瀰。

漸臺考

聖楷按：《三輔黄圖》云：漢漸臺在未央宫太液池中，高十丈。漸，浸也，言爲池水所漸。又一説，漸臺，星名，法星以爲臺名。今觀江水大至則臺崩，當是築臺于江上耳，從漸浸之義爲長。

越　　姬

越姬者，楚昭王妃也。王遊附社之臺，望雲夢而樂，語其二姬曰："吾與子生同樂，死同歸矣。"蔡姬許諾，越姬不可，曰："昔先君莊王隱于樂，三年而改之以勤，卒霸天下。妾以君王將法諸，而要婢子以死，其可得死乎？且君王之取婢子也，未嘗約以死，妾不敢聞命。"楚子曰："善。"而終嬖蔡姬。久之，楚子救陳，病于師。越姬聞之曰："昔王要妾以死，妾非難于死也。懼苟死，成君之過也，然心既許之矣。妾聞之，信者不自負其心。"遂自殺。王讓位于三弟而薨。三弟曰："母信者，子必仁。"乃迎越姬之子章而立之，是爲惠王。

聖楷曰：《文獻通考》云：唐天寶七載，祠烈女一十四人，有楚莊樊姬、楚昭王女。按，昭王女，書傳未載，當是越"姬"字訛作"女"耳。又皆置祠富水郡。富水，今承天府。昭王徙都于鄀，在今宜城縣，遠不相涉，不知何據。大抵訛傳之事，出自朝廷者更多，蓋奉行虚文故耳。

季　芈

季芈，楚昭王妹也。吴兵入郢，楚子取其妹季芈以出，涉睢濟江，入于雲中。盜攻之，王復奔鄖，鍾建負季芈以從。吴師退，昭王復國，將嫁季芈。季芈辭曰：“所以爲女子，遠丈夫也。鍾建負我矣。”王乃以鍾建爲樂尹，妻之。

聖楷曰：權非女子所能用也，况以之全節乎？且權以死節易，權以保身難。若季芈者，其志潔而不可汙，其辭婉而不可奪，真能處亂而行權矣。五代時有王凝妻李氏，其夫卒于官，家素貧，一子尚幼。李氏攜其子，負其遺骸以歸。東過開封，止旅舍，旅舍主人見其婦人獨攜一子，疑之，不許其宿。李氏顧天已暮，不肯去。主人牽其臂而出之，李氏仰天長慟曰：“我爲婦人，不能守節，而此手爲人執邪？不可以一手并汙吾身。”即引斧自斷其臂。嗟乎，李氏之臂可斷，即知季芈之身不可再負矣。

老萊子妻

老萊子妻者，老萊子逃世，耕於蒙山之陽。楚王駕先其門，當萊子織畚而言曰：“守國之孤，願見先生。”萊子曰：“諾。”其妻曰：“妾聞之，可食以酒肉者，可隨以鞭箠；可授以官禄者，可隨以鈇鉞。今先生食人酒肉，受人官禄，爲人所制也，能免於患乎？妾不能爲人所制。”投其畚萊而去。萊子從之，至於江南而止，曰：“鳥獸解毛，可績而衣，其遺粒足食也。”

聖楷曰：老萊子著書，接輿狂歌，皆有心用世人也。至事不可爲，時不可出，亦浩然長往耳。豈真聽命于婦人哉？然非此二婦，不足以成其高。又《列女傳》云：“老萊子孝養二親，行年七十，作嬰兒自娱，著五采褊爛衣。嘗取漿上堂，跌仆，因臥地爲兒啼。或弄雛鳥於親側。”今以其年計之，隱蒙山時，二親已歿，老萊夫婦近八九十歲矣，猶唱隨依媚若此，豈太史公所謂修道而養壽者然邪？

接輿妻

接輿妻者，楚狂接輿之妻也。接輿躬耕以爲食，楚王使使者持金百鎰、車二駟往聘迎之，曰：“王願請先生治淮南。”接輿笑而不應，使者遂不得與語而去。妻從市來，曰：“先生以高爲義，豈將老而遺之哉？門外車跡，何其深也。”接輿曰：“王不知吾不肖也，欲使我治淮南，遣使者持金、駟來聘。”曰：“曾許之乎？”接輿曰：“富貴人所欲也，子何惡，我許之矣。”妻曰：“義士非禮不動，不爲貧而易操，不爲賤而改行。妾事先生躬耕以爲食，親績以爲衣，食飽衣煖，據義而動，其樂亦自足矣。若受人重禄，乘人堅良，食人肥鮮，而將何以待之？”接輿曰：“吾不許也。”妻曰：“君使不從，非忠也；從之又違，非義也。不如去之。”遂變易姓名而去，莫知所之。

左貴嬪芬讚曰：接輿高潔，懷道行謡。妻亦冰清，同味玄昭。遺俗榮津，志遠神遼。

聖楷[①]亦贊之曰：接輿夫婦，一狂一狷。其樂只且，何貴何賤。楚國雖大，禍重福輕。笑而不答，攜手同行。

① “聖楷”前崇禎本有“周子”二字。

白貞姬

白貞姬者，楚白勝之妻也。白公早死，其妻紡績不嫁。吴王聞其美，使大夫操金百鎰、白璧一雙以聘焉。因以輜軿三十乘迎之，將以爲夫人。辭曰："白公無恙時，妾幸得充後宫，執箕帚。今白公不幸而死，妾願守其墳墓，以終天年。今王賜金、璧之聘，夫人之位，非愚妾之所聞也。且夫棄義從欲者，汙也；見利忘死者，貪也。貪汙之人，王何以爲哉？"吴王賢其守節而有義，號曰楚貞姬。

聖楷曰：太史遷云：白公如不自立爲君者，其功謀亦不可勝道，爲其均復父讐也。若貞姬守義不嫁而語氣凜然，殆有王孫礪劍之風乎？

子發母

子發母者，楚將子發攻秦絶糧，使人請于王，因歸問其母。母問使者曰："士卒得無恙乎？"對曰："士卒併分菽粒而食之。"又問："將軍得無恙乎？"對曰："將軍朝夕芻豢黍粱。"子發破秦而歸，其母閉門不納，使人數之曰："子不聞越王勾踐之伐吴，客有獻享酒一器，王使人注江之上流，使士卒飲其下流，味不及加美，而士卒戰自五也。一日有獻一囊糗糒者，王又以賜軍士分之，甘不踰嗌，而戰自十也。今子爲將，士卒併分菽粒而食之，子獨朝夕芻豢黍粱，何也？夫使人入於死地，而自康樂於其上，雖得勝，非所貴也。子非吾子也，無入吾門。"子發謝其母，請罪良久，然後赦之，納以入門。

聖楷曰：子發母與趙括之母同一明哲，然括母能料其敗，而子發之母勝非所貴，其慮尤遠。戰國時如趙威后、齊君王后，皆具有過人膽識，覺“妾婦”二字，未易許儀、秦輩也。

女　嬃

女嬃，屈原姊也。屈原作《離騷》，述其言曰：女嬃之嬋媛兮，申申其詈予。曰：“鮌婞直以亡身兮，終然殀乎羽之野。汝何博謇而好修兮，紛獨有此姱節。薋菉葹以盈室兮，判獨離而不服。”

袁崧曰：屈原有賢姊，聞原放逐，亦來歸，諭令自寬。鄉人冀其見從，因名其鄉曰姊歸。其地有女嬃廟、擣衣石猶存。

聖楷曰：屈原放逐，本非得已，女嬃戒之以鮌，欲其怨身事君，自是骨肉至情，豈有他意？且原滿肚不平，乍歌乍泣，入耳皆成拂亂，亦非真怨其姊之不察而詈予也。説《騷》者謂女嬃罵原以不與衆合，不承君意，何異癡人説夢。

王昭君

昭君，字嬙，南郡姊歸人。初，元帝時以良家子選入掖庭。時呼韓邪來朝，帝敕以宫女五人賜之。昭君入宫，數歲不得見御，積悲怨，乃請掖庭令求行。呼韓邪臨辭，大會，帝召五女以示之。昭君豐容靚飾，光明漢宫，顧景裴回，竦動左右。帝見大驚，意欲留之，而難于失信，遂與匈奴。生一子。及呼韓邪死，其前閼氏子代立，欲妻之。昭君上書辭歸，成帝勑令從胡俗，遂復爲後單于閼氏焉。

《前漢·匈奴傳》曰：竟寧元年，呼韓邪單于來朝，自言願壻漢氏以自親。元帝以後宫良家子王嬙字昭君賜單于，號寧胡閼氏，生一男。呼韓邪死，後單于復株纍復妻王昭君，生二女。至平帝時，王莽秉政，欲説太后以威德至盛異于前，乃風單於遣王昭君女須卜居次云入侍。太后賞賜之甚厚。

王昭君《怨詩》曰：秋木萋萋，其葉萎黄。有鳥處山，集于苞桑。養育毛羽，形容生光。既得升雲，上遊曲房。離宫絶曠，身體摧藏。志念抑沈，不得頡頏。雖得委食，心有徊徨。我獨伊何，來往變常。翩翩之鶯，遠集西羌。高山峨峨，河水泱泱。父兮母兮，道里悠長。嗚乎哀哉，憂心惻傷。

《西京雜記》曰：元帝後宫既多，不得常見，乃使畫工圖形，案圖召幸之。諸宫人皆賂畫工，多者十萬，少者亦不減五萬，獨王嬙不肯，遂不得見。匈奴入朝，求美人爲閼氏，於是上案圖以昭君行。及去，召見，貌爲後宫第一，善應對，舉止閒雅。帝悔之，而名籍已定，帝重信于外國，故不復更人。乃窮案其事，畫工皆棄市。畫工有杜陵毛延壽，爲人形，醜好老少，必得其真。安陵陳敞，新豐劉白、龔寬，並工爲狗馬衆勢，人形不逮延壽。下杜陽望、樊育，尤善布色。同日棄市，京師畫工於是差稀。

石崇《王明君詞敘》曰：王明君者，本是王昭君，以觸文帝諱改之。匈奴盛請婚于漢元帝，以後宫良家子昭君配焉。昔公主嫁烏孫，令琵琶馬上作樂，以慰其道路之思。其送明君亦爾也。其造新曲，多哀怨之聲，故敘之于紙云爾。

按：今畫昭君作自抱琵琶者，亦非。

聖楷曰：昭君事，前、後《漢書》載之甚詳。《琴操》乃云昭君有子曰世遠，立爲單于，欲妻其母昭君，昭君不從，乃吞藥自殺。不知《琴操》從何得此悖妄之説？按《漢書》，昭君子名伊耆智牙師，爲右日逐王，未嘗繼爲單于。且胡俗妻異母耳，安有昭君本生之子復妻昭君之事？《琴操》原係僞書，固不足責，獨怪古今文士，大部史書置之不信，而承譌小説，豈亦坐腹中疎漏乎？

昭君村考

杜甫《詠懷古跡》詩曰：群山萬壑赴荆門，生長明妃尚有村。

一去紫臺連朔漠，獨留青塚向黄昏。畫圖省識春風面，環珮空歸月夜魂。千載琵琶作胡語，分明怨恨曲中論。

按，《一統志》：昭君村在荆州府歸州東北四十里。蘇軾亦有《昭君村》詩云“昭君本楚人，豔色照江水”是也。張泌《糚樓記》曰：明妃，姊歸人。臨水而居，恒於溪中盥水，溪水多香。今名香溪。

昭君墓考

《歸州圖經》曰：昭君死，葬胡中，地多白草，惟昭君塚上獨青，故名青塚。

按：《一統志》：“昭君墓在大同府古豐州西六十里。”其地爲北部住牧之所。聖楷嘗有《豔聲古意詞》，其一《王昭君》云：“士求知己女求容，顧影裴徊别漢宫。青草自留春作塚，紅顔未必畫能工。恨深妾命從來薄，感到君恩異域同。但使單于長繫闕，不煩公主更和戎。”頗得詩人之意。

李衡妻

李衡妻，字英習，襄陽人。初，衡爲吴丹陽太守。時孫休在郡治，衡數以法繩之。妻習氏每諫衡，衡不從。會休立，衡憂懼，謂妻曰：“不用卿言，以至于此。”遂欲奔魏。妻曰：“不可。君本庶民耳，先帝相拔過重。既數作無禮，而復自猜嫌，逃叛求活，以此北歸，何面見中國人乎？”衡曰：“計無所出。”妻曰：“瑯琊王素好善慕名，方欲自顯于天下，終不以私嫌殺君明矣。可自囚詣獄，表列前失，顯求受罪。如此，乃當逆見優饒，非但直活而已。”衡從之，果得無患。又加威遠將軍，授以棨戟。

衡每欲治家，妻輒不聽。後密遣客十人于武陵龍陽汎洲上作宅，種甘橘千株。臨死，勑兒曰："汝母惡我治家，故窮如是。然吾州里有千頭木奴，不責汝衣食，歲上一匹絹，亦可足用耳。"衡亡後二十餘日，兒以白母。母曰："此當是種甘橘也。汝家失十户客，來七八年，必汝父遣爲宅。汝父恒稱太史公言：江陵千樹橘，當封君家。吾答曰：'且人患無德義，不患不富。若貴而能貧，方好耳，用此何爲？'"吴末，衡甘橘成，歲得絹數千匹，家道殷足。晉咸康中，其宅上枯樹猶在。

《史懷》曰：李衡以卒家子，繇才能爲丹陽太守，以法繩孫休，妻習氏諫不聽。休立，衡欲奔魏，妻勸衡自囚，表列前失，此藺相如所以教繆賢也，識何減許允婦乎？衡果得免。衡每欲治家，妻輒不聽。若衡妻者，亦可謂處亂世工於自全者矣。

橘洲考

按：李衡種甘橘處，在龍陽縣西五十里，其洲長二十里，謂之氾洲，亦謂之柑洲，非長沙橘洲也。長沙橘洲在長沙縣西四十里，上多美橘。或曰即今興馬洲也，馬殷王長沙時改名。

尹虞二女

尹虞二女，長沙人也。虞前任始興太守，起兵討杜弢，戰敗，二女爲弢所獲。並有國色，弢將妻之。女曰："我父二千石，終不能爲賊婦，有死而已。"弢並害之。

聖楷曰：杜弢初爲長沙醴陵令，因巴蜀流人之亂，遂自稱湘州刺史，攻破郡縣。是時，始興太守乃嚴佐也，亦率衆攻弢，爲弢所敗。故史稱尹虞前任始興，起兵討弢者，當是與長沙太守崔敷等同倡義被害耳。然其事非二女之貞烈，亦竟不傳矣。嗟乎，晉末閨帷，罕樹風節，虧閑爽操，相趨成俗。"三月歌胡，惟見争新之飾；一朝辭漢，曾微戀舊之情。"每誦此語，爲之慚憤。安得苕華之玉，書此二女，配食湘靈。

丁貴嬪

丁貴嬪，諱令光。其初譙國人，祖父從官襄陽，因居沔北五女村，寓于劉惠明廡下。貴嬪生于樊城，初生有神光之異，紫氣滿室，故以光爲名。相者云當大貴。少時與鄰女月下紡績，諸女並患蚊蚋，貴嬪弗之覺也。鄉人魏益德將聘之，未及成而武帝鎮樊城，嘗登樓以望，見漢濱五采如龍，下有女子擘絖，則貴嬪也。又丁氏因人以相者言聞之于帝，帝贈以金環，納之，時年十四。貴嬪生而有赤痣，在左臂，療之不減，又體多疣子，至是無何，並失所在。德后酷忌，遇貴嬪無道，使日舂五斛，舂每中程，若有助者。被遇雖嚴，益小心祇敬。嘗于供養經案側，髣髴若見神人，心獨異之。天監元年，有司奏爲貴人，居顯陽殿。貴嬪性仁恕，及居宫接馭，自下皆得其歡心。不好華飾，器服無珍麗。未嘗爲親戚私謁。及武帝弘佛教，貴嬪長進蔬膳。受戒日，甘露降于殿前，方一丈五尺。帝所立義，皆得其旨歸，尤精《净名經》。普通七年薨，謚曰穆，年四十二。簡文即位，追崇曰穆太后。

聖楷按：《南史》貴嬪所事德后，即郄氏夫人也。生有赤光照室，器物盡明，家人怪之。后幼明慧，善隸書，讀史傳，女工無不閑習。武帝聘之，生三女，長玉姚，次玉婉，次玉環。武帝爲雍州刺史，殂于襄陽官舍，年三十二。性酷妬忌，及終，化爲龍，入于後宫，通夢于帝。或見形，光彩照灼。帝體將不安，龍輒激水騰涌。于露井上爲殿，衣服委積，嘗置銀轆盧金瓶灌百味以祀之，故帝卒不置后。今《梁皇懺法傳》所載不同，然亦不可謂無所本也。

文選樓考

《襄沔記》稱襄陽城内刺史宅有高齋，梁昭明太子於此齋造

《文選》，故襄陽有文選樓。按，丁貴嬪生三男，長昭明太子統，次太宗簡文帝綱，次廬陵威王續。昭明以齊中興元年九月生于襄陽。《梁書》云：武帝義師起，昭明太子始誕育，因晉貴嬪，與昭明在州城。京邑平，乃還京師，即立爲太子。何嘗出督襄陽？今襄陽文選樓，或本其所生之地以爲樓則可，若《文選》乃東宮所編次，於襄陽無關也。

衛敬瑜妻

衛敬瑜妻王氏，襄陽霸城王整之姊也。年十六而敬瑜亡，父母舅姑咸欲嫁之，誓而不許，乃截耳置盤中爲誓乃止。手爲亡壻種樹數百株，墓前柏樹忽成連理，一年許，還復分散。女作詩曰：“墓前一株柏，根連復並枝。妾心能感木，頹城何足奇。”所住户有燕窩，常雙飛來去。一日，雄燕爲鷙鳥所傷，女感其雌偏棲，乃以縷繫足，曰：“新春復來，爲吾侶也。”易歲，燕果復來，猶帶前縷。女復作詩曰：“昔年無偶去，今春猶獨歸。故人恩既重，不忍復雙飛。”凡六七年，王氏病卒。明年，燕來，周章哀鳴。家人語曰：“王氏死矣，墳在南郭。”燕遂至墳所，亦死。每風清月明，人見王氏與燕同遊漢水之濱。雍州刺史西昌侯藻嘉其美節，乃起樓于門，題曰“貞義衛婦之閭”，又表于臺。

聖楷曰：女奇燕更奇。始知一切衆生，從本以來，展轉因緣，常爲六親，非虛語也。由此推之，蛇蝎豺狼，亦是好人，第無節烈如玉京以感動之耳。王小字玉京，見《燕女墳記》。但又作娼家楚女，不知何據。

木　蘭

木蘭，姓朱氏，楚黄民家女也。代父戍邊十二年，人不知其爲女子。既歸，人爲賦詩云：促織復唧唧，木蘭當户織。不聞機杼聲，唯聞女歎息。問女何所思，問女何所憶？女亦無所思，女亦無所憶。昨夜見軍帖，可汗大點兵，軍書十二卷，卷卷有耶名。阿耶無大兒，木蘭無長兄，願爲市鞍馬，從此替耶征。東市買駿馬，西市買鞍韉，南市買轡頭，北市買馬鞭。旦辭耶娘去，暮宿黄河邊。不聞耶娘聲唤女，但聞黄河流水聲濺濺。旦辭黄河去，暮宿黑山頭。不聞耶娘唤女聲，但聞燕山胡騎聲啾啾。萬里赴戎機，關山度若飛。朔氣傳金柝，寒光照鐵衣。將軍百戰死，壯士十年歸。歸來面天子，天子坐明堂，策勳十二轉，賞賜百千强。可汗問所欲，木蘭不用尚書郎，願借明駞千里足，送兒還故鄉。耶娘聞女來，出郭扶相將；阿妹聞姨來，當户理紅粧；小弟聞姐來，磨刀霍霍向猪羊。開我東閣門，坐我西閒牀，脱我戰時袍，著我舊時裳。當窗理雲鬢，挂鏡帖花黄。出門看火伴，火伴皆驚忙，同行十二年，不知木蘭是女郎。雄兔脚僕朔，雌免眼迷離，雙兔傍地走，安能辨我是雄雌。

程泰之《演繁露》曰：樂府有木蘭，乃女子代父征戍十年而歸，不受爵賞，人爲作詩。然不著何代人，獨詩中有"可汗大點兵"語，知其生世非隋即唐也。女子能爲許事，其義且武在緹縈上。或者疑爲寓言，然白樂天《題木蘭花》云："怪得獨饒脂粉態，木蘭曾作女郎來。"又杜牧有《題木蘭廟》詩云："彎弓征戰作男兒，夢裏曾經與畫眉。幾度思歸遂把酒，拂雲唯上祝明妃。"既有廟，貌又曾作女郎，則誠有其人矣。亦異哉！

《留青日札》曰：木蘭乃朱氏女子，代父從征。楚黄陂人。今黄州黄安縣即隋木蘭縣。有木蘭山，在黄陂縣北七十里，上有將軍塚、忠烈廟焉，足以補《樂府解題》之缺也。

聖楷按：馮元成大參有《木蘭將軍贊》。又云：蘭，西漢時人，從征十八年，帝聞其事，詔納宫中，蘭不從，乃自經死。帝驚憫，贈將軍，謚孝烈。未知孰是。

瑞　卿

瑞卿者，長沙歌伎也。衡山歐陽彬好學，工詞賦。馬氏之有湖南也，彬見擯于樊知客，因而落魄街市。瑞卿慕其才，遂延于家。瑞卿能歌，每歲武穆王生辰，必欵于筵上。時湖南自舊管七郡，外加武陵、岳陽，是九州。彬乃作《九州歌》以授瑞卿，使歌之，實欲感動武穆。既而竟不問。彬歎曰："天下分裂之際，厮徒負養，皆能自奮，我何負而至此邪？"居無何，聞西蜀圖綱將發，彬遂謀入蜀，私謂瑞卿曰："吾以干謁不遂，居於汝家，未嘗有倦色。今以功名，棄汝去矣。"瑞卿曰："君于妾不可謂無情，一旦不以妾自滯，割愛而去，妾誠異之。家財雖不豐，願分其半，以資路途。"彬因以瑞卿所贈盡賂綱吏，求爲駕船僕夫，綱吏許之。既至蜀，遂獻《獨鯉朝天賦》，蜀主大悦，擢居清要，領夔州。時武穆已薨，其子希範繼立，因致書于希範，敘疇昔入蜀之由，并報瑞卿，迎皆老焉。

聖楷按：歐陽彬，字齊美，博學能文。嘗攜所著詣馬殷府求見，掌客吏樊氏索賄，彬恥之，不與。樊怒，擲名紙于地。彬退而爲詩曰："無錢將乞樊知客，名紙生毛不爲通。"因謀入蜀。既至，蜀主大悦，擢居清要，尋以爲嘉州刺史。彬喜曰："青山緑水中爲二千石，作詩飲酒爲風月主人，豈不誠嘉？"仕至左丞，卒。彬亦善小詞，然不得瑞卿以憐其才，則亦終湮没焉耳。故附見焉。是時長沙妓女如小東，以能詩得幸於馬氏，後國入爲郡，窮于京師里，而人絶不知。言及長沙宫中事，必南望泣涕而後言。又《十國紀事》曰：楚馬希範，少愛倡妓徐降真。及嗣立，號西堂夫人。嗟乎，天策府學士，食禄擔爵，非不貴豔一時，若以二女子視之，寧無愧巾幗邪？

義　　娼

義娼者，長沙人。善謳，尤喜秦少游樂府。少游坐鉤黨南遷，道長沙訪焉。坐語閒，顧見几上文目曰“秦學士詞”，因取閱，皆已平日所作。少游竊怪之，故問曰：“秦學士何人？若何自得其詞？”娼具道所以。少游曰：“若嘗遇秦學士乎？”曰：“秦學士，京師貴人也，焉得至此？使得見，雖爲之妾御，死亦何恨！”少游察其語，因謂曰：“若欲見秦學士，即我是也。以朝命貶黜來此。”娼大驚喜，入謂母媪。有頃，媪出，設位坐少游于堂，娼立階下，北面拜，且張筵，止少游宿。酒一行，輙歌少游詞一闋以侑之。少游感其意，留數日，將别，娼曰：“妾不肖之身，幸侍左右。今學士以王命不可久留，又不敢從行，恐以爲累。唯誓潔身以報。”别數年，少游竟死于藤州。一日晝寢，驚泣曰：“吾適夢與秦學士别，學士其殆乎？”亟遣僕覘之，果然。娼聞報，遂衰絰以赴。行數百里，遇于旅館，拊棺一慟而絶。後人悲而弔之，謚曰義娼。

聖楷曰：《夷堅巳志》載潭州義倡事云：常州教授鍾將之得其説于李結次山，爲作傳。按，秦將赴杭倅，時有妾邊朝華，既而以妨其學道，割愛去之。未幾，罹黨禍，豈復眷戀一倡女哉？且如國史所書，温益知潭州，當紹聖中，逐臣在其巡内，若范忠宣輩，皆爲所侵侮。鄒公南遷過潭，暮投宿村寺，益即時遣州都監將數卒，夜出城，逼使登舟，竟凌風絶江去，幾於覆舟。以是觀之，豈肯容少游款昵累日？此或文人好爲傳奇，而姑借是以發其牢騷邪？然而義娼已不朽矣。

韓希孟

韓氏女，字希孟，岳州巴陵人，韓魏公琦五世孫也。嫁爲襄陽賈尚書子璛妻。少明慧，知讀書，善文章。宋開慶初，元兵至岳陽，女年十有八，爲卒所掠，將挾以獻其主帥。女知必不免，乘閒赴水死。越三日，有得其屍，於練裙帶題五言長句曰："宋未有天下，堅正臣禮秉。開國百戰功，每陣惟雄整。及侍周幼主，臣心嘗炯炯。帝曰卿北伐，山戎今有警。死狗莫擊尾，此行當繫頸。即日辭陛行，盡敵心欲逞。陳橋忽兵變，不得守箕潁。禪讓法堯舜，民物頗安静。有國三百年，仁義道馳騁。未改祖宗法，天胡肆大眚。細思天地理，中有幸不幸。天果喪中原，大似裂冠裫。君誠不獨活，臣實無魏丙。失人焉得人，垂戒嘗耿耿。江南無謝安，塞北有王猛。所以戎馬來，飛渡巴陵竟。大江限南北，今此一舴艋。本期固封疆，誰謂如畫餅。烈火燎崑岡，不辨金玉礦。妾本良家子，性僻守孤梗。嫁與尚書兒，銜署紫蘭省。直以才德合，不棄宿瘤癭。初結合歡帶，誓比日月昞。鴛鴦會雙飛，比目原常並。豈其金石堅，化作桑榆景。旄頭勢正然，蚩尤氣先屏。不意風馬牛，復及此燕郢。一方遭劫寇，六族死俄頃。退鷁落迅風，孤鸞弔空影。簪堅折白玉，瓶沉斷青綆。一死空冥冥，憂心長炳炳。妾堅志不移，改邑不改井。我本瑚璉器，安肯作溺皿。志節匪轉石，氣噎如吞鯁。不作爝火然，願爲死灰冷。貪生念麯蛾，乞憐羞虎穽。借此清江水，葬我全首領。皇天如有知，定作血面請。願魂化精衛，填海使成嶺。"此詩士大夫多稱道之。死後三十餘年，其英爽不昧，復能託夢。趙魏公孟頫爲書其詩云。

《兩山墨談》曰：韓氏希孟，嫁爲賈尚書子瓊婦。元兵破岳州，韓被寇，以衣帛書一詩，自投于江而死。長興州判官沈思安嘗託劉元履者，丐趙松雪爲書其詩。元履諾而未言。一夕，夢一婦人云：“趣爲我求書。庶因大人君子之筆發攄幽憤。”松雪聞而異之，乃爲之寫一通歸於沈。

聖楷按：華容孫宜撰《賈烈婦祠碑》云：烈婦死宋，距今已三百餘歲，卒無秩祀之者。憲皇帝時，岳州守李公某始請附祀孝烈靈妃廟，廟故並祀孝感侯。孝感侯者，靈妃弟也。類骰褻弗稱。至嘉靖戊子，吉水蕭公某來守岳，乃就洞庭之濱岳武穆廟右建祠專祀，並石其詩祠中。

附靈妃廟考

按：秦武陵令羅君用因督鐵運，溺死洞庭。其女挈弟尋父尸不獲，俱投水死。邦人哀而祀之，靈響浸著。宋元豐閒，封其女爲孝烈靈妃，弟爲孝感侯，廟在巴陵縣南津港。

徐君寶妻

徐君寶，岳州人。其妻某氏同韓希孟爲元兵所掠，來杭居韓蘄王府。自岳至杭，相從數千里，其主者數欲犯之，而終以巧計脱。蓋某氏有令姿，主者弗忍殺之也。一日，主者怒甚，將即强焉，因告曰：“俟妾祭謝先夫，然後爲君婦未遲也。君奚怒爲？”主者喜，諾。乃焚香再拜，默祝，南向飲泣，題《滿庭芳》詞一闋于壁上，書畢，投大池中以死。詞曰：

漢上繁華，江南人物，尚遺宣政風流。緑窓朱户，十里爛銀鈎。一旦刀兵齊舉，旌旗擁，百萬貔貅。長驅入，歌樓舞榭，風捲落花愁。　清平三百載，典章文物，掃地俱休。幸此身未北，猶客南州。破鑑徐郎何在，空惆悵，相見無繇。從今後，斷魂千里，夜夜岳陽樓。

聖楷曰：徐君寶妻，與韓希孟同被元兵，詞章悽婉，從容就死，其志調又同。今岳州有賈烈婦祠，而不及于徐，故是闕典。

趙淮妾

趙淮妾，長沙人也，逸其姓名。宋德祐中，從淮戍銀樹垻。淮兵敗，俱執至瓜州。元帥阿术使淮招李庭芝，淮佯諾，至揚城下，乃大呼曰："李庭芝，男子死耳，毋降也。"元帥怒殺之，棄其尸江濱。妾俘一軍校帳中，乃解衣中金遺其左右，且告之曰："妾夙事趙運使，今其死不葬，妾誠不能忘情。願因公言，使掩埋之，當終身事相公無憾矣。"軍校憐其言，使數兵輿之江岸。妾聚薪焚淮骨，置瓦缶中，自抱持，操小舟，至急流，仰天慟哭，躍水而死。

元全愚蔣正子《山房隨筆》曰：趙静齋淮被執于漂[①]陽豐登莊，至北府，辭家廟云："祖公有功王室，德澤沾及子孫。今淮計窮被執，誓以一死報君。刀鋸置之不問，萬折忠義嘗存。急告先靈速引，庶幾不辱家門。"即登棹船，發至瓜洲被刑，無有敢埋其屍者。有一寵姬，在焦僉省處。此姬啟僉省云："趙四知府，今日已死矣。妾元是他婢子，望相公以妾之故，許妾將屍焚化也，是相公一段陰騭事。"焦許之。乃作一棺焚之，又啟收骨撒之于水，亦從之。遂以裙盛骨殖，到江邊，大慟，投江而死。又聞其孫享祭，静齋降筆云："生居四代將門家，不幸遭逢被寇拿。死在瓜洲無葬地，幽魂夜夜到長沙。"其兄冰壺溍自京口遷金陵，北兵至，棄家而遁，南徙不返，葬海旁山上。

聖楷曰：趙淮妾，初録之《元史》。及讀蔣正子《隨筆》所記，又與史大異。然其妾之死于兵刃倉卒之中，出全節殉身之知，俱有義夫志士所不能及者。潭之士女，亦何多俠烈哉！

---

① 漂，據《山房隨筆》當作"溧"。

曹　氏

于同祖妻曹氏，茶陵人。父德夫教授湖湘閒，同祖在諸生中，因以女妻焉。至正二十年，茶陵陷，曹氏聞婦女多被驅逐，謂其夫及子曰："是尚可全生乎？我義不辱身以累汝也。顧舅年老，汝等善事之。"遂自剄死。妾李氏，驚抱持之，不得，亦引刀自剄，絶而後蘇曰："得從小君地下，足矣。"是夕死。

聖楷曰：《元史》稱："元受命百餘年，女婦之能以行聞于朝者多矣。""其閒有不忍夫死，感慨自殺以從之者。"若曹氏義不辱身，死不累夫，尤爲皎皎者哉！然妾李氏從小君於地下，又何其激烈也。當死生而易節，豈樛木之所能仁，抑亦琨玉秋霜，有並質焉耳。

趙孝婦

趙孝婦，德安應城人。早寡，事姑孝。家貧，傭織於人。得美食，必持歸奉姑，自啖麄糲不厭。嘗念姑老，一旦有不諱，無繇得棺，乃以次子鬻富家，得錢百緡，買杉治之。棺成，置于家。南隣失火，時南風烈甚，火勢及孝婦家。孝婦亟扶姑出避，而棺重不可移，乃撫膺大哭曰："吾爲姑賣兒得棺，無能爲我救之者，苦將奈何！"言畢，風轉而北，孝婦家得不焚，人以爲孝感所致。

聖楷曰：趙孝婦之能反風滅火者，其精誠全在平昔傭織奉姑，鬻兒治棺，絶無求善於婦之外，有以格鬼神而動天地也。如必爲善獲報，責券一時，古有忠孝呼天，天若罔聞者矣。悠悠之口，其何能自信哉！故曰孝者，民之行也。

楚寶卷第二十九考異

新化鄧顯鶴湘皋述

列　女

衛敬瑜妻

衛敬瑜妻王氏，襄陽霸城王整之姊也。年十六而敬瑜亡。

顯鶴案：唐李公佐《燕女墳記》云：姚玉京，燕娼家女，嫁襄陽小校敬瑜。瑜溺水死，玉京守志養舅姑。有雙燕巢梁間，一爲鷙獲，一孤鳴至秋，翔集氏臂，如告别然。氏以紅縷繫足曰：“新春定來，爲吾侣也。”明年，果至，因贈詩曰：“去歲秋辭去，今年春又歸。故人恩義重，不忍更雙飛。”凡六七年，玉京卒。明年燕來哀鳴，家人語曰：“玉京死矣，墳在南郭。”燕遂至葬所，亦死。每風清月明時，見玉京與燕同遊漢水上，與《南史》所載小異。

趙淮妾

趙淮妾，長沙人，逸其姓名。宋德祐中，從淮戍銀樹壩。

顯鶴案：趙淮號静齋，葵從子。李全之叛，屢立戰功，累官至淮東轉運使，以言事罷。德祐初，起爲太府寺丞。戍銀樹壩，兵敗，與其妾俱被執至瓜州。元帥阿术使淮招李庭芝，不從見殺。原書不列《忠義》，傳又不詳，仕履未免太略，爲補録於此。

楚寶卷第二十九增輯

新化鄧顯鶴湘皋述

列　女

孫叔敖母

孫叔敖母。叔敖兒時出遊，見兩頭蛇，殺而埋之。歸而泣，母問其故，對曰：“吾聞見兩頭蛇者死，今出遊見之。”母曰：“蛇今安在？”曰：“吾恐他人復見，殺而埋之矣。”母曰：“汝不死矣。夫有陰德者，陽報之。德勝不祥，仁除百禍，爾默矣，必興於楚。”及長，果爲令尹。

江乙母

楚大夫江乙之母，當恭王之時，乙爲郢大夫。有入王宫中盗者，令尹以罪乙，請於王而絀之。處家無幾何，其母亡布八尋，乃往言於王曰：“妾夜亡布八尋，令尹盗之。”王方在小曲之臺，令尹侍焉。王謂母曰：“令尹信盗之，寡人不爲其富貴而不行法焉。若不盗而誣之，楚國常有法。”母曰：“令尹不身盗之也，乃使人盗之。”王曰：“其使人盗奈何？”對曰：“昔孫叔敖之爲令尹也，道不拾遺，門不閉關，而盗賊自息。今令尹之治也，耳目不明，盗賊公行，是故使盗得盗妾之布。是與使人盜，何以異也？”王曰：“令尹在上，寇盜在下。令尹不知，有何罪焉？”母曰：“吁，何大王之言過也。昔者，妾之子爲郢大夫，有盜王宫中之物者，妾子坐而絀，妾子亦豈知之哉？然終坐之。令尹獨何人，而不以是爲過也？昔者，周武王有言曰：‘百姓有過，在予一人。’上不明則下不治，相不賢則國不寧。所謂國無人者，非無人也，無理人者也。王其察之！”王曰：“善。非徒譏令尹，又譏寡人。”命吏償母之布，因賜金千鎰。母讓金、布曰：“妾豈貪貨而失大王哉？怨令尹之治也。”遂去，不肯受。王曰：“母知若此，其子必不愚。”乃復召江乙而用之。

顯鶴案：江乙，權譎之士，其搆昭奚恤，尤爲傾險。余增輯知謀之士，獨不取乙。及觀《列女傳》所載其母指責令尹之辭，然後歎非此母，不生此子也。雖然，母之持論，亦甚正哉。凡爲上者，聽其言可也。劉向頌曰：“江乙失位，乙母動心。既歸家處，亡布八尋。指責令尹，辭甚有度。王復用乙，賜母金布。”

龐林妻習氏

習氏，龐林妻，襄陽習貞妹也。荆州之亂，氏與林分隔，守養弱女十有餘年。後林隨黄權降魏，始復集聚。魏文帝聞而賢之，賜牀帳衣服，以顯其節義。

柳世隆妻閻氏

閻氏，襄陽柳世隆妻。世隆叔父元景，爲宋前廢帝所殺，世隆以在遠得免。太始初，四方反叛，世隆於上庸起兵應宋明帝，爲孔道存所敗。兵散逃隱，道存購之甚急。軍人有貌相似者，斬送之。時世隆母郭氏同閣見縶襄陽獄，道存以所送首示之。郭氏見首，悲情小歇，閣號叫方甚，竊謂郭曰："今見不悲，爲人所覺，惟當大慟以滅之。"世隆竟得免。

鄧元起母

鄧元起母某，佚其姓。元起，南郡當陽人，爲益州刺史。梁天監初，徵爲右衛將軍，以蕭淵藻代之。淵藻入城，求其良馬。元起曰："年少男子，何用馬爲？"藻恚，醉而殺之。元起初爲益州，迎其母，母曰："汝貧賤家兒，忽得富貴，詎可久保？我寧死此，不與汝共入禍敗。"

杜龕妻王氏

王氏，王僧辨女，襄陽杜龕妻也。龕，杜岸從子，少驍勇，善用兵，與諸父歸梁元帝，歷官吴興太守。屢以法繩陳氏宗門，陳武帝銜之切齒。又頻敗陳軍。龕好飲酒，勇而無略。部將杜泰通於陳，説之降，龕然之。王氏曰："霸先讎隙如此，何可求和？"因出私財賞募，復大敗陳文軍。後杜泰私降，龕尚醉不覺。文帝遣人負出，斬之。氏因截髮出家。

馬希萼妻苑氏

夫人苑氏，馬希萼妻，桃源人。相傳齊大夫苑何忌之後。夫人素有賢行。廢王時，希萼盡調朗州丁壯爲鄉兵，且造戰艦，將攻朗州。夫人諫曰："兄弟相攻，勝負皆爲人所笑。"希萼不聽。已而王贇等大破朗兵於僕射河，希萼以輕舟遁歸。夫人泣曰："禍將至矣。余不忍見也。"赴井而死。

顯鶴案："兄弟相攻，勝負皆爲人笑"，夫人二語，抑何簡明切當，沈痛次骨如此。彼昏不知，卒以死争，哀哉！世嘗言家人睽起於婦人，如夫人之賢，而無救於馬氏兄弟之禍，又何説也？《通鑑》又載馬希範妻彭氏，貌陋而治家有法，希範憚之。希範淫暴，得保首領以歿，未必非内政之益也。

周行逢妻嚴氏

嚴氏，周行逢妻。行逢，故武陵農家子，性勇敢，果於殺戮。嚴諫曰："人情有善惡，安得一概殺之乎？"行逢怒曰："此外事，婦人何知？"行逢既爲帥，嚴紿曰："家田佃户以公貴，頗不力農，多恃勢以侵民，請往視之。"至則營居以老，歲時衣青裙，押佃户送租入城，行逢往就見之，勞曰："吾貴矣，夫人何自苦耶？"嚴曰："公思作户長時乎？民租後時，常苦鞭朴。今貴矣，宜先期以率衆，安得遂忘隴畝間乎？"行逢强邀之，以群妾擁升肩輿。嚴氏卒無留意，因曰："公用法太嚴而失人心，所以不欲留者，一旦禍起，田野間易爲逃死耳。"行逢爲少損。

顯鶴案：嚴氏，《湖南通志》華容人。嚴，《東都事略》作"鄧"，《宋史》《三楚新録》皆作"潘"。今從《五代史·楚世家》作"嚴氏"。行逢傳已見原書《名將》，嚴氏附見行逢本傳。兹復從《楚世家》增入。

區端妻蔡氏

蔡孝婦，桂陽郴州人，爲宜章區端妻。舅姑殁時，夫已先死，蔡哀感盡禮。殯未畢，鄰里失火，蔡抱棺號痛，誓與俱燬，俄而風回火息，人謂孝感所至，咸以蔡孝婦呼之。

顯鶴案：《湖南金石志》，蔡孝婦塚碑在永興縣西北，金石家多著録。《湖廣通志·金石志》作漢人。《明一統志》作明時人。考《宜章縣志》載：後唐明宗時，端任潭州教授，楚王馬殷重之，擢王府教授。丁父憂歸。值亂，郴、宜道梗，寓居便江，即今永興縣，孝婦祠墓在焉。其時郴屬南漢，則蔡當爲五代南漢時人。又“區端”，《湖廣通志》作“歐端”，或作“歐陽士端”。《郴州志》作“歐陽遷”。考《廣韻·十九侯》，“歐”“區”二字皆烏侯切，歐字注云：“歐陽，複姓，出長沙郡。”區字注云：“姓也，古善劍區冶子之後，今郴州有之。”案，區宏、區册、區革之類，皆郴嶺閒人，作“歐陽”者誤。《通志》依《一統志》作“歐端”，《金石志》作“區端”，今從之。

冀元亨妻李氏

李氏，武陵冀元亨妻。元亨坐宸濠事被逮，繫詔獄，所司并繫李，李無怖色，曰：“吾夫尊師樂善，豈他慮哉！”獄中與二女治麻枲不輟。事且白，守者欲出之，曰：“吾未見吾夫，安往？”按察諸寮歸，聞其賢，召之，辭不赴。已而來就見，則囚服見，手不釋麻枲。問其夫學，曰：“吾夫之學，不出閨門衽席閒。”聞者悚然。

熊孝女

熊孝女，江夏熊廷弼仲女也，適瀏陽刑部尚書胡應臺子。廷弼以遼事繫獄論死，凶問至，女躃踊頓足，號曰："痛哉天乎！吾父戮力疆場，風霜萬苦，受此慘酷，兒女不能一見，身首淋漓，上天下地，有此奇冤耶！"推胸長號，觸階而絶。

郭貞女

郭貞女，名純貞，益陽郭都賢女。性聰慧，善詩詞，都賢愛之。許字黔國公沐天波子。亂後，滇、黔路梗，音耗遂絶。女守志終身，自題所居曰"郭貞女廬"。嘗析"驛梅驚别意，隄柳暗傷情"十字，賦《閨怨》十首，競傳於時。

顯鶴案：劉向傳《列女傳》，分母儀、賢明、仁知、貞順、節義、辯通諸目，共八篇。范蔚宗《後漢書》因而立《列女傳》，所紀鮑宣妻等，一代僅十七人。自後史家仍其例。近代方志多臚列士女，委巷窮嫠，一至之行，動以千百計。今采自叔敖母以下至於郭貞女，爲《列女增輯》一卷。

世傳孟姜女爲澧州人，流俗尋沿，必有所本，亦附録焉。案《澧州志》：孟姜，范殖妻。秦時殖役長城，姜於州之嘉山築臺以望夫。久不歸，往尋之，則殖已死。姜沿城痛哭，城爲之崩。親負夫骨歸。人以比杞梁妻云。

又，《方志》載：杜小英，字湘娥。明季武岡女子。或曰辰州人。遭亂，小英與家人逃竄相失，附鄰舟女伴。展轉潛匿至小孤山，爲亂兵所劫，知不能脱，作詩繫衣帶間，赴水死。屍逆流上，經數日，顔面如生。搜其衣，得十絶句，今存四首。詩云："離鄉一瞥歲將更，今日含羞到漢城。忽聽將軍搜索令，教人何敢惜餘生。""征帆又説到雙姑，掩淚聲聲怯夜烏。葬入江魚波底没，不留青塚點煙蕪。""當年繡閣惜如珍，何事褰裳逐水濱。寄語雙親休眷戀，入江猶是女兒身。""生年猶是未簪笄，身入狂瀾數不齊。河伯有心憐薄命，東流直繞洞庭西。"案，小英事見於他記者頗多，不能必其爲何地人。

虞山子《書盧氏二烈婦傳後》曰：兵興以來，干戈蹂躪，閨門婦孺，捐軀暴骨，死而無聞者多矣。甲午夏五月，楚女子被擄，投漢江死，其屍逆流而上，湘南人援得如生。有詩十首，以素帕縛右臂。傳至白下，乳山道士林古度拜而録之。然卒不知此女何姓氏也。案，虞山所云，即指此女子，方志無稽，實以杜小英，卒不能辨其爲何地何人也。又，武陵江畔有古烈女墓，相傳某年月江漲，浮一女子停沙上數日，面色如生。居人異而斂之，一手猶握小卷，取出開視，有札縛絹片血書詩。居人厚斂，擇高原葬之，勒詩於石。或曰，女古姓，故稱古烈女墓云。

盧氏二烈婦，爲蘄州人，一楊氏，爲諸生盧紱妻；一袁氏，爲盧震初妻。崇禎癸未，獻賊陷蘄州，紱死難，楊偕其母朱及老婢許氏陷賊。至北門趙州關，楊有娠，賊欲負之走，楊曰："姑待我不能行，乃負我。"賊沿途縱火趣行。及火焰處，楊攜母手躍入火中。賊歎息去。老婢守之移日，楊頭目猶未焚，已免身男也。當城陷時，震初與其父紳俱被執，袁氏抱周歲兒天喜投井死。賊退，家人具衣冠瘞之，面奕奕有生氣。

附録曾孝女

曾孝女，山東宗聖後裔。父尚增，官郴州知州。州署夜被火，孝女起掖父出，復入負母。母病癱，負之不得動，擲州印出，竟抱母焚死。郴人傷其孝烈，建祠蘇仙嶺下，一夕而就。

沈雲英

沈雲英，蕭山人。父至緒，崇禎十六年守備道州，禦流賊於麻灘驛，爲賊所殺，掠屍去。雲英時年二十，健馬趨軍營，連斬三十餘級，奪父屍還。事聞，贈至緒昭武將軍，以雲英襲職，仍守道州，兼遊擊事。其夫賈萬策，爲荆州都司，尋亦死於寇難。雲英聞訃，遂解官去。

顯鶴案，曾孝女、沈雲英二人，皆以奇節著於楚，特附録《列女增輯》之後。雲英襲父職，稱將軍，與秦良玉同，尤奇。毛西河傳，雲英歸後，授徒里中，爲女經師，則尤奇也。程春海學使《忠孝女沈將軍歌》所云“殺賊手，説經口，宣文女徒環座右”也。今麻灘驛有沈將軍祠，每風雨，輒聞人馬馳驟之聲。

楚寶方伎論次目録

藝之至者，陰陽而已矣。惟聖人與陰陽通，故能造其至而不泥其教，發其端而不竟其説。蓋惡夫藝成而下犯陰陽之患，而鮮精神之潔者歟？今之卜筮、醫巫、天官、音律、相夢諸書，後世所傳，皆其淺淺者耳。然一遇通人，輙多玄妙，況復弘道以濟時，隱身以利物，非徒用廣異聞，將以明乎勸戒。由此觀之，雖藝，亦道也。述《方伎》第十八，凡一卷。

方伎

司馬季主　蔡倫　庾季才　庾質　浮屠弘　俞叟　沙門洪藴　僧知緣　龐安時　張康　萬玉山

增輯

胡恬　李時珍

楚寶卷第三十

明湘潭周聖楷伯孔輯纂

方　伎

司馬季主

司馬季主者，楚人也。卜於長安東市。宋忠爲中大夫，賈誼爲博士，同日俱出洗沐，相從論議，誦《易》先王聖人之道術，究徧人情，相視而歎。賈誼曰：“吾聞古之聖人，不居朝廷，必在卜醫之中。今吾已見三公九卿朝士大夫，皆可知矣。試之卜數中以觀采。”二人即同輿而之市，游於卜肆中。天新雨，道少人，司馬季主閒坐，弟子三四人侍，方辯天地之道，日月之運，陰陽吉凶之本。二大夫再拜謁。司馬季主視其狀貌，如類有知者，即禮之，使弟子延之坐。坐定，司馬季主復理前語，分别天地之終始，日月星辰之紀差，次仁義之際，列吉凶之符，語數千言，莫不順理。宋忠、賈誼瞿然而悟，獵纓正襟危坐，曰：“吾望先生之狀，聽先生之辭，小子竊觀於世，未嘗見也。今何居之卑，何行之汙？”

司馬季主捧腹大笑曰：“觀大夫類有道術者，今何言之陋也？何辭之野也？今夫子所賢者何也？所高者誰也？今何以卑汙長者？”二君曰：“尊官厚禄，世之所高也，賢才處之。今所處非其地，故謂之卑。言不信，行不驗，取不當，故謂之汙。夫卜筮者，世俗之所賤簡也，世皆言曰：夫卜者，多言誇嚴以得人情，虚高人禄命以説人志，擅言禍災以傷人心，矯言鬼神以盡人財，厚求拜謝以私於己。此吾之所恥，故謂之卑汙也。”

司馬季主曰：“公且安坐。公見夫被髮童子乎？日月照之則行，不照則止，問之日月疵瑕吉凶，則不能理。由是觀之，能知別賢與不肖者寡矣。賢之行也，直道以正諫，三諫不聽則退。其譽人也不望其報，惡人也不顧其怨，以便國家利衆爲務。故官非其任不處也，禄非其功不受也。見人不正，雖貴不敬也；見人有汙，雖尊不下也。得不爲喜，去不爲恨，非其罪也，雖累辱而不愧也。

“今公所謂賢者，皆可爲羞矣。卑疵而前，孅趨而言，相引以勢，相導以利，比周賓正，以求尊譽，以受公奉。事私利，枉王法，獵農民，以官爲威，以法爲機，求利逆暴，辟無異於操白刃劫人者也。初試官時，倍力爲巧詐，飾虚功，執空文以誷主上，用居上爲右。試官不讓賢陳功，見僞增實，以無爲有，以少爲多，以求便勢尊位。食飲驅馳，從姬歌兒，不顧於親，犯法害民，虚公家。此夫爲盜不操矛弧者也，攻而不用弦刃者也，欺父母未有罪而弑君未伐者也，何以爲高賢才乎？

“盜賊發不能禁，夷貊不服不能攝，奸邪起不能塞，官耗亂不能治，四時不和不能調，歲穀不熟不能適。才賢不爲，是不忠也；才不賢而託官位，利上奉，妨賢者處，是竊位也。有人者進，有財者禮，大僞也。子獨不見鴟梟之與鳳皇翔乎？蘭芷芎藭棄於廣野，蒿蕭成林，使君子退而不顯衆，公等是也。

“述而不作，君子義也。今夫卜者，必法天地，象四時，順於仁義，分策定卦，按式正棊，然後言天地之利害，事之成敗。昔先王之定國家，必先龜策日月而後乃敢代。正時日，乃後入家，産子必先占吉凶，後乃有之。自伏羲作八卦，周文王演三百八十四爻，而天下治。越王勾踐仿文王八卦以破敵國，霸天下。由是言之，卜筮有何負哉？

“且夫卜筮者，掃除設坐，正其冠帶，然後乃言事，此有禮也。言而鬼神或以饗，忠臣以事其上，孝子以養其親，慈父以畜其子，此有德者也。義置數十百錢，病者或以愈，且死或以生，患或以免，事或以成，嫁子娶婦或以養生，此之爲德，豈直數十百錢哉？此夫老子所謂‘上德不德，是以有德’，今夫卜筮者，利大而謝少，老子之云豈異於是乎？

“莊子曰：‘君子内無饑寒之患，外無劫奪之憂，居上而敬，居下不爲害，君子之道也。’今夫卜筮者之爲業也，積之無委聚，藏之不用府庫，徙之不用輜重，負裝之不重，止而用之，無盡索之時。持不盡索之物，游於無窮之世，雖莊氏之行，未能增於是也。子何故而云不可卜哉？天不足西北，星辰西北移。地不足東南，以海爲池。日中必移，月滿必虧。先王之道，乍存乍亡。公責卜者言必信，不亦惑乎？

“公見夫談士辨人乎？慮事定計，必是人也。然不能以一言説人主意，故言必稱先王，語必道上古。慮事定計，飾先王之成功，語其敗害，以恐喜人主之志，以求其欲。多言誇嚴，莫大於此矣。然欲彊國成功，盡忠於上，非此不立。今夫卜者，導惑教愚也。夫愚惑之人，豈能以一言而知之哉？言不厭多，故騏驥不能與罷驢爲駟，而鳳皇不與燕雀爲群，而賢者亦不與不肖者同列。故君子處卑隱以辟衆，自匿以辟倫，微見德順以除害，以明天性。助上養下，多其功利，不求尊譽。公之等喁喁者也，何知長者之道乎？”

宋忠、賈誼忽而自失，芒乎無色，悵然噤口不能言。於是攝衣而起，再拜而辭。行洋洋也，出市門僅能自上車，伏軾低頭，卒不能出氣。居三日，宋忠見賈誼於殿門外，乃相引屏語，相謂自歎曰：“道高益安，勢高益危。居赫赫之勢，失身且有日矣。夫卜而有不審，不見奪糈。爲人主計而不審，身無所處。此相去遠矣，猶天冠地履也。此老子之所謂‘無名者萬物之始也’。天地曠曠，物之熙熙，或安或危，莫知居之。我與若，何足預彼哉！彼久而愈安，雖曾氏之義，未有以異也。”久之，宋忠使匈奴，不至而還，抵罪。而賈誼爲梁懷王傅，王墮馬薨，誼不食，毒恨而死。此務華絶根者也。

《史懷》曰：《日者傳》止述司馬季主與賈誼、宋忠議論往復一段，似史遷未著手之書，然其論宦途危險及士大夫浮詐，亦已刻骨汗顔矣。賈誼曰：“吾聞古之聖人，不居朝廷，必在卜醫之中。”畢竟是高識人語。又曰：“今吾見三公九卿朝士大夫皆可知矣。”分明料此中之無人也。一見季主之人，聽其言，業以聖賢待之矣。所謂“居之卑，行之汙”，借此發難耳。第二子之意，猶以爲至人身隱于卜，嘗游于卜筮之外。季主以爲道在於卜，當求于卜筮之中。一間未達，特爲點破，非惟二子遇季主難，季主遇二子亦難。季主於二子，猶蘇門之於叔夜，管輅之於何、鄧也。

蔡 倫

蔡倫，字敬仲，桂陽人也。以永平末，始給事宫掖，建初中，爲小黄門。及和帝即位，轉中常侍，豫參帷幄。倫有才學，盡心敦慎，數犯嚴顔，匡弼得失。每至休沐，輒閉門絶賓，暴體田野。後加位尚方令。永平九年，監作秘劍及諸器械，莫不精工堅密，爲後世法。自古書契，多編以竹簡，其用縑帛者，謂之爲紙。縑貴而簡重，竝不便於人。倫乃造意用樹膚、麻頭及敝布、魚網以爲紙。元興元年，奏上之。帝善其能。自是莫不從用焉，故天下咸稱蔡侯紙。元初元年，鄧太后以倫久在宿衛，封爲龍亭侯，邑三百户。

聖楷曰：史稱技巧所以利器用、濟艱難者也。蔡倫造紙，天下後世始知有牋素之用，功豈獨文苑哉？故特收之《方技》，使與奚仲、墨翟並傳。《湘州記》曰：耒陽縣北有蔡倫宅，宅西有一石臼，云是倫舂紙臼。按，東漢桂陽郡治耒陽縣，今俱屬衡州。

庾季才

庾季才，字叔奕，其先新野人。八世祖滔，隨晉元帝過江，官至散騎常侍，封遂昌侯，因家於南郡江陵縣。祖詵，梁處士，與宗人易齊名。父曼倩，光禄卿。季才幼穎悟，八歲誦《尚書》，十二通《周易》，好占玄象，居喪以孝聞。梁廬陵王績辟荆州主簿。湘東王繹重其術藝，引授外兵參軍。西臺建，累遷中書郎，領太史，封宜昌縣伯。季才固辭太史。元帝曰："漢司馬遷歷世尸掌，魏高堂隆猶領此職，不無前例，卿何憚焉？"帝亦頗明星曆，因共仰觀，從容謂季才曰："朕猶慮禍起蕭牆，何方可息？"季才曰："頃天象告變，秦將入郢，陛下宜留重臣，作鎮荆、陝，整旗還都，以避其患。假令羯寇侵蹙，止失荆、湘，在於社稷，可得無慮。必久停留，恐非天意也。"帝初然之，後與吏部尚書宗懍等議，乃止。俄而江陵陷滅，竟如其言。

周太祖一見季才，深加優禮，令參掌太史。每有征討，恒預侍從。賜宅一區，水田十頃，并奴婢牛羊什物等。謂季才曰："卿是南人，未安北土，故有此賜者，欲絶卿南望之心。宜盡誠事我，當以富貴相荅。"初，郢都之陷也，衣冠士人，多没爲賤，季才散所賜物，購求親故。文帝問："何能若此？"季才曰："僕聞魏克襄陽，先收冀度；晉平建業，旋得士衡。伐國求賢，古之道也。今郢都覆敗，君信有罪，搢紳何咎，皆爲賤隸？鄙人羈旅，不敢獻言，誠切哀之，故贖購耳。"太祖乃悟，曰："吾之過也。微君，遂失天下之望。"因出令，免梁俘爲奴婢者數千口。

武成二年，與王褒、庾信同補麟趾學士，累遷稍伯大夫、車騎大將軍，儀同三司。其後大冢宰宇文護執政，謂季才曰："比日天道有何徵祥？"季才對曰："荷恩深厚，若不盡言，便同木石。頃上台有變，不利宰輔。公宜歸政天子，請老私門，此則自享期頤而受旦、奭之美，子孫藩屏，終保維城之固。不然者，非復所知。"護沈吟，自是漸疏，不復請見。及護滅之後，閲其書記，武帝親自臨檢，有假託符命，妄造異端者，皆致誅滅，唯得季才書兩紙，盛言緯候災祥，宜反政歸權。帝謂少宗伯斛斯徵曰："庾季才至誠謹慤，甚得人臣之禮。"因進封臨潁伯。

及隋高祖爲丞相，嘗夜召季才而問曰："吾以庸虚，受兹顧命，天時人事，卿以爲何如？"季才曰："天道精微，難可意察。切以人事卜之，符兆已定。季才縱言不可，公豈復得爲箕潁之事乎？"高祖默然，久之，因舉首曰："吾今譬猶騎虎，誠不得下矣。"因賜雜綵五十匹，絹二百段，曰："愧公此意，宜善爲思之。"大定元年正月，季才言曰："今月戊戌平旦，青氣如樓闕，見於國城之上。俄而變紫，逆風西行。《氣經》云：天不能無雲而雨，皇王不能無氣而立。今王氣已見，須即應之。二月，日出卯入酉，居天之正位，謂之二八之門。日者人君之象，人君正位，宜用二月，其用十三日甲子。甲爲六甲之始，子爲十二辰之初。甲數九，子數又九，九爲天數。其日即是驚蟄，陽氣壯發之時。昔周武王以二月甲子定天下，享年八百。漢高帝以二月甲午即帝位，享年四百。故知甲子、甲午爲得天數。今二月甲子，宜應天受命。"上從之。

開皇元年，授通直散騎常侍。高祖將遷都，夜與高熲、蘇威二人定議。季才旦而奏曰："臣仰觀玄象，俯察圖記，龜兆允襲，必有遷都。且堯都平陽，舜都冀土，是知帝王居止，世代不同。且漢營此城，經今將八百歲，水皆鹹鹵，不甚宜人。願陛下協天人之心，爲遷徙之計。"高祖愕然謂熲等曰："是何神也！"遂發詔施行。賜絹三百段、馬兩匹，進爵爲公。謂季才曰："朕自今已後，信有天道矣。"於是令季才與其子質撰《垂象》《地形》等志。上謂季才曰："天地秘奥，推測多途，執見不同，或致差舛。朕不欲外人干預此事，故使公父子共爲之也。"及書成，奏之，賜米千石，絹六百段。九月[①]，出爲均州刺史。策書始降，將就藩，時議以季才術藝精通，有詔還委舊任。季才以年老，頻表去職，每降優旨不許。會張胄玄曆行，及袁充言日景長，上以問季才，季才因言充謬，上大怒，由是免職，給半禄歸第。所有祥異，嘗使人就家訪焉。仁壽三年卒，時年八十八。

① 月，據《隋書》卷七八《藝術傳》當作"年"。

季才局量寬弘，術業優博，篤於信義，志好賓遊。常吉日良辰，與琅琊王褒、彭城劉瑴、河東裴政及宗人信等爲文酒之會。次有劉臻、明克讓、柳䛒之徒，雖爲後進，亦申遊欵。撰《靈臺秘苑》一百二十卷，《垂象志》一百四十二卷，《地形志》八十七卷，並行於世。子質。

聖楷曰：子長謂陰陽之書使人拘而多忌，况復變亂陰陽，曲成君欲，假託神怪，熒惑人心者乎？庾季才歷事三姓，屢占興滅，雖不同于妖妄之倫，然而定策觀兆，灼知人情，纂逆有心，豈無中恧？故日景之對，身雖倖免，而東巡之諫，子卒捐軀。或亦龜策能言美好不祥之所致也，術可不慎哉！

庾　質

庾質，字行修，季才之子。少而明敏，蚤有志尚。八歲誦梁世祖《玄覽》《言志》等十賦，拜童子郎，仕周齊煬王記室。開皇元年，除奉朝請，歷鄢陵令，遷隴州司馬。大業初，授太史令。操履貞慤，立言忠鯁，每有祥異，必指事面陳。而煬帝性多忌刻，齊王暕亦實猜嫌。質子儉時爲齊王屬，帝謂質曰：“汝不能一心事我，乃使兒事齊王，何向背如此邪？”質曰：“臣事陛下，子事齊王，實是一心，不敢有二。”帝怒不解，由是出爲合水令。

八年，帝親伐遼東，徵詣行在所。至臨渝謁見，帝謂質曰：“朕承先旨，親事高麗，度其土地人民，纔當我一郡。卿以爲克不？”質對曰：“以臣管窺，伐之可克。切有愚見，不願陛下親行。”帝作色曰：“朕今總兵至此，豈可未見賊而自退也？”質又曰：“陛下若行，慮損軍威。臣猶願安駕住此，命驍將勇士，指授規模，倍道兼行，出其不意。事宜在速，緩必無功。”帝不悦曰：“汝既難行，可住此也。”及師還，授太史令。

九年，復征高麗，又問質曰：“今段復何如？”對曰：“臣實愚迷，猶執前見。陛下若親動萬乘，糜費實多。”帝怒曰：“我自行尚不能克，直遣人去，豈有成功也？”帝遂行。既而禮部尚書楊玄感據黎陽反，兵部侍郎斛斯政奔高麗。帝大懼，遽而西還，謂質曰：“卿前不許我行，當爲此耳。未知玄感其成事乎？”質曰：“玄感地勢雖隆，德望非素，因百姓之勞苦，冀僥倖而成功。今天下一家，未易可動。”帝曰：“熒惑八斗如何？”對曰：“斗楚之分，玄感之所封也。今火色衰謝，終必無成。”

十年，帝自西京將往東都，質諫曰：“此歲伐遼，民實勞敝。陛下宜鎮撫關内，使百姓畢力歸農，三五年間，令四海少得豐實，然後巡省，於事爲宜。陛下思之。”帝不悦，質辭疾不從。帝聞之怒，遣使馳傳，鎖質詣行在所。至東都，詔令下獄，竟死獄中。

子儉，亦傳父業，兼有學識。仕歷襄武令。義寧初，爲太史令。時有盧太翼、耿詢，並以星曆知名。

聖楷按：盧太翼，字協昭，河間人。本姓章仇氏。七歲詣學，日誦數千言。及長，博綜群書，尤善占候算曆之術。隱於白鹿山。又徙林慮山茱萸嶇。其後目盲，以手摸書而知其字。煬帝常從容言及天下氏族，謂太翼曰：“卿姓章仇，四嶽之胄，與盧同源。”於是賜姓爲盧。耿詢，字敦信，丹楊人。滑稽辯給，伎巧絶人。詢創意造渾天儀，不假人力，以水轉之，施于闇室，使知玄象者，外候天時，合如符契。又作馬上刻漏，世稱其妙。後爲宇文化及所殺。著《鳥情占》一卷行于世。

浮屠泓

浮屠泓者，黄州人。與天官侍郎張敬之善。敬之以武后在位，嘗指所服示子冠宗曰：“莽朝服耳。”俄冠宗以父應入三品，詣有司言狀。泓忽曰：“君無煩求三品也。”敬之大驚，已而知出冠宗意。敬之弟訥之，疾殆，泓曰：“公弟當位三品，不足憂也。”已而愈。嘗爲燕國公張説市宅，戒曰：“無穿東北王隅也。”他日見説，曰：“宅氣索然云何？”與説共視，隅有三坎，深丈餘。泓驚曰：“公富貴一世而已，諸子將不終。”説懼，將平之。泓曰：“客土無氣，與地脈不連。譬身瘡痏，補他肉，無益也。”説子後皆污賊死斥云。

《盧氏雜説》曰：李吉甫宅，泓師謂其地形爲玉杯，牛僧孺宅爲金杯。云玉杯一破無復全，金杯或傷重可完。僧孺宅在新昌里，本天寶中將作大匠康䛒宅。䛒自辨圖阜，以其地當出宰相。每命相，䛒必引頸望之。宅卒爲僧孺所得。吉甫宅，至德孺[①]貶，其家滅矣。

按：僧一行、桑道茂俱有金盃玉盌之記，與此説又不同，未知孰是。

俞　叟

俞叟者，江陵市門監也。江陵尹王潛有吏才，所在致理，但薄于義。在江陵日，有京兆吕氏子，以饑寒遠謁潛，潛不爲禮。旬餘在逆旅，未果還。叟見吕生往來有不足色，召而問之。吕曰：“我居渭北，貧苦未達，無以自存。親府帥王公，重表丈也，以親舊，自遠而來。雖入謁，未嘗一問，命也。”叟曰：“我亦困者，無以周吾子之急。今夕可泊于我舍，少展宿食之敬。”吕諾之。

既入其居，擢簷破牖，置席于地，坐語且久，所食陶器脱粟而已。叟曰：“吾嘗學道于四明山，有志未就，自晦迹於此。適聞王公亡籍，意殊怏怏。今夕爲吾子設一小術，以致歸洛裹糧之費，不亦可乎？”因取一缶合于地，僅食頃，舉而視之，見一人長五寸許，紫綬金帶，俛而

① 孺，據文意當作“裕”，因李吉甫即李德裕父親也。

拱焉。俞叟指曰："此乃尚書王公之魄也。"因誡曰："吕乃汝之表侄，家貧不能自給，故遠來仰給汝，而曾不以禮，豈親親之道也？今不罪汝，可厚遺之。"紫衣僂而揖，若受教之狀。叟又曰："吕無僕馬，可致一馬一僕，縑二百匹以遺之。"紫衣者又俛而揖。於是以前缶合地上，有頃視之，已無見矣。

明旦，叟謂吕曰："子可疾去，王公旦已召子矣。"及歸，王果召之，見且謝曰："吾子不遠見訪，屬軍府務繁，竟未果，一日接言，深用爲愧。"是日始館之驛亭，與燕游累日，贈僕馬及二百縑。吕生益奇之，然不敢形言。及歸渭北後數年，與友人會，宿語及靈怪，始以其事聞於人也。

聖楷按：王潛在荆州時多異術，如張仕政善止痛折。有軍人損脛，求張治之，張飲以藥酒，破肉去碎骨一片，大如兩指，塗膏封之，數日如舊。經二年餘，脛忽痛，復問張。張言前爲君所出骨，寒則痛，可遽覓也，果獲於牀下。令以湯洗，貯于絮中，其痛即愈。王公子弟與之狎，常祈其戲術。張取馬草一掬，再三挼之，悉成燈蛾飛。又畫一婦人於壁，酌酒滿杯飲之，酒無遺滴。逡巡畫婦人面赤，半日許，可盡濕起壞落。其術終不肯傳人。

沙門洪蘊

沙門洪蘊，本姓藍，潭州長沙人。母翁初以無子，專誦佛經，既而有娠，生洪蘊。年十三，詣郡之開福寺沙門知已，求出家，習方伎之書。後游京師，以醫術知名。太祖召見，賜紫方袍，號廣利大師。太平興國中，詔購醫方，洪蘊録古方數十以獻。真宗在蜀邸，洪蘊常以方藥謁見。咸平初，補右街首座，累轉左街副僧録。洪蘊尤工診切，每先歲時言人生死，無不應。湯劑精至，貴戚大臣有疾者，多詔遣診療。景德元年卒，年六十八。

聖楷按：《宋·方伎傳》云：舊史有《老釋》《符瑞》二志，又有《方技傳》，今省二志入《方伎》。故僧始以醫著。然生人殺人之術，壽世君子，每慎言之，况圓頂方袍，而診切閨闥，豈韻事乎？若知緣之經略邊場，而爲王韶所嫉，其效亦可覩矣。

僧知緣

僧知緣，隨州人。善醫。嘉祐末召至京師，舍于相國寺。每察脈，知人貴賤、禍福、休咎，診父之脈而能道其子吉凶，所言若神。士大夫争造之。王珪與王安石在翰林，珪疑古無此，安石曰："昔醫和診晉侯，而知其良臣將死，夫良臣之命，乃見於其君之脈，則視父知子，亦何足怪哉？"熙寧中，王韶謀取青唐，上言番族重僧，而僧結吴叱臘主部帳甚衆，請知緣與俱至邊。神宗召見，賜白金，遣乘傳而西，遂稱經略太師。知緣有辨口，徑入番中，説結吴叱臘歸化，而他族俞龍珂、禹藏訥令支等，皆因以書欵。韶頗忌惡之，言其撓邊事，召還[1]，以爲右街首座，卒。

龐安時

龐安時，字安常，蘄州蘄水人。兒時能讀書，過目輒記。父世醫也，授以脈訣。安時曰："是不足爲也。"獨取黄帝、扁鵲之脈書治之。未久，已能通其説，時出新意，辯詰不可屈。父大驚。時年猶未冠。已而病聵，乃益讀《靈樞》《太素》《甲乙》諸秘書，凡經傳百家之涉其道者，靡不通貫。常曰："世所謂醫書，予皆見之，惟扁鵲之言

① "召還"二字底本原脱，據崇禎本及《宋史》卷四六二《方伎下》補入。

深矣。蓋所謂《難經》者，扁鵲寓術於其書，而言之不詳，意者使後人自求之歟？予之術蓋出於此。以之視淺深，决死生，若合符節。且察脈之要，莫急於人迎、寸口。是二脈，陰陽相應，如兩引繩，陰陽均，則繩之大小等。故定陰陽于喉、手，配覆溢于尺、寸，寓九候于浮沉，分四溢于傷寒，此皆扁鵲略開其端，而予參以《内經》諸書，考究而得其説。審而用之，順而治之，病不得逃矣。”又欲以術告後世，故著《難經辯》數萬言，觀草木之性與五藏之宜，秩其職任，官其寒熱，班其奇偶，以療百疾。著《主對集》一卷，古今異宜，方術脱遺，備陰陽之變，補仲景《論》。藥有後出，古所未知，今不能辨，常試有功，不可遺也，作《本草補遺》。

爲人治病，率十愈八九。踵門求診者，爲闢邸舍居之。親視飦粥藥物，必愈而後遣。其不可爲者，必實告之，不復爲治。活人無數，病家持金帛來謝，不盡取也。

常詣舒之桐城，有民家婦孕將産，七日而子不下，百術無所效。安時之弟子李百全適在傍舍，邀安時往視之。纔見，即連呼不死，令其家人以湯温其腰腹，自爲上下拊摩。孕者覺腸胃微痛，呻吟閒生一男子。其家驚喜，而不知所以然，安時曰：“兒已出胞，而一手誤執母腸，不復能脱，故非符藥所能爲。吾隔腹捫兒手所在，鍼其虎口，既痛即縮手，所以遽生，無他術也。”取兒視之，右手虎口鍼痕存焉。其妙如此。

有問以華陀之事者，曰：“術若是，非人所能爲也。其史之妄乎？”年五十八而疾作，門人請自視脈。笑曰：“吾察之審矣。且出入息亦脈也。今胃氣已絶，死矣。”遂屏卻藥餌。後數日，與客坐語而卒。

> 《東坡志林》曰：龐安常爲醫，不志於利，得善書古畫，喜輒不自勝。九江胡道士頗得其術。與予用藥，無以酬之，爲作行草數紙而已，且告之曰：“此安常故事，不可廢也。”

黄山谷《傷寒論後序》曰：龐安常自少時，善醫方，爲人治病，處其生死多驗，名傾江淮諸醫。然爲氣任俠，鬬雞走狗，蹴鞠擊毬，少年豪縱事，無所不爲。博奕音技，一工所難，而兼能之。家富，多後房，不出户而所欲得。人之以醫聘之也，皆多陳其所好，以順適其意。其來也，病家如市，其病已也，君脱然不受謝而去之。中年乃屏絶戲弄，閉門讀書。自神農、黄帝經方，扁鵲《八十難》《靈樞》《甲乙》，葛洪所綜緝百家之言，無不貫穿。其簡策紛錯，黄素朽蠹，先師或失其讀；學術淺陋，私知穿鑿，曲士或竄其文，安常悉能辨論發揮，每用以視病。如是而生，如是而不治，幾乎十全矣。然人以病造，不擇貴賤貧富，使齋曲房，調護以寒暑之宜，珍饍美饘，時節其饑飽之度。愛其老而慈其幼，如痛在己也。未嘗輕用人之疾，嘗試其所不知之方。蓋其輕財如糞土，而樂義恧事如慈母，而有常似秦漢閒循吏而不害人，如戰國四公子而不争利，所以能動而得意。起人之疾，不可縷數，他日過之，未嘗有德色也。其所論著，《傷寒論》多得古人不言之意，其所師用而得意於病家之陰陽虚實，今世所謂良醫，十不得其五也。余始欲掇其大要，論其精微，使士大夫稍知之。適有心腹之疾，未能卒業。然未嘗游其庭者，雖得吾説而不解，誠加意讀書，則過半矣。故特著其行事，以爲後序云。其前序，海上道人諾爲之，故虚右以待。

宛丘張氏跋曰：張仲景《傷寒論》，論病處方，纖悉必具，又爲之增損進退之法，以告後人。嗟夫，仁人之用心哉！且非通神造妙，不能爲也。安常又竊憂其有病證而無方者，續著爲論數卷，用心爲術，追儷古人。淮南謂安常能與傷寒説話，豈不信哉！

張　康

張康，字汝安，號明遠，潭州湘潭人。祖安厚，父世英。康蚤孤力學，旁通術數。宋吕文德、江萬里、留夢炎皆推重之，辟置幕下。宋亡，隱衡山。

至元十四年，世祖遣中丞崔彧祀南嶽，就訪隱逸。彧兄湖南行省參政崔斌言康隱衡山，學通天文地理，彧還具以聞。遣使召康，與斌偕至京師。十五年夏四月，至上都，見帝，親試所學，大驗。授著作佐郎，仍以内嬪松夫人妻之。凡召對，禮遇殊厚，呼以明遠而不名。嘗面諭：凡有所問，使極言之。

十八年，康上奏："歲壬午，太乙理艮宫，主大將客、參將囚，直符治事，正屬燕分。明年春，京城當有盗兵，事干將相。"十九年三月，盗果起京師，殺阿合馬等。帝欲征日本，命康以太乙推之。康奏曰："南國甫定，民力未蘇。且今年太乙無算，舉兵不利。"從之。賞賜太史院錢，分千貫以與康，不受，衆服其廉。久之，乞歸田里，優詔不許。遷奉直大夫、祕書監丞。年六十五卒。子天祐。

萬玉山

萬玉山者，名福敦，羅田人。幼穎異，攻舉子業，已輒厭棄。童髪投塔山寺爲僧，法名道璣，即冥解禪宗。邑令徐召與語，大器之，命畜髮。訪道四方，是號玉山。期數年後返東吴，結方外友。玉山自玆徧遊終南、峨眉、武夷、天台、懷玉、王屋、五嶽之勝。所至留憩，遇緇流羽客，一語會心，即師事之。迨歸，已充然有得矣。玉山身短精悍，善踵息淘鍊，不噉秫麪鹽酪，深味丹經，旁通風角堪輿、奇門符水，而尤聖于醫。繪竹蘭，清逸有韻。其他譜琴擊劍，蹴踘躧蹻，雜伎種種，入能品。語人禍福，多奇中。人問以故，曰："太清無纖雲，誠則明矣。"方外從遊者，輒先窘辱之，以嘗其心，而後受之。不責一錢，家不殖産業，僅買黄崖山數十弓，營蘧廬焉。

年六十始娶妻，生一子。正德乙亥，將遊霍山，約其徒方大旺偕行。方以乏嗣對。玉山曰：“女好留矣。今年某月可結胎，明年某月日時當舉男。”良久曰：“雖得長成，惜非長命耳。”玉山獨荷一襆往。明年，方生子，果悉如其言。玉山居霍山，日忽心悸，偏左刺痛，占曰：“葬地當有竄者。吾弟福厚，其殆死矣。”即奔還，其弟果以是日葬山之左。亡何，玉山以青龍河有佳氣，復往霍山去之。明年庚辰四月十日，謂其主人江曰：“靈鶴夜且至，倘余假寐，幸亟呼出户也。”是夜風聲如驟，瓦甍盡鳴，主人舉炬視之，則群鶴集竹，稍仆壓牆屋，呼玉山，玉山不譍，入户窺之，方正襟趺坐。呼之復不譍，乃知即化矣。年九十二。

初，玉山寓蘄水，黄岡陶仲文從之，授符水，能白晝招鶴，謂之曰：“子第行之，可致富貴。”嘉靖間，仲文入京師，以其術獻之世宗皇帝。官歷三孤，封真人。上詢其師，仲文以玉山對。壬寅夏六月，詔贈清微神霄演法真人，遣官焚黄墓隧。玉山子樸方，以掾史投牒吏部，上命仲文引入，將授太常官，懇以疾辭，省祭歸，終其身不仕。

聖楷曰：仲文受法于玉山，而依附邵元節以進其道，不足尊也。玉山子獨能辭榮遠蹈，終身不仕，或玉山有以授之邪？抑恥仲文之所爲而然邪？要其志趣有足嘉矣。

楚寶卷第三十考異

新化鄧顯鶴湘皋述

方　伎

司馬季主

今夫卜者，必法天地，象四時，順於仁義，分策定卦，按式正棊。

顯鶴案：《史記》本傳作“旋式正棋”，徐廣曰：式音栻。

多言誇嚴，莫大於此矣。

案：《史記》本傳注：徐廣曰：誇嚴，“嚴”一作“險”。

雖曾氏之義，未有以異也。

案：徐廣曰：“曾”一作“莊”。

蔡　倫

天下咸稱蔡侯紙。註：《相[①]州記》曰：耒陽縣北有漢黄門蔡倫宅，宅西有一石臼，云是倫舂紙臼也。

① 相，據正文及文意當作“湘”。

顯鶴案：《湖南通志》：蔡倫故宅在耒陽縣治西南，内有蔡子池，池南有石臼，即倫舂紙臼。《水經注》所云“蔡洲之西，即蔡倫故宅，旁有蔡子池”是也。唐別駕李愻以臼入貢。今池與宅俱廢。

又案：本傳：“四年，帝以經傳之文多不正定，乃選通儒謁者劉珍及博士良史詣東觀，各讎校漢家法。令倫監典其事。”據此，倫能監典通儒讎校，非僅以藝鳴者也。乃受竇后諷旨，卒致恥受辱廷尉，飲藥而死，惜哉！

楚寶卷第三十增輯

新化鄧顯鶴湘皋述

方　　伎

胡　　恬

胡恬，湘陰人。父爲安州刺史。恬獨好道，居縣之白鶴山。善陰陽緯候之學，篆隸詞賦，皆曲盡其能。景福閒，鄂州大旱，相國杜洪與恬遇，恬爲投符於江，俄而大霔，醻以金帛，不顧而去。上蔡馬處謙嘗從恬學，恬曰："吾之所學，爲身也，非以爲人。以子純孝恭謹，故以相教。黄白之術，非所惜也，恐速子之禍耳。夫人資五氣而生，積善者貽福，積惡者貽殃。視其所履，災沴可知。善之不修，非禳請所及也。"

李時珍

李時珍，字東璧，蘄州人。好讀醫書。醫家《本草》，自神農所傳，止三百六十五種。梁陶弘景所增亦如之。唐蘇恭增一百一十四種，宋劉翰又增一百二十種。至掌禹錫、唐慎微輩，先後增補，合一千五百五十八種，時稱大備。然品類既煩，名稱多雜。或一物而析爲二三，或二物而混爲一品。時珍病之，乃窮搜博採，芟煩補闕，歷三十年，閱書八百餘家，藁三易而成書，曰《本草綱目》，增藥三百七十四種，釐爲一十六部，合成五十二卷。首標正名爲綱，餘各附釋爲目，次以集解詳其出産、形色，又次以氣味、主治、附方。書成，將上之朝，時珍遽卒。未幾，神宗詔修國史，購四方書籍，其子建元以父遺表及是書來獻。天子嘉之，命刊行天下。自是士大夫家有其書。時珍官楚王府奉祠正。子建中，四川蓬溪知縣。

顯鶴按：陰陽緯候之學，儒者或不言，以胡恬所論觀之，欲目之爲非儒者，不得也。自來精修有道之士，時借禨祥卜筮之術以警人，其意深矣。李時珍《本草綱目》，集醫學大成，其蒐輯之廣，採擇之精，足以資多識而廣異聞，匪僅《靈》《素》之功臣矣，豈僅以方技目之哉！

楚寶異人論次目録

世豈有異人哉？知之則爲國士，不知則爲衆人而已矣。辟之麟、鳳，以時見則爲瑞，不以時見則爲妖。非麟、鳳之好異，所遇之不同也。雖然，物之異者，其性必殊；士之異者，其心難測。負人人負，千古同慨，又安所得絶纓、喻射之輩而用之哉！述《異人》第十九，凡一卷。

異人

屈巫　絶纓之臣　伍子胥　范蠡　陳音　弱弓微繳之臣　陸法和　張惟孝

增輯

趙知微　張翹　童區寄　于子仁

楚寶卷第三十一

明湘潭周聖楷伯孔輯纂

異　　人

屈　　巫

屈巫，一名巫臣，字子靈。楚公族也，爲申公。楚王十七年伐蕭，師人多寒，巫臣曰："王巡三軍，拊而勉之。"三軍之士皆如挾纊。遂傳於蕭，滅之。莊王之討陳夏氏也，王欲納夏姬，巫臣曰："不可。召諸侯以討罪也。今納夏姬，貪其色也。貪色爲淫，淫爲大罰。《周書》曰：'明德慎罰。'文王所以造周也。明德，務崇之之謂也；慎罰，務去之之謂也。若興諸侯以取大罰，非慎之也。君其圖之。"王乃止。子反欲取之，巫臣曰："是不祥人也。是夭子蠻，殺御叔，弑靈侯，戮夏南，出孔儀，喪陳國，何不祥如是！人生實難，其有不獲死乎？天下多美婦人，何必是？"子反乃止。

王以予連尹襄老，襄老死于邲，不獲其尸。其子黑要烝焉。巫臣使道之曰："歸，吾聘女。"又使自鄭召之曰："尸可得也，必來送之。"姬以告王，王問屈巫，對曰："其信。知罃之父，成公之嬖，而中行伯之季弟也。新佐中軍，而善鄭皇戌，甚愛此子。其必因鄭而歸王子與襄老之尸以求之。鄭人懼于邲之役，而欲求媚于晉，其必許之。"王遣夏姬歸。將行，謂送者曰："不得尸，吾不反矣。"巫臣聘諸鄭，鄭伯許之。

及共王即位，將爲陽橋之役，使屈巫聘于齊，且告師期。巫臣盡室以行。申叔跪從其父，將適郢，遇之，曰：“異哉！夫子有三軍之懼，而又有《桑中》之喜，宜將竊妻以逃者也。”及鄭，使介反幣，而以夏姬行，將奔齊。齊師新敗，曰：“吾不處不勝之國。”遂奔晉，而因郤至，以臣于晉，使爲邢大夫。子反請以重幣錮之，共王曰：“止。其自爲謀也，則過矣。其爲吾先君謀也，則忠。忠，社稷之固也，所益多矣。且彼若能利國家，雖重幣，晉將可乎？若無益于晉，晉將棄之，何勞錮焉？”

初，莊王圍宋而還，子重請取于申、吕以爲賞田，王許之。巫臣曰：“不可。此申、吕所以邑也，是以爲賦，以御北方。若取之，是無申、吕也，晉、鄭必至于漢。”王乃止。子重以是怨巫臣，子反亦以夏姬之故怨之，於是共殺巫臣之族子閻、子蕩及清尹弗忌，與襄老之子黑要，而分其室。子重取子閻之室，使沈尹與王子罷分子蕩之室，子反取黑要與清尹之室。巫臣自晉遺二子書曰：“爾以讒慝貪惏事君，而多殺不辜，余必使爾疲于奔命以死。”巫臣請使于吴，景公許之。吴王壽夢説之，乃通吴于晉，以兩之一卒適吴，舍偏兩之一焉。與其射御，教吴乘車，教之戰陣，教之叛楚。寘其子狐庸焉，使爲行人於吴。吴始伐楚，伐巢，伐徐，遂入州來。子重、子反於是乎一歲七奔命。蠻夷屬于楚者，吴盡取之。

景公十七年，使屈巫如吴，假道于莒，與渠邱公立于池上曰：“城已惡。”莒子曰：“僻陋在夷，其孰以我爲虞？”對曰：“夫狡焉思啟封疆以利社稷者，何國蔑有？唯然，故多大國矣。唯或思或縱也。勇夫重閉，况國乎？”不聽。明年，楚子重自陳伐莒，圍渠邱，城惡衆潰，奔莒。楚遂圍莒，莒城亦潰。楚遂入鄆。浹辰之間，而楚克其三都，無備故也。子狐庸留于吴，吴王壽夢卒使爲相。

《左氏》曰：初，叔向欲娶于申公巫臣氏，其母欲娶其黨。叔向曰：“吾母多而庶鮮，吾懲舅氏矣。”其母曰：“子靈之妻殺三夫，一君、一子，而亡一國、兩卿矣，可無懲乎？吾聞之，甚美必有甚惡。是鄭穆少妃姚子之子，子貉之妹也。子貉早死無後，而天鍾美於是，將必以是有大敗也。昔有仍氏生女，黰黑而甚美，光可以鑒，名曰玄妻。樂正后夔取之，生伯封，實有豕心，貪惏無饜，忿纇無期，謂之封豕。有窮后羿滅之，夔是以不祀。且三代之亡，共子之廢，皆是物也。女何以爲哉？夫有尤物足以移人，苟非德義，則必有禍。”叔向懼，不敢取。平公彊使取之，生伯石。伯石始生，子容之母走謁諸姑曰：“長叔姒生男。”姑視之，及堂，聞其聲而還曰：“是豺狼之聲也。狼子野心，非是，莫喪羊舌氏矣。”遂弗視。

宋[①]文士及《糊臺記》曰：夏姬内挾伎術，老而復壯，三爲王后，七爲夫人，凡九爲寡婦。春秋之初，有晉、楚之諺曰：“夏姬得道，鷄皮三少。”

聖楷曰：“夏姬得道，鷄皮三少”，其妖淫固不足異也。獨笑巫臣智識絶人，爲一老婦費七年心力，得遂《桑中》之喜，竟忘宗國之覆，大不可解。且夏姬年踰七十，猶與巫臣生女，後嫁叔向，卒滅羊舌氏之族，豈天生此尤物禍人，即巫臣亦墮其術中而不悟邪？抑巫臣不遇絶纓之主，其怨毒之氣，得禍水而益熾邪？人知吴之入郢，讎自伍胥，不知教吴戰陣，使之叛楚，實自巫臣爲夏姬始也。女戎勝我，謀臣資敵，可勝歎哉！可勝歎哉！

絶纓之臣

楚莊王賜群臣酒，日暮酒酣，燈燭滅，乃有人引美人之衣者。美人援絶其冠纓，告王曰：“今者燭滅，有引妾衣者，妾援得其冠纓持之。趣火來，上視絶纓者。”王曰：“賜人酒，使醉失禮。奈何欲顯婦人之

① 宋，據《宋史・藝文志》所載“宇文士及《糊臺記》六卷”當作“宇”。

節而辱士乎？”乃命左右曰：“今日與寡人飲，不絶冠纓者不懽。”群臣百有餘人，皆絶去其冠纓而上火，卒盡懽而罷。居三年，晉與楚戰，有一臣常在前，五合五奮，首卻敵，卒得勝之。莊王怪而問曰：“寡人德薄，又未嘗異子，子何故出死不疑如是？”對曰：“臣當死。往者醉失禮，王隱忍不加誅也。臣終不敢以陰蔽之德而不顯報王也，常願肝腦塗地，用頸血湔敵久矣。臣乃夜絶纓者也。”遂敗晉軍，楚得以强。

聖楷曰：翳桑之餓夫，岐下之野人，皆可以得其死力，然不若此絶纓者蹤跡更奇也。當酒酣滅燭，坐近美人，必在大夫近臣之列，何以臨陣卻敵，莊王都不識其姓名？此可疑也。或者楚多異才，而不安于下位者之所爲歟？楚莊之霸，於此決矣。

伍子胥

伍子胥者，楚人也，名員。員父曰伍奢，員兄曰伍尚。初，平王有太子名曰建，使伍奢爲太傅，費無忌爲少傅。無忌既以秦女自媚于平王，乃因讒太子建將欲爲亂。於是平王怒囚伍奢，而使城父司馬奮揚往殺太子。行未至，奮揚使人先告太子：“太子亟去，不然將誅。”太子建亡奔宋。無忌言於平王曰：“伍奢有二子，皆賢，不誅，將爲楚憂。可以其父質而召之。不然，且爲楚患。”王使使謂伍奢曰：“能致汝二子則生，不能則死。”伍奢曰：“尚爲人仁，呼必來。員爲人剛戾忍詢，音逅。能成大事，彼見來之并禽，其勢必不來。”王不聽，使人召二子曰：“來，吾生汝父；不來，今殺奢也。”伍尚欲往，員曰：“楚之召我兄弟，非欲以生我父也，恐有脱者後生患，故以父爲質，詐召二子。二子去，則父子俱死，何益父之死？往而令讎不得報耳，不如奔他國，借力以雪父之耻。俱滅，無爲也。”伍尚曰：“我知往終不能全父命，然恨父召我以求生而不往，後不能雪耻，終爲天下笑耳。”謂員：“可去矣，汝能報殺父之讎。我將歸死。”尚既就執，使者捕伍胥，伍胥貫弓執矢向使者，使者不敢進，伍胥遂亡。聞太子建之在宋，往從之。奢聞子胥之亡也，曰：“楚國君臣且苦兵矣。”伍尚至楚，楚并殺奢與尚也。

伍胥既至宋，宋有華氏之亂，乃與太子建俱奔于鄭，鄭人甚善之。太子建又適晉，晉頃公曰：“太子既善鄭，鄭信太子，太子能爲我内應，而我攻其外，滅鄭必矣。滅鄭而封太子。”太子乃還鄭，事未會，會自私欲殺其從者，從者知其謀，乃告之於鄭。鄭定公與子産誅殺太子建。

建有子名勝，伍胥乃與勝俱奔吴。到昭關，昭關欲執之，懼，伍胥遂與勝獨身步走，幾不得脱。追者在後，至江，江上有一漁父乘船，知伍胥之急，乃渡伍胥。伍胥既渡，解其劍曰：“此劍直百金，以與父。”父曰：“楚國之法，得伍胥者賜粟五萬，召爵執珪，豈徒百金劍邪？”不受。伍胥未至吴而疾，止中道，乞食。至于吴，吴王僚方用事，公子光爲將，伍胥乃因公子光以求見吴王。

久之，楚平王以其邊邑鍾離與吴邊邑卑梁氏俱蠶，兩女子争桑相攻，乃大怒，至于兩國舉兵相伐。吴使公子光伐楚，拔其鍾離、居巢而歸。伍子胥説吴王僚曰：“楚可破也。願復遣公子光。”公子光謂吴王曰：“彼伍胥，父兄爲戮于楚，而勸王伐楚者，欲以自報其讎耳。伐楚，未可破也。”伍胥知公子光有内志，欲殺王而自立，未可説以外事，乃進專諸于公子光，退而與太子建之子勝耕于野。五年，而楚平王卒。

初，平王所奪太子建秦女生子軫。及平王卒，軫竟立爲後，是爲昭王。吴王僚因楚喪，使二公子將兵往襲楚，楚發兵絶吴兵之後，不得歸。吴國内空，而公子光乃令專諸襲刺吴王僚而自立，是爲吴王闔廬。闔廬既立，得志，乃召伍員以爲行人，而與謀國事。楚誅其大臣郤宛、伯州犁。伯州犁之孫伯嚭亡奔吴，吴亦以嚭爲大夫。前王僚所遣二公子將兵伐楚者，道絶不得歸，後聞闔廬弑王僚自立，遂以其兵降楚，楚封之於舒。

闔廬立三年，乃興師與伍胥、伯嚭伐楚，拔舒，遂禽故吴反二將軍。因欲至郢，將軍孫武曰：“民勞，未可，且待之。”乃歸。四年，吴伐楚，取六與潛。五年，伐越，敗之。六年，楚昭王使公子囊瓦將兵伐吴，吴使伍員迎擊，大破楚軍于豫章，取楚之居巢。九年，吴王闔廬謂子胥、孫武曰：“始子言郢未可入，今果何如？”二子對曰：“楚將囊瓦貪，而唐、蔡皆怨之。王必欲大伐之，必先得唐、蔡乃可。”闔廬聽之，悉興師與唐、蔡伐楚，與楚夾漢水而陳。吴王之弟夫概將兵請從，王不聽，遂以其屬五千人擊楚將子常。子常敗走，奔鄭。於是吴乘勝而前，五戰，遂至郢。己卯，楚昭王出奔。庚辰，吴王入郢。

始，伍胥與申包胥爲交，員之亡也，謂包胥曰：“我必覆楚。”包胥曰：“我必存之。”及吴兵入郢，伍子胥求昭王，既不得，乃掘楚平王墓，出其尸，鞭之三百然後已。申包胥亡于山中，使人謂子胥曰：“子之報仇，其已甚乎？吾聞之，人衆者勝天，天定亦能勝人。今子故平王之臣，親北面而事之。今至於僇死人，此豈其無天道之極乎？”伍子胥曰：“爲我謝申包胥曰：吾日暮塗遠，吾故倒行而逆施之。”於是申包胥走秦告急，求救于秦。秦不許。包胥立于秦庭，晝夜哭，七日七夜不絶其聲。秦哀公憐之曰：“楚雖無道，有臣若是，可無存乎？”乃遣車五百乘救楚擊吴。六月，敗吴兵於稷。會吴王久留楚，求昭王，而闔廬弟夫概乃亡歸，自立爲王。闔廬聞之，乃釋楚而歸，擊其弟夫概，夫概敗走，遂奔楚。楚昭王見吴有内亂，乃復入郢，封夫概於堂谿，爲堂谿氏。楚復與吴戰，敗吴，吴王乃歸。

後二歲，闔廬使太子夫差將兵伐楚，取番。楚懼吴復大來，乃去郢，走于鄀。當是時，吴以伍子胥、孫武之謀，西破彊楚，北威齊、晉，南服越人。其後四年，闔廬伐越，越王勾踐迎擊，敗吴于檇李，傷闔廬指，軍却。闔廬病創將死，謂太子夫差曰：“爾忘勾踐殺爾父乎？”夫差對曰：“不敢忘。”是夕，闔廬死。夫差既立爲王，以伯嚭爲太宰，習戰射。二年後伐越，敗越于夫湫。椒。越王勾踐乃以餘兵五千人棲于會稽之上，使大夫種厚幣遺吴太宰嚭以請和，求委國爲臣妾。吴王將許之，伍子胥諫曰："越王爲人能辛苦，今王不滅，後必悔之。"吴王不聽，用太宰嚭計，與越平。

其後五年，而吴王聞齊景公死而大臣争寵，新君弱，乃興師北伐齊。伍子胥諫曰："勾踐食不重味，弔死問疾，且欲有所用之也。此人不死，必爲吴患。今吴之有越，猶人之有腹心疾也。而王不先越而乃務齊，不亦謬乎？"吴王不聽，伐齊，大敗齊師于艾陵，遂滅鄒、魯之君以歸，益疏子胥之謀。

其後四年，吴王將北伐齊，越王勾踐用子貢之謀，乃率其衆以助吴，而重寶以獻遺太宰嚭。太宰嚭既數受越賂，其愛信越殊甚，日夜爲言于吴王。吴王信用嚭之計。伍子胥諫曰："夫越，腹心之病。今信其浮辭詐僞而貪齊。破齊，譬猶石田，無所用之。且《盤庚之誥》曰：'有顛越不恭，劓殄滅之，俾無遺育。無使易種于兹邑。'此商之所以興。願王釋齊而先越。若不然，後將悔之無及。"而吴王不聽，使子胥于齊。子胥臨行，謂其子曰："吾數諫王，王不用，吾今見吴之亡矣。汝與吴俱亡，無益也。"乃屬其子于齊鮑牧，而還報吴。

吴太宰嚭既與子胥有隙，因讒曰："子胥爲人剛暴，少恩猜賊，其怨望，恐爲深禍也。前日王欲伐齊，子胥以爲不可，王卒伐之而有大功。子胥恥其計謀不用，乃反怨望。而今王又復伐齊，子胥專愎彊諫，沮毁用事，徒幸吴之敗，以自勝其計謀耳。今王自行，悉國中武力以伐齊，而子胥諫不用，因輟謝，佯病不行，王不可不備。此起禍不難。且嚭使人微伺之，其使於齊也，乃屬其子於齊之鮑氏。夫爲人臣，内不得意，外倚諸候，自以爲先王之謀臣，今不見用，常鞅鞅怨望。願王早圖之。"吴王曰："微子之言，吾亦疑之。"乃使使賜伍子胥屬鏤之劍曰："子以此死。"伍子胥仰天歎曰："嗟乎，讒臣嚭爲亂矣，王乃反誅我。我令若父霸，自若未立時，諸公子争立，我以死争之于先王，幾不得立。若既得立，欲分吴國予我，我顧不敢望也。然今若聽諛臣言以殺長者！"乃告其舍人曰："必樹吾墓上以梓，令可以爲器，而抉吾眼縣吴東門之上，以觀越寇之入滅吴也。"乃自剄死。吴王聞之大怒，乃取子胥尸，盛以鴟夷革，浮之江中。吴人憐之，爲立祠于江上，因命曰胥山。

太史公曰：怨毒之于人，甚矣哉！王者尚不能行之于臣下，况同列乎？向令伍子胥從奢俱死，何異螻蟻。棄小義，雪大恥，名垂于後世。悲夫！方子胥窘于江上，道乞食，志豈嘗須臾忘郢邪？故隱忍就功名，非烈丈夫，孰能致此哉？白公如不自立爲君者，其功謀亦不可勝道者哉！

《左氏傳》曰：吴闔廬三年，吴子問于伍員曰："初而言伐楚，余知其可也，而恐其使余往也，又惡人之有余之功也。今余將自有之矣，伐楚何如？"對曰："楚執政衆而乖，莫適任患。若爲三師以隸[①]焉，一師至，彼必皆出。彼出則歸，彼歸則出，楚必道敝。亟隸以罷之，多方以誤之。既罷而後以三軍繼之，必大克之。"闔廬從之，楚於是乎始病。

《吴越春秋》曰：吴王闔廬將欲伐楚，登臺向南風而嘯，有頃乃歎，群臣莫有曉王意者。子胥深知王憂，乃薦孫武善爲兵法，人莫能知。聖楷按，此與薦專諸同一急著。史既失載，故人亦不知武爲子胥所薦也。

聖楷曰：伍胥奔，自渡江乞食，以至進專諸於公子子光，退耕于野，著著皆操勝算，故其父讎得報。既事夫差，恃其功望，屢諫伐齊，又復屬其子于齊之鮑氏，著著皆錯，故其身禍不免。豈非天道好還，君父之毒，有不容一間者乎？太史公爲胥作傳，凡二千言，多取復讎之事，實以自况云爾。如《左傳》"吴子問于伍員"一段，與諫伐齊存越，皆子胥精神生動處，亦略而不書，何也？至白公數語，尤非確論。

① 隸，據《左傳》昭公三十年當作"肄"。下"隸"同。

范　蠡

范蠡，本楚宛縣人。初，濮上人計然博學，無所不通，猶善計算。南遊于越，范蠡師事之，得其術，以事越王勾踐。勾踐父允常與吴王闔廬戰，而深相怨伐。允常卒，勾踐立，闔廬乃興師伐越。勾踐擊敗師于檇李，射傷吴王闔廬。闔廬且死，語其子夫差曰："必無忘越。"三年，勾踐聞吴王夫差日夜勤兵，且以報越，欲先吴未發往伐之。范蠡諫曰："夫國家之事，有持盈，有定傾，有節事。持盈者與天，定傾者與人，節事者與地。天道盈而不溢，盛而不驕，勞而不矜其功。夫聖人隨時以行，是謂守時，天時不作，弗爲人客，人事不起，弗爲之始。今君王未盈而溢，未盛而驕，不勞而矜其功，天時不作而先爲人客，人事不起而創爲之始，此逆于天而不和于人。"王弗聽。范蠡曰："夫勇者逆德也，兵者凶器也，争者事之末也。陰謀逆德，好用凶器，始于人者，人之所卒也。淫泆之事，上帝之禁也。先行此者，不利。"王不聽，曰："吾已决之矣。"遂伐吴。吴王聞之，悉發精兵擊越，敗之夫椒。勾踐以餘卒五千保于會稽。吴王合兵圍之益急，勾踐謂范蠡曰："吾不用子之言，以至于此。爲之奈何？"范蠡對曰："卑辭尊禮，玩好女樂，如此不已，又身與之市。"王乃令大夫種行市于吴，曰："請士女女于士，大夫女女于大夫，隨之以國家之重器。"吴王不許。乃復使大夫種往賂太宰嚭，因請委管鑰，屬國家，以身隨之，吴王乃許成，徹兵歸。

勾踐既反國，將使范蠡爲政。范蠡對曰："四封之内，百姓之事，蠡不如種；四封之外，敵國之制，立斷之事，種不如蠡。"乃令大夫種守國，使范蠡與大夫拓稽爲質于吴。三年，吴人遣之歸。比至，王益親蠡而委國以聽，曰："不穀之國家，蠡之國家也，蠡其圖之。"范蠡復言于王，以民事委大夫種，以兵事自任。

初，勾踐求報于吴也，召范蠡而問焉，曰："上天降禍于越，委制于吴，吴人之那不穀，亦又甚焉。吾欲與子謀之，其可乎？"對曰："未可也。蠡聞之，上帝不考，時反是守，强索者不祥。得時不成，反受其殃。失德滅名，流走死亡。有奪，有予，有不予。王無蚤圖。夫吴，君王之吴也，王若蚤圖之，其事將未可知也。"

又一年，王召范蠡而問曰："吾與子謀吴，子曰未可也。今吴王淫于樂而忘其百姓，亂民功，逆天時，信讒喜優，憎輔遠弼，聖人不出，忠臣解體，皆曲相御，莫適相非，上下相偷，其可乎？"范蠡對曰："人事至矣，天應未也。王姑待之。"王曰："諾。"

又一年，王召范蠡而問焉，曰："吾與子謀吴，子曰未可也。今申胥驟諫其王，王怒而殺之，其可乎？"范蠡對曰："逆節萌生，天地未刑，而先爲之征，其事是以不成，雜受其刑。王姑待之。"

又一年，王召范蠡而問焉，曰："吾與子謀吴，子曰未可也。今其稻蟹不遺種，其可乎？"范蠡對曰："天應至矣，人事未盡也。王姑待之。"王怒曰："道固然乎，忘[①]其欺不穀邪？吾與子言人事，子應我以天時；今天應至矣，子應我以人事何？"范蠡對曰："王姑勿怪。夫人事必將與天地相參，然後乃可以成功。今其禍新民恐，其君臣上下，皆知其資財之不足以支長久也，彼將同其力，致其死，猶尚殆。王其且馳騁戈獵，無至禽荒；宫中之樂，無至酒荒；肆與大夫觴飲，無忘國常。彼其上將薄其德，民將盡其力，又使之望而不得食，乃可以致天地之殛。王姑待之。"

至于玄月，王復召范蠡而問，曰："諺有之曰：'觥飯不及壺飧。'今歲晚矣，子將奈何？"時吴王會諸侯于黄池，精兵悉從行，獨老弱與太子留守。蠡乃對曰："可矣。微君王之言，臣固將謁之王。臣聞從時者，猶救火、追亡人也，蹶而趨之，惟恐弗及。"於是發習流二千、教士四萬人、君子六千人、諸御千人伐吴，吴師大敗，遂殺吴太

① 忘，據《國語·越語》當作"妄"。

子。吴告急于王。王反自會，厚禮請成。蠡以吴尚能與守也，乃復言于王，許之成而退。

後四年，復伐之，大破吴師，因以兵圍之，復棲吴王于會稽之山。吴王使王孫雒行成于越，曰："昔者上天降禍于吴，得罪于會稽。今君王其圖不穀，不穀請復會稽之和。"王弗忍，欲許之。范蠡諫曰："臣聞之，聖人之功，時爲之庸。得時弗成，天有還形。天節不遠，五年復反。小凶則近，大凶則遠。先人有言曰：'伐柯者其則不遠。'今君王不斷，其忘會稽之事乎？"王曰："諾。"不許。使者往而復來，辭愈卑，禮愈尊，王又欲許之。范蠡諫曰："孰使蚤朝而晏罷者，非吴乎？與我争三江五湖之利者，非吴邪？夫十年謀之，一朝而棄之，其可乎？王姑勿許，其事將易冀已。"王曰："吾欲勿許而難其使者，子其對之。"范蠡乃左提鼓，右援抱①，以應使者，曰："昔者上天降禍于越，委制于吴，而吴不受。今將反此義以報此禍，吾王敢無聽天之命而聽君王之命乎？"王孫雒曰："子范子，先人有言：'無助天爲虐，助天爲虐者不祥。'今吴稻蟹不遺種，子將助天爲虐，不忌其不祥乎？"范蠡曰："王孫子，昔吾先君固周室之不成子也，故濱于東海之陂，黿鼉魚鼈之與處，而鼃黽之與同陼。今雖靦然而人面哉，臣猶禽獸也，又安知有諓諓者乎？"王孫雒曰："子范子將助天爲虐，助天爲虐人矣②。子往，反辭于王。"范蠡曰："吾王已委制于執事之不祥③，雒請矣，無使執事之人得罪于子。"使者辭反。范蠡不報于王，擊鼓興師以隨使者，至于姑蘇之宫。不傷越民，遂滅吴。

反至五湖，范蠡辭於王曰："君王勉之，臣不復入于越國矣。"王曰："不穀疑子之所謂者何也？"對曰："臣聞之，君憂臣勞，君辱臣死。昔者君王辱于會稽，臣所以不死者，爲此事也。今事以濟矣，蠡請

① 抱，據《國語·越語》當作"枹"。

② 人矣，據《國語·越語》當作"不祥"。

③ 不祥，據《國語·越語》當作"人矣"。"不祥""人矣"四字，崇禎本正相隔一行，或因此致訛。

從會稽之罸。”王曰：“所不掩子之惡，揚子之美者，使其身無終没于越國。子聽吾言，與子分國。不然，身死，妻子爲戮。”對曰：“臣聞命矣。君行制，臣行意。”遂乘輕舟以浮于五湖。王命工以良金寫其狀而朝禮之，浹日令大夫朝之，環會稽三百里者以爲蠡地，曰：“後世子孫敢有侵蠡之地者，使無終于越國。皇天后土，四鄉地主正之。”

《越絶書》曰：范蠡其始居楚也，生于宛之三户。結童之時，一癡一醒，時人盡以爲狂。然獨有聖賢之明，人莫可與語。以内視若盲，反聽若聾。大夫文種入其縣，知有賢者，未覩所在，汎求之焉，得蠡而悦。蠡乃謂種曰：“天運歷紀，千歲一至。黄帝之元，執辰破巳，霸王之氣，見于地户。子胥以是挾弓矢以干賢王。”遂要種入吴。既而又曰：吴、越二邦，同氣共俗。地户之位，非吴則越。”越王嘗與言，盡入。大夫石買譖之曰：“衒女不貞，衒士不信。客歷諸侯，渡河津，無因自致，殆非貞賢。”大夫種進曰：“昔者市偷自衒于晉，晉用之勝楚。伊尹負鼎入殷，遂佐湯取天下。有志之士，不在遠近取也。”其後勾踐失衆，棲于會稽之山，更用種、蠡之策得以存。

王弇州曰：伍胥，俠客之雄也，重在伸志；范蠡，謀客之雄也，重在全身。員勇勝知，蠡知勝勇。

聖楷曰：今南陽，古宛縣也，有范蠡鄉，即宛之三户地。是時文種爲宛令，范蠡徉狂，故曰“范蠡吠于狗竇，文種見而拜之”。又《吴楚春秋》謂楚平王時文種爲宛令，徉狂不治事。則二人皆狂矣。豈當時楚人皆狂，而以不狂者爲狂乎？抑見楚風不競而託逃之也？嗟乎，覆楚沼吴，無非楚才，而楚不能用，以資他國。士生其際，那得不狂。

陳　音

陳音者，楚人也，善射。范蠡進之于越王，越王請音而問曰："孤聞子善射，道何所生？"音曰："臣，楚之鄙人，嘗步于射術，未能悉知其道。"越王曰："然。願子一二其辭。"音曰："臣聞弩生于弓，弓生于彈，彈起古之孝子。"

越王曰："孝子彈者，奈何？"音曰："古者人民樸質，饑食鳥獸，渴飲霧露，死則裹以白茅，投于中野。孝子不忍見父母爲禽獸所食，故作彈以守之，絶鳥獸之害。故歌曰：'斷竹，續竹，飛土，逐肉。'於是神農皇帝弦木爲弧，剡木爲矢，弧矢之利以威四方。黄帝之後，楚有弧父。弧父者，生于楚之荆山，生不見父母。爲兒之時，習用弓矢，所射無脱。以其道傳于羿，羿傳逢蒙，逢蒙傳于楚琴氏。琴氏以爲弓矢不足以威天下。當是之時，諸侯相伐，兵刃交錯，弓矢之威，不能制服。琴氏乃横弓著臂，施機設樞，加之以力，然後諸侯可服。琴氏傳之楚三侯，所謂句亶、鄂、章，人號麋侯、翼侯、魏侯也。自楚之三侯傳至靈王，自稱是楚累世，蓋以桃弓、棘矢而備鄰國也。自靈王之後，射道分流，百家能人用莫得其正。臣前人受之于楚，五世于臣矣。臣雖不明其道，惟王試之。"

越王曰："弩之狀何法焉？"陳音曰："郭爲方城，守臣子也；教爲人君，命所起也；牙爲執法，守吏卒也；牛爲中將，主内裹也；門爲守禦，檢去止也；錡爲侍從，聽人主也；臂爲道路，通所使也；弓爲將軍，主重負也；弦爲軍師，禦戰士也；矢爲飛客，主教使也；金爲實敵，往不止也；衛爲副使，正道里也；又爲受教，知可否也；縹爲都尉，執左右也；敵爲百死，不得駭也。鳥不及飛，獸不暇走，弩之所向，無不死也。臣之愚劣，道悉如此。"

越王曰："願聞正射之道。"音曰："臣聞正射之道，道衆而徵[①]。古之聖人射，弩未發，而前名其所中，臣未能如古之聖人，請悉其要。夫射之道，身若戴板，頭若激卵，左蹉，右足横，左手若附枝，右手若抱兒。舉弩望敵，翕心咽煙，與氣俱發，得其和平，神定思去，去止分離。右手發機，左手不知，一身異教，豈況雄雌。此正射持弩之道也。”“願聞望敵儀表，投分飛矢之道。”音曰：“夫射之道，從分望敵，合以參連。弩有斗石，矢有輕重。石取一兩，其數乃平。遠近高下，求之銖分。道妙在斯，無有遺言。”

越王曰：“善。盡子之道，願子悉以教吾國人。”音曰：“道出于天，事在于人。人之所習，無有不神。”於是乃使陳音教士習射于北郊之外。三月，軍士皆能用弓弩之巧。陳音死，越王傷之，葬于國西，號其葬所曰陳音山。

聖楷按：陳音山在山陰縣西南四里。《寰宇記》曰屬上虞縣，非。

弱弓微繳之臣

楚人有好以弱弓微繳加歸雁之上者，頃襄王聞，召而問之。對曰：“小臣之好射鶀雁、羅鸗，小矢之發也，何足爲大王道也。且稱楚之大，因大王之賢，所弋非直此也。昔者三王以弋道德，五霸以弋戰國，故秦、魏、燕、趙者，鶀雁也；齊、魯、韓、衛者，青首也；鄒、費、郯、邳者，羅鸗也。外其餘，則不足射者。見鳥六雙，以王何取？王何不以聖人爲弓，以勇士爲繳，時張而射之？此六雙者，可得而囊載也。其樂非特朝夕之樂也，其獲非特鳧雁之實也。王朝張弓而射魏之大梁之南，加其右臂而徑屬之于韓，則中國之路絶，而上蔡之郡壞矣。還射圉之東，解魏左肘，而外擊定陶，則魏之東外棄而大宋、方興二郡者

① 徵，據《吴越春秋》等書，當作“微”。

舉矣。且魏斷二臂，顛越矣。膺擊郯國，大梁可得而有也。王請[①]繳蘭臺，飲馬西河，定魏大梁。此一發之樂也。

"若王之于弋，誠好而不厭，則出寶弓，碆音波。新繳，以石傳弋繳曰碆。射噣鳥于東海，還蓋長城以爲防，噣，音晝，謂大鳥之有鉤喙者，以比齊也。言射者還繞蓋覆，使無飛走之路。朝射東莒，夕發浿邱，夜加即墨，顧據午道，顧，反也。一縱一横爲午道。則長城之東收，而太山之北舉矣。西結境于趙，而北達于燕，三國布翄，音翅。則從不待約而可成也。北遊目于燕之遼東，而南登望于越之會稽。此再發之樂也。

"若夫泗上十二諸侯，左縈而右拂之，可一旦而盡也。今秦破韓以爲長憂，得列城而不敢守也。伐魏而無功，擊趙顧韓[②]，則秦、魏之勇力屈矣，楚之故地漢中、析、酈可得而復有也。王出寶弓，碆新繳，涉鄳塞，而待秦之倦也，山東、河内可得而一也。勞民休衆，南面稱王矣。故曰秦爲大鳥，負海内而處，東面而立，左臂據趙之西南，右臂傅楚鄢、郢，膺擊韓、魏，垂頭中國。處既形便，勢有地利，奮翼鼓翄，方三千里。則秦未可獨招而夜射也。"

欲以激怒襄王，故對以此言。襄王因召與語，遂言曰："夫先王爲秦所欺而客死于外，怨莫大焉。今以匹夫有怨，尚有報萬乘，白公、子胥是也。今楚之地方五千里，帶甲百萬，猶足以踴躍中野也，而坐受困，臣竊爲大王弗取也。"於是頃襄王遣使于諸侯，復爲從，欲以伐秦。

聖楷曰：頃襄忘父之讎，好會和親，甘爲秦役，其不足與爲明矣。此何人哉，獨以射喻。蓋此人胸中眼底，有萬分不平，實實見得天下形勢在秦與楚，實實見得懷王客死不可不報。以不共戴天之恨，擁帶甲百萬之師，左縈右拂，何恥不雪？而乃拱手事人，至足痛也。故借弱弓微繳，攄所欲言，又復隱其姓名，羞與策士同稱。

---

① 請，據《史記·楚世家》，當作"繕"。

② 擊趙顧韓，據《史記·楚世家》作"擊趙而顧病"。

嗟乎，孰謂草野中無奇士哉！

陸法和

陸法和，不知何許人也。隱于江陵百里洲，衣食居處，一與苦行沙門同。耆老自幼見之，容色常不定，人莫能測也。或謂出自嵩高，遍遊遐邇。既入荆州汶陽郡高要縣之紫石山，無故捨所居山，俄有蠻賊文道期之亂，時人以爲預見萌兆。及侯景始告降於梁，法和謂南郡朱元英曰："貧道共檀越擊侯景去。"元英曰："侯景爲國立效，師云擊之，何也？"法和曰："正自如此。"及景渡江，法和時在青谿山，元英往問曰："景今圍城，其事云何？"法和曰："凡人取果，宜待熟時，不撩自落。檀越但待侯景熟，何勞問也。"固問之，乃曰："亦尅亦不尅。"

景遣將任約擊梁湘東王於江陵，法和乃詣湘東，乞征約。召諸蠻弟子八百人，在江津二日便發，湘東遣胡僧祐領千餘人與同行。法和登艦，大笑曰："無量兵馬。"江陵多神祠，人俗恒所祈禱。自法和軍出，無復一驗，人以爲神皆從行故也。至赤沙湖，與約相對。法和乘輕船，不介胄，沿流而下，去約軍一里乃還，謂將士曰："仰[①]觀彼龍睡不動，吾軍之龍，甚自踴躍，即攻之。若得待明日，當不損客主一人而破賊，然有惡處。"遂縱火舫於前，而逆風不便，法和執白羽麾風，風勢即返。約衆皆見梁兵步于水上，於是大潰，皆投水而死。約逃竄不知所之。法和曰："明日午時，當得。"及期而未得，人問之，法和曰："吾前于此洲水乾時建一刹，語檀越等：此雖爲刹，實是賊標。今何不向標下求賊也。"如其言，果於水中見約抱刹，仰頭裁出鼻，遂擒之。約言："求就師目前死。"法和曰："檀越有相，必不兵死，且于王有

① 仰，據崇禎本及《北史》卷八九《陸法和傳》當作"聊"。

緣，决無他慮。王於後當得檀越力耳。”湘東果釋，用爲郡守。及魏圍江陵，約以兵赴救力戰焉。

法和既平約，往進見王僧辯於巴陵，謂曰：“貧道已斷侯景一臂，其更何能爲？檀越宜即遂取。”乃徑還謂湘東王曰：“侯景自然平矣，無足可慮。蜀賊將至，法和請守巫峽待之。”乃總諸軍而往，親運石以填江，三日水遂不流，横之以鐵鏁。武陵王紀果遣蜀兵來渡，峽口勢蹙，進退不可。王琳與法和經略，一戰而殄之。軍次白帝，謂人曰：“諸葛孔明可謂名將，吾自見之。此城旁有其埋弩箭鏃一斛許。”因插表令掘之，如其言。又嘗至襄陽城北大樹下，畫地方二尺，令弟子掘之，得一龜，長尺半，以杖叩之曰：“汝欲出，不能得，已數百歲，不逢我者，豈見天日乎？”爲授三歸，龜乃入草。

初，八疊山多惡疾人，法和爲採藥療之，不過三服皆差，即求爲弟子。山中毒蟲猛獸，法和授其禁戒，不復噬螫。所泊江湖，必於峰側結表，云此處放生。漁者皆無所得，才有少獲，輙有大風雷，船人懼而放之，風雷乃定。晚雖將兵，猶禁諸軍漁捕。有竊違者，中夜猛獸必來欲噬之，或亡其船纜。有小弟子戲截虵頭來詣法和，法和曰：“汝何意殺虵。”因指以示之，弟子乃見虵頭齚袴襠而不落。法和使懺悔，爲虵作功德。又有人以牛試刀，一下而頭斷，來詣法和。法和曰：“有一斷頭牛，就卿徵命殊急。若不爲作功德，一月内報至。”其人弗信，少日果死。法和又爲人置宅、圖墓以避禍求福。嘗謂人曰：“勿繫馬於碓。”其人行過鄉曲門側，有碓，因繫馬於其柱，入門中，憶法和戒，走出將解之，馬已斃矣。

梁元帝以法和爲都督、郢州刺史，封江乘縣公。法和不稱臣，其啟文朱印名上，自稱司徒。梁元帝謂其僕射王褒曰：“我未嘗有意用陸爲三公，而自稱，何也？”褒曰：“彼既以道術自命，容是先知。”梁元帝以法和功業稍重，遂就加司徒，都督、刺史如故。部曲數千人，通呼爲弟子，唯以道術爲化，不以法獄加人。又列肆之内，不立市丞，牧佐之法，無人領受，但以空檻籥在道間，上開一孔以受錢，賈客店人隨貨多少，計其占限，自委檻中。行掌之司，夕方開取，條其孔目，輸之於庫。又法和平常言若不出口，時有所論，則雄辯無敵，然猶帶蠻音。

善爲攻戰具。在江夏，大聚兵艦，欲襲襄陽而入武關。梁元帝使止之。法和曰："法和是求佛之人，尚不希釋梵天王坐處，豈規王位？但於空王佛所，與主上有香火因緣，見主上應有報至，故來援耳。今既被疑，是定業不可改也。"於是設供食，具大餛[①]薄餅。及魏舉兵，法和自郢入漢口，將赴江陵。梁元帝使人逆之曰："此自能破賊。但鎮郢州，不須動也。"法和乃還州，堊其城門，著麤白布衫，布袴邪巾，大繩束腰，坐葦席終日，乃脱之。及聞梁元帝敗滅，復取前凶服著之，哭泣受弔。梁人入魏，果見鎚餅焉。

法和始於百里洲造壽王寺，既架佛殿，更截梁柱，曰："後四十許年，佛法當遭雷雹。此寺幽僻，可以免難。"及魏平荆州，宫室焚燼。總管欲發取壽王佛殿，嫌其材短，乃停。後周氏滅佛法，此寺隔在陳境，故不及難。

天保六年春，清河王岳進軍臨江，法和舉州入齊。文宣以法和爲大都督、十州諸軍事、太尉公、西南大都督，五州諸軍事、荆州刺史。安湘郡公宋莅爲郢州刺史，官爵如故。莅弟簉爲散騎常侍、儀同三司、湘州刺史、義興縣公。梁將侯瑱來逼江夏，齊軍棄城而退。法和與宋莅兄弟入朝，文宣聞其奇術，虚心相見，備三公鹵簿於城南十二里，供帳以待之。法和遥見鄴城，下馬禹步。辛術謂曰："公既萬里歸誠，主上虚心相待，何爲作此術？"法和手持香爐，步從路車，至於館。明日引見，給通幰油絡網車，仗身百人。詣闕通名，不稱官爵，不稱臣，但云荆山居士。文宣宴法和及其徒屬於昭陽殿，賜法和錢百萬，物萬段，甲第一區，田一百頃，奴婢二百人，生資什物稱是。宋莅千段，其餘儀同、刺史以下各有差。法和所得奴婢，盡免之，曰："各隨緣去。"錢帛散施，一日便盡。以官所賜宅營佛寺，自居一房，與凡人無異。三年

① 餛，后文作"鎚"，據《北史》卷八九《陸法和傳》當以後者爲是。

閒再爲太尉，世猶謂之居士。無疾而告弟子死期，至時，燒香禮佛，坐繩牀而終。浴訖將斂，屍小縮止三尺許。文宣令開棺視之，空棺而已。

法和書其所居壁而塗之，及剥落，有文曰："十年天子爲尚可，百日天子急如火，周年天子遞代坐。"又曰："一母生三天，兩天共五年。"説者以爲婁太后生三天子，自孝昭即位，至武成傳位後主，共五年焉。法和在荆郢，有少姬，年可二十餘，自稱越姥，身披法服，不嫁，恒隨法和東西。或與其私通十有餘年，今者賜棄，别更他淫。有司考驗並實。越姥因爾改適，生子數人。

公安袁小修曰：昔荆山居士陸法和，初居江陵之百里洲，繼居邑之紫石山，後乃卜築鹿苑。嘗云："吾著脚名山多矣，未有秀邃如鹿苑者。"蓋因峰爲牆，因水爲池，因巖爲室，因隘爲門户，不修飾而自極煙雲之美。法和擇而居之，可爲神眼。後來開府郢州，似未嘗久居此也。昔臺城之難，爲千古學佛者口實。然此大士一出，而翦其羽翼。侯景之首，旦暮至江陵矣。彼殺學佛者，而即爲學佛者所殺，可云佛法無靈驗哉！

萬回盃渡之流，圓珪七辛之輩，其跡或出野乘，而大士呼風役鬼之奇，正史揭而書之，以爲不可信，則臺城之事亦不足信矣。法和居江夏，大聚兵艦，欲襲襄陽，入武關，梁元止之。法和以空王佛所與主上有香火因緣，應有報至，故來救解耳，何以致疑？夫以空王佛所同學之友，沙劫，不忘拯其患難，至于萬不可救然後已，尤大士中之有俠骨者哉。予欲于繡鐵峽上治一室，以祠法和，而徐議佛宫。聞夷陵雷太史亦有此志。俟其歸，相與圖之，毋使荆州出此一大神聖，任其香火寂寂也。

張惟孝

張惟孝，字仲友，襄陽人。長六尺，通《春秋》，下第，乃工騎射。城中亂，争出關，惟孝拔劍殺數人，趨白河，見一舟壯鉅甚，急登之，舟人不可，惟孝曰："今日之事，非汝即我。能殺我者，得此舟。"衆披靡，遂以舟達郢州。兵亂，奔沙洋，别立[①]傑爲帥，盡隘諸湖不泄水，惟孝令二人賈服前行，密窺隘兵曰："易與耳。"乃與十騎衣黑袍，假爲敵兵曰："後隊亟至。"守隘四五百人悉潰，舟趨藕池。

開慶元年，卜居江陵。至沙市，衆舟大集，不可涉。頃有峨冠張蓋，從者數十，則宣撫姚希得之弟也。令曰："敢有争岸者，投水中。"惟孝睥睨良久，提劍驅左右而出，舉白旗以麾，令衆船登岸，毋敢亂次。幹官鍾蜚英見而異之，以告唐舜申。舜申曰："吾故人也。"具言惟孝平生。蜚英謂曰："今日正我輩趨事赴功之秋。"惟孝不答，又叩之，則曰："朝廷負人。"明日，蜚英道希得羅致之，宴仲宣樓。蜚英酒酣曰："有國而後有家。天下如此，將安歸乎？"惟孝躍然曰："從公所命。"乃請空名帖三十以還。逾旬，與三十騎俱擁甲士五千至，旗幟鮮明，部伍嚴肅，上至公安，下及墨山，游踏相繼。希得大喜，請所統姓名，惟孝曰："朝廷負人，福難禍易。聊爲君侯紓一時之難耳，姓名不可得也。"時鼎、澧五州危甚，於是擊鼓耀兵，不數日，衆至萬人，數戰俱捷，江上平。制使吕文德招之，不就而遁，物色之不可得，或云已趨淮甸，後不知所終。

聖楷曰：姚平仲恥其功之不就，遂乘青騾亡命，一晝夜馳七百五十里入華山，以爲淺，又奔蜀，入青城山。朝廷數物色，求之不得。其藏一身，可謂勇矣。若張惟孝，布衣耳，藏甲士五千人，不在山，不在市，呼之立至，解之立散，不得其姓氏，不知其所往，此又豈平仲所可及乎？天下多事，往往由英傑輩不爲我用，如張元、吴昊之類皆是，然不若惟孝之更異也。吁，觀其"朝廷負人""福難禍易"之語，安得不令英傑輩灰心邪。

① 立，據崇禎本及《宋史》卷四一二《張惟孝傳》當作"之"。

楚寶卷第三十一增輯

新化鄧顯鶴湘皋述

異　　人

趙知微

趙知微，衡山布衣。唐穆宗初逸遊荒恣，知微上《勤政戒逸疏》曰："吾聞色荒禽荒，《尚書》以爲至戒。前代失德之主，鮮不由此，以至顛危。故聲色則慆淫心耳，蕩散人精；馳騁則陷涉傾欹，變生銜橛。此前代聖主賢臣最爲深誡者也。是以周公作《無逸》之篇，而成王致理，漢文冒馳峻之險，而袁盎興諫，皆事理明切，著爲格言。今陛下嗣守鴻業之初，萬方仰聽之際，尤資静慎，用副觀聽。而旬月以來，遊幸未節，優戲在側，馳驅無度。臣是以内則慮深識之賢，憂難興謗，外則恐軼才之獸，軫轂可虞。伏望遠覽古聖，稍息遊玩，怡神閑燕，肆目經書，求理道於既安，播休聲於永代。實天下幸甚！"帝詔宰相慰謝，宰相因是賀天子納諫。然不能用也。

張　　翹

張翹，辰州布衣。熙寧時，峽州群蠻苦其酋剥刻，謀内附。翹獻策言："南江諸蠻雖有十六州地，惟富、峽、敘僅有千户，餘不滿百，土廣無兵，加以薦饑，近向水與繡、鶴、敘諸州蠻自相讐殺，衆苦之，咸思歸化，願先招富、峽二州，俾納土，則餘州自歸。竝及彭師晏之孱弱，皆可郡縣。”詔下知辰州劉策商度，策請如翹言。遂以經制事屬湖南北察訪使章惇，竟以三路兵平懿、洽等州。

顯鶴案：趙知微、張翹，皆以布衣上書。知微《勤政疏》愷切古雅，雖不見納，天下誦之。張翹獻策，開南北江，民至今受其利。余少時有《感事》詩云：“銅鼓淒凉無葛亮，布衣慷慨有張翹。”誠重有感也，得不謂之異人哉！

童區寄

童區寄者，郴州區氏子，蕘牧兒也。十一歲行牧且蕘，二豪賊劫持反接，布囊其口，去逾四十里之墟所賣之。寄僞兒啼，恐慄爲兒恒狀。賊易之，對飲酒，醉。一人去爲市，一人臥，植刃道上。童微伺其睡，以縛背刃，力下上，得絶，因取刃殺之。逃未及遠，市者還，得童大駭，將殺童。遽曰：“爲兩郎僮，孰若爲一郎僮邪？彼不我恩也。郎誠見完與恩，無所不可。”市者良久計曰：“與其殺是僮，孰若賣之；與其賣而分，孰若吾得專焉。幸而殺彼，甚善。”即藏其尸，持僮抵主人所。愈束縛牢甚。夜半，童自轉，以縛即鑪火燒絶之，雖創手勿憚。復取刃殺市者。因大號，一墟皆驚。童曰：“我區氏兒也，不當爲僮。賊二人得我，我幸皆殺之矣。願以聞於官。”墟吏白州，州白大府，大府召視兒，幼愿耳。刺史顔證奇之，留爲小吏，不肯。與衣裳，吏護還之鄉。鄉之行劫縛者，側目莫敢過其門，皆曰：“是兒少秦武陽二歲，而計殺二豪，豈可近邪！”

于子仁

于子仁，字伯安，武岡人。生有夙慧，聰穎異常。七歲自塾歸，有道士摩其頂曰："是兒太狡獪，勿惡作劇，當現宰官身。"子仁笑應之，道士倏不見。州牧白素知其非常兒也，延入署，與子共讀，遂通諸經，爲文操筆立就。舉洪武十七年鄉試，十八年成進士，授參幕府、庶吉士。

出知山東昌樂縣。有異術，多神政。縣有寡婦子死於虎，婦訴於縣。子仁命卒持牒入山捕虎，卒泣辭。子仁曰："第焚此牒，山中虎自來耳。"卒入山焚牒，群虎奔集，弭耳帖尾，隨卒入城集庭下。子仁判曰："非食婦兒者出，犯者伏階下。"衆咆哮出，一虎蹲匐不敢動。仁曰："若食婦兒乎？殺人者死。今赦汝，代兒養婦者，可乎？"虎掉尾乞憐，縱之去。自是每旦虎必銜麏兔致婦門，夜則臥婦階下，儼爲婦子云。

遷守登州，以道遠，不能迎母，每夜中騎竹杖馳歸省母，旦復還，率爲常。一日，偶晏起，杖仆於道，遂不能返。坐離次論死，械繫至京。百姓詣闕保留，弟子禮亦請以身代，遂得釋。或云子仁坐妖術，逮治瘐死獄中，以尸解法逃歸，爲怨家所告，遂不知所終。

子仁幼敏慧，讀書州署時，偶出遊見分秧者，州守以"稻草縛秧翁抱子"七字屬對，子仁應聲曰："竹籃載筍母攜兒"。其穎敏類此。晚號七十一雲峰道人，著有《七十一雲峰詩草》，多散佚。今存《登泰山歌》《海門行》數篇，辭翰遒逸可觀。

趙吉士《寄園寄所寄》載子仁事，作"于梓人"，因其父藝，以梓名。幼聰慧，及長有俊才，且多異術。歷官登州郡守府部，有訴家人傷於虎者，守命卒持牒入山捕虎，至杖之百而舍之。尋爲部民告訐，以爲妖術惑衆。有詔逮治，數月瘐死獄中，棄其尸。家人發喪成服。忽一夜，聞叩門聲，問是誰，答是梓人，驚爲鬼，曰："吾實逃去，死者詐也。"家人不信，謂鬼衣無縫，驗之不然，遂納之。梓人不自晦匿，日與故舊遊晏，或泛舟不用楫，逆水而上以爲樂。里人劉氏，怨家也，執白知州伍芳請奏，聞芳不許，劉詣闕告。朝命法官推按，未至，一日忽失梓人所在，但存鐵索而已。劉無以自明，竟坐欺罔，得重譴。梓人自是亦不復見。

顯鶴案：子仁，吾郡人。余修《武岡志》時，采輯舊志立傳，且爲之論曰："世所傳子仁牒虎騎竹，事多神異。以余所見，《登州志》《一統志》及稗官别記所載略同。或且疑之，余不謂然。漢之欒巴、唐之李泌，不以神仙鬼怪累其功名，又奚僅葉縣之舄、葛陂之杖驚人耳目已也！"古人精能之至，可役鬼神。其事雖奇，其理甚常也。吾邑前明有安孝廉其恭者，以驅虎聞。邑患虎，其恭爲文牒城隍，夢神語曰："已爲子除患矣。"隔朝，虎斃於道。文見《寶慶府志》。近安化陶先生亦有《驅虎文》。陶里居有虎殺人，爲文禱於社公祠，七日而虎遁，見《萸江文集》。先生名必銓，雲汀中丞之父，祀鄉賢。

荆楚文庫編纂出版委員會
武漢出版社

楚寶宦蹟論次目録

登高望遠，舜陟還過衡陽；涉澧渡江，禹功半在荒服。是以塗山之會，貢九州而稱荆；太史陳詩，歌二《南》以首楚。春秋多賢大夫，然丹能誦祈招之什；兩漢著循良績，隆中獨高《梁父》之吟。又若羊祜之淚，杜預之碑，武昌之柳，南樓之月，嶽麓梅花，無端急雪，西山杯酒，散作湘春。每披往牒，良懷儀軌。倘執筆而隨長吏之後，其更有進于斯者乎？述《宦蹟》第二十，凡三卷。

宦蹟一

召公奭　方叔　然丹　伯州犂　吴起　馬援　宋均　衛颯　馮緄　度尚　楊璇　孫堅

宦蹟二

諸葛亮　關羽　羊祜　杜預　劉弘　陶侃　庾亮　劉道産　王僧虔　顧憲之　孫瑒　申徽　楊大眼

宦蹟三

李泌　吕諲　元結　韓思復　裴休　李允則　張詠　岳飛　李椬　辛棄疾　楊時　劉珙　張栻　朱熹　陆九淵　真德秀

增輯

唐羌　欒巴　應詹　司馬承　甘卓　劉悛　劉坦　蕭憺　陽城　李臯　韋宙　歐陽煜　劉沆　孟彦卿　趙民彦　趙聿之　劉玠　蔡奕　李綱　韓世忠　劉清之　劉龜年　青文勝　利賓姚九功①　林培②　蔡道憲　劉熙祚　邱存忠③　章曠　堵胤錫　何騰蛟

---

① 正文無“姚九功”傳。

② 正文“林培”在“蔡道憲”之前。

③ 正文“邱存忠”在“章曠”前。

楚寶卷第三十二

明湘潭周聖楷伯孔輯纂

宦　蹟

召公奭

召公奭，與周同姓姬氏。初爲西伯之大夫，巡行南國，以布厥政。有司請召民，公曰："不勞一身而勞百姓，非吾君之志也。"乃徧歷鄉邑，有棠樹，决獄政事其下。自侯伯至庶人各得其所，無失職者。召伯卒，而民人思召公之政，懷棠樹不敢伐，歌詠之，作《甘棠》之詩。

《小序》曰：《甘棠》，美召伯也。召伯之教，明于南國。

朱子《傳》曰：召伯巡行南國，以布文王之政。或舍甘棠之下。其後人思其德，故愛其樹而不忍傷也。

聖楷曰：考文王時，南國雖不盡屬楚，然《殷武》之詩曰："惟汝荆楚，居國南鄉。"則楚爲南國亦已久矣。且鬻熊子事文王，先諸姬受封，《江漢》《汝墳》尤爲聖教首善地。被服遠而勤勞大，與邠土同一忠厚之遺，孰謂二《南》之風非即楚國之風也歟？嗟乎，楚人不忍忘君，即懷王客死，猶思三户，况召伯哉？故十五國相隨以盡，而燕獨後亡。秦甫二世告滅，而楚裔之在滇嶠者，猶稱王數世。吾誦《甘棠》之詩，於是乎有感。

又按：孔子删《詩》，寓楚風于二《南》，其意蓋將用楚以觀周、召之美化善乎？郝京山先生之言曰：孔子生平所欲有爲者，莫如楚。魯定公十二年，罷司寇去魯，至哀公十一年返，在外十有四年，而居陳、蔡者强半。陳、蔡小國耳，晉、楚與交争，其君臣流離，朝不及夕，孔子奚取焉？蓋二國者，楚之屬也，其往來頻數，意嘗在楚也。是時齊將絶晉，且分諸姬，惟衛而國小政亂，皆不足以有爲。山東諸國，惟楚地廣民衆。《檀弓》記有子之言曰："夫子失魯司寇，將之荆，先之以子夏，申之以冉有，其故可知也。"及楚昭王使人聘，陳、蔡大夫沮之。子貢適楚，昭王以兵來迎，欲封孔子書社地七百里，子西不可，而昭王遂卒。向使昭王不死，孔子其能舍楚乎？世儒謂孔子夷楚，真無稽之言也。

方　叔

方叔，周宣王卿士也。宣王北伐玁狁之後，蠻荆背叛，乃命方叔爲將以征之。方叔蓋嘗與北伐有功者，蠻荆聞其名，不戰而皆來畏服。故詩人歌《采芑》以美南征焉。

京山郝敬曰：按世儒謂《春秋》夷楚，據是詩之言蠻荆耳。夫《禹貢》九州，荆居第六，則壤近中原，《江漢》《汝墳》，二《南》首善也，焉得比諸荒服蠻夷？荒服，環畿甸四面二千三百里外皆得稱之，何獨南土耳？三代以前，帝都居北，故南土遠。今楚正四宇之中，衡嶽、五嶺以外，南連百粤、閩、廣，西南夷古皆屬荆，故稱荆蠻，非謂荆盡蠻也。荆地半天下，王者南面失楚如面牆。江界險阻，亂則先叛，是以商、周中興，先服楚也。若蠻夷也者，先王荒之而已，何以伐爲？《商頌》云："維汝荆楚，居國南鄉。"言近也。是《詩》亦云："征伐玁狁，蠻荆來威。"言玁狁遠而蠻與荆近，不得不征也。後儒解《春秋》，遵齊、晉，爲擯楚之説，考之《詩》《書》，按之地里，本無稽，何以稱之？

又曰：夷、夏，天地自然之限也。西周之亡也以戎，故《春秋》謹之。如戎伐周、侵齊、侵魯、侵曹，狄滅衛、滅邢，長狄，赤、白狄，陸渾戎，蠻子之類，明書于策，此正所謂夷狄也。至于九州幅幀之内，西有秦，南有楚，東有吴、越，其君皆神明之後，其地皆天府神州，而世儒一切擯之爲夷，謂不可與同盟會。然則北有燕，盟會不與，亦爲夷乎？且《禹貢》九州之地皆諸夏也，秦、楚、吴、越居九州地之三，倘盡翦而爲夷，則天不足九野，地不滿九州，而《禹貢》爲虚文，《春秋》爲殘局矣，仲尼何樂爲此乎？世儒既謂楚爲夷，謂攘楚爲霸，又謂楚與齊、晉并稱五霸，是自背其説也。謂楚僭王，陵諸姬，無所逃罪，謂爲夷狄，則楚未服也。楚爲夷，則江、漢、襄、鄧、淮、汝、徐、沛閒皆夷矣。秦、漢以來，真人輩出，大半楚産，仲尼雖不得知，豈其舉東南半壁，盡割棄之乎？甚無謂也。

然　丹

然丹，字子革，鄭大夫子然子也。康王六年，鄭子孔之亂，子革奔楚，楚以爲右尹。靈王十一年，狩于州來，次于潁尾。使蕩侯、潘子、司馬督、囂尹午、陵尹喜帥師圍徐，以懼吴。楚子次于乾谿，以爲之援。雨雪，王冠皮冠，衣秦復陶，翠被，豹舄，執鞭以出。僕析父從。右尹子革夕，王見之，去冠、被，舍鞭，與之語，曰：“昔我先王熊繹與吕伋太公子、王孫牟衛康叔子、燮父晉康叔子、禽父周公子並事康王，四國皆有分，我獨無有。今吾使人于周，求鼎以爲分，王其與我乎？”對曰：“與君王哉！昔我先王熊繹，辟在荆山，篳路藍縷以處草莽，跋涉山林以事天子，唯是桃弧、棘矢，以共禦王事。齊，王舅也；晉及魯、衛，王母弟也。楚是以無分，而彼皆有。今周與四國，服事君王，將唯命是從。豈其愛鼎？”王曰：“昔我皇祖伯父昆吾，舊許是宅。今鄭人貪賴其田，而不我與，我若求之，其與我乎？”對曰：“與君王哉！周不愛鼎，鄭敢愛田？”王曰：“昔諸侯遠我而畏晉。今我大城陳、蔡、不羹音郎，賦皆千乘，子與有勞焉。諸侯其畏我乎？”對曰：“畏君王哉！是四國者，專足畏也，又加之以楚，敢不畏君王哉？”

工尹路請曰：“君王命剥圭以爲鏚柲，敢請命。”王入視之。析父謂子革：“吾子，楚國之望也。今與王言如響，國其若之何？”子革曰：“摩厲以須，王出，吾刃將斬矣。”王出，復語。左史倚相趨過，王曰：“是良史也，子善視之。是能讀《三墳》《五典》《八索》《九丘》。”對曰：“臣嘗問焉：昔穆王欲肆其心，周行天下，將皆必有車轍馬跡焉。祭公謀父作《祈招》之詩，以止王心，王是以獲殁于祇宫。臣問其詩，而不知也。若問遠焉，其焉能知之？”王曰：“子能乎？”對曰：“能。其詩曰：‘祈招之愔愔，式昭德音。思我王度，式如玉，式如金。形民之力，而無醉飽之心。’”王揖而入，饋不食，寢不寐，數日不能自克，以及于難。

乾谿之難既逼，子革曰：“請待于郊，以聽國人。”王曰：“衆怒不可犯也。”曰：“若入于大都，而乞師于諸侯。”王曰：“皆叛矣。”曰：“若亡于諸侯，以聽大國之圖君也。”王曰：“大福不再，祇取辱焉。”然丹乃歸于楚。

平王立，使然丹簡上國之兵于宗丘，且撫其民。分貧拯窮，長孤幼，養老疾，收介特，救災患，宥孤寡，赦罪戾，詰奸慝，舉淹滯，禮新敘舊，禄勳合親，任良物官。使屈罷簡東國之兵于召陵，亦如之。好于邊疆，息民五年，而後用師。子革之謀也。

鍾惺曰：楚子次于乾谿，令尹子革與之語，所謂“摩厲以須，王出，吾刃將斬”者，人以爲在後引《祈招》詩一段，不知“與君王哉”“畏君王哉”數段冷冷，王之氣柔而心開矣。至云“齊，王舅也；晉及魯、衛，王母弟也。楚是以無分，而彼皆有”，語有分曉，隱然見周之初，楚不得與四國争，非一味順從而已。對驁主一味順從不得。然王見左史倚相趨過，曰“是良史也，子善視之。是能讀《三墳》《五典》《八索》《九邱》"，靈王暴侈，猶能重好學之臣，亦非後世所及。

乾谿考

聖楷按：乾谿，在城父，即今亳州也。與章華臺原非一處，《東軒筆録》辨之甚詳。又《春秋繁露》云：乾谿有物女，水盡則見，水滿則不見。靈王樂之，舉國以役，三年不罷。物女事甚奇，無人拈出。

伯州犂

伯州犂，晉伯宗子。伯宗之難，伯州犂來奔，共王以爲太宰。十六年，晉、楚戰于鄢陵。王登巢車，以望晉軍。令尹子重使伯州犂侍于王後。王曰："騁而左右，何也？"曰："召軍吏也。""皆聚于中軍矣。"曰："合謀也。""張幕矣。"曰："虔卜于先君也。""徹幕矣。"曰："將發命也。""甚囂，且塵上矣。"曰："將塞井夷竈而爲行也。""皆乘矣。左右執兵而下矣。"曰："聽誓也。""戰乎？"曰："未可知也。""乘而左右皆下矣。"曰："戰禱也。"伯州犂以公卒告王。時楚之亡臣苗賁皇在晉厲公之側，亦以王卒告公。皆曰："國士在，且厚，不可當也。"

楚康王十三年，及秦人侵鄭，至于城麇。鄭皇頡戍之，出與楚師戰，敗。穿封戌囚皇頡，公子圍與之争之，正于伯州犂。伯州犂曰："請問于囚。"乃立囚。伯州犂曰："所争，君子也，其何不知？"上其手，曰："夫子爲王子圍，寡君之貴介弟也。"下其手，曰："此子爲穿封戌，方城外之縣尹也。誰獲子？"囚曰："頡遇王子，弱焉。"戌怒，抽戈逐王子圍，弗及。楚人以皇頡歸。

十四年，宋向戌欲彌兵，合晉、楚及諸侯之大夫盟于宋。令尹子木衷甲。伯州犂曰："合諸侯之師，以爲不信，無乃不可乎？夫諸侯望信于楚，是以來服。若不信，是棄其所以服諸侯也。"固請釋甲。子木曰："晉、楚無信久矣，事利而已。苟得志，焉用信？"太宰退，告人曰："令尹將死矣，不及三年。求逞志而棄信，志將逞乎？志以發言，言以出信，信以立志，參以定之。信亡，何以及三？"子木果死郟敖。

四[①]年，公子圍聘于鄭，且娶于公孫段氏。既聘，將以衆逆。子産患之，使子羽辭曰："以敝邑褊小，不足以容從者，請墠聽命。"圍使太宰伯州犂對曰："君辱貺寡大夫圍，謂圍將使豐氏撫有而室。圍布几筵，告于莊、共之廟而來。若野賜之，是委君貺于草莽也，是寡大夫不得列于諸卿也。不寧唯是，又使圍蒙其先君，將不得爲寡君老，其蔑以復矣。唯大夫圖之！"子羽曰："小國無罪，恃實其罪。將恃大國之安靖己，而無乃包藏禍心以圖之。小國失恃，而懲諸侯，使莫不憾者，距違君命，而有所壅塞不行是懼。不然，敝邑，館人之屬也，其敢愛豐氏之祧？"伍舉知其有備也，請垂櫜而入。入，逆而出。遂會于虢。設服離衛，鄭人謂其似君也。伯州犂曰："此行也，辭而假之寡君。"鄭行人揮曰："假不反矣。"伯州犂曰："子姑憂子晳之欲背誕也。"子羽曰："當璧猶在，假而不反，子其無憂乎？"及圍將行大事，忌伯州犂，而殺之於郟。

聖楷曰：晉伯宗朝，以喜歸，其妻曰："子貌有喜，何也？"曰："吾言于朝，諸大夫皆謂我知似陽子。"對曰："陽子華而無實，主言而無謀，是以難及其身。子何喜焉？"伯宗曰："吾飲諸大夫酒，而與之語，爾試聽之。"曰："諾。"既飲，其妻曰："諸大夫莫子若也。然而民不戴其上久矣，難必及子乎！盍亟索士慭庇州犂焉？"得畢陽。及伯宗將遇害，畢陽實送州犂于楚。今觀州犂在楚，知非不及其父也，而卒亦不免殺身之難。春秋之際，禍福之機，危矣哉！然而明哲婦人如州犂母者，當其時，抑又

① 四：《左傳》昭公元年作"元"。

何多也。

吴　起

吴起者，衛人也，好用兵。嘗學于曾子。魏武侯封爲西河守，甚有聲名。公叔爲相，尚魏公主，而以謀去吴起，武侯疑之而弗信也。吴起懼得罪，遂去，即之楚。

楚悼王素聞起賢，至則相楚。明法審令，捐不急之官，廢公族疏遠者，以撫養戰鬬之士。要在彊兵，破馳説之言從横者。於是南平百越；北并陳、蔡；卻三晉，西伐秦。諸侯患楚之彊，故楚之貴戚盡欲害吴起。及悼王死，宗室大臣作亂而攻吴起。吴起走之王尸而伏之。擊起之徒因射刺吴起，并中悼王。悼王既葬，太子立，乃使令尹盡誅射吴起而并中王尸者。坐射起而夷宗死者七十餘家。

茅坤曰：吴起入楚，多戰功。太史公並爲虚語以序次之，而不及其治兵合戰之略，惜哉。

聖楷曰：史稱吴起嘗學于曾子。觀其守西河時，對魏武侯曰：“在德不在險。”又云：“君若不修德，舟中之人盡爲敵國也。”此數語，便知學有原本處，不可以其猜忍好兵而忽之。

馬　援

馬援，字文淵，茂陵人。初事光武，封新息侯。二十四年，武威將軍劉尚擊武陵蠻，軍没，援因復請行。時年六十二，帝愍其老，未許之。援自請曰：“臣尚能披甲上馬。”帝令試之。援據鞍顧盼，以示可用。帝笑曰：“矍鑠哉是翁也。”遂遣援率中郎將馬武、耿舒、劉匡、孫永等，將十二郡募士及弛[①]刑四萬餘人征五溪。援夜與送者訣，謂友人謁者杜愔曰："吾受厚恩，年迫餘日索，嘗恐不得死國事。今獲所願，甘心瞑目，但畏長者家兒或在左右，或與從事，殊難得調，介介獨惡是耳。"明年春，軍至臨鄉，遇賊攻縣，援迎擊，破之，斬獲二千餘人，皆散走入竹林中。

初，軍次下雋，有兩道可入，從壺頭則路近而水險，從充則塗夷而運遠，帝初以爲疑。及軍至，耿舒欲從充道，援以爲棄日費糧，不如進壺頭，扼其喉咽，充賊自破。以事上之，帝從援策。三月，進營壺頭。賊乘高守隘，水疾，船不得上。會暑甚，士卒多疫死，援亦中病，遂困，乃穿岸爲室，以避炎氣。賊每升險鼓譟，援輒曳足以觀之，左右哀其壯意，莫不爲之流涕。耿舒與兄好畤侯弇書曰："前舒上書當先擊充，糧雖難運而兵馬得用，軍人數萬争欲先奮。今壺頭竟不得進，大軍怫鬱行死，誠可痛惜。前到臨鄉，賊無故自致，若夜擊之，即可殄滅。伏波類西域賈胡，到一處輒止，以是失利。今果疾疫，皆如舒言。"弇得書，奏之。帝乃使虎賁中郎將梁松乘驛責問援，因代監軍。會援病卒，松宿懷不平，遂因事陷之。帝大怒，追收援新息侯印綬。援妻孥惶懼，不敢以喪還舊塋，裁買城西數畝地稾葬而已。賓客故人莫敢弔[②]。

前雲陽令同郡朱勃詣闕上書曰："臣聞王德聖政，不忘人之功，採其一美，不求備于衆。故高祖赦蒯通而以王禮葬田横，大臣曠然，咸不自疑。夫大將在外，讒言在内，微過輒記，大功不計，誠爲國之所慎也。故章邯畏口而奔楚，燕將據聊而不下。豈其甘心末規哉？悼巧言之傷類也。竊見故伏波將軍新息侯馬援，拔自西州，欽慕聖義，閒關險難，觸冒萬死，孤立群貴之閒，傍無一言之佐，馳深淵，入虎口，豈顧計哉！寧自知當要七郡之使，徼封侯之福邪？八年，車駕西討隗

① 弛：《後漢書》卷二四《馬援傳》作"弛"。
② 《後漢書》卷二四《馬援傳》"弔"後有"會"字。

囂，國計狐疑，衆營未集。援建宜進之策，卒破西州。及吴漢下隴，冀路斷隔，唯獨狄道爲國堅守，士民饑困，寄命漏刻。援奉詔西使，鎮慰邊衆，乃招集豪傑，曉誘羌戎，謀如湧泉，勢如轉規，遂收倒懸之急，存幾亡之城，兵全師進，因糧敵人，隴、冀略平，而獨守空郡，兵動有功，師進輒克。銖鋤先零，援[1]入山谷，猛怒力戰，飛矢貫脛。又出征交阯，土多瘴氣，援與妻子生訣，無悔吝之心，遂斬滅徵側，克平一州。閒復南討，立陷臨鄉，師已有業，未竟而死，吏士雖疫，援不獨存。夫戰或以久而立功，或以速而致敗，深入未必爲得，不進未必爲非。人情豈樂久屯絶地，不生歸哉！惟援得事朝廷二十二年，北出塞漠，南渡江海，触冒害氣，僵死軍事，名灭爵絶，国土不傳。海内不知其過，衆庶未聞其毁，卒遇三夫之言，横被誣妄之讒，家屬杜門，尋不歸墓，怨隙並興，宗親怖慄。死者不能自列，生者莫爲之訟，臣竊傷之。夫明王醲于用賞，約于用刑。高祖嘗與陳平金四萬斤以閒楚軍，不問出入所爲，豈復疑以錢穀閒哉？夫操孔父之忠而不能自免于讒，此鄒陽之所悲也。《詩》云："取彼讒人，投畀豺虎。豺虎不食，投畀有北。有北不受，投畀有昊。"此言欲令上天而平其惡。惟陛下留思豎儒之言，無使功臣懷恨黄泉。臣聞《春秋》之義，罪以功除；聖王之祀，臣有五義。若援，所謂以死勤事者也。願下公卿平援功罪，宜絶宜續，以厭海内之望。"臣年已六十，嘗伏田里，竊感欒布哭彭越之義，冒陳悲憤，戰慄闕庭。書奏，報，歸田里。

勃字叔陽，年十二能誦《詩》《書》。嘗候援兄况。勃衣方領，能規步，辭言嫺雅，援裁知書，見之自失。况知其意，乃自酌酒慰援曰："朱勃小器速成，知盡此耳，卒當從汝稟學，勿畏也。"朱勃未二十，右扶風請試守渭城宰，及援爲將軍，封侯，而勃位不過縣令。援後雖貴，嘗待以舊恩而卑侮之，勃愈身自親。及援遇讒，唯勃能終焉。

① 援：《後漢書》卷二四《馬援傳》作"緣"。

宋　均

宋均，字叔庠，南陽安衆人也。父伯，建武初爲五官中郎將。均以父任爲郎，時年十五，好經書，每休沐日，輒受業博士。通《詩》《禮》，善論難。至二十餘，調補辰陽長。其俗少學者而信巫鬼，均爲立學校，禁絶淫祀，人皆安之。以祖母喪去官，客游潁川。

後爲謁者。會武陵蠻反，圍武威將軍劉尚，詔使均乘傳發江夏奔命三千人往救之。既至而尚已没。會伏波將軍馬援至，詔因令均監軍，與諸將俱進，賊拒抗不得前。及馬援卒于師，軍士多温溼疾病，死者大半。均慮軍遂不反，乃與諸將議曰："今道遠士病，不可以戰，欲權承制降之何如？"諸將皆伏地莫敢應。均曰："夫忠臣出境，有可以安國家，專之可也。"乃矯制調伏波司馬吕种守沅陵長，命种奉詔書入寇營，告以恩信，因勒兵隨其後。蠻夷震怖，即共斬其大帥而降。於是入賊營，散其衆，遣歸本郡，爲置長吏而還。均未至，先自劾矯制之罪。光武嘉其功，迎賜以金帛，令過家上冢。其後每有四方異議，數訪問焉。仕至尚書令，以疾乞免，卒于家。

衛　颯

衛颯，字子産，河内修武人。家貧好學問，隨師無糧，嘗傭以自給。建武初，遷桂陽太守。郡與交州接境，頗染其俗，不知禮則。颯下車，修庠序之教，設婚姻之禮。期年閒，邦俗從化。

先是含洭、湞陽、曲江三縣，越之故地，武帝平之，内屬桂陽。民居深山，濱溪谷，習其風土，不出田租。去郡遠者，或且千里。吏事往來，輒發民乘船，名曰"傳役"。每一吏出，徭及數家，百姓苦之。颯乃鑿山通道五百餘里，列亭傳，置郵驛。於是役省勞息，奸吏杜絶。流民稍還，漸成聚邑，使輸租賦，同之平民。又耒陽縣出鐵石，他郡民庶嘗依因聚會，私爲冶鑄，遂招來亡命，多致奸盗。颯乃上起鐵官，罷斥私鑄，歲所增入五百餘萬。颯理䘏民事，居官如家，其所施政，莫不合於物宜。視事十年，郡内清理。

二十五年徵還，光武欲以爲少府，會颯被疾，不能拜起，勑以桂陽太守歸家。賜錢十萬，後卒于家。

南陽茨充代颯爲桂陽，亦善其政，教民種殖桑柘麻苧之屬，勸令養蠶織履，民得利益焉。

聖楷曰：繼衛颯而治桂陽者，又有許荆，俱載《後漢·循吏傳》。荆字少張，會稽人。和帝時遷桂陽太守。嘗行春至耒陽，有蔣均者，兄弟争財互訟。荆歎曰："吾荷國重任，教化不行，咎在太守。"乃使吏上書陳狀，乞詣廷尉，均遂感化。在任十二年，父老稱歌。徵拜諫議大夫。桂陽人爲立廟樹碑。按：荆治蔣均兄弟，雖是以身率之，其實以術馭之。小民頑梗，有不畏守令而畏朝廷者，爲治何可無術也。

馮 緄

馮緄，字鴻卿，巴郡宕渠人。官廷尉、太常。時長沙蠻寇益陽，屯聚積久。至延熹五年，衆轉盛，而零陵蠻賊復反應之，合二萬餘人，攻燒城郭，殺傷長吏。又武陵蠻夷悉反，寇掠江陵閒。荆州刺史劉度、南郡太守李肅竝奔走，荆南皆没。於是拜緄爲車騎將軍，將兵十餘萬討之，詔策緄曰："蠻夷猾夏，久不討攝，各焚都城，蹈藉官人。州郡將吏，死職之臣，相逐奔竄，曾不反顧，可愧言也。將軍素有威猛，是以擢受六師。前代陳湯、馮、傅之徒，以寡擊衆，郅支、夜郎、樓蘭之戎，頭懸都街，衛、霍北征，功列金石，是皆將軍所究覽也。今非將軍，誰與修復前迹？進赴之宜，權時之策，將軍一之，出郊之事，不復内御。已命有司祖于國門。《詩》不云乎：‘進厥虎臣，闞如虓虎。敷敦淮濆，仍執醜虜。’將軍其勉之！”

時天下饑饉，帑藏虚盡，每出征伐，嘗減公卿奉禄，假王侯租賦，前後所遣將帥，宦官輒陷以折耗軍資，往往抵罪。緄性烈直，不行賄賂，懼爲所中，乃上疏曰：“執得容奸，伯夷可疑；苟曰無猜，盗跖可信。故樂羊陳功，文侯示以謗書。願請中常侍一人監軍財費。”尚書朱穆奏緄以財自嫌，失大臣之節。有詔勿劾。

緄軍至長沙，賊聞，悉詣營道乞降。進擊武陵蠻夷，斬首四千餘級，受降十萬餘人，荆州平定。詔書賜錢一億，固讓不受。振旅還京師，推功於從事中郎應奉，薦以爲司隸校尉，而上書乞骸骨，朝廷不許。後拜屯騎校尉，復爲廷尉，卒于官。

聖楷按：應奉，字世叔，南頓人。少聰警，讀書五行俱下。著《漢書後序》，多所述載。舉茂才，詔拜武陵太守。先是，武陵蠻酋詹山等四千餘黨叛，執縣令。奉到官慰納，山等皆悉降散。於是興學校，舉側陋，政稱變俗。坐公事免。延熹中，蠻復亂，馮緄以奉有恩威，請與俱。拜從事中郎。奉勤設方略，乃破賊，故緄推功于奉。及黨錮起，奉引疾自退。追愍屈原，著《感騒》三十篇。卒。子邵，字仲遠，弟子瑒、璩，並以文才稱。中興初，有應嫗者，生四子而寡，見神光照社，試探之，乃得黄金。自是諸子宦學，並有才名，至瑒七世通顯。

度　尚

度尚，字博平，山陽湖陸人。延熹五年，長沙、零陵賊合七八千人，自稱“將軍”，入桂陽、蒼梧、南海、交阯，交阯刺史及蒼梧太守望風逃走[①]，二郡皆没。遣御史中丞盛修募兵討之，不能尅。豫章艾縣人六百餘人，應募而不得賞直，怨恚，遂反，焚燒長沙郡縣，寇益陽，殺縣令，衆漸盛。又遣謁者馬睦，督荆州刺史劉度擊之，軍敗，睦、度奔走。桓帝詔公卿舉任代劉度者，尚書朱穆舉尚，自右校令擢爲荆州刺史。尚躬率部曲，與同勞逸，廣募雜種諸蠻夷，明設購賞，進擊，大破之，降者數萬人。桂陽宿賊渠帥卜陽、潘鴻等畏尚威烈，徙入山谷。尚窮追數百里，遂入南海，破其三屯，多獲珍寶。而陽、鴻等黨衆猶盛，尚欲擊之，而士卒驕富，莫有鬬志。尚計緩之則不戰，逼之必逃亡，乃宣言卜陽、潘鴻作賊十年，習于攻守。今兵寡少，未易可進，當須諸郡所發悉至，爾乃并力攻之，申令軍中，恣聽射獵。兵士喜悦，大小皆相與從禽。尚乃密使所親客潛焚其營，珍積皆盡，獵者來還，莫不涕泣。尚人人慰勞，深自咎責，因曰："卜陽等財寶足富數世，諸卿但不并力耳。所亡少少，何足介意！"衆聞咸憤踊。尚勑令秣馬蓐食，明旦，徑赴賊屯。陽、鴻等自以深固，不復設備，吏士乘鋭，遂大破平之。

尚出兵三年，群寇悉定。七年，封右鄉侯，遷桂陽太守。明年，徵還京師。時荆州兵朱蓋等，征戍役久，財賞不贍，忿恚，復作亂，與桂陽賊胡蘭等三千餘人復攻桂陽，焚燒郡縣。太守任胤棄城走。賊衆遂至數萬，轉攻零陵，太守陳球固守拒之。於是以尚爲中郎將，將幽、冀、黎陽、烏桓步騎二萬六千人救球，又與長沙太守抗徐等發諸郡兵，并勢[②]討擊，大破之，斬蘭等首三千五百級，餘賊走蒼梧。詔賜尚錢百萬，餘人各有差。時抗徐與尚俱爲名將，數有功。復以尚爲荆州刺史，卒于官。

《史懷》曰：奪其所不可舍而陷之，以所未得籠絡，顛倒用衆之法，甚奇，甚快。使敵之懼者化而驕，我之驕者化而鋭。其轉移之妙，全在先有以緩之。緩近于懈，而驕以爲奮，此兵之所以不可

① 走：《後漢書》卷三八作"奔"。
② 勢：《後漢書》卷三八作"埶"。

測也。

聖楷按：陳球，字伯真，淮浦人，爲零陵太守。值賊來攻，零陵下濕[①]，編木爲城，不可守備。掾史白徙[②]家避難，球怒曰：“太守分國虎符，受任一邦，豈顧妻孥而沮國威[③]乎？”乃悉老弱死守，弦木爲弓，羽茅[④]爲矢，引機發之，射千餘步，多所殺傷。賊復激水[⑤]灌城，球輒于内因地勢决水，反滰賊。相拒不下。會度尚救至，遂共破平之。抗徐，字伯徐，丹陽人。初試守宣城，悉移深林遠藪椎髻鳥語之人置于縣下，由是境内無復盜賊。後屢破賊，封東鄉侯，遷太山都尉。及在長沙，宿賊皆平。卒于官。今《長沙志》失載。

楊　璇

楊璇，字璣平，會稽烏傷人。璇初舉孝廉，稍遷。靈帝時爲零陵太守。是時蒼梧、桂陽猾賊相聚，攻郡邑，賊衆多而璇力弱，吏人憂恐。璇乃特制馬車數十乘，以排囊盛石灰於車上，繫布索于馬尾，又爲兵車，專彀弓弩，尅期會戰。乃令馬車居前，順風鼓灰，賊不得視。因以火燒布，布然馬驚，奔突賊陣，因使後車弓弩亂發，鉦鼓鳴震。群盜波駭破散，追逐傷斬無數，梟其渠帥，郡境以清。荆州刺史趙凱。誣奏璇實非身破賊，而妄有其功。璇與相章奏。凱有黨助，遂檻車徵璇。防禁嚴密，無繇自訟，乃噬臂出血，書衣爲章，具陳破賊形勢，又言凱所誣狀，潛令親屬詣闕通之。詔書原璇，拜議郎，凱反受誣人之罪。璇三遷

① 濕：《後漢書》卷五六作“溼”。
② 徙：《後漢書》卷三八作“遣”。
③ 《後漢書》卷三八“威”後有“重”字。
④ 茅：《後漢書》卷三八作“矛”。
⑤ 水：《後漢書》卷三八作“流”。

爲渤海太守，所在有異政，徵拜尚書僕射，卒于家。

《史懷》曰：兵家用奇，前無所因，以敵爲師，當機而巧生焉，事過則已。但可一試而不可屢行，如田單火牛是也。楊璇制馬車，用火牛之意而加減，甚妙。且今車戰制寇，此法安可不講。

范曄論曰：安、順以後，風威稍薄，寇攘寖横，緣隙而生，剽人盜邑者不闋時月，假署皇王者蓋以十數。或託驗神道，或矯妄冕服。然其雄渠魁長，未有聞焉。猶以壘盈四郊，奔命首尾。若夫數將者，竝宣力勤慮，以勞定功，而景風之賞未甄，膚受之言互及。以此而推，政道難乎以免。

孫　堅

孫堅，字文臺，吴郡富春人，蓋孫武之後也。少爲縣吏，屢以破賊功，拜别部司馬。

邊章、韓遂作亂凉州，中郎將董卓拒討無功。中平三年，遣司空張温行車騎將軍，西討章等。温表請堅與參軍事，屯長安。温以詔書召卓，卓良久乃詣温。温責讓卓，卓應對不順。堅時在坐，前耳語謂温曰："卓不怖罪而鴟張大語，宜以召不時至，陳軍法斬之。"温不從。堅因起出。章、遂聞大兵向至，黨衆離散，皆乞降。軍還，議者以軍未臨敵，不斷功賞，然聞堅數卓三罪，勸温斬之，無不歎息。拜堅議郎。時長沙賊區星自稱將軍，衆萬餘人，攻圍城邑，乃以堅爲長沙太守。到郡親率將士，施設方略，旬月之閒，克破星等。周朝、郭石亦帥徒衆起于零、桂，與星相應。遂越境尋討，三郡肅然。漢朝録前後功，封堅烏程侯。

靈帝崩，卓擅朝政，横恣京城。諸州郡並興義兵，欲以討卓。堅亦舉兵。荆州刺史王叡素遇堅無禮，堅過殺之。北[①]至南陽，衆數萬人。南陽太守張咨聞軍至，晏然自若。堅以牛酒禮咨，咨明日亦答詣堅。酒酣，長沙主簿再入白堅："南陽太守稽停義兵，使賊不時討，請收出按軍法從事。"便牽于[②]軍門斬之。郡中震慄，無求不獲。前到魯陽，與袁術相見。術表堅行破虜將軍，領豫州刺史，遂治兵于魯陽城。當進軍討卓，遣長史公仇稱將兵從事還州督促軍糧。施帳幔于城東門外，祖道送稱，官屬並會。卓遣步騎數萬人逆堅。輕騎數十先到。堅方行酒談笑，勑部曲整頓行陣，無得妄動。後騎漸益，堅徐罷坐，導引入城，乃謂左右曰："向堅所以不即起者，恐兵相蹈藉，諸君不得入耳。"卓兵見堅士衆甚整，不敢攻城，乃引還。堅移屯梁東，大爲卓軍所攻。堅與數十騎潰圍而出。堅嘗著赤罽幘，乃脱幘令親近將祖茂著之。軍[③]騎争逐茂，故堅從閒道得免。茂困迫，下馬，以幘冠冢閒燒柱，因伏草中。卓騎望見，圍繞數重，定近覺是柱，乃去。堅復相收兵，合戰于陽人，大破卓軍，梟其都督華雄等。是時，或閒堅于術，術懷疑，不運軍糧。陽人去魯陽百餘里，堅夜馳見術，畫地計校，曰："所以出身不顧，上爲國家討賊，下爲將軍家門之私讎。堅與卓非有骨肉之怨也，而將軍受譖潤之言，還相嫌疑！"術踧踖，即調發軍糧。堅還屯。卓憚堅猛壯，乃遣將軍李傕等來求和親，令堅列疏子弟任刺史、郡守者，許表用之。堅曰："卓逆天無道，蕩覆王室，今不夷汝三族，縣示四海，則吾死不瞑目，豈將與乃和親邪？"復進軍大谷，拒雒九十里。卓尋徙都西入關，焚燒雒邑。堅乃前入至雒，修諸陵，平塞卓所發掘。訖，引軍還，住魯陽。

初平三年，術使堅征荆州，擊劉表。表遣黄祖逆于樊、鄧之閒，堅擊破之，追渡漢水，遂圍襄陽，單馬夜行峴山，爲祖軍士所射殺。

---

① 北：《三國志》卷四六《孫堅傳》作"比"。

② 《三國志》卷四六《孫堅傳》"于"前有"咨"字。

③ 軍：《三國志》卷四六《孫堅傳》作"卓"。

聖楷曰：吕温《題陽人城》詩云：“忠驅義感即風雷，誰道南方乏武才。天下起兵誅董卓，長沙子弟最先來。”張謂亦云：“董卓狼顧，文臺以三湘之衆，績著勤王。”然使張温始從破虜之言，則誅卓，一夫之力耳，何至動天下之兵而使漢祚終移也。孫氏據有江東數世，豈非天意哉！

楚寶卷第三十二考異

新化鄧顯鶴湘皋述

宧[1]　蹟

召公奭

乃遍歷鄉邑，有棠樹，决獄政事其下。

顯鶴按：《寶慶府志拾遺》：甘棠渡在邵陽縣東，相傳爲召伯聽政之地，故郡表古南國，歷建召伯祠。萬曆閒，楊給事廷蘭謂棠樹之株，明初猶存，可坐數十人。居人病遊者之擾，竊私伐去。郡伯郭公聞於上，以其人寘重法。則似非無據者矣。周濂溪解邵州之名，從水從召。宋李劉一作釗《賀寶慶李太守啟》云：“鄴侯出守，衍苦李之盤根；召伯來宣，新甘棠之美蔭。惟此三湘，壯哉二召。”益陽羅宗伯喻義曰：“召，有‘邵’音，召亭、甘棠渡在焉。”

馬　援

初事光武，封新息侯。二十四年，武威將軍劉向[2]擊武陵蠻，軍

① 宧：當作“宦”。
② 向：正文作“尚”，當據改。

没，援因復請行。

顯鶴按：援本傳，王莽末，援爲新成大尹。世祖即位，援因留西州，隗囂甚敬重之，以援爲綏德將軍。建武四年冬，囂使援奉書洛陽。九年，拜爲大中大夫。十九年，封援爲新息侯。不得云“初事光武，封新息侯”矣。又，“二十四年”亦宜稱“建武二十年”，“武陵蠻”宜稱“武陵五谿蠻”。

宋 均

宋均，字叔庠，南陽安衆人也。

顯鶴按：《黨錮傳》注引謝承《書》云：“宗資，字叔都，南陽安衆人也。家代爲漢將相名臣。祖父均，自有傳。”則“宋”字傳寫譌也。《南蠻傳》中敘受降事，正作“謁者宗均”，此即見於本書，可參考定之。此條出何義門焯札記。

顯鶴又按：《度向[1]傳》“後爲中郎將宗資別部司馬”，亦作“宗資”，以是知何氏之言信矣。

衛 颯

茨充代颯爲桂陽，亦善其政。

顯鶴按：颯本傳注引《東觀記》曰：充字子河，宛人也。初舉孝廉，之京師，同侶馬死，充到前亭，輒舍車持馬還相迎，鄉里號之曰“一馬兩車茨子河”也。

① 向：據《後漢書》卷三八《度尚傳》當作“尚”。

勸令養蠶織屦[①]，民得利益。

按：《東觀記》曰：元和中，荆州刺史上言：臣行部入長沙界，觀者皆徒跣。臣問御佐曰："人無履亦苦之否？"對曰："十二月盛寒時並多割裂血去，然火燎之，春温或膿潰。建武中，桂陽太守茨充教人種桑蠶，人得其利，至今江南頗知蠶桑織屦，皆充之化也。

繼衛颯而治桂陽，又有許荆。荆字少張，會稽人。

按：謝承《書》：荆字子張，家貧爲吏。無有船車，休暇常單步荷擔上下。又本傳：會稽陽羨人也。

在郡[②]十二年，父老稱歌。徵拜諫議大夫。桂陽人爲立廟樹碑。

按：謝承《書》云：郴人謝弘等不養父母，兄弟分析。因此皆還供養者千有餘人也。

度　向[③]

抗徐，字伯徐。初試守宣城。

顯鶴按：尚本傳：時抗徐與尚俱爲名將，數有功。徐字伯徐。鄉邦稱其膽知。初試守宣城長。封烏程東鄉侯五百户。遷大山都尉，寇盜望風奔亡。及在長沙，宿賊皆平。原傳"抗"誤"杭"，"試守宣城長"誤節去"長"字。"烏程東鄉侯"誤節去"烏程"二字。

① 屦：據正文當作"履"。
② 郡：據正文當作"任"。
③ 向：據正文當作"尚"。

孫 堅

乃以堅爲長沙太守，到郡親率將士。

顯鶴按：堅本傳注引《魏書》曰：堅到郡，郡中震服，任用良吏。勅吏曰："謹遇良善，治官曹文書，必循治，以盗賊付太守。"

遂越境尋討，三郡肅然。

按：《吴録》曰：是時廬江太守陸康從子作宜春長，爲賊所攻，遣使求救於堅。堅衆整嚴救之。主簿進諫，堅答曰："太守無文德，以征伐爲功，越界攻討，以全異國。以此獲罪，何愧海内乎？"乃進兵往救，賊聞而走。

荆州刺史王叡素遇堅無禮，堅過殺之。

按：本傳引《吴録》曰：堅勒兵襲叡。叡聞兵至，登樓望之，遣問欲何爲，堅前部答曰："兵久戰勞苦，所得賞，不足以爲衣服，詣使君更乞資直耳。"叡見堅，驚曰："兵自求賞，孫使君何以在其中？"堅曰："被使者檄誅君。"叡曰："我何罪？"堅曰："坐無所知。"叡窮迫，刮金飲之而死。

便率[①]咨於軍門斬之。

按：本傳注引《吴歷》曰：初堅至南陽，咨既不給軍糧，又不肯見堅。堅欲進兵，恐有後患，乃詐得急疾，舉軍震惶。遣所親人

① 率：《三國志》卷四六《孫堅傳》及原文作"牽"，且原文"率"後無"咨"字。

説咨，言病困，欲以兵付咨。咨聞之，心利其兵，即將步騎五六百人詣營省病。堅臥與相見。無何，卒然而起，按劍罵咨，遂執斬之。此語與本傳不同。

楚寶卷第三十二增輯

新化鄧顯鶴湘皋述

宦　蹟

唐　羌

唐羌，汝南人。漢臨武長。縣接交州，舊獻龍眼、荔支，驛馬晝夜傳送，至遭虎狼毒害，頓仆死亡不絶。道經臨武，羌上書諫曰："臣聞上不以滋味爲德，下不以貢膳爲功，故天子食太牢爲尊，不以果實爲珍。伏見交阯七郡獻生龍眼等，鳥驚風發，南州土地，惡蟲猛獸不絶於路，觸犯死亡者不可復生，來者猶可救也。此二物升殿，未必延年益壽。"帝從之。章報，羌即棄官還家。

欒　巴

欒巴，内黄人。順帝擢拜郎中，四遷桂陽太守。以郡處南垂，不閑典訓，爲吏人定婚姻喪紀之禮，興立學校，以獎進之。雖幹吏卑末，皆課令習讀，程試殿最，隨能升授。政事明察。視事七年，荆州刺史李固薦巴治蹟，徵拜議郎。

應　詹

應詹，南頓人。晉永嘉中，拜南平太守。王澄爲荆州，假詹督南平、天門、武陵三郡軍事。天門、武陵谿蠻並反，詹討降之。時政令不一，諸蠻怨望，並謀背叛。詹召蠻至[①]，破銅券與盟，由是數郡無虞。百姓歌之曰："亂離既普，殆爲灰朽。僥倖之運，賴兹應后。歲寒不彫，孤境獨守。拯我塗炭，惠隆丘阜。運同江海，恩猶父母。"尋與陶侃破杜弢於長沙，賊中金寶溢目，詹一無所取，唯收圖書，莫不歎之。後遷荆州刺史，出郡，士庶攀車號泣，若戀所生。

司馬丞

司馬丞，晉譙王遜子。少篤厚有志行。帝欲樹藩屏，謂丞曰："湘州南楚險固，在上流之要，控三州之會，是用武之國也。今以叔父居之，若何？"於是詔以丞監湘州諸軍事、南中郎將、湘州刺史。時湘土荒殘，公私困弊，丞躬自儉約，乘葦茭車，而傾心綏撫，甚有能名。王敦搆難，丞與建昌太守長沙王循、衡陽太守淮陵劉翼等馳檄湘州，指期至巴陵。零陵太守尹奉首同義謀，出軍營陽，乃斬湘東太守鄭澹。澹，敦姊夫也。敦遣南蠻校尉魏乂等攻丞，丞且戰且守，待救於尹奉，而城池不固。相持百餘日，城遂没，丞死之。

顯鶴案：晉譙王丞以宗室之望，據方州之重，當王敦首亂之際，興兵倡義，建旗誓衆，號召荆湘。其時協謀起義之人，如長史虞悝，司馬虞望，參軍韓階，主簿周崎、鄧騫諸人，争先赴義，視

① 至：《晉書》卷七〇《應詹傳》作"酋"。

死如歸。雖楚人尚氣，亦丞之忠誠奮發有以感之也。宋紹熙年閒，朱子帥潭時，立五忠祠於北門内，以譙王丞爲首，益以宋紹興初死金難之通判州軍事孟彦卿、通判州事趙民彦、將官劉玠、兵官趙聿之四人爲五忠，又以丞長史虞悝等塑像配享。案：當時同丞仗義死節之士，尚有瀏陽易雄、天門周該、長沙桓雄，均宜從祀。今祠久廢，其基址亦無有知之者矣。

甘卓

甘卓，丹陽人，湘州刺史。中興初，以邊寇未静，學校陵遲，特聽不試孝廉，而秀才猶依舊策試。卓上疏言："臣所忝州往遭喪亂，學校久替，人士流播，不得比之餘州。策試之由，當藉學功，謂宜同孝廉例，申與期限。"疏奏，朝議不許。卓於是精加隱括，備禮舉桂陽谷儉爲秀才。

顯鶴案：甘卓當王敦之亂，與譙王丞尅期舉事，義旗所指，自命桓、文。迄聞王師敗績，觀望不前。惜哉！然其軫念鄙州荒陋，眷眷以人才爲急，至於搜求巖谷，禮遣寒素，而桂陽谷儉遂赫然顯於時。守土者得此意以行之，野無留良矣。

劉悛

劉悛，彭城人。南齊中，出爲安遠護軍、武陵内史。郡南江古隄，久廢不緝。悛修治未畢，而江水忽至，百姓棄役奔走，悛親率厲之，於是乃立。漢壽人邵榮興六世同爨，表其門閭。悛强濟有世調，善於流俗。蠻王田僮在山中，年垂百餘歲，南譙王義宣爲荆州，僮出謁。至是又出謁悛。明帝崩，表奔赴。敕帶郡還都。吏民送者數千人，悛人人執手，係以涕泣，百姓感之，贈送甚厚。

劉　坦

劉坦，南陽人。齊建元初，補孱陵令，遷南中郎録事參軍，所居以幹濟稱。義師起，湘州刺史楊公則率師赴夏口，西朝議行州事者，坦謂“湘境人情，易擾難信，必欲鎮静一州，軍民足食，無踰老臣”。乃除長沙太守，行湘州事。坦嘗在湘州，多舊恩，道迎者衆。下車簡選堪事吏，分詣十郡，悉發人丁，運租米三十餘萬斛，致之義師，資糧用給。

時東昏遣劉希祖破西臺所選太守於平都，移檄湘部，始興内史王僧粲應之，自號平西將軍、湘州刺史。自是湘部蜂起，惟臨湘、湘陰、瀏陽、羅四縣猶全。州人咸欲汎舟逃走，坦悉聚船焚之，遣將尹法略拒僧粲。前湘州鎮軍鍾元紹潛謀應僧粲，坦僞不知。久留與語，密遣親兵收其家書，具得本末。元紹首伏，於坐斬之，餘黨無所問。法略與僧粲相持累月，公則還州，群賊始散。天監初，論功封浦縣男。

蕭　憺

蕭憺，太祖子，封始興王。天監元年，都督荆、湘等六州軍事。時軍旅之後，公私空乏，憺勵精爲治，廣闢屯田，減省力役，存問兵死之家，供其窮困。自以年少始居重任，思欲開導物情，乃謂佐吏曰：“政之不臧，士君子所宜共惜。言可用，用之可也；如不用，於我何傷？吾開懷矣，爾其無忝。”於是小人知恩，君子盡意。民辭訟者，皆立前待符教，決於俄頃。曹無留事，下無滯獄。

六年，州大水。分遣行諸郡，遭水死者給棺槥，失田者與糧種。是歲，嘉禾生於州界，吏民歸美，憺謙讓不受。七年，母陳太妃薨，徵還朝。民爲之歌曰："始興王，民之爹。赴人急，如水火。何時復來乳哺我？"

楚寶卷第三十三

明湘潭周聖楷伯孔輯纂

宦　蹟

諸葛亮

諸葛亮，字孔明，瑯琊陽都人。亮蚤孤，從父玄爲袁術所署豫章太守，玄將亮及亮弟均之官。會漢朝更選朱皓代玄。玄素與荆州牧劉表有舊，往依之。玄卒，亮僑寓襄陽之隆中，躬耕隴畝，好爲《梁父吟》。身長八尺，每自比于管仲、樂毅，時人莫之許也。惟博陵崔州平、潁川徐庶元直與亮友善，謂爲信然。

時先主屯新野，徐庶見先主，謂曰："諸葛孔明，臥龍也，將軍豈願見之乎？"先主曰："君與俱來。"庶曰："此人可就見，不可屈致也。將軍宜枉駕顧之。"先主遂詣亮，凡三往，乃見。因屏人曰："漢室傾頹，奸臣竊命，主上蒙塵。孤不度德量力，欲信大義于天下，而知術淺短，至于今日，志猶未已。君謂計將安出？"亮答曰："自董卓已來，豪傑並起，跨州連郡者不可勝數。曹操比于袁紹，則名微而衆寡，然操遂能克紹，以弱爲强者，非惟天時，抑亦人謀也。今操已擁百萬之衆，挾天子以令諸侯，此誠不可與争鋒。孫權據有江東，已歷三世，國險而民附，賢能爲之用，此可以爲援而不可圖也。荆州北據漢、沔，利盡南海，東連吴會，西通巴、蜀，此用武之國，而其主不能守，殆天所以資將軍，將軍豈有意乎？益州險塞，沃野千里，天府之地，高祖因之以成帝業。劉璋闇弱，張魯在北，民殷國富而不知存恤，知能之士思得明君。將軍既帝室之胄，信義著于四海，總攬英豪，思賢如渴，若跨有荆、益，保其巖阻，西和諸戎，南撫夷越，外結好孫權，内修政理；天下有變，則命一上將將荆州之軍以向宛、洛，將軍身率益州之衆以出秦川，百姓誰敢不簞食壺漿以迎將軍者乎？誠如是，則霸業可成，漢室可興矣。”先主曰：“善！”於是與亮情好日密。關羽、張飛等不悦，先主解之曰：“孤之有孔明，猶魚之有水也。願諸君勿復言。”羽、飛乃止。

會劉表死，操追先主至于夏口。亮曰：“事急矣，請奉命求救于孫將軍。”時權擁軍在柴桑，觀望成敗。亮説權曰：“海内大亂，將軍起兵據有江東，劉豫州亦收衆漢南，與曹操並争天下。今操芟夷大難，略已平矣，遂破荆州，威震四海。英雄無所用武，故豫州逃遁至此。將軍量力而處之：若能以吴、越之衆與中國抗衡，不如蚤與之絶；若不能當，何不按兵束甲，北面而事之！今將軍外託服從之名，内懷猶豫之計，事急不斷，禍至無日矣！”權曰：“苟如君言，劉豫州何不遂事之乎？”亮曰：“田横，齊之壯士耳，猶守義不辱，況劉豫州王室之胄，英才蓋世，衆士慕仰，若水之歸海。事之不濟，此乃天也，安能復爲之下乎？”權勃然曰：“吾不能舉全吴之地，十萬之衆，受制于人。吾計决矣！非劉豫州莫可以當曹操者，然豫州新敗之後，安能抗此難乎？”亮曰：“豫州軍雖敗于長阪，今戰士還者及關羽水軍精甲萬人，劉琦合江夏戰士亦不下萬人。曹操之衆，遠來疲弊，聞追豫州，輕騎一日一夜行三百餘里。此所謂‘彊弩之末，勢不能穿魯縞’者也。故兵法忌之，曰‘必蹶上將軍’。北方之人，不習水戰，又荆州之民附操者，偪兵勢耳，非心服也。今將軍誠能命猛將統軍數萬，與豫州協規同力，破操軍必矣。操軍敗，必北還，如此則荆、吴之勢彊，鼎足之形成矣。成敗之機，在于今日。”權大悦，即遣周瑜、程普、魯肅等水軍三萬，隨亮詣先主，并力拒曹操。操敗于赤壁，引軍歸鄴。先主遂收江南，以亮爲軍師中郎將，使督零陵、桂陽、長沙三郡，調其賦税，以充軍實。

建安十六年，益州牧劉璋遣法正迎先主，使擊張魯。亮與關羽鎮荆州，先主自葭萌還攻璋。亮與張飛、趙雲等率衆泝江，分定郡縣，與先主共圖成都。成都平，以亮爲軍師將軍，署左衛軍府事。先主外出，亮嘗鎮守成都，足食足兵。二十六年，先主即帝位，亮以丞相録尚書事。

章武三年春，先主于永安病篤，召亮于成都，屬以後事。建興元年，封亮武鄉侯，開府治事。頃之，又領益州牧。政無巨細，咸決于亮。南中諸郡，並皆叛亂，亮以新遭大喪，未便加兵，且遣使聘吴，因結和親，遂爲與國。

明年春，亮率衆南征，其秋悉平。軍資倍出，國以富饒。乃治戎講武，以俟大舉。五年，率諸軍北駐漢中。臨發，上疏曰："先帝創業未半而中道崩殂，今天下三分，益州疲弊，此誠危急存亡之秋也。然侍衛之臣不懈于内，忠志之士忘身于外者，蓋追先帝之殊遇，欲報之于陛下也。誠宜開張聖聽，以光先帝遺德，恢弘志士之氣，不宜妄自菲薄，引喻失義，以塞忠諫之路也。宫中府中，俱爲一體；陟罰臧否，不宜異同。若有作奸犯科及爲忠善者，宜付有司論其刑賞，以昭陛下平明之理，不宜偏私，使内外異法也。

"侍中、侍郎郭攸之、費禕、董允等，此皆良實，志慮忠純，是以先帝簡拔以遺陛下。愚以爲宫中之事，事無大小，悉以咨之，然後施行，必能裨補闕漏，有所廣益。將軍向寵，性行淑均，曉暢軍事，試用於昔日，先帝稱之曰能，是以衆議舉寵爲督。愚以爲營中之事，悉以咨之，必能使行陣和睦，優劣得所。親賢臣，遠小人，此先漢所以興隆也；親小人，遠賢臣，此後漢所以傾頹也。先帝在時，每與臣論此事，未嘗不歎息痛恨於桓、靈也。侍中、尚書、長史、參軍，此悉貞良死節之臣，願陛下親之信之，則漢室之隆，可計日而待也。

"臣本布衣，躬耕于南陽，苟全性命于亂世，不求聞達于諸侯。先帝不以臣卑鄙，猥自枉屈，三顧臣于草廬之中，諮臣以當世之事，繇是感激，遂許先帝以驅馳。後值傾覆，受任于敗軍之際，奉命于危難之間，爾來二十有一年矣。先帝知臣謹慎，故臨崩寄臣以大事也。受命以來，夙夜憂歎，恐託付不效，以傷先帝之明。故五月渡瀘，深入不毛。今南方已定，兵甲已足，當獎率三軍，北定中原，庶竭駑鈍，攘除奸凶，興復漢室，還于舊邦[①]。此臣所以報先帝，而忠陛下之職分也。至於斟酌損益，進盡忠言，則攸之、禕、允之任也。願陛下託臣以討賊興復之效；不效，則治臣之罪，以告先帝之靈。責攸之、禕、允等之慢，以彰其咎。陛下亦宜自謀，以諮諏善道，察納雅言，深追先帝遺詔。臣不勝受恩感激，今當遠離，臨表涕零，不知所言。”遂行，屯于沔陽。

六年春，亮身率諸軍攻祁山。七年，亮遣陳式攻武都、陰平，遂平二郡。九年，亮復出祁山，以木牛運，糧盡退軍，與魏將張郃交戰，射殺郃。十二年春，亮率大軍由斜谷出，以流馬運，據武功五丈原，與司馬宣王對于渭南。亮每患糧不繼，使己志不伸，是以分兵屯田，爲久駐之基。耕者雜于渭濱居民之閒，而百姓安堵，軍無私焉。相持百餘日。其年八月，亮病卒于軍，時年五十四。及軍退，宣王案行營壘處所，歎曰：“天下奇才也！”

隆中考

隆中，即今襄陽伏龍山，在縣西南二十里。袁小修曰：伏龍隱隱若龜背起山口，西向如一竇，其中含裹群峰，流泉界道，古木蒼藤，封天蔽日。奇石巉巉，巖洞突兀。景有八所，謂三顧堂、六角井、古柏亭、躬耕田、梁甫崕、抱膝石、老龍洞、小虹橋、半月溪、野雲庵也。訊所云草廬處，已爲王家幽宫矣。大約因山爲牆，因水爲池，因崖爲屋，因夷爲田。不出户，而山中所宜有者皆備。極邃極廣，極清極腴，孔明擇而居之，可謂神眼，可見隱才。後世以“躬耕南陽”一語，遂疑其跡在南陽，不知兩漢皆以南陽爲荆州刺史治，荆、襄皆隸焉。南陽其總轄郡名也。習鑿齒去孔明不遠，其寄桓秘書曰：“西望隆中，想臥龍之吟，縷縷皆襄中事。”何復

① 邦：《三國志》卷三五《諸葛亮傳》作“都”。

致疑？且考漢初平元年，魏已得南陽，遣將屯樊城以窺荆、襄。至十二年，先主始見孔明于隆中，其不應涉敵境而訪賢也，又明矣。若夫《殷芸小説》謂孔明所居乃南陽之墟，非南陽也。其説亦似而無據。

聖楷又按：《水經注》：沔水中有魚梁洲，龐德公所居。士元居漢之陰，司馬德操宅洲之陽。望衡對宇，懽情自接，泛舟褰裳，率爾休暢。《襄陽記》曰：劉備訪世事于司馬德操，德操曰："儒生俗士，豈識時務？識時務者，在乎俊傑。此閒自有伏龍、鳳雛。"備問爲誰，曰："諸葛孔明、龐士元也。"據此則鹿門、漢水、白沙、隆中，諸人擇勝而隱，定不相遠，何得孔明獨在二三百里之外？亦足徵俗説之訛也。

關　羽

關羽，字雲長，本字長生，河東解人也。建安五年，從先主就劉表。表卒，曹公定荆州，先主自樊將南渡江，别遣羽乘船數百艘會江陵。曹公追至當陽長阪，先主斜趨漢津，適與羽船相值，共至夏口。孫權遣兵佐先主拒曹公，曹公引軍退歸。先主收江南諸郡，乃封拜元勳，以羽爲襄陽太守、盪寇將軍，駐江北。先主西走益州，拜羽董督荆州事。羽聞馬超來降，舊非故人，羽書與諸葛亮，問超人才可誰比類。亮知羽護前，乃答之曰："孟起兼資文武，雄烈過人，一世之傑，黥、彭之徒，當與益德並驅争先，猶未及髯之絶倫逸群也。"羽美須髯，故亮謂之髯。羽省書大悦，以示賓客。

二十四年，先主爲漢中王，拜羽爲前將軍，假節鉞。是歲，羽率衆攻曹仁於樊。曹公遣于禁助仁。秋，大霖雨，漢水汎溢，禁所督七軍皆没。禁降羽。羽又斬將軍龐德。梁郟、陸渾群盗或遥受羽印號，爲之支黨，羽威震華夏。曹公議徙許都以避其鋭，司馬宣王、蔣濟以爲關羽得志，孫權必不願也。可遣人勸權躡其後，許割江南以封權，則樊圍自解。曹公從之。先是，權遣使爲子索羽女，羽罵辱其使，不許婚，權大怒。又南郡太守麋芳在江陵，將軍傅士仁屯公安，素皆嫌羽自輕己。羽之出軍，芳、仁供給軍資，不悉相救，羽言“還當治之”，芳、仁咸懷懼不安。於是權陰誘芳、仁，芳、仁使人迎權。而曹公遣徐晃救曹仁，羽不能克，引軍退還。權已據江陵，盡虜羽士衆妻子，羽軍遂散。權遣將逆擊羽，斬羽及子平于臨沮。追謚羽曰壯繆侯。子興嗣。

聖楷曰：羽歿而其神王于當陽玉泉山。昔予友袁田祖嘗作《玉泉山記》甚辨，予猶憶其一二段云：公三晉名士，《春秋》略皆上口。其言曰“心在人中，日在天上”，本之《管子》，公又似熟讀《管子》者。公字雲長，又字長生。諦想“長生”二字，似與稽叔夜《養生論》有同情，則公乃東漢文人。今以健兒武夫待之，誣矣。又，昭烈還公安，遣羽争長沙、零、桂三郡。魯肅住益陽，與羽相拒，魯肅單刀赴會。今云羽單刀，皆誣也。嗟乎！世間盲説如此類甚多，安得我友之筆一盡洗之。

羊　祜

羊祜，字叔子，泰山南城人。蔡邕外孫也。司馬昭爲大將軍，徵拜中書侍郎。武帝代魏，以佐命勳，進中軍將軍。帝將有滅吴之志，以祜爲都督荆州諸軍事。祜率營兵出鎮南夏，開設庠序，綏懷遠近，甚得江漢閒心。與吴人開布大信，降者欲去皆聽之。吴石城守去襄陽七百餘里，每爲邊害，祜患之，竟以詭計令吴罷守。於是戍邏減半，分以墾田八百餘頃，大獲其利。祜之始至也，軍無百日之糧，及至季年，乃有十年之積。詔罷江北都督，置南中郎將，以所統諸軍在漢東江夏者，皆以益祜。在軍嘗輕裘緩帶，身不被甲，鈴閣之下，侍衛不過十數人，而頗以畋漁廢政。嘗欲夜出，軍司徐胤執棨當營門曰：“將軍都督萬里，安可輕脱！將軍之安危，亦國家之安危也。胤今日若死，此門乃開耳。”祜改容謝之，此後稀出矣。

祜以孟獻營武牢而鄭人懼，晏弱城東陽而萊子服，乃進據險要，開建五城，收膏腴之地，奪吴人之資，石城以西，盡爲晉有。自是前後降者不絶。乃增修德信，以懷柔初附，慨然有吞并之心。每與吴人交兵，尅日方戰，不爲掩襲之計。將帥有欲進譎詐之策者，輒飲以醇酒，使不得言。人有略吴二兒爲俘者，祜遣送還其家。後吴將夏詳、邵顗等來降，二兒之父亦率其屬與俱。吴將陳尚、潘景來寇，祜追斬之，美其死節而厚加殯殮。景、尚子弟迎喪，祜以禮遣還。吴將鄧香掠夏口，祜募生縛香，既至，宥之，香感其恩甚，率部曲降。祜出軍行吴境，刈穀爲糧，皆計所侵，送絹償之。每會衆江、沔遊獵，嘗止晉地。若禽獸先爲吴人所傷而爲晉兵所得者，皆封還之。於是吴人翕然説服，稱爲羊公，不之名也。

祜與陸抗相對，使命交通。抗稱祜之德量，雖樂毅、諸葛孔明不能過也。抗嘗病，祜饋之藥，抗服之無疑心。人多諫抗，抗曰：“羊叔子豈酖人者！”時論以爲華元、子反復見于今日。

祜樂山水，每風景，必造峴山，置酒談詠，終日不倦。嘗慨然歎息，顧謂從事中郎鄒湛等曰：“自有宇宙，便有此山。繇來賢達勝士，登此遠望，如我與卿者多矣！皆湮滅無聞，使人悲傷。如百歲後有知，魂魄猶應登此也。”廣湛曰：“公德冠四海，道嗣前哲。令聞令望，必與此山俱傳。至若湛輩，乃當如公言耳。”

祜寢疾，求入朝。既至洛陽，會景獻宫車在殯，哀痛。中詔令扶疾引見。命乘輦入殿，無下拜。及侍坐，面陳伐吴之計。帝以其病，不宜常入，遣中書令張華問其籌策。祜曰：“今主上有禪代之美，而功德未著。吴人虐政已甚，可不戰而克。混一六合，以興文教，則主齊堯、舜，臣同稷、契，爲百代之盛[①]。若孫皓不幸而没，吴人更立令主，雖

① 《晉書》卷三四《羊祜傳》“盛”後有“軌”字。

百萬之衆，長江未可得而越也，將爲後患乎？”華深贊成其計。祜謂華曰：“成吾志者，子也。”帝欲使祜臥護諸將，祜曰：“取吴不必須臣自行，但既平之後，當勞聖慮耳。功名之際，臣所不敢居。若事了，當有所付授，願審擇其人。”

疾漸篤，乃舉杜預自代。尋卒。封鉅平侯。帝素服哭之，甚哀。是日大寒，帝涕淚霑鬢鬢，皆爲冰焉。南州人征市日聞祜喪，莫不號慟，罷市，巷哭者聲相接。吴守邊將士亦爲之泣。襄陽百姓於峴山祜平生游憩之所建碑立廟，歲時享祭焉。望其碑者莫不流涕，杜預因名爲墮淚碑。

杜 預

杜預，字元凱，京兆杜陵人。文帝嗣立，密有滅吴之計，朝議多違，惟預、羊祜、張華與帝意合。祜病，舉預自代，假預節，領鎮[1]南將軍，都督荆州諸軍事。預至鎮，繕兵甲，耀威武，簡精鋭，襲吴西陵督張政，大破之。政，吴之名將也。預欲間吴邊將，乃表還其所獲之衆於孫皓，果召政還，遣武昌監劉憲代之。故大軍臨至，使其將帥移易，以成傾蕩之勢。

預處分既定，乃啟請伐吴之期。帝報待明年，預表陳：“賊之窮計，力不兩完，先認上流，勤保夏口，以延視息，無緣多兵西上，空其國土。而陛下過聽，委棄大計，縱敵患生。此誠國之遠圖，天時人事不得如常，臣恐其更難也。”時帝與中書令張華圍棋，而預表適至。華推枰斂手曰：“吴主荒淫驕虐，誅殺賢能，當今討之，可不勞而定。”帝乃許之。

預以太康元年正月率兵向江陵，遣參軍樊顯、尹林、鄧圭，襄陽太

① 鎮：《晉書》卷三四《杜預傳》作“征”。

守周奇等循江西上，授以節度，旬日累尅，皆如預策。又遣牙官管定、周旨、伍巢等率奇兵八百，泛舟夜渡，以襲樂鄉，多張旗幟，起火巴山，進逼江陵。吴都督孫歆震恐，與伍延書曰："北來諸軍，乃飛渡江也。"旨等伏兵樂鄉城外。歆遣軍出拒王濬，大敗而還。旨等發伏兵，隨歆軍而入，歆不覺，直至帳下，虜歆而還。因進攻江陵，克之，斬武[①]延。於是沅、湘以南，接于交、廣，州郡皆望風送印綬。預仗節綏撫之。

時衆軍會議，或曰："百年之寇，未可盡尅。方春水生，難以久駐，宜俟來冬，更爲大舉。"預曰："昔樂毅藉濟西一戰以并彊齊，今兵威已振，譬如破竹，數節之後，皆迎刃而解，無復著手處也。"遂指授群帥方略，徑造建業。所過城邑，莫不束手。降[②]者乃以書謝之。孫皓既平，振旅凱入，以功進封當陽縣侯，封子耽爲亭侯。

預以天下雖安，忘戰必危，勤于講武，修立泮宫，江漢懷德。攻破山夷，錯置屯營，分據要害。又修召[③]信臣遺跡，激[④]滍、淯諸水以浸原田萬餘頃，分疆刊石，使有定分。公私同利。衆庶賴之，號曰"杜父"。舊水道唯沔、漢達江陵千數百里，北無通路。又巴丘湖，湘[⑤]之會，表裏山川，實爲險固，荆蠻之所恃也。預乃開揚口，起夏水，達巴陵千餘里，内瀉長江之險，外通零、桂之漕。南土歌之曰："後世無叛繇杜翁，孰識知名與勇功。"預好爲後世名，嘗言"高岸爲谷，深谷爲陵"，刻石爲二碑，紀其勳績。一沉萬山之下，一立峴山之上，曰："焉知此後不爲陵谷乎？"五年徵爲司隸校尉，加位特進，行次鄧縣而卒。

① 武:《晉書》卷三四《杜預傳》作"伍"。
② 降:《晉書》卷三四《杜預傳》作"議"。
③ 召:《晉書》卷三四《杜預傳》作"邵"。
④ 《晉書》卷三四《杜預傳》"激"後有"用"字。
⑤ 《晉書》卷三四《杜預傳》"湘"前有"沅"字。

揚水考

聖楷按：《水經》有夏水，無揚水。《十三州記》曰："江別入沔爲夏水源。夫夏之爲名，始于分江，冬竭夏流，故納厥稱。"然則酈注揚水上承江陵縣赤湖，東北流逕郢城南，又東北與三湖水會。春夏水盛則南通大江，否則南迄江堤云者，正以夏水揚溢爲名。如《詩》註"揚之水"云：揚，悠揚也。亦緩流貌。非別有所謂揚水也。今華容河，即杜預所開揚口之水入洞庭者。在華容縣北。

劉　弘

劉弘，字和季，沛國相人。太安中，張昌作亂，轉持節、南蠻校尉、荆州刺史，率前將軍趙驤等討昌有功，遷鎮南將軍、都督荆州諸軍事。弘遣南蠻長史陶侃爲大都護，參軍蒯恒爲義軍督護，牙門將皮初爲都戰帥，進據襄陽。

初，范陽王虓遣長水校尉張奕領荆州。弘至，奕不受代，舉兵拒弘。弘討奕，斬之。張昌竄于下雋山，弘又討昌，斬之。

時荆部守宰多闕，弘請補選，帝從之。弘敘功銓德，隨才授任，人皆服其公。當弘表皮初爲襄陽太守，朝廷以初雖有功而望淺，更以弘壻夏侯陟爲襄陽太守。弘下教曰："夫治一國者，宜以一國爲心。若必姻親然後可用，則荆州十郡，安得十女壻然後爲政哉？"乃表"陟姻親，舊制不得相監。皮初之勳宜見酬報"。詔聽之。

弘于是勸課農桑，寬刑省賦，公私給足，百姓愛悦。弘嘗夜起，聞城上持更者歎聲甚苦，遂呼省之。兵年過六十，羸疾無襦。弘愍之，乃謫罰主者，遂給韋袍複帽，轉以相付。舊制，峴方二山澤中禁民捕魚，弘下令弛之。益州刺史羅尚爲李特所敗，遣別駕李興求糧。弘綱紀以運道阻遠，且荆州自空乏，欲以零陵米五千斛與尚。弘曰：“天下一家，彼此無異，吾今給之，則無西顧之憂矣。”遂以三萬斛給之。又遣治中何松領兵屯巴東，爲尚後繼。于時流民在荆州者十餘萬户，羈旅貧乏，多爲盜賊。弘乃給其田種，擢其賢才，隨資敘用，流民遂安。進拜侍中、鎮南大將軍。

弘專督江、漢，威行南服。謀事有成者，則曰某人之功；如有負敗，則曰老子之罪。每有興發，手書守相，丁寧欵密，所以人皆感悦，争赴之，咸曰：“得劉公一紙書，賢于十部從事。”前廣漢太守辛冉説弘以縱横之事，弘怒斬之。光熙元年，卒于襄陽。士女嗟痛，若喪所親。

史臣曰：和季以同里之情，申盧綰之契；居方牧之地，振吴起之風。自幽徂荆，亟斂豺狼之迹；舉賢登善，窮掇孔翠之毛。由是吏民畢力，華夷順命。一州清宴，恬波于沸海之中；百城安堵，静祲于稽天之際。猶獨稱善政，何其寡歟！《易》曰：“貞固足以幹[①]。”于征南見之矣。

陶　侃

陶侃，字士行，鄱陽人。侃舉孝廉，至洛陽，數詣張華，與語，異之。除郎[②]。尚書樂廣欲會荆、揚士人，武庫令黄慶進侃于廣，曰：“此子終當遠到。”慶後爲吏部令史，補侃武岡令。

會劉弘爲荆州刺史，辟侃爲南蠻長史，遣討張昌，破之，以軍功封東鄉侯。陳敏亂，以侃爲江夏太守，加鷹揚將軍。敏遣弟恢來寇武昌，侃出兵禦之。隨郡内史扈環間侃于弘曰：“侃與敏有鄉里舊，脱有異

① 崇禎本“幹”後有“事”字。
② 《晉書》卷六六《陶侃傳》“郎”後有“中”字。

志，則荆州無東門矣。”弘曰：“侃之忠，吾知之。”侃遣子洪及兄子臻詣弘以自固，弘引爲參軍，加侃督護，使與諸君并力距恢。侃乃以運船爲戰艦擊恢，所向必破。侃戎政齊肅，凡有虜獲，皆分士卒，身無私焉。

頃之，遷龍驤將軍，領武昌太守。時天下饑荒，山夷多斷江劫掠。侃令諸將詐作商船以誘之，劫果至，生獲數人，是西陽王羕之左右。侃即遣兵逼羕，令出向賊，侃整陣于釣臺爲後繼。羕縛送帳下二十人，侃斬之。自是水陸肅清，流亡者歸之盈路，侃竭資振給焉。時周顗爲荆州刺史，賊掠其良口。侃使部將朱伺救之，賊退保泠口。侃謂諸將曰：“此賊必更步向武昌，吾宜還城，晝夜三日行可至武昌。”賊果增兵來攻，侃使朱伺等逆擊，大破之。加寧遠將軍、南蠻校尉、荆州刺史，領西陽、江夏、武昌，鎮于沌口，又移入沔江。遣朱伺等討江夏賊，殺之。賊王冲據江陵，王貢還，至竟陵，矯侃命，以杜曾爲前鋒，進軍斬冲，悉降其衆。杜曾復叛，敗朱伺于沔口。侃欲退入滇中，部將張奕將貳于侃，侃惑之。賊至，鉤侃所乘艦，侃走入小船。朱伺力戰獲免。

杜弢將王貢出武陵，誘五谿夷，以舟師斷官運，徑向武昌。侃使鄭攀及伏波將軍陶延夜趨巴陵，潛師掩其不備，大破之。貢遁還湘城。賊中離阻，杜弢疑張奕，殺之，衆情益懼，降者滋多。於是進克長沙。

太興初，進平南將軍。王敦平，遷都督荆、雍、益、梁諸州軍事，領南蠻校尉、征西大將軍、荆州刺史。楚郢士女莫不相慶。

侃終日斂膝危坐，閫外多事，罔有遺漏。遠近書疏，莫不手答，筆翰如流，未嘗壅滯。引接疎遠，門無停客。嘗語人曰：“大禹聖者，乃惜寸陰，至于衆人，當惜分陰，豈可逸遊荒醉，生無益于時，死無聞于後，是自棄也。”時造船，木屑、竹頭悉令不棄。後正會，積雪始晴，廳事前餘雪猶濕，于是以屑布地。及桓温伐蜀，又以侃所貯竹頭作釘裝船。其綜理微密，皆此類也。

暨蘇峻作逆，殺侃子瞻。南將軍温嶠要侃同赴，侃妻龔氏固勸自行。於是戎服登舟，與温嶠、庾亮等俱會石頭。侃既斬峻，庾亮懼侃致討，乃用温嶠謀，詣侃拜謝。侃遽止之，曰："庾元規乃拜陶士行邪？"王導入石頭城，令取故節。侃笑曰："蘇武節似不如是！"導有慚色。

侃旋江陵，尋以爲侍中、太尉，改封長沙郡公，移鎮巴陵。遣諮議參軍張誕討五谿夷，平之。又移鎮武昌，遣子斌與中郎將桓宣西伐樊城，走石勒將郭敬。使兄子臻、竟陵太守李陽等共破新野，遂平襄陽。拜大將軍，劍履上殿，入朝不趨，贊拜不名。侃固辭不受。

侃晚年深以滿盈自懼，不預朝權，屢欲告老歸國。佐吏等苦留之。咸和七年六月，侃疾篤，上表遜位。遣左長史殷羡奉送所假節、麾、幢、曲蓋、侍中貂蟬、太尉章、荆江雍梁交廣益寧八州刺史印傳棨戟。軍資、器仗、牛馬、舟船，皆有定簿，封印倉庫，侃自加管鑰。以後事付右司馬王愆期，加督護，統領文武。甲寅，輿車出臨津就船，將歸長沙，顧謂愆期曰："老子婆娑，正坐諸君。"乙卯，薨于樊谿。

侃在軍四十一年，明毅善斷，識察纖密，人不能欺。自南陵迄于白帝數千里中，路不拾遺。及薨，尚書梅陶與親人曹識書曰："陶公機神明鑒似魏武，忠順勤勞似孔明、陸抗諸人不能及也。"謝安每言："陶公雖用法，而恒得法外意。"

聖楷曰：陶士行居賤而迎醫小君，衆服其義。既貴而酒有定限，不忘其親。即小可以觀大，蓋全乎忠孝人也。故萬嗣過廬江，見而異之，命其子結友而去。劉和季知其忠能可託，與之分陝而治，豈有都督八州，宏總上流，遽存非望之圖哉？胡身之謂："晉史所記決指之事，折翼之夢，蓋庾亮之黨傳致之耳。"信乎！不具千百年眼，不可與論古人也。

庾　亮

庾亮，字元規，晉明穆后之兄也。亮美姿容，善談論，性好《老》

《莊》，風格峻整。與司徒王導受遺輔政。陶侃卒，遷亮都督六州，領江、荆、豫三州刺史，進征西將軍，移鎮武昌。時石勒新死，亮有開復中原之謀，乃解豫州，授輔國將軍毛寶，使與西陽太守樊峻精兵一萬，俱戍邾城。又以陶稱爲南中郎將、江夏相，率部曲五千人入沔中。亮弟翼爲南蠻校尉、南郡太守，鎮江陵。以武昌太守陳囂爲輔國將軍、梁州刺史，趣漢中。又遣偏軍伐蜀，至江陽，執僞荆州刺史李閎、巴郡太守黄植，送于京都。亮當率大衆十萬，據石頭城，爲諸軍聲援。

乃上疏曰："蜀、吴[①]二寇，凶虐滋甚。内相誅鋤，衆叛親離。蜀甚弱而胡尚彊，竝用[②]竝守，修進取之備。襄陽北接宛、許，南阻漢水，其險足固，其土足食，臣宜移鎮襄陽之石城下，并遣諸軍羅布江、沔。比及數年，戎士習練，乘釁齊進，以臨河、洛。大勢一舉，衆知存亡，開反善之路，宥逼脅之罪，因天時，順人情，誅逋逆，雪大恥，實聖朝之所先務也。願陛下許其所陳。淮、泗、壽陽所宜進據，臣輒簡練部分。乞槐棘參議，以定經略。"帝下其議。會寇陷邾城，毛寶赴水死。亮乃憂慨發疾，薨。亮將葬，何充會之，歎曰："埋玉樹于土中，使人情何能已。"

初，亮在武昌，諸佐吏殷浩之徒，乘秋夜往共登南樓，俄而不覺亮至，諸人將起避之。亮徐曰："諸君少住，老子於此處興復不淺。"便據胡床與浩等談詠竟坐。其坦率行己，多此類也。

聖楷曰：庾元規故自嵬莪，不得以椒腋[③]避塵，遂同吹影。毋論下拜長沙，虚轉之衷可挹；坐阻石城，中朝之氣堪悲。即爾南樓清夜，留諸君少住，至今如對晝秋。

① 吴：據下文當作"胡"。

② 用：崇禎本作"田"，《晉書》卷七三《庾亮傳》作"佃"。

③ 腋：崇禎本作"掖"。《晉書》卷七三《庾亮傳》贊曰："元規矯迹，寵階椒掖。"椒掖，即后妃所居宫室，當據作"掖"。

劉道産

劉道産，彭城人。初爲無錫令。宋元嘉三年，累遷寧蠻校尉，加都督雍州刺史。善于爲政，民安其業，小大豐贍，繇是民間有《襄陽樂歌》，自道産始也。山蠻前後不可制者皆出，緣沔爲村落，户口殷盛。及卒，諸蠻服衰絰，號哭追送至沔口。謚曰襄侯。

聖楷曰：史稱道産卒未幾而群蠻大動，豈誠秦開漢閉，易于反側哉？抑後之人不善羈縻而容養之也？嗟乎，治民如御奔馬，况蠻蜑乎？前召後杜之歌，可以思矣。

王僧虔

王僧虔，琅邪臨沂人也。弱冠，弘厚，善隸書。宋文帝見其書素扇，歎曰："非唯跡逾子敬，方當器雅過之。"孝武初，出爲武陵太守。兄子儉于中途得病，僧虔爲廢寢食。同行客慰喻之，僧虔曰："昔馬援處兒姪之閒一情不異，鄧攸於弟子更逾所生，吾實懷其心，誠未異古。亡兄之嗣，不宜忽諸。若此兒不救，便得回舟謝職，無復遊宦之興矣。"

屢遷侍中，仍轉輔國將軍、湘州刺史。所在以寬惠著稱。巴峽流民多在湘土，僧虔表割益陽、羅、湘西三縣緣江民立湘陰縣，從之。元徽中，遷吏部尚書。其年冬，遷持節都督湘州諸軍事、征南將軍、湘州刺史、侍中如故。

清簡無欲，不營財産，百姓安之。世祖即位，將授以臺司，僧虔謂兄子儉曰："汝任重於朝，行當有八命之禮，我若復此授，則一門有二臺司，實可畏懼。"乃固辭不拜，上優而許之。客問僧虔固讓之意，僧虔曰："君子所憂無德，不憂無寵。吾衣食周身，榮位已過，所慙庸薄無以報國，豈容更受高爵，方貽官謗邪？"永明三年薨，時年六十。

顧憲之

顧憲之，字士思，吴郡人，宋湘州刺史顗之之孫也。仕齊，爲衡陽内史。先是，郡境連歲疾疫，死者大半，棺槨尤貴，悉裹以葦席，棄之路傍。憲之下教[1]，分告屬縣，求其親黨，悉令殯葬。其家人絶滅者，憲之出公禄，使綱紀營護之。又土俗，人有病，輒云先亡爲禍，皆開冢剖棺，水洗枯骨，名爲除祟。憲之曉喻，爲陳生死之别，事不相由，風俗遂改。時刺史王奂初至，唯衡陽獨無訟者，乃歎曰："顧衡陽之化至矣。若九郡率然，吾將何事？"憲之因言民閒利病數事，武帝並從之。由是深以方直見知，屢遷給事黄門兼尚書吏部郎中。祖顗之嘗爲吏部，於庭列植嘉樹，謂人曰："吾爲憲之植耳。"至是，憲之果爲此職。

聖楷按：史又稱憲之累經宰郡，資無儋石。及歸，環堵蕭然。所著有《衡陽郡記》。由此觀之，世未有真文士而不善居官者，亦未有真廉吏而不善愛民者。嘉樹之陰良足憩，何必甘棠。

孫　瑒

孫瑒，字德璉，吴郡人。初仕梁爲宜都太守。陳武帝立，授湘州刺史。太建四年，都督荆州刺史，出鎮公安，爲鄰境所憚。居職六年，以公事免。始鎮郢州，乃合十餘船爲大舫，於中立亭池，植荷芰。每遇良

① 教：《梁書》卷五二《顧憲之傳》作"車"。

辰，賓客並集，汎江置酒。又于山齋召致玄儒，冬夏資奉。及卒，江總銘之，後主撰詞曰：“秋風驚竹，煙水驚波。幾人樵徑，何處山阿。今時日月，宿昔綺羅。天長路遠，地久靈多。功臣未勒，此意如何。”

聖楷按：史稱“孫瑒有文武幹略，見知時主。及行軍用兵，師司馬之法，至于戰勝攻取，屢著勳庸。加以好施接物，士咸向慕。然性不循恒，頻以罪免”。嗟乎，再咏後主之詞，亶其然乎！溯洄高風，猶勝走狗之烹也。

申　徽

申徽，字世儀，魏郡人。凡所居官，案牘無大小，皆親自省覽。以故事無稽滯，吏不得爲奸。雖歷公卿，此志不懈。出爲襄州刺史。時南方初附，舊俗官人皆通餉遺。徽性廉慎，乃畫楊震像於寢室以自戒。及代還，民吏送者數十里不絶。徽自以無德于民，慨然懷愧，因賦詩題于清水亭柱。長幼聞之，皆競來就讀，遞相謂曰：“此是申公手迹。”並寫誦之。歷小司空、少保，復出爲荆州刺史卒[①]。太和六年，上疏乞歸，卒。

聖楷曰：清白吏之風，人人知慕，但能于飲鴆夕陽，賦詩清水，不作異觀，方許善學古人。

楊大眼

楊大眼，武都氐難當之孫也。少有膽氣，驍捷跳走如飛。太和初，起家奉朝請。時孝文將南伐，令尚書李冲典選征官，大眼往求焉。冲不

① “卒”字衍，據《北史》卷六九《申徽傳》當删。

許，大眼曰："尚書不見知，聽下官出一伎。"便出長繩三丈許繫髻而走，繩直如矢，馬馳不及，見者無不驚歎。冲曰："自千載以來，未有逸材若此者。"遂用爲軍主。大眼顧謂同僚曰："吾今日所謂龍蛇得水之秋，自此一舉，終不復與諸君齊列矣。"未幾，遷統軍，從車駕征宛、葉、穰、鄧、九江、鍾離之閒，所經戰陣，莫不勇冠六軍。出爲東荆州刺史。時蠻酋樊秀安等反，詔大眼爲别將，隸都督李崇，討平之。大眼功尤多。妻潘氏善騎射，大眼臨陣遊獵之際，潘亦戎裝，或齊鑣戰場，或並驅林壑。及至還營，同坐幕下，對軍僚佐，言笑自得，大眼時指謂諸人曰："此潘將軍也。"

大眼善撫巡士卒，呼爲兒子，及見傷痍，爲之流涕。自爲將帥，常身先兵士，衝突堅陣，出入不疑，當其鋒者，莫不摧焉。前後江南所遣督將，皆懾其威。時傳言淮、泗、荆、沔之閒有童兒啼者，恐之云"楊大眼至"，無不即止。王肅弟康之初歸國也，謂大眼曰："在南聞君之名，以爲眼如車輪。及見，乃不異于人。"大眼曰："旗鼓相望，瞋[1]眸奮發，足使君目不能視，何必大如車輪？"當世推其驍勇，以爲關、張弗之過也。

又以本將軍爲荆州刺史。常縛稾爲人，衣以青布而射之。詔諸蠻渠指示之曰："卿等若作賊，吾正如此相殺也。"又北淯郡常有虎害人，大眼搏而獲之，斬其頭懸于穰市。自是荆蠻相謂曰："楊公惡人，常作我蠻形以射之。又深山之虎，尚所不免。"遂不敢復爲寇盜。在州二年，卒。

大眼雖不學，常遣人讀書而坐聽之，悉皆記識。令作露布，皆口授之，而竟不多識字也。有三子，長甑生，次領軍，次征南，皆潘氏所生，咸有父風。

聖楷曰：有如此武弁作方鎮，何得不亟録之，以爲兔罝者倡？潘氏雄豔，亦不讓李昌夔夫人獨孤氏也。

---

① 瞋：《魏書》卷七三《楊大眼傳》作"瞋"。

楚寶卷第三十三考異

新化鄧顯鶴湘臯述

宦　蹟

羊　祜

司馬昭爲大將軍，徵拜中書侍郎。

顯鶴按：《晉書》祜本傳："文帝爲大將軍，辟祜，未就。公車徵拜中書侍郎，俄遷給事中、黄門郎。"不得云司馬昭徵拜明矣。

杜　預

預表陳："賊之窮計，力不能兩完，先認上流，勤保夏口。"

顯鶴按：預本傳："預處分既定，乃啟請伐吴之期。帝報待明年方欲大舉，預表陳至計曰：'自閏月以來，賊但勑嚴，下無兵上。以理勢推之，賊之窮計，力不兩完，必先認[1]上流，勤保夏口以東，以延視息。無緣多兵西上，空其國都。'"原傳節去數字，便非事理。又，"旬月之中，預又上表，時帝與中書令張華圍棊，

① 認：《晉書》卷三四《杜預傳》作"護"。

而預表適至”云云，事隔一年，亦不能扭合。

又遣牙官管定、周旨、伍巢等率奇兵八百，泛舟夜渡，以襲樂鄉，多張旗幟，起火巴山，進逼江陵。

按本傳：夜襲樂鄉，多張旗幟，起火巴山，出於要害之地，以奪賊心。吴都督孫歆震恐，與伍延書曰：“北來諸軍，乃飛渡江也。”吴之男女降者萬餘口。旨、巢等伏兵樂鄉城外。歆遣軍出拒，大敗，旨等隨歆軍入，虜歆而還。故軍中謡曰：“以計代戰一當萬。”於是進逼江陵。

按：樂鄉在今松滋西十里，距江陵雖近，但其時孫歆方鎮樂鄉。既破樂鄉虜歆還，復進逼江陵。樂鄉未破，遽言進逼江陵，敘次未明。“牙官”，據本傳當作“牙門”。

陶 侃

部將張弈[①]將貳於侃。

顯鶴按：侃本傳：“部將張弈將貳於侃，詭説曰：‘賊至而動，衆必不可。’侃惑之而不進。無何，賊至，鉤侃所乘艦，侃窘迫，走入小船。朱伺力戰，僅而獲免。張奕竟奔於賊。”又，“弢將王貢精卒三千，出武陵江，誘五谿夷，以舟師斷官運，徑向武昌。侃使鄭攀及陶延夜趨巴陵，潛師掩其不備，大破之。貢遁還湘城。賊中離阻，杜弢遂疑張弈而殺之，衆情益懼。”按：原傳節去“張弈竟奔於賊”語，後忽云“杜弢疑張弈殺之”，俱非事理。

① 弈：正文及《晉書》卷六六《陶侃傳》作“奕”，下同。

楚寶卷第三十三增輯

新化鄧顯鶴湘皋述

宦　蹟

陽　城

陽城，字亢宗，定州北平人。德宗時爲諫議大夫，坐論裴延齡左遷國子司業。薛約者，狂而直，言事得罪，謫連州，吏捕迹得之城家。城坐吏於門，引約飲食訖，步至都外與别。帝惡城黨有罪，出爲道州刺史。太學諸生何蕃等三百人守闕下，請留城，數日不得上。既行，皆泣涕，立石紀德。

至道州，治民如治家，宜罰罰之，宜賞賞之，不以簿書介意，月奉取足則已。官收其餘，日炊米二斛，魚一大鬵，置甌杓道上，人共食之。州産侏儒，歲貢諸朝，城哀其生離，無所進。帝使求之，城奏曰："州民盡短，若以貢，不知何者可供。"自是罷。州人感之，以陽名子。

前刺史坐罪下獄，吏有幸于刺史者，拾不法事告城，欲自脱，城輒榜殺之。賦税不時，觀察使數誚責。州當上考功第，城自署曰："撫字心勞，追科政拙，考下下。"觀察府遣判官督賦至州，怪城不迎，以問吏，吏曰："刺史以爲有罪，自囚於獄。"判官驚馳入，謁城曰："使君何罪？我奉命來候安否耳。"留數日，城不敢歸，仆門闔，寢館外以待命。判官遽辭去。府復遣官來按舉，義不欲行，乃載妻子中道逃去。

順宗立，召還城，而城已卒，年七十。贈左散騎常侍，賜其家錢二十萬，官護喪歸葬。

白居易新樂府《道州民》，美賢臣遇明主也。其詞曰："道州民，多侏儒，長者不過三尺餘。市作矮奴年進送，號爲道州任土貢。任土貢，寧若斯？不聞使人生别離，老翁哭孫母哭兒。一自陽城來守郡，不進矮奴頻詔問。城云臣按六典書，任土貢有不貢無。道州水土所生者，只有矮民無矮奴。吾君感悟璽書下，歲貢矮奴宜悉罷。道州民，老者幼者何欣欣，父兄子弟怡相保，從此得作良人身。道州民，民到於今受其賜，欲説使君先下淚。仍恐兒孫忘使君，生男多以陽爲字。"

顯鶴案：自來言官，多避大而言細，至有以市上賣栗不宜用黄紙包爲言，以塞月課者，可勝歎哉。陽亢宗爲諫官，初無所短長，韓文公著論譏之。及德宗相裴延齡，上疏極論，顯語於朝，欲壞其麻，蓋必擇乎國政之大者言之也。卒以直故，左遷出爲道州刺史。真無愧於言官矣。《唐書》列之《卓行傳》，然迹其所爲，有名臣風，而其守道州，特多惠政。周氏於宦績門失載，而載於遷寓門，蓋與諸名臣盛德貶官安置者同例，不知彼或無治民之責，或有治民之責，而嘉績懿行不顯於吾楚，於遷寓也宜。若亢宗，則遺愛在於營道者，歷千祀而不忘，必輯之《宦蹟》而始安。今采其治道州事著於篇，而附以白傅《道州民》新樂府焉。

李 皋

李皋，唐曹王明子。建中元年，拜湖南觀察使。前帥辛京杲貪虐，部將王國良戍武岡，賴其富，刼以死。國良恐，據縣反。斂荆、黔、衡、桂兵討之，不能下。皋至，屏兵，投國良書，中其忌諱。國良懼，乞降，猶狐鼠進退。皋假爲使者，從一騎踔五百里，抵國良壁，鞭門大呼："我曹王，來受降。國良安在？"國良不得已，錯愕迎拜，盡降其軍。

韋　宙

韋宙，萬年人。爲永州刺史，州方災歉，乃斥官下什用所以供刺史者，得九十餘萬錢，爲市糧餉。民不知法，多觸罪，宙爲書制律並種植爲生之宜，户給之。州負嶺，轉餉艱險，每饑，人輒殍死，宙始築常平倉，收穀羨餘以待之。罷冗役九百四十四員。縣舊置吏督賦，宙俾民自輸，家十相保，常先期。湘源生零陵香，歲市上供，人苦之，宙爲奏罷。民貧無牛，以力耕，宙爲置社，二十家月會錢若干，探名得者先市牛，以是牛爲準，久之，牛不乏。立學官，取仕家子十五人充之。初，里民婚，出財會賓客，號"破酒"，晝夜集，多至數百人，貧者猶數十。力不足，則不迎，至淫奔者。宙條約，使略如禮，俗遂改。邑中少年常以七月擊鼓，群入民家行盜，皆迎爲辦具，謂之"起盆"，後爲解素，喧呼疻鬭。宙一切禁之。

歐陽煜

歐陽煜，廬陵人。宋時知桂陽，監民有争舟毆至死者，獄久不决。煜出衆囚於庭，去桎梏而飲食之，訖，悉勞而還於獄，獨留一人於庭曰："殺人者汝也。"囚不知所以然。煜曰："吾視食者皆以右手持匕，而汝獨以左手。死者傷在右肋，此汝殺之明驗也。"囚涕泣服罪。後遷知永州，皆有能政。

劉　沆

劉沆，永新人。初知衡州。大姓尹氏欺鄰翁老子幼，欲竊取其田，乃僞作賣券。及鄰翁死，遂奪而有之。其子訴於州縣，二十年不得直。沆至，復訴之。尹氏持積歲税鈔爲驗。沆曰："若田千頃，歲輸豈特此耶？爾始爲券時，嘗如敕問鄰乎？其人固多在，可訊也。"尹氏遂伏罪。遷太常博士，歷右諫議大夫。湖南蠻猺數出寇，至殺官吏。以沆知潭州兼安撫使，許便宜從事。沆大發兵，至桂陽，招降二千餘人，使散居所部，而蠻酋降者皆奏命以官。又募土兵分捕餘黨，破桃油平、能家源，斬馘甚衆。

孟彦卿

孟彦卿，潭州通判。建炎三年，潰兵杜彦自袁州入瀏陽，犯長沙、善化二縣。彦卿率民兵拒之，手殺數人。賊退還瀏陽，彦卿追與之戰。俄而民兵有自潰者，賊遂乘之，斬彦卿，支解以徇。事聞，贈直龍圖閣，官其家三人。

趙民彦

趙民彦，瀏陽人。建炎三年，叛卒焚掠入瀏陽，通判孟彦卿戰死，民彦爲添差通判，以民兵鏖戰南流橋，依山爲陳，殺傷甚衆。偶爲閒者折其陳中認旗，衆驚謂民彦已敗，遂潰，民彦爲賊所得，殺之。事聞，贈直龍圖閣。

顯鶴案：民彦與孟彦卿同死叛卒之難，即朱子所立五忠祠之二也。民彦附《宋史·孟彦卿傳》，不著本貫，《湖南通志》作瀏陽人。當入《忠義》，以其與彦卿同傳，又同列五忠祠，故移入《名宦》。又其時同彦卿之難者，有謝淳，以才勇爲衆所推。建炎三年，潭州叛卒焚掠，帥臣向子諲命通判孟彦卿招安之。未幾，潰兵杜彦入瀏陽，彦卿與戰，民兵有自潰者，賊遂乘之，斬彦卿以徇。添差通判趙民彦鏖戰城南，爲閒者折其認旗，又爲賊所得。淳時帥民兵爲前鋒，助民彦戰，手殺數十人，力屈亦被執，賊并殺之。事聞，贈成忠郎，官其子晞古。

案：淳字景祥，瀏陽人，亦見《彦卿傳》。爲朱子五忠祠所未及，補録於此。

趙聿之

趙聿之，安定郡王子。爲成忠郎，守潭州東壁，金人登城縱火，帥臣向子諲突門出，城遂陷。聿之巷戰，大罵而死。事聞，贈左監門衛大將軍。其後朱子爲請立廟，賜號忠節。

劉　玠

劉玠，武經郎，潭州將官。金人陷潭州，玠死之，贈武節大夫。

顯鶴案：趙聿之、劉玠，同死金人之難，見《宋史·趙士㜙傳》，同列朱子五忠祠。又案：《續通鑒》同時戰死者尚有將吏王𠻘，《宋史》及五忠祠俱佚其人，附録於此。

蔡 奕

蔡奕，宋州人。湖南轉運判官，提舉常平倉兼農田水利。時行青苗、助役法，奕親行州縣，視人物地宜，度出而賦之入，公私稱便。遷轉運副使。潭、邵閒有上下梅山，其地千里，馬氏以來，猺人據之，號“莫猺”。有厲禁制其耕墾出入，歲久，公然冒法。奕奏：開其酋以禍福，使爲土民口授其田，略爲貸助，使業其生；建邑置吏，使知有政。上嘉納之。

會章惇察訪本路，即付其事同奕經理。檄入，其境果大歡從，授冠帶，畫田畝，分保伍，列鄉里，築二邑隸之。籍其田，以畝計者二十四萬，增賦數十萬。遂招懷、邵之武岡蠻三百餘族、户數萬，歲輸米以萬計。納其所畜兵仗，以其地建二寨。上遣使勞之，賜邑名曰新化、安化，寨曰武陽、關峽。遷太常丞，直集賢院。又撫納邵、徽、誠等州鎮蠻族之歸附者，皆以補吏。因言治新民，法宜有張弛，願假便宜。詔可。長沙諸邑負茶租、田税，積爲緡錢四萬，請於赦蠲除，乞行保甲法以防盜。置錢冶衡州，以權物輕泉重之弊，皆從之。

顯鶴案：《宋史・西南谿峒諸蠻傳》：梅山峒蠻，舊不與中國通，其地東接潭，南接邵，其西則辰，其北則鼎、澧，而梅山居其中。開寶八年，嘗寇邵之武岡、潭之長沙。太平興國二年，左甲首領苞漢陽、右甲首領頓漢凌寇掠邊界，朝廷累遣使招諭，不聽，命客省使翟守素調潭州兵討平之。自是，禁不得與漢民交通，其地不得耕牧。後有蘇方者居之，數侵奪舒、向二族。嘉祐末，知益陽縣張頡收捕桀黠得三等，遂經營開拓。安撫使吴中復以聞，其議中格。湖南轉運副使范子奇復奏，蠻恃險爲邊患，宜臣屬而郡縣之。子奇尋召還，又述前議。熙寧五年，乃詔知潭州潘夙、湖南轉運副使蔡燁、判官喬執中同經制章惇招納之。惇遣執中知全州，將行，而大田三砦蠻犯境。又飛山之蠻近在全州之西，執中至全州，大田諸蠻納款，於是遂檄諭開梅山，蠻猺争闢道路，以待得其地。東起寧鄉縣司徒嶺，西抵邵陽白沙砦，北界益陽四里河，南止湘鄉佛子嶺。籍其民，得主客萬四千八百九户，萬九千八十九丁，田二十六萬四百三十六畝。均定其税，使歲一輸。乃築武陽、關峽二城。詔以其地置新化、安化二縣，一隸潭州，一隸邵州。

又案：《寶慶府志》載宋著作郎毛漸作《梅山頌》，中有“汝惇暨煜”語，未審何姓何官，蓋與章惇同經略梅山者。考《宋史·章惇傳》，轉運副使蔡煜言是役不可亟成，神宗以爲然，專委於煜。安石主惇，争之不已。既而煜得蠻地，安石恨煜阻惇，乃薄其賞。修志者，《宋史》亦未之見耶？毛漸，江山人。初知寧鄉縣，以與開梅山功得著作郎，知安化縣，遷荆湖北路轉運判官。蔡煜即蔡奕，時爲轉運副使，《湖南通志》引劉摯撰墓志作“蔡奕”。又章惇開梅山，辟所部郭祥正入峒主蘇甘家，見《蘇子瞻文集》。祥正，當塗人，時知武岡縣。《宋史·文苑》有傳。

案：吾邑在晉爲高平縣。《宋書》《齊書》猶稱高平縣男相，梁以後没於蠻，爲土酋大姓所據，《宋史》所稱梅山之蘇氏、扶氏是也。嘉祐、熙寧間，屢議開復，張頡倡始於前，范子奇踵議於後，至煜而其謀始就，章惇因人成事，攘爲己功。漸撰《梅山頌》，遂云：“天子神聖，顧爲爾輔。惟此南方，夷俗雜處。孰予往撫，僉曰惇諧。煜奏自外，伻以圖來。天子曰俞，汝惇暨煜。將令出使，懷柔友燮。”蓋出於一時之諛辭。迄今七百餘年，而吾新、安之人，不以開復之功予惇，誠惡之也。嗚呼，人亦何樂而必爲小人哉！

顯鶴又案：梅山四至，東起寧鄉司徒嶺。《湖南通志》引《十國春秋》：“王仝，湘鄉人。馬殷時爲江華指揮使，曾與梅山猺戰，乘勝逐北，孤軍無援，力戰死，里人感其忠義，爲立廟於安化東，號王司徒廟，今名司徒嶺。”又，《通志·祠廟》：“王公祠在縣東八十里司徒嶺，五代楚建，祀死事將王仝。宋熙寧閒，章惇開梅山，奏封嘉應侯，修祠崇祀。”有宋吴致堯《嘉應侯祠記》。又，《長沙府志》：熙寧閒，章惇開梅山，兵抵寧鄉，入潙山，由徑路進兵失利，退軍潙山密印禪寺，餽餉缺乏，寺僧爲供應。惇遣人入峒招諭，不從，乃遣長老穎、詮二人入峒説之。穎、詮攜營中二官先入見峒主，紿以從者，主一見，遽曰：“此官人也。”穎、詮曰：“主眼高，認之不差。此官人之子。”乃使供茶失手，因而故掌之，二官作惶懼狀，峒主乃不疑。穎、詮輩説法勸諭，遂悔悟，率衆出降。惇奏凱，賜寺名報恩，特免本寺諸科差徭。案：此則開梅山，潙山寺僧亦與有功。皆吾新、安二邑掌故，録之，使將來修方志者有所采擇云。

李　綱

李綱，邵武人，湖廣宣撫使兼知潭州。是時，荆湖江、湘流民潰卒群聚荷盜，多者至數萬。綱悉蕩平之。上言：“荆湖，國之上流，地數千里，諸葛亮謂之用武之國。今朝廷保有東南，控馭西北，如鼎、澧、岳、鄂，若荆南一帶，皆當屯宿重兵，倚爲形勢，使四川之號令可通，而襄、漢之聲援可接。乃有恢復中原之漸。”議未及行，罷提舉崇福宫。

韓世忠

韓世忠，延安人，爲荆湖宣撫副使。劉忠聚衆據白面出[①]，世忠欲

① 出：《宋史》卷三六四《韓世忠傳》作“山”。

急擊，宣撫使孟庾不可。世忠曰：“兵家利害，策之審矣，非參政所知。請期半月效捷。”遂與賊對壘。奕[①]棋張飲，堅壁不動，衆莫測。一夕周覽賊營，設伏夾擊，大破之，斬忠首。

劉清之

劉清之，臨江人。權發遣衡州。衡自建炎軍興，有所謂大軍月椿[②]過湖錢，歲送漕司，以四邑所入麴引錢及郡計畸零苗米折納充之。舊法，許民買引爲酒麴，謂之麴引錢，其後置以等第敷納。良民受害，而姦民乃并與常賦不輸。清之請於朝，願與總領所酌損，漸圖蠲減。不報。遂戒諸邑：董常賦，緩雜征，閣舊賦，戒預折，新簿籍，謹推收，督勾銷，明逋負，防帶鈔，治頑梗，梶吏姦，擾户長，費用有節，稽考有政。

先是，郡飾廚傳事常平、刑獄二使者，清之歎曰：“與其取諸民，孰若裁諸公。吾之所以事上官，惟究心所職，無負吾民足矣。豈以酒肉貨財爲勤哉？”自常禄外，悉歸公帑，以佐經用。至之日，兵無糧，官無奉，上供送使無備。已而郡計漸裕，民力稍蘇。

嘗作《諭民書》一編，首言畏天積善，勤力務本，農工商賈莫不有勸，教以事親睦族，教子祀先，婚姻以時，喪祭以禮。質直簡易，家有其書，非禮之訟，日爲衰息。每因月講，具酒殽燕諸生，相與輸情論學，設爲疑問，以觀所向，然後從容示以本末先後之序。來者日衆，則增築臨烝精舍居之。其所講，先正經，次訓詁，次疏先儒議論，次述今所紬繹之説，然後各指所宜用。

爲閱武場。凡禁軍役於他所，隱於百工者，悉按軍籍訓閲。作朱陵

① 奕：當作“弈”。
② 椿：《宋史》卷四三七《劉清之傳》作“樁”。

道院，祠張九齡、韓愈、寇準、周惇頤、胡安國於左，祠晉死節太守劉翼、宋死節内史王應之於右。部使者惡清之不肯媚己，移書臺臣，誣以勞民用財，論罷。

劉龜年

劉龜年，祥符人，道州軍事判官。州守李南壽以其政事文詞薦於朝。比去，懷其餘章，以授後守曰："判官賢而不求人知，惟君留意。"後守許諾。及其去，又如之。改知武陵縣，遇民以寬，吏有罪則立治之，然亦不求其過。縣境田多荒，冒耕者衆。其健者與吏爲一，侵漁訴訟，展轉不止。龜年推求本始，必見端緒而予奪之，訟爲少息。楚俗右鬼，其淫祠有潘仙者，歲時集會，摐金鼓、執戈矛祭之。龜年命尉杜師顔撤屋毁像，收其兵刃，罪其倡之者，衆然後定。縣賦役不均，咸以爲病，龜年始爲改造帳籍，民無異辭。部使者以其治聞於朝，記姓名中書，然秩滿則詣尚書銓注官，卒不一謁見丞相。調通判沅州。沅并邊蠻人侵掠無寧歲，守懼，求去。龜年攝其事，案防邊舊法，訪問財處，立爲條約，以授邊吏，明諭威禁，而以無事鎮之，蠻帖服。

楚寶卷第三十四

明湘潭周聖楷伯孔輯纂

宦　蹟

李　泌

李泌，字長源，趙郡中山人。七歲知爲文。玄宗開元十六年，召至禁中。帝方與燕國公張説觀奕[①]，因使説試其能。説請試“方圓動静”，泌逡巡曰：“願聞其略。”説因曰：“方若棋局，圓若棋子，動若棋生，静若棋死。”泌即答曰：“方若行義，圓若用知，動若騁才，静若得意。”説因賀帝得奇童。帝大悦曰：“是子精神，要大于身。”賜束帛，勑其家善視養之。張九齡尤所奬愛，因呼“小友”。

及長，博學，善治《易》，常遊衡山、嵩、華間，慕神仙不死術。天寶中，詣闕獻《復明堂九鼎議》，帝憶其蚤慧，召講《老子》。侍翰林，供奉東宫，皇太子遇之厚。常賦詩譏誚楊國忠、安禄山等，國忠疾之，詔斥置蘄春郡。尋復隱居衡嶽，遇異人懶殘，授以秘術，曰：“愼勿多言，領取十年宰相也。”

肅宗即位靈武，物色求訪，會泌亦自至。方謁見，陳天下所以成敗事，帝悦，欲授以官，固辭曰：“陛下待以賓友，則貴於宰相矣。”入則對榻，出同輿輦。衆指曰：“衣黄者聖人，白衣者山人。”帝聞，因

① 奕：《新唐書》卷一三九《李泌傳》作“弈”。

賜金紫，拜元帥廣平王行軍司馬。帝嘗曰“卿侍上皇，中爲朕師，今下佐廣平行軍。朕父子資卿道義”云。始，軍中謀帥，皆屬建寧王，泌密白曰：“建寧王誠賢，然廣平冢嗣，有君人量，豈使爲吴泰伯乎？”帝曰：“廣平爲太子，何假元帥？”泌曰：“使元帥有功，陛下不以爲儲副，得耶？太子從曰撫軍，守曰監國，今元帥乃撫軍也。”帝從之。

初，帝在東宫，李林甫數搆譖，勢危甚。及即位，怨之，欲掘塚焚骨。泌以天子而念宿嫌，示天下不廣，使脅從之徒得釋言于賊。帝不悦，曰：“往事卿忘之乎？”對曰：“臣念不在此。上皇有天下五十年，一旦失意，南方氣候惡，且春秋高，聞陛下録故怨，將内慚不懌，萬有一感疾，是陛下以天下之廣不能安親也。”帝感悟，抱泌頸以泣曰：“朕不及此。”

上皇還京。崔圓、李輔國以泌親信，疾之。泌畏禍，願隱衡山。有詔給三品禄，賜隱士服，爲築室于山中。泌嘗取松樛枝以隂背，名曰“養和”，後得如龍形者，因以獻帝，四方争效之。代宗立，召至。作書院于蓬萊殿書閣側。上時過之，欲以爲相國。初，泌無妻，不食肉。帝乃賜光福里第，彊詔食肉，爲娶朔方故留後李暐甥。婚日，勑北軍供帳。

元載惡不附己，因江西觀察使魏少游請僚佐，載稱泌才，以試秘書少監充判官。載誅，帝召還。復爲常衮所忌，出爲楚州刺史，辭不行，留之。會澧州闕，衮盛言南方凋瘵，請輟泌治之，乃授澧、朗、峽團練使，徙杭州刺史，皆有風績。德宗在奉天，召赴行在，授左散騎常侍。

貞元元年，拜陝虢觀察使。泌始鑿山開車道至三門，以便餉漕。以勞，進檢校禮部尚書。三年，拜中書侍郎、同中書門下平章事，累封鄴縣侯。四年春月，月蝕東壁，泌曰：“東壁，圖書府，大臣當有憂者。吾以宰相兼學士，當之。昔燕國公張説繇是以亡，又可免乎？”明年三月果薨。

時中使林遠於函關逆旅遇泌，單騎常服，言暫往衡山。話三朝之舊，慘然久之而别。遠到長安，方聞其死。德宗聞之，尤加愴異，曰：

"先生自言當歷佐四聖而後脱屣也，斯言驗矣。"泌出入中禁，事四君，數爲權倖所疾，常以知免。好縱横大言，時進讜議，能寤移人主。柳玭稱，兩京復，泌謀居多，其功乃大于魯連、范蠡云。子繁，大理少卿，兼弘文館學士，知隨州。有善政，爲舒元輿搆害。著家傳十篇。

聖楷曰：鄴侯泌，異人也。其匡主救時，全身遠害，惟張子房差可並語。善乎西涯公之言曰："泌之術高矣。"肅宗欲使倓爲元帥，泌懼其逼也，諫而歸之俶。及欲以俶爲太子，則勸其待上皇之至而又使俶自辭之。張良娣之將立也，又勸止之。俶有惡於良娣，則又勸其監建寧之禍。及其迎復上皇也，知其不來，則又請作群臣表，而上皇始至。肅宗襲位之後，上皇還京之前，嫌隙未至大露者，皆泌之功也。蓋泌有過人之術，故其委曲深到，足以深中人主之機而奪其情。彼固能料肅宗用己于艱難而極言之也。及良娣、輔國，搆結已成。建寧既死，而肅宗强勉承順者，將有不終之漸。既不欲與其名，又恐不免其身，故雖以先朝故舊，不及上皇之至，一旦欲去之無疑也。夫以德宗之猜忌，元載之凶嫉，出而周旋其閒，進退不以介意，而卒老於相位。其定太子，保功臣，論宰相，乃其所持以爲正；而談神仙，稱禍福，乃其所挾以爲奇。噫，此數語可爲鄴侯寫照。唐史疑神疑鬼，固不足以盡之也。

吕　諲

吕諲，河中河東人。乾元二年，擢同中書門下平章事。上元初，以事罷爲太子賓客，拜荆州長史，澧、朗、峽、忠等五州節度使。諲始建議請荆州置南郡，詔可。於是更號江陵府，以諲爲尹，置永平軍萬人，遏吴、蜀之衝，以湖南之岳、潭、郴、道、邵、連，黔中之涪，凡七州隸其道。初，荆州長史張惟一以衡州蠻酋陳希昂爲司馬，督家兵千人自防。惟一親將牟遂金與相忤，希昂率兵至惟一所捕之，惟一懼，斬其首以謝，悉以遂金兵屬之，乃退。自是政一出希昂。後入朝，遷常州刺史。過江陵，入謁，諲伏甲擊殺之，誅其黨數十人，積尸府門，内外震服。

妖人申泰芝用左道事李輔國，擢諫議大夫，置軍邵、道二州閒，以泰芝總之。納群蠻金，賞以緋紫，出楮[①]中詔書賜衣示之。群蠻怵于賞而財不足，更爲剽掠，吏不敢制。潭州刺史龐承鼎疾其奸，因泰芝過潭，縛付吏，劾贓鉅萬，得左道讖記，并奏之。輔國矯追泰芝還京，既召見，反譖承鼎陷不辜，詔諲按罪。諲使判官嚴郢具獄，暴泰芝之惡，帝不省，賜承鼎死，流郢建州。後泰芝終以贓徙死，追原承鼎。

諲爲治不急細務，決大事剛果不撓。始在河西，悉知諸將能否。及爲尹，奏取才者數十人總牙兵，故威惠兩行。年五十一卒，贈吏部尚書。諲爲荆州，號令明，賦斂均，治尚威信，故軍士用命，闔境無盜賊，民歌詠之。自至德以來，處方面數十人，諲最有名。荆人生構祠，及歿，吏裒錢十萬，徙祠府西。永泰中，嚴郢以故吏，請謚曰忠肅。

聖楷曰：吕諲擊殺叛酋陳希昂，與按治妖人申泰芝，二事皆稱快絶。乃近閲《廣輿記》及楚中諸志，猶傳泰芝爲白日冲舉。然則俗子之訛傳妄附，又何止此！辱我山川甚矣。

元　結

元結，後魏常山王遵十五代孫。曾祖仁基，從太宗征遼東，以功襲封常山公。祖亨，蚤卒。父延祖，三歲而孤。逮長，不仕，年過四十，親婭彊勸之，再調春陵丞，輒棄官去，曰：“人生衣食，可適饑飽，不宜復有所須。”每灌畦掇薪，以爲“有生之役，過此吾不思也”。安禄山反，召結戒曰：“而遭逢世多故，不得自安山林，勉樹名節，無近羞

① 楮：《新唐書》卷一四○《吕諲傳》作“褚”。

辱”云。卒年七十六。

結少不羈，十七乃折節向學。舉進士。肅宗幸河東，召結詣京師，上時議三篇。帝悦，擢右金吾兵曹參軍，攝監察御史，爲山南西道節度參謀議官。募義士于唐、鄧、汝、蔡，降劇賊五千，葬露胔于泌南，名曰哀邱。以討史思明功，遷監察御史裏行。荆南節度使吕諲請益兵拒賊，帝進結水部員外郎，佐諲府。又參山南東道。

久之，拜道州刺史。初，西原蠻掠居人數萬去，遺户裁數千，諸使調發符牒二百函，結以人困，不忍加賦，請免百姓所負租税及租庸使和市雜物十三萬緡。又奏：“減[1]正租庸外，所率宜以時增減。”詔可。結爲民營舍給田，免徭役，流亡歸者萬餘。進授邕管經略使，身諭蠻豪，綏定八州。民樂其教，至立石頌德。罷還京師，卒。

《舂陵行》曰：癸卯歲，漫叟授道州刺史。道州舊四萬餘户，經賊已來，不滿四千，大半不勝賦税。到官未五十日，承諸使徵求符牒二百餘封，皆曰：“失其限者，罪至貶削。”於戲！若悉應其命，則州縣破亂，刺史欲焉逃罪；若不應命，又即獲罪戾，必不免也。吾將守官，静以安人，待罪而已。此州是舂陵故地，故作《舂陵行》以達下情：軍國多所需，切責在有司。有司臨郡縣，刑法競欲施。供給豈不憂，徵斂又可悲。州小經亂亡，遺人實困疲。大鄉無十家，大族命單羸。朝餐是草根，暮食仍木皮。出言氣欲絶，意速行走遲。追呼尚不忍，況乃鞭撲之。郵亭傳急符，來往跡相追。更無寬大恩，但有迫促期。欲令鬻兒女，言發恐亂隨。悉使索其家，而又無生資。聽彼道路言，怨傷誰復知？去冬山賊來，殺奪幾無遺。所願見王官，撫資以惠慈。奈何重驅逐，不使存活爲？安人天子命，符節我所持。州縣忽亂亡，得罪復是誰？逋緩違詔令，蒙責固其宜。前賢重守分，惡以禍福移。亦云貴守官，不愛能適時。顧惟孱弱者，正直當不虧。何人采國風，吾欲獻此辭。

---

① 減：《新唐書》卷一四三《元結傳》作“歲”。

又《賊退示官吏》曰：癸卯歲，西原賊入道州，焚燒殺掠幾盡而去。明年，賊又攻破郡，不犯此州邊鄙而退。豈力能制敵與？蓋蒙其傷憐而已。諸使何爲忍苦徵斂？故作詩一篇，以示官吏：昔年逢太平，山林二十年。泉源在庭户，洞壑當門前。井税有常期，日晏猶得眠。忽然遭世變，數歲親戎旃。今來典斯郡，山夷又紛然。城小賊不屠，人貧傷可憐。是以陷鄰境，此州獨見全。使臣將王命，豈不如賊焉？今彼徵斂者，迫之如火煎。誰能絶人命，以作時世賢。思欲委符節，引竿自刺船。將家就魚麥，歸老江湖邊。

杜甫《同元使君舂陵行》序曰：覽道州元使君結《舂陵行》兼《賊退後示官吏作》二首，志之曰：當天子分憂之地，效漢官良吏之目。今盗賊未息，知民疾苦，得結輩十數公，落落然參錯天下爲邦伯，萬物吐氣，天下少安可待矣。不意復見比興體制、微婉頓挫之詞，感而有詩，增諸卷軸，簡知我者，不必寄元也：遭亂髮盡白，轉衰病相嬰。沈緜盗賊際，狼狽江漢行。歎時藥力薄，爲客羸瘵成。吾人詩家秀，博采世上名。粲粲元道州，前聖畏後生。觀乎《舂陵》作，歘見俊哲情。復覽《賊退》篇，結也實國楨。賈誼昔流慟，匡衡常引經。道州憂黎庶，詞氣浩縱横。兩章對秋月，一字偕華星。致君唐虞際，純樸憶大庭。何時降璽書，用爾爲丹青。訟獄永衰息，豈惟偃甲兵。悽惻念誅求，薄斂近休明。乃知正人意，不苟飛長纓。凉飆振南嶽，之子寵若驚。色沮金印大，興含滄溟清。我多長卿病，日夕思朝廷。肺枯渴太甚，漂泊公孫城。呼兒具紙筆，隱几臨軒楹。作詩呻吟内，墨淡字欹傾。感彼危苦詞，庶幾知者聽。

韓思復

韓思復，字紹宗，京兆長安人。初爲襄州刺史，入拜給事中。累遷御史大夫，性恬淡，不喜爲繩察，徙太子賓客，進爵伯。累遷吏部侍郎。復爲襄州刺史，治行名天下。代還，仍拜太子賓客。卒，年七十四，謚曰文。天子親題其碑曰“有唐忠孝韓長山之墓”。故吏盧僎、邑人孟浩然，立石峴山。子朝宗，初歷左拾遺，累遷荆州長史。開元二十二年，初置十道採訪使，朝宗以襄州刺史兼山南東道。襄州南楚故城有昭王井，傳言汲者死，行人雖暍困，不敢視，朝宗移書諭神，自是飲者亡恙，人更號韓公井。

聖楷曰：韓長山以襄陽治行名天下，而修史者不傳其事。或因孟浩然立石峴山而重之耶？其子朝宗，即李太白所謂“生不用萬户侯，但願一識韓荆州”者。其喜拔識後進，如嚴武、崔宗之輩，固自可人，太白之推譽，豈慕君侯富貴者哉！

裴　　休

裴休，字公美，孟州濟源人。操守嚴正。方兒童時，兄弟偕隱家墅，晝講經，夜著書，終年不出户。有饋鹿者，諸生共薦之，休不食，曰：“疏食猶不足，今一啖肉，後何以繼？”擢進士第，舉賢良方正異等。大中時，以兵部侍郎領諸道鹽鐵轉運使。六年，進同中書門下平章事。

太和後，歲漕江、淮米四十萬斛，至渭河倉者纔十三，舟檝僨敗，吏乘爲奸，冒没百端，劉晏之法盡廢。休分遣官詢按其弊，乃命在所令長兼董漕，褒能者，謫怠者。由江抵渭，舊歲率雇緡二十八萬，休悉歸諸吏，勅巡院不得輒侵牟。著新法十條，又立税茶十二法，人以爲便。居三年，粟至渭倉者百二十萬斛，無留壅。時方鎮設邸閣居茶取直，因視商人他貨横賦之，道路苛擾。休建言：“許收邸直，毋擅賦商人。”又：“收山澤寶冶，悉歸鹽鐵。”

秉政凡五歲，罷爲宣武軍節度使，封河東縣子。久之，繇太子少保分司東都，復起，歷昭義、河東、鳳翔、荆南四節度。卒，年七十四，贈太尉。

休不爲皦察行，所治吏下畏信。能文章，書楷遒媚有體法。爲人醖藉，進止雍閑。宣宗嘗曰："休真儒者。"然嗜浮屠法，居常不御酒肉。講求其説，演繹附著數萬言，習歌唄以爲樂。與紇干𣅀素善，至爲桑門號以相字，當世嘲薄之，而所好不衰。

聖楷曰：裴休相國，歷四節度使，而荆南之遺事載于傳記者獨多。蓋是時荆湖以南諸大禪侶提唱宗風，寶地珠林，雲郵相望，故休亦樂得優遊其閒也。然休雖嗜浮屠法，而于民生國計軫念尤深。如清漕運，去横斂，茶法鹽鐵，豈非鑿鑿者哉！修唐史者，凡涉玄虚之事，一概抹殺，總繇"闢佛"二字中其膏肓耳，豈通識哉！

李允則

李允則，字垂範，濟州團練使謙溥子也。少以材略聞。蔭補衙内指揮使，改左班殿直。

累遷供備庫副使、知潭州。將行，真宗謂曰："朕在南衙，畢士安嘗道卿家世，今以湖南屬卿。"初，馬氏暴斂，州人出絹，謂之地税。潘美定湖南，計屋輸絹，謂之屋税。營田户給牛，歲輸米四斛，牛死猶輸，謂之枯骨税。民輸茶，初以九斤爲一大斤，後益至三十五斤。允則請除三税，茶以十三斤半爲定制，民皆便之。湖湘多山田，可以藝粟，而民惰不耕，乃下令月所給馬芻，皆輸本色，繇是山田悉墾。湖南饑，欲發官廩先賑[①]後奏，轉運使執不可，允則曰："須報踰月，則饑者無及矣。"明年薦饑，復欲先賑，轉運使又執不可，允則請以家貲爲質，乃得發廩賤糶。因募饑民堪役者隸軍籍，得萬人。轉運使請發所募兵禦

① 《宋史》卷三二四《李允則傳》"賑"後有"而"字。

邵州蠻，允則曰："今蠻不擾，無名益戍，是長邊患也。且兵皆新募，饑瘠未任出戍。"乃奏罷之。陳堯叟安撫湖南，民列允則治狀請留，堯叟以聞。召還，對三日，帝曰："畢士安不謬知人者。"累遷至康州防禦使。天聖六年，卒。

允則不事威儀，閒或步出，遇民有可語者，延坐與語，以是洞知人情。訟至，無大小面訊立斷。善撫士卒，皆得其用。身無兼衣，食無重羞，不畜貲財。在河北二十餘年，事功最多。

聖楷曰：蠲除賑貸，乃救荒第一急著。李公允則先賑後奏，乃救時第一奇人。若朱晦翁所謂感召、儲蓄兩説，此乃行之平日則可耳，當事者豈得藉口哉！

張　　詠

張詠，字復之，鄄城人。少負氣，不拘小節，雖貧賤客游，未嘗下人。太平興國五年，進士乙科，授大理評事、知鄂州崇陽縣。拔茶植桑，民庇其利，遷著作佐郎。會蘇易簡、李[①]沆、寇準連薦其才，以爲湖北路轉運使，奏罷歸、峽二州水遞夫。

太宗聞其强幹，召還，擢爲樞密直學士，出知益州。真宗即位，累仕至左丞，進禮部尚書。卒。嘗謂："事君者廉不言貧，勤不言苦，忠不言己效，公不言己能，斯可以事君矣。"性躁果卞急，自以爲"乖"則違衆，"崖"不利物，因號乖崖。有《乖崖集》十卷。

《補筆談》曰：忠定張尚書曾令鄂州崇陽，多曠土，民不務耕，唯以植茶爲業。忠定令民伐去茶園，誘之使種桑麻。自此茶漸少，而桑麻特盛于鄂、岳之閒。至嘉祐中改茶法，湖、湘之民苦于茶租，獨崇陽無茶租。民監他邑，思公之惠，立廟以報之。民有入

① 李：《宋史》卷二九三《張詠傳》作"宋"。

市買菜者，公召諭之曰："邑居之民無地種植，且有他業，買菜可也。汝村民皆有土田，何不自種而買菜？"笞而遣之。自後人皆置圃，至今謂蘆菔爲張知縣[①]云。

《鶴林玉露》曰：張乖崖爲崇陽令，一吏自庫中出，視其鬢傍巾下有一錢，詰之，乃庫中錢也。乖崖命杖之，吏勃然曰："一錢何足道，乃杖我耶？爾能杖我，不能斬我也！"乖崖援筆判云："一日一錢，千日一千，繩鋸木斷，水滴石穿。"自仗劍，下階斬其首，申臺府自劾。崇陽人至今傳之。蓋自五代以來，軍卒凌將帥，胥吏凌長官，餘風至此時猶未盡除。乖崖此舉，非爲一錢而設，其意深矣，其事偉矣。

聖楷按：史稱詠少學擊劍，慷慨好大言，樂爲奇節。有士人遊宦遠郡，爲僕夫所持，且欲得其女爲妻，士人者不能制。詠遇于傳舍，知其事，即陽假此僕爲馭，單騎出近郊，至林麓中斬之而還。嘗謂其友人曰："張詠幸生明時，讀墳典以自律，不爾，則爲何人邪？"觀此舉動，故是習氣難除。今崇陽縣有張乖崖祠，云即詠自建美美亭遺址。

岳　飛

岳飛，字鵬舉，相州湯陰人。以戰功累陞神武副軍都統制。二年，賊曹成擁衆十餘萬，由江西歷湖湘，據道、賀二州。命飛權知潭州，兼權荆湖東路安撫都總管，付金字牌、黄旗招成。成聞飛將至，驚曰："岳家軍來矣。"即分道而遁。飛至茶陵，奉詔招之，成不從。飛奏："比年多命招安，故盜力强則肆暴，力屈則就招。苟不略加勦除，蠭起之衆，未可遽殄。"許之。

① 《續筆談》卷二《官政》"縣"後有"菜"字。

飛入賀州境，得成諜者，縛之帳下。飛出帳調兵食，吏曰：“糧盡矣，奈何？”飛陽曰：“姑反茶陵。”已而顧諜若失意狀，頓足而入，陰令逸之。諜歸告成，成大喜，期翼日來追。飛命士蓐食，潛趨遶嶺，未明，已至太平場，破其砦。成據險拒飛，飛麾兵掩擊，賊大潰。成走據北藏嶺、上梧關，遣將迎戰。飛不陣而鼓，士争奮，奪二隘據之。成又自桂嶺置砦至北藏嶺，連控隘道，親以衆十餘萬守蓬頭嶺。飛部才八千，一鼓登嶺，破其衆，成奔連州。飛謂張憲等曰：“成黨散去，追而殺之，則脇從者可憫，縱之則復聚爲盜。今遣若等誅其酋而撫其衆，慎勿妄殺，累主上保民之仁。”於是憲自賀、連，徐慶自邵、道，王貴自郴、桂，招降者二萬，與飛會連州。進兵追成，成走宣撫司降。時以盛夏行師瘴地，撫循有方，士無一人死癘者。嶺表平。

召赴行在。江西宣諭劉大忠奏：“飛兵有紀律，人恃以安，今赴行在，恐盜復起。”不果行。時虔、吉盜連兵寇掠循、梅、廣、惠、英、韶、南雄、南安、建昌、汀、邵武諸郡，帝乃專命飛平之。初，以隆祐震驚之故，密旨令飛屠虔城。飛請誅首惡而赦脇從，不許；請至再四，帝乃曲赦。人感其德，繪像祠之。

秋，入見，帝手書“精忠岳飛”字，製旗以賜之。授鎮南軍承宣使、江南西路沿江制置使，又改神武後軍部統制，仍制置使，李山、吴全、吴錫、李横、牛皋皆隸焉。

僞齊遣李成挾金人入侵，破襄陽、唐、鄧、隨、郢諸州及信陽軍，湖寇楊么亦與僞齊通，欲順流而下。李成又欲自江西陸行，趨兩浙與么會。帝命飛爲之備。

四年，除兼荆南，鄂、岳州制置使。飛奏：“襄陽等六郡，爲恢復中原基本，今當先取六郡，以除心膂之患。李成遠遁，然後加兵湖湘，以殄群盜。”帝以諭趙鼎。鼎曰：“知上流利害，無如飛者。”遂授黄、復州，漢陽軍，德安府制置使。飛渡江中流，顧幕屬曰：“飛不擒賊，不涉此江。”抵郢州城下，僞將京超號“萬人敵”，乘城拒飛。飛鼓衆而登，超投崖死，復郢州，遣張憲、徐慶復隨州。飛趨襄陽，李成迎戰，左臨襄江，飛笑曰："步兵利險阻，騎兵利平曠。成左列騎江岸，右列步平曠，雖衆十萬，何能爲？"舉鞭指王貴曰："爾以長槍步卒擊其騎兵。"指牛皋曰："爾以騎兵擊其步卒。"合戰，馬應槍而斃，後騎皆擁入江，步卒死者無數，成夜遁，復襄陽。劉豫益成兵屯新野，飛與王萬夾擊之，連破其衆。

飛奏："金賊所愛惟子女金帛，志已驕惰；劉豫僭僞，人心終不忘宋。如以精兵二十萬，直擣中原，恢復故疆，誠易爲力。襄陽、隨、郢，地皆膏腴，苟行營田，其利爲厚。臣候糧足，即過江北剿戮敵兵。"時方重深入之舉，而營田之議自是興矣。

進兵鄧州，成與金將劉合孛堇列砦拒飛。飛遣王貴、張憲掩擊，賊衆大潰，劉合孛堇僅以身免。賊黨高仲退保鄧城，飛引兵一鼓拔之，擒高仲，復鄧州。帝聞之，喜曰："朕素聞岳飛行軍有紀律，未知能破敵如此!"又復唐州、信陽軍。

襄、漢平，飛辭制置使，乞委重臣經畫荆、襄，不許。趙鼎奏："湖北岳、鄂最爲上流要害，乞令飛屯岳、鄂，不惟江西藉其聲勢，湖、廣、江、浙亦獲安妥。"乃以隨、郢、唐、鄧、信陽並爲襄陽府路隸飛。飛移屯鄂，授清遠軍節度使，湖北路、荆、襄、潭州制置使，封武昌縣開國子。

兀术、劉豫合兵圍廬州，帝手札命飛解圍。提兵趨廬，僞齊已驅甲騎五千逼城。飛張"岳"字旗與"精忠"旗，金兵一戰而潰，廬州平。飛奏："襄陽等六郡人户闕牛、糧，乞量給官錢，免官私逋負，州縣官以招集流亡爲殿最。"

五年，入覲，封母國夫人；授飛鎮寧、崇信軍節度使，湖北路，荆、襄、潭州制置使，進封武昌郡開國侯；又除荆湖南北、襄陽路制置使，神武後軍都統制，命招捕楊么。飛所部皆西北人，不習水戰，飛曰："兵何常？顧用之何如耳。"先遣使招諭之。賊黨黄佐曰："岳節使號令如山，若與之敵，萬無生理，不如往降。節使誠信，必善遇我。"遂降。飛表授佐武義大夫，單騎按其部，拊佐背曰："子知逆順者。果能立功，封侯豈足道？欲復遣子至湖中，視其可乘者擒之，可勸者招之，如何？”佐感泣，誓以死報。

時張浚以都督軍事至潭，參政席益與浚語，疑飛玩寇，欲以聞。浚曰：“岳侯，忠孝人也，兵有深機，胡可易言？”益慚而止。黄佐襲周倫砦，殺倫，擒其統制陳貴等。飛上其功，遷武[①]大夫。統制任士安不稟王𤩽令，軍以此無功。飛鞭士安使餌賊，曰：“三日賊不平，斬汝。”士安宣言：“岳太尉兵二十萬至矣。”賊見止士安軍，併力攻之。飛設伏，士安戰急，伏四起擊賊，賊走。

會召浚還防秋，飛袖小圖示浚，浚欲俟來年議之。飛曰：“已有定畫，都督能小留，不八日可破賊。”浚曰：“何言之易？”飛曰：“王四廂以王師攻水寇則難，飛以水寇攻水寇則易。水戰我短彼長，以所短攻所長，所以難。若因敵將用敵兵，奪其手足之助，離其腹心之託，使孤立，而後以王師乘之，八日之内，當俘諸酋。”浚許之。

飛遂如鼎州。黄佐招楊欽來降，飛喜曰：“楊欽驍悍，既降，賊腹心潰矣。”表授欽武義大夫，禮遇甚厚，乃復遣歸湖中。兩日，欽説余端、劉詵等降，飛詭罵欽曰：“賊不盡降，何來也？”杖之，復令入湖。是夜，掩賊營，降其衆數萬。么負固不服，方浮舟湖中，以輪激水，其行如飛，旁置撞竿，官舟迎之輒碎。飛伐君山木爲巨筏，塞諸港汊，又以腐木亂草浮上流而下，擇水淺處，遣善罵者挑之，且行且罵。賊怒來追，則草木壅積，舟輪礙不行。飛亟遣兵擊之，賊奔港中，爲筏所拒。官軍乘筏，張牛革以蔽矢石，舉巨木撞其舟，盡壞。么投水，牛皋擒斬之。飛入賊壘，餘酋驚曰：“何神也！”俱降。飛親行諸砦慰撫之，縱老弱歸田，籍少壯爲軍。果八日而賊平。浚歎曰：“岳侯神算也。”初，賊恃其險曰：“欲犯我者，除是飛來。”至是，人以其言爲讖。獲賊舟千餘，鄂渚水軍爲沿江之冠。詔兼蘄、黄制置使，飛以目疾乞辭軍事，不許，加檢校少保，進封公。還軍鄂州，除荆湖南北、襄陽

① 《宋史》卷三六五《岳飛傳》“武”後有“功”字。

路招討使路。

六年，太行山忠義社梁興等百餘人，慕飛義率衆來歸。飛入覲，面陳："襄陽自收復後，未置監司，州縣無以按察。"帝從之，以李若虛爲京西南路提舉兼轉運、提刑，又令湖北、襄陽府路自知州、通判以下賢否，許飛得自黜陟。

張浚至江上會諸大帥，獨稱飛與韓世忠可倚大事，命飛屯襄陽，以窺中原，曰："此君素志也。"飛移軍京西，改武勝、定國軍節度使，除宣撫副使，置司襄陽。命往武昌調軍。居母憂，降制起復。飛扶櫬還廬山，連表乞終喪，不許，累詔趣起，乃就軍。

《宋史》論曰：西漢而下，若韓、彭、絳、灌之爲將，代不乏人，求其文武全器、仁知並施如宋岳飛者，一代豈多見哉！史稱關雲長通《春秋左氏》學，然未嘗見其文章。飛北伐，軍至汴梁之朱仙鎮，有詔班師，飛自爲表答詔，忠義之言，流出肺腑，真有諸葛孔明之風，而卒死于秦檜之手。蓋飛與檜勢不兩立，使飛得志，則金讎可復，宋恥可雪；檜得志，則飛有死而已。昔劉宋殺檀道濟，道濟下獄，嗔目曰："自壞汝萬里長城！"高宗忍自棄其中原，故忍殺飛，嗚呼冤哉！嗚呼冤哉！

聖楷曰：飛之人品功烈，古今論著詳矣。予兹特録其戰功在湖南北者，亦召虎、方叔而後一人而已。噫，有臣如此，而冤死奸檜之手，豈復有天道哉！

李　稙

李稙，字元直，泗州臨淮人。靖康初，高宗以康王開大元帥府，湖南向子諲轉運京畿。時群盜四起，餉道阨絶，環視左右無足遣者。有以稙薦，遂借補迪功郎，使督四百艘，總押犒師銀百萬、糧百萬石，招募忠義二萬餘衆，自淮入徐趨濟，凡十餘戰，卒以計達。時高宗駐師鉅野，聞東南一布衣統衆而至，士氣十倍。首加勞問，稙占對詳敏，高宗大悦，親賜之食，曰："得一士如獲拱璧，豈特軍餉而已。"承制授承直郎，留之幕府。

高宗既即位，爲東南發運司幹辦公事，尋以奉議郎知潭州湘陰。縣經楊么蕩析，稙被荆棘，立縣治，發倉廩，振困乏，專以撫摩爲急。丞相張浚督師江上，知稙才，薦爲朝奉郎、鄂州通判。大盗馬友、孔彦舟未平，稙請修戰艦，習水戰，分軍馬爲左右翼，大破彦舟伏兵，誅馬友，二盗平。浚以破賊功上于朝，轉朝奉大夫、通判荆南府。秩滿，除尚書户部員外郎。

時秦檜當國，凡帥府舊僚率皆屏黜，浚亦去國。稙即丐祠奉親，寓居長沙之醴陵，十有九年，杜門不仕。檜死，子諲以户部尚書居邇列，語及龍飛舊事，識稙姓名，以户部郎中召稙。始入見，帝曰："朕故人也。"方有意大用，以母老，每辭，願便養，除知桂陽軍。丁母憂，歸葬，哀毁廬墓，有白鷺朱草之祥。劉鎮[①]遺之書曰："忠臣孝子，元直兼之矣。"後累仕至太府卿，以中奉大夫、寶文閣學士致仕。還湖[②]。

時胡安國父子家南嶽下，劉錡家湘潭，相與往還講論，言及國事，必憂形于色，始終以和議爲恨。年七十有六卒。有文集十卷，題曰《臨淮集》，廬陵胡銓爲之序。謚忠襄。

聖楷曰：李元直以一布衣，督百萬運艘，出群盗，猶云才力有可藉也。若湘陰小縣，蕩析兵火，而獨能發倉廩，振困乏，爲無米之炊，豈非能吏哉？忠孝人許大經濟，不啻麟鳳之在桑梓矣。停雲之慕，其何能已。

① 鎮：《宋史》卷三七九《李稙傳》作"錡"。
② 湖：《宋史》卷三七九《李稙傳》作"湘"。

辛棄疾

辛棄疾，字幼安，歷城人。慷慨有大略。乾道六年，孝宗召對延和殿。時虞允文相，帝鋭意恢復，棄疾因論南北形勢及三國、晉、漢人才，持論勁直，不爲迎合。作《九議》并《美芹十論》獻于朝，以方講和，不行。久之，加祕閣修撰、知江陵府兼湖北安撫使。

召爲大理少卿，復出爲湖北轉運副使，改湖南，尋知潭州兼湖南安撫使。盜連起湖湘，棄疾悉討平之。遂奏疏曰："今朝廷清明，比年李全、賴文政、陳子明、李峒相繼竊發嘯聚，殺掠吏民，死且不顧，至煩大兵翦滅。良繇田野之民，郡以聚斂害之，縣以科斂害之，吏以乞取害之，豪民以兼并害之，盜賊以剽奪害之，民不爲盜，去將安之？夫民爲國本，而貪吏迫使爲盜，今年勦除，明年剗盪，譬之木焉，日刻月削，不損則折。伏願陛下深思致盜之繇，講求弭盜之術，無徒恃平盜之兵。申飭州縣，以惠養元元爲意，無徒按舉小吏以應故事。"

又以湖南控帶二廣，與溪峒蠻獠接連，草竊閒作，豈惟風俗頑悍，抑武備空虛所致。乃復奏疏曰："軍政之弊，統率不一，則軍人利于優閑窠坐，奔走公門，苟圖衣食，故教閱廢弛，逃亡者不追，冒名者不舉。平居則奸民無所忌憚，緩急則卒伍不堪征行。至調大軍，千里討捕，勝負未決，傷威損重。乞依廣東摧鋒、荆南神勁、福建左翼[①]，别刱一軍，以湖南飛虎爲名，專聽帥臣節制，度[②]使夷獠知威，望風懾服。"

詔委以規畫。迺訪馬殷營壘故基，起蓋砦栅，招補軍伍。時樞府數沮撓之，棄疾行愈力，卒不能奪。經度費鉅萬計，棄疾善斡旋，事皆立

---

① 《宋史》卷四〇一《辛棄疾傳》"翼"後有"例"字。

② 度：《宋史》卷四〇一《辛棄疾傳》作"庶"。

辦。議者以聚斂聞，降御前金字牌，俾止其役。棄疾受而藏之，出責監辦者，期一月飛虎營栅成，違坐軍制。如期落成，開陳本末，繪圖繳進，上遂釋然。時秋霖幾月，所司言造瓦不易，問：“須瓦幾何？”曰：“二十萬。”棄疾曰：“勿憂。”令廂官自官舍、神祠外，居民家取溝壓瓦，不二日皆具，僚屬歎服。軍成，雄鎮一方，爲江上諸軍之冠。加右文殿修撰，累仕至龍圖閣待制，卒。

聖楷按：辛幼安公帥長沙，時士人或愬考試官濫取第十七名《春秋》卷，公察之，信然。索亞榜《春秋》卷易之，啟名則趙鼎也。公怒曰：“佐國元勳，忠簡一人，胡爲又一趙鼎？”擲之地。次閱《禮記》卷，曰：“觀其議論，必豪傑士也。此不可失。”啟之，乃趙方也。其藻鑒之精如此。公雅善長短句，悲壯激烈，肖其爲人。按，公少師蔡伯堅，與黨懷英同學，號辛黨。始求仕，决以蓍。懷英遇《坎》，因留事金。公得《離》，遂决意南歸。值耿京聚兵，公爲掌書記，即勸京降于宋。如追斬僧義端，入金營擒張安國事，皆奇偉，載《宋史》。

楊　時

楊時，字中立，南劍將樂人。熙寧九年，中進士第。杜門不仕者十年。久之，爲瀏陽縣令，有惠政，民思之不忘。張舜民在諫垣，薦之，得荆州教授。時安于州縣，未嘗求聞達，而德望日重，四方之士不遠千里從之遊，號曰龜山先生。靖康元年，爲國子祭酒，未幾致仕。

張栻《瀏陽楊龜山[①]像記》略曰：宋興百有餘年，四方無虞，風俗敦厚，民不識干戈。有儒生出於江南，高談《詩》《書》，自擬伊、傅，而實假此以濟非、鞅之術。舉世風動，雖鉅德故老，有

① “山”後有“畫”字。

莫能燭其奸。其説行，而天下始紛紛多事。反理詭道之論，日以益熾，邪慝相乘，兆裔夷之禍。考其所致，有自來矣。靖康初，龜山楊公任諫議大夫、國子祭酒，始推本論奏其學術之謬，請追奪王爵，罷去配享。雖當時餘黨尤夥，公之説未得盡施，然大統中興，議論一正，于今學者知荆、舒禍本，而有不屑焉，其功豈不大哉！是宜列之學宫，使章布之士知所尊向。而况公舊所臨，流風善政之所及，祀事其可缺乎？瀏陽實潭之屬邑，紹聖初，公常辱爲之宰，歲饑，發廩以賑民，而部使者以催科不給罪公，公之澤及邑民也深矣。後六十餘年，建安張[①]才邵爲政，慨然念風烈，咨故老，葺公舊所爲飛鴻閣，繪像于其上，以示後學，以慰邑人之思，念而不忘也。又六年，始貽書俾栻記之云。

《應城謝上蔡祠記》略曰：先生名良佐，字顯道，學於河南程夫子。初頗以賅博自多，講貫之閒，旁引傳記，至或終篇成誦。夫子笑曰："可謂玩物喪志矣。"先生聞之，爽然自失，面熱汗下，乃盡棄其所學而學焉。建中靖國，詔對不合，得官書局。後復轉徙州縣，沉淪卑冗，以没其身。中閒常宰是邑，南陽胡文定公以典學使者行部，過之不敢問以職事，顧因紹介，請以弟子禮見。入門，見吏卒植立庭中，如土木偶人，肅然起敬，遂稟學焉。其同時及門之士，亦皆稱其言論閎肆，善起發人。今讀其書，尚可想見也。然先生之没，游公定夫實識其墓，而喪亂之餘，兩家文字皆不可見。應城寇盜尤劇，莽爲邱墟，其條教設施，固無復有傳者。縣令劉君炳來訪其遺跡，僅得題詠，留刻數十字而已，爲之慨然永歎，以爲遺烈不逮於此邦，後之君子不得不任其責。於是既新其學，乃就講堂之東偏，設位而祠焉。

朱子《黄陂程明道伊川祠記》略曰：齊安在江、淮閒，最爲窮僻，而國朝以來，名卿大夫多辱居之，如王翰林、韓忠獻公、蘇文

① 張：當作"章"。

忠公，邦人至今樂稱。河南兩程夫子，則亦生於是邦而未有能道之者。蓋王公之文章，韓公之勳業，皆以震燿於一時，而其議論氣節卓犖奇偉，尤足以驚世俗之耳目，又莫若蘇公之盛也。若程夫子，則其事業湮鬱，既不足以表於當時；文詞平淡，又不足以誇於後世，獨其道學之妙，有不可誣者，而又非知德者莫能知之。此其遺跡所以不能無顯晦之殊，亦其理勢然也。蓋天聖中，太中大夫程珦仕爲黄陂尉，秩滿不能去，而家焉，實以明道元年壬申，生子曰顥，字伯淳；又明年癸酉，生子曰頤，字正叔。其後十有餘年，珦攝貳南安，乃得舂陵周公惇頤而與之遊，於是二子因受學焉。今所謂明道先生、伊川先生是也。

劉　珙

劉珙，字共父，子羽長子也。生有奇質，從季父子翬學。以蔭補承務郎。登進士乙科。遷禮部郎官。秦檜欲追謚其父，召禮官會問，珙不至，檜怒，風言者逐之。檜死，累除中書舍人，直學士院。

湖南旱，郴州宜章縣李金爲亂，朝廷憂之，以珙知潭州、湖南安撫使。入境，聲言發郡縣兵討擊，而移書制使沈介，請以便宜出師，曰："擅興之罪，吾自當之。"介即遣田寶、楊欽以兵至。珙知其暑行疲怠，發夫數程外迎之，代其負任，至則犒賜過望，軍士感奮。珙知欽可用，檄諸軍皆受節制，下令募賊徒相捕斬詣吏者，除罪受賞。欽與寶連戰破賊，追至莽山，賊黨曹彦、黄珙執李金以降。支黨竄匿者尚衆，珙諭欽等卻兵，聽其自降，賊相率納兵，給據歸田里。第上諸將功狀有差，上賜璽書曰："近世書生但務清談，經綸實才蓋未之見，朕以是每有東晉之憂。今卿既誅群盗，而功狀詳實，諸將優劣，破賊先後，歷歷可觀。宜益勉副朕意。"

除翰林學士、知制誥兼侍讀，俄拜中大夫、同知樞密院事。辭不獲，因進言曰："汪應辰、陳良翰、張栻，學行才能，皆臣所不逮。而栻窮探聖微，曉暢軍務，曩幸破賊，栻謀爲多，願亟召用。"上可其奏。未幾，以母憂去。服闋，再除知潭州、湖南安撫使。過闕入見，極論時事，言甚切至。上再三加勞，進資政殿大學士以行。安南貢象，所過發夫除道，毁屋廬，數十州騷然。珙奏曰："象之用於郊祀，不見於經，驅而遠之，則有若周公之典。且使吾中國之疲民，困于遠夷之野獸，豈仁聖之所爲哉？"湖北茶盜數千人入境，疆吏以告，珙曰："此非必死之寇，緩之則散而求生，急之則聚而致死。"揭榜諭以自新，聲言兵且至，令屬州縣具數千人食，盜果散去，其存者無幾。珙乃遣兵，戒曰："來毋亟戰，去毋窮追，不去者擊之耳。"盜意益緩。於是一戰敗之，盡擒以歸，誅首惡數十，餘隸軍籍。淳熙二年，移知建康府。進觀文殿大學士，屬疾，請致仕。卒。

聖楷曰：劉共父禦盜方略，即古名將不能過也。宋知潭州如辛棄疾、向士璧，皆異才，向獨被讒以死，惜哉！然德祐時詔立廟長沙，故《府志》有向士璧廟，而名宦祠無劉珙，豈非缺典哉！

張　栻

張栻，字敬夫，丞相浚子也。孝宗聞栻治行，詔知静江，尋除祕閣修撰、荆湖北路轉運副使。改知江陵府，安撫本路。一日去貪吏十四人。湖北多盜，府縣往往縱釋以病其良民。栻首劾大吏之縱賊者，捕斬奸民之舍賊者，令其黨得相捕告以除罪，群盜皆遁去。郡瀕邊屯，主將與帥守每不相下，栻以禮遇諸將，得其歡心，又加恤士伍，勉以忠義，隊長有功輒補官，士咸感奮。並淮奸民出塞爲盜者，捕得數人，有北方亡奴亦在盜中。栻曰："朝廷未能正名討敵，無使疆埸之事其曲在我。"命斬之以徇于境，而縛其亡奴歸之。北人歎曰："南朝有人。"

未幾，求去。詔以右文殿修撰提舉武夷山冲佑觀。病且死，猶手疏勸上親君子遠小人，信任防一己之偏見，好惡公天下之理。天下傳誦之。

聖楷按：朱文公撰栻墓銘云：淳熙七年己亥春，卒于江陵府，葬于衡陽縣楓林之鄉龍塘之里[①]。今《長沙志》載于寧鄉，此妄傳，當以文公爲確。且葬衡山，亦魏公之遺命也。

朱　熹

朱熹，字元晦，婺源人。中紹興十八年進士第，爲泉州同安丞。罷歸，請祠監潭州南嶽廟。明年，以輔臣薦，屢召屢辭，仕至祕閣修撰。紹熙四年，以荆湖南路轉運使知潭州，制曰："長沙據湖湘上游，賜履甚廣。視邦選使，尤難其人。爾學術粹深，風節峻特，可以爲人師；仁心仁聞，威惠孚洽，可以爲時帥。楚俗雖安，尚有凋瘵，爾其爲朕撫之。"熹上疏再辭，不允。會峒獠侵屬郡，遂拜命。至潭，諭以禍福，降之。更建嶽麓書院于爽塏之地，别置額員，增其廩給，繇是學者雲集。奏飛虎軍本州節制，從之。熹申教令，嚴武備，以飛虎軍爲百姓害，郡不能禁，故有是請。又考正太常所下釋奠禮儀，録前後死節五人，爲之立廟，以厲凡百。

五年八月，召入，爲焕章閣待制兼侍講。屢疏言事，韓侂胄惡之，旋除宫觀。慶元元年，復以爲焕章閣待制，熹力辭。熹時家居，草封事數萬言，極陳奸邪蔽主之禍，因以明趙汝愚之冤。繕寫已具，子弟諸生更進迭諫，以爲必且賈禍，熹不聽。門人蔡元定請蓍龜决之，遇"遯之同人"，熹默然，取奏稿焚之，因更號遯翁。以疾乞致仕，卒。

聖楷曰：史稱熹登第五十年，仕于外者僅九考，立朝纔四十

① 里：朱熹《晦庵先生朱文公文集》卷八九《右文殿修撰張公神道碑》作"原"。

日。家故貧，諸生自遠方至者，豆飯藜羹，率與之共，往往稱貸于人以給用。今按：熹知潭州，以《年譜》考之，紹熙四年十二月除湖南安撫使，辭，五年正月再辭。二月，詔疾之任，會峒獠侵擾屬郡，恐其滋熾，遂拜命。四月啟行，五月至鎮，八月即召入經筵，是在潭甫兩月耳，政蹟之可觀者已若此，賢豈無益于人國者哉！又先生未官潭時，聞張敬夫得衡山胡氏學，因以乾道三年八月如長沙訪之，論《中庸》之義，三晝夜不能合。至十一月，偕敬夫登衡嶽，遂道南山以歸。故至今以嶽麓爲朱、張講學之地也。先生有《嶽麓道中尋梅不獲遇雪》一絶云："三日山行風繞林，天寒歲暮客愁深。心期已誤梅花發，急雪無端更滿襟。"亦可想見其胸懷之灑落矣。

陸九淵

陸九淵，字子静，金谿人。初仕崇安縣令，自號象山翁，學者稱象山先生。嘗謂學者曰："汝耳自聰，目自明，事父自能孝，事兄自能弟，本無欠闕，不必他求，在乎自立而已。"又曰："此道與溺于利欲之人言猶易，與溺于意見之人言卻難。"或勸九淵著書，曰："《六經》註我，我註《六經》。"又曰："學苟知道，《六經》皆我註腳。"

光宗即位，差知荆門軍。民有訴者，無蚤暮皆得造于庭，復令其自持狀以追，爲立期，皆如約而至，即爲酌情決之，而多所勸釋。其有涉人倫者，使自毁其狀，以厚風俗。唯不可訓者，始置之法。其境内官吏之貪廉，民俗之習尚善惡，皆素知之。有訴人殺其子者，九淵曰："不至是。"及追究其子，果無恙。有訴竊取而不知其人，九淵出二人姓名，使捕至，訊之伏辜，盡得所竊物還訴者，且釋其罪使自新。因語吏以某所某人爲暴，翼日有訴遇奪掠者，即其人也，乃加追治，吏大驚，郡[①]以爲神。申嚴保伍之法，盜賊或發，擒之不逸一人，群盜屏息。

荆門爲次邊而無城。九淵以爲："郡居江、漢之閒，爲四集之路，南捍江陵，北援襄陽，東護隨、郢之脇，西當光化、夷陵之衝，荆門固則四鄰有所恃，否則有背脇腹心之虞。繇唐之湖陽以趨山，則其涉漢之處已在荆門之脇；繇鄧之鄧城以涉漢，則其趨山之處已在荆門之腹。自此之外，閒道之可馳，漢津之可涉，坡陀不能以限馬，灘瀨不能以濡軌者，所在尚多。自我出奇制勝，徼敵兵之腹脇者，亦正在此。雖四山環合，易于備禦，而城池闕然，將誰與守？"乃請於朝而城之，自是民無邊憂。

罷關市吏譏察而減民税，商賈畢集，税入日增。舊用銅錢，以其近邊，以鐵錢易之，而銅有禁，復令帖納。九淵曰："既禁之矣，又使之輸邪？"盡蠲之。故事，平時教軍伍射，郡民得與，中者均賞，薦其屬不限流品。嘗曰："古者無流品之令，而賢不肖之辨嚴；後世有流品之分，而賢不肖之辨略。"每旱，禱即雨，郡人異之。逾年，政行令修，民俗爲變，諸司交薦。丞相周必大常稱荆門之政，以爲躬行之效。一日，謂家人曰："吾將死矣。"又謂僚屬曰："某將告終。"會禱雪，明日，雪。乃沐浴更衣，端坐而卒。

真德秀

真德秀，字景元，後更爲景希，建之蒲城人。四歲受書，過目成誦。登慶元五年進士第。嘉定十五年，以寶謨閣待制、湖南安撫使知潭州。以"廉、仁、公、勤"四字厲僚屬，以周惇頤、胡安國、朱熹、張栻學術源流勉其士。罷榷酤，除斛面米，申免和糴，以甦其民。民艱食，既極力賑贍之，復立惠民倉五萬石，使歲出糶。又易穀九萬五千

① 《宋史》卷四三四《陸九淵傳》"郡"後有"人"字。

石，分十二縣置社倉，以徧及鄉落。別立慈幼倉，立義阡。惠政畢舉。月試諸軍射，捐其回易之利及官田租。凡營中病者、死未葬者、孕者、嫁娶者，贍給有差。朝廷欲以飛虎軍戍壽昌，併致其家口，力争止之。江華縣賊蘇師入境殺劫，及司馬遵守武岡，激軍變，咸討平之。理宗即位，召入中書，累遷翰林學士。二年，拜參知政事。逾旬而卒。

聖楷按：真西山知潭州，日願與同僚各以四事自勉，而爲民去其十害，皆痛切時艱，有補在位，救時之急著也，特録於後。

何爲四事？曰：律己以廉。凡名士大夫者，萬分廉潔，止是小善，一點貪污，便爲大惡。不廉之吏，如蒙不潔，雖有他美，莫能自贖。故此以爲四事之首。

撫民以仁。爲政者當體天地生萬物之心，與父母保赤子之心，有一毫之慘刻，非仁也，有一毫之忿疾，亦非仁也。

存心以公。《傳》曰："公生明。"私意一萌，則是非易位，欲事之得理，不可得也。

涖事以勤。當官者一日不勤，下必有受其弊者。古之聖賢，猶且日昃不食，坐以待旦，況其餘乎？今之世有勤于吏事者，反以鄙俗目之，而詩酒游宴，則謂之風流嫺雅，此政之所以多疵，民之所以受害也。

何謂十害？曰：斷獄不公。獄者，民之大命，豈可少有私曲？

聽訟不審。訟有實有虚，聽之不審，則實者反虚，虚者反實矣，其可苟哉？

淹延囚繫。一夫在囚，舉室廢業，囹圄之苦，度日如歲，其可淹久乎？

慘酷用刑。刑者，不獲已而用。人之體膚，即己之體膚也，何忍以慘酷加之乎？今爲吏者好以喜怒用刑，甚者或以關節用刑，殊不思刑者國之典，所以代天糾罪，豈官吏逞忿行私者乎？不可不戒。

汎濫追呼。一夫被追，舉室皇擾。有持引之需，有出官之費。

貧者不免舉債，甚者至于破家，其可汎濫乎？

招引告訐。告訐乃敗俗亂化之原。有犯者自當痛治，何可勾引？今官司有受人實封狀，與出榜召人告首陰、私罪犯，皆係非法，不可爲也。

重疊催税。税出于田，一歲一收，可使一歲至再税乎？有税而不輸，此民户之罪也；輸已而復責以輸，是誰之罪乎？今之州縣，蓋有已納而鈔不給，或鈔雖給而籍不消，再迫至官呈鈔乃免，不勝其擾矣。甚者，有鈔不理，必重納而後已，破家蕩産，鬻妻賣子，往往繇之。有人心者，豈忍爲此？

科罰取財。民間自二税合輸之外，一毫不當妄取。今縣道有科罰之政，與夫非法科斂者，皆民之深害也，不可不革。

縱吏下鄉。鄉村小民，畏吏如虎。縱吏下鄉，猶縱虎出柙也。弓手土兵，尤當禁戢，自非捕盜，皆不可差出。

低價買物。物同則價同，豈有公私之異？今州縣有所謂市令司者，又有所謂行户者。每官司敷買，視市直率减十之二三，或不即遠[①]，甚至白著，民户何以堪此？

《鶴林玉露》曰：真西山帥長沙，郡人爲立生祠。一夕，有大書一詩于壁間者，云：舉世知公不愛名，湘人苦欲置丹青。西天又出一活佛，南極添成兩壽星。幾百年方鍾間氣，八千春願祝遐[②]齡。不須更作生祠記，四海蒼生口是銘。

① 遠：據崇禎本及文意當作“還”。

② 遐：《鶴林玉露》卷四《西山生祠》作“脩”。

楚寶卷第三十四考異

新化鄧顯鶴湘皋述

宦　蹟

裴　休

裴休相國，歷四節度使，而荆南之遺跡[①]載於傳記者獨多。

顯鶴案：《益陽縣志》有裴公亭，在縣南白鹿山。《瀏陽縣志》有隱相臺，在縣南猿啼山。皆裴休遺跡。歐陽元公玄《隱相臺》詩云："緣溪一徑遶蒼苔，舊是東南裴相臺。此日城闉少人到，當年公府棄官來。禪牀象笏留花雨，書沼蛙聲禁鞠灰。泉石至今有神氣，山靈應解識三台。"《一統志》：寧鄉大潙山有裴休墓。《名勝志》：大潙山有青龍巖，世傳裴休葬此。

張　栻

朱文公撰栻墓銘云：淳熙七年己亥春，卒[②]於衡陽縣楓林之鄉龍塘之里。今《長沙志》載於寧鄉，此妄傳，當以文公爲確。且葬衡山，亦

① 跡：據正文當作"事"。
② 卒：據正文當作"葬"。

魏公之遺命也。

顯鶴案：朱子《魏公狀》略云：公登政和八年進士第。紹興末，以觀文殿學士判潭州，因家焉。隆興二年致仕，乃以少師、保信節度使判福州。手書付子栻曰："吾嘗相國家，不能恢復中原，雪祖宗之恥，即死不當歸葬先人墓左，葬我衡山下足矣。"行次餘干薨。栻等扶護還潭，葬於衡山縣南嶽之陰豐林鄉龍塘之原。

朱子《拜魏公墓下》詩云：衡山何巍巍，湘流亦湯湯。我公獨何往，劍履在此堂。念昔中興初，孽豎倒冠裳。公時首建義，自此扶三綱。精忠貫宸極，孤憤摩穹蒼。元戎二十萬，一旦先啟行。西征奠梁益，南轅撫江湘。士心既豫附，國威亦張皇。縞素哭新宫，哀聲連萬方。黠虜聞褫魄，經營久徬徨。玉帛驟往來，士馬且伏藏。公謀適不用，拱手遷南荒。白首復來歸，髪短丹心長。拳拳冀感格，汲汲勤修攘。天命竟難諶，人事亦靡常。悠然謝台鼎，騎龍白雲鄉。坐令此空山，名與日月彰。千秋定軍壘，岌嶪遥相望。賤子來歲陰，烈風振高岡。下馬九頓首，撫膺淚淋浪。山頹今幾年，志士日慘傷。中原尚腥羶，人類幾豺狼。公還浩無期，嗣德煒有光。恭惟宋社稷，永永垂無疆。

浚子栻《展省龍塘》詩：十年衡山陰，驅馬幾往還。山色如故人，故壁隨馬鞍。俛伏長松下，清晨淚汎瀾。念昔初拱把，兹焉影團欒。白雲歸何時，日月如轉環。矯首祝融峰，依前倚高寒。於焉百感集，欲去良獨難。

案：朱子撰《張魏公行狀》云：葬於衡山豐林鄉。其撰南軒《神道碑》又云：葬於潭州衡陽縣楓林鄉。考衡陽縣在宋時未隸潭州，當是"衡山"之譌，楓林或即豐林之别稱也。今墓實在寧鄉大潙山之陽，地名官山。明嘉靖中，鳳陽胡明善令寧鄉，訪而得之，以貲贖其地，建專祠，各四楹，其右爲南軒書院。又買田四十畝，以備時享之用，楊文和公廷和爲文刻於神道之右。且檄下廣漢，訪其遺裔。豐碑崇鬣，已數百年，每歲學官詣祠致祭。道光七年，顯鶴來備員秉鐸，歲以春秋佳日恭詣其地，率張氏奉祀生致祭如法。循覽牆垣，仰瞻榱桷，慨然蕭然，如親儀容，而聆謦欬。不敢臆斷其不然也。

楚寶卷第三十四增輯

新化鄧顯鶴湘皋述

宦　蹟

青文勝

青文勝，字質夫，夔州人。仕爲龍陽典史。龍陽瀕洞庭，歲罹水患，逋賦數十萬，敲朴死者相踵。文勝慨然詣闕上疏，爲民請命。再上，皆不報，歎曰："何面目歸見父老！"復具疏，繫登聞鼓以進，遂自經於鼓下。帝聞大驚，憫其爲民殺身，詔寬龍陽租二萬四千餘石，定爲額。邑人建祠祀之。妻子貧不能歸，養以公田百畝。萬曆十八[①]年，詔有司春秋致祭，名其祠曰惠烈。

顯鶴案：趙忠毅公申喬有《序龍陽青帝申惠烈録》，略云：龍陽諸生青帝申，因其祖惠烈公祭田被占，抱牘來控。余閱其牘，并所陳《惠烈録》，始知其祖蜀夔之大寧人也，由明經尉龍陽，憫邑地低下，賦繁重，民不堪命，詣闕三上疏，不報，激而自經登聞鼓下。明太祖嘉其惠烈，特減縣賦二萬四千有奇，予謚予葬予祭，并給縣南軍山鋪田一所，俾其子孫世守奉祀。由此觀之，官何論尊卑，只留心民瘼，便傳千古。余叨任封疆，愧未能仰副萬一，覩惠烈之遺跡高風，不禁咨嗟慨歎，有弗及古人之感。因書數語，弁之

① 八：《明史》卷一四〇《青文勝傳》作"四"。

簡端，以識景行之意云爾。

利　賓

利賓，字用卿，廣東歸善人。嘉靖十一年，以舉人任新化縣令，有治才，擿伏如神。縣西有元溪，林麓四塞，絶嶠險阻，巨盜李再萬據之，以其黨千餘人横行村落。再萬死，子繼，垂三十年。賓以計誘其渠八人戮之，復懸賞，令其黨得相翦撲自贖，賊漸平。事聞，擢御史。久之，群盜復嘯聚，招集亡命，西引辰、酉諸峒蠻，出没湘、寧、安、漵間爲寇。元溪李氏遂世以巨盜聞於時，談者變色，郡縣惴惴，相戒莫犯。當世議决去之，無一俘者。

萬曆十二年，令新化者爲姚九功。九功性明决，涖任即大集邑耆紳議勦計，籌餉團練將半載，憮然曰："厲民以除盜，非策也。"久之，得嘉靖中賓以計誘禽盜魁事，乃走符懸金餌之，不至。幹役有黠者，與賊黨某善，使入其巢紿之，曰："若黨某某沉案未獲人也，若能捕而獻之，則積罪皆釋，且功最，將聞諸朝，予官。"賊方信而忽疑，仍蹲伏不出。亡何，督學至。故事，提調挈諸生往，九功輒空國行，示不備，密授諸從事以方略。復往説之。賊偵知印官已行，果不疑，率其黨如約，某日械某案賊某某赴邑庭。比至縣，醪饌盛設，賊恣飲啖。左右襲執者突出，皆就縛。九功遄歸，下檄安其餘黨，親履其地，籍田宅，散遣其徒暨賊孥，徙之别里，計口授地，而元溪遂平。九功字徵虞，雲南臨安人。

附録：新化鄒廷望《姚侯平寇碑頌》："賢哉大夫，保障攸繫。犁我坎窞，登我衽席。祈灝有赫，晉大夫騭。騭也何如？永世無斁。"又錢塘楊祐《過元溪詩》："元溪山高江水渾，崩崖峭壁紛嶇嶔。幾年盜賊鄉井横，此日耕鑿康衢吟。遐荒亦豈知帝力，天理終未亡人心。西風攬轡三嘆息，德化由來無古今。"案：廷望，字見岳。嘉靖四十一年進士，屢官至太僕寺少卿。碑紀姚侯平寇事甚詳，今立學宫。

顯鶴案：《漢書·循吏傳》述孝宣之言曰：“‘庶民所以安其田里而無歎息愁恨之心者，政平訟理也。與我共理[①]者，其惟良二千石乎！’是故漢世良吏，於是爲盛，稱中興焉。若趙廣漢、尹翁歸、張敞之屬，皆稱其職，然多任刑罰。”今考廣漢諸人，類皆廉明通敏，以習律法，善鉤距，發奸擿伏，威制豪强，擊斷奸猾爲能。其要歸於安民而已。廣漢爲潁川守，誅大姓原、褚首惡，郡中震慄。又教吏爲缿筩，及得投書，削其主名，得以爲耳目，盗賊以故不發。翁歸治東海，明察郡中吏民賢不肖，及奸邪罪民盡知之。有急，輒披籍收取黠吏豪民，案致其罪，以一警百，吏民皆服，恐懼改行。故其時盗賊衰止，小民得職。張敞尹京兆，一日捕得數百人，窮治所犯。由是枹鼓稀聞，市無偷盗。

後世苟且之政，以因循姑息爲務，一切縱弛不問，强宗悍族横行鄉里，巧偷豪奪，弱肉强食，莫敢誰何。一遇水旱災祲，嘯聚群呼，馴致盗弄潢池，而莫可制。前代流寇之禍，其已事也。嗟嗟，委巷小民，坐受荼毒，能以力達於長吏之庭者尠矣。其有奮起告訐，而又坐以誣良，窮以左證，衙蠹市儈，因之爲奸利。蚩蚩之氓，有甘受盗賊之擾，不願受官吏之欺者矣。又况官恃捕役爲爪牙，捕視盗藪爲金穴，盗倚官捕爲護符，民視官府如天帝。令長之庭，隔膜萬里，而猶望其爲民除害哉？此法令滋章，而盗賊之所以多有也。

元溪在邑西百一十里，有紙錢堡，見《宋史》，蓋險砦也。余嘗親履其地，問利、姚二侯平盗事，父老猶有能言之者。既輯其略入《宦蹟》，而復爲論之如此。嗚乎，縣小而僻，生理塾隘，所恃以拊循而安輯者，縣官耳。子實生我，是所望於後之守土者。

---

① 理：《漢書》卷八九《循吏傳》作“此”。

林　培

林培，東莞人。萬曆間，由鄉舉爲新化知縣。在縣修水利，立義倉，建社學，行古鄉射禮。又請蠲潞府貢茶。民有五人同死於盜，未得主名，禱於神，隨蝴蝶所至獲盜，時驚爲神。學道某聞而奇之，試諸生日，以《蝴蝶賦》命題。在新化五年，行取南京河南道御史。劾罪誠意伯劉世延，寘其爪牙於法。已，上書言徐維濂不當謫。陝西織花絨、購回青擾民，宜罷；湖廣以魚鮓、江南以織造，並奪撫按官俸，蘇州通判至以織造故褫官，皆不可訓，并論及沈思孝等。帝怒，謫福建鹽運知事。告歸，卒。天啟初，贈光禄少卿。

顯鶴案：《明史·循吏傳》：洪武二十九年，靈璧知縣周榮、宜春知縣沈昌、昌樂知縣于子仁、新化縣丞葉宗並坐事逮訊，部民爲叩閽。太祖喜，立擢四人爲知府，榮河南，昌南安，子仁登州，宗黄州。由是長吏競勸，一時多循良之治[①]焉。子仁，武岡人。既增入《異人》傳。而葉宗，方志以爲葉定，永嘉人，洪武間新化縣丞，在官三年，多惠政，遷吏部主事，父老詣闕請留，因不去職。後超遷黄州知府，無“坐事逮訊，部民爲叩閽”一事，蓋漏之也。葉丞佐治于蕞爾之邦，而能使部民愛戴，感其仁，再走京師，白别其冤，卒致令名。丞之賢，亦民之醇也。

又案方志：明末新化兩大令。一陳治安，會稽人，天啟間任。日袖數文錢，買餅飥充饑，晨出夕還，周行村落，數十年人無知者。一謝翰臣，石屏人，崇禎間任。武岡袁有志之變，翰臣團鄉兵堵禦。白溪民陳三傑倡亂，立捕平之。張先璧兵横甚，翰臣戢以禮，先璧爲少斂。

① 治：《明史》卷二八一《循吏傳》作“績”。

蔡道憲

蔡道憲，字元白，晉江人。崇禎十年進士。爲長沙推官。地多盜，察豪民通盜者，把其罪而任之。盜方劫富家分財，收者已至。召富家還所失物，皆愕不知所自。惡少年閉門謀爲盜，啟户，捕卒已坐其門，驚逸去。吉王府宗人恣爲奸，道憲先治而後啟王。王召責之，抗聲曰："今四海鼎沸，寇盜日滋。王不愛民，一日挺[①]而走險，能獨與此曹保富貴乎？"王悟，謝遣之。

十六年五月，張獻忠陷武昌，長沙大震。承天巡撫王揚基提所部千人，自岳州奔長沙。道憲請還駐岳州，曰："岳與長沙唇齒也，并力守岳則長沙可保，而衡、永亦無虞。"揚基曰："岳，非我屬也。"道憲曰："棄北守南，猶不失爲楚地。若南北俱棄，所屬地安在？"揚基語塞，乃赴岳州。及賊入蒲圻，即遁去。湖廣巡撫王聚奎遠駐袁州，憚賊不敢進。道憲勸令移岳，聚奎不得已至岳，數日即徙長沙。道憲曰："賊去岳遠，可繕城以守。彼犯岳，猶憚長沙援。若棄岳，長沙安能獨全？"聚奎不從，賊果以八月陷岳州，直犯長沙。

先是，巡按御史劉熙祚令道憲募兵，得壯丁五千訓練之，皆可用。至是親將之，與總兵官尹先民等扼羅塘河。聚奎聞賊逼，大懼，撤兵還城。道憲曰："去長沙六十里有險，可栅以守，毋使賊踰此。"又不從。

時知府堵胤錫入覲未返，通判周二南攝攸縣事，城中文武無幾。賊薄城，士民盡竄。聚奎詭出戰，遽率所部遁。道憲獨拒守，賊繞城呼曰："軍中久知蔡推官名，速降，毋自苦。"道憲命守卒射之斃。越三日，先民出戰，敗還。賊奪門入，先民降。道憲被執，賊啗以官，嚼齒

① 挺：《明史》卷二九四《蔡道憲傳》作"鋌"。

大罵。釋其縛，延之上坐，罵如故。賊曰："汝不降，將盡殺百姓。"道憲大哭曰："願速殺我，毋害我民。"賊知終不可奪，磔之，其心血直濺賊面。

健卒林國俊等九人隨不去，賊亦令説道憲降。國俊曰："吾主畏死去矣，不至今日。"賊曰："爾主不降，爾輩亦不得活。"國俊曰："我輩畏死亦去矣，不至今日。"賊并殺之。一[①]卒奮然曰："願瘞主屍而死。"賊許之。乃解衣裹道憲骸，瘞之南郊醴陵坡，遂自刎。道憲死時年二十九，贈太僕少卿，謚忠烈。

二南字汝爲，雲南人。由選貢爲長沙通判，盡職業，與道憲深相得。擢岳州知府，士民固留，乃以新秩還長沙。賊陷瀏陽，二南往援，亦歿於陣。

附録：趙恭毅公《蔡、周二忠祠堂祭田記》略云：自來忠臣義士，臨大節而不可奪，至於捐軀如芥，視死如歸，其浩然剛大之氣，足以充塞天地，争光日月，而垂之無窮。固不在乎廟貌之存亡，血食之有無也。然而國家風勵之典，與其邦人哀慕之篤，報享之誠，則不可廢。江門蔡公，諱道憲，閩之晉江人。起家進士，年甚少。明季司理長沙。當是時，闖、獻分道流掠，而獻賊已陷武昌，循咸寧、蒲圻而上，所過皆殘破。進逼長沙。會太守先入覲，監司以下僚佐皆遁走，獨公一人晝夜爲守禦計。守將尹先民陰輸欵於賊，公知事不可爲，乃急出百姓十萬餘户，嬰城死守。賊稔知公愛民，聲言不下且屠以脅公。公正色罵曰："寧磔我，毋殺我百姓。"城陷被執，朝服北面，載拜曰："生不能滅賊，願以死報。"賊百計誘降，公罵不絶口。賊擲刀刺公胸，血濺賊首，即仆地。公揚眉舉足，神色自若。賊斷公足，裂公眉，復以手麾賊，罵益厲。既而截其兩手，鉤其舌去之，又擊其齒。磔且絶，猶楚楚作恨聲。賊詰何恨，曰："恨不殺尹先民，獨濫殺吾百姓耳。"賊

① 一：《明史》卷二九四《蔡道憲傳》作"四"。

皆爲流涕。事聞，贈太僕卿，謚忠烈，建祠置田祀焉。嗚呼，大丈夫不幸而生危難之秋，蹈白刃，赴湯鑊，乃其常事。然慷慨引决，須臾畢命，父母妻子都不暇念。若公之殺身如此其慘，而一息尚存，不忘區區之百姓，豈非其忠主之志纏緜固結於中而不可解乎？嗚乎！可以血食於兹土矣。後闖逆殘賊陷瀏陽，太守周公二南督兵往鏖戰，没於陳，贈官亦如公，竝祀於公祠。今謂之二忠祠是也。祠有田千畝，爲兵使者堵公胤錫籍諸從逆家以爲忠祠田。滄桑以來，奸僧武劣相繼侵踞。公之鄉人，舊善化令倪康年查復基宇，清出祠田二頃二十四畝有奇。視經始舊規，僅十之二三耳。士民之好義者，懼公祠田之終遭侵没也，請以一言垂諸後。余迺下所司議之，按其興廢之由，較其見存之田址，皆言宜如所請。且言同時死賊者，有孝廉馮一第、歲貢吴愉、湘陰令楊開、寧鄉令邱存忠、長沙府照磨莫可，及長沙縣丞吴士義，又，公幕卒凌國俊、陳世科，皆宜祀公祠。凌國俊者，幕下從者九人之一也，將就戮，先解衣裹公骸，瘞城南醴陵坡下，詣賊所自經死，其殉公爲尤烈。余攷諸志乘，采之外史遺文，與所議皆合。爰悉從其請，而臚其説於石。更爲文詳公殉難本末，表於墓旁，見義之不可磨滅，而今日之人心，猶有不忍忘公之德者也。

附：王文簡士禎《池北偶談》云：蔡公道憲，閩人，以進士爲長沙推官。數夢與李忠節公芾酬酢。後流賊寇湖南，蔡殉節。潭人歲時報賽，常見二公往來，車騎甚盛。全州謝石臞良琦記其事云。

附：毛際可《湘鄉凌文志殉節録》云：《殉節録》者，胥隸凌國俊九人殉蔡忠烈公而死，其事甚烈。國俊之子文志泣請於余，曰："父死時，吾母朱氏年甚少，守節撫孤，語文志以父死難事甚詳。文志籲請當事，得以父主配食忠烈公廟，更求海内賢士大夫褒揚之章，以垂不朽。"是國俊爲盡忠，文志不失爲純孝。當附余文以見，而竝及其母之苦節也。若以貴賤而區别焉，豈所謂表潛德之幽光者哉？

顯鶴謹案：忠烈公蔡江門先生以崇禎十四年來官長沙，時盜賊充斥，四海鼎沸，所部尤多盜藪，土豪奸儈，皆思乘閒竊發。先生至，蹤跡收捕，迅疾若神，盜風頓息，閭閻少安。又以其時與郡人士往來酬倡，從容暇豫，若無事者然。迄獻賊逼境，守土皆遁，屹然以一身爲數百萬生靈保障。其殉難之烈，與李忠節公曠代同符。洞庭、衡岳閒，七百年來，皆兩先生忠義之氣所充塞也。伏讀高宗純皇帝《弔蔡忠烈》詩云："牧民身不典戎曹，爲守孤城展六韜。振鼓縱能摧賊鋭，倒戈先已樹降旄。夜臺有路丹心炳，帝闕無門白日高。沅芷澧蘭芳不歇，招魂只合誦《離騷》。"其孤忠大節，赫然動異代聖人之咨嗟，而形諸詠歌，争光日月，豈偶然哉！先生葬醴陵坡，後以公葬地易名理靈。凌國俊諸人附葬公墓旁。國俊姓凌，湘鄉人，爲司理胥隸，《明史》誤作"林"。趙忠毅公謂國俊爲幕下從者九人之一，書曰："幕下者，貴之之詞，不欲以隸名之。"嗚呼，如國俊者，豈敢以隸名之哉？隸也亦何累於國俊哉？

劉熙祚

劉熙祚，字仲緝，武進人。父純仁，全[1]州推官。熙祚舉天啟四年鄉試。崇禎中，爲興寧知縣。奸民啖斷腸草，脅人財物。熙祚令贖罪者必以草，以是致死者勿問，草以漸少，弊亦止。課最，徵授御史。

十五年冬巡按湖南。李自成陷荆、襄諸郡，張獻忠又破蘄、黄，臨江欲渡。熙祚以明年二月抵岳州，檄諸將分防江滸，偏沅、鄖陽二撫聯絡形勢。會賊馬守應據澧州，窺常德，土寇甘明揚等助之。熙祚馳至常德，擊斬明揚。五月還長沙。

及武昌、岳州相繼陷，急令總兵尹先民、副將何一德督萬人守羅塘

① 全：《明史》卷二九四《劉熙祚傳》作"泉"。

河，扼要害。而巡撫王聚奎乃撤守長沙，賊遂長驅至。聚奎率潰將孔全彬、黄朝宣、張先璧等走湘潭，長沙不能守。惠王避地至長沙，與吉王謀出奔，熙祚奉以奔衡州。衡州，桂王封地也，聚奎兵至，大焚劫，王及吉、惠二王皆登舟避亂。熙祚單騎赴永州爲城守計。未幾，聚奎復走祁陽，衡州遂陷。永士民聞之，空城逃。二王至永州，聚奎繼至，數日全彬等亦至，劫庫金去。熙祚乃遣部將護二王走廣西，而己返永州拒守。賊騎追執之，獻忠踞桂王宫，叱令跪，不屈。賊群毆之，自殿墄曳至端禮門，膚盡裂。使降將尹先民説之，終不變，執至寧鄉道林見殺。事聞，贈太常少卿，謚忠毅。

邱存忠

邱存忠，楚雄人。崇禎末舉人，除寧鄉縣知縣。時張獻忠陷長沙，掠寧鄉，攝縣事莫可及死焉。存忠初到官，適賊南掠衡、永，乃與縣人陶澐等百三十六人合謀起義拒賊。賊既陷衡、永二府，引兵向常德，道出寧鄉，存忠度勢不敵，未發，而縣吏黎光烈執存忠以獻於賊。賊飲存忠酒，仍欲官之。存忠抗詞駡賊，賊怒，縛之。或告其謀於賊，賊乃害存忠并澐等百三十六人。

附録：新化鄒漢勛《明寧鄉知縣邱君及百三十六人死難本末》云：崇禎十六年八月，張獻忠既陷長沙，引兵向衡州，追吉、惠二王，道過寧鄉。先是，寧鄉知縣邱存忠未到官，長沙府經歷莫可及常州人，見《明史》。攝縣事。及賊至，存忠亦至，可及以印付存忠而死焉。其二子若鼎、若鈺號哭犇赴，皆遇害。存忠懷印以匿。賊至永州，存忠使閒偵之，謂賊將西掠寶慶諸府。乃召縣中士夫謀起義拒賊，於是縣人故陳州經歷陶澐等百三十六人皆應之。謀未成而賊遽北歸至道林，縣吏黎光烈執存忠付賊。賊飲之酒，仍令就職，以印授之。存忠抗詞駡賊，投印幾中賊，賊怒，縛之。或告其謀於賊，并言邑中士大夫將竄取劉熙祚。熙祚，湖南巡按御史，賊破永州時所執者。賊於是殺熙祚及存忠於道林，時十有八日也。

寧鄉士人同死者，則有貢生姜自明、士人黄錦。賊到縣，捕澐等至，置赤、白二旗於縣北門，令曰："降者就紅旗，不降者就白旗。"澐等百三十六人皆就白旗。廩膳生員周希麟罵賊不絶口，最先殺之，斷其頭，繫以繩，左右旋轉以爲戲，欲以愳諸人，且誘之降。諸人皆不應。希麟父廩膳生員世明復罵賊，諸人皆繼聲大罵，賊以次殺之。每殺一人，輒戲如殺希麟狀。次至廩膳生員黎復淳，見其年少，不忍殺之，欲授僞職。復淳罵愈厲。先截吻齗脛，而後斷頭，磔其尸。最後至廩膳生員朱之楩，賊問曰：'爾畏乎？'罵曰：'義士豈畏狗彘哉！'賊怒，焚而殺之，投其屍於江。

賊既殺諸人，署僞知縣，脅士沵以僞職。於是縣役龔之奇、陳應龍及吉王左承奉黄明治教以士沵名籍處所，使廣搜脅焉。士人彭日浴聞僞使者至，署其門曰：'寧作天朝乞丐，毋膺逆賊軒冕。'遂奔芙蓉洞，賊不能得。陶汝鼐及其兄汝鼒之子之典皆名諸生，時汝鼐母尚存，汝鼒中會試副榜，閭里妄傳汝鼒登第，督兵勦湖南賊。賊欲授汝鼐僞職，以卜其言之信不，求汝鼐及之典急。汝鼐謂之典曰："汚賊必死，拒賊亦死。拒賊而死則義，汚賊而死則逆。吾非不知逆之不可爲，但今賊求吾二人急，拒賊必及老母。吾二人有一出者，則可以紓老母之難。吾子三人，而女無昆弟，女奉吾母及女群從以匿山閒，吾其出也。"汝鼐遂出。賊授汝鼐僞職，汝鼐佯受，至衡州，密以蠟丸請兵於江西巡撫郭都賢。都賢，益陽人也。後賊退，汝鼐爲官兵所執，戮於虔州。都賢遺主者書以救之，且明其本意，而已不及矣。副榜舉人楊啟華聞賊將脅之，繞室歎曰："吾素不委蛇，不知所以處此。"閉門自縊。

其百三十六人，自陶澐等五人外，可考者復三十二人。劉爲邦、劉光賢、周易、朱國昌、朱國治、楊道撲六人者，皆生員也，最先應存忠之召。周易之族，生員鼎明、冕明、昌明、華儒、華佩、華殿、華年、星明八人，聞易既赴存忠召，遂先後從之。例貢生黄河潤聞存忠之謀，謂其子姓曰："吾老矣，女輩勉從邱公建義，勿顧我也。"於是副榜舉人黄昌籙，貢生昌期，廩膳生員昌祚、昌明、昌祀，附學生員昌胄、載挺皆赴存忠。其父子俱赴者，則秦善士、世俊。其兄弟俱赴者，則朱慈祚、惠祚、忠祚，張孔時、孔鐸，皆生員也。賀繼祚與其兄繼軿，亦俱附學生員。繼祚聞存忠之謀，謂家人曰："兄弟皆無子，不可俱死，吾往矣，勿令吾兄知也。"遂不告繼軿而往。附學生員胡遇常亦不告其家而往。謝朝會，附學生員也；戴朝欽，大學生員也，皆與於義。朝欽子廩膳生員萬宗，初不與義，聞朝欽死，更聚義勇於鄉，而賊已去，乃收朝欽及百三十五人葬之。此皆見於舊記者。合澐等五人，凡三十七人云。

騶漢勛曰：陳文恭宏謀《邱公祠碑記》謂公及陶澐等百三十六人齧指插血，阻賊兵於南關渡頭，短兵巷戰，殺賊千餘人，猶懷印死守，以兵寡被執，則以爲謀成而已拒戰也者。陶仲調汝鼐《湖南寇事詩》云："叱咤屠章縫[①]。章縫亦何辜，指作抗逆徒。一百四十首，冤魂落須臾。"及諸紀載者多以百三十六人爲不迎賊而被執，似又未曾有謀也者。邱君死於道林，百三十六人死於縣北門，則文恭之所紀，或傳聞失實與？邱君及百三十六人之死彰彰如此，豈盡誣哉？仲調亦得之閭里之傳，而未暇深攷者耳。吁，二令及百三十六人之抗節建義，尚矣！姜自明、彭日浴等之執義不移，莫若鼎伯仲及陶汝鼒之孝友，抑亦其次也。而汝鼒爲可愍也已。舊記皆不載汝鼒，殆以其污賊而斥之與？夫犯不韙而全親，陷賊庭而乞師，如汝鼒者，豈甘爲賊者耶？表揚弗及，毋亦蹈於

① 此處引詩僅五句，據《沅湘耆舊傳》卷三十，"叱咤屠章縫"前爲"驟然陰風黑"。

無識也哉！

顯鶴謹案：邱君死難，《明史》缺載，而獨載莫令之死。及讀堵文忠《登憶江樓》詩，與國朝陳文恭《邱公祠碑》，則邱公之事炳焉。今據方志所載，綜緝首尾，以著於篇。而以邑子鄒尗績布衣之文附焉。

又，今寧鄉縣北三里許有邱公祠，祠中有余公栗主。按：余公名昇，衢州人。崇禎中，爲寧鄉呰官。十五年，土寇掠寧鄉柳林堡唐市，進至縣下，將趨長沙。生員姜中洽團鄉兵扼險，賊不敢踰。長沙知府堵胤錫率衆進勦，賊退。胤錫追至倒牛坪，方夜安營，軍士休息，大雨猝至，賊乘無備，進至帳下。昇時隸胤錫軍，帥親兵數百與賊戰，手刃七人，爲賊所害。胤錫檄中洽兵擊賊盡殲之。事平，胤錫爲昇建祠於死事處，又立祠於寧鄉北郊，曰義士廟。《明史·堵胤錫傳》："山賊掠安化、寧鄉，官軍數敗，胤錫督鄉兵破滅之。"即此事也。而余公之姓字，史不見焉，今附記於此。二公當有明之末，捐軀爲義，史既無文，諸家記載，亦語而不詳。今爲采綴，雖少慰表微闡幽之念。然所謂義士廟者，規撫狹陋，庳於隸舍，歲久傾頹，荒凉闃宋，不足以妥忠靈歲時之俎豆，又或不能備禮，是深有望於邦人士之修復董理，而以莫令之栗主附焉。

章　曠

章曠，華亭人。崇禎中，授沔陽知州。總督袁繼咸署爲監紀，從諸將復漢陽、武昌。明年，復德安，檄曠往守。居三月，代者李藻至。藻素失將士心，城復陷。言官劾曠失城罪。用何騰蛟薦，令戴罪立功。

福王立南京，騰蛟至長沙，以曠爲監軍。李自成死，其下劉體仁等各擁數萬兵至。騰蛟與曠計，盡撫其衆。左良玉死，其將馬進忠、王允成無所歸，突至岳州。偏沅巡撫傅上瑞大懼，曠曰："此無主之兵，可撫也。”入其營，握手指白水爲誓，進忠等皆從之。時大兵逼湖南，諸將皆畏怯，曠獨悉力禦。唐王擢爲右僉都御史。

曠有知略，行軍不避鋒鏑，身扼湘陰、平江之衝，湖南恃以無恐。嘗戰岳州，以後軍不繼而還。已，又大戰大荆驛。永明王加兵部右侍郎。長沙守將王進才與覃遇春閧，大掠而去。騰蛟奪衡州，曠亦走寶慶，長沙遂失。騰蛟駐祁陽，曠來會。騰蛟以兵事屬曠，而謁王武岡。曠移駐永州，見諸大將擁兵，聞警輒走，抑鬱而卒。

堵胤錫

堵胤錫，無錫人。崇禎中，知長沙府。山賊掠安化、寧鄉，官軍數敗，胤錫督鄉兵破滅之，又殺醴陵賊魁，遂以知兵名。十七年六月，福王命爲湖廣參政，總督何騰蛟令攝湖北巡撫事。唐王立，實授巡撫。李自成死，衆擁其兄子錦爲主，奉自成妻高氏及高氏弟一功，驟至澧州。衆[①]三十萬，言乞降，遠近大震。胤錫躬入其營，開誠撫諭，皆踴躍拜謝。乃即軍中宴之，導以忠孝大義數千言。明日，高氏出拜，謂錦曰：“堵公，天人也，汝不可負！”别部田見秀等亦來歸。唐王大喜，加胤錫兵部右侍郎。永明王立，進尚書，尋加東閣大學士，封光化伯。及湖南諸地盡失，胤錫間關達梧州，謁王於肇慶。李元胤黨丁時魁、金堡論其喪師失地，乃令總統軍馬駐梧州。胤錫至潯州，自恨發病，卒。王賜胤錫潯國公，謚文忠。

---

① 《明史》卷二七九《堵胤錫傳》“衆”前有“擁”字。

何騰蛟

何騰蛟，黎平衛人。崇禎十六年巡撫湖廣。時湖北地盡失，止存武昌，屯左良玉大軍，軍橫甚。騰蛟與良玉交歡，得相安。明年五月，福王立。八月，加騰蛟兵部右侍郎，兼撫湖南。尋以故官總督湖廣、四川等省軍務。明年，良玉舉兵反，邀騰蛟偕行，不可，則盡殺城中人以劫之。騰蛟將自剄，爲良玉部將擁去。舟次漢陽門，乘閒躍入江水。漂十餘里，漁舟救之起，則漢前將軍關侯廟也。覓漁舟，忽不見，遠近謂騰蛟得神祐，益歸心焉。

乃從寧州轉瀏陽，抵長沙，集諸屬吏堵胤錫、傅上瑞、嚴起恒、章曠、周大啟、吴晉錫等，痛哭盟誓。分士馬舟艦糗糧，各任其一。令胤錫攝湖北巡撫，上瑞攝湖南巡撫，曠爲總督監軍，大啟提督學政。起恒故衡永道，即督二郡軍食，晉錫以長沙推官攝郴桂道事。即遣曠調副將黄朝宣、張先璧、劉承允兵。朝宣自燕子窩，先璧自漵浦，承胤自武岡，先後至，兵勢稍振。

大清順治二年五月，大兵下南都，唐王聿鍵自立於福州。王素知騰蛟賢，委任益至。李自成斃於九宫山，其將劉體仁、郝搖旂等以衆無主，議歸騰蛟。率四五萬人驟入湘陰，距長沙百餘里，城中人懼甚。朝宣即引兵還燕子窩。上瑞請騰蛟出避，騰蛟曰："死於左，死於賊，一也，何避焉？"遣部將萬大鵬等往撫。賊問來意，答言督師以湘陰褊小，不足容大軍，請即移長沙。因致騰蛟手書召之曰："公等歸朝，誓永保富貴。"搖旂等大喜，至長沙，騰蛟開誠撫慰，宴飲盡歡。未幾，自成將李錦、高必正擁衆十餘萬逼常德，騰蛟令胤錫撫降之。錦，自成從子，後賜名赤心。必正則自成妻高氏弟也。

自成亂天下二十年，陷帝都，覆廟社，衆數十萬悉歸騰蛟。而騰蛟上疏，但言元凶已除，稍洩神人怒，卒不言己功。唐王大喜，拜東閣大學士兼兵部尚書，封定興伯，仍督師。騰蛟固辭封爵。不允，令規取江西及南都。乃開十三鎮，鋭意東下，拜表出師。明年正月與監軍御史李膺品先赴湘陰，期大會岳州。諸軍觀望不進，獨李赤心自湖北至，爲大兵所敗而還。諸鎮兵遂罷。會大兵破汀州，聿鍵被執死，騰蛟大慟。已聞永明王立，乃稍自安。王尋以騰蛟爲武英殿大學士。

四年，大兵至長沙，騰蛟不能守，單騎走衡州，長沙、湘陰竝失。盧鼎時守衡州，而先璧兵突至，大掠。鼎不能抗，走永州。先璧遂挾騰蛟走祁陽，又閒道走辰州。脱還，走白牙市。八月，王走柳州，將返桂林，騰蛟率軍入助。五年，聞桂林有變，騰蛟督兵分三門拒守。會金聲桓、李成棟叛大清，以兵附騰蛟。大兵在湖南者姑退，騰蛟遂取全州。所失地多復，議進兵長沙。會督師堵胤錫惡馬進忠，招忠貞營李赤心軍自夔州至，令進忠讓常德與之。進忠大怒，盡驅居民出城，焚廬舍，走武岡。寶慶守將王進才亦棄城走，他守將皆潰。赤心等所至皆空城，旋棄走，東趨長沙。

騰蛟時駐衡州，大駭。六年正月檄進忠由益陽出長沙，期諸將畢會，而親詣忠貞營，邀赤心入衡。部下卒六千人，懼忠貞營掩襲，不護行，止攜吏卒三十人往。將至，聞其軍已東，即尾之至湘潭。湘潭空城也，赤心不守而去，騰蛟乃入居之。大兵知騰蛟入空城，遣將徐勇引軍入。勇，騰蛟舊部將也，率其卒羅拜勸降。騰蛟大叱，勇遂擁之去。絶食七日，乃殺之。永明王聞之哀悼，賜祭者九，贈中湘王，謚文烈。

顯鶴案：明自北都淪覆，宗社已墟，我國家定鼎燕京，應天順人，光宅區宇，薄海内外，咸歸正朔。福、唐二王偷息金陵，崎嶇閩海，不旋踵而相繼殄亡，已不得比於建炎南渡偏安之例。永明以神宗庶孽，阽危餘燼，流離轉徙，旦夕苟延，螳臂當車，不待明者而知其必敗也。何騰蛟諸賢無尺寸之憑，輔闇懦之主，滔滔江漢，而欲以一手障之，難矣哉！況復謀之不臧，任用非人，設立十三鎮布列湖南、北，非左鎮驕軍即闖賊餘黨。驅百萬犬羊而以虎狼牧之疆埸，彼此麻沸無常，區區荆湘，蹂躪已甚。孑遺殘黎，甫覯天日，旋罹水火，何其慘也？迄乎王師南下，天弋[1]所指，立就蕩平。雖以滕蛟之賢，亦不過一死塞責而已。嗚乎！雖曰天命，豈非人事哉？

① 弋：據文意疑當作“戈”。

楚寶遷寓論次目録

今夫百齡蘧廬，萬物逆旅，皆適然耳。乃有懷鄉念重，去國情深，一遭遷斥，輒怨流離。甚則山水名勝之區，無故下鬼門之淚；日星照臨之地，不悛作囚山之賦者矣。樂天知命，安有是哉！楚地山川悠遠，舟車相錯，雪泥鴻爪，那堪再舉。惟夫學士臨皋之宅，乃育奸秦；仙人黄鶴之樓，亦生欽若。又若董千乘之天女，安陸輸縑；岳武穆之二子，黄梅改姓。弔古之士，往往不勝其感歎焉。豈得與馬融絳帳、鮑照荒阡，同付之斷煙衰草中也。述《遷寓》第二十一，凡二卷。

遷寓一

荀卿　賈誼　禰衡　王粲　褚遂良　張説　張九齡　王昌齡　賈至　李白　甄濟　陽城　韓愈　元禎[①]　劉禹錫　柳宗元　段文昌

遷寓二

梁震　孫光憲　寇準　歐陽修　王禹偁　蘇軾　黄庭堅　陳慥　范純仁　鄒浩　胡安國　張浚　蔡元定　魏了翁　謝枋得　王守仁[②]

增輯

杜襲　王僑　陶淡　劉驎之　闞康之　庾承先　康絢　韓懷明　殷不害弟不佞　徐安貞　元結子友讓　趙汝愚　鄧得遇　虞集　詹同　丁鶴年　湛若水　羅洪先　李國相　錢邦芑　陳藎　雷德復　方以知

① 禎：據正文當爲“稹”。
② 正文缺“王守仁”。

楚寶卷第三十五

明湘潭周聖楷伯孔輯纂

遷　寓

荀　卿

荀卿，趙人，名况。卿者，時人相尊而號爲卿也。年五十始來遊學于齊。騶衍之術迂大而閎辨，奭也文具難施；淳于髡久與處，時有得善言。故齊人頌曰："談天衍，雕龍奭，炙轂過髡。"田駢之屬皆已死。齊襄王時，而荀卿最爲老師。齊尚修列大夫之缺，而荀卿三爲祭酒焉。齊人或讒荀卿，荀卿乃適楚，而春申君以爲蘭陵令。春申君死而荀卿廢，因家蘭陵。李斯嘗爲弟子，已而相秦。荀卿嫉濁世之政，亡國亂君相屬，不遂大道而營於巫祝，信機祥，鄙儒小拘，如莊周等又滑稽亂俗，於是推儒、墨、道德之行事興壞，序列著數萬言而卒。因葬蘭陵。

《丹鉛録》曰：宋人譏荀卿云"卿之學不醇，故一傳于李斯，而有坑焚之禍"，此言過矣。孔子曰："與其進也，不與其退也。"弟子爲惡而罪及師，有是理乎？若李斯可以累荀卿，則吴起亦可以累曾子矣。劉向《别録》云："吴起始事曾子，而受《春秋》于曾申。"《鹽鐵論》曰："李斯與苞丘子同事荀卿。苞丘子修道白屋之下。"二事人皆引用，而罕知其原。

聖楷按：班《志》云：蘭陵縣屬東海郡。《正義》云："今沂州承縣有蘭陵山。”按：承縣，即今兗州嶧縣地，有蘭陵城。是時楚已滅魯而取其地，故蘭陵爲楚縣。

賈　誼

賈生名誼，雒陽人。年十八，以能誦詩屬書聞于郡中。吴廷尉爲河南守，聞其秀才，召至門下，甚幸愛。孝文帝初立，聞河南守吴公治平爲天下第一，故與李斯同邑而常學事焉，乃徵爲廷尉。廷尉乃言賈生年少，頗通諸子百家之書。文帝召以爲博士。

是時賈生年二十餘，最爲少。每詔令議下，諸老先生不能言，賈生盡爲之對，人人各如其意所欲出。諸生于是乃以爲能不及也。孝文帝悦之，超遷，一歲中至太中大夫。

賈生以爲漢興至孝文二十餘年，天下和洽，而固當改正朔，易服色，法制度，定官名，興禮樂。乃悉草具其事儀法，色尚黄，數用五，爲官名，悉更秦之法。孝文帝初即位，謙讓未遑也。諸律令所更定，及列侯悉就國，其説皆自賈生發之。於是天子議以爲賈生任公卿之位。絳、灌、東陽侯、馮敬之屬盡害之，乃短賈生曰：“雒陽之人，年少初學，專欲擅權，紛亂諸事。”于是天子後亦疏之，不用其議，乃以賈生爲長沙王太傅。

賈生既辭往行，聞長沙卑溼，自以壽不得長，又以謫去，意不自得。及度湘水，爲賦以弔屈原。其辭曰：

“恭承嘉惠兮，俟罪長沙。側聞屈原兮，自沉汨羅。造託湘流兮，敬弔先生。遭世罔極兮，乃隕厥身。嗚呼哀哉，逢時不祥！鸞鳳伏竄兮，鴟鴞翱翔。闒茸尊顯兮，讒諛得志；聖賢逆曳兮，方正倒植。世謂伯夷貪兮，謂盜跖廉；莫邪爲頓兮，鉛刀爲銛。于嗟嚜嚜兮，生之無故！斡棄周鼎兮而[1]寶康瓠。騰駕罷牛兮驂蹇驢，驥垂兩耳兮服鹽車。章甫薦屨兮，漸不可久；嗟苦先生兮，獨離此咎！

“訊曰：已矣！國其莫我知，獨堙鬱兮其誰語？鳳漂漂其高逝兮，夫固自宿而遠去。襲九淵之神龍兮，沕深藏以自珍。彌融爚以隱處兮，夫豈從螘與蛭螾？所貴聖人之神德[2]，遠濁世而自藏。使騏驥可得繫羈兮，豈云異夫犬羊！般紛紛其離此尤兮，亦夫子之辜也！瞝九州而相君兮，何必懷此都也？鳳皇翔于千仞之上兮，覽德輝[3]焉下之；見細德之險微兮，摇增翮逝而去之。彼尋常之汙瀆兮，豈能容吞舟之魚！横江湖之鱣鱏兮，固將制于螻蟻。”

賈生爲長沙王太傅三年，有鴞飛入賈生舍，止于坐隅。楚人命鴞曰“服”。賈生既以適居長沙，長沙卑溼，自以爲壽不得長，傷悼之，乃爲賦以自廣。其辭曰：

“單閼之歲兮，四月孟夏，庚子日斜兮，服集予舍，止于坐隅，貌甚閒暇。異物來集兮，私怪其故。發書占之兮，策[4]言其度。曰‘野鳥入處兮，主人將去’。請問于服兮：‘予去何之？吉乎告我，凶言其菑。淹數之度兮，語予其期。’服乃歎息，舉首奮翼，口不能言，請對以臆。

“萬物變化兮，固無休息。斡流而遷兮，或推而還。形氣轉續兮，化變而嬗，沕穆無窮兮，胡可勝言！禍兮福所倚，福兮禍所伏；憂喜聚門兮，吉凶同域。彼吴彊大兮，夫差以敗；越棲會稽兮，勾踐霸世。斯游遂成兮，卒被五刑；傅説胥靡兮，乃相武丁。夫禍之與福兮，何異糾纆。命不可説兮，孰知其極？水激則旱兮，矢激則遠。萬物回薄兮，振蕩相轉。雲蒸雨降兮，錯謬相紛。大專槃物兮，坱圠無垠。天不可與慮兮，道不可與謀。遲數有命兮，惡識其時？

① 《史記》卷八四《賈誼傳》無“而”字。
② 《史記》卷八四《賈誼傳》“德”後有“兮”字。
③ 輝：《史記》卷八四《賈誼傳》作“煇”。
④ 策：《史記》卷八四《賈誼傳》作“筴”。

“且夫天地爲鑪兮，造化爲工；陰陽爲炭兮，萬物爲銅。合散消息兮，安有常則；千變萬化兮，未始有極。忽然爲人兮，何足控摶；化爲異物兮，又何足患！小知自私兮，賤彼貴我；通人大觀兮，物無不可。貪夫狥財兮，烈士狥名；夸者死權兮，品庶馮生。怵迫之徒兮，或趨西東；大人不曲兮，億變齊同。拘士繫俗兮，攌如囚拘；至人遺物兮，獨與道俱。衆人惑惑兮，好惡積意；真人恬莫兮，獨與道息。釋知遺形兮，超然自喪；寥廓忽荒兮，與道翱翔。乘流則逝兮，得坻則止；縱軀委命兮，不私與己。其生若浮兮，其死若休。澹乎若深淵之静，氾兮若不繫之舟。不以生故自寶兮，養空而游；德人無累兮，知命不憂。細故蔕薊兮，何足以疑！”

後歲餘，賈生徵見。孝文帝方受釐，坐宣室。上因感鬼神事，而問鬼神之本，賈生因具道所以然之狀。至夜半，文帝前席。既罷，曰：“吾久不見賈生，自以爲過之，今不及也。”

李西涯公撰《長沙祠記》略云：漢屈群策，豪傑並起，高祖所不能致者，商山四皓、魯國兩生，天下無遺賢矣。文帝時，可當大臣者，惟賈太傅一人。觀其論天下之所置，則先仁義後刑法；論天下之勢，則先夏後夷，先要而後腄；論吏治，則先風俗；論大臣，則先廉恥；論世之所以治久長，則先太子。此其言皆治亂大體，戰國而下，無能言者。當時乃以爲少年紛更，後之議者亦以爲太驟，必有能辨之者。使太傅竟作相，必能刮去秦習，成漢家制，非蕭、曹而下可擬也。遷《史》以其弔湘之賦，與屈原同傳，哀之甚矣。今其宅爲卒伍所居，其井固宛然存世，所傳賈傅井者也。成化元年，我長沙守錢侯募郡人，以財贖其宅地，爲祠塑像其中，請著祀典。予爲之記云。

禰　衡

禰衡，字正平，平原般人也。少有才辨，而尚氣剛傲，好矯時慢物。興平中，避難荆州，建安初，來遊許下。始達穎川，乃陰懷一刺，既而無所之適，至于刺字漫滅。是時許都新建，賢士大夫四方來集。或問衡曰：“盍從陳長文、司馬伯達乎？”對曰：“吾安能從屠沽兒邪！”又問：“荀文若、趙稚長云何？”衡曰：“文若可借面弔喪，稚長可使監廚請客。”唯善魯國孔融及弘農楊修，嘗稱曰：“大兒孔文舉，小兒楊德祖。餘子碌碌，莫足數也。”融亦深愛其才。

衡始弱冠，而融年四十，遂與爲交友。上疏薦之，又數稱述于曹操。操欲見之，而衡素[①]輕疾，自稱狂病，不肯往，而數有恣言。操懷忿，而以其才名，不欲殺之，聞衡善擊鼓，乃召爲鼓史。因大會賓客，閱試音節。諸史過者，皆令脱其故衣，更著岑牟、單絞之服。次至衡，衡方爲《漁陽》參撾，蹀躍而前，容態有異，聲節悲壯，聽者莫不慷慨。衡進至操前而止，吏訶之曰：“鼓史何不改裝，而輕敢進乎？”衡曰：“諾。”於是先解祖[②]衣，次釋餘服，裸身而立，時取岑牟、單絞而著之，畢，徐參撾而去，顔色不怍。操笑曰：“本欲辱衡，衡反辱孤。”

孔融退而數之曰：“正平大雅，固當爾邪？”因宣操區區之意。衡許往。融復見操，説衡狂疾，今求得自謝。操喜，勑門者有客便通，待之極晏。衡乃著布單衣、疎巾，手持三尺棁杖，坐大營門，以杖箠地大駡。吏白：外有狂生，坐于營門，言語悖逆，請收案罪。操怒，謂融曰：“禰衡豎子，孤殺之猶鼠雀耳！顧此人素有虚名，遠近將謂孤不能

① 《後漢書》卷八〇《禰衡傳》“素”後有“相”字。

② 祖：《後漢書》卷八〇《禰衡傳》作“袒”。

容之。今送與劉表，視當何如。”於是遣人騎送之。臨發，衆人爲之祖道，先供設于城南，乃更相戒曰：“禰衡勃虐無禮，今因其後到，咸當以不起折之也。”及衡至，衆人莫肯興，衡坐而大號。衆問其故，衡曰：“坐者爲塚，臥者爲屍，屍冢之閒，能不悲乎？”

劉表及荊州士大夫先服其才名，甚賓禮之，文章言議，非衡不定。表常與諸文人共草章奏，竝極其才思。時衡出，還見之，開省未周，因毁以抵地。表憮然爲駭，衡乃從求筆札，須臾立成，辭義可觀。表大悦，益重之。

後復慢侮于表，表恥不能容，以江夏太守黄祖性急，故送衡與之，祖亦善待焉。衡爲作書記，輕重疎密，各得體宜。祖持其手曰：“處士，此正得祖意，如祖腹中之所欲言也。”祖長子射爲章陵太守，尤善于衡。常與衡俱遊，共讀蔡邕所作碑文，射愛其辭，還恨不繕寫。衡曰：“吾雖一覽，猶能識之，唯其中石缺二字爲不明耳。”因書出之，射馳使寫碑還校，如衡所書，莫不歎伏。射時大會賓客，人有獻鸚鵡者，射舉巵于衡曰：“願先生賦之，以娱嘉賓。”衡攬筆而作，文無加點，辭采甚麗。

後黄祖在蒙衝船上大會賓客，而衡言不遜順，祖慙，乃訶之，衡更熟視曰：“死公！云等道？”祖乃怒，令五百將出，欲加箠，衡方大罵，祖恚，遂令殺之。祖主簿素疾衡，即時殺焉。射徒跣來救，不及，祖亦悔之。乃厚加棺斂。衡時年二十六，其文章多亡云。

章懷太子曰：“《文士傳》云：“衡擊皷作《漁陽》參撾，蹋地來前，躡皷[1]足腳，容態不常，皷聲甚悲，易衣畢，復擊皷參撾而去。至今有《漁陽》參撾，自衡始也。”按：撾及摑並擊皷杖也。參摑是擊鼓之法，而王僧孺詩云：“散度《廣陵》音，參寫《漁陽》曲。”又自音“參”爲七紺反，是以參爲曲奏之名，則“摑”字連于下句，全不成文。近世多祖用之，非是。

① 皷：《後漢書》卷八〇《禰衡傳》作“馭”。

王　粲

王粲，字仲宣，山陽高平人也。獻帝西遷，粲徙長安，左中郎將蔡邕見而奇之。時邕才學顯著，貴重朝廷，常車騎填巷，賓客盈坐。聞粲在門，倒屣迎之。粲至，年既幼弱，容狀短小，一坐盡驚。邕曰："此王公孫也，有異才，吾不如也。吾家書籍文章，盡當與之。"年十七，司徒辟，詔除黄門侍郎，以西京擾亂，皆不就。乃之荆州依劉表。表以粲貌寢而體弱通侻，不甚重也。表卒，粲勸表子琮，令歸太祖。太祖辟爲丞相掾，賜爵關内侯。

太祖置酒漢濱，粲奉觴賀曰："方今袁紹起河北，仗大衆，志兼天下，然好賢而不能用，故奇士去之。劉表雍容荆州[1]，坐觀時變，自以爲西伯可規。士之避亂荆州者，皆海内之儁傑也；表不知所任，故國危而無輔。明公定冀州之日，下車即繕其甲兵，收其豪傑而用之，以横行天下。及平江、漢，引其賢儁而置之列位，使海内回心，望風而願治，文武並用，英雄畢力，此三王之舉也。"後遷軍謀祭酒。魏國既建，拜侍中。博物多識，問無不對。時舊儀廢弛，興造制度，粲恒典之。

初，粲與人共行，讀道邊碑，人問曰："卿能闇誦乎？"曰："能。"因使背而誦之，不失一字。觀人圍棊，局壞，粲爲覆之。棊者不信，以帊蓋局，使更以他局爲之。用相比校，不誤一道。其强記默識如此。性善算，作算術，略盡其理。善屬文，舉筆便成，無所改定，時人常以爲宿構；然正復精意覃思，亦不能加也。

王粲井考

聖楷曰：王仲宣在荆州時，卜居萬山。山枕襄水，飛流注射，

① 州：《三國志》卷二一《王粲傳》作"楚"。

隔岸白沙如雪，緑樹封天。其中有井，即王粲井也。井有石欄，唐初移置于襄州刺史官舍，而爲文以識之。故《王粲石井欄記》有二，一于頔撰，胡證書；一甄濟撰，彭朝議書。于頔豪雄，且通禪理，而甄濟即狂瘖不仕禄山者也。夫仲宣之在當時，羈旅流落，不爲劉荆州所重。其登樓作賦，直若怨若訴，若無以自容于天地之間者。及至異世，無論片甲一毛，世所共珍，雖區區一無用之井欄，比之于敦彝鐘鼎，相與尊而奉之，而爲文章以侈大其事，則甚矣，才士之貴也。

褚遂良

褚遂良，字登善，杭州錢塘人。太宗時，屢仕至中書令。高宗即位，封河南郡公，進拜尚書右僕射。帝將立武昭儀，召長孫無忌、李勣、于志寧及遂良入。或謂無忌當先諫，遂良曰："太尉，國元舅，有不如意，使上有棄親之譏。"又謂勣上所重，當進，曰："不可。司空，國元勳，有不如意，使上有斥功臣之嫌。"曰："吾奉遺詔，若不盡愚，無以下見先帝。"既入，帝曰："罪莫大于絶嗣，皇后無子，今欲立昭儀，謂何？"遂良曰："皇后本名家，奉祀[①]先帝。先帝疾，執陛下手語臣曰：'我兒與婦今付卿！'且德音在陛下耳，可遽忘之？皇后無他過，不可廢。"帝不悦，翼日，復言，對曰："陛下必欲改立后者，請更擇貴姓。昭儀昔事先帝，身接帷第，今立之，奈天下耳目何？"帝羞默。遂良因致笏殿階，叩頭流血，曰："還陛下此笏，丐歸田里。"帝大怒，命引出。武氏從幄後呼曰："何不撲殺此獠？"無忌曰："遂良受顧命，有罪不加刑。"會李勣議異，武氏立，乃左遷遂良潭州都督。顯慶二年，徙桂州，未幾，貶愛州刺史。卒。

① 祀：《新唐書》卷一〇五《褚遂良傳》作"事"。

《湘潭志》曰：唐褚公遂良，因争立武氏，左遷潭州都督。常登陶公山，過石塔寺，顧瞻長安，愀然不懌，命易石塔爲唐興。想其時，中宗在房州，公名寺之意可弔也。中宗未還，而公流愛州死矣。悲哉！

聖楷按：志所云云，大謬。考高宗永徽六年乙卯，遂良貶潭州都督。顯慶二年丁巳，再貶桂州，尋貶愛州刺史。三年戊午，卒于貶所。弘道元年癸未，高宗崩。嗣聖元年甲申，中宗始立，武后即廢之爲廬陵王，二年乙酉遷於房州。是時去遂良貶潭州之日已三十一年矣，何得遂良時而云帝在房州邪？此志修自吾邑李宗伯湘翁之手，不應輕率若此，或付託之非其人耳。噫，著述豈易事哉！

張 説

張説，字道濟，或字説之，洛陽人。素與姚元崇不平，罷爲相州刺史、河北道按察使，坐累徙岳州，停實封。説既失執政意，内自懼。雅與蘇瓌善，時瓌子頲爲相，因作《五君詠》獻頲，其一紀瓌也，候瓌忌日致之。頲覽詩嗚咽，未幾，見帝陳説忠謇有勳，不宜棄外，遂遷荆州長史。俄以右羽林將軍檢校幽州都督，入朝以戎服見。帝大喜，授檢校并州長史，兼天兵軍大使，修國史，勑齎藁即軍中論譔。説爲文屬思精壯，長于碑誌，世所不逮。既謫岳州，而詩益悽惋，人謂得江山助云。

聖楷曰：沈傳師爲翰林學士兼史職，出爲湖南觀察使。時方與修《憲宗實録》未成，監修杜元穎因建言："張説、令狐峘在外官論次國書，今彙史殘課，請付傳師即官下成之。"詔可。傳師於是在長沙修史，時論榮之。嗟乎，唐以後不復有此風矣。

張九齡

張九齡，字子壽，韶州曲江人。累仕至中書令。李林甫無學術，見九齡文雅，爲帝知，内忌之。會范陽節度使張守珪以斬可突于功，帝欲以爲侍中。九齡曰："宰相代天治物，有其人然後授，不可以賞功。"遂止。又將以凉州都督牛仙客爲尚書，九齡執曰："不可。尚書，古納言，唐家多用舊相，不然，歷内外貴任，妙有德望者爲之。仙客，河、湟一使典耳，使班常伯，天下其謂何？"又欲賜實封，九齡曰："漢法非有功不封，唐遵漢法，太宗之制也。邊將積穀帛，繕器械，適所職耳。陛下必賞之，金帛可也，獨不宜裂地以封。"帝怒曰："豈以仙客寒士嫌之邪？卿固素有門閥哉？"九齡頓首曰："臣荒陬孤生，陛下過聽，以文學用臣。仙客擢胥吏，目不知書。韓信，淮陰一壯夫，羞絳、灌等列。陛下必用仙客，臣實恥之。"帝不悦。翼日，林甫進曰："仙客，宰相材也，乃不堪尚書邪？九齡文吏，拘古義，失大體。"帝由是決用仙客不疑。

九齡既戾帝旨，因内懼，恐遂爲林甫所危。因帝賜白羽扇，乃獻賦自況，其末曰："苟効用之得所，雖殺身而何忌？"又曰："縱秋氣之移奪，終感恩于篋中。"帝雖優答，然卒以尚書右丞相罷政事，而用仙客。自是朝廷士大夫持禄養恩矣。嘗薦長安尉周子諒爲監御史，子諒劾奏仙客，其語援讖書。帝怒，杖子諒于朝堂，流瀼州，死于道。九齡坐舉非其人，貶荆州長史。雖以直道黜，不戚戚嬰望，惟文史自娱，朝廷許其勝流。久之，封始興縣伯。請還展墓，病卒。

聖楷曰：九齡貶荆州，帝終愛重之，每宰相薦士，必問曰："風度得如張九齡否？"今觀其貶所諸作，高閒冲澹，絶無憂生失路之感，其風度故可挹也。且又得孟浩然、王維輩與之唱酬，豈復知有他鄉哉？張燕公在岳州，江山雖勝，卻無此二良友。

王昌齡

王昌齡，字少伯，江寧人。第進士，補祕書郎。又中宏辭，遷汜水尉。不護細行，貶龍標尉。以世亂還鄉里，爲刺史閭邱曉所殺。張鎬按軍河南，兵大集，曉最後期，將戮之，辭曰："有親，乞貸餘命。"鎬曰："王昌齡之親，欲與誰養？"曉默然。昌齡工詩，緒密而思清，時謂"王江寧"云。

聖楷曰：龍標在今沅州西南五十里，沅水有龍標山，故名。梁於此置縣。隋屬辰州。唐曰龍標，爲敘州治。昌齡左遷縣尉，即此。又沅州東北有廢盧陽縣，乃宋析唐敘州潭陽地置，此縣爲沅州治，我朝併入沅州。《廣輿記》乃以貴州黎平府龍里司爲龍標者，誤。

賈　至

賈至，字幼鄰。擢明經第，解褐單父尉。從玄宗幸蜀，拜起居舍人，知制誥。帝傳位，至當譔册，既進稿，帝曰："昔先天誥命，乃父爲之辭，今兹命册，又爾爲之，兩朝盛典，出卿家父子手，可謂繼美矣。"至頓首，嗚咽流涕。歷中書舍人。至德中，坐小法，貶岳州司馬。寶應初，召復故官。大曆初，累進京兆尹。

賈《初至巴陵與李十二白裴九同泛洞庭湖》詩云："江上相逢皆舊遊，湘山永望不堪愁。明月秋風洞庭水，孤鴻落葉一扁舟。"又："楓岸紛紛落葉多，洞庭秋水晚來波。乘興輕舟無近遠，白雲明月弔湘娥。"李白詩云："洞庭西望楚江分，水盡南天不見雲。日落長沙秋色遠，不知何處弔湘君。"又："南湖秋水夜無煙，耐可長流直上天。且就洞庭賒月色，將船買酒白雲邊。”

李　白

李白，字太白，蜀郡人。初隱岷山，出居襄、漢之閒，南游江、淮，至楚，觀雲夢。雲夢許氏者，高宗時宰相圉師之家也，以女妻白。因留雲夢者三年。後以汚璘事，長流夜郎。遂泛洞庭，上峽江，至巫山，以赦得釋，憩岳陽、江夏久之。

李白《上安州裴長史書》略云：白少長江漢，五歲誦六甲，十歲觀百家，軒轅以來，頗得聞矣。乃仗劍去國，辭親遠遊。南窮蒼梧，東涉溟海。見鄉人相如大誇雲夢之事，云楚有七澤，遂來觀焉。而許相公家見招，妻以孫女，便憩跡于此，至移三霜焉。曩昔東遊維揚，不逾一年，散金三十餘萬，有落魄公子，悉皆濟之。此則是白之輕財好施也。又昔與蜀中友人吴指南同遊于楚。指南死于洞庭之上，白禫服慟哭，若喪天倫。炎月伏屍，泣盡而繼之以血，行路聞者悉皆傷心。猛虎前臨，堅守不動。遂權殯于湖側，便之金陵。數年來觀，筋肉尚在。白雪泣持刃，躬申洗削。裹骨徒步，負之而趨。寢興攜持，無輟身手。遂丐貸營葬于鄂城之東。故鄉路遠，魂魄無主，禮以遷窆，式昭朋情。此則是白存交重義也。又昔與逸人東巖子隱于岷山之陽，白巢居數年，不跡城市。養奇禽千計，呼皆就掌取食，了無驚猜。廣漢太守聞而異之，詣廬親覩，因舉二人以有道，並不起。此則白養高忘機，不屈之跡也。又前此郡督馬公，朝野豪彦，一見盡禮，許爲奇才。因謂長史李京之曰：諸人之文，猶山無煙霞，春無草樹。李白之文，清雄奔放，名章俊語，絡驛閒起，光明洞徹。何以盡陳。白，野人也，頗工于文。惟君侯顧之，無按劍。

裴敬撰白墓碑曰：會昌三年二月中，敬自渭水草堂南遊江左，過公墓下，四過青山，發[1]塗口，徘徊不忍去。與前濮州鄄城縣尉李邵，同以公服拜其墓。問其墓左人畢元宥，實備灑掃。留絹帛，具酒饌祭公。知公無孫，有孫女二人，一嫁劉勸，一嫁陳雲，皆農夫也。二女且曰："妾不拜墓已五六年矣。"因告邑宰李君都傑，請免畢元宥力役，俾專灑掃事。嘻！享名甚高，後事何薄？謝公舊井，新墓角落。青山白雲，共爲蕭索。巨竹拱墓，如公卓犖。天長地久，其名不朽。此爲祭文，寫授元宥。又爲碑曰：貴盡皆然，名存則難，故予重名不重官。作李翰林碑，十五字而已。

李白讀書臺考

聖楷按：安陸縣西三十里白兆山麓有桃花巖，即李太白讀書臺。太白《桃花巖寄劉侍御綰》詩云："雲臥三十年，好閑復愛仙。蓬壺雖冥絶，鸞鶴心悠然。歸來桃花巖，得憩雲窗眠。對嶺人共語，飲潭猿相連。時昇翠微上，邈若羅浮顛。兩岑抱東壑，十嶂横西天。樹雜日易隱，崖傾月難圓。芳草换野色，飛蘿摇春煙。入遠構石室，選幽開山田。獨此林下意，杳無區中緣。永辭霜臺客，千載方來旋。"今巖下有長庚書院，元時建，有記。

① 《全唐文》卷七六四《翰林學士李公墓碑》"發"前有"兩"字。

甄　濟

甄濟，字孟成，定州人。禄山反，彊之仕，脅之以兵，不從。肅宗詔館之三司署，使汙賊官羅拜，以愧其心。更拜太子舍人。來填[①]辟爲陝西襄陽參謀，拜禮部員外郎。宜城楚昭王廟堧地廣九十畝，濟立墅其左。瑱死，屏居七年。大曆初，江西節度使魏少游表爲著作郎，兼侍御史，卒。

濟子逢幼而孤，及長，耕宜城野，自力讀書，不謁州縣。歲饑，節用以給親里；大穰，則振其餘于鄉黨貧狹者。朋友有緩急，輙出家貲周贍，以義聞。逢嘗以父名不得在國史，欲詣京師自言。元和中，袁滋表濟節行，與權皋同科，宜載國史。有詔，贈濟秘書少監。而逢與元稹善。稹移書於史館修撰韓愈曰："濟棄去禄山，及其反，有名號，又逼致之，執不起，卒不汙其名。夫辨所從於居易之時，堅其操于利仁之世，而猶選儒者之所不爲，蓋拂人之心難，而害己之避深也。至天下大亂，死忠者不必顯，從亂者不必誅，而眷眷本朝，甘心白刃，難矣哉。若甄生者，弁冕不加其身，禄食不進其口，直布衣一男子耳。及亂，則延頸受刃，分死不回。不以不必顯而廢忠，不以不必誅而從亂，在古與今，蓋百一焉。"愈答曰："逢能行身，幸於方州大臣，以標目其先人事，載之天下耳目，徹之天子，追爵其父第四品，赫然驚人，逢與其父俱當得書矣。"繇是父子俱顯名。

① 填：據後文及《新唐書》卷一九四《甄濟傳》當作"瑱"。

陽 城

陽城，字亢宗，定州北平人。德宗時，爲諫議大夫八年，人不能窺其際。及裴延齡誣逐陸贄、張滂、李充等，帝怒甚，無敢言。城乃約拾遺王仲舒守延英閤上疏，極論延齡罪，慷慨引誼，申直贄等，累日不止。聞者寒懼，城愈勵。帝大怒，召宰相抵城罪。順宗方爲皇太子，爲開救，良久得免。敕宰相諭遣，然帝意不已，欲遂相延齡。城顯語曰："延齡爲相，吾當取白麻壞之，哭于廷。"帝不相延齡，城力也。坐是，下遷國子司業。引諸生告之曰："凡學者所以學，爲忠與孝也。諸生有久不省親者乎？"明日，謁城還養者二十輩。有三年不歸侍者斥之，簡孝秀德行升堂上，沈酗不率教者皆罷。躬講經籍，生徒斤斤皆有法度。

薛約者，狂而直，言事得罪，謫連州，吏捕迹得之城家。城坐吏於門，引約飲食訖，步至都外與别。帝惡城黨有罪，出爲道州刺史。太學諸生何蕃等三百人守闕下請留城，數日不得上。既行，皆泣涕，立石紀德。

至道，治民如治家，宜罰罰之，宜賞賞之，不以簿書介意，月奉取足則已。官收其餘，日炊米二斛、魚一大鬵，置甌杓道上，人共食之。州産侏儒，歲貢諸朝。城哀其生離，無所進。帝使求之。城奏曰："州民盡短，若以貢，不知何者可供？"自是罷。州人感之，以陽名子。前刺史坐罪下獄，吏有幸于刺史者，拾不法事告城，欲自脱，城輙榜殺之。賦時不時，觀察使數誚。責州當上考功第，城自署曰："撫字心勞，追科政拙，考下下。"觀察府遣判官督賦至州，怪城不迎，以問吏。吏曰："刺史以爲有罪，自囚于獄。"判官驚馳，入謁城曰："使君何罪？我奉命來候安否耳。"留數日，城不敢歸，仆門闔，寢館外以待命。判官遽辭去。府復遣官來按舉，義不欲行，乃載妻子中道逃去。

順宗立，召還城，而城已卒，年七十。贈左散騎常侍，賜其家錢二十萬，官護喪歸葬。

聖楷曰：觀察府復遣官來此，官義不欲行，乃載妻子逃去。亦一奇士也，惜史不載其姓氏。

韓愈

韓愈，字退之，南陽人。七世祖茂封安定王。父仲卿爲武昌令，有美政，既去，縣人刻石頌德。終祕書郎。

愈生三歲而孤，隨伯兄會貶官嶺表，愈自知讀書，日記數千百言。比長，通六經、百家學。擢進士第，遷監察御史，上疏極論宫市。德宗怒，貶陽山令，改江陵法曹參軍。元和初，權知國子博士，分司東都，遷刑部侍郎。時迎佛骨入禁中三日，愈上表極論，帝大怒，貶潮州刺史。

聖楷按：《年譜》：永貞元年乙酉春，公遇赦，離陽山，竢命于郴者三月。至秋末，始受法曹之命。乃自郴至衡，登合江亭，謁衡岳廟。至潭，陪杜侍御游湘西寺。自此泛洞庭，歷岳陽，赴江陵。二年丙戌，改元元和，公年三十有九。其春夏猶在江陵，有《李花贈張十一》《寒食出游夜歸》諸詩。六月，始召拜國子博士還朝。由此觀之，蘇子瞻謂公之精誠能開衡山之雲，皆謫陽山時事。若潮州之貶，路雖復出江湘，皆便道取疾，不暇登覽。且不一年，即量移袁州，而由江州趨安陸之襄陽，至京師矣。

元 稹

元稹，字微之，河南人。元和元年舉制科對策第一，拜左拾遺。性明鋭，遇事輒舉。拜監察御史，分司東都，凡十餘不法事，悉論奏。會召稹還，次敷水驛。中人仇士良夜至，稹不讓，中人怒擊稹，敗面。宰相以稹年少輕樹威，失憲臣體，貶江陵士曹參軍，而李絳、崔群、白居易皆論其枉。久乃徙通州司馬，改虢州長史。元和末，召拜膳部員外郎。

稹尤長于詩，與居易名相埒，天下傳諷，號“元和體”，往往播樂府。穆宗在東宫，妃嬪近習皆誦之，宫中呼元才子。稹之謫江陵，善監軍崔潭峻。長慶初，潭峻方親幸，以稹歌詞數十百篇奉御，帝大悦，問：“稹今安在？”曰：“南宫散郎。”即擢用。累遷翰林學士，未幾輔政。然其進非公議，爲士類訾薄云。

微之《貶江陵途中寄樂天》詩云：“想到江陵無一事，酒盃書卷綴新文。紫芽嫩筍和枝採，朱橘香苞數瓣分。暇日上山狂逐鹿，凌晨過寺飽看雲。算緡草詔終須解，不敢將心遠羨君。”

聖楷曰：玩此詩，亦可卜稹之晚節不終矣。

劉禹錫

劉禹錫，字夢得。自言系出中山，世爲儒。擢進士第，登博學宏辭科，工文章。淮南杜佑表管書記，入爲監察御史。素善韋執誼。時王叔文得幸太子，禹錫以名重一時，與之交，叔文每稱有宰相器。太子即位，朝廷大議秘策，多出叔文。引禹錫及柳宗元與議禁中，所言必從。擢屯田員外郎，判度支、鹽鐵案，頗馮藉其勢。

憲宗立，叔文等敗，禹錫貶連州刺史。未至，斥朗州司馬。州接夜郎諸夷，風俗陋甚，家喜巫鬼。每祠，歌《竹枝》，鼓吹裴回，其聲傖獰。禹錫謂屈原居沅、湘間，作《九歌》，使楚人以迎送神，乃倚其聲作《竹枝辭》十二篇。於是武陵夷俚悉歌之。

始，坐叔文貶者八人，憲宗欲終斥不復，乃詔雖復更赦令不得原。然宰相哀其才且困，將澡濯用之。會程异復起，領運務，乃詔禹錫等悉補遠州刺史。而元衡方執政，諫官頗言不可用，遂罷。

禹錫久落魄，鬱鬱不自聊，其吐辭多諷託幽遠，作《問大鈞》《謫九年》等賦數篇。又敘："張九齡爲宰相，建言放臣不宜與善地，悉徙五谿不毛處。然九齡自内職出始安，有瘴厲之歎；罷政事，守荆州，有拘囚之思。身出遐陬，一失意不能堪，矧華人士族必致醜地，然後快意哉？議者以爲開元良臣，而卒無嗣。豈忮心失恕，陰責最大，雖他美莫贖邪？"欲感諷權近而憾不釋。久之召還。累遷至禮部尚書，卒。

蘇東坡曰：劉禹錫既敗，爲書自解，言"王叔文實工言治道，能以口辯移人。既得用，所施爲人不以爲當。太上久疾，宰相及用事者不得對。宫掖事秘，建桓立順，功歸貴臣，由是及敗。"《後漢·宦者傳》論云："孫程定立順之功，曹騰參建桓之策。"騰與梁冀比，捨清河而立蠡吾，此漢之所以亡也，與廣陵王監國事，豈可同日而語哉？禹錫乃敢以爲比，如小人爲姦，雖已敗，猶不悛也。其可復置之要地乎？因讀《禹錫傳》，有所感，書此。

柳宗元

柳宗元，字子厚，其先蓋河東人。宗元少精敏絶倫，爲文章卓偉精致，一時輩行推仰。第進士、博學宏辭科，授校書郎，調藍田尉。貞元十九年，爲監察御史裏行，善王叔文、韋執誼，二人者奇其才。及得政，引内禁近與計事，擢禮部員外郎，欲大進用。俄而叔文敗，貶邵州刺史，不半道，貶永州司馬。既竄斥，地又荒癘，因自放山澤閒，其堙厄感鬱，一寓諸文。仿《離騷》數十篇，讀者咸悲惻。雅善蕭俛，詒書言情曰：

“僕嚮者進當臲卼不安之勢，平居閉門，口舌無數。又久與游者，岌岌而操其閒。其求進而退者，皆聚爲仇怨，造作粉飾，蔓延益肆。非的然昭晰，自斷于内，孰能了僕於冥冥閒哉？僕當時年三十三，自御史裏行得禮部員外郎，超取顯美。欲免世之求進者怪怒媢疾，可得乎？與罪人交十年，官以是進，辱在附會。聖朝寬大，貶黜甚薄，不塞衆人之怒，謗語轉侈，囂囂嗷嗷，漸成怪人。飾智求仕者，更詈僕以悦仇人之心，日爲新奇，務相悦可，自以速援引之路。僕輩坐益困辱，萬罪横生，不知其端。悲夫！人生少六七十者，今三十七矣。長來覺日月益促，歲歲更甚，大都不過數十寒暑，無此身矣。是非榮辱，又何足道？云云不已，秖益爲罪。

“居蠻夷中久，慣習炎毒，昏眊重膇，意以爲常。忽遇北風晨起，薄寒中體，則肌革慘懍，毛髮蕭條，瞿然注視，怵惕以爲異候，意緒殆非中國人也。楚、越閒聲音特異，鴂舌啅譟，今聽之恬然不怪，已與爲類矣。家生小童，皆自然曉曉，晝夜滿耳，聞北人言，則啼呼走匿，雖病夫亦怛然駭之。出門見適州閭市井者，其十八九杖而後興。自料居此尚復幾何，豈可更不知止，言説長短，重爲一世非笑哉！讀《易·困卦》至‘有言不信，尚口乃窮’，往復益喜，曰：‘嗟乎！余雖家置一喙以自稱道，詬益甚耳。’用是更樂瘖默，與木石爲徒，不復致意。

“今天子興教化，定邪正，海内皆欣欣怡愉，而僕與四五子者，淪陷如此，豈非命歟？命乃天也，非云云者所制，又何恨。然居治平之世，終身爲頑人之類，猶有少恥，未能盡忘。儻因賊平慶賞之際，得以見白，使受天澤餘潤，雖朽枿敗腐不能生植，猶足蒸出芝菌，以爲瑞物。一釋廢錮，移數縣之地，則世必曰罪稍解矣。然後收召魂魄，買土一廛爲耕甿，朝夕歌謡，使成文章，庶木鐸者采取，獻之法宫，增聖唐大雅之什，雖不得位，亦不虚爲太平人矣。”

又貽京兆尹許孟容曰："宗元早歲與負罪者親善，始奇其能，謂可以共立仁義，裨教化。過不自料，勤勤勉勵，惟以忠正信義爲志。興堯、舜、孔子道，利安元元爲務，不知愚陋不可以彊，其素意如此也。末路厄塞臲卼，事既壅隔，狼忤貴近，狂疎謬戾，蹈不測之罪。今其黨與幸獲寬貸，各得善地，無公事，坐食奉禄，德至渥也，尚何敢更俟除棄廢痼，希望外之澤哉？年少氣鋭，不識幾微，不知當否，但欲一心直遂，果陷刑法，皆自所求取，又何怪也。

"宗元于衆黨人中罪狀最甚，神理降罰，又不能即死，猶對人語言，飲食自活，迷不知恥，日復一日。然亦有大故。自以得姓來二千五百年，代爲冢嗣，今抱非常之罪，居夷獠之鄉，卑濕昏霧，恐一日填委溝壑，曠墜先緒，以是怛然痛恨，心骨沸熱。煢煢孤立，未有子息，鄉陬中少士人女，無與爲婚，世亦不肯與罪人親昵，以是嗣續之重，不絶如縷。每春秋時饗，孑立奉奠，顧盼無後繼者，懔懔然欷歔惴惕，恐此事便已，摧心傷骨，若受鋒刃。此誠丈人所共閔惜也。

"先墓在城南，無異子弟爲主，獨託村隣。自譴逐來，消息存亡不一至鄉閭，主守因以益怠。晝夜哀憤，懼便毁傷松柏，芻牧不禁，以成大戾。近世禮重拜掃，今闕者四年矣。每遇寒食，則北向長號，以首頓地。想田野道路，士女徧滿，皂隸庸丐，皆得上父母丘墓，馬醫、夏畦之鬼，無不受子孫追養者。然此已息望，又何以云哉？城西有數頃田，樹果數百株，多先人手自封植，今已荒穢，恐便斬伐，無復愛惜。家有賜書三千卷，尚在善和里舊宅，宅今三易主，書存亡不可知。皆付受所重，常繫心腑，然無可爲者。立身一敗，萬事瓦裂，身殘家破，爲世大僇。是以當食不知辛鹹節適，洗沐盥漱，動逾歲時。一搔皮膚，塵垢滿爪。誠憂恐悲傷，無所告愬，以至此也。

"自古賢人才士，秉志遵分，被謗議不能自明者，以百數。故有無兄盜嫂，娶孤女云撾婦翁者。然賴當時豪傑分明辨列，卒光史册。管仲遇盜，升爲功臣；匡章被不孝名，孟子禮之。今已無古人之實爲而有詬，欲望世人之明己，不可得也。直不疑買金以償同舍，劉寬下車歸牛鄉人，此誠知疑似之不可辨，非口舌所能勝也。鄭詹束縛于晉，終以無死；鍾儀南音，卒獲返國；叔向囚虜，自期必免；范痤騎危，以生易死；蒯通據鼎耳，爲齊上客；張蒼、韓信伏斧鑕[①]，終取將相；鄒陽獄中，以書自治；賈生斥逐，復召宣室；兒寬擯厄，後至御史大夫；董仲舒、劉向下獄當誅，爲漢儒宗。此皆瓌偉博辨奇壯之士，能自解脱。今以恇怯湠涊，下才末伎，又嬰痼病，雖欲慷慨攘臂，自同昔人，愈疏闊矣。

"賢者不得志于今，必取貴于後，古之著書者皆是也。宗元近欲務此，然力薄志劣，無異能解，欲秉筆覼縷，神志荒耗，前後遺忘，終不能成章。往時讀書，自以不至觝滯，今皆頑然無復省録。讀古人一傳，數紙後，則再三伸卷，復觀姓氏，旋又廢失。假令萬一除刑部囚籍，復爲士列，亦不堪當世用矣。伏惟興哀于無用之地，垂德于不報之所，但以存通家宗祀爲念，有可動心者操之勿失。雖不敢望歸掃塋域，退託先人之廬，以盡餘齒，姑遂少北，益輕瘴癘，就婚娶，求胤嗣，有可付託。即冥然長辭，如得甘寢，無復恨矣。"

然衆畏其才高，懲刈復進，故無用力者。元和十年，徙柳州刺史，卒。

聖楷按：何燕泉謂柳宗元撓節叔文，竄斥永州，貽書所善蕭俛，又貽京兆許孟容，書累千餘言，所以望之者甚至。而二人皆漠然無應。夫蕭俛吾弗論，若許孟容，自爲給事中時，與侍郎權德輿樂挽轂士，號權許。此其人于宗元之徒，當無所忌，而亦不見其有所用力，豈誠寡不勝衆，或亦有所懲而然邪？噫，名士高才，一敗不可復救若此，可不愼哉！

① 鑕：據《新唐書》卷一六八《柳宗元傳》及崇禎本當作"鑕"。

段文昌

段文昌，字墨卿，一字景初。世客荆州。疏爽任義節，不爲齷齪小行。節度使裴胄禮之。胄採古今禮要爲書，數從文昌質判所疑。後依劍南節度韋皋，皋表爲校書郎。宰相李吉甫才之，擢登封尉、集賢校理，屢仕至劍南西川節度使、同平章事。

太和四年，檢校左僕射，徙帥荆南。州或旱，禳解必雨；或久雨，遇出遊必霽。民爲語曰："旱不苦，禱而雨；雨不愁，公出遊。"南詔襲南安，帝以文昌得蠻夷心，詔使下檄尉讓，即日解而去。復節度西川。九年，卒，贈太尉。

文昌先墓在荆州，歲時享祠，必薦以音樂歌舞，習禮者譏其非。少羈窶，所向少諧。及居將相，享用奢侈，士議尤替。

子成式，字柯古，推廕爲校書郎。博學彊記，多奇篇秘籍。侍父於蜀，以畋獵自放。文昌遣吏白其意諫止，明日，以雉兔徧遺幕府，人爲書，因所獲儷前世事，無複用者。衆大驚。擢累尚書郎，爲荆州刺史，終太常少卿。著《酉陽書》數十篇。子安節，乾寧中爲國子司業，善樂律，能自度曲云。

《録異記》曰：段文昌負才傲俗，落拓荆楚閒。江陵街側有大宅門枕流渠。文昌醉於渠上，脱屐濯足，自言："我作江陵節度，必買此宅。"聞者皆笑。其後果鎮荆南，遂買此宅。

《唐語林》曰：段郎中成式，博學文章，著書甚多。連典江南數郡，皆有名山：九江匡廬，縉雲爛柯，廬陵麻姑。前進士許棠寄詩云："十年三領郡，領郡管仙山。"廬陵時，爲人妄訴，逾年方辯，乃退居于襄陽。温博士庭筠，亦謫隋縣尉，節度使徐太師留在幕府，與成式尤相善。常送墨一挺與庭筠，往復致謝，搜故事者凡幾函。成式子安節娶庭筠女。安節仕至吏部郎中、沂王傅，善音律，著《樂府新録》傳於世。

聖楷曰：别傳段柯古寓襄陽木香村，撰《楊柳宫詞》。按，村在今宜城縣西六十里。《酉陽雜俎》等作，皆應成於此，或爲荆州刺史時也。有謂居辰州作者，爲酉陽山在辰州故耳。此可笑。夫酉陽，取藏書之義，豈必居辰州始命篇邪。

楚寶卷第三十五考異

新化鄧顯鶴湘皋述

遷　寓

賈　誼

恭承嘉惠兮，俟罪長沙。側聞屈原兮，自沈汨羅。

聖鶴案：《漢書》賈誼本傳“俟罪”作“竢罪”，師古曰：“竢，古俟字。”“側聞”作“仄聞”，師古曰：“仄，古側字。”

遭世罔極兮，乃隕厥身。

案：《漢書》“罔極”作“冈極”，師古曰：“冈，無也；極，中也。無中正之道。一曰：極，止也。”

謂伯夷貪兮，謂盜跖廉，莫邪爲頓兮，鉛刀爲銛。

案：《漢書》“伯夷”作“隨夷”，“貪”作“溷”。“盜跖”作“跖蹻”。“頓”作“鈍”。

于嗟嚜嚜兮，生之無故。斡棄周鼎兮，而寶康瓠。騰駕罷牛兮驂蹇驢，驥垂兩耳兮服鹽車。章甫薦屨兮，漸不可久。嗟苦先生兮，獨離此咎。

案：《漢書》作“于嗟默默，生之無故兮。斡棄周鼎，寶康瓠兮。騰駕罷牛，驂蹇驢兮。驥垂兩耳，服鹽車兮”。

訊曰：已矣！國其莫我知，獨堙鬱兮其誰語？鳳漂漂其高滯[1]兮，夫固自縮而遠去。

案：《史記》注：“李奇曰：訊，告也。張晏曰：訊，《離騷》下章亂辭也。”《漢書》“訊”作“誶”，師古曰：“誶音碎”。“莫我知”作“莫吾知兮，“獨堙鬱兮其誰語”作“子獨壹鬱其誰語”，“漂漂”作“縹縹”，“高遰”作“高逝”，“自縮”作“自引”。

彌融爚以隱處兮，夫豈從螘與蛭螾。

案：《漢書》“彌融爚”作“偭蟂獺”，徐廣曰：一本作“彌蝎蠕”。“螘”，《漢書》作“蝦”，孟康曰：“言龍自絶於蟂獺，况從蝦與蛭螾也。”

般紛紛其離此尤兮，亦夫子之辜也。瞝九州而相君兮，何必懷此都也。

案：“尤”，《漢書》作“郵”。“辜”作“故”，“瞝”作“歷”。

鳳皇翔於千仞之上兮，覽德輝焉下之。見細德之險微兮，摇增翮逝而去之。

案：“翔於千仞之上”，《漢書》無“之上”二字。“摇增翮逝”，《漢書》作“遥增擊”。

① 滯：據後文當爲“遰”。

王　粲

邕曰：“此王公孫也，有異才，吾不如也。”

聖鶴案：《魏志》王粲本傳：“曾祖父龔，祖父暢，皆爲漢三公。”張璠《漢紀》：龔字伯宗，有高名於天下。暢字叔茂，名在八俊。靈帝時爲司空，以水災免，而李膺亦免歸故郡。二人以直道不容當時，天下以暢、膺爲高士。諸危言危行之徒，皆推宗之。

博物多識，問無不對。時舊儀廢弛，興造制度，粲恒典之。

案：摯虞《决疑要注》曰：漢末喪亂，絶無玉佩。魏侍中王粲識舊佩，始復作之。今之玉佩，受法於粲也。

時人常以爲宿搆，然正復精意覃思，亦不能加也。

案：本傳注：《典略》曰：粲才既高，辯論應機。鍾繇、王朗等雖各爲魏卿相，至於朝廷奏議，皆閣筆不能措手。

楚寶卷第三十五增輯

新化鄧顯鶴湘皋述

遷　寓

杜　襲

杜襲，潁川人。建安時避亂荆州，劉表待以賓禮。同郡繁欽數見奇於表，襲喻之曰："吾所以與子俱來者，徒欲龍蟠幽藪，待時鳳翔，豈謂劉牧當爲撥亂之主，而規長者委身哉？子若見能不已，非吾徒也，吾其與子絶矣。"遂南適長沙，後還鄉里。官至大中大夫。

王　儁

王儁，汝南人。少爲范滂、許章所知。爲人外静而内明。公車屢徵不至。避地武陵，歸之者百餘家。獻帝都許，徵爲尚書，復辭。終於武陵。曹操下荆州，自臨江迎其喪，葬江陵。

陶　淡

陶淡，尋陽人，太尉侃之孫。好讀《易》，善卜筮。於長沙臨湘山中結廬居之，養一白鹿以自偶。親故有候之者，輒移渡澗水，莫得近。州舉秀才，淡聞，遂轉逃羅縣埤山中，終身不反，莫知所終。

劉驎之

劉驎之，南陽人。好遊山澤，志存遯逸。嘗采藥至衡山，深入忘反。見有一澗水，水南有二石囷，一囷閉，一囷開，水深廣不得過，欲還，失道。遇伐弓人，問徑，僅得還家。或説囷中皆仙靈方藥諸雜物，驎之欲更尋索，終不復知處也。

關康之

關康之，字伯愉，河東揚人也。世居京口，寓居南平昌。少而篤學，姿狀豐偉。下邳趙繹以文義見稱，康之與友善，特進顔延之等當時名士十許人，入山候之，見其散髮被黄布帊，席松葉，枕一塊白石而卧，了不相眄。延之等咨嗟而退，不敢干也。

晉陵顧悦之難王弼《易》義四十餘條，康之申王難顧，遠有情理。又爲《毛詩義》經籍疑滯，多所論釋。嘗就沙門支僧納學算，妙盡其能。徵辟一無所就，棄絶人事，守志閑居。

弟雙之，爲臧質車騎將軍，與質俱下，至赭圻，病卒，瘞於水濱。康之時得病小差，牽以迎喪，因得虚勞病，寢頓二十餘年。時有閑日，輒卧論文義。宋孝武即位，遣大使巡行天下，使反，薦康之宜加徵聘，不見省。

康之性清約，獨處一室，希與妻子相見，不通賓客。弟子以業傳受，尤善《左氏春秋》，又造《禮論》十卷。

庾承先

庾承先，字子通，潁川鄢陵人也。少沈静，有志操，是非不涉於言，喜愠不形於色，人莫能窺也。弱歲，受學於南陽劉虬，强記敏識，出於群輩。玄經釋典，靡不該悉；九流七略，咸所精練。辟功曹，不就。乃與道士王僧鎮同遊衡岳。晚以弟疾，還鄉里，遂居土臺山。梁鄱陽忠烈王在州，欽其風味，要與游處，令講《老子》，遠近名僧，咸來赴集。論難鋒起，異端競至，承先徐相酬答，皆得所未聞，忠烈王尤所欽重。

中大通三年，廬山劉慧斐至荆州，承先與之有舊，往從之。荆、峽學徒因請承先講《老子》，湘東王親命駕臨聽。論議終日，留連月餘，乃還山。王親祖道，并贈篇什，隱者美之。其年卒。刺史厚有贈賻，門人黄士龍讓曰："先師平素食不求飽，衣不求輕，凡有贈遺，皆無所受。臨終之日，誡約家門，薄棺周形，巾褐爲斂。雖蒙賫及，不敢輕承教旨，以違平生之操。錢布輕[①]付使反。"時論高之。

康　絢

康絢，字長明，華山藍田人也。其先出自康居。初，漢置都護，盡臣西域，康居亦遣侍子待詔河西，因留不去，其後遂氏焉。晉時隴右亂，遷于藍田。絢曾祖因爲苻堅太子詹事，生穆。穆爲姚萇河南尹。宋永初中，穆率鄉族三千餘家入襄陽之峴南，宋爲置華山郡藍田縣，寄立於襄陽，以穆爲秦、梁二州刺史。未拜，卒。絢伯元隆，父元撫，並爲

① 輕：據《南史》卷七六《隱逸傳》當作"輙"。

流人所推，相繼爲華山太守。

絢少俶儻有志氣，仕齊爲華山太守，推誠撫循，荒餘悦服。梁武起兵，絢舉郡以應。天監元年，封南陽縣男，除竟陵太守。絢身長八尺，容貌絶倫，雖居顯職，猶習武藝。帝幸德陽殿戲馬，敕絢馬射，撫弦貫的，觀者悦之。其日，上使畫工圖絢形，遣中使持以問絢曰："卿識此圖不？"其見親如此。

時魏降人王足陳計，求堰淮水，以灌壽陽，足引北方童謡曰："荆山爲上格，浮山爲下格。潼沱爲激溝，併灌鉅野澤。"帝以爲然，發徐、揚人率二十户取五丁以築之。假絢節，都督淮上諸軍事。十五年四月，堰成，其長九里，下闊一百四十丈，上廣四十五丈，高二十丈，深十九丈五尺，夾之以隄，并樹杞柳，軍人安堵，列居其上。其水清潔，俯視邑居墳墓，了然皆在其下。絢尋除司州刺史，領安陸太守。在州三年，大修城隍，號爲嚴整。

普通元年，除衛尉卿，未拜，卒。輿駕即日臨哭，謚曰壯。絢寬和少喜懼，在朝廷見人，如不能言，號爲長厚。在省，每寒見省官有繿縷者，輒遣遺以襦衣，其好施如此。子悦嗣。

韓懷明

韓懷明，上黨人也。客居荆州。十歲，母患尸疰，每發輒危殆。懷明夜於星下稽顙祈禱，時寒甚切，忽聞香氣，空中有人曰："童子，母須臾永差，無勞自苦。"未曉而母平復。鄉里以此異之。十五喪父，幾至滅性，負土成墳，賻助無所受。免喪，與鄉人郭麻俱師南陽劉虬。虬嘗一日廢講，獨居涕泣。懷明竊問，虯家人答云："是外祖亡日。"時虬母亦已亡矣。懷明聞之，即日罷學，還家就養。虬歎曰："韓生無丘吾之恨矣。"家貧，肆力以供甘脆，嬉怡膝下，朝夕不離母側。母年九十，以壽終，懷明水漿不入口一旬，號哭不絶聲。有雙白鳩，巢其廬上，字乳馴狎，若家禽焉，服釋乃去。及除喪，蔬食終身，衣衾無所改。梁天監初，刺史始興王憺表言之。州累辟不就，卒於家。

殷不害弟不佞

殷不害，字長卿，陳郡長平人也。性至孝，居父憂過禮，由是少知名。家世儉約，居甚貧窶。有弟五人，皆幼弱。不害事老母，養小弟，勤劇無所不至，士大夫以篤行稱之。

梁大同五年，兼東宫通事舍人。時朝政多委東宫，不害與舍人庾肩吾直日奏事。梁武帝嘗謂肩吾曰："卿是文學之士，吏事非卿所長，何不使殷不害來邪？"其見知如此。簡文以不害善事親，賜其母蔡氏錦裙襦氈席被褥，單複畢備。侯景之亂，不害從簡文入臺，供侍益謹。梁元帝立，以不害爲中書郎，兼廷尉卿。

魏平江陵，失母所在。時甚寒雪，凍死者填滿溝壑，不害行哭尋求，聲不暫輟。過見死人溝中，即投身捧視。舉體凍僵，水漿不入口者七日，始得母屍。憑屍而哭，每輒氣絶，行路皆爲流涕。即江陵權殯。與王褒、庾信俱入長安。自是蔬食布衣，枯槁骨立，見者莫不哀之。

弟不佞，字季卿。少立名節，居父喪，以至孝稱。好讀書，尤長吏術。梁承聖初爲武康令。時兵荒饑饉，百姓流移。不佞循撫招集，繦負至者以千數。會魏剋江陵而母卒，道路隔絶，久不得奔赴。四載之中，晝夜號泣，居處飲食，常爲居喪之禮。陳武帝受禪，除婁令。至是，第四兄不齊，始於江陵迎母喪柩歸葬。不佞居處之節，如始聞問。若此者又三年，身自負土，手植松柏。每歲時伏臘，必三日不食。不佞兄不疑、不占、不齊，並早亡。事第二寡嫂張氏甚謹，所得奉禄，不入私室。長子梵童，位尚書金部郎。

徐安貞

徐安貞，初名楚璧，龍邱人。唐開元中，居中書省，嘗參李林甫被議。天寶後，避罪至衡山，爲東林掇蔬行者，詐喑啞不言者數年。值修建佛殿，選善書者題梁，安貞跨過，僧怒杖其背，因畫地曰："昔年曾學大書，乞試之。"乃題數行，諸僧悦服，遺盡書之。後李邕游嶽，觀其題處，曰："徐公乃在此！"召至，握手言曰："朝列於公已息論矣。"遂與同歸潭州。安貞謂州守曰："瀟湘逢故人，若幽谷之覩太陽。不然，委填巖穴矣。"

元結子友讓

元結，字次山，汝州人。唐肅宗朝，累官鑒[①]察御史裏行，又參山南東道攝領府事。代宗立，固辭，丐侍親歸樊上。授著作郎。益著書，作《自釋》曰："河南，元氏望也；結，元子名也；次山，結字也。世業載國史，世系在家牒。少居商餘山，著《元子》十篇，故以元子爲稱。天下兵興，逃亂入猗玕洞，始稱猗玕子。後家瀼濱，乃自稱浪士。及有官，人以爲浪者亦漫爲官乎，呼爲漫郎。即客樊上，漫遂顯。樊左右皆漁者，少長相戲，更曰聱叟。彼誚其聱者，爲其不相從聽，不相鉤加，帶笭箵而盡船，獨聱齖而揮車。酒徒得此，又曰：'公之漫，其猶聱乎？公守著作，不帶笭箵乎？又漫浪於人間，得非聱齖乎？公漫久矣，可以漫爲叟。'於戲，吾不從聽於時俗，不鉤加於當世，誰是聱者，吾欲從之。彼聱叟不慙帶乎笭箵，吾又安能薄乎著作？彼聱叟不羞

① 鑒：當爲"監"之誤。

聱齖於鄰里，吾又安能憊漫浪於人閒？取而醉人議，當以漫叟爲稱。直荒浪其性情，誕漫其所爲，使人知無所存有，無所將待，乃爲語曰：‘能帶笭箵，全獨而保生；能學聱齖，保宗而全家。聱也如此，漫乎非邪？’”久之，拜道州刺史。

子友讓，元和十三年爲寶鼎尉，假道州長史，距父結爲刺史時已四十餘年。漫郎故宅，亭臺荒廢，維舟溪上，淒然感泣。乃屬祁陽長豆盧某搆復之。

聖鶴案：次山先生始逃猗玗，繼家瀼濱，終客樊上，皆楚地也。當其聱齖鄰里，漫浪人閒，帶笭箵而全獨保生，與左右漁者酣嬉戲笑樂，有終焉之志，即謂之長爲楚人可也。原書列之《宦蹟》，並附録《舂陵行》《賊退示官吏》詩暨子美《同元使君舂陵行序》。誠哉，爲邦伯，萬物吐氣，天下少安可待矣。嗚乎，守官安人如結輩，落落何可多得。干進之客，接踵天壤，欲不爲人厭也難哉。余故摘其《自釋》入《遷寓》，庶幾想像其人於抔湖退谷閒，以爲百世下廉頑立懦之一助云爾。

楚寶卷第三十六

明湘潭周聖楷伯孔輯纂

遷　寓

梁　震

梁震，蜀人，唐進士也。天祐四年，唐亡。梁以高季昌爲荆南節度使。震歸蜀，過江陵，季昌愛其才識，留之，欲奏爲判官。震恥之，欲去，恐及禍，乃曰："震素不慕榮宦，明公不以爲愚，必欲使參議，但以白衣侍樽俎可也。"季昌許之，終身止稱前進士，不受高氏辟署，季昌甚重之，以爲謀主，呼曰先輩。後唐天成三年，季昌卒，其子從誨立。

清泰元年十月，震退居土洲。時楚王希範好奢靡，游談者共誇其盛。從誨曰："楚王可謂大丈夫矣。"孫光憲對曰："天子、諸侯，禮有差等。彼乳臭子，驕侈僭法，取快一時，不爲遠慮，危亡無日，安足慕乎？"從誨悟曰："公言是也。"他日，謂梁震曰："吾自念平生奉養固已過矣。"乃捐去玩好，以經史自娱，省刑薄斂，境内以安。震曰："先王待我如布衣交，以嗣王屬我。今嗣王能自立，不墜其業。吾老矣，不復事人矣。"遂固請退居，築室於土洲，披鶴氅，自稱荆臺隱士。

司馬温公曰：孫光憲見微而能諫，高從誨聞善而能從，梁震成功而能退，自古有國家者，能如是，夫何亡國敗家喪身之有。

《讀史日記》曰：梁震舉進士，尚未膺爵禄而義不臣梁，但以白衣侍樽俎，委曲以行其志。士君子不幸而遭變若震者，亦可以法矣。“前進士”三字，千古有餘榮。

聖楷曰：荆臺隱士，尚不如“前進士”三字有關係，然亦足見梁震始終一節矣。土洲室在荆州監利縣，址猶存。

孫光憲

孫光憲，字孟文，陵州貴平人。世業農畝，惟光憲少好學。游荆渚，高從誨見而重之，署爲從事。歷保融及繼冲三世，皆在幕府。累官至檢校祕書監兼御史大夫，賜金紫。慕容延釗等救朗州之亂，假道荆南，繼冲開門納延釗，光憲乃勸繼冲獻三州之地。太祖聞之甚悦，授光憲黄州刺史，賜賚加等。在郡亦有治聲。乾德六年卒。時宰相有薦光憲爲學士者，未及召，會卒。

光憲博通經史，尤勤學，聚書數千卷，或自鈔寫，孜孜讐校，老而不廢。好著譔，自號葆光子，所著《荆臺集》三十卷、《鞏湖編玩》三卷、《筆傭集》三卷、《橘齋集》二卷、《北夢瑣言》三十卷、《蠶書》二卷。

《晁氏讀書記》曰：孫光憲，蜀人。王衍既降，光憲避地荆南，嘗從楊玭元證遊，多聞唐世賢哲言行，因纂輯《北夢瑣言》二十卷，且附以五代十國事，取《傳》“田于江南之夢”，自以爲高氏從事，在荆南之北，故命篇云。

寇　準

寇準，字平仲，華州下邽人。少英邁，通《春秋》三傳。年十九，舉進士，授大理評事，知歸州巴東縣。其治一以恩信。每期會賦役，未嘗出符移，惟具鄉里姓名揭縣門，而里姓争赴之，無稽違者。召試學士院，直史館。真宗景德元年，參知政事，定澶淵之議，爲王欽若所嫉。三年，出知鄴州。初，張詠在成都聞準入相，謂僚屬曰：“寇公奇才，惜學術不足耳。”及準知鄴，詠自成都還，準嚴供帳，大爲具以待。詠將别，準送之郊，曰：“何以教準？”詠徐曰：“《霍光傳》不可不讀也。”寇準莫諭其意，歸取傳讀之，至“不學無術”，笑曰：“此張公謂我矣。”

天禧三年，再入相，丁謂又嫉之，出知相州，徙安州，貶道州司馬。準既至，晨具朝服如常時，對賓客言笑自若，初無廓廟之貴者，自罷相三黜，皆非帝意。歲餘，帝問左右曰：“吾目中何久不見寇準？”群臣畏謂威，莫敢對。及帝崩，再貶雷州司户參軍。中使賫勑至道州，衆皆惶恐，不知所爲。準方與郡官宴飲，神色自若，使人謂之曰：“朝廷若賜準死，願見勑書。”中使不得已，乃授勑。準拜于庭，升階復宴，至暮乃罷。準行，因閲圖經，見州東南至海岸十里，歎曰：“吾平時有詩云：‘到海只十里，過山應萬重。’人生得喪，豈偶然邪？”未幾，卒。歸葬西京，道出荆州公安縣，人皆設祭于路，折竹植地，掛紙錢焚之。踰月，枯竹盡生筍，衆因爲立廟，號竹林寇公祠。

《東都事略》曰：寇準爲巴東令，巴東有秋風亭，準析韋應物一言爲二句云：“野水無人渡，孤舟盡日横。”識者知其必大用也。

《言行録》曰：寇忠愍公準知巴東縣，手植雙柏于縣庭，民以比甘棠，謂之萊公柏。

聖楷按：《澠水燕談》云：後巴東大火，柏與公祠俱焚。明年，蒲湯鄭贛來爲令，惜公手植，乃種凌霄花于枯柏之下，使附榦而上，以慰邦人之思。

歐陽修

歐陽修，字永叔，廬陵人。四歲而孤，母鄭守節自誓，親誨之學。家貧，至以荻畫地學書。幼敏悟過人，讀書輒成誦。及冠，嶷然有聲。宋興且百年，而文章體裁猶仍五季餘習，鏤刻駢偶，淟涊弗振。士因陋守舊，論卑氣弱。蘇舜元、舜欽，柳開，穆修輩咸有意作而張之，而力不足。修游隨，得唐韓愈遺藁於廢書簏中，讀而心慕焉。苦志探賾，至忘寢食。必欲并轡絶馳，而追與之並。

舉進士，試南宫第一，擢甲科，調西京推官。始從尹洙游，爲古文議論當世事，迭相師友；與梅堯臣遊，爲歌詩相倡和，遂以文章名蓋天下。入朝爲館閲校勘。范仲淹以言事貶，在庭多論救，司諫高若訥獨以爲當黜。修貽書責之，謂其不復知人閒有羞恥事。若訥上其書，坐貶夷陵令。後累仕至太子少師，致仕。卒。

宋張芸叟曰：初游京師，見歐陽文忠公，多談吏事，疑之，且曰："學者之見先生，莫不以道德文章爲欲聞者。今先生多教人吏事，所未喻也。"公曰："不然。吾子皆時才，異日臨事，當自知之。大抵文學止于潤身，政事可以及物。吾昔貶官夷陵，方壯年，未厭學，欲求漢史一觀，公私無有也。無以遣日，因取架閣陳年公案反復觀之，見其枉屈乖錯，不可勝數，以無爲有，以枉爲直，違法狥情，滅親害義，無所不有。且以夷陵荒遠褊小尚如此，天下固可知矣。當時仰天誓心，自爾遇事，不敢忽也。"

聖楷曰：《東軒野[①]録》載："歐陽文忠公年十七，隨州取解，以落官韻不收。天聖以後文章，多尚四六，是時隨州試'左氏

① 野：下文所引係宋魏泰撰《東軒筆録》，無作"野録"者，當據改作"筆"。後同。

失之誣論’，文忠論之，條列左氏之誣甚悉，内有‘石言于晉，神降于莘，外蛇鬭而内蛇傷，新鬼大而故鬼小’，雖被黜落，而奇傑之句大傳于時。今集中無此論，頃見連庠誦之耳。”按公《行狀》亦不載試隨州事，僅見《野録》，可補未備。

王禹偁

王禹偁，字元之，濟州鉅野人。累官至翰林學士，移知揚州。真宗即位，召還，復知制誥。咸平初，預修《太祖實録》，直書其事。時宰相張齊賢、李沆不恊意，禹偁議論輕重其閒，出知黄州。嘗作《三黜賦》以見志，其卒章云：“屈于身而不屈于道兮，雖百謫而何虧。”

三年，濮州盜夜入城，略知州王守信、監軍王昭度。禹偁聞而奏疏，略曰：“伏以體國經野，王者保邦之制也。《易》曰‘王公設險，以守其國’，自五季亂離，各據城壘，豆分瓜剖七十餘年。太祖、太宗削平僭僞，天下一家。當時議者乃令江淮諸郡毁城隍，收兵甲，徹武備者，二十餘年。書生領州，大郡給二十人，小郡減五人，以充常從。號曰長吏，實同旅人；名爲郡城，蕩若平地。雖則尊京師而抑郡縣，爲强幹弱枝之術，亦匪得其中道也。臣比在滁州，值發兵挽漕，關城無人守禦，止以白直代主開閉，城池頹圮，鎧仗不完。及徙維揚，稱爲重鎮，乃與滁州無異。嘗出鎧甲三十副與巡警使臣，彀弩張弓，十損四五。蓋不敢擅有修治，上下因循，遂至于此。今黄州城雉器甲，復不及滁、揚。萬一水旱爲災，盜賊竊發，雖思禦備，何以枝梧？蓋太祖削諸候跋扈之勢，太宗杜僭僞覬望之心，不得不爾。其如設法救世，久則弊生。救弊之道，在乎從宜，疾若轉規，固不可膠柱而鼓瑟也。今江淮諸州大患有三：城池墮圮，一也；兵仗不完，二也；軍不服習，三也。濮賊之興，慢防可見。望陛下特紓宸斷，許江淮諸郡酌民户衆寡、城池大小，並置守捉軍士，多不過五百人，閲習弓劍，然後漸集城壁，繕完甲胄，則郡國有禦侮之備，長吏免剽略之虞矣。”疏奏，上嘉納之。

四年，州境二虎鬭，其一死，食之殆半，群鷄夜鳴，經月不止，冬雷暴作。禹偁手疏引《洪範傳》陳戒，且自劾。上遣内侍乘驛勞問，醮禳之。詢日官，云“守土者當其咎”。上惜禹偁才，是日命徙蘄州。禹偁上表謝，有“宣室鬼神之問，不望生還；茂陵封禪之書，止其身後”之語，上異之。果至郡未踰月而卒，年四十八。

《書韓魏公黄州詩後》曰：黄州山水清遠，土風厚善。其民寡求而不争，其士静而文，朴而不陋。雖閭巷小民，知尊愛賢者，曰：“吾州雖遠小，然王元之、韓魏公嘗辱居焉。”以誇於四方之人。元之自黄遷蘄州，没于蘄，然世之稱元之者，必曰黄州，而黄人亦曰吾元之也。魏公去黄四十餘年，而思之不忘，至以爲詩。夫賢人君子，天之所以遺斯民，天下之所共有，而黄人獨私以爲寵，豈其尊德樂道獨異於他邦也歟？抑二公與此州之人有宿昔之契，不可知也。元之爲郡守，有德於民，民懷之不忘也固宜，魏公以家艱，從其兄居耳，民何自知之？《詩》云：“有斐君子，如金如錫，如圭如璧。”金錫圭璧之所在，瓦石草木被其光澤矣，何必施於用。奉議郎孫賁公素，黄人也，而客於公，公知之深。蓋所謂教授書記者也。而軾亦公之門人，謫居於黄五年，治東坡，築雪堂，蓋將老焉，則亦黄人也。於是相與募公之詩而刻之石，以爲黄人無窮之思。而吾二人者，亦庶幾託此以不亡乎？元豐七年十月二十六日，汝州團練副使蘇軾記。

聖楷按：韓魏公在黄事無所考，故附見之。如二程、二宋，皆同此例。

蘇　軾

蘇軾，字子瞻，眉山人。初直史館。新法行，軾極論其不可，王安石滋怒，使御史謝景温論奏其過。窮治無所得，軾遂請外。通判杭州，徙知徐州，又徙湘州。上表以謝，又以事不便民者不敢言，以詩託諷，庶有補于國。御史李定、舒亶、何正言摭其表語、媟孽所爲詩，以爲訕謗，逮赴臺獄，欲寘之死。鍛鍊久之，不决。神宗獨憐之，以黄州團練副使安置。軾幅巾芒屩，與田父野老相從溪山閒，築室于東坡，自號東坡居士。

聖楷曰：東坡人品文章，人所共知，兹不復録。惟據《年譜》略删潤其居黄事，實使觀者有所考見焉。《年譜》云：先生以元豐二年十二月廿九日責授黄州團練副使，本州安置。先是，子由聞先生下獄，上書乞以見任官職贖先生，罪責筠州。三年庚申正月，先生赴黄，道出陳州，子由自南郡來陳，相見三日而别。至岐亭，訪故人陳慥季常，爲留五日，賦詩一首而去。乃以二月一日至黄州，寓居定惠院，有《初到黄州》詩。是年五月，子由復來齊安，先生曉至巴河，以詩迎之。乃與子由同遊武昌西山寒溪寺，定惠顒師爲先生竹下開嘯軒，作詩記其事。

又按：《東坡圖》云：先生寓居定惠未久，以是春遷居臨皋亭，乃舊日之回車院也，有《遷居臨皋亭》詩。又就臨皋亭立南堂，作詩五絶，其一云："掃地焚香閉閣眠，簟紋如水帳如煙。客來夢覺知何處，掛起西窗浪接天。"

又《答秦太虚書》：初到黄，廩入既絶，人口不少，私甚憂之。但痛自節儉，日用不得過百五十。每月朔便取四千五百錢，斷爲三十塊，掛屋梁上，平旦用畫叉挑取一塊，即藏去叉，仍以大竹筒别貯，用不盡者，以待賓客，此賈耘老法也。度囊中尚可支一歲有餘，至時别作經畫，水到渠成，不須預慮，以此胸中都無一事。所居對岸武昌山水佳絶，有蜀人王生在邑中，往往爲風濤所隔，不能即歸，則王生能爲殺鷄炊黍，至數日不厭。又有潘生者，作酒店樊口，棹小舟徑至店下，村酒亦自醇釅，柑橘椑柹極多，大芋長尺餘，不減蜀中。外縣米斗二十，有水路可致。羊肉如北方，猪牛麞鹿如土，魚蟹不論錢。岐亭監酒胡定之，載書萬卷隨行，喜借人看。黄州曹官數人，皆家善庖饌，喜作會。太虚視此數事，吾事豈不既濟矣乎？

又《上文潞公書》云："到黄州，無所用心，單思《易》《論語》，若有所得。"以此知先生到黄定居之後，即作《易傳》九卷、《論語》五卷，皆始于是歲矣。

四年辛酉，先生年四十六，在黄州，寓居臨皋亭。正月，往岐亭訪陳季常，泛舟而還，過古黄州，獲一鑑，周尺有二寸。是歲先生始有東坡。《東坡八首》敘云："余至黄二年，日以困匱。故人馬正卿哀予乏食，爲于郡中請故營地數十畝，使得躬耕其中。地既久荒，爲茨棘瓦礫之場，而歲又大旱，墾闢之勞，筋力殆盡。釋耒而歎，乃作是詩，自愍其勤，庶幾來歲之入，以忘其勞焉。"

五年壬戌，先生年四十七，在黄州，寓居臨皋亭。就東坡築雪堂，自號東坡居士。以《東坡圖》考之，自黄州門南至雪堂四百三十步。《雪堂問》云："蘇子得廢圃于東坡之脇，號其正曰雪堂。以大雪中爲之，因繪雪于四壁之閒，無容隙。"其名蓋起于此。先生自書"東坡雪堂"四字以榜之。雪堂之前則有細柳，有浚井，西有微泉。堂之下則有大冶長老桃花茶、巢元修菜、何氏叢橘，種秔稌，蒔棗、栗。有松期爲可斲，種麥以爲奇事。作陂塘，植黄桑，皆足以供先生之歲用，而爲雪堂之勝景云耳。是年三月，先生買田至蘄水，有《春夜行蘄水》，過酒家飲酒，乘月至一橋上，曲肱少休，作《西江月》詞。又，同龐安嘗游清泉寺，寺在蘄水郭門外二里許，有王逸少洗筆泉，水極甘，下臨蘭溪，溪水西流，作詞曰："山下蘭芽短浸溪，松閒沙路净無泥。蕭蕭暮雨子規啼。誰道人生無再少，君看流水尚能西。休將白髮唱黄鷄。"是日劇飲歸。七月，《游赤壁賦》云："十月既望，蘇子步自雪堂，將歸于臨皋。"由此觀之，自臨皋遷雪堂，尚在壬戌十月之後，而先生以甲子六月過汝，則居雪堂止得年餘。

六年癸亥，先生年四十八，在黄州。《記承天寺夜游》云：十月十二夜，解衣欲睡，月色入户，欣然起行。念無與樂者，遂至承天寺，尋張懷民，亦未寢。相與步于中庭，庭下如積水空明，水中藻荇交横，蓋竹柏影也。何夜無月？何處無竹？但少閑人如吾兩人耳。

七年甲子，先生年四十九，在黄州。二月，與徐得之、參寥子步自雪堂，至乾明寺。有《師中庵題名》，又有《記定惠寺海棠説》。四月，乃有量移汝州之命。按，先生長短句《滿庭芳》序云："四月一日，余將自黄移汝，留别雪堂鄰里二三君子。李仲覽來，書以遺之。"又按《東坡圖》云："郡人潘邠老及弟大觀俱以詩知名，多從先生游。先生去，以雪堂付之，邠老因以居焉。"四月六日，又作《安國寺記》，有《别黄州》詩，有《過江夜行武昌山上聞黄州鼓角》詩，黄州送先生者皆至于慈湖，陳季常獨至九江。

黄庭堅

黄庭堅，字魯直，洪州分寧人。治平中，兩首鄉薦，登進士第。元祐元年，除修《神宗實録》院檢討官、集賢校理。逾年，除祕書省著作佐郎。紹聖初，議者言《神宗實録》多誣失實，召至陳留問狀，三問，皆以實對。責授涪州别駕，黔州安置。徽宗即位，召爲吏部員外郎，辭疾不拜，上章乞郡，得知太平州。到官九日而罷。

寓居江夏，初自涪歸，道出江陵，作《承天院塔記》，其略云：“儒者嘗論一佛寺之費，蓋中民萬家之産，實生民穀帛之蠹。雖余亦謂之然。然自省事以來，觀天下財力屈竭之端，國家無大軍旅勤民丁賦之政，則蝗旱水溢，或疾疫連數十州，此蓋生人之共業，盈虚有數，非人力所能勝者。”文成，府帥馬瑊飯諸部使者，于塔下環觀先生書，碑尾但書作記者黄某，立石者馬某而已。時閩人陳舉自臺出漕，先生未嘗與交也。舉與李植、林虞相顧前請曰：“某等願託名不朽。”先生不答，舉繇此憾之。知先生與趙挺之有怨，挺之執政，遂以墨本上之，誣以幸災謗國。其文初無幸謗之意。遂除名，羈管宜州。

攜家南貶，泊于零陵，獨赴貶所。有甿某氏館之，太守望執政風，抵之罪；有浮屠某氏館之，又抵之罪；有逆旅某氏館之，又抵之罪。遂館于戍樓曰小南門者，蓋圖而欲饑寒之也。居三年，上雨旁風，人不堪其憂，先生終日讀書賦詩，舉酒浩歌。自言：“家本農桑，使不第進士，則田中廬舍如是，又何不堪其憂者乎？”聞者敬歎。

崇寧四年九月三十日，忽以疾不起，子弟無一人在側。初謫宜州，與零陵蔣湋相友善，士大夫畏禍，不敢往還，獨湋日陪杖履。疾革，湋往見之，大喜，握手曰：“身後事委君矣。”及卒，湋爲棺送歸，葬雙井祖塋之西。紹興間，贈龍圖閣學士，加太師，謚文節。

聖楷曰：山谷初謫黔，再謫宜，路皆出于江湘。今據《年譜》合《豫章集》，略附見之。按《年譜》，紹聖二年乙亥三月，先生赴貶所。四月二十三日到黔州。是時伯兄元明同行。先生《書萍鄉縣廳壁》云：“初，元明自陳留出尉氏、許昌，渡漢、沔，略江陵，上夔峽，過一百八盤，涉四十八渡，送予安置于摩圍山之下，淹留數月，不忍别。”

元符三年庚辰，先生在黔戎凡六載。是年五月，復宣義郎，監鄂州鹽税。會江漲不能下峽，至十二月始發戎州。

建中靖國元年辛巳四月，至荆南，除吏部員外郎。先生再具辭免，乞太平州差遣，遂留家荆州待命，以至歲暮。

崇寧元年壬午正月二十三日，先生發荆州。二十六日至巴陵。有手書《雨中登岳陽樓望君山》二詩，跋云：“至巴陵，數日陰雨，不可出。二月朔旦，獨上岳陽樓，太守楊器之、監郡黄彦并來，率同游君山。行二十里螺蚌中乃至，見住持僧，年八十，跛曳而出。登其絶頂，環望積水數百里，實壯觀也。有野馬二十餘群游平澤中，猿猴輩出上下松楠閒，景氣甚野。”二月初六日，至通城。李彤云：“先生自巴陵取道通城，入黄龍山，爲清禪師徧閱《南昌集》。”即此時。六月初九日，領太平州事，九日而罷。有《武昌松風閣》《君子泉》《寓黄州觀音院鐘樓》諸詩，皆經途所作也。

崇寧二年癸未，先生留鄂州，記夢中詩云：“正月己丑，夢東坡先生于寒溪、西山之閒，予誦寄元明觴字韻詩數篇。東坡笑曰：‘公詩更進于曩時。’因和予一篇，語意清奇。予聲節賞歎，東坡亦自喜，于九曲嶺道中連誦數過得之。”十一月末，宜州謫命下。十二月十九日，夜中發鄂渚，曉泊漢陽。親舊攜酒追送。二十一日，過洞庭青草湖，過土山寨，有《晚泊長沙示秦處度范元實諸子》詩。

崇寧三年甲申，先生自潭州趨貶所。正月晦日過衡山。三月己卯，泊浯溪。十四日，到永州。四月發全州。是夏至宜州。《元明留别》詩云：“桄榔筍白映玉箸，椰子酒清宜具觴。市井衣裘半夷夏，陰晴朝暮變炎凉。莫推月色共千里，不寄江南書一行。無賴笳聲上雲漢，曉來偏繞九回腸。”

陳　慥

陳慥，字季常，蜀人。避地黄岡，號龍邱子。博學能詩，與蘇軾相倡和。軾爲作《方山子傳》。

《方山子傳》曰：方山子，光、黄閒隱人也。少時慕朱家、郭解爲人，閭里之俠皆宗之。稍壯，折節讀書，欲以此馳騁當世，然終不遇。晚乃遯于光、黄閒，曰岐亭，庵居蔬食，不與世相聞。棄車馬，毁冠服，徒步往來山中，人莫識也。見其所著帽方聳而高，曰："此豈古方山冠之遺像乎？"因謂之方山子。余謫居于黄，過岐亭，適見焉，曰："嗚呼，此吾故人陳慥季常也。何爲而在此？"方山子亦瞿然問余所以至此者，余告之故。俯而不答，仰而笑，呼余宿其家。環堵蕭然，而妻子奴婢皆有自得之意。余既聳然異之。獨念方山子少時使酒好劍，用財如糞土。前十有九年，余在岐山見方山子，從兩騎，挾二矢，游西山。鵲起于前，使騎逐而射之，不獲。方山子怒馬獨出，一發得之。因與余馬上論用兵及古今成敗，自謂一世豪士。今幾時耳，精悍之色猶見于眉閒，而豈山中之人哉？然方山子世有勳閥，當得官，使從事于其閒，今已顯聞。其家在洛陽，園宅壯麗，與公侯等；河北有田，歲得帛千匹，亦足以富樂。皆棄不取，獨來窮山中，此豈無得而然哉？余聞光、黄閒多異人，往往陽狂垢汙，不可得而見，方山子儻見之與？

《苕溪漁隱》曰：東坡云龍邱子自洛之蜀，載二侍女，戎裝駿馬，至溪山佳處，輒留數日，見者以爲異人。後十年，築室黄崗之北，静[1]庵居士。作《臨江仙》贈之云："細馬遠馱雙侍女，青巾玉帶紅靴。溪山好處便爲家。誰知巴峽路，卻見落城花。回旋落英飛玉蕊，人閒春日初斜。十年不見紫雲車。龍丘新洞府，鉛鼎養丹砂。"龍丘子即陳季常也。秦太虚寄之以詩，亦云："侍童雙擢玉，鬟髮光可炤。駿馬錦障泥，相隨窮海嶠。暮年更折節，學佛得心要。鬻馬放阿樊，幅巾對沉燎。"故東坡作詩戲之，有"忽聞河東獅子吼，拄杖落手心茫然"之句。觀此，則季常載侍女以遠遊，及暮年甘于枯寂，蓋有所制而然。亦可憫笑也哉。

① 據胡仔《苕溪漁隱叢話》卷三九"静"字前底本脱"號"字。

范純仁

范純仁，字堯夫。仕至尚書右僕射。哲宗既召章惇爲相，純仁堅請去。遂以觀文殿大學士加右正議大夫知潁昌府，又徙陳州。初，哲宗嘗言貶謫之人，殆似永廢，純仁前賀曰："陛下念及此，堯舜用心也。"既而吕大防等竄嶺表，會明堂肆赦，章惇先期言："此數十人，當終身勿徙。"純仁聞而憂憤，欲齊戒上疏申理之。所親勸以勿爲觸怒，萬一遠斥，非高年所宜。純仁曰："事至於此，無一人敢言。若上心遂回，所繫大矣。不然，死亦何憾。"乃疏曰："大防等年老疾病，不習水土，炎荒非久處之地。又憂虞不測，何以自存？臣曾與大防等共事，多被排斥，陛下之所親見。臣之激切，止是仰報聖德。向來章惇、吕惠卿雖爲貶謫，不出里居。臣向曾有言，深蒙陛下開納。陛下以一蔡確之故，嘗軫聖念。今趙彦若已死貶所，將不止一蔡確矣。願陛下斷自淵衷，將大防等引赦原放。"疏奏，忤惇意，詆爲同罪，落職，知隨州。

明年，又貶武安軍節度副使，永州安置。時疾失明，聞命怡然就道。或謂近名，純仁曰："七十之年，兩目俱喪，萬里之行，豈其欲哉？但區區之愛君，有懷不盡。若避好名之嫌，則無爲善之路矣。"每戒子弟毋得小有不平。聞諸子怨章惇，純仁必怒止之。江行赴貶所，舟覆，扶純仁出，不[①]盡濕。顧諸子曰："此豈章惇爲之哉？"既至永，韓維責均州，其子訴維執政日與司馬光不合，得免行。純仁之子欲以純仁與光議役法不同爲請。純仁曰："吾用君實薦，以至宰相。昔同朝論事，不合則可，汝輩以爲今日之言則不可也。有愧心而生者，不若無愧心而死。"其子乃止。

居三年，徽宗即位，即日授純仁光禄卿，分司南京。又遣中使至永

① 不：據《宋史》卷三一四《范純仁傳》當作"衣"。

賜茶藥，諭曰："皇帝在藩邸，太皇太后在宫中，知公先朝言事忠直。今虚相位以待，不知目疾何如？用何人醫之？"純仁頓首謝，因乞歸許養疾。尋卒。

聖楷曰：范純仁自謂"吾平生所學，得之忠恕二字"，今觀其謫永三年，一段苦衷，至今猶令泣下。昔人亦云：使熙寧用其言，則元祐無更改之患；元祐行其説，則紹聖無黨錮之禍。人故何可不忠恕也？

鄒　浩

鄒浩，字志完，常州晉陵人。第進士，哲宗親擢爲右正言。時章惇獨相用事，威虐震赫。浩所言，每觸惇忌，仍上章露劾，數其不忠慢上之罪。未報。而賢妃劉氏立，浩言："立后以配天子，安得不審？今爲天下擇母，而所立乃賢妃，一時公議莫不疑惑，誠以國家自有仁祖故事，不可不遵用之爾。蓋郭后與尚美人争寵，仁祖既廢后，并斥美人，所以示公也。及立后，則不選于妃嬪而卜于貴族，所以遠嫌，所以爲天下萬世法也。陛下之廢孟氏，與郭后無以異。果與賢妃争寵而致罪乎，抑其不然也？二者必居一于此矣。孟氏罪廢之初，天下孰不疑立賢妃爲后。及讀詔書，有'别選賢族'之語。又聞陛下臨朝嘅歎，以爲國家不幸。至于宗景立妾，怒而罪之。於是天下始釋然不疑。今竟立之，豈不上累聖德？臣觀白麻所言，不過稱其有子，及引永平、祥符事以爲證。臣請論其所以然：若曰有子可以爲后，則永平貴人未嘗有子也，所以立者，以德冠後宫故也。祥符德妃亦未嘗有子，所以立者，以鍾英甲族故也。又况貴人實馬援之女，德妃無廢后之嫌，迥與今日事體不同。頃年冬，妃從享景靈宫，是日雷變甚異。今宣制之後，霖雨飛雹，自奏告天地宗廟以來，陰淫不止。上天之意，豈不昭然？考之人事既如彼，求之天意又如此，望不以一時改命爲難，而以萬世公議爲可畏，追停册禮，如初詔行之。”

帝謂：“此亦祖宗故事，豈獨朕邪？”對曰：“祖宗大德可法者多矣，陛下不之取，而効其小疵，臣恐後世之責人無已者紛紛也。”帝變色，猶不怒，持其章躊躇四顧，凝然若有所思，付外。明日，章惇詆其狂妄，乃削官，羈管新州。徽宗立，亟召還，復爲右正言，遷左司諫，遷兵、吏二部侍郎。以寶文閣待制知江寧府，徙杭、越州。

初，浩還朝，帝首及諫立后事，獎歎再三，詢諫草安在。對曰：“焚之矣。”退告陳瓘。瓘曰：“禍其在此乎？異時奸人妄出一緘，則不可辯矣。”蔡京用事，素忌浩，乃使其黨爲僞疏，言劉后殺卓氏而奪其子。遂再責衡州別駕，尋竄昭州。五年始得歸。浩所與游田晝、王回、曾誕，皆良士也。

田晝，字承君，陽翟人。以任爲校書郎，調磁州録事參軍，知西河縣，有善政，民甚德之。議論慷慨，有前輩風。與鄒浩以氣節相激勵。元符中，浩爲諫官，晝監京城門，往見浩曰：“平生與君相許者何如？今君爲何官？”浩曰：“上遇群臣，未嘗假以辭色，獨于浩差若相喜。天下事固不勝言。意欲待深相信而後發，貴有益也。”晝然之。既而以病歸許。邸狀報立后，晝謂人日：“志完不言，可以絶交矣。”浩得罪，晝迎諸塗。浩出涕，晝正色責曰：“使志完隱默官京師，遇寒疾不汗，五日死矣，豈獨嶺海之外能死人哉？願君毋以此舉自滿。士所當爲者，未止此也。”浩茫然自失，歎謝曰：“君之贈我厚矣。”建中靖國初，入爲大宗正丞，曾布數羅致之，不爲屈。欲與提舉常平官，亦辭。請知淮陽軍，歲大疫，日挾醫問病者藥之，遇疾卒。淮陽人祀以爲土神云。

王回，字景深，仙遊人。第進士，調松滋令。荆、沔俗用人祭鬼，回捕治甚嚴，其風遂革。與鄒浩友善。皇后劉氏立，浩將論之，密告回，回曰：“事寧有大于此者乎？子雖有親，然移孝爲忠，亦太夫人素志也。”浩南遷，人莫敢顧，回斂交游錢，與治裝，往來經理，且慰安其母。邏者以聞，逮詣詔獄，衆爲之懼，回居之晏然。御史詰之，對曰："實嘗預議，不敢欺也。"因誦浩所上章幾二千言。獄上，除名停廢。即徒步出都門，行數十里。其子追及，問以家事，不答。徽宗立，召還舊官，權監御史，數日卒。

曾誕，公亮從孫也。孟后之廢，誕三與浩書，勸力請復后，浩不報。及浩以言南遷，誕著《玉山主人對客問》以譏之。識者或以比韓愈《諫臣論》。誕仕亦不顯。

道鄉臺考

聖楷曰：鄒志完，别號道鄉。南遷時，投宿岳麓寺，故今岳麓有道鄉臺。按《宋史·温益傳》云："紹聖中知潭州。鄒浩南遷，過潭，暮投宿村寺。益即遣州都監將數卒夜出城，逼使登舟，竟凌風絶江而去。"據此，是浩在岳麓而温亦不容，必驅迫之使去，非遭驅迫而後渡宿岳麓也。今《長沙志》《岳麓志》俱誤。

胡安國

胡安國，字康侯，建寧崇安人。徙居湖南之潭州。紹聖四年，登進士，哲宗親讀其策，稱善，親擢爲第三。初授太學博士，提舉湖南學士[①]。有詔舉遺逸，安國以永州布衣王繪、鄧璋應詔。二人老，不行，安國請命之官，以勸爲學者。零陵簿稱二人乃范純仁客，而流人鄒浩所請託也。蔡京素惡安國與己異，得簿言大喜，命湖南提刑置獄推治，又移湖北再鞠，卒無驗。安國竟除名。讀書于衡山紫蓋峰下，著《春秋傳》。後屢召，俱以疾辭。高宗時，除給事中兼侍讀。會朱勝非相，安國遂歸。後再起，進寶文閣直學士。卒，年六十五。謚曰文定。

安國自登第迄謝事四十年，在官實歷不及六載。朱震被召，問出處

① 士：據《宋史》卷四三五《儒林五》當作"事"。

之宜，安國曰："子發學《易》二十年，此事當素定矣。世間惟講學論政不可不切，至于行己去就，語默之幾，如人飲食，其饑飽寒温，必自斟酌，不可决諸人，亦非人所能决也。吾平生出處，皆内斷于心。浮世利名，如蠛蠓過前，何足道哉！"故渡江以來，儒者進退合義，以安國、尹焞爲稱首。安國所與遊者，游酢、謝良佐、楊時皆程門高弟。安國之使湖北也，時方爲府教授，良佐爲應城宰，安國質疑訪道，禮之甚恭。每來謁而去，必端笏正立，目送之。二子宏、寧，姪寅。

胡宏，字仁仲。幼事楊時、侯仲良，而卒傳其父之學。優游衡山下二十餘年，玩心神明，不舍晝夜。張栻師事之。宏初以蔭補右承務郎，不調。秦檜當國，貽書其兄寅，問二弟何不通書，意欲用之。寧作書，止敘契好而已。宏書辭甚厲，人問之，宏曰："政恐其召，故示之以不可召之端。"檜死，宏被召，竟以疾辭。卒于衡山。著書曰《知言》。張栻謂其言約義精，道學之樞要，制治之蓍龜也。

胡寧，字和仲，以蔭仕至祠部郎官。安國之傳《春秋》，纂討盡出寧手。寧又著《春秋通旨》以羽翼之。

胡寅，字明仲。宣和中登進士第。靖康初，遷司門員外郎。金人陷京師，張邦昌僞立，寅棄官歸。建炎三年，擢起居郎。上疏言事，不報。尋命知永州。後累遷禮部侍郎，兼侍直學士。時秦檜當國，乞致仕，遂歸衡州。所著有《讀史管見》《論語詳説》。

聖楷曰：胡文定公墓在湘潭縣隱山，實衡嶽之奥區也。李宗伯撰《湘潭志》，考之甚詳。今承天當陽縣亦有文定之墓，此不知何所據，乃得立祠表道，歲時享奠，而湘潭之封樹竟付之泠煙零露，未嘗有過而問焉。緬想遺風，可勝永歎。真文忠守潭州日，有祭文定、致堂、茆堂、五峰四公墓文，宜其墓皆在郡境，而餘不見于紀載。今姑録其文，以俟考。

《故武夷先生文定胡公之墓》云：自熙寧以還，新學孔熾。《春秋》一王之法闇而弗章，公聞道伊洛，慨然以尊君討賊自任，著爲訓傳，大義炳然，使洙泗之道復明，而荆舒之禍以熄。其有功世教，可謂盛矣。某自少讀公書，考觀行事，高山景行，仰慕何窮。九原不作，竊用興歎。兹叨上命，來鎮三湘。惟公生于武夷而老于衡嶽，既鄉閭之先哲，又道德之宗師，有墳其邱，實在寓里，屬拘印韍，謁拜無從。爰遣祠官，敬陳菲薦。乃禁止其樵牧，且訪問其後人。興起士風，庶其在是。英靈未泯，尚鑒其心。

祭致堂諸公文，亦有"顧瞻邱塋，適在郡境"之語，文不録。

張　浚

張浚，字德遠，綿州人。建炎四年，受命江上視師。五年，除尚書右僕射、同平章事、都督諸路軍馬。時巨寇楊么據洞庭，屢攻不克。浚以建康爲東南都會，洞庭據上流，恐滋蔓爲害，請因盛夏率師討之。至醴陵，釋邑囚數百，俾詔諭諸砦，因驩呼而往潭。賊衆二十餘萬，相繼來降，湖寇盡平。

紹興七年丁巳，爲秦檜所憾，罷都督府，以秘書少監安置永州。十五年乙丑，浚因星變，欲力論時事，以其母許氏年高，言之必被禍，恐不能堪。許氏見其形瘠，問之。浚具言所以，許氏誦其父咸紹聖初制策曰："臣寧言而死于斧鉞，不忍不言而負陛下。"浚意遂决，即上疏極論當今事勢，如養大疽于頭目心腹之閒，不决不止。時秦檜謂已太平，諱言兵事，見之大怒，令中丞何若劾之，遂貶連州。

二十年庚午，復徙于永州。檜必欲殺浚，以其死黨張柄知潭州，與郡丞汪召錫共伺察之。二十五年乙亥，檜死，召復其官。時浚有母喪，將歸葬，會星變，詔求直言。浚念天下事爲和議所移，邊備蕩弛，自以大臣義同休戚，不敢以居喪爲嫌，乃上言："金人數年閒勢必南侵，而吾方溺于宴安，莫爲之備。沈該、万俟卨居相位，尤不厭天下望。"万俟卨、湯思退大怒，復安置永州。

三十一年辛巳，陳浚卿上疏，極言浚忠藎。帝悟，乃復召判建康。

浚至岳陽，買舟冒風雪而行。時金兵充斥長江，無一舟敢行北岸者。浚遇東來者，云敵兵方焚采石，煙焰漲天，慎毋輕進。浚曰："吾赴君父之急，惟知前求乘輿所在而已。"乃乘小舟輕進。十二月，帝如建康，浚迎拜道左。衛士見浚，無不以手加額。浚起廢復用，風采隱然，軍民皆倚以爲重。

孝宗隆興二年，又罷都督府，判福州。浚行次餘干得疾，手書付二子栻、杓曰："吾嘗相國，不能恢復中原，雪祖宗之恥，即死，不當葬我先人墓左，葬我衡山足矣。"數日卒。贈太師，追封魏公。

蔡元定

蔡元定，字季通，建陽人。生而穎悟，八歲能詩，日記數千言。父發博覽群書，號牧堂老人，以程氏《語録》、邵氏《經世》、張氏《正蒙》授元定曰："此孔孟正脈也。"元定深涵其義。既長，辨析益精。登西山絶嶺，忍饑啖薺讀書。聞朱熹名，往師之。熹扣其學，大驚曰："此吾老友也，不當在弟子列。"遂與對榻講論諸經奥義，每至夜分。四方來學者，熹必俾先從元定質正焉。太常少卿尤袤、秘書少監楊萬里聯疏薦于朝，召之，堅以疾辭。築室西山，將爲終焉之計。

時韓侂胄擅政，設僞學之禁，以空善類。臺諫承風，專肆排擊，然猶未敢誦言攻朱熹。至沈繼祖、劉三傑爲言官，始連疏詆熹，併及元定。元定簡學者劉礪曰："化性起僞，烏得無罪？"未幾，果謫道州。州縣捕元定甚急，元定聞命，不辭家即就道，熹與從游者數百人餞別蕭寺中，坐客興歎，有泣下者。熹微視元定，不異平時，因喟然曰："朋友相愛之情、季通不挫之志，可謂兩得矣。"元定賦詩曰："執手笑相別，無爲兒女悲。"衆謂宜緩行，元定曰："獲罪于天，天可逃乎？"杖屨同其子沉行三千里，脚爲流血，無幾微見言面。

至春陵，遠近來學者日衆，州士子莫不趨席下以聽講説。有名士挾才簡傲，非笑前修者，亦心服謁拜，執弟子禮甚恭。人爲之語曰：“初不敬，今納命。”愛元定者謂宜謝生徒，元定曰：“彼以學來，何忍拒之？若有禍患，亦非閉門塞竇所能避也。”貽書訓諸子曰：“獨行不愧影，獨寢不愧衾。勿以吾得罪故遂懈。”一日，謂沉曰：“可謝客。吾欲安静，以還造化舊物。”閲三日，卒。侂胄既誅，贈迪功郎，賜謚文節。學者稱之曰西山先生。

子淵、沉，皆躬耕不仕。淵有《周易訓解》。沉字仲默，少從朱熹游。熹晚欲著《書傳》，未及爲，遂以屬沉。始從元定謫道州，跋涉數千里，道楚、粤窮僻處，父子相對，嘗以理義自怡悦。元定没，徒步護喪以還。有遺之金而義不可受者，輒謝卻之，曰：“吾不忍累先人也。”年僅三十，屏去舉子業，一以聖賢爲師，隱居九峰。當世名卿物色，將薦用之，沉不屑就。

魏了翁

魏了翁，字華父，邛州蒲江人。寶慶元年，以集英殿修撰知常德府。越二日，諫議大夫朱端嘗遂劾了翁欺世盗名，朋邪謗國。詔降三官，靖州居住。初，了翁再入朝，彌遠欲引以自助，了翁正色不撓，未嘗私謁。故三年之間，循格序遷，未嘗處以要地。了翁謫靖，湖湘江浙之士，不遠千里，負書從學。乃著《九經要義》百卷，訂定精密，先儒所未有。紹定四年復職。

《了翁自記》略曰：了翁嘉、禧閒嘗仕王朝，會國有大事，議不合輔郡，去，築室于先廬之北，曰鶴山書院。聚書求友，朝肆暮習，將以質其所未信。聘命三至，辭不敢進。其後刺郡守藩，粗吏民事，先帝察之可用，即正歲大朝，馳驛而召之。居數年，又以罪戾徙湖北，之靖，幽囚頓縶，不通於中州。益得以静慮凝神，夙念曩愆。寓館之東曰純福坡，五老峰在其左，飛山屬其右，而侍郎山嶷立其前。岡巒錯峙，風氣融結。乃屏剔菑翳，爲室而居之。安土樂天，忘己之遷也。遂即故鄉之名，榜以“鶴山書院”云。

謝枋得

謝枋得，字君直，信州弋陽人也。爲人豪爽，每觀書，五行俱下，一覽終身不忘。性好直言，一與人論古今治亂國家事，必掀髯抵几，跳躍自奮。以忠義自任。徐霖稱其如驚鶴摩霄，不可籠縶。寶祐五年，彗星出東方，枋得考試建康，摘似道政事爲問目，言：“兵必至，國必亡。”漕使陸景思銜之，上其藁於似道，坐居鄉不法，起兵時冒破科降錢，且訕謗，追兩官，謫居興國軍。咸淳三年，赦放歸。德祐元年，以江東提刑、江西招諭使知信州。宋亡，遂居閩中。

至正二十五年，福建行省參政管如德將旨如江南求人材，尚書留夢炎以枋得薦。枋得遺書夢炎曰：“江南無人材。求一瑕吕飴甥、程嬰、杵臼厮養，卒不可得也。紂之亡也，以八百國之精兵，而不敢抗二子之正論。武王、太公凜凜無所容，急以興滅繼絶謝天下。殷之後，遂與周並立。使三監、淮夷不叛，武庚必不死，殷命必不黜。夫女真之待二帝亦慘矣，而我宋今年遣使祈請，明年遣使問安。王倫一市井無賴、狎邪小人，謂梓宫可還，太后可歸。終則二事皆符其言。今一王倫且無之，則江南無人材可見也。今吾年六十餘矣，所欠一死耳，豈復有他志哉！”至正二十六年四月，餓死于燕京。

聖楷曰：考《楚志》，興國州東有謝疊山祠，國朝嘉靖中，知州吴希賢始建，春秋祀之。豈前此未有專祀邪？按疊山謫居興國三年，不爲不久。今搜覽其遺跡，抑又何寥寥也？嗚呼，精忠勁節，文山搊于前，疊山繼于後。質其所行，如出一轍。死之遲速，復何問哉？天蓋生此二人，以扶中國之士氣，而不知者以爲趙宋之孤臣也。噫，難言哉！

楚寶卷第三十六考異

新化鄧顯鶴湘皋述

遷　寓

王禹偁

臣比在滁州，值發兵挽漕，關城無人守。

顯鶴案：《東軒筆録》曰：王禹偁在太宗末年，以事備守滁州，到任謝表，略曰："諸縣豐登，苦無公事。一家飽煖，全荷君恩。"禹偁在滁州有遺愛，州人畫像於堂以祀。慶曆中，歐陽修責守滁州，觀禹偁畫像，作詩曰："偶然來繼前賢迹，信矣皆知昔日言。諸縣豐登少公事，一家飽煖荷君恩。想公風采猶如在，顧我文章不足論。名姓已光青史上，壁間容貌任塵昬。"皆用其表中語也。

四年，州境二虎闘，其一死，食之殆半，群鷄夜鳴，經月不止，冬雷暴作。禹偁手疏引《洪範傳》作戒。

案：《東軒筆録》：真宗聖性好學，尤愛文士。即位之初，王禹偁爲制誥，坐事責守黄州，謝上表有"宣室鬼神之問，豈望生還；茂陵封禪之書，惟期身後"之語，真宗覽表，驚其詞之悲，方欲内徒[①]，會黄州境有二虎闘而食其一，占者以爲咎在守土之臣，遽有旨移守蘄州以避其變。勅下而禹偁死矣。

---

① 徒：據《東軒筆録》卷一當作"徙"。

楚寶卷第三十六增輯

新化鄧顯鶴湘皋述

遷　寓

趙汝愚

趙汝愚，餘干人。宋寧宗初，官左丞，爲韓侂胄所忌，責寧遠軍節度副使，永州安置。汝愚怡然就道，謂諸子曰："觀侂胄之意，必欲殺我。我死，汝曹尚可免也。"至衡州，病作，爲守臣錢鍪所窘，暴薨。天下聞而冤之。

鄧得遇

鄧得遇，邛州人。徙居湘鄉。累官靖江知府。元兵至，得遇朝服南望拜辭，書幅紙云："宋室忠臣，鄧氏孝子。不忍偷生，寧甘溺死。彭咸故居，乃我潭府。三閭大夫，吾之儔侣。優哉游哉，吾得其所。"竟自沈於水。

虞　集

虞集，蜀人。父汲，娶楊文仲女。宋咸淳間，文仲守衡州，以汲從未有子，爲禱於南嶽。一日，文仲晨起出治事，視時尚蚤，衣冠俟於堂中，坐而假寐，夢一道士至前。牙兵啟曰："南嶽神來見。"肅之而寤。聞甥館兒啼聲，乃集生也，故以衡公爲小字。少時屢夢游南嶽，能言其勝。三歲，隨文仲任之漳州。嶺外兵亂，無書可讀，母楊氏口授六經，輒成誦。九歲，還寓長沙，就外傅，始得刻本，則已盡讀諸經，通其大義矣。

詹　同

詹同，字同文，初名書，婺源人。幼穎異，學士虞集見之，曰："才子也。"以其弟槃女妻之。至正中，舉茂才異等，除郴州學正。遇亂，家黄州，仕陳友諒，爲翰林學士承旨。明太祖下武昌，召爲國子博士，賜名同。時功臣子弟教習内府，諸博士治一經，不盡通貫。同學識淹博，講《易》《春秋》最善。應教爲文，才思泉湧，一時莫與並。遷考功郎中，直起居注。會議祫禘禮，同議當，遂用之。洪武元年，與侍御史文原吉、起居注魏觀等循行天下，訪求賢才。還，進翰林直學士，遷侍讀學士。

帝御下峻，御史中丞劉基曰："古者公卿有罪，盤水加劍，詣請室自裁，所以勵廉恥、存國體也。"同時侍側，遂取《戴記》及賈誼疏以進，復剴切言之。帝嘗與侍臣言："聲色之害甚於鴆毒，創業之君爲子孫所承式，尤不可不謹。"同因舉成湯不邇聲色，垂裕後昆以對。其因事納忠如此。

四年，進吏部尚書。六年，兼學士承旨。與學士樂韶定釋奠先師樂章，與宋濂等修《太祖日曆》一百卷。又仿唐《貞觀政要》，分四十類，爲《皇朝寶訓》五卷。是年賜敕致仕，語極褒美。未行，帝復命與濂議大祀分獻禮。久之，起承旨，卒。

同以文章結主知，應制占對，靡勿敏贍。帝嘗言："文章宜明白顯易，通道術，達時務，無取浮薄。"同所爲多稱旨，而操行尤耿介，故至老眷注不衰。

丁鶴年

丁鶴年，回回人。曾祖阿老丁與弟烏馬兒，皆巨商。元世祖征西域，軍乏饟，老丁杖策軍門，盡以貲獻。論功賜田宅京師，奉朝請。烏馬兒累官甘肅行省左丞。父職馬禄丁，以世廕爲武昌縣達魯花赤，有惠政。解官，留葬其地。

至正壬辰，武昌被兵，鶴年年十八，奉母走鎮江。母歿，鹽酪不入口者五年，避地四明。方國珍據浙東，最忌色目人。鶴年轉徙逃匿，爲童子師，或寄僧舍，賣漿自給。及海内大定，牒請還武昌，而生母已道阻前死，瘞東村廢宅中。鶴年慟哭行求，母告以夢，乃囓血沁骨，斂而葬焉。烏斯道爲作《丁孝子傳》。鶴年自以家世仕元，不忘故國，順帝北遁後，飲泣賦詩，情詞悽惻。晚學浮屠法，廬居父墓，以永樂中卒。鶴年好學洽聞，精詩律。楚昭、莊二王咸禮敬之。正統中，憲王刻其遺文行世。

湛若水

湛若水，增城人。弘治進士。歷官南京吏、禮、兵三部尚書。與王守仁同學而異趣。嘉靖甲辰，年已八十，因與武陵蔣信有約，遂自羅浮攜門人駱堯知等游衡山，築室於紫雲峰之麓，與衡士講學其中。久乃歸。又十年甲寅，若水年九十，復游衡，泊舟石鼓，題詩講堂壁閒。再登南嶽，栖遲凡數月。龐眉皓首，顏若童稚，人望若仙焉。

羅洪先

羅洪先，吉水人。嘉靖中，嘗微服訪黄門祝詠於衡陽，留數月，遂登南嶽，與僧楚石爲方外交。手植松數株，至今人呼念庵松。念庵，洪先自號也。楚石欲授以外丹，洪先謝曰：“吾道自足，寧須此邪？”久之乃歸。

李國相

李國相，富順人。應募隨都督劉綎平楊應龍，以功赴部聽敘。下三峽，舟覆，負母出巨浪中得免，人以爲孝感。功牒漂失，徙游湖南，以醫名家，遂寄籍衡陽。崇禎十五年鄉試，舉於衡。明年，流寇張獻忠陷衡，徧索薦紳，强以僞職，不赴者死。國相引刀剺兩臂，示不可用。僞吏方羈縻聽獻忠令，會獻忠入蜀得免。鼎革初，自南嶽轉徙山谷，歲更其處。晚築小室，栽桃數株，人稱之曰桃塢先生。

錢邦芑

錢邦芑，丹徒人。少爲諸生，詩文與艾南英、陳子龍齊名。由翰林立官都憲，播遷於黔。爲孫可望所縶，欲官之，不從，髡髮爲僧，號大錯。寄籍武陵，與門下士講《易》。後居衡山，卒於寶慶。所著書凡二十餘種，梓行於世。寶慶知府某歸其柩於衡山，葬集賢峰下。

陳　藎

陳藎，更名賡，魏縣人。崇禎中巡按雲南，甲申春率兵入衛，道過邵陽，悍將張璧先[①]奪其馬，劉承胤截其餉，遂養疾隆回鄉年餘。鐵騎營復掠其家，流竄武岡，憤恚以卒。

雷德復

雷德復，江西人。官給諫。明季避亂武岡洞口，後爲孫可望困辱，賦詩三章，冠帶自縊。有“微臣血化三年碧，濺向君前作佩魚”之句，州人涕泣傳誦之。子起龍，亦能詩，家於州。

方以知

方以知，字密之，桐城人。崇禎庚辰進士，官翰林。丙戌，大清兵下汀州，執唐王，以知與粵中舊臣瞿式耜等共立桂王。丁亥，王走桂林，以以知爲大學士，同式耜入閣辦事。以知不至，遣使慰勞。湖南何騰蛟趣其兵入衛，以知遂寓居武岡之洞口。未幾，至洪江，赴水死。或曰爲僧於廬山。

顯鶴案：楚介南服，荆、襄、漢、沔冠蓋輻湊，晉、宋以下，

① 璧先：據乾隆《武岡州志》卷五《流寓》作“先璧”。

代爲重鎮。四方賢俊，流寓滋多。若乃屈、宋風騷之鄉，沅、湘哀怨之地，遷客寓公，芳蹤接踵，楚歌郢曲，澤畔同吟。復有閒關抱主，溝壑不忘，血化杜鵑，辭存衣帶。舉之則皆外來之人，措之則昧闡幽之義。余增輯遷寓諸賢，凡二十六人，附存兩卷。始於建安，訖明代方密之止。案，密之著有《通雅》五十二卷、《物理小識》十二卷。晚逃於禪。《武岡志》傳其死洪江者，誤。

楚寶山水論次目録

山水不生於天地，而生於文士之筆。山水之性情位置，不生於文士之筆，而生於文士之心。今夫奇巒異瀑，或遠在鱗介，或近在户牖，衆人弗知好也，即好之，弗能名也。若使文士遇之，鴻辭鐫彩，雋氣摇嵐，而山水乃另開一生面也。天地之積溲何與焉？又若岑無一仞，競秀巫廬；波無一勺，瀾翻海碣。悲喜化爲霽陰，升降化爲煙樹。此皆文士之心之所結，彼山水又何知？

楚固山川形勝地也。衡嶽命鎮，沿湘千里。洞庭江漢，汪洋無涘。九疑荒莫，武當玄峙。其他大山巨壑，孕育雨雲，以千百計。巖泉溪洞，星羅電詭，仙子迷而不出，古帝望而知止。向使靈均不放江潭，李白不流夜郎，元結不守營道，宗元不謫泉陵。而青青，而泚泚，其終渾沌乎？非此之謂也。

嘗坐祝融之雲矣，寶露壇青，岣嶁字赤，非不足快也。乃一誦太白詩曰“衡山蒼蒼入紫冥，下看南極老人星”，輒骨蜕而凌虚。嘗泛君山之月矣，秦皇焰冷，湘靈瑟怨，非不足感也。乃一誦《九歌》之三章曰“嫋嫋兮秋風，洞庭波兮木葉下”，輒魂消而欲悟。由此觀之，大湖以南，一水一石，得遇次山、子厚諸人，正復不易。且岸谷之氣候屢遷，爾我之興會各别，與其執山中已往之迹，恨翠色之無多。不若迎紙上相續之心，恍嵐光之乍吐。

予故取諸遊記之佳者存之，或記有不備，則閒補以詩。又以衡嶽領湖南、湖北諸山水，以玄嶽領荆南、荆西、武漢諸山水。使夫舟之輿之者，歷州若縣，如身入鏡中，雲路與飛鳥争明，一杖偕孤峰以往，斯亦具勝情者之最快矣。其散見於遺勝諸考者，兹不再出。述《山水》第二十二，凡三卷。

山水一

南嶽衡山　石鼓山　九疑山　陽華巖　寒亭　右溪　窊樽　七泉　五如石　石魚湖　浯溪　峿臺　㾇亭　東巖　朝陽巖　黄溪　愚溪　西山　鈷鉧潭　小丘　小石潭　袁家渴　石渠　石澗　小石城山

山水二

澹巖　宅仙洞　兜率巖　秀巖　耒水　湘水　嶽麓山　資水　桃源　二酉山　沅水　澧水　洞庭湖　湞湖　岳陽樓　玄石山

山水三

太嶽武當　習家池　漢水　三峽　三遊洞　青谿　玉女泉　仲宣樓　黄鶴樓　南樓　鸚鵡洲　大别山　郎官湖　秋興亭　東坡　竹樓　抔樽　抔湖　退谷　異泉

增輯

定王臺　碧泉　合江亭　北湖　文仙山　温泉　雙清亭[1]　漢上琴臺

① “温泉”“雙清亭”，底本原脱，據正文補。

楚寶卷第三十七

明湘潭周聖楷伯孔輯纂

山　　水

南嶽衡山

衡山，在衡州府衡山縣境，縣故以山得名也。距縣三十里。

晉桓玄《遊衡山詩序》曰：歲次降婁，夾鐘之初，理檝將遊于衡嶺。涉湘千里，林阜相屬，清川窮澄映之流，涯涘無纖埃之穢。修途逾邁，未見其極；窮日所經，莫非奇趣。姑洗之旬，始暨于衡嶽。於是假足輕輿，宵言載馳。軒塗三百，山徑徹通。或垂柯跨谷，挾巘交蔭；或曲溪如塞，已絶復開；或[①]乘長嶺，邈眺遠曠；或憩輿素石，暎濯水湄。所以欣然奔悦，求路忘疲者，觸事而至也。仰瞻翠標，邈爾天際；身凌太清，獨交霞景。周覽既畢，頓策嵓阿。管絃並奏，清徵再響。思古永逝，神氣未言。

宋張栻《南嶽倡和詩序》：栻來往湖湘踰二紀，夢寐衡嶽之勝，亦嘗寄跡其間，獨未登絶頂爲歉也。乾道丁亥，新安朱熹元晦來訪予于湘水之上，迺始偕爲此游，而三山林用中擇之亦與焉。越十有一月庚午，自潭渡湘水。甲戌，過石灘。始望嶽頂，忽大雪紛集，須臾深尺許。予三人者飯道傍草舍，人酌一巨盃。上馬行三十

① 據《初學記》卷五引《遊衡山詩序》，“或”字後脱“步”字。

里餘，投宿草衣巖。一時山川林壑之觀，已覺勝絶。乙亥，抵後嶽。丙子，小憩，甚雨，暮未已，從者皆有倦色，予獨與元晦決策，明當冒風雪極登。而夜半雨止，明星爛然。

比曉，日升暘谷矣。三人聯騎渡興樂江。宿霧盡捲，諸峰玉立，心目頓快。遂飯田心，易竹輿，由馬跡橋登山。始皆荒嶺彌望，已乃入大林壑，溪流觸石曲折，有聲琅琅。日暮抵方廣，氣象深窈，八峰環立，所謂蓮花峰也。登閣四望，雪月皎皎。寺皆板屋，問老僧，云："用瓦輒爲冰雪凍裂，自此如高臺、上封，皆然也。"戊寅，明發，穿小徑，入高臺寺。萬竹森然，閒爲風雪所折，清爽可愛。住山僧了信有詩聲，云夜月明窗牖閒，有猿嘯清甚。出寺，即行古木寒藤中。陰巖積雪，厚數尺，望石嶺如素錦屏。日下照林閒，冰墮鏘然有聲。雪陰聚起，飛霰交集，頃之乃止。

出西嶺，過天柱，下福巖，望南臺，歷馬祖庵，由寺背以登，路亦不甚狹，遇險輒有磴可步。踰數十里，過大明寺，有飛雪數點自東來，望見上封寺，復縈紆數里許，乃至。山高草木堅瘦，門外寒松皆拳曲擁腫，樛枝下垂，冰雪凝綴，如蒼龍白鳳然。寺宇悉以板障，否則雲氣嘘吸其閒，時不辨人物。有穹林閣，侍郎胡公題牓二丈①，始息肩。望祝融絶頂，褰裳徑往，頂上有石，可坐數十人。時煙靄未盡澄徹，然群峰錯立，遠近異態，其外四望渺然，不知所極，如大瀛海環之，真奇觀也。湘水環帶山下，五折乃北去。寺僧指蒼莽中云："洞庭在焉。"晚居閣上，觀晴霞横帶千里。夜宿方丈，月照雪屋，寒光射人。泉聲隔窗，冷然通夕，恍不知此身踞千峰之上也。

己卯，游仙人橋。路並石，側足以入，前崖挺出，下臨萬仞之壑，凜凜不敢久駐。再上絶頂，風勁甚，望見遠岫，次第呈露，比

① 二丈：張栻《南軒集》卷一五《南嶽唱酬序》無此二字。

昨觀殊快。寒威薄人，呼酒舉數酌，猶不勝，擁氈坐，乃可支。須臾雲氣出巖，復騰湧如饙餾，過南嶺，爲風所飄，空蒙杳靄，頃刻不復見。是夜，風大作。庚辰，未曉，雪擊窗有聲，驚覺。將下山，寺僧亦謂石磴冰結，即不可步。遂亟由前嶺以下，路已滑甚，有跌者。下視白雲滃渤彌漫，吞吐林谷，真有盪胸之勢。欲訪李鄴侯書堂，則林深路絶，不可往矣。

行三十里許，抵嶽市，宿勝業寺勁節堂。蓋自甲戌至庚辰，凡七日，經行上下數百里，景物之美不可殫敘。間已發于吟詠，更迭唱酬，雖一時之作，不能盡工，然亦可以見耳目所歷。興寄所託，異日或有考焉。

聖楷曰：古今遊南嶽記，獨晉桓玄、宋張栻二序頗多異致。近日纂修《南嶽志》與《名山記》者，俱未採入，豈未之見耶？桓序尤佳，惜其人不稱，故次之張作之後。其餘若《水經注》《湘中記》，置語雖不多，皆非後人所及。

顯鶴按：周氏此書，于“山川門”自云“取諸遊記之佳者存之。或記有不備，則間補以詩”，是已。然苦眉目混淆，朝代倒置，失全書之例，今略爲改訂各條，以山水州縣爲綱，而以古人遊記詩文爲目。徵引一仍原書之舊，間有進退，必爲註明。其增訂補輯各條，仍附每卷末，不敢自亂其例云。

石鼓山

石鼓山，在衡州府城東北瞻嶽門外一里，蒸、湘合流其下。

宋范成大《遊石鼓山記》云：十四日，泊衡州，謁石鼓書院，實州學也。始，諸郡未命教時，天下有書院四：徂徠，金山，嶽麓，石鼓。石鼓，山名也。州北行，岡隴將盡，忽山石一峰起，如大石磯，没江中。蒸水自邵陽來，繞其左；瀟、湘自零陵來，繞其右，而皆會于合江亭之前，併爲一水以東去。石鼓雄踞要會，大略如春秋霸主，令諸侯勤王。蒸、湘如兄弟國，奔命來會，稟命載書，乃同軌以朝宗。蓋其形勝如此。合江亭，見韓文公詩，今名緑净閣，亦取文公詩中“緑净不可唾”之句。退之貶潮陽時，蓋自此横絶取路以入廣東，故衡陽之南，皆無詩焉。西廓外石磴緣山，謂之西溪，有窪尊及唐李吉甫、齊映諸人題刻。書院之前有諸葛武侯新廟，家兄至先爲常平使者時所建。十五日，捨舟遵陸，登回雁峰，郡南一小山也。世傳陽鳥不過衡山，至此而回，然聞桂林尚有鴈聲。又謂此峰預南嶽七十二峰之數，然相去已遠矣。

九疑山

九疑山，在寧遠縣南六十里，亦曰蒼梧山，舜陵在焉。

唐元結《記》云：九疑山方二千餘里，四州各近一隅，世稱九峰相似，望而疑之，謂之九疑。亦云舜望九峰，疑禹而悲，從臣有九悲之歌，因謂之疑。九峰殊極高大，遠望皆可見也。彼如嵩、華之峻峙，衡、岱之方廣。在九峰之下，磊磊然如布碁石者，可以數百。中峰之下，水無魚鼈，林無鳥獸，時聞聲如蟬黽之類，聽之亦無。往往見大谷長川，平田深淵，杉松百圍，榕栝並之，青莎白沙，洞穴丹崖，寒泉飛流，異竹雜華，迴映之處，似藏人家。實有九水出于山中，四水南流，灌于南海；五水北注，合爲洞庭。若度其高卑，比洞庭南海之岸，直上可二三百里，不知海内之山如九疑者則幾焉。或曰：“若然者，兹山何不列于五嶽？”對曰：“五帝之前封疆尚隘，衡山作嶽，已出荒服。今九疑之南，萬里臣妾，國門東望，不見涯際，西行幾萬里，未盡邊陲。當令以九疑爲南嶽，以崑崙爲西嶽，衡、華之輩，聽逸者占爲山居，封君表作苑囿耳。但苦當世議者拘限常情，率引古制，不能有所改創也，如何。故圖畫九峰，略載山谷，傳于好事，以旌異之。如山中之往跡，峰洞之名稱，爲人所傳説者，並隨方題記，庶幾觀者易知。時永泰丙午年也。

《山海經》曰：南方蒼梧之丘、蒼梧之川，其中有九疑山焉，舜之所葬，在長沙零陵界。

《水經注》曰：九疑山，盤碁蒼梧之野，峰秀數郡之閒，羅巖九舉，各導一谿。岫壑負岨，異嶺同勢。遊者疑焉，故曰九疑山。大舜窆其陽，商均葬其陰。山南有舜廟，自廟仰山極高，直上可百餘里。古老相傳，言未有登其峰者。

聖楷按：九疑山在永州寧遠縣南六十里。九峰各負一水，一曰朱明瀟水源，二曰石城泡水源，三曰石樓巢水源，四曰娥皇沲水源，五曰舜源，亦曰華蓋最高瀑水源，六曰女英硹水源，七曰簫韶瀞水源，八曰桂林洑水源，九曰杞林洄水源。大抵山峰半以舜葬得名。《史記》云：舜崩蒼梧之野，葬于江南九疑，是謂零陵。即零陵亦以舜得名也。元次山謂“四州各近一隅”，即今桂林、梧州、永州、道州也。桂林，唐名桂州。

陽華巖

陽華巖，在江華縣東南六里。

元結《銘》序云：道州江華縣東南六七里，有回山，南面峻秀，下有大巖。巖當陽端，故以陽華命之。吾遊處山林幾三十年，所見泉石如陽華殊異而可家者，未也，故作銘稱之。縣大夫瞿令問藝兼篆籀，俾依石經刻之巖下。銘曰：

九疑萬峰，不如陽華。陽華崭岏，其下可家。洞開爲巖，巖當陽端。巖高氣清，洞深泉寒。陽華旋回，嶺顛如闢。溝塍松竹，輝映水石。尤宜逸民，亦宜退士。吾欲投節，窮老于此。懼人譏我，以官矯時。名跡彰顯，醜如此爲。於戲陽華，將去思來。前步卻望，踟躕徘徊。

寒　亭

寒亭，在江華縣南煖谷之側。

元結遊記[①]云：永泰丙午中，巡屬縣至江華縣。大夫瞿令問咨曰："縣南水石相映，望之可愛。相傳不可登臨，俾求之，得洞穴而入，棧險以通之，始得構茅亭于石上。及亭成也，所以階檻憑空，下臨長江；軒楹雲端，上齊絶顛。若旦暮景氣，煙靄異色，蒼蒼石墉，含映水木。欲名斯亭，狀類不得，敢請名之，表示來世。"於是于亭上爲商之曰："今大暑登之，疑天將寒。炎蒸之地，而清涼可安，不合命之曰寒亭歟？"乃爲寒亭作記，刻之亭背。

聖楷按：次山在舂陵有菊圃，在武昌有殊亭，有廣宴亭，皆爲作記，皆有超然澹遠之致。如陶淵明詩，不煩繩削而自合者，此繇胸中無俗累耳。細讀柳子厚諸記便知。

右　溪

右溪，在道州營川門外。

元結銘序[②]云：道州城西百餘步，有小水南流數十步，合營溪。水抵兩岸，悉皆怪石，欹嵌盤屈，不可名狀。清流觸石，洄懸激注。佳木異竹，垂陰相蔭。此溪若在山野，則宜逸民退士之所

① 下文爲元結《寒亭記》文。

② 下文爲元結《右溪記》文。

遊；處在人閒，可爲都邑之勝境，静者之林亭。而置州已來，無人賞愛。徘徊溪上，爲之悵然。乃疏鑿蕪穢，俾爲亭宇；植松與桂，兼之香草，以裨形勝焉。溪在州右，遂命之曰右溪。刻銘石上，彰示來者。

窊尊①

窊尊，在道州城東。

元結《銘》序云：道州城東有左湖，湖東二十步，有小石山。山顛有窊石，可以爲樽。乃爲亭樽上，刻銘爲志。銘曰：

片石何狀，如獸之踆。其背巘窊，可以爲樽。空而臨之，長岑深壑。廣亭之内，如見山岳。滿而臨之，曲浦回淵。長漂之下，江湖在焉。彼成全器，誰爲之力？天地開鑿，日月拉拭，寒暑豩磨，風雨潤色。此器太樸，尤宜直純。勒銘亭下，以告後人。

七泉

七泉，在道州東北，一㵸泉，一淲泉，一涍泉，一汸泉，一淔泉，一漫泉，一東泉。皆元次山題泉，各有銘。

元結《七泉銘》序云：道州東郭有泉七穴，或吐于淵竇，或鱉于嵌臼，皆澄流清漪，旋沿相奏。又有叢石欹缺，爲之島嶼，殊怪相異，不可名狀。此邦豈世無好事者耶，而令自古荒之？乃修其水木，爲休暇之處。每至泉上，便思老焉。於戲，凡人心若清惠而必忠孝，守方直，終不惑也。故命五泉曰：㵸、淲、涍、汸、淔。欲

① 尊：當爲“樽”。

來者飲漱其流，而有所感發者矣。留一泉，命曰漫泉，蓋欲自旌漫浪，不厭歡醉者也。一泉出山東，故命之曰東泉，引來垂流，更復殊異。各刻銘以記之。

於戲漶泉，清不可濁。惠及于物，何時竭涸。將引官吏，盥而飲之。清惠不已，泉乎吾規。

古之君子，方以全道。吾命汸泉，方以終老。欲令圓者，飲吾汸泉。知圓非君子，能學方惡圓。

曲而爲王，直蒙戮辱。寧戮不王，直而不曲。我訟斯曲，以命直泉。將戒來世，無忘直焉。

不爲人臣，老死山谷。臣于人者，不就污辱。我命浊泉，勸人事君。來漱泉流，願爲忠臣。

沄沄涍泉，流清源深。堪勸人子，奉親之心。時世相薄，而日忘聖教。欲將斯泉，俾助純孝。

誰愛漫泉，自成小湖。能浮酒舫，不没石魚。漫也叟稱，名泉何意？旌叟于此，漫歡漫醉。

泉在山東，以東爲名。愛其懸流，溶溶在庭。作銘者何？吾意未盡。將告來世，無忘畎引。

五如石

五如石，在道州東北，即窊樽之址也。

元結《銘》序云：涍泉之陽，得怪石焉。左右前後，及登石顛，均有如是。故命之曰五如石。石皆有竇，竇中湧泉，泉詭異于七泉，故命爲七勝泉。石有雙目，一目命爲洞井，井與泉通。一目命爲洞樽，樽可貯酒。石尾有穴，且如礲者，又如瀧者。泉可渟澄，匝石而流，入于礲中，出而爲瀧。於戲，彼能異如此，安可不稱顯之？銘曰：

五如之石，何以爲名？請悉狀之，誰爲我聽。左如旋龍，低首回顧。右如驚鴻，張翅未去。前如飲虎，飲而蹲焉。後如怒黿，出洞登山。若坐於顛，石則如[1]。乘彼靈槎，在漢之閒。洞井如鑿，淵然泉湧。澄瀾涵石，波起如動。不旌尤異，焉用爲文？刻銘石上，於千萬春。

石魚湖

石魚湖，在道州東北。

元結銘序[2]云：漶泉南，上有獨石在水中，狀如遊魚，魚凹處修之可以貯酒。水涯四匝多欹石相連，石上堪人坐。水能浮小舫載酒，又能繞石魚洄流，乃命湖曰石魚湖。鐫銘于石上，顯示來者。又作詩以歌之。

又《湖上醉歌》序云：漫叟以公田米釀酒，因休暇則載酒于湖上，時取一醉。歡醉中，據湖岸引臂向魚取酒，使舫載之，徧飲坐者。意疑倚巴丘酌于君山之上，諸子環洞庭而坐酒舫，泛泛然觸波濤而往來者。乃作歌以長之：石魚湖，似洞庭。夏水欲滿君山青。山爲樽，酒爲沼，酒徒歷歷坐洲島。長風連日作大浪，不能廢人運酒舫。我持長瓢坐巴丘，酌飲四坐以散愁。

聖楷按：元結又有《夜宴石魚湖》詩云："醉人疑舫影，呼指遞相驚。何故有雙魚，隨吾酒舫行。醉昏能誕語，勸醉能忘情。坐無拘忌人，勿恨醉與醒。"皆妙理快事，曲盡飲中之趣。

① 據《全唐文》卷三八二《五如石銘》，"如"字後脱"般"字。
② 下文爲元結《石魚湖上作》詩序。

浯　溪

浯溪，在祁陽縣南五里。

元結《銘》序云：浯溪在湘水之南，北匯于湘。愛其勝異，遂家溪畔。溪世無名稱者，余自愛之，故命曰浯溪。銘曰：

湘水一曲，淵洄旁山。山開石門，溪流潺潺。山開如何，巉巉雙石。臨淵斷巖，隔溪絶壁。山既殊怪，石又尤異。吾欲求退，將老兹地。溪古地荒，蕪歿已久。命曰浯溪，旌吾獨有。人誰遊之，銘在溪口。

㢈　亭

㢈亭，在浯溪東岸石岡上。

元結《銘》序云：浯溪之口有異石焉，高六十餘丈，周回四十餘步，面在江口，東望峿臺，北臨大淵，南枕浯溪。㢈亭當乎石上，異木夾户，疎竹旁簷。瀛洲言無，由此可信。若在亭上，目所厭者，遠山青川；耳所厭者，木聲松吹。霜朝厭者零日，方暑厭者清風。於戲，厭不厭也，厭猶愛也。命曰㢈亭，旌獨有也。銘曰：

功名之位，貴得茅土。林野之客，所耽水石。年將五十，始有㢈亭。愜心自適，與世忘情。亭旁石上，篆刻此銘。

峿　臺

峿臺，在㢈亭東石崖高畔。

元結《銘》序云：浯溪東北二十餘丈，得怪石焉，周行三百餘步，從未申至丑寅，巉壁陡絶。前有磴道，高八九十尺；下有洄潭，其勢硇磳。半山水底，蒼然泛泛，若在波上。石顛勝異之處，悉爲亭堂。小峰嵌竇其閒，松竹掩映軒户，畢皆幽奇。於戲，古人蓄憤悶與病于時俗者，力不能築高臺以瞻眺，則必山顛海畔，伸頸歌吟，以自暢達。今取兹石，將爲峿臺，蓋非愁怨，乃所好也。銘曰：

湘淵清深，峿臺陗崚。登臨長望，無遠不盡。誰厭朝士，羈牽局促。借君此臺，以縱心目。陽巖礲琢，如瑾如珉。作銘刻之，彰示後人。

東　巖

東巖，在峿臺西南。

元結《銘》序云：峿臺西南，㩻巃高迴，在㾌亭爲東巖，下可行坐八九人。其爲形胜，與石門石屏，亦猶宫羽之相資也。銘曰：峿臺蒼蒼，西巖雲端。亭午巖下，清陰更寒。可容枕席，何事不安。

黄庭堅《浯溪題壁》曰：余與陶介石遶峿溪，尋元次山遺跡，如《中興頌》《峿臺銘》《石堂銘》，皆衆所共知也。與介石徘徊其下，實深千載尚友之心。最後于㾌亭東巖，披翦榛穢，得次山銘刻數百字，皆江華令瞿令問玉筯篆，筆畫深穩，優于《峿臺銘》也。故書與長老新公，俾刻之巖壁，以遺後人。

又《書磨崖碑後》云：春風吹船著浯溪，扶藜上讀中興碑。平生半世看墨本，摩挲石刻鬢成絲。明皇不作苞桑計，顛倒四海繇禄兒。九廟不守乘輿西，萬官已作烏擇棲。撫軍監國太子事，何乃趣取大物爲。事有至難天幸爾，上皇跼蹐還京師。内閒張后色可否，外閒李父頤指揮。南内淒凉幾苟活，高將軍去事尤危。臣結春陵二三策，臣甫再拜杜鵑詩。安知忠臣痛至骨，世上但賞瓊琚詞。同來野僧六七輩，亦有文士相追隨。斷崖蒼鮮對立久，凍雨爲洗前朝悲。

聖楷按：磨崖碑在浯溪石壁上，乃顔真卿書元結《大唐中興頌》也，故附見之。

朝陽巖

朝陽巖，在永州府城西。

元結《銘》序云：永泰丙午中，自春陵詣都使計，至零陵，愛其郭中有水石之異，泊舟尋之，得巖與洞。於虖巖洞，此邦之形勝也。自古荒之，亦無名稱。以其東嚮，遂以命之焉。前攝刺史獨孤愐爲吾翦闢榛莽，後攝刺史竇必爲吾創制茅閣，於是朝陽水石，始爲勝絶之名。已而刻銘巖下，將示來世。銘曰：於戲朝陽，怪異難狀。蒼蒼半山，如在水上。朝陽水石，可謂幽奇。巖下洞古，洞中泉垂。彼高巖絶，巖深洞寒。泉縱僻在幽遠，猶宜往焉。况郡城甘邑，巖洞相對。無人修賞，竟使蕪穢。刻銘巖下，問我何爲？欲零陵水石，世有人知。

唐茂功題名云：朝陽巖近在郊邑，無車馬之喧，而有泉石之勝。建火疆圉協洽六月有五日，唐茂功、宋景晉同爲避暑之遊。是日也，雨餘風快，煙盡霞鮮，爽氣盈衿，歊溽遁去，閒揮五絃，時寄一枰，神清骨寒，若與浮丘、赤松接于瀛州、方丈。欣勝踐之同適，嗤塵纓之自縛，飛觴舉白，頹然就醉。暮色四合，乘槎而歸。

黄　溪

黄溪，在零陵縣東七十里。

柳宗元《記》云：北之晉，西適豳，東極吴，南至楚、越之交，其閒名山水而州者以百數，永最善。環永之治百里，北至于浯溪，西至于湘之源，南至于瀧泉，東至于黄溪東屯，其閒名山水而村者以百數，黄溪最善。黄溪距州治七十里，由東屯南行六百步，至黄神祠。祠之上兩山牆立，丹碧之華葉駢植，與山升降。其缺者爲崖峭巖窟，水之中，皆小石平布。黄神之上，揭水八十步，至初潭，最奇麗，殆不可狀。其略若剖大甕，側立千尺，溪水積焉，黛蓄膏渟，來若白虹，沈沈無聲，有魚數尾，方來會石下。南去又行百步，至第二潭，石皆巍然臨峻流，若頦頷齗齶，其下大石雜列，可坐飲食。有鳥赤首烏翼，大如鵠，方東嚮立。自是又南數里，地皆一狀，樹益壯，石益瘦，水鳴皆鏘然。又南一里，至大冥之川，山舒水緩，有土田，始黄神爲人時，居其地。傳者曰：黄神王姓，莽之世也，莽既死，神更號黄氏逃來，擇其深峭者潛焉。始莽嘗曰："余黄虞之後也。"故號其女曰黄皇室主。黄與王聲相邇，而又有本，其所以傳言者益驗。神既居是，民咸安焉。以爲有道，死乃俎豆之，爲立祠，後稍徙近乎民。今祠在山陰溪水上。元和八年五月十六日既歸爲記，以啟後之好遊者。

零陵朱衮曰：柳子遊山，以黄溪爲盡天下之勝。夫溪勝信然矣，而辭獨缺于山。山，水之本也，苟山弗勝，能勝于溪乎？余嘗坐高山招提，望城東黄岡諸峰，如開罨畫，縹渺天際。東曦未白，白雲如衣，乍疏乍密，雲去日出，秀色粲爛，略如芙蓉盡開。或及初霽望之，其勢演迤東奔，復如江濤赴海之壯。蓋其勝弗能窮也，而略會于溪右。所謂三潭，奇麗之狀，宜固有之，而溪神之靈，將有以乎？夫溪以黄名，亦岡之爲黄岡也。溪岡皆曰黄，水石多黄也。溪能神者，勝使之然也。祭法云：能興雲雨，見怪物皆曰神。又曰：在其地則祭之，若溪之靈，旱而禱雨者，無弗得焉。其爲神也固以此。柳子曰：神，莽之後也。吁，王、黄異文矣，恐未然。

愚 溪

愚溪，在永州府城西，舊冉溪。

柳宗元《記》：灌水之陽有溪焉，東流入于瀟水。或曰冉氏嘗居也，故姓是溪，曰冉溪。或曰可以染也，名之以其能，故謂之染溪。予以愚觸辠，謫瀟水上，愛是溪，入二三里，得其尤絶者家焉。古有愚公谷，今予家是溪，而名莫能定，土之居者猶齗齗然，不可以不更也，故更之爲愚溪。愚溪之上，買小丘爲愚丘。自愚丘東北行六十步，得泉焉，又買居之，爲愚泉。愚泉凡六穴，皆出山下平地，蓋上出也。合流屈曲而南，爲愚溝。遂負土累石，塞其隘，爲愚池。愚池之東爲愚堂，其南爲愚亭，池之中爲愚島。嘉木異石錯置，皆山水之奇者。以予故，咸以愚辱焉。

夫水，知者樂也，今是溪獨見辱于愚，何哉？蓋其流甚下，不可以灌溉，又竣急多坻石，大舟不可入也。幽邃淺狹，蛟龍不屑，不能興雲雨，亡以利世，而適類于予。然則，雖辱而愚之可也。甯武子“邦無道則愚”，知而爲愚者也；顔子“終日不違如愚”，睿而爲愚者也。皆不得爲真愚。今予遭有道而違于理，悖于事，故凡爲愚者，莫我若也夫。然則天下莫能争是溪，予得專而名焉。溪雖莫利于世，而善鑒萬類，清瑩秀徹，鏘鳴金石，能使愚者喜笑眷慕，樂而不能去也。予雖不合于俗，亦頗以文墨自慰。漱滌萬物，牢籠百態，而無所避之。以愚辭歌愚溪，則茫然而不違，昏然而同歸。超鴻濛，混希夷，寂寥而莫我知也。於是作《八愚詩記》于溪石上。

宋王楙記曰：王建《逍遥溪亭》詩曰：“逍遥公在此徘徊，帝改谿名起石臺。車馬到春常借問，子孫因選暫歸來。稀疎野樹人多折，零落蕉花雨打開。無主青山何所直，賣供官税不如灰。”劉禹錫《傷愚溪》詩序曰：柳子厚殁三年，有僧來告曰：“愚溪無復曩時矣。”悲不自勝，遂爲七言以寄恨。曰：“草聖數行留壞壁，木奴千樹屬鄰家。惟見里門通德牓，殘陽寂寞出樵車。”予觀二詩，深有感焉。逍遥公隆盛之日，大官載酒，奉常抱樂，鑾輿翟禕增賁泉石，見誇于諸公者不一。韋公去此纔數世耳，向者逍遥之地，至于“賣供官税不如灰”。當子厚無恙之日，所遊愚溪皆一時名士，而子厚物故未久，乃至“殘陽寂寞出樵車”，是何墮廢一至于此？觀此二事，重使人惻然。前人基緒，後人鮮克保持，雖欲委曲爲計，有不可得。李衛公《平泉山居戒子孫》曰：“鬻平泉者，非吾子孫也。以平泉一樹一石與人者，非佳士也。”諄戒非不切至，然平泉怪石名品，幾爲洛陽大族有力者取去已。嗚呼，兹豈告戒所及哉！

聖楷按：溪當州城西黄葉渡上十步許，附入瀟水。泝流上幾千餘步爲鈷鉧潭，愚丘等七勝附麗潭旁。

鈷鉧潭

鈷鉧潭，在永州府城西三里許。

柳宗元《記》云：鈷鉧潭在西山西，其始蓋冉水自南奔注，抵山石，屈折東流，其顛委勢峻，盪擊益暴，齧其涯，故旁廣而中深，畢至石乃止。流沫成輪，然後徐行。其清而平者且十畝，有樹環焉，有泉懸焉。其上有居者，以予之亟遊也，旦款門來告曰：“不勝官租契券之委積，既芟山而更居，願以潭上田貨財以緩禍。”予樂而如其言。則崇其臺，延其檻，行其泉于高者，墜之潭，有聲潀然，尤與中秋觀月爲宜，于以見天之高，氣之迴。孰使予樂居夷而忘故土者，非兹潭也歟？

小丘

小丘，在鈷鉧潭西。

柳宗元《記》云：得西山後八日，尋山口西北道二百步，又得鈷鉧潭。西二十五步，當湍而浚者，爲漁梁。梁之上有丘焉，生竹樹，其石之突怒偃蹇，負土而出，争爲奇狀者，殆不可數。其嶔然相纍而下者，若牛馬之飲于溪；其衝然角列而上者，若熊羆之登于山。丘之小，不能一畝，可以籠而有之。問其主，曰：“唐氏之棄地，貨而不售。”問其價，曰：“止四百。”余憐而售之。李深源、元克己時同遊，皆大喜出自意外，即更取器用，鏟刈穢草，伐去惡木，烈火而焚之。嘉木立，美竹露，奇石顯。由其中以望，則山之高，雲之浮，溪之流，鳥獸之敖遊，舉熙熙然迴巧獻技，以效兹丘之下。枕席而卧，則清冷之狀與目謀，瀯瀯之聲與耳謀，悠然而虚者與神謀，淵然而静者與心謀。不匝旬而得異地者二，雖古好事之士，或未能至焉。噫，以兹丘之勝，致之灃、鎬、鄠、杜，則貴遊之士争買者，日增千金而愈不可得。今棄是州也，農夫漁父過而陋之，賈四百，連歲不能售。而我與深源、克己獨喜得之，是其果有遭乎？書于石，所以賀兹丘之遭也。

小石潭

小石潭，在小丘西百步許。

柳宗元《記》：從小丘西行百二十步，隔篁竹，聞水聲如鳴佩環，心樂之。伐木取道，下見小潭，水尤清洌，泉石以爲底。近岸卷石底以出，爲坻爲嶼，爲嵁爲巖，青樹翠蔓，蒙絡摇綴，參差披拂。潭中魚可百許頭，皆若空遊無所依。日光下徹，影布石上，怡然不動。俶爾遠逝，往來翕忽，似與遊者相樂。潭西南而望，斗折蛇行，明滅可見。其岸勢犬牙差互，不可知其源。坐潭上，四面竹樹環合，寂寥無人，淒神寒骨，悄愴幽邃。以其境過清，不可久居，乃記之而去。同遊者吴武陵、龔古，余弟宗玄。隸而從者，崔氏二小生，曰恕己，曰奉壹。

袁家渴

袁家渴，在朝陽巖東南水中，一山皆綴細石結成者，清流繞之，澄净如練。

柳宗元《記》：由冉溪西南水行十里，山水之可取者五，莫若鈷鉧潭；由溪口而西陸行，可取者八九，莫若西山；由朝陽巖東南水行至蕪江，可取者三，莫若袁家渴。皆永中幽麗之處也。楚、越之閒方言，謂水之反流者爲渴，音若“衣褐”之“褐”。渴上與南館高嶂合，下與百家瀨合。其中重洲小溪，澄潭淺渚，閒厕曲折，平者深黑，峻者沸白。舟行若窮，忽又無際。有小山出水中，山皆美石，上生青叢，冬夏常蔚然。其旁多巖洞，其下多白礫。其樹多楓柟石楠，楩櫧樟柚，草則蘭芷，又有異卉，類合歡而蔓生，轇轕水石。每風自四山而下，振動大木，掩苒衆草，紛紅駭緑，蓊葧香氣，衝濤旋瀨，退貯谿谷，摇颺葳蕤，與時推移，其大都如此。余無以窮其狀。永之人未嘗遊焉，余得之，不敢專也，出而傳于世。其地世主袁氏，故以名焉。

聖楷按：渴在州城南百家瀨上，石澗等勝皆附麗其旁岸，聚爲一勝。

石　渠

石渠，在袁家渴西南。

柳宗元《記》：自渴西南行不能百步，得石渠，民橋其上。有泉幽幽然，其鳴乍大乍細。渠之廣或咫尺，或倍尺，其長可十許步。其流抵大石，伏出其下。踰石而往，有石泓，昌蒲被之，青鮮環周。又折西行，旁陷巖石下，北墮小潭。潭幅員减百尺，清深多儵魚。又北曲行紆餘，睨若無窮，然卒入于渴。其側皆詭石怪木，奇卉美箭，可列坐而休焉。風摇其顛，韻動崖谷。視之既静，其聽始達。予從州牧得之，攬其翳朽，决疏土石，既崇而焚，既釃而盈。惜其未始有傳焉者，故累記其所屬，遺之其人，書之其陽，俾後好事者求之得以易。元和七年正月八日，蠲渠至大石。十月十九日，踰石得石泓小潭。渠之美，於是始窮也。

石　澗

石澗，在袁家渴之上。

柳宗元《記》：石渠之事既窮，上繇橋西北下土山之陰，民又橋焉。其水之大，倍石渠三之一，亘石爲底，達于兩涯。若牀若堂，若陳筵席，若限閫奥。水平布其上，流若織文，響若操琴。揭跣而往，折竹掃陳葉，排腐木，可羅胡牀十八九居之。交絡之流，觸激之音，皆在牀下；翠羽之木，龍鱗之石，均蔭其上。古之人其有樂乎此邪？後之來者，有能追余之踐履邪？得意之日，與石渠同。由渴而來者，先石渠，後石澗；由百家瀨上而來者，先石澗，後石渠。澗之可窮者，皆出石城村東南，其閒可樂者數焉。其上深山幽林逾峭險，道狹不可窮也。

又子厚《南磵中題》曰：秋氣集南澗，獨遊亭午時。迴風一蕭瑟，林影久參差。始至若有得，稍深遂忘疲。羈禽響幽谷，寒藻舞淪漪。去國魂已遠，懷人淚空垂。孤生易爲感，失路少所宜。索寞竟何事，徘徊祇自知。誰爲後來者，當與此心期。

聖楷按：柳集注云：磵與澗同，即記中所謂石澗也。此詩久爲東坡、辰翁諸公所賞，故并存之。

西　山

西山，在永州府城西，自朝陽巖起，至黄茅嶺而北，長亘數里，皆西山也。

柳宗元《始得西山宴遊記》云：自余爲僇人，居是州，恒惴慄其隟也，則施施而行，漫漫而遊，日與其徒上高山，入深林，窮迴溪，幽泉怪石，無遠不到。到則披草而坐，傾壺而醉。醉則更相枕以卧，卧而夢，意有所極，夢亦同趣。覺而起，起而歸，以爲凡是州之山水有異態者，皆我有也，而未始知西山之怪特。今年九月二十八日，因坐法華西亭，望西山，始指異之。遂命僕人過湘江，緣染溪，斫榛莽，焚茅茷，窮山之高而止。攀援而登，箕踞而遨，則凡數州之土壤，皆在衽席之下。其高下之勢，岈然窪然，若垤若穴，尺寸千里，攢蹙累積，莫得遯隱。縈青繚白，外與天際，四望如一，然後知是山之特出，不與培塿爲類。悠悠乎與灝氣俱，而莫得其涯；洋洋乎與造物者遊，而不知其所窮。引觴滿酌，頹然就醉，不知日之入。蒼然暮色，自遠而至，至無所見，而猶不欲歸。心凝形釋，與萬化冥合，然後知吾向之未始游，游於是乎始。故爲之文以志。是歲元和四年也。

聖楷按，山在城西，旁出冉溪之上，特爲一勝。

小石城山

小石城山，在永州府城西。

柳宗元《記》云：自西山道口徑北，踰黄茅嶺而下，有二道。其一西出，尋之無所得；其一少北而東，不過四十丈，上斷而川分，有積石横當其垠。其上爲睥睨梁欐之形，其旁出堡塢，有若門焉。窺之正黑，投以小石，洞然有水聲。其響之激越，良久乃已。環之可上，望甚遠。無土壤而生嘉樹美箭，益奇而堅，其疏數偃仰，類知者所施設也。噫，吾疑造物者之有無久矣，及是愈以爲誠有。又怪其不爲之于中州，而列是夷狄，更千百年不得一售其伎，是固勞而無用。神者儻不宜如是，則其果無乎？或曰：以慰夫賢而辱于此者。或曰：其氣之靈，不爲偉人而獨爲是物，故楚之南少人而多石。是二者，余未信之。

楚寶卷第三十七考異

新化鄧顯鶴湘皋述

山　水

九疑山

九疑山，在永州寧遠縣南六十里，九峰各負一水。一曰朱明瀟水源；二曰石城泡水源；三曰石樓巢水源；四曰娥皇沲水源；五曰舜源；亦曰華蓋瀑水源；六曰女英硹水源；七曰簫韶洊水源；八曰桂林伏水源；九曰杞梓泂水源。

顯鶴案：《元和郡縣志》：九疑山在延唐縣東南一百里，九山相似，行者疑惑，故名九疑山。有九峰：一曰朱明；二曰石城；三曰石樓，形如樓；四曰娥皇，下有舜池，池旁春日百鳥生卵，取之則迷路；五曰舜源，最高上多紫蘭；六曰女英，舜墓在此；七曰簫韶，峰下即象耕種處；八曰桂林，馬明生遇安期授金液神丹之處；九曰杞梓，周義山開石函得經，讀之得仙。有九水，七則歸流嶺北，二則翻注廣南。《方輿勝覽》：九疑亦名蒼梧，九峰各有水源。“沲水”作“池水”，“洊水”作“漭水”，“杞梓”作“梓林”，餘略同。

窊 尊

其背巔窊可以爲尊。長漂之下江湖在焉。

顯鶴按：《湖南金石志》“巔”作“類”，“漂”作“瓢”，“窊”亦作“窐”。考“窊”“窐”二字，並見《説文》。次山所銘，係江華令瞿令問篆字，其字作“窊”。趙德甫《金石録》目作“窐”。東坡《武昌西山》詩序云：鄧聖求刻元次山《窐尊銘》。又山谷詩“江南石上對窐尊”皆作“窐”。今衡州石鼓山西溪崖下烝山峰邊，亦有“窐尊”二字。

楚寶卷第三十七增輯

新化鄧顯鶴湘皋述

山　　水

定王臺

定王臺，在長沙縣東北。漢長沙定王發築臺於此，以望母唐姬墓。俗傳定王載米摶長安土，築臺以志思親之意。

宋朱子《定王臺》詩：寂寞番君後，光華帝子來。千年餘故國，萬事只空臺。日月東西見，湖山表裏開。從知爽鳩樂，莫作雍門哀。

張栻《用元晦定王臺韻》：珍重南山路，驅羸幾度來。未登喬嶽頂，空説妙高臺。曉霧層層斂，奇峰面面開。山間原自樂，澤畔不須哀。

李炎子《定王臺》詩：長安輦土築高臺，帝子規模亦壯哉。世事幾經羊胛熟，邊愁多趁鴈聲來。城頭煙樹旌旗合，柳外雲山水墨開。萬里乾坤歸老眼，不堪西望正風埃。

碧　　泉

碧泉，在湘潭縣西南七十里。宋胡安國築書堂於此。

胡安國《移居碧泉》詩：買山固是爲深幽，況有名泉例可求。短夢正須依白石，澹情好與結清流。庭栽疏竹客馴鶴，月滿前川寺補樓。十里鄉鄰漸相識，醉歌田舍即丹邱。

張栻《過碧泉煮茗》詩：下馬步深徑，洗琖酌寒泉。念不踐此境，於今復三年。人事苦多變，泉色故依然。緬懷德人遊，物物生春妍。當時疏闢功，妙意太古前。屐齒不可尋，題榜尚覺鮮。書堂何寂寂，草樹亦芊芊。于役有王事，未暇謀息肩。聊同二三子，煮茗蒼巖顛。願作他年約，扶犂山下田。

《過碧泉書堂》詩：入門認溪碧，循流識深源。念我昔來比，及今七寒暄。人事幾更變，寒花故猶存。堂堂武夷翁，道義世所尊。永袖霖雨手，琴書賁邱園。當時經行地，尚想笑語温。愛此亭下水，炯若玻璃盆。晴看浪花湧，静見潛鱗飜。朝昏遞日月，俯仰鑑乾坤。因之發深感，倚檻更忘言。

合江亭

合江亭，在衡陽石鼓山烝、湘二水合流處，唐刺史齊映建。

唐韓愈《合江亭》詩：紅亭枕湘江，蒸水會其左。瞰臨眇空闊，緑净不可唾。維昔經營初，邦君實王佐。翦林遷神祠，買地費家貨。梁棟宏可愛，結搆麗匪過。伊人去軒騰，兹宇遂頹挫。老郎來何暮，高唱久乃和。樹蘭盈九畹，栽竹逾萬箇。長綆汲滄浪，幽蹊下坎坷。波濤夜俯聽，雲樹朝對臥。初如遺宦情，終乃最郡課。人生誠無幾，事往悲豈奈。蕭條緜歲時，契闊繼庸懦。勝事誰復論，醜聲日已播。中丞黜凶邪，天子閔窮餓。君侯至之初，閭里自相賀。淹滯樂閑曠，勤苦勸慵惰。爲余拂塵階，命樂醉衆坐。窮秋感平分，新月憐半破。願書巖上石，勿使泥塵涴。

顯鶴案："邦君實王佐"，邦君謂齊映也。亭爲映所建，故云。考《唐書·齊映傳》：貞元二年同平章事，三年貶夔州刺史，轉衡州。七年，授御史中丞，改江西觀察使。公以永貞元年自陽山量移江陵，過此作。其時前刺史元澄無政，廉使中丞楊馮奏黜之，遂用鄒君。詩云"君侯至之初"，謂鄒君也。諸本作《題合江亭寄鄒君》。鄒君，逸其名。

柳宗元《石鼓合江館》詩：九疑濬傾莽，臨源委瀠迴。會合屬空曠，泓澂停風雷。高館軒霞表，危樓臨山隈。兹辰始澄霽，纖雲盡褰開。天秋日正中，水碧無塵埃。窅窅漁父吟，叫叫饑鴻哀。境勝豈不豫，慮分固難裁。升高欲自舒，彌使遠念來。歸流駛且廣，泛舟絶沿洄。

宋范成大《合江亭》詩并序：合江亭，即石鼓書院，今爲衡州學宫。一峰特立，踞兩水之會，湘水自右，烝水自左，俱至亭下，合爲一江而東。有感而嘆。韓文公所謂"绿净不可唾"者，即此處。今有绿净閣。

石鼓鬱嵯峨，截然距滄洲。有如古盟主，勤王會諸侯。烝湘伯叔國，稟命會葵邱。敢不承載書，戮力朝宗周。混爲同軌去，崩奔不敢留。宜哉百谷王，博大無與儔。氈毳昔亂華，車馬隔中州。未聞齊晉勳，苞茅費誅求。威文亦宏規，尚取童子羞。安知千載後，但泣新亭囚。我題石鼓詩，願言續《春秋》。

文天祥《合江樓》詩二首：天上名鶉尾，人間説虎頭。春風千萬岫，秋水兩三洲。客晚驚黄葉，官閑笑白鷗。雙江日東下，我欲賦扁舟。

西楚驚鴻晚，東淮落木秋。烝湘今石鼓，句宛古宣州。白日聊清賞，青山總舊遊。不知滄海水，何處接天流。

楚寶卷第三十八

明湘潭周聖楷伯孔輯纂

山　水

澹　巖

澹巖，在零陵縣南二十五里。

宋柳應辰《記》云：零陵多勝絶之境，澹山巖爲甲觀。東南二門而入，廣袤可容千人。竇穴嵌空，物象奇怪，有不可得而狀者。中貯御書，歲度僧一人。僧徒惟利居處之便，而不顧蔽映障遏之弊，連甍接楹，重基壘架，疣贅延蔓，殆將充滿。甚者糞穢積聚，煙爨燻蒸，道墜陰黑，非秉炬不能入。太守丁公僑處事剛嚴，始至，大不懌，悉撤群僧之舍，俾居巖外，惟書閣殿像得存，餘一椽一木無敢留者。他日，公率應辰、大理寺丞楊傑、河陽節度推官楊巨卿同至遊覽。層搆一空，衆狀在目。開築塞爲通豁，破昏暗爲光明，實人情之共快。若石田藥臼之處，皆情景所及。客有言物理顯晦，固亦繫乎時耳。竊思次山、子厚雅愛山水，在永最爲多年，獨于兹巖無一言及，是必當年晦塞，未爲人知。惟大中十四年，張顥有《石室記》略載其事。是歲，懿宗改元咸通，迨今二百一十七年矣。後之遊瀟湘者，以不到澹山巖爲恨。

黄山谷詩云：去城二十五里近，天與隔盡俗子塵。春蛙秋蠅不到耳，夏凉冬煖總宜人。巖中清磬僧定起，洞口緑樹千家春。惜哉次山世未顯，不得雄文鑱翠珉。

其二：淡山淡性人安在，徵君避秦亦不歸。石門竹徑幾時有，瓊臺瑶室至今疑。回中明潔坐十客，亦可呼樂醉舞衣。聞州城南果何似，永州澹巖天下稀。

宅仙洞

宅仙洞，即火星巖，在永州城西二里。

宋董居誼《記》云：零陵縣西二里爲群玉山，巨竹蕭森，古木樛曲，怪石萬狀，地勢清勝，一郡之奇觀也。予謫寓永，嘗杜門不出。適秋晚氣清，約領衛鍾子正偕館賓陳叔宜、丘積夫同訪宅仙洞。洞之下，舊有群玉山，漫莫省其處。山中道士云僻在山之陰崖，苔蘚中猶有字刻可辨，荒蔽爲甚，人跡罕到。予與同來二三客，徘徊四顧。怪石林立，峭拔透邃，入眼成畫。去東南十步許，有隙如扉，款通乎山之顛。而叢篁蔓棘，雜錯相拒，不可著足。俯僂攀援而升，山路四轉，巖竇畢露，争奇獻巧，應接不暇。出而舉手相賀，凡一山高下妙處，了然在吾人胸次矣。繼而約副將趙聲遠，循前日之所經歷，命斤誅穢，隨勢取蹊。後月餘，又得翻經臺之故基，盡取當時造化融結之功，貫而爲一。自是無入而不得。或謂此山距郡城甚邇，豈無前輩題品？而湮没經歲，若無聞焉，何也？予曰："天下事，久則廢，廢則興，如環無端，不可終詰者，不獨此山也。予今日幸而與之相遇，苟棄之而不顧，則此去興廢又未可量。宜立遊亭以昌厥後。"越旬日而成，因賦詩于其上，復此一段奇觀。然人之好惡不同，物之隱見有數，更數十年之後，又安能保其興廢何如哉？煙霞痼疾，不能自已，聊復記之[①]。

---

① 聊復記之：崇禎本作"不滿識者一笑"，隆慶《永州府志》所載與崇禎本同。

聖楷按：《零陵志》：宅仙洞一名火星巖，在群玉山下。宋盧臧《永州三巖記》所謂“火星嶄嶄，亂石怪聳于傍，曲縈斜通，後瞰山腹”是也。

兜率巖

兜率巖，在郴州興寧縣南三十里，名靈巖。

宋謝巖《遊記》云：曹成既陷安仁，郴、桂雲擾。予從嚴君命，徙家于資興。暇日接士人黄世工，始知寓舍不遠有兜率巖者，神工鬼迹，莫之與並。乃同三弟爲世外遊。江天久陰，阻于寒冽，日望霽雲，以定行李。信宿閒款延慶寺，因割松膏數百，爨爲炬火用。蓋聞巖中晝晦故也。是晚重霄開爽，氣候可人，遂戒僕史。暨雞聲欲窮，林色將瑩，各攜九節，啜粥而行。自市尾呼小舟，絶漾輕波，已遠平地。凡十五里至鐵坑，遥望巖穴，不隔尋丈。由山腳百步，抵僧德明所居，庵舍雖小，具含法界。背疊林莽，面列溪澗，幽禽巧囀，人聲复絶。迤逦登山，磴道盤折，雲根鳥徑，陟降之閒，勢若霄壤。初得一洞，容數十人，爲竅穴甚細。過是幾半里，巖扃恍然，天降地湧，驚異兹至。挺身入巖，已覺温鬱。衆議褫去層緜，衣袷然炬以進。地勢漸下，西行一食頃，回視金剛力士，形若錐刻。夾路祥雲作陣，不容履舄。薄而視之，咸乳石也。又西，得老君像一軀[①]，巖東屑累之上，有崒堵坡，直抵巖頂，望不可極。西邁，覩帳幄高百丈，如猛風所吹，[②]聚皺成疊。中一疊，叩之清鳴，非鼓可比。傍則玉池瑩徹，甘冷倍嘗。路盡，始出閒道尋之，數柱矗立，端正可愛，地廣石平，過于甃砌，云法筵四

① “軀”字底本原脱，據崇禎本補。

② “所”字底本原脱，據崇禎本補。

開，無有褊隘。

回而北趨，嶙峋細碎，若荔枝、楊柳[①]、菌蕈、餅餌諸狀，又如搭架衣服，飛簷冰雪。凡此類，物象千品，心目俱疑。自北而東，樓臺參錯，人鬼髣髴，帷中之菩薩，雲際之如來，金璧爛漫，龍蛇蜿蜒，瓔珞盆盂，百千萬億，奇花異木，所至森然。凡五易其處，從東際復欲東遊，同遊告以峭險，須露頂裸袒，乃可深入。時筋力已乏，乃益明燭幽之具，匍匐傴僂，至于扶攜出俟，日晷已轉午矣。[②]

聖楷按：資興，今郴州所屬興寧縣是也。其地有瑶岡石囷諸勝，熱水温泉諸異。僻在荒隅，顧遊屐鮮有至者。兜率巖，在縣西二十五里。

秀　　巖

秀巖，在臨武縣南十五里。

宋王淮遊記云：臨武縣南十有五里，有巖焉，在官道之右。石巖[③]嶄然峭拔，巖居其高之半，崖下左右兩穴，水出于左穴爲溪，廣十尋，經巖前流二百步有奇，復入于右穴。巖之高八九仞，廣亦

① 柳：崇禎本作“梅”，當據改。

② “矣”字下崇禎本尚有大段文字如下：大抵自巖口。以至深遠，群石縱横，曲折四維，上下皆鍾乳滴瀝凝結而成，不留纖隙。玲瓏穿虚，左右逢源，洞口輝映，人之迷人。或乘空下垂，或從地突起，飛走生植，屋宇雲霧器皿，世之所有，無一闕者。色多黄白，罕有青碧，比倣人工，加以奇麗。乳新體潤，則畫臺堆蠟；含光散射，則火出微鑽。珠幡舍利，種種莊嚴，與觀兜率綿界等，無有一巖。覽夫載籍，石之特出者，古今記録，往往過實。已見者竭于咨嗟，未見者發于夢想。彼一端之善尚爾，是巖兼善而有餘，宜如之九華，爲天地閒尤物，豈惟浪得名耶？説者顧未見資興之巖耳。予兄弟歸所懷袖，得小石之佳者，以千百計，置諸几席，以追配事怪石供之萬一云。

③ 巖：據嘉靖《衡州府志》及文意當作“崖”。

如之。其中若大厦然，中高而平，豁然明曠，可坐數百人。其奥則轉而右，遠邃而黑。燭之以入，宇卑而稍下，屬于湍流，揭水以往，不可窮也。巖之東北隅，攀援而上，漸高漸黑，已而大明，有穴通于天，其餘嵌空如便房側室者甚衆。巖之石温潤如璞，其形如鐘磬，如鳥之企，獸之蹲；其流石如芙蕖之倒垂，雲氣之屯聚。下屬于地者，如柱如几如格，奇怪變態，殆不可狀。夫黄山谷謂澹巖天下希，玆巖之奇怪，無以異也，而爽塏過之。至于大溪出于穴而復入于穴，非特澹巖無之，天下之所無也。澹巖在昔無聞，即元道州、柳司馬，皆弗知。自李西臺、周濂溪爲倅遊焉，而始知名。至山谷以詩形容之，乃傳播于天下。武溪雖僻陋，而通路于嶺南，韓昌黎、劉連州來往經其前而不一至，何耶？豈非勝境之彰顯自有時也？予爲宰，因觀農至此地，然予名微言輕，不足爲斯巖重。且名是巖者，出于鄙夫之俚語，不馴雅，觀者難言之。予家有米南宫所書“秀巖”二大字，乃摹而鑱諸石，以爲之名，庶藉名書得顯名云。

聖楷按：昌黎謫令陽山時，御史張署亦謫令臨武。韓北還，會宿于此。宋紹興閒，僉判范寅爲搆韓張亭，故記中云云。

耒　水

耒水，出郴州桂陽縣，西北流入湘。

酈道元《水經注》云：耒水出桂陽郴州東烏龍白騎山，西北流逕其縣北，西流三十里，中有十四瀨，各數百步，濬流奔急，竹節相次，亦爲行旅濟涉之艱難也。又北過其縣之西，縣有緑水，出縣東侯公山，西北流而南屈注于耒，謂之程鄉溪。郡置酒官，醞于山下，名曰程酒，獻同酃也。耒水又西，黄水注之。水出縣西黄岑山，山則騎田之嶠，五嶺之第二嶺也。黄水東北流，按盛弘之云：

衆山水出注于大溪，號曰横流溪。溪水甚小，冬夏不乾，俗亦謂之貪泉，飲者輒冒于財賄，同于廣州石門貪流矣。廉介爲三千石，則不飲之。昔吴隱之挹而不辭，貪豈謂能汙其真乎？蓋亦惡其名也。又側千秋水注之。水出西南萬歲山，山有石室，室中有鍾乳。山上悉生靈壽木，溪下即千秋水也。水側民居號萬歲村。其水下合黄水，黄水又東北逕其縣東，右合除泉水。水出縣南湘陂村。村有圓水，廣圓可二百步。一邊暖，一邊冷。冷處極清緑，淺則見石，深則見底，暖處水白且濁。玄素既殊，凉暖亦異，厥名除泉，其猶江乘之半湯泉也。黄水又北流注于耒水，謂之郴口。耒水又西逕華山之陰，亦曰華石山，孤峰特聳，枕帶雙流。東則黄溪、耒水之交會，兩岸連山，石泉懸溜。行者輙徘徊留念，情不極已。又西北逕蔡洲，洲西即蔡倫故宅，傍有蔡子池。倫，漢黄門郎。順帝之世，擣故魚網爲紙，用代簡素，自其始也。又北過酃縣東。縣有酃湖，湖中有洲，洲上民居，彼人資以給釀，酒甚醇美，謂之酃酒，歲嘗貢之。湖邊尚有酃縣故治。耒水西北至臨承縣而右注湘水，謂之耒口也。

聖楷按：耒水又西，黄水注之。至耒水又逕華石山之陰，皆郴江水。秦少遊所謂“郴江只是遶郴山，爲誰流下瀟湘去”也。“華石山”當作“話石山”。《湘中記》云：“嘗聞山間如人共語聲，故名。”

湘　水

湘水，出今廣西靈川、興安二縣境。《水經》：“出零陵始安縣陽海山。”始安，即今興安縣境，漢屬零陵郡。東北流經永州，會瀟水爲瀟湘。至衡州，會蒸水爲蒸湘。又北過長沙、湘陰、巴陵，卒與沅水合于洞庭，爲沅湘。《漢書·地里志》注：陽海山，湘水所出，北至酃入江，過郡二，行二千五百三十里。

《水經注》云：湘水出零陵始安縣陽海山，即陽朔山也。《湘中記》曰：湘水之出于陽朔，則觴爲之舟；至洞庭，日月若出入于其中也。又東北過泉陵縣西，與營水會。營水即瀟水，出營陽冷道縣南留山，西流逕九疑山下。湘水又東北過酃縣西，蒸水從東南來注之。又北逕衡山縣東。衡山東南二面，臨映湘川。自長沙至此，江湘七百里中有九背，故漁者歌曰："帆隨湘轉，望衡九面。"山上有飛泉，下映青林，直注山下，望之若幅練在山矣。湘水又東北逕湘南縣東，又歷湘西縣南，今俱屬湘潭。又東北過陰山縣西，今攸縣。洣水從東南來注之。又北過醴陵縣西，漉水從東注之。又北逕建寧縣西，今湘潭。縣北有空舲峽，驚浪雷奔，浚同三峽。又北逕昭山西，山下有旋泉，深不可測，故言昭潭無底也，亦謂湘州潭。湘水又北逕南津城西，西對橘洲，北會瓦官，水口湘浦也。又北過臨湘縣西，今長沙。瀏水從縣東北流注之。又北，溈水從西南來注之。又北逕銅官山。西臨湘水，山土紫色，内含雲母，亦謂之雲母山。又北過羅縣西，今湘陰縣。瀆水從東來流注之。又逕黄陵水口二妃廟南，世謂之黄陵廟也。大舜陟方，二妃從征，溺于湘江，神遊洞庭之淵，出入瀟湘之浦。瀟者，水清深也。《湘中記》曰：湘川清照五六丈，下見底石如樗蒲矣。五色鮮明，白沙如霜雪，赤岸若朝霞。湘水又北，汨水注之。水東出豫章艾縣桓山西，逕羅縣北，謂之羅水。汨水又西爲屈潭，即羅淵也，屈原懷沙自沈于此，故淵潭以屈爲名。屈潭之左有玉笥山，道士遺言，此福地也。湘水又北逕纍石山，東入于洞庭，至巴丘會于江。

張九齡《自湘水南行》曰："落日催行舫，逶迤洲渚間。雖云有物役，乘此更休閒。暝色生前浦，清暉發近山。中流澹容與，唯愛鳥飛還。"又《初入湘中有喜》："征安[①]窮郢路，歸棹入湘

① 安：據崇禎本及文意當作"鞍"。

流。望鳥惟貪疾，聞猿亦罷愁。兩邊楓作岸，數處橘爲洲。卻記從來意，翻疑夢裏遊。”

孟浩然《夜渡湘水》曰：客舟貪利涉，闇裏渡湘川。露氣聞芳杜，歌聲識采蓮。榜人投岸火，漁子宿潭煙。行旅時相問，涔陽何處邊。

李白《春滯沅湘有懷山中》曰：沅湘春色還，風暖煙草綠。古之傷心人，於此腸斷續。余非懷沙客，但美采菱曲。所願歸東山，寸心於此足。

杜甫《祠南夕望》曰：百丈牽江色，孤舟泛日斜。興來猶杖屨，目斷更雲沙。山鬼迷春竹，湘娥倚暮花。湖南清絶地，萬古一長嗟。

顯鶴按：湘、資各水，俱按方志稱。今州縣名，以古地名分註其下。其有仍舊文未改者，旁注“原文”二字以别之。至各條徵引古書詩文，謹依原書編次，有所增考，仍附各卷末，以歸畫一云。

嶽麓原文

嶽麓山在長沙西岸，蓋衡山之足，又名靈麓峰，爲七十二峰之一也。湘西古渡登岸，夾徑喬松泉澗盤繞，洞壑深幽。自晉迄唐，麓山、道林二寺踞山之勝。唐李邕碑詞所謂“幽谷左豁，崇山右峙。瞰郭萬家，帶江千里。玉水布飛，石林雲起。雷激庭際，月窺窗裏”，猶可追尋其遺咏矣。至宋咸平中，始以嶽麓書院稱于天下。其山椒有大禹治水碑，亦宋人模刻。

杜甫《嶽麓山道林二寺行》曰：玉泉之南麓山殊，道林林壑争盤紆。寺門高開洞庭野，殿腳插入赤沙湖。五月寒風冷佛骨，六時天樂朝香鑪。地靈步步雪山草，僧寶人人滄海珠。塔劫宫牆壯麗敵，香廚松道清涼俱。蓮花交響共命鳥，金牓雙回三足烏。方丈涉海費時節，懸圃尋河知有無。暮年且喜經行近，春日兼蒙暄暖扶。飄然斑白身奚適，旁此煙霞茅可誅。桃源人家易制度，橘州田土仍膏腴。潭府邑中甚淳古，太守庭内不諠呼。昔道衰時皆晦迹，今幸樂國養微軀。依止老宿亦未晚，富貴功名焉足困。久爲野客尋幽慣，細學何顒免興孤。一重一掩吾肺腑，山鳥山花吾友于。宋公放逐曾題壁，物色分留與老夫。

沈傳師《道林嶽麓二寺》詩曰：道林嶽麓仲與昆，卓犖請從先後論。松根踏雲二千步，始見大屋開三門。泉清或戲蛟龍窟，殿豁數盡高帆掀。即今異鳥聲不斷，聞道看花春更繁。從容一衲分若有，蕭瑟兩鬢吾能髡。逢迎侯伯轉覺貴，膜拜佛像心加尊。稍揖英皇頮濃淚，試與屈賈招清魂。荒唐大樹悉楠桂，細碎枯草多蘭蓀。沙彌去學五印字，静女來懸千尺幡。主人念我塵眠昏，半夜號令期至暾。遲迴雖得上白舫，羈紲不敢言緑樽。兩祠物色採拾盡，壁間杜甫原少恩。晚來光彩更騰射，筆峰正健如可吞。

禹碑攷

張世南《遊宦紀聞》曰：何賢良名致，字子一。嘉定壬申遊南嶽，至祝融峰下。按《嶽山圖》，禹碑在岣嶁山。詢樵者，謂採樵其上，見石壁有數十字。何意其必禹碑，俾之導前，過隱真屏，復渡一二小澗，攀蘿捫葛，至碑所，爲苔蘚封，剥讀之，得古篆五十餘字，俱難識，韓昌黎所謂“科斗，拳身薤葉披，鸞飄鳳泊拏蛟螭”，而其形模果爲奇特。字高闊約五寸許，取隨行市買曆，碎而模之，字每模二，雖墨濃淡不勾，體畫卻不甚蒙糊。歸旅舍，方湊成本。何過長沙，以一獻曹十連彦約，並柳子厚所作及書《般舟和尚第二碑》。以一揭座右，自爲寶玩。曹甚喜，牒衡山令搜訪。令報云：柳碑在上封寺，僧法圓申以去冬雪多凍裂。禹碑自昔人罕見之，反疑何取之他處以誑曹。何遂刻之嶽麓書院後巨石，但令解柳碑來，匣之郡庠而已。

資　水

資水有二源，出今寶慶府城步縣及靖州綏寧縣境，至武岡合流。《水經》：出零陵都梁縣路山。注：出武陵郡無陽縣界唐糺山，蓋路山之別名也。東北徑邵陵郡武岡縣南。東北受夫夷水、邵水、雲泉泉水，歷新化、安化、益陽，至沅江入洞庭。《漢書·地里志》注：路山，資水所出，東北至益陽入沅。過郡二，行千八百里。

《水經注》云：資水出零陵都梁縣路山，謂之大谿水，東北逕邵陵郡武岡縣南，縣分都梁之所置也。縣左右二岡對峙，重岨齊秀，閒可二里。舊傳後漢伐五谿蠻，蠻保此岡，故曰武岡。都梁縣西有小山，山上有渟水，既清且淺，其中悉生蘭草，緑葉紫莖，芳風藻川，蘭馨遠馥。俗謂蘭爲都梁，故縣受名焉。東北過夫夷縣，又過邵陵縣之北，謂之邵陵水。又東得高平水口，水出武陵郡沅陵縣首望山。又東會雲泉水，水出零陵永昌縣雲泉山，西北流逕邵陵南，謂之邵陵水口。自下東北，出益陽縣，其閒逕流山峽，名之爲茱萸江，蓋水變名也。茱萸江又東逕益陽縣北，謂之資水。應劭曰：縣在益水之陽，今無益水，亦或資水之殊目矣。然此縣之左右，處處有深潭，漁者咸輕舟委浪，謡詠相和。羅君章所謂“其聲綿邈者”也。

桃源原文

桃源山在縣南二十里，西北乃沅水曲流，而南有障山，東帶紗羅溪，周回三十有二里，所謂桃花源也。

王維《桃源行》曰：漁舟逐水愛山春，兩岸桃花夾去津。坐看紅樹不知遠，行盡青谿不見人。山口潛行始限隩，山開曠望旋平陸。遥看一處攢雲樹，近入千家萬花竹。樵客初傳漢姓名，居人未改秦衣服。居人共住武陵源，還從物外起田園。月明松下房櫳静，日出雲中雞犬諠。驚聞俗客争來集，競引還家問都邑。平明閭巷掃花開，薄暮漁樵乘水入。初因避地去人間，及至成仙遂不還。峽裏誰知有人事，世中遥望空雲山。不疑靈境難聞見，塵心未盡思鄉縣。出洞無論隔山水，辭家終擬長遊衍。自謂經過舊不迷，安知峰壑今來變。當時只記入山深，青谿幾曲到雲林。春來遍是桃花水，不辨仙源何處尋。

二酉山原文

二酉山者，大酉、小酉也，以酉水得名，在辰州沅陵縣西北。兩山相去十里，上蓄龍湫，中多巖洞，玉華、玉田，大酉獨著。小酉洞中，舊有藏書千卷，相傳秦人避地留此。梁湘東王賦所謂“訪酉陽之逸典”也。

譚元春《玉華洞》詩曰：黑雲埋地底，煙霧不得結。潛與炬同入，以此爲日月。陰溼沁空冥，初火照難徹。傴僂尋石隙，容光隨曲折。石筍亂椶櫚，拂音皆清越。目縣高下乳，彬彬相錯列。疊成八襵紋，龕影窈古雪。萬象不可窮，閒坐石上閱。

《玉田洞》曰：數日穿壁屋，潛行元氣間。輕舟愛新水，近洞生餘寒。一泉鳴深黑，終古音可觀。以石爲起止，與沙相更端。微明露崖末，過此亦知寬。

沅　　水

沅水出貴州遵義府境，《水經》："出牂牁郡且蘭縣，爲旁溝水。"且蘭，即今遵義府境，漢爲牂牁，唐爲播州，明爲四川遵義縣。自靖州會同縣東北流黔陽西，《水經》："又東至鐔城縣爲沅水。"即今沅州府黔陽縣。唐設州，以沅名，義取此。又合無、雄、辰、酉、溆諸水，《水經》："武陵有五溪，謂雄溪、樠溪、力溪、無溪、酉溪。"《宋書》説五溪曰雄、樠、潕、酉、辰，無力溪。歷辰谿、桃源、武陵、龍陽，至沅江入洞庭。《漢書·地里志》注：沅水東南至益陽入江。過郡二，行二千五百三十里。

《水經注》云：沅南縣西有夷望山，孤竦中流，浮險四絶。昔有蠻民避寇居之，故謂夷望也。南有夷望溪，水南出重山，遠注沅。沅水又東，歷臨沅縣西，爲明月池、白壁灣。灣狀半月，清潭鏡澈。上則風籟空傳，下則泉響不斷。行者莫不擁檝嬉遊，徘徊愛玩。沅水又東歷三石澗，鼎足均跱，秀若削成。其側茂竹便娟，致可玩也。又東帶綠蘿山，山頹巖臨水，懸蘿釣渚，漁詠幽谷，浮響若鐘。沅水又東逕平山西，南臨沅水，寒松上蔭，清泉下注，棲託者不能自絶于其側。沅水又東歷小灣，謂之枉渚，渚東里許便得枉人山。山西帶循溪一百餘里，茂竹便娟，被溪映渚，長川逕引，遠注于沅。

聖楷按：沅南、臨沅，俱屬桃源縣地。唐乾德中始置桃源縣，以其地有桃花源，故以名之。夷望山，即今所謂穿石山也，在桃源縣西一百五十里。

澧 水

澧水出澧州慈利縣境，《水經》："出武陵縣西歷山，東過其縣南。"今爲慈利縣境。東會温泉、雲谿、九渡諸水，歷澧州、安鄉、華容，入洞庭。《漢書·地里志》：歷山，澧水所出。東至下雋入沅。過郡二，行一千二百里。

《水經注》云，澧水出武陵充縣，即今澧州慈利縣地。澧水又東，茹水注之，水出龍茹山，水色清澈，漏石分沙。莊辛説楚襄王所謂"飲茹溪之流"者也。澧水東與温泉水會，水發北山石穴中，長三十丈，冬夏沸湧，常若湯焉，在今石門縣。澧水又東，九渡水注之。又東，會婁水、渫水。又左合黄水。東逕澧陽縣，天門郡治也。武陵郡有嵩梁山，高峰孤竦，素壁千尋，望之洞開，玄朗如門，高三百丈，廣二百丈，孫休以爲嘉祥，分武陵置天門郡，即今澧州也。嵩梁山，今名天門山，在慈利縣。澧水又東過作唐縣，左合涔水。又東，澹水注之，謂之澹口。王仲宣《贈[①]孫文始》詩曰"悠悠澹澧"，即此。澧水又東，與赤沙湖水會，入于洞庭。

李白《望天門山》詩曰：天門中斷楚江開，碧水東流至此迴。兩岸青山相對出，孤帆一片日邊來。

洞庭湖

洞庭湖在巴陵縣西南，因山稱洞庭而得名也。界連長沙、岳州、常德、澧州、荆州等郡。其地東北屬巴陵，西北跨華容、石首、安鄉，西連武陵、龍陽、沅江，南帶益陽，環湘陰。界分九邑，横亘八九百里。

① 底本"贈"字後脱"士"字，當據《水經注》補入。

《水經注》云：湘水又北逕壘石山，西北對青草湖，亦或謂之爲青草山也。湘水又北得九口，並湘浦也。湘水又東北爲青草湖口，右會苟逕[1]北口，與勞口合。又北得同拌口，皆湘浦右迤者也。湘水左會小青口，資水也，世謂之益陽江。湘水左逕鹿角山東，右逕謹亭戍西，又北合查浦，又北得萬浦，咸湘浦也。湘浦北有萬石戍，湘水左則沅水注之，謂之橫房口。東對微湖，世或謂之麋湖口也。水又北逕金浦戍，北帶金浦水，湖溠也。湘水左則澧水注之，世或謂之武陵江。凡此四水，同注洞庭北，北會大江，名之五渚。《戰國策》曰：秦與荆戰，大破之，取洞庭五渚也。湖水廣圓五百餘里，日月若出没于其中。《山海經》云：洞庭之山，帝之二女居焉，沅澧之風，交湘之浦，出入多飄風暴雨。湖中有君山、編山。君山有石穴，潛通吴之包山，郭景純所謂“巴陵地道”者也。是山湘君之所遊處，故曰君山矣。昔秦始皇遭風于此，而問其故，博士曰：湘君出則多風。秦王乃赭其山。漢武帝亦登之，射蛟于是山。山東北對編山，山多篾竹。兩山相次去數十里，迴視相望，孤影若浮。湖之右岸有山，世謂之笛烏頭石。石北右會翁湖口水，上承翁湖，左合洞浦，所謂“三苗之國，左洞庭”者也。

聖楷曰：洞庭詩，如宋之問：“地盡天水合，朝及洞庭湖。初日當中湧，莫辨東西隅。晶耀目何在，澄熒心欲無。”孟浩然：“八月湖水平，涵虚混太清。氣蒸雲夢澤，波撼岳陽城。”又如杜少陵之“吴楚東南坼，乾坤日夜浮”，自然佳句，後人無復措手矣。

① 逕：《水經注》作“涇”。

㴩湖原文

㴩湖，在巴陵縣東南五里，一名翁湖。《左傳》：吴人敗楚于雍澨，即此。《爾雅》曰：水返入爲㴩。唐《張説集》曰：㴩湖者，沅、湘、澧、汨之餘波。夏潦奔注，則溢爲此湖；冬霜既零，則涸爲平野。

張説《和尹懋秋夜遊㴩湖》曰：㴩湖佳可遊，既近復能幽。林裹棲精舍，山閒轉去舟。鴈飛江月冷，猿嘯野風秋。不是迷鄉客，尋奇處處留。

王琚《遊㴩湖上寺》曰：春山臨遠壑，水木自幽清。夙昔懷微尚，兹焉一放情。雲閒聽弄鳥，煙上摘初英。地僻方無悶，逾知道思精。

李白《與賈至舍人于龍興寺翦落梧桐枝望㴩湖》曰：翦落青梧枝，㴩湖坐可窺。雨洗秋山净，林光澹碧兹。水閑明鏡轉，雲繞畫屏移。千古風流事，名賢共此時。

岳陽樓

岳陽樓，即岳州西門城樓。

宋范仲淹記云：慶曆四年春，滕子京謫守巴陵郡。越明年，政通人和，百廢具興。乃重修岳陽樓，增其舊制，刻唐賢今人詩賦于其上，屬予作文以記之。予觀夫巴陵勝狀，在洞庭一湖。銜遠山，吞長江，浩浩湯湯，横無際涯。朝暉夕陰，氣象萬千。此則岳陽樓之大觀也。前人之述備矣。然則北通巫峽，南極瀟湘，遷客騷人，多會于此，覽物之情，得無異乎？若夫淫雨霏霏，連月不開，陰風怒號，濁浪排空。日星隱曜，山嶽潛形，商旅不行，檣傾楫摧，薄暮冥冥，虎嘯猿啼。登斯樓也，則有去國懷鄉，憂讒畏譏，滿目蕭然，感極而悲者矣。至若春和景明，波瀾不驚，上下天光，一碧萬頃。沙鷗翔集，錦鱗游泳，岸芷汀蘭，鬱鬱青青。而或長煙一空，皓月千里，浮光耀金，静影沉壁，漁歌互答，此樂何極？登斯樓也，則有心曠神怡，寵辱皆忘，把酒臨風，其喜洋洋者矣。嗟夫，予嘗求古仁人之心，或異二者之爲，何哉？不以物喜，不以己悲。居廟堂之高，則憂其民；處江湖之遠，則憂其君。是進亦憂，退亦憂，然則何時而樂歟？其必曰：先天下之憂而憂，後天下之樂而樂歟？噫，微斯人，吾誰與歸？時六年九月十五日。

聖楷按：慶曆中，滕子京謫守巴陵，治最，爲天下第一。政成，增修岳陽樓，屬范文正公爲記，蘇子美書石，邵餗篆額，亦皆一時精筆。世謂之四絶云。

又按：岳陽樓既成，賓僚請大合樂落之。子京曰："有何落成？直須凭欄大哭一番乃快。"嗟乎，夫定州之役，子京增堞籍兵，慰死犒生，邊垂以安，而文法吏以耗國議其後。朝廷用人如此，誠不能無慨于心。第以束髮登朝，入爲名諫議，出爲名將帥，已稍稍展布其才，而又有范公爲知己。不久報政去矣，有何可哭，而卒卒以死耶？范公"不以物喜，不以己悲"之語，或亦有爲而發歟？可爲永歎。

玄石山

玄石山，在洞庭湖西，俗謂之墨山。

唐李華詩序云：洞庭湖西玄石山，俗謂之墨山。山南有佛寺，寺倚松嶺。松嶺下有雲母泉，泉出石中，引流分渠，周遍庭宇。發源如乳湩，末派如淳漿，烹茶淅蒸，灌園漱濯，皆用之。大浸不盈，大旱不耗。自墨山西北至石門東南，去東陵廣輪二十里，盡生雲母，牆階道路，燦燦如列星。井泉溪澗，色皆純白。鄉人多壽考，無癖痼疥搔之疾。華深樂之。潁川陳公，天寶中與華同爲諫官。公性與道合，忽于權利，方挂冠投簪，顧華以名山之契。乾元初，公貶清江丞，移武陵丞，華貶杭州司功，恩復左補闕。上元中，俱奉詔徵。公自清江至武陵，道路多虞，詔書不至。華泝江而西，次于岳陽。江山延望，日夕相見。思與高賢共飲雲母之泉，躬耕墨山之下，敢違朝命，以狥私欲。秋風露寒，洞庭微波，一聞猿聲，不覺涕下。況支離多病，年齒始衰，願藥餌扶壽，以究無生之學。事乖志負，火爇予心。寄懷此篇，亦以書予之志也。詩云：晨登寒石嶺，嶺上寒松聲。朗日風雨霽，高秋天地清。山門開古寺，石竇含純精。洞徹净金界，夤緣流玉英。澤兹藥畦茂，氣染茶甌馨。飲液盡眉壽，飡和皆體平。瓊漿駐容髮，甘露瑩心靈。岱谷謝巧妙，匡山徒有名。願言搆蓬蓽，荷鍤引泠泠。訪道出人世，招賢依福庭。此心不能已，寤寐見吾兄。曾結潁陽契，窮年無所成。東西同放逐，虵豕尚縱横。江漢阻攜手，天涯萬里情。恩光起憔悴，西上謁承明。秋色變江樹，相思紛以盈。猿啼巴丘戍，月上武陵城。共恨川路永，無繇會友生。雲泉不可忘，何日遂躬耕。

張説詩曰：石門、墨山二山相連，有禪堂、道觀天下絶境。①菌輪江上山，近在華容縣。嘗涉巴丘首，天晴遥可見。佳遊屢前諾，芳月愆幽眷。及此符守移，懽言臨道便。既攜賞心客，復有送行椽。竹逕入陰窅，松崖上空蒨。草共林一色，雲與峰萬變。探窺石門斷，緣越沙澗轉。兩山勢争雄，峰巘相顧盼。藥妙靈仙寶，境華巖壑選。清都西淵絶，金地東敞宴。池果接園畦，風煙邇臺殿。高尋去石頂，曠覽天宇徧。千山紛滿目，百川豁對面。騎來雲氣迎，人去鳥聲戀。長揖桃源士，舉世同企羡。

① 據《張説之文集》，原詩題爲《石門墨山二山相連有禪堂道觀天下絶境》。

楚寶卷第三十八考異

新化鄧顯鶴湘皋述

山　水

湘　水

又東北過泉陵縣西，與營水會。營水即瀟水，出營陽泠道縣南留山，西南逕九疑山下。

顯鶴案：《水經》：湘水又東北過泉陵縣西。酈注：“營水出營陽泠道縣南流山，西流逕九疑山下。”無“與營水會，營水即瀟水”之文。留山，酈注作“流”。按，瀟水不見《水經》。以水道考之，爲營水無疑，但不宜羼亂。古書云：營水即瀟水也。

又北逕衡山縣東。

案：酈注：山在西南，有三峰，一名紫蓋，一名容峰。容峰最爲竦傑，自遠望之，蒼蒼隱天，故羅含云：“望若陣雲，非清霽素朝，不見其峰。”丹水湧其左，澧泉流其右。《山經》謂之岣嶁山，爲南岳也。山下有舜廟，南有祝融冢。楚靈王之世，山崩，毀其墳，得《營丘九頭圖》。治[①]洪水，血馬祭山，得金簡玉字之書。容峰之東有仙人石室，學者經過，往往聞諷誦之音矣。

---

① “治”前底本原脱“禹”字，當據《水經注》補入。

縣北有空舲峽，驚浪雷奔，濬同三峽。

案：《水經注》“空舲峽”作“空泠峽”。

又北逕南津城西。

案：《水經注》：西對橘洲，或作吉字，爲南津洲尾。水西有橘洲，子戍故郭尚存。

又逕黄陵水口二妃廟南，世謂之黄陵廟也。

案：《水經注》：湘水又北逕黄陵亭西，又合黄陵水口。其水上承太湖，湖水西流，逕二妃廟南，世謂之黄陵廟也。

湘水又西爲屈潭，即羅淵也。

案：《水經注》：汨水又西逕玉笥山。羅含《湘中記》云：“屈潭之左有玉笥山，道士遺言此福地也。”一曰地腳山。汨水又西爲屈潭，即羅淵也，屈原懷沙自沈於此，故洲潭以屈爲名。昔賈誼、史遷皆嘗過此，弭檝江波，投弔於洲。洲北有屈原廟，廟前有碑。

湘水又北逕壘石山。

案：《水經注》：汨水又西逕汨羅戍南，西流注於湘，《春秋》之羅汭矣，世謂汨羅口。湘水又北枝分，北出逕汨羅戍西，又北逕壘石山東，又北逕壘石戍西，謂之苟導逕矣，而北合湘水。自汨口西北逕壘石山西，而北對青草湖，亦或謂之青草山也。按，以上各條，原書徵引割裂羼竄，今悉依舊文編次各條之下。

嶽麓山

嶽麓山，在長沙岸西。

顯鶴案：《水經注》："湘水左逕麓山東，上有故城山。"又上文"湘水又北逕麓山東。其山東臨湘川，西傍原隰，息心之士，多所萃焉。"竊意此條宜在經文"又北過臨湘縣西"之下。麓山即嶽麓，以地形考之，疑有錯簡。姑存鄙見，以質大雅。

禹碑考

顯鶴案：《吴越春秋》有禹登衡嶽，發金簡玉書之文，言禹碑者，實權輿於此。自後羅含《湘中記》、盛弘之《荆州記》、徐靈期《衡山記》俱載其事。顧南宋嘉定以前，未有見而知之者。昌黎詩云"岣嶁山尖神禹碑"，夢得詩"傳聞祝融峰，上有神禹銘"，岣嶁、祝融，皆可作衡山總稱，亦不能確言其所在也。宋時金石家如歐陽修、趙明誠、鄭樵及薛尚功、王俅輩，皆未著録。至張世南始言嘉定間，何致游祝融峰下，樵者引至碑所，手模其文，刻於嶽麓，王象之亦有在岣嶁峰、雲密峰之説，而後禹碑始有摹本。

張、王同爲南宋人，其説互異。張云刻於嶽麓書院，而王云刻於夔門觀中。張云古篆五十餘，而王云七十二字。又自宋歷元以至於明之嘉靖癸巳，遥遥四百餘年，而後始有潘鎰於嶽麓搜出之，因見賞於湛若水、顧璘諸人。同時新都楊慎、靖陽沈鎰、仁和郎瑛、南昌楊時喬四家，又各逞臆説，爲之注，釋碑凡七十七字。二楊與郎、沈各有異聞，而楊與沈異者十一字，郎與沈異者又二十二字。至時喬所釋，同者僅十六字。而沈鎰、楊慎至託之鬼神夢寐以爲徵，皆無足深辨。

若李繼聖《禹碑辨》引梁劉顯《粹璣録》謂蕭齊桂陽王時，山人成翳得禹碑於衡嶽，獻之，王采嘉石翻刻。及徐彦《五宗禪林觀空録》云僧永曇於岣嶁峰洞壁見蝌蚪書。兩事他書所未見。今禹碑盛行於世，傳摹之本甚多。所知者，張襄刻於新泉精舍，容璊刻於甘泉書院，楊慎刻於雲南安寧州，又刻於四川成都，楊時喬刻於江寧棲霞山，張應吉刻於湯陰縣。又紹興府禹陵、河南汲縣，俱有刻本。

王伯綏《考》又謂今嶽麓磨崖，係國朝順治末彭而述以宋何致本重鐫。此外則衡州石鼓書院，有萬曆間副使管大勳本，已毁，知府李紱重摹。康熙初僧道重又以管本翻刻於岣嶁峰雷祖殿。而祝融峰觀日臺又有副使鄧以誥萬曆丙午以棲霞本重翻之本，亦有跋語。

《湖南金石志》徵引甚詳，附録於此，以資博考云。

二酉山

小酉洞中，舊有藏書千卷，相傳秦人避地留此。梁湘東王所謂“訪西陽之逸典”也。

顯鶴案：辰谿鐘鼓洞山連二酉，相傳爲穆天子藏書處。明正統中樵夫見之，告諸縣令，往取探視，皆化煙霧。見許纘曾《東還紀程》。

岳陽樓

岳陽樓，即岳州西門城樓。

顯鶴案：《岳陽風土記》：岳陽樓在縣西，城西門樓也。下瞰洞庭，景物寬闊。唐開元四年中書令張説除守此州，每與才士登樓賦詩，自爾名著。其後太守於樓北百步復剏樓，名曰燕公樓。

慶曆中，滕子京謫守巴陵。政成，增修岳陽樓，屬范文正公爲記，蘇子美書石，邵餗篆額，亦皆一時精筆，世謂之四絶云。

顯鶴案：宋滕宗諒《與范經略求記書》“六月十五日，尚書祠部員外郎天章閣待制知岳州軍州事滕宗諒，謹馳介致書，恭投邠府四路經略安撫資政諫議節下。竊以爲天下郡國，非有山水瓌異者不爲勝，山水非有樓觀登覽者不爲顯，樓觀非有文字稱記者不爲久，文字非出於雄才鉅卿者不咸著今古”云云。文多不備載。

案：岳陽樓肇於張燕公，盛於滕宗諒，以范《記》重也。燕公有《早霽南樓》詩，爲斯樓吟覽之始。又韓文公《岳陽樓别竇司直》詩，皆宇宙大文，宜與老杜“吴楚”“乾坤”之詩並載。

楚寶卷第三十八增輯

明新化鄧顯鶴湘皋述

山　　水

北　　湖

北湖，在郴州城西北。唐韓愈自陽山量移江陵法曹，俟命於郴，與張署、李伯康觴詠地。湖久廢，國朝道光六年刺史曾鈺修復。湖故有叉魚亭，後易名曰景韓。

唐韓文公愈《叉魚招張功曹》詩：叉魚春岸闊，此興在中宵。大炬然如晝，長船縛似橋。深窺沙可數，静搒水無摇。刃下那能脱，波間或自跳。中鱗憐錦碎，當目訝珠銷。迷火逃翻近，驚人去暫遥。競多心轉細，得隽語時囂。潭罄知存寡，舷平覺獲饒。交頭疑湊餌，駢首類同條。濡沫情雖密，登門事已遼。盈車欺故事，飼犬驗今朝。血浪凝猶沸，腥風遠更飄。蓋江煙羃羃，拂棹影寥寥。獺去愁無食，龍移懼見燒。如棠名既誤，釣渭日徒銷。文客驚先賦，篙工喜盡謡。會成思我友，觀樂憶吾僚。自可捐憂累，何須强問鴞。

國朝歙縣程祭酒恩澤《重濬北湖記》：郴州北郭外有湖曰北湖，唐永貞初韓文公由陽山貶所量移而北，待命於郴，所觴詠地也。湖蕪絶，有流涓涓出山磵。敗畦賸圃，交絡其側。其窪處有舊形可規。今刺史曾君慨歎湮廢，導泉成沼，列植草木，闢堂三楹，拓堂以庭，環庭以欄楯，令可俯瞰沼。堂祀文公，而以張員外署、李使君伯康配焉。經始於道光六年春日，落成於冬日。以澤曾駐其地，屬記於澤。澤維公之待命於郴也，由貶陽山。其貶也，或以爲論宫市；或以爲論關中天下根本，遭逢旱饑，徵斂不宜急；或以爲李實之譖；或以爲公謗時政，有泄其語於王伾、王叔文、韋執誼者。疑不能明也。夫小人之厄君子也，或罔以所必無，或巇以所必有，或陷以有與無之閒。然君子辨於是非，或不受其誣，轉相詰責，則君子之身廢而其氣伸，小人之術行而其惡暴。惟以茫昧掩抑，不言其過，臨之以朝廷之怒，奔迫之命，則君子無可置喙，而小人得以顯逃其鉗網周内之罪。嗚呼，術至此亦巧矣。迨赦書既下，量移而北，猶復使公鬱鬱居此。則小人之朋未剪，而其陰鷙沈毒，仍欲以茫昧掩抑相困阻。使小人不即翦，則公之待命且無已時也。嗚呼，術至此，亦足以戚君子矣。然公不云乎？凡禍福吉凶之來，不必在我。必曰君子則吉，小人則凶，不可也。不又云乎？“儒者之於患難，苟非其自取之，其拒而不受於懷，若築河隄以障屋霤。”是則公居郴三月餘，盱衡相羊，快意於北湖之上，極叉魚行酒賦詩之樂，所謂“築河隄以障屋霤”，而與騷人秋士悲憤怨尤，激而爲此樂者，固大相河漢矣。且公之始貶也，宜咎李實；其待命於郴也，宜咎伾與文。蓋貶以貞元十九年冬，其時李實方幸；而待命以永貞元年春，其時伾與文方幸。然則北湖者，乃群小人舉以貺君子，而爲君子樂天知命之地者也。嗚呼，後之遊者，可以觀矣。曾君名鈺，第進士，能文章。其治郴也，有李使君之風。其濬湖建祠也，得李使君之志。不意千百年後，尚有聯韓、張、李之交而令我文公傾倒者也。若是者，不可以不記。

又程祭酒《北湖懷古》詩：松桂林中讀書影，忽乘天風北度嶺。居郴乃見月三彀，聞道猺㹮淚如綆。謂陽山之民。李伯康至呼以博，張公子來擁其頸。北湖空闊雲破碎，十萬秋荷覆春荇。可憐壯齒三十八，照見平生已癯瘠。時時縱酒助談謔，往往篇章出俄頃。

不知貶斥塞衢路，謂王伾、王叔文輩。但覺叉魚滿笭箵。伾文委瑣不足計，夢得將至連州境。欲向同僚告目見，颶風掀屋蠱聚皿。夢得之貶連州，必過郴。時公在郴，欲以目見告夢得，故永貞行云。小人竊柄此當議，大賢被逐何其猛。豈真劉柳語有洩，故遣伾文怒加眚。公之貶楊山，或以爲議伾、文之奸，而劉、柳泄其語於伾、文，故怒而加貶。是時朝宰坐庸妄，誰謂先生骨獨鯁。劉顛柳仆愧公直，公以直譴公則幸。長懷柳侯赴資邵，時子厚貶邵州。詎料劉郎過蘇井。論宫市與論苛斂，當時外議殊不省。公貶陽山，或以爲論宫市，或以爲論苛斂。大抵伾、文輩忌公，借此爲辭耳。要之公心比赤日，千里墮地猶耿耿。彼婉孌者畜箕口，使臺中評不得逞。不獨李實苦相厄，更遭使家抑不請。公赦歸，猶待命於郴者，使家抑之也。憑愚大笑居士木，乞雨來瞻女郎靚。有山奇變水清瀉，無乃天公畀以静。豈知它日更遠適，瘴海昏昏一舟梗。衹今湖水半枯涸，湖當郴之北門外孔道旁，今化爲田。遺冢猶傳在便屏。侍郎冢在今永興縣。永興，莽曰便屏。惜無專祠踞湖上，我來眺古歲在丙。炎風吹人不可耐，快俯深淵酌秋冷。曾侯指我已瀦匯，時曾刺史鈺就孔道旁瀦水引泉，築專祠其上。並駕茆龍植桃杏。公神如水無不在，想見波瀾與公永。休談二佛九僊地，恐公聞之駕以騁。

顯鶴案：文公以貞元十九年冬出爲陽山令，時李伯康亦以是年爲郴州刺史。公過郴州，始識伯康，有《李員外寄紙筆》詩，公集《祭李郴州文》“獲紙筆之雙貿”，即指此。又，公撰張署墓志。署，河間人。舉進士，拜監察御史，爲幸臣所讒，與同輩韓愈、李方叔三人，俱爲縣令南方三年。逢恩俱徙掾江陵，是爲二十一年春。以是年正月丙申，順宗即位，二月甲子，下赦恩也。時王伾、王叔文用事，故公雖得量移，猶俟命於郴。《八月十五夜贈張功曹》詩所云“州家申名使家抑”也。其年八月，册皇太子爲皇帝，是爲憲宗，改貞元二十一年爲永貞元年。伾、文黨相繼貶斥，公方得脱。然赴江陵，其離陽山而俟命於郴，當在夏秋閒。

今案：《叉魚招張功曹》詩“叉魚春岸闊”，《合江亭》詩

“窮秋感平分”。則公以春末至郴，秋中去郴，明甚。以其時計之，當是八月十五以後登舟出郴口，至衡陽猶在月盡，故云“窮秋感平分”。長沙遊湘西寺，則已秋暮，故云“徂歲嗟荏苒”。洞庭阻風則冬初矣。此皆公詩歷歷可徵者。公《祭李郴州》云“俟新命於衡陽，費薪芻於館候，輟行謀於俄頃，見秋月之三彀”，實則公居郴半載，不止見月三彀矣。其云“見秋月之三彀”者，蓋總述郴、湘途閒所歷之時云爾。

又註家以公《祭張功曹》文云“避風太湖，七日鹿角鉤登大鮎，怒類豕狗，臠盤炙酒，群奴餘啄”，爲叉魚之證。案公集有《洞庭湖阻風贈張十一》及《岳陽樓別竇司直》詩，所謂“軒然大波起”，正避風太湖之驗，以云叉魚之一証，謬矣。至公貶陽山，新、舊《唐書》皆以爲坐論宮市事。今考公《赴江陵途中》詩，自序此事甚詳。其云“或自疑上疏”，上疏豈其由？又云“同官盡才俊，偏善柳與劉”，或慮語言泄傳之落冤讐，蓋爲伾、文黨所排，而洩言則由於劉、柳。特公忠厚待人，不欲明言耳。

程春海先生《北湖記》論公事甚詳。余因考公居郴去郴時日，兼附識其略如此云。

文仙山

文仙山，在新化縣南百里，一名文斤山。上有三峰，石壁峭絶。山半有石崖，拔地五丈，天生石梁，可涉而登。有石牀高一丈四尺，茂林修竹，蔽蔭左右。乃晉高平令文斤修煉之所。

《湘州記》：文斤山上有石牀，方高一丈，四面緑竹扶疎，常隨風委拂。

唐滎陽潘滔《文公祠記》：按《邵陽圖經》，公姓文，諱斤。晉咸康中爲高平令，隱於此山，得道羽化，故名文仙山。又據《山川記》云：山上有石牀，長一丈有四，叢竹蒙密，隨風飄揚，委於牀側。每遇亢陽，祈禱有應。洎唐貞元十年，上天愆晹，旱魃爲虐，草木橫落，如炎如焚。於時州伯太原王公、高縣宰昌黎韓公謹耀至誠，懇請曰：如神降臨，膏雨霶霈，即爲刻石記事。當時響應，雲行雨施。年穀既登，倉廩充實。夫神靈無方，感而遂通。昔太公治灌壇，風雨不敢犯；劉昆牧弘農，猛虎爲之去。豈非以德化所布，飄風、鷙獸不敢侵界焉？以此觀之，實由政之所及，德之所致，鬼神爲之福祐，神功爲之降澤。若乃德之不修，政之苛刻，而妖由此作，災由此起，吉凶報應，如影隨形。信矣夫。噫，人物變遷，未達誠願。至元和三年，歲在戊子，災患薦臻，旱又甚矣。州牧濟陽丁公立、邑君馮翊莊公齊命官啟告，酬願立碑，遂雨灑四溟，潤澤九谷，山川鬼神，亦莫不寧。上憑神休之恩，下賴牧宰之政，野老荷簑與笠，相對佇插而歌曰："我聖君兮德巍巍，擇良牧兮治邊陲。感神功兮雲雨施，稼穡如梁兮又如茨。無階答天真兮，咸願立乎豐碑。"闔境耆老，稽顙告余，皆願修文以神聖德，刻之貞石，永傳芳休。既無絶妙之詞，難傳至神之迹。銘曰：飛丹涸濟冰雪溶，道成羽化神仙宫。幾乘白鶴歸舊峰，城郭是兮人不同。霓裳縹渺隨天風，紫煙散盡祠堂空。山寂寞兮花木隆，石牀空山留仙蹤。微颸騷屑摇條叢，邑人祈禱清廟中。神功應化無不通，天旱暵兮雲從龍。洒膏雨兮九穀豐，黎庶歌兮樂時雍。願立碑兮表聖功，勒文字於堅石，與天地兮無窮。

國朝新化段起玲《遊文斤山記》：《廣輿記》載新化名山，獨曰文斤，謂晉時高平令文斤修煉之所，上有丹竈、石牀遺蹟。予時欲往遊焉，而未果也。雍正甲辰秋，方伯朱公以《文斤山賦》試吾邑諸生，遂慨然往觀。非能賦也，素所欲遊而未果者，於此觸其機，因以成其志云爾。未行先一夕，集諸弟子問誰願從者，多欲往，臨發時，僅得一人，餘皆以他辭謝。亦可知作青山緑水中主人，誠非易事。而士非有古人之志，即境内名山，尚憚此數十里之程，逡巡退避而不進，况聖賢學問之事乎？行二日，到山趾，循途而上，時饑且倦，又迷岐。里許，過草廬，遇一黄髮叟，轉指山阿。穿藤蘿而下，所見無甚異者，心頗輕之。越小嶺，忽見竹林煙靄，松壑雲飛，雞鳴籬閒，犬吠深巷，宛然一大村落。背後峙三白崖，奇峭如削，蒼涼古樹，覆蔭崖端。崖懸三孔，黝然深黑，始躍躍而喜，信千古名山不虚傳也。入觀既晚，道人楊重遠接遇甚厚。適中秋月皎，松陰滿地，酒浮竹葉，袖挹樨芬，大小黄冠數十輩，歌呼酬獻，聲震山谷。此時竟不知身在何處。想當年所謂文斤仙去者，即此事耶？

蚤起入殿，觀古誌碑，見石獅石龜，又有鐵菱角一雙，皆千百年物。而三清大殿被火焚毁，石壁上有古詩，殘落不可識。飯後登山遊洞，重遠操斤前導，一童子肩梯以從。穿幽篁，跨石徑，幾折而至絶壁下，曰："此中洞也。真人所居。"洞下石磴一層，差可攀援。第二層石梯稍斜，左右扶捫而上。第三層則以梯旁架石壁，側身猱跳，雖有膽氣人，亦骨寒神竦，不敢俯視。舉火以入，穴甚小，上下求之，皆無入處。乃退遊右洞，曰："夫人栗氏所居也。"崖下一大樹，樹垂緑蘿藤，倚梯板藤登焉。外寬敞勝中洞，然内亦褊小，不可進。午後從山右遊上洞。以石砌門，門内出小水，沮洳不可行。出登山頂，至此則新、邵兩邑諸山四面環拱，河流出没，隱見瀠繞琵琶洲。村居錯落，紫霧横秋，山川形勝，羅列目前，歷歷如畫。流連觀望，不覺有飄飄遐舉之思。迨日影半規，而是山之幽奇已搜鑒殆盡矣。夫邑中諸山，其高且大，幽且奇，如兹山之勝者，豈少也哉？然名皆湮没不傳，獨兹山以文斤故，名存天壤。則山之遇不遇，亦有數耶？竊謂文公本循良吏，功德在人。一旦超然物外，避世遺榮，其高風卓識，誠非淺見所能窺。而好事者流，遂以爲避穀巖孔，修煉一百二十年，果滿丹成，乘鶴上升。至今問所謂石牀、丹竈，杳無所得。然則文公其果爲仙耶？事不經目見，鮮不爲古人所愚。以此見天下名山云第幾福地，第幾洞天，爲某人修道，某人得道處者，其怪誕不經，皆此類也。因援筆記之。

顯鶴案，《太平御覽》引《湘中記》作“文斤山”，《唐書·地里志》《元豐九域志》皆云邵陽有文斤山。《一統志》作“文竹山”，而以文斤别著録新化，其實即一山也。段起玲，字百朋，歲貢生。博學有至行，躬耕養母，非力不食，亦志節之士也。又潘滔《記》一作釋尚顔，今據《全唐文》正之。

温　泉

温泉在寧鄉縣西南百里，一名湯泉。

《荆州記》：新陽縣出温泉。

明寧鄉陶汝鼐《温泉賦》并序：湯泉，水之變性也。寰中稱温泉者十數處，而古今最驪山之池，以其芳清，又邇宫闕，承恩賜幸，寵豔斯極，然亦其所生之幸也。其次則歙之黄山，滇之安寧，竝稱硃砂泉。黄山松雲名勝，超然縣圃，非高人雋遊不得至，可以無憾。安寧則滇之鄙爾，近代楊升庵太史遷謫其閒，始著於書。然則此三泉者，驪山廊廟也，黄山僊隱也，安寧幽谷也。生幽谷中，後驪泉二千餘年，賴文人以傳，亦遇矣。彼泙渫而淪草莽者，何限乎？或謂温泉不甚沸而無硫黄氣，故目之以硃砂，餘不得擬也。予曰：然湯泉沸激，淪物蠲疴，功德被幽，獨先寒賤。此何異士君子負烈正之行，而嚴氣善事，溉於鄉里者哉！

予家深山之内，去溪江二里許，有湯泉焉，出於江干，石爲之釜，焊不可手。上有方塘，則熬波清瀾，可盥可掬，可垂釣，可引灌我田。東坡所謂飲食沐浴俱在矣。盛弘之《荆州記》曰：新陽縣惠澤中有温泉，冬日未至，數里遥望，白雲浮蒸如煙，上下采映，狀若綺疏。又有車輪雙轅形，昔傳玉女乘車投於此泉。今人時見女子姿儀光麗，倏忽往來。予邑古新陽，今泉上亦有浣紗夫人廟，安知非是也，而安寧專美哉？予居其上數年矣，被泉之賜，欲使如安寧之遇升庵，於是感而爲之賦。賦曰：

夫何衡泌之勺波，兼水火之令德。匪鑿此以涓涓，疇湘之而漫漫。同爲山下之蒙，迥别溪中之色。觀其觱沸乎古今，得無怨天壤之見抑。異哉此泉！相對歎息。

吾聞元夷導坎，淵益清泠；百川灌河，流皆寒碧。今乃易冰爲炎，改瀾爲熾。五行之變，於斯爲極矣。然亦常思之，豈無海濳陰燄，野匯焦淵。岱輿之漬石爛，宛渠之礎波然。莽煌沾衣而愈烈，金泥拂水以如煎。白玉爲樊，乃得然丘之國；黄金薄底，方浮沸海之船。致使漢苑縑緗，標奇火浣；秦臺沙樹，最侈烘煙。廣異聞於域外，覬一覯於神仙。

爰有褒禪神井，咫近西都，華清寶輅，翠輦金吾，沈香熟水，天帝所娱。又有新安黄海，爍玉翻珠，雲霞逸客，冰雪藐姑，浴不待賜，酣卧蓬壺。並擅硃砂之譽，分專清豔之殊。迺若匡泉湯，若漢水沸，如萊波爛鳥，靈谷遊魚。訪火井於臨邛，志陽泉於天餘。事或近而有徵，史常闕而不書。得無滄桑之换世，而空識於虞初也？

擬兹惠澤，近我柴門。山江之汜，湯出雲根。蒸鷲嶺，燠獅崙，迷魚瀨，罨鷄園。流甲瀦高，蓄清泄渾。如煎如熬，不崩不騫。類曹家之豆釜，比管氏之鹽盆。春浪滚則桃花别色，冬霜艴而柴燎同燔。允辭冰霰，偏沃禾蓀。亦有赤鱗濳而吹沫，朱鳥過而銷魂。炎液喧波，匪因人之熱；蠲疴蕩穢，欲絶俗而奔。然而投閒率野，潤庇孤邨。無綺欄與玉砌，足石户之陶尊。將以漚麻，將以浣紗。時逢采葛之女，聊供抱布之娃。嶺上之白雲常暖，池中之明月偏華。是以天姬翠蓋，神女雲車，欻然下鳳，冉冉如霞。每蹁躚而至止，倏香霧以週遮。疑玉皇之賜浴，列雲母兮障花。庶幾幽光承乎元鑒，遊眺絶於俠斜矣。

云何胥濤欲斷，媧墓曾沈。望失江皋之珮，虚存擣練之砧。

然而煙霞吐其直氣，風雨助其枯音。雖山川之陳跡，終萬古以常焨。是謂至變者不變，而誰能測其陽陰？於是池上主人纓足竝濯，洗耳而唫。薇可瀹分，泉可以斟。有温泉而無寒火，悟天地之長存於水心。

雙清亭

雙清亭，在邵陽縣東北三里。資、邵二水合注亭下。明顧璘題“砥柱磯”三字。

明顧璘《砥柱磯》詩：崑崙一卷石，飛落碧江潯。静日浮佳氣，中流立此身。樓臺懸峭景，桃李點芳春。閲盡狂瀾色，何須問水神。

邵陽車以遵《雙清亭》詩：秋日曠何期，秋水巖如滌。以我欲遊心，耆年轉幽激。登臨不厭高，亦量力與敵。奇石砥奔流，日與空明擊。草草幾亭臺，理事關休戚。去之三十年，避喧乃得寂。當時簫鼓音，紅粧澇檻覿。數見靡不鮮，情境各取適。客星照江干，人似從大麻。縱觀九疑眼，俯視獨周歷。意欲起山川，丹鉛爲九錫。是日蔬茗閒，微言亦可摘。未夕散孤舟，綿邈聲如滴。餘霞沾人衣，山郭明似的。帶此潺湲音，悠然在帷壁。

武岡鄧祥麟《遊雙清亭》詩：二水分流繞碧山，孤亭坐對六亭閒。拳撑怪石披雲褶，眼洗空江抱月灣。修竹入筵環佩緑，老松横檻羽衣斑。何人物色昭陵勝，謝句驚人滿座閒。

國朝鄧州彭而述《雙清亭》詩：雙清閣上醉飛觴，記得驅車入夜郎。異國人誰憐白首，此身何事獨南荒。往來争似衡陽鴈，翦伐空慚召伯棠。又作昆明池上客，好裁别賦寄瀟湘。時量移滇臬。

楚寶卷第三十九

明湘潭周聖楷伯孔輯纂

山　　水

太嶽武當山

武當山，在襄陽府均州南。

《水經注》云：武當山，一曰太和山，亦曰嵾上，又曰仙室。《荆州圖副記》曰：山形特秀，異于衆嶽，峰首狀博山香鑪，亭亭遠出，藥食延年者萃焉。晉咸和中，歷陽謝允，棄羅邑宰，隱遁斯山，故亦曰謝羅山。曾水發源山麓，逕越山陰，東北流，注于沔。

《名山記》曰：武當山，區域周迴四五百里。中央有一峰，名曰嵾嶺，高二十餘里，望之秀絶，出于雲表。清朗之日，然後見峰，一月之閒，不見四五。輕霄蓋其上，白雲帶其前。旦必西行，夕而東返，俗謂之朝山。蓋以衆山朝揖之所生也。

聖楷按：永樂十六年十二月，勅修武當山宫觀成，賜名曰太嶽太和之山，御製碑文紀其事甚詳。於戲，山之靈跡顯晦如此。古人題詠既不可見，而近日作遊記者又輙多庸淺，豈文士筆墨，亦爲金銀宫闕之氣所奪耶？東橋、伯玉、元美三先生記文雖不甚佳，然而眺聽老成，欣慨交至，睠懷宣室，猶有足感者。特録元美一歌于後云：

黑帝不臥玄冥宫，再佐真人燕薊中。乾坤道盡出壬午，日月重朗開屯蒙。人間大小七十戰，一勝業已歸神功。久從北極受尊號，卻向西方稱寓公。武當萬古鬱未吐，得吐居然壓華嵩。是時豈獨疲荆襄，雍豫梁益皆爲忙。少府如流下白撰，蜀江截雲排豫章。太和絶頂化城似，玉虛彷彿秦阿房。南巖宏奇紫霞麗，甘泉九成差可當。十年二百萬人力，一一捨置空山傍。嗚呼！英雄御世故多術，卜鬼探符皆恍惚。不聞成祖帝王須[①]，曾借玄天師相髪。漢武空邀王母過，高宗不顯宋宣和。功名雖盛毋乃晚，混沌時來當奈何。

習家池

習家池，在襄陽府東白馬山下。

《水經注》云：襄陽侯習郁魚池。郁依范蠡養魚法作大陂，陂長六十步，廣四十步，池中起釣臺。池北亭，郁墓所在也。列植松篁于池側沔水上，郁所居也。又作石伏逗引大池水于宅北，作小魚池。池長七十步，廣二十步，西枕大道，東北二邊，限以高隄。楸竹夾植，蓮芡覆水，是游冥之名處也。山季倫之鎮襄陽，每臨北池，未嘗不大醉而還，恒言此是我高陽池。故時人爲之歌曰：山公出何去，往至高陽池。日暮倒載歸，酩酊無所知。

聖楷按：晉永樂三年，山簡出爲征南將軍，都督荆、湘、交、廣四州諸軍事，假節，鎮襄陽。于時四方寇亂，天下分崩，王威不振，朝野危懼。簡優游卒歲，唯酒是耽。諸習氏，荆土豪族，有佳園池，簡每出游嬉，多之池上，置酒輒醉，名之曰高陽池。時有兒童歌曰："山公出何許，往至高陽池。日夕倒載歸，酩酊無所知。時時能騎馬，倒著白接䍦。舉鞭向葛彊，何如并州兒。"彊家在并州，簡愛將也。夫以簡之任重憂大如此，而酣飲廢時，坐待傾覆，

① 須：據崇禎本當作"鬚"。

事雖韻，吾所不取。

漢水原文

漢水，源出隴西嶓冢山。由漢中流經鄖縣、均州、光化至襄陽城北。又東南經宜城縣抵安陸州，至大别山入江。

宋之問《漢江宴别》曰：漢廣不分天，舟移杳若仙。秋虹映晚日，江鶴弄晴煙。積水浮冠蓋，遥風逐管絃。嬉遊不可極，留恨此山川。

王維《江漢臨汎》曰：楚塞三湘接，荆門九派通。江流天地外，山色有無中。郡邑浮前浦，波瀾動遠空。襄陽好風日，留醉與山翁。

聖楷曰：留恨、留醉俱妙，覺鹿門、峴山諸人去人不遠。

三　峽

三峽，在歸州巴東縣境，爲入蜀之險阻。

《水經注》云：江水又東逕廣谿峽，斯乃三峽之首也。其閒三十里，頽巖倚木，厥勢殆交。北岸山上有神淵，淵北有白鹽崖，高可千餘丈，俯臨神淵。土人見其高白，故因名之。天旱，然[①]木岸上，推其灰燼，下穢淵中，尋則降雨。此峽多猿，不生北岸，蓋自昔禹鑿以通江，郭景純所謂“巴東之峽，夏后疏鑿”者。江水又東逕巫縣故城南，又東逕巫峽，此杜宇所鑿以通江水也。郭仲産云：“按《地里志》，巫山在縣西南，而今縣東有巫山，將郡縣居

① 然：據《水經注》及崇禎本當作“燃”。

治無恒故也。”

江水歷峽東，逕新崩灘。此山漢和帝永元十三年崩，晉太元二年又崩，當崩之日，水逆流百餘里，湧起數十丈。今灘上有石，或圓如簞，或方似屋，若此者甚衆，皆崩崖所隕，致怒湍流，故謂之“新崩灘”。其頹巖所餘，比之諸嶺，尚爲竦桀。其下十餘里，有太巫山，非惟三峽所無，乃當抗峰岷、峨，偕嶺衡、疑，其翼附群山，並槩青雲，更就霄漢，辨其優劣耳。

神血涂[①]所處，《山海經》曰：夏后啟之臣血涂是，司神于巴。巴人訟于血涂之所，其衣有血者執之。又帝女居焉。天帝之季女，名曰瑶姬，未行而亡，封于巫山之臺。精魂爲草，實爲靈芝，宋玉所謂“巫山之女，高唐之姬。旦爲行雲，暮爲行雨，朝朝暮暮，陽臺之下”。旦朝視之如言，故爲立廟，號曰朝雲。其間首尾一百六十里，謂之巫峽，蓋因山爲名也。

自三峽七百里中，兩岸連山，略無闕處，重巖疊嶂，隱天蔽日，自非停午夜分，不見曦月。至于夏水襄陵，沿泝阻絶，王命急宣，有時朝發白帝，暮到江陵，其間千二百里，雖乘奔御風，不以疾也。春冬之時，則素湍渌潭，迴清倒影。絶巘多生檉柏，懸泉瀑布，飛漱其間，清榮峻茂，良多趣味。每至晴初霜旦，林寒澗肅，嘗有高猿長嘯，屢引淒異，空谷傳響，哀轉久絶。故漁者歌曰：“巴東三峽巫峽長，猿鳴三聲淚沾裳。”

江水又東逕石門灘，又東過秭歸縣之南，又東過夷陵縣南，江水自建平即秭歸。至東界峽，盛弘之謂空泠峽。峽甚高竣，即宜都、建平二郡界也。其間遠望，交嶺表，有五六峰，參差互出。上有奇石，如二人像，攘袂相對，俗傳兩郡督郵争界于此。宜都督郵，厥勢小東傾，議者以爲不如也。江水歷峽東，逕宜昌縣之鍤[②]竈下，

① 血涂：據《水經注》當作“孟涂”，後同。

② 鍤：據《水經注》及崇禎本當作“插”，下同。

絶岸壁立數百丈，有一火燼，插在崖閒，望見可長數尺。父老傳言，昔洪水之時，人薄舟崖側，以餘燼錨之，至今猶存，故先後相承，謂之錨竈也。又東流頭灘，其水並湥激奔暴，魚鱉所不能遊。行者嘗苦之，其歌曰："灘頭白勃堅相持，倏忽淪没别無期。"

又東逕狼尾灘而歷人灘，袁松[①]曰：二灘相去二里。人灘水至峻峭，南岸有青石，夏没冬出，其石嵚崟，數十步中，悉作人面形，或大或小。其分明者，鬚髮皆具，因名曰人灘也。江水又東逕黄牛山，下有灘，名曰黄牛灘。南岸重嶺疊起，最外高崖閒有色，如人負刀牽牛，人黑牛黄，成就分明。既人跡所絶，莫得究焉。此巖既高，加江湍紆迴，雖途逕信宿，猶望見此物，故行者謡曰："朝發黄牛，暮宿黄牛。"言水路行深，迴望如一矣。

又東逕西陵峽，《宜都記》曰：自黄牛灘東入西陵界，至峽口一百里許，山水紆曲，而兩岸高山重嶂，非日中夜半，不見日月。絶壁或千許丈，其石彩色，形容多所像類。林木高茂，略盡冬春。猿鳴至清，山谷傳響，泠泠不絶。所謂三峽，此其一也。松言：嘗聞峽中水疾，書記及口傳悉以臨懼相戒，曾無稱有山水之美也。及余來踐躋此，意既至欣然，始信之耳聞不如親見矣。其疊崿秀峰，奇搆異形，固難以辭敘。林木蕭森，離離蔚蔚，乃在霞氣之表。仰矚俯暎，彌習彌佳，流連信宿，不覺忘返，目所履歷，未嘗有也。既自欣得此奇觀，山水有靈，亦當驚知己于千古矣。

聖楷曰：世稱瞿唐峽、巫峽、歸峽爲三峽者，誤也。《水經注》明以廣谿峽爲三峽之首，以西陵峽爲三峽之一，則三峽當從廣谿、巫峽、西陵爲確。人又皆以三峽爲蜀地之險，不知此乃入蜀之險，非蜀地也。其地皆在楚境歸州。巴東縣原屬巫縣地，今巴東縣西九十里即巫山縣界，故巫峽半在巴東，惟廣谿峽與瞿唐相連，然在春秋時亦屬楚也。

---

① 袁松：崇禎本作"崧"，後同。

三遊洞

三遊洞，在宜昌府。唐爲峽州。

白樂天《序》云：平淮西之明年冬，予自江州司馬授忠州刺史，微之自通州司馬授虢州長史。又明年春，各祇命之郡，與知退偕行。三月十日參會於夷陵。翼日爲[①]之返棹送予，至下牢戍。又翼日，將别未忍，引舟上下者久之。酒酣，聞石閒泉聲，因捨棹進，策步入缺岸。初見石，如疊如削，其怪者，如引臂，如垂幢。次見泉，如瀉如灑，其怪者，如懸練，如不絶綫。遂相與維舟巖下，率僕夫芟蕪刈翳，梯危縋滑，休而復上者凡四焉。仰睇俯察，絶無人迹，但水石相薄，嶙嶙鑿鑿，跳珠濺玉，驚動耳目。自未訖戌，愛不能去。俄而峽山昏黑，雲破月出，光氣含吐，互相明滅，晶熒玲瓏，象生其中。雖有敏口，不能名狀。既而通夕不寐，迨旦將去，憐奇惜别，且歎且言。知退曰："斯境勝絶，天地閒其有幾乎？如之何俯通津，緜歲代，寂寥委置，罕有到者？"予曰："借此喻彼，可爲長太息，豈獨是哉？豈獨是哉？"微之曰："誠哉是言，矧吾人難相逢，斯境不易得。今兩偶於是，得無述乎？請各賦古調詩二十韻，書于石壁。"仍命予序而紀之。又以吾三人始遊，故因爲"三遊洞"。洞在峽州上二十里北峰下，兩崖相廞閒。欲將來好事者知，故備書其事。

歐陽修《三遊洞》詩曰：漾檝泝晴川，捨舟珠翠嶺。探奇冒層嶮，因以窮人境。弄舟終日愛春山，徒見青蒼杳靄閒。誰知一室煙霞裏，乳竇雲腴疑石髓。蒼崖一徑横查渡，翠壁千尋當户起。昔人心賞爲誰留，人云山阿跡更幽。青蘿緑桂何岑寂，山鳥嘐嘐不驚

① 爲：崇禎本作"微"。

客。松鳴澗底自生風，日出林閒來照席。仙境難尋復易迷，山回路轉幾人知。惟應洞口桃花落，流出巖前百丈谿。

青　谿

青谿，在南漳縣西。

《水經注》云：沮水南逕臨沮縣西，青谿水注之。水出縣西青山，山之東有濫泉，即青谿之原也。口徑數丈，其深不測，其泉甚靈潔。至于炎陽有亢，陰雨無時，以穢物投之，輒能暴雨。其水導源東流，以源出青山，故以青谿爲名。尋源浮谿，奇爲深峭。盛弘之云：稠木傍生，凌空交合，危樓傾岳，恒有落勢。風泉傳響于青林之下，巖猨流聲于白雲之上。遊者嘗若目不周玩，情不給賞。是以林徒棲託，雲客宅心，泉側結道士精廬焉。

聖楷按：臨沮縣，即今南漳縣是也。青谿在縣西南五十里，其山高峻，東有泉，今地志作清谿山。

玉女泉原文

玉女泉，在應城縣西南六十里，一名温泉，流分三池。

李白《安州應城玉女湯作》曰：神女歿幽境，湯池流大川。陰陽結炎岸[①]，造化開靈泉。地底爍朱火，沙傍敲[②]素煙。沸珠躍明月，皎鏡涵空天。氣浮蘭芳滿，色漲桃花然。精覽萬殊入，潛行七澤連。愈疾功莫尚，變盈道乃全。濯濯氣清泚，晞髮弄潺湲。散下

① 岸：崇禎本作“炭”。

② 敲：據《李太白文集》卷一九《安州應城玉女湯作》當作“歊”。

楚王國，分澆宋玉田。可以奉巡宰[①]，奈何隔窮偏。獨隨朝宗水，赴海輸微涓。

聖楷曰：凡温泉所在，其下必有硫黄或丹砂、白礬爲之根，乃蒸爲暖流。按《漁隱叢話》云：惟新安黄山是硃砂泉，春時水即微紅色，可煮茗。長安驪山是礬石泉，不甚作氣。今太白詩云“氣浮南[②]芳滿，色漲桃花然”，則玉女湯定是丹砂耳。又按天寶六載，更驪山温泉爲華清宫，故有遠隔窮偏之歎。

仲宣樓原文

仲宣樓，在荆州城東南隅，舊名望江樓。宋陳堯咨始易今名，以王仲宣嘗依劉表于荆州，作《登樓賦》故也。或云在襄陽，又云在當陽。

王粲《登樓賦》曰：登兹樓以四望兮，聊假[③]日以消憂。覽斯宇之所處兮，實顯敞而寡仇。挾清漳之通浦兮，依曲沮之長洲。背墳衍之廣陸兮，臨臯隰之沃流。北彌陶牧，西接昭丘。華實被野，黍稷盈疇。雖信美而非吾土兮，曾何足以少留。

遭紛濁而遷逝兮，漫踰紀以迄今。情眷眷而懷歸兮，孰憂思而可任？憑軒檻以遥望兮，向北風而開襟。平原遠而極目兮，蔽荆山之高岑。路逶迤而修迥兮，川既漾而濟深。悲舊鄉之壅隔兮，涕横墜而弗禁。昔尼父之在陳兮，有歸與之歎音。鍾儀幽而楚奏兮，莊舄顯而越吟。人情同而懷土兮，豈窮達而異心。

惟日月之逾邁兮，俟河清其未極。冀王道之一平兮，假高衢而騁力。懼匏瓜之徒懸兮，畏井渫之莫食。步棲遲以徙倚兮，白日忽

① 宰：據《李太白文集》卷一九《安州應城玉女湯作》當作“幸”。
② 南：崇禎本作“蘭”。
③ 假：當作“暇”。

其將匿。風蕭瑟而並興兮，天慘慘而無色。獸狂顧以求群兮，鳥將鳴而舉翼。原野闃其無人兮，征夫行而未息。心悽愴以感發兮，意忉怛而憯惻。循階除而下降兮，氣交憤於胸臆。夜參半而不寐兮，悵盤桓以反側。

黄鶴樓

黄鶴樓，在江夏縣西。本名黄鵠山，一曰黄鶴山，樓因以名。

唐閻伯理《記》云：州城西南隅，有黄鶴樓山。《圖經》云：費褘登仙，嘗駕黄鶴返憩於此，遂以名樓。事列《神仙》之傳，迹存《述異》之志。觀其聳構巍峩，高標巃嵸，上倚河漢，下臨江流。重簷翼舒，四達[①]霞敞，坐窺井邑，俯拍雲煙。亦荆吴形勝之最也。何必賴鄉九柱、東陽八詠，乃可賞觀時物、會集靈仙者哉。刺史兼侍御史，淮西租庸使，荆、岳、沔等州都團練使河南穆公名寧，下車而亂繩皆理，發號而庶政其凝。或逶迤退公，或登車送遠，遊必於是，宴必於是。極長沙之浩浩，見衆山之纍纍。王室載懷，思仲宣之能賦；仙蹤可揖，嘉叔偉之芳塵。迺喟然歎曰："黄鶴來時，歌城郭之並是；浮雲一去，惜人世之俱非。"有命抽毫，紀兹貞石。時皇唐永泰元年，歲次大荒落，月孟夏，日庚寅記。

聖楷按：黄鵠山，一名黄鶴山，自南朝已著，樓故因山得名矣。記語"嘉叔偉之芳塵"，引用梁任昉記，所謂駕鶴之賓乃荀叔褘，非文褘也，費褘字文褘。

① 達：崇禎本作"闥"。

南 樓

南樓，在武昌縣。

宋陸游《記》云：郡集于南樓，在儀門之南石城上，一曰黃鶴山。制度閎偉，登望尤勝。鄂州樓觀爲多，而此獨得江山之要會，山谷所謂“江東湖北行畫圖，鄂州南樓天下無”是也。下闞南湖，荷葉彌望。中爲橋，曰廣平，其上皆列肆，兩傍有水閣極佳。往山谷云“凭欄十里芰荷香”，謂南湖也。

是日蚤微雨，晚晴。二十八日，同章冠之秀才甫登石鏡亭，訪黃鶴樓故址。石鏡亭者，石城山一隅，正枕大江，其西與漢陽相對，止隔一水，人物草木可數。唐沔州治漢陽縣，故李太白《沔州泛城南郎官湖》詩序云：“白遷于夜郎，遇故人尚書張謂出使夏口，沔州州牧杜公、漢陽令王公觴于江城之南湖。”其後沔州廢，漢陽以縣隸鄂州。周世宗平淮南，得其地，復以爲軍。太白詩云：“誰謂此水廣，狹如一疋練。江夏黃鶴樓，青山漢陽縣。人[①]語猶可聞，故人面[②]可見。”形容最妙。

漢陽負山帶江，其南小山有寺僧者，大别山也。又有小别，謂之二别云。黃鶴樓，舊傳費禕飛升於此，後忽乘黃鶴來歸，故名樓，號爲天下絶景。以崔灝詩最傳，而太白奇句得於此者尤多。今樓已廢，故址亦不復存。問老吏，云在石鏡亭、南樓之閒，正對鸚鵡洲，猶有[③]可想見其地。樓閒[④]李監篆石刻獨存。李白登此樓《送孟浩然》詩云：“孤帆遠映碧空盡，惟見長江天際流。”蓋帆檣映

① 人：據陸游《渭南文集》卷四七《入蜀記》當作“大”。

② 面：據《渭南文集》卷四七《入蜀記》當作“難”。

③ “有”爲衍字，據《渭南文集》卷四七《入蜀記》當删。

④ 閒：據《渭南文集》卷四七《入蜀記》當作“傍”。

遠山尤可觀，非江行久，不能知也。

復與冠之出漢陽門游仙洞，上是石壁數尺，皆直裂無洞穴之狀。舊傳有仙人隱其中，嘗啟洞出游，老兵遇之，得黄金數餅，後化爲石。東坡先生有詩紀其事，初不云所遇何人，且太白固已云："頗聞列仙人，於此學飛術。一朝向蓬海，千載空石室。"今鄂人謂之吕公洞，蓋流俗附會也。有道人，澶州人，結廬洞側，設吕公像其中。洞少南，即石鏡山麓，纍頑石也，色黄赤皴駁，了不能鑑物，可謂浪得名者。

鸚鵡洲原文

鸚鵡洲，在江夏城西大江中。禰衡嘗爲太守黄祖作《鸚鵡賦》，攬筆而作，文無加點，辭采甚麗。後祖殺之，葬於此洲，故名。或云即殺于洲上。

李白《望鸚鵡洲懷禰衡》曰：魏帝營八極，蟻視一禰衡。黄祖斗筲人，殺之受惡名。吴江賦鸚鵡，落筆超群英。鏘鏘振金玉，句句欲飛鳴。鷙鶚啄孤鳳，千春傷我情。五嶽起方寸，隱然詎可平。才高竟何施，寡識冒天刑。至今芳洲上，蘭蕙不忍生。

大别山原文

大别山，在漢陽縣東北半里許，乃江、漢合流處。山若巨鼇浮水上，晴川閣踞其首，方亭踞其背。登眺之美，各極其致。《禹貢》：内方，至大别。《左傳》：吴伐郢，楚子濟漢而陣，自小别至大别。即此處也。相傳山上舊有城，乃三國吴江夏太守陸渙所治。漢口市，即古卻月城也。

蘇東坡《大别方丈銘》曰：閉目而視，目之所見，冥冥蒙蒙。掩耳而聽，耳之所聞，隱隱隆隆。耳目雖廢，見聞不斷，以摇其中。孰能開目，而未嘗視，如鑑寫容？孰能傾耳，而未嘗聽，如穴受風？不視而見，不聽而聞，根在塵空。湛然虚明，遍照十方，地獄天宫。蹈冒水火，出入金石，無往不通。我觀大别，三門之外，大江方東。東西萬里，千溪百谷，爲江所同。我觀大别，方丈之内，一燈常紅。門閉不開，光出于隙，曄如長虹。問何爲然，笑而不答，寄之盲聾。但見龐然，秀眉月面，純漆點瞳。我作銘詩，相其木魚，與其皷鐘。

郎官湖

郎官湖，在漢陽府治。

唐李白詩序云：白遇故人尚書郎張謂出使夏口，沔州牧杜公、漢陽宰王公，觴于江城之南湖，樂天下之再平也。方夜水月如練，清光可掇。張公殊有勝槩，四望超然，乃顧白曰："此湖古來賢豪游者非一，而枉踐佳景，寂寥無聞。夫子可爲我標之嘉名，以傳不朽。"白因舉酒酹水號之曰"郎官湖"，亦由鄭圃之有僕射陂也。席上文士輔翼岑静，以爲知言，乃命賦詩紀事，刻石湖側，將與大别山共相磨滅焉。

詩曰：張公多逸興，共泛沔城隅。當時秋月好，不減武昌都。四坐醉清光，爲歡古來無。郎官愛此水，因號郎官湖。風流若未滅，名與此山俱。

秋興亭

秋興亭，在漢陽府治後鳳棲山之顛。

唐賈至《記》云：在陽而舒，在陰而慘，性之常也。履險而慄，涉夷而泰，情之變也。觀揖讓而退，覩交戰而競，目之感也。聞韶、頀而和，聆鄭、衛而靡，耳之動也。夫其舒則洽，慘則悴，慄則止，泰則通。退則無咎，競則有悔，和則安樂，靡則憂危，性情耳目優劣若此。故君子慎居處、謹視聽焉。沔州刺史賈載，吾家之良也。理沔州未期月而政和，于訟堂之西，因高搆宇，不出庭户，在雲霄矣。卻負大別之固，俯視滄海之浸。閲吴、蜀樓船之殷，鑒荆、衡藪澤之大，亦可旨哉。性得情適，耳虚目開。且處動則倦，理倦莫若静；處静則明，惟明以理動。窮則變，變則通，通則久。今沔州靈府恬而神用爽，政是以和。觀其前户後牖，順開闢之義，簡也；上棟下宇，無雕琢之飾，儉也。簡近于知，儉近于仁，仁知居之，何陋之有？况夫當發生之晨，則攢秀木于高砌，見鸎其鳴矣。處臺榭之月，則納清風于洞户，見暑之徂矣。在摇落之時，則俯顥氣于軒檻，見火之流矣。值嚴凝之節，則棲同雲于扃闥，見雪之紛矣。政成頌清，體安心逸，而詩人之興常在。四時之興，秋興最高，因以命亭焉。予自巴丘徵赴宣室，歇安棠樹之側，解帶竹林之下，嘉其俛仰，美其動息，乃命進牘，抽毫志之。

聖楷按：秋興亭在鳳棲山顛，其東有雙松亭，又有清光亭，在郎官湖有楚波亭，在吴王磯大禹廟側又有湧月亭，有煙波亭，皆登臨勝地。今遊人止知有晴川樓，亦陋矣哉。

東坡

東坡，在黄州城東，宋蘇軾謫黄州團練使時墾闢之地。

宋陸游《記》云：自州門而東，崗壟高下，至東坡則地勢平曠開豁。東起一壟頗高，有屋三間，一龜頭曰居士亭，亭正面南一堂頗雄，四壁皆畫雪。堂中有蘇公像，烏帽紫裘，横按筇杖，是爲雪堂。堂東大柳，傳以爲公手植。正南有橋，牓曰"小橋"，以"莫忘小橋流水"之句得名。其下初無渠澗，遇雨則有涓流耳。舊址片石布其上，近輒增廣爲木橋，覆以一屋，頗敗人意。東一井曰"暗井"，取蘇公詩中"走報暗井出"之句。寒泉慰齒，但不甚甘。又有四望亭，正與雪堂相直，在高阜上，覽觀江山，爲一郡之最。亭名見蘇公及張文潛集中。坡西竹林，古氏故物，號南坡，今已殘伐無幾，地亦不在古氏矣。出城五里，至安國寺，蘇公所嘗寓。兵火之餘，無復遺跡，惟遶寺茂林、啼鳥，似猶有當時氣象也。郡集于棲霞樓，蘇公樂府云"小舟横截春江去，臥看翠壁紅樓起"，正謂此也。下臨大江，煙樹微茫，遠山數點，亦佳處也。樓頗華潔。先是，郡有慶瑞堂，謂亦[1]故相所生之地，後毁，以新此樓。酒味殊惡，然文潛乃極稱黄州酒，以爲自京師之外無過者。豈文潛謫黄時，適有佳匠乎？循小徑繚州宅之後，至竹樓，規模甚陋，不知當王元之時，亦止此耶？

樓下稍東，即赤壁磯，亦茅岡爾，略無草木。故韓子蒼侍制詩云："豈有危巢與棲鶻，亦無陳迹但飛鷗。"此磯，《圖經》及傳者皆以爲周公瑾敗曹操之地，然江上多此石，不可考質。李太白《赤壁歌》云："烈火張天照雲海，周瑜於此敗曹公。"不指言在

① 亦：據陸游《渭南文集》卷四六《入蜀記》當作"一"。

黄州。蘇公尤疑之，賦云："此非曹孟德之困于周郎者乎？"樂府云："故壘西邊，人道是，當日周郎赤壁。"蓋一字不輕下如此。至韓子蒼云："此地能令阿瞞寺[①]。"則真指爲公瑾之赤壁矣。又黄人實有赤壁曰蒼[②]鼻，尤可疑也。晚復移舟菜園，步又遠竹園三四里。蓋黄州臨大江，了無港澳可泊。或云舊有澳，郡官厭客，故塞之。

聖楷曰：赤壁在今嘉魚縣西石頭口是也。詳具予《赤壁考》中，故不再見。

竹　樓

竹樓，在黄岡縣城西北隅，宋王禹偁建。

宋王禹偁《記》云：黄岡之地多竹，大者如椽。竹工破之，刳去其節，用代陶瓦，比屋皆是，以其價廉而工省也。于城西北隅，雉堞圮毁，蓁莽荒穢，因作小竹樓二間，與月波樓通。遠吞山光，平挹江瀨，幽闃遼敻，不可具狀。夏宜急雨，有瀑布聲；冬宜密雪，有碎玉聲。宜鼓琴，琴調虚暢；宜詠詩，詩韻清絶；宜圍棋，子聲丁丁然；宜投壺，矢聲錚錚然，皆竹樓之所助也。公退之暇，披鶴氅，戴華陽巾，手執《周易》一卷，焚香默坐，消遣世慮。江山之外，第見風帆沙鳥，煙雲竹木而已。待其酒力醒，茶煙歇，送夕陽，迎素月，亦謫居之勝槩也。彼齊雲、落星，高則高矣；井幹、麗譙，華則華矣。止于貯妓女，藏歌舞，非騷人之事，吾所不取。吾問[③]竹工云："竹之爲瓦，僅十稔，若重覆之，得二十

① 寺：據崇禎本及陸游《渭南文集》卷四六《入蜀記》當作"走"。

② 有赤壁曰蒼鼻：據《渭南文集》卷四六《入蜀記》及崇禎本當作"謂赤壁曰赤鼻"。

③ 問：據王禹偁《王黄州小畜集》卷七《黄州新建小竹樓記》當作"聞"。

稔。”噫！吾以至道乙未歲自翰林出滁上，丙申移廣陵，丁酉又入西掖，戊戌歲除日有齊安之命，己亥閏三月到郡。四年之間，奔走不暇，未知明年又在何處，豈懼竹樓之易朽乎？幸後之人與我同志，嗣而葺之，庶斯樓之不朽也！咸平二年八月十五日記。

抔　尊

抔樽，在武昌樊口郎亭西。

唐元結《銘》序云：郎亭西乳有叢[①]石，石臨樊水，漫叟構石顛以爲亭。石有窊顛者，因修之以藏酒。士源愛之，命爲抔樽。乃爲士源作抔樽銘。銘曰：

窊顛之石，在吾亭上。天全其器，實有殊狀。如竇而底，似傾幾欹。非曲非方，不準不規。孟公高賢，命曰抔樽。漫叟作銘，當欲何言？時俗僥狡，日益僞薄。誰能抔飲，共守淳樸？

抔　湖

抔湖，在武昌樊口抔樽之西。

元結《銘》序云：抔湖東底抔樽，西侵退谷，北匯樊水，南涯郎亭。有菱有荷，有菰有蒲，方一二里，能浮水與。漫叟自抔亭遊退谷，必泛此湖。以湖在抔樽之下，遂命曰抔湖。銘曰：

誰遊江海，能厭其大？誰泛抔湖，能厭其小？故曰人不厭者，君子之道。於戲君子，人不厭之。死雖千歲，其行可師。可厭之類，不獨爲害。死雖萬死，獨堪污穢。或問作銘，意盡此歟？吾欲

① 叢：據元結《元次山集》卷六《抔樽銘》及崇禎本當作“藂”。

爲人厭者，勿泛抔湖。

退　　谷

退谷，在抔湖西南。

元結《銘》序云：抔湖西南是退谷，谷中有泉，或激或懸，爲竇爲淵。滿谷生壽木，又多壽藤縈之。始入谷口，令人忘返。時士源以漫叟退修耕釣，愛遊此谷，遂命曰退谷。元子作銘，以顯士源之意。銘曰：

誰命退谷？孟公士源。孟公之意，漫叟知焉。公畏漫叟，心進跡退。公懼漫叟，辭小受大。於戲退谷，獨爲吾規。干進之客，不能遊之。何人作銘，銘之谷口？荒浪者歟，退谷漫叟！

聖楷按：元次山又有《招孟武昌》詩云：漫叟作《退谷銘》，指曰：干進之客，不能遊之。作《抔湖銘》，指曰：爲人厭者，勿泛抔湖。孟士源嘗黜官，無情干進，在武昌，不爲人厭，可遊退谷，可泛抔湖，故作詩招之：

風霜枯萬物，退谷如春時。窮冬涸江海，抔湖澄清漪。湖盡到谷口，單船近階墀。湖中更何好，坐見大江水。欹石爲水涯，半山在湖裹。谷口更何好，絶壑流寒泉。松桂蔭茅舍，白雲生坐邊。武昌不干進，武昌人不厭。退谷正可遊，抔湖任來泛。湖上有水鳥，見人不飛鳴。谷口有山獸，往往隨人行。莫將車馬來，令我鳥獸驚。

異　泉

異泉，在大冶縣西塞山。

元結《銘》序云：天寶十三年，春至夏甚旱，秋至冬積雨。西塞西南有迴山，山顛是秋崩拆，有穴出泉。泉垂流三四百仞，浮江中可望。於戲！陰陽旱雨，時異；以至柔破至堅，事異；以至下處至高，理異。故命斯泉曰異泉。銘于泉上，其意豈獨旌異而已乎？銘曰：何故作銘，銘于異泉？爲其當不可闕，拆石出焉。何用作銘，銘于異泉？爲其當不可下，窮高流焉。君子之德，顯與晦殊。爲此銘者，忘道也與？

聖楷按：西塞山在武昌大冶縣東九十里。舊志云：高百六十尺，周三十七里。《江夏風俗記》云：延連江側，東望偏高，謂之西塞。西塞稍西爲回山，上有飛雲三洞，上洞出雲，中洞出水，下洞出風。一名琦玕洞。元結避難于此，稱琦玕子云。

陶峴《西塞山下迴舟》詩云：匡廬舊業是誰主，吴越新居安此生。白髮數莖歸未得，青山一望計還成。鴉翻楓葉夕陽動，鷺立蘆花秋水明。從此捨舟何所詣？酒旗歌扇正相迎。

楚寶卷第三十九考異

新化鄧顯鶴湘皋述

山　　水

太嶽武當山

武當山一曰太和山，亦曰參上，又曰仙室。

顯鶴案：《水經》：漢水又東南逕縣城東。酈注：又東，曾水注之。水導源縣南武當山，一曰太和山，亦曰參上山，山形特秀，又曰仙室。《荆州圖副記》曰：山形特秀，異於衆岳，峰首狀博山香爐，亭亭遠出，藥石延年者萃焉。

三　　峽

天旱，然木岸上，下穢淵中，尋則降雨。

顯鶴案：酈注引常璩曰：縣有山澤水神，旱時鳴鼓請雨，則必應嘉澤。《蜀都賦》所謂“應鳴鼓而興雨”也。峽中有瞿塘、黄龍二灘，夏水迴復，沿泝所忌。瞿塘灘上有神廟，尤至靈驗。刺史二千石經過，皆不得鳴角伐鼓，商旅上水，恐觸石有聲，乃以布裹篙足。今則不能爾，猶饗薦不輟。

其頽巖所餘，比之諸嶺，尚爲竦桀。

案：酈注“比之諸嶺”，“比”作“北”。

江水歷峽東，逕宜昌縣之鍤竈下。

案：酈注“鍤竈”作“埵竈”。“江之左岸，絶峰壁立數百丈，飛鳥所不能棲。有一火爐，埵在崖間。”注引《洽聞記》[①]云：空泠峽絶壁上有一火爐，長數尺，名曰插竈。相傳堯時洪水，行者泊舟崖側炊爨，以餘燼插之。鄭、常蓋亦據此注耳。

又東逕黄牛山，下有灘名曰黄牛灘。南岸重嶺疊起，最外高崖間有色。

案：酈注云“有色”當作“有石”。[②]

言水路行深，迴望如一矣。

案：《太平御覽》引此云“言水路紆深，迴環望如一矣”。

世稱瞿唐峽、巫峽、歸峽爲三峽者，誤也。《水經注》明以廣谿峽爲三峽之首，以西陵峽爲三峽之一，則三峽當從廣谿、巫峽、西陵爲確。

顯鶴案：三峽諸説，稱引互異。近安化陶雲汀中丞澍《蜀輶日記》云：三峽之説不一，有謂明月、廣德、東突者，庾仲雍《記》也。有謂明月、巫山、廣谿者，《峽程記》也。有謂西峽、巴峽、巫峽者，《寰宇記》也。有謂西陵、巫峽、歸峽者，宋肇《記》也。惟王洙瞿塘、巫山、黄牛之説爲近是。蓋川江之以峽名者甚

① 注引《洽聞記》之注，非酈道元《水經注》所引，引者乃明人朱謀㙔《水經注箋》。

② 此亦朱謀㙔《水經注箋》引孫潛夫説，非酈説。

多，難以枚舉，所謂三峽者，專以在荆州者言之耳。盛弘之《荆州記》云：三峽七百里中，兩岸連山，略無闕處。今自夔府東至宜昌，將近六百里，奇險盡在其間。蓋自灩澦堆至虎鬚灘，統名爲瞿塘峽。一名廣溪峽，即瞿[1]峽也。自空亡沱至門扇峽，統名爲巫峽。其尾盡於巴東，故又曰巴峽也。自兵書峽至平善壩，統名爲西陵峽。其峽起於歸州，而翹於黄牛，訖於扇子，故又曰歸鄉峽、黄牛峽、扇子峽也。諸説紛紛，斷以夔峽、巫峽、西陵峽爲三峽。此因親歷其境，目擊層巖疊嶂，其阻且長者，有此三處。證以弘之《荆州記》，確然無疑。其言甚析，斯可以證三峽之所在矣。

顯鶴又案：陶中丞《蜀輶》辨《禹貢》九江更詳，附録於此。

九江之説不一，有以彭蠡爲九江者，劉歆也。王莽緣此改豫章爲九江，而鄭康成之説因之。有以潯陽爲九江者，漢潯陽縣在蘄州界内，地名蘭城，南接德化境。孔安國《書傳》與班固《地理志》也。孔穎達緣此，謂江分九派，猶河分爲九，而應劭之説如之。此皆秦漢時九江，非《禹貢》九江也。

《禹貢》言九江者三，皆在荆州。而彭蠡、潯陽在揚州之域。劉、鄭諸儒皆北人，昧於南方地形，遂并《禹貢》原文而昧之。孔、應之説尤謬，江果分九，則九江即江之正身，豈得言過耶？按《山海經》：洞庭之山，帝之二女居之。是常游於江淵。澧、沅之風，交瀟、湘之浦，是在九江之間。然則洞庭之稱九江，由來久矣。

又按屈原《哀郢》云“上洞庭而下江”，又曰“當陵陽之焉至兮，淼南渡之焉如”。屈原放逐江南，將泝洞庭，必先由郢下江，道出城陵磯，即東陵也。所言“陵陽”自指東陵之陽，猶今巴陵之稱岳陽也。由此南渡洞庭而浩淼無際，故曰南渡焉如也。《水經注》：江之右岸有城陵山，其上有城。蓋後人因城之故而訛“東

① 瞿：據《蜀輶日記》當作“夔”。

陵”爲“城陵”耳。荆州本治江陵，而城陵與夷陵分踞東西，夷陵爲楚西陵，則城陵山之爲東陵無疑矣。自川江而東，除卻洞庭，更無九水同滙一處，可以總名之曰九江，亦更無名山在東岸，可以稱東陵者。

若林三山謂廬江郡有東陵鄉，無論小鄉僻地，不足爲證，且江至東陵，東迤北會于滙，果在廬江，則江、漢方朝宗赴海，更從何處迤而北滙耶？至曾彦和以辰、沅、漸、溆、无、應作“潕”，一作“㵲”，又作“巫”。作“元”者非。酉、澧、資、湘爲九江，朱子去无、澧而易以瀟、烝。後人又謂无、澧不當去，烝不必入，但當易漸爲瀟耳。蔡《傳》亦從曾説。而三山謬謂曾氏之言無所考據，不可從。不知《山海經》非僻書，而沅、湘、辰、溆屢見《楚辭》，資、酉、漸、無注於《水經》，豈得謂之無據？若林氏可謂盲人道黑白也！因論江沱而備及之。

案：《蜀輶》爲雲汀中丞典試四川時往還日記，於山川地形多所辨晰，其論九江，尤足祛前人之蔽。近有言《禹貢》“九江孔殷”在“江、漢朝宗于海”之下，據此爲九江在廬江之證。不知經文“沱、潛既道，雲土夢作乂”又在“九江孔殷”之下，以九江爲廬江，將沱、潛、雲夢亦可遷就爲揚州境乎？不待辨而自明矣。

南　樓

宋陸游《記》云：郡集於南樓，在儀門之南石城上，一曰黄鶴山。制度閎偉，登望尤勝。

顯鶴案：《晉書·庾亮傳》：亮在武昌，諸佐吏殷浩之徒，乘秋夜往共登南樓。俄而不覺亮至，諸人將起避之。亮徐曰：“諸君少住，老子於此興復不淺！”便據胡牀，與浩等談咏竟坐。案：武昌，故楚之東鄂，吴孫權都之。黄初三年改爲武昌縣，黄龍元年遷都建業，以陸遜輔太子鎮武昌。晉太康元年，改江夏郡曰武昌郡，永平中始置江州治此，歷代常爲重鎮。隋屬鄂州，唐因之。據此，南樓當在今之武昌縣。若放翁所云，距黄鶴樓故趾不遠，則在江夏，與武昌之南樓無涉。并山谷所謂“江東湖北行畫圖，鄂州南樓天下無”者，亦誤以江夏爲武昌。蓋相沿之謬，放翁未之考爾。

楚寶卷第三十九增輯

新化鄧顯鶴湘皋述

山　　水

漢上琴臺

漢上琴臺，在漢陽府北二里。

國朝江都汪中代畢尚書沅《銘》並序：自漢陽北出二里，有邱焉。其廣十畝，東對大别，左界漢水，石隄亘其前，月湖周其外，方志以爲伯牙鼓琴，鍾期聽之，蓋在此云。居人築館其上，名之曰“琴臺”。通津直道，來止近郊，層軒累榭，迥出塵表。上多平曠，林木翳然，水至清淺，魚藻交暎。可以栖遲，可以眺望，可以泳游。無尋幽陟遠之勞，靡登高臨深之懼，懿彼一邱，實具二美。桃華淥水，秋月春風，都人冶游，曾無曠日。夫以夔、襄之技，温、雪之交，一揮五弦，爰擅千古。深山窮谷之中，廣厦細旃之上，靈蹤所寄，奚事刻舟，勝地寫心，諒符玄賞。余少好雅琴，牿諳操縵，自奉簡書，久忘在御。弭節夏口，假館漢臯，峴首同感，桑下是戀。於以濯足滄浪，息陰喬木，聽漁父之鼓枻，思游女之解佩。亦足高謝塵緣，希風往哲，何必撫弦動曲，乃移我情。銘曰：

宛彼崇邱，於漢之陰。二子來游，爰迄於今。廣川人静，孤館天沈。微風永夜，虚籟生林。泠泠水際，時汎遺音。三歎應節，如彼賞心。朱弦已絶，空桑誰撫。海憶乘舟，巖思避雨。邈矣高臺，巋然舊楚。譬操南音，尚懷吾土。白雪罷歌，湘靈停鼓。流水高山，相望終古。

附《伯牙事考》：漢上伯牙遺蹟，方志無稽，誠不足道。古籍載伯牙事所連及者，《琴操》有成連、方子春，《吕氏春秋》有鍾子期。成連、方子春無所考。《吕氏春秋·本味篇》："伯牙鼓琴，鍾子期聽之。"高誘注云："伯氏，牙名，或作雅；鍾氏，期名，子通稱，悉楚人也。"又《精通篇》云："鍾子期夜聞擊磬者而悲。"高誘注云："鍾，姓也。子，通稱。期，名也。楚人鍾儀之族。"誘受學於盧尚書，立言不苟，其時故書雅記存者尚多，必有所本。期爲鍾儀之族，則是世官而宿其業也，其知音也固宜。又鍾建亦爲樂尹，不知與期何别也。

荀子《勸學篇》："伯牙鼓琴，而六馬仰秣。"楊倞注：伯牙，不知何時人。今檢《史記·魏世家》昭釐王十一年，當秦昭王四十一年，昭王問左右：今日韓、巍[①]孰與始强？如耳、巍齊孰與孟嘗、芒卯賢？中旗馮琴而對。中旗，《秦策》又作"中期"，而《韓非子·難勢篇》正作"鍾期"，以馮琴事準之，則爲鍾子期無疑也。昭王十年，楚懷王入秦，二十九年，白起攻楚，取郢爲南郡，鍾期之自楚入秦，固有因也。然則伯牙爲楚懷王、頃襄王時人明矣，列子與鄭子陽同時，而《湯問》亦載其事者。劉向謂《穆王》《湯問》二篇迂誕恢怪，非君子之言。以今考之，正他書誤入之駁文也。余既銘斯臺，因附書於石之陰，以告學者。

顯鶴案：江都汪先生，名中，字容甫。著《述學》内外篇。鎮洋畢尚書沅總督湖廣時，先生客幕中，又有代尚書作《黄鶴樓銘》并序，並附録左方。

汪中《黄鶴樓銘》並序：江出峽，東至於巴邱，沅、湘二水入

① 巍：據汪中《述學》外篇下《漢上琴臺之銘》當作"魏"，下"魏齊"亦如是。

焉。又東至於夏口，漢水入焉。於是西自岷山，西南自牂牁，南自桂嶺，西北自嶓冢，五水所經半天下，皆匯於是，以注於海。而江夏黄鵠山當其衝，江環其三面，再折而後東，故地形稱險焉。縣因山爲城，山之西有磯，起於江中，石立如植，激水逆行，恒數里，於形爲尤險。其上爲樓，咸取於山以爲名，始自孫吴，酈氏著之，《齊》《梁》二書，並載其蹟，於後樓之興廢，史莫能紀。

乾隆元年，大學士史文靖總督湖廣，乃更其制，自山以上，直立十有八丈，其形正方，四望如一，高壯閎麗，稱其山川。歷年六十，堅密如新。其下則水師蒙衝在焉，歲以十月都試，吴戈犀甲，蔽川燿日。江以西，商旅百貨之所湊，道路晝夜行不休，著籍户八百萬，公私舟楫，列檣成林。南北二郊，原隰沃衍，禾黍彌望，無高山深林之蔽。桴鼓一鳴，上下百里，若示諸掌，姦宄無所匿其跡。

惟江夏自宋立郢州以來，代爲重鎮。國家疆理天下，慎固封守，常以尚書、侍郎鎮撫其地，及司、道之所治。百城冠蓋，四至趨風，驛路劇驂，輶軒之使，不日則月。西南際海，屬國以百數，終王受吏，累譯來庭，往反上都，皆道於此。守土之吏，率會於兹樓，以飲食之禮，親其僚友，不降階序，而民風穡事，胥可知也。

洎夫王臣咨諏，每懷靡及。舌人體委，懷柔遠人。治官莅民，禮賓詰戎。邦之大事，於是乎咸在。外以設險，内以經國，地勢然也。其有逐臣羈客，登高作賦，感物造端，可興可怨；丹邱羽人，雲水栖遊，徜徉乎其地，均足以發抒文采，增成故實。沅始釋褐，文靖以元老在朝，先後序同，歲爲衣冠盛事。蒙恩敭歷，兹繼其武。既欣踐於勝地，且感遺構，乃爲銘曰：

海有神山，河惟底柱。巨靈爰辟，列仙攸處。樂哉斯邱，曾城之顛。上標崇觀，下俯大川。柱天不傾，障江欲迴。山增比岳，水激成雷。都會是程，蠻荆斯控。光映鳥帑，勢吞雲夢。四野底平，八窗洞屬。登若馮虚，望惟極目。朱衣行水，毛人墮城。夢有先兆，神或不經。大别西踞，樊口東趨。神禹明德，黄武伯圖。川逝無停，人往不作。我紀兹遊，思同民樂。

楚寶名祀論次目録

狄仁傑爲江南巡撫使，凡毀吴、楚淫祠千七百所，止留夏禹、吴太伯、季札、伍員四祠而已。予倣其意，於楚山川之神存其六，於古帝王存其四，於古大臣忠於社稷者存其五，於仁傑所留者止夏禹一人，仁傑所未及而予獨存之者申包胥一人。蓋亦存乎時與地爾。述《名祀》第二十三，凡一卷。

楚寶卷第四十

明湘潭周聖楷伯孔輯纂

名　祀

南嶽衡山神

南嶽衡山者，五嶽之一也，其來尚矣。至於軒轅，乃以灊、霍之山爲其副焉，故《爾雅》云：霍山爲南嶽。至漢武南巡，又以衡山夐遠，道隔江漢，於是徙南嶽之祭於廬江灊山，此亦承軒轅副義也。《湘中記》云：上承冥宿，銓德均物，故名衡山。下踞離宫，攝位火鄉，故號南嶽。赤帝館其嶺，祝融宅其陽，威神堂堂，蔭映峨峨。是以宅藪神靈，室宇仙羅，而南方之山，衡獨爲宗也。

洪武三年，太祖高皇帝命祀南嶽，文曰：衡之爲嶽，磅礴中國之南，參穹靈秀，形勢巍然。古帝王若天時，察地利，以安生民，故祀之。於敬則誠，於禮則宜。自唐始加封號，歷代相因。曩者元君失馭，海内鼎沸，生民塗炭。余起布衣，承上天后土之命，百神陰祐，削平暴亂，正位稱尊。奉天地，享鬼神，統一人民，法當式古。今寰宇既清，特修祀儀。因神有歷代之封號，詳之再三，畏不敢效。蓋神與穹壤同始，靈鎮南方，不知歲月幾何？神之所以靈，人莫能測，必受命于上天后土，爲人君者何敢預焉？余懼不敢加號，特以南嶽衡山名其名。依時祀神，惟神鑒之。

杜甫《望嶽》詩曰：南嶽配朱鳥，秩禮自百王。歘吸領地靈，澒洞半炎方。邦家用祀典，在德非馨香。巡狩何寂寥，有虞今則亡。洎吾隘世網，行邁越瀟湘。渴日絶壁出，漾舟清光傍。祝融五峰尊，峰峰次低昂。紫蓋獨不朝，争長業相望。恭聞魏夫人，群仙夾翱翔。有時五峰氣，散風如飛霜。牽迫恨修途，未暇杖崇岡。歸來覬命駕，沐浴休玉堂。三歎問府主，曷以贊我皇。牲璧忍衰俗，神其思降祥。

韓愈《謁衡嶽廟遂宿嶽寺》曰：五嶽祭秩皆三公，四方環鎮嵩當中。火維地荒足妖怪，天假神柄專其雄。噴雲泄霧藏半腹，雖有絶頂誰能窮？我來正逢秋雨節，陰氣晦昧無清風。潛心默禱若有應，豈非正直能感通。須臾静掃衆峰出，仰見突兀撑青空。紫蓋連延接天柱，石廩騰擲堆祝融。森然魄動下馬拜，松柏一逕趨靈宫。粉牆丹柱動光彩，鬼物圖畫填青紅。升階傴僂薦脯酒，欲以菲薄明其衷。廟令老人識神意，睢盱偵伺能鞠躬。手持杯珓導我擲，云此最吉餘難同。竄逐蠻荒幸不死，衣食纔足甘長終。侯王將相望久絶，神縱欲福難爲功。夜投佛寺上高閣，星月掩映雲朣朧。猿鳴鐘動不知曙，杲杲寒日生于東。

太嶽武當山神

太嶽武當山者，在均州南一百三十里。山初不以嶽名，永樂十六年十二月，勅修武當山宫觀成，始特賜名曰太嶽太和之山。又即天柱峰頂冶銅爲殿，飾以黄金，範真武像於中。選道士二百人供灑掃，給田二百七十七頃，併耕户以贍之，每宫設提點一人，秩正六品。

永樂十六年，成祖文皇帝《御製太嶽太和山碑》文曰：蓋聞大而無迹之謂聖，妙不可測之謂神。是故行乎天地，統乎陰陽，出有入無，恍惚翕張，驂日馭月，鼓風駕霆，倏而爲雨，忽而爲雲，禦災捍患，驅沴致祥，調運四時，橐籥萬彙，陶鑄群品，以成化工者，若北極之神是已。神本天一之化，生而神靈，聰以知遠，明以察微，潛心會道，志契太虚。兹山舊名太和，謂非玄武不足以當之，故名曰武當。蟠踞八百餘里，列七十二峰、三十六巖之奇峭，二十四澗之幽邃。峰之最高，曰天柱。境之最高，曰紫霄、南巖。上出遊氛，下臨絶壑，跨洞天之清虚，陵福地之深窅。紫霄、南巖皆有宫，又自南巖北下三十里，有五龍宫。又四十里，抵山趾，有真慶宫，元末悉燬於兵燹。荆榛瓦礫，廢而不舉。天啟我國家皇考太祖高皇帝，以一旅定天下，神陰翊顯佑，靈明赫奕。肆朕起義兵、靖内難，神輔相左右，風行霆擊，其蹟甚著。暨即位之初，茂錫景貺，益加炫燿，嘉生駢臻，灼有異徵。朕夙夜祗念，罔以報神之休。肅命臣工，即五龍之東數十里，建玉虚宫。天柱之顶，冶銅爲殿，飾以金泥，範神之像，享祀無極。上以殷薦皇考妣在天之靈，下以爲海内臣庶迓休祉也已。

公安袁小修《遊太和記》曰：遊侣問玄帝所自出。余曰：黄帝之子昌意，娶蜀山之女，生高陽氏，居弱水之鄉，陶七河之津，是爲玄帝也。役御百神，召至雷電，乘結元之車，周旋八外。諸有洞臺之山，陰宫之丘，皆移安息之石，封而填之。鑄羽山銅爲寶鼎，以獻於神峰，大約與黄帝鑄鼎首山事同。陶貞白與楊、許諸仙往來，親得其説而紀之，尚有可信。若夫净樂國王之説，俚甚，無足存者。自古山澤之癯，冲舉者多，惟帝王絶少，而黄帝祖孫，皆鼎成乘雲歸於碧落，似别有家學脈絡。彼秦皇漢武，不得其術，而以腐骨望神山，以淫胎飲浩露，宜乎疎天親地，究歸玄壤也。今黄帝之跡相望，而玄帝隱於盲説，悠悠無知者，余故備爲拈出。

太昊帝伏羲

伏羲廟，在景陵縣東北七十里五華山上。晉習鑿齒云：昔伏羲葬於南郡，此固其冠劍佩舄之鄉也。志云縣本古風國，其後裔封此，因而祀之者，非。

胡寅《伏羲廟記》曰：古祭法之義，有報而無祈，非仁與知，孰能與於此哉？德莫盛於五帝，而庖羲爲首，蓋三千餘歲於兹矣。景陵祀，未詳肇始。考聖德之所建，萬世衣被，則有民者，亦何可而不祀耶？昔司馬遷作《本紀》，列黄帝、顓、辛、堯、舜五人焉。其言曰：孔子所告宰予，儒者或不傳，及《春秋》《國語》，發明《五帝德》《繫姓》章矣。《書》缺有閒，乃時時見於他説。善乎人之論曰：判古者之昏，當折衷於仲尼。繫[①]《易》，歷敘制器致用，兼濟生民者，獨稱羲、農、黄帝、堯、舜氏，蓋以爲五帝也，而顓、辛無聞焉。太史公所載，特形容之虚語爾，烏得與羲、農比哉？豈遷有見於《尚書》之斷自唐堯，而無見於《易》之首稱庖羲歟？故凡人論道議事，一折衷於仲尼，則無失者。置仲尼而取史籍所載及他説爲據，未有能臻其當也。然則論羲爲帝首，蓋祖諸仲尼耳。

謹按：庖羲風姓，生於成紀，母曰華胥，推木德繼天而王，號曰太昊，都於宛邱。河中龍馬負圖，帝乃則之，畫八卦，分三才，通神明之德，類萬物之情，以著開物成務之道。龜爲卜，蓍爲筮。時當洪荒，人民睢盱，禽獸同居，未知倫理養生。帝始推擇聖賢，可共代天工者，得金提、烏明、視默、紀通、仲起、陽侯以爲輔佐，始有書契，代結繩之政。建官分職，以龍紀，昭布天下，統民治事。始教民稼穡，用儷皮爲禮。始教民作網罟佃漁，養馬牛羊豕狗鷄，充庖廚，薦神祇。在位百有十年，群生和洽，各安其性。民到於今，蒙賴日用之實，非虚語也，可謂盛德矣哉！是宜載之祀典，昭其報於罔極矣。

嗚呼！漢唐而後，道術不明，異端並作。學士大夫昧於鬼神之

① 據胡寅《斐然集》卷二一《復州重修伏羲廟記》，“繫”前脱“仲尼”二字。

情狀，凡戕敗倫理，耗斁斯人，下俚淫祠，巫祝所託以竊衣食者，則相與推尊祇奉，徼冀福利。至於古先聖帝明王，有功有德，仁人義士，扶世道民，不可忘也，則湮没而莫之承，或文具而莫致其享。郡邑長吏，政教不善，感傷和氣，一有水旱蟲火之災，顧汲汲然旅緇旅黄，擎跽拜跪，謁諸偶像。適會災變自止，因即以爲土木之賜，禳禱之效，日滋日迷，正理大壞。

復州焦侯，惟正秉心，純撫民惠，在郡三歲，人和年豐。會紹興十二年合宫赦令，詔長史修繕境内祠廟。侯曰："莫先於庖羲氏矣。"鳩工闡事，肅給告成，有尊報之誠心，無希望之諂意，庶幾於知古道，憫俗失，良二千石也。乃推明帝德之本，列號之正，經史之是非，使刻之堅珉，以示來者。

炎帝神農

炎帝陵，在衡州酃縣康樂鄉。宋乾德中建廟，以祝融配享，置守陵户。國朝洪武四年、洪熙元年，俱遣官奠祀修陵。《荆州記》又稱：神農生於隨州厲鄉。今隨州亦有炎帝廟。

曾鶴齡《神農陵記》曰：神農氏始教民稼穡、交易、蜡祭、醫藥，開萬世衣食相生相養之原。凡後世有天下者皆祀之，而新即位者則告焉，示不忘本也。今上即位，遣臣賫香幣祝詞，求其陵，行祝告之禮，而陵在衡州之酃縣。酃縣故深僻，若獠洞然。自衡舍舟陸行，越峻岅，涉深塹，五宿始至。又三宿始將事，事皆如儀，奠獻有虔，用稱上所以親遣之意。既畢事，始若釋重負，然猶不敢慢忽。遂跼步山麓，見有石壁高三尋許，廣半之，正面而直立，咸指爲塚門。又上少許，有古杉二株，一榮一枯，其大數十圍，高不可計，根節如鐵石，或以爲異人所種，莫敢翦伐。杉下有壇，壇下墠，蓋舊有之，後漸更置，或能言更置之由，而未詳也。

至問陵之所始訖，莫能對。退就館，取縣志觀之，亦落莫不載。以問酃諸生，有進而前者，對曰："聞諸長老，言宋太祖求帝王之應祀者，獨神農氏陵不可得，一夕夢神人，戴一笠，持兩火，訴不血食。覺而問群臣，皆曰：玆非炎帝乎？火位南方，宜往南求焉。遂遣使者至長沙衡山之境。求不獲，將歸，遇二老人引而指示之，曰：是炎帝塚也。忽不見。使者還報，即遣祀之，遂成故典。"噫，斯亦近於誣也。雖然，殷高宗夢傅説，遂舉爲良弼。孔子夢見周公，卒明其道，以教萬世。由是以觀，則宋太祖之事，亦精神所感有然也，不可以弗信。矧炎帝之德澤，萬世亦被，其神在天，無所求而不獲。今苟循其故典，務盡誠以享焉，有不洋洋昭格者乎？余故存其説，以告後之來祀者。第宜盡誠焉爾，陵之是否，置弗辨可也。

虞帝舜

帝舜陵，在道州寧遠縣九疑山，秦皇、漢武皆望祀焉。宋時禁樵採，置守陵五户。國朝重建廟於簫韶峰下。

蔡邕《九疑山碑》文曰：巖巖九疑，峻極于天。觸石膚合，興播建雲。時風嘉雨，浸潤于民。芒芒南土，實賴厥勛。逮于虞舜，聖德光明。克諧頑傲，以孝烝烝。師錫帝世，堯而授徵。受終文祖，璇璣是承。太階以平，人以有終。遂葬九疑，解體而升。登此崔嵬，託靈神仙。

唐吕温《論清舜廟狀》曰：右，臣謹按地圖，舜陵在九疑之山，舜廟在太陽之溪。舜陵古者已失，太陽溪今不知處，秦漢以來，置廟山下，年代寖遠，祠宇不存。每有詔書令州縣致祭，奠酹荒野，恭命而已。豈有盛德大業，百王師表，没投荒裔，陵廟皆無？臣謹遵舊制，於州西山上已立廟訖，特望天恩，許蠲免近廟三五家，令歲持掃灑，以爲恒式。豈獨表聖德及於萬代，寔欲彰陛下元澤被於無窮。謹録奏聞。

黄陵湘妃

黄陵廟，在長沙湘陰縣北四十里。古昔所創，以祀虞舜二妃，國朝因之，每歲六月十四日致祭。墓在君山。

《史記》曰：秦始皇二十八年，乃西南渡淮水，之衡山、南郡。浮江，至湘山祠，逢大風，幾不得渡。上問博士曰："湘君何神？"博士對曰："聞之，堯女，舜之妻，而葬此。"於是始皇大怒，使刑徒三千人皆伐湘山樹，赭其山。上自南郡繇武關歸。

韓愈《黄陵廟碑》曰：湘旁有廟曰黄陵，自前古以祠堯之二女舜二妃者。庭有石碑，斷裂分散在地，其文剥缺，攷圖記，言漢荆州牧劉表景升之立，題曰"湘夫人碑"。今驗其文，乃晉太康九年，又其額曰"虞帝二妃之碑"，非景升立者。秦博士對始皇帝云，湘君者，堯之二女舜妃者也。劉向、鄭玄亦皆以二妃爲湘君。而《離騷·九歌》既有湘君，又有湘夫人。王逸之解以爲湘君者，自其水神而謂。湘夫人乃二妃也，從舜南征三苗不及，道死沅、湘之閒。《山海經》曰：洞庭之山，帝之二女居之。郭璞疑二女者，帝舜之後，不當降小君而爲夫人，因以二女爲天帝之女。以余攷之，璞與王逸俱失也。堯之長女娥皇，爲舜正妃，故曰君。其二女女英，自宜降曰夫人也。故《九歌》辭謂娥皇爲君，謂女英帝子，各以其盛者推言之也。禮有小君，君母明其正，自得稱君也。《書》曰：舜陟方乃死。《傳》謂舜升道南方以死，或又曰舜死葬蒼梧，二妃從之不及，溺死沅、湘之閒。余謂《竹書紀年》，帝王之殁皆曰陟。陟，昇也，謂昇天也。《書》曰"殷禮陟配天"，言以道終，其德協天也。《書》紀舜之殁云"陟"者，與《竹書》

《周書》同文也。其下言“方乃死”者，所以釋“陟”爲死也。地之勢東南下，如言舜南巡而死，宜言“下方”，不得言“陟方”也。以此謂舜死葬蒼梧，於時二妃從之不及而溺者，皆不可信。二妃既曰以謀語舜，脱舜之厄，成舜之聖，堯死而舜有天下，爲天子，二妃之力，宜常爲神，食民之祭。今之渡湖江者，莫敢不進禮廟下。元和十四年春，余以言事得罪，黜爲潮州刺史。其地於漢，實南海之揭陽，厲毒所聚。懼不得脱死，過廟而禱之。其冬移袁州刺史，明年九月拜國子祭酒。使以私錢十萬抵岳州，願易廟之圮桷腐瓦於刺史王堪。長慶元年，刺史張愉自京師往，與愈故善，謂曰：“丐我一碑石，載二妃廟事，且令後世知有子名。”愉曰：“諾。”既至州，報曰碑謹具，遂篆其事，俾刻之。

又《祭湘君湘夫人文》曰：維元和十五年歲次庚子十月某日，朝散大夫守國子祭酒護軍賜紫金魚袋韓愈，謹使前袁州軍事判官張得一，以清酌之奠，敢昭告於湘君、湘夫人二妃之神：前歲之春，愈以罪犯黜守潮州。懼以譴死，且虞海山之波霧瘴毒爲災，以隕其命，舟次祠下，是用有禱於神。神享其衷，賜以吉卜，曰：“如汝志。”蒙神之福，啟帝之心，去潮即袁，今又獲位於朝，復其章綬。退思往昔，實發夢寐，凡三年，於今乃合。夙夜怵惕，敢忘神之大庇！伏以祠宇毁頓，憑附之質，丹青之飾，暗昧不圭，不稱靈異。外無四垣，堂陛頹落，牛羊入室，居民行商不來祭享。輒敢以私錢十萬，修而作之。舊碑斷折，其半仆地，文字缺殘，幾不可讀，謹修而樹之。廟成之後，將求玉石，仍刻舊文，因銘其陰，以大振顯君夫人之威神，以報靈德。俾民承事，萬世不怠。惟神其鑒之！

聖楷曰：湘君、湘夫人，始見于屈原《九歌》，再見於秦博士之對，其神可謂昭明不爽者矣。韓退之身蒙其福，爲之詳辨稱謂，亦似有據。然蒼梧淚竹之蹟，傳之沅、湘甚久。既有其神，不可謂無其事也。諸家載記，自不必泥。

大禹廟

大禹廟，在漢陽大别山麓。宋紹興中，司農少卿張體仁以江漢朝宗皆禹功，建廟祀之，以益、稷配。元大德八年重建。林元有記。

杜甫《禹廟》詩曰：禹廟空山裏，秋風落日斜。荒庭垂橘柚，古屋畫龍蛇。雲氣生虚壁，江聲走白沙。早知乘四載，疏鑿控三巴。

《楚志》曰：漢陽縣北柏泉寺，有大禹時植柏，故名。又云大别寺。元虞伯生有詩，則元時柏尚存也。

聖楷按：《禹貢》云："荆及衡陽惟荆州。江、漢朝宗于海，九江孔殷，沱、潛既道，雲土夢作乂。"又云："道嶓冢，至于荆山；内方，至於大别。岷山之陽，至于衡山。過九江，至于敷淺原。"又如所云，滄浪、三澨、東陵皆楚地。據此，則大禹疏鑿之功，舟車檋樏之迹，半在于楚，明矣。乃無識者，猶謂玄夷蒼水之使爲不足徵，岣嶁山尖之碑爲無從索，是何異癡人説夢也！廟食于楚，固宜百世。然古昔登高作賦，未有興言及此者。惟杜少陵蜀中《禹廟》一詩可誦，故附見之。

黄牛神

黄陵廟，一名黄牛廟，在夷陵州西九十里黄牛峽。相傳神佐禹治水，廟食於此。

諸葛亮《黄陵廟記》曰：僕躬耕南陽之畝，遂蒙劉氏顧草廬，勢不可卻，計事善之。於是情好日密，相拉總師，趨蜀道，履黄牛，因覩江山之勝。勝石排空，驚濤拍岸，斂巨石於江中，崔嵬巑峴，列作三峰，平治洚水，順遵其道，非神扶助於禹，人力奚能致此耶？僕縱步環覽，乃見江左大山，壁立林麓，峰巒如畫。熟視於大江重複石壁閒，有神像影現焉，鬢髪須眉，冠裳宛然，如彩畫者。前豎一旌旗，右駐一黄犢，猶有董工開導之勢。古傳所載黄龍助禹開江治水，九載而功成，信不誣也。惜乎廟貌廢去，使人太息。神有功，助禹開江，不事鑿斧，順濟舟航，當廟食兹土。僕復而興之，再建其廟貌，目之曰“黄牛廟”，以顯神功。

楚申大夫

申大夫包胥廟，宜建於江陵。考《楚志》，惟承天京山縣有之，近亦廢。按唐天寶中，詔祀申包胥於富水郡，即今承天府。而京山，又富水縣地所省入，其廟祀亦非無自矣。

唐劉蜕《諭江陵耆老書》曰：太原王生嘗移耆老書，以江陵故楚也，子胥親逐其君臣，夷其墳墓，且楚人之所宜怨也。而江陵反爲之廟，世享其讐，謂耆老而忠其君父也，吾以爲不然。楚人之性慓悍，世能復其讐仇。其後自懷王入武關，楚人怨秦，不忘干戈，况其人之性，能忘胥之能破其國家而事之乎？且令江陵之人，牽牛羊而祝其廟者，將祈年穀而獲凶荒，禱疾病而得死亡者乎？如厚其饌而虛其報，則江陵知胥之不可祠而不祠矣。若果祈年穀而得豐穰，禱疾病而獲康强，有其饌而尋其報，則破人之國而居其土，辱人之君而受其饗，遇一食而自忘楚人之殺其父兄，則胥自爲無勇也。何獨江陵之人而忘事讐乎？

吾以爲其廟，申包胥之廟也。包胥有復楚之功。年代寖遠，楚人以子胥常封諸申，故不謂包胥耳。不然，則子胥何爲享人之食，而江陵何爲事讐人之神乎？耆老得書，速易其版曰“申胥之廟”，無使人神皆愧耳。

三閭大夫

三閭大夫屈原廟，在湘陰縣北六十里汨羅江上。周封昭靈侯，宋封忠潔侯，國朝復號楚三閭大夫屈平氏之神，命有司以五月五日祭。

《王子年拾遺記》曰：楚懷王好進姦雄，群賢逃越。屈平以忠見斥，隱于沅、湘，披蓁茹草，混同禽獸。不交世務，採柏實以和桂膏，用養心神。被王逼逐，乃赴清泠之水。楚人思慕，謂之水仙。其神遊于天河，精靈時降湘浦。楚人爲之立祠，漢末猶在。

袁小修曰：當時銷金鑠骨之夫，化爲輕塵，爲泠風，甚爲[①]爲攝山之怪蟒。而屈子侘傺一時，歿而賓于帝所，嬉遊湘浦，作羽化仙，則忠臣之利亦大矣。今當于君山之上，追兩漢故事，祠屈子而題曰“水仙”。歲取髻中之田爲之蒸嘗，用宋玉、景差等配享，以獎忠魂，而奉千古詞人之祖，亦楚中一大典也。當事者何不以聞之。且屈子傲骨冶才，遠性逸情，具見《騷》中，當必饒煙雲山水之趣者，非此千頃雪濤，及九疑諸山秀色，不堪爲之供養，不然，神不歆也。王子年之言，足爲忠魂吐氣，政不當幻視之矣。

宋顔延年《祭屈原文》曰：惟有宋五年月日，相州刺史吴郡張邵，恭承帝命，建旟舊楚，訪懷沙之淵，得捐佩之浦。弭節羅潭，艤舟汨渚。乃遣户曹掾某，敬祭故楚三閭大夫屈君之靈。蘭薰而摧，玉縝則折。物忌堅芳，人諱明潔。曰若先生，逢晨之缺。温風怠時，飛霜急節。嬴、芈遘紛，昭、懷不端。謀折儀、尚，貞蔑椒蘭。身絶郢闕，跡徧湘干。比物荃蓀，連類龍鸞。聲溢金石，志華日月。如彼樹芳，實穎實發。望汨心欷，瞻羅思越。藉用可塵，昭忠難闕。

① 爲：崇禎本作“且”，當據改。

洞庭神

洞庭廟，一名中廟，在洞庭湖中。浮浪際天，有沙聚起十餘丈，名曰龍堆。其神不詳所自，累封昭祐靈濟順利忠惠王。或云即郴州柳秀才毅。今郴州三十里魚鲜山，有柳毅祠，甚靈應。每歲一歸，輒大風雨，州人以其期候之，不爽。事詳唐人《龍女傳》。

杜甫《過洞庭湖》詩曰：鮫室圍青草，龍堆隱白沙。護堤盤古木，迎棹舞神鴉。破浪南風正，回檣畏日斜。湖光與天遠，直欲泛仙槎。

聖楷曰：江、漢、沮、漳，楚之望，而皆滙于洞庭。雖東漢逕大別與江合，而實洞庭之奔注也。故楚之水神，安流順濟，其有功于人者多，而必以洞庭爲宗，亦繇諸山之首南嶽矣。

諸葛武侯

諸葛武侯廟，在襄陽縣西南二十里伏龍山，與隆中草廬相望。一方咸走祀焉。然蜀漢閒往往有祠，杜少陵所謂“久游巴子國，屢入武侯祠”也。

《襄陽記》曰：亮初亡，所在各求爲立廟，朝議以禮秩不聽，百姓遂因時節私祭之於道陌上。言事者或以爲可聽立廟于成都者，後主不從。步兵校尉習隆、中書郎向充等共上表曰：“臣聞周人懷召伯之德，甘棠爲之不伐；越王思范蠡之功，鑄金以存其像。自漢興以來，小善小德而圖形立廟者多矣。況亮德範遐邇，勳蓋季世，興王室之不壞，實斯人是賴。而蒸嘗止于私門，廟像闕而莫立，使百姓巷祭，戎夷野祀，非所以存德念功，述追在昔者也。今若盡順民心，則瀆而無典，建之京師，又偪宗廟，此聖懷所以惟疑也。臣愚以爲，宜因近其墓，立之於沔陽，使所親屬以時賜祭，凡其臣故吏欲奉祠者，皆限至廟。斷其私祀，以崇正禮。”於是始從之。

聖楷按：沔陽在今漢中府沔縣。

關　　帝

關帝祠廟，遍天下皆然，惟楚當陽縣西北五里古漳鄉，公墓在焉。宋開寶中，建祠奠祭，置守冢三户。國朝景泰四年，復建廟塚。前成化三年，知縣黄恕奏請歲時祀享，著爲令典。

吴郡王世貞曰：公自黔首起應募，掃黄巾若敗葉，馘良梟德若承蜩，縛禁若係鼠，覆七軍若淹螘。其跳盪摧拉之雄武，夫人而能狀之。閒關萬死，跡故主於一錐莫立之地，抗漢賊，扶漢燼于一綫未燼之息，其孤忠亮節，夫人而能言之。公之没，威靈著于遠邇，卹大災，捍大患，與祀典脗合，夫人而能頌之仰之。獨公之神，所以久且大者，弗盡知也。今夫吴相胥城陽景王，至俠烈也；吴興憤王，至伉猛也。伏臘封釃之所趣，覡巫之所揚詡，世史之所載記，何班班赫赫也！然不數百年，而漸以銷淪無遺響者，激生于一念之發，而氣用于一時之不盡也，非精誠爲之也。《傳》不云乎？至誠無息，不息則久，久則征，征則悠遠，悠遠則博厚而高明。以麥城之役，公穆然而就冥，若無聞者。垂五百年，而始爲開皇一顯于玉泉之刹，而尚泯泯也。又垂五百年，而爲崇寧再顯于蚩尤之戰而後著。自是而又垂五百年，公若以一身化億兆身而應天下，天下以億兆心爲一心而趣公，其卹捍之靈，與供養之虔略相當。蓋上而后王君公，下而紅女嬰孺，近而都掖，遠而魋結侏儺之鄉，亡能不心儀公者。公之所以久而大，則誠也。亡論其雄武，即所謂孤忠亮節，皆誠爲之也。誠可以貫金石，徹三光，終始萬物，而又何疑焉。

又曰：世稱公有曰義勇武安王者，元所封也。有曰西臺朗陵馘魔上將者，道家符箓所傳也。今定之曰漢前將軍漢壽亭侯。廟曰將軍侯者何？昭烈所命也，我高皇帝所著令甲也，係之漢何？公志也。

聖楷按：萬曆四十二年，神廟特旨封公爲三界伏魔大帝神威遠鎮天尊關聖帝君。自内使捧衮冕至廟中，事甚顯赫，以未經禮曹，故不可詳。至天啟四年七月，始奏定今號，詔海内遵行，於是塑像皆易冕旒，而公既儼然而帝，儼然而天矣。王司寇又五百年而䘏捍益靈，供奉益虔之説，不有徵乎？黄梅瞿九思《幽贊録》云：公在前朝無特祀，至我朝洪武二十七年方始建廟。又云公乃火帝降生，故宜顯于昭代。嗟乎！此書著在萬曆初年，何相脗合若此。信乎！公之靈威不可測也。題曰關帝者，亦以遵神皇帝之令甲，非敢爲佞云。

岳武穆王

岳武穆廟，在江夏縣東五里。《楚志》云：宋岳飛保護上游有功，乾道中建廟于鄂，賜廟額“忠烈”。嘉定中又追封鄂王，今承天、岳州諸郡皆有廟祀。

王自中《岳武穆王廟記》曰：予浮九江，逾大别，循漢水而上，父老往往能道岳公事，至有垂涕者，曰：“微岳公，吾屬久爲虜矣。”當是時，僞齊方張，安陸以北盡爲齊守。公引兵而來也，實始破郢。寇兵破郢，馮壘自豪，公一麾之，衆皆累肩而升，殺寇卒七千九百，積其尸，與大王樓相高，還故民之離散。余過郢，郢父老又指余言所破城處，而訪公祠無之。以問太守張侯，侯于郢日夜條理，葺弊營新，不翅如治生業，顧獨無岳公祠，何耶？侯曰：

“鳩木矣。”余至鄽，未更月，侯以書來，告祠成，且以記屬余。

岳公事，世所稱説者多不悉，而余所詳知其目有八。一曰忠，臨敵誓衆，言及國家之事，仰天横泗，士皆欷歔而聽命。聞大駕所幸，未嘗背其方而坐。二曰虚心，食客所至，座嘗滿，商論古今，相究詰，切直無所遺忤。三曰整，兵所經，夜宿民户外，民開門納之，莫敢先入，晨起去，草葦無亂者。四曰廉，一錢不入私藏。五曰公，小善必賞，小過必罰，待數千萬人如待一人。六曰定，卒遇敵不爲摇動，敵以爲撼山易，撼岳家軍難。七曰選能，背嵬所向，一皆當百。八曰不貪功，功率推與人，不自有。是八者，人鮮一有，而公兼之。舉入郢之師以臨襄、沔，定南陽，無敢膺其鋒者。其後一出而平虢略，下商遂[①]，再出取許昌，以瞰陳留。夷人畏避北遁，中原百姓牛酒日至，謂旦夕天下可定。不幸謀未及展，事忽中變。

聖上嗣服，首旌其功，立廟賜謚，録用其後昆之賢者，賜廟號曰精忠。而江湖之民，至私繪其像，家奉祀之。今張侯又能率民之志，使奠食于郢，則忠勞之報，豈不厚哉？余故歷敘其所以爲將者八，俾來者有則，是亦侯之心也。

青溪龍女

龍女祠，在遠安縣西七十里。宋賜額“靈貺”，封贈通惠順濟夫人。

朱震《崇封記》曰：政和四年，荆門夏旱，穉苗不立者三之一。郡守汶上李公遍禱群祠不應，乃遣僚屬請雨于昭靈龍女祠下，迎像汲水，設壇望祝于蒙泉之上，雨隨像至，屬縣沾足。公狀其

① 遂：岳珂編《金陀萃編》卷三〇引王自中《郢州忠烈行祠記》作“於”。

事，詔易廟號曰“靈貺”。是歲冬迄于明年三月，不雨，公再命當陽請雨于靈貺，如初禮。祝以旱告，雲霧勃興，像及邑域，暴雨如注。公復請加神秩。是秋又旱，公再命禱于靈貺如三月，而雨聲不絶者二日。公兼舉前奏至于再三，部使從之，有詔封通惠順濟夫人。公謂震曰：“清溪龍女祠舊矣，曩倅峽州，行縣至遠安，屢謁其祠，見田旱者，予默禱之，輙應。因遣吏迎水，膏澤沛然，乃欲抗章請封。是時神像服絳袍，高冠劍佩如王者。一日，僧清皞自言，兩夢女子靚裝麗服，跪于丈室前，既覺，猶記其目光如日。清皞持戒嚴，不妄語。予遂以龍女請焉，比昭靈廟之初褒也。詔既下，寺以綵爲詔樓，且鐃鼓奉引，寓棲于州之東山寺。僧元皎復夢女子徘徊于樓下，俄而風雷至，有物飛去，鱗鬣可指數。於是州人以清皞之夢爲誠然，而盡易舊像矣。子其爲辭以記之。”震拱手起：“唯。”逾月而未及書。他日，公又謂震曰：“荆門自是或雨暘愆期，禱祠莫聽，彼神龍之宅不可以不祠。予所以供獻粢盛、牲幣者，蓋將起來者祈禱之聽也。”震始廓然而悟，曰：“李侯愛民之心至矣。故越疆而祝，折躬而請，雖得于傳聞夢寐之際，苟可以從民之欲者，無不爲也，無不至也。是以事和而民悦，氣和而雨降，可不書之，使吾侯之心昭然白于後世乎？”

聖楷按：内典，天及龍皆能降雨。天雨細，龍雨麤，龍雨隨意所念。故又言，一切大海水皆從龍王心願所起。今之祈甘澤者，不之龍王，而之他神，牲璧雖虔，是爲乞鄰之請，其可必乎？龍神祠凡郡邑皆有，予特舉靈貺之顯應，以勸夫高冠而劍佩者，毋憔悴斯民也。

楚寶卷第四十考異

新化鄧顯鶴湘皋述

名　祀

三閭大夫

今當於君山之上，追兩漢故事，祀屈子而題曰“水仙”。用宋玉、景差等配享，以獎忠魂，而奉千古詞人之祖，亦楚中一大典也。

顯鶴案：屈子於長沙未有專廟。國朝嘉慶元年，長沙知府武威張翽、嶽麓山長湘潭羅鴻臚典，始倡議建祠於嶽麓書院之左，配以宋玉、景差、王逸、賈誼諸人，買田若干爲祭費。道光八年戊子春正月，顯鶴以寧鄉學官監城南書院，治事長沙，念楚中祀典無重於靈均者，乃思以孟陬寅日約同人詣祠，爲靈均作生日。遂以其月十四日上寅，邀同諸城王香杜金策、寧鄉黄虎癡本驥及宦遊羈旅之士四十八人，展祀祠下。同人多紀以詩文，而桐城闕雯山嵐以塑像不類，爲畫像鐫石嵌祠壁，於是靈均生日遂爲湘中故事。

謹案：屈子生卒年壽不見本傳，無從考核。據《離騷》“攝提貞於孟陬兮，惟庚寅吾以降”，《爾雅》“太歲在寅曰攝提格”，用是知其生辰爲寅年正月庚寅日。以本傳行事及《六國年表》並經文所云“不撫壯而棄穢”“老冉冉其將至”“年既老而不衰”語推之，其生當在戊寅年，是爲周顯王二十五年。巴陵方冉亭埅諳秝法，謂戊寅年正月二十一日爲庚寅，確指爲屈子生日，其言甚辨。顯鶴擬據其説作《屈子生日考》，爲湘中添一掌故，誠楚中一大典也。

岳武穆王

岳武穆廟，在江夏縣東五里。宋乾道中建，賜廟額“忠烈”，嘉定中又追封鄂王。今承天、岳州諸郡，皆有廟祀。

顯鶴案：武穆王權知潭州兼荆湖東路安撫，討平曹成，授武安軍承宣使。又除湖南北制置使，招捕湖賊楊么，凡八日而賊平。公精忠神武，照耀百世，而其功在湖湘尤著。廟祀在天下，而鄂岳以南，專祠反少，誠爲闕典。今大中丞合河康公議建祠於壘石山，以《一統志》載武穆破楊么於此。

按：《水經注》：湘水自汨口西北逕壘石山，而北對青草湖，亦或謂之青草湖山也。其地在湘陰縣北百二十里，北接巴丘，下臨湖口，山石嵯峨相疊，故名壘石。湖汊縱横，三面背水，商舶往來，多泊於此，向爲群盜出没之地。風濤沉溺，萑苻摽掠，往往而有。建祠於上，以彰神威而遏亂萌，亦成民而致力於神之一端也。

楚寶卷第四十增輯

新化鄧顯鶴湘皋述

名　祀

賈太傅祠

賈太傅祠，在善化縣西濯錦坊，即漢賈誼故宅，有賈傅井。舊專祀誼，後並祀屈原，名屈賈祠。

《水經注》云：城之内，郡廨西陶侃廟，云舊是賈誼宅地。中有一井，是誼所鑿，極小而深，上斂下大，其狀似壺。旁有一腳石牀，纔容一人坐形，流俗相承，云誼宿所坐牀。又有大柑樹，亦云誼所植也。

晉庾闡《弔賈誼辭》：中興二十三年，余忝守衡南，鼓枻三江。路次巴陵，望君山而過洞庭，涉湘川而觀汨水。臨賈生投書之川，慨以永懷矣。及造長沙，觀其遺像，喟然有感，乃弔之云：偉哉！蘭生而芳，玉産而潔，陽葩熙冰，寒松負雪。莫邪挺鍔，天驥汗血，苟云其雋，誰與比傑。是以高明倬茂，獨發奇秀，道率天貞，不議世疢，焕乎若望舒耀景而焯群星，矯乎若翔鸞拊翼而逸宇宙也。飛榮洛汭，擢穎山東，質清浮磬，聲若孤桐，琅琅其璞，巖巖其峰。信道居正，而以天下爲公。方駕逸步，不以曲路期通。是以張高弦悲，聲激柱落，清唱未和，而桑濮代作。雖有惠音，莫過《韶》《濩》，雖有騰驎，終仆一壑。嗚呼！大庭既邈，元風悠緬，皇道不以知隆，上德不以仁顯。三五親譽，其軌可仰而標，霸功雖逸，其塗可翼而闡。悲矣！先生何命之蹇，懷寶如玉，而生運之淺。昔咎繇蓍虞，吕尚歸昌，德協充符，乃應帝王。夷吾相桓，漢登蕭、張，草廬三顧，臭若蘭芳。是以道隱則蠖屈，數感則鳳覩，若棲不擇木，翔非九五，雖曰玉折，雋才何補。夫心非死灰，智必存形，形託神司，故能全生。奈何蘭膏，揚芳漢庭，摧景飆風，獨喪厥明。悠悠太素，存亡一指，道來斯通，世往斯圮。吾哀其生，未見其死，敢不敬弔，寄之淥水。

唐劉長卿《過賈誼宅》詩：三年謫宧此棲遲，萬古惟留楚客悲。秋草獨尋人去後，寒林空見日斜時。漢文有道恩猶薄，湘水無情弔豈知。寂寂江山摇落處，憐君何事到天涯。

戴叔倫《過賈誼舊居》詩：楚鄉卑溼歎殊方，鵩賦人非宅已荒。謾有長書憂漢室，空將哀些弔沅湘。雨餘古井生秋草，葉盡疎林見夕陽。過客不須頻太息，咸陽宫殿亦淒涼。

又《過賈誼宅》詩：一謫長沙地，三年歎逐臣。上書憂漢室，作賦弔靈均。舊宅秋荒草，西風客薦蘋。淒涼回首處，不見洛陽人。

明李文正東陽《賈太傅祠碑記》：古所謂大臣者，必先大體，後庶務，其所設施，皆足以刑天下及後世。然其自負甚重，不苟合於人，人未必能識，識之未必能用，此治所以恒弗成也。漢屈群策，豪傑並起而從之。高帝之初，所不克致者，商四翁、魯兩生之外，天下蓋無遺賢矣。明律令，時則有若蕭何、曹參。治軍旅，時則有若韓信、彭越、周勃。出入籌策，時則有若張良、陳平。此皆撥亂創始者之所爲用，非所以繼世建統也。文帝時，可當大臣者，惟賈太傅一人。少而薦於朝，且顯矣。卒短於大臣，困於長沙，老於梁。嗚呼！以文帝爲君，而太傅不得爲之相，是漢之禮樂微矣。吾觀其論天下之建置，則先仁義而後刑法。論天下之勢，則先夏後夷，先要股後脛指。論吏治，則先風俗。論世之所以長久之術，則先太子。論大臣，則先廉耻。此其言皆治亂之大體所在，戰國而下無能言之者，可以爲大臣矣。當時人多以爲少年喜紛更，後之議者亦以爲太驟，此其言得失，必有能辨之者。或有謂古之伊尹、管氏，未能遠過者，伊尹，吾則弗知之。太傅之正，彼管氏者，烏足以語此。使太傅竟作相，必能盡去秦習，成漢之王制，非蕭、曹而下可擬也。太傅在長沙，人至今習知之。其故宅爲卒伍倫所据，其井猶存焉，世所傳賈傅井者也。成化元年，我長沙守錢侯，募郡人以財贖其宅地爲祠，塑像其中，請著祀典。東陽省墓，歸自京師，實拜太傅於祠，侯請記其事。太傅之賢，史書之詳矣。予爲之記，俾後來者，知兹祠也功自侯始。

顯鶴案：江都汪氏《述學》，有《賈誼新書序》并《年譜》，末略云：案本傳，梁王墜馬死，誼後歲餘亦死。賈生之死，年三十三矣。梁懷王之死，《本紀》在十一年，《表》云十年，参其前後，以《紀》爲正，則賈生之卒在十二年。其生在高帝之七年也。《傳》云："誼爲長沙傅三年，有服[①]飛入誼舍。"其賦曰：單閼之歲。案《史記·曆書》：太初元年，焉逢攝提格。上推孝文五年，是爲昭陽單閼。賈生以孝文元年爲博士，歲中超遷至大中大夫，旋出爲長沙王傅，至是適得三年。《傳》云：後歲餘，文帝思誼，徵之，至拜爲梁懷王太傅。則當爲六年事。其年王入朝，十一年再入朝，賈生自六年以後皆在梁。

寧鄉黄氏本驥《書賈誼像後》略云：《史記》誼卒年三十三，爲齊文王薨前之四年。以《諸侯年表》推之，爲文帝十二年癸酉。逆推而上，則誼生於高帝七年辛丑。《傳》曰：年十八，爲河南守吴公召置門下。由高帝七年至高后五年，爲十八年。文帝初立，召以爲博士，由高帝七年至文帝前元年，爲二十二年，故年二十餘，最爲少也。歲中至大中大夫，則二十三矣。爲長沙王太傅三年而作

① 服：當爲"鵩"，後同。

《服鳥賦》，曰："單閼之歲，四月孟夏。"單閼，卯歲也。文帝六年，歲在丁卯，太傅來長沙已三年，則以四年乙丑來長沙。長沙王者，文王吴芮之玄孫靖王羌也。《漢書》作"羌"，《史記·漢興以來諸侯年表》作"著"，《史記索隱》作"差"。今從《漢書》作"羌"。時羌襲封二年，誼年二十五。賦服後歲餘，帝復徵入，則以八年己巳去長沙計，誼在長沙凡四年。去時年二十九，是年拜梁王太傅。梁王者，帝少子懷王勝也。勝封國十年，文帝十一年來朝，墜馬死。誼在梁凡三年，後歲餘卒，其年爲三十三。

案：二書考核大抵相同。惟汪氏以爲長沙王傅爲賦弔屈原在孝文二年，作《服鳥賦》在五年。黄氏以來長沙作《弔屈原賦》在四年，作《服鳥賦》在六年。今考《史記·漢興以來諸侯年表》，文帝三年爲長沙靖王元年，文二年長沙王尚未襲封，不應設傅，汪氏言二年者誤矣。又案《長曆》《紀年》《經緯考》等書，皆以文帝三年，歲在甲子，六年丁卯。賈生以六年賦服鳥，曰來長沙三年，則其來長沙當以四年乙丑無疑。《史記·年表》又載，文帝六年爲梁懷王五年，無入朝事，其來朝在文帝七年，徵拜梁懷王太傅應在是年。汪氏言六年，黄氏言八年，均誤。至汪氏云賈生六年以後皆在梁，黄氏云在梁三年。今案賈生以七年徵拜梁懷王太傅，七年以後俱在梁，至十一年梁懷王入朝，其陳政事及諫王淮南王諸子，並當此時。黄氏云在梁三年者，亦誤也。

馬伏波祠

馬伏波祠，祀漢新息侯馬援。

唐劉禹錫《經伏波神祠》詩：蒙蒙篁竹下，有路上壺頭。漢壘麏鼯鬬，蠻溪霧雨愁。懷人敬遺像，閱世指東流。自負王霸略，安知恩澤侯。鄉園辭石柱，筋力盡炎州。心以功名累，翻思馬少游。

明薛文清瑄《新息侯廟記》：伏波將軍馬文淵，天與魁奇，器識宏邁。當漢統中微，新莽竊命之日，乃遠跡邊陲，混身田牧，時人弗之識也。獨其兄況謂曰：“汝大才，當晚成，良工不示人以璞，且從所好。”公亦嘗曰：“大丈夫爲志，窮當益堅，老當益壯。”公之所立，固已見於此矣。及其盡散財蓄，志清時難，遨遊隴蜀，擇所適從，知崛起草竊之徒，皆酣豢富貴於一時，不足計安生民於萬世也。遂謁光武於洛陽，一見之頃，即以“恢廓大度，同符高祖”稱之。因委質臣事，效忠戮力，以匡復漢室。中興之功，功無與讓。及天下底定，割符受封，爵列五等，榮寵竝及，而公不以是自侈。嘗奮不顧身，志欲效死邊疆，以盡臣節。至武陵郡蠻擾邊，公遂請行，兵至臨沅，蠻即摧破。師次壺頭，大功未就，而公卒。先是，有以兵事聞於帝者，時遣來監軍之人素有恨於公，而公已歿，遂厚加讒誣，以快其私，而薏苡之謗亦興焉。嗚呼！若公之所立，卓偉奇特，駕一世而橫鶩，挺百代而獨出，猶不免巧夫之脣舌，他尚何言！議者又以不從充而從壺頭爲公失計，夫曠日老師而費糧，與捷徑出奇以致勝，利害甚明。而公之慮審矣，豈諛詆者所能測哉！則其功蓋一時，名垂後世，而血食無窮，又何疑焉！向之謗者，風休電滅，漠無蹤跡，曾何損於公之忠賢哉。今辰即五溪故地，距公歿垂千年，而野夫女子猶知道公之威名，在在有以祀公，斯又足以見忠義之感人心，不以古今而有閒也。余少讀公傳，嘗壯公之爲人，及往來武陵江中，親見所謂壺頭山者。壺頭，辰水行可一日至彼，亦有廟而修祀事，便於人之瞻依云爾。廟亭既新，余遂刪取公之大節，係之以詩。曰：矯矯馬公，惟志之偉。志在功名，氣不少萎。貧堅老壯，公言則然。懷奇蘊朴，罕識其賢。雲乎鬱鬱，雷乎震震。紫色蛙聲，炎輝斯燼。公晦於時，爰牧爰菑。颸氛九縣，顧瞻安之。曰述曰囂，狼貪豕飽。鄙不少留，聿求漢道。來觀真主，應對疏通。謂帝大度，高祖則同。遂委臣職，遂效臣節。聚米討羌，怛虜蕩越。四方底平，人懷安娛。公不晏佚，許國以軀。滔滔武陵，蠢蠢雜種。梗化撓邊，負險恃勇。公曰兹役，老臣馳驅。堅請於行，秉節舒舒。不驚不疾，既安且式。試兵臨蠻，沅即摧辟。扼於壺頭，匪公之尤。天稍須假，孰測厥猷。公雖殁志，因則成事。乃招乃來，群蠻無二。云胡巧夫，讒言朋興。豈不暫翳，事久滋明。迄兹千載，有顯愈赫。明徹聽聞，功載史册。壺山之南，辰水之滸。公績如新，公廟維古。逮我皇明，祀典秩清。行事以時，委在守臣。維公忠精，厥德不爽。疫癘旱澇，應求如響。民感公惠，次服國章。廟亭完構，其敢廢荒。乃圖永久，乃磨良石。我纂其辭，爲示無極。

顯鶴案：《前漢書》路博德以衛尉爲伏波將軍，伐破南越。《後漢書·馬援傳》："昔伏波將軍路博德開置七郡。"今粤地祀伏波，當自博德始。然世知有馬伏波，不知有路也。案：援卒於辰州之壺頭，今辰、沅以上皆廟祀之。凡灘河險絶處，必有伏波廟。沅陵以下塑像皆老，土人名曰老伏波。北河[①]上塑像皆少，土人名曰少伏波。其實清浪以上祀援，北河之廟乃五代馬希範，立銅柱與溪蠻分界，故土人祀之。而其像時少，相沿既久，亦譌爲伏波廟矣。

① "河"字下原有小注，僅存"即""在"二字。

楚寶列仙論次目録

司馬遷作《老子傳》，首述老子之言，既曰“其人與骨皆已朽矣”，又曰老子二百餘歲，修道而養壽，又曰孔子死之後百二十九年，周太史儋即老子也。既曰著書五千言而去，莫知其所終，又曰其子若孫累世顯仕，因家於齊。何其語支離而意洸洋也。蓋子長親見秦漢以來，方士神仙之言俱祖老子，而不能自决於衷。故其《封禪志》雖譏武帝，而蓬萊宫闕之幻，神君室帷之祕，每一描畫，不勝褰裳濡足之思焉。若夫班固、劉歆敘道家爲諸子，又列神仙於方伎，其意皆不能無溺。且其敘房中，即西鄰素女之術也；敘經方，即玉液雲英之法也。由此而張道陵上驅鬼之章，陶弘景憩松風之夢，寇謙之遇玉女於雲中，杜光庭接飛仙於海上，又孰得而端倪之哉？大抵崑崙、瑶臺，多爲假設之境，藥物、火候，豈有彼我之云。秦漢之君，不登凡骨，喬松之壽，未免遺形。是在耽虚味道者，神而明之，則庶幾耳。撰《列仙》第二十四，凡一卷。

列仙一

玉子　蘇耽　成武丁　王妙想　魯妙典　范儕　鄧郁　瞿童　軒轅彌明　緱仙姑　田良逸　羅公遠　何仙姑　亊子廉　張三丰　冷謙[①]

增輯

何侯　萼緑華　羊權　杜蘭香　黄敬　柳毅　樊夫人　廖法正　湘中老人　伊用昌　藍方　一瓢道人　醉叟

---

① 張三丰、冷謙二人原無，據正文增。

楚寶外篇卷第一

明湘潭周聖楷伯孔輯纂

列　　仙

玉　　子

玉子者，姓章名震南，郡人也。少好學，周幽王徵之不出。乃歎曰：“人生世間，日失一日，去生轉遠，去死轉近。而但貪富貴，不知養性命，命盡氣絶則死，位爲王侯，金玉如山，何益形爲灰土乎？獨有神仙度世，可以無窮耳。”乃師桑子，具受衆術，别造一家之法，著道書百餘篇。

其術以務魁爲主，而精於五行之意，演其微妙，以養性治病，消災散禍。能起飄風，發屋折木，作雷雨雲霧；能以草芥瓦石爲六畜，熊虎立成；能分形爲數百千人；能步涉江海，含水噴之，皆成珠玉，久亦不變。或時閉氣不息，舉之不起，推之不動，屈之不曲，伸之不直，或百日數十日乃起。每與弟子行合丸泥爲馬，與之令閉目，須臾成大馬，乘之，日得千里。又能吐氣五色，起數百丈，見飛鳥過，指之即墮。臨淵投符，召魚鱉，即皆上岸。又能使弟子舉眼見千里外物，亦不能久也。其務魁時以器盛水著兩肘之間，噓之水上立，有赤光輝輝起一二丈。以此水治病，病在内者飲之，在外者浴之，立愈。後入崆峒山合丹，尸解而去。

《東溪日録》曰：道經之初立，老子《道德》五千言而已。安有齋醮科儀、符篆召神、服氣辟穀、調食玉屑、燒煉金丹之術哉？其法起于漢張道陵，魏寇謙之及陶弘景、葛稚川、杜光庭、宋徽宗、王欽若，又撰爲諸家經咒，以倡之也。

蘇　耽

蘇耽，桂陽郡人。少孤，事母以孝聞。日與群兒牧牛，耽所牧者徘徊馴擾，不驅而歸，衆因號爲牛師。常乘一白鹿，陟險如馳，人莫能測。侍母食，母忽思得魚鮓，耽即去，有頃，持鮓歸。母問所從來，曰適自便縣市至。便縣去家一百二十里，母疑其誑。數日後，舅氏入郡，乃云前在邑見甥市鮓，母始駭異。一日，涕泗跪白母曰："耽已成道，被命將昇，不得終養。"母歔欷久之，曰："吾老，何以卒歲？"耽乃留一櫃，緘鑰甚固，曰："凡有缺，扣櫃呼之，可立得，然慎勿發也。"又云："郡人當大疫，可取庭前井水、橘葉，食之即愈，庶幾所資亦助甘旨。"語畢，有幢節森列，群鶴隨之，遂昇雲漢而去。

明年，郡果大疫，母如言，所活無算。衆疑櫃鑰，請啟視，母初不肯，固請，發之，乃有鶴自櫃飛去，後扣無復應矣。母年百餘歲終，鄉人共葬之。其日人望牛脾山，若有白馬繫林閒，遥聞哭聲，知是耽來。郡守張邈乃率僚屬往弔，因求見耽。頃之，出半面，光彩照人，又垂一大手，緑毛長尺餘，謂守曰："山谷幽遠，日暮難歸。"乃手擲杖成橋，令衆閉目而渡，少焉即抵城。有郡僚失盼，人馬俱墮，但見赤龍亘空，覓路經日乃還。

三歲，哭聲漸止，白馬亦不見。後有鶴降郡東樓，少年競彈之。鶴以爪嬰樓板，若漆書云，其辭曰："鄉原一别，重來事非。甲子不記，陵谷遷移。白骨蔽野，青山舊時。翹足高屋，下見群兒。我是蘇仙，彈我何爲？"郡人立祠祀之，名集靈觀。宋元符三年，詔封冲素真人。

《水經注》曰：郴縣黄溪東有馬嶺山，高六百餘丈，廣圓四十許里。漢末有郡民蘇耽栖遊此山。《桂陽列仙傳》云：耽，郴縣人，少孤，養母至孝，言語虛無，時人謂之癡。常與衆兒共牧牛，更直爲帥，録牛無散。每至耽爲帥，牛輒徘徊左右，不逐自還。衆兒曰："汝直，牛何道不走耶？"耽曰："非汝曹所知。"即面辭母云："受性應仙，當違供養。"涕泗又曰："年將大疫，死者略半，穿二井飲水，可得無恙。"果如所言。母年百餘歲終，鄉人共葬之。時聞山上有哭聲甚哀，服除乃止。後見耽乘白馬還此山中，百姓爲立壇祠，民安歲登，因名爲馬嶺山。

聖楷曰：蘇耽少以至孝著稱，即其仙去，猶周詳子舍之事，似不欲仙者。故其縞裳白馬，號哭來奔，風木之恨，比人世更傷懷矣。予常謂忠孝之外，别無仙佛，豈非然哉。

按：稚川《仙傳》又載，蘇仙名林，字子立，周武王時人，家山東濮陽曲水，所稱牧牛、取鮓及化鶴事皆同。然山東郡邑，今無地名便縣者，此皆無識羽流託名妄撰，不足爲據。便縣，今郴州永興縣地。古桂陽郡治今郴州，故耽爲郴人。

成武丁

成武丁，桂陽臨武縣人。生有異姿，長身玉立。年十三，授于師，自知經學，少年大度，不附人後。漢時爲縣小吏，常被使京，還過長沙郡，投郵舍不及，遂宿于野樹下。忽聞樹上人語云："向長沙市藥。"平旦視之，乃二白鶴。丁異之，遂往市，見二人罩白傘相從而行。丁呼之，因爲設食，食訖便去，曾不顧謝。又隨之行數里，二人顧見，語曰："子有何求，而相隨不止？"丁曰："僕少出陋賤，聞君有濟生之術，是以侍從耳。"二人相向而笑，遂出玉函書閱之，果有武丁姓名。於是與藥二丸，令吞服之，曰："君當得地仙。"還家未幾，聞獸聲鳥鳴，悉能通解。

縣使送餉府君，府君周昕有知人之鑒，見武丁，異之，乃留在左右。久之，署爲文學主簿。常與衆共坐，聞群雀鳴而笑之，衆問其故，答曰："市東車翻覆米，群雀相呼往食。"遣視之，信然也。時郡中寮吏、豪族，皆怪不應引寒素之人以亂職位，府君曰："此非卿輩所知也。"經旬日，乃與丁居閣，直至年初。元會日，客三百餘人，丁主行酒，酒巡徧訖，忽以杯酒噀向東南，衆客愕然。丁曰："臨武縣火，以此救之。"衆客皆笑。數日後，縣令張濟上書稱，元日慶集飲酒，晡時火忽延燒廳事，從西北起，時天氣清澄，南風極烈，見陣雲自西北直聳而上，徑止縣，大雨，火即滅，雨中皆有酒氣。衆始服丁蓋非凡人也。

後府君爲丁于郡城西立宅，居止二年，卒。府君自臨殯之。經兩日，有人自臨武來，于武昌岡上逢丁乘白騾西行，問曰："日將暮，何所之也。"答曰："暫往迷溪，斯須卻返，我來時忘大刀在户側，履在鷄栖上，可過語家人收之。"友人至其家，聞哭聲，大驚。因具述其語，家人云："刀履並入棺中，那應在外。"即以此事往啟府君，府君遂令發棺視之，不復見尸，棺中唯一青竹杖，長七尺許。方知丁託形僊去。

何燕泉曰：《左傳》載介葛盧來朝，聞牛鳴曰：是生三犧，皆用之矣。《博物志》稱嵇叔夜以爲無此，乃先儒妄説，則是茂先亦不信也。《列子》：東方介氏之國，其國人數數解六畜之語，蓋偏知之所得。太古神聖之人，備知萬物情態，悉解異類聲音，會而訓之，言血氣不相殊也。此言足與茂先辨矣。《史記》：秦仲知百鳥之音，與之語，皆應。謝承《後漢書》：魏尚字文仲，高皇帝時爲大史，曉鳥語。《遼史》：大宗時，宗室人名神速姑者，能知蛇語。書記所載，凡若此類，不一而足，豈皆妄語耶？成武丁，吾郴人。《神仙傳》載其在長沙，異人授之一書，遂通天下鳥語獸音。然則古人於此，蓋必自有理以知之。不然如管如張輩，假之占候，亦自有可推者。《高緯貽略》：和菟有《鳥鳴書》一卷，王喬有《解鳥語》一卷。是事也，蓋有著之書者矣，不當全不信也。

聖楷按：《翰府名談》云：白龜年得李太白遺書一卷，曰讀之可辨九天禽語、大地獸言。又不止此，如伯益、陽翁偉、楊宣、管輅、李南、張子信、孫守榮，皆通鳥語。又《論語疏》載，弓冶長辨鳥雀語，云："啃啃嘖嘖，白蓮水邊，有車覆粟，車腳淪泥，犢牛折角，收之不盡，相呼共啄。"據此，則鳥類中大有能爲韻語者。茂先輩，不畏其弄舌嘲人耶？

王妙想

王妙想，蒼梧女道士也。辟穀服氣，住黄庭觀傍，朝謁精誠，想念丹府，由是感通。每至月旦，常有光景雲物之異，重嶂幽壑，人所罕到，妙想未常言之于人。如是歲餘，忽有音樂遥在半空，虚徐不下，稍久散去。又歲餘，忽有靈香郁烈，祥雲滿庭，天樂之音，震動林壑。光燭壇殿，如十月並明空中，作金碧之色，烜爚亂眼，不可相視。須臾，千乘萬騎懸空而下，皆乘騏驎、鳳凰、龍鶴、天馬，人物儀衛數千人，皆長丈餘，持戈戟兵杖、旌旛幢蓋。良久，乃鶴蓋鳳車導九龍之輦下降壇前，有一人羽衣寶冠，佩劍曳履，昇殿而坐。身有五色光，赫然群仙擁從，亦數百人。妙想即往視謁，大仙謂妙想曰："吾乃帝舜，地司奏汝住此山三十餘歲，始終如一，守道不邪，存念貞神，遵稟元戒。汝天骨宿稟，復何疑乎？吾以曆數既往歸理此山，常以久視無爲之道，分命仙官下教於人。夫諸天上聖、高真、大仙，愍劫歷不常，代運流轉，陰陽倚伏，生死推遷，俄爾之間，人及陽九百六之會，孜孜下教，以救於人，愈切於世人之求道也。世人求道，若存若亡，繫念存心，百萬中無一人勤久者。天真憫俗，常在人間，隱景化形，隨方開悟，而千萬人中，無一人可教者。古有言曰：修道如初，得道有餘。多是初勤中惰，前功併棄耳，道豈負於人哉？汝布宣我意，廣令開曉也。"於是命侍臣以《道》《德》二經及駐景靈丸授之而去。如是一年，或三五年，降于黄庭觀。十年後，妙想白日昇天。玆山以舜修道之所，故曰道州營道縣。

魯妙典

魯妙典者，九疑山女冠也。生即敏慧高潔，不食葷飲酒。十餘歲即謂其母曰："旦夕聞食物臭濁，往往鼻腦疼痛，願求不食。"舉家憐之。復知服氣餌藥之法。居十年，常悒悒不樂，因謂母曰："人之上壽不過百二十年，哀樂日以相害，况女子之身，豈可復埋没貞性，混于凡俗乎？"有麓床道士過之，授以《大洞黄庭經》，謂曰："《黄庭經》，扶桑大帝君宫中金書，誦味萬遍者得爲神仙，但在勞心不倦耳。居山獨處咏之一遍，如與十人爲侣，輙無怖畏。何者？此經召集身中諸神，澄正神氣，神氣正則外邪不能干，諸神集則怖畏不能及。若形全神集，氣正心清，則徹見千里之外，纖毫無隱矣。所患人不能知，知之而不能修，修之而不能久[①]，精之而不能久。中道而喪，自棄前功，不惟有玄科之責，亦將流蕩生死，苦報無窮也。"

妙典奉戒受經，入九疑山，巖棲静默，累有魔試，而貞介不撓。積十餘年，有神人語之曰："此山大舜所理，天地之總司，九州之宗主也。古有高道之士，作三處麓床，可以棲庇風雨，宅形念貞，歲月既久，旋皆朽敗，今爲制之，可以遂性宴息也。"又十年，真仙下降，授以靈藥，白日昇天。

初，妙典居山峰上，無水，神人化一石盆，大三尺，長四尺，盆中常自然有水，用之不盡。又有大鐵臼，亦神人所送，不知何用。今並在上仙壇，石上宛然有仙人履迹。又古鏡一面，大三尺，鐘一口，形如偃月，並妙典昇天所留之物。今在無爲觀。

① 久：崇禎本及後文當作"精"。

聖楷按：《雲笈七籤》云：妙典鐵臼重二百五十斤，延唐令王翱嘗令人强取藥臼行，未及縣，翱舉家皆病。藥臼今在潭州麓山寺中。寺中有犯者輒病，極有靈驗。

范 儕

范儕，道士。自言巴東人。少遊荆土，多盤桓枝江縣界。惡衣麄食，蕭散自得。言來事多驗，而辭不可詳。人心欲見，欻然而對，貌言尋求，終弗遇也。雖逕跨諸洲，而舟人未常見其濟涉。後東遊廣陵，卒于彼土。初，儕在枝江縣東南二十里富城洲上，無定止處，宿憩一小庵而已。弟子慕之，於其昔遊，共立一精舍，以存其人。

《洞仙傳》曰：儕住百里洲，臨日噓漱，頂有五色光起。冬夏惟單布衣，桓温時頭已班白，至宋元嘉中，人見之如舊。宋文帝常召見儕，答詔稱我，或稱吾。元凶初爲太子，儕從東宫過，指宫門曰："此中有博勞鳥，奈何養賊不知。"文帝惡之，勑儕自盡，埋于新亭赤岸岡，既而發視，惟空棺。越明年，弟子陳忠夜起，忽見光明如晝。頃之，儕入門就榻坐，又一老翁後至，儕起迎之。忠問是誰，儕笑而不答。已，俱出門，顧語忠曰："比復還東鄉，善護我宅。"即百里洲也。按，《傳》"儕"作"豺"，今從《水經注》。又《七籤》云：劉疑之爲豺作傳，録置道書部，不傳于世。

鄧 郁

南嶽鄧先生名郁，荆州建平人也。少而不仕，隱居衡山極峻之嶺，立小板屋兩閒，足不下山。斷穀三十餘載，唯以澗水服雲母屑，日夜誦《大洞經》。梁武帝敬信殊篤，爲帝合丹，帝不敢服，起五嶽樓貯之，供養道家，吉日躬往禮拜。白日神仙魏夫人忽來臨降，乘雲而至，從少嫗三十，並著絳紫羅繡袿襹，年皆可十七八許，色豔桃李，質勝瓊瑶。言語良久，謂郁曰："君有仙分，所以故來，尋當相候。"至天監十四年，忽見二青鳥悉如鶴大，鼓翼鳴舞，移晷方去。謂弟子等曰："求之甚勞，得之甚逸。近青鳥既來，期會至矣。"少日，無病而終，山内唯聞香氣，世未常有。武帝後令周舍爲《鄧元傳》，具序其事。

聖楷按：《衡山嶽志》與《長沙府志》又載，鄧郁之與徐靈期爲友，云即鄧郁子。梁武帝詔郁之，于嶽麓山置上中下三觀，爲修煉所。此蓋羽流訛傳，而修志者又無學力以訂正之耳。豈有父名郁，而子名郁之者？其道書可笑如此類甚多。

瞿童

瞿童字伯庭，年十四，太和未散，嗜慾不入，傲然懷厭世之志。大曆四年庚寅歲，自辰溪來，稽首桃花觀黄洄元仙師宇下，願蔭道域，厠役隸賤末位。仙師許之。雜處童孺，給侍甚謹，在醜不弄，率性恭默。每旦，慕仙師焚修朝拜，如臨君父。如是者，積二三歲不衰。或往往獨行入谿洞中，根究深處，信宿方返。仙師讓之，輒云偶造佳地，遭遇神聖，覩雲氣草木、屋宇飲食，使人澹然忘情，不樂故處。因求願偕往。仙師曰："靈仙之府，必在左右。"然尚幼小，謂所至之地，不即爾也。

無何，有丹砂之役，後領至襄陽市闤闠之下，齊人浩擾，則瞑目不視，神氣醉泥，返至逆旅，通宵而後醒。問其故，捧手對曰："太樸散壞者久矣，今之人圓冠方屨，以詐相尚，以利相市，余所不堪。"方大駭其説，不敢以常僕役之。其後數以前事詣仙師，亦有意暗逝。屬暑雨壞道，不得果去。

八年癸丑夏五月甲辰晦，正衣服，拜訣于户外。自言靈期逼近，難可留止。請自是往，至日月合于鶉首，復近于兹地焉。庭際有大栗樹，遠人不過數仞，遂背行，冉冉從樹旁滅没化去，有聲逢然，如風飄雷震云。貞元元年八月，符載乃爲作記。

聖楷曰：按瞿伯庭自幼慧異，故稱瞿童。大曆間，奉母避寇入武陵，師事黄洞源，得其術。或云幼時因戲跳入井中，後自大西華妙洞中出，依善卷壇修真，功成，還桃川宫。久之，世傳仙去。刺史温造刻石紀其事，與符載所記又不同。大抵黄洞元之有瞿童，繇陶貞白之有桓先生也。神仙信不可測如此哉！

軒轅彌明

軒轅彌明者，不知何許人，在衡、湘間來往九十餘年。善捕逐鬼物，能囚拘蛟螭虎豹，人莫知其壽。進士劉師服常于湘南遇之。元和七年壬辰十二月四日，將自衡山遊太白，過京師，與師服相值。師服招其止宿，有校書郎侯喜新有詩名，擁罏夜坐，與劉説詩。彌明在其側，貌極醜，白鬢黑面，長頸而高結喉，又作楚語，喜視之若無人。彌明忽掀衣張眉，指罏中石鼎謂喜曰："子云能詩，與我賦此乎。"師服以衡、湘舊識，見其老，頗貌敬之，不知有文也，聞此説大喜，即援筆而題其首兩句，曰："巧匠琢山骨，刳中事煎烹。"次傳與喜，踴躍而綴其下，曰："外苞乾蘚文，中有暗浪驚。"題訖吟之。彌明啞然笑曰："子詩如是而已乎？"即袖手竦肩，倚北牆坐，謂劉曰："吾不解世俗書，子爲吾書之。"因高吟曰："龍頭縮菌蠢，豕腹脹彭亨。"初不似經意，詩旨有似譏喜，二子相顧慙駭。然欲以多窮之，即賦兩句以授喜，曰："大若烈士膽，圓如戰馬纓。"喜又成兩句，曰："在冷足自安，遭焚意彌貞。"彌明又令師服書曰："秋瓜未落蒂，凍芋彊抽萌。"師服又吟曰："磨礱去圭角，浸潤著光精。"訖，又授喜，思亦苦務欲壓彌明，每營度欲出口，吻吟聲益悲，操筆欲書，將下復止，亦竟不能奇。曰："旁有雙耳穿，上爲孤髻撐。"吟竟，彌明曰："時於蚯蚓竅，微作蒼蠅聲。"其不用意如初，所言益奇，語皆侵二子。夜將闌，二子起謝曰："尊師非常人也，某等伏矣。願爲弟子，不敢更論詩。"

彌明奮曰："不然，此章不可以不成也。"謂劉曰："把筆把筆，吾與汝就之耶。"又連唱曰："何當出灰炮，無計離缾罌。謬居鼎鼐閒，長使水火争。形模婦女笑，度量兒童輕。徒爾堅貞性，不過升合盛。寧依暖熱弊，不與寒涼并。以玆翻益[①]愆，實負任使誠。陋質荷斟酌，狹衷愧提擎。豈能煮仙藥，但未汙羊羹。區區徒自效，瑣瑣安足呈。難逢俎豆用，不爲手所撜。願君勿嘲誚，此物方施行。"師服書訖，即使讀之畢。謂二子曰："子皆不足與語此，寧爲文耶？吾就子所能而作，且非吾之所學於師而能者也。吾所能者，子皆不足以聞也。豈獨文乎哉！吾閉口矣。"二子大懼，皆起立床下，拜曰："不敢他有問也，願一言而已。先生稱不解人閒書，敢問解何書也？請問此而已。"累問不應。二子不自得，即退就坐。

彌明倚牆睡，鼻息如雷鳴，二子但恐失色，不敢喘息。斯須，曙鼓鼕鼕，二子亦困，遂坐睡。及覺，驚顧已失彌明所在。問童子，奴曰："天且明，道士起出門，若便旋。然久不返，覓之已不見矣。"二子驚惋自責，因攜詩詣昌黎韓愈，問此何人也。愈曰："余聞有隱君子彌明，豈其人耶？"遂爲《石鼎聯句序》，行于世焉。

《通考》曰：淳熙四年，静江守臣張栻謂：臣所領州有唐帝祠，去城二十里而近，其山曰堯山，高廣爲一境之望。祠雖不詳所始，然有唐衡嶽道士彌明詩刻，即知其來舊矣。

《桂林風土記》曰：堯山在府東北，隔大江與舜祠相望。山有廟絶靈，四時公私饗奠不絶。相傳爲秦時建，有唐軒轅彌明《謁堯帝廟》詩。

---

① "以玆"，崇禎本作"忽罹"。"翻益"，崇禎本乃墨釘。

聖楷曰：《仙傳拾遺》有彌明傳，全用韓退之語，今姑存之。侯喜雖見絶于彌明，然攷其人，猶有可取。退之《與陸祠部書》云："有侯喜者家，在開元中衣冠而朝者兄弟五六人。及喜之父仕不達，棄官而歸，喜率兄弟操耒耜而耕於野。地薄而賦多，不足以養其親，則以其耕之暇，讀書而作文，以干于有位者，而取足焉。喜之文章，學西京而爲也。"由此觀之，喜雖新有詩名，固非浮薄自處，純盜虛聲也，猶不免"豕腹彭亨""蒼蠅微聲"之誚，所謂侯白、侯赤又何如哉？真可付之一嘅。廣西堯山刻軒轅彌明《謁堯帝廟》詩，其句淺俚，當是後人僞作，故不録。

緱仙姑

緱仙姑，長沙人也。入道，居衡山，年八十餘，容色甚少。于魏夫人僊壇精修香火，十餘年孑然無侶。壇側多虎，遊者須結隊執兵而入，姑隱其閒，曾無怖畏。數年後，有一青鳥形如鳩鴿，紅頂長尾，飛來所居，自語云："我南嶽夫人使也，以姑修道精苦，獨棲窮林，命我爲伴。"他日又言："西王母姓緱，乃姑之祖也，聞姑修道勤至，將有真官降而授道，但時未至耳，宜勉于修勵也。"每有人遊山，必青鳥先言其姓字。又曰："河南緱氏，乃王母修道之故山也。"又一日，青鳥飛來曰："今夕有暴客，無害，勿以爲怖也。"其夕，果有十餘僧來。魏夫人僊壇乃一大石，方可丈餘，其下空浮，寄他石之上，每一人推之則摇動，人多則屹然而震。是夕群僧持火挺刃，將害仙姑，入其室，姑在床上，而僧不見。僧既出門，即摧壞仙壇，轟然有聲，山震谷裂。謂已顛墜矣，而終不能動。僧相率奔走。及明，有遠村至者，云十僧中九僧爲虎所食，其一不共推，故免。歲餘，青鳥語姑遷居他所，因徙居湖南，鳥亦隨之，而他人未常會其語。鄭畋自承旨學士左遷梧州，師事于姑，姑謂畋曰："此後四海多難，人閒不可久居，吾將隱九疑矣。"一旦遂去。

聖楷曰：南嶽魏夫人，任城人，名華存，字賢安，晉司徒魏舒之女也。幼而好道，常欲别居閒處，父母不許。年二十四，方適太和掾南陽劉文字幼彦，生二子，長曰璞，次曰遐。幼彦後爲修武令，夫人心期幽靈，精誠彌篤。二子粗立，乃離隔屋宇，齊于别寢。將逾三月，忽感太極諸仙真下降，授以丹經。其後幼彦物故，天下荒亂，夫人攜子渡江仕宦。凡在世八十三年，始託劍化形去，入陽條山昇天，授夫人位爲紫虚元君，領上真司命南嶽夫人，比秩仙公。據此，則夫人未嘗修道于衡山，所謂仙壇者，或因夫人治南嶽，而特表示其靈異耳。今壇在黄庭觀前，亦無他異。

田良逸

南嶽道士田良逸，唐元和中，與蔣含弘皆道業絶高，遠近欽敬，時號田蔣。田以虚無爲心，和煦待物，不事浮飾，而天格清峻，人見者褊悋盡去。侍郎吕渭、楊憑，相繼廉問湖南，皆北面師事。潭州大旱，祈雨不獲，或請邀致。楊曰："田先生爲人祈雨者耶？"不得已迎之。先生蓬首弊服，欣然就車，到郡，亦終無言，即日雨降。所居岳觀，建黄籙壇場，法具已陳列，而天陰晦，弟子請祈晴，田亦無言，岸幘垂髮而坐。及行齋，左右代整冠屨，扶升壇，天即開霽。

常有村姥持碧綃襦以奉，對衆便服之，坐者竊笑，不以介意。楊常迎至潭州，田方跣足，使至，乘小舟便行，侍者以履襪追及于衙門，即坐階砌著襪，傍若無人。楊再拜，亦不止之。時喜飲酒，而言不及吉凶是非。及楊自京尹謫臨賀尉，使候田，遺銀器，受之，便悉付門人作法會。使還，曰："報汝阿郎，勿深憂也。"未幾，量移杭州長史。

未常干人，人至亦不迎。性不多記人官位姓名，與吕渭分景[1]深，後郎中吕温刺衡州，因來謁之，左右先告以使君是侍郎之子。及温入，下床拊其背曰："你是吕渭兒子耶？"温泫然降階，田亦不止。其貞朴如此。母爲喜王寺尼，尼衆皆呼先生小師。常日負薪兩束奉母，或有故不及往，即弟子代送之。或傳寺尼早起見一虎，在田媪門外走，因以告媪，曰："止應是小師使送柴來，不足畏也。"

蔣君混元之器雖不及田，而修持趣尚亦相類，兄事于田，號爲莫逆。蔣始善符術，自晦其道，人莫之知。後居九真觀，曾命弟子至縣市齋物，不及期還，詰其故。云于山口見一巨獸當路，良久不去，以故遲滯。蔣曰："我在此庇伊已多時，何敢如是？"即以一符置所見處，明日獸踣符下。蔣聞之，曰："我本以符卻之，使其不來，豈知不能自脱。既以害物，安用術爲。"取符本焚之，自此絶不復留意。

羅公遠

羅公遠，本鄂州人，善隱形散景之術。玄宗欲從而學焉，對曰："陛下玉書金格，已簡于九清矣。真人降化，保國安人，誠宜習唐虞之無爲，繼文景之儉約，却寶劍而不御，棄名馬而不乘。豈可以萬乘之尊，四海之貴，宗廟之重，社稷之大，而輕狥小術，爲戲翫之事乎？若盡臣術，必懷璽入人家，困于魚服矣。"玄宗强之，終不肯盡其術。試自隱，常餘衣帶，及公遠共試，則驗。厚賜金帛，然卒不得。帝怒，裹以幞壓殺之。數日，有中使者自蜀還，逢公遠駕而西，笑曰："上爲戲何虐也。"仍以蜀當歸爲寄。天寶末，玄宗幸蜀還京，始悟其意云。

聖楷曰：仙傳載公遠與玄宗遊月宫，傳《霓裳羽衣》之曲，乃妄説耳。按《唐書》河西節度使楊敬忠獻《霓裳羽衣曲》十二遍，

① 景：據文意疑當作"最"。

凡曲終必遽，唯《霓裳羽衣曲》將畢，引聲益緩，此非從月宫中來也，故不録。且《唐書·方伎傳》“公遠”作“思遠”，《雲笈七籤》又以公遠、方遠爲二人。相傳錯繆若此，神仙果足信乎？

何仙姑

何仙姑，零陵市人女也。年十四五，夢神人教食雲母粉，可得輕身不死。後遇吕純陽，以一桃與之，僅食其半，自是不饑。頗能談休咎，老而解化。

《東軒筆録》曰：永州有何氏女，幼遇異人，與桃食之，遂不饑無漏。自是能逆知人禍福，鄉人神之，爲搆樓以居，世謂之何仙姑。士大夫之好奇者，多謁之以問休咎。王達爲湖北運使，巡至永州，召于舟中，留數日。是時魏綰知潭州，與達不叶，因奏達在永州，取無夫婦人阿何於舟中止宿。

又曰：潭州人士夏鈞，罷官過永州，謁何仙姑而問曰：“世人多言吕先生，今安在？”何笑曰：“今日在潭州興化寺設齋。”鈞專記之。到潭日，首于興化寺取齋曆視之，其日果有華州回客設供。

聖楷按：仙傳云：吕嵒字洞賓，世爲河中府人。舉進士不第，初遇火龍真人，後遇鍾離雲房，六十四歲始得道，及宋時，化迹始著。多遊鄂、岳、湖湘閒。其度何仙姑事，傳説亦多不一。王元美云：“攷之野史，謂仙姑晚而枯瘦，其言休咎，亦不甚驗。”又趙道一《仙鑑》則謂純陽所度者，趙姑名何者也。有仙姑何姓者，開元中羽化去，合在純陽前。未知孰是，今姑從苗善時傳。楷聞國朝嘉、隆閒，澄州觀國山有女真苟瑞仙者，修道山之赤霞洞。初田閒婦耳，遇一媪，啖以異草，遂絶火食。其後冰心朗徹，洞明教典，發言奇中，不可枚舉。嘉靖末，遣使者下尺一敦請之，不至，微示以攀髯之兆。次年龍馭上賓，卒如其言。後年近百歲，尸解而去。此亦仙姑之類也，不可謂世遂無其人。

率子廉

率子廉，衡山農夫也。愚朴不遜，衆謂之率牛。晚隸南嶽觀爲道士。觀西南七里有紫虛閣，故魏夫人壇也。道士以荒寂莫肯居者，惟子廉樂居之，端默而已，人莫見其所爲。然頗嗜酒，往往醉臥山林間，雖大風雨至不知，虎狼過其前，亦莫害也。

故禮部侍郎王公祐出守長沙，奉詔禱南嶽，訪魏夫人壇。子廉方醉不能起，直視公曰："村道士愛酒，不能常得，得輒徑醉，官人恕之。"公察其異，載與俱歸。居月餘，落漠無所言，復送還山，曰："尊師韜光内映，老夫所不測也，當以詩奉贈。"既而忘之。一日晝寢，夢子廉來索詩，乃作二絶句，書板置閣上。衆道士驚曰："率牛何以得此？"

太平興國五年六月十七日，忽使謂觀中人曰："吾將有所適，閣不可無人，當速遣繼我者。"衆道士自得王公詩，稍異之矣，及是驚曰："天暑如此，率牛安往？"狼狽往視，則死矣。衆始大異之，曰："率牛乃知死日也。"葬之嶽下。未幾，有南臺寺僧守澄自京師還，見子廉南薰門外，神氣清逸。守澄問何故出山，笑曰："閑遊耳。"寄書與山中人。澄歸，乃知其死，驗其書，則死日也。發其塚，杖屨而已。

東坡居士曰：士中有所挾雖小技，不輕出也，況至人乎！至人固不可得識，至人者，豈易得哉？王公非得道，不能知率牛之異也。居士嘗作《三槐堂記》，意謂公非獨慶流其子孫，庶幾身得道者。及見率子廉者，益信其然。公詩不見全篇，書以遺其曾孫鞏，使求之家集而補之，或刻石置紫虛閣上云。

張三丰

張三丰，一名玄玄，始不知何許人。洪武初，入武當山修煉。丰姿魁偉，美髯如戟，寒暑惟衣一衲。或處窮寂，或遊市井，浩浩自如，傍若無人，時呼爲張邋遢。有問之者，終日不答一語。或與論三教經書，則吐辭衮衮，皆本道德忠孝。每事來，輒先知之。所啖斗升輒盡，或辟穀數月，自若也。登山其行如飛，或隆冬卧雪中，齁鼾如常時。既入武當，往來天柱、五龍、南巖、紫霄諸名勝。洪武十四年辛酉，道士邱玄清從爲弟子，三丰使居五龍，自結草庵於展旗峰北。洪武二十三年庚午，忽拂袖長往，不知所在。上遣三山道士請三丰造朝，了不可覓。乃召邱玄清至，與語悦之，拜監察御史，賜之室，辭不受，超擢太常卿。

陳建按：《雙槐歲抄記》云："璚枝玉樹屬仙家，未識人間有此花。清致不沾凡雨露，高標猶帶古煙霞。歷年既久何曾老，舉世無雙莫浪誇。便欲載回天上去，擬從博望惜[①]靈槎。"此詩三丰遯老詠揚州瓊花以自况也。永樂初，文廟復，使致書求之，書函云：皇帝敬奉書真仙張先生足下。全文亦見《雙槐歲抄》。仍命給事中胡濙徧往物色之，不能得。粤濱逸史曰：語云"神仙有無何杳茫"，天下豈有仙人，盡妖妄耳。今觀國初周顛仙及張三丰之事，則又歷歷皆實，有不可盡以爲誣者。要之，天地間自有一種仙風道骨，但仙凡路隔，不可力致而强爲也。

聖楷按：今武當山有遇真宫，爲三丰道人名也。其東廡有道人像。道人初築净室于兹地，曰：是不久當顯。俄而棄去。至文皇帝時，遣使奉書招之，凡十餘年不得，乃爲之像，又贈以真人誥。今所奉書及誥猶存宫中。

---

① 惜：崇禎本作"借"。

冷 謙

冷謙字啟敬，武陵人，號龍陽子。元中統初，與劉秉忠從沙門海雲游。博學，精于《易》，尤深邵學，及百家方術，靡不洞習。至元間，秉忠爲相，謙乃棄釋從儒，居霅川，交趙孟頫。常於四明故相史彌遠家觀李思訓畫，因契之，遂善繪。後隸淮揚，遇異人，授中黄大丹，傳張氏契真旨。迨至正間，年百餘歲，貌渥如童，避亂金陵，坐肆市藥。

國初，仕爲太常博士，考定樂律。會京邸主人貧，數求賑于謙。謙一日即邸壁畫爲門，一鶴守之，語館人曰："第入可得富，然毋多取，毋有所遺。"館人叩門入，見金寶珍貝充牣如山，恣意揀取，因而遺謙所畀引文。旬日，内帑守者告失物，持引爲證。上命逮館人及謙。謙就逮，語逮者曰："我能遯能飛，桁楊桎梏不能制我，須以大甕貯我，我乃得赴上前。"逮者如其言，取一甕置庭中，[①] 謙入甕，其身漸隱。逮者曰："汝無然，吾輩皆坐汝死矣。"謙曰："無害，但舁甕至上前。"如言。太祖問之，輒於甕中應如響。太祖曰："汝出見朕，朕不殺汝。"謙對："臣有罪，不敢出。"太祖怒，擊甕碎之，呼謙名，片片皆應，終不知所在。

---

① "庭中"下崇禎本復有一段与下文相異："謙以脚插入良久，身盡入甕，端坐其間。明日視之，甕空矣。逮者懼甚，從甕口呼謙，謙輒應。比舁甕至上前，白其事。上親呼謙，謙應。上曰：'聯赦汝，汝宜出見。'固不出。上怒，命左右碎甕，凡百餘片，片片而呼之，而無不應也，竟逸不復可得。"其後又有周聖楷按語云："聖楷曰：謙初與三丰道人相厚善，嘗於至元六年六月六日，作《仙奕圖》，以遺三丰遯老。其圖作奇巒異沼，林木室宇，種種軒特，屋内屬仙奕。沼中荷花正豔發，群仙妹遊採其傍。迨永樂二年四月，三丰手題此圖，歸於太師淇國丘公。中有云：天朝維新，君有畫鶴之誣，隱壁仙逝。又云：方將訪君於十洲三島，恐後人不識奇仙異筆，混之凡流，故識此。按，畫鶴事三丰以爲誣，豈内帑守者因謙多異蹟，而因挾其館人，以爲奇貨耶？謙真得道人，不應有妄取御帑之事，高識自能辨之。"

楚寶外篇卷第一增輯

新化鄧顯鶴湘皋述

列　仙

何　侯

何侯，堯時隱蒼梧山，慕長生。舜南巡狩，止其家。夏禹時，五帝以藥一器與之，使投酒中。一家三百餘口飲不竭，以餘酒灑屋宇，拔宅上昇，位爲太極仙人。

蕚緑華

蕚緑華，自言是九疑山中得道女羅郁也。昇平二年，夜降於羊權家，贈權詩一篇，並火浣手巾一條，金、玉條脱各一枚。

羊　權

羊權，九疑人。昇平間，感仙人蕚緑華降其家，授以長生之術，乃潛通道要，尸解仙去。

杜蘭香

杜蘭香，仙女也。有漁父於洞庭聞啼聲，四顧無人，惟三歲女子在岸，漁父憐而舉之。十餘歲，天姿奇麗。忽有青童自空而下，集其家，攜女去。臨昇，謂其父曰："我仙女杜蘭香也，有過謫於人間，會期有限，今去矣。"其後降於包山張碩家，授以舉形飛仙之術，碩仙去。父亦學道不食，後不知所之。

顯鶴案：《晉書・曹毗傳》：時有桂陽張碩，爲神女杜蘭香所降。毗因以二篇詩嘲之，並續《蘭香嘲[①]》詩十篇，甚有文采。又唐曹唐有杜蘭香下降張碩，萼緑華下降羊權等詩。

黄　　敬

黄敬，字伯嚴，武陵人也。少讀誦經書，仕州爲部從事。後棄世學道於霍山八十餘年，復入中岳，專行服氣斷穀，爲吞吐之事，胎息内視，召六甲、玉女，吞陰陽符。又思赤星在洞房前轉，大如火周身，至二百歲轉還少壯。道士王紫陽數往見之，求要言。敬告紫陽曰："吾不修服藥之道，但守自然，蓋地仙耳，何足詰問。問[②]新野陰君神丹昇天之法，此真大道之極也，子可從之。人能除遣嗜欲如我者，亦可以學我所爲也。"紫陽固請不止，敬告紫陽曰："大關之中有輔星，想而見之翕習成。赤童在焉指朱庭，指而摇之煉身形。消遣三尸除死名，審能守之可長生，失之不久淪幽冥。"紫陽受之，得長生之道也。

---

① 嘲：據《晉書》卷九二《杜蘭香傳》當作"歌"。

② 問：據《沅湘耆舊集》當作"聞"。

柳　毅

柳毅，儀鳳中應舉下第，將還湘濱，取道涇陽，見婦人牧羊道畔。曰："妾洞庭君少女，嫁涇川次子，夫壻爲婢僕所惑，毀黜至此。君還密邇洞庭，欲以尺書寄託。洞庭之陰有社橘，舉樹三發，當有應者。"毅乃訪於洞庭，依婦前言。有武夫出波間，引入靈虚殿。取書以進，洞庭君哀咤良久，左右皆流涕。君驚謂左右曰："無使有聲，恐錢塘知。"毅曰："錢塘何人？"曰："寡人愛弟也。"曰："何故不使知？"曰："以其勇過人耳。昔堯遭洪水九年者，乃此子之一怒也。"語未畢，有赤龍長萬丈餘，擘青天飛去，俄擁紅糚一人回。君笑謂毅曰："涇水之囚人至矣。"乃宴毅於凝碧宫。錢塘君謂毅曰："涇陽之妻，欲求託高義，世爲賓親。"毅以殺其壻而納其妻，於義不可。辭歸，娶於張氏，張亡，又娶韓氏，旋亡。徙家金陵，復娶盧氏，歲餘生一子。笑謂毅曰："妾即洞庭君女也，銜君之恩，誓必求報，季父論親不從，悵望成疾。值君累娶不終，卜居於此，遂得報君之意。"開元中，相與同歸洞庭，莫知其跡。

顯鶴案：柳毅，俗傳爲郴州人，出唐人小説。今世所奉之洞庭神，云即柳秀才，廟在巴陵鹿角，甚著靈異，祠碑記柳壻水府事甚詳。事有流俗尋沿，而即據爲典要者，此類是也。何侯事亦荒渺，以其著録《列仙傳》，遂首列焉。

樊夫人

樊夫人，上虞令劉綱妻。綱素有道術，樊亦偕之修煉，俱仙去。貞元中，湘潭人見一媪策杖曳履，遊行市中。一日，語市人張珙曰："吾欲往洞庭救百餘人，可具舟送我。”珙如其言，隨至洞庭。先是，大風撼巨舟觸君山島破，百餘人並立島上待救，忽有白氣如城，將逼島，島上人惶怖叫號。媪舟至，遽飛劍刺之，聲如雷霆，城遂壞，乃一白鼉長千餘丈，蜿蜒而斃，劍立其胸。俄有道士來見媪，甚相慰悦。珙詣問媪何人，道士曰：“劉綱仙公之妻樊夫人也。”

廖法正

廖法正，郴人也，爲景星觀道士。幼從方外得費長房、劉根之術。咸通六年，懿宗召宣入朝，欲官之，師辭不受，力求歸。賜號元妙真人。昌黎韓愈遊衡，與之交，爲文以送之。稱郴居衡嶽之南，當中州清淑之氣，蜿蟺扶輿，必有忠信魁奇材德之民生於其閒，而以廖師當之。又曰廖師學於衡山，氣專而容寂，多藝而善遊。又曰廖師善知人，其見重於賢士大夫如此。郡西有廖仙嶺，爲師煉形之地。

顯鶴案：郴人袁子讓云：“古今詆仙佛，無如韓子，然於廖道士獨稱廖師，甚厚譽焉。則廖之爲士林推轂，豈徒在玄牝嬰姹之閒耶？師被召入朝，所行道術不見載籍，然以生平概之，疑亦治祟驅魔之事。世傳師得道昇仙於連州靖福山。今按《連州志》載靖福山，乃謂梁人廖冲爲郡主簿，後棄官修道，飛昇於此。”愚按，廖師見許於昌黎，絶無他奇。後人以其爲道士也，遂傅會爲仙，方志之陋習如此，不足徵信。以其能交文公也，故録之。

湘中老人

湘中老人。賈客邵雲卿嘗夜泊君山側，命酒，吹笛數曲。忽見一老人棹舟來，於懷袖中出笛三，其一大如合拱，其次如常人所蓄，其一絶小如細筆管。雲卿請吹之，老人曰：“大者諸天之樂，不可發。其次對洞庭諸仙合樂。而吹小者，乃老身與朋儕可樂者，試爲子吹之。”於是抽笛三弄，湖上風動，波濤滉漾，魚龍跳噴。至五六聲，君山上鳥獸叫噪，月色昏晦，舟人大恐，遂止。乃歌曰：“湘中老人讀黄老，手援紫藟坐碧草。春至不知湖水深，日暮忘卻巴陵道。”遂棹舟去，隱隱没於波閒。

伊用昌

伊用昌，南嶽道士。楚學士廖匡圖母病思膾，值江水暴漲，魚不可得。用昌探得木獺長三寸許，投江中，須臾波浪騰沸，禽一巨鱗出，作膾食匡圖母，病尋愈。

藍　方

藍方，字元道，隱居南嶽。接物以和，人呼爲笑先生。仁宗召見，館於荒林園，賜號養素。

附録：《東軒筆録》載：尚書郎李觀自言爲進士時往遊南嶽，道過潭州聖旗亭買酒。忽有一人荷竹畚，持釘校之具，徑至，問觀曰：“聞君將之南嶽，頗識養素先生藍方否？”觀曰：“固將往見之。”其人曰：“奉煩寄聲，云劉處士奉問先生，十月懷胎，如何出得。”言訖，徑出不顧。觀至南嶽訪方，具道其語。方愁然驚異，因問曰：“其人眉閒得無有白誌乎？”觀曰：“然。”方大驚，歎曰：“吾不遇是人，命也。此所謂劉海蟾者也。吾養聖胎已成，患無術以出之，念非斯人，不足以成吾道。今聲聞相通，而不得接，吾之道不成矣。”觀急回訪於潭州，已亡所在。是年方卒。

一瓢道人

一瓢道人，不知何許人。性嗜酒，善畫龍。敝衣蓬跣，擔筇竹杖，挂一瓢，遊鄂渚閒。行歌謾駡，學百鳥語，弄群兒聚詬以爲樂。有時衣新絳衣，從人假驄馬，擁大蓋，往來市中，觀者如堵。隆慶元年，居澧陽，年可七十，人具酒蓄墨，乞畫不能得。偶飲某氏園，頹然就醉，直視沈吟久之，羸而起舞，顧謂座客爲我歌《入塞》《出塞》之曲，又令小兒跳呼，四面交攻。已，信手塗潑，煙霧迷空，坐中凜凜生寒氣，飛潛見伏，隨勢而成。署其尾曰"牛舜耕"。問其故，笑而不答。有飲一瓢子酒，年餘不能得其畫者，久之，畫一人科頭赤腳，踞地而遺，筋骨隱起，作努力狀，以贈之。其善謔如此。

信口成詩，閒有異語。所居無定處，華陽莊靖王請設醴，不可。一日宿古廟，像落壓其腦，將死，乃遺王書索棺。王如言爲治大木具，一瓢子坐其中，不覆，令人舁而過市，拱手大呼，與人言別，周徧街巷。至郊外普賢庵，命衆曰："可覆我。"衆不敢覆，視之已寂矣。遂覆而埋之，舉之甚輕，如空棺然。澧人爲題石於澧水橋頭，署"畫龍道人一瓢子之墓"。

醉　叟

醉叟，不知何許人，亦不言其姓字。以其常醉，呼曰醉叟。歲一遊荆、澧閒，冠七梁冠，衣繡衣，高顴闊輔，修髯便腹，望之如悍將。年可五十餘，手一竹籃，盡日酣沈，百步之外，糟風撲鼻。徧巷陌索酒，頃刻飲十餘家，醉態如初。不穀食，惟啖蜈蚣、蜘蛛、癩蝦蟆及一切蟲蟻之物。市兒驚駭，争握諸毒以供。每遊行，群隨而觀。有侮之者，漫作數語，多中其陰事。籃中嘗蓄乾蜈蚣，問之，則曰天寒酒可得，此物不可得也。蹤跡怪異，居止無所，晚宿古廟，或闤闠簷下。口中常念“萬法歸一，一歸何處”二語，凡行住坐臥皆然。有詢其故者，終不對。

楚寶名釋祖燈論次目録

蓋自七佛授偈，而迦文獨以其教傳於中國，故爾紫金瑞像，殿陛飛行，白馬精藍，山雲割秀。蓮花貝葉之藏，旁行半滿之字，頓踞六經而上也。然而終漢之代，皆賴天竺沙門，薰修器鉢，中國之人，尚未有披削者。洎乎魏晉，始依佛戒剃髮爲僧，而龍象蹴踏遍區宇矣。太和中，常山釋道安以梵僧所譯《維摩》《法華》未盡深旨，精思十年，心了神悟，乃悉正其乘舛。於是分遣弟子，各詣諸方，宣佛微妙。而安獨與慧遠等四百餘人，之襄陽檀溪寺住焉。嗣是東方聖往，南國衣傳，思大振錫於衡嶺，忍祖授鉢於黄梅，楚之宗風，在唐宋時爲最著也。予向者欲擇觀音、石頭二大師法嗣爲南嶽燈，今則稍異規裁，專繫之楚。凡生於楚而出世於楚者若干人，生於楚而出世於他方者若干人，生於他方而出世於楚者若干人，其或遊方於楚，得法於楚，雖附於篇，姑存梗略。原夫置身雲漢，坐斷三界，混迹市廛，心超萬有，非同土著之民，可循畛而得也。述《出世閒品》第二十五，首敘教律二門，與應化聖賢爲《名釋》，次敘直指一宗，爲《祖燈》，凡四卷。

名釋一

釋道安　釋法遇　釋慧安　南嶽惠思[①]　天台知顗　釋法聰　釋净業　千歲寶掌　懶殘　彌陀承遠　東林熙怡　中院希操　大明慧聞　雲峰法證　湘潭知儼　般舟日悟　龍安如海　無姓和尚　龍興法顯　衡嶽楚雲　湖南二居士

祖燈一

四祖道信　五祖弘忍　玉泉神秀　嵩嶽慧安　五臺巨方　荷澤神

① 南嶽惠思：底本原作“南嶽思”，後所列諸名多省去一字，今悉據正文補正。

會　南嶽懷讓　石頭希遷　大梅法嘗　湖南如會　西園曇藏　華林善覺　龍山和尚　龐居士藴　長沙景岑

祖燈二

潙山靈祐　藥山惟儼　長鬚[①]曠　慧朗　天皇道悟　雲巖曇晟　道吾宗知　高沙彌　龍潭崇信　石室善道　德山宣鑒　石霜山慶諸　清平令遵　夾山善會　巖頭全奯

祖燈三

洛浦元安　育王弘通　寶聞惟勁　藏嶼匡化　石門獻藴　神鼎洪諲　楚圓慈明　芭蕉谷泉　雲峰文悦　龍牙居遁　欽山文邃　南臺守安　雲蓋用清　大陽警玄　玉泉承皓　蔣山佛慧　雲蓋守知　白雲守端　五祖法演　上封佛心　文殊心道　九峰無念

增輯

道廣　妙應　隱山和尚

① 鬚：據正文當爲“髭”。

楚寶外篇卷第二

明湘潭周聖楷伯孔輯纂

名　釋

道　安

釋道安，姓衛氏，常山扶柳人。形雖不逮，而聰儁罕儔。年至十三出家，日誦萬言，不差一字。師敬異之，爲受具戒，恣其遊學。至鄴，乃入寺中，遇佛圖澄，澄見而嗟異，與語終日，因事澄爲師。澄講安覆，疑難鋒起，安挫鋭解紛，行有餘力。時人語曰："漆道人，驚四鄰。"安後避地南投襄陽，與弟子釋慧遠等四百餘人，渡江夜行。值雷雨，乘電光而進。前行得入一家，見門内有二馬柳，中間懸一馬兜，可容一斛。安呼："林伯升。"主人驚出，果姓林，名伯升，謂是神人，厚相奉接。既而弟子問何以知其姓字，安曰："兩木爲林，兜容百升也。"

既至襄陽，有一外國銅像，形製古異，時衆不甚恭重。安曰："像形相致佳，但髻形未稱。"令弟子鑪冶其髻。既而光焰焕炳，曜滿一堂。詳視髻中，見一舍利，衆咸愧服。安曰："像既靈異，不煩復治。"乃止。

安嘗註諸經，恐不合理，乃誓曰："若所説不甚違理，願見瑞相。"遂夢見胡道人，白頭長眉，與安云："君所註經，殊合道理。我不得入泥洹，住在西域，當相助弘通，可時時設食。"後《十誦律》

至，遠公乃知和上所夢，賓頭盧也。於是立座飯之，處處成則。

安既德爲物宗，學兼三藏，所制僧尼軌範，佛法憲章，條爲三例：一曰行香、定座、上經、上講之法。二曰常日六時行道、飲食、唱時法。三曰布薩、差使、悔過等法。天下寺舍，遂則而從之。安每與弟子法遇等于彌勒前立誓，願生兜率。後忽有異僧，形甚庸陋，來寺寄宿，處之講堂。時維那值殿，夜見此僧從窗隙出入，遽以白安。安驚起禮訊，問其來意。答云："相爲而來。"安曰："自惟罪深，詎可度脱？"彼答云："甚可度耳，然須更浴。"因具示浴法。安請問來生所生之處，彼乃以手虛撥天之西北，即見雲開，備覩兜率妙勝之報。爾夕大衆數十人，悉皆同見。安後營浴具，見有非常小兒，伴侣數十，來入寺戲，須臾就浴，果是聖應也。至其年二月八日，忽告衆曰："吾當去矣。"是日齋畢，無疾而卒。葬城内五級寺中。年七十二。

安未終之前，聞羅什在西國，思共講析，每勸堅取之。什亦遠聞安風，謂是東方聖人。安既終後十六年，什公方至。什恨不相見，悲恨無極。左臂有一皮廣寸許，著臂捋可得上下之，唯不得出手，時人謂之竇印手菩薩。

《續高僧傳》曰：襄州檀溪寺金像行者，寧康中釋道安所造也。及成就，已乃行至萬山，明迎返寺，其夕又出至寺門。初在萬山，蹋石現一足相。周武滅法，鎮副長孫哲，志性兇麄，先欲除毀，令百人以索繫頸，挽之不動。哲大怒，乃至加五百人，方倒震地。哲喜落馬，尋卒。當毀像時，于腋下倒垂衣内銘云："晉太元十九年，歲次甲午，比丘道安于襄陽西郭造丈八金像。此像更三周甲子，百八十年當滅。"計勘年月，興廢悉符合焉。

聖楷按：遠法師，雁門樓煩人。年十二，遊學許、洛。年二十一，欲南渡就范宣子學，道阻不通，遇釋道安以爲師。抽簪落髮，研求法藏，釋曇翼每資以燈燭之費。誦鑒淹遠，高悟冥賾。安常歎曰："道流東國，其在遠乎？"襄陽既殁，振錫南遊，結宇廬山。年八十三而終。

王弇州《題蓮社圖》云：按中土釋教，自永平而後，雖日以滋盛，而識限因果，毋關性心。圖澄神異，志存弘護，道林卓犖，乃闡老莊。遠公獨能思紹先緒，取證羅什，删繁絀邪，以净信念佛爲宗，誠開士之要軌也。第劉遺民、雷仲倫、宗少文、張萊民、張秀碩、周道祖諸公，雖復神情朗潔，而塵跡猶存。發願之後，往來室家，恐亦未穩。至乃汰靈運，挽靖節，固徵裁鑒之精嚴，第必置瓿酒以待徵君，似亦小爲名使，非如來本戒。又西來、本土，以法性言之，尚不爲實，而况雁門乃寄生之鄉，何足多戀。至煩諸弟子，别創西林，以倣新豐，毋乃贅乎？

僧稱釋考

按：《高僧傳》曰：出家，從師命氏。晉道安受業佛圖澄，澄姓帛氏。安以師莫過佛，遂以釋爲姓。僧之稱釋，自道安始也。聖楷又按，《法苑珠林》云：舊日僧悉稱俗姓，秦代沙門釋道安獨拔當時，居然超悟，乃云：“既存剃染，紹繼釋迦，子雖異父，而姓無殊。今者出家，宜悉稱釋。及翻四含，果云四姓，出家同一釋種。”衆咸歎服。四姓者：一刹帝利，此是王種。二婆羅門，是高行人。三名毗舍，如此土民。四名首陀，最爲卑下，如此土皂隸。

法　遇

釋法遇，不知何許人。弱年好學，篤志墳典，事道安爲師，解悟非常。乃避地東下，止江陵長沙寺，講説衆經，受業者四百餘人。時有一僧飲酒，廢夕燒香，遇但罰而不遣。安公遥聞之，以竹筒盛一荆子，手自緘封，題以寄遇。遇開封見杖，即曰：“此由飲酒也。我訓領不勤，遠貽憂賜。”即命維那鳴椎集衆，以杖筒置香凳上。行香畢，遇乃起，出衆前向筒致敬。於是伏地，令維那行杖三下，内杖筒中，垂淚自責。

時境内道俗莫不歎息，因之學徒勵業甚衆。既而與慧遠書曰：“吾人微暗短，不能率衆。和尚雖隔在異域，猶遠垂憂念，吾罪深矣。”後卒于江陵，春秋六十。

聖楷曰：安師首剏僧尼軌範，故立法不得不嚴。遇捧荆杖，涕淚受責，亦賢矣哉。其後百丈再立清規，而風未凌夷，奉行無幾。遐想古德，爲法爲人，一片苦心，何止浩歎。

慧　安

釋慧安，未詳何許人。年十八出家，止江陵琵琶寺。風貌庸率，頗共輕之。時爲沙彌，衆僧列坐，輒使行水。安執空瓶，從上至下，水常不竭，時咸以異焉。及受具戒，稍顯靈迹。嘗月晦夕，共同學慧濟上堂布薩，堂户未開，安乃綰濟，指從壁隙而入，出亦如之。濟甚駭懼，不敢發言。後與濟共至塔下，便語濟云：“吾當遠行，今與君别。”頃之，便見天人妓樂，香華布滿空中。濟惟驚懼，竟不得語。安又謂曰：“吾前後事迹，慎勿妄説，説必有咎。唯西南有一白衣，是新發意菩薩，可具爲説之。”於是辭去，便附商人入湘川。中路患痢極篤，謂船主曰：“貧道命必應盡，但出置岸邊，不須器木。氣絶之後，即施蟲鳥。”商人依其言，出臥岸側，夜見火燄從身而出。商人怪懼，就往觀之，已氣絶矣。商人行至湘東，見安亦已先至，俄又不知所之。濟後至陟屺寺，詣隱士南陽劉虬，具言其事。虬即起遥禮之，謂濟曰：“此得道之人，入火光三昧也。”

南嶽惠思

南嶽惠思大師，武津人，姓李氏。頂有肉髻，牛行象視，少以慈恕聞于閭里。嘗夢梵僧勸出俗，乃辭親入道，及稟具，常習坐，日唯一食。誦《法華》等經滿千遍，又閲《妙勝定經》，歎禪那功德，往受法于惠文禪師。晝夜攝心，坐夏經七日，獲宿知通，倍加勇猛。尋病，四肢緩弱，自念曰："病從業生，業由心起。心源無起，外境無狀。病業與身，都如雲影。如是觀已，顛倒想滅，輕安如故。"夏滿無所得，深懷慚愧。放身倚壁，未至間，豁爾悟《法華》三昧最上乘門。由此名行遠聞，學侶日至。乃以大小乘定慧等法，隨根引喻，俾習慈忍。行奉菩薩三聚戒，衣服率用布，寒則加之以艾。北齊天保中，領徒南邁。值梁孝元之亂，權止大蘇山。

陳光大元年六月，自大蘇山將四十餘僧，徑趣南嶽。至一處，林泉勝異，曰："此古寺也，吾昔曾居。"俾掘之，基址猶存。又指巖下曰："吾此坐禪，賊斬吾首。"尋得枯骨一聚，乃建塔，今號三生塔。師又曰："吾寄此山，止期十載，已後必事遠遊。"示衆曰："道源不遠，性海非遥。但向己求，莫從他覓。覓即不得，得亦不真。"偈曰："頓悟心源開寶藏，隱顯靈通現真相。獨行獨坐嘗巍巍，百億化身無數量。縱令逼塞滿虚空，看時不見微塵相。可笑物兮無比況，口吐明珠光晃晃。尋常見説不思議，一語標名言下當。"又曰："天不能蓋，地不能載，無去無來無障礙。無長無短無青黄，不在中間及内外。超群出衆太虚玄，指物傳心人不會。"

師住衡山絶頂，化道彌盛。陳主屢致慰勞供養，目爲思大禪師。誌公嘗令人傳語曰："何不下山教化衆生，目視雲漢作麽？"師曰："三世諸佛被我一口吞盡，何處更有衆生可化。"時有慧集禪師聞法悟解，每謂人"我思大師彌勒應身耳"。師恐惑衆，輒呵之，將欲順世。謂門人曰："若有十人不惜身命，常修法華、般舟、念佛三昧、方等懺悔，期于見證者，隨有所須，吾自供給。如無此人，吾即遠去矣。"時衆以苦行事難，無有答者。師乃屏衆，泯然而逝。有小師雲辯號叫，師開目曰："吾將行矣，何驚動妨亂吾耶？癡人，出去。"言訖長往，異香滿室，顔色如常。即陳大建九年六月二十二日也，壽六十有四。

師凡著述文字，皆口授，無所删改。撰《四十二字門》兩卷，《無諍行門》兩卷，《釋論》《玄隨自意》《安樂行次第》《禪要》《三知觀門》等五部，各一卷，並行于世。

黄山谷《禮思大禪師題名》曰：修水黄庭堅，弟仲堪，子枌、梓、椿、相、棁，成都范温，道人文演同來禮思大師。閲三生藏，閲貝多梵字經，二錫杖象刻佛供僧俗書，經夾有纖靡如蟻，映光不可讀者，及佛牙、舍利、蚌中觀音相，寶玩溢目。爲書"觀寶軒"三大字。坐獨松軒，觀老松突兀于衆杉間，本無超群之意。崇寧三年正月甲辰。

按：山谷《南行録》：福嚴在南嶽，依巖架空爲之，蓋思公道場有三生塔。

聖楷按：思大師初在大蘇，以法付知顗，後嘗代講般若，至一心具萬行，忽有所疑。師曰："如汝之疑，乃大品次第意耳，未是《法華》圓頓旨也。吾昔于夏中一念頓證，諸法現前，吾既身證，不必有疑。"顗問："師所證是十地耶？"曰："吾一生望入銅輪，以領徒太蚤，損己益他，但居鐵輪耳。"師所居處，靈瑞重沓，不可勝紀。又如嶽神、石鼓、九仙觀、道士鐵券事，此俱不録。

天台知顗

天台山修禪寺知者禪師，諱知顗，字德安。荆州華容陳氏子，眼有重瞳，俊朗通悟。初謁思大師于大蘇山，思一見，乃謂曰："昔靈鷲同聽《法華經》，今復來矣。"即示以普賢道場，説四安樂行，師入觀從所悟處，定慧圓融，宿通潛發，唯自明了。舉以問思，思曰："非汝弗證，非予莫識。此乃《法華》三昧前方便，初旋陀羅尼也。縱令文字之師千萬，不能窮汝之辯。汝可傳燈，莫作最後斷佛種人。"師既承印可，隨侍南嶽二載。

陳大建元年，始禮辭，往金陵瓦官寺創弘禪法。時禹穴慧榮住莊嚴寺，道夸吴會，世稱義虎，辨號懸流。聞師講法，特來設問。輕誕自矜，揚眉舞扇，扇忽墮地。師應對事理，涣然清顯。乃譴榮曰：“禪定之力，不可難也。”沙門法歲因拊榮背曰：“從來義虎，今成伏鹿。扇既墮地，何以遮羞？”師由此爲群賢所宗。

尋感異夢，住天台佛隴峰，號天台知者。師説法三十餘年，嘗披一壞衲。初居臨海，民以滬魚爲業，罾網相連，四百餘里，江滬溪梁六十餘所。即以福緣所得金帛，買斯海曲，爲放生之池。又表聞陳宣，勅禁採捕。時還佛隴，如常習定，忽有黄雀滿空，翺翔相慶，鳴呼山寺，三日乃散。師曰：“此乃魚來報吾恩也。”隋開皇十七年十一月二十二日，語衆曰：“吾將去矣。”言已，端坐如定而卒，春秋六十有七。

聖楷按：天台知大師撰《法華玄義》《止觀》等部凡百餘卷，門人灌頂日記萬言而編結之，總目爲天台教别。其教大略即身心而指定慧，即言説而詮解脱。大中一實相之宗，趣無證真得之妙。自發心至于成道，行位昭明，無相奪倫。然後誕敷契經而會同之，焕然冰釋，示佛知見，較之空、有諸宗，可坐而行也。故昔人以爲救世明道之書。

又按：師在南嶽，既解《法華》六根清净義，沈吟久之。有西域僧謂曰：“唯《首楞嚴經》，著明六根功德，足與相證。”師於是渴慕，每昕夕望西遥拜，如是者積十六歲。南嶽天台寺左畔有拜經臺遺址，云師入滅後《楞嚴》始至東土，猶然師所感也。

法　聰

釋法聰，南陽新野人。卓然神正，性潔如玉。因至襄陽繖蓋山白馬泉築室方丈，以爲棲心之宅。梁晉安王承風來問，將至禪室，馬騎無故卻退，王慚而返。後再往，馬退如故。王乃潔齋躬盡虔敬，方得進見。初至寺側，但覩一谷猛火洞然。良久佇望，忽變爲水，經停傾仰，水滅堂見。以事相詢，乃知爾時入水火定也。堂内所坐繩牀兩邊各有一虎，王不敢進，聰乃以手按頭著地，閉其兩目，召王令前，方得展禮。因告境内多虎災，請聰救援。聰即入定，須臾，有十七大虎來至，便與受三歸戒，勑勿犯暴百姓。又命弟子以布繫諸虎頸，滿七日已，當來於此。王至期日，設齋衆集，諸虎亦至。便與飲食，解布，遂爾無害。其日將王臨白馬泉，内有白龜，就聰手中取食，謂王曰："此是雄龍。"又臨靈泉，有五色鯉魚，亦就手食，云："此是雌龍。"王與群吏嗟賞其事，大施而旋。

聰住山，慈救爲先，見屠者驅豬百餘頭，三告曰："解脱首楞嚴。"豬遂繩解散去。諸屠大怒，將事加手，並仡然不動，乃歸過悔罪，因斷殺業。又于漢水，漁人牽網，如前三告，引網不得，亦復歸心。後卒于江陵天宫寺，即梁太一[①]年也。其寺現有碑記。

聖楷按：襄陽繖蓋山，今名白馬山，在襄陽縣東南十里，上有白馬泉。《南雍州記》：每年刺史三月三日禊飲于此。又按，中峰謂西天外道，皆具有作思，惟變化神力。佛燈初傳，將照明世間，非具神通者，不能攝彼外道。故多化佛，化菩薩應身爲祖，以傳命燈。如中土間亦有之，皆是聖賢偶出，助揚宗教，以警動愚頑。不可執爲奇特，自失正因也。

净業

釋净業，漢東隋人也。精研律部，博綜異聞。隋仁壽二年，被舉送舍利于安州之景藏寺。初欲于十力寺置之，行至景藏寺，忽感異香滿

① 一：據《續高僧傳》卷一六當作"清"。

院，衆共嗟怪，因而樹立。將下舍利，赤光挺出，照于人物。寺重閣上，聞衆人行聲，及往掩捕，扃閉如初，一人不見。塔北有池，沙門净範爲諸道俗受菩薩戒，乃有群魚游躍，首皆南向，似受歸相。範即乘船入水，爲魚授戒，魚皆迴頭遶船，如有聽受，都無有懼。業慶其遇，乃以舍利置于佛堂。先有塑菩薩一軀，不可移動，至明乃見回首，面向舍利，狀類天然，一無損處。業以大業十二年二月十八日，卒于本寺。

聖楷曰：舍利者，西域梵語，此云骨身，恐濫凡夫死人之骨，故存梵本之名。佛舍利有三種：一是骨舍利，其色白。二是髮舍利，其色黑。三是肉舍利，其色赤。菩薩、羅漢等亦有三種。若是佛舍利，椎打不碎；若弟子舍利，椎擊便破矣。其諸靈異，備載《菩薩處胎經》《阿育王經》。流傳東土，則自漢明帝始，至隋文帝而盛。

按：王劭《舍利感應記》曰：皇帝仁壽元年六月十三日，御仁壽殿，親以七寶箱捧舍利三十，自内而出，置于御座之案。與諸沙門燒香禮拜，願弟子常以正法護持三寶，救度一切衆生。乃取金瓶、瑠璃瓶各三十，以瑠璃瓶盛金瓶置舍利于其内，熏陸香爲泥，塗其蓋而印之，送三十州。同刻十月十五日正午入于銅函、石函，一時起塔，各感靈瑞，備載記中。今姑述其在楚者。

衡州衡嶽寺，立塔四，遇逆風，四乞順水。峰上白雲闊二丈，直至基所，三币而去。襄州大興國寺，立塔初天陰，將下日朗，入函雲合。隨州知門寺，立塔掘基得神龜，甘露降，黑蜂遶龜，有符文。又隨州官人王威送流人九十，道逢舍利，善心共發，放之爲期。其囚被放，千里一期，無一逃者。隨州人于溳水作魚獄三百，古來傳業，既見舍利，悉決放之，永斷兹惡。餘州亦効矣。

仁壽二年正月二十三日，復分布五十三州，建立靈塔，令總管、刺史已下，縣尉以上，廢常務七日，請僧行道教化打刹，施錢一如前式。期用四月八日午時，同下舍利，封入石函。所感瑞應有四十州，潭州舍利至江，神鳥千迎。荆州雲蓋塔上，雨花不下。安州感香一夕放光，雲蓋兼集。此中土建舍利塔之始也。

寶　掌

千歲寶掌和尚，中印度人也。周威烈十二年丁卯，降神受質，左手握拳，七歲祝髮乃展，因名寶掌。魏晉閒，東遊此土，入蜀禮普賢，留大慈。嘗不食，日誦《般若》等經千餘卷。一日謂衆曰："吾有願，住世千歲，今年六百二十有六。"故以千歲稱之。次遊五臺，徙居祝融之華嚴，黄梅之雙峰，廬山之東林，尋抵建鄴。會達磨入梁，師就叩其旨，開悟。武帝高其道臘，延入内庭。未幾如吴，有偈曰："梁城遇導師，參禪了心地。飄零二浙遊，更盡佳山水。"後居浦山之寶巖，與朗禪師友善，每通問，遣白犬馳往，朗亦以青猿爲使令。師所經處，皆成寶坊。唐顯慶二年示寂，蓋已一千七十二年。留偈曰："本來無生死，今亦示生死。我得去住心，他生復來此。"

聖楷曰：黄梅縣五祖山有老寺，即寶掌所住之雙峰也。予嘗有詩云：寶掌剏兹山，山亦如其掌。人來指縫閒，妄作蓮花想。不知此山阿，已是百峰長。下有萬仞流，一泓從此往。失足墮層雲，始驚飛瀑響。

懶　瓚

南嶽懶瓚和尚，一名懶殘。唐至德閒，隱居衡山石窟中，蹤迹、語言，人多不測。嘗作歌曰："直心無散亂，他事不須斷。過去已過去，未來猶莫算。兀然無事坐，何曾有人唤。向外覓功夫，總是癡頑漢。要去即去，要住即住。身披一破衲，脚著娘生袴。多言復多語，由來反相誤。若欲度衆生，無過且自度。莫謾求真佛，真佛不可見。妙性及靈臺，何曾受薰鍊。心是無事心，面是娘生面。劫石可移動，箇中無改變。無事本無事，何須讀文字。削除人我本，冥合箇中意。種種勞筋骨，不如林下睡。將功用功，展轉冥蒙。取即不得，不取自通。吾有一言，絶慮忘緣。巧説不得，只用心傳。更有一語，無過直與。細如毫末，大無方所。本自圓成，不勞機杼。世事悠悠，不如山丘。青松蔽日，碧澗長流。山雲當幕，夜月爲鈎。臥藤蘿下，塊石枕頭。不朝天子，豈羡王侯。生死無慮，更復何憂。水月無形，我嘗只寧。萬法皆爾，本自無生。兀然無事坐，春來草自青。”

李泌隱衡山時見師，驚曰：“非凡人也。”聽其終宵梵唱，響徹山林，泌頗知音，能辨休戚，謂師經音，先悽愴而後喜悦，必謫墮之人，時將去矣。候中夜，潛往謁焉。師命坐，發火出芋以啗之。曰：“慎勿多言，領取十年宰相。”泌拜而退。

《甘澤謡》曰：懶殘者，唐天寶初衡嶽寺執役僧也。退食，即收所餘而食，性懶而食殘，故號懶殘也。晝專一寺之工，夜止群牛之下，曾無倦色，已二十年矣。一日，刺史將祭嶽祠，方修磴道，中夜風雷，一峰隕下巨石，當磴横臥。修磴者以十牛力挽，又以數百人助推之，石屹不動。師見，笑曰：“無煩多力。”遂自履石，石盤旋而動，聲若震雷疾下，路輒開。人始奇之。寺門外虎豹忽成群，師謂衆僧曰：“授我箠，爲爾等盡驅之。”衆競以箠授師，纔出寺門，一虎遽銜師去，虎豹自此亦絶蹤跡。蓋師欲去，故示此異。

《林閒録》曰：唐高僧號懶瓚，隱居衡山之頂石窟中。嘗作歌，其略曰：世事悠悠，不如山丘。臥藤蘿下，塊石枕頭。其言宏妙，皆發佛祖之奥。德宗聞其名，遣使馳詔召之。使者即其窟宣言：“天子有詔，尊者幸起謝恩。”瓚方撥牛糞火，尋煨芋食之，寒涕垂膺，未嘗答。使者笑之，且勸瓚拭涕。瓚曰：“我豈有功夫爲俗人拭涕耶？”竟不能致而去。德宗欽歎之。予嘗見其像，垂頤瞋目，氣韻超然，若不可犯干者。爲題其上曰：“糞火但知黄獨美，銀鈎那識紫泥新。尚無心緒收寒涕，豈有功夫問俗人。”

彌陀承遠

南嶽彌陀寺承遠大師，漢州緜竹謝氏子。初事蜀郡唐公，學于資州詵公。詵公得法于東山忍公。師乃委質僮役，服勤星歲。開元二十三年，至荆州玉泉寺，依蘭若真公，盡領元旨。真公始南指衡山，俾分法派。師既抵衡，息于天柱之陽。聞京師有慈敏三藏，出在廣州，乃往謁之。敏公曰：“如來付受吾徒，用宏拯救，超然獨善，豈曰能仁？俾依無量，受經而修，念佛三昧，樹功德劫，以濟群生。”由是頓息諸緣，學歸一念。

天寶初，還于舊山，山之西南别立精舍，號彌陀臺，薙草編茅，僅蔽經像。居無童侍，室無斗儲，一食不遇，則茹草而過，敝衲莫完，而歲寒自若。奉持贊歎，苦劇精至。永泰中，有高僧法照，居廬山，結西方道場，入觀積旬，見彌陀座下有老比丘焉，啟問何人。答曰：“南嶽承遠，願生吾土，勝緣既結，真影來現。”照公退而驚慕。竟陟衡峰禮師，宛如定中所見，悲喜流涕，遂執侍左右。

大曆末，照公辭謁五臺，承詔入覲。既爲國師，領袖京邑，乃奏陳師德，天子南嚮而禮焉。度其道不可徵，名其居曰般舟道場，以寵異之。洎于貞元，申詔褒立，始建彌陀寺額，度生二七，會供千人。中貴巡香，守臣視饌，瑶圖花捧，寶字煙開。寵降九天，暉映三界。法門之榮觀，備極于一時矣。貞元十八年七月十九日，顧命弟子，申明教戒，掃室趺坐，恬然化滅。報齡九十有一，僧臘六十有五，塔于寺之南岡。吕温、柳宗元各撰碑記。時稱蓮社三祖云。

洪覺範《南嶽彌陀和尚贊》曰：與之食則食，與之衣則衣。無衣衣木葉，無食食土泥。爲人汲樵牧，僅存骨與皮。其道不可致，天子南向師。出家有如子，我亦著伽犂。

東林熙怡

廬山東林寺熙怡大師，姓曹氏，桂陽人也。體識深静，風度端敏。受具戒于南嶽，修律儀于東林，臨壇持法，垂五十年。初隸東林，居耶舍塔院，嘗苦背痛，鍼石不及，中夜累歎。忽有神人撫背，殊形駭物，斯須乃去。自兹窮討經論，切磋心要，加以律儀嚴静，受持勤至，感通之應，固難盡書。至于山鹿歸仁，林禽效祉大師之室，不足異也。

大曆五年，躋五老峰，望彭蠡，臨瀑布，乃搆凌雲精室，爲經行之地。旁引泉竇，近躡松壑，丹崖雲岫，勢若屏牖。然趨風望景，攀危輂重，翼如而至者，難以數計。積十餘年，乃止大林精廬，杖屨衣巾，屏居一室。與故太師魯國顔公真卿、丞相天水趙公憬、節度使范陽盧公群、吏部侍郎宏農楊公於陵爲參禪之侶。幽鍵洞發，玄言兩得。貞元中，歸東林戒壇院。十二年丙子七月二十八日，召門弟子曰："吾隨化還。"須臾寂滅。僧臘五十，報齡七十一，塔于香谷原。

中院希操

衡山中院希操大律師，昝氏子。去儒爲釋者三十一祀，掌律度衆者二十六會，歿年五十七。既歿二十七年，其大弟子誠盈奉師之遺事，願銘塔石。柳宗元曰：南尼戒法壞而復正，由公而大興；衡嶽佛寺毁而再成，由公而丕變。故當世之士，若李丞相泌，道未常屈，覩公而稽首，尊之不名。出世之士，若石廩公、瓚公，言未常形，遇公而歎息，推以護法。是以建功之始，則震雷大風示其兆；滅迹之際，則隕星黑祲告其期。斯爲神怪，不可度已。故其與物大同，終始無争，受學之衆，他莫能偕也。凡所受教，若華嚴照公，蘭若真公，荆州至公、律公，皆大士。凡所授教，若惟瑗、道郢、靈幹、惟正、惠常、誠盈，皆聞人。

聖楷按：誠盈與韓退之爲方外交，退之《别盈上人》詩云："山僧愛山出無期，俗士牽俗來何時。祝融峰下一回首，即是此生長别離。"觀此詩，退之胸中似非《諫佛骨表》時識見也。

大明慧聞

衡山大明寺慧聞律師，潭州歐陽氏子。唐開元二十一年始生，天寶十一載始爲浮圖，大曆十一年始登壇爲大律師。先是，廣德二年，始立大明于衡山，詔選居寺僧二十一人，師爲之首。師凡主戒事二十三年，衣服器用，動有師法，言語行止，皆爲物軌。執巾匜，奉杖屨，爲侍者數百翦毛髪，披教戒。爲學者數萬，宰相齊公映、李公泌、趙公憬，尚書曹王皋、裴公胄，侍郎令狐公峘，或師或友，齊親執經，受大義，爲弟子。

師始爲童時，夢大人縞冠素舄來告曰："居南嶽，大吾道者，必爾也。"已而信然。貞元十三年十一月十一日卒。將終，夜有光明笙磬之音，衆咸見聞。元和九年正月，其弟子懷信、道嵩、尼無染等，始乞柳宗元爲碑銘，其塔在祝融峰西趾下，碑在塔東。

聖楷按：柳子厚《大明和尚碑》云："儒以禮立仁義，無之則壞；佛以律持定慧，去之則喪。是故離禮于仁義者，不可與言儒；異律于定慧者，不可與言佛。達是道者，惟大明師。"又曰：晉宋尚法，故爲碑者多法；梁尚禪，故碑多禪。法不周施，禪不大行，而律存焉，故近世碑多律。凡葬大浮圖，未嘗有比丘尼主碑事，今惟無染，實來涕淚以求，其志益堅，又能言其師他德尤備，故書之碑陰。無染，韋氏女，世顯貴，今主衡山戒法。

又按：漢明帝聽洛陽婦女阿潘等出家，此中國爲尼之始。受戒初本僧尼同壇，至宋太祖始不許尼往僧壇，乃别立尼受戒壇于本寺。若尼主戒法，亦始自師子國尼鐵索羅等。惟主大禪師碑事，則自無染而外，未有聞也。

雲峰法證

南嶽雲峰法證大師，郭氏子。軌行峻特，器宇宏大。有來受律者，師示之以尊嚴整齊，明列義類。有來求道者，師示之以高廣通達，一其空有，無不隨機引接。師居山之北峰，凡涖事五十餘年，度學者五萬人，爲弟子者三千人。世之所謂賢人、大臣者，至南方咸所嚴事。師好作有爲功德，每歲披山伐木，崇搆法宇，捐衣去食，廣閱群經，其道實勤，而其心無求。將歿，告門人曰："吾自始學至去世，未嘗有作焉。"貞元十七年九月十七日卒，十月二十七日入塔。礱石峻整，植本蓊茂，凡衡山無與爲比者。

聖楷按：雲峰寺在雲密峰下，其遺址石竈、石井欄尚存。

唐興知儼

湘潭唐興寺知儼大師，曹氏子，爲潭之右姓。兆形在孕，母不嗜葷。生九年，自樂爲僧，父不能奪其志。乃抱經笥入岣嶁山，凡進品受具，聞經傳印，皆當時大長老。曹王皋鎮湖南，請爲人師。自是登壇涖事三十有八載，由我得度者萬有餘人。人持寶衣，解瓔珞爲禮，師色受之。謂門徒曰："彼以有相求我，我以有爲應之。"凡建寶幢，修廢寺，飾大像，極其功力，應物故也。元和十三年九月二十七日即寂，壽八十二，臘六十二。塔于寺東北隅。

劉禹錫銘之曰：祝融靈山禹所治，非夫有道不可止。中有毗尼出塵士，以律視儼猶孫子。登壇人師四十紀，南方學徒宗奧旨。幼無童心至齔齒，識滅形全異凡死。長沙潭西逾五里，陶侃故居石頭寺，門前一帶湘江水。吁嗟，律席之名兮，與湘流而不已。

聖楷按：劉禹錫《碑》云："南嶽律門，以律公爲上首。律之後，雲峰證公承之。證公之後，湘潭儼公承之。星月麗天，珠璣同貫，由其門者，爲正法焉。"蓋是時禪學方盛于衡山，而其徒或不能如南嶽石頭之解脱，故子厚、夢得諸公多重律而輕禪，亦其積漸之故使然也。中峰亦云："自百丈建叢林以來，廣田大宅，指顧如意，其奈正因日墜，謬妄日滋，紀綱日繁，禮義日削。數百載前提唱之師，如臨濟、德山、雲門、真净，氣憤憤地怒駡諸方，如淫女、兵奴視之。"蓋責其不體道本，惟務言通，互相欺誑者也。嗟乎，佛法自宋元至于今日，衰云極矣。禪不禪，律不律，生死苦海，業識茫茫，誰可與明大事者？予故于兹録，以净土毗尼與教外别傳，分部各列，俾知如法證修。譬將蹈海，舟楫帆檣具，而後指南有所用之矣。

西岑夔曰：覆按禪、律二家，一重在見地，一重在修持，各有一門深入。然至脚跟穩實處，行解相應，無不明心性之净戒，亦無毁犯儀律之宗乘也。末法流弊，互相攻詆，持律者駁禪，而病在執；慕禪者破律，而病在狂。皆由因地不真，倚借門户，欺世惑人，以致律不成律，禪不成禪，深爲法門之患。凡信心男子，欲求出世正果，不可徒聽歧説，妄起是非。須于各門身自體試，先審願力淺深，次觀根器大小，隨俟因緣，會遇上根。猛志者，即參究以勵修持；業重心麤者，藉毗尼以銷染習。蓋論究竟一著，律固不可較禪，而爲進道之階，禪亦不可廢律。其餘净土諸門，但以廣攝中下，機教任投，不必多費揀别矣。

般舟日悟

南嶽般舟日悟大師，零陵蔣氏子。師心大而行密，體卑而道尊。以爲由定發慧，必用毗尼爲之室宇，遂執業于東林恩大師。究觀秘義，乃歸傳教，不視文字，懸判深微，登壇涖事，度比丘衆凡歲千人者三十有七，而道不憠。以爲去凡入聖，必以三昧爲之軌道。遂服勤于紫霄遠大師。修明要奥，得以觀佛，浩入性海，闢開真源。道場專精，長跪右遶，不衡不倚，凡七日者百有二十，而志不衰。

初，開元中詔定制度，師乃居本郡龍興寺。肅宗制天下名山，置大德七人，兹嶽尤重，推擇居首。師乃即崇嶺作精室，闢林莽，刳巖巒，殿舍宏大，廊廡修直，不命而獻力，不祈而薦貨，凡南方人顓念佛三昧者，必由於是，命曰般舟臺焉。貞元二十年正月十七日，化于兹室。

聖楷按：山谷《南行録》：勝業寺在南嶽廟東，有柳子厚《般舟和尚第二碑》。所謂“第二”者，因前有般舟道場之承遠，此復有般舟臺之日悟也，非指一人。

龍安如海

長沙龍安如海禪師，周氏子。師始爲釋，其父强之仕至成都主簿，不樂也。天寶之亂，復其初心。常居京師西明寺，又居岣嶁山。其言曰：“由迦葉至師子，二十三世而離，離爲達摩，由達摩至忍，五世而益離，離而爲秀，爲能，南北相訾，反戾鬬狠，其道遂隱。嗚乎，吾將合焉。且世之傳書者，皆馬鳴、龍樹道也，二師之道，其書具存。徵其書，合于志，可以不憠。”於是北學于惠隱，南求于馬素，咸黜其異，以蹈乎中，乖離而愈同，空洞而益實，作《安禪》《通明論》。推一而適萬，則事無非真；混萬而歸一，則真無非事。推而未嘗推，故無適混而未嘗混，故無歸。塊然趣定，至于旬時，是之謂施用；茫然同俗，極乎流動，是之謂真嘗。晚居長沙，在定十四日，人即其處而成室宇，遂爲寶應寺。去于湘之西，人又從之，負大木，礱密石，以益其居，又爲龍安寺。元和三年二月九日歿，凡年八十一，僧臘五十三，塔于寺之原。其弟子浩初等狀師之行，謁柳子厚爲撰碑銘。

無姓和尚

岳州聖安寺法劍和尚，有名無姓，世莫知其閭里宗族。所設施者有問焉，而以告曰："性，無姓也，其原無初，其胄無終，承于釋師，以系道本。吾無姓耶？法劍云者，我名也。實且不有，名惡乎存？吾有名耶？性海，吾鄉也，法界，吾宇也。戒之爲墉，慧爲之户，以守則固，以居則安，吾閭里不具乎？度門道品，其數無極；菩薩大士，其衆無涯，吾與之戚而不吾異也。吾宗族不大乎？"其道可聞者如此而止。讀《法華經》《金剛般若經》數逾千萬。或譏以有爲，曰："吾未嘗作。"嗚呼！佛道逾遠，異端競起，唯天台大師爲得其説。和尚紹承本統，以順中道。凡受教者不失其宗。主物流動，趣向混亂，惟極樂正師爲得其歸。和尚勤求端慤，以成至願，凡聽信者，不惑其道。或譏以有跡，曰："吾未嘗行。"

始居房州龍興寺，徙居是州，作道場于樗伽北峰，不越閫者五十祀。和尚凡所嚴事，皆世高德。始出家，事而依者曰卓然師，居南陽立山，葬岳州。自就受戒者曰道穎，師居荆州，弟子之首曰懷遠師，居長沙安國寺，爲南嶽戒法。歲來侍師，會其終，遂以某日葬于卓然師塔東若干步。

柳宗元《碑陰記》：無姓和尚既居是山，弘農楊公炎自道州以宰相徵，過焉，以爲宜居京師，强以行，不可。將以聞，曰："願閒歲乃往。”明年，楊去相位，竄謫南海上，終如其志。趙郡李萼，辨博人也。爲岳州，盛氣欲屈其道，聞一言，服爲弟子。河東裴藏之，舉族受教。京兆尹弘農楊公某，以其隱地爲道場。秦和州刺史張維儉，買西峰，廣其居，凡以貨利委堂下者，不可選紀，受之亦無言。

西岑饛按：子厚之于佛法，未聞實切奉行，即入理深談，猶較子瞻百步。而一時名衲碑紀，多出其手，豈乞文者惟尊時譽，不重作家乎？蓋當日宗風寥落，學士中未有如宋之楊、李、張、黄輩，爲禪流所欽附者。雖昌黎之達，始亦指墨者之道以誣佛，而訾量失宜。獨子厚云佛法陰翊王化，切當之言。惟其深信不疑，故願以文章作護法而誘迪諸人，可謂衆醉中之獨醒矣。噫，才如子厚，亦復津津向往若此，後之黔淺不及子厚者，可妄議哉！

龍興法顯

蘄州龍興寺法顯禪師，弋陽宣氏子。初母在孕，不喜葷辛。及誕之後，每以沙土戲爲佛塔。志學之歲，方遠訪道，年十九，始就剃落，住福田寺，其後更隸龍興寺。一日捧盂上堂，逢一神僧，顔赤如醉，語師曰：“汝可名法顯。”因忽不見。年滿受具，遂以此名。年二十五，次因寺事，差往鄱陽，所憩之家，皆同舊識。或云宿昔夢師之來，儀服宛如所見，設供養者闔門盡里。爾時鄱陽大旱，師爲授戒二千餘人。事畢，天晶無雲，其夜雨雪盈尺。隨緣利物，殊類齊感如此，不可具述。

永淳歲，有三婆羅門寄金銀珠寶于師，復置牀簀而歸西域。其後有賊劫房，惟此諸寶獨在。出入三載，主乃東來，各以還之，封緘如故。母氏遣師預修己墓，寺前南嶺地爲吉祥，掘皆巨石，不可開動。已經數日，師意彌專。忽有一人來詣掘所，作禮既畢，出一編書與師，遂云爲師穿墓。觀其用狀，殆非人功，信宿掘成，不知所在。開其留書，乃菩提達磨之論也。及築墳傅土，每夕有猛獸蹋跡如杵。經一十八年，母始卒，師廬于墳所二載，形體臞瘠，僅能識者。每有人潛獻牛乳，其味凝厚，衆疑有異，後加驗問，莫知所從。嘗置椀佛前，乃成舍利，旬日之後，椀中有聲，沃而滌之，金光浮出，連珠成貫，色有似榴者。其後漸多至百餘粒，他州造塔者，皆來請之，分與而去。夫其異應不可思議，乃菩提之示現者矣。

師以開元八年六月初，于本寺精舍結跏趺坐，積十三日不更飲食，無復煩惱，而入無餘，春秋七十有八。一定已來，全軀不壞，髮長膚軟，紅爪丹唇，經二十年竟不敢遷閉，竟日薄加香漆，四衆供養如生。

聖楷按：李適之撰師碑，不著師授法何人與入道機緣，但云即雙峰忍禪師門人也。則是師與盧能、神秀爲同參，何以不傳心印，屢示異跡？雖師之慈善根力有以感之，然而佛祖未免呵置在不入《傳燈》，宜哉。

西岑夐曰：覆按《傳燈》一集，乃佛祖心印，遞代相傳，唯親承付囑者，始稱嫡派，其或見地已到，而未經宗匠印許，不得入傳。即後人推揚道德，而敘爲某代法嗣，亦屬旁出，不爲正宗。猶世間之絶學高才，未登榜録，只號逸士也。靈山會上百萬，唯迦葉傳衣少室，九年待緣，獨神光付法，諸祖爲法求人，只有一箇半箇，珍重匪輕。所以龍天推送，神力護持，非同小可。蓋此微妙法門，不在語言上，不在文字上，并不在行事上。必其候到功深，徹骨見髓，當機覿面，輥芥投鍼，一時師資，千古密印，豈若吾儒之孔、孟、程、朱，但憑學問語言，先後揆合已哉？愚初未明此事，每閲古德機緣，輒心訝之。既得入頭，始悟孔、顔相視而笑，莫逆于心，正是這箇。曾、思而下，尚未夢見，況其他乎？但大乘正法，只在本分承當，著些子伎倆不得，任他百千三昧，無量神通，積劫勤修，河沙妙德，到此實際理地，都如烈焰銷冰。故雖以應真顯蹟之聖，種種奇特，而與大道無關者，不登祖位。我世尊在日，蚤知末季重神通，不重正法，深囑護持，毋令斷絶。亘古窮今，賴此懸絲，續佛慧命，禪宗之所以最尊最貴，而不可以思惟測度也歟?

衡嶽楚雲

衡嶽楚雲上人，生唐末，有至行。嘗刺血寫《妙法蓮花經》一部，長七寸，廣四寸，而厚半之。作旃檀匣，藏于福嚴三生藏。又刻八字于其上，曰“若開此經，誓同慈氏”。皇祐閒，有貴人遊山見之，疑其妄，使人以鉗發之，有血如綫出焉，須臾風雷震山谷，煙雲入屋，相捉不相見，彌日不止。貴人大驚，投誠懺悔。嗟乎！願力所持，乃爾異也。政和四年春，覺範禪師還自海外，過衡嶽，往頂戴之，細看，血綫依然。貫休有詩贈之曰：“剝皮刺血誠何苦，爲寫靈山九會文。十指瀝乾終七軸，後來求法更無君。”

温庭筠《贈楚雲上人》詩曰：松根滿苔石，盡日閉禪關。有伴年年月，無家處處山。煙波五湖遠，瓶屨一身閒。嶽寺蕙蘭晚，幾時幽鳥還。

湖南二居士

居士槐庭蔡公，諱承植，長沙之攸邑人也。負性孤迥，澹于聲利。弱冠登鄉薦，年二十四成進士，遂發願長齋秉戒，篤修行頭陀行。嘗念三千佛名不能成誦，乃日記一名，閱三載而卒業，信口無脱誤。其專勤類若此。作書最拙，不欲求工。對人寡言笑，衣冠懸置座隅，鼠蝕塵封，逢人便著。食必取其粗糲，嘉賓至，止鑪中煮一莖菜，以手掇菜葉共啖之。每夜危坐匡床，遠離女事者三十年。歷任嘉興太守，大作佛事。郡有楞嚴古刹，勢家侵削，公力爲修建，莊嚴有加。今作刻印藏經之場，流通佛法，實公之功。官晉太常卿，乞休林下。知交欲薦公出爲巡撫，公掩劄笑曰："若見一巡撫，太尊貴生，我法超出三界，金輪王尚不屑意，况區區耶？"或勸宏[①]當教兒，公曰："生死事大，吾自救不暇，遑恤我後。"諸子有美厥輪奂者，公不能禁，以扇障面過之。晚年專修净土，晝夜持名，結庵爲念佛會，與諸菜傭唱導平等接人。邑士某病入冥府，見樓閣翼然，上供牌位云："此念佛往生蔡公也。"

公有偈謝客云："安養思歸客，湘江一腐儒。不愁明日事，但覓往生符。斗室隨緣住，稀羹信口糊。胸中絶愛憎，一任馬牛呼。休把閒言語，頻頻告老夫。年來性暴惡，開口便糊塗。業重期心懺，人親以病疎。張三與李四，好醜不關吾。""昔日百般俱是夢，戲場何事苦關心。三十年前如此説，隔鞾搔癢到如今。浮生易度迎風燭，業習難除黏石鍼。不把蓮華栽净域，三塗難保不相侵。"將逝之年，自號不久人。及病革，呼人舁至庵，請僧祝髮易形，歸而易簀，果見銀臺接引，口稱觀世音不輟。刻有《因果書》及《净土詩》勸世，攸邑化之，迄今多善信云。

衡陽金簡曾公，諱鳳儀，蔡之同榜進士也。官儀部郎中，以拜禮白足，不知者嫌其傷體。因被物議，遂欣然挂冠歸，請受具戒。殫精教典，參透祖機。著有《楞嚴》《楞伽》《金剛》諸經宗通，皆引公案法語，貫穿經意，水乳和合，義學蓋鮮窺焉。捐貲利衆，建造湖東叢林、集賢書院，各設僧田千百畝，結般若緣，行檀度事，舍身護法，蓋真乘願力而來者也。衡郡老龐而後，再見此公。

西岑夁按：蔡公以净兼律，其行過人。曾公以教合禪，其解過人。一時比肩而出，闡化度生，可稱湖南之勝，數十年來，寥寥罕繼。予近棲南嶽，訪二公之遺躅，殊切仰止，特述所聞大略，奮筆而記之，爲後人榜樣云爾。

---

① 宏：崇禎本作"公"，當據改。

楚寶外篇卷第二增輯

新化鄧顯鶴湘皋述

名　釋

道　廣

道廣，郴州人，姓朱氏。未丱即棄俗禮佛，参超和尚付衣鉢，偏歷南嶽諸峰。歸居開元寺，默無所言，人問之，亦不答。歲旱，置瓷缸五，實水其中，使童子五人研墨傾缸内，大雨如注。天寶二年冬十月，趺坐瞑目而逝，異香盈室。宋元豐五年，賜號寂通證誓大師。

妙　應

妙應，姓周氏，郴程水鄉人。母熊夢摩尼入懷，生而頎面大耳，骨瘠如柴。披剃於郡西開元寺，初参徑山。天寶末，辭之羅浮。居數歲，歸省其母，因過雁峰，留袈裟，説偈而去。至德初，至湘源，剏净土院居之。會昌初，謂衆比邱曰："大劫將至。"時緇流無漏網者，惟妙應獨免。咸通八年二月十日，端坐而逝，年一百三十三。其真身在湘山，歷封慈祐寂照妙應禪師，又號湘山祖師，無量壽佛。明萬曆丙戌，真身一夕自焚。

顯鶴案：妙應一名全真，唐至德初遊湘源，剏净土院。宋州刺史章宙遣使禮請，翌日即至，四門各見其人，及宙出道迎，惟見一人而已。其神通不可具述。五代時，因全真多神異，遂改湘源爲全州。

隱山和尚

隱山和尚。洞山與密師行脚，見溪流菜葉，乃披草行五七里，見師羸形異貌，因相與問答。師作偈曰："一池荷葉衣無盡，滿地松花食有餘。剛被世人知住處，又移茅屋入深居。"遂燒庵不知所之。人稱爲隱山和尚。

楚寶外篇卷第三

明湘潭周聖楷伯孔輯纂

祖　　燈

四祖道信

四祖道信大師者，姓司馬氏。世居河内，後徙于蘄州廣濟縣。生而超異，幼慕空宗諸解脱門，宛如宿習。既紹祖風，攝心無寐，脅不至席者近六十年。隋大業十三載，領徒衆抵吉州，值群盗圍城，七旬不解，萬衆惶怖。祖愍之，教令念摩訶般若。時賊衆望雉堞閒，若有神兵，乃相謂曰："城内必有異人，不可攻矣。"稍稍引去。唐武德甲申歲，祖卻返蘄春，住破頭山，學侣雲臻。

一日，往黄梅縣，路逢一小兒，骨相奇秀，異乎常童。祖問曰："子何姓？"答曰："姓即有，不是常姓。"祖曰："是何姓。"答曰："是佛姓。"祖曰："汝無姓邪？"答曰："性空，故無。"默然，識其法器，即俾侍者至其母所，乞令出家。母以宿緣，故殊無難色，遂捨爲弟子，以至付法傳衣。偈曰："華種有生性，因地華生生。大緣與性合，當生生不生。"遂以學徒委之。

一日，告衆曰："吾武德中遊廬山，登絶頂，望破頭山，見紫雲如蓋，下有白氣，横分六道，汝等會否？"衆皆默然。忍曰："莫是和尚他後横出一枝佛法否？"祖曰："善。"後貞觀癸卯歲，太宗嚮師道味，欲瞻風采，詔赴京。祖上表遜謝，前後三返，竟以疾辭。第四度命使，曰：“如果不起，即取首來。”使至山諭旨，祖乃引頸就刃，神色儼然。使異之，回以狀聞。帝彌加欽慕，就賜珍繒，以遂其志。

迄高宗永徽辛亥歲閏九月四日，忽垂誡門人，曰：“一切諸法，悉皆解脱，汝等名[①]自護念，流化未來。”言訖，安坐而逝。壽七十有二，塔于本山。明年四月八日，塔户無故自開，儀相如生。爾後門人不敢復閉。代宗謚大醫禪師，慈雲之塔。

聖楷按：祖年十四時，禮三祖僧璨大師，曰：“願和尚慈悲，乞與解脱法門。”大師曰：“誰縛汝？”曰：“無人縛。”師曰：“何更求解脱乎？”祖於言下大悟，服勞九載，師屢試以玄微，知其緣熟，乃付衣法。[②]

① 名：崇禎本作“各”，當據改。

② 崇禎本此下復有一段：四祖旁出法嗣第一世牛頭山法融禪師。牛頭山法融禪師者，潤州延陵人也，姓韋氏。年十九，學通經史。尋閲大部般若，曉達真空。一日，欺曰：“儒道世典，非究竟法。般若正觀，出世舟航。”遂隱茅山，投師落髮。後入牛頭山幽棲寺北巖之石室，有百鳥銜花之異。唐貞觀中，四祖望氣，躬自尋訪。見師端坐自若，曾無所顧。祖問曰：“在此作甚麽？”師曰：“觀心。”祖曰：“觀是何人？心是何物？”師無對，便起作禮曰：“大德高栖何所？”祖曰：“貧道不決所止，或東或西。”師曰：“還識道信禪師否？”祖曰：“何以問他？”師曰：“向德滋久，冀一禮謁。”祖曰：“道信禪師，貧道是也。”師曰：“因何降此？”祖曰：“特來相訪，莫更有宴息之處否？”師指後面曰：“别有小庵。”遂引祖至庵所。遶庵，唯見虎狼之類。祖乃舉兩手作怖勢。師曰：“猶有這個在。”祖曰：“這個是甚麽？”師無語。少選，祖却於師宴坐石上書一佛字，師覩之竦然。祖曰：“猶有這個在。”師未曉，乃稽首請説真要。祖曰：“夫百千法門，同歸方寸，河沙妙德，總在心源。一切戒門、定門、慧門、神通變化，悉自具足，不離汝心。一切煩惱業障，本來空寂。一切因果，皆如夢幻。無三界可出，無菩提可求。人與非人，性相平等。大道虚曠，絶思絶慮。如是之法，汝今已得，更無闕少，與佛何殊？更無别法，汝但任心自在，莫作觀行，亦莫澄心，莫起貪嗔，莫懷愁慮，蕩蕩無礙，任意縱横，不作諸善，不作諸惡，行住坐臥，觸目遇緣，總是佛之妙用。快樂無憂，故名爲佛。”師曰：“心既具足，何者是佛？何者是心？”祖曰：“非心不問佛，問佛非不心。”師曰：“既不許作觀行，於境起時，心如何對治？”祖曰：“境緣無好醜，好醜起於心。心若不强名，妄情從何起？妄情既不起，真心任徧知。汝但隨心自在，無復對治，即名嘗住法身，無有變異。吾受璨大師頓教法門，今付於汝。汝今諦受吾言，只住此山。向後當有五人達者，紹汝玄化。”祖付法訖，遂返雙峰。

五祖弘忍

五祖弘忍大師者，蘄州黄梅人也。先爲破頭山中栽松道者，嘗請于四祖曰："法道可得聞乎？"祖曰："汝已老，脱有聞，其能廣化邪？儻若再來，吾尚可遲汝。"迺去，去水邊，見一女子浣衣，揖曰："寄宿得否？"女曰："我有文[1]兄，可往求之。"曰："諾我，即敢行。"女首肯之。遂回策而去。女，周氏季子也，歸輒孕，父母大惡，逐之。女無所歸，日傭紡里中，夕止於衆館之下。已而生一子，以爲不祥，因抛濁港中。明日見之，泝流而上，氣體鮮明。大驚，遂舉之成童，隨母乞食，里人呼爲無姓兒。逢一知者，歎曰："此子缺七種相，不逮如來。"後遇信大師，得法嗣，化於破頭山。

咸亨中，有一居士姓盧名慧能，自新州來參謁，祖問曰："汝自何來？"盧曰："嶺南。"祖曰："欲須何事？"盧曰："唯求作佛。"祖曰："嶺南人無佛性，若爲得佛？"盧曰："人即有南北，佛性豈然。"祖知是異人，乃訶曰："著槽廠去。"盧禮足而退，便入碓房，服勞於杵臼之閒，晝夜不息。經八月，祖知付授時至，遂告衆曰："正法難解，不可徒記吾言，持爲己任。汝等各自隨意述一偈，若語意冥符，則衣法皆付。"

時會下七百餘僧，上座神秀者，學通内外，衆所宗仰，咸推稱曰："若非尊秀，疇敢當之？"神秀竊聆衆譽，不復思惟，乃于廊壁書一偈曰："身是菩提樹，心如明鏡臺。時時勤拂拭，莫使惹塵埃。"祖因經行，忽見此偈，知是神秀所述，乃讚歎曰："後代依此修行，亦得勝果。"其壁本欲令處士盧珍繪楞伽變相，及見題偈在壁，遂止不畫，各令念誦。

---

① 文：崇禎本作"父"，當據改。

盧在碓坊，忽聆誦偈，乃問同學是何章句，同學曰："汝不知和尚求法嗣，令各述心偈，此則秀上座所述，和尚深加歎賞，必將付法傳衣也。"盧曰："其偈云何？"同學爲誦。盧良久曰："美則美矣，了則未了。"同學訶曰："庸流何知！勿發狂言。"盧曰："子不信邪？願以一偈和之。"同學不答，相視而笑。

盧至夜，密告一童子，引至廊下，盧自秉燭，請别駕張日用於秀偈之側，寫一偈曰："菩提本無樹，明鏡亦非臺。本來無一物，何處惹塵埃。"祖後見此偈，曰："此是誰作？亦未見性。"衆聞祖語，遂不之顧。

逮夜，祖潛詣碓坊，問曰："米白也未？"盧曰："白也，未有篩。"祖於碓以杖三擊之，盧即以三鼓入室，祖告曰："諸佛出世爲一大事，故隨機大小而引導之，遂有十地、三乘、頓漸等旨，以爲教門。然以無上微妙、秘密圓明、真實正法眼藏，付於上首大迦葉尊者，展轉傳授二十八世。至達磨届於此土，得可大師承襲，以至於今，以法寶及所傳袈裟用付於汝，善自保護，無令斷絶。聽吾偈曰：有情來下種，因地果還生。無情既無種，無性亦無生。"

盧行者跪受衣法，啟曰："法則既受，衣付何人？"祖曰："昔達磨初至，人未之信，故傳衣以明得法。今信心已熟，衣乃争端，止於汝身，不復傳也。且當遠隱，俟時行化，所謂受衣之人，命如懸絲也。"盧曰："當隱何所？"祖曰："逢懷即止，遇會且藏。"盧禮足已，捧衣而出，是夜南邁，大衆莫知。五祖自後不復上堂，大衆疑怪致問，祖曰："吾道行矣，何更詢之？"復問："衣法誰得耶？"祖曰："能者得。"於是衆議盧行者名能，尋訪既失，潛知彼得，即共奔逐。

五祖既付衣法，復經四載，至上元二年，忽告衆曰："吾今事時可行矣。"即入室，安坐而逝，壽七十有四。建塔于黄梅之東山。代宗謚大滿禪師，法雨之塔。

聖楷按：張商英《東禪寺記》云：五祖演化于黄梅之東禪院，蓋其便于將母也。龍朔元年，以衣法付六祖，即散衆入東山。山在縣東北三十里。東禪寺在縣西一里，旁有佛母塔，即周氏之墓。寺内有傳衣閣，爨杖楓。有墜腰石，鎸“龍朔元年盧居士志”。

玉泉神秀五祖旁出法嗣

荆州玉泉大通神秀者，開封人也，姓李氏。少親儒業，博綜多聞。俄捨愛出家，訪道至蘄州雙峰東山寺，遇五祖以坐禪爲務，乃歎伏。曰：“此真吾師也。”誓心苦節，以樵汲自役，而求其道。祖默識之，深加器重。祖既示滅，秀遂住江陵當陽山。唐武后聞之，召至都下，於内道場供養，特加欽禮。命于舊山置度門寺，以旌其德。中宗即位，尤禮重之。大臣張説嘗問法要，執弟子禮。師有偈示衆曰：“一切佛法，自心本有。將心外求，捨父逃走。”神龍二年，于東都天宫寺入滅，謚大通禪師。

聖楷按：玉泉在當陽縣西三十里，溪山勝絶。初爲知者道場，唐儀鳳中，秀復居此，詔置度門寺。《傳燈録》載秀葬龍門，其實寂于龍門，葬于當陽，張燕公説所撰碑文可考。今塔址僅存瓦礫。元稹《宿度門寺》詩，其警句云：“門臨溪一帶，橋映竹千重。”“諸巖分院宇，雙嶺抱垣墉。”猶可想度門之勝。

慧安五祖旁出法嗣

嵩嶽慧安國師，荆州枝江人也，姓衛氏。隋開皇十七年，括天下私度僧尼勘師，師曰：“本無名。”遂遁于山谷。大業中，大發丁夫，開通濟渠，饑殍相枕，師乞食以救之，獲濟者衆。煬帝徵師，不赴，潛入太和山。暨帝幸江都，海内擾攘，乃杖錫登衡嶽，行頭陀行。唐貞觀中，至黄梅謁忍祖，遂得心要。麟德元年，遊終南山石壁，因止焉。

高宗常召，師不奉詔。於是徧歷名迹，至嵩少，云："是吾終焉之地也。"自爾禪者輻輳。有坦然、懷讓二僧來參問，曰："如何是祖師西來意？"師曰："何不問自己意？"曰："如何是自己意？"師曰："當觀密作用。"曰："如何是密作用？"師以目開合示之。然于言下知歸，讓乃即謁曹溪。

武后徵至輦下，待以師禮，與秀禪師同加欽重。后嘗問師甲子多少，師曰不記。后曰："何不記邪？"師曰："生死之身，其若循環，環無起盡，焉用記爲？況此心流注，中間無間，見漚起滅者，乃妄想耳。從初識至動相滅時，亦只如此，何年月而可記乎？"后聞，稽顙信受。

神龍三年，辭歸嵩嶽。是年三月三日，囑門人曰："吾死已，將屍向林中，待野火焚之。"俄爾，萬回公來見，師猖狂握手言論，傍侍傾耳，都不體會。至八日，閉户偃身而寂，春秋一百二十八。門人遵旨，舁置林間，果野火自然，闍維得舍利八十粒，内五粒色紫，留于宫中。至先天二年，門人建浮圖焉。

五臺巨方神秀法嗣

五臺山巨方禪師，安陸人也，姓曹氏。幼稟業於明福院朗禪師，初講經論，後參禪會。及造北宗，秀問曰："雲散處如何？"師曰："不昧。"又問："到此間後如何？"師曰："正見一枝生五葉。"秀默許之。入室侍對，應機無爽。尋至上黨寒嶺居焉，數歲之間，衆盈千數。後于五臺山闡化二十餘年，示寂，塔于本山。

聖楷按：《舊唐書》云："神秀禪門之傑，雖有禪行，得帝王重之，而未嘗聚徒開堂傳法。至弟子普寂，始于都城傳教二十年，人皆仰之。"然則巨方者，亦衆角之一麟，而北宗之翹楚矣，可易得哉？

神會六祖旁出法嗣第一世

西京荷澤神會禪師者，襄陽人也，姓高氏。年十四，爲沙彌，謁六祖，祖曰：“知識遠來大艱辛，將本來否？若有本，則合識主，試説看。”師曰：“以無住爲本，見即是主。”祖曰：“這沙彌争合取次語。”便打。師於杖下思惟曰：“大善知識，歷劫難逢。今既得遇，豈惜身命？”自此給侍。他日，祖告衆曰：“吾有一物，無頭無尾，無名無字，無背無面，諸人還識否？”師乃出曰：“是諸法之本源，乃神會之佛性。”祖曰：“向汝道無名無字，汝便唤作本源佛性？”師禮拜而退。祖曰：“此子向後設有把茆蓋頭也，只成得箇知解宗徒。”師尋往西京受戒。唐景龍年中，卻歸曹溪。

祖滅後二十年間，曹溪頓旨沈廢于荆、吴、嵩嶽，漸門盛行于秦、洛。師入京。天寶四年，方定兩宗，乃著《顯宗記》，盛行于世。上元元年，奄然而化，塔于龍門。

法眼云：古人授記，人終不錯。如今立知解爲宗，即荷澤也。

懷讓六祖正法嗣

南嶽懷讓禪師者，姓杜氏，金州人也。於唐儀鳳二年四月八日降誕，感白氣應于玄象，在安康之分。太史占見，奏聞高宗皇帝。帝乃問：“是何祥瑞？”太史對曰：“國之法器，不染世榮。”帝勅金州大守韓階親往，存慰其家。家有三子，唯師最小。炳然殊異，性唯恩讓，父乃安名懷讓。年十歲，唯樂佛書，時有三藏玄静過舍，見而奇之，告其父母曰：“此子若出家，必獲上乘，廣度衆生。”垂拱三年，方十五歲，辭親往荆州玉泉寺，依弘景律師出家。通天二年，受戒後習《毗尼藏》。一日，自歎曰：“夫出家者，爲無爲法。天上人間，無有勝者。”時同學坦然，知師志氣高邁，勸師謁嵩山安和尚。安啟發之，乃直指詣曹溪禮六祖。

祖問：“甚麽處來？”曰：“嵩山來。”祖曰：“甚麽物恁麽來？”師無語。遂經八載，忽然有省，乃白祖曰：“某甲有箇會處。”祖曰：“作麽生？”師曰：“説似一物即不中。”祖曰：“假修證否？”師曰：“修證則不無，汚染即不得。”祖曰：“秖此不汚染，諸佛之所護念，汝既如是，吾亦如是。西天般若多羅讖汝足下出一馬駒，踏殺天下人。應在汝心，不須速説。”師執侍左右一十五年。

先天二年，始住衡嶽般若寺。開元中，有沙門道一在衡嶽山，常習坐禪，師知是法器，往問曰：“大德坐禪圖甚麽？”一曰：“圖作佛。”師乃取一甎，於彼庵前石上磨。一曰：“磨作甚麽？”師曰：“磨作鏡。”一曰：“磨甎豈得成鏡邪？”師曰：“磨甎既不成鏡，坐禪豈得作佛？”一曰：“如何即是？”師曰：“如牛駕車，車若不行，打車即是，打牛即是？”一無對。師又曰：“汝學坐禪，爲學坐佛？若學坐禪，禪非坐卧；若學坐佛，佛非定相。於無住法，不應取捨。汝若坐佛，即是殺佛，若執坐相，非達其理。”一聞示誨，[①]心意超然。侍奉十秋，日益玄奥。

入室弟子惣有六人，師各印可。曰：“汝等六人，同證吾身，各契其一。一人得吾眉善威儀。常浩。一人得吾眼善顧盼。知達。一人得吾耳善聽理。坦然。一人得吾鼻善知氣。神照。一人得吾舌善譚説。嚴峻。一人得吾心善古今。道一。”又曰：“一切法皆從心生，心無所生，法無

① “誨”下，《五燈會元》卷三《南嶽懷讓禪師》及崇禎本下有“如飲醍醐，禮拜，問曰：‘如何用心，即合無相三昧？’師曰：‘汝學心地法門，如下種子。我説法要，譬彼天澤，汝緣何故，當見其道。’又問：‘道非色相，云何能見？’師曰：‘心地法眼能見乎道，無相三昧亦復然矣。’一曰：‘有成壞否？’師曰：‘若以成壞聚散而見道者，非見道也。聽吾偈曰：‘心地含諸種，遇澤悉皆萌。三昧華無相，何壞復何成！’一蒙開悟”，當據補。

所住。若達心地，所作無礙，非遇上根，宜慎辭哉！”[①]後馬大師闡化於江西，師問衆曰：“道一爲衆説法否？”衆曰：“已爲衆説法。”師曰：“總未見人持箇消息來。”衆無對。因遣一僧去，囑曰：“待伊上堂時，但問作麼生，伊道底言語，記將來。”僧去，一如師旨，回謂師曰：“馬師云，自從胡亂後，三十年不曾少鹽醬。”師然之。天寶三年八月十一日，圓寂于衡嶽。謚大慧禪師，最勝輪之塔。

聖楷按：馬祖道一禪師，漢州什邡縣人也。生而容貌奇異，牛行虎視，引舌過鼻，足下有二輪文。密受讓禪師心印之後，住江西闡化，四方學者雲集[②]座下。

洪覺範《題讓和尚傳》曰：心之妙，不可以語言傳，而可以語言見。蓋語言者，心之緣，道之標幟也。標幟審則心契，故學者每以語言爲學道淺深之候。余観南嶽讓禪師初見六祖，祖曰：“什麼物麼[③]麼來？”對曰：“説似一物即不中。”曰：“還假修證也。”無對。曰：“修證即不無，汚染即不可。”祖歎曰：“即此不染汚，是諸佛之護念。”大哉言乎！如走盤之珠，不留影迹也。然讓公猶侍六祖十有五年乃去，庵於三生石之上。時天下尚以律居未成叢席，有僧忘其名，爲總衆事二十年，爲縣官勘其出納。先是，寺未嘗籍其資，僧方囚，自念久已忘之，仰祝讓公求助。於是一夕通悟，盡能追憶二十年閒物件，不遺毫髮，乃得釋。故以讓公爲觀音大士之應身，而讓居庵中，未嘗知之。予遊福嚴，與僧讀其事，僧疑以問予：“此何理哉？”予曰：“《涅槃經》云外道妬世尊入其國，驅五百醉象來奔。世尊垂手示之，而象見五指輪中皆出

① “哉”下，《五燈會元》卷三《六祖大鑒禪師法嗣》及崇禎本復有：“有一大德問：‘如鏡鑄像，像成後，未審光向甚麼處去？’師曰：‘如大德爲童子時，相貌何在？’曰：‘秖如像成後，爲甚麼不鑑炤？’師曰：‘雖然不鑑炤，謾他一點不得。’”當據補。

② “集”字下，崇禎本尚有馬祖道一禪師傳記數百字。

③ 此“麼”字，崇禎本作“與”，據文意當作“恁”。

師子，于是怖伏遺糞而去。世尊曰：‘爾時我指實無師子，而是護財狂象自然見之，皆我慈善根力。’故夫世尊慈善根力，要不可以有思議心測之，而可以無隱藏，事證如月在天，光徧谿谷，初不擇谿谷之清濁，而水之澄澈，必有月影。水之澄澈則月現影，而善惡之必有所感，乃不見慈善根力哉？則讓公坐令其僧，獲聰明之辨，要不足怪也。”

聖楷按：唐張正甫《觀音大師碑銘》云：“師自曹溪授法，乃陟武當，窮棲十霜。朅來衡嶽，終焉是託。惟般若聖槩，有觀音道場，宴居斯宇，因以爲號。”據此，則讓之稱觀音大師，又以其道場得名。

石頭希遷青原法嗣

南嶽石頭希遷禪師，端州高要陳氏子。母初懷師，輒不葷茹。師幼而狗齊，既冠，然諾自許。鄉民多殺牛祀鬼神，師數毀祠奪牛歸，歲盈數十，鄉老不能禁。後直造曹溪得度，未具戒，屬祖示寂。稟遺命，往謁青原。

青原問：“汝什麽處來？”師曰：“曹溪。”原乃舉拂子曰：“曹溪還有這個麽？”師曰：“非但曹溪，西天亦無。”原曰：“子莫曾到西天否？”師曰：“若到，即有也。”原曰：“未在，更道。”師曰：“和尚也須道取一半，莫全靠學人。”原曰：“不辭向汝道，恐已後無人承當。”師乃問云：“和尚出嶺多少時？”原曰：“我卻不知，汝蚤晚離曹溪。”師曰：“希遷不從曹溪來。”原曰：“我亦知汝去處也。”師曰：“和尚幸是大人，莫造次。”原後令師持書與南嶽讓和尚，曰：“汝達書了速回，吾有鈍斧子，與汝住山。”

師至彼，未呈書。便問：“不慕諸聖，不重己靈時如何？”嶽云：“子問太高生，何不向下問。”師曰：“寧可永劫沉淪，不慕諸聖解脱。”嶽便休。師回，原問：“子去未久，書還達否？”師曰：“信亦不通，書亦不達。”原曰：“作麽生？”師舉前話了卻，曰：發足時，蒙和尚許斧子，便請取。”原垂一足，師禮拜。於唐天寶初至衡嶽南寺。寺之東有石狀如臺，乃結庵其上，時號石頭和尚焉。

聖楷曰：按青原思禪師傳，六祖將示滅，沙彌希遷問曰：“和尚百年後，希遷未審當依附何人？”祖曰：“尋思去。”及祖順世，遷每于静處端坐，寂若忘生。第一座問曰：“汝師已逝，空坐奚爲？”遷曰：“我稟遺誡，故尋思爾。”座曰：“汝有師兄思和尚，今住吉州，汝因緣在彼，師言甚直，汝自迷耳。”遷聞語，便禮辭祖龕，直詣静居參禮，乃得悟。可見古人授法因緣，各有所在。因緣不值，即佛亦不能强，况師弟子哉？如丹霞之于馬祖，臨濟之于黄蘗，惠明之于黄梅，皆然也。

法甞馬祖法嗣

明州大梅山法甞禪師者，襄陽人也，姓鄭氏。幼歲從師于荆州玉泉寺，初參大寂，問：“如何是佛？”寂曰：“即心是佛。”師即大悟，遂之四明梅子真舊隱縛茆燕處。唐貞元中，鹽官會下有僧，因採拄杖，迷路至庵所，問：“和尚在此多少時？”師曰：“衹見四山青又黄。”又問：“出山路向甚麽處去？”師曰：“隨流去。”僧歸，舉似鹽官。官曰：“我在江西時曾見一僧，自後不知消息，莫是此僧否？”遂令僧去招之。師答以偈曰：“摧殘枯木倚寒林，幾度逢春不變心。樵客遇之猶不顧，郢人那得苦追尋。一池荷葉衣無盡，數樹松花食有餘。剛被世人知住處，又移茅舍入深居。”

大寂聞師住山，乃令僧問：“和尚見馬大師得箇甚麽，便住此山。”師曰：“大師向我道即心是佛，我便向這裏住。”僧曰：“大師近日佛法又别。”師曰：“作麽生。”曰：“又道非心非佛。”師曰：

“這老漢惑亂人，未有了日。任他非心非佛，我只管即心即佛。”其僧回，舉似馬祖。祖曰：“梅子熟也。”龐居士聞之，欲驗師實，特云相訪，纔相見，士便問：“久嚮大梅，未審梅子熟也未？”師曰：“熟也，你向甚麼處下口？”士曰：“百雜碎。”師伸手曰：“還我核子來。”士無語。自此學者漸臻，師道彌著。

夾山與定山同行，言話次，定山曰：“生死中無佛，即無生死。”夾山曰：“生死中有佛，即不迷生死。”互相不肯，同上山見師。夾山便舉問：“未審二人見處，那箇較親？”師曰：“一親一疏。”夾山復問：“那箇親？”師曰：“且去，明日來。”夾山明日再上問，師曰：“親者不問，問者不親。”忽一日，謂其徒曰：“來莫可抑，往莫可追。”從容閒聞鼯鼠聲，乃曰：“即此物，非他物。汝等諸人善自護持，吾今逝矣。”言訖示滅。

永明壽禪師讚曰：師初得道，即心是佛。最後示徒，物非他物。窮萬法源，徹千聖骨。真化不移，何妨出没。

如會馬祖法嗣

湖南東寺如會禪師，始興曲江人。初謁徑山，後參大寂，學徒既衆，僧堂床榻爲之陷折，時稱折床會也。自大寂去世，師嘗患門徒以“即心即佛”之譚誦憶不已，且謂：“佛於何住，而曰即心；心如畫師，而云即佛。”遂示衆曰：“心不是佛，知不是道。劍去遠矣，爾方刻舟。”時號東寺爲禪窟焉。

相國崔公群出爲湖南觀察使，見師問曰：“師以何得？”師曰：“見性得。”師方病眼，公譏曰：“既云見性，其奈眼何！”師曰：“見性非眼，眼病何害！”公稽首謝之。公見鳥雀于佛頭上放糞，乃問：“鳥雀還有佛性也無？”師曰：“有。”公曰：“爲甚麼向佛頭上放糞？”師曰：“是伊爲甚麼不向鷂子頭上放？”長慶癸卯歲歸寂，謚傳明大師。

聖楷按：長沙古有東寺、西寺兩大刹，今皆失其故址，志亦不載。孫放《西寺銘》曰：長沙西寺，層搆傾頽，謀欲建立。其日，有帝子持紙花插地，故寺東西，相去十餘丈，於是建刹，正富[①]花處。此亦可想其靈異也。東寺僅見此。

曇藏馬祖法嗣

南嶽西園蘭若曇藏禪師，受心印于大寂。後謁石頭，瑩然明徹。出住西園，禪侶日盛。師一日自燒浴，次僧問："何不使沙彌？"師撫掌三下。師養一犬，嘗夜經行時，其犬銜師衣，師即歸方丈。又嘗于門側伏守，忽一夜頻吠不已，詰旦，東厨有一大蟒，長數丈，張口呀氣，毒焰熾然。侍者請避之，師曰："死可逃乎？彼以毒來，我以慈受。毒無實性，激發則强。慈苟無緣，冤親一揆。"言訖，其蟒按首徐行，倏然不見。復一夕，有群盗至，犬亦銜衣。師語盗曰："茅舍有可意物，一任將去，終無所吝。"盗感其言，皆稽首而散。

聖楷曰："彼以毒來，我以慈受。"每誦此語，如甘露之灌頂也。何冤親世，不可與遊？

善覺馬祖法嗣

潭州華林善覺禪師，嘗持錫杖，夜出林麓閒，七步一振錫，一稱觀音名號。夾山問："遠聞和尚念觀音，是否？"師曰："然。"山曰："騎卻頭時如何？"師曰："出頭即從汝騎，不出頭騎甚麼？"山無

① 富：崇禎本作"當"，當據改。

對。觀察使裴休訪之，問曰："還有侍者否？"師曰："有一兩箇，只是不可見客。"裴曰："在甚麽處？"師乃唤大空、小空，時二虎自庵後出，裴觀之驚悸。師語二虎曰："有客且去。"二虎哮吼而去。裴曰："師作何行業，感得如斯？"師乃良久曰："會麽？"曰："不會。"師曰："山僧嘗念觀世音。"

聖楷按：華林山在長沙善化縣南六十里，上有華林寺，今基址猶存。

龍山南岳下二世

潭州龍山和尚者，洞山與密師伯經繇，見溪流菜葉，洞曰："深山無人，因何有菜隨流，莫有道人居否？"乃共議撥草溪行，五七里間，忽見師羸形異貌，放下行李問訊。師曰："此山無路，闍黎從何處來？"洞曰："無路且置，和尚從何而入？"師曰："我不從雲水來。"洞曰："和尚住此山多少時耶？"師曰："春秋不涉。"洞曰："和尚先住，此山先住？"師曰："不知。"洞曰："爲甚麽不知？"師曰："我不從人天來。"洞曰："和尚得何道理，便住此山？"師曰："我見兩箇泥牛鬬入海，直至於今絶消息。"洞山始具威儀禮拜。便問："如何是主中賓？"師曰："青山覆白雲。"曰："如何是賓中主？"師曰："長年不出户。"曰："賓主相去幾何？"師曰："長江水上波。"曰："賓主相見，有何言説？"師曰："青風拂白月。"洞山辭退。師乃述偈曰："三間茅屋從來住，一道神光萬境閑。莫把是非來辨我，浮生穿鑿不相關。"因兹燒庵，入深山不見。後人號爲隱山和尚。

聖楷按：龍山，俗名龍王山，在湘潭縣西南百十里，頂有龍湫。後人因茅庵和尚隱此，故名隱山。

龐藴馬祖法嗣

襄州居士龐藴者，衡州衡陽縣人也，字道元。世本儒業，少悟塵勞，志求真諦。唐貞元初，謁石頭。乃問："不與萬法爲侶者，是甚麽人？"頭以手掩其口，豁然有省。後與丹霞爲友。一日，石頭問曰："子見老僧以來，日用事作麽生？"士曰："若問日事，即無開口處。"乃呈偈曰："日用事無别，唯吾白偶諧。頭頭非取捨，處處没張乖。朱紫誰爲號，邱山絶點埃。神通并妙用，運水及搬柴。"頭然之，曰："子以緇邪？素邪？"士曰："願從所慕。"遂不剃染。

後參馬祖，問曰："不與萬法爲侣者，是甚麽人？"祖曰："待汝一口吸盡西江水，即汝向道。"士於言下頓領玄旨，乃留駐，參承二載。有偈曰："有男不婚，有女不嫁。大家團欒頭，共説無生話。"自爾機辨迅捷，諸方嚮之[1]。居士所至之處，老宿多往復問酬，皆隨機應嚮，非格量軌轍之可拘也。

元和中，北遊襄漢，隨處而居。有女名靈照，常鬻竹漉籬以供朝夕。士有偈曰："心如境亦如，無實亦無虚。有亦不管，無亦不拘。不是賢聖，了事凡天[2]。易復易即此，五藴有真知。十方世界一乘同，無相法身豈有二？若捨煩惱入菩提，不知何方有佛地。護生須是殺，殺盡

① "之"字下，崇禎本復有一段：因辭藥山，山命十禪客相送至門首，士乃指空中雪曰："好雪！片片不落别處。"有全禪客曰："落在甚處？"士遂與一掌。全曰："也不得草草。"士曰："恁麽稱禪客，閻羅老子未放你在。"全曰："居士作麽生？"士又掌曰："眼見如盲，口説如瘂。"嘗遊講肆，隨喜《金剛經》，至無我無人處致問曰："座主！既無我無人，是誰講誰聽？"主無對。士曰："某甲雖是俗人，粗知信嚮。"主曰："秖如居士意作麽生？"士以偈答曰："無我復無人，作麽有疎親。勸君休歷座，不似直求真。金剛般若性，外絶一纖塵。我聞并信受，摠是假名陳。"主聞偈，欣然仰歎。

② 天：據崇禎本當作"夫"。

始安居。會得箇中意，鐵船水上浮。”士坐次，問靈照曰：“古人道明明，百草頭明明，祖師意，如何會？”照曰：“老老大大，作這箇語話。”士曰：“你作麼生？”照曰：“明明百草頭，明明祖師意。”士乃笑。士因賣漉籬，下橋喫撲，靈照見，亦去爺邊倒。士曰：“你作甚麼？”照曰：“見爺倒地，某甲相扶。”

士將入滅，謂靈照曰：“視日早晚，及午以報。”照遽報：“日已中矣，而有蝕也。”士出户觀次，靈照即登父座，合掌坐亡。士笑曰：“我女機鋒捷矣。”於是更延七日。州牧于公頔問疾次，士謂之曰：“但願空諸所有，慎勿實諸所無。好住世間，皆如影響。”言訖，枕于公膝而化。遺命焚棄江湖，緇白傷悼。謂禪門龐居士，即毘耶净明矣。有詩偈三百餘篇傳于世。

聖楷曰：居士本襄陽人，因父任衡州，遂家焉。今城南能仁寺，即其故居。妻龐婆亦解禪，居士一日庵中獨坐，驀地云：“難，難，十石油麻樹上攤。”龐婆接聲云：“易，易，百草頭邊祖師意。”靈照云：“也不難，也不易，饑來喫飯困來睡。”又龐婆入鹿門寺作齋，維那請疏意回向，婆拈梳子插向髻後，曰：“回向子也，便出去。”

長沙景岑南泉法嗣

湖南長沙景岑招賢禪師，初住鹿苑爲第一世。其後居無定所，但狥緣接物，隨宜説法，時謂之長沙和尚。上堂：“我若一向舉揚宗教，法堂裏須草深一丈。事不獲已，向汝諸人道盡十方世界是沙門眼，盡十方世界是沙門全身，盡十方世界是自己光明，盡十方世界在自己光明裏，盡十方世界無一人不是自己。我嘗向汝諸人道三世諸佛，法界衆生，是摩訶般若光，光未發時，汝等諸人向甚麼處委悉，光未發時，尚無佛無衆生消息，何處得山河國土來？”師遊山歸，首座問：“和尚甚處去來？”師曰：“遊山來。”座曰：“到甚麽處？”師曰：“始從芳草去，又逐落花回。”座曰：“大似春意？”師曰：“也勝秋露滴芙蓉。”

師遣僧問同參曾和尚，曰：“和尚見南泉後如何？”曾默然。僧曰：“和尚未見南泉已前作麽生？”曾曰：“不可更别有也。”僧回，舉似師。師示偈曰：“百尺竿頭不動人，雖然得入未爲真。百尺竿頭須進步，十方世界是全身。”僧便問：“秖如百尺竿頭，如何進步？”師曰：“朗州山，澧州水。”曰：“不會。”師曰：“四海五湖皇化裹。”[①]師與仰山玩月次，山曰：“人人盡有這箇，只是用不得。”師曰：“恰是倩汝用。”山曰：“你作麽生用？”師劈胸與一踏。山曰：“囫直下似箇大蟲。”自此，諸方稱爲岑大蟲。

僧問：“如何是文殊？”師曰：“牆壁瓦礫是。”曰：“如何是觀音？”師曰：“音聲語言是。”曰：“如何是普賢？”師曰：“衆生心是。”曰：“如何是佛？”師曰：“衆生色身是。”曰：“河沙諸佛體皆同，何故有種種名字？”師曰：“從眼根返源名文殊，耳根返源名觀音，從心返源名普賢。文殊是佛妙觀察知，觀音是佛無緣大慈，普賢是佛無爲妙行。三聖是佛之妙用，佛是三聖之真體。用則有河沙假名，體則總名一薄伽梵。”問：“色即是空，空即是色。此理如何？”師曰：“聽老僧偈：礙處非牆壁，通處没虚空。若人如是解，心色本來同。”

師久依南泉，有投機偈曰：“今日還鄉入大門，南泉親道遍乾坤。法法分明皆祖父，回頭慙愧好兒孫。”泉答曰：“今日投機事莫論，南泉不道遍乾坤。還鄉盡是兒孫事，祖父從來不出門。”

聖楷曰：《楊升庵集》云：有僧問：“蚯蚓截爲兩段，首尾皆

① “裹”下，崇禎本復有一段：竺尚書某謁師，師召尚書，某應諾。師曰：“不是尚書本命。”曰：“不可離却即今抵對，别有第二主人？”師曰：“唤尚書作至尊得麽？”曰：“恁麽，揔不抵對時，莫是弟子主人否？”師曰：“非但抵對與不抵對時，無始劫來，是箇生死根本。”有偈曰：“學道之人不識真，秖爲從來認識神。無始劫來生死本，癡人唤作本來人。”

動，佛性在首在尾？”古未有答也。伯清舉似余，余曰：“薪盡火傳，灰燼猶熱。桴停鼓歇，音響猶轟。”

按：此義在岑師録中。皓月供奉問：“蚯蚓截爲兩段，兩段俱動，未審佛性在阿那段？”岑云：“動與不動，是何境界？”月云：“言不干典，非知者所談。秖如和尚言，動與不動，是何境界。出自何經？”岑云：“大德豈不見《首楞嚴》云：當知十方，無邊不動，虚空並其動摇，地、水、火、風，均名六大，性真圓融，皆如來藏，本無生滅。”他日，僧又舉此爲問。岑云：“妄想作麽？”僧云：“其如動何？”岑云：“汝豈不知火風未散。”今據升庵所解，雖有暗合，總是心機意識拈弄得來。且升庵號博雅，而《傳燈録》亦未經目。彼坐食嘉穀，消費白日者又何知。

楚寶外篇卷第四

明湘潭周聖楷伯孔輯纂

祖　　燈

潙山靈祐百丈法嗣

潭州潙山靈祐禪師，福州長谿趙氏子。年十五出家，究大小乘教。二十三遊江西，參百丈，丈一見許之入室，遂居參學之首。侍立次，丈問："誰？"師曰："某甲。"丈曰："汝撥鑪中有火否？"師撥之，曰："無火。"丈躬起深撥，得少火，舉以示之曰："汝道無這個䆠。"師由是發悟禮謝，陳其所解。丈曰："此乃暫時岐路耳。經云欲識佛性義，當觀時節因緣。時節既至，如迷忽悟，如忘忽憶，方省己物，不從他得。故祖師云：悟了同未悟，無心亦無法。秖是無虛妄凡聖等心，本來心法，元自備足。汝今既爾，善自護持。"次日，同百丈入山作務，丈曰："將得火來麼？"師曰："將得來。"丈曰："在甚處？"師乃拈一枝柴，吹兩吹，度與百丈。丈曰："如蟲禦木。"

司馬頭陀自湖南來，謂丈曰："頃在湖南，尋得一山名大潙，是一千五百人善知識所居之處。"丈曰："老僧住得否？"陀曰："非和尚所居。"丈曰："何也？"陀曰："和尚是骨人，彼是肉山，設居徒，不盈千。"丈曰："吾衆中莫有人住得否？"陀曰："待歷觀之。"時華林覺爲第一座，丈令侍者請至，問曰："此人如何？"陀請謦欬一聲，行數步。陀曰："不可。"丈又令喚師，師時爲典座。陀一見，乃曰："此正是溈山主人也。"丈是夜召師入室，囑曰："吾化緣在此，溈山勝境，汝當居之，嗣續吾宗，廣度後學。"時華林聞之，曰："某甲忝居上首典座，何得住持？"丈曰："若能對衆下得一語出格，當與住持。"即指净瓶問曰："不得喚作净瓶，汝喚作甚麽？"林曰："不可喚作木椟也。"丈乃問師，師踢倒净瓶，便出去。丈笑曰："第一座輸却山子也。"師遂往焉。

是山峭絶，夐無人煙。猿猱爲伍，橡栗充食。經於七載，絶無來者。師自念言："我本住持，爲利益於人，既絶往還，自善何濟？"即捨庵而欲他往。行至山口，見虵虎狼豹，交横在路。師曰："汝等諸獸，不用攔吾行路，吾果於此山有緣，汝等各自散去。如無緣，即任汝等所爲。"言訖，皆散去。師乃回庵。未及一載，嬾安上座同數僧從百丈來，輔佐於師。安曰："某與和尚作典座，待僧及五百人，不論時節即不造粥，便放某甲下。"自後山下居民稍稍知之，率衆共營梵宇。連帥李景讓奏號同慶寺，相國裴公休嘗咨玄奥，繇是天下禪學輻臻焉。

上堂："夫道人之心，質直無僞，無背無面，無詐妄心。一切時中，視聽尋常，更無委曲。亦不閉眼塞耳，但情不附物即得。從上諸聖，秖説濁邊過患，若無如許多惡覺，情見想習之事，譬如秋水澄渟，清净無爲，澹泞無礙。唤他作道人，亦名無事人。"時有僧問："頓悟之人，更有修否？"師曰："若真悟得本他自知時，修與不修，是兩頭語。如今初心雖從緣得，一念頓悟自理，猶有無始曠刦習氣未能頓净，須教渠净除現業流識，即是修也。不可别有法，教渠修行趣向，從聞入理，聞理深妙，心自圓明，不居惑地。縱有百千妙義，抑揚當時，此乃得坐披衣，自解作活計，始得。以要言之，則實際理地，不受一塵；萬行門中，不捨一法。若也單刀直入，則凡聖情盡，體露真嘗。理事不二，即如如佛。"

師問仰山："《涅槃經》四十卷，多少是佛説，多少是魔説？"仰曰："總是魔説。"師曰："已後無人奈子何！"仰曰："慧寂即一期之事，行履在甚麽處？"師曰："秖貴子眼正，不説子行履。"

師睡次，仰山問訊，師便回面向壁。仰曰："和尚何得如此？"師起曰："我適來得一夢，你試爲我原看。"仰取一盆水，與師洗面。少頃，香嚴亦來問訊。師曰："我適來得一夢，寂子爲我原了，汝更與我原看。"嚴乃點一椀茶來。師曰："二子見解，過於鶖子。"

師敷揚宗教凡四十餘年，達者不可勝數。大中七年正月九日，盥漱敷坐，怡然而寂。壽八十三，臘六十四。塔于本山。謚大圓禪師，塔曰清净。

聖楷按：福州長慶大安禪師，號懶安。初參百丈，問："學人欲求識佛，何者即是？"丈曰："大似騎牛覓牛。"安曰："識得後如何？"丈曰："如人騎牛至家。"安曰："未審始終如何保任？"丈曰："如牧牛人執杖視之，不令犯人苗稼。"安自兹領旨，更不馳求。同參祐禪師，創居溈山，安躬耕助道三十餘年。及祐歸寂，衆請接踵住持溈山。嘗問安："汝十二時中當何所務？"安曰："牧牛。"山曰："汝作麽生牧？"安曰："一回入草去，驀鼻拽將回。"山曰："子真牧牛也。"

仰山慧寂禪師，初謁耽源，已悟玄旨。後參溈山，遂升堂奥。前後執侍十五載。嘗卧次，夢入彌勒内院，衆堂中諸位皆足，惟第二位空仰，遂就座。有一尊者白槌曰："今當第二座説法。"仰起白槌曰："摩訶衍法，離四句，絶百非，諦聽！諦聽！"衆皆散去。及覺舉似溈，溈曰："子已入聖位。"仰便禮拜。又一日，有梵僧從空而至，仰曰："近離甚處？"曰："西天。"仰曰："幾時離彼？"曰："今蚤。"仰曰："何太遲生？"曰："遊山玩水。"仰曰："神通遊戲則不無，闍黎佛法須還老僧始得。"曰："特來東土禮文殊，卻遇小釋迦。"遂出梵書貝多葉與仰，作禮乘空而去。自此號小釋迦。後住東平，稱溈仰宗。

香嚴和尚，在百丈會裏，性識聰敏，參禪不得。百丈遷化後到溈山，山問："我聞汝在百丈先師處，問一答十，問十答百。此是汝聰明靈利，意解識想，生死根本。父母未生時，試爲我道一句看。”香嚴被潙山一問，直得茫然歸寮，將平日看過底文字，從頭要尋一句可將酬對，竟不能得。乃自歎曰：“畫餅不可充饑。”屢上堂頭，乞潙山説破。山云：“我若説似汝，汝已後駡我去。我説底是我底，終不干汝事。”香嚴遂將平昔所集文字，以火爇卻，曰：“此生不學佛法也，且作個長行粥飯僧，免役心神。”乃泣辭潙山，直過南陽，覩忠國師遺跡，遂憩止卓庵。一日，芟除草木，因瓦礫擊竹作聲，忽然省悟，遽歸沐浴焚香，遥禮潙山。贊云：“和尚大悲，恩逾父母。當時若爲我説破，何有今日之事？”乃有一頌曰：“一擊忘所知，更不假修持。動容揚古路，不墮悄然機。處處無蹤跡，聲色外威儀。諸方達道者，咸言上上機。”

潙山聞得，曰：“此子澈也。”仰山侍立次，云：“此是心機意識，著述得成，待慧寂親自勘過。”仰山後見香嚴，曰：“和尚贊歎師云[①]發明大事，你試説看。”嚴乃舉前頌。仰山：“此是夙習記持而成，若有正悟發明，别更説看。”嚴又成頌云：“去年貧，未是貧。今年貧，始是貧。去年貧，猶有卓錐之地。今年貧，錐也無。”仰云：“如來禪許師兄會，祖師禪未夢見在。”嚴復有一頌云：“我有一機，瞬目視伊。若人不會，别唤沙彌。”仰山乃報潙山，云：“且喜香嚴師兄會祖師禪也。”

聖楷曰：語云：事怕有心人。香嚴在潙山參禪不得，遂焚棄所集文字，泣辭而去。是何等慚憤，何等勇猛！故一聞擊竹聲而悟道，豈偶然哉？如高峰拼一生做個癡獃漢，定要見這一著子明白。又如古德云：“三昧不成，假令筋斷骨枯，終不休歇。”又云：“道不過雪竇，不復登此山。”皆是香嚴一路人。我輩若能辦此一副心，何事不就？乃爾悠悠白日，甘爲俗子，可羞亦可痛也。念之竦然。

① 云：《五燈會元》卷九《香嚴智閑禪師》作“弟”。

惟儼石頭法嗣

澧州藥山惟儼禪師，絳州韓氏子。年十七，依朝陽西山慧炤禪師出家，納戒于衡嶽希操律師。博通經論，嚴持戒律。一日自歎曰：“大丈夫當離法自浄，誰能屑屑事細行於布巾邪？”首造石頭之室，便問：“三乘十二分教，某甲粗知。嘗聞南方直指人心，見性成佛，實未明了。伏望和尚慈悲指示。”頭曰：“恁麽也不得，不恁麽也不得，恁麽不恁麽總不得。子作麽生？”師罔措。頭曰：“子因緣不在此，且往馬大師處去。”

師稟命恭禮馬祖，仍申前問。祖曰：“我有時教伊揚眉瞬目，有時不教伊揚眉瞬目。有時揚眉瞬目者是，有時揚眉瞬目者不是。子作麽生？”師於言下契悟，便禮拜。祖曰：“你見甚麽道理，便禮拜？”師曰：“某甲在石頭處，如蚊子上鐵牛。”祖曰：“汝既如是，善自護持。”侍奉三年，一日，祖問：“子近日見處作麽生？”師曰：“皮膚脱落盡，唯有一真實。”祖曰：“子之所得，可謂協於心體，布於四肢。既然如是，將三條篾束取肚皮，隨處住山去。”師曰：“某甲又是何人，敢言住山？”祖曰：“不然。未有常行而不住，未有常住而不行。欲益無所益，欲爲無所爲。宜作舟航，無久住此。”師乃辭祖返石頭。

一日，在石上坐次，石頭問曰：“汝在這裏作麽？”曰：“一物不爲。”頭曰：“恁麽，即閑坐也。”曰：“若閑坐，即爲也。”頭曰：“汝道不爲，不爲個甚麽？”曰：“千聖亦不識。”頭曰：“言語動用，没交涉。”師曰：“非言語動用，亦没交涉。”頭曰：“我這裏鍼劄不入。”師曰：“我這裏如石上栽花。”頭然之。

後居澧州藥山，海衆雲會。道吾、雲巖侍立次，師指案上枯榮二樹，問道吾曰：“枯者是，榮者是？”吾曰：“榮者是。”師曰：“灼然一切處，光明燦爛去。”又問雲巖：“枯者是，榮者是？”巖曰：“枯者是。”師曰：“灼然一切處，放教枯淡去。”高沙彌忽至，師曰：“枯者是，榮者是？”彌曰：“枯者從他枯，榮者從他榮。”師顧道吾、雲巖曰：“不是，不是。”師久不陞堂，院主曰白[1]：“大衆久思和尚示誨。”師曰：“打鐘著。”衆纔集，師便下座歸方丈。院主隨後問曰：“和尚既許爲大衆説法，爲甚麼一言不措？”師曰：“經有經師，論有論師，争怪得老僧？”師看經次，僧問：“和尚尋常不許人看經，爲甚麼卻自看？”師曰：“我只圖遮掩。”曰：“某甲學和尚還得也無？”師曰：“汝若看，牛皮也須穿。”

師一夜登山經行，忽雲開見月，大嘯一聲，應澧陽東九十里許。居民盡謂東家，明晨迭相推問，直至藥山。徒衆曰：“昨夜和尚山頂大嘯。”朗州刺史李翱贈詩云：“選得幽居愜野情，終年無送亦無迎。有時直上孤峰頂，月下披雲嘯一聲。”太和八年十一月六日，臨順世，叫曰：“法堂倒！法堂倒！”衆皆持柱撐之。師舉手曰：“子不會我意。”乃告寂，塔于院東隅。唐文宗謚弘道大師，塔曰化城。

聖楷按：藥山在澧州南九十里，山特竦秀，以其上多芍藥，故名。李翱刺史嚮藥山玄化，屢請不赴，乃躬謁之，山執經卷不顧。侍者曰：“太守在此。”李性褊急，乃曰：“見面不如聞名。”拂袖便出。山曰：“太守何得貴耳賤目？”李回拱謝。問曰：“如何是道？”山以手指上下，曰：“會麼？”李曰：“不會。”山曰：“雲在青天水在瓶。”李忻愜作禮，而述偈曰：“鍊得身形似鶴形，千株松下兩函經。我來問道無餘説，雲在青天水在瓶。”李又問：“如何是戒定慧？”山曰：“貧道這裏無此閑家具。”李莫測玄旨。山曰：“太守欲得保任，此事直須向高高山頂立，深深海底行。閨閤中物捨不得，便爲滲漏。”

又按：儼師初住藥山時，披榛結庵，僅庇趺座。鄉人知者，因

① 曰白：據崇禎本爲倒文，當乙正作“白曰”。

齎攜飲饌，奔走而往。師曰：“吾無德于人，吾何以勞人哉？”並辭不受。鄉人因跪請日費之具，曰：“米一升足矣。”自是嘗以山蔬數本佐食，一食訖，就座轉《法華》《華嚴》《涅槃經》，晝夜若一，如是者殆三十年。嗟乎，今人美食安居，束經不誦，自命高禪，何不知慚愧也。

長髭曠石頭法嗣

潭州攸縣長髭曠禪師，初往曹谿禮祖塔，迴參石頭。石頭問：“什麽處來？”“嶺南來。”石頭曰：“嶺頭一尊功德，成就也未？”師曰：“成就久矣，只欠點眼在。”石頭曰：“莫要點眼麽？”師曰：“便請。”石頭乃翹一足，師禮拜。石頭曰：“汝見什麽道理，便禮拜？”師曰：“據某甲所見，如洪鑪上一點雪。”

慧朗石頭法嗣

潭州招提寺慧朗禪師，始興曲江人也。初參馬祖，祖問：“汝來何求？”曰：“求佛知見。”祖曰：“佛無知見，知見乃魔耳。汝自何來？”曰：“南嶽來。”祖曰：“汝從南嶽來，未識曹谿心要，汝速歸彼，不宜他往。”師歸石頭，便問：“如何是佛？”頭曰：“汝無佛性。”師曰：“蠢動含靈，又作麽生？”頭曰：“蠢動含靈，卻有佛性。”曰：“慧朗爲甚麽卻無？”頭曰：“爲汝不肯承當。”師於言下信入。住後凡學者至，皆曰：“去！去！汝無佛性。”其接機大約如此，時謂大朗。

聖楷按：時長沙興國寺有振朗禪師，謂之小朗，皆同時出石頭座下。

天皇道悟石頭法嗣

荆州天皇道悟禪師，婺州東陽張氏子。年十四，懇求出家，父母不聽，遂損减飲膳，日纔一食，形體羸悴。父母不得已而許之。二十五，詣杭州竹林寺其[1]戒，精修梵行，推爲勇猛。或風雨昏夜，宴坐丘塚，身心安静，離諸怖畏。一日遊餘杭，首謁徑山國一，受心法，服勤五載。

後參馬祖，重印前解，法無異説。依止二夏，乃謁石頭。問曰："離卻定慧，以何法示人？"頭曰："我這裏無奴婢，離個甚麽？"曰："如何明得？"頭曰："汝還撮得虚空麽？"曰："恁麽則不從，今日去也。"頭曰："未審汝蚤晚從那邊來？"曰："道悟不是那邊人。"頭曰："我蚤知汝來處也。"曰："師何以贓污於人？"頭曰："汝身見在。"曰："雖然如是，畢竟如何示於後人？"頭曰："汝道誰是後人？"師從此頓悟，罄殫前二哲匠言下有所得心。

後卜荆州當陽紫陵山，學徒駕肩接迹，都人士女，向風而至。時崇業寺上首，以狀聞於連帥，迎入城。郡之左有天皇寺，乃名藍也，因火而廢，主僧靈鑒將謀修復。乃曰："苟得悟禪師爲化主，必能福我。"乃中宵潛往哀請，肩舁而至。時江陵尹右僕射裴公稽首問法，致禮勤至。師素不迎送，客至皆坐而揖之，裴公愈加皈向，由是石頭法道盛矣。

元和丁亥四月示疾，命弟子先期告終。至晦日大衆問疾，師驀召典座，座近前，師曰："會麽？"曰："不會。"師拈枕子抛于地上，即便告寂。壽六十。以其年八月五日塔于郡東。

聖楷按：唐丘玄素撰《天王道悟禪師碑》云：道悟，渚官人，

① 其：當爲"具"。

姓崔氏。初依長沙寺曇翼律師，出家後參馬祖得悟。祖囑曰：“汝若住持，莫離舊處。”師蒙旨，已便返荆門，去郭不遠，結草爲廬。後爲節度使某所怒，擒師抛置水中。旌旗纔歸，徧衙火發，内外烘燄。唯聞空中聲曰：“我是天王神，我是天王神。”節度使乃重伸懺悔，煙燄頓息，宛然如初。遂迎師，供養於府西，造寺額號“天王”。師嘗云：“快活，快活。”乃臨終時叫：“苦，苦。”又云：“閻羅王來取我也。”院主問曰：“和尚當時被節度使抛向水中，神色不動，如今何得恁麼地？”師舉枕子云：“汝道當時是，如今是？”院主無對，便入滅。

雲巖曇晟

潭州雲巖曇晟禪師，鍾陵建昌王氏子。少出家于石門，參百丈海禪師，二十年因緣不契。後造藥山，山問：“甚處來？”曰：“百丈來。”山曰：“百丈有何言句示徒？”師曰：“尋常道我有一句子，百味具足。”山曰：“鹹則鹹味，淡則淡味，不鹹不淡，是嘗味作麼生？是百味具足底句。”師無對。山曰：“争奈目前生死何？”師曰：“目前無生死。”山曰：“在百丈多少時？”師曰：“二十年。”山曰：“二十年在百丈，俗氣也不除。”他日侍立次，山又問：“百丈更説甚麼法？”師曰：“有時道：三句外省去，六句内會取。”山曰：“三千里外，且喜没交涉。”山又問：“更説甚麼法？”師曰：“有時上堂，大衆立定，以柱杖一時趁散。復召大衆，衆回首，丈曰：是甚麼？”山曰：“何不蚤恁麼道，今日因子得見海兄。”師於言下頓省，便禮拜。[①]會昌元年辛酉十月二十六日示寂，荼毗得舍利一千餘粒，瘞于石塔。謚無住大師。

聖楷按：洞山初參溈山，舉南陽忠國師無情說法，話不契。溈曰："此去澧陵攸縣，石室相連，有雲巖道人，若能撥草瞻風，必爲子之所重。"洞曰："未審此人如何？"溈曰："他曾問老僧：'學人欲奉師去時如何？'老僧對他道：'直須絶滲漏始得。'他道：'還得不違師旨也無？'老僧道：'第一不得道老僧在這裏。'"洞遂辭溈山，徑造雲巖。[②]唐大中末，洞於新豐山，接誘

① "拜"字下，崇禎本復有一段：一日，山曰："聞汝解弄師子，是否？"師曰："是。"曰："弄得幾出？"師曰："弄得六出。"曰："我亦弄得。"師曰："和尚弄得幾出？"曰："我弄得一出。"師曰："一即六，六即一。"後到溈山，溈問："承聞長老在藥山弄師子，是否？"師曰："是。"曰："長弄？有置時？"師曰："要弄即弄，要置即置。"曰："置時師子在甚麽處？"師曰："置也，置也！"住後，上堂示衆曰："有個人家兒子，問著無有道不得底。"洞山出問曰："他屋裡有多少典籍？"師曰："一字也無。"曰："争得恁麽多知？"師曰："日夜不曾眠。"山曰："問一段事還得否？"師曰："道得却不道。"後道吾問："大悲千手眼，那個是正眼？"師曰："如人夜間背手摸枕子。"吾曰："我會也。"師曰："作麽生會？"吾曰："遍身是手眼。"師曰："道也太煞道，秖道得八成。"吾曰："師兄作麽生？"師曰："通身是手眼。"

② "巖"字下，崇禎本復有一段：舉前因緣了，便問："無情說法，甚麽人得聞？"巖曰："無情得聞。"師曰："和尚聞否？"巖曰："我若聞，汝即不聞吾說法也。"師曰："某甲爲甚麽不聞？"岩豎起拂子曰："還聞麽？"洞曰："不聞。"岩曰："我說法汝尚不聞，豈況無情說法乎？"洞曰："無情說法，該何典教？"岩曰："豈不見《彌陀經》云，水鳥樹林，悉皆念佛念法。"洞於此有省。乃述偈曰："也大奇，也大奇，無情說法不思議。若將耳聽終難會，眼處聞時方得知。"洞辭雲岩，岩曰："甚麽處去？"師曰："雖離和尚，未卜所止。"曰："莫湖南去？"洞曰："無。"曰："莫歸鄉去？"洞曰："無。"曰："蚤晚却回。"洞曰："待和尚有住處即來。"曰："自此一别，難得相見。"洞曰："難得不相見。"臨行又問："百年後忽有人問，還貌得師真否，如何秖對？"岩良久曰："秖這是。"洞沈吟，岩曰："价闍黎承當個大事，須審細。"洞猶涉疑，後因過水覩影，大悟前旨。有偈曰："切忌從他覓，迢迢與我疎。我今獨自往，處處得逢渠。渠今正是我，我今不是渠。應須恁麽會，方得契如如。"他日，因供養雲岩真次，僧問："先師道秖這是，莫便是否？"洞曰："是。"曰："意旨如何？"洞曰："當時幾錯會先師意。"曰："未審先師還知有也無？"洞曰："若不知有，争解恁麽道？若知有，争肯恁麽道？"

後學，厥後盛化豫章高安之洞山，權開五位，善接三根。又得曹山深明的旨，道合君臣，偏正回互，由是洞上玄風，播于天下，諸方宗匠，咸共尊之曰曹洞。

聖楷曰：按曹洞五位之説，有正位，有正中偏，有正中來，有兼中至，有兼中到。偏正上下，回互而不得犯中，中即正位也。得其旨趣者，謂之挾妙，亦謂之末後句。此等虛玄提唱，真是毒水，禍人不小。得大慧一番呵斥，甚快人心。

道吾宗知藥山法嗣

潭州道吾山宗知禪師，豫章海昏張氏子。幼依槃和尚受教登戒，預藥山法會，密契心印。一日，有施主施裩，山提起示衆曰："法身還具四大也無？有人道得，與他一腰裩。"師曰："性地非空，空非性地，此是地大。三大亦然。"山曰："與汝一腰裩。"潙山問師："甚麽處去來？"師曰："看病來。"潙曰："有幾人病？"師曰："有病底，有不病底。"潙曰："不病底，莫是知頭陀否？"師曰："病與不病，總不干他事。速道，速道。"潙曰："道得也，與他没交涉。"唐太和九年九月示疾，有苦。僧衆慰問體候，師曰："有受非償，子知之乎？"衆皆愀然。越十日將行，謂衆曰："吾當西邁，理無東移。"言訖告寂。闍維得靈骨數片，建塔道吾，後雷，遷于石霜山。

聖楷按：道吾山，在長沙瀏陽縣北十五里。山列七十二峰，東連寶蓋，西接洞庭，又名蓮花峰。崖溜高百餘仞，徑路四十四曲，内有龍湫。元歐陽玄詩：道吾山頭白龍臥，疊障層岡深紫邏。郡人夜望北斗魁，上有突兀青蓮座。

高沙彌藥山法嗣

澧州高沙彌，初參藥山。山問："甚麽來？"師曰："南嶽來。"山曰："何處去？"師曰："江陵受戒去。"山曰："受戒圖甚麽？"師曰："圖免生死。"山曰："有一人不受戒，亦無生死可免，汝還知否？"師曰："恁麽則佛戒何用？"山曰："這沙彌猶挂脣齒在。"師禮拜而退。[①] 師住庵後，一日歸來值雨。山曰："你來也。"師曰："是。"山曰："可煞濕？"師曰："不打這鼓笛。"雲巖曰："皮也無，打甚麽鼓？"道吾曰："鼓也無，打甚麽皮？"山曰："今日大好一場曲調。"

聖楷曰：香嚴擊竹悟道，潙仰爲之助。喜妙喜拈曰：潙山晚年好則劇，教得這一棚肉傀儡，直是可愛。且作麽生是可愛處，面面相看，手脚動争，知語話在他人。今觀高沙彌在藥山不避風雨，翻出一會鼓笛，便成千年絶調。不知潙山肉傀儡，亦傳得此譜否？試請定中迦葉登場演看。

---

① "退"下，崇禎本復有一段：道吾來侍立，山曰："適來有箇跛脚沙彌，卻有些子氣息。"吾曰："未可全信，更須勘過始得。"至晚，山上堂，召曰："蚤來沙彌在甚麽處？"師出衆立。山問："我聞長安甚鬧，你還知否？"師曰："我國晏然。"山曰："汝從看經得，請益得？"師曰："不從看經得，亦不從請益得。"山曰："大有人不看經、不請益，爲甚麽不得？"師曰："不道他不得，秖是不肯承當。"山顧道吾、雲巖曰："不信道。"師一日辭藥山，山問："甚麽處去？"師曰："某甲在，衆有妨，且往路邊卓個草菴，接待往來茶湯去。"山曰："生死事大，何不受戒去？"師曰："知是般事便休，更喚甚麽作戒？"山曰："汝既如是，不得離吾左右，時復要與子相見。"

龍潭崇信天皇法嗣

澧州龍潭崇信禪師，渚宫人也。其家賣餅，師少而英異，初悟和尚爲靈鑒潛請居天皇寺，人莫之測。師家於寺巷，嘗日以十餅餽之，天皇受之。每食畢，嘗留一餅，曰："吾惠汝以蔭子孫。"師一日自念曰："餅是我持去，何以返遺我邪，其别有旨乎？"遂造而問焉。皇曰："是汝持來，復汝何咎？"師聞之，頗曉玄旨，因投出家。皇曰："汝昔崇福善，今信吾言，可名崇信。"由是服勤左右。

一日，問曰："某自到來，不蒙指示心要。"皇曰："汝擎茶來，吾爲汝接；汝行食來，吾爲汝受；汝和南時，吾便低首。何處不指示心要？"師低頭良久。皇曰："見則直下便見，擬思即差。"師當下開解，復問："如何保任？"皇曰："任性逍遥，隨緣放曠，但盡凡心，别無聖解。"

師後詣澧陽龍潭棲止。僧問："髻中珠誰人得？"師曰："不賞玩者得。"曰："安著何處？"師曰："有處即道來。"有尼問："如何得爲僧去？"師曰："作尼來多少時也？"曰："還有爲僧時也無？"師曰："汝即今是甚麽？"曰："現是尼身，何得不識？"師曰："誰識汝？"李翱刺使問："如何是真如般若？"師曰："我無真如般若。"李曰："幸遇和尚。"師曰："此猶是分外之言。"

> 聖楷按：龍潭寺，在澧州城北一里，前有焚經臺，即周金剛焚《青龍疏抄》處。寺面大溪，水道甚遠。袁公安曰：昔德山參訪龍潭，一滅燭而大事了畢。後來一棒，蓋天蓋地，皆從此中流出。觀古人授受之際，妙處如石女兒，如石羊駒，豈得草草匆匆？有靈骨者，不妨見鞭影而行，其或未然，請竭一生之力，忘食忘寢，微細

研求，或可通其一線。久參者，未可直指爲格知[①]消息，恬然不復問也。

石室善道長髭法嗣

潭州石室善道和尚，嗣攸縣長髭曠禪師。作沙彌時，長髭遣令受戒，謂之曰："汝迴日須到石頭禮拜。"師受戒後，迴參石頭。一日隨石頭遊山次，石頭曰："汝與我砍卻面前頭樹子，礙我。"師曰："不將刀來。"石頭乃抽刀，倒與師。師云："不過那頭來？"石頭曰："你用那頭作甚麽？"師即大悟，便歸。

尋值沙汰，乃作行者，居于石室。每見僧，便豎起杖子云："三世諸佛，盡由這個。"對者少得冥契。長沙聞之，乃云："我若見，即令放下杖子，别通個消息。"三聖將此語到石室秖對，被師認破是長沙語。杏山聞三聖失機，又親到石室。師見杏山，僧衆相隨，潛往碓米。杏山曰："行者不易，貧道難消。"師曰："無心枕[②]子盛將來，無縫合盤托取去。説什麽難消。"杏山便休。

仰山問："佛之與道，相去幾何？"師曰："道如展手，佛似握拳。"曰："畢竟如何的當，可信可依？"師以手撥空三兩下，曰："無恁麽事[③]。"師一夕與仰山玩月，仰山問曰："這個月尖時，圓相

---

① 知：據哀中道《珂雪齋集》卷十一《澧游記二》及崇禎本當作"外"。

② 枕：據《景德傳燈録》卷十四《潭州万室善道和尚》及崇禎本當作"椀"。

③ "事"下，崇禎本復有一段："無恁麽事。"曰："還假看教否？"師曰："" 三乘十二分教，是分外之事，若與他作對，即是心境兩法，能所雙行，便有種種見解，亦是狂慧，未足爲道。若不與他作對，一事也無，所以祖師云：本來無一物。汝不見小兒出胎時，可道我解看教，不解看教，當恁麽時，亦不知有佛性義無佛性義。及至長大，便學種種知解出來，便道我能我解，不知是客塵煩惱。十六行中，嬰兒行爲冣，哆哆和和時，喻學道之人，離分别取捨心，故贊歎嬰兒，何况取之，若謂嬰兒是道，今時錯會，"

什麼處去？圓時，尖相又什麼處去？”師曰：“尖時圓相隱，圓時尖相在。”雲巖云：“尖時圓相在，圓時無尖相。”道吾云：“尖時亦不尖，圓時亦不圓。”

聖楷按：潙山語洞山：“此去醴陵攸縣，石室相連，有雲巖道人。”今其地俱無所考。

德山宣鑒龍潭法嗣

鼎州德山宣鑒禪師，簡州周氏子。丱歲出家，依年受具。精究律藏，於性相諸經，貫通旨趣。嘗講《金剛般若》，時謂之周金剛。嘗謂同學曰：“一毛吞海，海性無虧。纖芥投鋒，鋒利不動。學與無學，唯我知焉。”後聞南方禪學頗盛，師氣不平。乃曰：“出家兒千劫學佛威儀，萬劫學佛細行，不得成佛。南方魔子，敢言直指人心，見性成佛。我當摟其窟穴，滅其種類，以報佛恩。”

遂擔《青龍疏鈔》出蜀，至澧陽路上，見一婆子賣餅，因息肩買餅點心。婆指擔曰：“這個是甚麼文字？”師曰：“《青龍疏鈔》。”婆曰：“講何經？”師曰：“《金剛經》。”婆曰：“我有一問，你若答得，施與點心。若答不得，且別處去。《金剛經》道過去心不可得，現在心不可得，未來心不可得。未審上座點那個心？”師無語。遂往龍潭。

至法堂，曰：“久嚮能[①]潭，及乎到來，潭又不見，龍又不現。”潭引身曰：“子親到龍潭。”師無語，遂止棲焉。一夕侍立次，潭曰：“更深，何不下去？”師珍重，便出。卻回曰：“外面黑。”潭點紙燭度與師，師擬接，潭復吹滅。師於此大悟，便禮拜。潭曰：“子見個甚麼？”師曰：“從今向去，更不疑天下老和尚舌頭也。”至來日，龍

① 能：當爲“龍”。

潭陞座，謂衆曰："可中有個漢，牙如劍樹，口似血盆，一棒打不回頭。他時向孤峰頂上，立吾道去在。"師將《疏鈔》堆法堂前，舉火炬曰："窮諸玄辨，若一毫置于太虚；竭世樞機，似一滴投于巨壑。"遂焚之。

於是禮辭，直抵潙山。挾複子上法堂，從西過東，從東過西，顧視方丈，曰："有麽？有麽？"山坐次，殊不顧盼。師曰："無，無。"便出至門首，乃曰："雖然如此，也不得草草。"遂具威儀，再入相見。纔跨門，提起坐具曰："和尚。"山擬取拂子，師便喝，拂袖而出。潙山至晚問首座："今日新到在否？"座曰："當時背卻法堂，著草鞋，出去也。"山曰："此子已後向孤峰頂上盤結草庵，呵佛罵祖去在。"師住澧陽三十年，屬唐武宗廢教，避難於獨浮山之石室。大中初，武陵太守河東薛廷望再崇德山精舍，迎師居之。相國裴公休書額，名"古德禪院"。師自兹大闡宗風[①]。唐咸通六年十二月三日坐

① "風"下，崇禎本復有一段：上堂："若也於己無事，則勿妄求，妄求而得亦非得也。汝但無事於心，無心於事，則虚而靈，空而妙。若毛端許言之本末者，皆爲自欺，何故毫氂繫念，三塗業因。瞥爾情生，萬刦羈鎖，聖名凡號，盡是虚聲。殊相劣形，皆爲幻色。汝欲求之，得無累乎？及其厭之，又成大患。終而無益。"龍牙問："學人仗鏌鎁劍，擬取師頭時如何？"師引頸近前，曰："囫。"牙曰："頭落也。"師呵呵大笑。牙後到洞山，舉前話。山曰："德山道甚麽？"牙曰："德山無語。"洞曰："莫道無語，且將德山落底頭呈似老僧看。"牙方省，便懺謝。有僧舉似師，師曰："洞山老人，不識好惡，這漢死來多少時，救得有甚麽用處？"雪峰問："從上宗乘，學人還有分也無？"師打一棒，曰："道甚麽？"曰："不會。"至明日請益，師曰："我宗無語句，實無一法與人。"峰因此有省。巖頭聞之曰："德山老人一條脊梁骨，硬似鐵，拗不折。然雖如此，於唱教門中猶較些子。"示衆曰："道得也，三十棒。道不得也，三十棒。"臨濟聞得，謂洛浦曰："汝去問他，道得爲甚麽也三十棒。待伊打汝，接住棒送一送，看伊作麽生。"浦如教而往，師便打。浦接住送一送，師便歸方丈。浦回舉似臨濟。濟曰："我從來疑著這漢，雖然如是，你還識德山麽？"浦擬議，濟便打。師因疾，僧問："還有不病者也無？"師曰："有。"曰："如何是不病者？"師曰："阿哪阿哪。"師復告衆曰："捫空追響，勞汝心神，夢覺覺非，竟有何事。"言訖，安坐而化。

化，[1]謚見性禪師。

《朗州德山塔銘》曰：沼萍之根，泡電之存。虛空之捫，岸水之痕。木人可言，吾道可論。去鷙之蹤，太極邊中。香入其風，電入其空。幻化之功，吾道可宗。非作之作，龜毛兔角。天邊月落，池中水涸。青猿不捉，吾道之學。登陸之櫓，乘舟之圃。瞑目之覩，晴天之雨。石牛之乳，吾道之祖。陸地之蓮，水底青天。鏤冰出煙，掘火出泉。虛無之邊，吾道可傳。鑿山之峽，層煙之塔。水石献磕，法雲四闔。萬古千秋，松風蕭颯。

按：此《塔銘》，乃唐大順元年沙門元會撰。

石霜山慶諸道吾法嗣

潭州石霜山慶諸禪師，廬陵新淦陳氏子。依洪井西山紹鑾禪師落髮。詣洛下學毗尼教，雖知聽制，終爲漸宗。回抵溈山，爲米頭。一日，篩米次，溈曰："施主物，莫抛撒。"師曰："不抛撒。"溈於地上拾得一粒，曰："汝道不抛撒，這個是甚麽？"師無對。溈又曰："莫輕這一粒，百千粒盡從這一粒生。"師曰："百千粒從這一粒生，未審這一粒從甚麽處生？"溈呵呵大笑，歸方丈。溈至晚上堂，曰："大衆，米裏有蟲，諸人好看。"

後參道吾問："如何是觸目菩提？"吾唤沙彌，彌應諾。吾曰："添净瓶水著。"良久，卻問師："汝適來問甚麽？"師擬舉，吾便起去。師於此有省吾。將順世，垂語曰："我心中有一物，久而爲患，誰能爲我除之？"師曰："心物俱非，除之益患。"吾曰："賢哉！賢哉！"

① "唐咸通……坐化"：崇禎本作"即唐咸通六年十二月三日也"。

師後避世，混俗于長沙瀏陽陶家坊，朝遊夕處，人莫能識[①]。師居石霜山二十年閒，學衆有長坐不臥，屹若株杌，天下謂之枯木衆也。唐僖宗聞師道譽，賜紫衣，師堅辭不受。光啟四年示疾告寂，葬于院之西北隅。謚普會大師。

聖楷按：石霜山，在潭州瀏陽縣西北八十里，又名霜華山。南接醴陵，北抵洞陽，山峻水激，觸石噴霜，故名。嗟乎，法道勝時，石霜、道吾，倶爲選佛之場，曹溪一滴，雲郵相望。乃今則荒榛風冷，五葉飄零，誰復有問西歸者哉？

清平令遵翠微無學法

鄂州清平山令遵禪師，東平人也，姓王氏。少依本州北菩提寺，唐咸通六年落髮。後詣滑州開元寺受具，攻律學。一旦，謂同流曰："夫沙門應决徹生死，玄通佛理，若乃孜孜卷軸，役役拘文，悉數海沙，徒勞片心。"遂罷所業，遠參禪會。至江陵白馬寺，堂中遇一老宿，名曰慧勤。師親近詢請，勤曰："吾久侍丹霞，今既垂老，倦於提誘。汝可往謁翠微，彼即吾同參也。"

師禮辭而去，造于翠微之堂。問："如何是西來的的意？"翠微曰："待無人，即向汝説。"師良久曰："無人也，請師説。"翠微下禪牀，引師入竹園，師又曰："無人也，請和尚説。"翠微指竹曰："這竿得恁麼長，那竿得恁麼短。"師雖領其微言，猶未徹其玄旨。

---

① "識"下，崇禎本復有一段：後因僧自洞山來，師問："和尚有何言句示徒？"曰："解夏上堂云：'秋初夏末，兄弟或東去西去，直須向萬里無寸草處去。'良久曰：'秖如萬里無寸草處作麼生去？'"師曰："有人下語否？"曰："無。"師曰："何不道：出門便是草？"僧回，舉似洞山。山曰："此是一千五百人善知識語。"因兹囊錐始露，果熟香飄，衆命住持。後裴相公來，師拈起裴笏問："在天子手中爲珪，在官人手中爲笏，在老僧手中且道唤作甚麼？"裴無對，師乃留下笏。

文德元年，抵上蔡，會州將重法，創大通禪苑，請闡宗要。師自舉初見翠微語句，謂衆曰："先師入泥入水爲我，自是我不識好惡。"師自此化導將十稔。至光化中，領徒百餘遊鄂州，從節度使杜洪請，居清平山安樂院①。天祐十六年正月二十五日午時歸寂，壽七十有五。周顯德六年，勅謚法喜禪師，塔曰善應。

聖楷按：清平山，在江夏縣東南五里。《楚志》云：其山清秀平坦，故名。

夾山善會船子法嗣

澧州夾山善會禪師，廣州廖氏子。幼歲出家，依年受戒。聽習經論，該練三學。出住潤州鶴林，因道吾勸發，往見船子。由是師資道契，微朕不留。恭稟遺命，遁世忘機。

尋以學者交湊，廬室星布，曉夕參依。咸通庚寅，海衆卜於夾山，遂成院宇。上堂，頌云："勞持生死法，唯向佛邊求。目前迷正理，撥火覓浮漚。"僧問："從上立祖意教意，和尚爲甚麼言無？"師曰："三年不喫飯，目前無饑人。"曰："既是無饑人，某甲爲甚麼不悟？"師曰："秖爲悟迷卻闍黎。"復示偈曰："明明無悟法，悟法卻迷人。長舒兩腳睡，無僞亦無真。"問："撥塵見佛時如何？"師曰：

① "院"下，崇禎本復有一段：上堂曰："諸上座，夫出家人，須會佛意始得。若未會佛意，直饒頭上出水，足下出火，燒身鍊臂，聰慧多辯。聚徒一千二千，説法如雲如雨，講得天華亂墜，只成個邪説，争競是非，去佛法大遠在。諸人幸值色身安健，不值諸難，何妨近前著些工夫，體取佛意好！"時有僧問："如何是大乘？"師曰："麻索。"曰："如何是小乘？"師曰："錢貫。"問："如何是清平家風？"師曰："一斗麪作三個蒸餅。"問："如何是禪？"師曰："胡猻上樹尾連顛。"問："如何是有漏？"師曰："笊籬。"曰："如何是無漏？"師曰："木杓。"曰："覿面相呈時如何？"師曰："分付與典座。"自餘逗機方便，靡徇時情，逆順卷舒，語超格量。

“直須揮劍，若不揮劍，漁父棲巢。”僧後問石霜：“撥塵見佛時如何？”師曰：“直須揮劍，若不揮劍，漁父棲巢。”僧後問：“石霜撥塵見佛時如何？”霜曰：“渠無國土甚處逢渠？”僧回舉似師，師上堂舉了，乃曰：“門庭施設，不如老僧。入理深談，猶較石霜百步。”①

唐中和元年十一月七日，召主事曰：“吾與衆僧話道累歲，佛法深旨，各應自知。吾今幻質，時盡即去。汝等保護，如吾在日。勿得雷同世人，輒生惆悵。”言訖奄然而逝，塔于本山，謚傳明大師。

聖楷按：華亭船子德誠禪師，節操高邈，度量不群。自印心于藥山，與道吾、雲巖爲同道交。洎離藥山，乃謂二同志曰：“公等應各據一方，建立藥山宗旨。予素性疎野，唯好山水，樂情自遣，無所能也。他後知我所止之處，若遇靈利座主，指一人來，或堪雕琢，將授生平所得，以報先師之恩。”遂分攜，至秀州華亭，泛一小舟，隨緣度日，以接四方往來之者。時人莫知其高蹈，因號船子和尚。

道吾後到京口，遇夾山。上堂，僧問：“如何是法身？”山曰：“法身無相。”曰：“如何是法眼？”山曰：“法眼無瑕。”道吾不覺失笑。山便下座，請問道吾：“某甲適來，秖對這僧話，必有不是，致令上座失笑。望上座不吝慈悲。”吾曰：“和尚一等，是出世未有師在。”山曰：“某甲甚處不是，望爲説破。”吾曰：“某甲終不説，請和尚卻往華亭船子處去。”山曰：“此人如何？”吾曰：“此人上無片瓦，下無卓錐，和尚若去，須易服而往。”

山乃散衆束裝，直造華亭船子。纔見便問：“大德住甚麽寺？”山曰：“寺即不住，住即不似。”師曰：“不似，似個甚麽？”山曰：“不是目前法。”師曰：“甚麽學得來？”山曰：“非耳目之所到。”師曰：“一句合頭語，萬劫繫驢橛。”師又

① “步”下，崇禎本有“師再闡玄樞，迨于一紀”句。

問：“垂絲千尺，意在深潭。離鈎三寸，子何不道？”山擬開口，被師一橈打落水中。山纔上船，師又曰：“道！道！”山擬開口，師又打。山豁然大悟，乃點頭三下。師曰：“竿頭絲線從君弄，不犯清波意自殊。”山遂問：“抛綸擲釣，師意如何？”師曰：“絲懸渌水，浮定有無之意。”山曰：“語帶玄而無路，舌頭談而不談。”師曰：“釣盡江波，金鱗始過。”山乃掩耳。師曰：“如是！如是！”遂囑曰：“汝向去直須藏身處没踪跡，没踪跡處莫藏身。吾三十年在藥山，只明斯事。汝今已得，他後莫住城隍聚落，但向深山裏、钁頭邊，覓取一個半個接續，無令斷絶。”

山乃辭行，頻頻回顧。師遂喚“闍黎”！山乃回首，師豎起橈子曰：“汝將謂别有。”乃覆船入水而逝。

董太史其昌曰：澄鑒寺在中泖，唐船子和尚載月釣魚處也。近仲醇修葺之，余爲題其門曰：“兼葭蒼蒼，白露爲霜。”其幽勝可知矣。

巖頭全奯德山法嗣

鄂州巖頭全奯禪師，泉州柯氏子。少禮青原誼公，落髮往長安寶壽寺，稟戒習經律諸部，優遊禪苑。與雪峰、欽山爲友。自杭州大慈山邐迤造于臨濟，屬濟歸寂，乃謁仰山。才入門，提起坐具曰：“和尚。”仰山取拂子擬舉，師曰：“不妨好手。”後參德山，執坐具上法堂瞻視，山曰：“作麽？”師便喝。山曰：“老僧過在甚麽處？”師曰：“兩重公案。”乃下參堂。山曰：“這個阿師稍似個行脚人。”至來日上問訊。山曰：“闍黎是昨日新到否？”曰：“是。”山曰：“甚麽處學得這虚頭來？”師曰：“全奯終不自謾。”山曰：“他後不得孤負老僧。”①

師住鄂州巖頭，值沙汰，於湖邊作渡子。兩岸各挂一板，有人過渡，打板一下。師曰：“阿誰？”或曰：“要過那邊去。”師乃舞棹迎之。師後庵于洞庭臥龍山，徒侶臻萃。②人或問佛、問法、問道、問禪者，師皆作噓聲。師嘗謂衆曰：“老漢去時，大吼一聲了去。”唐光啟之後，中原盜起，衆皆避地，師端居，晏如也。一日賊大至，責以無供饋，遂剸刃焉。師神色自若，大叫一聲而終，聲聞數十里。即光啟三年丁未四月八日也。門人後焚之，獲舍利四十九粒。謚清嚴禪師。

聖楷按：雪峰初與巖頭至澧州鼇山鎮，阻雪。頭每日只秖打睡，峰一向坐禪。一日喚曰：“師兄，師兄，且起來。”頭曰：“作甚麽？”師曰：“今生不著便，共文邃個漢行腳，到處被他帶累。今日到此，又秖管打睡。”頭喝曰：“噇，眠去。每日牀上坐，恰似七村裹土地，他時後日魔魅人家男女去在。”峰自點胸曰：“我這裹未穩在，不敢自謾。”頭曰：“我將謂你他日向孤

① “僧”下，崇禎本復有一段：一日參德山，方跨門，便問：“是凡是聖？”山便喝。師禮拜。有人舉似洞山，山曰：“若不是奯公，大難承當。”師曰：“洞山老人不識好惡，錯下名言。我當時一手擡，一手搦。”雪峰在德山作飯頭，一日飯遲，德山擎鉢下法堂。峰曬飯巾次，見德山，乃曰：“鐘未鳴，鼓未響，拓鉢向甚麽處去？”德山便歸方丈。峰舉似師。師曰：“大小德山未會末後句在。”山聞，令侍者喚師去。問：“汝不肯老僧那？”師密啟其意。山乃休。明日陞堂，果與尋常不同。師至僧堂前，拊掌大笑曰：“且喜堂頭老漢會末後句，他後天下人不奈伊何！雖然，也秖得三年活。”山果三年後示滅。一日，師與雪峰同辭德山，山問：“甚麽處去？”師曰：“蹔辭和尚下山去。”曰：“子他後作麽生？”師曰：“不忘。”曰：“子憑何有此說？”師曰：“豈不聞：智過於師，方堪傳受；智與師齊，減師半德。”曰：“如是如是，當善護持。”二士禮拜而退。

② “萃”下，崇禎本復有一段：師與羅山卜塔基，羅山中路忽曰：“和尚。”師回顧曰：“作麽？”山舉手指曰：“這裡好片地。”師咄曰：“瓜州賣瓜漢。”又行數里歇次，山禮拜問曰：“和尚豈不是三十年前在洞山而不肯洞山？”師曰：“是。”又曰：“和尚豈不是嗣德山又不肯德山？”師曰：“是。”山曰：“不肯德山即不問，秖如洞山有何虧闕？”師良久曰：“洞山好佛，秖是無光。”邇後

峰頂上盤結草蓋，播揚大教，猶作這個話庵[①]。”峰曰：“我實未穩在。”頭曰：“你若實如此，據你見處一一通來，是處與你證明，不是處與你剗卻。”峰曰：“我初到鹽官，見上堂舉色空義，得個入處。”頭曰：“此去三十年，切忌舉著。”又見洞山過水，偈曰：“切忌從他覓，迢迢與我疎。渠今正是我，我今不是渠。”頭曰：“若與麽，自救也未徹在。”峰又曰：“後問德山，從上宗乘中事，學人還有分也無？”德山打一棒曰：道甚麽！我當時如桶底脱相似。”頭喝曰：“你不聞道，從門入者不是家珍。”峰曰：“他後如何即是？”頭曰：“他後若欲播揚大教，一一從自己胸襟流出，將來與我蓋天蓋地去。”峰於言下大悟，便作禮起。連聲叫曰：“師兄，今日始是鼇山成道。”峰住後，法席之盛，嘗不減千五衆。

王荆公嘗問張文定：“孔子去世百年，生孟子亞聖，自後絶無人，何也？”文定言：“豈無，只有過孔子上者。”公問：“是誰？”文定言：“江南馬大師，汾陽無業禪師，雪峰、巖頭、丹霞、雲門是也。”公暫時聞，意甚不解。乃問：“何謂？”文定曰：“儒門淡薄，收拾不住，皆歸釋氏耳。”荆公欣然歎服。後舉似張天覺，天覺撫几歎以爲佳。

① 話庵：崇禎本作“語話”，當據改。

楚寶外篇卷第五

明湘潭周聖楷伯孔輯纂

祖　燈

洛浦元安夾山法嗣

澧州洛浦山元安禪師，鳳翔麟遊人。初爲臨濟侍者，對衆美之曰："臨濟門下一支箭，誰敢當鋒。"師蒙印可，自謂已足。一日侍立次，有座主參濟，濟問："有一人於三乘十二分教明得，有一人不於三乘十二分教明得，且道此二人是同是别？"主曰："明得即同，明不得即别。"師曰："這裏是甚麽所在？説同説别。"濟顧師曰："汝又作麽生？"師便喝。濟送座主回，問師："汝豈不是喝老僧者？"師曰："是。"濟便打。師後辭濟，濟問："甚麽處去？"師曰："南方去。"濟以拄杖畫一畫曰："過得這個便去。"師乃喝，濟便打。師作禮而去。濟明日陞坐曰："臨濟門下有個赤稍鯉魚，摇頭擺尾，向南方去，不知向誰家虀甕裏淹殺。"

師遊歷罷，直往夾山卓庵，經年不訪夾山。山乃修書，令僧馳往，師接得便坐，卻再展手索，僧無對。師便打，曰："歸去舉似和尚。"僧回舉似，山曰："這僧若開書，三日内必來。若不開書，斯人救不得也。"師果三日後至。見夾山，不禮拜，乃當面叉手而立。山曰："雞棲鳳巢，非同類，出去。"師曰："自遠趨風，請師一接。"山曰："目前無闍黎，此間無老僧。"師便喝。山曰："住！住！且莫草草匆匆。雲月是同，谿山各異。截斷天下人舌頭，即不無闍黎，争教無舌人解語。”師佇思，山便打。因兹服膺。

山將示滅，垂語曰：“石頭一枝，看看即滅矣。”師曰：“不然。”山曰：“何也？”師曰：“他家自有青山在。”山曰：“苟如是，即吾宗不墜矣。”暨，夾山順世。師抵于涔陽，尋之澧陽洛浦山，卜築宴處。後遷止朗州蘇溪，四方玄侣，憧憧奔湊，師兩山開法，語播諸方。光化元年十二月，師乃告寂。

聖楷按：洛浦山，在澧州石門縣東三十里，今有洛浦寺。其地與夾山相望，亦石霜之于道吾也。當時法席之盛如此。蘇溪，在常德桃源縣北四十里。

育王弘通曹山法嗣

衡州甞[①]寧縣育王山弘通禪師。問：“混沌未分時如何？”師曰：“混沌。”曰：“分後如何？”師曰：“混沌。”上堂示衆曰：“釋迦如來出世四十九年，説不到底句。今夜某甲不避羞恥，與諸尊者共譚。”良久云：“莫道錯。珍重！”問：“學人有病，請師醫。”師曰：“將病來，與汝醫。”曰：“便請師醫。”師曰：“還老僧藥價錢來。”問：“曹源一路即不問，衡陽江畔事如何？”師曰：“紅鑪焰上無根草，碧潭深處不逢魚。”問：“心法雙忘時如何？”師曰：“三腳蝦蟆背大象。”問：“如何是西來意？”師曰：“老僧毛豎。”問：“如何是佛法大意？”師曰：“直待文殊過，即向你道。”曰：“文殊過也，請和尚道。”師便打。問：“如何是和尚家風？”師曰：“渾身不直五文錢。”曰：“太恁貧寒生。”師曰：“古代如是。”曰：“如何施設？”師曰：“隨家豐儉。”

① 甞：當爲“常”，後同。

聖楷按：衡州嘗寧縣有塔山，山腰有白石七級，相傳昔阿育王疊石造塔處。後人建寺于此，謂之育王山。

般舟惟勁雪峰法嗣

南嶽般舟道場寶聞大師惟勁，福州人也。素持苦行，不衣繒纊，惟壞衲以度寒暑，時推頭陀行焉。初參雪峰，深入淵奥，復問法玄沙之席，心即符會。一日，謂鑒上座曰："聞汝註《楞嚴經》。"鑒曰："不敢。"師曰："二文殊，汝作麼生註？"曰："請師鑒。"師乃揚袂而去。唐光化中，入南嶽，住報慈東藏。亦號三生藏。藏中有鏡燈一座，即華嚴第三祖賢首大師之所製也。師覩之，頓喻廣大法界重重帝網之門，佛佛羅光之像。因美之曰："此先哲之奇功，苟非具不思議善權之知，何以創焉？"乃著《五字頌》五章，覽之者悟理事相融。後終于南嶽。師于梁開平中撰《續寶林傳》四卷，紀貞元之後，禪門繼踵之源流也。又製《七言覺地頌》《廣明諸教緣起》，别著《南嶽高僧傳》，皆流傳于世。

報慈匡化龍牙法嗣

潭州報慈藏嶼匡化大師。問："心眼相見時如何？"師曰："向汝道什麽。"問："如何是實見處？"師曰："絲毫不隔。""恁麽即見也？"師曰："南泉甚好去處。"問："如何是西來意？"師曰："昨夜三更送過江。"問："臨機便用時如何？"師曰："海東有果樹頭心。"問："如何是真如佛性？"師曰："阿誰無？"問："如何是向上一路？"師曰："郴連道永。"問："和尚年多少？"師曰："秋來黄葉落，春到便花開。"師嘗著《真贊》曰："日出連山，月圓當户。

不是無身，不欲全露。”一日，師在帳内坐，僧問：“承師有言，不是無身，不欲全露。請師全露。”師乃撥開帳曰：“還見麽？”曰：“不見。”師曰：“不將眼來。”問：“如何是龍牙山？”師曰：“益陽那邊。”曰：“如何即是？”師曰：“不擬。”曰：“如何是不擬去。”師曰：“恁麽即不是？”問：“古人面壁意如何？”師良久卻唤某甲，僧應諾。師曰：“你去，别時來。”師垂語曰：“一句徧大地，一句纔問便道，一句問亦不道。”問：“如何是徧大地句？”師曰：“無空缺。”“如何是纔問便道句？”師曰：“低聲，低聲。”“如何是問亦不道句？”師曰：“便合知時。”

石門獻蕴青林法嗣

襄州石門獻蕴禪師，京兆人也。初問青林：“如何用心，得齊於諸聖？”林仰面良久曰：“會麽？”師曰：“不會。”林曰：“去，無子用心處。”師禮拜，乃契悟，更不他遊，遂作園頭。一日歸，侍立次，林曰：“子今日作甚麽來？”師曰：“種菜來。”林曰：“徧界是佛身，子向甚麽種？”師曰：“金鋤不動地，靈苗在處生。”林欣然。來日入園，唤蕴闍黎，師應諾。林曰：“剩栽無影樹，留與後人看。”師曰：“若是無影樹，豈受栽邪？”林曰：“不受栽且止，你曾見他枝葉麽？”師口：“不曾見。”林曰：“既不曾見，争知不受栽？”師曰：“秖爲不曾見，所以不受栽。”林曰：“如是。如是。”

林將順寂，召師，師應諾。林曰：“日轉西山後，不須取次安。”師曰：“雪滿金檀樹，靈枝萬古春。”林曰：“或有人問你金針線囊事，子道甚麽？”師曰：“若是毛羽相似者，某甲終不敢造次。”初住南嶽蘭若，未幾，遷夾山。道由潭州時，楚王馬氏延入天册府，供養數日。師後復避亂離夾山至襄州，創石門寺，再振玄風。師應機多云“好大哥”，時稱大哥和尚。

聖楷按：石門寺，在襄陽南潭縣北四十里。

神鼎洪諲首山法嗣

潭州神鼎洪諲禪師，襄水扈氏子。自遊方，一衲以度寒暑。嘗與數耆宿至襄、沔閒，一僧舉論宗乘，頗敏捷，會野飯山店中，供辦而僧論説不已。師曰："三界唯心，萬法唯識。唯識唯心，眼聲耳色，是甚麽人語？"僧曰："法眼語。"師曰："其義如何？"曰："唯心故根境不相到，唯識故聲色摐然。"師曰："舌味是根境否？"曰："是。"師以箸夾菜置口中，含糊而語曰："何謂相入邪？"坐者駭然，僧不能答。師曰："途路之樂，終未到家。見解入微，不名見道。参須實參，悟須實悟，閻羅大王，不怕多語。"僧拱而退。

後反長沙，隱于衡嶽三生藏。有湖陰豪貴，來遊福嚴，即師之室，見其氣貌閑静，一鉢挂壁，餘無長物。傾愛之，遂拜跪，請曰："神鼎乃我家植福之地，久乏宗匠，願師俱往，何如？"師笑而諾之。即以己馬負師至，十年始成叢席。一朽牀爲説法座，其甘枯淡無比。又以德臘俱高，諸方尊之如古趙州。上堂，舉洞山曰："貪嗔癡，大無知，賴我今朝識得伊。行便打，坐便搥，分付心王仔細推。無量劫來不解脱，問汝三人知不知？古人與麽道，神鼎則不然。貪嗔癡，實無知，十二時中一任伊。行即往，坐即隨，分付心王擬何爲？無量劫來元解脱，何須更問知不知？"問："如何是清净法身？"師曰："灰頭土面。"曰："爲甚麽如此？"師曰："争怪得老僧？"

聖楷按：神鼎山，在湘陰縣東六十里，上有古井，乃晉陶淡煉藥處，故名。又云山頂有石似鼎。

石霜慈明汾陽法嗣

潭州石霜楚圓慈明禪師，全州李氏子。少爲書生，年二十二，依湘山隱静寺出家。其母有賢行，使之遊方，聞汾陽道望，遂往謁焉。陽顧而默器之，經二年，未許入室。每見必罵詬，或毁詆諸方，及有所調，皆流俗鄙事。一夕，訴曰："自至法席已再夏，不蒙指示，但增世俗塵勞。念歲月飄忽，己事不明，失出家之利。"語未卒，陽熟視罵曰："是惡知識，敢裨販我！"怒舉杖逐之。師擬伸救，陽掩師口。乃大悟曰："是知臨濟道出嘗情。"服役七年，辭去，

依唐明嵩禪師，嵩謂師曰："楊大年内翰知見高，入道穩實，子不可不見。"師乃往見大年，年館于齋中，日夕質疑知證，因聞前言往行，恨見之晚。朝中見駙馬都尉李公遵勖，曰："近得一道人，真西河師子。"自是師往來楊、李之門，以法爲友。久之辭還。

師後以母老，南歸至瑞州，首衆于洞山，時聰禪師居焉。先是，汾陽謂師曰："我徧參雲門兒孫，特以未見聰爲恨。"故師依止三年，乃遊仰山。楊大年以書抵宜春太守黄宗旦，使請師出世説法。守以南源致師，師不赴，旋特謁守願行。守問其故，對曰："始爲讓，今偶欲之耳。"守大賢之。住三年，棄去，還南嶽福嚴。

嘗謁神鼎諲禪師。鼎，首山高弟，望尊一時。衲子非人類精奇，無敢登其門者。住山三十年，門弟子氣吞諸方。師髮長不剪，敝衣楚音，通謁稱法侄，一衆大笑。鼎遣童子問："長老誰之嗣？"師仰視屋曰："親見汾陽來。"鼎杖而出。顧見頎然，問曰："汾州有西河師子，是否？"師指其後，絶叫曰："屋倒失①！"童子返走，鼎回顧相矍鑠。師地坐，脱隻履而視之。鼎老忘所問，又失師所在。師徐起整衣，且行

① 失：崇禎本作"矣"，當據改。

且語曰："見面不如聞名。"遂去。鼎遣人追之，不可。歎曰："汾州乃有此兒邪！"

師後又赴道吾之請，遂住石霜。會都尉李公將捐館，請師至京話别。師問："如何是本來佛性？"公曰："今日熱如昨日。"隨聲便問："師臨行一向作麽生？"師曰："本來無罣礙，隨處任方圓。"公曰："晚來困倦。"更不答話。師曰："無佛處作佛。"公于是泊然而逝。師哭之慟，臨壙而别。有旨賜官舟南歸。師于後年尋亦示寂，壽五十四。塔于石霜。

洪覺範《慈明真贊》序曰：鍾山僧遠，菴居五十年，而二十年掬澗而飲。長安窺基，三車隨行，而一車酒胾。逍遥羅什口析妙義，而畜靡嫚之倩，曰：吾有欲障，清凉澄觀，己任大教，而畏五色糞，且以十願律身。是四比丘者，舉人類精奇，風流相映，何其制行乃爾相戾邪？蓋知其所同者道，所不同者迹。故其所履正權異，救時存道，皆非苟然。使其無權時之知，則教之延遠，要未可必也。《傳》曰：神而明之，存乎人。非特爲教者爲然。則傅大士，其悲知所施，亦然也。故吾慈明禪師，汾陽昭之嗣，黄龍南之師。南之玉粒，有清凉之風；昭之精嚴，挺鍾山之操。而公獨平等逆順，嬉戲垢汙，甚于基、什，而其道能支臨濟，與日月争光，真不纏凡聖，超然不測人也。自公化去六十年，而于始至其廬，拜其塔，瞻其像，稽首爲之贊。曰：

緣住諸法名體絶，如空字身水魚迹。是無相門緣寂宗，一切知知差别海。公於是中如法船，汎然出没無所畏。使諸遊者心大定，種種驚怖成虚空。平生神兵雙不借，玄機不動萬象驚。而公宴坐不言中，諸有求心如古井。鈍根阿師終聽瑩，法味迷醉如惺惺。瞿然奮迅爲一戲，句裏明人揳出揳。紫金鎖骨眼空山，吁嗟音容不可覿。當知其身如雷霆，稽首慈明嘗出現。

聖楷按：黄龍南公，夜聞悦師之言，往詣慈明室。曰："惠南望道未見，比聞夜參，如迷行得指南之車。然惟大慈更施法施，使盡餘疑。”師笑曰：“公已領衆遊方，名聞叢林。借有疑，不以衰陋鄙棄，坐而商略。”呼侍者進榻，使坐。公固辭，哀懇愈切。師曰：“公學雲門禪，必善其旨。如曰放洞山三頓棒，洞山於時應打不應打？”公曰：“應打。”師色莊曰：“聞三頓棒聲，便是喫棒。則汝自旦至暮，聞鴉鳴鵲噪，鐘魚鼓板之聲，亦應喫棒，吃棒何時已哉。”公瞠而卻。師曰：“吾始疑不堪汝師，今可矣。”即使拜。公拜起，師曰：“則如趙州嘗言，臺山婆子被我勘破。試指其可勘處。”公無語，便趨出。明日復詣室中，師詬罵。公曰：“正以未解求决耳，罵豈慈悲法施之式？”師笑曰：“是罵邪？”公於言下契悟其旨，獻偈曰：“傑出叢林是趙州，老婆看破没來繇。而今四海清如鏡，行人莫與路爲讐。”師以手點“没”字顧公，公即易“有”字，心服其妙，密留月餘，辭去。公後開法嗣師。

《羅湖野録》曰：石霜清素侍者，晚遁湘西鹿苑，以閑淡自牧。兜率悦公，時未出世，與之鄰室。有客惠生荔枝，悦命素曰：“此乃老人鄉果，可同餉也。”素慨然曰：“自先師去世，不見此矣。”悦從而問之：“師爲誰邪？”對以慈明。悦乃乘閑致，密欵其緒餘。素因問：“子曾見何人？”悦以真净文和尚告之。素曰：“文又見誰邪？”悦曰：“南禪師。”素曰：“南褊頭在石霜不久，其道盛如此？”悦益駭異，尋袖香咨扣。素曰：“吾福鮮緣寡，豈可爲人師？但子之見解，試吐露看。”悦即具陳。素云：“只可入佛，不可入魔。須知古德謂末後一句始到牢關。”悦擬對。又遽問以“無爲如何説”，悦又擬對，而素忽高笑。悦恍然有得。故嘗以語無盡居士張公云。

由此觀之，寂音所謂“道支臨濟，與日月争光”，豈虚語哉！

芭蕉谷泉汾陽法嗣

南嶽芭蕉庵大道谷泉禪師，泉州人。受法汾陽昭禪師，放蕩湖湘。聞同參慈明住道吾，因往省之。明問："白雲横谷口，道人何處來？"師左右顧視，曰："夜來何處火，燒出古人墳？"明曰："未在，更道。"師作虎聲。明以坐具便摵，師接住，推明置禪牀上，明卻作虎聲。師大笑曰："我見七十餘員善知識，今日始遇作家。"初登南嶽，住懶殘巖，未久，移居芭蕉庵。

《林間録》曰：潭州道吾山有湫，毒龍所蟄。墮葉觸波，必雷雨連日，過者不敢喘。慈明與泉大道同遊，泉牽其衣曰："可同浴。"慈明掣肘徑去。泉解衣躍入，霹靂隨至，腥風吹雨，林木掀播。慈明蹲草中，意泉死矣。須臾晴霽，忽引頸出波間，笑呼曰："囦。"又嘗夜坐祝融峰頂，有大蟒繞盤之，泉解衣帶縛其腰，中夜不見，黎明策杖徧山尋之，帶纏枯松之上，蓋松妖也。又自後洞負一石羅漢像至南臺，像無慮數百斤，衆僧驚駭，莫知其來，後洞僧亦莫知其去。遂相傳至今，號飛來羅漢。後遭横民，具報役郴，城牢城。盛暑負土堊城，經通衢，弛擔而坐，觀者如堵。説偈曰："今朝六月六，谷泉受罪足。不是上天堂，便是入地獄。"言訖，微笑而寂，異香郁然。郴人至今供事之。

泉親見汾州無德禪師，南山清凉道人謂予曰："我十餘年作老黄龍侍者，聞其説見慈明事甚詳。"嘗喟然歎曰："我平生不得谷泉、文悦，又争識得慈明？"

雲峰文悦大愚法嗣

南嶽雲峰文悦禪師，南昌徐氏子。初造大愚，聞示衆曰："大家相聚喫莖虀，若唤作一莖虀，入地獄如箭射。"便下座。師大駭，夜造方丈。愚問："來何所求？"師曰："求心法。"愚曰："法輪未轉，食輪先轉，後生趂色力健，何不爲衆乞食？我忍饑不暇，何暇爲汝説禪乎？"師不敢違。未幾，愚移翠巖，師納疏罷，復過翠巖求指示。巖曰："佛法未到爛卻，雪寒，宜爲衆乞炭。"師亦奉命，能事罷復造方丈。巖曰："堂司闕人，今再煩汝。"師受之不樂，恨巖不去心地。坐後架，桶箍忽散，自架墮落。師忽然開悟，頓見巖用處。走搭伽梨，上寢堂。巖迎笑曰："維那，且喜大事了畢。"師再拜，不吐一辭。復服勤八年。

後遊南昌西山，會黄龍南公。南公先受三角澄禪師印可，師夜與語，曰："澄公雖雲門之後，然法道異耳。"南公問所以異，師曰："雲門如九轉丹砂，點鐵成金。澄公藥汞銀，徒可玩，入鍛即流去。"南公怒，以枕投之。師復曰："雲門氣宇如王，甘死語下乎？澄公有法，授人死語也。死語其能活人哉？"即背去。南公挽師曰："審如是，誰可汝意者？"師曰："福嚴楚圓，手段出諸方。子欲見之，不宜後也。"南公即日往詣。

師初出世南昌翠巖，次遷衡嶽岣嶁峰之法輪。未久，又遷主雲峰寺。嘉祐七年七月八日，陞座辭衆，説偈曰："住世六十六年，爲僧五十九夏。禪流若問指歸，鼻孔大，頭向下。"歸方丈，趺坐而化。塔于禹溪之北。

黄山谷《悦禪師語録序》曰：悦禪師者，青山白雲，開遮自在。碧潭明月，撈漉方知。鐵石崩崖，霜弓劈箭。不受然燈記葥，自提三印正宗。假令古佛出頭也，下一椎定當。前則激惠南老子，出泐潭死水，而印慈明；後則勸祖心禪師，撥大愚寒灰，而見黄蘗。看儂兩著，須天下碁客，受先破此一塵。與四海禪宗點眼，有懷疑者是不肯。山谷老人擬欲全提，且救取無爲居士。

龍牙居遁洞山法嗣

潭州龍牙山居遁證空禪師，撫州人。初參翠微，問：“如何是祖師意？”微曰：“與我將禪板來。”師遂過禪板，微接得便打。師曰：“打即任打，要且無祖師意。”又問臨濟：“如何是祖師意？”濟曰：“與我將蒲團來。”師乃過蒲團，濟接得便打。師曰：“打即任打，要且無祖師意。”住後有僧問：“和尚行脚時，問二尊宿祖師意，未審二尊宿明也未？”師曰：“明即明也，要且無祖師意。”

師至洞山，復舉“德山頭落”底語，因自省過，遂止于洞山，隨衆于參請。一日，問：“如何是祖師西來意？”山曰：“待洞水逆流，即向汝道。”師始悟厥旨，服勤八稔。湖南馬氏，請住龍牙。上堂：“夫參玄人，須透過祖佛始得。新豐和尚道，祖佛言教似生冤家，始有參學分。若透不得，即被祖佛謾去。”師將順寂，有大星隕于方丈前。

聖楷按：龍牙山，在益陽縣。今志不載。

欽山文邃洞山法嗣

澧州欽山文邃禪師，福州人。少依杭州大慈山寰中禪師受業，時巖頭、雪峰在。衆覩師吐論，知是法器，相率遊方。二大士各承德山印記，師雖屢激揚，而終然凝滯。後于洞山言下發解，乃爲之嗣。年二十七，止于欽山，對大衆前自省過，舉參洞山時語。山問：“甚麽處來？”師曰：“大慈來。”曰：“還見大慈麽？”師曰：“見。”曰：

“色前見，色後見？”師曰：“非色前後見。”洞山默置。師乃曰：“離師太蚤，不盡師意。”

師與巖頭、雪峰過江西，到一茶店吃茶次，師曰：“不會轉身通氣者，不得吃茶。”頭曰：“若恁麼，我定不得茶吃。”峰曰：“某甲亦然。”師曰：“這兩個老漢，話頭也不識。”頭曰：“甚處去也？”師曰：“布袋裏老鴉，雖活如死。”頭退後曰：“看看。”師曰：“奯公且置，存公作麽生？”峰以手畫一圓相。師曰：“不得不問。”頭呵呵曰：“太遠生。”師曰：“有口不得茶吃者多。”

師與道士論義，士立義曰：“粗言及細語，皆歸第一義。”師曰：“道士是佛家奴。”士曰：“太粗生！”師曰：“第一義何在？”士無語。

聖楷按：欽山，在澧州西二十里。

南臺守安桂琛法嗣

衡嶽南臺守安禪師，初住江州悟空院。有僧問：“人人盡有長安路，如何得到？”師曰：“即今在什麽處？”問：“如何是西來意？”師曰：“是什麽意？”問：“如何是本來身？”師曰：“是什麽身？”問：“寂寂無依時如何？”師曰：“寂寂底聻。”師因示頌曰：“南臺静坐一爐香，終日凝然萬慮忘。不是息心消妄想，都緣無事可思量。”

雲蓋用清盧山法嗣

潭州雲蓋山海會寺用清禪師，河州人也，姓趙氏。本州出家，酷志求法。遠参長安，潛契宗旨。先住韶州東平山。淳化二年，知潭州張茂宗請居雲蓋。第六世住。僧問：“有一人在萬丈井底，如何出得？”師曰：“且喜得相見。”曰：“恁麼即穿雲透明去也？”師曰：“三十三天事，作麼生？”僧無語。問：“如何是雲蓋境？”師曰：“門外三泉井。”曰：“如何是境中人？”師曰：“童行作子。”師有頌示衆曰：“雲蓋鎖口訣，擬議皆胸裂。拍手趁玄空，雲露西山月。”

聖楷按：雲蓋山，在長沙善化縣西三十里，峰巒秀麗，望之如蓋。上有虎溪、蛇井、白雲關諸勝。雲蓋寺猶存遺址。

大陽警玄梁山法嗣

郢州大陽山警玄禪師，江夏張氏子。依知通禪師出家，十九爲大僧。聽圓覺了義講席，無能及者。遂遊方，初到梁山。問：“如何是無相道場？”山指觀音曰：“這個是吴處士畫。”師擬進語，山急索曰：“這個是有相底，那個是無相底。”師遂有省，便禮拜。山曰：“何不道取一句？”師曰：“道即不辭，恐上紙筆。”山笑曰：“此語上碑去在。”師獻偈曰：“我昔初機學道述[1]，萬水千山覓見知。明今辨古終難會，直説無心轉更疑。蒙師指出秦時鏡，照見父母未生時。如今覺了何所得，夜放烏雞帶雪飛。”山謂洞上之宗可倚，一時聲價籍籍。

山殁，辭塔至大陽謁堅禪師，堅讓席使主之。師嘗釋曹山三種“墮”曰：“此三語，須明得轉位始得。一作水牯牛，是類墮。”師曰：“是沙門轉身語，是異類中事，若不曉此意，即有所滯。直是要伊一念無私，即有出身之路。”“二不受食，是尊貴墮。”師曰：“須知那邊了卻，來這邊行履。若不虚此位，即坐在尊貴。”“三不斷聲色，是隨墮。”師曰：“以不明聲色，故隨處墮。須向聲色裏有出身之路。作麼生是聲色外一句？”乃曰：“聲不自聲，色不自色，故云不斷指掌，當指何掌也？”

① 述：崇禎本作“迷”。

師禪觀奇口[①]，有威重。從兒稚中，日秖一食。自以先德付授之重，足不越限，脇不至席。年八十，歎無可以繼者，乃作偈並皮履、布直裰，寄浮山遠禪師，使爲求法器。偈曰："楊廣山頭草，憑君待價焞。異苗翻茂處，深密固靈根。"偈尾云："得法者潛衆十年，方可闡揚。"遠拜而受之。遂贊師像曰："黑狗爛銀蹄，白象崑崙騎。於斯二無礙，木馬火中嘶。"師天聖五年七月十九日陞座辭衆。塔于本山。

聖楷按：舒州投子義青禪師，初遊宗席，時遠禪師居會聖巖，一夕夢蓄青色鷹，爲吉徵。届旦師來，遠禮延之。令看外道問佛、不問有言、不問無言因緣。經三載，了然開悟。復經三載，遠出洞上宗旨示之，悉皆妙契。乃付以大陽頂相、皮履、布直裰，囑曰："代吾續其宗風，無久滯此。"遂書偈送之，令依圓通秀禪師。師至彼，無所參問，唯嗜睡而已。執事白通曰："堂中有僧日睡，當行規法。"通曰："是誰？"曰："青上座。"通曰："未可，待與按過。"即曳杖入堂，見師正睡，乃擊牀呵曰："我這裹無閑飯與上座喫了打眠。"師曰："和尚教某何爲？"通曰："何不參禪去？"師曰："美食不中飽人喫。"通曰："争奈大有人不肯上座。"師曰："待肯堪作甚麽？"通曰："上座曾見甚麽人來？"師曰："浮山。"通曰："怪得恁麽頑賴。"遂握手相笑歸方丈。由是道聲籍甚。初住白雲，次遷投子。示寂書偈曰："兩處住持，無可助道。珍重諸人，不須尋討。"投筆奄息。闍維獲五色舍利與諸靈異云。

玉泉承皓上北塔法嗣

玉泉承皓禪師，姓王氏，眉州丹陵人。早參北塔，發明心要，得大

① 口：崇禎本作"偉"。

自在三昧。元豐閒，首衆於襄陽谷隱，望聳諸方。無盡居士張公奉使京西南路，就謁之。問曰："師得法何人？"皓曰："復州北塔廣和尚。"公曰："與伊相契，可得聞乎？"皓曰："只爲伊不肯與人説破。"公善其言，致開法于郢州大陽。是時谷隱主者私爲之喜，謂我首座出世，盛集緇素，以爲歆艷。皓登座曰："承皓在谷隱十年，不曾飲谷隱一滴水，嚼谷隱一粒米。汝若不會，來大陽爲汝説破。"攜拄杖下座，傲然而去。

尋還玉泉。皓爲人超放，未易以凡聖議。嘗製犢鼻裩，書歷代祖師名而服之。乃曰："唯有文殊、普賢較些子，且書于帶上。"故叢林目爲皓布裩。有侍僧效之，皓見而詬曰："汝具何道理，敢以爲戲事邪？嘔血無及耳。"僧尋于鹿門如所言而逝。

釋曉瑩曰：世所同者道，所異者迹而已。皓之唱道，開豁正見。至于示跡殊常，則爲不測人。求于往昔，殆鄧隱峰、普化之流亞歟？

蔣山佛慧雲居法嗣

金陵蔣山法泉佛慧禪師，隨州時氏子。上堂快人一言，快馬一鞭。若更眼睛定動，未免紙裹麻纏，脚下是地，頭上是天。不信，但看八九月，紛紛黄葉滿山川。晚奉詔，住大相國知海寺。問衆曰："赴知海，留蔣山，去就孰是？"衆皆無對。師索筆書偈曰："非佛非心徒擬議，得皮得髓謾商量。臨行珍重諸禪侶，門外千山正夕陽。"書筆[①]坐逝。

《羅湖野録》曰：蔣山佛慧泉禪師，叢林謂之泉萬卷。紹聖元年，東坡居士有嶺外之行，舟次金陵，阻風江滸。既迎其至，從容語道。東坡遂問曰："如何是知海之燈？"泉遽對以偈曰："指出

① 筆：崇禎本作"畢"，當據改。

明明是甚麽，舉頭鷂子穿雲過。從來這盌最希奇，解問燈人能幾個。”東坡于是欣然以詩記其事曰：“今日江頭天色惡，砲車雲起風欲作。獨望鐘山喚寶公，林閒白塔如孤鶴。寶公骨冷喚不應，卻有老泉來喚人。電眸虎齒霹靂舌，爲予吹散千峰雲。南來萬里亦何事，一酌曹谿知水味。他年若畫蔣山圖，仍作泉公喚居士。”泉復説偈送行曰：“腳下曹谿去路通，登堂無復問旛風。好將鍾阜臨岐句，説似當年踏碓翁。”噫，東坡平生夷險一致，非與憂患爭者。不然，正當放浪嶺海之時，豈能問知海燈邪？泉奮霹靂舌，爲吹散千峰之雲，在東坡不爲無得也。

雲蓋守知黃龍法嗣

潭州雲蓋守知禪師，劍州陳氏子。遊方至豫章大寧，時法昌遇禪師韜藏西山，師聞其飽參，造焉。昌使謁翠巖真禪師，久之無省。及謁黃龍于積翠，始盡所疑。後首衆石霜，遂開法道吾，徙雲蓋，居院之東堂。政和辛卯，死心謝事黃龍，由湖南入山奉覲，日已夕矣，侍僧通謁，師曳履，且行且語曰：“將燭來，看其面目何似生？而致名喧宇宙。”死心亦絶叫：“把近前來，我要照是真師叔，是假師叔？”師即當胸毆一拳。死心曰：“卻是真個。”遂作禮，賓主相得歡甚。及死心復領黃龍，至政和甲午示寂。時師住開福，得訃音，即陞座曰：“法門不幸法幢摧，五蘊山中化作灰。昨夜泥牛通一線，黃龍從此入輪回。”

聖楷按：知嗣黃龍慧南禪師，所謂“黃龍三關”是也。死心嗣黃龍祖心禪師，一號晦堂，與知同嗣慧南，故死心云師叔也。後侍僧編次法語，易入爲出，知見而大詬之。是時知年九十，宗門大老之風，今絶響矣。

白雲守端楊岐法嗣

舒州白雲守端禪師，衡陽葛氏子。從茶陵郁禪師披剃，往參楊岐。岐一日忽問："受業師爲誰？"師曰："茶陵郁和尚。"岐曰："吾聞伊過橋遭攧有省，作偈甚奇，能記否？"師誦曰："我有明珠一顆，久被塵勞關鎖。今朝塵盡光生，炤破山河萬朵。"岐笑而趨起。師愕然，通夕不寐，黎明咨詢之。適歲暮，岐曰："汝見昨日打毆儺者麼？"曰："見。"岐曰："汝一籌不及渠。"師復駭曰："意旨如何？"岐曰："渠愛人笑，汝怕人笑。"師大悟，巾侍久之。辭遊廬阜，圓通訥禪師舉住承天。師後屢居名刹，緇衆雲集。嘗有頌云："他人住處我不住，他人行處我不行。不是爲人難共聚，大都緇素要分明。"熙寧五年遷化，壽四十八。

聖楷按：茶陵郁山主，不曾行脚，因廬山有化士至，論及宗門中事，教令看。僧問法燈："百尺竿頭如何進步？"燈云："嗯。"凡三年，一日乘驢度橋，一踏橋板而墮。忽然大悟，乃作偈云云。白雲端有贊曰："百尺竿頭曾進步，溪橋一踏没山河。從兹不出茶陵上，吟嘯無非囉哩囉。"

五祖法演白雲法嗣

蘄州五祖法演禪師，綿州鄧氏子。三十五始棄家，祝髮受具，往成都習《唯識》《百法論》。因聞菩薩入見道時，知與理冥，境與神會，不分能證所證。西天外道嘗難比丘曰："既不分能證所證，卻以何爲證？"無能對者。外道貶之，令不鳴鐘鼓，反披袈裟。三藏奘法師至彼，救此義曰："如人飲水，冷暖自知。"乃通其難。師曰："冷暖則可知矣，作麽生是自知底事？”遂質本講曰：“不知自知之理如何？”講莫疏其問，但誘曰：“汝欲明此，當往南方，扣傳佛心宗者。”

師即負笈出關，所見尊宿，無不以此咨决所疑，終不破。次謁浮山遠禪師，久之，遠語師曰，“吾老矣，恐虚度子光陰。可往依白雲，此老雖後生，吾未識面，但見其頌臨濟三頓棒話，有過人處，必能了子大事。”師潸然禮辭。至白雲，遂舉僧問南泉摩尼珠話，請問。雲叱之，師領悟。獻投機偈曰：“山前一片閑田地，叉手叮嚀問祖翁。幾度賣來還自買，爲鄰松竹引清風。”雲特印可，令掌磨事。

未幾，雲至，語師曰：“有數禪客自廬山來，皆有悟入處。教伊説，亦説得有來由。舉因緣，問伊亦明得，教伊下語亦下得。秖是未在。”師于是大疑，私自計曰：“既悟了，説亦説得，明亦明得，如何卻未在？”遂參究累日，忽然省悟。從前寶惜，一時放下，走見白雲。雲爲手舞足蹈，師亦一笑而已。師後曰：“吾因兹出一身白汗，便明得千載清風。”雲一日示衆曰：“古人道，如鏡鑄像，像成後鏡在甚麽處？”衆下語不契，舉以問師。師近前問訊曰：“也不較多。”雲笑曰：“須是道者始得。”乃命分座，開示方來。

初住四面，遷白雲，晚居東山。三佛侍師于一亭上夜話，及歸，燈已滅。師于暗中曰：“各人下一轉語。”佛鑑曰：“彩鳳舞丹霄。”佛眼曰：“鐵蛇横古路。”佛果曰：“看腳下。”師曰：“滅吾宗者，乃克勤爾。”崇正三年六月二十五日，上堂辭衆，時山門有土木之役，躬往督之。且曰：“爾等勉力，吾不復來矣。”歸丈室，浄髪澡身，迄旦，吉祥而化。是夕山摧石隕，四十里内巖谷震吼。闍維舍利如寸，塔于東山之南。

聖楷按：演公三佛，其一爲太平慧勤佛鑑，一爲龍門清遠佛眼，一爲圜悟克勤佛果。佛果初至真覺勝禪師之席，勝方創臂出血，指示師曰：“此曹溪一滴也。”師矍然良久，曰：“道固如是乎？”即徒步出蜀，首謁玉泉浩，次依金鑾信、大潙喆、黄龍心、東林度，僉指爲法器。而晦堂稱：“他日臨濟一宗，屬子矣。”最後見五祖，盡其機用，祖皆不語。乃謂祖强移换人，出不遜語，忿然而云。祖曰："待你著一頓熱病打時，方思量我在。"師到金山，染傷寒困極，以平日見處試之，無得力者。追繹五祖之言，乃自誓曰："我病稍閒，即歸五祖。"病痊尋歸，祖一見而喜。令即參堂，便入侍者寮。

方半月，會部使者解印還蜀，詣祖問道。祖曰："提刑少年，曾讀小豔詩否？有兩句頗相近：頻呼小玉元無事，衹要檀郎認得聲。"提刑應曰："諾。"祖曰："且仔細。"師適歸，侍立次，問曰："聞和尚舉小艷詩，提刑會否？"祖曰："他衹認得聲。"師曰："只要檀郎認得聲，他既認得聲，爲甚麽卻不是？"祖曰："如何是祖師西來意，庭前柏樹子聻。"師忽有省，遽出，見雞飛上欄杆，鼓翅而鳴。復自謂曰："此豈不是聲？"遂袖香入室，通所得，呈偈曰："金鴨香銷錦繡幃，笙歌叢裏醉扶歸。少年一段風流事，衹許佳人獨自知。"祖曰："佛祖大事，非小根劣器所能造詣，吾助汝喜。"祖徧謂山中耆舊曰："我侍者參得禪也。"繇此，所至推爲上首。[①]

上封佛心黄龍法嗣

潭州上封佛心才禪師，福州姚氏子。初依海印隆禪師。見老宿達道者看經，至“一毛頭師子，百億毛頭一時現”。師指問曰：“一毛頭師

① “首”下，崇禎本復有一段：後還里省親，翰林郭公知章請開法六祖，更昭覺。政和間謝事，復出峽南遊。時張無盡寓荆南，以道學自居，少見推許。師艤舟謁之，劇談《華嚴》旨要。曰：“《華嚴》現量境界，理事全真，初無假法。所以即一而萬，了萬爲一。一復一，萬復萬，浩然莫窮。心佛衆生，一二無差别。卷舒自在，無礙圓融。此雖極則，終是無風帀帀之波。”公于是不覺促榻。師遂問曰：“到此與祖師西來意，爲同爲别？”公曰：“同矣。”師曰：“且得没交涉。”公色爲之愠。師曰：“不見雲門道，山河大地，無絲毫過患，猶是轉句。直得不見一法，始是半提。更須知有向上全提時節。彼德山、臨濟，豈非全提乎？”公乃首肯。翌日復舉“事法界、理法界、至理事無礙法界。”師又問：“此可説禪乎？”公曰：“正好説禪也。”師笑曰：“不然。正是法界量裏在。蓋法界量未滅，若到事事無礙法界，法界量滅，始好説禪。如何是佛？乾屎橛。如何是佛？麻三斤。是故真净偈曰：事事無礙，如意自在。手把猪頭，口誦净戒。趂出淫坊，未還酒債。十字街頭，解開布袋。””公曰：“美哉之論，豈易得聞乎！”於是以師禮留居碧岩，久之，遷主潭州嶽麓道林。眼遠禪師，初至海會，依演和尚，以己時咨决者屢矣，演只語之即曰：“我不如你，你自會得好。”或曰：“我不會，我不如你。”遠莫涯其意。久而復扣曰：“今會中誰可親近？”演曰：“有元禮首座，來時只向伊道，衲僧須具緇素眼始得，及聞我上堂道，同時出入宿世冤家之語。遂有省。子若乞教于禮，必須獲益。”及請問禮，乃以手引遠之耳，繞團爐數匝，且行且語：“你自會得好。”遠曰：“有冀開發，却爾相戲，豈法施之式哉？”禮曰：“汝佗日悟去，方知今日曲折。”已而寒夜孤坐撥爐，見火一豆許，恍然自喜，曰：“深探撥，有些子。平生事，只如此。”遽起閱几上《傳燈錄》，適當破竈墮因緣，洞符所證。圜悟因詣其寮，舉青林搬土話驗之，且謂“古今無人出得”。遠曰：“有甚麽難出？”圜悟曰：“只如佗道‘鐵輪天子寰中旨’，又作麽生出？”遠曰：“我道‘帝釋宫中放赦書’。”圜悟退而語朋舊曰：“喜遠兄便有活人句也。”其後遠之嗣子烏巨行公，有頌發揮海會之語曰：“我不會兮不如你，達磨當門缺兩齒。滿堂無限白蘋風，明明不自秋江起。”又曰：“我不會兮不如你，堪笑千花生碓觜。善財謾説百城遊，何曾踏著自家底。”

子，作麽生得百億毛頭一時現？”達曰：“汝乍入叢林，豈可便理會許事。”師因疑之，遂發心領净頭職。一夕訊掃次，印適夜參，至則遇結座，擲拄杖曰：“了即毛端吞巨海，始知大地一微塵。”師豁然有省。及出閩，造豫章黄龍，與死心機不契，乃參靈源。凡入室，出必揮淚自訟，曰：“此事我見得甚分明，只是臨機吐不出，若爲奈何？”靈源知師勤篤，告以“須是大徹，方得自在也”。

未幾，竊觀鄰案僧讀《曹洞廣録》，至“藥山采薪歸，有僧問：‘甚麽處來？’山曰：‘討柴來。’僧指腰下刀曰：‘鳴剥剥是個甚麽？’山拔刀作砍勢”。師忽欣然，摑鄰案僧一掌，揭簾趨出，衝口説偈曰：“徹！徹！大海乾枯，虚空迸裂。四方八面絶遮攔，萬像森羅齊漏泄。”後分于真乘，應上封之命，屢遷名刹。

聖楷曰：黄龍靈源惟清禪師，每謂人曰：“今之學者，未脱生死，病在甚麽處？病在偷心未死耳。然非其罪，爲師者之罪也。如漢高帝紿韓信而殺之，信雖死，其心果死乎？古之學者，言下脱生死，效在甚麽處，？在偷心已死。然非學者自能爾，實爲師者鉗鎚妙密也。如梁武帝御大殿見侯景，不動聲氣，而景之心已枯竭無餘矣。”今觀上封才禪師之徹悟，固由揮淚中來，抑靈源有以涵養之也。如溈山之于香嚴，慈明之于楊岐，俱用此法。

文殊心道太平法嗣

朗州文殊心道禪師，眉州徐氏子。年三十得度，詣成都習《唯識》，自以爲至。同舍詰之曰：“三界唯心，萬法唯識。今目前萬象摐然，心識安在？”師茫然不知對。遂出，周流江淮。既抵舒之大平，聞佛鑑禪師夜参，舉趙州柏樹子話：“覺鐵觜云：先師無此語，莫謗先師好。”因大疑，提撕既久，一夕豁然。即趨丈室，擬敘所悟。鑑見來，便閉門。師曰：“和尚莫謾某甲。”鑑曰：“十方無壁落，何不入門來？”師以拳擣破窗紙，鑑即開門搊住曰：“道！道！”師以兩手捧鑑頭，作口啐而出。呈偈曰：“趙州有個柏樹話，禪客相逢徧天下。多是摘葉與尋枝，不能直向根源會。覺公説道無此語，正是惡言與面罵。禪人若具通方眼，好向此中辨真假。”鑑深然之，每對客稱賞，後命分座。襄守請開法天寧，未幾擢大別文殊。

建炎三年春，示衆，舉臨濟入滅囑三聖因緣，曰：“正法眼藏瞎驢滅，臨濟何曾有是説？今古時人皆妄傳，不信但看後三月。”至閏三月，賊鍾相叛，其徒欲舉師南奔者，師曰：“學道所以了生死，何避爲？”賊至，師曰：“速見殺以快汝心。”賊即舉槊殘之，血皆白乳。賊駭，引席覆之而去。

聖楷按：道禪師法嗣，其一爲思業禪師，常德府人，世爲屠宰。一日戮猪次，忽洞徹心源，即棄業爲比丘。述偈曰：“昨日夜叉心，今朝菩薩面。菩薩與夜叉，不隔一條線”。往見道禪師，道曰：“你正殺猪時，見個甚麽，便乃剃頭行腳？”業遂作鼓刀勢。道喝曰：“這屠兒參堂去！”業便下參堂。後嗣住文殊日，上堂舉“趙州勘婆話”，乃曰：“勘破婆子，面青眼黑。趙州老漢，瞞我不得。”

其一爲楚安慧方禪師，潭州許氏子。初參道禪師于大别，未幾，改寺爲神霄宫。附商舟過湘南，舟中聞岸人操鄉音，厲聲云：“叫那！”由是有省。即説偈曰：“沔水江心喚一聲，此時方得契平生。多年相别重相見，千聖同歸一路行。”

觀此二公，悟境迥出尋常。昔死心自譽曰：“天下人總是參得底禪，某是悟得底。”參之與悟，相去幾何？但信自心，立地成佛，非虚語耳。

九峰無念

九峰無念勝學禪師，隨州應山陳氏子。九歲投本郡寶林寺無極緣公爲師。初不識字，執苦經年，自覺大事不了，往參荆州無聞和尚。聞舉"萬法歸一，一歸何處"話頭開示，師頓發大疑，日夕參究，復歸寶林。二十二歲詣宣州，登壇受具。後入蒿山，住静影，履不出。嘗穿一衲，脇不沾席，精勤逼拶。一夕見月有省，偈云："數載東山昏霧深，凭欄終日待晴空。夜來忽覩霜天月，萬像全彰一鏡中。"是時緣公奉詔住開元寺，師遂出山往見緣公。復東抵姑蘇，參萬峰蔚和尚。峰見師入門便喝，豎拳云："擊碎虚空只一拳，血星迸出遍三千。回頭轉腦知端的，放去收來總一般。"師隨聲答云："一拳擊破虚空，迸出一輪明月。堂堂獨露真嘗，到此本無言説。"峰又拈起古鏡云："速道。"師答云："威音那畔時，鑄出非銅鐵。一點甚分明，大千俱炤徹。"峰肯之。辭歸寶林，峰親書法語，贈之以偈，并布製二十五條法衣一領。師由此至洪山，道風昭著，緇俗景慕。

洪武十六年，萬壽寺西結庵爲方丈，因名西庵。師一日東去四十里許，九峰山口，有老翁引師直至師子巖下，翁忽不見。是時山徑未開，諸虎雜處，師趺坐數日。近山居民見師端坐，驚喜稱歎。於是楚昭王聞之，遂爲開山建寺。二十七年，以通靈侯奏，太祖高皇帝遣中官召師至京，迎見便殿。命坐賜茶，對談般若，機語相契，命送至天禧寺。次日，復召賜齋。師謝恩就辭，上遣中官賫果饌伴送，兼賜宫中所製雜綵衲衣二件，金鉢、瓶、匙、筯各一，并禦製《居山圖序》詩文一軸，題曰："諭僧無念。"二十八年冬，復遣中官賜織金紵絲袈裟一領，并銀瓶器皿等件，松實、松花玉[1]器，特賜《松實詩并序》。

① 玉：據崇禎本及文意當作"二"。

永樂三年乙酉十一月二十九日，師將示寂，請楚王殿下到寺。説偈曰："世尊七十九，無念八十邊。打破華藏海，依舊水連天。"師復囑曰："殿下珍重，保守護持佛法。"語畢坐逝，壽七十八，臘五十七。全身入塔，塔在師子巖下。謚清福廣慧無念學公禪師。

附周聖楷傳

周聖楷，字伯孔，湘潭人。弱冠遊京師，與竟陵鍾伯敬惺善。見有一夕爲《竹枝詞》三十首者，心不善之。鍾曰："能過此乎？"周曰："兒女子語耳，何足煩長者。"乃扃户翦燈，漏三下，得百首示鍾，皆穎脱妙麗。明日，百詩滿都中。久之，伯敬趨令南還就舉子業，乃繩經切傳，出入諸大家，恥與時流競，以是沈頓者十餘年。將四十，築湖嶽堂於湘潭之東偏，而讀書帆園，接待天下名流，敘説古今傳人勝事，論詩學興衰，老師宿儒，無敢抵捂者。聖楷才激宕而性專穆，掩關展卷，含毫凝視，闃然如静女枯禪。所纂著《楚寶》，凡四十五卷，爲備楚事也。著《生氣録》，集明三百年舉子業，因文以徵其行也。著《湘水元夷》若干卷，爲晰湘江也。著《中庸贊》，爲闡學也。其詩清刻沉騖，而律尤工。晚梓《湖嶽堂全集》，自言其詩不肯涉唐以下一語。其書皆已付梓，兵燹後惟《楚寶》存，餘俱散佚。

附録：湘潭劉賓門元熙《周伯孔辨》：王新城尚書《池北偶談》載："周伯孔爲獻賊僞常德知府，發掘楊相祖墓，卒爲賊所殺。"嗟乎！此與殺人放火之賊何異？鄉黨自好者不爲，而謂積學明理，不可一世如周伯孔，而竟出此乎？事之有無虚實，阮亭不知有何確據而書之，即今亦不能求其確據而辨之。

第思國初順治己亥肇修邑乘，距伯孔之殁才十餘年耳，有如此駭世悖常之事，流傳豈遂歇絶？其時纂修爲知縣史宗堯、邑人郭金臺，皆端人正士，以植名教，獎氣節爲務。一邑之大，何惜少此一人，而必引之入志？夫人品之壞，作惡之毒，至受僞官，發人冢，止矣。若云惡惡欲短，或諱其事而列之，此無心肝者所爲，史、郭二公，諒必不出此也。邑志至乾隆丙子凡五修，伯孔傳尚仍史志之舊，於其人品、著述，褒贊至不容口。直道行於三代，公論定於蓋棺。其人爲楚南所不議，而以濟南遠人議之；其事爲邑乘所不傳，而以《偶談》私書傳之。當日諸君子，見聞親切，信爲賢才而録之；閲數百年影響推求，斷爲大惡而擯之。恐於直道、公論，有未可輕率從事者。

偶檢《涵村詩集》，爲潭人秦文超所著，中有《讀伯孔詩集》一首云："雲咸久不作，誰與繼希聲。舉世高其潔，古人同此清。烟霞應入夢，冰雪自移情。禾黍秋風裏，知多幽恨生。"秦以孝廉出宰，足跡半天下，所交皆一時名士，而企慕伯孔如是。"舉世"一聯，與阮亭所載，何啻霄壤！豈《池北偶談》可信，而本邑人詩集反不足信乎？

或曰出邑人王岱之口，而阮亭筆之。按康熙甲辰重修邑志，王亦與纂修。如有其事，而告之阮亭，復諱之而列其人於邑志。王山長一時名士，亦不應無心肝至此。謂伯孔以不屈於賊而被殺，此情理之正也。既爲賊官，必不見殺。爲賊官而肯爲賊用，尤不至於見殺。反復推尋，不必更求確據，而其誣可以立辨。